Praxiswissen Joomla! 2.5

2. AUFLAGE

Praxiswissen Joomla! 2.5

Tim Schürmann

Beijing · Cambridge · Farnham · Köln · Sebastopol · Tokyo

Kommentare und Fragen können Sie gerne an uns richten:
O'Reilly Verlag
Balthasarstr. 81
50670 Köln
E-Mail: kommentar@oreilly.de

Copyright der deutschen Ausgabe:
© 2012 by O'Reilly Verlag GmbH & Co. KG
1. Auflage 2008
2. Auflage 2012

Bibliografische Information Der Deutschen Bibliothek
Die Deutsche Bibliothek verzeichnet diese Publikation in der Deutschen Nationalbibliografie; detaillierte bibliografische Daten sind im Internet über *http://dnb.ddb.de* abrufbar.

Lektorat: Christine Haite & Alexandra Follenius, Köln
Korrektorat: Friederike Daenecke, Zülpich
Fachgutachten: Patrick Jungbluth, Berlin & Jan Erik Zassenhaus, Minden
Satz: III-Satz, Husby
Umschlaggestaltung: Michael Oreal, Köln
Produktion: Karin Driesen, Köln
Belichtung, Druck und buchbinderische Verarbeitung:
Druckerei Kösel, Krugzell; www.koeselbuch.de

ISBN 978-3-86899-107-9

Dieses Buch ist auf 100% chlorfrei gebleichtem Papier gedruckt.

Inhalt

Teil 2: Einen Internetauftritt erstellen

Teil 3: Joomla! erweitern

Teil 4: Tipps und Tricks

Anhänge

Vorwort

Hinter dem etwas lustig klingenden Begriff Joomla! verbirgt sich ein beliebtes Content-Management-System, das die Publikation und Verwaltung von Webseiten vereinfacht. Joomla! eignet sich gleichermaßen für die private Homepage wie auch für einen professionellen Internetauftritt. Dank der GNU GPL-Lizenz ist Joomla! kostenlos und liegt vollständig im sogenannten Quellcode vor, sodass man – entsprechende Motivation vorausgesetzt – das System vollständig nach seinen Wünschen verändern kann.

Über dieses Buch

Dieses Buch befasst sich mit der Installation, Konfiguration und Bedienung des kostenlosen Content-Management-Systems Joomla!. Als kapitelübergreifendes Beispiel dient dabei der Aufbau eines kleinen Kinoportals, das zunächst nur Filmkritiken verwaltet, im weiteren Verlauf aber noch um zusätzliche Funktionen verfeinert wird. Ausgangspunkt und Basis bildet dabei die aktuelle Joomla!-Version 2.5.

Das Buch wurde so geschrieben, dass Sie es sowohl als Einstieg als auch als Referenz verwenden können (es ist also nicht notwendig, dem Kinoportal-Beispiel von Anfang bis zum Ende zu folgen). Aber auch an Umsteiger von einer älteren Installation wurde gedacht: So gehen alle Abschnitte ausführlich auf sämtliche Änderungen zu den direkten Vorversionen ein. Überdies hilft ein spezielles Kapitel bei der Migration. Im weiteren Verlauf wird schließlich noch gezeigt, wie Sie Joomla! einfach um zusätzliche Funktionalitäten erweitern.

Kenntnisse im Umgang mit anderen Content-Management-Systemen (CMS) sind im Folgenden nicht nötig. Das Buch richtet sich somit insbesondere auch an Einsteiger, die zum ersten Mal einen Internetauftritt mit einem CMS erstellen möchten. Es erleichtert jedoch das Verständnis, wenn Sie bereits eine Internetseite mit einem der herkömmlichen Editoren, wie NetObject Fusion, Realmac RapidWeaver oder Adobe Dreamweaver, erstellt haben.

Warnung   Alle Bilder und Erläuterungen in diesem Buch basieren auf der Joomla!-Version 2.5.0.
mit den passenden deutschen Sprachpaketen (Version 2.5.0v1). Beide Komponenten finden Sie auch auf dem beiliegenden Datenträger.

Sowohl die Joomla!-Macher als auch das deutsche Übersetzerteam entwickeln ihre Pakete jedoch emsig weiter (und halten damit uns Buchautoren bis zum unausweichlichen Drucktermin ordentlich auf Trab). Um sich nicht alten Programmfehlern oder Sicherheitslücken auszusetzen, sollten Sie unbedingt immer den aktuellen Versionen von der Joomla!-Homepage beziehungsweise vom Internetauftritt der deutschen Übersetzer den Vorzug geben – auch wenn dann in einigen wenigen Fällen die Beschriftungen der Menüs und Schaltflächen von den hier abgedruckten leicht abweichen können.

Anmerkungen zur zweiten Auflage

Nachdem die erste Auflage von *Praxiswissen Joomla!* erschienen war, haben die Joomla!-Entwickler ihre Arbeitsweise umgestellt. Neue Joomla!-Versionen erscheinen jetzt grundsätzlich halbjährlich.

Folglich müssten die Benutzer von Joomla! ihr System eigentlich alle sechs Monate aktualisieren und Dritthersteller ihre Erweiterungen immer wieder aufwendig anpassen. Buchautoren könnten dieses Tempo zudem nicht mithalten: Die neue Auflage muss zunächst geschrieben werden, ein Lektorat durchlaufen und dann durch die Druckpressen rattern. Bis die Bücher schließlich im Regal der Buchhandlungen stünden, wären sie auch schon wieder veraltet.

Die Joomla!-Entwickler versprechen deshalb, alle Versionen mit einer 5 nach dem ersten Punkt mindestens 18 Monate lang mit Aktualisierungen zu versorgen. Dies trifft beispielsweise auf Joomla! 2.5 zu. Die Entwickler bezeichnen das als Langzeitunterstützung, englisch *Long Term Support*, kurz LTS. Damit kommen sie gleichzeitig Unternehmen entgegen, die bekannte, stabile und lang gepflegte Programme bevorzugen.

Tipp   Als Webseitenbetreiber sollten Sie daher ausschließlich zu Versionen mit einer 5 nach dem ersten Punkt und somit Long Term Support greifen. Die anderen Joomla!-Versionen sind für Anwender gedacht, die stets die neuesten Funktionen und Technologien ausprobieren möchten.

An den Versionen mit Long Term Support orientieren sich auch Verlag und Autor. Nachdem in der ersten Auflage die Joomla!-Version 1.5 die Hauptrolle spielte, basiert dieses Buch auf der Version 2.5. Die zwischenzeitlich hinzugekommenen Funktionen sind so umfassend, dass sie eine gründliche Überarbeitung und Erweiterung dieses Buches notwendig machten. Dabei flossen natürlich auch die Anregungen der Leser mit ein (und ich hoffe, keine Anmerkung übersehen zu haben).

Aufbau des Buchs

Teil I des Buches führt in die Grundlagen von Joomla! ein und liefert einen Schnelleinstieg. Kapitel 1 stellt Joomla! vor, geht auf seine Geschichte ein und beleuchtet die Aufgaben eines Content-Management-Systems. Kapitel 2 nennt anschließend die Voraussetzungen, die für einen Betrieb von Joomla! notwendig sind, und zeigt, wie man es Schritt für Schritt installiert.

Teil II befasst sich mit den Konzepten und Arbeitsweisen von Joomla!. Anhand des Kinoportals führt Kapitel 3 zunächst in die Bedienung des Content-Management-Systems ein, bevor es in Kapitel 4 an die Eingabe der Inhalte in Form von Texten und Bildern geht. Wie man Letztgenannte in Joomla! verwaltet, beschreibt Kapitel 5. Das nachfolgende Kapitel 6 stellt die mitgelieferten Zusatzfunktionen in Form der sogenannten Komponenten vor. Diese realisieren beispielsweise Kontaktformulare oder verwalten Werbebanner. Unterstützung erhalten die Komponenten durch ihre kleinen Brüder, die sogenannten Module. Sie sind Thema in Kapitel 7. Das Anlegen von Menüs behandelt Kapitel 8, die Verwaltung von Benutzern Kapitel 9. Dort erfahren Sie auch, wie Sie den Zugriff auf die Inhalte beschränken. Anschließend wirft Kapitel 10 einen Blick auf die Grundeinstellungen des Content-Management-Systems, bevor Kapitel 11 mit den Plugins noch kurz auf die kleinen, nützlichen Helfer im Hintergrund eingeht.

In Teil III erfahren Sie, wie man Joomla! um zusätzliche Funktionen und Möglichkeiten erweitert. Zunächst zeigt Kapitel 12, wie man mithilfe von Sprachpaketen seiner Homepage und Joomla! eine fremde Sprache beibringt. Weiter geht es in Kapitel 13 mit den Templates, die das Design der späteren Homepage beschreiben. Kapitel 14 stellt die verschiedenen Erweiterungsarten näher vor und präsentiert anschließend eine Auswahl der im Internet vorhandenen Erweiterungspakete. Dazu gehören beispielsweise ein Forum oder ein Kalender. Wie man Schritt für Schritt eigene Erweiterungen programmiert, erfahren Sie in Kapitel 15.

Zum Abschluss enthüllt Teil IV noch ein paar nützliche Tipps und Tricks. Dies beginnt mit der Barrierefreiheit in Kapitel 16 und geht über die Suchmaschinenoptimierung (Kapitel 17), wichtige Informationen zur Datenbank (Kapitel 18) bis hin zur Migration von älteren Joomla!-Versionen auf die aktuelle Version 2.5 in Kapitel 19.

Typografische Konventionen

In diesem Buch werden die folgenden typografischen Konventionen verwendet:

Kursivschrift
> für Datei- und Verzeichnisnamen, E-Mail-Adressen und URLs, aber auch bei der Definition neuer Fachbegriffe und für Hervorhebungen

Nichtproportionalschrift

для Codebeispiele und Variablen, Funktionen, Befehlsoptionen, Parameter, Klassennamen und HTML-Tags

Nichtproportionalschrift fett

für Benutzereingaben und in den Codebeispielen zur Hervorhebung einzelner Zeilen oder Abschnitte

KAPITÄLCHEN

verwenden wir für Menüeinträge, Schaltflächen und ähnliche Elemente der Benutzeroberfläche.

Tipp   Die Vorspultaste kennzeichnet einen Tipp oder einen generellen Hinweis mit nützlichen Zusatzinformationen zum Thema.

Warnung   Die Stopptaste kennzeichnet eine Warnung oder ein Thema, bei dem man Vorsicht walten lassen sollte.

Kino   Die kleine Filmklappe zeigt an, wo es um das Kinoportal geht, das sich als Beispiel durch das ganze Buch zieht.

Version   Dieses Logo weist auf die Unterschiede zu einer alten Joomla!-Version oder auf Probleme mit der neuen Version hin.

Bei Verzeichnisangaben trennt immer ein Schrägstrich / mehrere einzelne (Unter-)Verzeichnisse voneinander. In der Angabe *joomla/images* wäre *images* ein Unterordner von *joomla*. Diese für Windows-Nutzer etwas ungewohnte Notation wurde absichtlich gewählt: Zum einen verwendet sie Joomla! selbst in seiner Benutzeroberfläche, und zum anderen ist sie auf den meisten (Internet-)Servern üblich. Unter Windows würde man die Verzeichnisangabe aus dem obigen Beispiel als *joomla\ images* notieren.

Ressourcen und Support

Die folgende Liste enthält wichtige Internetseiten oder Anlaufstellen rund um das Thema Joomla!:

- *http://www.joomla.org* – Die Homepage von Joomla!
- *http://www.joomla.de* – Die größte deutschsprachige Seite zum Thema Joomla!
- *http://www.joomlaos.de* – Hier finden Sie zahlreiche Templates, Erweiterungen und deutsche Übersetzungen.
- *http://extensions.joomla.org* – Verzeichnis mit kostenlosen Joomla!-Erweiterungen, deren Entwicklung Sie auf *http://www.joomlacode.org* verfolgen können
- *http://jgerman.org* – Internetauftritt des deutschen Übersetzerteams

Der Autor, die Danksagung und der ganze Rest

Murphys Gesetz besagt, dass alles, was schiefgehen kann, auch schiefgehen wird. Aus diesem Grund enthält das vorliegende Werk neben einem vermutlich recht hohen Zelluloseanteil und viel schwarzer Farbe auch ein paar gezielt eingestreute Fehler. Sie stammen vom Autor selbst und sind trotz der extrem strengen Blicke des Lektorats bis in die Druckerei durchgeflutscht. Dafür müsste man ihnen eigentlich Respekt zollen.

Falls Sie als Leser zufällig auf einen der angesprochenen Fehler treffen, lassen Sie ihn nicht in Freiheit sein Unwesen treiben, sondern melden Sie ihn an die E-Mail-Adresse *tischuer@yahoo.de*. Dies ist gleichzeitig der direkte Draht zum Autor, der sich selbstverständlich auch im Fall von Kommentaren oder anderen Anmerkungen auf Post freut. Seinen eigenen Internetauftritt betreibt der Diplom-Informatiker unter *http://www.tim-schuermann.de*. Bitte beachten Sie, dass auf beiden Wegen leider kein kostenloser Support angeboten werden kann.

Der Dank des Autors geht an die Lektorinnen Christine Haite und Alexandra Follenius, die zahlreiche Vorschläge und Korrekturen beigesteuert haben, sowie an die Fachgutachter Patrick Jungbluth und Jan Erik Zassenhaus, die hartnäckig und unnachgiebig auf Fehlersuche gingen. Weiterer Dank gebührt Ariane Hesse, meiner Familie und natürlich allen Lesern, ohne die diese Buchstabensuppe auf weiß gefärbten Holzabfällen niemals den Weg in die Händlerregale gefunden hätte.

Damit jetzt nicht noch mehr langweiliges Danksagungsdingsbums wertvollen Buchplatz wegnimmt, schließe ich hiermit das aktuelle Kapitel und fahre direkt mit dem eigentlichen Thema fort.

Installation und Einstieg

In diesem Kapitel:
- Eine Homepage wächst und wächst ...
- Die Lösung: Content-Management-Systeme
- Wie funktioniert ein Content-Management-System?
- Einsatzbereiche und Vorteile von Joomla!
- Versionschaos und eine kleine Geschichtsstunde

KAPITEL 1
Einführung

Die ersten Schritte zur eigenen Homepage führen meist über eine entsprechende Baukastenanwendung, wie Fusion, Adobe Dreamweaver oder Realmac RapidWeaver. In ihnen entwirft man eine Internetseite wie in einem Layout- oder Grafikprogramm und lädt diese anschließend per Knopfdruck direkt auf den zuvor angemieteten Webserver. Augenscheinlich führen die Baukästen somit schnell und unkompliziert zum Ziel. Ein Cineast könnte mit ihnen etwa noch am Abend des Kinobesuchs eine Kritik schreiben und veröffentlichen. Die Probleme beginnen jedoch, wenn die Homepage größer wird.

Eine Homepage wächst und wächst ...

Je mehr Kritiken auf der Homepage landen, desto unübersichtlicher wird sie. In einer ellenlangen unsortierten Liste mit über 100 Filmkritiken findet ein Besucher erst nach mehreren Minuten einen ganz bestimmten Film – wenn er nicht schon vorher entmutigt aufgibt. Es gilt also ständig diszipliniert Ordnung zu halten.

Zudem ist es vielleicht doch keine so gute Idee, direkt nach der Vorstellung loszutippen. Einige alte Kritiken sind deshalb vielleicht nicht nur zu scharf formuliert, sondern auch mit Tippfehlern übersät und verlangen folglich nach einer Korrektur und nach Ergänzungen. Flüchtigkeitsfehler sorgen zudem oft für defekte Links, und im schlimmsten Fall sind komplette Filmkritiken nicht mehr für die Besucher erreichbar.

Erfahrungsgemäß trudeln auf gut geschriebene Texte positive wie negative Kommentare per E-Mail ein. Vielleicht bieten einige Leser sogar ihre Hilfe an und schicken eigene Kritiken. Die in Word- und OpenOffice-Dateien angelieferten Artikel müssen allerdings erst noch irgendwie in den Web-Baukasten hinein, Korrektur gelesen und optisch an die anderen Filmkritiken angepasst werden.

Gefällt irgendwann das Design der Homepage nicht mehr, steht schließlich noch eine kleine Überarbeitungsorgie ins Haus, bei der jeder einzelnen Filmkritik ein neues Layout übergestülpt werden muss. Gleichzeitig wandert der Blick neidisch auf die Funktionen anderer Internetseiten. So ein schickes Forum würde den Gedankenaustausch vereinfachen, mit einer Kommentarfunktion müssten die ganzen E-Mails nicht im Papierkorb landen, eine Suchfunktion erleichtert Besuchern das Aufstöbern einer bestimmten Filmkritik, und eine Umfrage unter allen Besuchern wäre doch auch ganz nett.

Je weiter also eine Homepage wächst, desto

- unübersichtlicher wird sie.
- häufiger muss man ständig dieselben stupiden Aufgaben lösen. Die erfordern einen hohen Arbeitsaufwand, sind teilweise nur umständlich durchzuführen und somit unter dem Strich auch noch zeitraubend.
- mehr Zusatzfunktionen kommen infrage.

Die Lösung: Content-Management-Systeme

Abhilfe schaffen Spezialprogramme, die dem Benutzer bei der Verwaltung und der Gestaltung seiner Inhalte behilflich sind und ihm viele Standardaufgaben abnehmen. Eine solche Software bezeichnet man als *Content-Management-System*, abgekürzt CMS. Wer es ganz genau nimmt, unterteilt die Menge der Content-Management-Systeme noch einmal nach ihrem primären Einsatzzweck. Während beispielsweise Document-Management-Systeme das staubige Aktenarchiv eines Unternehmens ersetzen, verwalten Customer-Relationship-Management-Systeme dessen Kundendaten. Das in diesem Buch vorgestellte Joomla! gehört in dieser Einteilung zur Gruppe der Web-Content-Management-Systeme, die vorwiegend Internetseiten als Ausgabe produzieren. In der Praxis verwendet man jedoch meist nur den Oberbegriff Content-Management-System (Sie müssen sich also die anderen Zungenbrecher nicht merken).

Ein Content-Management-System verwaltet selbstverständlich nicht nur Kinotexte, sondern auch sämtliche anderen Medien, die auf einer Webseite angeboten werden können, wie etwa Bilder und Videos. Es sorgt automatisch für ihre korrekte Publikation, verknüpft sie sorgfältig miteinander und verpasst allen Seiten ein einheitliches Aussehen. Durch das eingebaute Benutzermanagement schränkt man den Zugriff auf spezielle Bereiche oder Unterseiten für bestimmte Nutzergruppen ein und erlaubt externen Autoren, ihre Artikel direkt in das System einzugeben. Aber auch dynamische Zusatzfunktionen, wie Umfragen oder Foren, schaltet man mit nur wenigen Mausklicks aktiv.

Damit könnte man auch den Traum von einem kleinen Kinoportal realisieren: Filmkritiken und aktuelle Nachrichten aus Hollywood würden tagesaktuell von vielen

Helfern eingegeben und automatisch vom System übersichtlich verwaltet. Mithilfe von Umfragen ließe sich eine breite Meinung zu Filmen einholen und in Foren ausführlich über den neuesten James Bond diskutieren. Es gibt folglich viele gute Gründe, zu einem Content-Management-System zu greifen – nicht nur für einen Cineasten.

Wie funktioniert ein Content-Management-System?

Content-Management-Systeme existieren in zwei verschiedenen Geschmacksrichtungen: Zum einen gibt es sie als Einzelanwendungen, die auf dem heimischen PC laufen (sogenannte clientseitige CMS). Sie dienen in der Regel lediglich zur bequemen Verwaltung der Internetseiten und ihrer Inhalte. Man könnte sie daher auch etwas flapsig als »aufgebohrten Homepage-Baukasten« bezeichnen.

Die Programme aus der zweiten Gruppe, zu der auch Joomla! gehört, laufen direkt auf dem Webserver (sogenannte serverseitige CMS). Dies bedeutet insbesondere, dass die Konfiguration, Wartung und das Eingeben von neuen Texten aus einem Internetbrowser heraus geschieht. Hierzu stellen die meisten Content-Management-Systeme mehrere versteckte Unterseiten bereit, über die Sie als Verwalter später das System einrichten und über die Autoren ihre Beiträge abgeben. Normale Besucher erlangen selbstverständlich keinen Zutritt zu diesen Bereichen.

Ein Autor, der einen neuen Artikel hinzufügen möchte, meldet sich am System an und gibt in einer speziellen Eingabemaske seinen Text ein. Sobald er fertig ist, speichert das Content-Management-System diesen Text in einer im Hintergrund werkelnden Datenbank. Sie bewahrt sämtliche Seiteninhalte für einen schnellen Zugriff auf. Damit ist die Arbeit des Autors bereits beendet. Sobald er dem Content-Management-System die Freigabe für den neuen Artikel erteilt, erscheint der Text auf der Homepage.

Um die Formatierung des Artikels kümmert sich das CMS – allerdings erst dann, wenn es ihn an einen Besucher ausliefert: Fordert der Browser eines Betrachters den Artikel beim CMS an ❶, kramt es alle Inhalte, die zu der Seite gehören, aus der Datenbank hervor ❷ und setzt sie mithilfe eines Bauplans zusammen ❸ (siehe Abbildung 1-1). Die fertige Seite reicht das CMS dann wieder an den Browser zurück ❹.

| Tipp | Bildlich kann man sich diesen Vorgang wie die Konstruktion eines Lego-Hauses vorstellen. Die genoppten Steine repräsentieren die Inhalte, die das CMS nach dem beiliegenden Montageplan so zusammenstöpselt, dass sie ein hübsches Häuschen ergeben. Je nachdem, wie der Bauplan aussieht, erhält man eine andere Hausfassade. |

Content-Management-Systeme liefern also nicht einfach fix und fertige *statische* Seiten aus, sondern erzeugen sie erst *dynamisch* in dem Moment, in dem sie ange-

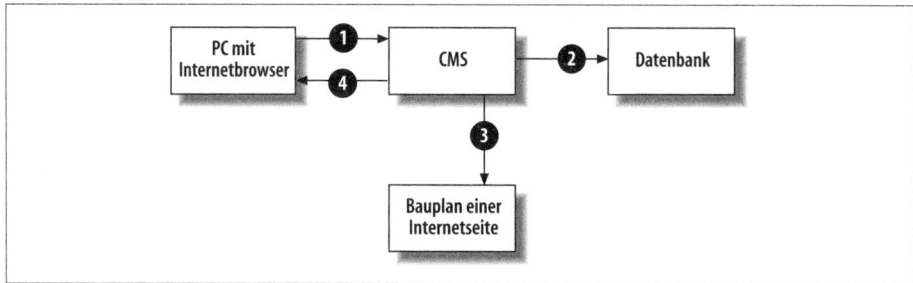

Abbildung 1-1: Von der Anfrage bis zur Auslieferung der Seite

fordert werden. Das kostet zwar jedes Mal etwas Rechenzeit auf dem Webserver, hat aber den unschlagbaren Vorteil, dass jede Änderung sofort auf der Homepage sichtbar ist. Darüber hinaus werden erst auf diese Weise aktive Inhalte, wie Gästebücher oder Umfragen, möglich.

Mithilfe der Baupläne trennen Content-Management-Systeme zudem strikt die Inhalte von der Optik. Das hat wiederum den Vorteil, dass der Betreiber der Homepage das Aussehen aller Artikel jederzeit mit nur zwei Mausklicks ändern kann – er muss lediglich einen anderen Seitenbauplan wählen.

Im Fall der Kinoseite bestimmt der Betreiber im CMS zunächst das Layout und legt fest, wer seiner vielen Helfer überhaupt Artikel schreiben darf – um den Rest braucht er sich ab sofort keine Gedanken mehr zu machen. Die externen Autoren senden ihre Artikel nicht mehr per E-Mail ein, sondern melden sich mit ihrem Benutzerkonto direkt beim CMS an und hinterlassen dort ihre Texte. Der Betreiber spart somit Zeit und kann sich ganz seinen eigenen Texten und vielen weiteren Kinobesuchen widmen.

Einsatzbereiche und Vorteile von Joomla!

Joomla! ist ein besonders einfach zu bedienendes Content-Management-System, mit dem sich auch umfangreiche Internetpräsenzen spielend pflegen und gestalten lassen.

Seine Vorteile liegen in einer einfachen Bedienung und seiner Erweiterbarkeit. Von Haus aus bringt es bereits viele Funktionen wie Banner, Kontaktformulare, eine Suchfunktion oder Benutzerstatistiken mit. Weitere Funktionen rüstet man bei Bedarf über eine der zahlreichen Erweiterungen nach. Joomla! eignet sich somit ideal zur Realisierung von kleinen und mittleren Internetauftritten. Da der Quellcode offen liegt, verfügte es schon kurz nach dem Start des Projektes über eine große, unterstützende Gemeinschaft, die Joomla! kontinuierlich vorantreibt und weiterentwickelt.

Bei so vielen Vorteilen sollte man jedoch nicht vergessen, dass die Wahl des richtigen Content-Management-Systems auch ein wenig von den eigenen Vorlieben abhängt. Die vielen Glaubenskriege der jeweiligen Anhänger bezeugen dies.

Nicht verschwiegen werden darf zudem, dass Joomla! bei sehr umfangreichen Internetauftritten, für die man die volle Kontrolle über jedes einzelne Element benötigt, leider passen muss. Für solche Aufgaben zieht man besser TYPO3 oder ein vergleichbares System aus dieser Leistungsklasse heran. Darüber hinaus werkelt Joomla! langsamer als die Konkurrenz, wie beispielsweise WordPress oder Drupal. Dies merkt man vor allen Dingen an einer merklichen Verzögerung bei der Auslieferung einer Internetseite. Nichtsdestotrotz bietet Joomla! einen hervorragenden Kompromiss zwischen Mächtigkeit und Schlankheit, und das bei einer gleichzeitig fast konkurrenzlos einfachen Bedienung.

Die Weiterentwicklung von Joomla! koordiniert und fördert das eigens dafür gegründete gemeinnützige Unternehmen Open Source Matters (*http://www.opensourcematters.org*).

Versionschaos und eine kleine Geschichtsstunde

Wer Joomla! herunterladen möchte, der steht gleich mehreren verschiedenen Versionen gegenüber, die auch noch ein merkwürdiges Nummerierungsschema zu nutzen scheinen. Um dieses verwirrende Angebot zu durchschauen, ist eine kurze Reise in die Vergangenheit notwendig.

Die Geschichte von Joomla! reicht bis in das Jahr 2000 zurück. Zu diesem Zeitpunkt begann die australische Firma *Miro* mit der Entwicklung eines Content-Management-Systems. Um den Verkauf anzukurbeln, gab man auch eine kostenlose Ausgabe heraus. Diese zunächst *Mambo Open Source* (MOS), später nur noch kurz *Mambo* genannte Variante stellte Miro unter die GNU General Public License (kurz GNU GPL, *http://www.gnu.de/documents/index.de.html*). Hierüber freute sich die beständig wachsende Fangemeinde, stellte diese spezielle Lizenz doch sicher, dass Mambo auch in Zukunft frei erhältlich sein würde. Gleichzeitig lockten ihre Konditionen zahlreiche Helfer an, die die Weiterentwicklung des Systems in ihrer Freizeit tatkräftig unterstützten.

Eben jene Entwicklergemeinschaft schlug im April 2005 vor, ihre Aktivitäten in einer Stiftung zu bündeln. Auf diese Weise wollte man zum einen die eingehenden Spenden gezielt verwalten und zum anderen die Namens- und einige Urheberrechte in das Projekt holen. Miro erklärte sich hierzu bereit und gründete im August 2005 die *Mambo Foundation*. Die Namensrechte blieben jedoch genauso wie die Machtstrukturen der Stiftung faktisch in den Händen von Miro. Das hiervon enttäuschte Entwicklerteam entschied sich nach kurzer Bedenkzeit, mit einem neuen Content-Management-System zukünftig eigene Wege zu gehen. Als Startkapital nahm man den Programmcode der letzten Mambo-Version mit – Dank der GNU GPL ein erlaubtes Vorgehen.

Bereits wenige Tage später präsentierte das abtrünnige Entwicklerteam unter dem Namen *Joomla!* sein eigenes Projekt der Öffentlichkeit. Der Begriff stammt aus der afrikanischen Sprache Swahili und ist die (englische) Lautschrift des Wortes *Jumla*. Übersetzt bedeutet es etwa so viel wie »alle zusammen« oder »in der Gesamtheit«.

Die erste Version von Joomla! war im Wesentlichen noch mit Mambo identisch, wobei einige Fehler korrigiert und sämtliche Namen ausgetauscht worden waren. Als Lizenz wählte man wieder die freie GNU GPL. Um das System für die Zukunft und alle weiteren geplanten Funktionen fit zu machen, unterzogen die Entwickler Joomla! vor allem unter der Haube einer kleinen Kernsanierung. Die Änderungen fielen schließlich so umfangreich aus, dass man nicht nur den Veröffentlichungstermin gleich mehrfach verschieben musste, sondern auch die Versionsnummer von 1.0 auf die 1.5 springen ließ. Das Ergebnis erschien nach dreijähriger Arbeit schließlich im Februar 2008.

Joomla! kam so gut an, dass schnell Sponsoren gefunden wurden und auch externe Hersteller von Erweiterungen auf den neuen Zug aufsprangen. Selbst die zahlreichen Terminschwierigkeiten taten der Beliebtheit keinen Abbruch, im Gegenteil: Joomla! mauserte sich zu einem der bedeutendsten Content-Management-Systeme auf dem Markt, räumte zahlreiche Preise ab und steckt als treibende Kraft hinter vielen bekannten Internetauftritten. Die Arbeit am Vorgänger Mambo stagniert übrigens seit 2008, und das Unternehmen Miro ist schon länger Geschichte.

Beflügelt vom Erfolg, setzten sich die Entwickler umgehend an die nächste Version, die vor allem eine verbesserte Benutzerverwaltung erhalten sollte. Als sich auch diese Arbeiten zusehends in die Länge zogen, entschlossen sich die Entwickler zu einem radikalen Schnitt. Seit dem Jahr 2011 frieren sie den aktuellen Entwicklungsstand alle sechs Monate ein und veröffentlichen ihn als neue Joomla!-Version. So kam es, dass im Januar 2011 die Version 1.6 erschien und bereits im Juli des gleichen Jahres die Version 1.7. Mit jeder neuen Version gilt die vorherige umgehend als veraltet und erhält keine Fehlerkorrekturen mehr. Seitenbetreiber sind somit dazu verdammt, Joomla! alle sechs Monate zu aktualisieren. Entsprechende Kritik folgte denn auch prompt von Unternehmen, (Hobby-)Entwicklern von Erweiterungen und Buchautoren. Während die einen gut getestete, stabile und bewährte Systeme bevorzugen, können die anderen dem hohen Veröffentlichungstempo nur mit erhöhtem Arbeitsaufwand folgen.

Die Joomla!-Entwickler entschieden sich deshalb, immer mal wieder eine ausgewählte Joomla!-Version über 18 Monate lang mit Aktualisierungen zu versorgen. Diese sogenannte Langzeitunterstützung, englisch *Long Term Support*, erhielt zunächst Joomla! 1.5, das zu diesem Zeitpunkt schon mehrere Jahre im Einsatz war. Bei ihm stopfen die Entwickler voraussichtlich bis April 2012 Sicherheitslücken und beheben Fehler. Als nächste Version mit Long Term Support war die Version 1.8 auserkoren, die für den Januar 2012 angesetzt war.

Anwender sollten allerdings auf einen Blick erkennen können, welche Joomla!-Versionen eine Langzeitunterstützung erhalten. Die Version 1.5 besitzt diesen Long

Term Support. Es wäre folglich konsequent, grundsätzlich allen Versionen mit Langzeitunterstützung eine 5 an der zweiten Stelle zu verpassen. Damit müsste die nächste Version 1.8 allerdings 2.5 heißen – alle Zahlen zwischen 1.7 und 2.5 würden übersprungen. Da das ein recht radikaler Schritt wäre, ließen die Entwickler die Nutzer im Internet darüber abstimmen. Eine knappe Mehrheit votierte schließlich für die Bezeichnung Joomla! 2.5.

Weil die Versionsnummern ziemlich verwirrend sind, fasst Tabelle 1-1 noch einmal alle Joomla!-Ausgaben übersichtlich zusammen.

Tabelle 1-1: Bislang veröffentlichte Joomla!-Versionen

Version	Erscheinungsdatum	Anmerkung
1.0	September 2005	Erste Joomla!-Version
1.5	Januar 2008	Große Umbauten unter der Haube, nicht mehr kompatibel zur Version 1.0
1.6	Januar 2011	Ab jetzt gibt es jedes Halbjahr eine neue Version. Die größte Neuerung gegenüber Version 1.5 ist die erweiterte Benutzerverwaltung.
1.7	Juli 2011	Enthält gegenüber der Version 1.6 vor allem Fehlerkorrekturen.
2.5	Januar 2012	Neue Version mit Langzeitunterstützung. Es gibt nur kleinere Änderungen gegenüber Version 1.7.

Formal erhält jede Joomla!-Version sogar eine dreistellige Nummer, wie etwa 1.5.23. Die ersten beiden Ziffern zeigen wie beschrieben die Hauptversion an.

Tipp Ursprünglich sollte die Erhöhung der ersten Ziffer auf große Neuerungen hinweisen, die zweite hingegen kleinere Verbesserungen anzeigen. Diese Regeln haben die Entwickler jedoch schon mit Joomla! 1.5 selbst gebrochen.

Die letzte Nummer erhöht sich bei jeder Sicherheitsaktualisierung. Ist diese dritte Ziffer eine 0, schreibt man sie normalerweise nicht aus.

Warnung Achten Sie darauf, dass Ihre Joomla!-Version immer die höchstmögliche Ziffer am Ende trägt. Geben Sie also der Version 2.5.1 immer den Vorzug gegenüber der Version 2.5.0. Nur so können Sie sicher sein, dass alle bekannten Fehler und Sicherheitslücken ausgebügelt wurden.

Bei Drucklegung dieses Buches war die nächste Joomla!-Version bereits für den September 2012 angekündigt. Bei ihr handelt es sich nach den Plänen der Entwickler wieder um eine Zwischenversion, die neue (ungetestete) Technologien und Funktionen mitbringt. Sie richtet sich folglich an Tester und Neugierige. Durch die halbjährliche Erscheinungsweise kommen in jeder Joomla!-Version normalerweise nur wenige neue Funktionen hinzu. Die Angaben, Anleitungen und Tipps in diesem Buch gelten somit auch in großen Teilen für die direkt nachfolgenden Joomla!-Versionen.

Warnung Auch wenn neue Funktionen verführerisch locken, sollten Sie als Webseitenbetreiber immer nur eine stabile Version mit einer 5 an der zweiten Stelle einsetzen. Nur diese Versionen sind gut getestet und erhalten über einen langen Zeitraum Sicherheitsaktualisierungen und Fehlerkorrekturen.

Wenn Sie jetzt ganz verwirrt sind, folgen Sie einfach zwei Regeln:

- Entscheiden Sie sich für eine Joomla!-Version, die mit der Nummer 2.5 beginnt.
- Achten Sie darauf, dass die dritte Stelle die höchstmögliche Zahl aufweist. Das ist automatisch der Fall, wenn Sie Joomla! von seiner eigenen Homepage herunterladen.

KAPITEL 2

Installation

Bevor Sie nun voller Elan auf die Joomla!-Homepage unter *http://www.joomla.org* stürmen (siehe Abbildung 2-1), dort das aktuelle Archiv herunterladen und anschließend auf Ihren gemieteten Webserver schieben, empfiehlt es sich, ein paar Trockenübungen auf dem heimischen Computer durchzuführen.

Mit einer Joomla!-Installation auf dem eigenen PC können Sie das neue System nicht nur etwas besser kennenlernen, sondern auch gefahrlos verschiedene Einstellungen testen. Zudem stehen hier Werkzeuge bereit, mit denen Sie im Fall des Falles schnell auf die Bestandteile Ihres Internetauftritts zugreifen können. Beispielsweise lässt sich ein falsch eingebundenes Bild flugs mit dem Explorer, Dateimanager oder Finder an seine korrekte Stelle verschieben. Diese Möglichkeit beschleunigt übrigens auch später die Entwicklung von eigenen Erweiterungen.

Darüber hinaus müssen nicht ständig Daten zwischen dem heimischen Rechenknecht und dem Webserver ausgetauscht werden. Gerade wer nicht per DSL und Flatrate an das Internet angebunden ist, wird dies zu schätzen wissen. Als angenehmer Nebeneffekt steigt zudem die Antwortgeschwindigkeit: Bilder sind beispielsweise in Millisekunden eingebunden und müssen nicht erst den Weg durch die Netzwerkleitungen antreten.

Eine lokale Installation hat aber noch einen Vorteil: Die Joomla!-Entwickler veröffentlichen in regelmäßigen Abständen aktualisierte Versionen. Je nachdem, wie umfangreich die Änderungen ausfallen, kann eine achtlose Installation das System teilweise oder sogar unter Umständen ganz unbrauchbar machen. Es empfiehlt sich folglich, ein solches Update zunächst in einer Joomla!-Installation auf dem heimischen PC zu testen.

Folglich gibt es viele gute Gründe für eine Testinstallation. Daher beschreiben die folgenden Schritte zunächst, wie man Joomla! zu Hause auf dem eigenen PC installiert und zum ersten Mal startet. Anschließend zeigt ein eigener Abschnitt, wie man Joomla! auf den Webserver hievt.

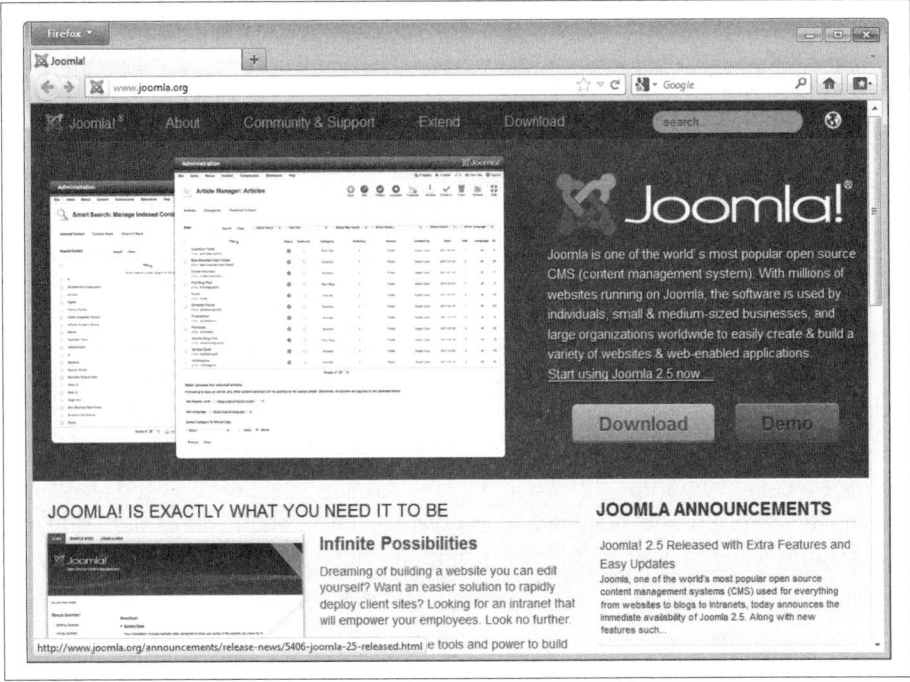

Abbildung 2-1:   Die Joomla!-Homepage

Voraussetzungen

Joomla! ist recht anspruchsvoll und verlangt vor seiner Installation nach ein paar Hilfsprogrammen. Welche dies sind, klären die folgenden Abschnitte.

 Warnung   Im Gegensatz zu anderen Programmen ist Joomla! keine eigenständige Anwendung. Sie können sie daher nicht einfach aus dem Internet laden und starten. Dies hat einerseits den Nachteil, dass man zusätzliche Hilfsprogramme benötigt, andererseits läuft Joomla! hierdurch auf beliebigen Betriebssystemen.

Webserver

Sobald ein Browser eine Seite anfordert, wird diese Anfrage von einer speziellen Software, dem sogenannten Webserver, entgegengenommen und an Joomla! weitergereicht. Welchen Webserver Sie verwenden, bleibt Ihnen überlassen. Am häufigsten trifft man in der Praxis auf den freien und quelloffenen Apache der gleichnamigen Stiftung. Sie bekommen ihn kostenlos unter *http://www.apache.org*. Für Joomla! muss er mindestens die Versionsnummer 2.0 tragen. Aber auch der IIS von Microsoft lässt sich ab Version 7 problemlos verwenden (*http://www.iis.net*).

Wichtig ist nur, dass der präferierte Webserver in der Lage ist, PHP-Programme auszuführen.

Version   Joomla! 1.5 begnügte sich noch mit Apache in Version 1.3 oder dem IIS in Version 6.

PHP

PHP ist ein rekursives Akronym und steht für *PHP Hypertext Preprocessor*. In dieser einfach zu erlernenden, aber doch sehr mächtigen Programmiersprache wurde Joomla! geschrieben.

Anders als herkömmliche Programme benötigen PHP-Anwendungen zu ihrer Ausführung eine zusätzliche Hilfsanwendung, den sogenannten Interpreter. Er liest nacheinander jede Anweisung des PHP-Programms ein und führt sie direkt aus. Auf den Internetseiten von PHP unter *http://www.php.net* steht gleich ein ganzes System, das aus besagter Gehhilfe und einigen nützlichen Zusätzen besteht, kostenlos für verschiedene Betriebssysteme bereit. Für Apache gibt es eine Erweiterung, mit deren Hilfe der Webserver PHP-Anwendungen direkt starten kann. Joomla! 2.5 verlangt dabei mindestens nach PHP in Version 5.2.4.

Version   Für Joomla! 1.5 reichte noch ein betagtes PHP ab Version 4.3.10, wenngleich die
Joomla!-Entwickler auch schon hier PHP ab Version 5.2 empfahlen.

Neben dem Downloadangebot bietet die PHP-Homepage übrigens auch ausführliche Informationen zu neu entdeckten und behobenen Sicherheitslecks in PHP.

Datenbank

Hat der Webserver die Seitenanfrage übernommen, so startet er mithilfe des PHP-Interpreters Joomla! und übergibt dem nun laufenden Content-Management-System die Anfrage. Joomla! wiederum holt die Texte der angefragten Seite aus einer Datenbank. Joomla! 2.5 arbeitet sowohl mit MySQL ab Version 5.0.4, dem SQL Server und Microsofts Azure-Dienst zusammen.

Version   Frühere Joomla!-Versionen sprachen ausschließlich mit MySQL ab Version 3.23.

Die Entwickler empfehlen den Einsatz von MySQL. Diese Datenbank ist vollkommen kostenlos und im Internet unter *http://www.mysql.com* zu haben. Darüber hinaus ist sie bei vielen angemieteten Webservern automatisch enthalten. Entwickelt wird sie derzeit übrigens vom Datenbankspezialisten Oracle (*http://www.oracle.com*).

Warnung   Zum Zeitpunkt der Drucklegung vertrug sich Joomla! nicht mit MySQL 6.   ⬛

Alle zusammen

Damit wären auch schon alle Bestandteile beisammen. Abbildung 2-2 illustriert nochmals das Zusammenspiel der vorgestellten Komponenten: Der Webserver nimmt die Abfrage des Browsers entgegen und startet dann mithilfe von PHP das Content-Management-System Joomla!. Dieses holt seinerseits bei der Datenbank die Seiteninhalte ab und stöpselt sie mithilfe eines Bauplans zusammen. Sobald die Seite fertig ist, übergibt Joomla! sie wieder an den Webserver, der sie wiederum an den Browser zurückliefert.

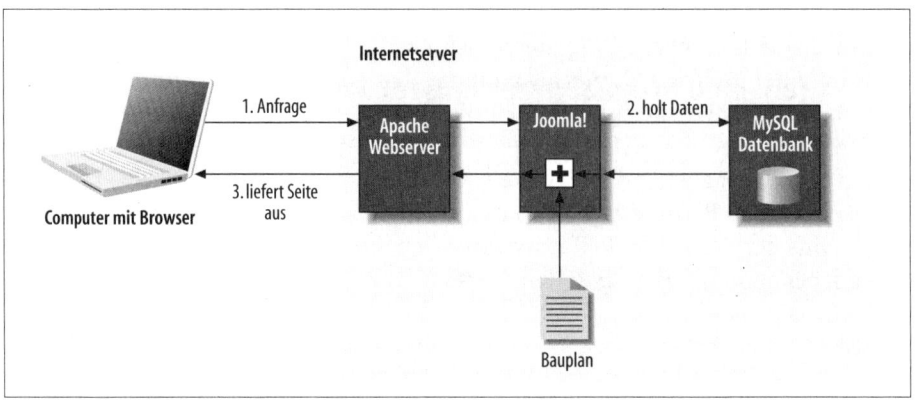

Abbildung 2-2:   Der Ablauf einer Seitenanfrage

 Tipp   Übrigens schreibt niemand vor, dass alle genannten Komponenten auf ein und demselben Computer laufen müssen. Umgekehrt gilt das auch für den Browser, der natürlich auf dem gleichen Computer installiert sein darf wie Joomla!.

Zusammengefasst benötigt Joomla! 2.5 folgende zusätzliche Softwareprogramme:

- einen Webserver, wie zum Beispiel Apache ab Version 2.0 (*http://www.apache.org*)
- PHP ab Version 5.2.4 (*http://www.php.net*)
- MySQL ab Version 5.0.4 (*http://www.mysql.com*)

Schnellinstallation

Bevor Sie nun damit beginnen, alle genannten Hilfsprogramme einzeln aus dem Internet zu fischen, sollten Sie einen Blick auf XAMPP werfen (*http://www.xampp. org*). Dieses Projekt bietet alle erwähnten Komponenten – mit Ausnahme von Joomla! selbst – in einem fertig geschnürten und einfach zu installierenden Paket.

Da die Installation von XAMPP und Joomla! gerade beim ersten Mal etwas kompliziert wirkt und daher häufiger Probleme bereitet, folgt hier zunächst eine einfache Schritt-für-Schritt-Anleitung. Mit ihr gelangen Sie ohne große Umschweife und

Erklärungen zu einer fertigen Joomla!-Testinstallation. Alles was Sie dazu benötigen, finden Sie auf dem beiliegenden Datenträger. Die nachfolgenden Abschnitte befassen sich dann noch einmal detaillierter mit den einzelnen Softwarepaketen, Abläufen und Installationsschritten.

Warnung   Mit der folgenden Anleitung erhalten Sie lediglich eine Testinstallation auf Ihrem heimischen PC. Um Joomla! auf Ihrem Webserver zu installieren, greifen Sie am besten immer zur brandaktuellen Version von der offiziellen Homepage *http://www.joomla. org*. XAMPP ist zudem nicht von Haus aus für den Betrieb auf produktiven Webservern ausgelegt. Weitere Hinweise zur Installation von Joomla! auf einem Webserver folgen gleich noch im Abschnitt »XAMPP und Sicherheit«.

Erster Teil: Eine Arbeitsumgebung für Joomla! schaffen

Installieren Sie als Erstes das XAMPP-Paket und somit in einem Rutsch den Webserver Apache, die Datenbank MySQL und PHP. Damit schaffen Sie die Voraussetzung für den Betrieb von Joomla!.

Unter Windows gehen Sie dazu wie folgt vor:

1. Starten Sie von der beiliegenden CD im Verzeichnis *xampp/Windows* die Anwendung mit dem kryptischen Namen *xampp-win32-1.7.7-VC9-installer.exe*. (Gehen Sie beispielsweise über das Startmenü, dann auf ARBEITSPLATZ respektive COMPUTER. Doppelklicken Sie auf das CD-Laufwerk, gehen Sie weiter in die Verzeichnisse *xampp* und *Windows* und doppelklicken Sie auf die Anwendung *xampp-win32-1.7.7-VC9-installer* – die Endung *.exe* zeigt Windows bei Ihnen sehr wahrscheinlich nicht an.)

   Unter Windows Vista beschwichtigen Sie die Benutzerkontensteuerung mit einem Klick auf ZULASSEN.

   Windows 7 erlauben Sie die Ausführung mit JA (siehe Abbildung 2-3).

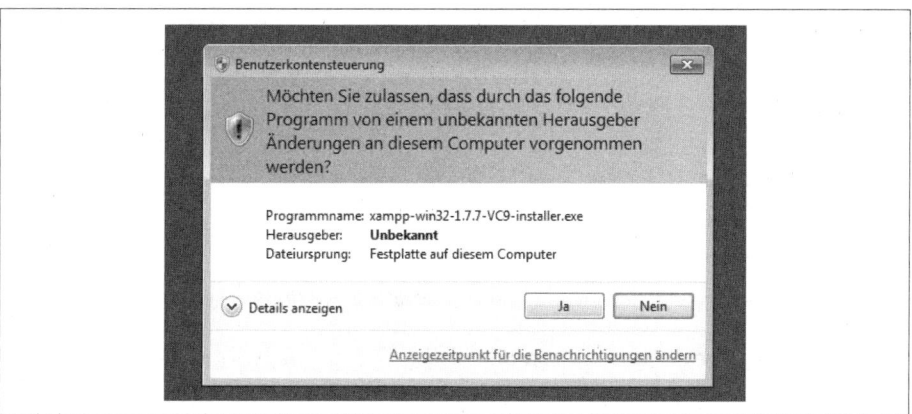

Abbildung 2-3:   Windows 7 und Vista verlangen vor der Ausführung eine Bestätigung. Hier sehen Sie das entsprechende Fenster unter Windows 7.

2. Stellen Sie im erscheinenden Fenster sicher, dass in der Ausklappliste DEUTSCH eingestellt ist, und klicken Sie anschließend auf OK (siehe Abbildung 2-4).

Unter Windows 7 und Vista nicken Sie die jetzt folgende Warnung ebenfalls mit OK ab.

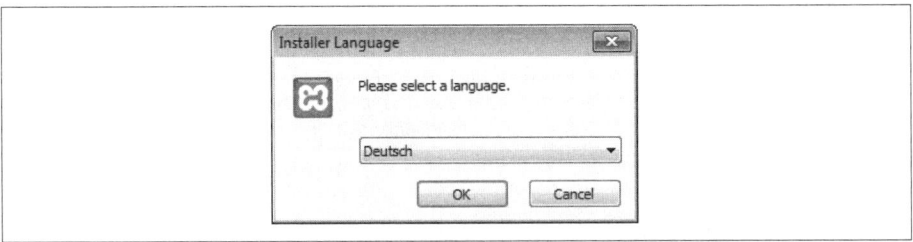

Abbildung 2-4: Der Installationsassistent von XAMPP spricht die in diesem Fenster eingestellte Sprache.

3. Jetzt meldet sich der Installationsassistent, in dem Sie auf WEITER klicken. Das vorgeschlagene Installationsverzeichnis aus Abbildung 2-5 übernehmen Sie ebenfalls mit WEITER, und schließlich lassen Sie im letzten Schritt alle Anwendungen INSTALLIEREN. Dabei öffnen und schließen sich zwischenzeitlich weitere Fenster. Sobald der Assistent seine Arbeit erledigt hat, beenden Sie ihn über FERTIG STELLEN.

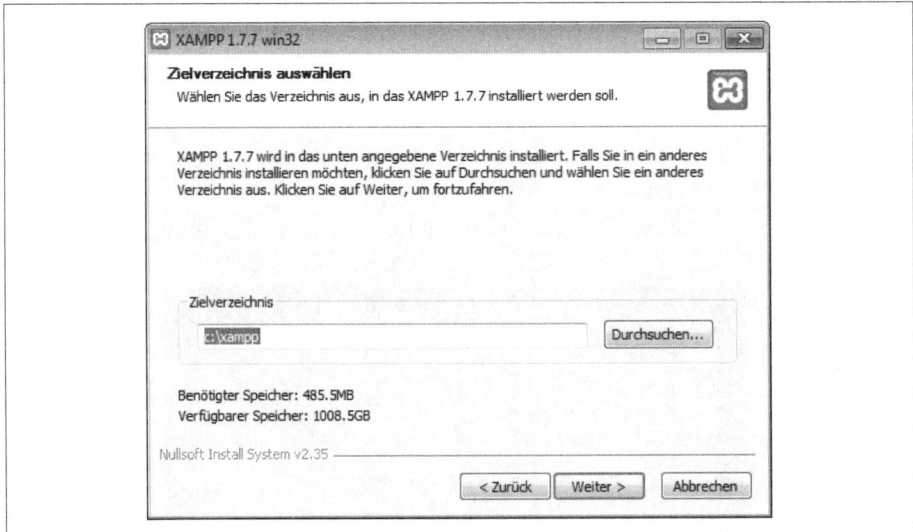

Abbildung 2-5: Das vom Assistenten vorgeschlagene Installationsverzeichnis übernehmen Sie einfach.

4. Seine letzte Frage beantworten Sie mit JA. Damit öffnet sich das *XAMPP Control Panel* aus Abbildung 2-6, über das Sie die in XAMPP enthaltenen Anwendungen komfortabel starten und stoppen können.

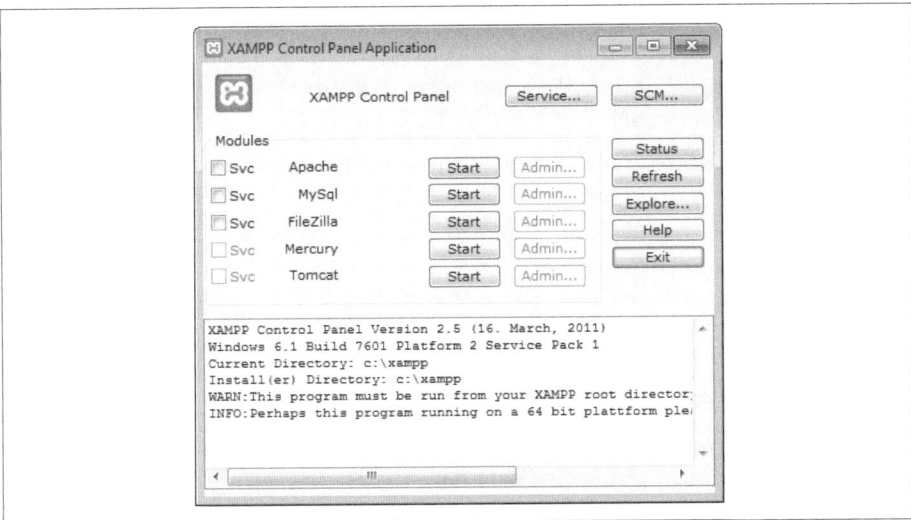

Abbildung 2-6: Über das XAMPP Control Panel starten Sie den Webserver Apache und die Datenbank MySQL.

Sollte dabei eine kryptische Fehlermeldung erscheinen (»XAMPP Component Status Check failure«), bestätigen Sie diese einfach mit OK. Das Control Panel sollte trotzdem einwandfrei funktionieren. Wenn nicht, müssen Sie XAMPP über das ZIP-Archiv installieren. Mehr dazu erfahren Sie im nachfolgenden Abschnitt »Lokale Testumgebung mit XAMPP«.

5. Klicken Sie im XAMPP Control Panel auf den START-Knopf rechts neben APACHE.

6. Jetzt meldet sich sehr wahrscheinlich die in Windows eingebaute Firewall. Unter Windows XP und Vista wählen Sie WEITERHIN BLOCKEN, und bei Windows 7 entscheiden Sie sich für ABBRECHEN (siehe Abbildung 2-7).

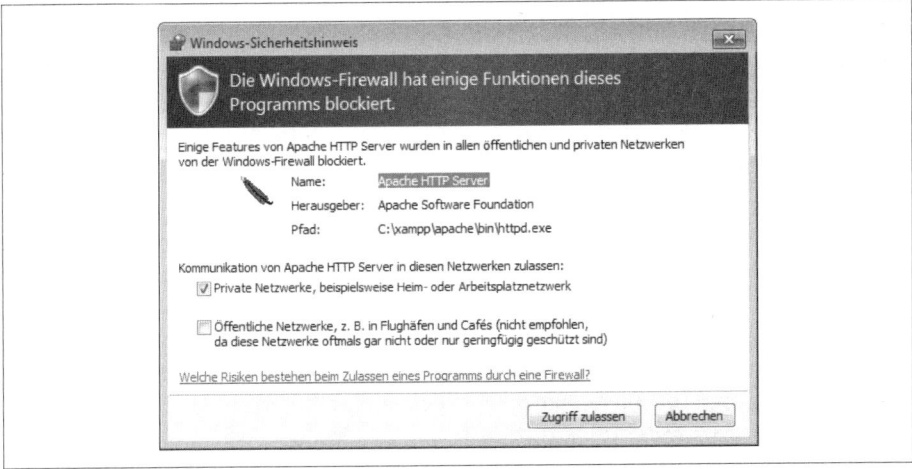

Abbildung 2-7: Sobald Sie Apache und MySQL zum ersten Mal starten, meldet sich die in Windows eingebaute Firewall – hier das Fenster aus Windows 7.

7. Klicken Sie im XAMPP Control Panel auf den START-Knopf rechts neben MySQL.

8. Wenn sich die Windows-Firewall meldet, wählen Sie unter Window XP und Vista erneut WEITERHIN BLOCKEN, im Fall von Windows 7 wieder ABBRECHEN.

9. Im XAMPP Control Panel sollte jetzt wie in Abbildung 2-8 rechts neben APA-CHE und MySQL jeweils ein grün hinterlegtes RUNNING aufleuchten. Lassen Sie das Fenster unbedingt weiterhin geöffnet, Sie können es aber vorübergehend an den Bildschirmrand verschieben.

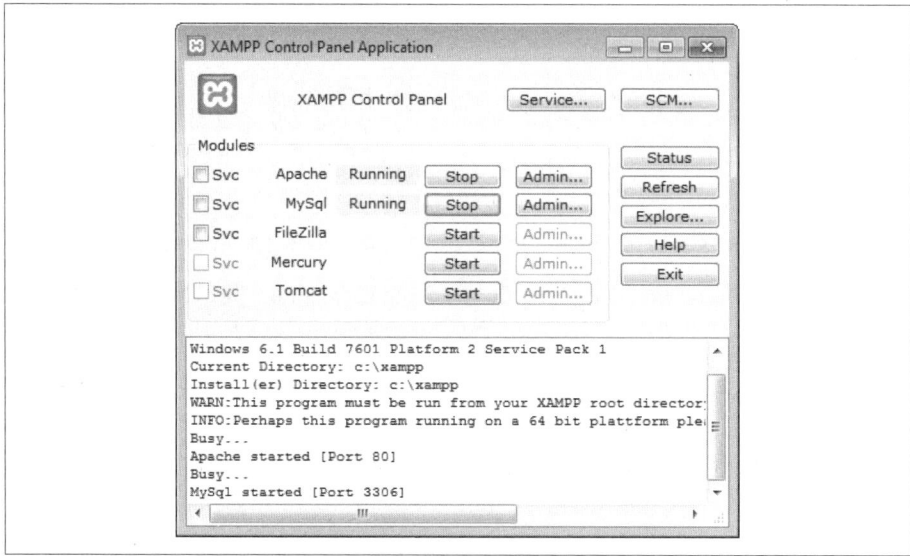

Abbildung 2-8:   Wenn das XAMPP Control Panel so aussieht, laufen Apache und MySQL.

Linux-Anwender haben es etwas einfacher:

1. Mounten Sie die beiliegende CD (bei vielen aktuellen Distributionen geschieht dies automatisch, nachdem Sie die CD eingelegt haben).

2. Öffnen Sie ein Terminal, und gehen Sie folgenden Befehl ein:

```
##
sudo tar xvfz /media/cdrom/xampp/Linux/xampp-linux-1.7.7.tar.gz -C /opt
##
```

Ersetzen Sie dabei /media/cdrom durch den Pfad zum Inhalt der CD (meist ein Unterverzeichnis von /media). Das Kommando schicken Sie mit der Eingabetaste ab. Anschließend müssen Sie ein Administrator- beziehungsweise root-Passwort eintippen. In der Regel haben Sie dieses bei der Installation von Linux vergeben (probieren Sie im Zweifelsfall Ihr eigenes aus).

3. Starten Sie alle in XAMPP mitgelieferten Anwendungen über folgenden Befehl:

```
sudo /opt/lampp/lampp start
```

4. Lassen Sie das Terminal-Fenster für den gleich folgenden zweiten Teil noch geöffnet.

Besitzer von Mac OS X ab Version 10.4 nehmen folgenden Weg:

1. Legen Sie die beiliegende CD in Ihr Laufwerk, und doppelklicken Sie auf das zugehörige Symbol auf dem Schreibtisch. (Falls Ihr Computer kein optisches Laufwerk besitzt, müssen Sie entweder den Inhalt der CD mit einem anderen Rechner auf einen USB-Stick kopieren oder aber XAMPP direkt aus dem Internet laden. Diesen zweiten Weg stellt gleich Abschnitt »Lokale Testumgebung mit XAMPP« vor.)

2. Wechseln Sie in den Unterordner *xampp* und weiter nach *MacOSX*. Doppelklicken Sie auf die Datei *xampp-macosx-1.7.3.dmg*.

3. Im nun erscheinenden Fenster (siehe Abbildung 2-9) ziehen Sie das Ordnersymbol XAMPP nach rechts auf das Symbol APPLICATIONS. Es dauert jetzt einen Moment, bis das XAMPP-Paket installiert ist.

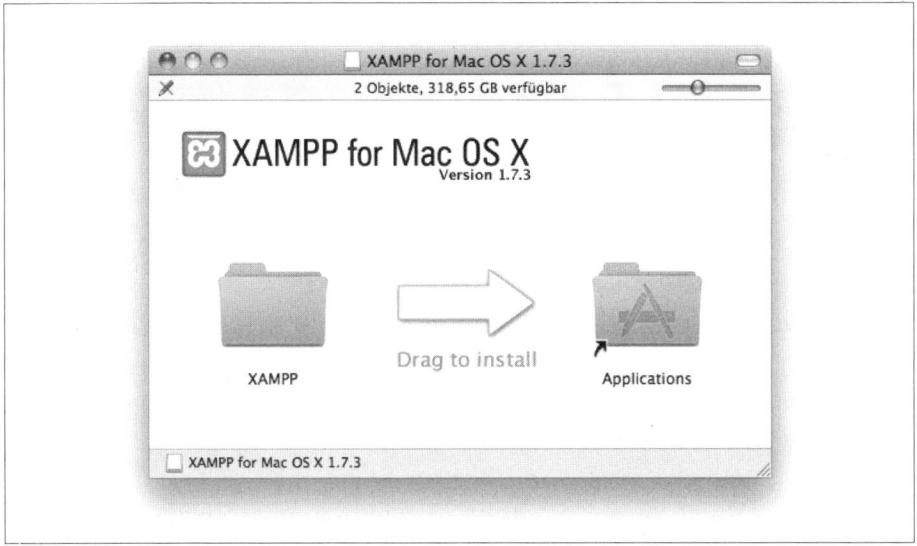

Abbildung 2-9: Um XAMPP unter Mac OS X zu installieren, müssen Sie nur das Symbol zur Linken in den Ordner zur Rechten werfen.

4. Nachdem das kleine Fenster mit dem Fortschrittsbalken wieder verschwunden ist, öffnen Sie in einem Finder-Fenster die *Programme* (beispielsweise via GEHE ZU → PROGRAMME in der Menüleiste), wechseln in den Ordner *XAMPP* und starten dort mit einem Doppelklick *XAMPP Control*. Über dieses kleine Hilfsprogramm können Sie die in XAMPP enthaltenen Anwendungen komfortabel starten und stoppen.

5. Bestätigen Sie die Sicherheitsabfrage mit ÖFFNEN. Es erscheinen jetzt die zwei Fenster ERSTE SCHRITTE und CONTROLS, die sich unter Umständen gegenseitig verdecken (siehe Abbildung 2-10).

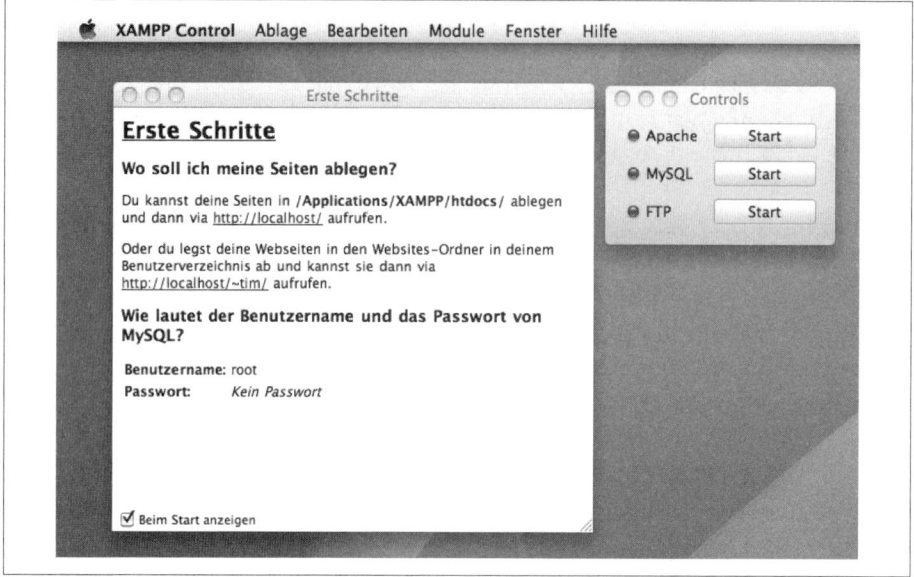

Abbildung 2-10:   Die Anwendung XAMPP Control startet unter Mac OS X den Webserver Apache und die Datenbank MySQL.

6. Wählen Sie aus der Menüleiste MODULE → APACHE STARTEN, und geben Sie erneut das Administrator-Passwort ein.

7. Im CONTROLS-Fenster sollte links neben APACHE der Kreis grün leuchten.

8. Wählen Sie aus der Menüleiste MODULE → MYSQL STARTEN. Falls Mac OS X Sie dazu auffordert, geben Sie wieder das Administrator-Passwort ein.

9. Im CONTROLS-Fenster sollte jetzt auch neben MYSQL eine grüne Lampe leuchten.

10. Lassen Sie das Programm XAMPP Control bei allen weiteren Aktionen noch geöffnet.

Zweiter Teil: Joomla! entpacken

Als Nächstes gilt es, das Joomla!-Archiv in das richtige Verzeichnis zu entpacken.

Windows-Anwender können dazu den eingebauten Assistenten verwenden:

1. Wechseln Sie wieder auf die CD und dort weiter in das Verzeichnis *Joomla25*.

2. Klicken Sie jetzt mit der rechten Maustaste auf die Datei *Joomla_2.5.0-Stable-Full_Package.zip*. (Wenn Windows bei Ihnen die Endung *.zip* nicht anzeigt,

parken Sie den Mauszeiger kurzzeitig auf den einzelnen Dateien. Die richtige besitzt den TYP *ZIP-komprimierter Ordner*.)

3. Wählen Sie aus dem erscheinenden Kontextmenü den Punkt ALLE EXTRAHIE-REN... Es erscheint jetzt ein kleiner Assistent (siehe Abbildung 2-11).

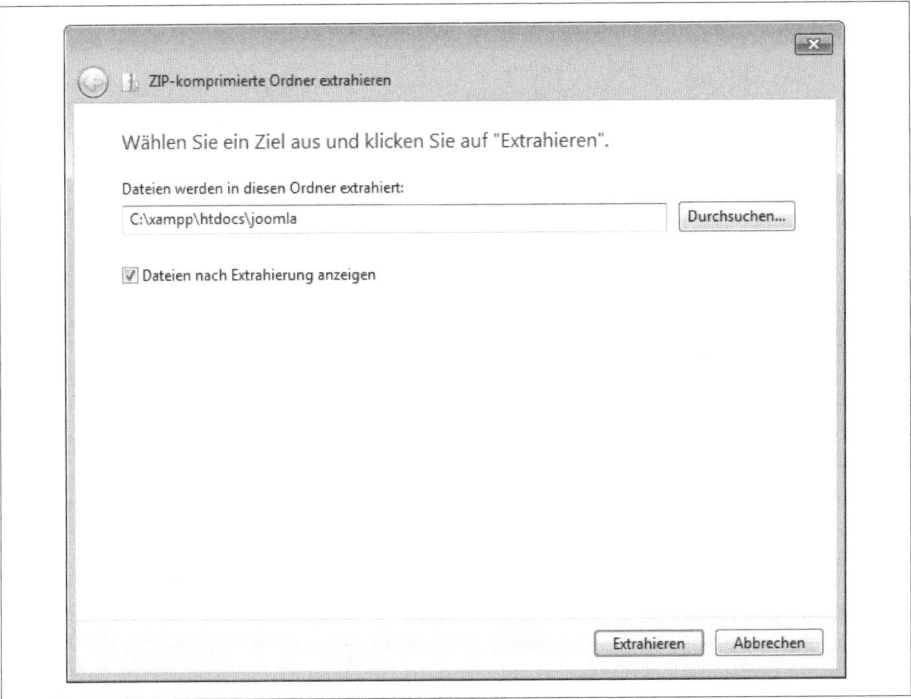

Abbildung 2-11: Unter Windows entpackt ein Assistent das Joomla!-Archiv. Hier sehen Sie die Variante aus Windows 7.

4. Unter Windows 7 und Vista tippen Sie in sein Eingabefeld *c:\xampp\htdocs\ joomla* ein und klicken auf EXTRAHIEREN.

Windows XP-Anwender klicken einmal auf WEITER, tippen in das Eingabefeld *c:\xampp\htdocs\joomla* und klicken wieder auf WEITER.

Achten Sie in jedem Fall auf die korrekte Schreibweise des Verzeichnisnamens (wie in Abbildung 2-11)!

5. Es dauert jetzt einen Moment, bis Joomla! auf der Festplatte entpackt wurde. Unter Windows XP müssen Sie abschließend noch den Assistenten per FERTIG STELLEN schließen.

Unter Linux geht das Entpacken wieder einmal etwas schneller:

1. Legen Sie zunächst ein Verzeichnis für Joomla! an. Dazu tippen Sie im Termi-nal-Fenster den folgenden Befehl ein:

```
sudo mkdir /opt/lampp/htdocs/joomla
```

2. Nachdem Sie ihn mit der Eingabetaste abgeschickt haben, entpacken Sie Joomla! mit dem Befehl:

```
sudo tar xvfz /media/cdrom/Joomla25/Joomla_2.5.0-Stable-Full_Package.tar.gz -C
/opt/lampp/htdocs/joomla
```

/media/cdrom tauschen Sie wieder gegen das Verzeichnis zu den CD-Inhalten.

3. Abschließend müssen Sie noch die Zugriffsrechte anpassen:

```
sudo chmod -R 777 /opt/lampp/htdocs/joomla
```

Warnung   Nach diesem Befehl dürfen alle Benutzer und Programme den Inhalt des *joomla*-Verzeichnisses verändern. In einer Testinstallation sorgt das für ein bequemeres Arbeiten, zudem kann man bei Problemen schneller selbst eingreifen. Später auf einem Server sollten Sie hingegen die Zugriffsrechte gezielt einschränken. Mehr dazu folgt noch in Abschnitt »Aufspielen auf den Server«.

Mac OS X-Anwender verfahren wie folgt:

1. Wechseln Sie wieder auf die CD in den Ordner *Joomla25*.

   Da sich das in Mac OS X eingebaute Archivprogramm etwas stur gibt, werden jetzt ziemlich viele Mausklicks fällig.

2. Doppelklicken Sie auf die Datei *Joomla_2.5.0-Stable-Full_Package.zip*. Mac OS X öffnet jetzt Ihren *Downloads*-Ordner in einem neuen Finder-Fenster und entpackt darin das Joomla!-Archiv.

3. Benennen Sie den dabei erstellten Ordner *Joomla_2.5.0-Stable-Full_Package* in *joomla* um (indem Sie mit der Maus einmal auf den Namen unterhalb des Symbols klicken, **joomla** eintippen und die Eingabetaste beziehungsweise Zeilenschaltung drücken.)

4. Kopieren Sie den Ordner *joomla* in den Ordner */Programme/XAMPP/xamppfiles/htdocs*. Dabei verlangt Mac OS X wieder Ihr Administrator-Passwort.

5. Abschließend müssen Sie noch die Zugriffsrechte anpassen. Stellen Sie dazu sicher, dass der Ordner *joomla* markiert ist. Dann rufen Sie ABLAGE → INFORMATIONEN auf, klicken unter FREIGABE & ZUGRIFFSRECHTE rechts neben EVERYONE auf KEINE RECHTE und wählen aus der Liste LESEN & SCHREIBEN (siehe Abbildung 2-12).

6. Klicken Sie anschließend auf das Schlosssymbol, geben Sie wieder Ihr Administrator-Passwort ein, öffnen Sie wie in Abbildung 2-12 die Ausklappliste hinter dem Zahnradsymbol, entscheiden Sie sich für AUF ALLE UNTEROBJEKTE ANWENDEN..., und bestätigen Sie die Nachfrage mit OK.

Warnung   Mit diesen Einstellungen dürfen alle Benutzer und Programme den Inhalt des *joomla*-Verzeichnisses verändern. In einer Testinstallation sorgt das für ein bequemeres Arbeiten, zudem kann man bei Problemen schneller selbst eingreifen. Später auf einem Server sollten Sie hingegen die Zugriffsrechte gezielt einschränken. Mehr dazu folgt noch in Abschnitt »Aufspielen auf den Server«.

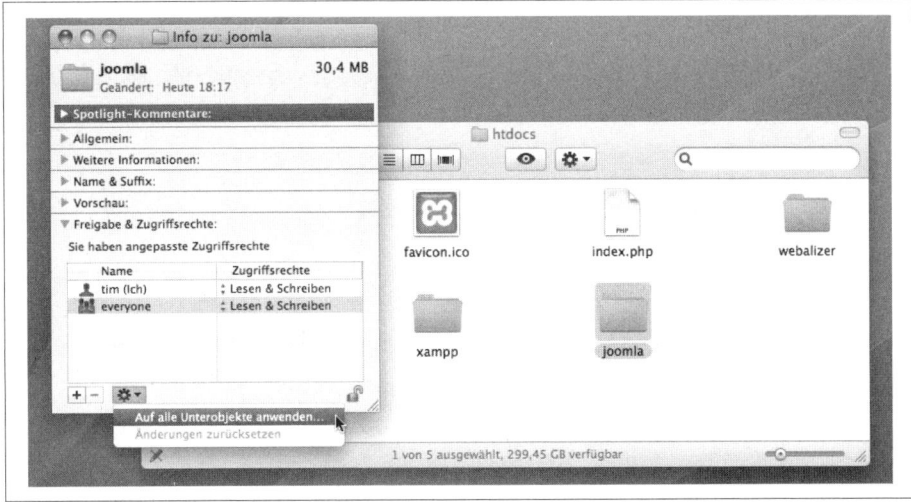

Abbildung 2-12: So müssen die Zugriffsrechte unter Mac OS X aussehen, damit die eigentliche Joomla!-Installation gelingt. Die sonst noch in diesem Fenster angezeigten Informationen wurden zur besseren Übersichtlichkeit eingeklappt.

Dritter Teil: Joomla! installieren

Der letzte Teil der Installation läuft jetzt unter allen Betriebssystemen gleich ab:

1. Starten Sie Ihren Internet-Browser, und steuern Sie die Internetadresse *http://localhost/joomla* an.

2. Es meldet sich jetzt der Installationsassistent aus Abbildung 2-13, in dem Sie zunächst sicherstellen, dass in der angezeigten Liste GERMAN (DE-CH-AT) ausgewählt ist. Die Installation – und nur die – erfolgt dann gleich in Deutsch.

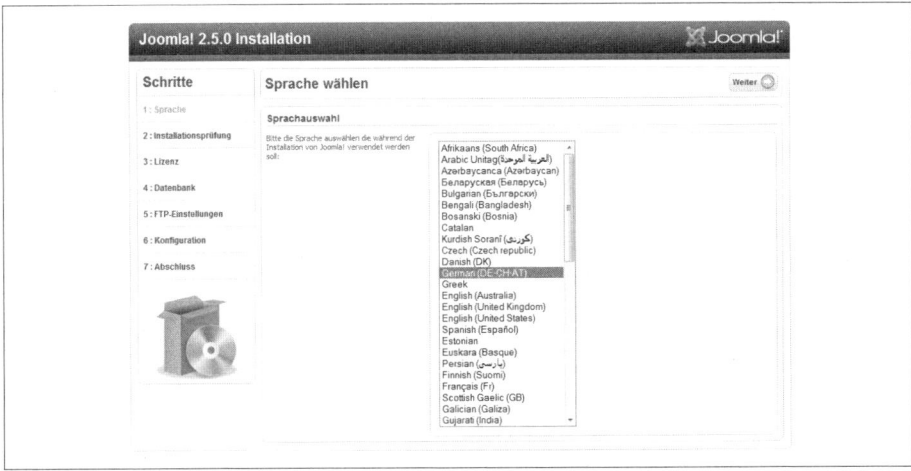

Abbildung 2-13: Die eigentliche Installation von Joomla! geschieht im Browser.

3. Klicken Sie jetzt so lange in der rechten oberen Ecke auf WEITER, bis Sie im vierten Schritt bei der KONFIGURATION DER DATENBANK angekommen sind. Tippen Sie hier wie in Abbildung 2-14 unter BENUTZERNAME **root** und als DATENBANKNAME **joomla** ein. Den TABELLENPRÄFIX ändern Sie auf **jos_**.

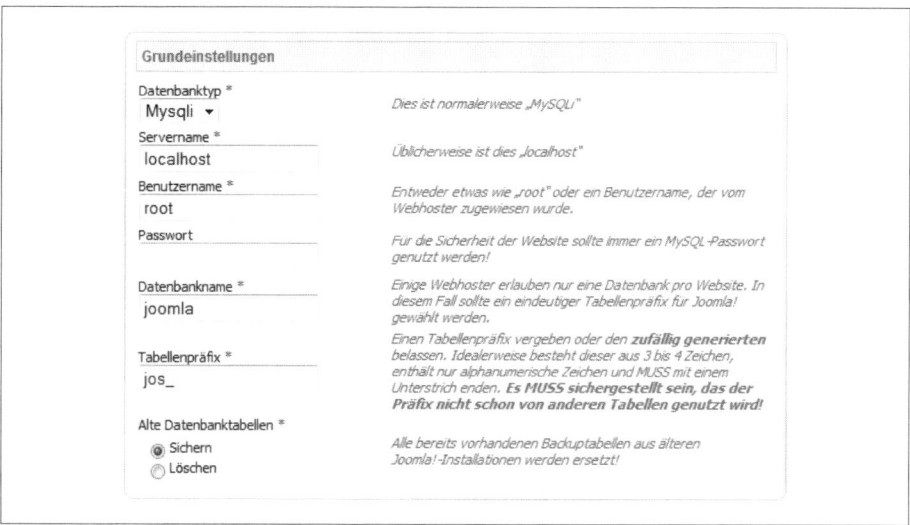

Abbildung 2-14:   Die Datenbankeinstellungen für eine Installation unter XAMPP.

4. Klicken Sie zweimal auf WEITER, bis Sie zur HAUPTKONFIGURATION aus Abbildung 2-15 gelangen. Unter NAME geben Sie den Titel Ihres Internetauftritts ein, wie etwa **Kinoportal**. Darunter hinterlassen Sie noch Ihre E-MAIL-Adresse. Da Joomla! an sie wichtige Statusmeldungen verschickt, sollte sie existieren. Überlegen Sie sich jetzt ein Passwort, und tippen Sie es unter ADMINISTRATOR-PASSWORT sowie noch einmal zur Kontrolle unter ADMINISTRATOR-PASSWORT BESTÄTIGEN ein. Mit diesem Passwort erhalten Sie gleich Zutritt zur Kommandozentrale von Joomla! – merken Sie es sich folglich gut. Klicken Sie jetzt noch auf den Knopf BEISPIELDATEN INSTALLIEREN. Damit bevölkern gleich schon ein paar Beispielartikel Ihre Homepage.

5. Es geht wieder einen Schritt WEITER. Wie von Joomla! verlangt, beseitigen Sie jetzt das Verzeichnis *installation*, indem Sie auf INSTALLATIONSVERZEICHNIS LÖSCHEN klicken.

Damit ist Joomla! installiert. Unter

- *http://localhost/joomla* finden Sie die Homepage Ihres Internetauftritts (wie in Abbildung 2-16) und unter

- *http://localhost/joomla/administrator* die Tür zur Kommandobrücke. Letztgenannte betreten Sie, indem Sie **admin** als Benutzername und das bei der Installation ausgedachte Passwort eingeben.

Grundeinstellungen

Name *   Kinoportal

▷ Erweiterte Einstellungen (optional)

stätigen

E-Mail *   tischuer@yahoo.de

Admin-Benutzername *   admin

Administrator-Passwort *   ••••••

Administrator-Passwort bestätigen *   ••••••

Beispieldaten   Standard-Beispieldaten: Englisch (GB) ▾

Beispieldaten wurden installiert!

Abbildung 2-15: In der Hauptkonfiguration bestimmen Sie den Titel der Webseite sowie Ihre Anmeldedaten.

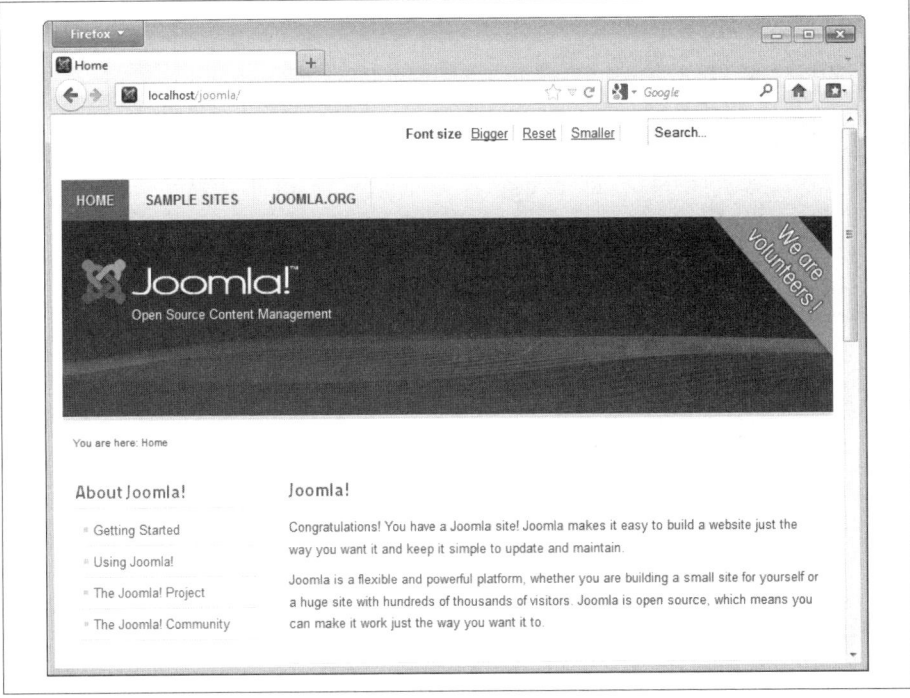

Abbildung 2-16: Am Ende der Installation steht diese Beispielhomepage.

Vierter Teil: Deutsches Sprachpaket installieren

Mit den obigen Schritten haben Sie im Schnelldurchgang eine funktionierende Joomla!-Installation auf die Festplatte gebannt, die allerdings im Moment nur Englisch spricht. Weitere Sprachen bringt man dem Content-Management-System über sogenannte Sprachpakete bei. Damit Joomla! Deutsch spricht, gehen Sie wie folgt vor:

1. Steuern Sie in einem Browser die Adresse *http://localhost/joomla/administrator* an.

2. Geben Sie **admin** unter USER NAME sowie das bei der Installation gewählte Passwort unter PASSWORD ein, und klicken Sie auf LOG IN.

3. In der Kommandozentrale von Joomla! rufen Sie den Menüpunkt EXTENSIONS → EXTENSION MANAGER auf (siehe Abbildung 2-17).

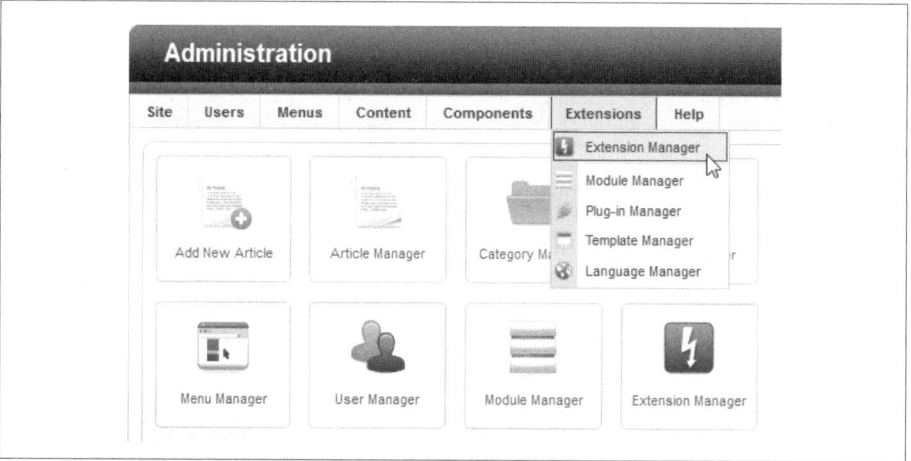

Abbildung 2-17:   Die Sprachpakete installiert man in der Kommandobrücke von Joomla! über einen eigenen Manager.

4. Klicken Sie wie in Abbildung 2-18 auf DURCHSUCHEN... (beziehungsweise BROWSE... bei einem englischen Browser), und wählen Sie im neuen Fenster auf der CD im Verzeichnis *Sprachpaket* die Datei *de-DE_joomla_lang_full_2.5.0v1.zip* aus.

5. Klicken Sie auf UPLOAD & INSTALL. Eine Erfolgsmeldung erscheint.

6. Rufen Sie aus dem Menü EXTENSIONS → LANGUAGE MANAGER auf.

7. Markieren Sie wie in Abbildung 2-19 in der zweiten Spalte die Zeile GERMAN (GERMANY-SWITZERLAND-AUSTRIA), und klicken Sie auf DEFAULT. Es erscheint eine blaue Erfolgsmeldung in englischer Sprache.

8. Klicken Sie oberhalb der Erfolgsmeldung auf INSTALLED – ADMINISTRATOR, markieren Sie erneut in der zweiten Spalte der Tabelle die Zeile GERMAN (GERMANY-SWITZERLAND-AUSTRIA), und klicken Sie auf DEFAULT.

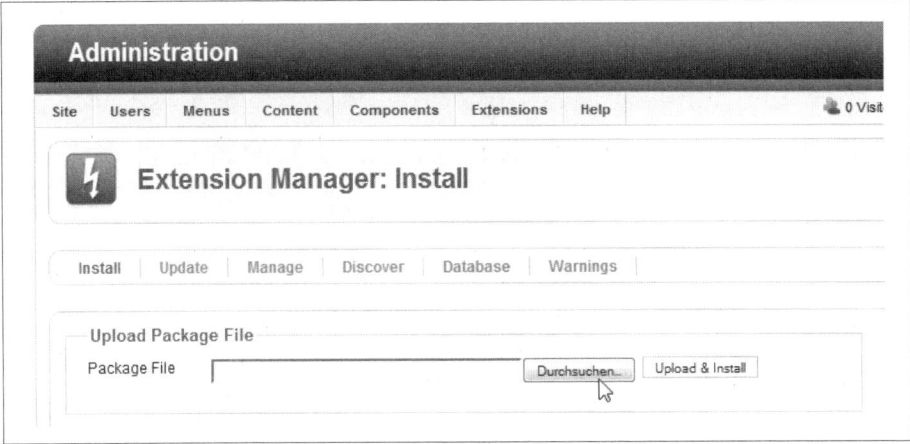

Abbildung 2-18: Per DURCHSUCHEN... wählt man das zu installierende Sprachpaket aus.

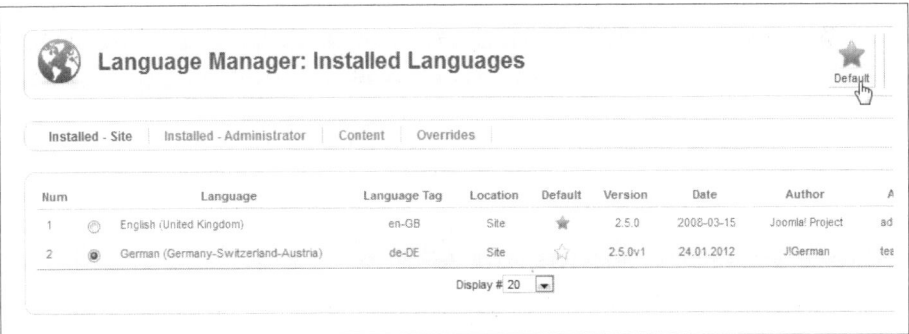

Abbildung 2-19: Im Language Manager ändern Sie die Sprache der Benutzeroberfläche.

Damit spricht Joomla! endlich Deutsch. Um die Steuerzentrale zu verlassen, klicken Sie rechts oben in der Ecke auf ABMELDEN.

Anwendungen beenden und löschen

Wenn Sie mit der Arbeit in und an Joomla! fertig sind, müssen Sie den Webserver und die Datenbank kontrolliert beenden. Andernfalls drohen Datenverluste!

- Unter Windows klicken Sie dazu im XAMPP Control Panel auf STOP rechts neben MYSQL und APACHE. Schließen Sie dann das Fenster über EXIT.
- Linux-Nutzer tippen in das Terminal-Fenster den Befehl

```
sudo /opt/lampp/lampp stop
```

ein, drücken die Eingabetaste und tippen auf Nachfrage ihr Administrator- beziehungsweise das root-Passwort ein.

- Wenn Sie Mac OS X verwenden, klicken Sie im Fenster CONTROLS der Anwendung XAMPP Control nacheinander auf STOP neben MYSQL und APACHE. (Alternativ rufen Sie aus dem Menü MODULE → MYSQL STOPPEN, gefolgt von MODULE → APACHE STOPPEN, auf.)

Sollten Sie beim Experimentieren das installierte Joomla!-System zerstört haben oder es aus einem anderen Grund neu installieren möchten, müssen Sie lediglich das Verzeichnis *joomla* löschen. Sie finden es unter

- Windows im Verzeichnis *c:\xampp\htdocs*.
- Linux im Verzeichnis */opt/lampp/htdocs* (dort müssen Sie es als Administrator beziehungsweise Benutzer root löschen).
- Mac OS X im Verzeichnis */Programme/XAMPP/xamppfiles/htdocs*.

Anschließend folgen Sie wieder der obigen Schnellinstallationsanleitung, beginnen aber direkt mit dem zweiten Teil.

Mit den obigen Schritten haben Sie im Schnelldurchgang eine funktionierende Joomla!-Installation auf die Festplatte gebannt. Die nachfolgenden Abschnitte in diesem Kapitel beleuchten noch einmal etwas ausführlicher die bis hierhin durchgeführten Schritte. Dort erfahren Sie, wofür die ganzen bislang übersprungenen Einstellungen gut sind, wann Sie sie benötigen und wo typischerweise Probleme lauern.

Lokale Testumgebung mit XAMPP

Am einfachsten und schnellsten schafft man eine lokale Testumgebung für Joomla! mit dem XAMPP-Paket. Es enthält alle benötigten Anwendungen in passenden Versionen. Nicht umsonst steht das »AMPP« in seinem Namen für die Bestandteile Apache, MySQL, PHP und Perl. Die aktuelle Fassung dieser eierlegenden Wollmilchsau gibt es für alle gängigen Betriebssysteme unter *http://www.xampp.org* (siehe Abbildung 2-20). Das vorangestellte X in seinem Namen repräsentiert diese Vielfalt.

Zum Download gelangen Sie, wenn Sie auf der Startseite weiter nach unten scrollen und dann Ihr jeweiliges Betriebssystem anklicken.

 Tipp   Stellen Sie sicher, dass ganz am oberen Seitenrand *DEUTSCH* ausgewählt ist.

 **Warnung**   Achten Sie vor der Installation von XAMPP darauf, dass nicht schon ein Webserver und MySQL auf Ihrem Computer laufen. Andernfalls würden sie mit den Programmen aus dem XAMPP-Paket kollidieren. Sie sollten daher die schon laufenden Dienste (vorübergehend) abschalten. Unter Linux ist Ihr Paketmanager der erste Ansprechpartner, und Windows-Benutzer finden die äquivalenten Informationen in der Systemsteuerung unter *PROGRAMME* beziehungsweise *SOFTWARE*. Bei Mac OS X suchen Sie den Punkt *FREIGABEN* in den Systemeinstellungen auf.

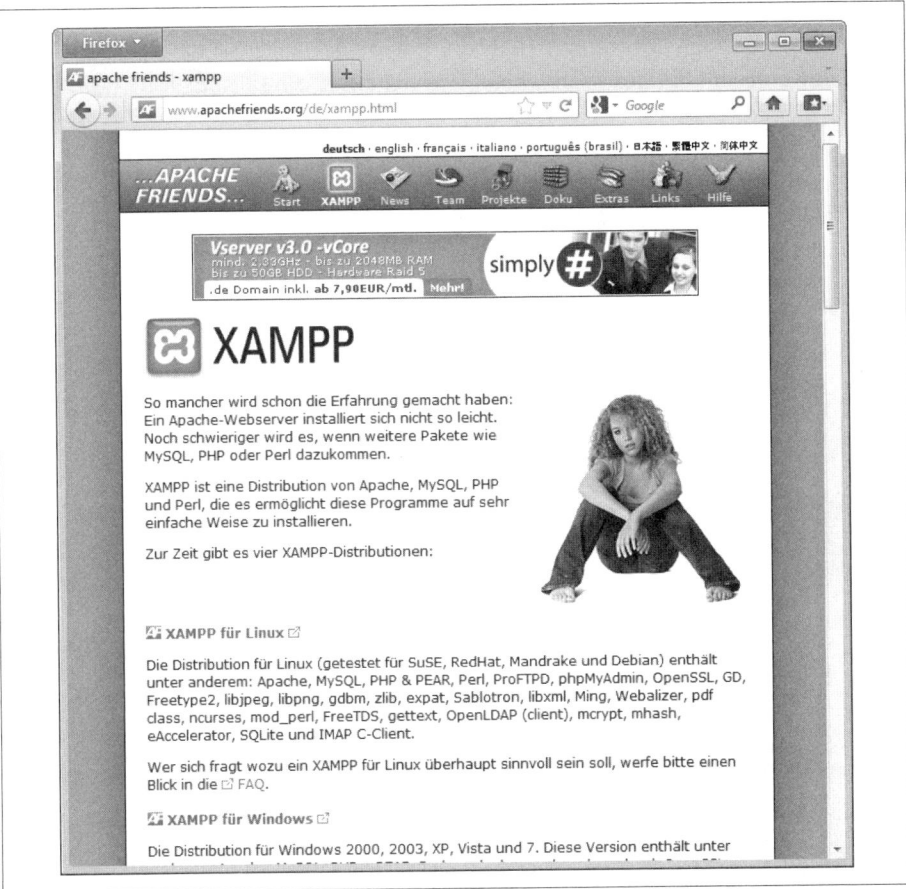

Abbildung 2-20: Die Homepage von XAMPP unter *http://www.xampp.org*

Windows

Windows-Anwender haben die Qual der Wahl. Wer XAMPP noch nicht hat, der benötigt in jedem Fall das Basispaket (siehe Abbildung 2-21). Es wird in drei verschiedenen Geschmacksrichtungen angeboten:

- Die *Installer-Version* bringt ein bequemes Installationsprogramm mit.
- Das gewöhnliche *ZIP*-Archiv muss man mit einem entsprechenden Programm oder der in Windows eingebauten Funktion selbst entpacken.
- Das *7zip*-Archiv ist kleiner als das normale ZIP-Archiv und somit schneller auf dem heimischen PC angelangt, dafür muss man es mit einem entsprechenden Packprogramm, wie etwa 7-Zip (*http://www.7-zip.org*) entpacken.

In der Rubrik XAMPP ADD-ONS gibt es noch einige Zusatzpakete, die Joomla! allerdings nicht benötigt. Mitunter stellen die Entwickler sogenannte Upgrade-Pakete bereit, die eine alte XAMPP-Version auf den neuesten Stand bringen.

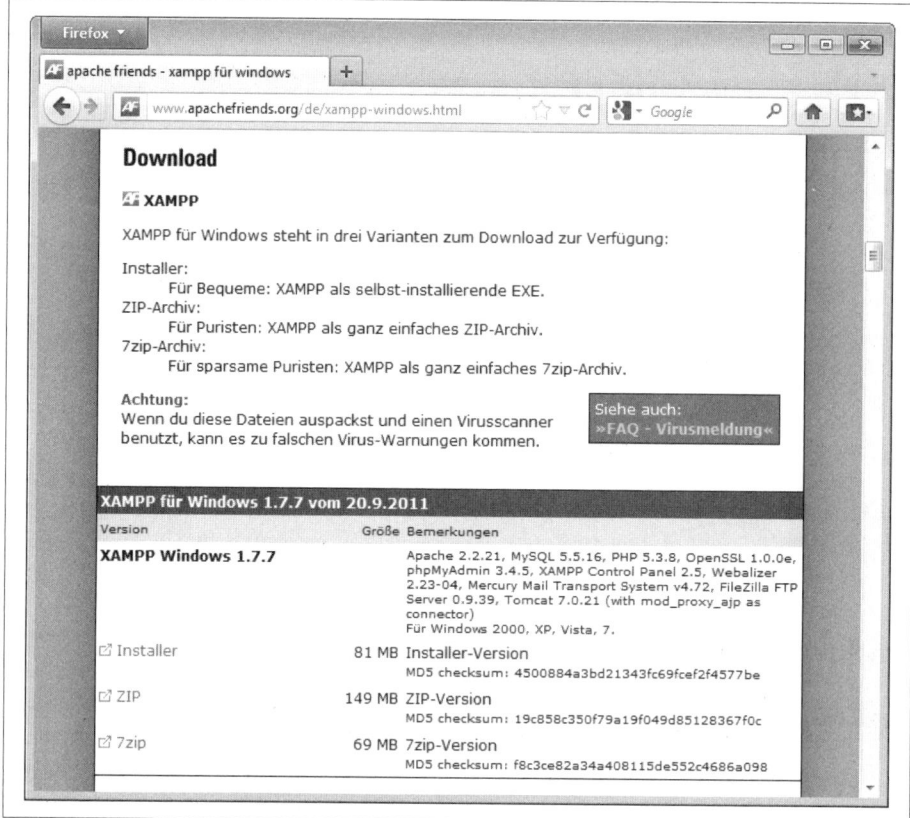

Tipp   Falls Sie jetzt unsicher sind, sollten Sie zur Installer-Version greifen. Sie lässt sich unkompliziert installieren und bei Bedarf auch später wie jede andere Anwendung bequem deinstallieren.

Abbildung 2-21:   Die Downloadseite von XAMPP für Windows

Windows 7 und Vista haben die Benutzerrechte gegenüber Windows XP verschärft. Um Problemen vorzubeugen, sollten Sie XAMPP nicht in das sonst für Anwendungen reservierte Verzeichnis *C:\Programme* beziehungsweise *C:\Programme (x86)* installieren (in der englischen Fassung heißen die Verzeichnisse *C:\Program Files* respektive *C:\Program Files (x86)*). Eine bewährte Ausweichmöglichkeit ist der Ordner *C:\xampp*, wie ihn auch der Installationsassistent vorschlägt. Die im XAMPP-Paket enthaltenen Anwendungen sind übrigens 32-Bit-Anwendungen, sie laufen aber auch problemlos unter einem 64-Bit-Windows. Sie müssen sich folglich keine Gedanken darüber machen, welche Windows-Version Sie gerade einsetzen.

Alle weiteren bekannten Fragen im Zusammenhang mit Windows beantworten die Macher von XAMPP unter *http://www.apachefriends.org/de/faq-xampp-windows. html*. Dort sollten Sie zuerst nachschlagen, wenn XAMPP bei Ihnen nicht so laufen möchte, wie es in den folgenden Abschnitten beschrieben wird. Die Hinweise zu Vista gelten auch für Windows 7.

Installer

Bei der Installer-Version stellen Sie zunächst sicher, dass Sie Administratorrechte besitzen (das ist für gewöhnlich der Fall, wenn Sie alleine an Ihrem Computer arbeiten), und starten die heruntergeladene Datei einfach per Doppelklick. Die eventuell erscheinende Frage der Benutzerkontensteuerung beantworten Sie mit JA beziehungsweise unter Vista mit AUSFÜHREN, gefolgt von ZULASSEN.

Als Nächstes erscheint ein kleiner Assistent, der Sie durch die Installation begleitet. Die von ihm gesprochene Sprache setzen Sie in der Ausklappliste auf DEUTSCH und bestätigen mit OK. Den eventuell angezeigten Hinweis auf die Benutzerkontensteuerung nicken Sie ab.

Nach einem Klick auf WEITER wählen Sie das Verzeichnis, in das die Programme des XAMPP-Pakets installiert werden sollen (siehe Abbildung 2-22). Hier können Sie die Vorgabe einfach übernehmen. Nach einem Klick auf WEITER erscheinen ein paar weitere Einstellungen, die Sie für Joomla! auf ihren Vorgaben belassen. Per INSTALLIEREN spielt der Assistent schließlich alle Komponenten ein.

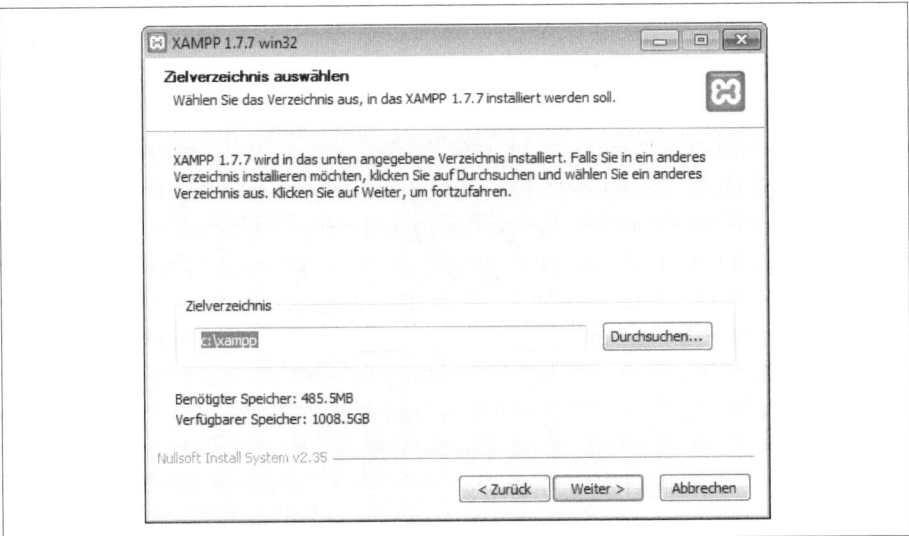

Abbildung 2-22: Dieser Assistent spielt die Installer-Version von XAMPP für Windows ein.

Nach Abschluss der Installation und einem Klick auf FERTIG STELLEN bietet Ihnen der Assistent an, das XAMPP Control Panel zu starten. Mit ihm können Sie bequem die einzelnen Programme starten und stoppen. Gehen Sie deshalb auf das Angebot ein. Unter Windows Vista und 7 erhalten Sie jetzt unter Umständen einen englischen Warnhinweis, der behauptet, das Control Center würde in einem falschen Verzeichnis ausgeführt. Diese Falschmeldung können Sie mit einem Klick auf OK ignorieren.

Später können Sie das XAMPP Control Panel mit einem Doppelklick auf das entsprechende Symbol auf dem Desktop aktivieren. Alternativ erreichen Sie es auch über das Startmenü unter PROGRAMME → APACHE FRIENDS → XAMPP → XAMPP CONTROL PANEL.

ZIP- und 7zip-Archiv

Wenn Sie sich für das ZIP- oder 7zip-Archiv entschieden haben, so benötigen Sie zum einen nicht zwingend Administratorrechte für den Installationsvorgang, und zum anderen werden auch keine Einträge in die sogenannte Registrierung, das Windows-Sammelbecken für Programmeinstellungen und Konfigurationen, geschrieben.

Für das 7zip-Archiv müssen Sie, wie bereits angesprochen wurde, das kostenlose 7-Zip (*http://www.7-zip.org*) bemühen. Um das normale ZIP-Archiv zu entpacken, klicken Sie die Datei im Explorer mit der rechten Maustaste an (siehe Abbildung 2-23) und wählen dort ALLE EXTRAHIEREN... Unter Windows Vista und 7 tippen Sie im neuen Fenster das Zielverzeichnis ein, in das XAMPP installiert werden soll, und klicken auf EXTRAHIEREN (siehe Abbildung 2-24). Bei Windows XP müssen Sie im Assistenten auf WEITER klicken, geben dann in das Eingabefeld das gewünschte Zielverzeichnis ein, lassen das Archiv per WEITER entpacken und klicken anschließend auf FERTIG STELLEN.

Im gewählten Ordner wird noch ein Unterverzeichnis namens *xampp* erstellt, in dem dann sämtliche Programme des Archivs landen (siehe Abbildung 2-25). Wählen Sie beispielsweise *C:\web* als Pfad, so finden Sie die XAMPP-Anwendungen nach dem Entpacken in *C:\web\xampp*. In Abbildung 2-24 würde XAMPP folglich im Verzeichnis *C:\xampp-win32-1.7.7-VC9\xampp* landen.

Um die Einrichtung zu komplettieren, starten Sie nun in diesem Verzeichnis die Datei *setup_xampp.bat* mit einem Doppelklick. Sie richtet alle Programme in ihrem neuen Zuhause ein. Sobald die Meldung aus Abbildung 2-26 erscheint, drücken Sie einfach eine beliebige Taste, um das Fenster zu schließen.

Hinter dem Programm *xampp-control.exe* verbirgt sich das XAMPP Control Panel, über das Sie die einzelnen Programme bequem starten und stoppen können. Aktivieren Sie es jetzt mit einem Doppelklick.

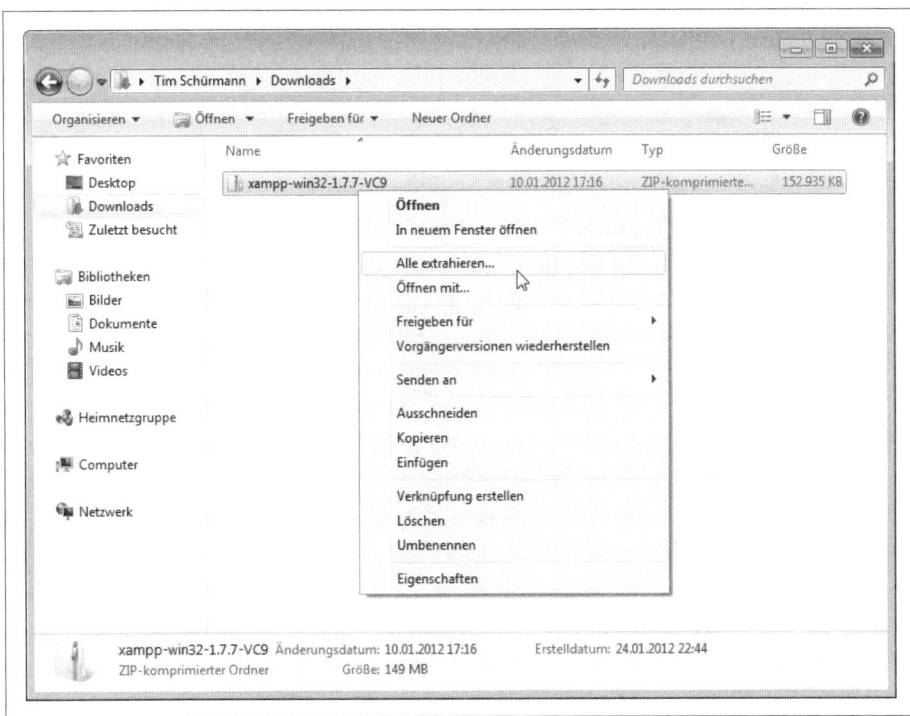

Abbildung 2-23:   Das ZIP-Archiv »installiert« man einfach über die rechte Maustaste ...

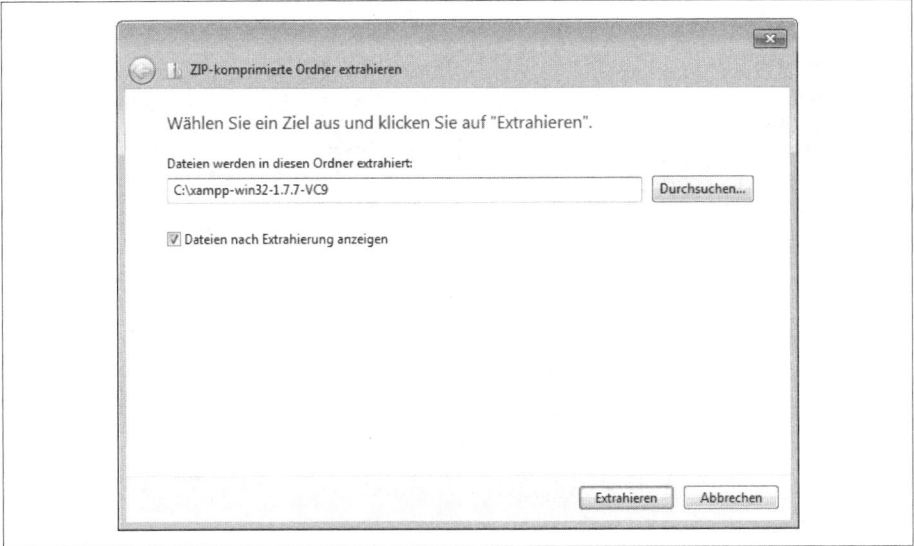

Abbildung 2-24:   ... und den nachfolgenden Assistenten.

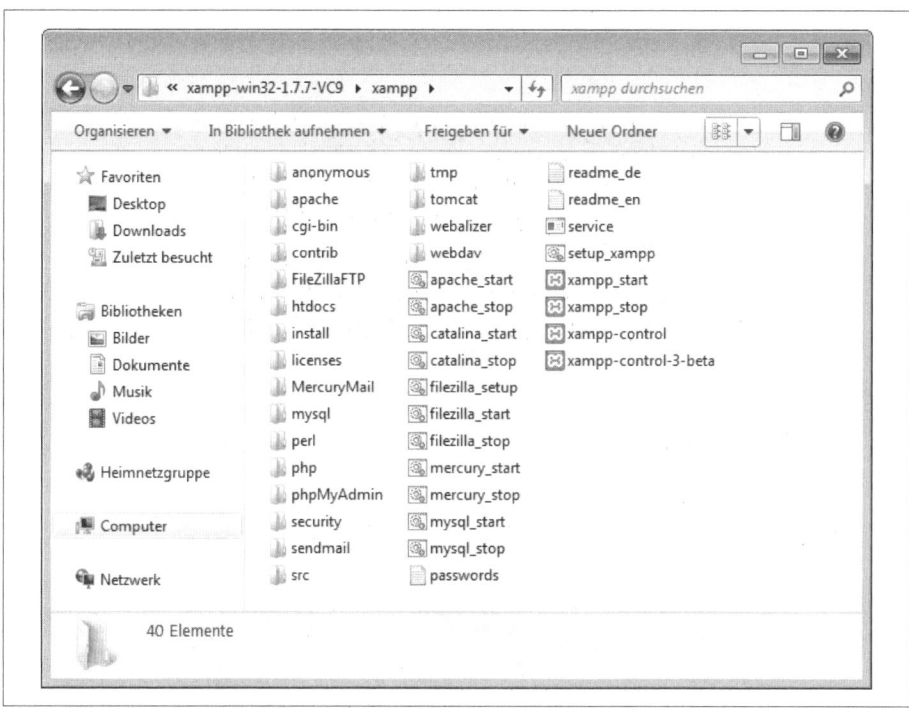

Abbildung 2-25: Nach der Installation findet man im XAMPP-Verzeichnis diese Dateien.

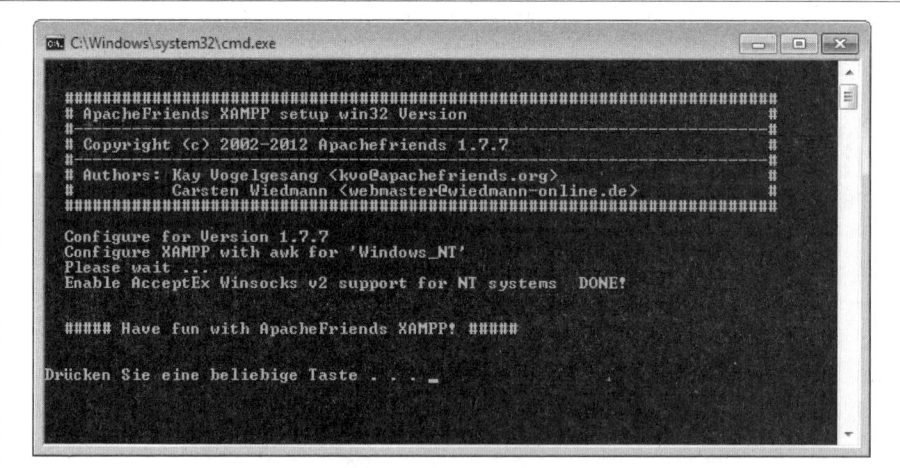

Abbildung 2-26: Hier hat gerade »*setup_xampp.bat*« die notwendige Einrichtung von XAMPP erfolgreich abgeschlossen.

Apache und MySQL starten

Sofern es noch nicht geschehen ist, starten Sie jetzt das XAMPP Control Panel. Für Joomla! müssen lediglich die beiden Programme APACHE und MYSQL laufen. Klicken Sie daher im XAMPP Control Panel auf die entsprechenden START-Schaltflächen. Neben Apache und MySQL sollte nun ein leuchtend grün unterlegtes RUNNING erscheinen (siehe Abbildung 2-27).

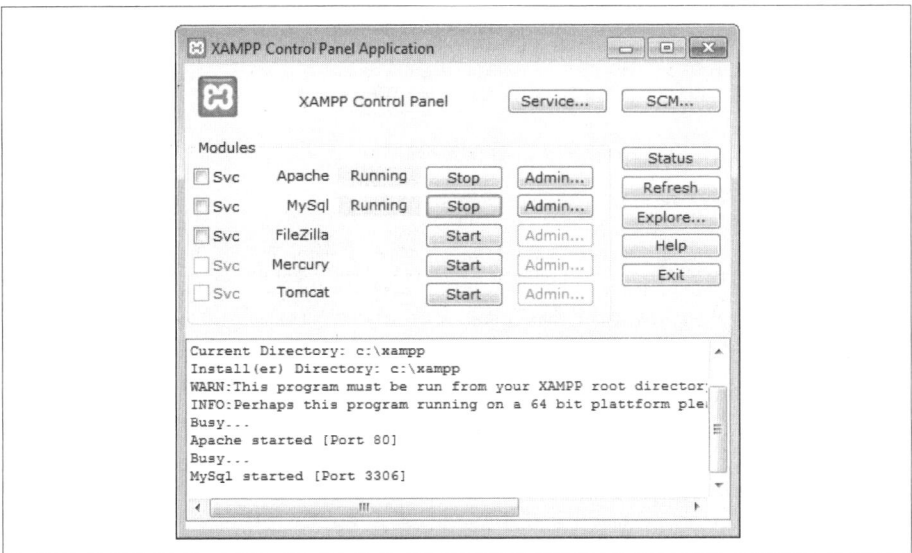

Abbildung 2-27: In diesem Beispiel zeigt das XAMPP Control Panel mit Apache und MySQL zwei laufende Programme an.

Sobald Sie eine der Komponenten aus dem XAMPP-Paket zum ersten Mal starten, meldet sich wie in Abbildung 2-28 die in Windows eingebaute Firewall zu Wort (andernfalls sollten Sie schleunigst Ihre Sicherheitseinstellungen prüfen). Diese lassen Sie die jeweilige Anwendung WEITERHIN BLOCKEN; unter Windows 7 klicken Sie auf ABBRECHEN. Damit können Sie Apache und MySQL nur noch auf Ihrem eigenen Computer nutzen. Es kann also folglich niemand von außen auf das Duo zugreifen und so während Ihrer Tests irgendwelchen Schabernack treiben. Das ist besonders wichtig, da die XAMPP-Anwendungen zugunsten der Nutzerfreundlichkeit (bewusst) einige Sicherheitslöcher aufweisen (dazu gleich noch mehr).

Damit haben beide Anwendungen im Hintergrund ordnungsgemäß ihre Arbeit aufgenommen. Da man von ihnen allerdings keine anderen Rückmeldungen bekommt, sollten Sie das XAMPP Control Panel nicht einfach schließen, sondern so lange geöffnet lassen, bis Sie die Anwendungen über die entsprechenden STOP-Schaltflächen wieder beendet haben. Verlassen Sie zudem die kleine Hilfsanwendung ausschließlich über die EXIT-Schaltfläche. Ansonsten kann es Ihnen passieren, dass einige Dienste noch weiter im Hintergrund ihr Unwesen treiben.

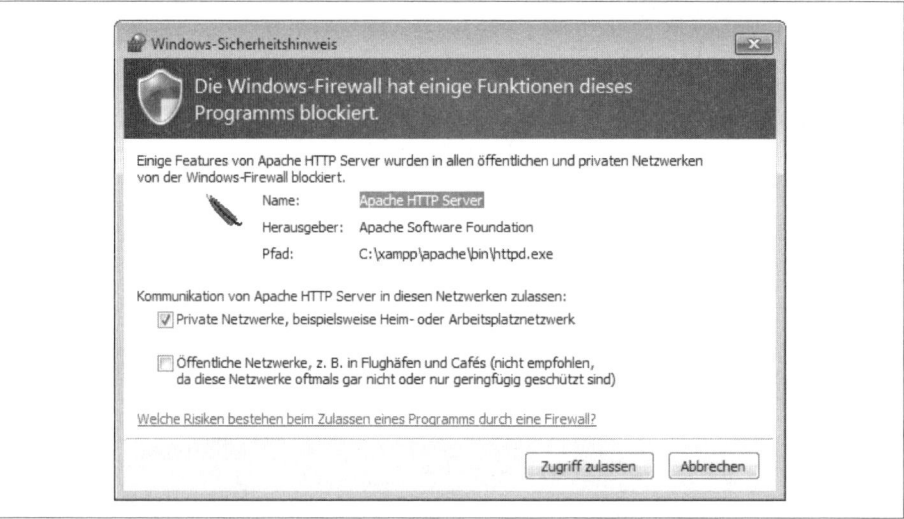

Abbildung 2-28: Die Firewall von Windows sollte sicherheitshalber auch weiterhin Anfragen von außen abblocken.

 Tipp   Wenn es mal schnell gehen soll oder muss, startet das Hilfsprogramm *xampp_start.exe* aus dem XAMPP-Ordner sämtliche mitgelieferten Anwendungen auf einmal – darunter folglich auch Apache und MySQL. Im Gegensatz zum Control Center erhalten Sie hier ein Textfenster mit zahlreichen, wenn auch teilweise etwas kryptischen Statusmeldungen. Solange dieses Fenster geöffnet bleibt, laufen die XAMPP-Anwendungen im Hintergrund. Um sie wieder zu beenden, sollten Sie jedoch unbedingt der Versuchung widerstehen, auf das kleine X in der Titelleiste zu klicken. In diesem Fall würgen Sie die Anwendungen einfach ab, was im schlimmsten Fall eine Zerstörung der Datenbank zur Folge hätte. Verwenden Sie stattdessen ausschließlich das Programm *xampp_stop.exe*. Es fährt alle XAMPP-Komponenten kontrolliert herunter.

Deinstallation

Um alle Anwendungen aus dem XAMPP-Paket wieder loszuwerden, genügt es, bei der Installer-Version im Startmenü unter PROGRAMME → APACHE FRIENDS → XAMPP das Programm UNINSTALL aufzurufen und den Anweisungen am Bildschirm zu folgen. Beim ZIP- und 7zip-Archiv befördert man einfach das komplette XAMPP-Verzeichnis in den Papierkorb.

Linux

Im Vergleich zu Windows-Anwendern haben es Linux-Benutzer einfacher. Hier gibt es nur ein Paket, wie in Abbildung 2-29 zu sehen ist. Das *Upgrade*-Paket bringt eine ältere bestehende XAMPP-Version auf den neuesten Stand. Wer Software für die in XAMPP enthaltenen Anwendungen entwickeln möchte, der darf sich noch das *Entwickler-Paket* schnappen – für Joomla! benötigt man es jedoch nicht.

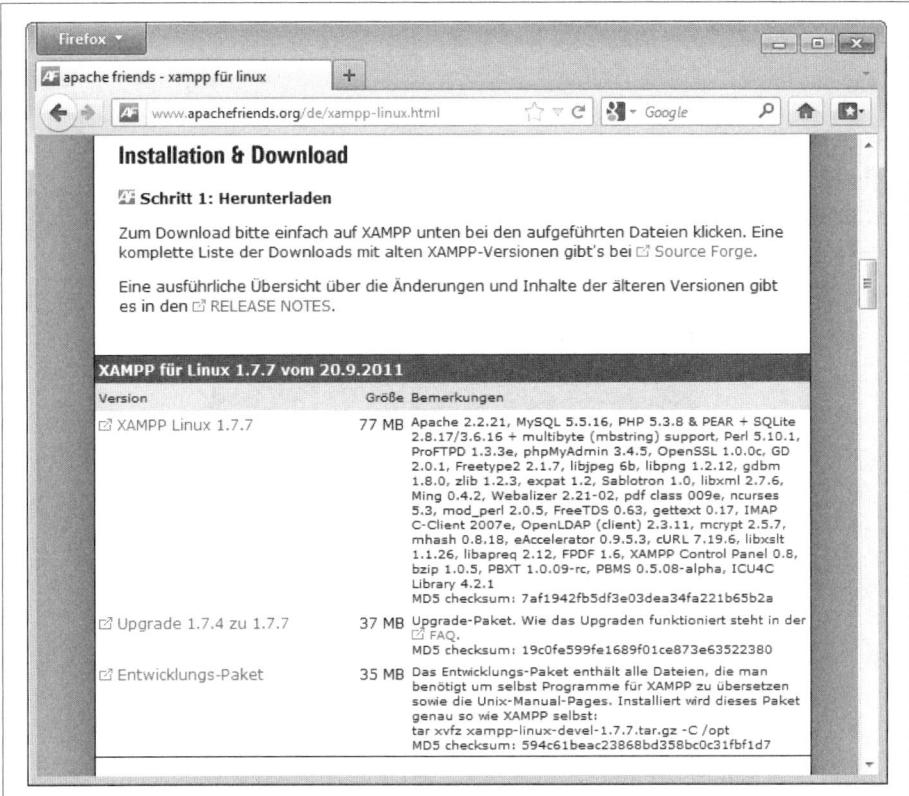

Installation & Download

Schritt 1: Herunterladen

Zum Download bitte einfach auf XAMPP unten bei den aufgeführten Dateien klicken. Eine komplette Liste der Downloads mit alten XAMPP-Versionen gibt's bei ⬀ Source Forge.

Eine ausführliche Übersicht über die Änderungen und Inhalte der älteren Versionen gibt es in den ⬀ RELEASE NOTES.

XAMPP für Linux 1.7.7 vom 20.9.2011

Version	Größe	Bemerkungen
⬀ XAMPP Linux 1.7.7	77 MB	Apache 2.2.21, MySQL 5.5.16, PHP 5.3.8 & PEAR + SQLite 2.8.17/3.6.16 + multibyte (mbstring) support, Perl 5.10.1, ProFTPD 1.3.3e, phpMyAdmin 3.4.5, OpenSSL 1.0.0c, GD 2.0.1, Freetype2 2.1.7, libjpeg 6b, libpng 1.2.12, gdbm 1.8.0, zlib 1.2.3, expat 1.2, Sablotron 1.0, libxml 2.7.6, Ming 0.4.2, Webalizer 2.21-02, pdf class 009e, ncurses 5.3, mod_perl 2.0.5, FreeTDS 0.63, gettext 0.17, IMAP C-Client 2007e, OpenLDAP (client) 2.3.11, mcrypt 2.5.7, mhash 0.8.18, eAccelerator 0.9.5.3, cURL 7.19.6, libxslt 1.1.26, libapreq 2.12, FPDF 1.6, XAMPP Control Panel 0.8, bzip 1.0.5, PBXT 1.0.09-rc, PBMS 0.5.08-alpha, ICU4C Library 4.2.1 MD5 checksum: 7af1942fb5df3e03dea34fa221b65b2a
⬀ Upgrade 1.7.4 zu 1.7.7	37 MB	Upgrade-Paket. Wie das Upgraden funktioniert steht in der ⬀ FAQ. MD5 checksum: 19c0fe599fe1689f01ce873e63522380
⬀ Entwicklungs-Paket	35 MB	Das Entwicklungs-Paket enthält alle Dateien, die man benötigt um selbst Programme für XAMPP zu übersetzen sowie die Unix-Manual-Pages. Installiert wird dieses Paket genau so wie XAMPP selbst: tar xvfz xampp-linux-devel-1.7.7.tar.gz -C /opt MD5 checksum: 594c61beac23868bd358bc0c31fbf1d7

Abbildung 2-29: Die Downloadseite von XAMPP für Linux

Um XAMPP zu installieren, laden Sie das *XAMPP Linux*-Paket in Ihr Heimatverzeichnis herunter. Öffnen Sie nun ein Terminalfenster, und tippen Sie den folgenden Befehl ein:

```
sudo tar xvfz xampp-linux-<version>.tar.gz -C /opt
```

Ersetzen Sie dabei **xampp-linux-<version>.tar.gz** durch den Namen der heruntergeladenen Datei.

Linux fragt jetzt das Administrator- beziehungsweise root-Passwort ab, das Sie normalerweise bei der Installation von Linux vergeben haben (probieren Sie gegebenenfalls Ihr eigenes aus). Anschließend entpackt sich das gesamte Paket in das Verzeichnis */opt/lampp*. Auf dieses Installationsverzeichnis bleiben Linux-Nutzer festgenagelt; in jedem anderen Ordner verweigern die XAMPP-Programme standhaft ihren Dienst.

Der Befehl

```
sudo /opt/lampp/lampp start
```

startet schließlich alle mitgelieferten Anwendungen. Den Erfolg verkünden die dabei durchlaufenden Textmeldungen. Sie sollten ähnlich wie in Abbildung 2-30 aussehen. Ein

```
sudo /opt/lampp/lampp stop
```

beendet später alle Programme.

Um XAMPP unter Linux wieder loszuwerden, löschen Sie einfach als Benutzer root das Verzeichnis /opt/lampp.

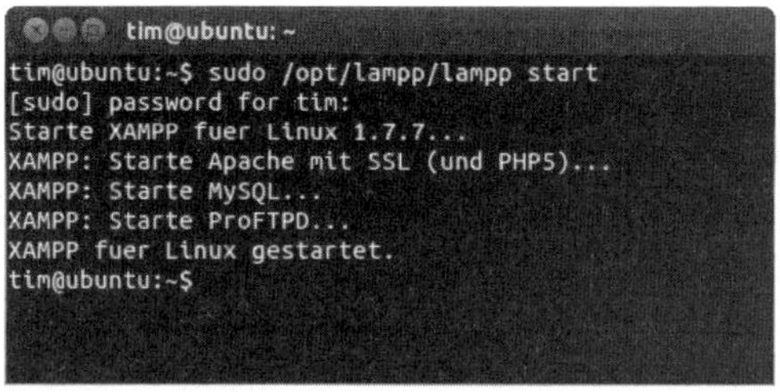

Abbildung 2-30:   Hier wurde XAMPP erfolgreich gestartet.

Tipp   Alle Unterverzeichnisse von /opt/lampp gehören dem Administrator beziehungsweise dem Benutzer root. Folglich darf nur er dort Veränderungen durchführen. Treten gleich im Betrieb Probleme auf, so liegt dies meistens an fehlenden oder falsch gesetzten Zugriffsrechten. Beheben lassen sich diese beispielsweise mit dem Kommandozeilenwerkzeug chmod (http://de.wikipedia.org/wiki/Chmod).

Mac OS X ab Version 10.4

Um das XAMPP-Paket unter Mac OS X später starten zu können, benötigen Sie das Kennwort eines Administrators. Wenn Sie Ihren Computer alleine nutzen, ist das normalerweise Ihr eigenes (das Sie beim ersten Start Ihres Computers vorgegeben haben). Mit diesem Passwort im Hinterkopf laden Sie sich von der XAMPP-Homepage das *XAMPP Mac OS X*-Paket herunter (siehe Abbildung 2-31). Mit dem ebenfalls bereitstehenden *Entwickler-Paket* können Programmierer Software für die in XAMPP enthaltenen Anwendungen entwickeln – für Joomla! benötigen Sie es folglich nicht.

Öffnen Sie jetzt das heruntergeladene *.dmg*-Archiv mit einem Doppelklick. Im erscheinenden Fenster müssen Sie lediglich das mit XAMPP beschriftete Ordnersymbol nach rechts auf den APPLICATIONS-Ordner ziehen (siehe Abbildung 2-32). Nach einer kleinen Kopierorgie sind alle XAMPP-Bestandteile unter /Programme/ XAMPP installiert.

Um sie zu starten, öffnen Sie mit einem Finger-Fenster den *Programme*-Ordner (beispielsweise via GEHE ZU → PROGRAMME in der Menüleiste), wechseln weiter in

Abbildung 2-31: Die Downloadseite von XAMPP für Mac OS X

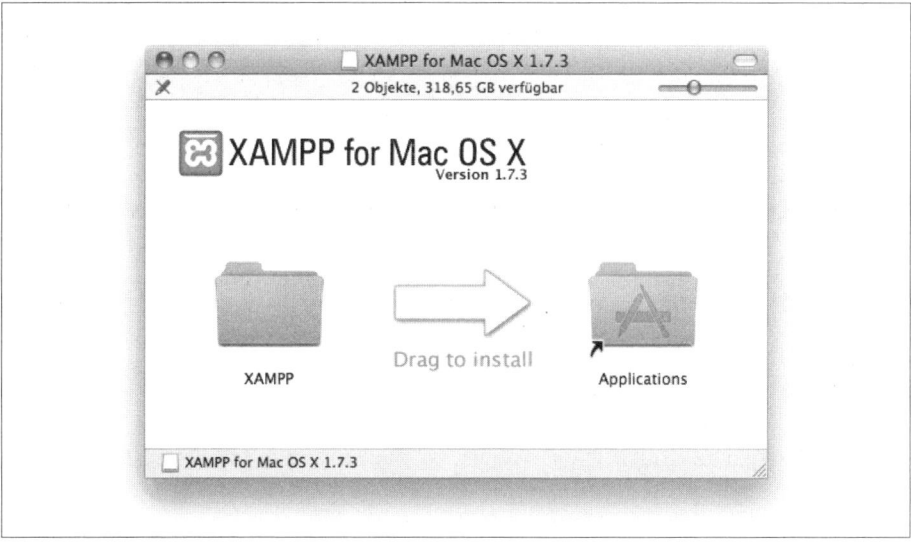

Abbildung 2-32: Zur Installation des kompletten XAMPP-Pakets muss man es unter Mac OS X nur in den Ordner »*Programme*« alias »*Applications*« in der englischen Fassung ziehen.

den Ordner *XAMPP* und starten dort mit einem Doppelklick die Anwendung *XAMPP Control*. Mit ihr können Sie die einzelnen XAMPP-Bestandteile bequem starten und stoppen. Eine eventuell erscheinende Sicherheitsabfrage bestätigen Sie mit ÖFFNEN.

Auf dem Bildschirm erscheinen jetzt die zwei kleinen Fenster ERSTE SCHRITTE und CONTROL, die sich unter Umständen gegenseitig verdecken. Wichtig ist vor allem CONTROL: Mit einem Mausklick auf einen der START-Knöpfe aktivieren Sie die nebenstehende Anwendung (siehe Abbildung 2-33).

Abbildung 2-33: Mit der »XAMPP Control«-Anwendung startet man bequem Apache und MySQL.

Klicken Sie für Joomla! zunächst auf START neben Apache (oder wählen Sie alternativ aus der Menüleiste MODULE → APACHE STARTEN). Mac OS X fordert jetzt das eingangs erwähnte Administrator-Passwort ein. Anschließend weist im CONTROL-Fenster ein kleines grünes Lämpchen auf den laufenden APACHE-Webserver hin. Klicken Sie jetzt noch auf den START-Knopf rechts neben MYSQL (oder wählen Sie alternativ aus der Menüleiste MODULE → MYSQL STARTEN). Im CONTROL-Fenster leuchtet jetzt auch neben MySQL ein grünes Lämpchen auf.

Um später Apache und MySQL wieder zu beenden, klicken Sie einfach auf die STOP-Knöpfe neben ihrem Namen im CONTROL-Fenster oder wählen in der Menüleiste MODULE → MYSQL STOPPEN, gefolgt von MODULE → APACHE STOPPEN. In jedem Fall müssen Sie dabei erneut das Administrator-Passwort preisgeben.

 Tipp   Wenn es ganz schnell gehen soll, öffnen Sie das Dienstprogramm *Terminal*, tippen den Befehl

```
sudo /Applications/XAMPP/xamppfiles/xampp start
```

ein und drücken die Eingabetaste. Mac OS X fragt nun erneut nach dem Kennwort eines Administrators, das Sie hier blind eingeben und mit der Eingabetaste abschließen müssen. Den Start von Apache, MySQL und Co begleiten dann entsprechende Textausgaben. Ein

```
sudo /Applications/XAMPP/xamppfiles/xampp stop
```

beendet später wieder alle Programme.

Um XAMPP von der Platte zu fegen, löschen Sie einfach den Ordner *XAMPP* im *Programme*-Ordner (indem Sie ihn beispielsweise in den Papierkorb ziehen).

Ein erster Test

Von den gestarteten Programmen sieht man noch nicht sehr viel. Sie laufen im Hintergrund und warten auf Anfragen. Um zu prüfen, ob alle XAMPP-Komponenten ordnungsgemäß arbeiten, öffnen Sie ein Browserfenster und wechseln auf die Seite *http://localhost*. Hinter dieser fest definierten Adresse verbirgt sich immer Ihr eigener Computer. Das dort laufende Apache fühlt sich deshalb angesprochen und liefert die orangefarbene Begrüßungsseite von XAMPP zurück (siehe Abbildung 2-34).

Abbildung 2-34: Mit dieser Seite begrüßt Sie der Apache Webserver aus dem XAMPP-Paket.

Wählen Sie eine Sprache, und klicken Sie anschließend in der linken Leiste auf STATUS. Hier erhalten Sie noch einmal eine Übersicht über die derzeit laufenden und von XAMPP mitgelieferten Komponenten (siehe Abbildung 2-35). Grün leuchten müssen hier mindestens die MYSQL-DATENBANK und PHP.

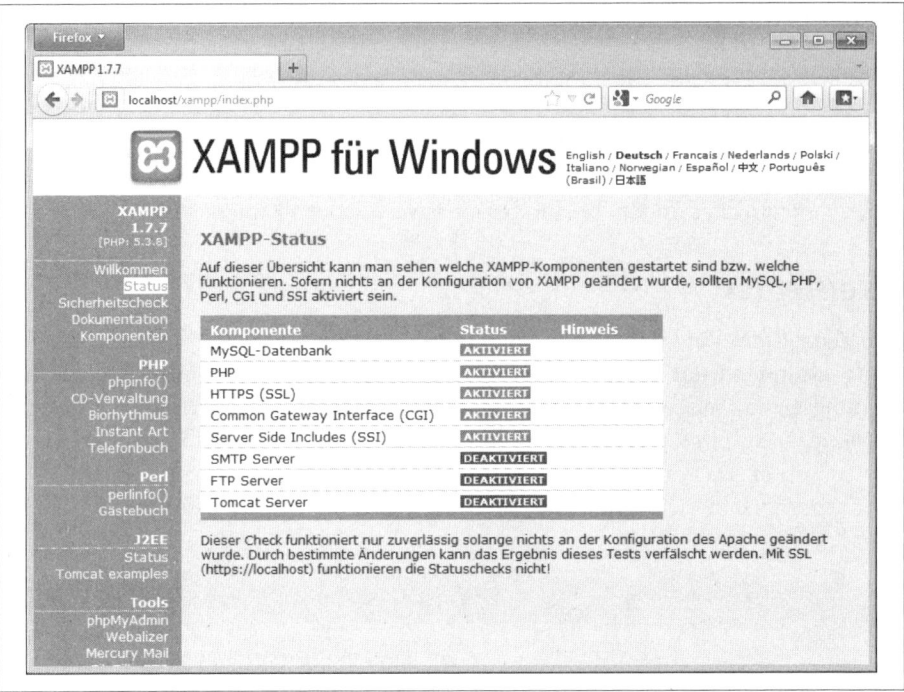

Abbildung 2-35: Die Status-Seite gibt Auskunft über die installierten und aktivierten Anwendungen, hier im Beispiel unter Windows.

Wenn XAMPP unter Ihrer Distribution nicht starten möchte, sollten Sie zunächst kontrollieren, ob nicht bereits schon ein anderer Webserver (Apache) oder eine MySQL-Datenbank läuft. Unter Linux sollte hier Ihr Paketmanager die entsprechenden Informationen bereithalten. Windows-Benutzer schauen unter dem Punkt PROGRAMME beziehungsweise SOFTWARE in der SYSTEMSTEUERUNG nach, Mac OS X-Anwender finden diese Informationen in der Systemsteuerung.

Warnung Wenn Sie XAMPP über ein ZIP-Archiv installiert haben beziehungsweise es unter Linux oder Mac OS X betreiben, können Sie das XAMPP-Verzeichnis zur Deinstallation einfach löschen (wie in den vorherigen Abschnitten beschrieben). Beenden Sie jedoch unbedingt erst alle XAMPP-Anwendungen, unter Windows beispielsweise über das Control Panel. Andernfalls ziehen Sie den noch im Hintergrund laufenden Programmen den Boden unter den Füßen weg, was zu unangenehmen Seiteneffekten führen kann.

Eine Anlaufstelle für weitere Fragen und Probleme rund um XAMPP bietet das Forum unter *http://www.apacheforum.de*.

XAMPP und Sicherheit

Das XAMPP-Paket ist schnell installiert und verlangt gegenüber den einzelnen Anwendungen keine umständliche Einrichtung. Wer einen sogenannten Root-Server besitzt, also einen kompletten (physischen) Webserver in Eigenverantwortung betreibt, kommt da schnell in Versuchung, das XAMPP-System einfach dorthin zu überspielen. Dies ist jedoch gleich aus mehreren Gründen eine schlechte und auch extrem gefährliche Idee: Um die Installation und Einrichtung von XAMPP so einfach wie möglich zu halten, haben die Macher ein paar erhebliche Sicherheitslücken zurückgelassen und teilweise sogar bewusst aufgerissen. Im Hinblick auf Joomla! nennt die XAMPP-Homepage als wichtigste Schwachstellen:

- Der MySQL-Administrator (*root*) hat kein Passwort.
- Die MySQL-Datenbank und die Konfigurationssoftware *phpMyAdmin* sind über das Netzwerk erreichbar.
- Das XAMPP-Verzeichnis ist nicht geschützt.
- Das Konfigurationsprogramm phpMyAdmin kann von jedem – insbesondere auch über das Netzwerk – genutzt werden.
- PHP läuft nicht im sogenannten Safe Mode.

Alle diese Voreinstellungen ermöglichen ein bequemes Arbeiten auf dem heimischen PC, ein Webserver würde jedoch binnen kürzester Zeit zum Spielball von Angreifern.

Tipp Aus diesen Gründen sollten Sie selbst auf Ihrem Testsystem immer eine Firewall einrichten und diese anweisen, jegliche Zugriffsversuche von außen zu unterbinden. Wenn Sie als Windows-Anwender den obigen Anleitungen und Tipps gefolgt sind, ist dies bereits der Fall. Ganz sicher gehen Sie, wenn Sie für den Testzeitraum die Internetverbindung kappen.

Am sichersten fahren Sie, wenn Ihr gemieteter Webserver bereits ein eingerichtetes MySQL und Apache-Gespann mitbringt und dessen Einrichtung und Wartung vom Anbieter übernommen wird.

Falls Sie selbst für Ihren kompletten Webserver sorgen müssen, wie zum Beispiel im Fall eines gemieteten Root-Servers, sollten Sie unbedingt entsprechende Sicherungsmaßnahmen einleiten. Eine detaillierte Erläuterung würde jedoch den Rahmen dieses Buches sprengen. Im Handel finden Sie aber umfangreiche Literatur zu Apache und MySQL, die jeweils auch die Installation und Einrichtung eines sicheren Systems beschreibt.

Weitere Informationen zu den in XAMPP enthaltenen Schwachstellen und wie man sie (notdürftig) flickt, finden Sie auf der XAMPP-Homepage (*http://www.xampp. org*) sowie auf der Begrüßungsseite von XAMPP (siehe Abbildung 2-35) unter dem Menüpunkt SICHERHEITSCHECK.

Installation von Joomla!

Sobald alle Voraussetzungen erfüllt sind, also Webserver und Datenbank laufen, kann es mit der eigentlichen Joomla!-Installation weitergehen. Dazu benötigen Sie zunächst das Content-Management-System selbst. Sie erhalten es kostenlos auf der Joomla!-Homepage unter *http://www.joomla.org*. Dort klicken Sie auf den großen DOWNLOAD-Knopf, der Sie zur Liste aus Abbildung 2-36 führt.

Abbildung 2-36: Die Download-Seite mit den aktuellen Joomla!-Paketen. Hier bekommt man auch Patches, die ältere Versionen auf den aktuellen Entwicklungsstand hieven.

Hier finden Sie gleich zwei verschiedene Pakete:

- Das *Full Package* enthält das komplette Content-Management-System, während das
- *Upgrade Package* eine ältere Joomla!-Version auf den aktuellen Stand bringt.

Beide Archive enthalten ausschließlich ein englischsprachiges Joomla!. Deutsch beziehungsweise eine andere Sprache bringt man dem Content-Management-System später über nachrüstbare Sprachpakete bei. Wie das genau funktioniert, verrät gleich noch Abschnitt »Man spricht Deutsch«.

 **Warnung** Verwenden Sie immer nur die aktuellste Joomla!-Version von dieser Download-Seite. Ältere Vorgänger enthalten teilweise schwere Sicherheitslücken und Fehler, die Angreifer ausnutzen oder die zu Datenverlusten führen könnten.

Wenn Sie Joomla! neu installieren möchten, ist das *Full Package* ganz oben genau das Richtige. Mit einem Klick auf das nebenstehende ZIP laden Sie das Paket herunter. Wie die Beschriftung schon andeutet, erhalten Sie dabei ein ZIP-Archiv (mit der Endung *.zip*).

Wenn Sie ein anderes Archivformat bevorzugen, klicken Sie auf den etwas unscheinbaren Link DOWNLOAD OTHER JOOMLA 2.5.X PACKAGES (in Abbildung 2-36 am unteren Rand). Über ihn gelangen Sie zur Seite aus Abbildung 2-37. Neben dem ZIP-Archiv stehen hier auch Pakete im *.tar.gz*- und *.tar.bz2*-Format bereit, die vor allem Linux-Anhänger bevorzugen. In allen drei Archiven steckt der gleiche Inhalt; die unterschiedlichen Dateigrößen rühren von den unterschiedlichen Kompressionsgraden her.

Abbildung 2-37:   Auf dieser etwas versteckten Seite bekommt man Joomla! in weiteren Verpackungen.

Diese versteckte Seite ist zudem bei einer anstehenden Aktualisierung einen Blick wert: Während das *Upgrade Package* auf der Download-Seite aus Abbildung 2-36 in der Regel immer nur die direkte Vorversion auf den neuesten Stand bringt, stehen hier unter Umständen auch Aktualisierungen für ältere Joomla!-Versionen bereit. Wenn Sie eine solche benutzen, sollten Sie aber geflissentlich darauf achten, die zu Ihrer Version passende Aktualisierung zu verwenden.

Joomla! entpacken und aufrufen

Der Webserver erwartet alle Dokumente und Web-Anwendungen, die er bereitstellen soll, in einem ganz bestimmten Verzeichnis. Diesen Speicherort gilt es jetzt aufzuspüren. Bei einer XAMPP-Installation hört er auf den Namen *htdocs*.

- Unter Windows finden Sie ihn direkt im XAMPP-Installationsverzeichnis, also normalerweise unter *C:\xampp\htdocs*.
- Bei Linux liegt er unter */opt/lampp/htdocs*.
- Bei Mac OS X liegt er unter */Programme/XAMPP/xamppfiles/htdocs*.

 **Tipp** Wenn Sie nicht XAMPP verwenden und selbst einen Webserver aufgesetzt haben, nennt Ihnen das Handbuch Ihres Betriebssystems beziehungsweise Ihres Webservers das passende Verzeichnis (Stichwort »DocumentRoot«). Unter Linux ist beispielsweise */var/www/html* äußerst beliebt.

In dieses Verzeichnis entpacken Sie jetzt das heruntergeladene Joomla!-Archiv. Insbesondere bei einer Testinstallation ist es jedoch ratsam, Joomla! dort ein eigenes Unterverzeichnis zu spendieren. Man behält so einen besseren Überblick und kann im Fall der Fälle das Content-Management-System einfacher löschen (man muss nur diesen Unterordner in den Papierkorb werfen). Als Verzeichnisname bietet sich beispielsweise schlicht und einfach *joomla* an.

 Tipp Auf diese Weise lassen sich auch zwei Joomla!-Versionen parallel betreiben: Packen Sie jede von ihnen in ein eigenes Verzeichnis, und wählen Sie später bei der Installation unterschiedliche Datenbanken (oder zumindest verschiedene Präfixe bei den Tabellennamen – mehr dazu folgt im vierten Installationsschritt).

Wenn Sie eine Testinstallation mit XAMPP aufsetzen möchten, gehen Sie dazu wie folgt vor:

Unter Windows klicken Sie einfach das heruntergeladene Joomla!-Archiv mit der rechten Maustaste an, wählen den Punkt ALLE EXTRAHIEREN... und geben als Verzeichnis für den Assistenten *C:\xampp\htdocs\joomla* an. *C:\xampp* müssen Sie dabei gegebenenfalls durch das Installationsverzeichnis von XAMPP ersetzen. Der kleine Assistent erstellt automatisch das Unterverzeichnis *joomla* und entpackt dort dann das Content-Management-System. Alternativ können Sie auch zu einem Packprogramm greifen, wie beispielsweise dem kostenlosen 7-ZIP (*http://www.7-zip.org*).

Linux-Anwender entpacken das Joomla!-Archiv am schnellsten in einem Terminalfenster mit zwei Kommandozeilenbefehlen. Der erste erstellt das neue Unterverzeichnis *joomla*:

```
sudo mkdir /opt/lampp/htdocs/joomla
```

Der zweite entpackt das Joomla!-Archiv. Sofern Sie das ZIP-Archiv heruntergeladen haben, nutzen Sie das folgende Kommando:

```
sudo unzip Joomla_2.5.0-Stable-Full_Package.zip -d /opt/lampp/htdocs/joomla
```

Bei einem *.tar.gz*-Archiv verwenden Sie seinen Kollegen:

```
sudo tar xvfz Joomla_2.5.0-Stable-Full_Package.tar.gz -C /opt/lampp/htdocs/joomla
```

Während das *.tar.bz2*-Format das folgende Ungetüm auspackt:

```
sudo tar xvfj Joomla_2.5.0-Stable-Full_Package.tar.bz2 -C /opt/lampp/htdocs/joomla
```

Den Dateinamen des Archivs müssen Sie noch anpassen. In den obigen Beispielen beginnt er mit *Joomla_2.5.0-Stable-Full_Package*. Wenn Sie lieber ein grafisches Packprogramm nutzen möchten, müssen Sie sich zuvor als Administrator beziehungsweise Benutzer root anmelden, da nur dieser Schreibrechte für das Verzeichnis */opt/lampp* besitzt (in den obigen Befehlen kümmert sich sudo um die nötigen Rechte).

Wer Mac OS X benutzt, doppelklickt einfach auf die heruntergeladene Datei. Das eingebaute Archivprogramm entpackt Joomla! automatisch in ein eigenes Verzeichnis. Dieses müssen Sie nur noch in *joomla* umbenennen und mit dem Finder in das Verzeichnis */Programme/XAMPP/xamppfiles/joomla* verschieben. Den letzten Schritt müssen Sie mit einem Administrator-Passwort genehmigen. Selbstverständlich können Sie auch alternativ zu einem beliebigen Packprogramm eines Drittherstellers greifen.

Warnung   Überschreiben Sie niemals eine alte bestehende Joomla!-Version mit einer neuen. Entpacken Sie also beispielsweise nicht einfach das neue Joomla! 2.5 über eine bestehende Joomla! 1.5-Installation! Aufgrund der umfangreichen Änderungen wird dies mit großer Wahrscheinlichkeit schiefgehen und mit einem defekten Content-Management-System enden. Der Wechsel von Joomla! 1.5 auf Joomla! 2.5 ist nur durch eine mehr oder weniger umständliche Migration zu erreichen, mit der sich Kapitel 19, *Migration und Aktualisierung*, noch ausführlich befasst.

Unter der Haube

Wie bereits erwähnt wurde, erwartet der Webserver alle Dokumente und Web-Anwendungen in einem ganz bestimmten Verzeichnis – unter XAMPP ist dies *htdocs*. Gibt man die Internetadresse des Computers in einen Browser ein (wie zum Beispiel *http:// localhost*), so liefert der Webserver eine Übersicht aller dort abgelegten Dateien. Sollte jedoch ein Dokument mit dem Namen *index.html*, *index.htm* oder *index.php* darunter sein, so wird stattdessen einfach dieses zurückgeliefert. Dateien in einem Unterordner erreicht man, indem man seinen Namen an die Internetadresse anhängt. *http://localhost/meinedateien/buecher.html* liefert zum Beispiel die Datei *buecher.html* aus dem Unterordner *meinedateien*.

Wenn Sie also Joomla! direkt im *htdocs*-Verzeichnis entpacken, erreichen Sie es später über die Adresse *http://localhost*. Legen Sie es hingegen im Unterverzeichnis *joomla* ab, müssen Sie die Adresse *http://localhost/joomla* mit Ihrem Browser ansteuern.

Analoges gilt auch später für Ihren richtigen Webserver im Internet. Wenn Ihre gemietete Internetadresse *www.meineseite.de* heißt und Sie Joomla! auf dem Server in das Verzeichnis *cms* entpacken, erreichen Sie das Content-Management-System unter der Adresse *http://www.meineseite.de/cms*.

Stellen Sie nun sicher, dass sowohl der Webserver als auch die Datenbank laufen (wenn Sie mit XAMPP arbeiten, starten Sie Apache und MySQL so, wie in Abschnitt »Lokale Testumgebung mit XAMPP« beschrieben).

Öffnen Sie ein Browserfenster, und wechsln Sie zur Adresse *http://localhost/joomla* (beziehungsweise *http://localhost*, wenn Sie Joomla! direkt in das *htdocs*-Verzeichnis entpackt haben, siehe auch den Kasten »Unter der Haube«). Das Content-Management-System führt Sie nun in sieben Schritten zu einer fertigen Joomla!-Installation.

 Version Abgesehen von ein paar wenigen zusätzlichen Optionen hat sich dabei zur Version 1.5 nicht viel verändert.

Schritt 1: Sprache wählen

Im ersten Fenster legen Sie zunächst die Sprache fest, in der Joomla! Sie durch den Installationsprozess führt. Sofern Sie einen deutschsprachigen Browser verwenden, sollte wie in Abbildung 2-38 bereits der passende Punkt GERMAN (DE-CH-AT) ausgewählt worden sein. Die Spracheinstellungen, die Sie hier vornehmen, beziehen sich übrigens ausschließlich auf die Installation. Damit auch später die Benutzeroberfläche von Joomla! durchgehend in Deutsch erscheint, ist ein zusätzliches Sprachpaket notwendig (dazu folgt in wenigen Absätzen mehr).

Abbildung 2-38: Die Sprachauswahl schlägt bereits Deutsch vor.

Auf kleinen Bildschirmen beziehungsweise in einem kleinen Browser-Fenster verschwindet übrigens die Leiste am linken Rand. Sie ist aber nicht zwingend notwendig, da sie nur den Fortschritt des Installationsprozesses anzeigt.

Schritt 2: Installationsprüfung

Nach einem Klick auf WEITER überprüft Joomla!, ob alle Voraussetzungen für einen reibungslosen Betrieb erfüllt sind.

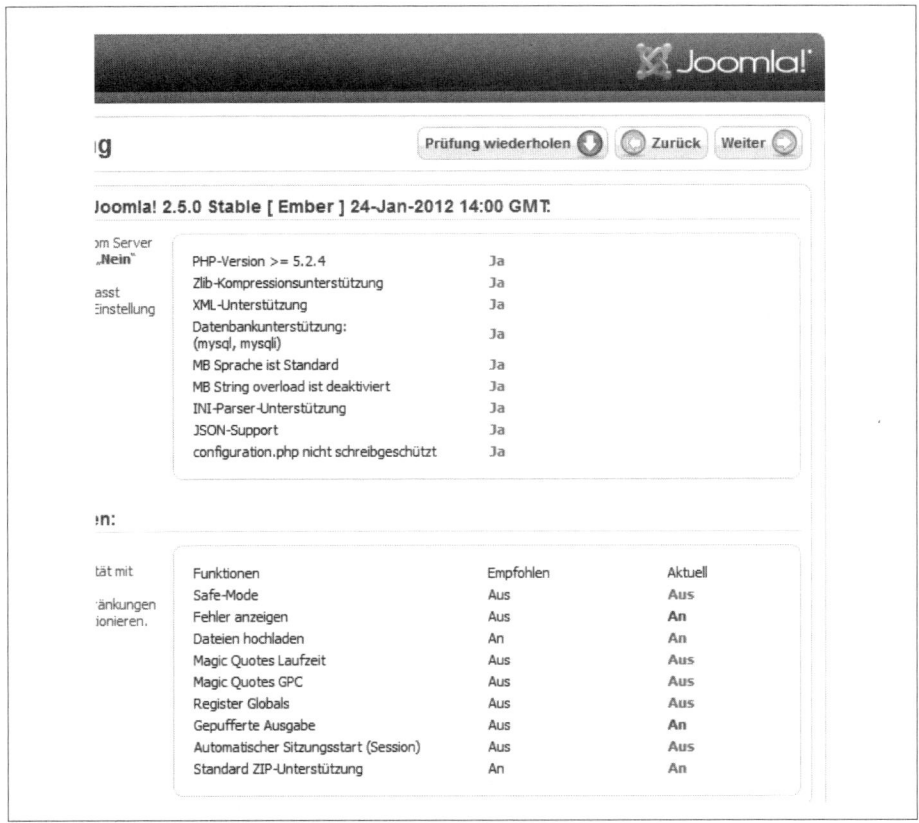

Abbildung 2-39: Der Installationsprüfung von Joomla! passen ein paar Einstellungen nicht.

Ist etwas nicht nach Joomla!s Wunsch, bemängelt es dies mit einem roten Warnhinweis, wie in Abbildung 2-39 zu sehen ist. Der obere Bereich bezieht sich auf das installierte PHP-System. Dort sind einige Features aufgeführt, die Joomla! zwingend benötigt.

configuration.php

Unter Umständen bemängelt dort Joomla! eine fehlende oder nicht beschreibbare *configuration.php*. In ihr legt das Content-Management-System später alle seine Grundeinstellungen ab. Sofern Ihnen der entsprechende Punkt CONFIGURATION. PHP NICHT SCHREIBGESCHÜTZT mit einem roten NEIN entgegenstrahlt, fehlen dem Content-Management-System Schreibrechte auf das Joomla!-Verzeichnis.

Tipp Aus Sicherheitsgründen sollte dies am besten auch so bleiben: Je weniger man erlaubt, desto weniger Angriffspunkte besitzen Hacker. Aus diesem Grund sollten Sie auch nicht einfach aus Bequemlichkeit dem gesamten Joomla!-Verzeichnis großzügige Schreibrechte einräumen, sondern diese nur wohlüberlegt vergeben.

Für dieses Problem stehen zwei Lösungen zur Auswahl:

1. Sie ignorieren den Hinweis an dieser Stelle ausnahmsweise einfach. Die dann notwendigen weiteren Schritte erklärt Joomla! am Ende der Installation.

   Sie können übrigens auch einfach alle anderen roten Warnhinweise unbeachtet lassen, müssen dann aber später unter Umständen mit Leistungseinbußen oder fehlenden Funktionen rechnen.

2. Sie erstellen mit einem Texteditor im Joomla!-Verzeichnis eine leere Datei mit dem Namen *configuration.php* und geben ihr anschließend noch die passenden Schreib- beziehungsweise Zugriffsrechte.

Wenn Sie Joomla! auf einem produktiven Server installieren, sollten Sie die erste Variante wählen, da Sie dabei erst gar keine Schreibrechte ausloben. Auf einem Testsystem können Sie jedoch zum zweiten Lösungsvorschlag greifen. Dann müssen sowohl der Eigentümer, die Gruppe als auch alle anderen die Datei *configuration.php* lesen, schreiben und ausführen können. Wenn Sie XAMPP verwenden, sollte es unter Windows bereits genügen, die Datei zu erstellen. Noch einmal überprüfen lassen sich die Zugriffsrechte in den Dateieigenschaften (Kontextmenü der rechten Maustaste, dann EIGENSCHAFTEN). Unter Linux legen in einem Terminalfenster folgende drei Befehle eine leere *configuration.php* an, kopieren sie an die richtige Stelle und verpassen ihr umfassende Schreibrechte (dazu benötigen Sie ein Administrator- beziehungsweise das root-Passwort):

```
echo "" > configuration.php
sudo cp configuration.php /opt/lampp/htdocs/joomla
sudo chmod 777 /opt/lampp/htdocs/joomla/configuration.php
```

Nach der Installation entziehen Sie die Rechte sicherheitshalber wieder per:

```
sudo chmod 664 /opt/lampp/htdocs/joomla/configuration.php
```

Mac OS X-Benutzer verwenden die gleiche Befehlsfolge im Dienstprogramm *Terminal*, tauschen dabei aber jeweils den Ordner */opt/lampp/htdocs/joomla* gegen */Applications/XAMPP/xampfiles/htdocs/joomla* aus. Auch hier müssen Sie nach dem zweiten Befehl einmal Ihr Administratorpasswort preisgeben.

 **Warnung** Später auf einem Server sollte niemand die Datei *configuration.php* ändern können! Andernfalls könnten Angreifer oder eine (defekte) Erweiterung die Konfigurationsdatei zerstören und somit das gesamte Joomla!-System lahmlegen.

Sobald die Datei *configuration.php* existiert, sollte nach einem Klick auf PRÜFUNG WIEDERHOLEN der rote Warnhinweis verschwinden.

Weitere PHP-Einstellungen

Unterhalb von EMPFOHLENE EINSTELLUNGEN führt die Seite weitere Voraussetzungen auf, die das PHP-System im Idealfall erfüllen sollte, aber nicht zwingend erfüllen muss. In der Tabelle finden Sie unter EMPFOHLEN die von Joomla! erwarteten Einstellungen, unter AKTUELL die derzeit gültigen.

Achten Sie hier insbesondere auf den Punkt FEHLER ANZEIGEN. Steht er auf AN, nervt Joomla! Sie unter Umständen später immer mal wieder mit quer über die Benutzeroberfläche geschriebenen Fehlermeldungen. Das passiert insbesondere dann, wenn PHP in seinen Einstellungen angewiesen wurde, Programmierern jeden noch so kleinen Hinweis zu liefern. Die in Joomla! erscheinenden Fehlermeldungen sind folglich weder dramatisch noch beeinträchtigen sie die Funktion, sie stören jedoch. Das gilt erst recht, wenn sie auf der Homepage auftauchen. Folglich sollten Sie PHP diese Geschwätzigkeit austreiben. Unter XAMPP müssen Sie dazu die Datei *php.ini* aufspüren. Sie enthält alle PHP-Einstellungen und liegt unter

- Windows im Unterverzeichnis *C:\xampp\php*.
- Linux im Verzeichnis */opt/lampp/etc*.
- Mac OS X im Ordner */Programme/XAMPP/xamppfiles/etc*.

Öffnen Sie die Datei *php.ini* mit einem beliebigen Texteditor, und suchen Sie die Zeile

```
display_errors = On
```

und ersetzen Sie sie durch:

```
display_errors = Off
```

Speichern Sie die Änderung, und starten Sie anschließend den Webserver neu, beispielsweise indem Sie ihn über das XAMPP Control Panel beziehungsweise XAMPP Control stoppen und direkt wieder starten. Unter Linux geht das in einem Terminal schneller via:

```
sudo /opt/lampp/lampp restart
```

Klicken Sie anschließend auf PRÜFUNG WIEDERHOLEN, woraufhin neben FEHLER ANZEIGEN in der Spalte AKTUELL ein grünes AUS leuchten sollte. Bei einer XAMPP-Installation ist dies übrigens die einzige notwendige Anpassung.

Später auf dem richtigen Internetserver können Sie die Funktion normalerweise über die Benutzeroberfläche Ihres Webhosters abschalten. Wenn Sie den Server komplett in Eigenregie betreiben, ist wieder besagte *php.ini* die richtige Anlaufstelle. Wenn es keine Möglichkeit gibt, die Funktion zu deaktivieren, müssen Sie Ihren Webhoster direkt ansprechen.

Schritt 3: Lizenz

Hat das Content-Management-System keine Einwände mehr, bringt ein Klick auf WEITER Sie zur Anzeige der LIZENZ. Die *GNU General Public License* garantiert, dass Joomla! auch zukünftig frei und kostenlos nutzbar bleibt. Akzeptieren Sie die Lizenz mit einem erneuten Klick auf WEITER.

Schritt 4: Konfiguration der Datenbank

Im vierten Schritt verlangt Joomla! ein paar Informationen zur Datenbank. Zunächst legen Sie fest, welche Datenbank Joomla! nutzen soll. Joomla! 2.5 kann mit MySQL, SQL Server und Microsofts Azure-Dienst zusammenarbeiten. Jede dieser Datenbanken besitzt unter Joomla! ein ganz bestimmtes Kürzel, die Tabelle 2-1 auflistet.

 Tipp Eigentlich stammen diese Kürzel aus PHP, das wiederum die eigentliche Kommunikation mit der Datenbank abwickelt.

Tabelle 2-1: Datenbanken und ihre Kürzel unter Joomla!

Kürzel	Datenbank
mysqli	MySQL
sqlsrv	Microsoft SQL Server
sqlazure	Microsoft Azure

Suchen Sie in der Tabelle das zu Ihrer Datenbank passende Kürzel, und wählen Sie es unter DATENBANKTYP aus. Die Einträge für den SQL Server und Azure tauchen dort allerdings nur unter Windows auf und auch nur dann, wenn Sie zuvor Microsofts *SQL Server Driver for PHP* installiert haben (*http://msdn.microsoft.com/en-us/sqlserver/ff657782.aspx*).

Wenn Sie unter XAMPP arbeiten, belassen Sie den DATENBANKTYP auf der Voreinstellung MYSQLI. Die vierte Option, MySQL, bezeichnet eine veraltete Schnittstelle zur MySQL-Datenbank und sollte eigentlich nicht mehr zum Einsatz kommen (siehe auch den Kasten *MySQLi versus MySQL*).

 Tipp In zukünftigen Joomla!-Versionen sollen noch weitere Datenbank-Systeme hinzukommen.

Unter SERVERNAME tippen Sie den (Domain-)Namen des Servers ein, auf dem die Datenbank läuft. In der XAMPP-Umgebung ist das der gleiche Rechner, auf dem auch Joomla! arbeitet. Der korrekte Wert lautet folglich `localhost`.

MySQLi versus MySQL

Ein PHP-Programm kann auf zwei Arten mit einer MySQL-Datenbank sprechen. Die ältere der beiden Methoden heißt einfach *MySQL*; die mit PHP 5 eingeführte, verbesserte Variante hört hingegen auf den Namen *MySQLi* (für *MySQL improved*). Letztere hat unter anderem den Vorteil, dass die Kommunikation schneller und etwas sicherer abläuft. Folglich sollten Sie bei der Installation von Joomla! dem DATENBANKTYP MYSQLI den Vorzug geben.

Bietet Ihr Webhoster hingegen nur den Zugriff über die alte MySQL-Methode, müssen Sie in der Ausklappliste unter DATENBANKTYP den Punkt MYSQL wählen.

Was Sie bei DATENBANKTYP wählen, hat übrigens keine Auswirkungen auf den Funktionsumfang oder die Bedienung von Joomla!.

Weitere ausführliche Informationen zu diesem Thema finden PHP-Kenner auf der Internetseite *http://www.php.net/manual/en/mysqli.overview.php.*

Tipp Bitte beachten Sie, dass sich an dieser Stelle `localhost` auf den Computer bezieht, auf dem Joomla! installiert wird. Auch wenn die Datenbank gemeinsam mit dem Content-Management-System auf Ihrem Internetserver *www.kinoportal.de* läuft, bleibt `localhost` hier der richtige Wert. Relevant ist der Blickwinkel des Content-Management-Systems: Aus Sicht von Joomla! läuft MySQL auf seinem eigenen Computer (localhost).

In den nächsten beiden Feldern landen die Zugangsdaten, mit denen Joomla! sich bei der Datenbank anmeldet. Bei einer lokalen Installation mit XAMPP lautet der BENUTZERNAME **root**, während das PASSWORT wie in Abbildung 2-40 leer bleibt. Diese Zugangsdaten haben die XAMPP-Macher so vorgegeben.

Warnung Hier wird noch einmal sehr deutlich eine Sicherheitslücke von XAMPP sichtbar: Jeder halbwegs intelligente Angreifer kennt den voreingestellten Benutzernamen und das Passwort. Sobald er nur irgendwie Zugriff auf das XAMPP-System erlangt, hätte er automatisch auch uneingeschränkten Zugriff auf die komplette MySQL-Datenbank. Setzen Sie daher XAMPP niemals ohne weitere Maßnahmen auf einem produktiven Server ein.

Später bei der Installation auf dem Webserver erhalten Sie das passende Bündel aus Benutzernamen und das Passwort von Ihrem Webhoster. Sofern Sie die Datenbank selbst installiert haben, durften Sie die Zugangsdaten bei seiner Einrichtung festlegen.

Abschließend fehlt noch der Name der Datenbank. Dies mag zunächst etwas komisch klingen, ein Datenbankprogramm wie MySQL kann jedoch durchaus mehrere Datenbanken für jeweils unterschiedliche Zwecke verwalten. Sofern eine

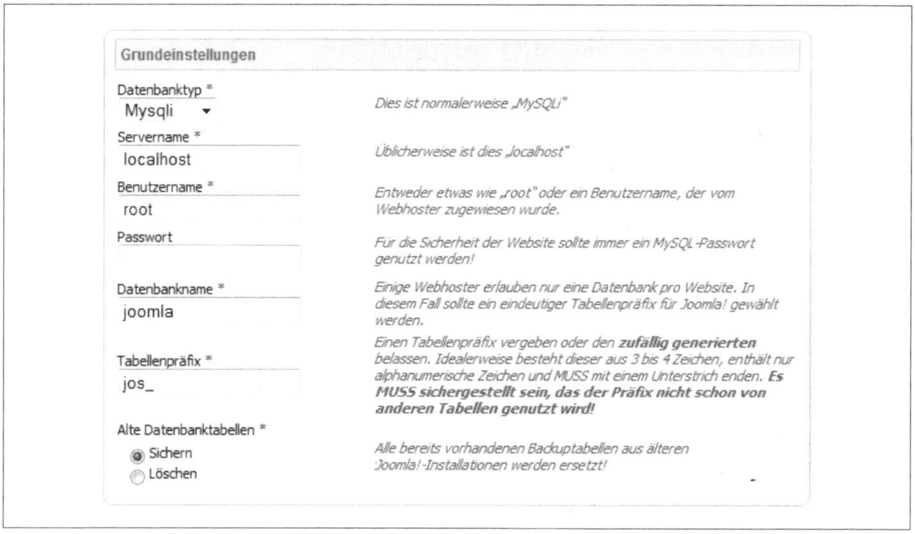

Abbildung 2-40: Die Datenbankeinstellungen bei der Benutzung von XAMPP

Datenbank mit dem hier eingetippten Namen noch nicht existiert, legt Joomla! sie gleich selbstständig an. Unter einer Testinstallation mit XAMPP dürfen Sie einen beliebigen Datenbanknamen wählen, wobei sich wie in Abbildung 2-40 natürlich **joomla** anbietet. Wichtig ist nur, dass im Namen keine Leerzeichen enthalten sind. Bei einer Installation auf Ihrem richtigen Internetserver gibt Ihnen normalerweise Ihr Webhoster den Datenbanknamen vor. Diesen meist kryptischen Bezeichner tragen Sie dann hier unter DATENBANKNAME ein.

Alle zu speichernden Informationen legt die Datenbank in einzelnen Tabellen ab, die zur Unterscheidung jeweils einen eindeutigen Namen erhalten (wie Sie es vielleicht auch von Ihrer Tabellenkalkulation her kennen). Auf Wunsch kann Joomla! den Namen seiner eigenen Tabellen ein kleines Kürzel voranstellen. Dieses TABELLENPRÄFIX ist vor allem dann nützlich, wenn noch weitere Web-Anwendungen die gleiche Datenbank nutzen müssen – beispielsweise wenn Sie zwei Joomla!-Portale betreiben wollen, Ihr Webhoster aber nur eine Datenbank spendiert. Zudem lassen sich die zu Joomla! gehörenden Tabellen dank des Präfixes schneller identifizieren und sichern (vgl. Kapitel 18, *Rund um die Datenbank*).

X.X In früheren Versionen stellte das Content-Management-System jedem Tabellennamen immer das Kürzel jos_ voran. Ab Joomla! 1.6 schlägt der Installationsassistent eine zufällig generierte Zeichenfolge vor. Dies soll vor allem die Sicherheit erhöhen: Ein Angreifer muss dann die Namen der Tabellen erst mühsam erraten.

Tipp Einige Anleitungen, Hilfen und Tipps im Internet setzen das Präfix jos_ voraus. Sie können es daher in einer Testinstallation verwenden. Später auf dem richtigen Internetserver hingegen sollten Sie das vorgeschlagene, kryptischere Kürzel nutzen.

Mit den anderen beiden Optionen unter ALTE DATENBANKTABELLEN sollten Sie vorsichtig und wohlüberlegt umgehen. Ist der zweite Punkt, LÖSCHEN, markiert, löscht Joomla! bei der Installation alle bereits vorhandenen Joomla!-Tabellen aus der Datenbank. Auf diese Weise ersetzen Sie schnell eine alte Installation durch eine frische. Allerdings kann man auf diese Weise auch schnell mal eben ein laufendes System komplett über Bord werfen. Einem solchen Datenverlust beugt der Punkt SICHERN vor. Ist er aktiviert, erstellt Joomla! ein Backup der bereits vorhandenen Tabellen (indem es das Content-Management-System einfach umbenennt).

Warnung   Besteht allerdings schon eine ältere Sicherung, so wird diese durch das neue Backup ersetzt und somit rücksichtslos überschrieben.

Nach einem Klick auf WEITER legt Joomla! die Datenbank nebst den benötigten Tabellen an. War das Content-Management-System damit erfolgreich, geht es mit Schritt 5 weiter.

Schritt 5: FTP-Konfiguration

Die später in das Content-Management-System eingegebenen Texte dürfen Sie selbstverständlich auch mit anderen Medien anreichern. So wäre das Kinoportal nicht komplett ohne die Fotos berühmter Schauspieler oder kleine Filmausschnitte. Diese zusätzlichen Dateien hievt Joomla! normalerweise selbst von der heimischen Festplatte auf den Webserver. Dummerweise limitieren einige Webhoster die von PHP-Programmen auf einmal übertragbare Datenmenge.

Die hochgeladenen Dateien schiebt Joomla! zudem nicht in die Datenbank, sondern legt sie einem explizit dafür gedachten Verzeichnis ab. Dazu benötigt Joomla! jedoch wiederum Schreibrechte – die man aus Sicherheitsgründen nur in Ausnahmefällen gewähren sollte.

Um diese ganzen Probleme zu umgehen, kann Joomla! seit Version 1.5.0 den meist sowieso schon vorhandenen FTP-Zugang mitnutzen. Als Betreiber eines Internetauftritts haben Sie ihn sicherlich schon häufiger verwendet, um Ihre Dateien hochzuladen und online zu stellen (siehe den Kasten *File Transfer Protocol*).

Bei einer Testinstallation auf dem heimischen PC ist dies alles selbstverständlich nicht nötig. Dort kann man Joomla! einfach bei Bedarf direkt die benötigten Schreibrechte gewähren (in der Regel über das Kontextmenü der rechten Maustaste). Lassen Sie hier somit unter FTP-FUNKTION AKTIVIEREN den Punkt NEIN aktiviert, und klicken Sie einfach auf WEITER. Joomla! verwendet in diesem Fall das alte System. Welchen Verzeichnissen Sie dann welche Zugriffsrechte verpassen müssen, erfahren Sie gleich noch in den nachfolgenden Abschnitten.

Falls Sie auf den FTP-Zugang zurückgreifen wollen oder später dank Ihres Webhosters auf ihn zurückgreifen müssen, stellen Sie hier zunächst FTP-FUNKTION AKTIVIEREN auf Ja.

File Transfer Protocol

Das Akronym *FTP* steht für *File Transfer Protocol*. Ähnlich wie ein Polizist den Verkehr regelt, regelt es den Datenaustausch zwischen zwei Programmen. Das eine von beiden Programmen läuft auf dem heimischen PC und sendet die Daten an den Computer im Internet. Dort nimmt der sogenannte FTP-Server, eine ständig auf dem Server laufende Anwendung, die losgeschickten Dateien entgegen und speichert sie ab. Für alle halbwegs aktuellen Betriebssysteme steht eine ganze Reihe von kostenlosen FTP-Programmen bereit, und auch XAMPP bringt ein solches Programm mit.

Die Einrichtung eines FTP-Servers ist auch auf dem heimischen Test-PC eine Überlegung wert: Hier können Sie nicht nur gefahrlos an allen Parametern schrauben, sondern auch die Situation auf dem späteren Webserver nachbauen und so wiederum Ihren Internetauftritt unter möglichst realen Bedingungen planen.

Falls Sie sich etwas näher mit diesem Thema beschäftigen möchten, sei Ihnen ein Blick auf XAMPP empfohlen. Ihm liegt mit ProFTPD unter Linux und Mac OS X beziehungsweise mit FileZilla unter Windows ebenfalls ein FTP-Server bei. Steuern Sie in einem Browser die Adresse *http://localhost* an, und wählen Sie dann in der linken Spalte den Eintrag KOMPONENTEN. Auf der neuen Seite führt ein Klick auf den Namen des FTP-Programms direkt zu seinem Online-Handbuch.

 Tipp   Wenn Sie jetzt unsicher sind, belassen Sie es hier beim NEIN und klicken auf WEITER. Sie können Joomla! auch nachträglich noch anweisen, Dateien über den FTP-Zugang hochzuladen.

Damit nicht jeder Fremde nach Belieben Dateien hochladen kann, ist der Zugang normalerweise durch ein Gespann aus Benutzername und Passwort geschützt. Wenn Sie sich für den FTP-Zugang entschieden haben, möchte Joomla! genau diese beiden Informationen unter FTP-BENUTZERNAME und FTP-PASSWORT wissen (siehe Abbildung 2-41).

Allerdings sollten Sie jetzt nicht vorschnell Ihre eigenen Zugangsdaten preisgeben, die Sie von Ihrem Webhoster erhalten haben. Legen Sie stattdessen einen neuen und explizit für Joomla! gedachten FTP-Zugang an. Sofern Ihr Webhoster dies nicht gestattet, sollten Sie besser auf diese Funktion verzichten und unter FTP-FUNKTION AKTIVIEREN den Punkt NEIN einstellen.

 Warnung   Die eigenen Zugangsdaten gibt man niemals her! Sollte es irgendwann ein Hacker schaffen – aus welchen Gründen auch immer – in Ihren Internetauftritt einzubrechen, bekäme er dort Ihre Zugangsdaten auf dem Silbertablett präsentiert. Damit könnte er dann den Server komplett übernehmen. Wenn Sie Joomla! einen eigenen FTP-Zugang spendieren, beschränken Sie seinen Aktionsradius auf das Joomla!-Installationsverzeichnis auf Ihrem Webserver. Damit wäre der erwähnte Hacker in diesem Verzeichnis gefangen, und der Schaden hielte sich in Grenzen.

Abbildung 2-41: Damit Joomla! den FTP-Zugang zum Hochladen von Fotos und anderen Dateien nutzt, benötigt man diese Informationen.

Die Beschreibung, wie man ein neues FTP-Konto anlegt oder sogar einen sogenannten FTP-Server einrichtet und konfiguriert, würde den Rahmen dieses Buches sprengen. Falls Sie darüber noch keine Kenntnisse besitzen oder sich unsicher sind, sollten Sie hier ebenfalls unter FTP-FUNKTION AKTIVIEREN einfach NEIN wählen.

Konnten Sie hingegen einen neuen FTP-Zugang hinzufügen, so gehört in das Feld FTP-ROOT-PFAD das Verzeichnis, in dem Joomla! selbst installiert ist, in Relation zum eigenen FTP-Hauptverzeichnis. Das klingt kompliziert, ist aber eigentlich ganz einfach: Nachdem Sie sich mit einem FTP-Programm am Webserver angemeldet haben, befinden Sie sich in einem Hauptverzeichnis, über dem es keine weitere Verzeichnisebene gibt. Joomla! möchte nun von hier aus den kompletten Pfad bis zu seinem Installationsverzeichnis wissen. Nach einem Klick auf AUTOMATISCHER FTP-PFAD versucht Joomla! dieses Verzeichnis selbst zu ermitteln. Nach einem Klick auf FTP-EINSTELLUNGEN ÜBERPRÜFEN testet Joomla!, ob alle zuvor eingetragenen Angaben stimmen.

Unter ERWEITERTE EINSTELLUNGEN können Sie noch die IP-Adresse des Webservers angeben, auf dem der FTP-Server auf eingehende Daten wartet. In der Regel ist dies wieder der Computer, auf dem auch Joomla! läuft, und folglich sind die bereits vorgegebenen Daten korrekt. (Die Adresse 127.0.0.1 bezeichnet den eigenen Computer aus Sicht des Content-Management-Systems.) Der FTP-PORT hängt vom verwendeten FTP-Programm ab. Entsprechende Informationen hält Ihr Webhoster beziehungsweise die Dokumentation des FTP-Servers bereit.

Schritt 6: Hauptkonfiguration

Im nächsten Schritt müssen Sie sich als Erstes überlegen, wie Ihre zukünftige Homepage heißen soll (siehe Abbildung 2-42).

Abbildung 2-42: Der Name und ein paar zusätzliche Informationen für Suchmaschinen

Für das angestrebte Kinoportal tippen Sie in das Eingabefeld hinter NAME kurz und knapp **Kinoportal** ein. Dieser Titel taucht später an unterschiedlichen Stellen auf, wie beispielsweise in der Titelleiste Ihres Internetbrowsers.

Hinter ERWEITERTE EINSTELLUNGEN (OPTIONAL) warten zwei etwas größere Eingabefelder. Die dort hinterlegten Informationen versteckt Joomla! in jeder ausgelieferten Seite. Primär sind sie für Internetsuchmaschinen wie Google gedacht, normale Besucher bekommen sie für gewöhnlich nicht zu Gesicht. In das obere Feld gehört eine kurze Beschreibung Ihres Internetauftritts. Ideal ist ein kurzer, knackiger Satz wie in Abbildung 2-42. META-SCHLÜSSELWÖRTER nimmt hingegen noch ein paar durch Komma getrennte Stichwörter auf, die den Inhalt Ihrer Homepage umreißen. Weitere Informationen zu diesen sogenannten Meta-Daten folgen noch in Kapitel 17, *Suchmaschinenoptimierung.*

 Die von Joomla! verwaltete Homepage ist nach der Installation umgehend für Besucher erreichbar. In einer Testinstallation ist das wünschenswert, bei der Installation auf dem richtigen Internetserver würden die ganzen anstehenden Umbaumaßnahmen die frühzeitig vorbeischlendernden Besucher jedoch nur verwirren – zu denen übrigens auch Suchmaschinen gehören. Aus diesem Grund können Sie seit Joomla! 2.5 über die Einstellung WEBSITE OFFLINE Ihre Homepage (vorübergehend) abschalten. Besucher sehen dann nur noch die kleine Hinweisseite aus Abbildung 2-43.

Sobald Sie dann später Joomla! fertig eingerichtet haben, schalten Sie in seinen Grundeinstellungen die Homepage wieder frei.

Abbildung 2-43: Schon bei der Installation kann man die Homepage in den sogenannten Wartungsmodus versetzen und dann erst mal in Ruhe die Homepage nach eigenem Geschmack einrichten.

Tipp Als Faustregel gilt: In einer Testinstallation belassen Sie WEBSITE OFFLINE auf NEIN, bei der Installation auf einem Server setzen Sie die Einstellung hingegen auf JA.

Unter E-MAIL tragen Sie eine gültige E-Mail-Adresse ein, an die Joomla! alle wichtigen Nachrichten schicken darf. Sie sollten hier folglich eine existierende Adresse angeben (siehe Abbildung 2-44).

Abbildung 2-44: Joomla! legt gleich ein Benutzerkonto mit den hier eingestellten Daten an, das weitreichende Rechte besitzt.

Als Nächstes müssen Sie sich einen Benutzernamen sowie ein Passwort ausdenken. Beide zusammen bilden den Schlüssel zum Heiligtum von Joomla!. Aus diesem Grund sollten Sie das Gespann weise wählen, es sich gut merken und vor allem möglichst geheim halten. Wer sich mit ihm später bei Joomla! anmeldet, hat vollen Zugriff auf alle Funktionen.

| X.X | **Version** | In Joomla!-Versionen vor 1.6 lautete der Benutzername immer unverrückbar `admin`. Das wussten auch Angreifer, die somit nur noch das Passwort erraten mussten. Um die Sicherheit zu erhöhen, dürfen Sie ab Joomla! 1.6 auch den Benutzernamen frei wählen. |

 Tipp Beim Erstellen von besonders sicheren Passwörtern helfen sogenannte Passwortgeneratoren, die es kostenlos im Internet gibt. Ein Beispiel wäre das kleine Werkzeug PWGEN, das Sie unter *http://8-p.info/pwgen/* finden.

Der Benutzername gehört in das Feld ADMIN-BENUTZERNAME. Das Passwort tippen Sie blind sowohl unter ADMINISTRATOR-PASSWORT als auch noch einmal zur Kontrolle unter ADMINISTRATOR-PASSWORT BESTÄTIGEN ein (siehe Abbildung 2-44).

Warnung In einer lokalen Testinstallation können Sie den vorgeschlagenen Namen `admin` einfach übernehmen. Er ist leicht zu merken und wird auch in vielen Anleitungen im Internet verwendet. Wenn Sie später Joomla! auf dem Server installieren, sollten Sie jedoch unbedingt einen anderen, möglichst kryptischen ADMIN-BENUTZERNAMEN verwenden.

Die eingetippte Passwort-Zeichenkette speichert Joomla! in der Datenbank. Erlangt ein Angreifer vollen Zugriff auf sie, so kann er auch das Passwort ändern. Allein schon aus diesem Grund sollte man in einer produktiven Umgebung besonderen Wert auf eine abgeschirmte und sichere Datenbank-Installation legen.

Im unteren Teil des Bildschirms können Sie noch BEISPIELDATEN INSTALLIEREN lassen. Joomla! legt dann in der Datenbank eine Beispiel-Homepage mit englischen Texten an. Da Letztere in den folgenden Kapiteln als Ausgangspunkt für das Kinobeispiel dienen, sollten Sie hier ruhig einen Klick auf die Schaltfläche wagen. Über die Ausklappliste rechts daneben soll man eigentlich die Sprache ändern können, in der diesem Buch zugrunde liegenden Version 2.5.0 standen jedoch nur englische Beispieltexte bereit.

Warnung Haben Sie einmal geklickt, gibt es kein Zurück mehr: Die Tabellen sind dann mit den entsprechenden Beispieldaten gefüllt.

| X.X | **Version** | Joomla! 1.5 bot hier noch eine Möglichkeit zur Migration von einer älteren Version 1.0. Dies ist ab Joomla! 1.6 nicht mehr möglich. Weitere Hinweise zur Migration folgen in Kapitel 19, *Migration und Aktualisierung*. |

Schritt 7: Abschluss

Im siebten und letzten Schritt erscheint die Glückwunschmeldung aus Abbildung 2-45. Damit ist die Installation allerdings noch nicht ganz beendet.

Abbildung 2-45: Der letzte Schritt auf dem Weg zur Joomla!-Installation

configuration.php zum Zweiten

Falls sich Joomla! im zweiten Installationsschritt über eine fehlende Datei namens *configuration.php* beschwert hatte und Sie diese nicht per Hand angelegt haben, müssen Sie nun selbst zu Texteditor und Mauszeiger greifen. Im unteren Bereich des Schirms zeigt Joomla! in einem Feld den Text an, der eigentlich in die besagte Datei gehört (wie in Abbildung 2-46).

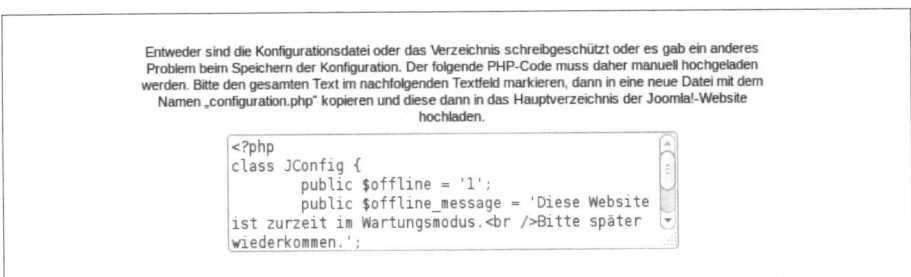

Abbildung 2-46: Konnte Joomla! die Datei »configuration.php« nicht selbst anlegen, zeigt es Ihnen ihren Inhalt an.

Markieren Sie diesen kryptischen Zeichensalat, und kopieren Sie ihn über die Zwischenablage in einen Texteditor. Das Ergebnis speichern Sie unter dem Namen *configuration.php* im Joomla!-Verzeichnis.

Installationsverzeichnis löschen

In jedem Fall fordert Joomla! Sie noch auf, das Installationsverzeichnis zu löschen. Gemeint ist das Unterverzeichnis *installation* in Ihrem Joomla!-Verzeichnis, das den Installationsassistenten enthält. Dies geschieht wieder aus Sicherheitsgründen: Bei einer Installation auf dem Server könnte jeder beliebige Besucher den Assistenten erneut aktivieren und dabei beispielsweise die Datenbank leeren oder das Passwort ändern. Folgen Sie daher unbedingt Joomla!s Vorschlag. Um das Installationsverzeichnis zu löschen, müssen Sie ab Joomla! 1.6 nur noch auf die entsprechende, prominent in der Mitte platzierte Schaltfläche klicken.

Sollte das Content-Management-System wie in Abbildung 2-47 in fetten roten Lettern einen FEHLER melden, fehlen ihm wieder einmal die passenden Rechte. In diesem Fall müssen Sie das Unterverzeichnis *installation* per Hand löschen.

BITTE DARAN DENKEN
DAS VERZEICHNIS „installation" VOLLSTÄNDIG ZU LÖSCHEN!

Es kann nicht fortgefahren werden, wenn dieses Verzeichnis nicht gelöscht wird!
Dieses ist ein Sicherheitsmerkmal von Joomla!.

Installationsverzeichnis löschen

Fehler

Abbildung 2-47:   Bei einem FEHLER konnte Joomla! das Installationsverzeichnis nicht löschen.

Wenn Sie mit XAMPP arbeiten und der Schnellinstallation gefolgt sind, finden Sie das Verzeichnis *installation* unter

- Windows im Verzeichnis *C:\xampp\htdocs\joomla*.
- Linux im Verzeichnis */opt/lampp/htdocs/joomla*.
- Mac OS X im Ordner */Programme/XAMPP/xamppfiles/htdocs/joomla*.

 Tipp   Erstellen Sie in regelmäßigen Abständen eine Sicherungskopie sowohl des Joomla!-Verzeichnisses als auch der Datenbank – das gilt erst recht, wenn sich die Seiten im produktiven Einsatz befinden. In diesem Fall empfiehlt sich eine eiserne Backup-Strategie. Einen guten Einstieg in dieses Thema liefert der Wikipedia-Artikel unter *http://de.wikipedia.org/wiki/Datensicherung*. Im Notfall können Sie mit dem Backup schnell den alten Stand wiederherstellen und damit wiederum die Ausfallzeiten so gering wie möglich halten. Weitere Informationen zu diesem Thema folgen noch in Kapitel 18, *Rund um die Datenbank*.

Beispielseite aufrufen

Um die während der Installation erzeugte Beispielseite anzuzeigen, klicken Sie auf WEBSITE. Sie gewährt einen ersten Einblick in das Leistungsspektrum von Joomla! (siehe Abbildung 2-48). Wenn Sie der Schnellinstallation gefolgt sind, führt zukünftig die bereits erwähnte Internetadresse *http://localhost/joomla* dorthin.

Version Mit der neuen Version 1.6 wurde die Beispielseite nicht nur umfangreicher, sondern erhielt auch ein anderes Aussehen. X.X

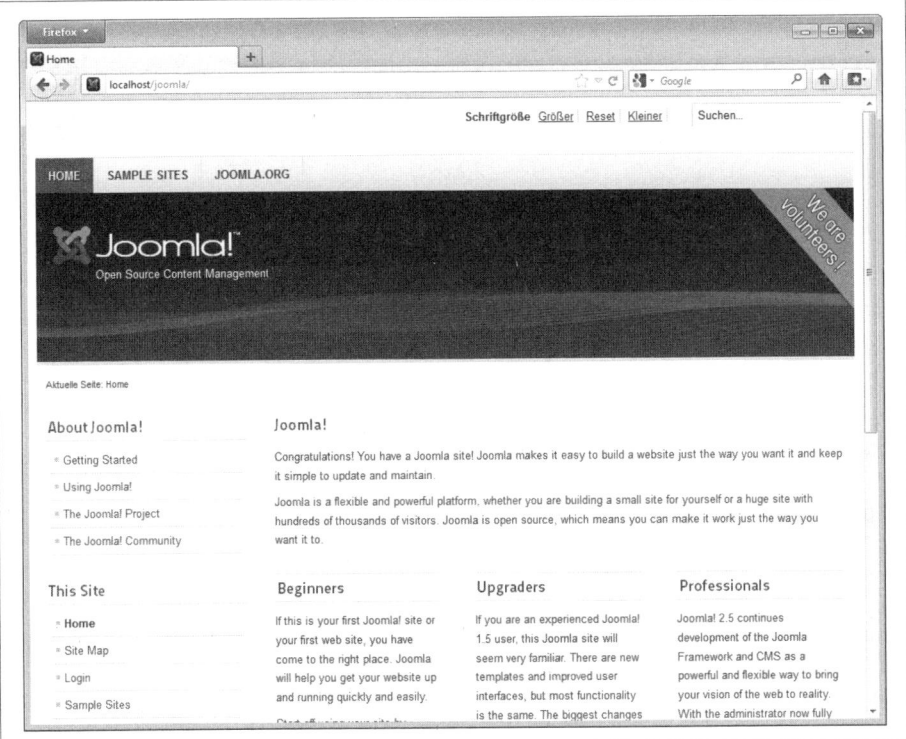

Abbildung 2-48: Die Homepage aus den mitgelieferten Beispieldaten

Das Eingangstor zur Steuerzentrale erreichen Sie, wenn Sie der Internetadresse noch ein */administrator* anhängen. Wenn Sie der Schnellinstallation gefolgt sind, finden Sie die Kommandobrücke folglich unter der Adresse *http://localhost/joomla/administrator* (siehe Abbildung 2-49).

Tippen Sie hier aber noch nicht den bei der Installation vergebenen Benutzernamen und das Passwort ein. Erst wird noch einmal ein kleiner Abstecher auf die Joomla!-Homepage fällig.

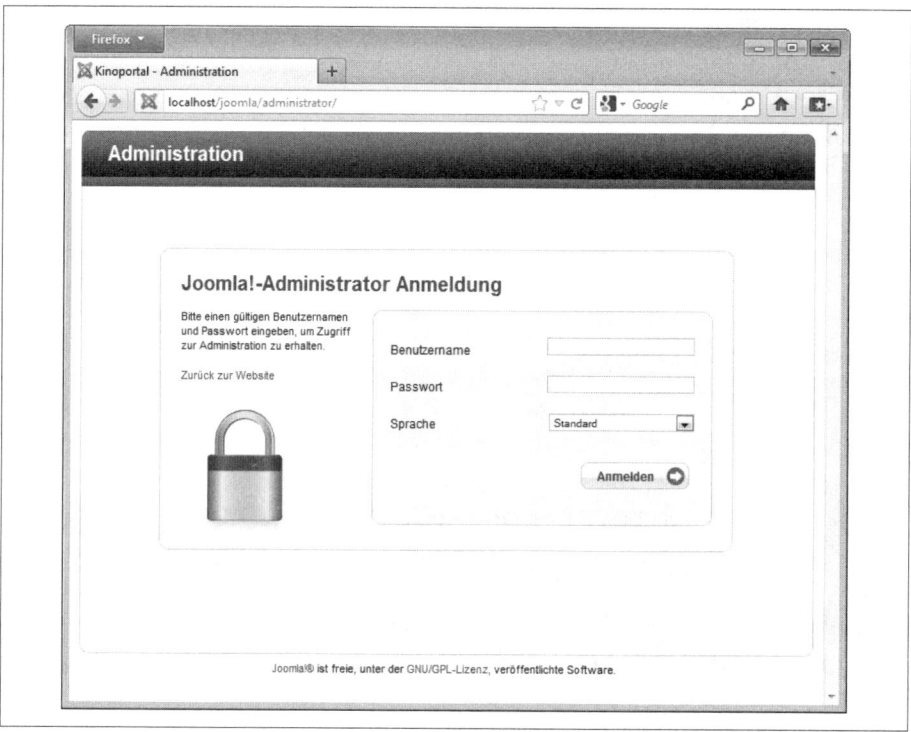

Abbildung 2-49: Der Anmeldebildschirm für die Kommandobrücke von Joomla!

Man spricht Deutsch

Wie Abbildung 2-48 zeigt, liegt die dargestellte Beispielseite noch vollständig in Englisch vor. Joomla! lernt neue Sprachen mithilfe sogenannter Sprachpakete. Das deutsche Sprachpaket stellt das Übersetzerteam auf seiner Homepage unter *http://www.jgerman.de* bereit (siehe Abbildung 2-50).

Dort wählen Sie den Menüpunkt DOWNLOADS, dann Ihre Joomla!-Version (wenn Sie den bisherigen Beispielen gefolgt sind, ist das JOOMLA! 2.5 DEUTSCH), wechseln auf der neuen Seite auf den Reiter JOOMLA!-SPRACHDATEIEN und laden mit einem Klick auf das grüne ZIP-Symbol das DEUTSCHE »FULL«-PAKET herunter.

X.X	**Version**	Für Joomla! 1.5 gibt beziehungsweise gab es mehrere Pakete. Das *Adminpaket* enthält nur die Übersetzungen für die Steuerzentrale, das *Sitepaket* übersetzt hingegen alle Elemente der Homepage. Das »Full-Paket« enthält schließlich sämtliche Übersetzungen und ist somit eigentlich immer die erste Wahl.
▶▶	**Tipp**	Weitere Sprachdateien finden Sie am schnellsten über das entsprechende Verzeichnis auf der Joomla!-Homepage. Sie erreichen es, indem Sie Ihren Browser auf

die Seite *http://community.joomla.org/translations/joomla-16-translations.html* lenken. Alternativ klicken Sie auf das ziemlich klein dargestellte JOOMLA! IN EINER ANDEREN SPRACHE? im letzten, siebten Schritt der Installation oder steuern *http://www.joomla.org* an, klicken dann auf DOWNLOAD, gefolgt von FIND A LANGUAGE PACK OR LOCALIZED VERSION. Egal welchen Weg Sie nehmen, auf der Translation-Packs-Seite müssen Sie jetzt etwas nach unten fahren.

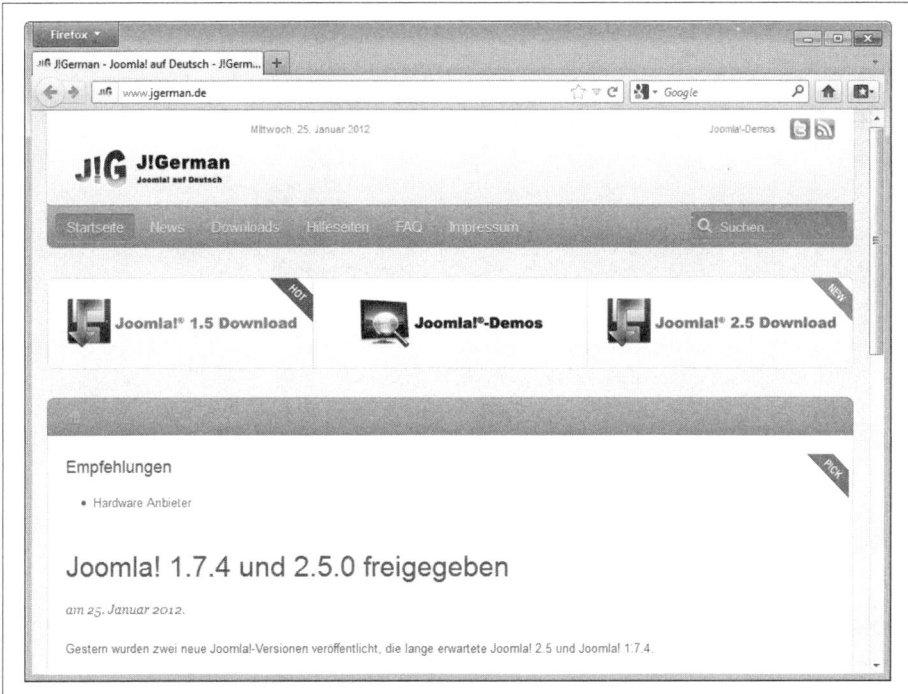

Abbildung 2-50:   Die Homepage des deutschen Übersetzerteams

Die heruntergeladene Datei trägt einen Dateinamen wie etwa *de-DE_joomla_lang_full_2.5.0v1.zip*. Er weist in verschlüsselter Form noch einmal auf den Inhalt hin. Hier im Beispiel enthält das Paket die komplette (*full*) deutsche (*de-DE*) Übersetzung (*lang*) für Joomla! (*joomla*) in Version 2.5.0, wobei die deutschen Texte noch nicht nachträglich korrigiert werden mussten (*v1*). Das angehängte *v1* stellt somit die Versionsnummer der Übersetzung.

Version   In der Vergangenheit wechselte häufiger das Schema der Dateinamen. So wurde beispielsweise anstelle von *full* auch schon einmal *all* verwendet.   X.X

Anders als in der Version 1.5 haben Sie hier keine Wahl mehr zwischen einer formalen Anrede mit »Sie« und einem eher lockeren, informellen Stil mit »Du«. Stattdessen versuchen die Texte in den Sprachpaketen den Benutzer nicht mehr direkt anzusprechen und sind somit universell einsetzbar.

Liegt die Datei auf der Festplatte, wechseln Sie in Ihrem Browser zum Anmeldebild-
schirm der Steuerzentrale. Wenn Sie der Schnellinstallation gefolgt sind, finden Sie
ihn unter der Seite *http://localhost/joomla/administrator*. Tippen Sie hier unter USER
NAME den Benutzernamen und unter PASSWORD das Passwort ein, das Sie bei der
Installation vergeben haben (wenn Sie der Schnellinstallation gefolgt sind, lautet der
Benutzername admin). Mit einem Klick auf LOG IN landen Sie auf der Seite aus
Abbildung 2-51.

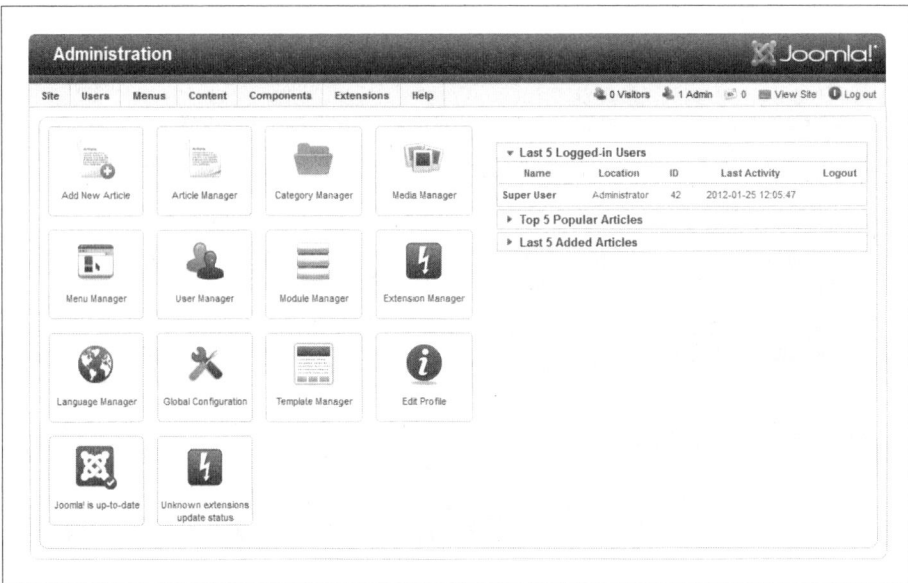

Abbildung 2-51:   Das Foyer der Steuerzentrale von Joomla!

Rufen Sie dort im Hauptmenü den Punkt EXTENSIONS → EXTENSION MANAGER auf.
Es erscheint der Bildschirm aus Abbildung 2-52.

X.X **Version**   In Joomla 1.5 hieß der entsprechende Punkt noch EXTENSIONS → INSTALL/UNINSTALL.

Hier klicken Sie auf DURCHSUCHEN... (BROWSE... in einem englischen Browser) und
wählen das heruntergeladene Sprachpaket. Die Schaltfläche UPLOAD & INSTALL
spielt es schließlich ein. Sollte eine Fehlermeldung erscheinen, fehlen Joomla! sehr
wahrscheinlich die Zugriffsrechte auf die Verzeichnisse *tmp*, *language* und *administ-
rator/language*. Sie finden die drei Kandidaten im Joomla!-Verzeichnis.

Nachdem das Paket korrekt von Joomla! installiert worden ist, wechseln Sie zum
Menüpunkt EXTENSIONS → LANGUAGE MANAGER. Es erscheint die Seite aus Abbildung 2-53.

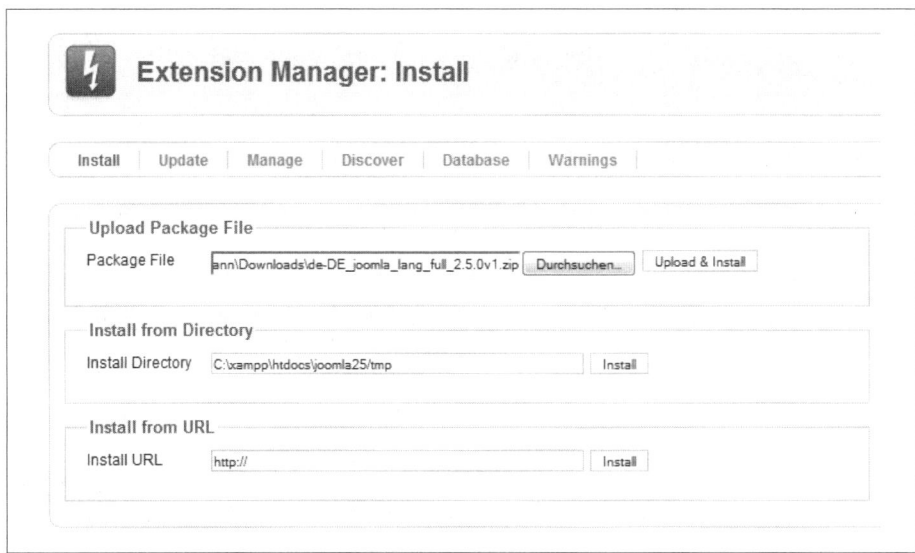

Abbildung 2-52: Der Extension Manager integriert das Sprachpaket in Joomla!.

Abbildung 2-53: Im Language Manager wechseln Sie mit zwei Mausklicks zu einer anderen Sprache.

Dort finden Sie in der Liste zwei Einträge. Selektieren Sie wie in Abbildung 2-53 in der zweiten Spalte die Zeile GERMAN (GERMANY-SWITZERLAND-AUSTRIA), und klicken Sie anschließend in der Symbolleiste auf die DEFAULT-Schaltfläche. Klicken Sie jetzt auf INSTALLED – ADMINISTRATOR, und wiederholen Sie den Vorgang. Das Ergebnis ist eine vollständig in Deutsch dargestellte Seite (siehe Abbildung 2-54).

Zum Abschluss klicken Sie auf ABMELDEN ganz rechts oben in der Bildschirmecke. Damit landen Sie automatisch wieder beim Anmeldebildschirm. Klicken Sie hier auf ZURÜCK ZUR WEBSITE, um wieder zur Beispiel-Homepage zu gelangen. Abbildung 2-55 zeigt das ziemlich ernüchternde Ergebnis.

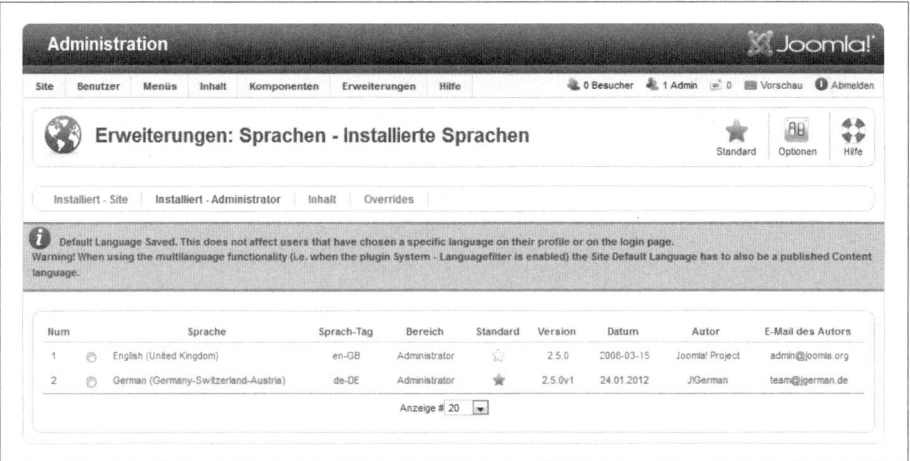

Abbildung 2-54: Der Konfigurationsbereich spricht endlich Deutsch (beachten Sie insbesondere die Menüleiste).

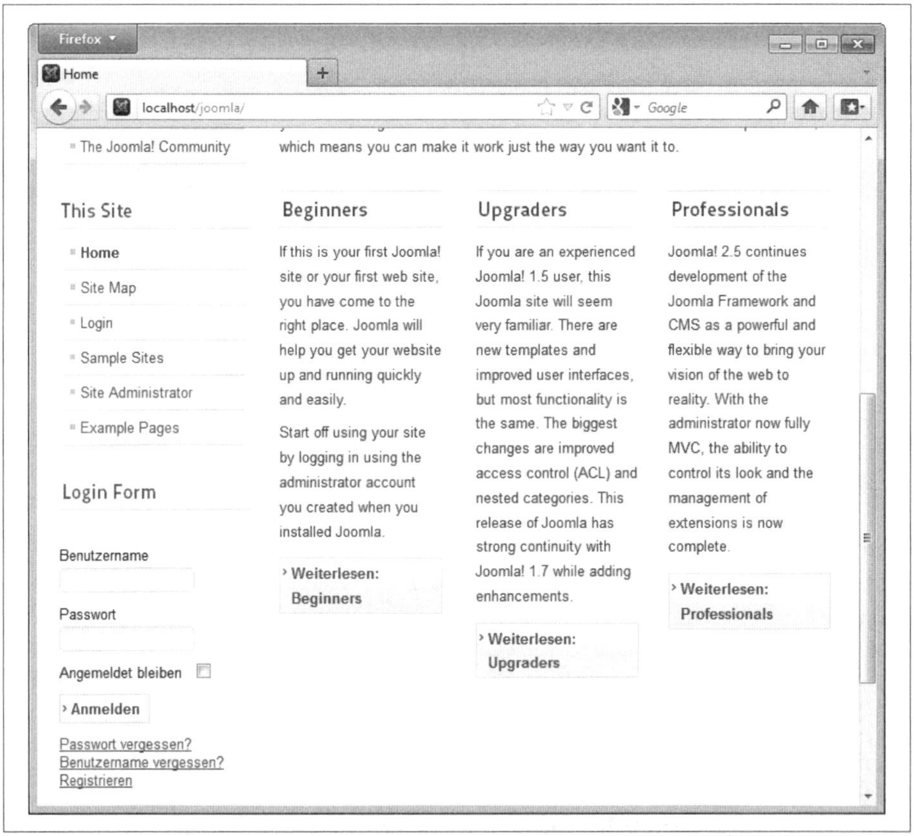

Abbildung 2-55: Der untere Teil der Homepage – hier sieht man die meisten übersetzten Elemente.

Offenbar wurde hier gar nichts übersetzt. Doch der Schein trügt: Achten Sie auf alle interaktiven Elemente, wie zum Beispiel die ANMELDEN-Schaltfläche links unten. Joomla! kann nur die Elemente übersetzen, die auch von ihm selbst stammen. Die Texte wurden durch einen Redakteur eingetippt und bleiben somit außen vor. Doch keine Sorge: In den nachfolgenden Kapiteln wird sich die Homepage Schritt für Schritt in eine vollständig deutsche Seite verwandeln.

Warnung Da die Sprachpakete unabhängig von Joomla! (weiter-)entwickelt werden, kann es passieren, dass die Bezeichnungen für Menüs und andere Elemente der Oberfläche von den hier im Buch genannten (leicht) abweichen. Zwar versucht das deutsche Übersetzerteam seine Sprachpakete immer nur mit einer neuen Joomla!-Version zu veröffentlichen, zwischendurch erscheinende (Fehler-)Korrekturen sind jedoch in der Vergangenheit immer mal wieder vorgekommen.

Tipp Als Bonus stellt das deutsche Übersetzerteam auf seiner Internetseite *http://www.* *jgerman.de* ein halboffizielles Joomla!-Archiv bereit, in das die deutschen Sprachpakete bereits integriert wurden. Sie installieren es wie in Abschnitt »Installation von Joomla!« beschrieben und haben dann direkt im Anschluss ein komplett deutsches Joomla! vor sich.

Damit ist die Installation vollständig abgeschlossen, und die Konfiguration und Einrichtung der eigenen Homepage kann beginnen. Sobald Sie diese mithilfe der folgenden Kapitel abgeschlossen haben, können Sie das System in den produktiven Betrieb übernehmen. Wie eine damit verbundene Installation auf einem angemieteten Internetserver vonstattengeht, zeigt der nun folgende Abschnitt.

Aufspielen auf den Server

Die Installation auf einem angemieteten Server im Internet funktioniert fast genau so, wie es in den vorangegangenen Abschnitten beschrieben wurde. Voraussetzung ist, dass die Datenbank und der Webserver nebst PHP bereits auf dem Zielcomputer laufen. Die notwendige Einrichtung und Installation der Komponenten übernimmt normalerweise Ihr Webhoster für Sie. Als Nächstes laden Sie sich die aktuelle Joomla!-Version herunter und entpacken sie auf Ihrem eigenen Computer in ein Verzeichnis Ihrer Wahl.

Warnung Aus Sicherheitsgründen sollten Sie auf Ihrem Internetserver immer nur die aktu- ellste Joomla!-Version nutzen. Die Vorgänger enthalten teilweise Sicherheitslücken und Programmfehler. Sofern Sie Joomla! von Ihrem Webhoster gestellt bekommen und dieser Ihnen noch eine alte Version untergejubelt hat, sollten Sie schleunigst mit ihm Kontakt aufnehmen.

Das weitere Vorgehen hängt nun von Ihren Zugangsmöglichkeiten ab. In der Regel erlaubt der Provider den Zugriff über den schon in Abschnitt »Schritt 5: FTP-Konfiguration« erwähnten FTP-Zugang. Wählen Sie eines der zahlreichen kostenlosen FTP-Programme nach eigenem Geschmack aus, und laden Sie mit seiner Hilfe das gesamte Joomla!-Verzeichnis auf den entfernten Computer. Alternativ setzen einige wenige Provider auf den Zugang mittels *ssh*, der Secure Shell. Auch hierfür gibt es entsprechende Programme, die das Hochladen der Dateien übernehmen.

Sobald alle Joomla!-Dateien auf dem Server weilen, öffnen Sie Ihr Browserfenster und verfahren so, wie in Abschnitt »Installation von Joomla!« beschrieben. Ist Ihr Internetauftritt beispielsweise über die Seite *http://www.kinoportal.de* erreichbar und haben Sie Joomla! auf Ihrem Server in das Unterverzeichnis *joomla* kopiert, so starten Sie den Einrichtungsvorgang, indem Sie die Seite *http://www.kinoportal.de/ joomla* ansteuern.

 Tipp Diese Adresse müssen dann aber auch später Ihre Besucher kennen. Deshalb empfiehlt es sich, Joomla! auf dem Webserver kein eigenes Unterverzeichnis zu spendieren.

Schreibrechte

Wenn Sie alle Schritte abgearbeitet haben, sollten Sie anschließend die Zugriffs- und Schreibrechte der Dateien kontrollieren. Jedes bessere FTP-Programm bietet hierfür entsprechende Optionen an. Ein Beispiel für ein zugehöriges Einstellungs-fenster zeigt Abbildung 2-56 am Beispiel von FileZilla (*http://filezilla-project.org/*).

Abbildung 2-56: Der Eigenschaftsdialog von FileZilla. Im unteren Teil können Sie die Zugriffsrechte der Datei beziehungsweise des Verzeichnisses korrigieren.

Normalerweise benötigt Joomla! nur lesenden Zugriff. Sobald Sie jedoch Erweite-rungen einspielen oder Bilder zur Illustration Ihrer Texte hochladen möchten, müssen einige Verzeichnisse beschreibbar sein. Welche dies sind, erfahren Sie entweder recht unsanft durch eine Fehlermeldung oder aber in der Verwaltungszentrale von Joomla!. Dazu steuern Sie in Ihrem Browser wieder die Kommandobrücke an (bei einer lokalen Testinstallation gemäß Abschnitt »Schnellinstallation« wäre dies die Seite *http://localhost/joomla/administrator*). Melden Sie sich mit dem bei der Installation vergebenen Benutzernamen und Passwort an. Anschließend wählen Sie aus dem Hauptmenü SITE → SYSTEMINFORMATIONEN (SITE → SYSTEM INFORMATION) und dann VERZEICHNISRECHTE (DIRECTORY PERMISSIONS).

Version   Unter Joomla! 1.5 war dieser Informationsschirm noch im Menü HILFE (HELP) ver-   X.X
steckt.

Joomla! präsentiert Ihnen nun eine Liste mit Verzeichnissen, auf die es gern (irgendwann einmal) schreibend zugreifen möchte. Für alle Einträge mit einem roten SCHREIBGESCHÜTZT müssen Sie die Zugriffsrechte folglich nachjustieren. Sofern Ihr FTP-Programm einen numerischen Wert für die Zugriffsrechte verlangt, tippen Sie die 777 ein. Damit erlaubt man allen Nutzern das Lesen und Schreiben der entsprechenden Datei (weitere Informationen zu diesen Nummern finden Sie beispielsweise in der Wikipedia unter *http://de.wikipedia.org/wiki/Unix-Dateirechte*).

Es ist jedoch ratsam, einigen der Verzeichnisse die Schreibrechte nur vorübergehend zu erteilen. Dies gilt insbesondere für die Unterverzeichnisse *components*, *modules*, *templates* sowie für alle Verzeichnisse unter *plugins* und *administrator* – mit der Ausnahme von *cache* im Ordner *administrator*. Auf diese Weise können andere Joomla!-Benutzer oder Eindringlinge nicht einfach hinter Ihrem Rücken Erweiterungspakete oder neue Seitenvorlagen (Templates) einspielen. Falls das FTP-Programm einen numerischen Wert verlangt, wäre in diesem Fall 755 passend (der Eigentümer darf alles, die restlichen Nutzer – darunter auch Joomla! – dürfen nur lesen). Möchte man selbst derartige Elemente einspielen, ergänzt man die Schreibrechte wieder für eine kurze Zeit.

Treten während des Betriebs Probleme auf, wie beispielsweise bei der Installation von Sprach- oder Erweiterungspaketen, so sollten Sie zunächst die korrekte Vergabe der Zugriffsrechte prüfen – vielleicht darf Joomla! überhaupt nichts in die jeweils betroffenen Verzeichnisse schreiben.

PHP-Konfiguration anpassen

Der nächste Blick sollte der Konfiguration des PHP-Systems gelten. Dort sorgen zwei unscheinbare Funktionen mitunter für unliebsame Überraschungen und bisweilen sogar für Sicherheitsprobleme.

Ob die Funktionen bei Ihnen aktiv sind, zeigt auf der Administrationsoberfläche von Joomla! der Menüpunkt SITE → SYSTEMINFORMATIONEN. Unter den PHP-EIN-

STELLUNGEN finden Sie in der Tabelle die Einträge SAFE-MODE und REGISTER-GLO-BALS. Beide sollten hier auf AUS stehen.

<table>
<tr><td>X.X</td><td>**Version**</td><td>In der Version Joomla! 1.5 fanden Sie den entsprechenden Eintrag noch unter HILFE → SYSTEMINFO.</td></tr>
</table>

Bei vielen Webhostern lassen sich diese Funktionen über eine Konfigurationsober-fläche abschalten. Andernfalls sollten Sie die Datei *php.ini* suchen. Sie enthält alle PHP-Einstellungen und lässt sich mit jedem beliebigen Texteditor öffnen und bear-beiten. Dies ist auch die richtige Anlaufstelle, wenn Sie einen Server komplett selbst eingerichtet haben. Welche Änderungen Sie darin vornehmen müssen, erklären die folgenden Abschnitte. Unter XAMPP finden Sie die *php.ini* übrigens unter

- Windows im Unterverzeichnis *C:\xampp\php*.
- Linux im Verzeichnis */opt/lampp/etc*.
- Mac OS X im Ordner */Programme/XAMPP/xampfiles/etc*.

Können Sie die Funktionen nicht selbst abschalten, sollten Sie Ihren Webhoster direkt darauf ansprechen.

Safe Mode

Sofern PHP in den sogenannten Safe Mode versetzt wurde, gelten verschärfte Sicherheits- und Zugriffsbedingungen. Dieser Modus wurde eingeführt, um die Sicherheit auf solchen Internetservern zu erhöhen, die sich mehrere Kunden teilen müssen (Shared Hosting). Ruft ein PHP-Programm ein anderes auf, so wird geprüft, ob beide vom gleichen Eigentümer stammen. Hiermit soll verhindert werden, dass jemand einfach PHP-Programme eines anderen Kunden aufruft und sich damit ein Hintertürchen öffnet. Dummerweise löst die grundlegende Arbeitsweise des Safe Mode dieses Problem nicht, sondern wiegt im Gegenteil seine Anwender in trügeri-scher Sicherheit. Aus diesem Grund wird die Einstellung mit PHP6 ersatzlos gestri-chen. Seit PHP 5.3 gilt sie als veraltet (*deprecated*) und sollte nicht mehr genutzt werden.

Ein aktivierter Safe Mode zieht einige unangenehme Konsequenzen nach sich. Zwar läuft Joomla!, Erweiterungen verweigern jedoch unter Umständen den Dienst oder lassen sich nur erschwert aufspielen. Um den Safe-Mode zu deaktivieren, tauschen Sie in der Konfigurationsdatei *php.ini* die Zeile

```
safe_mode = On
```
gegen
```
safe_mode = Off
```

aus. Nachdem Sie die Änderungen gespeichert haben, müssen Sie die Webserver-Anwendung (wie etwa Apache) einmal neu starten.

Mehr Informationen über den Safe Mode finden Sie auf der PHP-Homepage unter *http://www.php.net/manual/en/features.safe-mode.php*.

Register Globals

Eine weitere Funktion, die für Probleme sorgen kann, heißt Register Globals. Ursprünglich wurde sie geschaffen, um das Leben der Programmierer zu erleichtern, sie reißt aber im Gegenzug ein Sicherheitsloch in die Anwendung: Böswillige Besucher erhalten über sie die Möglichkeit, eigene, schadhafte Daten in Joomla! zu injizieren. Das Funktionsprinzip genauer zu erklären, würde den Rahmen dieses Kapitels sprengen und erfordert zudem Kenntnisse über die Programmiersprache PHP. Die Funktion stellt jedoch ein so großes Sicherheitsrisiko dar, dass auch sie ab PHP 5.3.0 als veraltet (*deprecated*) gilt und mit der nächsten PHP-Version ganz verschwinden wird.

Um sie abzuschalten, suchen Sie in der Datei *php.ini* die Zeile

```
register_globals = On
```

und tauschen Sie sie gegen

```
register_globals = Off
```

aus. Speichern Sie Ihre Änderungen, und starten Sie anschließend die Webserver-Anwendung (wie etwa Apache) neu.

Dummerweise verlangen einige (ältere) Joomla!-Erweiterungen aktivierte Register Globals. In diesem Fall müssen Sie selbst abwägen, ob Ihnen die Komponente oder eine höhere Sicherheit wichtiger sind.

Weiterführende Informationen zu `register_globals` erhalten Sie in der PHP-Dokumentation unter *http://www.php.net/manual/en/security.globals.php*.

Erste Schritte

Wenn Sie zum ersten Mal mit Joomla! arbeiten, werden Sie über viele neue Begriffe und Ausdrücke stolpern. Häufig verwendet das Content-Management-System mehrere unterschiedliche Namen für die gleiche Sache. Darüber hinaus werden oftmals Begriffe, die im Internet bereits eine andere Bedeutung erlangt haben, innerhalb von Joomla! in einem anderen Zusammenhang verwendet. Das gilt beispielsweise für *Homepage*, die in Joomla! nur die Startseite des Internetauftritts meint, woanders aber auch gerne für den kompletten Auftritt verwendet wird. Etwas Ordnung in dieses Wirrwarr bringt Tabelle 3-1. In ihr finden Sie die wichtigsten Begriffe, ihre Synonyme und ihre Bedeutung in Joomla!.

Tabelle 3-1: Wichtige Begriffe und ihre Bedeutung im Überblick

Begriff	Synonyme	Bedeutung
Frontend	Website, Site	Alle Seiten, die ein Besucher zu sehen bekommt
Backend	Administrationsbereich, Administration, Administrationsoberfläche, Admin	Steuerzentrale von Joomla!, in der die Konfiguration und Einrichtung stattfindet
Startseite	Homepage, Home, veraltet Front Page	Diese Internetseite bekommt ein Besucher immer als Erstes zu sehen, wenn er Ihren Internetauftritt ansteuert.

Ein kleiner Rundgang durch das Content-Management-System soll Sie im Folgenden etwas vertrauter mit der verwirrenden Terminologie machen und Ihnen gleichzeitig einen kleinen Einblick in den Aufbau und die prinzipiellen Arbeitsweisen von Joomla! geben. Den Anfang macht ein kurzer Abstecher aus der Perspektive eines Besuchers.

Tipp Joomla! ist ein Gemeinschaftsprojekt zahlreicher Freiwilliger. Jeder kann selbst Verbesserungen einbringen oder bei der Weiterentwicklung helfen. Eine erste Anlaufstelle mit weiteren Informationen und Kontaktdaten finden Interessenten unter *http://www.joomla.org/about-joomla/contribute-to-joomla.html*.

Das Frontend

Alle Seiten, die ein Besucher zu sehen bekommt, fasst Joomla! unter dem Begriff *Frontend* zusammen. Neuere Joomla!-Versionen sprechen auch von der *Website* oder kurz *Site*. Wie so ein Frontend aussehen kann, demonstrieren besonders gut die in Joomla! mitgelieferten Beispiel-Seiten. Daher sollen sie in den nachfolgenden Abschnitten kurz als Anschauungsobjekt herhalten (an den Bau des versprochenen Kinoportals geht es dann direkt im nächsten Kapitel 4, *Inhalte verwalten*).

Startseite

Wenn ein Besucher in seinem Browser Ihren Internetauftritt ansteuert, landet er zunächst immer auf derselben *Startseite*, englisch *Homepage* oder kurz *Home*.

X.X	**Version**	Bis einschließlich Version 1.5 bezeichnete Joomla! die erste Seite als *Front Page* (nicht zu verwechseln mit dem *Frontend*). Dieser Begriff ist seit der Version 1.6 weitgehend verschwunden.

Abbildung 3-1 zeigt das entsprechende Exemplar aus den Joomla! beiliegenden Beispieldaten. Wenn Sie der Schnellinstallationsanleitung aus dem vorherigen Kapitel 2, *Installation*, gefolgt sind, erreichen Sie diese Startseite unter der Adresse *http://localhost/joomla*.

X.X	**Version**	Die vorherige Joomla!-Version 1.5.x nutzte ein etwas anderes Design, die darin auftauchenden Elemente finden sich aber auch in der neuen Fassung wieder – teilweise sogar an derselben Stelle.

Die Joomla!-Entwickler waren nicht geizig und demonstrieren mit dieser Seite zahlreiche mögliche Funktionen, die Joomla! von Haus aus mitbringt. Lassen Sie sich deshalb von der präsentierten Vielzahl an Informationen nicht irritieren. Betrachten Sie stattdessen die einzelnen Bereiche der Startseite für einen Moment, und machen Sie sich auf diese Weise etwas mit ihrem Aufbau vertraut.

⏩	**Tipp**	Für den Besuch der von Joomla! ausgelieferten Seiten genügt theoretisch schon ein alter Browser im Dampfbetrieb ohne zusätzlichen Schnickschnack wie JavaScript oder aktivierte Cookies. Einige Spezialfunktionen sind dann allerdings außer Gefecht gesetzt, wie beispielsweise die Schaltflächen am oberen Rand zum Vergrößern und Verkleinern der Schrift. Auch einige externe Erweiterungen können hier andere oder höhere Ansprüche stellen. Wie Kapitel 16, *Barrierefreiheit*, später noch zeigen wird, ist es nicht ganz so einfach, die eigene Seite mit Rücksicht auf solche Browser zu gestalten.

Die angezeigten Texte sind die Beispieldaten, die Joomla! während der (Schnell-)Installation angelegt hat. Das ebenfalls mitgelieferte Standardlayout beherbergt auf

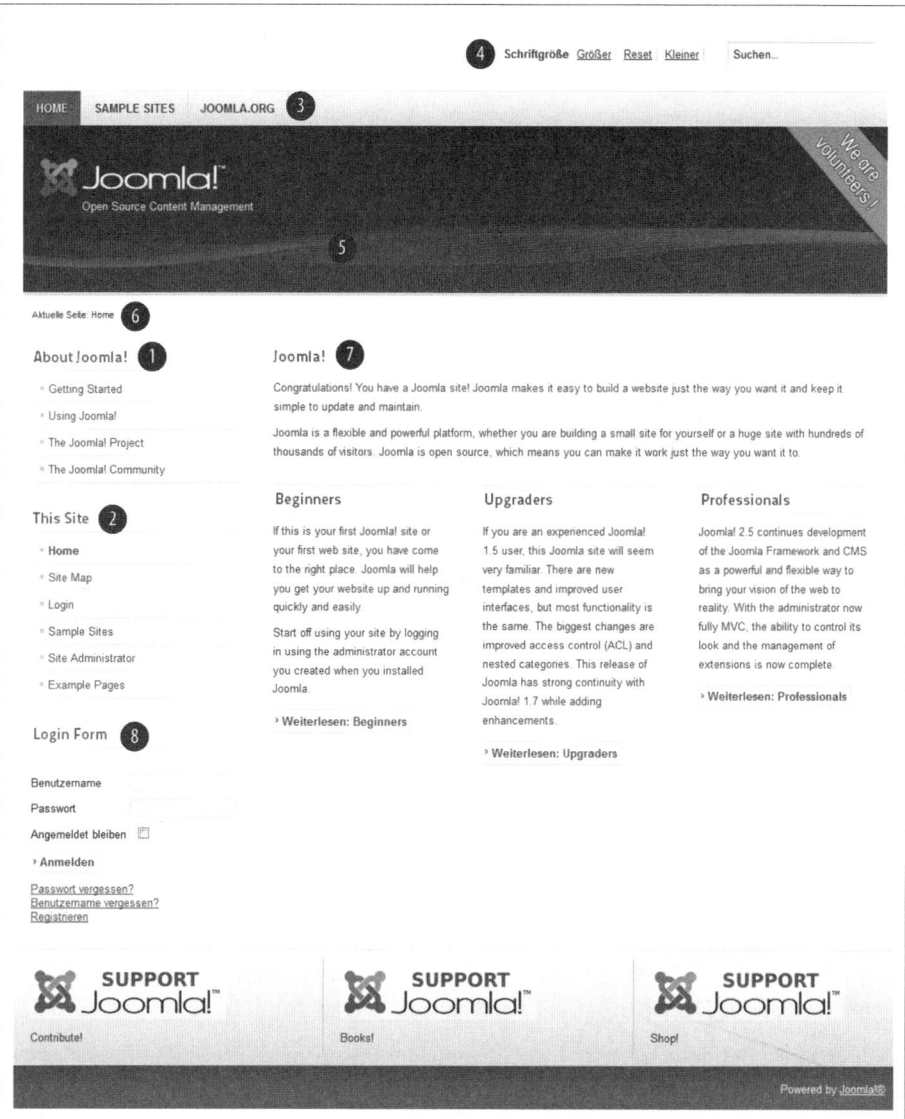

Abbildung 3-1: Die mitgelieferte Beispielseite in ihrer vollen Pracht

der linken Seite zwei Menüs. Die Punkte unter ABOUT JOOMLA! ❶ führen jeweils zu einzelnen Artikeln, die das Content-Management-System vorstellen. Der mit THIS SITE beschriftete Kollege ❷ enthält hingegen Abkürzungen zu den wichtigsten (Unter-)Seiten. So führt etwa HOME immer wieder zurück zu dieser Einstiegsseite und SITE MAP zu einem kompakten Inhaltsverzeichnis. Auf deutschen Seiten wäre hier auch der geeignete Ort, um auf das Impressum zu verweisen.

| X.X | **Version** | Benutzer einer älteren Joomla!-Version kennen das THIS SITE-Menü unter dem Namen MAIN MENU. Einige seiner Menüpunkte lagen zudem noch horizontal am oberen Seitenrand. Hinter der SITE MAP steckt übrigens nur eine Liste mit allen Kategorien, Sitemap-Erweiterungen werden also nur zum Teil überflüssig. |

Unter Joomla! dürfen Sie so viele Menüs anlegen, wie Sie möchten. In diesem Fall hat der Erschaffer der Beispielseite drei Stück erstellt: die zwei am linken Rand und das kleine waagerechte ❸ oben über dem blauen Banner mit dem Schriftzug Joomla!. Auch wenn man es auf den ersten Blick meinen könnte, sind HOME, SAMPLE SITES und JOOMLA.ORG keine Registerkarten, sondern nur Menüpunkte in einer speziellen Optik.

Rechts oben in der Ecke findet man zwei Spezialfunktionen ❹. Zunächst kann der Besucher via GRÖSSER und KLEINER die Schriftgröße verändern, RESET kehrt wieder zur ursprünglichen Größe zurück. Über diese Möglichkeit freuen sich besonders Menschen, die schlecht oder nur noch eingeschränkt sehen. Angesichts einer immer älter werdenden Gesellschaft betrifft dies immer mehr Besucher, folglich sollten Sie auch auf Ihrer eigenen Seite diese Funktion anbieten. Die Schrift schrumpfen werden vor allem Benutzer eines Mobilgeräts, um sich so auf den kleineren Bildschirmen etwas Überblick zu verschaffen. Ganz am rechten Rand wartet noch die Suchfunktion. Nach einem dort eingetippten Begriff fahndet Joomla! in allen von ihm verwalteten Seiten.

Besonders prominent leuchtet dem Besucher das große blaue Titelbanner mit der Aufschrift Joomla! entgegen ❺. Direkt darunter am linken Rand steht der merkwürdige Ausdruck AKTUELLE SEITE: HOME ❻. Dahinter verbirgt sich die sogenannte Breadcrumb-Leiste, die den Weg von der Startseite bis zur aktuellen Seite anzeigt. Sie soll Ihren Besuchern vor allem die Orientierung erleichtern. Wenn Sie mit diesem Konzept noch nicht vertraut sind, rufen Sie nacheinander ein paar Menüpunkte auf, und beobachten Sie, wie sich die Leiste verändert. Mit einem Klick auf eines ihrer Elemente springen Sie schnell wieder zu den entsprechenden Übersichtsseiten zurück, per HOME beispielsweise immer wieder zur Startseite.

Den größten Bereich der Seite beansprucht der eigentliche Inhalt der Einstiegsseite ❼. Ihn füllen derzeit ein Einleitungsartikel (in der Abbildung 3-1 trägt er einfach die Überschrift *Joomla!*) sowie drei weitere Beiträge mit den Titeln *Beginners*, *Upgraders* und *Professionals*. Da sie etwas länger sind, schreibt Joomla! nur ihren Anfang beziehungsweise ihre Einleitung auf die Startseite. Um auch den Rest zu lesen, muss der Besucher auf die entsprechende Schaltfläche WEITERLESEN klicken. Artikel, die schon hier direkt auf der Startseite zu sehen sind, bezeichnet Joomla! als *Hauptbeiträge* (englisch *Featured Articles*).

Bis auf wenige Ausnahmen sind die meisten der angezeigten englischen Texte Teil der Beispieldaten – hierzu gehören sogar die Beschriftungen der Menüs. Da sie somit nicht von Joomla!, sondern vom Betreiber der Seite vorgegeben wurden, können sie auch nur von Letzterem geändert werden. Wie man leicht sieht, war der Autor der Beispielseiten zudem Engländer. Da er die Texte vorgegeben hat, kann Joomla! sie nicht selbstständig übersetzen.

Unterseiten

Rufen Sie jetzt im ABOUT JOOMLA!-Menü den GETTING STARTED-Artikel auf. Joomla! präsentiert seinen Text umgehend auf einer neuen, eigenen Seite (siehe Abbildung 3-2).

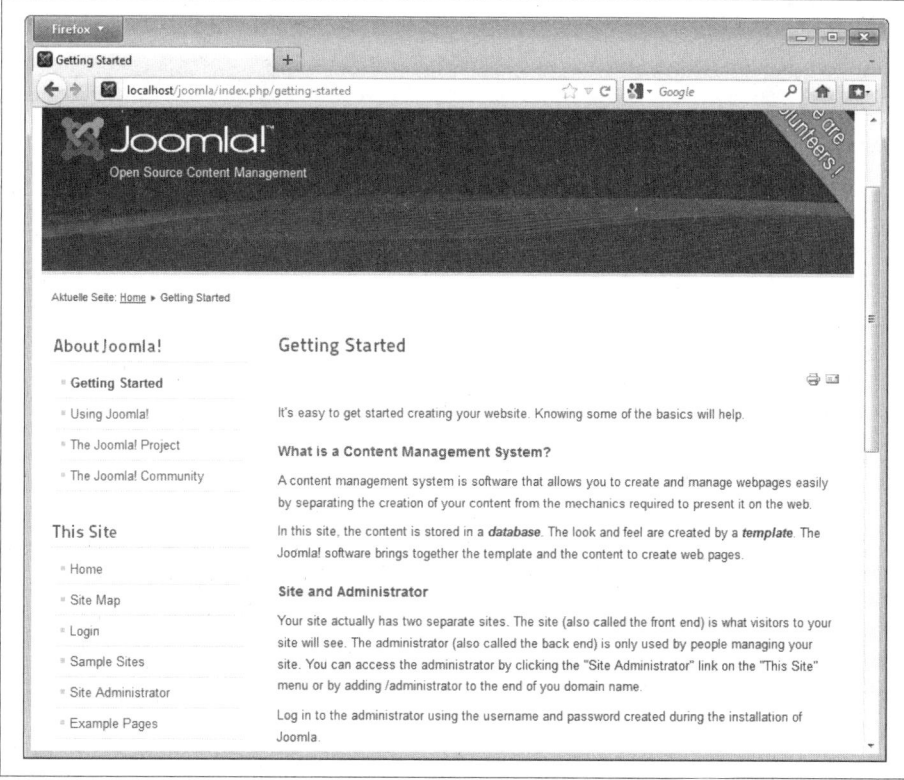

Abbildung 3-2: Der Artikel »*Getting Started*« in der Detailansicht

Rechts oben neben der Nachrichtenüberschrift *Getting Started* stehen am Rand etwas einsam zwei kleine Schaltflächen:

- Der Drucker zeigt die Seite so an, dass sie sich leicht und problemlos ausdrucken lässt.
- Die Postkarte versendet den Text per E-Mail an einen Bekannten.

Im zweiten Fall öffnet sich ein neues Fenster, das noch den Empfänger und weitere Informationen abfragt. In der Druckvorschau führt ein erneuter Klick auf das Druckersymbol rechts oben zu den Druckereinstellungen.

Werfen Sie nun einen Blick in die SITE MAP (erreichbar über das Menü THIS SITE). Sie enthält keinen Text, sondern lediglich eine Liste mit Verweisen (siehe Abbildung 3-3). Jeder von ihnen führt zu einer thematisch zusammengehörenden Gruppe von weiteren Verweisen, die wiederum zu den eigentlichen Artikeln beziehungsweise Unterseiten führen. Auf derartige Übersichten werden Sie in den nachfolgenden Kapiteln noch häufiger stoßen.

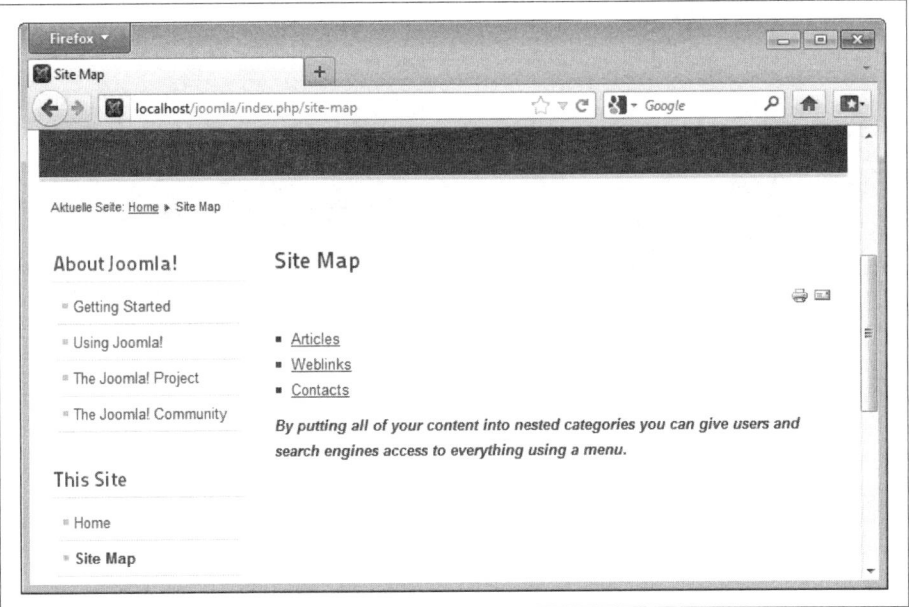

Abbildung 3-3: Die Seite der Sitemap

Wechseln Sie jetzt im waagerechten Menü am oberen Seitenrand zum Punkt SAMPLE SITES, aktivieren Sie dann im Menü am linken Seitenrand das Register FRUIT SHOP, und klicken Sie auf WELCOME. Nicht erschrecken: Sie landen damit auf der grünlichen Seite aus Abbildung 3-4.

In Joomla! dürfen Sie jeder Seite eine andere, individuelle Optik verpassen. Im Kinoportal könnte man beispielsweise die Seiten mit den Filmkritiken in Blau tauchen, den Veranstaltungskalender hingegen grün anstreichen. Die unterschiedlich eingefärbten Bereiche helfen dem Besucher dann (unterschwellig) bei der Orientierung. Analog könnte ein Sportverein die Seiten der Tennisabteilung ganz anders gestalten als die der Schachgruppe und sie so auch optisch deutlich voneinander trennen.

Joomla! kennt noch eine ganze Reihe weiterer nützlicher Funktionen, die es nicht direkt auf die Beispiel-Homepage geschafft haben. So können Sie unter anderem zeitgesteuert Werbebanner einblenden sowie die meistbesuchten und neuesten Artikel anzeigen lassen.

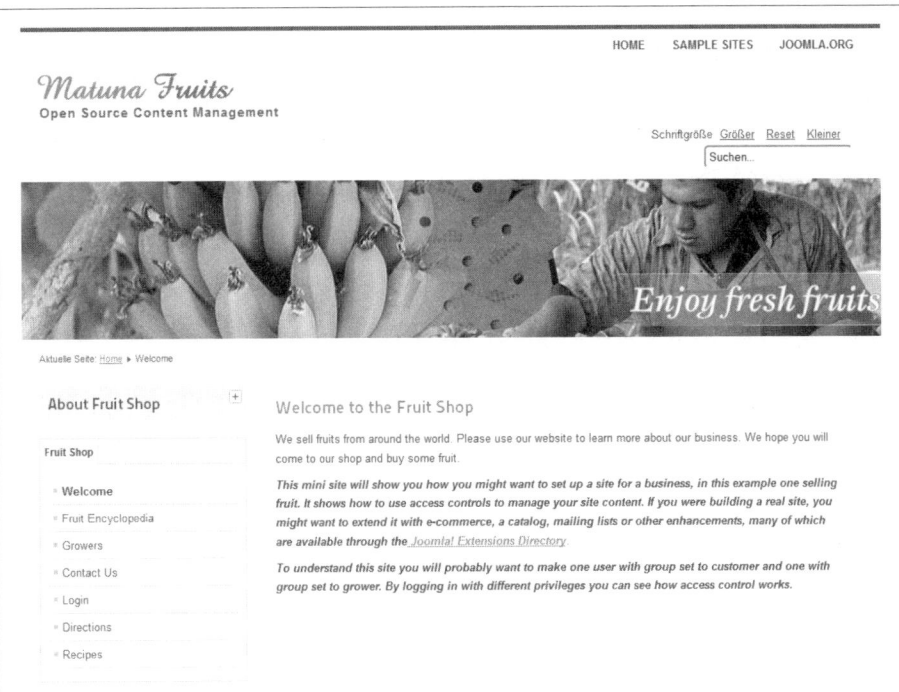

Aktuelle Seite: Home ▸ Welcome

About Fruit Shop +

Fruit Shop

- Welcome
- Fruit Encyclopedia
- Growers
- Contact Us
- Login
- Directions
- Recipes

Welcome to the Fruit Shop

We sell fruits from around the world. Please use our website to learn more about our business. We hope you will come to our shop and buy some fruit.

This mini site will show you how you might want to set up a site for a business, in this example one selling fruit. It shows how to use access controls to manage your site content. If you were building a real site, you might want to extend it with e-commerce, a catalog, mailing lists or other enhancements, many of which are available through the Joomla! Extensions Directory.

To understand this site you will probably want to make one user with group set to customer and one with group set to grower. By logging in with different privileges you can see how access control works.

Abbildung 3-4: Diese Seite gehört noch zur Beispiel-Homepage, besitzt aber gegenüber ihren Kolleginnen ein anderes Aussehen.

Australian Parks, Joomla! 2.5.0 und die Sprachen

Auf der Beispiel-Homepage gibt es neben dem *Fruit Shop* auch noch die giftgrünen *Australian-Parks*-Unterseiten. Sie erreichen sie über SAMPLE SITES, dann AUSTRALIAN PARKS (im Menü auf der linken Seite), gefolgt von WELCOME.

Joomla! 2.5.0 präsentiert Ihnen jetzt sehr wahrscheinlich nur eine Fehlermeldung. Auslöser ist ein Programmierfehler, der in der nächsten Joomla!-Version 2.5.1 behoben sein wird.

Version Joomla! 1.5-Benutzer dürften die Umfrage vermissen. Die Entwickler haben sie aus der neuen Version entfernt, da sie ihrer Meinung nach nicht zu den Kernfunktionen gehört. In Zukunft sollen Erweiterungen von Drittanbietern diese Lücke füllen. Mehr dazu folgt in Kapitel 14, *Funktionsumfang erweitern*.

Kehren Sie jetzt via HOME zum Ausgangspunkt aus Abbildung 3-1 zurück.

Benutzerkonten

Ganz links unten in der Ecke, noch unter den beiden Menüs, versteckt sich das LOGIN FORM ➑. Mithilfe der dahinter stehenden Benutzerverwaltung können Sie den Zugriff auf bestimmte Bereiche der Homepage einschränken.

Dabei erhält jede Person ein sogenanntes *Benutzerkonto*, das unter anderem aus einem Benutzernamen und einem Passwort besteht. Mit diesem Duo kann sich die Person dann hier gegenüber Joomla! authentifizieren und erhält anschließend Zugang zu den geschützten Unterseiten. Im Falle eines Portals mit Filmkritiken könnte man auf diese Weise Vorabversionen der Artikel einer kleinen Gruppe von Lektoren zugänglich machen.

Sie selbst besitzen übrigens schon ein Benutzerkonto. Den zugehörigen Benutzernamen und das Passwort haben Sie bereits bei der Installation vergeben. Joomla! hat dann dazu automatisch ein passendes Konto angelegt. Dieses Konto ist übrigens ein ganz spezielles Konto. Sein Besitzer ist für Joomla! der sogenannte *Super User* (früher *Super Administrator*), der einzigartige, allmächtige Seitenbetreiber. Er erhält nicht nur Zutritt zu grundsätzlich allen nur erdenklichen Bereichen des Frontends, sondern darf auch sämtliche Einstellungen ändern und erhält obendrein noch Zugang zur Steuerzentrale von Joomla! (dazu folgt in wenigen Absätzen mehr).

Neben den bereits erwähnten Menüs existiert noch ein weiteres, das sich allerdings im Moment vor neugierigen Blicken versteckt. Um es hervorzuzaubern, melden Sie sich kurz über das LOGIN FORM an. Wenn Sie der Schnellanleitung aus Kapitel 2, *Installation*, gefolgt sind, verwenden Sie dazu `admin` als Benutzernamen und das bei der Installation vergebene Passwort. Nach einem Klick auf ANMELDEN erscheint das USER MENU direkt über dem ABOUT JOOMLA!-Menü auf der linken Seite. Es beherbergt Aktionen, die nur ein angemeldeter Benutzer ausführen darf. Hierzu zählt beispielsweise das Einreichen von neuen Artikeln (SUBMIT AN ARTICLE). Beenden Sie Ihre Sitzung wieder über die Schaltfläche ABMELDEN am linken unteren Seitenrand.

Das Baukastenprinzip

Die Einstiegsseite setzt sich aus mehreren Menüs, dem Titelbild, einer Fußleiste mit drei Joomla!-Werbebildchen, ein paar Artikeln und den Zusatzfunktionen rechts oben in der Ecke zusammen. Der Gestalter einer Seite kann jedes dieser einzelnen Elemente herausnehmen und durch andere Elemente mit neuen Funktionen oder Inhalten ersetzen. Die Anordnung der Elemente bestimmt eine Vorlage, das sogenannte *Template*. Es enthält den Bauplan der gesamten Seite. Wie man vorhandene Templates ändert oder eigene erstellt, zeigt später noch Kapitel 13, *Templates*.

 Tipp Bildlich können Sie sich dieses Konzept wie eine Sammlung von leeren Schachteln vorstellen, die zunächst mit bunten Dingen gefüllt und anschließend nach einem Lageplan so drapiert werden, dass sie ein möglichst hübsches Gesamtbild ergeben. Das Template entspricht in diesem Bild dem Lageplan.

Einige der angezeigten Elemente verfügen standardmäßig über einen Titel. Hierzu zählen beispielsweise das Hauptmenü mit THIS SITE oder die Anmeldung mit LOGIN FORM. Das derzeitige Layout präsentiert diesen Titel in etwas größerer Schrift beziehungsweise auf den Australian-Parks- und Fruit-Shop-Seiten in einer anderen Farbe.

Auf einigen Unterseiten tauchen Elemente der Einstiegsseite erneut auf. Beispielsweise besitzen die beiden Seiten hinter HOME und SAMPLE SITES das blaue Joomla!-Titelbild, das waagerechte Menü und die Sonderfunktionen in der rechten oberen Ecke, wohingegen die Menüs auf der linken Seite variieren (siehe Abbildung 3-5). Offenbar gibt es Elemente, die Joomla! auf allen Seiten mitschleppt, wohingegen man andere Bereiche nur auf bestimmten Seiten findet.

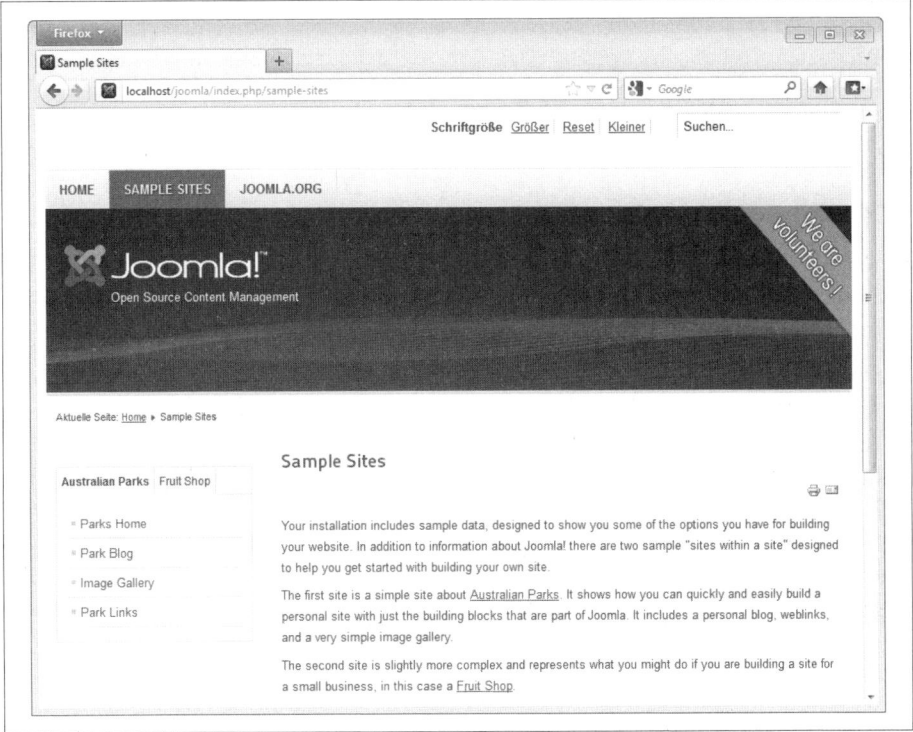

Abbildung 3-5:   Diese Unterseite übernimmt das waagerechte Menü und das blaue Titelbild von der Einstiegsseite, nicht aber die Menüs am linken Bildrand (vergleichen Sie sie mit Abbildung 3-1).

Alle bislang gezeigten Seiten fasst man unter dem Begriff *Frontend* zusammen. Normale Besucher bekommen ausschließlich diese Seiten zu Gesicht – ganz analog zu einem Kino, bei dem die Zuschauer nur den Film verfolgen können, nicht aber in den Vorführraum blicken dürfen. Sie als Super User dürfen aber auch ihn betreten.

Der Administrationsbereich (Backend)

Eine Homepage wäre ziemlich nutzlos, könnte man sie nicht nach eigenen Wünschen verändern. Eigens dazu besitzt Joomla! ein verstecktes Hinterzimmer (oder, um beim Bild des Kinosaals zu bleiben, den Vorführraum), in dem Sie als Betreiber hemmungslos an allen Hebeln ziehen dürfen. Hier geben Sie beispielsweise neue Artikel ein oder aktivieren ein anderes Homepage-Design.

Zugang zu diesem sogenannten *Backend*, was häufig etwas sperrig mit *Administrationsbereich* übersetzt wird, gewährt die Unterseite */administrator*. Sofern Sie der Schnellinstallationsanleitung aus Kapitel 2, *Installation*, gefolgt sind, wäre dies *http://localhost/joomla/administrator*. Alternativ können Sie auch den Eintrag SITE ADMINISTRATOR im Menü THIS SITE der Beispiel-Homepage anklicken.

 Tipp   Anstelle von *Administrationsbereich* oder *Backend* findet man im Internet noch weitere, ähnliche Begriffe wie *Administrationsoberfläche*, *Administratoroberfläche*, *Administration* oder *Admin(-Bereich)*. Sie alle bezeichnen die Steuerzentrale von Joomla!.

Anmeldung am Backend

In jedem Fall landen Sie vor dem Anmeldebildschirm aus Abbildung 3-6. Diese Tür kennen Sie bereits aus dem vorherigen Kapitel, als Sie die Sprachpakete nachinstalliert haben.

Damit nicht jeder x-beliebige Besucher nach Gutdünken an den Schrauben des Systems drehen kann, verlangt Joomla! hier nach einem Benutzernamen und dem dazugehörigen Passwort. Als allmächtiger Super User haben Sie beide während der Installation von Joomla! festgelegt. Wenn Sie der Schnellinstallation gefolgt sind, lautet der Benutzername `admin`.

 Warnung   Man kann es gar nicht oft genug sagen: Der Super User darf wirklich alles – sogar das gesamte System zerstören. Nicht umsonst bezeichnet Joomla! ihn als *Super User*. Wenn Sie sich mit seinen Daten bei Joomla! anmelden, müssen Sie folglich jeden Mausklick wohlüberlegt setzen.

Um sicherzugehen, dass sich niemand unbefugten Zutritt verschafft, sollten Sie zum einen Ihre Zugangsdaten sicher verwahren und zum anderen weitere Sicherheitsmaßnahmen Ihres Webservers nutzen, allen voran den Zugriffsschutz für Verzeichnisse (beispielsweise, indem Sie das *administrator*-Verzeichnis mit einer sogenannten *.htaccess*-Datei für alle anderen Besucher abriegeln). Wie dies genau funktioniert, beschreibt die Dokumentation Ihres Webservers – eine ausführliche Erläuterung würde den Rahmen dieses Buches sprengen. Wenn Sie an entsprechenden Hintergrundinformationen interessiert sind, finden Sie beispielsweise unter *http://www.oreilly.de/topics/apache.html* eine kleine Auswahl mit passenden O'Reilly-Büchern.

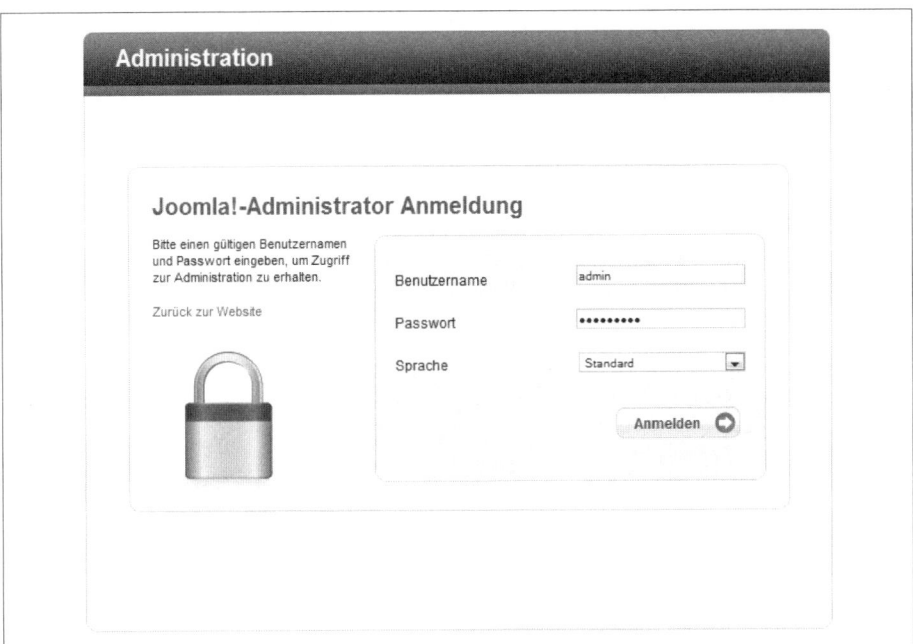

Abbildung 3-6: Der Anmeldebildschirm für den Administrationsbereich

Über die Benutzerverwaltung können Sie später weiteren Benutzern (eingeschränkten) Zugang zur Administrationsoberfläche gewähren.

Tipp Sie sollten bei dieser Gelegenheit auch sich selbst ein zusätzliches, eigenes Benutzerkonto spendieren und die Anmeldedaten des allmächtigen Super Users nur noch in Notfällen heranziehen. Damit müssen Sie dann nicht mehr jeden Klick in die Waagschale werfen. Ausführliche Informationen zu diesem Thema folgen in Kapitel 9, *Benutzerverwaltung und -kommunikation*.

Auf dem Anmeldebildschirm regelt die Ausklappliste neben SPRACHE, in welcher Übersetzung der Administrationsbereich gleich erscheint. Joomla! stellt hier alle Sprachen zur Auswahl, die ihm zuvor über ein entsprechendes Sprachpaket beigebracht wurden. Wenn Sie den Schritten des vorherigen Kapitel 2, *Installation*, gefolgt sind, stehen hier ENGLISH und Deutsch (alias GERMAN) zur Auswahl. Letzteres ist bereits die Voreinstellung und würde somit auch bei der Wahl von STANDARD verwendet. Mehr zu den Sprachpaketen folgt noch in Kapitel 12, *Mehrsprachigkeit*.

Nach einem Klick auf ANMELDEN landen Sie automatisch im Administrationsbereich und somit in der Verwaltungszentrale von Joomla!. Im Gegensatz zum Frontend benötigen Sie für die Bedienung einen halbwegs frischen Browser mit aktivierten Cookies und JavaScript. Andernfalls erhalten Sie entweder nur einen Pixelbrei, oder ein Klick auf die verschiedenen Schalter und Menüpunkte verpufft wirkungslos. Sollte JavaScript komplett deaktiviert sein, sehen Sie übrigens schon anstelle des Anmeldebildschirms aus Abbildung 3-6 nur eine leere Seite.

 Version   Im alten Joomla! 1.5 hat der Anmeldebildschirm hingegen explizit mit einer Meldung auf ein fehlendes JavaScript hingewiesen.

Das Hauptmenü

Nach der Anmeldung präsentiert sich Joomla!s Verwaltungszentrale wie in Abbildung 3-7.

Abbildung 3-7:   Die Einstiegsseite des Administrationsbereichs

Die oberste Zeile enthält das Hauptmenü, über das Sie alle Funktionen und Einstellungen des Administrationsbereichs erreichen ❶. Die Menüpunkte klappen automatisch ihre Unterpunkte auf, sobald Sie mit dem Mausanzeiger darüber fahren.

In der gleichen Zeile wie das Hauptmenü finden Sie auf der rechten Seite die Anzahl der derzeit angemeldeten Benutzer im Frontend (die Zahl vor BESUCHER) und im Backend (ADMIN) ❷. Momentan ist nur eine Person im Backend unterwegs – nämlich Sie selbst.

Rechts neben dem Briefumschlag finden Sie die Anzahl aller neu eingegangenen Nachrichten ❸. Joomla! besitzt ein eigenes Nachrichtensystem, über das nicht nur die angemeldeten Mitglieder eingeschränkt kommunizieren können, sondern auch wichtige Systemnachrichten verschickt werden. Reicht beispielsweise ein Autor eine Filmkritik ein, so wird sie üblicherweise nicht direkt freigeschaltet, sondern zunächst durch einen Redakteur geprüft. Dieser erhält nun automatisch über das

Nachrichtensystem einen entsprechenden Hinweis. Im Menü unter KOMPONENTEN → NACHRICHTEN → NACHRICHTEN LESEN gelangen Sie zu einer Übersicht aller bislang für Sie eingegangenen privaten Nachrichten (Unter Joomla! 1.5 versteckte sich das Postfach noch hinter WERKZEUGE → NACHRICHTEN LESEN). Alternativ können Sie auch einfach auf die Nachrichtenzahl in der Menüleiste klicken. X.X

Apropos Menüleiste: Dort wartet am rechten Rand noch ein Schalter namens VORSCHAU ❹. Er öffnet in einem neuen Fenster den aktuellen Stand Ihrer Website.

Version   In Joomla! 1.5 existierten noch verschiedene weitere Vorschaumöglichkeiten. Diese wurden in Joomla! 1.6 entfernt, sodass nur noch der Punkt VORSCHAU übrig blieb. X.X

Das ist besonders dann nützlich, wenn Sie nach Änderungen direkt einen Kontrollblick auf das Ergebnis werfen möchten. Dank dieses Menüpunktes müssen Sie nicht erst wieder den Administrationsbereich verlassen.

Dies geschieht wiederum über ABMELDEN ❺. Zum gleichen Ergebnis führt auch der Menüpunkt SITE → ABMELDEN. Sollten Sie längere Zeit untätig gewesen sein, so setzt Joomla! Sie automatisch vor die Tür. Dies geschieht zum einen aus Sicherheitsgründen, und zum anderen brauchen Sie nicht in Panik zu geraten, sollten Sie einmal das Abmelden vergessen oder den Browser einfach gedankenlos geschlossen haben.

Warnung   Andererseits können Sie hierdurch auch bereits getätigte Eingaben verlieren, wenn beispielsweise ein dringender Telefonanruf Sie vom Computer und somit von der Arbeit fernhält. Daher sollten Sie immer über die entsprechenden Schaltflächen Ihre Eingaben zwischenspeichern.

Falls Sie irgendwann einmal Hilfe benötigen, genügt der Aufruf von HILFE → JOOMLA!-HILFE. Das Content-Management-System öffnet dann die Online-Hilfe. Diese greift allerdings teilweise auf die entsprechenden Seiten der Joomla!-Homepage zurück (siehe Abbildung 3-8). Sie müssen daher über eine bestehende Internetverbindung verfügen – andernfalls erscheint auf dem Schirm nur eine Fehlermeldung. Über die Begriffe am linken Seitenrand kommt man schnell zu den entsprechenden Hilfethemen. Zusätzlich kann man die Suchfunktion links oben in Anspruch nehmen.

Das Rettungsringsymbol der Hilfe finden Sie übrigens auch immer mal wieder in anderen Teilen des Administrationsbereichs wieder. Ein Klick darauf genügt, um ein neues Fenster mit einem passenden Hilfethema hervorzuholen.

Der Bereich unterhalb des Hauptmenüs ist der sogenannte *Arbeitsplatz (Workspace)*. Sein Inhalt wechselt je nach aufgerufenem Menüpunkt und präsentiert die zu manipulierenden Einstellungen.

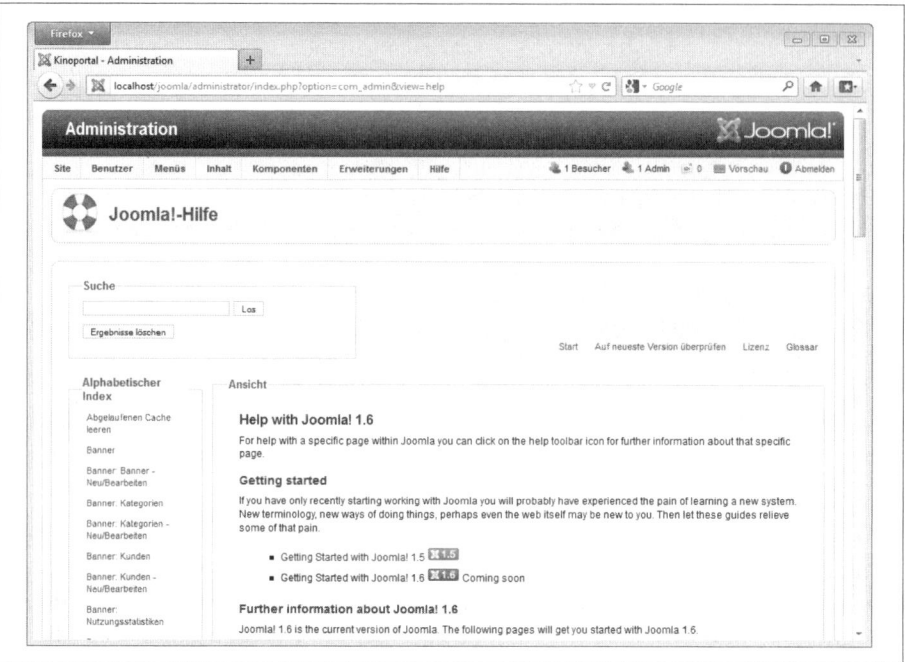

Abbildung 3-8: Die eingebaute Online-Hilfe war zum Zeitpunkt der Drucklegung alles andere als auf dem aktuellen Stand und sprach durchgehend nur Englisch.

Kontrollzentrum

Derzeit ist hier das *Kontrollzentrum* (*Control Panel*) aktiv (Abbildung 3-7). Es bildet die Startseite des Administrationsbereichs. Auf seiner linken Seite finden Sie eine Reihe überdimensionaler Schaltflächen, die Sie direkt zu häufig benötigten Aufgabengebieten leiten. Dank dieser *Schnellstartsymbole* (englisch *Quick Icons*) müssen Sie sich nicht erst mühsam durch die Menüs hangeln (❻ in Abbildung 3-7).

Auf der rechten Seite sehen Sie drei Listen. Gemäß ihrer Beschriftung enthalten sie die fünf

- ZULETZT ANGEMELDETEN BENUTZER (siehe Abbildung 3-9)

  Im Moment sind dies zwei Personen: Eine namens SUPER USER, das sind Sie selbst. Der Eintrag ADMINISTRATOR in der Spalte BEREICH weist darauf hin, dass Sie derzeit im Administrationsbereich angemeldet sind. Neben dem Super User hat sich auch noch ein weiterer, normaler Benutzer namens *Tim Schürmann* auf der Homepage angemeldet. Mit einem Klick auf den roten Kreis in der Spalte ABMELDEN können Sie diesen Benutzer zwangsweise vom System abmelden. Bei Ihnen selbst fehlt das Symbol, Sie können den Administrationsbereich folglich nur über ABMELDEN in der Menüleiste beziehungsweise SITE → ABMELDEN verlassen.

▼ Die 5 zuletzt angemeldeten Benutzer				
Name	Bereich	ID	Letzte Aktivität	Abmelden
Tim Schürmann	Site	43	2012-01-25 17:00:38	❶
Super User	Administrator	42	2012-01-25 17:00:29	

Abbildung 3-9: Das Register DIE 5 ZULETZT ANGEMELDETEN BENUTZER im Kontrollzentrum. Hier hat sich neben dem Super User auch noch ein weiterer, normaler Benutzer namens *Tim Schürmann* auf der Homepage angemeldet.

- BELIEBTESTEN BEITRÄGE

    Dahinter verbergen sich die fünf am häufigsten angeklickten Elemente (siehe Abbildung 3-10). Damit können Sie genau verfolgen, welche Artikel am beliebtesten sind. Neben dem Erstellungsdatum (ERSTELLT) nennt Joomla! hier auch die Anzahl der Aufrufe (ZUGRIFFE).

▼ Die 5 beliebtesten Beiträge		
Beliebteste Beiträge	Erstellt	Zugriffe
Weblinks Module	2011-01-01 00:00:01	23
Sample Sites	2011-01-01 00:00:01	19
Getting Help	2011-01-01 00:00:01	17
Wrapper Module	2011-01-01 00:00:01	15
Latest Articles Module	2011-01-01 00:00:01	15

Abbildung 3-10: Die 5 beliebtesten Beiträge im Kontrollzentrum

- ZULETZT HINZUGEFÜGTEN BEITRÄGE (siehe Abbildung 3-11)

    Rechts hinter dem Erstellungsdatum steht der Autor des Beitrags (ERSTELLER). Ein Klick auf einen der hier aufgeführten Artikel öffnet ihn direkt in einem zugehörigen Bearbeitungsbildschirm.

▼ Die 5 zuletzt hinzugefügten Beiträge			
Neue Beiträge	Status	Erstellt	Erstellt durch
Smart Search	✔	2012-01-17 03:42:36	Super User
Quick Icons	✔	2012-01-17 03:27:39	Super User
Captcha	✔	2012-01-17 03:20:45	Super User
Administrator Components	✔	2011-01-01 00:00:01	Super User
Archive Module	✔	2011-01-01 00:00:01	Super User

Abbildung 3-11: Die 5 zuletzt hinzugefügten Beiträge

Version In älteren Versionen gab es noch weitere Register, die einen Begrüßungstext sowie eine Liste aller Menüs bereithielten. Beide wurden mit Joomla! 1.6 wegrationalisiert.

Allgemeine Bedienkonzepte

Einige grundlegende Bedienkonzepte ziehen sich wie ein roter Faden durch die Administrationsoberfläche. In den folgenden Abschnitten lernen Sie die wichtigsten dieser Bedienkonzepte kennen. Wenn Sie sich beim Stöbern irgendwann einmal verlaufen haben sollten, bringt SITE → KONTROLLZENTRUM Sie jederzeit wieder zum Eingangsbildschirm zurück.

 Warnung   Verzichten Sie im Administrationsbereich auf die Zurück- und Vorwärts-Schaltflächen Ihres Browsers. Dies bringt Joomla! unter Umständen komplett aus dem Tritt. Nutzen Sie zur Navigation ausschließlich die angebotenen Menüs und Symbole.

Listen

Unter Joomla! lässt sich grundsätzlich jeder Menüeintrag anklicken, auch wenn noch weitere Untermenüs aufklappen. Fahren Sie beispielsweise mit der Maus über INHALT → BEITRÄGE, erscheint noch die einsame Option NEUER BEITRAG. Dennoch können Sie direkt BEITRÄGE anklicken.

In der Regel führen solche Oberpunkte zu einer Liste beziehungsweise Tabelle. Wählen Sie beispielsweise den Menüpunkt INHALT → BEITRÄGE, liefert Joomla! Ihnen eine Aufstellung aller derzeit existierenden Artikel. In Abbildung 3-12 stammen diese aus den Beispieldaten, im Fall des Kinoportals werden hier später alle Filmkritiken aufgeführt. Lassen Sie sich auch hier nicht durch die enorme Informationsfülle erschrecken, es sieht nur auf den ersten Blick so schlimm aus.

Unter dem Hauptmenü liegt zunächst immer die sogenannte *Werkzeugleiste* ❶ (englisch *Toolbar*). Mit ihren Knöpfen lassen sich die Artikel in der Liste auf vielfältige Art und Weise bearbeiten. Direkt darunter finden Sie eine schmale Leiste, die in Abbildung 3-12 mit BEITRÄGE, KATEGORIEN und HAUPTBEITRÄGE beschriftet ist ❷. Diese Leiste nutzt Joomla! auf zwei verschiedene Arten: Zum einen enthält sie häufig noch einmal die Menüpunkte aus dem entsprechenden Menü – in diesem Fall INHALT (klappen Sie den Menüpunkt einmal auf, und vergleichen Sie die Einträge). Auf anderen Seiten des Administrationsbereichs verhalten sich die Punkte hingegen wie Registerkarten, über die Sie zwischen verschiedenen Ansichten wechseln.

Den Hauptteil der Seite nimmt in Abbildung 3-12 eine Liste oder Tabelle mit den Artikeln ein ❸. In ihrer zweiten Spalte von links finden Sie die TITEL der Artikel. Suchen Sie die hier aufgeführten Exemplare einmal in der VORSCHAU im Frontend. Der *Beginners*-Artikel taucht beispielsweise direkt auf der Startseite auf. Die übrigen Spalten liefern schnell einen Überblick über die wichtigsten Einstellungen und Eigenschaften der Artikel.

Solche Listen kennt das Content-Management-System auch für viele andere Elemente, wie die Menüs (MENÜS → MENÜS), alle seine Benutzer (BENUTZER → BENUTZER), die verwalteten Werbebanner (KOMPONENTEN → BANNER) und so weiter.

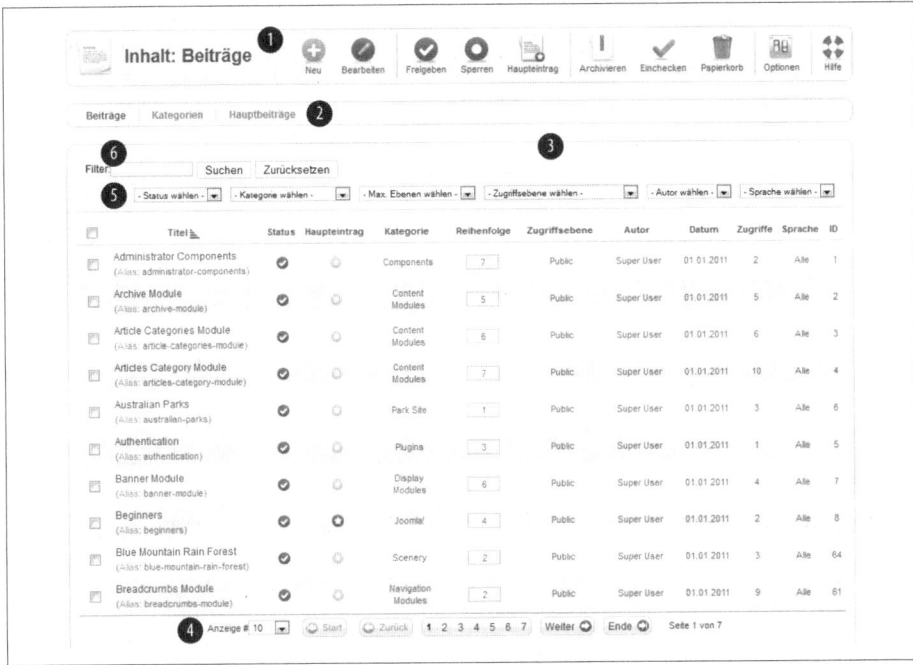

Abbildung 3-12: Die Seite INHALT → BEITRÄGE verwaltet alle Artikel übersichtlich in einer Liste.

Übersicht in Listen schaffen

Damit die Listen nicht zu ellenlangen Ungetümen werden, verteilt Joomla! alle Einträge auf mehrere Seiten. Wenn Sie einen Blick auf das untere Ende der Liste werfen ❹, finden Sie dort eine Ausklappliste mit der Beschriftung ANZEIGE #. Hier stellen Sie ein, wie viele Zeilen eine Seite auf einmal darstellt. Wählen Sie dort probeweise den kleinsten Wert von 5 (siehe Abbildung 3-13).

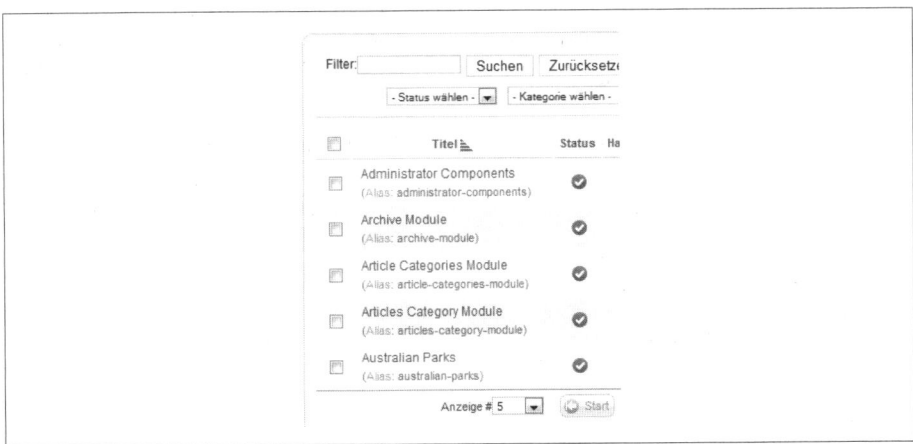

Abbildung 3-13: Hier wurde die Darstellung auf fünf Elemente pro Seite beschränkt.

Nun sind auf jeden Fall mehr Elemente in der Liste vorhanden, als angezeigt werden sollen. In derartigen Fällen helfen die Zahlen sowie die Schaltflächen ZURÜCK und WEITER rechts neben der Ausklappliste. Über sie gelangen Sie an die restlichen Einträge. Um sich in längeren Listen dabei nicht zu Tode zu klicken, können Sie über die Zahlen direkt eine der Seiten anspringen. Klicken Sie beispielsweise auf die Ziffer 3, blättert Joomla! umgehend zu dritten Seite. Analog springen START und ENDE zum Anfang beziehungsweise Ende der Liste. Wenn Sie das Beispiel mitgemacht haben, stellen Sie jetzt die ANZEIGE # wieder zurück auf 20.

Direkt über der Tabelle warten noch mehr oder weniger zahlreiche Ausklapplisten ❺. Über sie können Sie unwichtige Elemente ausblenden lassen. Interessieren Sie sich beispielsweise nur für alle Artikel, die ein ganz bestimmter Autor geschrieben hat, wählen Sie seinen Namen einfach aus der Ausklappliste - AUTOR WÄHLEN -. Über die anderen Ausklapplisten können Sie die Anzeige anschließend noch weiter einschränken beziehungsweise verfeinern. Um den Ursprungszustand wiederherzustellen, also wieder alle Artikel anzeigen zu lassen, stellen Sie in den Auswahllisten wieder die Punkte mit den Strichen ein. Möchten Sie also wieder die Artikel aller Autoren sehen, setzen Sie die entsprechende Ausklappliste auf den Punkt - AUTOR WÄHLEN -.

Das Eingabefeld FILTER ❻ beschränkt schließlich die Anzeige auf genau die Elemente, die den eingetippten Begriff in ihrem Namen beziehungsweise Titel tragen. Tippen Sie beispielsweise **Beginners** ein und klicken auf SUCHEN, erscheint in der Liste nur noch der entsprechende Artikel. Um den Ursprungszustand wiederherzustellen, aktivieren Sie ZURÜCKSETZEN.

Inhalte auswählen und bearbeiten

Möchten Sie nun etwas mit einem der hier aufgelisteten Elemente anstellen, markieren Sie zunächst in der ersten Spalte das kleine Kästchen links neben seinem Namen. Anschließend klicken Sie in der Werkzeugleiste (die Symbolleiste direkt unterhalb des Hauptmenüs) auf eine der angebotenen Aktionen.

Probieren Sie dies einmal für den Artikel mit dem Namen *Beginners* aus (eventuell müssen Sie erst in der Liste zum Anfang blättern). Dies ist einer der Artikel, die Joomla! auf der Einstiegsseite präsentiert. Kreuzen Sie seinen Kasten in der ersten

Spalte an, und klicken Sie in der Werkzeugleiste auf das Symbol BEARBEITEN. Es führt Sie direkt zum Bearbeitungsschirm für Artikel aus Abbildung 3-14.

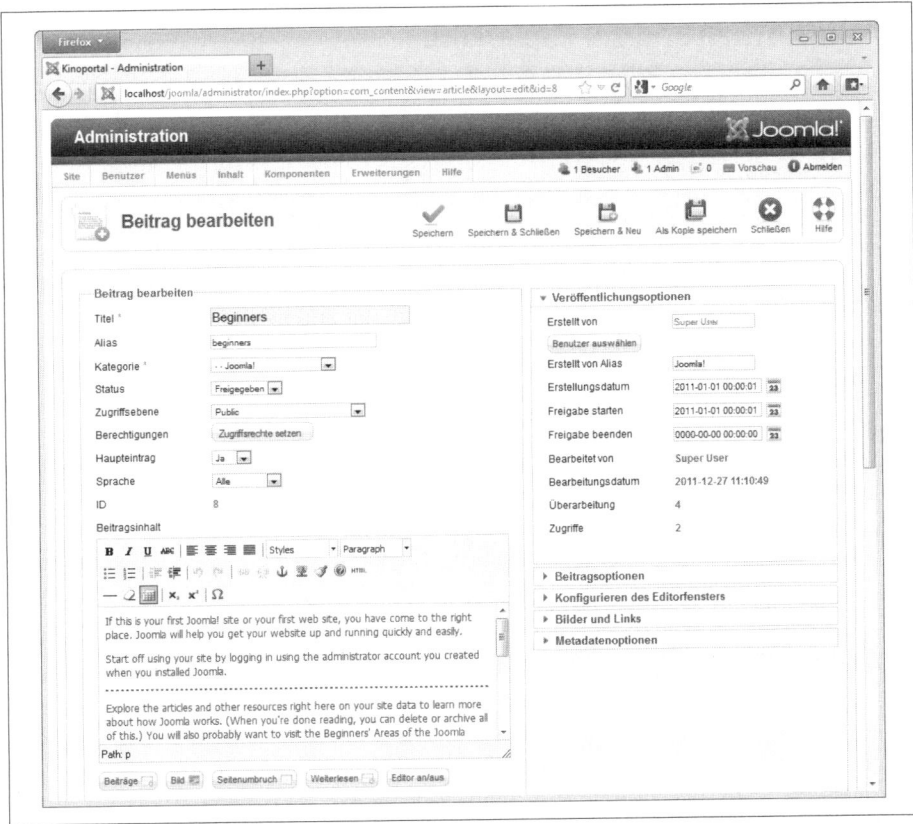

Abbildung 3-14: In diesem etwas unübersichtlichen Formular bearbeiten Sie alle Texte. Hier wurde der bestehende Artikel »Beginners« geöffnet.

Tipp   Alternativ zur Schaltfläche BEARBEITEN können Sie auch einfach in der zweiten Spalte auf den Titel des Elements klicken.

Da Sie hier noch nichts ändern sollten, brechen Sie den Bearbeitungsvorgang mit einem Klick auf SCHLIEßEN ab. Sie landen dann automatisch wieder in der Liste mit allen Beiträgen. Bearbeitungsbildschirme gibt es auch für andere Elemente, wie etwa einen Menüpunkt oder ein Werbebanner. Ihr Aussehen hängt jedoch stark vom zu bearbeitenden Element ab und folgt nur selten einem einheitlichen Schema.

Die in der Werkzeugleiste angebotenen Aktionen finden Sie in der Regel in allen Listen wieder. Je nachdem, was die Liste anzeigt, blendet Joomla! einige nicht nutzbare oder weniger sinnvolle Symbole aus. Einen Überblick über die möglichen Aktionen und ihre Bedeutung verschafft Ihnen Anhang A, *Wichtige Symbole und ihre Bedeutung.*

Inhalte löschen und der Papierkorb

Möchten Sie eine der Funktionen aus der Werkzeugleiste auf mehrere Elemente anwenden, so markieren Sie einfach alle betroffenen Zeilen. Um beispielsweise sämtliche Artikel zu löschen, kreuzen Sie alle Kästchen an und klicken dann auf Papier-korb. Dieser Vorgang lässt sich sogar noch etwas beschleunigen: In der Zeile mit den Spaltenbeschriftungen gibt es ebenfalls ein kleines Kästchen. Ist es aktiviert, werden mit einem Schlag alle seine Kollegen direkt darunter selektiert (siehe Abbildung 3-15).

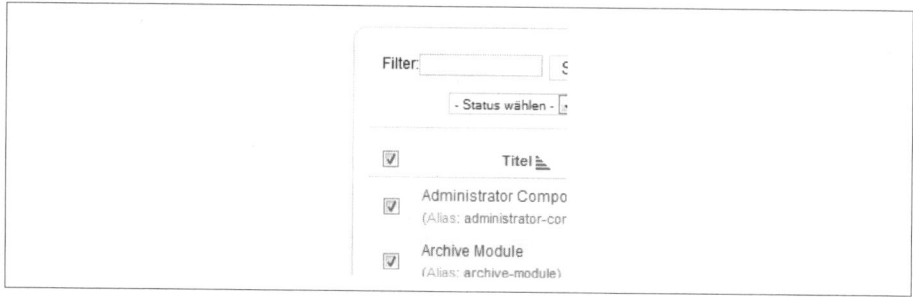

Abbildung 3-15:   Ein Haken in diesem Kästchen genügt, und schon sind sämtliche Listeneinträge darunter selektiert.

Auf diese Weise kann man später mit nur zwei Mausklicks alle gerade sichtbaren Filmkritiken in den Papierkorb werfen. Der heißt in Joomla! übrigens absichtlich so: In ihm entsorgte Elemente sind noch nicht ganz gelöscht, sondern lassen sich auch wieder aus ihm herausholen. Um in den Mülleimer zu linsen, stellen Sie die kleine, mit - Status wählen - beschriftete Ausklappliste auf Papierkorb. Um ein Element wiederherzustellen, markieren Sie es in der Liste und klicken dann auf Freigeben. Möchten Sie den Inhalt des Papierkorbs komplett leeren, genügt ein Klick auf den gleichnamigen Knopf in der Werkzeugleiste. Um die Papierkorb-Ansicht wieder zu verlassen, stellen Sie die Ausklappliste Papierkorb wieder auf - Status wählen -.

Warnung   An einigen Stellen trägt der Papierkorb die Unterschrift Löschen. In diesem Fall wandert das entsprechende Element direkt ins Nirvana!

X.X   **Version**   Bis einschließlich Joomla! 1.5 erreichte man alle entsorgten Texte noch über den Menüpunkt Inhalt → Papierkorb: Beiträge., alle in den Mülleimer verschobenen Menüeinträge hingegen unter Menüs → Papierkorb: Menü.

Inhalte sperren und freischalten

X.X   In fast allen Listen existiert eine Spalte mit der Aufschrift Status (in Joomla! 1.5 hieß sie Freigegeben). Bei den Artikeln ist es die dritte Spalte von links. Die Symbole in dieser Spalte zeigen an, ob das jeweilige Element auch tatsächlich für Besucher des Internetauftritts sichtbar ist. Steht dort ein grüner Haken, befindet sich der zugehörige Artikel auch irgendwo auf der Homepage.

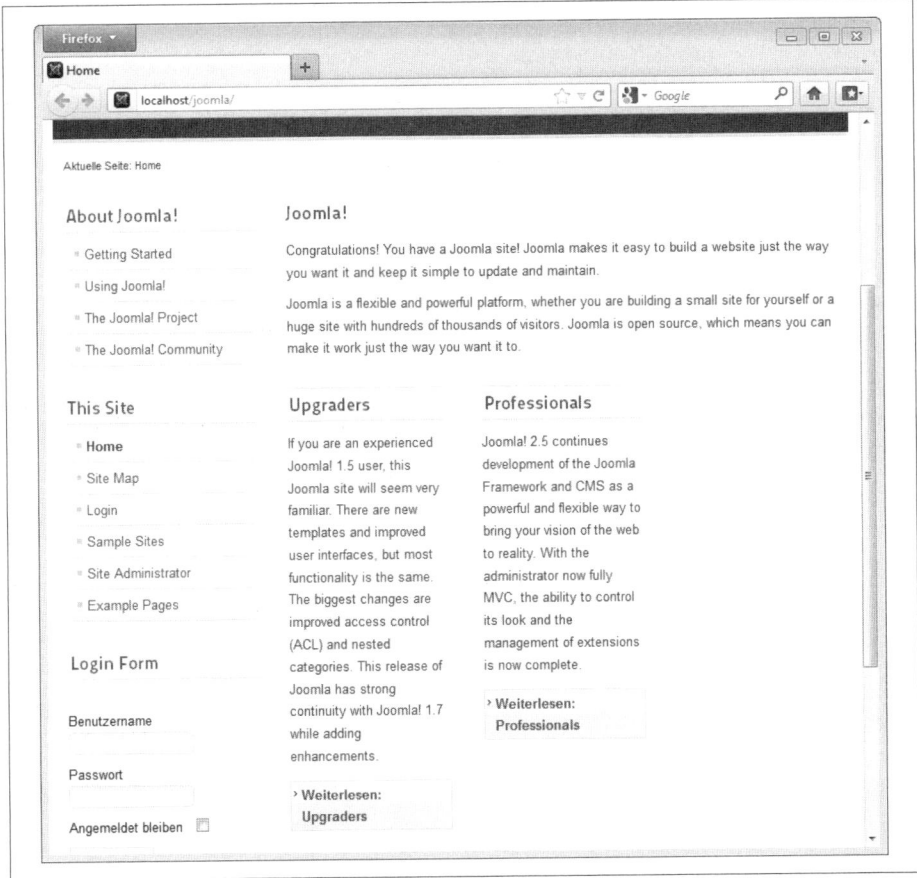

Abbildung 3-16: Die Beispielseite ohne den »Beginners«-Artikel

Um die Auswirkungen an einem Beispiel kennenzulernen, wählen Sie in der Menüleiste den Punkt VORSCHAU. Nun öffnet sich ein neues Browserfenster mit einer Vorschau der Homepage. Dort thront auch der bereits einschlägig bekannte *Beginners*-Artikel. Wechseln Sie wieder zurück zum Fenster mit der Administrationsoberfläche. Markieren Sie dort auf die bekannte Weise die Zeile mit dem BEGINNERS-Artikel (gegebenenfalls müssen Sie sie erst per WEITER und ZURÜCK suchen). Klicken Sie nun in der Werkzeugleiste auf die Schaltfläche SPERREN. Aus dem grünen Häkchen ist ein roter Kreis geworden – ein Zeichen dafür, dass der Artikel von der Homepage verbannt wurde. Wenn Sie jetzt im Fenster mit der Vorschau die Seite neu laden, fehlt dort der *Beginners*-Artikel wie in Abbildung 3-16.

Um ihn wieder zurückzuholen, markieren Sie erneut seine Zeile im Administrationsbereich und klicken auf FREIGEBEN. Auf diese Weise lässt sich ein Element rasch vor neugierigen Augen verstecken, ohne es gleich löschen beziehungsweise in den Papierkorb stecken zu müssen.

 Tipp Das Sperren und Freigeben geht übrigens noch etwas schneller: Um den Veröffentlichungszustand zu ändern, klicken Sie einfach direkt auf den grünen Haken beziehungsweise den roten Kreis in der STATUS-Spalte.

Sortierreihenfolge ändern

Ebenfalls in vielen Listen findet man die Spalte REIHENFOLGE (in früheren Joomla!-Versionen war sie mitunter auch mit SORTIEREN NACH, SORTIERUNG oder SORTIEREN überschrieben). Wie ihr Name andeutet, verändert man mit ihr die Reihenfolge der Elemente sowohl innerhalb der Liste als auch später auf der Homepage.

Damit Sie die Auswirkungen besser verstehen, folgt hier ein kleines Beispiel zum Mitmachen: Öffnen Sie zunächst die VORSCHAU. Hier steht der Artikel *Joomla!* über dem von *Beginners* (siehe Abbildung 3-17).

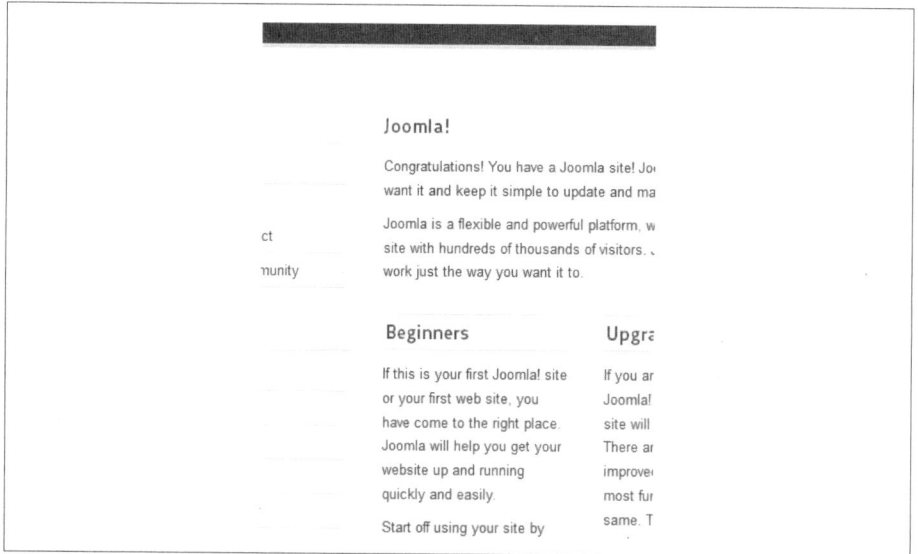

Abbildung 3-17: Die Beispielseite mit den Artikeln »Joomla!« und »Beginners«

Wechseln Sie jetzt im Administrationsbereich zum Menüpunkt INHALT → HAUPTBEITRÄGE. Er listet alle Artikel auf, die auf der Einstiegsseite erscheinen. Werfen Sie hier einen Blick in die Spalte REIHENFOLGE. Der Artikel *Joomla!* hat mit der 1 eine niedrigere Nummer als sein Kollege *Beginners* mit 2. Folglich erscheint er auf der Startseite noch vor ihm. Um den Spieß umzudrehen, sind jetzt ein paar Mausklicks notwendig.

Im Moment sortiert Joomla! die Einträge in dieser Liste nach ihrem TITEL. Darauf weist das kleine Dreieck in der Spaltenbeschriftung hin (siehe Abbildung 3-18).

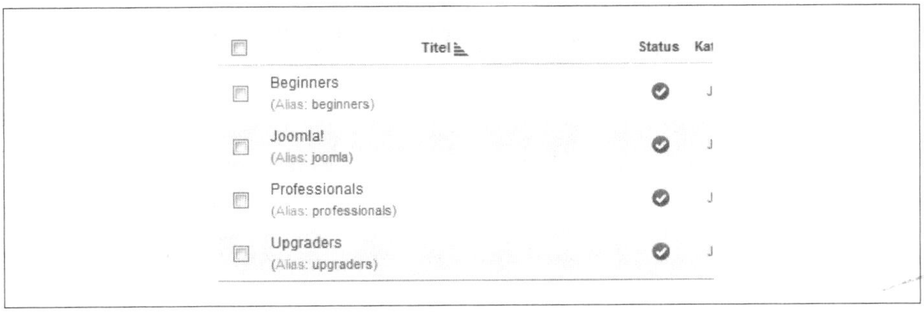

Abbildung 3-18: Die Beiträge der Startseite, sortiert nach Titel

Mit einem Klick auf die Spaltenbeschriftung REIHENFOLGE wandert das kleine Dreieck-Symbol herüber, und Joomla! sortiert die Tabellenzeilen entsprechend um. Gleichzeitig erscheinen wie in Abbildung 3-19 zahlreiche blaue Pfeile.

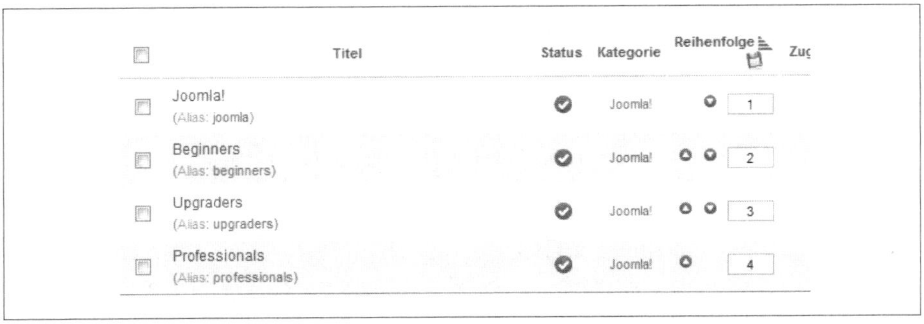

Abbildung 3-19: Über die kugeligen Pfeilsymbole in der Spalte »Reihenfolge« sortiert man die Artikel um.

Klicken Sie nun im Administrationsbereich auf den kleinen blauen Pfeil nach unten, der sich in der ersten Zeile mit dem Artikel JOOMLA! befindet (direkt links neben dem Eingabefeld mit der 1). Das Ergebnis sollte wie in Abbildung 3-20 aussehen.

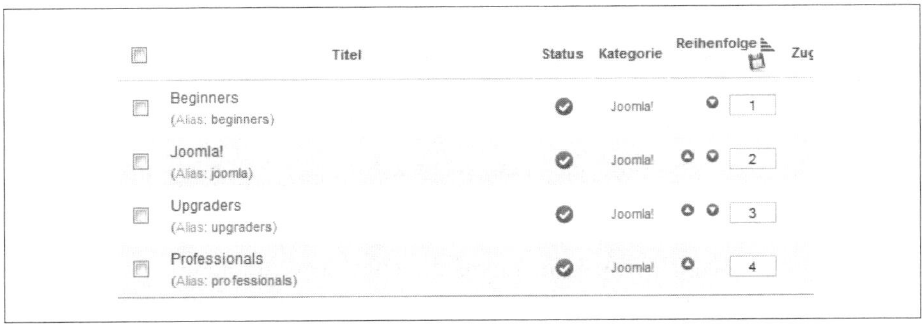

Abbildung 3-20: Die geänderte Reihenfolge in der Liste

Aktualisieren Sie das Vorschaufenster, und beobachten Sie dabei, wie sich auch dort die Reihenfolge ändert (siehe Abbildung 3-21).

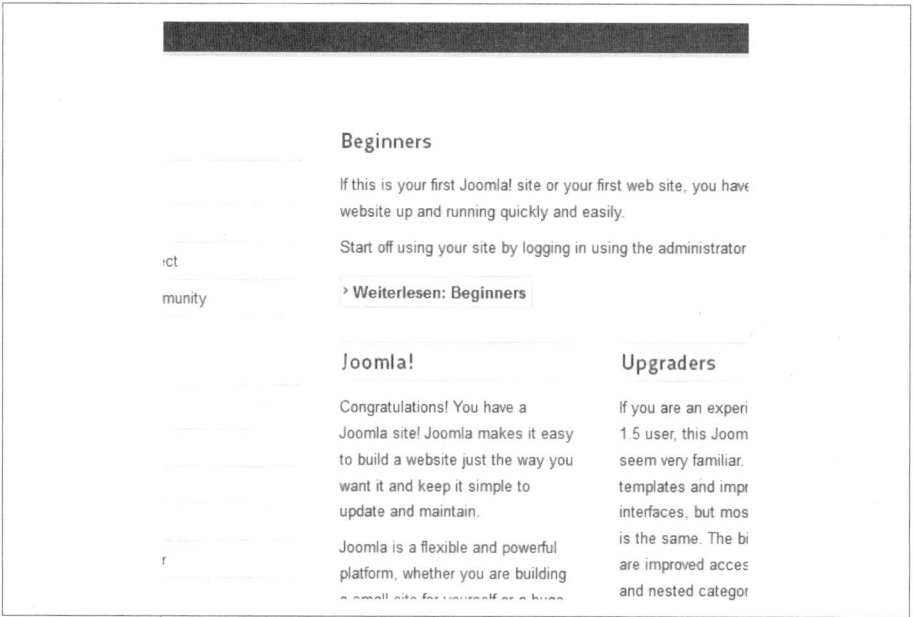

Abbildung 3-21: Auf der Homepage hat sich ebenfalls die Reihenfolge der Artikel umgedreht.

Joomla! übernimmt also einfach die REIHENFOLGE aus der Liste im Administrationsbereich in die Darstellung auf der Homepage.

Die Eingabefelder neben den blauen Pfeilen erlauben ebenfalls eine Änderung der Reihenfolge. Man trägt hier einfach die neuen Zeilennummern ein, an denen die Elemente ab sofort auftauchen sollen, und klickt dann auf das kleine Diskettensymbol (🖫) in der Spaltenbeschriftung.

Um die ursprünglichen Verhältnisse wiederherzustellen, geben Sie in das Feld der Zeile JOOMLA! die Ziffer **1** ein. Dem Artikel BEGINNERS verpassen Sie hingegen wieder seine alte Position **2**. Das Ergenis sollte wie in Abbildung 3-22 aussehen.

Nach einem Klick auf die Diskette in der Spaltenüberschrift sortiert Joomla! die Elemente wieder um. Überprüfen Sie das Ergebnis in der VORSCHAU. Der Artikel *Joomla!* müsste jetzt wieder an seiner alten Position stehen.

Wechseln Sie zum Abschluss noch einmal zurück zur Liste mit allen Artikeln hinter INHALT → BEITRÄGE. Schaut man hier einmal genauer auf die Zahlen in den Eingabefeldern, entdeckt man sogar mehrfach die Zahl 1. Dieses merkwürdige Verhalten lässt sich jedoch schnell aufklären: Joomla! erlaubt die Gruppierung der Artikel in sogenannten Kategorien (Kapitel 4, *Inhalte verwalten*, wird noch umfassend auf diese Fähigkeit eingehen). Anstatt im Administrationsbereich jede dieser Gruppen für sich allein darzustellen, setzt das Content-Management-System einfach alle Artikel in eine große Liste. Die Reihenfolge in den Eingabefeldern bezieht sich daher nur auf die Elemente in ihren jeweiligen Gruppen. Dies wird klarer, wenn Sie aus der mit – KATEGORIE AUSWÄHLEN – beschrifteten Ausklappliste den Punkt PARK BLOG auswählen. Damit beschränkt Joomla! die dargestellten Artikel auf diejenigen aus der Gruppe PARK BLOG – und es gibt keine doppelten Zahlen mehr.

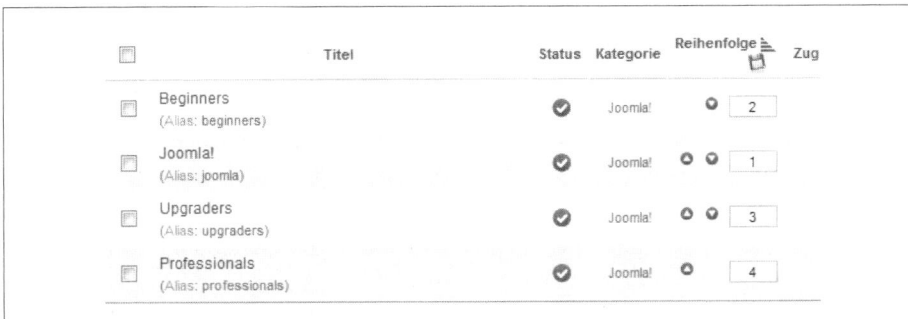

Abbildung 3-22:   Über die Eingabefelder lässt sich die Reihenfolge noch schneller ändern.

Tipp   Von dieser Methode der Filterung sollten Sie auch in anderen Listen regen Gebrauch machen. Wie das Beispiel der Artikel zeigt, kann es sonst recht schnell zu mangelnder Übersicht, Verwirrung und einem etwas unerklärlichen Verhalten bei der Sortierarbeit kommen.

Blockierte Inhalte einchecken

Sobald Sie einen Artikel oder ein anderes Element bearbeiten, sperrt Joomla! ihn für alle weiteren Zugriffe. Kein anderer Nutzer kann ab diesem Zeitpunkt den Artikel bearbeiten. Hiermit gewährleistet das Content-Management-System, dass nicht zwei Nutzer gleichzeitig Änderungen vornehmen und so beispielsweise eine komplett unbrauchbare Filmkritik entsteht.

Von diesem Sperrvorgang bekommen sowohl der Autor als auch der Betrachter der Homepage normalerweise nichts mit. Sobald Sie Ihre Änderungen über das entsprechende Symbol in der Werkzeugleiste SPEICHERN oder die Bearbeitung über die Schaltfläche SCHLIESSEN abbrechen, wird die Sperrung automatisch wieder aufgehoben. Joomla! bezeichnet diesen Vorgang als *einchecken*, englisch *Check-In*.

Ein blockiertes Element taucht innerhalb der Administrationsoberfläche mit einem Schlosssymbol auf (siehe Abbildung 3-23).

Nur derjenige Benutzer, der das Element in diesem Zustand zurückgelassen hat, darf es noch bearbeiten und somit auch wieder entsperren (indem er den Bearbeitungsschirm schließt). Für Besucher der Homepage hat dieser Zustand keine Auswirkungen. Für sie bleibt das Element auch während der Bearbeitung weiterhin zugänglich.

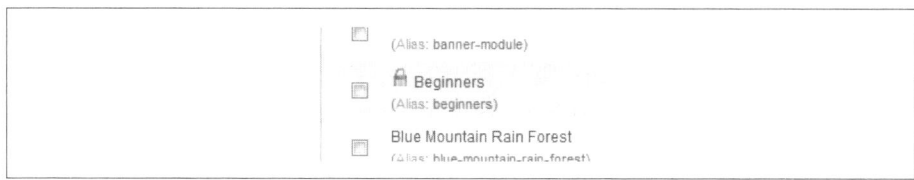

(Alias: banner-module)

🔒 Beginners
(Alias: beginners)

Blue Mountain Rain Forest
(Alias: blue_mountain_rain_forest)

Abbildung 3-23: Dieser Artikel wird gerade von einem anderen Benutzer bearbeitet.

Es gibt jedoch ein Problem, wenn der Browser plötzlich während der Bearbeitung geschlossen wird (zum Beispiel durch einen Absturz) oder die Verbindung zu Joomla! abreißt. In diesem Sonderfall bliebe der Artikel für jegliche Änderungen gesperrt, selbst der Super User darf den Artikel nicht mehr bearbeiten. Joomla! bietet zwei Auswege aus dieser Misere:

- In der entsprechenden Liste (im Fall eines Artikels also hinter INHALTE → BEITRÄGE) markieren Sie das gesperrte Element und aktivieren dann in der Werkzeugleiste den Knopf EINCHECKEN.

- Unter SITE → WARTUNG → GLOBALES EINCHECKEN haken Sie alle Punkte ab und klicken dann auf EINCHECKEN. Damit geben Sie alle noch gesperrten Elemente auf einen Schlag frei.

Die Liste nennt übrigens nicht die Anzahl der noch gesperrten Elemente, sondern gibt einen Einblick in die Datenbank: Links stehen die von Joomla! genutzten Tabellen, rechts ist angegeben, wie viele Tabelleneinträge von gesperrten Elementen blockiert werden. Da das schon kompliziert klingt, sollten Sie diese Ansicht ausschließlich dazu verwenden, wirklich immer nur alles einzuchecken. Wenn Sie einzelne Elemente beziehungsweise Artikel entsperren möchten, nutzen Sie den zuvor genannten Weg über die entsprechende Liste.

 Version Beide Möglichkeiten gab es unter Joomla! 1.5 noch nicht. Dort konnte man lediglich über den Menüpunkt WERKZEUGE → GLOBALES EINCHECKEN sämtliche gesperrten Inhalte auf einmal freigeben lassen.

Identifikationsnummern

Für jedes neu angelegte Element, wie zum Beispiel für einen neuen Artikel oder ein neues Menü, vergibt Joomla! eine eindeutige Identifikationsnummer. Mit ihrer Hilfe kann das Content-Management-System Elemente mit gleichem Namen auseinanderhalten. So könnten beispielsweise zwei Artikel den Titel »Filmkritik Titanic« tragen – an diesem Thema haben sich schließlich gleich mehrere Regisseure versucht. Anhand der Identifikationsnummer kann Joomla! die Artikel dennoch voneinander unterscheiden.

Auch wenn die Identifikationsnummer in den meisten Listen in einer eigenen Spalte namens ID steht, kommt man mit ihr als Anwender nur selten in Kontakt – vorausgesetzt, man hat seine Titel und Überschriften möglichst eindeutig vergeben.

Geben Sie Ihren Artikeln und Menüs möglichst eindeutige Titel und Überschriften – sie allein anhand einer nichtssagenden Identifikationsnummer auseinanderzuhalten kann recht verwirrend werden.

Kleine Hilfen

Zu fast jedem Regler, Eingabefeld und zu so gut wie jeder Ausklappliste hält Joomla! eine kleine Kurzbeschreibung parat. Sie erscheint, sobald man den Mauszeiger einen kurzen Moment auf der Beschriftung parkt – wie in Abbildung 3-24.

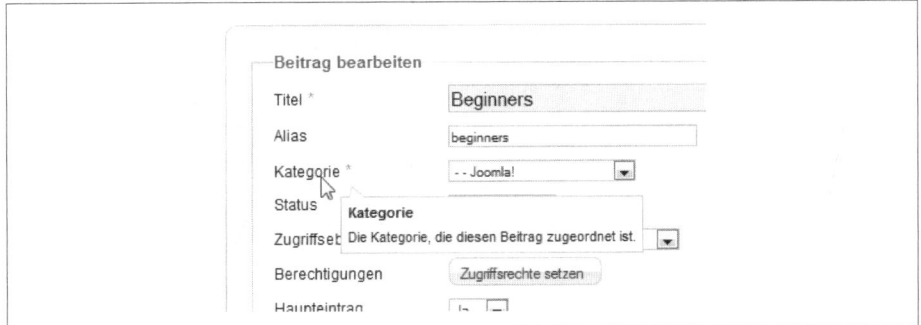

Abbildung 3-24: Verweilt man auf der Beschriftung einer Einstellung, so taucht ein kleines Fenster (Tooltip) mit nützlichen oder wichtigen Informationen auf.

Zusätzlich gibt es noch ein (gelbes) Symbol mit Ausrufezeichen, das auf Einstellungen mit Nebenwirkungen beziehungsweise mit speziellen Voraussetzungen hinweist.

Version In Joomla! 1.5 gab es noch viel mehr von diesen Symbolen. Die aktuelle Version zeigt die Warnungen hingegen in den kleinen Tooltips an.

Tipp Wenn Sie die Bedeutung einer Einstellung nicht kennen, sollten Sie folglich immer erst ihre Beschreibung auf den Schirm holen lassen.

Templates wechseln

Zum Abschluss machen wir noch einen kurzen Ausflug zu den Templates, die das Design der Homepage maßgeblich bestimmen. Den entsprechenden Verwaltungsbildschirm erreichen Sie über den Menüpunkt ERWEITERUNGEN → TEMPLATES. Vergewissern Sie sich, dass in der Zeile unterhalb der Werkzeugleiste der Punkt STILE aktiv ist, und stellen Sie die Ausklappliste – BEREICH WÄHLEN – auf SITE. Joomla! präsentiert nun eine Liste mit allen verfügbaren Design-Vorlagen (siehe Abbildung 3-25).

| Templates: Stile | | | | Standard | Bearbeiten | Kopieren | Löschen | |

Stile | Templates

Filter: _____ Suchen | Zurücksetzen | | | - Template wählen - [▼] | Site

	Stil	Bereich	Template ≛	Standard	Zu
☐	Atomic - Default	Site	Atomic	☆	
☐	Beez5 - Default	Site	Beez5	☆	
☐	Beez2 - Default	Site	Beez_20	★	
☑	Beez2 - Parks Site	Site	Beez_20	☆	

Abbildung 3-25: Diese Seite hilft beim schnellen Austausch des Homepage-Designs.

Dort stehen gleich vier verschiedene Layouts zur Auswahl. Das orangene Sternchen weist darauf hin, dass derzeit standardmäßig *Beez2 - Default* auf der Homepage zum Einsatz kommt – vorausgesetzt, einer Unterseite wurde nicht explizit eine andere Optik zugewiesen.

Um Ihrem Internetauftritt nun stattdessen die Vorlage *Beez2 – Parks Site* überzustülpen, kreuzen Sie sie wie in Abbildung 3-25 in der ersten Spalte an und klicken anschließend auf STANDARD in der Werkzeugleiste. Damit haben Sie Ihrer Homepage mit nur zwei Mausklicks ein komplett neues Design verpasst. Kontrollieren Sie das Ergebnis in der VORSCHAU. Die Startseite sollte jetzt wie in Abbildung 3-26 ein neues Logo (mit der Aufschrift *Australian Parks*), Titelbild und eine andere Farbgebung erhalten.

 Tipp   Wenden Sie auch nacheinander die anderen Layouts an, und vergleichen Sie die Ergebnisse.

Wechseln Sie im Administrationsbereich mit der gleichen Methode wieder zurück zum ursprünglichen Standard-Template (indem Sie die Zeile *Beez2 – Default* ankreuzen und auf STANDARD klicken). Ihre in Joomla! gespeicherten Daten bleiben dabei immer unangetastet: Hier zeigt sich der Vorteil einer strikten Trennung von Inhalt und Layout. Im Kinoportal kann man so beispielsweise im Dezember schnell auf eine weihnachtliche Optik umschalten – ein passendes Template vorausgesetzt. In späteren Kapiteln werden Sie noch erfahren, wie man einzelnen Unterseiten eine abweichende Optik verpasst und wie man weitere Templates nachinstalliert beziehungsweise schreibt.

Nach diesem kleinen Rundgang durch Frontend und Backend geht es im nächsten Kapitel direkt *in medias res* und an die Gestaltung des Kinoportals.

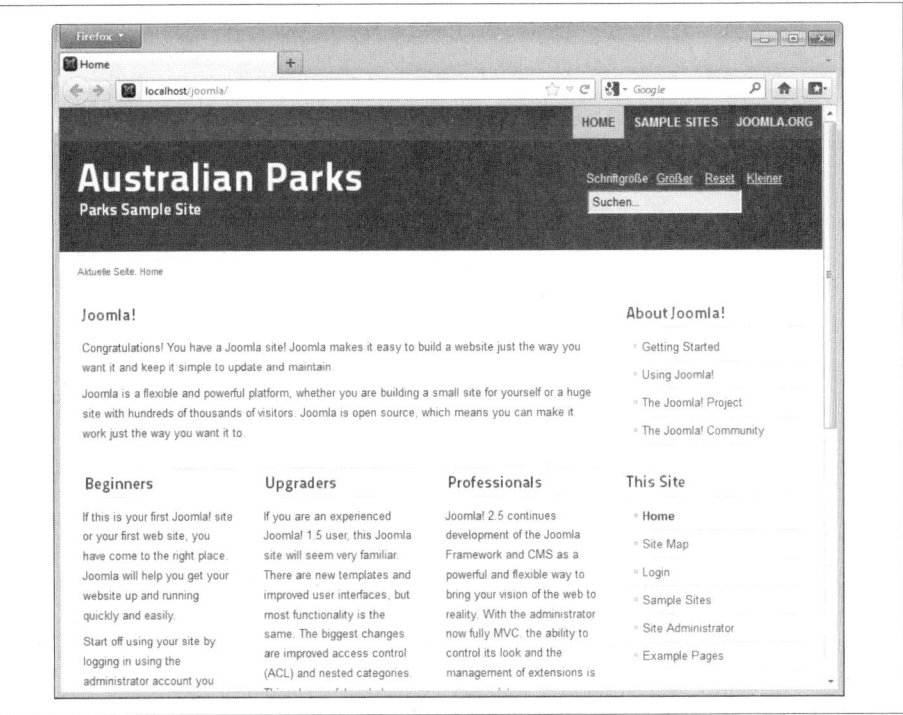

Abbildung 3-26: Die Beispiel-Homepage unter dem Einfluss von »*Beez2 – Parks Site*.«

Einen Internetauftritt erstellen

KAPITEL 4

Inhalte verwalten

Nach der Installation, der Inbetriebnahme und einem ersten kleinen Rundgang durch das Content-Management-System wird es endlich Zeit, es mit eigenen Inhalten zu füttern. Dabei muss man sich allerdings an einige feste Spielregeln halten.

Arbeitsweisen: Beiträge und Kategorien

Joomla! verwaltet von Haus aus lediglich sogenannte *Beiträge* (englisch *Articles*). Ähnlich wie Zeitungsartikel sind diese Beiträge ganz normale Texte, die durch Formatierungen, Bilder und Multimedia-Elemente aufgelockert werden. Jeder Beitrag erscheint später auf einer eigenen Unterseite Ihres Internetauftritts. Joomla! liefert in den Beispieldaten bereits zahlreiche Beiträge mit. Einen typischen Vertreter zeigt Abbildung 4-1.

Dieser Beitrag trägt den Titel *Australian Parks* und enthält neben einem Bild auch Text. Wenn Sie der Schnellinstallation aus Kapitel 2, *Installation*, gefolgt sind, erreichen Sie ihn im Frontend hinter *http://localhost/joomla* unter USING JOOMLA! → USING EXTENSIONS → COMPONENTS → CONTENT COMPONENT → SINGLE ARTICLE.

Die Zusatzinformationen am Anfang, wie den Autor und das Datum der Veröffentlichung, setzt Joomla! im Moment noch selbstständig dazu. Je nach eingegebenem Text repräsentiert ein Beitrag beispielsweise eine Nachrichtenmeldung, einen Reisebericht, einen Blog-Eintrag oder im Fall des Kinoportals eine Filmkritik. In Abbildung 4-1 handelt es sich um eine (Nonsense-)Werbung für australische Parks.

Da Joomla! nur mit Beiträgen hantiert, ist man allerdings auch gezwungen, sämtliche Informationen irgendwie in einen oder mehrere Beiträge zu quetschen.

Tipp   So ist es beispielsweise nicht ohne Weiteres möglich, eine Bildergalerie aufzubauen. Um dies ohne Hilfsmittel zu erreichen, könnten Sie lediglich pro Bild einen Beitrag anlegen, der dann nur das Bild ohne jeden weiteren Text enthält. Diesen

Trick verwenden auch die in Joomla! mitgelieferten Beispielseiten. Die Methode ist aber weder für den Seitenbetreiber noch für den Besucher besonders bedienerfreundlich.

Wie man in Joomla! dennoch andere Daten speichert und somit aus dem Beitragskorsett ausbricht, zeigen Kapitel 6, *Komponenten – Nützliche Zusatzfunktionen*, und Kapitel 14, *Funktionsumfang erweitern*. Sie beschäftigen sich auch noch einmal mit der Bildergalerie.

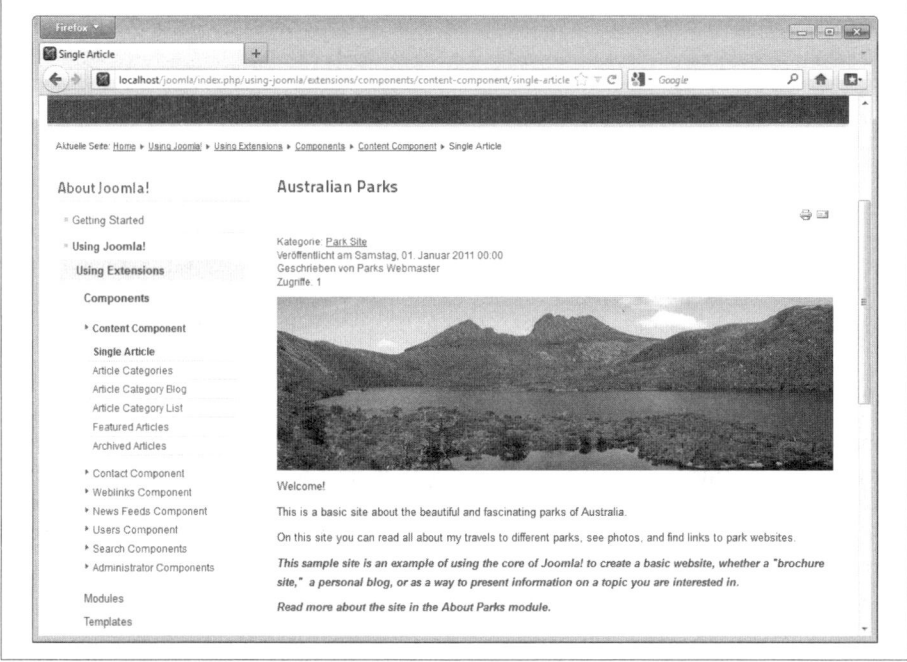

Abbildung 4-1:   Ein Beispiel für einen Beitrag

Thematisch zusammengehörende Beiträge darf man in sogenannten *Kategorien* (englisch *Categories*) gruppieren. Im Fall des Kinoportals könnte man beispielsweise die Kritiken zu *Vom Winde verweht* und *Pretty Woman* in einer Kategorie *Liebesfilme* zusammenfassen.

Für jede Kategorie erstellt Joomla! automatisch eine Übersichtsseite, die später auf der Website ihre Inhalte präsentiert. Abbildung 4-2 zeigt ein Beispiel einer solchen Seite.

Sie stammt wieder aus den mitgelieferten Beispieldaten und zeigt den Inhalt einer Kategorie namens *Growers* (auf Deutsch *Pflanzenzüchter*). Sie erreichen sie via SAMPLE SITES → FRUIT SHOP → GROWERS. Unter ihrem Titel ❶ am oberen Rand enthält sie zunächst einen von Ihnen frei wählbaren Text ❷. In Abbildung 4-2 beginnt er mit »*We search the whole countryside ...*«. Für gewöhnlich umreißt er

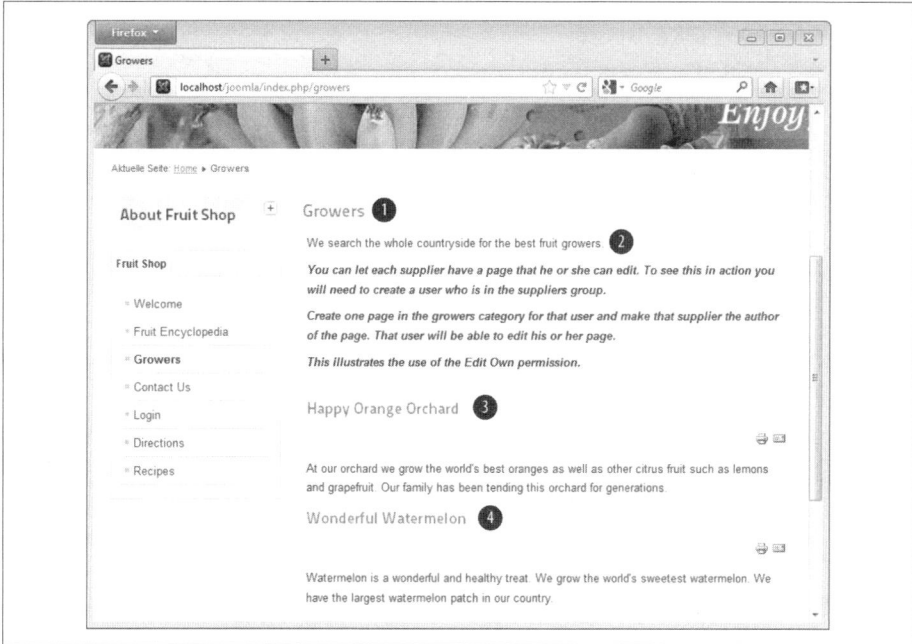

Abbildung 4-2: Ein Beispiel für eine Übersichtsseite

kurz, was für Beiträge der Besucher in dieser Kategorie vorfindet. Darunter findet man dann eine Auflistung aller Dinge, die die Kategorie enthält. In Abbildung 4-2 sind das die zwei kurzen Beiträge mit den Titeln *Happy Orange Orchard* ❸ und *Wonderful Watermelon* ❹.

Wie Joomla! auf solchen Übersichtsseiten die Inhalte präsentiert, dürfen Sie in einem begrenzten Rahmen selbst bestimmen. Im Beispiel hat sich der Ersteller der Kategorie dazu entschlossen, die beiden enthaltenen Beiträge komplett abzudrucken – schließlich sind sie nicht besonders lang. Auf der Übersichtsseite zur Kategorie mit allen Liebesfilmen würde man hingegen nur Verweise zu den eigentlichen Kritiken bevorzugen.

Zusätzlich darf man Kategorien in andere Kategorien stecken und sie so ineinander verschachteln. Beispielsweise könnte man im Kinoportal die Kategorien mit den *Liebesfilmen*, den *Actionfilmen* und den *Komödien* gemeinsam in eine Kategorie *Filmkritiken* werfen (siehe Abbildung 4-3).

Diese Verschachtelung dürfen Sie beliebig weit treiben, also eine Kategorie in eine Kategorie stecken, die Sie wiederum in eine andere Kategorie stecken, die Sie noch mal in eine neue Kategorie stecken und so weiter. Nicht erlaubt sind jedoch Querbeziehungen, die zu »Kreisen« führen, Sie können also nicht die Kategorie mit den *Actionfilmen* in die Kategorie *Filmkritiken* packen und genau diese dann anschließend wieder in die *Actionfilme*.

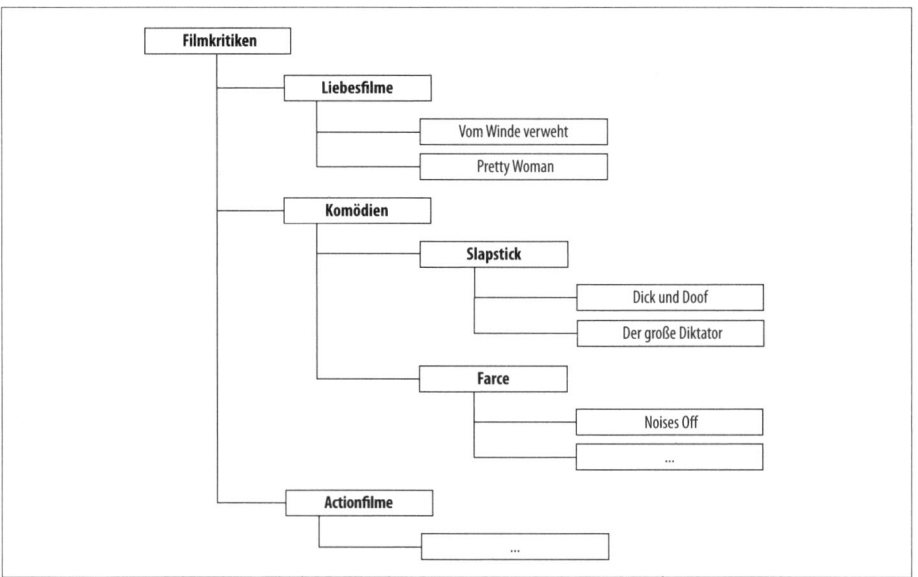

Abbildung 4-3: Ein Beispiel für den Aufbau von Kategorien

 Version Joomla! 1.5 war noch nicht so flexibel. Jeder Beitrag musste sich dort in einer Kategorie befinden, die wiederum immer einem *Bereich* (*Section*) zugeordnet war. Diese zweistufige Gliederung durfte nicht aufgebrochen werden. Das war insbesondere dann ärgerlich, wenn man entweder gar keine Schachtelung benötigte oder aber gerne noch weitere Unterpunkte in Anspruch nehmen würde. In Joomla! 1.6 gibt es zum Organisieren der Beiträge also nur noch Kategorien, die man beliebig tief ineinander verschachteln darf.

Abschließend muss jeder Beitrag immer in genau einer Kategorie liegen. Joomla! zwingt Sie so dazu, Ihre Beiträge mithilfe der Kategorien zu gliedern beziehungsweise zu strukturieren. Was zunächst wie eine Einschränkung oder gar Gängelung aussieht, sorgt ganz nebenbei für einen übersichtlicheren Internetauftritt.

Strukturierung der Inhalte

Bevor Sie jetzt also mit viel Elan zum Administrationsbereich wechseln und voller Tatendrang in die Tastatur greifen, sollten Sie kurz über den Aufbau der zukünftigen Homepage nachdenken.

 Kino Den Kern des Kinoportals bilden die (hoffentlich) zahlreichen Filmkritiken. Jede von ihnen ist ein eigener Beitrag. Wie im vorherigen Abschnitt bietet es sich an, sie nach Filmgenres zu sortieren. Die Kategorie *Actionfilme* beherbergt dann beispielsweise die Filmkritiken zu *Stirb Langsam* und *Rush Hour*. Alle Genres fasst dann noch einmal eine übergeordnete Kategorie namens *Filmkritiken* zusammen.

Erster Schnelldurchlauf für Eilige

Für alle Ungeduldigen, die unbedingt endlich einen ersten Beitrag erstellen wollen, ist hier ein kleiner Schnelldurchlauf. Er zeigt Ihnen, wie Sie eine Kategorie erstellen, darin ein paar Beiträge abladen und diese dann über einen Menüpunkt auf der Website zugänglich machen. Sofern es noch nicht geschehen ist, melden Sie sich dazu im Administrationsbereich an.

1. Schritt – Kategorie anlegen:

   - Erstellen Sie eine neue Kategorie über den Menüpunkt INHALT → KATEGORIEN → NEUE KATEGORIE.
   - Verpassen Sie ihr im Feld TITEL einen eindeutigen Namen, wie etwa *Krimskrams*.
   - Achten Sie zudem darauf, dass die Ausklappliste ÜBERGEORDNET auf – KEINE ÜBERGEORDNETE KATEGORIE – steht und Joomla! sie somit nicht in irgendeine der schon vorhandenen Kategorien einordnet.
   - Erzeugen Sie die neue Kategorie mit einem Klick auf SPEICHERN & SCHLIESSEN.

2. Schritt – Beiträge anlegen:

   Nachdem eine Kategorie existiert, können Sie sie mit Beiträgen befüllen. Dazu gehen Sie wie folgt vor:

   - Erstellen Sie einen neuen Beitrag über den Menüpunkt INHALT → BEITRÄGE → NEUER BEITRAG.
   - Geben Sie dem Beitrag einen möglichst eindeutigen TITEL. Er erscheint später auch als Überschrift auf der Website.
   - Stellen Sie in der Ausklappliste KATEGORIE die eben erstellte Kategorie ein (im Beispiel KRIMSKRAMS, sie müsste ganz unten in der Liste zu finden sein).
   - Tippen Sie im großen Feld BEITRAGSINHALT den eigentlichen Text des Beitrags ein.
   - Speichern Sie den Beitrag via SPEICHERN & SCHLIESSEN.
   - Wenn Sie Ihre Kategorie mit weiteren Beiträgen füllen möchten, wiederholen Sie einfach diesen zweiten Schritt beliebig oft.

3. Schritt – Kategorie in ein Menü einbinden:

   Abschließend müssen Sie die Beiträge in der Kategorie noch über einen Menüpunkt zugänglich machen:

   - Rufen Sie den Menüpunkt MENÜS → MAIN MENU → NEUER MENÜEINTRAG auf. Damit erstellen Sie einen neuen Menüpunkt im *This Site*-Menü.
   - Klicken Sie neben MENÜTYP auf die Schaltfläche AUSWÄHLEN, und entscheiden Sie sich im neuen Fenster für die KATEGORIELISTE (rechts oben unter BEITRÄGE).
   - Auf der rechten Seite wählen Sie in der Ausklappliste KATEGORIE AUSWÄHLEN (auf dem Register ERFORDERLICHE EINSTELLUNGEN) die im zweiten Schritt von Ihnen angelegte Kategorie (im Beispiel war dies KRIMSKRAMS).

- Verpassen Sie dem neuen Menüpunkt unter MENÜTITEL noch eine Beschriftung (wie etwa »Zum Krimskrams«), und legen Sie ihn schließlich via SPEICHERN & SCHLIESSEN endgültig an.

Wenn Sie jetzt in die VORSCHAU wechseln, finden Sie im THIS SITE-Menü den entsprechenden Eintrag ZUM KRIMSKRAMS, über den Sie eine Liste mit allen von Ihnen angelegten Beiträgen erreichen. Dies ist gleichzeitig die Übersichtsseite Ihrer Kategorie. Sobald Sie den Titel eines Beitrags anklicken, bringt Joomla! ihn in seiner vollen Schönheit auf den Schirm. Selbstverständlich können Sie jetzt auch noch nachträglich weitere Beiträge anlegen – wiederholen Sie einfach den obigen zweiten Schritt.

Alle drei Schritte wiederholen Sie im Prinzip auch, wenn Sie das Kinoportal oder Ihren eigenen Internetauftritt aufbauen. Nur, dass Sie dort noch die vielen, hier noch übergangenen Einstellungen hinzuziehen.

Neben den Kritiken sollen noch Nachrichtenmeldungen über das lokale Film- und Kinogeschehen den Auftritt abrunden. Jede Nachrichtenmeldung stellt dabei wieder einen eigenen Beitrag dar, die eine Kategorie *Lokale Veranstaltungen* bündelt. Trudeln besonders viele Nachrichten ein, könnte man die einzelnen Meldungen zusätzlich noch nach Monat, Jahr oder aber Themen sortieren. In diesem Fall handelt es sich um eine kleine Stadt, in der nicht so viel passiert. Es genügt daher, die Nachrichtenbeiträge in einer einzigen Kategorie zu sammeln.

Ergänzend muss noch ein kleines Blog her, in dem die Autoren und natürlich auch der Betreiber kuriose Erlebnisse erzählen oder gegen die neuste Preiserhöhung beim Popcorn wettern können. Diese einzelnen Beiträge landen in einer eigenen Kategorie namens *Blog* (Joomla! stellt diese Beiträge dann später wie von einem Blog gewohnt dar; Sie brauchen also nicht extra noch eine spezielle Blog-Software wie WordPress installieren).

Abschließend braucht jeder Internetauftritt noch zwingend ein Impressum, das zwangsweise für sich alleine steht. Da Joomla! allerdings jeden Beitrag immer in einer Kategorie liegen sehen möchte, muss man hier wohl oder übel dem Impressum eine eigene Kategorie spendieren. Durch einen kleinen Kunstgriff werden die Besucher von dieser »Dummy-Kategorie« später jedoch nichts bemerken.

Unter dem Strich ergibt sich damit für das Kinoportal die Gliederung aus Abbildung 4-4.

Die Seiten beziehungsweise Inhalte eines jeden Internetauftritts lassen sich in solch eine Hierarchie pressen. Wie man Letztere wählt, hängt vom konkreten Thema und den darzustellenden Inhalten ab.

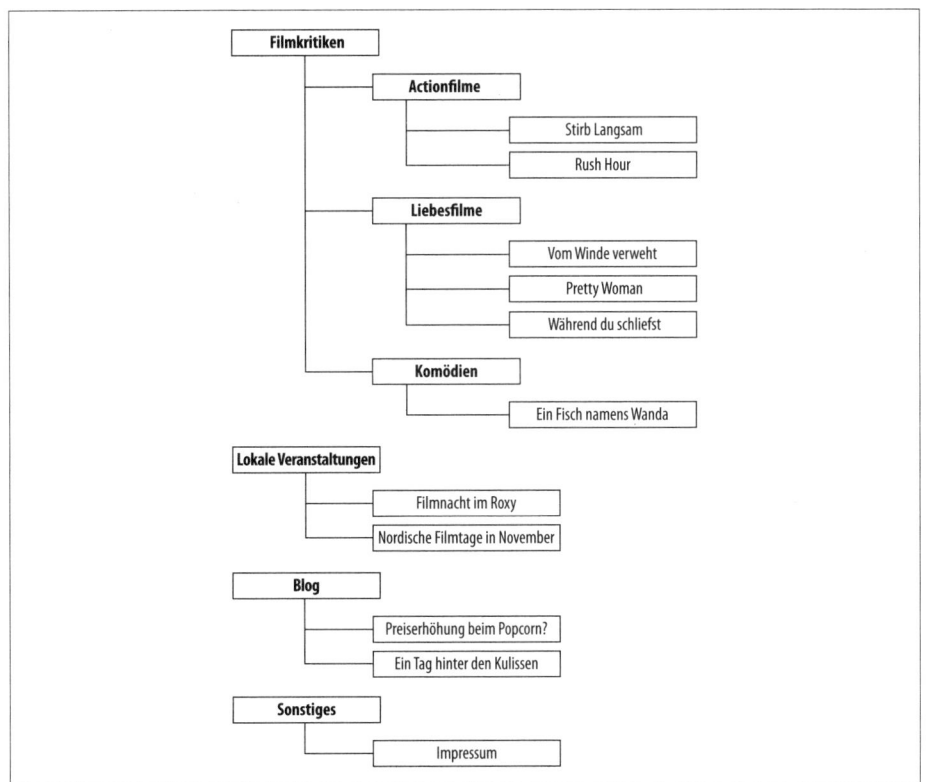

Abbildung 4-4: Die fertige Gliederung

Tipp Achten Sie darauf, die Kategorien nicht zu tief zu verschachteln. Andernfalls verlieren die Besucher (und Sie irgendwann auch) die Orientierung. Drei ineinander gesteckte Kategorien haben sich in der Praxis als akzeptabel erwiesen, tiefere Gliederungen sollten Sie hingegen gut begründen können.

Wenn sich Ihnen nicht direkt eine Gliederung anbietet, überlegen Sie kurz, welche Inhalte Sie den späteren Besuchern präsentieren möchten. Beim Kinoportal waren dies die Filmkritiken. Versuchen Sie dabei ruhig schon ein paar konkrete Beispiele zu finden, wie hier die Kritiken zu *Pretty Woman* oder *Ein Fisch namens Wanda*. Anschließend machen Sie Gemeinsamkeiten zwischen diesen aus und bilden so Gruppen. *Pretty Woman* und *Während du schliefst* sind beispielsweise beides Liebesfilme. Es liegt also nahe, die Kritiken nach Genres zu sortieren. Dies ist selbstverständlich nur eine von vielen Möglichkeiten. Beispielsweise hätte man auch die Artikellänge als Sortierkriterium heranziehen können. In diesem Fall stellt sich dann aber die Frage, wie sinnvoll diese Kategorisierung für die Besucher wäre. Wenn Sie also mehrere Möglichkeiten für eine Strukturierung gefunden haben, sollten Sie immer diejenige wählen, die für die *Besucher* (und nicht für Sie selbst) am sinnvollsten erscheint. Dazu fragen Sie sich einfach, wonach ein Gast sucht, wenn er auf Ihre Homepage stößt. Im

Fall des Kinoportals wäre dies sicherlich eine Filmkritik zu einem konkreten Film, den er gesehen hat oder noch anschauen möchte. Folglich muss es ihm so einfach wie nur möglich gemacht werden, diese Kritik unter all den anderen zu finden.

Tipp Malen Sie sich die Hierarchie Ihres Internetauftritts wie in Abbildung 4-4 auf Papier auf. Bei komplexen beziehungsweise umfangreichen Internetauftritten können Sie auch die Kategorien und Beispielseiten auf Karteikarten schreiben und diese dann auf dem Fußboden oder an einem Flipchart anordnen. Es gibt zudem Programme, mit denen sich derartige Diagramme zeichnen lassen – wie etwa das kostenlose LibreOffice Draw aus dem LibreOffice-Paket (*http://www.libreoffice.org*).

Sobald man eine Gliederung gefunden hat, muss man sie nur noch Joomla! beibringen, beginnend bei den Kategorien.

Tipp Wenn Sie die Schritte in den folgenden Abschnitten immer direkt in Ihrer Joomla!-Installation mitmachen möchten, sollten Sie im Administrationsbereich unter SITE → KONFIGURATION unter SYSTEM den Punkt GÜLTIGKEIT auf einen Wert von **60** hochsetzen und diese Änderungen dann SPEICHERN & SCHLIESSEN. Damit setzt Joomla! Sie erst nach 60 Minuten Untätigkeit zwangsweise vor die Tür. Sie haben folglich etwas mehr Zeit, die Abschnitte zu lesen und dann alle Kategorien, Beiträge und Menüpunkte anzulegen.

Kategorien anlegen und verwalten

Die Kategorien verwalten Sie über den Menüpunkt hinter INHALT → KATEGORIEN. Die Liste, die daraufhin erscheint, führt sämtliche Kategorien auf. Wenn Sie der Schnellinstallationsanleitung aus Kapitel 2, *Installation*, gefolgt sind, finden Sie hier bereits zahlreiche Kategorien (siehe Abbildung 4-5).

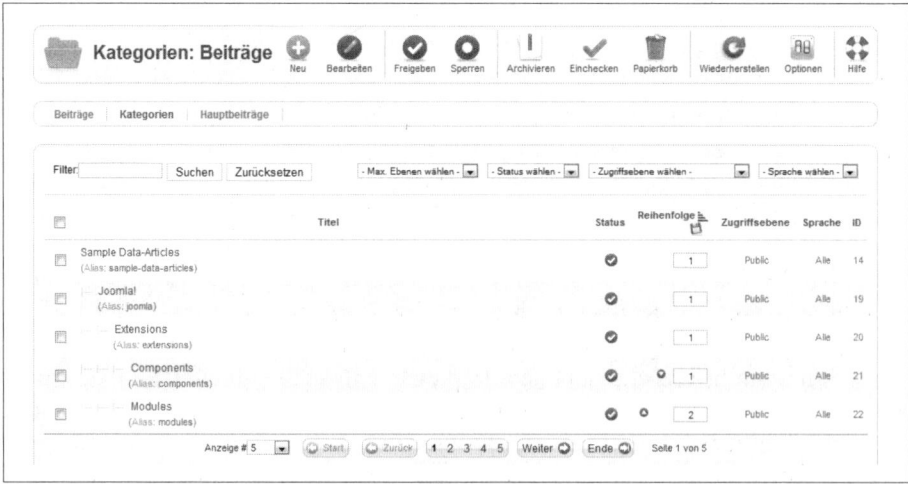

Abbildung 4-5: Die Kategorien aus den mitgelieferten Beispieldaten

Wenn eine Kategorie in einer anderen liegt, zeigt Joomla! sie entsprechend eingerückt an. In Abbildung 4-5 steckt beispielsweise die Kategorie *Joomla!* in ihrer Kollegin namens *Sample Data-Articles*, während die Kategorie *Extensions* wiederum in *Joomla!* liegt.

Die Bedeutung der meisten Spalten der Tabelle kennen Sie bereits aus dem vorherigen Kapitel. Die kryptischen Kürzel unter ZUGRIFFSEBENE zeigen an, wer überhaupt den Beitrag ansehen darf (dazu folgt später noch mehr in Kapitel 9, *Benutzerverwaltung und -kommunikation*). Bei mehrsprachigen Internetauftritten verrät schließlich noch die SPRACHE, in welchen Übersetzungen die Kategorie erscheint (siehe Kapitel 12, *Mehrsprachigkeit*).

Eine neue Kategorie erstellen

Um eine neue Kategorie für die Filmkritiken anzulegen, klicken Sie auf das Symbol NEU in der Werkzeugleiste. Joomla! öffnet daraufhin den Bearbeitungsbildschirm für Kategorien (vgl. Abbildung 4-6). Hier muss man jetzt einmal alle Einstellungen durchgehen.

Tipp   Häufig reicht es bereits, der Kategorie unter TITEL einen Namen zu geben und die sinnvollen Vorgaben der anderen Einstellungen einfach zu übernehmen. Das gilt aber leider nicht immer.

Unter TITEL tippen Sie als Erstes die Bezeichnung für die neue Kategorie ein. Im Beispiel des Kinoportals wäre dies **Filmkritiken**. Unter diesem Namen taucht die Kategorie in den Listen des Administrationsbereichs und später auch auf der Website auf.

Zusätzlich zum Titel dürfen Sie noch einen ALIAS beziehungsweise Ersatznamen vergeben. Ihn benutzt Joomla! für interne Zwecke sowie für einige Sonderfunktionen, wie beispielsweise zur Suchmaschinenoptimierung (mehr dazu finden Sie in Kapitel 17, *Suchmaschinenoptimierung*). Normalerweise können Sie das Feld einfach leer lassen. Joomla! wählt dann automatisch einen passenden Alias.

Warnung   Der Alias-Name darf aus verschiedenen Gründen keine Leerzeichen enthalten. Sollten Sie dennoch welche eintippen, ersetzt Joomla! sie beim Speichern selbstständig durch Bindestriche.

Darüber hinaus muss der Alias-Name eindeutig sein, zwei Kategorien dürfen also nicht den gleichen Alias-Namen besitzen.

Die neue Kategorie *Filmkritiken* ist eine übergeordnete Kategorie, sie steckt also nicht in einer anderen drin. Daher ist unter ÜBERGEORDNET die Voreinstellung – KEINE ÜBERGEORDNETE KATEGORIE – bereits genau richtig.

Inhalt: Kategorien - Neue Kategorie hinzufügen

Details

Titel *   Filmkritiken

Alias

Übergeordnet   - Keine übergeordnete Kategorie -

Status   Freigegeben

Zugriffsebene   Public

Berechtigungen   Zugriffsrechte setzen

Sprache   Alle

ID   0

Beschreibung

B *I* U ABC | ≡ ≡ ≡ ≡ | Styles ▾ Paragraph ▾
≔ ≔ | ⇥ ⇤ | ⤺ ⤻ | ⚯ ⚮ ⚓ 🖼 ✂ ⓦ HTML
— ✏ ▦ | x₂ x² | Ω

Hier finden Sie alle **Filmkritiken**, sortiert nach Genre. Bitte wählen Sie eines dieser Genres aus.

Path: p

Beiträge   Bild   Editor an/aus

Abbildung 4-6: Dieses Formular öffnet sich beim Anlegen oder Editieren einer Kategorie.

Der Eintrag unter STATUS steuert, ob die Übersichtsseite der Kategorie direkt nach dem Speichern auf der Homepage sichtbar ist (FREIGEGEBEN) oder besser erst mal noch nicht (GESPERRT). Im Moment ist der erste Fall wünschenswert. Seit Joomla! 1.6 haben Sie hier zusätzlich noch die Möglichkeit, sie direkt in den PAPIERKORB zu werfen oder sie als ARCHIVIERT auszumustern (zum Archiv gleich noch mehr).

Tipp   Sollten Sie jedoch bereits eine Seite in den Produktivbetrieb überführt haben, empfiehlt es sich, zunächst alle neu angelegten Elemente auszublenden (also zu sperren). Erst wenn alle Änderungen durchgeführt worden sind, setzen Sie den STATUS wieder auf FREIGEGEBEN. Hierdurch verschrecken Sie Ihre Besucher nicht mit vorübergehenden Inkonsistenzen oder leeren Seiten.

Die ZUGRIFFSEBENE, die Schaltfläche BERECHTIGUNGEN sowie dieser riesige Bereich KATEGORIEBERECHTIGUNGEN am unteren Formularrand regeln, wer auf die Kategorie und ihre Inhalte zugreifen darf. Mit den Standardeinstellungen (ZUGRIFFSEBENE auf PUBLIC) darf dies jeder beliebige Besucher. Für die Kategorie FILMKRITIKEN ist das wieder genau die richtige Einstellung. Auf die Benutzerverwaltung und ihre Möglichkeiten geht später noch Kapitel 9, *Benutzerverwaltung und -kommunikation* ein.

Die nächste Ausklappliste, SPRACHE, ist nur von Interesse, wenn Sie eine mehrsprachige Webseite in Angriff nehmen wollen. Mit der Voreinstellung ALLE erscheint die Kategorie in allen Übersetzungen, ansonsten nur in der hier gewählten Sprachfassung. Mehr zu Übersetzungen folgt noch im Kapitel 12, *Mehrsprachigkeit*. Für die Filmkritik und alle nachfolgenden Kategorien belassen Sie es hier bei ALLE.

Die ID lässt sich nicht verändern. Joomla! zeigt hier die interne Identifikationsnummer an, die Sie auch in der Übersichtsliste finden (siehe Kapitel 3, *Erste Schritte*). Da die Kategorie noch nicht angelegt wurde, steht hier erst mal nur eine 0.

Als Nächstes können Sie im großen Eingabefeld BESCHREIBUNG einen Text hinterlassen, der später auf der Übersichtsseite der Kategorie erscheint. Er informiert dann einen Besucher darüber, was ihn alles in dieser Kategorie erwartet. Für die Filmkritiken geben Sie den Text aus Abbildung 4-6 ein.

Tipp   Um Filmkritiken fett zu drucken, markieren Sie das Wort und klicken dann auf die Schaltfläche mit dem B. In Anhang B, *TinyMCE-Editor* finden Sie zudem eine Aufstellung aller Symbole und ihrer Bedeutung.

Wie Sie an den entsprechenden Symbolen erkennen können, sind hier auch umfangreiche Formatierungen erlaubt. Ein Zeichenlimit gibt es nicht, dennoch sollten Sie sich an dieser Stelle kurzfassen. Sie haben hier übrigens die gleichen, umfassenden Möglichkeiten wie bei einem normalen Beitrag. So reichern Sie über die entsprechenden Schaltflächen die Beschreibung beispielsweise um BILDER an oder fügen Links auf bereits vorhandene BEITRÄGE ein.

Tipp   Überlegen Sie sich gut, ob Sie diese Instrumente wirklich benötigen. Links auf die enthaltenen Beiträge erzeugt Joomla! sowieso automatisch, Querverweise auf andere Artikel verwirren den Besucher meist nur. Auch Bilder sollten Sie lieber sparsam einsetzen: Sie konkurrieren meist mit den Einleitungen zu den Artikeln, zumal es gleich in den folgenden Einstellungen noch eine alternative Methode gibt, der Kategorie offiziell ein Bild beziehungsweise ein Symbol zu verpassen.

Normalerweise genügt eine kurze und knappe Textbeschreibung. Andernfalls sollten Sie darüber nachdenken, ob die Beschreibung nicht in einen eigenen Beitrag gehört oder ob Ihr Internetauftritt anders gegliedert werden sollte. Da die Beschreibung zudem nur auf der Übersichtsseite der Kategorie erscheint, sollten Sie ein besonderes Augenmerk auf einen aussagekräftigeren TITEL legen. Bei einer Rubrik namens *Filmkritiken* erübrigt sich eigentlich schon jegliche Beschreibung: Der Besucher weiß, dass er in dieser Kategorie die Filmkritiken finden wird.

Als Nächstes geht es auf der rechten Seite weiter. Dort finden Sie noch die drei Register VERÖFFENTLICHUNGSOPTIONEN, BASISOPTIONEN und METADATENOPTIO-NEN, die sich mit einem Klick auf ihren Namen ein- und ausklappen lassen.

Joomla! merkt sich, wer die Kategorie wann erstellt hat. Unter den VERÖFFENTLI-CHUNGSOPTIONEN können Sie jedoch auch eine andere Person als Ersteller vorge-ben. Das ist beispielsweise dann sinnvoll, wenn einer der Filmkritiker sein eigenes Blog betreiben möchte. Dazu legen Sie eine neue Kategorie an, bei der Sie dann hier den Kritiker als Ersteller wählen. Bei größeren Internetauftritten teilen sich zudem meist mehrere Personen die Pflege unterschiedlicher Bereiche. In diesem Fall kön-nen Sie als Ersteller die Person wählen, die für diese Kategorie zuständig ist. Bei Fra-gen reicht dann ein Blick, um den passenden Ansprechpartner zu finden. Ein Wechsel des Erstellers klappt (auch jederzeit nachträglich) mit zwei Mausklicks: Sobald Sie BENUTZER AUSWÄHLEN aktivieren, öffnet sich eine Liste mit allen regist-rierten Benutzern. Wenn Sie die gewünschte Person nicht auf Anhieb finden, hilft das Suchfeld am oberen Rand. Ein Klick auf den Namen genügt, und schon nimmt Joomla! ab sofort an, er hätte diese Kategorie angelegt. Für die Kategorie mit den Filmkritiken sind Sie jedoch der Ersteller und lassen die VERÖFFENTLICHUNGSOPTIO-NEN folglich links liegen.

Wenn die Kategorie später im Frontend nicht direkt über einen Menüpunkt erreich-bar ist, dann (und wirklich nur dann) können Sie Ihrer Übersichtsseite hier im For-mular eine eigene, spezielle Optik verpassen.

 Tipp
Vielleicht erscheint Ihnen diese Einschränkung etwas merkwürdig. In Joomla! legen jedoch die Menüpunkte fest, wie die darüber erreichbaren Seiten aussehen. Alle anderen erhalten ein Standardlayout übergestülpt. Das ist beispielsweise bei Unterkategorien der Fall (also Kategorien, die in einer anderen stecken). Sie sind auf der Website nur über die Übersichtsseiten ihrer übergeordneten Kategorie zu erreichen. Damit Sie solchen Kategorien dennoch ein abweichendes Layout ver-passen können, gibt es hier eine entsprechende Einstellung.

Um in solch einem Fall ein anderes Aussehen zu wählen, klappen Sie die BASISOPTI-ONEN auf und entscheiden sich für eine Einstellung unter ALTERNATIVES LAYOUT. Welche Darstellungen hier zur Verfügung stehen, hängt von den installierten Tem-plates ab. Standardmäßig kann die Übersichtsseite ihre Inhalte einfach in einer LISTE oder ähnlich wie in einem BLOG anbieten. Im Fall von GLOBALE EINSTELLUNG gelten die systemweiten Vorgaben. Genau die lassen Sie auch für die Kategorie der Filmkritiken zunächst stehen. Abschnitt »Indirekt erreichbare Elemente« kommt fast am Ende dieses Kapitels noch einmal darauf zurück.

 Tipp
Wenn Sie jetzt verwirrt sind, lassen Sie diese Einstellung erst einmal unangetastet. Um die Darstellung kümmern sich noch die nachfolgenden Abschnitte sowie Kapitel 8, *Menüs*.

Über die Schaltfläche AUSWÄHLEN können Sie der Kategorie ein Bild oder ein Symbol spendieren. Es soll primär den Widererkennungswert erhöhen und ergänzt später auf der Übersichtsseite die BESCHREIBUNG. Ein Beispiel für solch ein Bild zeigt Abbildung 4-7.

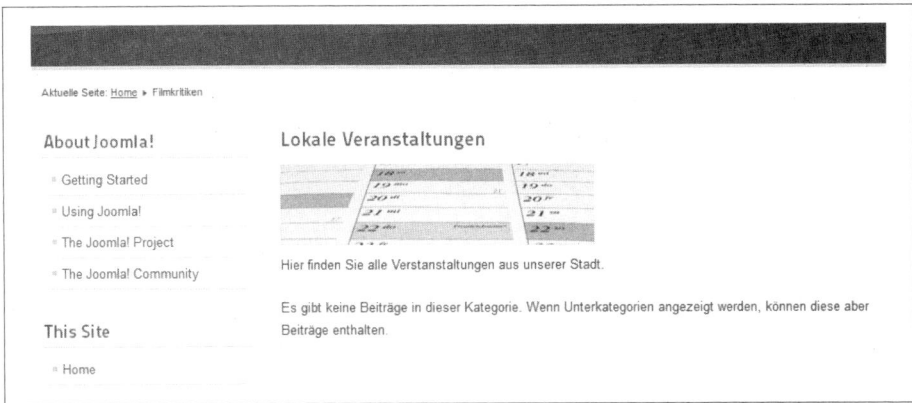

Abbildung 4-7: Das Bild mit dem Kalender gehört zur Kategorie »*Lokale Veranstaltungen*«. Es ergänzt ihre Beschreibung »Hier finden Sie alle Verstanstaltungen aus unserer Stadt.«.

Tipp   Wählen Sie ein dezentes, nicht zu großes Bild, das noch einmal den Inhalt illustriert. Verzichten Sie jedoch unbedingt auf lustige ClipArt-Bildchen. Diese wirken insbesondere bei professionellen Seitenauftritten unprofessionell. Verzichten Sie im Zweifelsfall lieber auf eine Abbildung.

Um der Kategorie ein Bild zuzuweisen, klicken Sie AUSWÄHLEN an. Es erscheint jetzt das neue Fenster aus Abbildung 4-8.

Im oberen Teil führt Joomla! alle Bilder auf, die bereits auf seinem Server liegen. Um ein Bild von der eigenen Festplatte hinzuzufügen, klicken Sie auf DURCHSUCHEN…, wählen die Datei aus und klicken auf HOCHLADEN STARTEN. Anschließend finden Sie es im oberen Teil wieder, wo Sie es mit einem Mausklick auswählen. Sein Dateiname erscheint dann im Feld BILD WEBADRESSE.

Tipp   Die im oberen Bereich aufgeführten Bilder und Verzeichnisse liegen übrigens im Ordner IMAGES Ihrer Joomla!-Installation. Wie man darin für Ordnung sorgt, zeigt Kapitel 5, *Medien verwalten*.

Für die Kategorie der Filmkritiken klicken Sie einfach auf ein beliebiges der schon vorhandenen Bilder, auch wenn es nicht zum Thema passt. Es gibt nämlich eine spezielle Situation, in der Joomla! das einer Kategorie zugeordnete Bild ignoriert – und über genau diesen Fall werden Sie bei der Filmkritiken-Kategorie später noch stolpern. Es ist also hier egal, welches Bild Sie den Filmkritiken zuordnen.

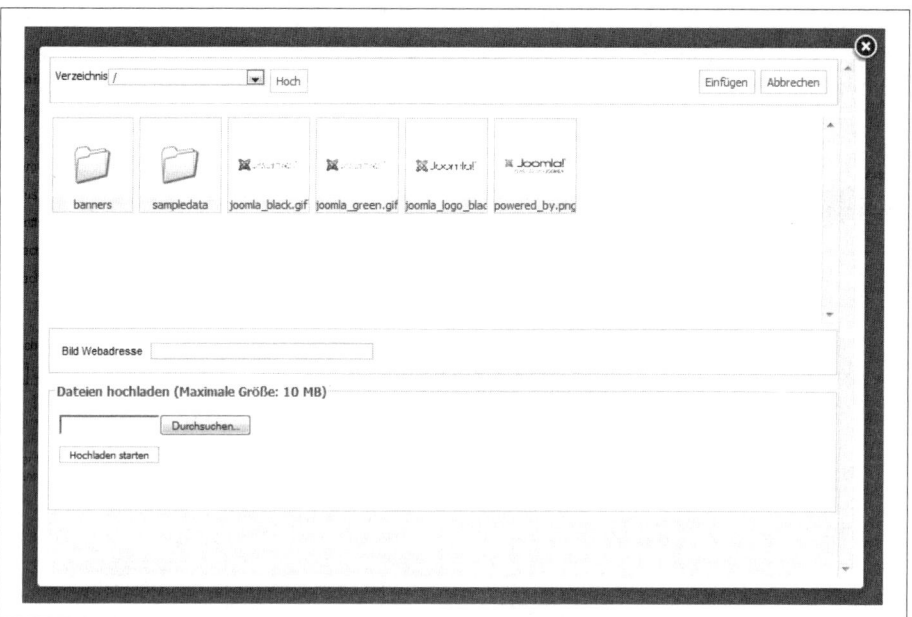

Abbildung 4-8: Die Auswahl eines Bildes für die Kategorie

Wenn Sie sich für ein Bild entschieden haben und es im Feld BILD WEBADRESSE steht, müssen Sie es noch einmal explizit über die Schaltfläche EINFÜGEN übernehmen. Der Dateiname taucht jetzt im Feld rechts neben BILD auf. Haben Sie sich vertan, löschen Sie das Bild mit dem Knopf LEEREN. Mit ihm werden Sie auch später das Bild jederzeit wieder los.

Die NOTIZ funktioniert ähnlich wie einer dieser gelben Post-it-Zettel. Der hier eingegebene Text ist nur als Gedächtnisstütze gedacht und erscheint ausschließlich im Administrationsbereich. Bei einer Kategorie für Nachrichten könnten Sie sich mit seiner Hilfe beispielsweise ständig daran erinnern lassen, dass dort »Keine Meldungen älter als drei Tage« hineinwandern sollten. Für das Kinoportal lassen Sie das Feld leer.

 Tipp   Wie das kurze Feld schon andeutet, sollte diese Notiz knapp gehalten bleiben und im Idealfall nur aus einem oder mehreren Stichworten bestehen.

Zum Abschluss bleiben noch die METADATENOPTIONEN. Die in die beiden Felder eingetippten Texte versteckt Joomla! in der Übersichtsseite der Kategorie. Diese sogenannten Metadaten oder Meta-Informationen sollen primär Suchmaschinen die Arbeit erleichtern, indem Sie noch einmal den Inhalt der Seite kurz und knackig zusammenfassen (META-BESCHREIBUNG) beziehungsweise wichtige Stichworte auflisten (META-SCHLÜSSELWORTE). Im Fall der Filmkritiken könnten Sie unter META-

BESCHREIBUNG den Text »Hier finden Sie alle Filmkritiken nach Genre sortiert« eintragen, während passende META-SCHLÜSSELWORTE »Filmkritiken, Genres, Filme, Kinokritiken, Übersicht« wären.

Sollen die Suchmaschinen eine ganz bestimmte Person für den AUTOR der Übersichtsseite halten, tragen Sie seinen (vollständigen) Namen in das gleichnamige Feld ein. Für gewöhnlich reicht es aus, das Feld leer zu lassen.

Mit der Ausklappliste ROBOTS können Sie schließlich noch festlegen, ob Suchmaschinen die Seite betreten und den Links darauf folgen dürfen. Bei einer Einstellung mit INDEX dürfen Google, Bing und Co die Seite in ihrem Index ablegen – das ist die Voraussetzung, damit die Übersichtsseite überhaupt später über die Suchmaschine gefunden werden kann. FOLLOW erlaubt schließlich noch, dass die Suchmaschine allen Links auf der Seite folgen darf. NOINDEX und NOFOLLOW verbieten die jeweilige Funktion.

Tipp Niemand garantiert, dass sich wirklich alle Suchmaschinen an diese Einstellungen halten. Zumindest die Großen, wie Google und Bing, halten sich aber an die Vorgaben.

Weitere Tipps und Informationen zu den Metadaten finden Sie später noch in Kapitel 17, *Suchmaschinenoptimierung*.

Für die Filmkritik übernehmen Sie die Vorgabe GLOBALE EINSTELLUNG. Damit gelten die systemweiten Einstellungen, nach denen die Suchmaschinen die Übersichtsseite unter die Lupe nehmen und auch allen darauf befindlichen Links folgen dürfen.

Damit haben Sie alle erforderlichen Angaben für die neue Kategorie zusammen. Im Fall der Filmkritiken sollte das Formular jetzt so wie in Abbildung 4-6 aussehen. Ein Klick auf SPEICHERN & SCHLIEßEN erzeugt die Kategorie und kehrt anschließend zur Liste mit allen vorhandenen Kategorien zurück. Der Knopf SPEICHERN dient nur zum Zwischenspeichern. Sofern die Kategorie noch nicht existiert, legt auch er sie neu an, lässt aber den Bearbeitungsbildschirm weiterhin geöffnet. ABBRECHEN würde sämtliche Änderungen beziehungsweise Eingaben verwerfen und umgehend zur Liste mit allen Kategorien zurückkehren.

Tipp Wenn Sie eine bestehende Kategorie bearbeiten, steht anstelle der ABBRECHEN- Schaltfläche ein SCHLIEßEN-Knopf. Er verwirft ebenfalls alle Änderungen und kehrt zur Liste mit den Kategorien zurück.

Erstellen Sie jetzt auf analoge Weise eine weitere Kategorie für die Actionfilme: Klicken Sie auf NEU, tragen Sie **Actionfilme** unter TITEL ein, und denken Sie sich eine BESCHREIBUNG aus. Für die Actionfilme könnte letztere beispielsweise »Hier finden Sie Kritiken zu Actionfilmen.« lauten. In der Ausklappliste ÜBERGEORDNET wählen

Sie diesmal die zuvor angelegte Kategorie FILMKRITIKEN. Damit werden die Actionfilme automatisch zu einer Unterkategorie der Filmkritiken. Wenn Sie auf Ihrer Festplatte noch ein geeignetes kleines Bild finden, können Sie der Kategorie in den BASISOPTIONEN auch noch ein BILD zuweisen. Notwendig ist das jedoch nicht. Klicken Sie zum Abschluss auf SPEICHERN & SCHLIEßEN in der Werkzeugleiste.

Legen Sie jetzt nach dem gleichen Prinzip noch jeweils eine weitere Kategorie für die Liebesfilme und die Komödien an. Denken Sie dabei daran, in der Ausklappliste ÜBERGEORDNET die Kategorie FILMKRITIKEN einzustellen.

 Tipp   Um schnell hintereinander mehrere Kategorien zu erstellen, legen Sie zunächst die erste noch wie gewohnt per INHALT → KATEGORIEN → NEUE KATEGORIE an. Wenn Sie das Formular fertig ausgefüllt haben, klicken Sie auf SPEICHERN & NEU. Joomla! erzeugt dann die Kategorie und bietet umgehend wieder ein neues Formular an.

Abschließend muss noch jeweils eine Kategorie für die lokalen Veranstaltungen, das Blog und alle sonstigen Seiten her. Auch diese drei Kategorien legen Sie wie oben beschrieben an. Achten Sie aber darauf, dass diesmal ÜBERGEORDNET auf – KEINE ÜBERGEORDNETE KATEGORIE – steht, die Kategorien also in keine anderen gesteckt werden. Die Übersichtsseite der lokalen Veranstaltungen und des Blogs sollen später ohne Umschweife sofort alle darin enthaltenen Nachrichten beziehungsweise Artikel auflisten, folglich ist die BESCHREIBUNG entbehrlich, das entsprechende Feld können Sie also leer lassen. Ein kleines Symbolfoto ist hier jedoch sinnvoll, damit der Besucher die lokalen Veranstaltungen mit nur einem Blick vom Blog unterscheiden kann. Dafür finden Sie auf der beiliegenden CD im Verzeichnis *Kapitel4* zwei kleine Fotos: Die Datei *kulis.jpg* weisen Sie der Kategorie *Blog* zu, das Foto *kalender.jpg* der Kategorie *Lokale Veranstaltungen* (indem Sie in ihren Bearbeitungsbildschirmen das Register BASISOPTIONEN aufklappen, AUSWÄHLEN anklicken, per DURCHSUCHEN... das entsprechende Bild auswählen, anschließend HOCHLADEN STARTEN aktivieren, das Bild im oberen Bereich anklicken und dann das Fenster über EINFÜGEN schließen). Die Kategorie für die sonstigen Seiten benötigt kein Bild, da sie nur als Auffangbecken für das Impressum dient und ihre Übersichtsseite somit später gar nicht erst auf der Website erscheint.

 **Tipp**   Selbstverständlich können Sie auch Bilder aus Ihrem eigenen Fundus verwenden. Achten Sie aber darauf, dass diese nicht zu groß sind – schließlich sollen sie nur den Wiedererkennungswert erhöhen und nicht gleich das Layout sprengen. Das größere der beiden auf der DVD mitgelieferten Bilder misst 317 x 80 Pixel. In diesem Bereich sollten sich auch Ihre Illustrationen bewegen.

Die übrigen Einstellungen können bei allen drei Kategorien auf ihren Standardwerten bleiben.

In der Liste aller Kategorien (hinter INHALT → KATEGORIEN) sollten die neuen Kategorien dann abschließend wie in Abbildung 4-9 aussehen.

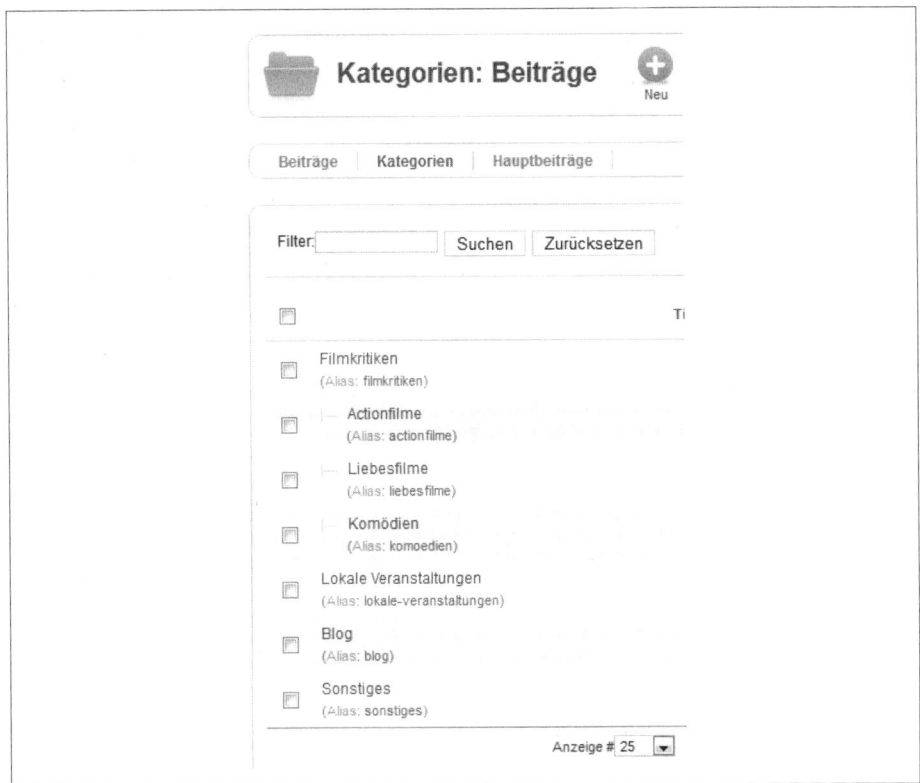

Abbildung 4-9: Die Kategorie für die Filmkritiken mit drei weiteren Unterkategorien für die einzelnen Genres

Vergleichen Sie das Ergebnis auch mit der geplanten Gliederung aus Abbildung 4-4 auf Seite 113.

Kategorien verschieben

Haben Sie eine Kategorie aus Versehen unter einem falschen Kollegen einsortiert, können Sie dieses Malheur auf zwei verschiedene Arten beheben:

1. Öffnen Sie den Bearbeitungsbildschirm der falsch einsortierten Kategorie (indem Sie beispielsweise auf ihren Namen in der Liste klicken), und packen Sie sie dann unter ÜBERGEORDNET in die gewünschte Kategorie. Soll sie alleine stehen und somit keiner anderen Kategorie untergeordnet werden, wählen Sie aus der Ausklappliste den Punkt - KEINE ÜBERGEORDNETE KATEGORIE -. Via SPEICHERN & SCHLIESSEN wenden Sie die Änderungen an.

2. Markieren Sie die falsch einsortierte Kategorie (in der ersten Spalte der Liste). Fahren Sie dann an den unteren Seitenrand, wo Sie in der Ausklappliste unter EINE KATEGORIE ZUM VERSCHIEBEN/KOPIEREN AUSWÄHLEN die neue, überge- ordnete Kategorie einstellen (siehe Abbildung 4-10). Mit dem Punkt OBERSTE KATEGORIE steht die bislang noch falsch eingeordnete Kategorie anschließend alleine, ist dann also keiner Kategorie mehr untergeordnet. Markieren Sie noch rechts neben der Ausklappliste VERSCHIEBEN, bevor Sie schließlich auf AUSFÜH- REN klicken.

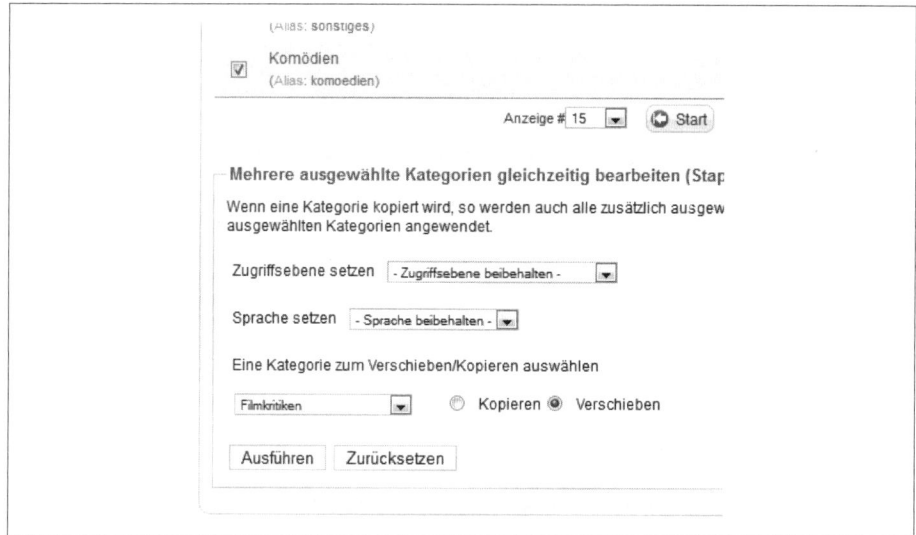

Abbildung 4-10: Über diese Einstellungen verschieben Sie schnell eine oder mehrere falsch einsortierte Kategorien. In diesem Fall würde die Kategorie »Komödien« in ihre Kollegin »Filmkritiken« gesteckt.

 **Tipp**   Mit der zweiten Methode können Sie sogar mehrere Kategorien auf einmal ver- schieben. Dazu markieren Sie einfach in der Liste alle Kategorien, die verschoben werden sollen, und verfahren dann wie gewohnt: Unter EINE KATEGORIE ZUM VER- SCHIEBEN/KOPIEREN AUSWÄHLEN stellen Sie die Kategorie ein, in der alle markierten Kategorien landen sollen, aktivieren in der Ausklappliste VERSCHIEBEN und klicken auf AUSFÜHREN.

Kategorien kopieren

Anstatt eine neue Kategorie zu erstellen, können Sie auch eine vorhandene kopieren.

X.X **Version**   Das funktioniert in Joomla! 1.6 ein klein wenig umständlicher als noch in älteren Versionen, ist dafür aber auch flexibler.

Dazu rufen Sie den Bearbeitungsbildschirm der Kategorie auf (indem Sie beispiels- weise auf ihren Namen in der Liste klicken) und wählen dann in der Werkzeugleiste

ALS KOPIE SPEICHERN. Joomla! erstellt jetzt mit den angezeigten Einstellungen eine neue Kategorie und hängt ihrem Titel zur Unterscheidung eine aufsteigende Nummer an. Bei der ersten Kopie ist das die *(2)*. Das Duplikat landet dabei in der gleichen Kategorie wie das Original. Der Bearbeitungsbildschirm bleibt weiterhin geöffnet, Sie können die Kopie folglich umgehend nach Ihren eigenen Wünschen verändern und ihr insbesondere auch einen neuen TITEL verpassen.

Es gibt noch einen zweiten Weg, eine Kategorie zu duplizieren: Markieren Sie zunächst in der Liste hinter INHALT → KATEGORIEN die Kategorie, die Sie kopieren möchten (indem Sie ihr Kästchen anklicken).

Anschließend müssen Sie sich überlegen, in welche andere Kategorie Joomla! das Duplikat stecken soll. Mit dieser Information im Hinterkopf fahren Sie jetzt an den unteren Seitenrand. Dort versteckt sich der schon bekannte Bereich MEHRERE AUSGEWÄHLTE KATEGORIEN GLEICHZEITIG BEARBEITEN aus Abbildung 4-11.

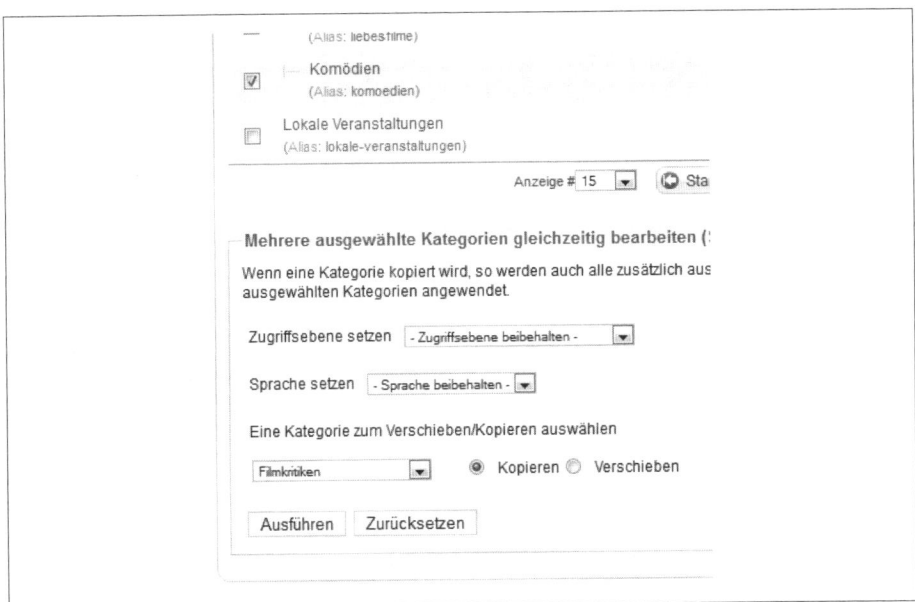

Abbildung 4-11: Mit diesen Einstellungen würde die Kategorie »Komödien« dupliziert und die Kopie in der Kategorie »Filmkritiken« abgelegt.

Hier wählen Sie nun in der Ausklappliste links unter EINE KATEGORIE ZUM VERSCHIEBEN/KOPIEREN AUSWÄHLEN die Kategorie, in der das Duplikat landen soll. Möchten Sie die Kopie in keine der vorhandenen Kategorien ablegen, wählen Sie hier stattdessen den Punkt OBERSTE KATEGORIE.

Jetzt müssen Sie nur noch rechts daneben KOPIEREN selektieren und schließlich auf AUSFÜHREN klicken. Damit erhalten Sie eine exakte Kopie der Kategorie. Zur besseren Unterscheidung hängt Joomla! ihr auch hier wieder eine aufsteigende Zahl an.

Wenn Sie die Kopie umbenennen wollen, rufen Sie ihren Bearbeitungsbildschirm auf (indem Sie beispielsweise auf ihren Namen in der Liste klicken) und vergeben dort dann einfach einen neuen TITEL nebst entsprechendem ALIAS. Wichtig ist nur, dass jede Kategorie einen anderen Alias-Namen trägt.

 Warnung   Die eventuell in der ursprünglichen Kategorie enthaltenen Beiträge kopiert Joomla! ab Version 1.6 nicht mit, das Duplikat ist folglich noch leer. In der Version 1.5 war dies noch anders, dort hat Joomla! immer auch alle Beiträge kopiert.

Beiträge anlegen

Jetzt, da alle Kategorien existieren, gilt es sie mit Beiträgen zu füllen. Deren Verwaltung erfolgt über den Menüpunkt INHALT → BEITRÄGE. Die nun erscheinende Liste kennen Sie schon aus dem vorhergehenden Kapitel 3, *Erste Schritte*: Sie führt *alle* von Joomla! verwalteten Beiträge auf (siehe Abbildung 4-12). Da dies eher früher als später zur Verwirrung führt, sollten Sie unbedingt von den Filtermöglichkeiten in Form der Ausklapplisten am oberen Listenrand Gebrauch machen: Im ersten Feld links schränkt man die Sicht auf alle veröffentlichten beziehungsweise gesperrten Beiträge ein, im zweiten auf eine Kategorie. Reicht das immer noch nicht, ziehen Sie auch noch den Autor in der vorletzten Ausklappliste heran.

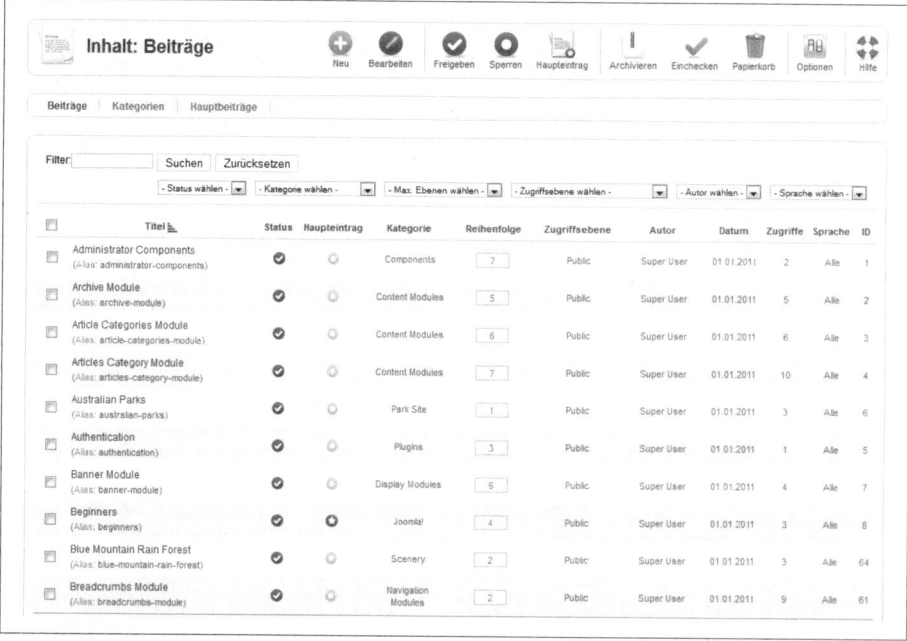

Abbildung 4-12:   Die Liste mit allen in Joomla! gespeicherten Beiträgen

In der Spalte HAUPTEINTRAG legt ein blaues Sternchen (○) fest, dass dieser Beitrag ein ganz besonders wichtiger ist. Im Moment erscheinen alle so gekennzeichneten Beiträge prominent auf der Startseite des Internetauftritts. In Abbildung 4-12 trifft dies beispielsweise auf den Artikel *Beginners* zu.

In der Spalte rechts daneben erfährt man, zu welcher KATEGORIE der Beitrag gehört. Wer diesen überhaupt einsehen darf, verrät die Spalte ZUGRIFFSEBENE (dazu folgt später noch mehr in Kapitel 9, *Benutzerverwaltung und -kommunikation*). Im hinteren Bereich nennen ihre übrigen Kolleginnen noch den AUTOR, das Erstellungs-DATUM und geben an, wie oft der Beitrag von Besuchern angesehen wurde (Spalte ZUGRIFFE). Die SPRACHE gibt schließlich noch an, in welchen Übersetzungen der Beitrag erscheint (dazu erfahren Sie mehr in Kapitel 12, *Mehrsprachigkeit*).

Wählen Sie in der Ausklappliste – KATEGORIE WÄHLEN – die Kategorie ACTIONFILME. Da in ihr noch keine Beiträge vorhanden sind, ist die Liste wie erwartet leer – was sich jetzt aber umgehend ändern wird.

Um einen neuen Beitrag anzulegen, klicken Sie auf den Schalter NEU in der Werkzeugleiste. Daraufhin öffnet sich der Bearbeitungsbildschirm für Beiträge aus Abbildung 4-13.

Abbildung 4-13: Alle Einstellungen für die Filmkritik von »Stirb Langsam«

Links oben gibt es zunächst den Bereich NEUER BEITRAG, der ein paar Grundinformationen abfragt.

Basisinformationen

 Verpassen Sie dort dem neuen Beitrag im Feld TITEL als Erstes eine passende Überschrift. Für das Kinoportal soll eine neue Filmkritik her, folglich wäre hier als Titel der Filmname angebracht. Im Beispiel soll dies **Stirb Langsam** sein (siehe Abbildung 4-14).

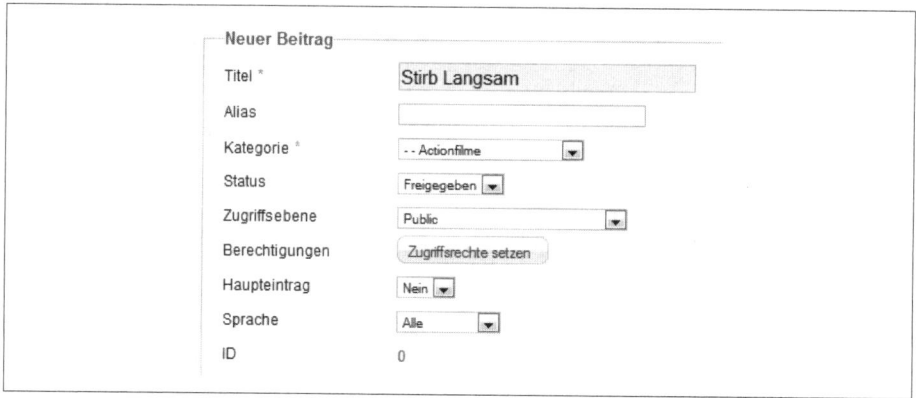

Abbildung 4-14: Die Basiseinstellungen eines Beitrags

Zusätzlich dürfen Sie noch einen ALIAS- beziehungsweise Ersatznamen vergeben. Wie bei den Kategorien verwendet Joomla! ihn für interne Zwecke. Lassen Sie ihn einfach leer; Joomla! wählt dann selbst einen passenden. Bei Bedarf können Sie ihn später noch anpassen (wann das eventuell notwendig wird, verrät später noch Kapitel 17, *Suchmaschinenoptimierung*).

 Warnung   Auch hier gilt wieder, dass jeder Beitrag einen eigenen, eindeutigen Alias besitzen muss. Den Titel können Sie hingegen durchaus mehrfach vergeben.

In der Ausklappliste darunter wählen Sie die KATEGORIE aus, zu der der Beitrag nach seiner Fertigstellung gehören soll. Die Kritik zu »Stirb Langsam« gehört eindeutig in die Kategorie ACTIONFILME.

Achten Sie darauf, dass der STATUS auf FREIGEGEBEN steht. Nur dann ist der Beitrag später auch für die Besucher zu sehen. Wenn Sie ihn verstecken möchten, wählen Sie hier zunächst GESPERRT. Alternativ können Sie ihn auch direkt in den PAPIERKORB werfen oder in das Archiv stecken (was sich hinter dem Archiv verbirgt, verrät gleich noch ein eigener Abschnitt).

Welche Personen den Beitrag lesen und verändern dürfen, regelt die ZUGRIFFSEBENE in Zusammenarbeit mit dem Knopf ZUGRIFFSRECHTE SETZEN und dem überdimensionalen Bereich BEITRAGSBERECHTIGUNGEN am unteren Rand des Formulars. Standardmäßig dürfen alle Besucher den neuen Beitrag lesen, lassen Sie also die Einstellungen hier zunächst auf ihren Vorgaben. Kapitel 9, *Benutzerverwaltung und -kommunikation* wird noch einmal ausführlich auf die Rechtevergabe zurückkommen.

Ein JA bei HAUPTEINTRAG würde den Beitrag zu einem Hauptbeitrag erheben und ihn so als besonders wichtig kennzeichnen. Gleichzeitig würde er damit im Moment auf der Startseite des Internetauftritts erscheinen. Für die Filmkritik ist das nicht notwendig, belassen Sie es daher hier bei NEIN.

Die nächste Ausklappliste darunter ist nur relevant, wenn Sie eine mehrsprachige Website in Angriff nehmen. Sie legt fest, in welcher Sprache der Beitrag verfasst wurde. Mit der Voreinstellung ALLE taucht er später in jeder Sprachfassung der Website auf. Mehr zu den Übersetzungen folgt noch im Kapitel 12, *Mehrsprachigkeit*. Für die Filmkritik behalten Sie hier die Voreinstellung bei.

Tipp   Die Voreinstellung ist auch der passende Wert, wenn Sie nur einen rein deutschen
beziehungsweise anderweitig einsprachigen Internetauftritt erstellen.

Text eingeben

Darunter folgt nun ein größeres Eingabefeld (siehe Abbildung 4-15). Es funktioniert genau wie eine kleine Textverarbeitung und ist Ihnen schon bei der Erstellung der Kategorien begegnet. Zum Einsatz kommt hier der TinyMCE-Editor, der nach dem Prinzip »What you see is what you get« (kurz WYSIWYG) arbeitet. Dies bedeutet, dass Sie das Ergebnis direkt bei der Eingabe begutachten können. Einen Überblick über seine Funktionen und Symbolleisten gibt Anhang B, *TinyMCE-Editor*. Prinzipiell arbeitet er genau so, wie Sie es von Ihrer Textverarbeitung her kennen.

Tipp   Da dieser Editor keine Rechtschreibkorrektur kennt und sein Eingabefeld zudem
ziemlich klein ist, sollten Sie längere Beiträge zunächst in einer Textverarbeitung
vorschreiben, dann über die Zwischenablage hier in das Feld einfügen und den
Text dann abschließend noch ansprechend formatieren.

Bei einigen Textverarbeitungen kopieren Sie allerdings auf diesem Weg auch spezielle Steuerzeichen mit, die dann wiederum im fertigen Beitrag ein kleines Chaos
veranstalten und die Optik der Seite zerschießen. Um das ausschließen, sollten Sie
den Text zunächst in einen einfachen Texteditor kopieren und dann von dort aus
weiter nach Joomla!. Das ist etwas komplizierter, spart aber später viel Ärger und
Korrekturarbeit.

Wenn Sie sich gerne auf die Eingabe des reinen Textes konzentrieren möchten, können Sie den TinyMCE-Editor auch (vorübergehend) gegen ein schlichtes Eingabefeld austauschen. Dazu klicken Sie an seinem unteren Rand auf EDITOR AN/AUS.

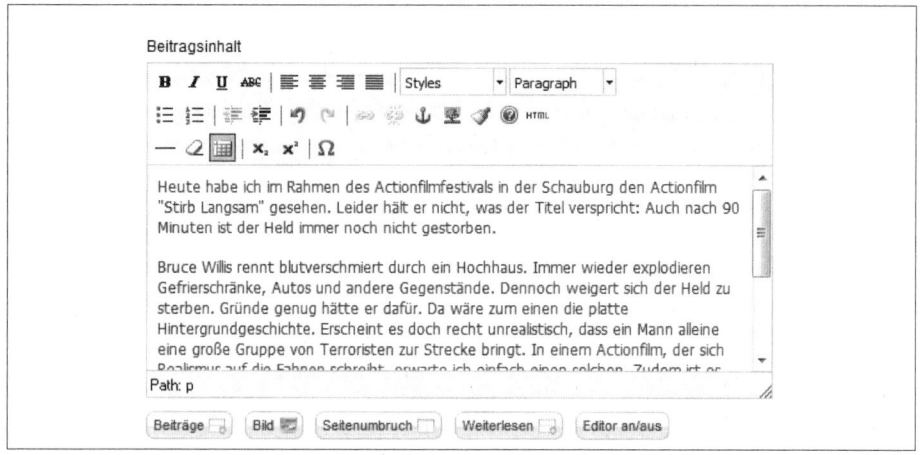

Abbildung 4-15: In diesem Editor verfassen Sie den eigentlichen Beitrag.

Über den gleichen Knopf holen Sie ihn später auch wieder zurück. Joomla! erlaubt zudem auch den Einsatz von anderen Editoren. Wie ein solcher Austausch funktioniert, erklärt Kapitel 10, *Globale Einstellungen.*

Tipp   Sie können den Text auch direkt mithilfe sogenannter HTML-Befehle formatieren. Letztere steuern normalerweise bei herkömmlichen beziehungsweise einfachen Internetseiten deren Aussehen. Eine gute Einführung in diese Thematik bietet beispielsweise die Seite *http://www.selfhtml.de.* Sie sollten jedoch vorsichtig mit diesem machtvollen Instrument umgehen und wenn möglich nur die angebotenen Formatierungsmöglichkeiten nutzen. Je nach verwendeten Befehlen greifen Sie ansonsten in das von Joomla! erzeugte Seitenlayout ein, das im Extremfall dann nur noch zerstückelt beim Betrachter ankommt. Um HTML-Befehle einzugeben, blenden Sie entweder den TinyMCE-Editor wie beschrieben aus oder klicken auf das kleine Symbol mit der Aufschrift HTML. Die Auswirkungen sehen Sie allerdings erst nach einem Klick auf UPDATE und somit nach dem Verlassen des erscheinenden Fensters, beziehungsweise dann, wenn Sie per EDITOR AN/AUS wieder zum TinyMCE-Editor zurückkehren.

Für die Filmkritik denken Sie sich jetzt einen passenden (Nonsense-)Text aus oder übernehmen kurzerhand den Text aus Abbildung 4-15.

Version   Joomla! 1.5 kannte noch eine spezielle Beitragsvorschau, die den Text genau so anzeigte, wie er später auf der Website erschien. In der aktuellen Version erfahren Sie das erst, nachdem Sie den Beitrag gespeichert und auf der Website (beispielsweise über ein Menü) zugänglich gemacht haben. Das sollten Sie allerdings wiederum erst machen, wenn der Text wirklich keine Nachbearbeitung mehr erfordert. Andernfalls bekommen die Besucher halb fertige Beiträge zu Gesicht, was sie verwirrt und im schlimmsten Fall sogar verschreckt. Stellen Sie daher nur fertige Beiträge in Joomla! ein. Falls Sie einen Artikel zwischenspeichern möchten oder müssen, setzen Sie seinen STATUS vorübergehend auf GESPERRT. Dann bekommen Besucher ihn (noch) nicht zu Gesicht.

Bilder in Beiträge einbauen

Derzeit besteht die Filmkritik noch aus einer hässlichen Textwüste. Um sie mit einem passenden Foto etwas aufzulockern, fahren Sie zunächst mit der Eingabemarke an die Stelle im Text, an der das Bild später erscheinen soll – im Fall der Filmkritik ganz ans Ende des Beitrags. Klicken Sie anschließend auf die Schaltfläche BILD am linken unteren Bildschirmrand. Nun erscheint das Fenster aus Abbildung 4-16.

Abbildung 4-16:   Übernahme eines Bildes in einen Beitrag

Im oberen Teil zeigt Ihnen Joomla! alle ihm bereits bekannten Bilder an. Zur besseren Übersichtlichkeit sind sie in verschiedenen Unterverzeichnissen zusammengefasst. Die Navigation erfolgt wie im Dateimanager Ihres Betriebssystems: Ein Klick auf einen der gelben Ordner betritt ihn, per HOCH oder mit der Ausklappliste am oberen linken Fensterrand gelangen Sie wieder eine oder mehrere Ebenen zurück. Sofern Ihnen eines der schon vorhandenen Bilder zusagt, klicken Sie es an.

Tipp   Die im oberen Bereich präsentierten Bilder liegen im Unterverzeichnis *images* Ihrer Joomla!-Installation. Wie Sie sie dort verwalten, verrät gleich im Anschluss Kapitel 5, *Medien verwalten*.

Haben Sie hingegen ein (einigermaßen) passendes Bild auf der Festplatte liegen, wählen Sie es im Fenster hinter DURCHSUCHEN... aus und klicken dann auf HOCH-

LADEN STARTEN. Joomla! holt die Datei dann zu sich auf den Webserver und fügt sie seinen bekannten Bildern hinzu, wo Sie es einmal anklicken.

 In jedem Fall trägt Joomla! das gewählte Bild in das Feld BILD WEBADRESSE ein. Dort können Sie übrigens noch als dritte Variante die Internetadresse eines Bildes eintippen – im Fall des Films »Stirb Langsam« etwa das aus der Wikipedia: *http://upload.wikimedia.org/wikipedia/commons/3/38/Foxplaza_la.jpg* (wie in Abbildung 4-16). Doch Vorsicht: Bei dieser Methode lädt Joomla! das Bild nicht herunter, sondern bindet es nur ein. Wird das Bild auf dem fremden Server gelöscht (im Beispiel also aus der Wikipedia), fehlt es auch umgehend in Ihrem Beitrag.

 **Warnung**   Egal auf welchem Weg Sie ein Bild einbinden, beachten Sie in jedem Fall das Urheberrecht. Gerade bei einer Filmkritik liegt es nahe, sich irgendwo ein passendes Bild aus dem Internet zu angeln beziehungsweise einzubinden. Die Rechteinhaber populärer Filme sind jedoch in dieser Hinsicht ziemlich streng. Daher finden Sie auch auf der beiliegenden CD kein Beispielbild für die Kritik zu »Stirb Langsam«.

Wenn Sie fremde Bilder in Ihre Beiträge übernehmen möchten, fragen Sie immer den Urheber des Bildes um Erlaubnis. Andernfalls riskieren Sie eine teure Abmahnung. Das oben erwähnte Bild aus der Wikipedia steht übrigens unter einer freien Lizenz. Die entsprechenden Informationen finden Sie unter *http://de.wikipedia.org/w/index.php?title=Datei:Foxplaza_la.jpg&filetimestamp=20051226181429.*

Geben Sie dem Bild noch eine Bildunterschrift im Feld BILDTITEL. Über die Ausklappliste rechts daneben steuern Sie, ob Joomla! die Unterschrift tatsächlich immer anzeigen (JA) oder erst mal nur gegenüber Suchmaschinen herausrücken soll (NEIN). Das Feld BESCHREIBUNG fasst noch einmal zusammen, was auf dem Bild zu sehen ist. Dieser Text ist insbesondere für blinde Besucher und den Fall gedacht, dass das Bild nicht angezeigt werden kann. Mit der AUSRICHTUNG bestimmen Sie, ob das Bild später auf der Homepage im Text links- oder rechtsbündig ausgerichtet werden soll. Per EINFÜGEN platzieren Sie das gewählte Bild schließlich im Text.

 Tipp   Zum Zeitpunkt der Drucklegung dieses Buches stand der Browser Firefox mit dem TinyMCE-Editor auf Kriegsfuß (genauer gesagt Firefox 9). So fügte er sämtliche Bilder grundsätzlich immer am Anfang oder Ende des Beitrags ein. Es half hier nur, das Bild manuell an seine korrekte Position zu bugsieren.

Um das Bild an eine andere Stelle zu verschieben, parken Sie den Mauszeiger über dem Bild, halten dann die linke Maustaste gedrückt und ziehen es an seine richtige Position. Bei etwas größeren Bildern ist das in dem kleinen TinyMCE-Fenster allerdings etwas fummelig. Sie können das Bild aber auch mit der Maus anklicken, dann wie einen Text per *Strg* und *x* in die Zwischenablage ausschneiden, die Einfügemarke mit den Pfeiltasten an die Zielposition bugsieren und schließlich das Bild dort über *Strg* und *v* wieder einsetzen. Wenn Sie in die Filmkritik ein Bild eingebunden haben, verschieben Sie es mit einer der beiden Methoden ans Ende des Textes.

| Tipp | Bilder erscheinen standardmäßig immer in ihrer Originalgröße. Um nicht die Bei-
tragsseite zu sprengen, sollten Sie insbesondere Fotos vor dem Einbinden mit
einem Bildbearbeitungsprogramm verkleinern. Als Faustregel gilt, dass die Bilder
dabei nicht breiter als 650 Pixel sein sollten. Denken Sie auch an Nutzer von mobi-
len Geräten mit kleineren Bildschirmen! | |

Möchten Sie das Bild später wieder loswerden, löschen Sie es einfach so im Text, als wäre es ein einzelnes Zeichen. Alternativ klicken Sie es einmal an und drücken dann *Entf* auf Ihrer Tastatur.

| Warnung | Der TinyMCE-Editor bietet eine kleine Schaltfläche mit einem Baum an (). Auch
hierüber können Sie ein Bild in den Text einbinden. Schmuggeln es dann aller-
dings an Joomla! vorbei und sind somit selbst für das Bild verantwortlich. |

Aufmacher

Die meisten Betrachter empfinden lange Bildschirmseiten mit viel Text als eher unangenehm. Für Autoren von Filmkritiken ergibt sich somit ein Problem: Einerseits hat man viel zu schreiben, andererseits möchte man die Augen der Leser nicht ermüden und schon gar nicht Besucher zum vorzeitigen Wegklicken animieren. Joomla! löst das Problem, indem es lange Texte in kleinere, handlichere Teile zerlegt.

Zunächst sollte man sich überlegen, wie man einen Besucher der Homepage überhaupt dazu bewegt, einen längeren Artikel zu lesen. Am besten ködert man ihn mit einer kurzen, mitreißenden Einleitung, die gleichzeitig noch einen Einblick in das behandelte Thema gewährt. Einen solchen Werbetext bezeichnet man als Intro, Vorspann oder Aufmacher. Mit diesem Trick arbeitet übrigens auch fast jede Zeitschrift: Unter dem Titel folgt immer eine kleine Zusammenfassung des eigentlichen Artikels. Auf diese Weise muss der Leser nicht erst mehrere Abschnitte durcharbeiten, nur um zu merken, dass ihn das Thema eigentlich gar nicht interessiert. Gleichzeitig sollte die Einleitung so gestaltet sein, dass sie zum Weiterlesen animiert.

Eine solche Einleitung ist auch bei Internetseiten sinnvoll: Auf der Startseite des Internetauftritts weckt der Aufmacher den Appetit auf den vollständigen Artikel, zu dem dann eine kleine, beigefügte WEITERLESEN-Schaltfläche führt (wie in Abbildung 4-17).

Um Joomla! mitzuteilen, welcher Teil Ihres Beitrags der Aufmacher und welcher der Haupttext ist, platzieren Sie die Textmarke genau an der Stelle im Text, an der der Aufmacher endet. Bei der Kritik zu »Stirb Langsam« aus Abbildung 4-15 wäre dies am Ende des ersten Absatzes hinter dem Wort »gestorben«. Anschließend genügt ein Klick auf die Schaltfläche WEITERLESEN am unteren Rand. Im TinyMCE-Editor trennt jetzt eine rote Linie den Aufmacher vom restlichen Text.

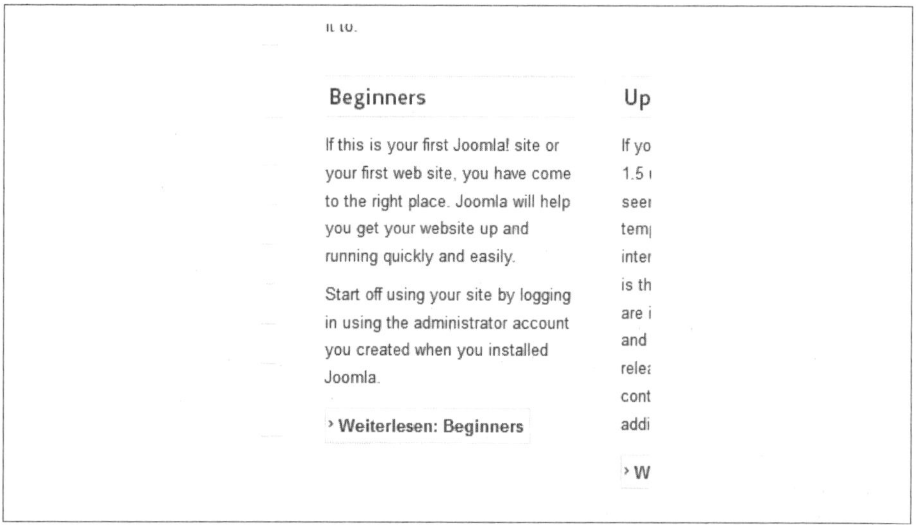

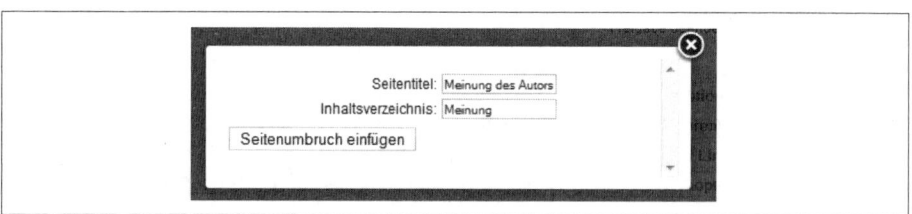

Beginners

If this is your first Joomla! site or
your first web site, you have come
to the right place. Joomla will help
you get your website up and
running quickly and easily.

Start off using your site by logging
in using the administrator account
you created when you installed
Joomla.

› **Weiterlesen: Beginners**

Up

If yo
1.5
seer
tem
inter
is th
are i
and
rele:
cont
addi

› W

Abbildung 4-17:   Beispiel für eine Einleitung

Ab sofort erscheint auf allen Seiten, die mehrere Beiträge in der Übersicht präsentieren (wie beispielsweise die Startseite Ihrer Homepage), nur noch der Aufmacher nebst einer WEITERLESEN-Schaltfläche. Wenn Sie die Trennung wieder loswerden wollen, löschen Sie einfach die rote Linie aus dem Text.

Unterseiten

Nachdem der Leser geködert ist, dürfen Sie seine Augen nicht durch zu viel Text ermüden. Damit dies nicht passiert, erlaubt Joomla! die Aufspaltung des Haupttextes in mehrere Einzelteile. Jeder dieser Teile erscheint dann auf einer eigenen Bildschirmseite.

Um eine solche Aufteilung vorzunehmen, fahren Sie wieder mit der Eingabemarke an die Stelle im Text, an der eine neue Seite beginnen soll. In der Filmkritik zu »Stirb Langsam« fahren Sie an irgendeine beliebige Stelle, die sich jedoch irgendwo hinter der roten Linie (also unterhalb der Einleitung) befinden muss. Anschließend klicken Sie auf SEITENUMBRUCH am unteren Rand. Daraufhin erscheint das Fenster aus Abbildung 4-18.

Seitentitel: Meinung des Autors
Inhaltsverzeichnis: Meinung

Seitenumbruch einfügen

Abbildung 4-18:   Das Einfügen eines Seitenumbruchs

Damit der Besucher später schneller zwischen den einzelnen Unterseiten hin und her springen kann, erstellt Joomla! automatisch ein kleines Menü. Der Begriff hinter INHALTSVERZEICHNIS gibt an, unter welchem Eintrag die neue Seite dort erreichbar ist. Diese Beschriftung sollten Sie möglichst kurz und knackig wählen. Den Text hinter SEITENTITEL hängt das Content-Management-System hinter die Überschrift des Beitrags. Damit weiß der Leser, auf welcher Unterseite er sich gerade befindet. In Zeitschriften entspricht dies den Zwischenüberschriften im Text.

Durch einen Klick auf SEITENUMBRUCH EINFÜGEN wird dieser schließlich angelegt. Das Ergebnis auf der Homepage zeigt Abbildung 4-19.

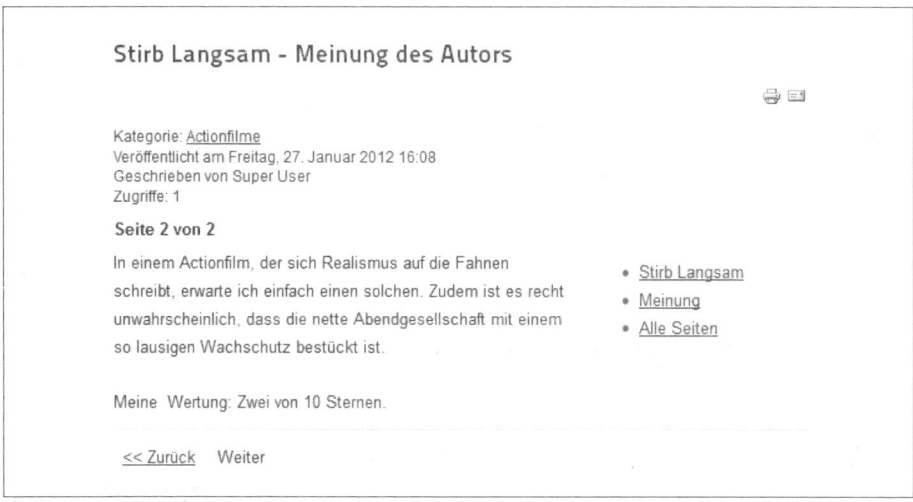

Abbildung 4-19: Das kleine Menü auf der rechten Seite erlaubt einen schnellen Wechsel zwischen den einzelnen Unterseiten.

Tipp Der Seitenumbruch ist unabhängig von der Einleitung aus dem vorherigen Abschnitt.

Zum Zeitpunkt der Drucklegung stand zudem der Browser Firefox mit dem TinyMCE-Editor aus Joomla! 2.5.0 auf Kriegsfuß. Er fügte den Seitenumbruch immer stur am Anfang des Beitrags ein, von wo aus er auch nicht mehr wieder wegzukommen war. Wenn das auch bei Ihnen der Fall ist, schalten Sie kurzzeitig den TinyMCE-Editor ab (über EDITOR AN/AUS). Löschen Sie jetzt am Anfang des Artikels die kryptische Zeile:

```
<hr title="..." alt="..." class="system-pagebreak" />
```

Fahren Sie jetzt an die Stelle im Text, an der Sie eigentlich den Seitenumbruch einfügen wollten, klicken Sie auf SEITENUMBRUCH, und füllen Sie wie oben beschrieben das Formular aus. Nach dem EINFÜGEN aktivieren Sie dann wieder den TinyMCE-Editor (über EDITOR AN/AUS).

Über die Schaltflächen Weiter und Zurück blättert der Besucher zwischen den einzelnen Seiten hin und her. Die erste Seite erreicht man im kleinen Menü übrigens immer über den Titel des Beitrags (in Abbildung 4-19 ist das Stirb Langsam), und der Punkt Alle Seiten zeigt den gesamten Text auf einer einzigen Seite an.

Verweise auf bestehende Beiträge einfügen

Seit Joomla! 1.6 können Sie ganz einfach in einem Beitrag auf einen anderen, schon vorhandenen Kollegen verweisen. Dazu setzen Sie die Einfügemarke an die Position im Text, an der Sie den Verweis einfügen möchten. Klicken Sie anschließend auf die Schaltfläche Beiträge direkt unter dem Eingabefeld. Es öffnet sich dann das Fenster aus Abbildung 4-20, das alle vorhandenen Beiträge auflistet.

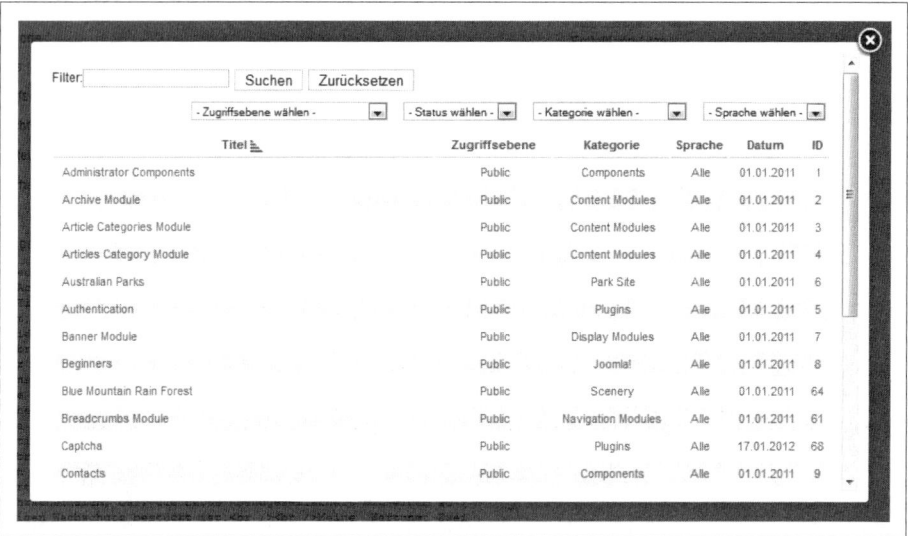

Abbildung 4-20:   Über dieses Fenster fügen Sie einen Querverweis auf einen anderen Beitrag ein.

Über die Ausklapplisten und das Suchfeld am oberen Rand können Sie die Ansicht einschränken beziehungsweise nach einem ganz bestimmten Beitrag fahnden. Haben Sie ihn ausgemacht, klicken Sie einfach seinen Titel an. Joomla! fügt ihn dann in Form eines Links direkt in Ihren Text ein. Für die Filmkritik ist kein Verweis notwendig – schließlich erstellen Sie gerade die erste.

Tipp   Zum Zeitpunkt der Drucklegung stand der Browser Firefox mit dem TinyMCE-Editor aus Joomla! 2.5.0 auf Kriegsfuß. Er fügte den Link grundsätzlich immer stur am Anfang des Beitrags ein. Wenn dies auch bei Ihnen passiert, schneiden Sie ihn dann wie einen normalen Text via *Strg* und *x* aus und fügen ihn an seiner eigentlichen Stelle im Text per *Strg* und *c* ein.

Autor und Veröffentlichungsdatum

Haben Sie Ihren Artikel geschrieben, ermöglichen die Register auf der rechten Seite noch weitere, feinere Einstellungen.

Version   Unter Joomla! 1.5 gab es rechts oben noch einen kleinen Bereich mit allgemeinen Informationen, darunter etwa die Anzahl der Zugriffe oder das Erstellungsdatum. Diese Daten sind in das Register VERÖFFENTLICHUNGSOPTIONEN gewandert.

Klappen Sie zunächst die VERÖFFENTLICHUNGSOPTIONEN auf (unter Joomla! 1.5 hieß das Register noch PARAMETER – BEITRAG). Dort warten die Einstellungen aus Abbildung 4-21.

Abbildung 4-21:   Hier legen Sie den Autor fest und bestimmen, ab wann der Beitrag auf der Website erscheint.

AUTOR
  Mit einem Klick auf BENUTZER WÄHLEN kann man einen anderen Benutzer zum Schöpfer des Beitrags erheben. Dies ist beispielsweise dann notwendig, wenn man den Artikel im Auftrag eines anderen Autors erstellt.

ERSTELLT VON ALIAS
  Benutzernamen sind oftmals recht kryptisch, erst recht, wenn sie von den Angemeldeten selbst gewählt wurden (wie beispielsweise *schnuffelkatze87*). Blendet man auf der Website nun für jeden Artikel auch den Autorennamen ein, so sieht dies meist etwas unschön aus. Aus diesem Grund erlaubt Joomla!, hier einen anderen Namen zu vergeben. Er erscheint dann anstelle des Benutzernamens unter dem Text.

ERSTELLUNGSDATUM
  Joomla! merkt sich für jeden Beitrag, wann er angelegt wurde. Unter ERSTELLUNGSDATUM dürfen Sie diese Angabe fälschen. Ein Klick auf das nebenstehende Symbol mit der 23 öffnet einen kleinen Kalender, der die Eingabe vereinfacht. Andernfalls notieren Sie Datum und Zeit nach dem Schema: *Jahr-Monat-Tag Stunde:Minute:Sekunde*. Das Jahr müssen Sie dabei vierstellig angeben, Monat und Tag jeweils als zweistellige Zahlen.

FREIGABE STARTEN *und* FREIGABE BEENDEN

Sobald Sie den Beitrag erstellt haben, erscheint er auf der Website – und steht dort so lange, bis Sie ihn eigenhändig wieder sperren. Sie können den Beitrag aber auch zeitgesteuert erscheinen und wieder verschwinden lassen. Das ist insbesondere bei Nachrichten sinnvoll, die ein Verfallsdatum besitzen. Beispielsweise ist die Ankündigung eines Filmabends im Mehrzweckveranstaltungssaal von Oberursel nur so lange für die Besucher interessant, wie der Filmabend noch nicht stattgefunden hat.

Unter FREIGABE STARTEN tragen Sie ein, wann der Beitrag auf der Website auftauchen soll, und unter FREIGABE BEENDEN, wann er von dort wieder verschwindet. Die Kalender hinter den Symbolen rechts neben den Eingabefeldern helfen wieder bei der Auswahl.

Bitte beachten Sie, dass nach Ablauf der Zeit der Beitrag zwar auf der Homepage nicht mehr angezeigt, aber im Administrationsbereich noch als freigegeben, also als veröffentlicht, geführt wird. (Sie finden ihn also in der Liste, indem Sie die Ausklappliste – STATUS AUSWÄHLEN – auf FREIGEGEBEN stellen und dann in der Spalte STATUS nach einem roten Kreuzchen Ausschau halten.)

Wenn Sie einen bestehenden Artikel in seinem Bearbeitungsschirm öffnen, zeigt das Register VERÖFFENTLICHUNGSOPTIONEN unter Umständen noch eine kleine Statistik an:

ZUGRIFFE

So oft haben sich Besucher den Beitrag bereits angesehen.

ÜBERARBEITUNG, BEARBEITUNGSDATUM *und* BEARBEITET VON

So oft wurde der Beitrag schon überarbeitet beziehungsweise geändert. Wann dies das letzte Mal geschehen ist, verrät das BEARBEITUNGSDATUM, und der entsprechende Täter steht rechts neben BEARBEITET VON.

Die Filmkritik soll sofort und immer sichtbar sein, Sie können also für dieses Beispiel einfach alle Felder leer lassen.

Die Darstellung des Beitrags anpassen

Auf dem Registerblatt BEITRAGSOPTIONEN (in Joomla! 1.5 hieß es PARAMETER – ERWEITERT) können Sie dem eigentlichen Text noch weitere Informationen zur Seite stellen (siehe Abbildung 4-22).

Warnung Es gibt noch andere Ecken und Funktionen in Joomla!, die diese Einstellungen hier überschreiben können. Das sind in erster Linie die Menüpunkte (Sie lesen richtig), aber auch die Systemvorgaben und die Einstellungen der Kategorien nehmen Einfluss auf das Aussehen einer Seite. Und als wenn das noch nicht genug wäre, wirken einige der Einstellungen nur unter ganz bestimmten Bedingungen beziehungsweise in ganz bestimmten Situationen (in welchen genau, dazu erfahren Sie gegen Ende dieses Kapitels noch mehr).

Abbildung 4-22: Die zusätzlichen Informationen stellt Joomla! an den Anfang des Artikels.

Die einzelnen Punkte auf diesem Register bestimmen, ob das zugehörige Element auf der Seite erscheinen soll (ANZEIGEN bzw. JA) oder nicht (VERBERGEN bzw. NEIN). Standardmäßig stehen die Ausklapplisten auf GLOBALE EINSTELLUNG. In diesem Fall gelten die systemweiten Vorgaben.

Tipp   Deren aktuelle Belegungen sind im Menü unter INHALT → BEITRÄGE und dort über
die Schaltfläche OPTIONEN auf dem Register BEITRÄGE erreich- und änderbar.

Für die Filmkritik gehen Sie sie einmal durch und überlegen, ob die jeweilige Funktion sinnvoll ist. Im Zweifelsfall belassen Sie einfach alle Einstellungen auf ihren Vorgaben.

TITEL

    Der TITEL des Beitrags erscheint als Überschrift über dem Artikel. In Abbildung 4-22 wäre dies STIRB LANGSAM. ❶

TITEL VERLINKEN

    Mit der Einstellung JA erscheint die Artikelüberschrift als Link, der (wieder) direkt zum Haupttext des Beitrags führt – also die gleiche Wirkung wie der WEITERLESEN-Link besitzt (siehe auch Abschnitt »Unterseiten« auf Seite 134).

EINLEITUNGSTEXT

Über die Schaltfläche WEITERLESEN unterhalb des großen Textfensters auf der linken Seite kann man den Beitrag in zwei Hälften aufspalten: in eine Einleitung und in den nachfolgenden Haupttext. Steht die Ausklappliste auf VERBERGEN, wird der erste Teil mit der Einleitung nicht angezeigt (in Abbildung 4-22 wäre dann folglich der Absatz »Heute habe ich ...« verschwunden ❷). Ein Ausblenden ist beispielsweise dann sinnvoll, wenn Sie die Einleitung nur dazu benutzen, um den Betrachter auf die Seite zu locken, dieser »Locktext« aber anschließend nicht mehr im eigentlichen Beitrag erscheinen soll.

KATEGORIE

Zeigt auf der Seite mit dem Beitrag später auch den Namen der Kategorie an, in der sich der Artikel befindet. In Abbildung 4-22 ist dies KATEGORIE: ACTIONFILME ❸.

KATEGORIE VERLINKEN

Wenn Sie hier JA einstellen, kann der Besucher mit einem Klick auf die Kategorie direkt zu ihrer Übersichtsseite springen. Das Ganze funktioniert natürlich nur, wenn der Name der Kategorie auch sichtbar ist (siehe vorherigen Punkt).

ÜBERGEORDNETE KATEGORIE *und* ÜBERGEORDNET VERLINKEN

Diese beiden Einstellungen funktionieren analog zu den beiden vorherigen Punkten, nur dass hier auch noch zusätzlich die übergeordnete Kategorie angezeigt wird. Im Kinoportal steckt beispielsweise die Filmkritik zu *Stirb Langsam* in der Kategorie *Actionfilme*, die wiederum in der Kategorie *Filmkritiken* liegt. Würden Sie jetzt ÜBERGEORDNETE KATEGORIE auf ANZEIGEN setzen, verrät Joomla! im Beitrag zu »Stirb Langsam«, dass die HAUPTKATEGORIE die *Filmkritiken* wäre (siehe ❹ in Abbildung 4-22). Steht ÜBERGEORDNET VERLINKEN auf JA, würde zudem aus dem Wort *Filmkritiken* ein Link, der schnurstracks zur Übersichtsseite der Kategorie *Filmkritiken* führt.

 **Tipp**
Die Nennung der Kategorie und die übergeordnete Kategorie sind gerade bei größeren Seiten noch einmal eine kleine Orientierungshilfe für den Besucher und ergänzen die Breadcrumb-Leiste. Empfehlenswert sind sie insbesondere, wenn Sie ein Glossar, eine Wissensdatenbank oder andere, Lexika-ähnliche Seiten anbieten. Ein Besucher, der den Beitrag zur »Umlaufblende« liest, weiß dann mit einem Blick, dass sie ein Bestandteil der »Filmprojektoren« ist, der wiederum in die Kategorie der »Kinotechnik« gehört.

AUTOR

Zeigt den Autor des Beitrags an. In Abbildung 4-22 ist dies der *Super User* ❺. Wie bei allen redaktionell betreuten Inhalten ist die Angabe des Autors auch bei den Filmkritiken sinnvoll.

AUTOR VERLINKEN

Wenn Sie hier JA einstellen, kann der Besucher mit einem Klick auf den Autorennamen zu einer entsprechenden Kontaktseite springen – vorausgesetzt, Joomla! zeigt den Autor des Beitrags an und dieser besitzt obendrein noch eine eigene Kontaktseite (wie man die anlegt, verraten noch die Kapitel 6, *Komponenten – Nützliche Zusatzfunktionen* und 9, *Benutzerverwaltung und -kommunikation*).

ERSTELLUNGSDATUM, BEARBEITUNGSDATUM *und* VERÖFFENTLICHUNGSDATUM

Zu jedem Beitrag erscheint das Datum seiner Erstellung ❻, der letzten Änderung ❼ und wann er veröffentlicht wurde ❽. Diese drei Punkte sind insbesondere bei redaktionellen Inhalten sowie Nachrichten sinnvoll. Bei den Filmkritiken weiß ein Besucher so beispielsweise, ob die Rezension erst nach der Premiere der deutschen Synchronfassung geschrieben wurde.

SEITENNAVIGATION

Ein ANZEIGEN blendet am unteren Rand des Artikels zwei Schaltflächen ein, mit denen man zum nächsten beziehungsweise vorherigen Beitrag in seiner Kategorie blättern kann. Im Fall der Filmkritik zu »Stirb Langsam« könnte der Besucher damit zur nächsten Actionfilm-Kritik weiterblättern. In Abbildung 4-22 ist das die ZURÜCK-Schaltfläche ganz am unteren Rand ❾.

Tipp Diese Art der Navigation verwirrt allerdings eher. Sie sollten sie nur dann anbieten, wenn Ihre Seiten ähnlich wie in einem Buch einzelne Kapitel repräsentieren.

SYMBOLE/TEXT

Neben dem Beitragstext erscheinen zwei kleine Symbole für die Druckansicht und den E-Mail-Versand ❿. Steht diese Ausklappliste auf VERBERGEN, ersetzt Joomla! die hübschen Symbole durch zwei nüchterne Text-Links (beschriftet mit DRUCKEN und E-MAIL). Es geht hier also nur um die Optik.

Welche von den beiden Funktionen tatsächlich zur Verfügung stehen, regeln die nachfolgenden Ausklapplisten.

DRUCKSYMBOL

Blendet später neben dem Text ein kleines Symbol ein, das nach einem Mausklick den Beitrag druckerfreundlich aufbereitet und in einem neuen Browserfenster präsentiert (siehe Kapitel 3, *Erste Schritte*, Abschnitt »Das Frontend«).

E-MAIL-SYMBOL

Fügt dem Text ein kleines Symbol hinzu, über das der Betrachter den Beitrag als E-Mail versenden kann (siehe Kapitel 3, *Erste Schritte*, Abschnitt »Das Frontend«).

BEITRAGSBEWERTUNG

Joomla! ermöglicht es Besuchern, einen Beitrag mit maximal fünf Punkten zu bewerten ⓫. Mit diesem System kann der Autor beispielsweise feststellen, wie gut die Filmkritik den Lesern gefallen hat. Nach dem gleichen Muster lässt beispielsweise auch der Internet-Buchhändler Amazon.de seine Produkte bewerten. Unter der Beitragsüberschrift erscheint hinter BEWERTUNG der Durchschnitt aller abgegebenen Bewertungen, gefolgt von einem Schrägstrich und der Anzahl der abgegebenen Bewertungen.

Diese Ausklappliste schaltet eigentlich die komplette Bewertungsfunktion für den Beitrag ein- und aus. Das war zumindest unter dem guten alten Joomla! 1. 5 noch so. Seit Joomla! 1.6 verhält sich die Ausklappliste jedoch etwas merkwürdig: Wenn die Einleitung des Beitrags auf einer Übersichtsseite zusammen mit dem WEITERLESEN-Link eingeblendet wird (also wie in Abbildung 4-23), dann kann man mit dieser Ausklappliste dort und wirklich nur dort die Bewertung ein- und ausblenden. Mit anderen Worten: Seit Joomla! 1.6 können Sie die Bewertungsfunktion immer nur für alle Beiträge an- und ausknipsen (entweder in den Grundeinstellungen oder über den Menüpunkt; dazu später noch mehr). Wenn Sie das jetzt verwirrt, sind Sie nicht alleine.

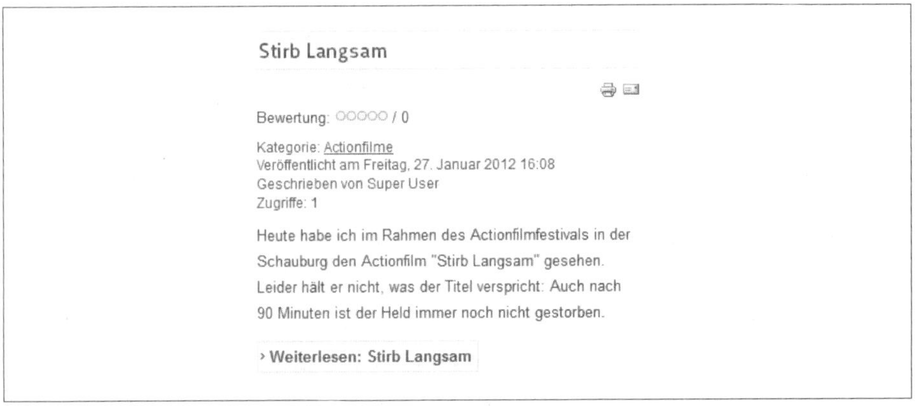

Stirb Langsam

Bewertung: ○○○○○ / 0

Kategorie: Actionfilme
Veröffentlicht am Freitag, 27. Januar 2012 16:08
Geschrieben von Super User
Zugriffe: 1

Heute habe ich im Rahmen des Actionfilmfestivals in der
Schauburg den Actionfilm "Stirb Langsam" gesehen.
Leider hält er nicht, was der Titel verspricht: Auch nach
90 Minuten ist der Held immer noch nicht gestorben.

› Weiterlesen: Stirb Langsam

Abbildung 4-23: Die Ausklappliste »Beitragsbewertung« in den Einstellungen des Beitrags blendet die Bewertung immer nur hier ein und aus.

SEITENAUFRUFE

Zeigt an, wie oft der Beitrag bereits von Besuchern gelesen wurde. In Abbildung 4-22 gab es beispielsweise schon 52 Zugriffe auf die Filmkritik.

NICHT ZUGÄNGLICHE LINKS

Für diese Einstellung gilt Ähnliches wie für die Beitragsbewertung: Sie hat schlichtweg keine Auswirkung. Sie treffen diese Ausklappliste allerdings auch noch an anderen Stellen in Joomla! an, wie etwa in den Grundeinstellungen. Dort leistet sie dann Folgendes:

Auf den Übersichtsseiten der Kategorien zeigt Joomla! einem Besucher immer nur genau die Beiträge an, die er auch tatsächlich lesen darf. Wenn Sie allerdings die Einstellung NICHT ZUGÄNGLICHE LINKS auf ANZEIGEN setzen, sieht der Besucher auf den Übersichtsseiten auch die Beiträge, die eigentlich angemeldeten Benutzern vorbehalten bleiben (so wie in Abbildung 4-24). Auf diese Weise können Sie Ihren Besuchern eine Registrierung schmackhaft machen.

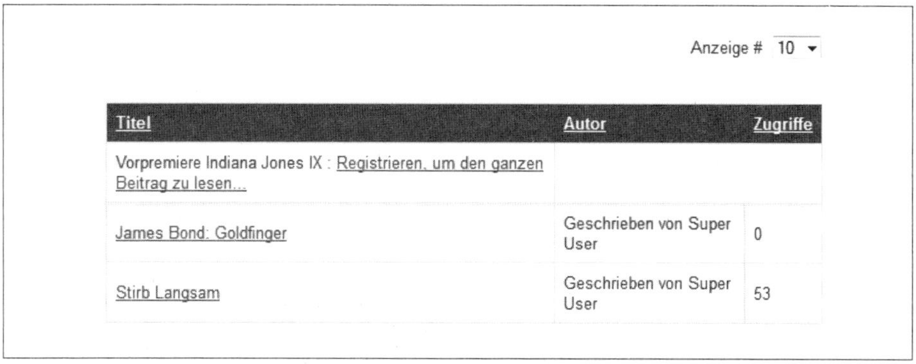

		Anzeige # 10 ▾
Titel	**Autor**	**Zugriffe**
Vorpremiere Indiana Jones IX : Registrieren, um den ganzen Beitrag zu lesen...		
James Bond: Goldfinger	Geschrieben von Super User	0
Stirb Langsam	Geschrieben von Super User	53

Abbildung 4-24: Die Filmkritik zu »Indiana Jones IX« dürfen hier in diesem Beispiel nur angemeldete Benutzer lesen. Über den von Joomla! daneben eingefügten Link können sich die Besucher anmelden beziehungsweise ein entsprechendes Benutzerkonto beantragen (registrieren).

Je nachdem, wo der exklusive Beitrag auf Ihrer Website Erwähnung findet, kann ein Besucher dann allerdings auch die komplette Einleitung lesen. Das wäre beispielsweise dann der Fall, wenn Sie die erlesene Filmkritik auf die Startseite der Beispiel-Website setzen würden (siehe Abbildung 4-25). Ein unangemeldeter Besucher kann dann zwar nicht den kompletten Beitrag lesen, wohl aber eben die Einleitung.

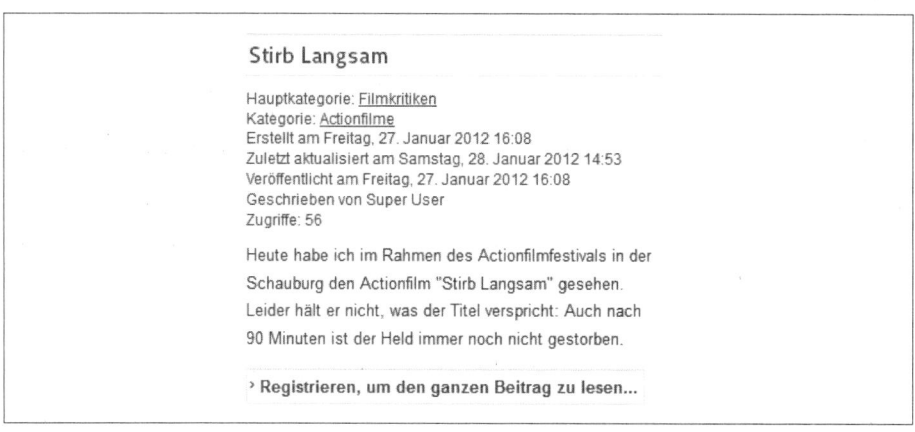

Abbildung 4-25: Die Filmkritik können hier eigentlich nur angemeldete Benutzer lesen. Da sie aber auf der Startseite erscheint und NICHT ZUGÄNGLICHE LINKS auf ANZEIGEN steht, zeigt Joomla! beliebigen Besuchern dennoch den Einleitungstext.

Geht man nach dieser Funktionsweise, müsste man mit dieser Ausklappliste hier in den Beitragseinstellungen eigentlich für den (exklusiven) Beitrag entscheiden können, ob er in der Liste erscheint oder nicht. Ab Joomla! 1.6 ist dies jedoch nicht der Fall. Sie können also immer nur alle exklusiven Beiträge auf einmal erscheinen lassen oder verstecken.

LINKPOSITIONIERUNG

Auf dem Register BILDER UND LINKS können Sie seit Joomla! 1.7 dem Beitrag noch ein paar ergänzende Links hinzufügen. Die Einstellung LINKPOSITIONIERUNG regelt, ob diese Links am Anfang des Beitrags (DARÜBER) oder am unteren Ende (DARUNTER) erscheinen sollen. Zu diesem Thema folgt gleich noch mehr im Abschnitt »Aufmacherbilder und ergänzende Links«.

ANDERER »WEITERLESEN«-TEXT

Auf der Startseite Ihrer Website erscheint für gewöhnlich nur ein Einleitungstext. Mit einem Mausklick auf den darunter platzierten WEITERLESEN-Link gelangen die Besucher dann zum kompletten Beitrag. Über dieses Feld können Sie dem Link eine andere Beschriftung verpassen, wie zum Beispiel HIER ENTLANG.

ALTERNATIVES LAYOUT

Hier können Sie dem Beitrag ein ganz bestimmtes Aussehen überstülpen. Welche Optiken hier zur Verfügung stehen, hängt von den installierten Templates ab. Behalten Sie hier im Zweifelsfall die Voreinstellung bei.

Konfigurieren des Editorfensters

Mit den ersten drei Einstellungen können Sie eigentlich die übrigen Register hier im Formular ein- oder ausblenden. Setzen Sie beispielsweise VERÖFFENTLICHUNGSPARAMETER ANZEIGEN auf NEIN, verschwindet das Register VERÖFFENTLICHUNGSFUNKTIONEN. Die Betonung liegt hier allerdings auf »eigentlich«, denn unter Joomla! 2.5.0 zeigen diese Ausklapplisten keinerlei Wirkung.

Die letzte Ausklappliste bezieht sich auf das Frontend. Dort dürfen Autoren später die eingestellten Artikel auch direkt überarbeiten. Nach der Anmeldung über das LOGIN FORM müssen sie nur ein kleines Symbol anklicken, und schon öffnet Joomla! ihnen ein Formular wie das aus Abbildung 4-26.

Mit der Ausklappliste BILDER UND LINKS IM FRONTEND können Sie nun die Einstellungen zu den Bilden und Links (in Abbildung 4-26 am unteren Rand) dort verbergen und somit für die Autoren sperren. Allerdings teilt diese Ausklappliste ihr Schicksal mit ihren übrigen Kolleginnen: Sie funktioniert schlichtweg nicht in Joomla! 2.5.0.

Unter dem Strich können Sie das komplette Register KONFIGURIEREN DES EDITORFENSTERS zumindest an dieser Stelle ignorieren. Es taucht allerdings später noch einmal an anderen Stellen in Joomla! auf (etwa in den Grundeinstellungen) und zeigt dort dann sehr wohl die angesprochenen Wirkungen.

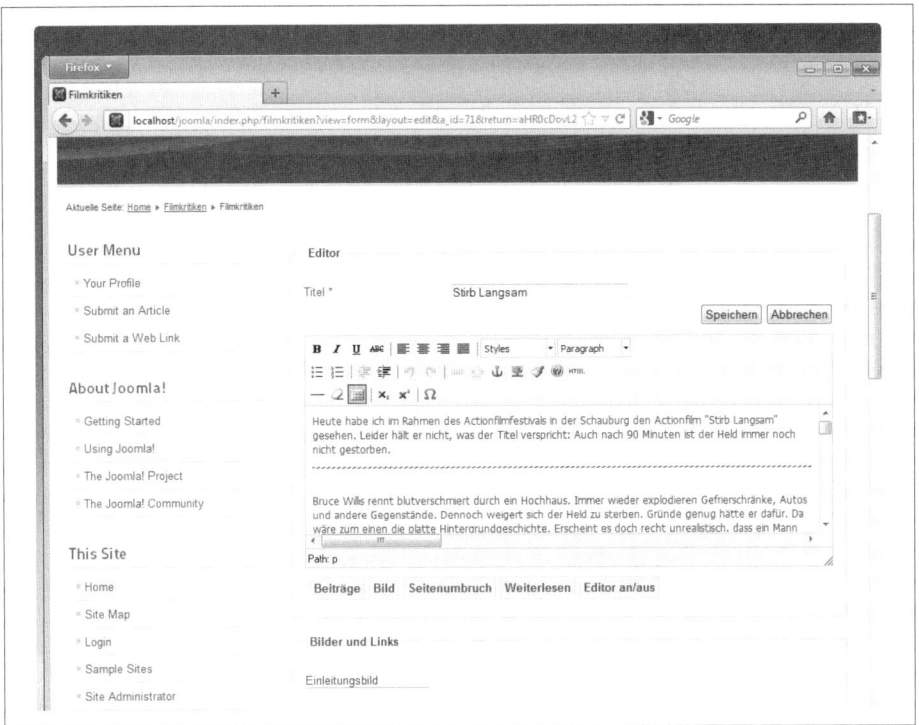

Abbildung 4-26: Autoren dürfen Beiträge auch direkt im Frontend bearbeiten – vorausgesetzt, sie wurden dazu von Ihnen ermächtigt.

Aufmacherbilder und ergänzende Links

Bilder lassen sich in einen Beitrag bequem über den Knopf BILD unterhalb des Textfensters einbinden (wie in Abschnitt »Bilder in Beiträge einbauen« vorgestellt).
Sofern Sie das Bild dabei in die Einleitung setzen, erscheint es später auch auf den
Übersichtsseiten – egal wie groß es ist. Es steht dort zudem immer komplett vor
dem Einleitungstext (siehe Abbildung 4-27).

Es wäre daher schön, wenn Joomla! hier auf den Übersichtsseiten ein spezielles,
verkleinertes Bild einbauen könnte, um das der Text brav herumfließt. Genau diese
Funktion bietet Joomla! ab Version 2.5 auf dem Register BILDER UND LINKS. Das
hier eingestellte EINLEITUNGSBILD erscheint dann später in der Einleitung auf den
Übersichtsseiten, das unter KOMPLETTES BEITRAGSBILD eingetragene Bild steht hingegen immer am Anfang eines Beitrags (wie in den Abbildungen 4-28 bis 4-30). Das
jeweilige Bild wählen Sie über den Knopf AUSWÄHLEN. Dann erscheint das schon
bekannte Fenster. In ihm können Sie ein neues Bild hochladen oder sich für eines
der vorhandenen Bilder entscheiden. Haben Sie sich verklickt, entfernen Sie das
Bild wieder über den Knopf LEEREN.

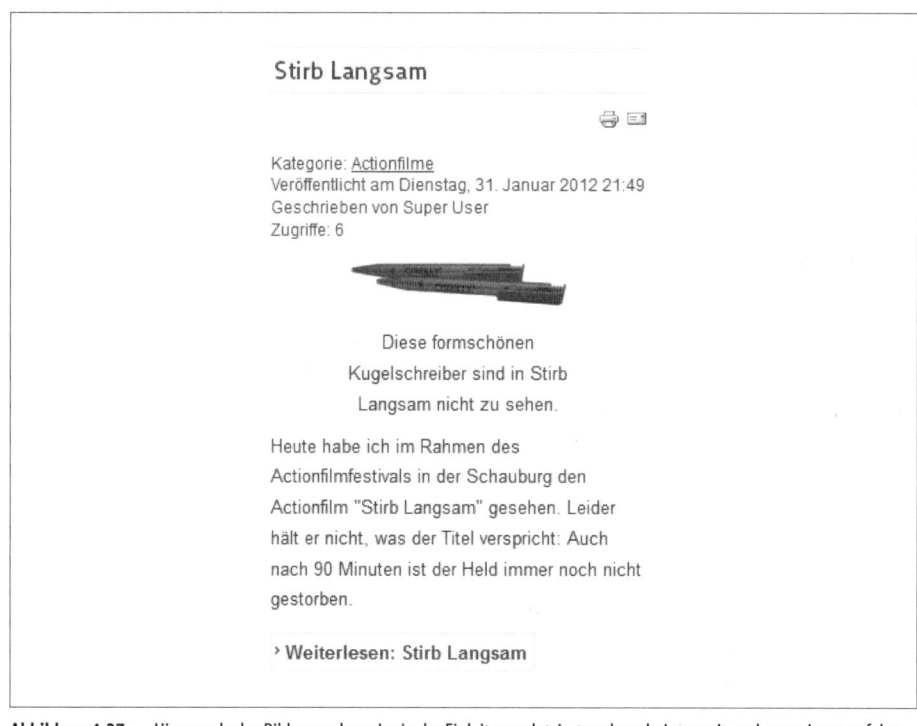

Stirb Langsam
Kategorie: Actionfilme
Veröffentlicht am Dienstag, 31. Januar 2012 21:49
Geschrieben von Super User
Zugriffe: 6
Diese formschönen Kugelschreiber sind in Stirb Langsam nicht zu sehen.
Heute habe ich im Rahmen des Actionfilmfestivals in der Schauburg den Actionfilm "Stirb Langsam" gesehen. Leider hält er nicht, was der Titel verspricht: Auch nach 90 Minuten ist der Held immer noch nicht gestorben.
› Weiterlesen: Stirb Langsam

Abbildung 4-27: Hier wurde das Bild versuchsweise in der Einleitung platziert und erscheint somit auch prominent auf den Übersichtsseiten.

Tipp Sie können die Größe der Bilder hier nicht mehr nachträglich verändern. Sie müssen folglich vorab sicherstellen, dass beide Bilder bereits die korrekten Maße aufweisen – etwa mit einem Bildbearbeitungsprogramm.

Bilder und Links
Einleitungsbild
images/kulis.jpg
Auswählen
Leeren
Textumfließung des Bildes
Globale Einstellung
Alternativer Text
Bildunterschrift
Komplettes Beitragsbild
images/kalender.jpg
Auswählen
Leeren
Textumfließung des Bildes
Globale Einstellung
Alternativer Text
Bildunterschrift

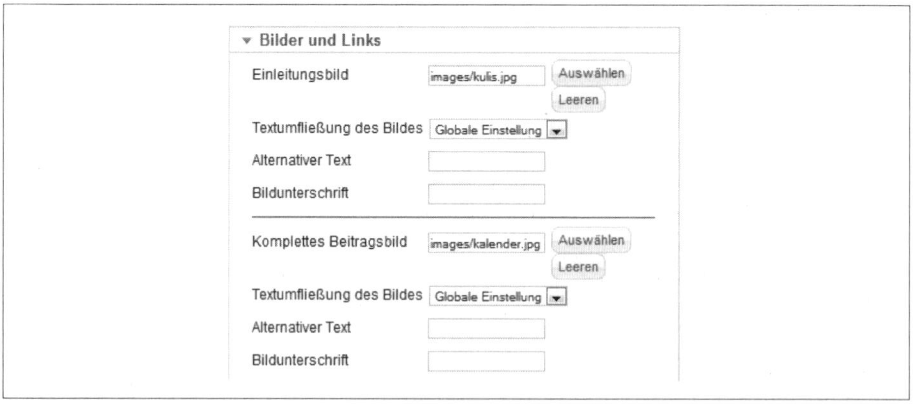

Abbildung 4-28: Diese Einstellungen …

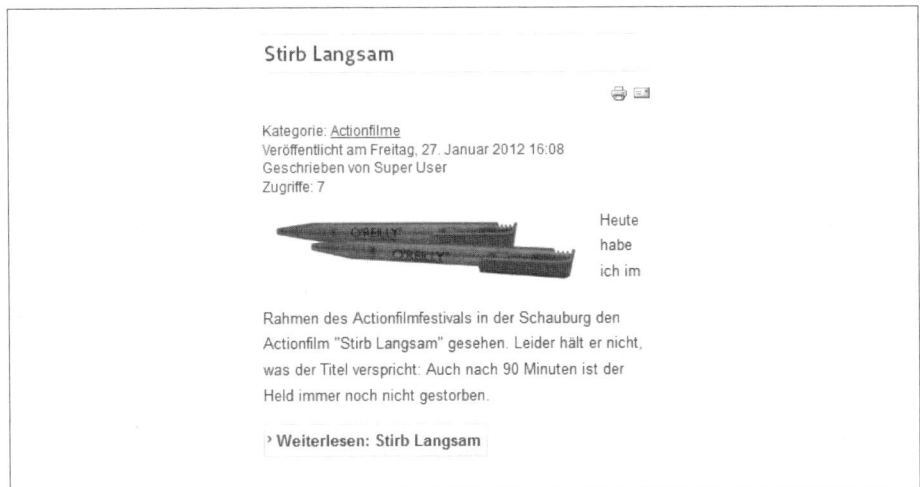

Abbildung 4-29: ... führen zu dieser Einleitung ...

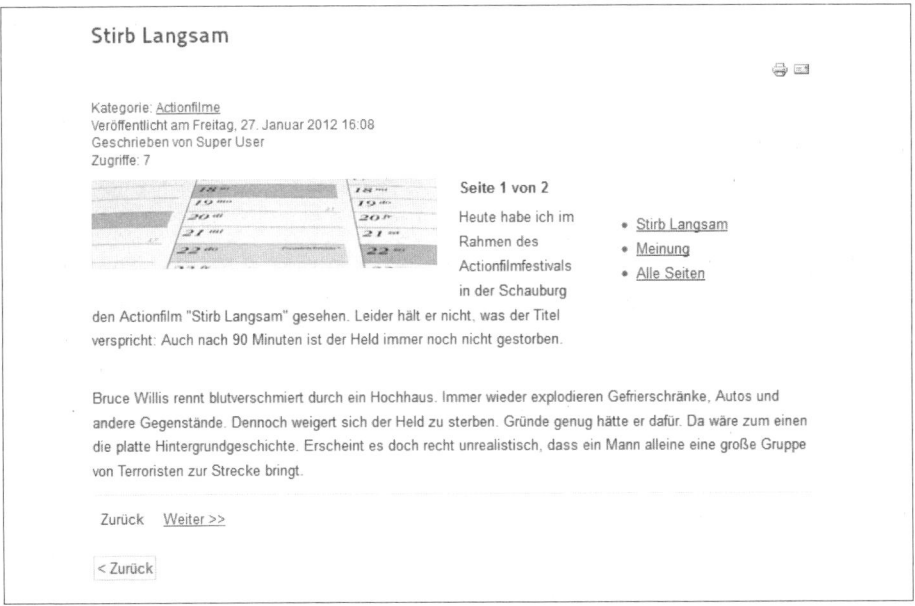

Abbildung 4-30: ... und diesem Beitrag.

Der Text fließt um beide Bilder. Auf welcher Seite er das tut, regeln Sie über die TEXTUMFLIEßUNG DES BILDES. Die Einstellung KEINE schaltet dabei den Textumfluss ab (der Text beginnt also immer unterhalb des Bildes). Verpassen Sie abschließend den Bildern noch unter ALTERNATIVER TEXT eine Beschreibung. Sie erscheint unter anderem immer dann, wenn das Bild aus irgendeinem Grund nicht geladen werden konnte. Falls gewünscht, können Sie auch noch eine BILDUNTERSCHRIFT vergeben.

Für die Filmkritik sind solche Bilder nicht notwendig, lassen Sie die Felder also leer.

Mit den weiteren Einstellungen auf dem Register BILDER UND LINKS können Sie an den Beitrag noch insgesamt drei Links antackern (LINK A bis C). Normalerweise fungieren die Links als Quellennachweis oder zeigen auf eine Seite mit weiterführenden Informationen. In der Filmkritik könnte man beispielsweise auf die Wikipedia-Seite zu »Stirb Langsam« verweisen (wie in Abbildung 4-31).

Abbildung 4-31:   Der LINK A erscheint später oberhalb des Beitrags (hier steht er direkt unterhalb der Anzahl der Zugriffe).

Deren Adresse *http://de.wikipedia.org/wiki/Stirb_langsam* tragen Sie unter LINK A ein. In das Feld LINKTEXT A wandert die Beschriftung des Links, im Beispiel etwa **Wikipedia-Eintrag zu »Stirb Langsam«**. Wenn der Benutzer den Link anklickt, öffnet Joomla! standardmäßig die Seite im gleichen Browser-Fenster. Die Filmkritik würde also durch die Wikipedia-Seite ersetzt. Über die Ausklappliste URL-ZIELFENSTER können Sie dieses Verhalten ändern:

In gleichem Fenster öffnen
   Joomla! ersetzt die Filmkritk durch den Wikipedia-Artikel.

In neuem Fenster öffnen
   Der Wikipedia-Artikel erscheint in einem komplett neuen Browser-Fenster beziehungsweise je nach Browser-Einstellungen in einem neuen Reiter (Tab).

Als Pop-up-Fenster öffnen
   Der Wikipedia-Artikel erscheint in einem neuen, kleinen Browser-Fenster ohne Navigationsleiste.

Modalfenster

Joomla! erstellt ein eigenes kleines Fenster. Dabei dunkelt sich der Hintergrund mit der Filmkritk ab. Sie kennen solche Fenster bereits von der Auswahl der Bilder.

Tipp   Wenn Joomla! die Seite durch die fremde ersetzt, kehrt der Besucher meist nicht mehr zu Ihrer Seite zurück. Unter Umständen verwirren Sie ihn damit sogar. Sie sollten daher Links immer in einem separaten Fenster öffnen lassen.

Für die Filmkritik wählen Sie den Punkt IN NEUEM FENSTER ÖFFNEN.

Auf die gleiche Weise können Sie noch zwei weitere Links zum Beitrag hinzufügen. Später auf der Website kann Joomla! diese Links dann ober- oder unterhalb des Beitragstextes platzieren. Wo genau, bestimmen Sie mit der Ausklappliste LINKPOSITIONIERUNG auf dem Register BEITRAGSOPTIONEN. Im Fall der Filmkritik sollte der Link am besten unterhalb des Beitrags angezeigt werden. Setzen Sie daher die Ausklappliste LINKPOSITIONIERUNG auf DARUNTER.

Metadaten

Auf der letzten Registerkarte, METADATENOPTIONEN, finden Sie mehrere Eingabefelder, die wieder einmal Metadaten aufnehmen. Analog wie bei den Kategorien versteckt Joomla! sie im ausgelieferten Beitrag, sie bleiben somit für normale Besucher Ihrer Homepage unsichtbar. Gedacht sind die Informationen primär für Suchmaschinen, die beispielsweise die Schlüsselwörter bei der Auswertung von Suchanfragen heranziehen.

Unter META-BESCHREIBUNG erklären Sie einmal kurz und bündig, um was es in Ihrem Beitrag geht. Ein Satz sollte bereits ausreichen. META-SCHLÜSSELWORTE nimmt anschließend mehrere, durch Kommata getrennte Begriffe auf. Sie fassen den Inhalt des Beitrags in kurzen Worten zusammen, im Beispiel etwa *Filmkritik, Kritik, Stirb Langsam*.

Die Einstellung unter ROBOTS sagt der Suchmaschine, ob sie die Seite überhaupt betreten und den Links darauf folgen darf. Bei einer Einstellung mit INDEX dürfen Google, Bing und Co die Seite unter die Lupe nehmen (und in ihren Index aufnehmen). FOLLOW erlaubt der Suchmaschine, allen Links auf der Seite zu folgen. NOINDEX und NOFOLLOW verbieten die jeweilige Funktion.

Tipp   Niemand garantiert, dass sich die Suchmaschinen auch an diese Vorgaben halten. Zumindest bei den Großen, wie Google und Bing, ist dies jedoch der Fall.

Weitere Tipps und Informationen zu den Metadaten finden Sie später noch im Kapitel 17, *Suchmaschinenoptimierung*.

Für die Filmkritik übernehmen Sie die Vorgabe GLOBALE EINSTELLUNG. Damit gelten die systemweiten Einstellungen, nach denen die Suchmaschinen den Beitrag einlesen und allen darauf befindlichen Links folgen dürfen.

Sollen die Suchmaschinen einen ganz bestimmten AUTOR für den Urheber des Beitrags halten, tragen Sie seinen (vollständigen) Namen in das gleichnamige Feld ein. Normalerweise können Sie das Feld jedoch leer lassen, insbesondere dann, wenn Sie bereits den Autor im Beitrag nennen (siehe Abschnitt »Die Darstellung des Beitrags anpassen« weiter vorn).

Sind der Beitrag beziehungsweise seine Inhalte (einschließlich seiner Bilder) urheberrechtlich geschützt, können Sie im Feld INHALTSRECHTE darauf hinweisen. Dort hinein gehört etwa eine Nutzungslizenz, Patentangaben, Hinweise auf Warenzeichen oder ähnliche Informationen. Üblich ist auch eine Angabe a la »Copyright 2012«. Im Beispiel der Filmkritik könnten Sie dort angeben, dass das »Kopieren grundsätzlich verboten« ist. Denken Sie jedoch daran, dass es sich hier um eine Meta-Information handelt, die Joomla! vor den Augen der Besucher versteckt. Es ist auch vollkommen unklar, wie die Browser beziehungsweise die Suchmaschinen mit dem Hinweis umgehen sollen – in der Praxis wird er folglich einfach ignoriert.

 Tipp Wenn Sie Ihre Besucher auf besondere Urheberrechte oder Lizenzen hinweisen möchten, schreiben Sie diese noch in den eigentlichen BEITRAGSINHALT.

Im Feld EXTERNE REFERENZ können Sie schließlich noch auf eine externe Datenquelle für den Artikel verweisen (für HTML-Kenner: Der hier eingetippte Text landet im HTML-Tag `<meta name="xreference" content="..." />`). Er wird jedoch im Moment noch nicht von Joomla! und den Browsern ausgewertet, weshalb Sie diese Einstellung ignorieren können.

Beitrag speichern und umsortieren

 Haben Sie alle Einstellungen vorgenommen, legen Sie den Artikel via SPEICHERN & SCHLIEẞEN endgültig an. Wenn Sie gleich alle weiteren Schritte im Kinoportal mitmachen möchten, steht jetzt noch etwas Fleißarbeit an. Erstellen Sie auf die gezeigte Art und Weise mindestens eine weitere Kritik zu einem Actionfilm, wie etwa *James Bond: Goldfinger*. Die Kategorien zu den Liebesfilmen und Komödien bleiben hingegen absichtlich noch leer. Anschließend überlegen Sie sich mindestens zwei lokale Veranstaltungen und zwei Blog-Artikel, die in ihren jeweiligen Kategorien landen. Sie können sich dabei wieder irgendwelche kurzen Nonsense-Texte ausdenken. Wichtig ist nur, dass Sie immer jeweils ein, zwei Zeilen BEITRAGSINHALT eintippen. Alle übrigen Einstellungen können wieder auf ihren Vorgaben verbleiben.

 Tipp Wenn Sie einen Beitrag erstellt haben, können Sie per SPEICHERN & NEU direkt den nächsten in Angriff nehmen. Achten Sie aber darauf, dass immer die korrekte KATEGORIE gewählt ist.

Abschließend muss noch ein Impressum her. Als BEITRAGSINHALT muss es mindestens Ihre vollständige Postanschrift und eine E-Mail-Adresse enthalten. Legen Sie das Impressum in der Kategorie SONSTIGES ab.

Warnung Informieren Sie sich darüber, welche Informationen Sie noch benötigen. Insbesondere wenn Sie mit Joomla! einen Unternehmensauftritt verwalten möchten, muss das Impressum zahlreiche Daten preisgeben, unter anderem das zuständige Finanzamt und die Umsatzsteuer-ID. Lassen Sie sich gegebenenfalls von einem Anwalt beraten. Einen guten ersten Anlaufpunkt bietet der Wikipedia-Artikel *http://de.wikipedia.org/wiki/Impressumspflicht*.

Immer wenn Sie mehrere Artikel hintereinander angelegt haben, sollten Sie anschließend in der Liste hinter INHALT → BEITRÄGE noch einmal kontrollieren, ob die Beiträge auch in ihren zugehörigen Kategorien gelandet sind. Falsch einsortierte Beiträge zählen in der Praxis zu den häufigsten Fehlern. Nutzen Sie als Hilfe auch die Ausklappliste – KATEGORIE AUSWÄHLEN – und das FILTER-Eingabefeld. Um einen falsch eingeordneten Beitrag umzusortieren, haben Sie wie bei den Kategorien zwei Möglichkeiten:

1. Klicken Sie den Namen des Beitrags in der Liste mit allen Beiträgen an, wählen Sie dann die passende KATEGORIE, und SPEICHERN Sie die Änderung.
2. Alternativ haken Sie den oder die falsch einsortierten Beiträge in der Liste hinter INHALT → BEITRÄGE ab, fahren an den unteren Seitenrand, stellen die Ausklappliste EINE KATEGORIE ZUM VERSCHIEBEN/KOPIEREN AUSWÄHLEN auf ihre neue Heimat, markieren rechts daneben VERSCHIEBEN und klicken auf AUSFÜHREN.

Die zweite Methode hat den Vorteil, dass Sie gleich mehrere Beiträge auf einmal in eine andere Kategorie verschieben können.

Inhalte mit Menüpunkten verbinden

Damit existieren nun mehrere befüllte Kategorien, deren Übersichtsseiten aber noch nicht auf der Website erreichbar sind. Abhilfe schaffen ein paar passende Menüeinträge.

Dazu wechseln Sie im Hauptmenü des Administrationsbereichs zum Punkt MENÜS → MAIN MENU. Es erscheint eine neue Liste, die sämtliche Einträge des *Main Menu*-Menüs beherbergt – auf der Startseite trägt es die Überschrift THIS SITE. Diesem Menü fügen Sie nun einen neuen Eintrag über das Symbol NEU in der Werkzeugleiste hinzu. Damit erscheint das Formular aus Abbildung 4-32.

Version In Joomla! 1.5 musste man sich noch durch mehrere Bildschirme klicken, um einen Menüpunkt anzulegen. Die Entwickler haben dieses Prozedere massiv entschlackt und vereinfacht. Mehr dazu folgt später noch in Kapitel 8, *Menüs*.

Abbildung 4-32: Hier entsteht ein neuer Menüpunkt, der zur Kategorie »Filmkritken« führt.

Jetzt wird es leider etwas komplizierter, denn es gilt:

Warnung In Joomla! bestimmt der Menüpunkt, was die darüber erreichbare Seite alles anzeigt.

Diese Regel zieht nicht nur das etwas umfangreichere Formular aus Abbildung 4-32 nach sich, sie ist auch später noch für ein paar umständliche Konzepte und für merkwürdige Einstellungen verantwortlich, die nur unter bestimmten Bedingungen gelten.

Warnung Beachten Sie, dass der Menüpunkt wirklich nur bestimmt, welche Informationen in welchem Umfang auf der Seite zu sehen sind. Für eine ansprechende Optik, wie etwa neongrüne Überschriften, sorgt dann wieder ein Template.

Als Erstes müssen Sie also festlegen, auf was der neue Menüeintrag überhaupt zeigen soll und welche Informationen auf dieser Zielseite zu sehen sind. Dazu klicken Sie auf AUSWÄHLEN rechts neben MENÜTYP, woraufhin ein neues Fenster mit einer ziemlich langen Liste erscheint. Hier bietet Ihnen Joomla! nun verschiedene Seitendarstellungen für die unterschiedlichsten Inhalte an. Joomla! bezeichnet diese Layouts als *Menütypen*, teilweise auch etwas sperrig als *Menüeintragtyp*. Für Kategorien gibt es gleich drei von ihnen, die sich für unterschiedliche Zwecke eignen – und rein zufällig genau auf die Kategorien des Kinoportals passen.

Alle Kategorien auflisten

Zunächst muss ein Menüpunkt her, der zu den Filmkritiken führt – mit anderen Worten also die Übersichtsseite der Kategorie *Filmkritiken* anzeigt. Dort soll ein Besucher zwischen den Genres wählen können. Die Übersichtsseite muss also die in der Kategorie *Filmkritiken* enthaltenen Unterkategorien *Actionfilme*, *Liebesfilme* und *Komödien* auflisten und zur Auswahl anbieten.

Für genau diese Fälle gibt es den Menütyp *Alle Kategorien auflisten*. Sie finden ihn rechts oben im Bereich BEITRÄGE. Sobald Sie ihn angeklickt haben, landen Sie wieder im Formular aus Abbildung 4-32. Damit weiß Joomla! jetzt, dass der neue Menüpunkt zu einer Seite führt, die alle in einer Kategorie enthaltenen Kategorien auflistet.

Als Nächstes verpassen Sie dem neuen Menüeintrag im Eingabefeld MENÜTITEL eine Beschriftung, wie beispielsweise **Zu den Filmkritiken**. Abschließend geht es noch auf die rechte Seite. Die dort angebotenen Register und Einstellungen hängen vom gewählten Menütyp ab. Im Fall der Filmkritiken stellen Sie auf dem Register ERFORDERLICHE EINSTELLUNGEN unter KATEGORIE AUSWÄHLEN die Kategorie ein, zu der der Menüpunkt führen soll – im Beispiel also die FILMKRITIKEN.

Alle übrigen Einstellungen bleiben zunächst auf ihren Vorgaben. Das Formular sollte damit wie in Abbildung 4-32 aussehen. Ein Klick auf SPEICHERN & SCHLIE-ßEN legt den neuen Menüeintrag an. Ab sofort ist die neue Kategorie über das Hauptmenü erreichbar. Wechseln Sie in die VORSCHAU, und klicken Sie dort ZU DEN FILMKRITIKEN an. Das Ergebnis aus Abbildung 4-33 ist allerdings ziemlich ernüchternd.

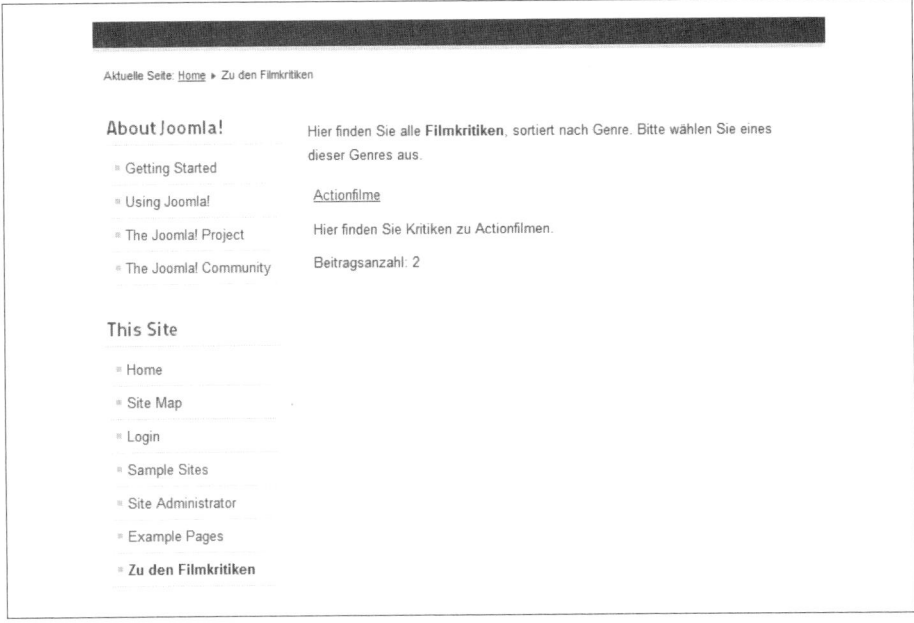

Abbildung 4-33: Die Übersichtsseite der Kategorie in der Standardeinstellung

Durch Abwesenheit glänzen sowohl der Titel der Kategorie, das ihr zugeordnete Bild (erinnern Sie sich an Abschnitt »Eine neue Kategorie erstellen«) und insbesondere auch die beiden Unterkategorien für die Liebesfilme und Komödien. Diese dürftige Informationspolitik liegt an den Grundeinstellungen, die standardmäßig alle genannten Elemente verstecken.

Tipp Die Metadaten der Kategorie sind für den normalen Besucher generell nicht sichtbar. Dass sie vorhanden sind, können Sie prüfen, indem Sie in Ihrem Browser die sogenannte Quelltextansicht einschalten (bei Firefox beispielsweise über WEB-ENTWICKLER → SEITENQUELLTEXT ANZEIGEN). Damit werfen Sie einen Blick hinter die Kulissen: Aus diesem angezeigten, kryptischen Textbrei macht der Browser die ansehnliche Webseite. Die Meta-Daten finden Sie hier ganz am Anfang wieder, genauer gesagt in den mit `<meta name=` … beginnenden HTML-Befehlen.

Erinnern Sie sich daran, dass der Menüpunkt vorgibt, was auf der Übersichtsseite zu sehen ist. Um also die verschwundenen Elemente auf den Bildschirm zu holen, müssen Sie noch einmal zurück zu den Einstellungen des Menüpunktes. Dazu rufen Sie im Administrationsbereich den Menüpunkt MENÜ → MAIN MENU auf und klicken in der Liste den Eintrag ZU DEN FILMKRITIKEN an. Damit landen Sie wieder im bekannten Bearbeitungsbildschirm. Hier klappen Sie jetzt auf der rechten Seite das obere der beiden KATEGORIEOPTIONEN-Register auf (siehe Abbildung 4-34).

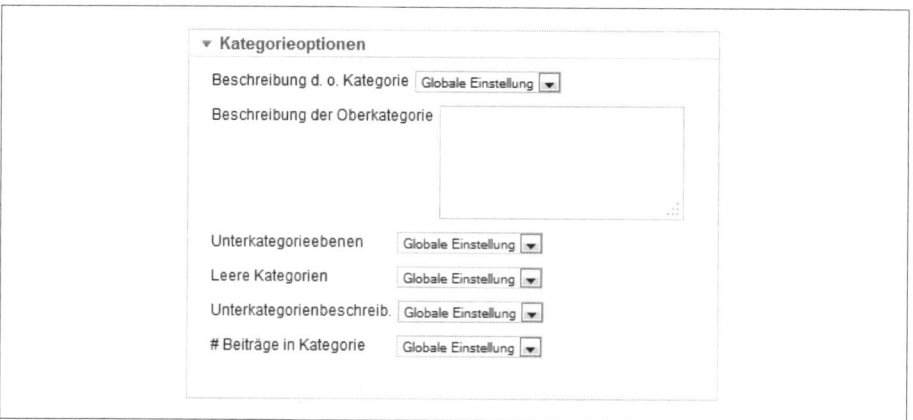

Abbildung 4-34:   Diese Einstellungen regeln, welche Elemente später auf der Übersichtsseite zu sehen sind.

Hier können Sie nun die einzelnen Elemente der Übersichtsseite ANZEIGEN oder VERBERGEN lassen. Steht die entsprechende Ausklappliste auf GLOBALE EINSTELLUNG, gilt die Standardvorgabe – was derzeit überall der Fall ist. Gehen Sie sie einmal durch, und überlegen Sie dabei, welche Einstellungen für die Filmkritiken sinnvoll sind:

BESCHREIBUNG D. O. KATEGORIE *und* TOP LEVEL KATEGORIE DESCRIPTION

Mit BESCHREIBUNG D. O. KATEGORIE können Sie die Beschreibung der Kategorie ein- und ausblenden. Der Text im Feld BESCHREIBUNG DER OBERKATEGORIE ersetzt zudem diese Beschreibung.

Wenn Sie also möchten, dass auf der Übersichtsseite der Filmkritiken die vorhin eingetippte Beschreibung »Hier finden Sie alle Filmkritiken, sortiert nach Genre. Bitte wählen Sie eines dieser Genres aus.« erscheint, muss BESCHREI-

BUNG D. O. KATEGORIE auf ANZEIGEN stehen und das Textfeld darunter leer sein. Das ist aber auch genau die Standardeinstellung, weshalb Sie die Ausklappliste und das Eingabefeld für die Filmkritiken einfach ignorieren.

UNTERKATEGORIEEBENEN

Normalerweise zeigt die Übersichtsseite nur die direkt in der Kategorie enthaltenen (Unter-)Kategorien an. Im Fall der Filmkritiken erscheinen beispielsweise gleich die Kategorien *Actionfilme*, *Liebesfilme* und *Komödien*. Möchten Sie auch noch deren Unterkategorien mit auf die Übersichtsseite quetschen, müssen Sie die UNTERKATEGORIEEBENEN entsprechend erhöhen. Bei einer 1 zeigt die Übersichtsseite nur die in ihr direkt enthaltenen Kategorien an, bei einer 2 auch deren Unterkategorien, bei einer 3 auch noch zusätzlich die dritte Gliederungsebene und so weiter. Die Abbildungen 4-35 und 4-36 illustrieren dies noch einmal. Im Fall des Kinoportals sollen alle Kategorien immer nur die direkt in ihr enthaltenen Kategorien zur Auswahl stellen (die Kategorie *Filmkritiken* soll also nur die verschiedenen Genres anbieten). Belassen Sie daher hier die 1.

Kategorie 1

In dieser Kategorie finden Sie folgende weitere Kategorien:

Unterkategorien

Unterkategorie 1

Unterkategorie 2

Abbildung 4-35: Bei UNTERKATEGORIEEBENEN von 1 zeigt die Übersichtsseite der »Kategorie 1« nur die beiden direkt in ihr enthaltenen Unterkategorien an.

Kategorie 1

In dieser Kategorie finden Sie folgende weitere Kategorien:

Unterkategorien

Unterkategorie 1

    Unter-Unterkategorie 1

    Unter-Unterkategorie 2

Unterkategorie 2

    Unter-Unterkategorie 3

    Unter-Unterkategorie 4

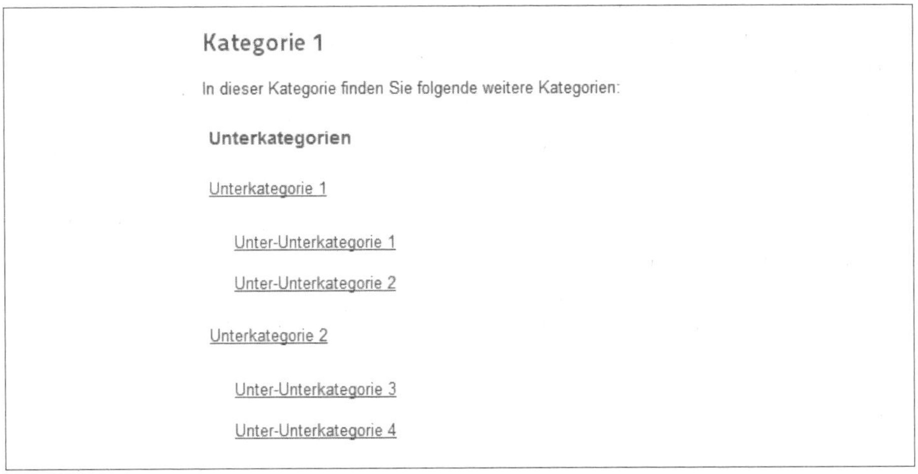

Abbildung 4-36: Erhöht man UNTERKATEGORIEEBENEN auf 2, zeigt die Übersichtsseite jetzt auch noch die Kategorien der nächsten Gliederungsebene, in diesem Fall also die Unter-Unterkategorien.

LEERE KATEGORIEN

Enthält eine Kategorie leere Unterkategorien, so blendet Joomla! diese standardmäßig auf der Übersichtsseite aus. Aus diesem Grund fehlen auch in Abbildung 4-33 die Kategorien *Liebesfilme* und *Komödien* – schließlich wurden sie noch nicht mit entsprechenden Kritiken bestückt. Dieses Verhalten ist in den meisten Fällen sinnvoll, da der Besucher dann nicht plötzlich in einer leeren Kategorie und somit einer Sackgasse landet. Lassen Sie deshalb auch im Kinoportal LEERE KATEGORIEN weiterhin VERBERGEN.

UNTERKATEGORIENBESCHREIB.

Die Unterkategorien besitzen für gewöhnlich jeweils eine eigene Beschreibung, die Kategorie für Actionfilme beispielsweise »Hier finden Sie Kritiken zu Actionfilmen«. Diese Beschreibung zeigt Joomla! standardmäßig auch auf der Übersichtsseite der Filmkritiken an (wie in Abbildung 4-33). Möchten Sie dies verhindern, setzen Sie UNTERKATEGORIENBESCHREIB. auf VERBERGEN. Da die Beschreibungen dem Besucher jedoch bei seiner Entscheidung für eine der Unterkategorien helfen, sollten Sie hier die Voreinstellung beibehalten (oder sicherheitshalber ANZEIGEN wählen).

BEITRÄGE IN KATEGORIE

Abschließend kann Joomla! noch für jede Unterkategorie notieren, wie viele Beiträge in ihr enthalten sind (wie in Abbildung 4-33 bei den Actionfilmen). Der Besucher weiß damit schon im Voraus, welche Informationsflut ihn erwartet. Übernehmen Sie deshalb hier die Vorgabe.

Das waren auch schon alle möglichen Einstellungen. Verändert hat sich damit allerdings noch nichts. Es fehlen immer noch der Titel sowie das Bild. Die Einstellungen bieten jedoch keine Möglichkeit, diese Elemente noch auf der Übersichtsseite einzublenden. Die übrigen hier angebotenen Register beziehen sich allesamt auf die Inhalte der Kategorie (dazu folgt später noch mehr). Es bleibt Ihnen somit nichts anderes übrig, als entweder mit dieser Einschränkung zu leben oder aber die Darstellungsform und somit den Menütyp zu wechseln. Dazu klicken Sie im Bearbeitungsbildschirm des Menüpunkts auf AUSWÄHLEN. Da die Übersichtsseite der Filmkritiken die Genres auflisten soll, kommt eigentlich nur noch die KATEGORIELISTE infrage. Sie ist allerdings eigentlich dazu gedacht, die Beiträge aufzulisten. Die enthaltenen Kategorien werden dann einfach als Bonus am unteren Seitenrand mit aufgeführt. Direkt davor stellt Joomla! zudem wie in Abbildung 4-37 unverrückbar das Wort *Unterkategorien*.

Da das den Besucher nur irritiert, behalten Sie deshalb den Menütyp ALLE KATEGORIEN AUFLISTEN bei und verzichten somit auf eine Überschrift und das Bild. Schließen Sie also das Auswahlfenster für den Menütyp über das X-Symbol in seiner rechten oberen Ecke und direkt anschließend auch noch das Formular via SCHLIESSEN.

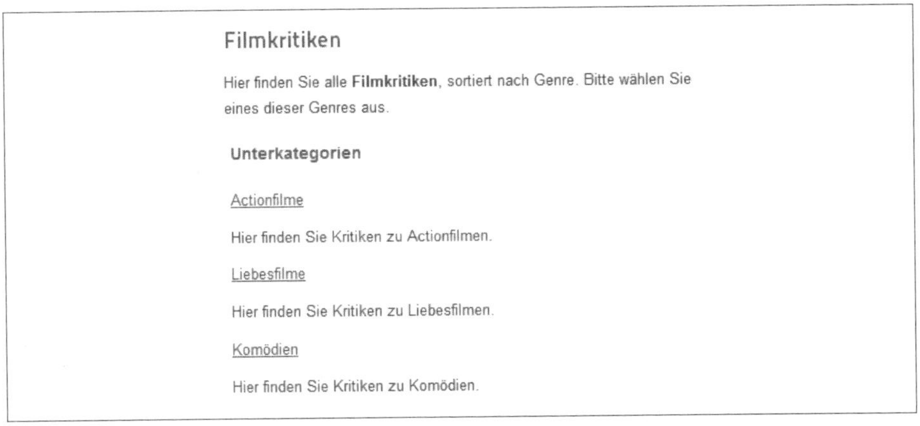

Filmkritiken

Hier finden Sie alle **Filmkritiken**, sortiert nach Genre. Bitte wählen Sie
eines dieser Genres aus.

Unterkategorien

Actionfilme

Hier finden Sie Kritiken zu Actionfilmen.

Liebesfilme

Hier finden Sie Kritiken zu Liebesfilmen.

Komödien

Hier finden Sie Kritiken zu Komödien.

Abbildung 4-37:   Wenn Sie anstelle des Menütyps »Alle Kategorien auflisten« die »Kategorieliste« wählen, sieht die
Übersichtsseite nach ein paar weiteren Feineinstellungen wie hier aus.

Tipp   Mit einem kleinen Trick können Sie der Seite dennoch eine Überschrift sowie ein
kleines Bild spendieren: Setzen Sie sie einfach in die Beschreibung der Kategorie
Filmkritiken – denn die zeigt Joomla! an.

Warnung   Wenn Sie den Menütyp wechseln, kontrollieren Sie anschließend immer noch die
Einstellungen in den Registern auf der rechten Seite. Das gilt insbesondere für die
Punkte unter ERFORDERLICHE EINSTELLUNGEN.

Damit existiert jetzt ein Menüpunkt, über den der Besucher zu den Filmkritiken
gelangt. Es fehlen aber noch passende Menüeinträge für das Blog und die Veranstaltungen. Befassen wir uns zunächst mit Letzteren.

Kategorieliste

Legen Sie via MENÜS → MAIN MENU → NEUER MENÜEINTRAG wieder einen neuen
Menüpunkt im THIS SITE-Menü an, und klicken Sie dann im Formular auf AUS-
WÄHLEN.

Die Kategorie *Lokale Veranstaltungen* wird ausschließlich Nachrichtenbeiträge enthalten. Die über den Menüpunkt erreichbare Übersichtsseite soll diese Meldungen
übersichtlich und chronologisch auflisten. Für diesen Fall sieht Joomla! die bereits
angesprochene KATEGORIELISTE vor. Sie finden den Punkt rechts oben unter BEI-
TRÄGE.

Vergeben Sie wieder einen passenden MENÜTITEL wie etwa **Lokale Veranstaltungen**,
und wählen Sie rechts auf dem Register ERFORDERLICHE EINSTELLUNGEN unter
KATEGORIE AUSWÄHLEN die Kategorie LOKALE VERANSTALTUNGEN. Das Formular
sollte damit wie in Abbildung 4-38 aussehen.

Abbildung 4-38: Die Einstellungen für den Menüpunkt »Lokale Veranstaltungen«

Lassen Sie den neuen Menüpunkt via SPEICHERN anlegen (und das Formular damit noch geöffnet), wechseln Sie in die VORSCHAU, und folgen Sie dort im THIS SITE-Menü den LOKALEN VERANSTALTUNGEN. Das Ergebnis zeigt Abbildung 4-39.

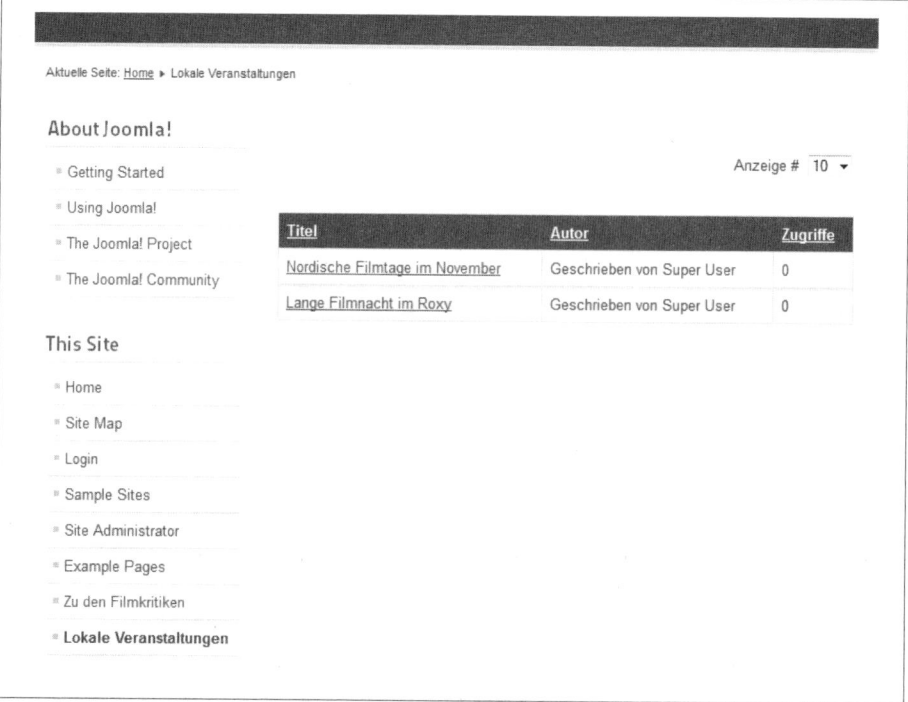

Abbildung 4-39: Die Übersichtsseite der Kategorie »Lokale Veranstaltungen« in der Standardeinstellung

Über die Ausklappliste ANZEIGE kann der Besucher auswählen, wie viele Beiträge beziehungsweise in diesem Fall Veranstaltungen Joomla! ihm auf einer Seite präsentieren soll. Ein Klick auf einen der Titel in der Tabelle führt direkt zum entsprechenden Beitrag. Es wäre aber schön, wenn Joomla! die Einträge nach Datum sortieren könnte und dieses auch gleich mit anzeigen würde. Zudem wäre noch eine Überschrift *Lokale Veranstaltungen* wünschenswert, und das schicke Bild mit den Kugelschreibern fehlt auch noch.

Da all dies der Menüpunkt regelt, kehren Sie wieder zum Administrationsbereich und dort zum noch geöffneten Formular zurück. Wenden Sie sich hier als Erstes dem Register KATEGORIEOPTIONEN auf der rechten Seite zu (siehe Abbildung 4-40).

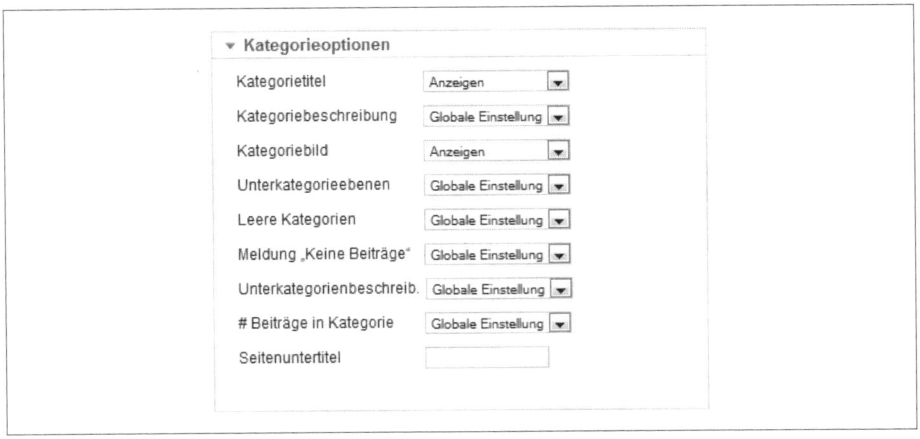

Abbildung 4-40: Das Register »Kategorieoptionen« mit den Einstellungen für das Beispiel

Hier stehen jetzt folgende Einstellungen zur Verfügung:

KATEGORIETITEL

Mit ANZEIGEN erscheint auf der Übersichtsseite auch der Titel der Kategorie – also genau das, was im Fall der *Lokalen Veranstaltungen* geschehen soll. Legen Sie daher diesen Schalter entsprechend um.

KATEGORIEBESCHREIBUNG

Wenn Sie diese Einstellung auf ANZEIGEN setzen, blendet Joomla! auf der Übersichtsseite die Beschreibung der Kategorie ein. Da die lokalen Veranstaltungen keine Beschreibung besitzen, behalten Sie hier die Vorgabe bei.

KATEGORIEBILD

Steht diese Einstellung auf ANZEIGEN, erscheint auf der Übersichtsseite der Kategorie auch das ihr zugewiesene Bild. Damit im Fall der lokalen Veranstaltungen der schicke Kalender zu sehen ist, setzen Sie diese Einstellung ebenfalls explizit auf ANZEIGEN.

Die meisten der nun folgenden Einstellungen kümmern sich um den Fall, dass die Kategorie noch Unterkategorien enthält:

UNTERKATEGORIEEBENEN

Normalerweise zeigt die Übersichtsseite nur die direkt in der Kategorie enthaltenen (Unter-)Kategorien an. Möchten Sie auch noch deren Unterkategorien mit auf die Übersichtsseite quetschen, müssen Sie die UNTERKATEGORIEEBENEN entsprechend erhöhen. Bei einer 1 zeigt die Übersichtsseite nur die in ihr direkt enthaltenen Kategorien an, bei einer 2 auch deren Unterkategorien, bei einer 3 auch noch zusätzlich die dritte Gliederungsebene und so weiter. Da die Kategorie für die lokalen Veranstaltungen keine Unterkategorien besitzt, behalten Sie hier einfach die Voreinstellungen bei.

LEERE KATEGORIEN

Enthält eine Kategorie leere Unterkategorien, so blendet Joomla! diese standardmäßig auf der Übersichtsseite aus. Dieses Verhalten ist in den meisten Fällen sinnvoll, da der Besucher dann nicht plötzlich in einer leeren Kategorie und somit einer Sackgasse landet. Mit ANZEIGEN können Sie diese leeren Kategorien dennoch einblenden. Im Kinoportal behalten Sie auch hier wieder die Vorgabe bei.

MELDUNG »KEINE BEITRÄGE«

Enthält eine Kategorie keine Beiträge, weist Joomla! den Besucher mit der Standardmeldung aus Abbildung 4-41 explizit darauf hin. In Ihrem eigenen Internetauftritt müssen Sie selbst entscheiden, ob Sie diese Meldung anzeigen lassen wollen. Im Kinoportal ist sie an dieser Stelle nützlich: Der Besucher erfährt so, dass keine Veranstaltungen anstehen. Behalten Sie daher hier die Voreinstellung bei.

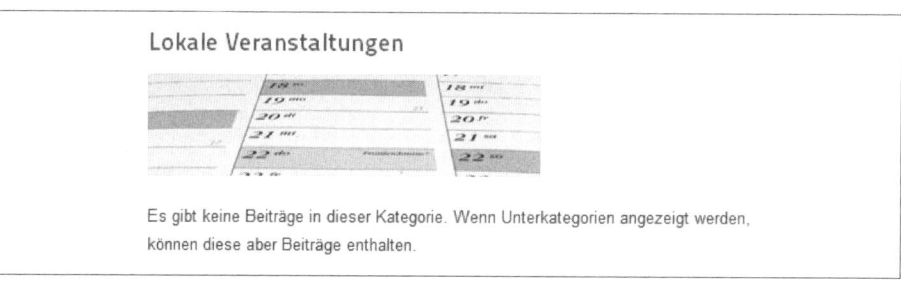

Abbildung 4-41: Enthält die Kategorie keine Beiträge, erscheint diese Standardmeldung.

UNTERKATEGORIENBESCHREIB.

Würde die Kategorie *Veranstaltungen* weitere Unterkategorien enthalten, würde sie Joomla! neben den Beiträgen auf der Übersichtsseite zur Auswahl stellen (es sei denn, Sie haben UNTERKATEGORIEEBENEN auf KEINE gestellt). Zu jeder Unterkategorie erscheint dabei auch immer noch ihre jeweilige Beschreibung. Möchten Sie dies verhindern, setzen Sie UNTERKATEGORIENBESCHREIB. auf VERBERGEN. Da die Beschreibungen dem Besucher jedoch bei seiner Entscheidung für eine der Unterkategorien helfen, sollten Sie hier die Voreinstellung beibehalten (oder sicherheitshalber ANZEIGEN wählen).

BEITRÄGE IN KATEGORIE

Enthält die Kategorie noch Unterkategorien, kann Joomla! für jede notieren, wie viele Beiträge in ihr enthalten sind. Der Besucher weiß damit schon im Voraus, welche Informationsflut ihn erwartet.

Der in dieses Feld eingetippte Text (Abbildung 4-42) soll eigentlich auf der Übersichtsseite als Untertitel erscheinen. Das derzeit noch genutzte Template stellt den Text jedoch wie in Abbildung 4-43 noch vor den Titel der Kategorie. Für die Seite mit den lokalen Veranstaltungen ist dieses Feld folglich nutzlos und sollte leer bleiben.

Abbildung 4-42: Diese Einstellung ...

Abbildung 4-43: ... führt zu diesem Ergebnis.

Die Einstellungen sollten jetzt wie in Abbildung 4-40 aussehen. Als Nächstes muss noch die Liste mit den Artikeln etwas zurechtgezupft werden. Dafür nutzen Sie das Register LISTENLAYOUT (siehe Abbildung 4-44).

Abbildung 4-44: Das Register »Listenlayout« mit den Einstellungen für das Beispiel

Die Einstellungen im oberen Teil (über dem Strich) schalten die entsprechenden Elemente hinzu beziehungsweise ab (siehe Abbildung 4-45):

Abbildung 4-45:   Die Tabelle mit allen aktivierten Funktionen

»ANZEIGE« ANZEIGEN

Der Besucher kann über eine Ausklappliste wählen, wie viele Beiträge Joomla! ihm auf einer Bildschirmseite präsentieren soll ❶. Dies ist gerade dann sinnvoll, wenn die Kategorie sehr viele Beiträge enthält. Standardmäßig ist die Ausklappliste vorhanden, weshalb Sie hier die Standardeinstellung beibehalten.

FILTERFELD

Ergänzend können Sie den Besuchern noch eine Filtermöglichkeit anbieten ❷. Auf der Übersichtsseite erscheint dabei ein Eingabefeld, das genauso wie sein FILTER-Pendant im Administrationsbereich funktioniert: Joomla! blendet alle Zeilen in der Tabelle aus, die nicht den eingetippten Suchtext enthalten. Hiermit kann der Betrachter die angezeigte Datenmenge reduzieren und im Beispiel nach einer ganz bestimmten Veranstaltung fahnden. In dieser Ausklappliste hier müssen Sie sich nur noch entscheiden, ob Joomla! das eingegebene Wort im TITEL der Beiträge, im Namen der AUTOREN oder in der Anzahl der ZUGRIFFE suchen soll. In Abbildung 4-38 würde Joomla! die Beiträge nach den Titeln filtern – genau das Richtige für die lokalen Veranstaltungen.

 **Warnung**   Zumindest die Joomla!-Versionen bis einschließlich 2.5.0 besitzen hier noch ein etwas unschönes Verhalten: Gibt es keinen Beitrag, in dem das eingetippte Wort

auftaucht, beharrt Joomla! plötzlich darauf, es gäbe in dieser Kategorie gar keine Beiträge, und blendet sogar das Filterfeld aus – der Besucher hat somit keine Möglichkeit mehr, den Filter wieder zu löschen. Überlegen Sie sich daher gut, ob Sie die Filterfunktion einsetzen möchten, zumal Joomla! auch noch eine normale Suchfunktion bietet (die rechts oben am Seitenrand).

TABELLENÜBERSCHRIFTEN

Blendet die Spaltenbeschriftungen – und somit die erste Zeile – der Tabelle ein beziehungsweise aus ❸. Für die Veranstaltungen behalten Sie hier die Voreinstellung bei.

DATUM

Spendiert der Tabelle eine Spalte, die zu jedem Beitrag wahlweise das Erstellungsdatum (ERSTELLT), das Datum der letzten Änderung (BEARBEITET) oder das Datum der FREIGABE verrät. Bei den lokalen Veranstaltungen ist insbesondere das Veröffentlichungsdatum interessant. Setzen Sie daher die Ausklappliste auf ERSTELLT ❹.

DATUMSFORMAT

Joomla! druckt das Datum so aus, wie es das gerade aktivierte Sprachpaket vorschreibt. Bei einem deutschen Sprachpaket sieht ein Datum etwa so aus: 06. Mai 2012 (siehe Abbildung 4-45). Dieses Format können Sie hier im Feld DATUMSFORMAT ändern. Dabei stehen die Platzhalterbuchstaben d, m und y für Tag, Monat und Jahr. Um beispielsweise das Datum im amerikanischen Stil als 2011-05-06 auszugeben, tippen Sie in das Feld y-m-d. Weitere Informationen zu dieser Notation finden Sie auf der Internetseite *http://www.php.net/manual/de/function.date.php*. Normalerweise (wie auch im Kinoportal) sind hier keine Änderungen notwendig. Lassen Sie daher das Feld leer.

SEITENAUFRUFE ANZEIGEN

Fügt der Tabelle eine Spalte ZUGRIFFE hinzu, die anzeigt, wie häufig die jeweiligen Beiträge bereits gelesen wurden ❺. Im Kinoportal ist sie gleichzeitig ein Indikator dafür, wie beliebt eine Veranstaltung ist. Belassen Sie sie daher auf ihrem Standardwert und somit eingeblendet.

AUTOR IN LISTE ANZEIGEN

Erzeugt eine Spalte, die zu jedem Beitrag den Autor nennt ❻. Für die Veranstaltungen ist dies wieder eine wichtige Information, behalten Sie deshalb auch hier die Vorgabe bei.

Der untere Teil der Einstellungen legt vorrangig fest, wie die Beiträge in der Liste sortiert werden sollen:

KATEGORIESORTIERUNG

Legt fest, in welcher Reihenfolge die Unterkategorien aufgelistet werden sollen. Da die lokalen Veranstaltungen keine weiteren Unterkategorien enthalten, übernehmen Sie hier einfach die Vorgabe.

BEITRAGSSORTIERUNG

Bestimmt die Reihenfolge der Beiträge in der Tabelle. Bei den Veranstaltungen sollen die NEUESTEN ZUERST aufgelistet werden. Ältere beziehungsweise abgelaufene Beiträge verschwinden damit am unteren Rand.

SORTIERDATUM

Joomla! sortiert damit die Veranstaltungen nach einem Datum – nur nach welchem? Nach ihrem Erstellungsdatum, dem Datum ihrer letzten Änderung oder ihrer Freigabe? Genau das entscheiden Sie mit dieser Ausklappliste. Bei den Veranstaltungen soll das Erstellungsdatum die Reihenfolge bestimmen – wählen Sie hier folglich ERSTELLT.

SEITENZAHLEN

Wenn mehr Beiträge in der Kategorie stecken, als die Tabelle auf einmal anzeigen kann oder soll, erscheinen am unteren Rand Schaltflächen, über die der Besucher zu den übrigen Beiträgen WEITER beziehungsweise ZURÜCK blättern kann ❼. Mit der Einstellung ANZEIGEN sind diese Knöpfe immer sichtbar, mit AUTO hingegen nur dann, wenn Joomla! die Tabelle auf mehrere Bildschirmseiten verteilt.

 **Warnung** Diese Navigation sollten Sie nur dann VERBERGEN, wenn sich zum einen nur eine feste Zahl Beiträge in der Kategorie befindet und Sie zum anderen die ANZEIGEN-Ausklappliste ebenfalls deaktiviert haben. Denn stellt ein Besucher diese Liste auf eine geringere Zahl, gelangt er nicht mehr an die dann ausgeblendeten Beiträge.

 **Version** In Joomla! 2.5.0 funktioniert diese Ausklappliste zudem nicht so, wie sie sollte: Die Einstellung ANZEIGE verhält sich genauso wie AUTO.

Belassen Sie daher die Einstellung hier auf ihrer Voreinstellung.

GESAMTSEITENZAHLEN

Mit ANZEIGEN erscheint unterhalb der Tabelle die Information, auf wie viele Bildschirmseiten Joomla! die Tabelle aufgeteilt hat und auf welcher dieser Seiten sich der Besucher gerade befindet ❽. Auch diese Einstellung belassen Sie am besten auf ihrer Vorgabe, womit Joomla! die Seitenzahl einblendet.

BEITRÄGE

So viele Beiträge zeigt Joomla! standardmäßig in der Tabelle auf einer Bildschirmseite an. Sofern Sie die ANZEIGEN-Ausklappliste aktiviert haben, kann der Besucher diese Vorgabe ändern. Die letzten 10 Veranstaltungen sind für die kleine Stadt im Kinoportal ausreichend.

 Die Einstellungen auf diesem Register sollten jetzt wie in Abbildung 4-44 aussehen. Wenden Sie Ihre Änderungen mit SPEICHERN & SCHLIEßEN an, und begutachten Sie das Ergebnis in der VORSCHAU. Es sollte ähnlich wie in Abbildung 4-45 aussehen. Sofern Sie nur wenige Beiträge eingegeben haben, fehlen am unteren Rand die Elemente zur Seitennavigation. Joomla! blendet sie nur bei Bedarf ein und verwirrt so den Besucher nicht unnötig.

Damit steht das Angebot der Veranstaltungen. Als Nächstes ist das Blog an der Reihe.

Kategorieblog

Erstellen Sie via MENÜS → MAIN MENU → NEUER MENÜEINTRAG wieder einen neuen Menüpunkt. Geben Sie ihm zunächst den MENÜTITEL **Blog**, und klicken Sie dann neben MENÜTYP auf AUSWÄHLEN.

Die Übersichtsseite der Kategorie soll, einem echten Blog folgend, die kompletten Texte aller enthaltenen Beiträge präsentieren. Genau dafür sorgt der Menütyp KATEGORIEBLOG. Nachdem Sie ihn rechts oben im Bereich BEITRÄGE angeklickt haben, landen Sie wieder im bekannten Formular.

Hier klappen Sie als Erstes auf der rechten Seite das Register ERFORDERLICHE EIN-STELLUNGEN auf und wählen aus der Ausklappliste die Kategorie, zu der der Menü-punkt führen soll. Im Kinoportal ist dies das BLOG. SPEICHERN Sie Ihre Änderungen (und lassen Sie somit den Bearbeitungsschirm noch geöffnet), wechseln Sie in die VORSCHAU und dort weiter zum frisch angelegten Menüpunkt BLOG (im Menü THIS SITE). Das Ergebnis sollte ähnlich wie in Abbildung 4-46 aussehen.

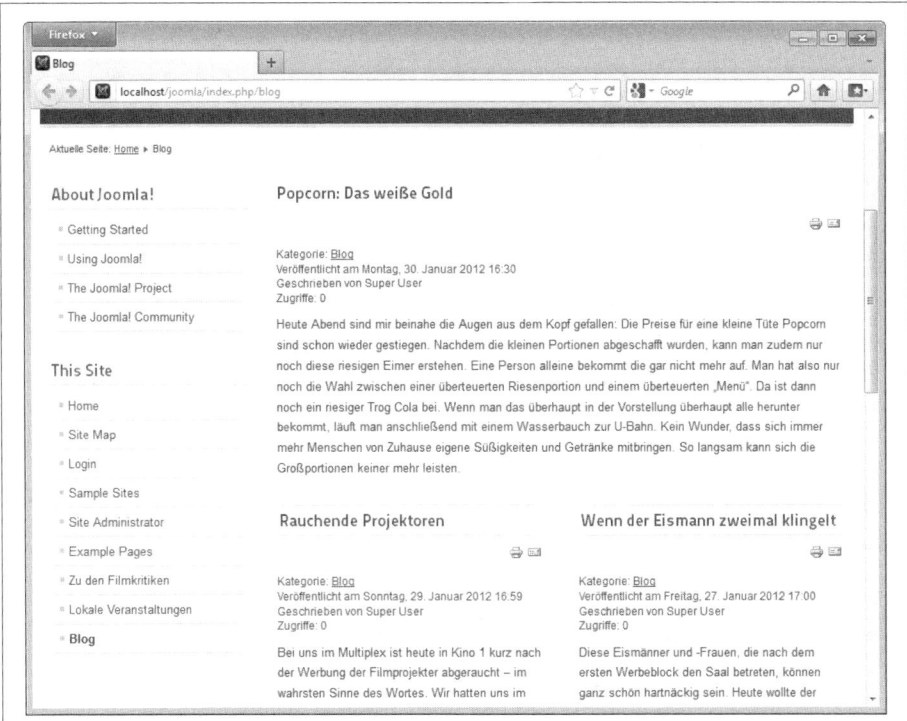

Abbildung 4-46:   Das Blog in den Standardeinstellungen

Dieser Standardaufbau liefert wieder noch nicht ganz das gewünschte Ergebnis: Es fehlt der in Abschnitt »Eine neue Kategorie erstellen« vorgegebene Titel nebst Foto (den Kugelschreibern). Darüber hinaus ordnet Joomla! die Beiträge noch nicht strikt untereinander an. Stattdessen steht der neueste Beitrag oben, darunter folgen in mehreren Spalten die etwas älteren Artikel, von denen zudem nur die Einleitung zu sehen ist. Den gleichen Aufbau hat übrigens auch die in den Beispieldaten mitgelieferte Startseite.

Um die Situation zu beheben, wechseln Sie wieder zurück in den Administrationsbereich zum Bearbeitungsbildschirm des Menüpunkts. Dort klappen Sie das Register KATEGORIEOPTIONEN auf der rechten Seite auf. Genau wie im vorherigen Abschnitt »Kategorieliste« bestimmt es auch hier das Aussehen der Übersichtsseite. Da die Einstellungen genau die gleichen Bedeutungen haben, folgt hier nur ein kurzer Schnelldurchlauf:

KATEGORIETITEL
Mit einem ANZEIGEN erscheint auf der Übersichtsseite auch der Titel der Kategorie.

KATEGORIEBESCHREIBUNG
Mit ANZEIGEN erscheint auf der Übersichtsseite die Beschreibung der Kategorie.

KATEGORIEBILD
Mit ANZEIGEN erscheint auf der Übersichtsseite der Kategorie das ihr zugewiesene Bild.

UNTERKATEGORIEEBENEN
Bei einer 1 zeigt die Übersichtsseite nur die in ihr direkt enthaltenen Kategorien, bei einer 2 auch deren Unterkategorien, bei einer 3 auch noch zusätzlich die dritte Gliederungsebene und so weiter. Standardmäßig (GLOBALE EINSTELLUNG) erscheinen nur die direkt enthaltenen Unterkategorien.

LEERE KATEGORIEN
Mit ANZEIGEN zeigt Joomla! auf der Übersichtsseite auch leere Unterkategorien zur Auswahl an.

MELDUNG »KEINE BEITRÄGE«
Steht dieser Punkt auf ANZEIGEN und enthält eine Kategorie keine Beiträge, weist Joomla! den Besucher mit der Standardmeldung explizit darauf hin. Dies ist auch standardmäßig der Fall.

UNTERKATEGORIENBESCHREIB.
Enthält die Kategorie weitere Unterkategorien und zeigt Joomla! diese auf der Übersichtsseite an (Einstellung UNTERKATEGORIEEBENEN), erscheinen bei der Einstellung ANZEIGEN auch noch die jeweiligen Beschreibungen.

BEITRÄGE IN KATEGORIE
Steht diese Einstellung auf ANZEIGEN, notiert Joomla! für jede Unterkategorie, wie viele Beiträge in ihr enthalten sind.

Der in dieses Feld eingetippte Text soll eigentlich auf der Übersichtsseite als Untertitel erscheinen. Das derzeit noch genutzte Template stellt den Text jedoch noch vor den Titel der Kategorie. Für das Blog ist dieses Feld folglich nutzlos, und es sollte leer bleiben.

Für das Blog setzen Sie den KATEGORIETITEL und das KATEGORIEBILD auf ANZEIGEN. Alle anderen Einstellungen können auf ihren Vorgaben bleiben.

Als Nächstes muss noch die Darstellung der Beiträge angepasst werden. Die dazu notwendigen Einstellungen finden Sie auf dem Register BLOG-LAYOUT-OPTIONEN (siehe Abbildung 4-47).

Abbildung 4-47: Die Einstellungen für das Kinoportal-Blog

Hier finden Sie folgende Einstellungen, wobei Joomla! bei leeren Eingabefeldern die Standardeinstellungen übernimmt:

FÜHRENDE

Im Moment erscheint oben nur ein Beitrag in voller Breite und mit vollem Text. In Abbildung 4-46 wäre dies der Artikel zum *Popcorn*. Wie viele Beiträge Joomla! auf diese Weise anzeigen soll, tragen Sie in dieses Feld ein. Für das Blog im Kinoportal reicht es aus, dass die drei aktuellsten Artikel im Volltext erscheinen. Tragen Sie deshalb hier eine 3 ein.

EINLEITUNG

In diesem Eingabefeld legen Sie fest, wie viele weitere Beiträge mit ihrem Einleitungstext noch am unteren Rand der Seite erscheinen sollen. In Abbildung 4-46 betrifft dies die Beiträge zu *Rauchende Projektoren* und *Popcorn*. Im Kinoportal soll möglichst ein echtes Blog imitiert werden. Tippen Sie daher hier eine 0 ein. Damit gilt die Devise: Entweder erscheint ein Blog-Artikel komplett oder gar nicht.

SPALTEN

In Abbildung 4-46 erscheinen die Einleitungen der beiden unteren Artikel in zwei Spalten. Möchten Sie mehr oder weniger Spalten anlegen, tippen Sie einfach die entsprechende Anzahl hier ein. Beim Blog im Kinoportal haben Sie mit der vorherigen Einstellung diese Darstellungsform bereits abgeschaltet, folglich können Sie das Feld # SPALTEN ignorieren.

LINKS

Ganz am unteren Seitenrand listet Joomla! auf Wunsch noch weitere Beiträge auf, die es nicht mehr auf die Übersichtsseite geschafft haben. Im Blog des Kinoportals haben Sie beispielsweise gerade festgelegt, dass nur die neusten drei Blog-Beiträge erscheinen sollen. Einige der älteren würde Joomla! dann wie in Abbildung 4-48 am unteren Seitenrand noch in einer Liste anbieten. Wie viele Beiträge darin erscheinen sollen, geben Sie hier im Feld # LINKS vor. Für das Blog sollten es ebenfalls **3** Stück sein.

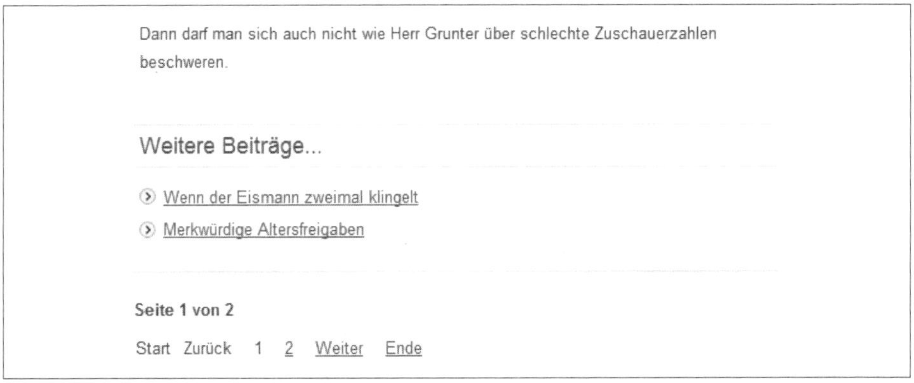

Dann darf man sich auch nicht wie Herr Grunter über schlechte Zuschauerzahlen beschweren.

Weitere Beiträge...

⊙ Wenn der Eismann zweimal klingelt

⊙ Merkwürdige Altersfreigaben

Seite 1 von 2

Start   Zurück   1   2   Weiter   Ende

Abbildung 4-48:   Ältere Beiträge listet Joomla! am unteren Seitenrand auf.

Über die darunter angezeigten Navigationsschaltflächen kann ein Besucher übrigens zwischen sämtlichen vorhandenen Beiträgen wechseln, auch wenn Joomla! sie weder im Volltext auf der Seite noch in der Liste anbietet. Im Blog erreicht der Besucher somit auch uralte Beiträge.

 Tipp   Wenn Sie möchten, dass ein Beitrag aus dem Blog verschwindet, müssen Sie ihn im Administrationsbereich entweder sperren oder löschen.

MEHRSPALTIGE SORTIERUNG

Sofern die Beiträge auf der Seite in mehreren Spalten erscheinen (siehe Einstellung # SPALTEN), können Sie hier einstellen, in welcher Reihenfolge die Artikel

---

über diese Spalten verteilt werden. In der Einstellung SEITLICH setzt Joomla! in jede Spalte einen Beitrag. Sind dann noch Beiträge übrig, beginnen diese darunter wieder in der ersten Spalte. Da im Blog keine Spalten mehr zum Einsatz kommen, können Sie diese Einstellung einfach ignorieren.

UNTERKATEGORIEN EINBINDEN

Standardmäßig zeigt Joomla! nur die Beiträge an, die direkt in der Kategorie liegen – hier im Kinoportal also alle Beiträge aus der Kategorie *Blog*. Zusätzlich können Sie aber auch noch die in allen Unterkategorien enthaltenen Beiträge dazusetzen lassen. Bis zu welcher Unter-Unterkategorie Joomla! dabei herabsteigen soll, wählen Sie hier in der Liste UNTERKATEGORIEN EINBINDEN.

Im Kinoportal hat *Blog* keine weiteren Unterkategorien, folglich belassen Sie die Ausklappliste auf ihrer Voreinstellung.

Tipp   Wenn die Blog-Einträge sehr zahlreich werden, können Sie dem Blog weitere Unterkategorien spendieren, wie etwa *Kinos*, *Filme* und *Schauspieler*. Dort sortieren Sie dann die Beiträge ein und stellen hier UNTERKATEGORIEN EINBINDEN auf 1. Damit zeigt dann Joomla! alle Beiträge aus der Kategorie *Blog*, sowie seinen Unterkategorien *Kinos*, *Filme* und *Schauspieler* auf einer Seite an.

KATEGORIESORTIERUNG

Sofern die Kategorie noch weitere Unterkategorien besitzt, stellt Joomla! sie ebenfalls noch auf der Übersichtsseite zur Auswahl. In welcher Reihenfolge dies geschieht, legen Sie mit dieser Ausklappliste fest. Da das Blog keine weiteren Unterkategorien enthält, behalten Sie hier einfach die Vorgabe bei.

BEITRAGSSORTIERUNG

Hiermit legen Sie fest, in welcher Reihenfolge die Beiträge auf der Seite erscheinen sollen. Im Blog soll der neueste Artikel ganz oben erscheinen, folglich ist hier NEUESTEN ZUERST der korrekte Wert. Ältere beziehungsweise abgelaufene Beiträge verschwinden damit am unteren Rand.

SORTIERDATUM

Mit der vorherigen Einstellung sortiert Joomla! die Blog-Artikel absteigend nach ihrem Datum. Welches Datum dabei zugrunde liegt, wählen Sie in dieser Ausklappliste. Zur Auswahl stehen wieder das Erstellungsdatum (ERSTELLT), das Datum der letzten Änderung (BEARBEITET) oder ihrer Freigabe (FREIGEGEBEN). Bei den Blogs soll das Erstellungsdatum die Reihenfolge bestimmen; wählen Sie hier folglich ERSTELLT.

SEITENZAHLEN

Wenn mehr Beiträge in der Kategorie stecken, als auf die Seite passen, erscheinen am unteren Rand Schaltflächen, über die der Besucher zu den übrigen Beiträgen WEITER beziehungsweise ZURÜCK blättern kann (wie in Abbildung 4-48). Mit der Einstellung ANZEIGEN sind diese Knöpfe immer sichtbar, mit AUTO hingegen nur bei Bedarf.

	Warnung	Diese Navigation sollten Sie nur dann VERBERGEN, wenn sich zum einen nur eine feste Zahl Beiträge in der Kategorie befindet. Andernfalls kann der Besucher ältere Beiträge nicht mehr aufrufen.
X.X	**Version**	In Joomla! 2.5.0 führt zudem ANZEIGEN zum selben Ergebnis wie AUTO.

Behalten Sie daher für das Blog hier die Voreinstellung bei.

GESAMTSEITENZAHLEN

Zusammen mit den Schaltflächen erscheint am unteren Rand noch die Information, auf wie viele Bildschirmseiten Joomla! die Beiträge verteilt hat und auf welcher dieser Seiten sich der Besucher gerade befindet (in Abbildung 4-48 etwa SEITE 1 VON 2). Auch diese Einstellung belassen Sie am besten auf ihrer Vorgabe, womit Joomla! die Seitenzahl einblendet.

 Für das Blog-Beispiel sollten die Einstellungen jetzt wie in Abbildung 4-47 aussehen. Damit ist aber noch nicht Schluss, weiter geht es auf dem Register BEITRAGSOPTIONEN, das die Darstellung der einzelnen Beiträge manipuliert. Der dort angebotene Einstellungswust sieht nur auf den ersten Blick erschlagend aus. Beim genaueren Hinsehen dürften Ihnen die Optionen extrem bekannt vorkommen: Es handelt sich um die Einstellungen der Beiträge aus Abschnitt »Die Darstellung des Beitrags anpassen« auf Seite 138. Da der Menüpunkt das Aussehen der Übersichtsseite vorgibt, müssen Sie auch hier das Aussehen der Beiträge einstellen. Die damals bei den Beiträgen gemachten Vorgaben übernimmt Joomla! nur, wenn Sie die entsprechenden Ausklapplisten auf BEITRAGSEINSTELLUNGEN VERWENDEN setzen. Es gibt hier allerdings auch zwei neue Einstellungen:

»WEITERLESEN«

Auf der Seite zeigt Joomla! von einigen Beiträgen nur die Einleitung an (beispielsweise in den Spalten). Sofern diese Beiträge noch einen Haupttext besitzen, erscheint standardmäßig eine WEITERLESEN-Schaltfläche, über die der Besucher zum kompletten Beitrag gelangt. Wenn Sie hier die Ausklappliste auf VERBERGEN setzen, verschwindet diese Schaltfläche. Der Besucher gelangt dann nur noch durch einen Klick auf die Beitragsüberschrift zum Haupttext – vorausgesetzt, Sie haben die Ausklappliste neben TITEL VERLINKEN nicht auch auf VERBERGEN gestellt.

»WEITERLESEN«-TITEL

Bei ANZEIGEN schreibt Joomla! zusätzlich noch den Titel des Beitrags auf die WEITERLESEN-Schaltfläche. Dies ist auch standardmäßig der Fall.

Im Blog können Sie die KATEGORIE und die Anzahl der SEITENAUFRUFE jeweils VERBERGEN. Alle anderen Einstellungen belassen Sie auf ihren Vorgaben. Nach dem SPEICHERN & SCHLIEẞEN sieht das Blog dann so wie in Abbildung 4-49 aus.

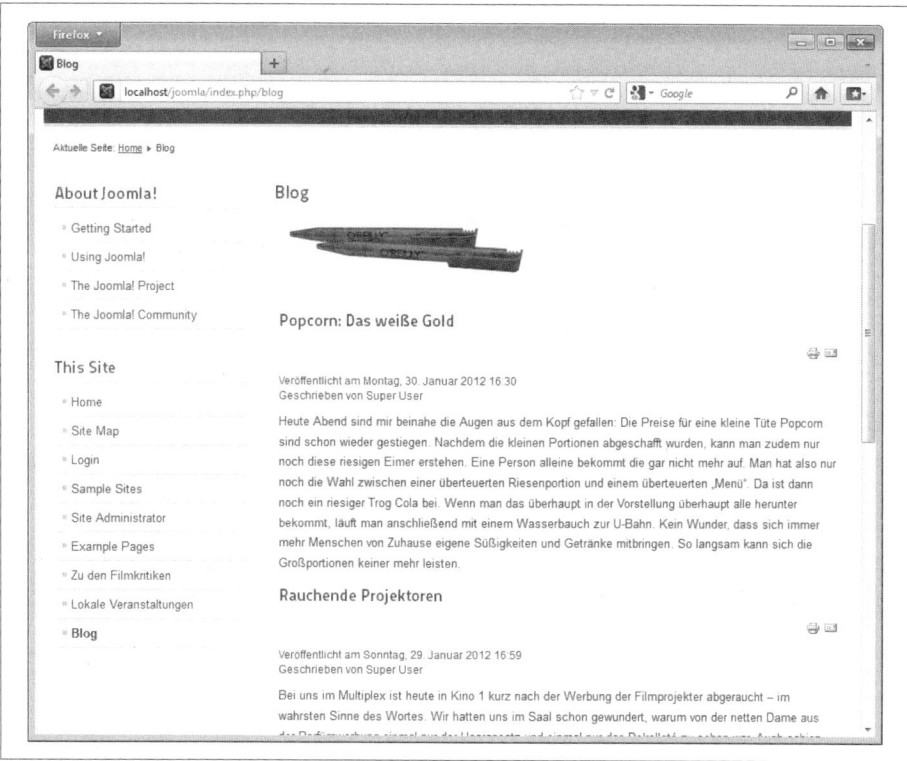

Abbildung 4-49: Das fertige Blog

Einzelner Beitrag

Abschließend fehlt noch ein Menüpunkt, der direkt zum Impressum führt. Dazu erstellen Sie wieder einen neuen Eintrag per MENÜS → MAIN MENU → NEUER MENÜEINTRAG, vergeben den MENÜTITEL **Impressum** und klicken auf AUSWÄHLEN neben MENÜTYP.

Das Impressum ist ein EINZELNER BEITRAG, klicken Sie daher den entsprechenden Punkt im Bereich BEITRÄGE an. Wieder zurück im Formular öffnen Sie auf der rechten Seite das Register ERFORDERLICHE EINSTELLUNGEN, klicken auf AUSWÄHLEN / WECHSELN und suchen in der Liste den Beitrag, zu dem der neue Menüpunkt führen soll – im Beispiel also das IMPRESSUM. Nutzen Sie dabei als Hilfe die Ausklapplisten und Filtermöglichkeiten am oberen Rand. Wenn Sie beispielsweise – KATEGORIE WÄHLEN – auf SONSTIGES setzen, sollte Ihnen das IMPRESSUM bereits entgegenleuchten (andernfalls haben Sie es in die falsche Kategorie einsortiert). Wenn Sie es gefunden haben, klicken Sie seinen Titel an. Das Formular sollte damit wie in Abbildung 4-50 aussehen.

Abbildung 4-50: Diese Einstellungen legen einen Menüpunkt auf den Beitrag »Impressum« an.

Legen Sie den Menüpunkt mit Speichern an (und bleiben Sie damit im Formular), wechseln Sie in die Vorschau und dort weiter zum Menüpunkt Impressum. Das Ergebnis sollte jetzt dem aus Abbildung 4-51 ähneln.

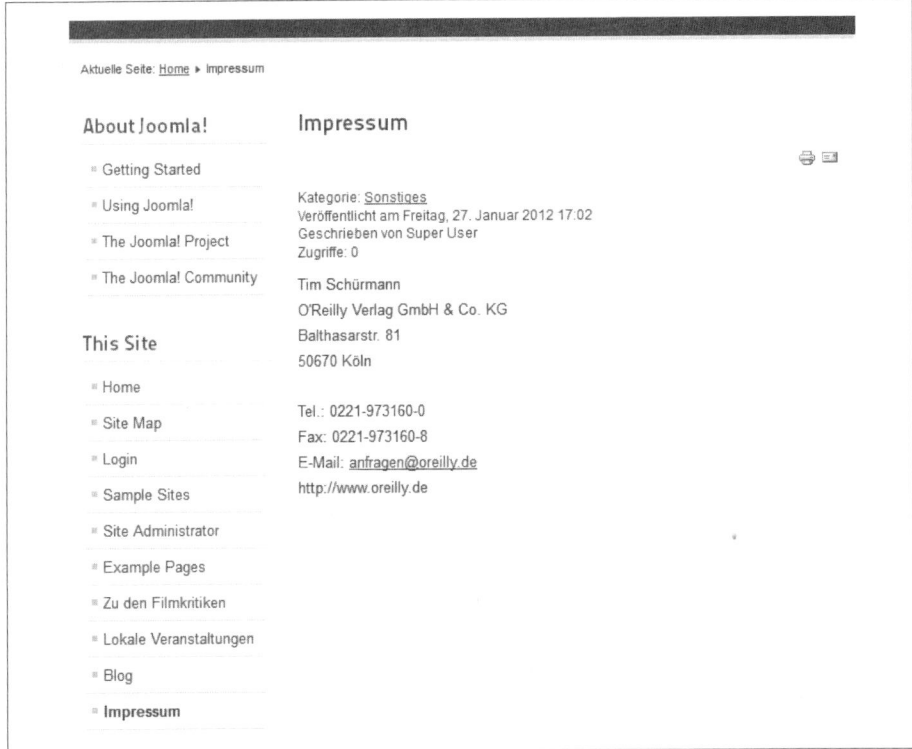

Abbildung 4-51: Das Impressum mit den Standardeinstellungen

Joomla! zeigt hier unter dem Beitragstitel noch die Kategorie, das Veröffentlichungsdatum, den Autor und die Anzahl der Zugriffe an. Alle vier Informationen sind bei einem Impressum jedoch entbehrlich. Denken Sie wieder daran, dass der Menüpunkt das Aussehen der über ihn erreichbaren Seiten bestimmt. Um die störenden Daten auszublenden, wechseln Sie also wieder zurück in den Administrationsbereich zum Formular und klappen dort die BEITRAGSOPTIONEN auf. Hier finden Sie jetzt genau die Einstellungen, die Sie schon von den Beiträgen aus Abschnitt »Die Darstellung des Beitrags anpassen« auf Seite 138 kennen. Beachten Sie aber, dass die Einstellungen sich hier nur auf die über den Menüpunkt erreichbare Seite beziehen. Würden Sie das Impressum noch auf einem anderen Weg einbinden (beispielsweise in einem anderen Menü), erscheint es womöglich wieder anders.

Für das Impressum setzen Sie die KATEGORIE, den AUTOR, das VERÖFFENTLICHUNGSDATUM und die SEITENAUFRUFE auf VERBERGEN. Nach dem SPEICHERN & SCHLIESSEN sieht das Ergebnis wie in Abbildung 4-52 aus.

Abbildung 4-52: Das angepasste Impressum

Indirekt erreichbare Elemente

Im Kinoportal sind damit alle Kategorien und Beiträge über einen Menüpunkt erreichbar und besitzen die gewünschte Darstellung. Nun ja – noch nicht ganz. Wenn Sie in der VORSCHAU den Menüpunkt ZU DEN FILMKRITIKEN anklicken und dann die ACTIONFILME auswählen, stellt Joomla! alle darin enthaltenen Beiträge nicht wie geplant in einer Liste zur Auswahl, sondern präsentiert sie in ihrem Volltext, ähnlich wie im Blog (siehe Abbildung 4-53).

Die Menüpunkte legen (meist) nur fest, was direkt auf der über sie erreichbaren Seite zu sehen ist, und kümmern sich nicht um die darüber erreichbaren Unterkategorien und Beiträge. Genau das ist auch im Kinoportal der Fall: Sie haben Joomla! bislang nur mitgeteilt, was auf der Übersichtsseite der Kategorie *Filmkritiken* zu sehen ist, nicht aber, welche Informationen auf ihren Unterseiten erscheinen sollen. Um auch deren Darstellung anzupassen, ist ein Ausflug zu unterschiedlichen Stellen des Administrationsbereichs fällig (Achtung, jetzt wird es noch einmal kompliziert).

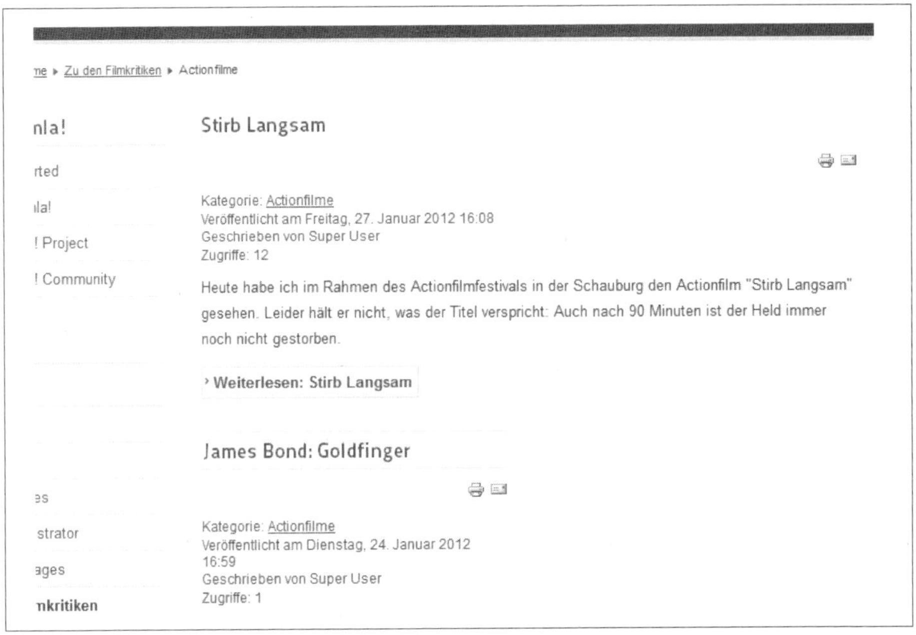

ne ▸ Zu den Filmkritiken ▸ Actionfilme

nla!

rted

ula!

! Project

! Community

Stirb Langsam

🖨 ✉

Kategorie: Actionfilme
Veröffentlicht am Freitag, 27. Januar 2012 16:08
Geschrieben von Super User
Zugriffe: 12

Heute habe ich im Rahmen des Actionfilmfestivals in der Schauburg den Actionfilm "Stirb Langsam"
gesehen. Leider hält er nicht, was der Titel verspricht: Auch nach 90 Minuten ist der Held immer
noch nicht gestorben.

› **Weiterlesen: Stirb Langsam**

James Bond: Goldfinger

es

strator

ages

nkritiken

🖨 ✉

Kategorie: Actionfilme
Veröffentlicht am Dienstag, 24. Januar 2012
16:59
Geschrieben von Super User
Zugriffe: 1

Abbildung 4-53: Die Actionfilme sollten eigentlich in einer Liste präsentiert werden.

Die Kategorie *Filmkritiken* besitzt den Menütyp *Alle Kategorien auflisten*. In diesem
Fall ist die erste Anlaufstelle wieder der Menüpunkt. Steuern Sie im Administrationsbereich MENÜS → MAIN MENU an, und klicken Sie in der Liste auf den Eintrag
ZU DEN FILMKRITIKEN. Interessant sind jetzt auf der rechten Seite des Bearbeitungs-
schirms das untere der beiden KATEGORIEOPTIONEN-Register sowie seine Kollegen
BLOG-LAYOUT-OPTIONEN, LISTENLAYOUT und BEITRAGSOPTIONEN. Sie regeln, was
mit den *Unterseiten* der Kategorie geschehen soll – im Beispiel also, wie die Übersichtsseiten der Kategorien *Actionfilme*, *Liebesfilme* und *Komödien* sowie die eigentlichen Beiträge aussehen.

Die auf den Registern jeweils vorgehaltenen Einstellungen entsprechen exakt denen
aus den vorherigen Abschnitten: Die KATEGORIEOPTIONEN legen zunächst das allge-
meine Aussehen der (Unter-)Kategorien fest. Im Kinoportal setzen Sie den KATEGO-
RIETITEL und die KATEGORIEBESCHREIBUNG auf ANZEIGEN. Ein Bild gibt es nicht, die
Kategorien *Actionfilme*, *Liebesfilme* und *Komödien* enthalten zudem keine weiteren
Unterkategorien, weshalb Sie die übrigen Vorgaben beibehalten können.

⬛ **Warnung**   Beachten Sie, dass die hier vorgenommenen Einstellungen für *alle* Unterkategorien gelten, die über den Menüpunkt erreichbar sind. Im Beispiel ändern Sie folglich das Aussehen der Übersichtsseiten der *Actionfilme*, *Liebesfilme* und *Komödien*.

Weiter geht es auf den nächsten Registern. Die vorhandenen Kritiken sollen später
in einer Liste dem Besucher zur Auswahl gestellt werden. Für diese Darstellung ist

das Register LISTENLAYOUT zuständig. Hier setzen Sie für das Kinoportal die Ausklappliste FILTERFELD auf TITEL und das DATUM auf ERSTELLT. Alle übrigen Einstellungen bleiben wie im vorherigen Abschnitt auf ihren Standardwerten.

Tipp   Wenn Sie jetzt unsicher sind, was diese Einstellungen produzieren, blättern Sie
noch einmal zu den vorherigen Abschnitten zurück.

Das Register BLOG-LAYOUT-OPTIONEN kümmert sich analog um eine Blog-Darstellung. Da im Kinoportal jedoch eine Liste erscheinen soll, können Sie es links liegen
lassen.

Wenden Sie Ihre Änderungen per SPEICHERN & SCHLIESSEN an, wechseln Sie in die
VORSCHAU, wo Sie dem Menüpunkt ZU DEN FILMKRITIKEN folgen und dann die
Actionfilme aufrufen. Auf der Seite finden Sie jetzt am oberen Rand schon einmal
den Titel und die Beschreibung der Kategorie (wie vorhin auf dem Register KATE-
GORIEOPTIONEN vorgegeben). Die Darstellung ist allerdings immer noch in Blog-
Form. Um sie auf die Liste umzuschalten, müssen Sie sich an Abschnitt »Eine neue
Kategorie erstellen« zurückerinnern. Im Bearbeitungsschirm der Kategorie gab es
eine Einstellung, mit der Sie die Darstellungsform verändern konnten. Dorthin
müssen Sie jetzt zurück: Im Administrationsbereich rufen Sie INHALT → KATEGO-
RIEN auf und klicken in der Liste die ACTIONFILME an. Auf der rechten Seite klappen
Sie die BASISOPTIONEN aus und stellen ALTERNATIVES LAYOUT auf LISTE. Nach dem
SPEICHERN & SCHLIESSEN kontrollieren Sie kurz in der VORSCHAU das Ergebnis. Es
sollte jetzt wie in Abbildung 4-54 aussehen.

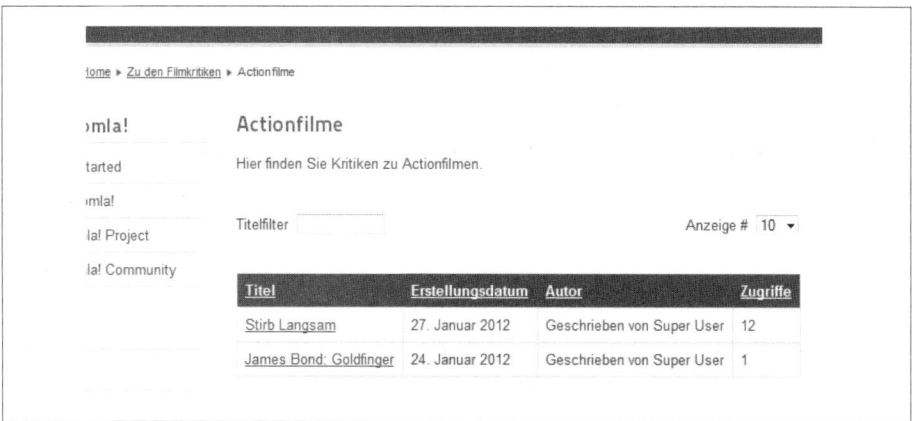

Abbildung 4-54:   Die Seite mit den Actionfilmen nach dem Einstellungsmarathon.

Ändern Sie jetzt noch auf die gleiche Weise ALTERNATIVES LAYOUT bei den *Liebesfilmen* und den *Komödien*.

Wenn Sie anschließend die Darstellung der einzelnen Filmkritiken anpassen wollen, müssen Sie zunächst wieder in die Einstellungen des Menüpunktes wechseln

(via MENÜS → MAIN MENU, dann ZU DEN FILMKRITIKEN anklicken) und dort die BEITRAGSOPTIONEN ändern. Die Einstellungen, die Sie an dieser Stelle vornehmen, gelten allerdings für *alle* Beiträge, die über diesen Menüpunkt erreichbar sind. Soll nur ein Beitrag anders aussehen, rufen Sie seinen Bearbeitungsbildschirm auf (via INHALT → BEITRÄGE, und klicken Sie dann auf den Titel des Beitrags) und bearbeiten nun die Einstellungen auf der rechten Seite. Die dortigen Ausklapplisten hat bereits Abschnitt »Die Darstellung des Beitrags anpassen« vorgestellt.

Das bisher Gesagte gilt nur, wenn die Unterseiten über einen Menüpunkt vom Typ *Alle Kategorien auflisten* erreichbar sind. Die anderen Menütypen erlauben es leider nur teilweise, an der Darstellung ihrer Unterseiten zu drehen. Häufig müssen Sie das Aussehen der Übersichtsseiten von Unterkategorien entweder akzeptieren oder aber gleich die globalen Einstellungen verändern. Letzteres hat aber unter Umständen auch wieder Auswirkungen auf alle anderen Kategorien – vorausgesetzt, ein Menüpunkt überschreibt nicht diese Einstellungen.

Vermutlich sind Sie jetzt zu Recht etwas verwirrt. Deshalb folgt hier zum Abschluss noch einmal eine kurze Zusammenfassung. Wenn Sie die angezeigten Informationen auf einer Seite ändern möchten, gehen Sie immer nach folgendem Schema vor:

1. Rufen Sie den Bearbeitungsbildschirm des Menüpunktes auf, der auf irgendeinem Weg zur fraglichen Kategorie beziehungsweise zum betroffenen Beitrag führt. Dort kontrollieren Sie die Einstellungen auf der rechten Seite.

2. Liefert dies noch nicht das gewünschte Ergebnis oder fehlen passende Einstellungen, rufen Sie den Bearbeitungsbildschirm der Kategorie beziehungsweise des Beitrags auf. Prüfen Sie auch dort alle Einstellungen auf der rechten Seite.

3. Hilft das immer noch nicht, werfen Sie einen Blick in die Grundeinstellungen. Wie man dorthin gelangt, verrät der nachfolgende Abschnitt.

Grundeinstellungen ändern

Bei Ihrem Weg durch die Administrationsoberfläche sind Sie ziemlich häufig auf den Punkt GLOBALE EINSTELLUNG gestoßen. Joomla! übernimmt dann jeweils die systemweiten Vorgaben. Diese sind jedoch nicht in Stein gemeißelt, sondern können von Ihnen selbst angepasst werden.

 Warnung   Behalten Sie dabei im Hinterkopf, dass sich dies auf alle Seiten Ihres Internetauftritts auswirken kann – das gilt auch für Seiten und Beiträge, die man schon fast vergessen hat!

Sie sollten deshalb möglichst die Grundeinstellungen immer nur einmal direkt nach der Installation von Joomla! festlegen und dann nicht mehr antasten.

Um die Grundeinstellungen anzupassen, wechseln Sie im Administrationsbereich wieder zur Liste mit allen Beiträgen unter INHALT → BEITRÄGE (oder alternativ zu

Liste mit allen Kategorien unter INHALT → KATEGORIEN). Dort klicken Sie die Schaltfläche OPTIONEN in der Werkzeugleiste an, woraufhin sich das Fenster aus Abbildung 4-55 öffnet.

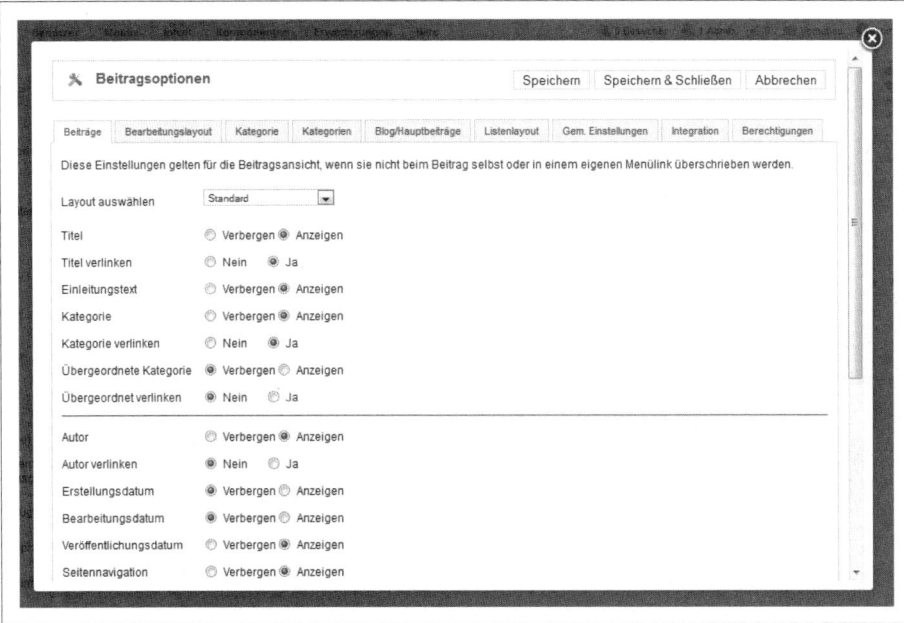

Abbildung 4-55: Die Grundeinstellungen

Die Einstellungen auf den einzelnen Registern dürften Ihnen bekannt vorkommen. Es sind dieselben aus den vorherigen Abschnitten. Auf den Registern BEITRÄGE und BEARBEITUNGSLAYOUT finden Sie beispielsweise alle Einstellungen für die Beiträge aus den Abschnitten »Die Darstellung des Beitrags anpassen«, »Konfigurieren des Editorfensters« und »Aufmacherbilder und ergänzende Links«. Analog enthalten die Register KATEGORIE, KATEGORIEN, BLOG/HAUPTBEITRÄGE, LISTENLAYOUT und GEM. EINSTELLUNGEN die Vorgaben für die Übersichtsseiten der Kategorien. Mit dem Wissen das Sie in den vorherigen Abschnitten erworben haben, sollten die Punkte allesamt selbsterklärend sein.

Alle hier gewählten Vorgaben gelten grundsätzlich so lange für alle Kategorien und Beiträge, bis Sie sie in einem Bearbeitungsbildschirm explizit überschreiben.

Sichtbarkeit gesperrter Inhalte

Wechseln Sie im Administrationsbereich noch einmal zur Liste mit den Kategorien hinter INHALT → KATEGORIEN. Wie die grünen Haken in der Spalte STATUS zeigen, sind alle Kategorien auf der Homepage veröffentlicht und somit dort für Besucher zugänglich. Die Voraussetzung für einen Zugriff ist selbstverständlich, dass die Kategorie (beziehungsweise ihre Übersichtsseite) in ein Menü eingebunden und damit auch tatsächlich irgendwie erreichbar ist.

Sobald Sie im Administrationsbereich eine Kategorie sperren, indem Sie beispielsweise auf den kleinen grünen Haken in der Spalte STATUS klicken, sind sowohl diese Kategorie als auch alle darin enthaltenen Kategorien nicht mehr von der Homepage aus erreichbar. Der Menüpunkt, der auf diese Kategorie verweist, bleibt jedoch erhalten und führt folglich ins Nirvana. Probieren Sie dies einmal mit der Kategorie der *Filmkritiken* aus: Klicken Sie auf den grünen Haken, und wechseln Sie dann in der VORSCHAU zum Menüpunkt ZU DEN FILMKRITIKEN. Es erscheint nun der Bildschirm aus Abbildung 4-56 – der später aber leider auch jedem Besucher der Seite gezeigt werden würde.

Abbildung 4-56:   Gesperrte Inhalte führen zu dieser Fehlermeldung.

Die Sperrung einer Kategorie wirkt sich nicht nur auf die gesperrte Kategorie selbst aus, sondern auch auf alle darin enthaltenen Beiträge! Gäbe es beispielsweise noch einen weiteren Menüeintrag, der direkt zur Filmkritik *Stirb Langsam* springen würde, so würde der Besucher auch hinter ihm die Seite aus Abbildung 4-56 zu Gesicht bekommen.

Version In Joomla! 1.5 war dieses Verhalten noch genau umgekehrt: Die Beiträge einer gesperrten Kategorie waren dort immer noch über einen zweiten Menüpunkt erreichbar.

Geben Sie die gerade testweise gesperrten Kategorien wieder frei, indem Sie im Administrationsbereich in der Liste hinter INHALT → KATEGORIEN den Eintrag der Filmkritik in der ersten Spalte abhaken und dann in der Werkzeugleiste auf FREIGEBEN klicken. Damit veröffentlicht Joomla! auch automatisch wieder alle untergeordneten Kategorien.

Hauptbeiträge und die Startseite

Besonders wichtige Beiträge dürfen Sie zu sogenannten *Hauptbeiträgen* erheben (englisch *Featured Articles*). Die in Joomla! mitgelieferte Beispiel-Website präsentiert sie alle standardmäßig auf ihrer Startseite (die im Englischen auch als *Front Page* bezeichnet wird).

Tipp Sie können übrigens auch eine beliebige andere Seite Ihres Internetauftritts zur Startseite küren. Um dies zu erreichen, ist allerdings etwas Spezialwissen um den Aufbau der Menüs erforderlich, weshalb sich erst Kapitel 8, *Menüs* damit beschäftigen wird.

Alle Hauptbeiträge – und somit im Moment alle Artikel, die auf der Startseite erscheinen – finden Sie gebündelt in der Liste hinter INHALT → HAUPTBEITRÄGE.

Für das Kinoportal stören die hier noch vorhandenen Beispieltexte, weshalb Sie sie im nächsten Schritt gegen ein paar eigene Beiträge austauschen. Dazu kreuzen Sie als Erstes das kleine Kästchen neben TITEL in der Überschriftenleiste an. Hierdurch werden alle Beiträge in der Liste markiert. Wählen Sie nun in der Werkzeugleiste ENTFERNEN, und schon sind die Einträge Geschichte. Doch keine Angst: Das Entfernen bezieht sich hier (und wirklich nur hier) auf die Anzeige in der Startseite. Die Beiträge selbst sind nach wie vor vorhanden und auch nicht versehentlich in den Mülleimer gewandert, sie sind lediglich keine Hauptbeiträge mehr. Wenn Sie nun die Startseite Ihrer Homepage in der VORSCHAU aufrufen, erhalten Sie eine recht leere Seite.

Um sie wieder etwas mit Leben zu füllen, geht es jetzt im Administrationsbereich über das Menü INHALT → BEITRÄGE wieder zurück zur Liste mit allen Beiträgen. Sie finden dort die Spalte HAUPTEINTRAG. Alle Beiträge, die hier einen blauen Stern besitzen (◉) gelten als Hauptbeitrag und erscheinen folglich zusätzlich auf der Startseite.

Im Kinoportal könnte man dort eine herausragende Filmkritik, den aktuellsten Blog-Eintrag und die als nächste anstehende Veranstaltung präsentieren. Suchen Sie sich also die passenden Beiträge heraus, markieren Sie sie in der ersten Spalte, und erheben Sie sie mit dem entsprechenden Punkt in der Werkzeugleiste zu einem HAUPTEINTRAG. Abbildung 4-57 zeigt die Auswirkungen auf die Startseite.

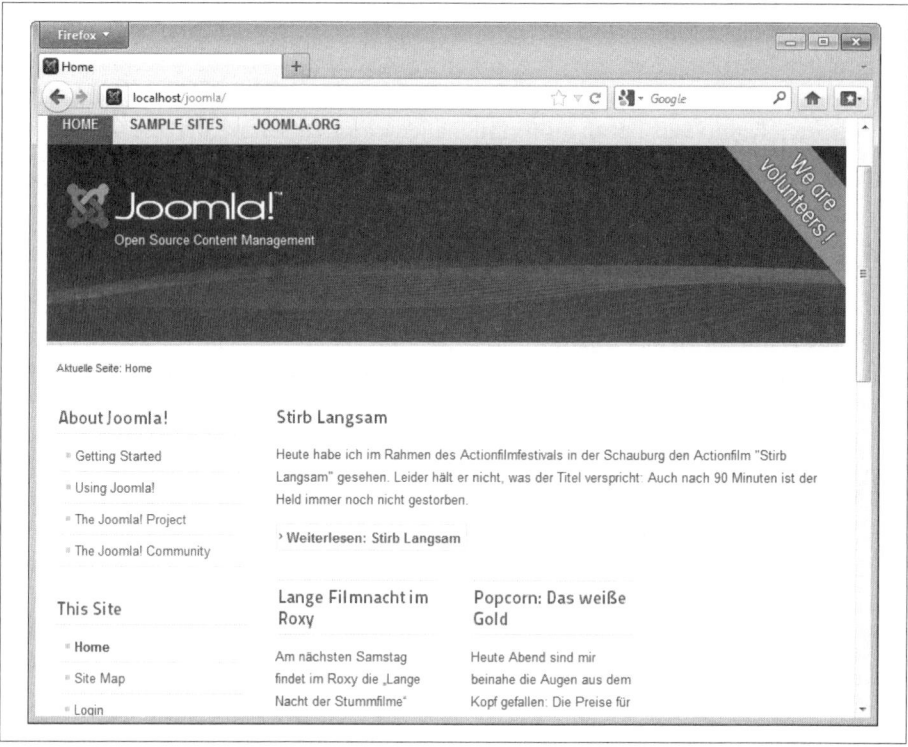

Abbildung 4-57: Die umgestaltete Startseite

 Tipp   Wenn die Reihenfolge der Artikel nicht Ihren Wünschen entspricht, wechseln Sie im Administrationsbereich zum Menüpunkt INHALT → HAUPTBEITRÄGE, klicken auf die Spaltenbeschriftung REIHENFOLGE und sortieren die Beiträge so, wie es in Kapitel 6, *Komponenten – Nützliche Zusatzfunktionen*, Abschnitt »Kontaktformulare« auf Seite 213 beschrieben ist.

Sobald ein Beitrag auf der Startseite erscheint, ist er übrigens weiterhin über den bekannten Weg erreichbar – die Filmkritik also beispielsweise via ZU DEN FILMKRITIKEN → ACTIONFILME. Die Veröffentlichung auf der Startseite ist somit ein Zusatzangebot.

Alle zum Hauptbeitrag geadelten Beiträge können Sie zudem über einen weiteren eigenen Menüpunkt zugänglich machen. Joomla! stellt die Hauptbeiträge dann wie auf der Startseite in einer Blog-Ansicht dar. Dazu erstellen Sie einfach einen neuen Menüpunkt (beispielsweise via MENÜS → MAIN MENU → NEUER MENÜEINTRAG), klicken dann im Bearbeitungsbildschirm auf AUSWÄHLEN und entscheiden sich dann für den Menütyp HAUPTBEITRÄGE rechts oben in der Gruppe BEITRÄGE. Die übrigen Einstellungen entsprechen denen des Menütyps *Kategorieblogs* aus Abschnitt »Kategorieblog« auf Seite 165. Das Register EINSTELLUNGEN DES LAYOUTS ist hier identisch mit den BLOG-LAYOUT-OPTIONEN, die BEITRAGSOPTIONEN entsprechen denen des gleichnamigen Kollegen. Einen kleinen Unterschied gibt es allerdings: Wenn über den Menüpunkt nur die Hauptbeiträge aus einer ganz bestimmten Kategorie erscheinen sollen, markieren Sie diese auf dem Register EINSTELLUNGEN DES LAYOUTS unter KATEGORIE AUSWÄHLEN. Mehrere Kategorien selektieren Sie bei gedrückter *Strg*-Taste.

Archivieren

Bestimmte Beiträge haben irgendwann ausgedient. Beispielsweise könnte der Filmabend im Mehrzweckveranstaltungssaal von Oberursel vorbei sein. Damit ist auch der entsprechende Ankündigungstext hinfällig. Man könnte diesen Beitrag nun einfach löschen, indem man in der Liste unter INHALT → BEITRÄGE das Kästchen vor dem Namen ankreuzt und ihn dann in den PAPIERKORB wirft. Vielleicht möchte man aber irgendwann noch einmal den Text nachlesen oder ihn für kommende Veranstaltungen wiederverwenden. Für solche Zwecke stellt Joomla! ein Archiv bereit. Um einen Beitrag in das Archiv zu verschieben, markieren Sie ihn in der Liste und klicken dann auf den Schalter ARCHIVIEREN. Hierdurch wird der betroffene Beitrag auch gleichzeitig gesperrt und somit von der Homepage genommen.

Einen Überblick über alle archivierten Beiträge erhalten Sie, indem Sie in der Auswahlliste – STATUS AUSWÄHLEN – den Punkt ARCHIVIERT selektieren (siehe Abbildung 4-58).

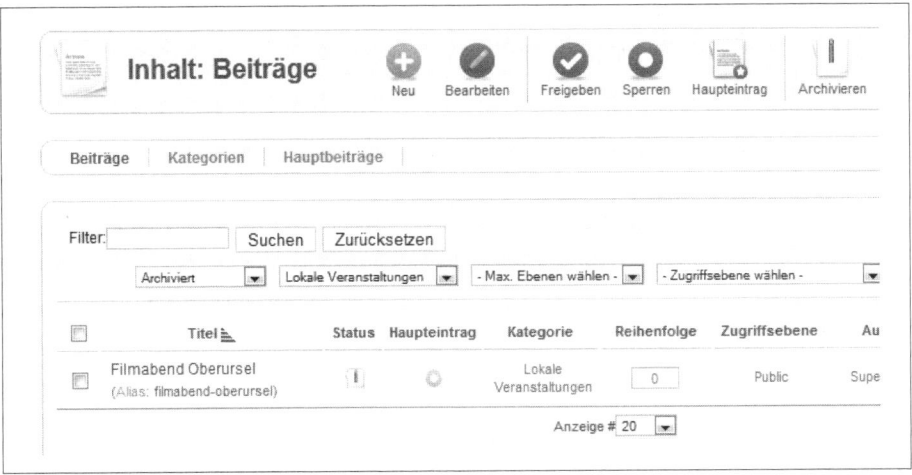

Abbildung 4-58:   Ein archivierter Veranstaltungstipp

Um einen Beitrag wieder aus dem Archiv zu holen, markieren Sie ihn wie gewohnt und wählen anschließend FREIGEBEN in der Werkzeugleiste.

Alle archivierten Beiträge können Sie auch Ihren Besuchern zugänglich machen. Dazu erstellen Sie einen neuen Menüpunkt (beispielsweise via MENÜS → MAIN MENU → NEUER MENÜEINTRAG), klicken im Bearbeitungsbildschirm auf AUSWÄH-LEN und entscheiden sich für ARCHIVIERTE BEITRÄGE ganz rechts oben im Bereich BEITRÄGE. Geben Sie dem neuen Menüpunkt noch eine passende Beschriftung im Eingabefeld MENÜTITEL. Auf Ihrer Website führt der neue Menüpunkt später zu einer Liste mit allen archivierten Beiträgen (wie in Abbildung 4-59).

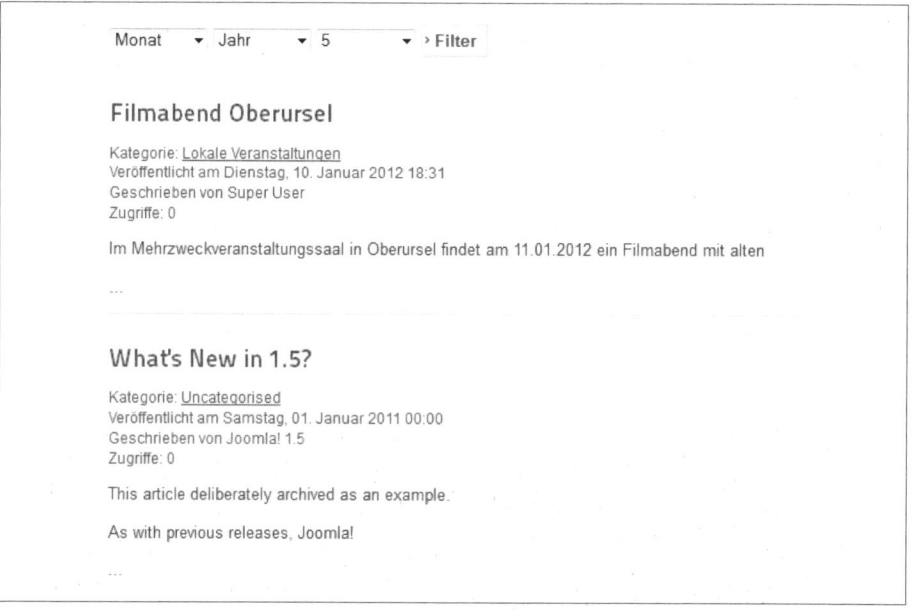

Abbildung 4-59: Die archivierten Beiträge erscheinen so auf der Homepage.

Was alles in dieser Liste in welcher Reihenfolge zu sehen ist, regeln Sie auf zwei Registern auf der rechten Seite. Zunächst zu den ARCHIVOPTIONEN:

BEITRAGSSORTIERUNG

Legt die Sortierreihenfolge der einzelnen Beiträge fest. In der Einstellung TITEL VON A BIS Z würde Joomla! die Beiträge anhand ihrer Überschrift alphabetisch aufsteigend präsentieren. In der Einstellung NEUESTEN ZUERST würde hingegen Joomla! die neuesten Beiträge ganz oben in der Liste anzeigen, Analoges gilt für ÄLTESTE ZUERST. Bleibt nur noch die Frage zu klären, was neue und was alte Artikel sind. Genau das bestimmt die nächste Ausklappliste.

SORTIERDATUM

Wenn Sie in der vorherigen Ausklappliste NEUESTE ZUERST beziehungsweise ÄLTESTE ZUERST ausgewählt haben, stellen Sie hier das dabei zugrunde liegende

Datum ein. Sie können die Beiträge nach ihrem Erstellungsdatum (ERSTELLT), dem Bearbeitungsdatum (BEARBEITET) sowie dem Datum der ersten Veröffentlichung (FREIGEGEBEN) sortieren lassen.

BEITRÄGE

So viele archivierte Beiträge zeigt Joomla! maximal auf einer Bildschirmseite an. Sollten mehr Beiträge im Archiv vorhanden sein, muss der Besucher zwischen ihnen über entsprechende Schaltflächen am unteren Rand der Liste hin- und herblättern.

FILTERFELD

Über die Ausklapplisten am oberen Rand der Liste (siehe Abbildung 4-59) kann sich ein Besucher die archivierten Beiträge aus einem ganz bestimmten Monat anzeigen lassen. Die Ausklappliste ganz rechts bestimmt, wie viele archivierte Beiträge Joomla! auf einer Seite anzeigen soll.

Diesem Ausklapplistengespann dürfen Sie noch ein Eingabefeld hinzufügen. Joomla! blendet dann nur noch die Beiträge ein, die in ihrem TITEL, dem Autorennamen oder den Zugriffszahlen das dort eingetippte Wort enthalten.

MAX. LÄNGE DES EINLEITUNGSTEXTES

Joomla! zeigt auch immer den Anfang der archivierten Beiträge an. Unter MAX. LÄNGE DES EINLEITUNGSTEXTES legen Sie fest, wie viele Zeichen dieser Anfang höchstens lang sein darf. Bei einer 0 zeigt Joomla! den kompletten Einleitungstext des Beitrags an. Um den Text komplett zu unterdrücken, müssen Sie zum nächsten Register wechseln.

Auf dem Register BEITRAGSOPTIONEN bestimmen Sie, welche Informationen Joomla! über die archivierten Beiträge überhaupt anzeigen soll. Im Einzelnen warten hier folgende Einstellungen:

KATEGORIE

Zeigt zu jedem archivierten Beitrag seine Kategorie an.

KATEGORIE VERLINKEN

Wenn Sie zusätzlich KATEGORIE VERLINKEN auf JA setzen, erscheint der Name der Kategorie als Link. Klickt der Besucher ihn an, gelangt er direkt zur Übersichtsseite der Kategorie.

ÜBERGEORDNETE KATEGORIE *und* ÜBERGEORDNET VERLINKEN

Steckt ein archivierter Beitrag in einer Unterkategorie, nennt Joomla! auch den Namen der übergeordneten. Wenn Sie zusätzlich ÜBERGEORDNET VERLINKEN auf JA setzen, erscheint der Name der übergeordneten Kategorie als Link. Klickt der Besucher ihn an, gelangt er direkt zur Übersichtsseite der übergeordneten Kategorie.

TITEL VERLINKEN

Bei einem JA verwandelt Joomla! die Überschrift des archivierten Beitrags in einen Link. Über ihn gelangt der Besucher dann zu seinem vollständigen Text.

EINLEITUNGSTEXT

Zeigt den Anfang der archivierten Beiträge an. Wie lang dieser Text ist, bestimmt die Einstellung MAX. LÄNGE DES EINLEITUNGSTEXTES auf dem Register ARCHIVOPTIONEN.

AUTOR

Zeigt zu jedem archivierten Beitrag den Verfasser an.

AUTOR VERLINKEN

Wenn Sie zusätzlich LINK AUTOR auf JA setzen, erscheint der Name des Autors als Link. Klickt ihn der Besucher an, gelangt er direkt zu einem passenden Kontaktformular – vorausgesetzt, Sie haben für den Autor zuvor ein solches Formular erstellt (wie das funktioniert, wird gleich noch in Kapitel 6, *Komponenten – Nützliche Zusatzfunktionen*, Abschnitt »Kontaktformulare«, erläutert).

ERSTELLUNGSDATUM, BEARBEITUNGSDATUM *und* VERÖFFENTLICHUNGSDATUM

Blendet für jeden archivierten Beitrag sein (ursprüngliches) Erstellungsdatum, Bearbeitungsdatum beziehungsweise Veröffentlichungsdatum ein.

SEITENNAVIGATION

Steht diese Ausklappliste auf ANZEIGEN und ruft ein Besucher einen archivierten Artikel auf, so blendet Joomla! am unteren Ende der Seite Schaltflächen ein, mit denen der Besucher zwischen den Beiträgen hin- und herblättern kann.

 In Joomla! 2.5.0 zeigte diese Einstellung keine Wirkung.

SEITENAUFRUFE

Blendet für jeden archivierten Beitrag ein, wie oft er bereits gelesen wurde.

Medien verwalten

Im letzten Kapitel wurde gezeigt, wie Joomla! Inhalte mit Kategorien gliedert. Deren jeweilige Übersichtsseiten präsentieren auf Wunsch auch ein kleines Bild (siehe Abbildung 5-1). Wählt man die Abbildung geschickt, sieht der Besucher schon auf den ersten Blick, wo er sich gerade befindet und welche Beiträge ihn erwarten.

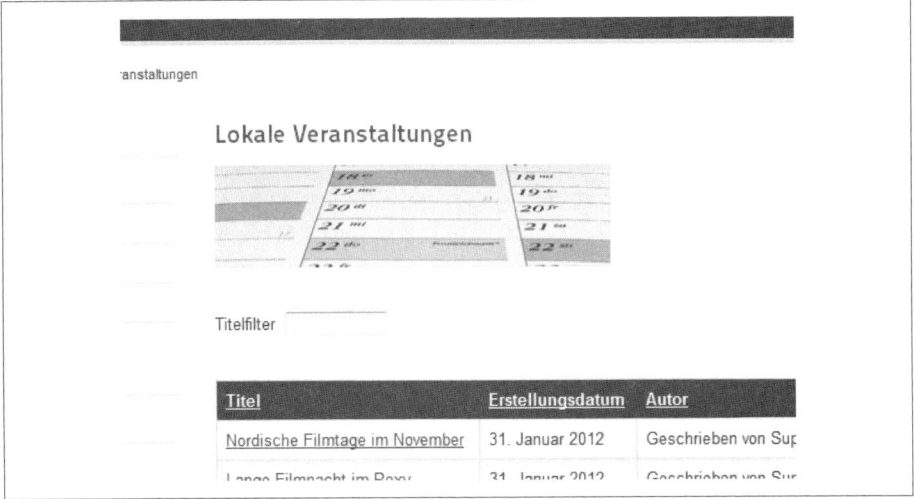

Abbildung 5-1: Die Übersichtsseite für die Kategorie »Lokale Veranstaltungen« zeigt neben einer Auswahl der enthaltenen Beiträge auch eine kleine Grafik.

In Beiträgen lockern Bilder längere Texte auf und helfen, Abläufe verständlich darzustellen. Im Kinoportal könnte man etwa die Kritiken mit Fotos aus dem jeweiligen Film aufpeppen.

Damit das alles klappt, muss man Joomla! allerdings erst einmal mit dem entsprechenden Bildmaterial füttern.

Das Medienverzeichnis

Sämtliche Bild- und sonstige Mediendateien liegen im Unterverzeichnis *images* Ihrer Joomla!-Installation. Wenn Sie der Schnellinstallation aus Kapitel 2, *Installation* gefolgt sind, ist dies

- unter Windows das Verzeichnis *C:\xampp\htdocs\joomla\images*,
- unter Linux */opt/lampp/htdocs/joomla/images* und
- unter Mac OS X der Ordner */Programme/XAMPP/xamppfiles/htdocs/joomla/ images*.

Man könnte nun die eigenen Fotos einfach dort hineinkopieren. Dies ist jedoch weder komfortabel noch ratsam: Läuft Joomla! bereits auf einem Server im Internet, müsste man die Bilddateien je nach Zugang per FTP- oder SSH-Programm hochladen. Sobald mehrere Benutzer ihre Kritiken schreiben möchten, müsste man jedem dieser Autoren entweder einen eigenen, zusätzlichen FTP-Zugang spendieren, oder die Autoren müssten sich einen Zugang teilen. Das erzeugt nicht nur einen erheblichen administrativen Aufwand, man riskiert zudem wieder schnell Sicherheitsprobleme – schließlich kann man sich nie sicher sein, was ein böswilliger Autor mit den neu gewonnenen Rechten so alles in das System einschleust.

Aus diesem Grund gibt es in Joomla! eine eingebaute Medienverwaltung (englisch *Media Manager*). Wie ihr Name schon andeutet, verwaltet sie nicht nur Bilder, sondern alle Dokumente, mit denen man die Beiträge irgendwie aufpeppen oder ergänzen kann. Hierunter fallen neben Videos im Flash-Format beispielsweise auch Excel- oder Word-Dokumente. Darüber hinaus hilft die Medienverwaltung beim Hochladen der Dateien und erlaubt die übersichtliche Gruppierung der Dateien in weiteren Unterverzeichnissen.

Die Medienverwaltung im Überblick

Die Medienverwaltung erreichen Sie im Administrationsbereich über den Menüpunkt INHALT → MEDIEN. Sie landen damit im Bildschirm aus Abbildung 5-2.

X.X	**Version**	In Joomla! 1.5 versteckte sie sich noch im Menü SITE.
▶▶	**Tipp**	Sofern Sie sich während der Installation gegen den FTP-Zugang entschieden haben, benötigt Joomla! Schreibrechte auf das Verzeichnis *images* und seine Unterverzeichnisse. Gegebenenfalls müssen Sie dies über die entsprechenden Befehle oder Programme nachholen (wie das funktioniert, zeigte bereits Kapitel 2, *Installation*). Beachten Sie jedoch, dass dies unter Umständen zu Sicherheitsproblemen führen kann: Sobald es einem Angreifer gelänge, die Kontrolle über Joomla! zu erlangen, dürfte er auch diese Verzeichnisse manipulieren.

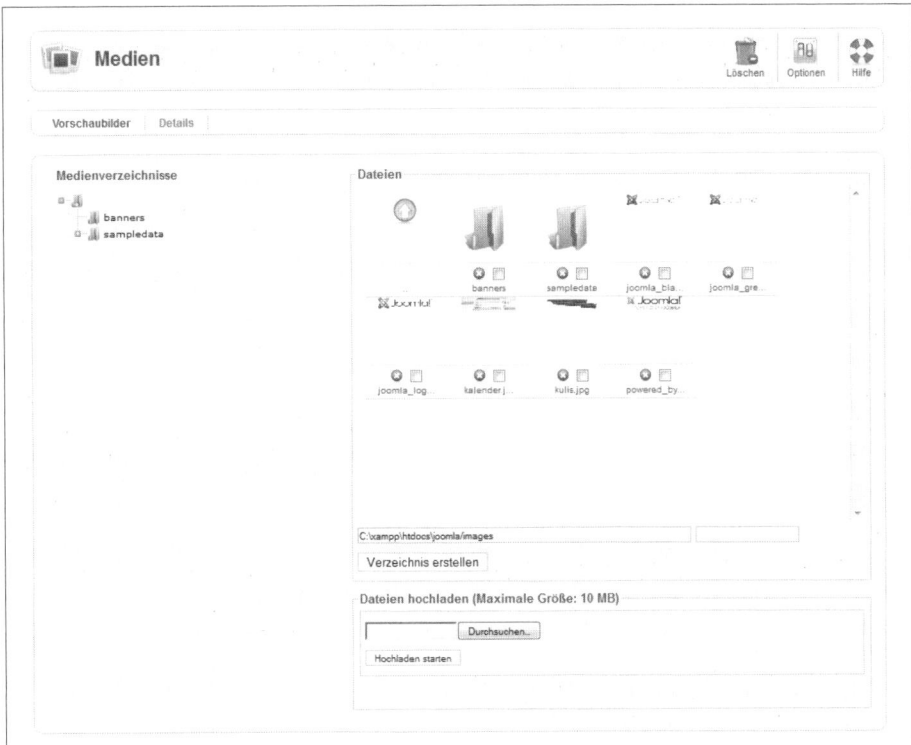

Abbildung 5-2: Der Verwaltungsbildschirm für Medien

Im großen Mittelteil zeigt der Bereich DATEIEN den Inhalt des *images*-Verzeichnisses. Jeder Kasten entspricht dabei genau einer Datei oder einem Unterordner. Das Symbol weist auf den Dateiinhalt hin; bei Bildern präsentiert Joomla! direkt eine kleine Vorschau (englisch Thumbnails). Unterhalb der Symbole finden Sie den zugehörigen Datei- beziehungsweise Verzeichnisnamen.

Detailliertere Informationen zu einer Datei erhalten Sie, wenn Sie auf das Register DETAILS wechseln (unterhalb der Werkzeugleiste). Hier präsentiert Joomla! die vorhandenen Dateien in einer Liste, in der auch die jeweilige Dateigröße und bei Bildern deren Maße erscheinen (siehe Abbildung 5-3).

Über die letzte Spalte können Sie eine Datei oder ein Verzeichnis wieder vom Webserver entfernen. Dazu kreuzen Sie das Kästchen bei allen überflüssigen Kandidaten an und wählen in der Werkzeugleiste LÖSCHEN. Alternativ befördert ein Klick auf das kleine rote X die Datei sofort ins Jenseits. Auf dem VORSCHAUBILDER-Register funktioniert das Löschen nach dem gleichen Prinzip, wobei sich das Kästchen und das rote Kreuz unter den jeweiligen Vorschaubildern befinden.

Egal, in welcher Ansicht Sie sich befinden: Ein Klick auf ein Bild bringt es in seiner vollen Pracht auf den Schirm.

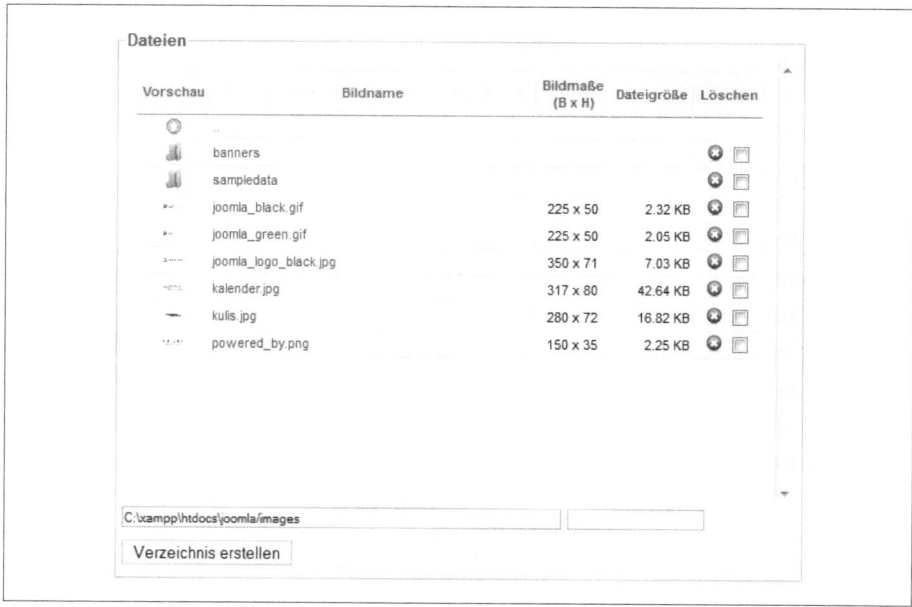

Dateien

Vorschau	Bildname	Bildmaße (B x H)	Dateigröße	Löschen
○	..			
	banners			
	sampledata			
	joomla_black.gif	225 x 50	2.32 KB	
	joomla_green.gif	225 x 50	2.05 KB	
	joomla_logo_black.jpg	350 x 71	7.03 KB	
	kalender.jpg	317 x 80	42.64 KB	
	kulis.jpg	280 x 72	16.82 KB	
	powered_by.png	150 x 35	2.25 KB	

C:\xampp\htdocs\joomla/images

Verzeichnis erstellen

Abbildung 5-3: Die Detailansicht der Medienverwaltung liefert auch die Dateigrößen und die Abmessungen von Bildern.

Mit Verzeichnissen Ordnung halten

Mit dem Baum auf der linken Seite im Bereich MEDIENVERZEICHNISSE wechseln Sie das Verzeichnis. Gleiches erledigt ein gezielter Mausklick auf eines der Ordnersymbole in der großen Vorschau. Der nach oben gerichtete grüne Pfeil führt wieder eine Ebene nach oben. Ein Klick auf den Ordner ohne Beschriftung ganz oben in der Baumansicht katapultiert Sie wieder direkt zum Inhalt des Verzeichnisses *images*.

Klicken Sie jetzt dieses Ordnersymbol einmal an, und versuchen Sie dann über den grünen Pfeil rechts im DATEIEN-Bereich eine Ebene höher und somit aus dem *images*-Verzeichnis heraus zu wechseln – es wird Ihnen nicht gelingen. Die Medienverwaltung sperrt Sie aus Sicherheitsgründen im *images*-Verzeichnis ein. Andernfalls könnten Sie oder einer der Autoren in das Joomla!-Installationsverzeichnis wechseln, dort auf alle Systemdateien zugreifen und so das Content-Management-System (versehentlich) zerstören beziehungsweise unter die eigene Kontrolle bringen.

Joomla! bringt von Haus aus ein paar vordefinierte Ordner mit, in denen schon ein paar Bilder lagern. Im Einzelnen sind dies:

images
> Das Joomla!-Logo in verschiedenen Ausführungen

images/banners
> Ein paar Joomla!-Werbebanner. Später sollen hier auch alle weiteren Werbebanner Ihres Internetauftritts landen.

images/sampledata
Bilder für die mitgelieferte Beispiel-Website

Bildverzeichnisse ändern

Die Grundeinstellungen der Medienverwaltung hinter der Schaltfläche OPTIONEN bieten auf dem Register KOMPONENTE zwei Eingabefelder, mit denen Sie die Speicherorte der Bilder ändern können. (Unter Joomla! 1.5 waren diese Grundeinstellungen noch in den globalen Einstellungen im SITE-Menü untergebracht.) Wichtig ist bei beiden Einstellungen, dass Sie die einzelnen Verzeichnisse mit dem Schrägstrich / und nicht wie unter Windows gewohnt mit dem Rückstrich \ trennen.

X.X

DATEIVERZEICHNIS-PFAD

Standardmäßig sammelt Joomla! alle Mediendateien im bekannten Unterverzeichnis *IMAGES*. Wenn Sie unbedingt ein anderes Verzeichnis als Medienablage verwenden möchten oder müssen, ändern Sie den DATEIVERZEICHNIS-PFAD. Als Alternative können Sie nur einen anderen Unterordner des Joomla!-Installationsverzeichnisses wählen; die hier eingetippte Pfadangabe interpretiert die Medienverwaltung immer relativ zum Joomla!-Ordner.

Normalerweise ist eine Änderung des Verzeichnisses nicht notwendig, sie kann sogar zu unangenehmen Seiteneffekten führen – beispielsweise wenn später eine Erweiterung das Verzeichnis *images* erwartet.

BILDVERZEICHNIS-PFAD

In der Medienverwaltung landen mitunter auch private Bilder, geheime Pressetexte und andere Medien, die besser nicht direkt in Beiträgen auftauchen sollen. Damit keiner der Autoren unnötig in Versuchung gerät, können Sie Joomla! zwingen, die Bilder für die Beiträge, der Übersichtsseiten für die Kategorien und der Werbebanner nur noch aus einem ganz bestimmten Unterverzeichnis anzubieten.

Dazu erstellen Sie zunächst das entsprechende Verzeichnis in der Medienverwaltung und tragen es dann hier im Feld BILDVERZEICHNIS-PFAD ein. Joomla! verlangt dabei einen Pfad relativ zu seinem Installationsverzeichnis. Sollen zukünftig alle Autoren ihre Bilder nur noch aus dem Unterverzeichnis *beitraege* beziehen dürfen, tragen Sie hier *images/beitraege* ein. Wenn Sie jetzt nach dem SPEICHERN & SCHLIESSEN ein Bild in einen Beitrag einbinden, bietet Joomla! nur noch die Inhalte aus dem Ordner *images/beitraege* sowie dessen Unterverzeichnisse an.

Über die Medienverwaltung haben Sie selbstverständlich auch weiterhin Zugriff auf alle Inhalte des *images*-Ordners. Bilder in älteren Beiträgen bleiben übrigens erhalten, auch wenn sie jetzt in einem anderen, ausgeblendeten Verzeichnis liegen. Sie müssen die Beiträge somit nicht alle ändern.

Der BILDVERZEICHNIS-PFAD legt allerdings ganz nebenbei auch noch den Speicherort für die Werbebanner fest. Da eine nachträgliche Änderung des Verzeichnisses somit weitere Konsequenzen haben kann, sollten Sie es niemals im produktiven Betrieb wechseln. Wenn Sie den Zugriff nicht wirklich auf ein Verzeichnis beschränken müssen, behalten Sie zudem am besten hier die Voreinstellung *images* bei.

Direkt unterhalb des DATEIEN-Bereichs finden Sie ein Feld, das den vollständigen Pfad zum gerade anzeigten Verzeichnis verrät. Unter Windows verwendet Joomla! dabei teilweise den Schrägstrich / anstelle des Rückstrichs \ als Trennzeichen. Lassen Sie sich davon nicht irritieren.

Über das Eingabefeld direkt rechts daneben erstellen Sie im aktuellen Ordner ein neues Unterverzeichnis. Dazu geben Sie einfach den Namen des neuen Ordners ein und klicken anschließend auf VERZEICHNIS ERSTELLEN.

 Im Kinoportal könnte das zum Beispiel der Ordner *filmstars* sein, in dem die Autoren Fotos von Schauspielern ablegen dürfen.

 Tipp Wenn Ihre Beiträge häufig viele Bilder umfassen, lohnt es sich, die Seitenstruktur noch einmal im Ordner *images* mit entsprechenden Unterverzeichnissen nachzubilden. Damit würden dann beispielsweise alle Bilder zur Filmkritik zu »Stirb Langsam« im Verzeichnis *images/filmkritiken/actionfilme/stirblangsam* liegen. Auf diese Weise behält man den Überblick über das Bildmaterial, und die verschiedenen Autoren kommen sich beim Hochladen nicht gegenseitig in die Quere.

Klappt das Anlegen nicht, so besitzt Joomla! entweder keine Schreibrechte für das entsprechende Verzeichnis, oder, falls Sie sich bei der Installation für den FTP-Zugang entschieden haben, die Zugangsdaten stimmen nicht.

Bilder und Dokumente hochladen

Um nun eigene Bilder oder Dokumente hinzuzufügen, klickt man auf die Schaltfläche DURCHSUCHEN... und wählt die entsprechende Datei aus. Ein anschließender Klick auf HOCHLADEN STARTEN genügt, und schon wandert die Datei in das aktuell angezeigte Verzeichnis.

Standardmäßig sind Dateien bis zu einer Größe von 10 MB erlaubt. Den genannten Wert können Sie ändern, indem Sie in der Werkzeugleiste die OPTIONEN der Medienverwaltung aufrufen, im neuen Fenster auf das Register KOMPONENTE wechseln, dort in MAX. GRÖSSE (IN MB) den Wert in Megabyte eintragen und die Änderungen schließlich SPEICHERN.

Warnung Der hier maximal mögliche Wert hängt zusätzlich noch von der PHP-Konfiguration und somit letztendlich auch von Ihrem Webhoster ab. Je nach gemietetem Paket sind hier größere oder kleinere Dateien erlaubt.

Die Medienverwaltung verdaut standardmäßig ausschließlich Bilder in den Formaten *bmp, gif, ico, jpg, png, xcf* sowie Dokumente mit den Endungen *pdf, swf* (Flash), *doc* (Word), *xls* (Excel), *ppt* (PowerPoint), *txt* (einfache Texte), *csv* (Tabellen als Comma Separated Values) nebst denen der OpenOffice.org- respektive LibreOffice-

Anwendungen. Wenn Sie versuchen, eine andere Datei hochzuladen, verweigert sich Joomla!. Hierzu gehören zum Beispiel auch Film- oder Musikdateien. Um weitere Dateiendungen zu erlauben, öffnen Sie die OPTIONEN, wechseln im neu erscheinenden Fenster aus Abbildung 5-4 auf das Register KOMPONENTE und hängen dort im Feld ERLAUBTE DATEIENDUNGEN einfach die gewünschten Endungen, jeweils durch ein Komma getrennt, an die vorhandenen an.

Abbildung 5-4: Die Grundeinstellungen der Medienverwaltung

Nicht immer steckt in einer hochgeladenen Datei das drin, was draufsteht. So könnte ein findiger Benutzer Ihrer Seite einer MP3-Datei den Namen *bild.jpg* geben. Solch einen Identitätsfälscher würde Joomla! passieren lassen. Glücklicherweise existieren für PHP die beiden Erweiterungen MIME Magic (*http://us3.php.net/ mime_magic*) und Fileinfo (*http://us3.php.net/manual/de/ref.fileinfo.php*). Sie lassen sich nicht vom Dateinamen blenden, sondern analysieren den Inhalt der Datei. Als Ergebnis liefern sie dann ihren wahren Typ zurück. Sofern eine der beiden genannten Erweiterungen auf dem Server installiert ist, prüft Joomla! mit ihr jede hochgeladene Datei und weist sie im Fall der Fälle ab. Die folgenden Einstellungen regeln das entsprechende Verhalten:

UPLOADS BLOCKIEREN

Sofern beide Erweiterungen fehlen, dürfen bei einem JA sicherheitshalber nur noch Benutzer vom Rang eines Managers oder höher Dateien auf den Server laden (auf die Benutzerrechte geht später noch Kapitel 9, *Benutzerverwaltung und -kommunikation* ein).

DATEITYPEN ÜBERPRÜFEN

Bei einem Ja prüft Joomla! jede hochgeladene Datei mit einer der beiden Erweiterungen. Durchgelassen werden nur solche Dateien, die tatsächlich den Formaten aus dem Feld ERLAUBTE BILDENDUNGEN entsprechen.

ERLAUBTE BILDENDUNGEN

Joomla! lädt nur Bilder mit den hier aufgeführten Endungen auf den Webserver. Auch hier müssen die Dateiendungen wieder jeweils durch ein Komma voneinander getrennt werden.

IGNORIERTE DATEIENDUNGEN

Dateien mit den hier eingetragenen Dateiendungen winkt Joomla! ohne jegliche Prüfung durch.

 **Warnung**   Dieses Feld sollte möglichst immer leer bleiben. Die Gefahr, dass ein böswilliger Benutzer durch dieses Schlupfloch schädliche Programme oder urheberrechtlich geschütztes Material hochlädt, ist einfach zu groß.

Welche Dateien auf den Server hochgeladen werden dürfen, prüfte Joomla! bislang einmal anhand der Dateiendung sowie durch eine Analyse ihres Inhalts. Es gibt aber noch eine dritte Testmöglichkeit: Sobald ein Browser eine Datei an den Webserver sendet, schickt er immer auch ein paar Zusatzinformationen mit. Darunter befindet sich auch der sogenannte *MIME-Typ* (der auch als *Internet Media Type* oder *Content-Type* bezeichnet wird). Er gibt an, was für Daten da über das Netz wandern. Die Angabe text/plain kennzeichnet beispielsweise reinen Text, wohingegen image/jpeg auf ein JPEG-Bild hinweist. Diese Angaben kann Joomla! nun auswerten und so beispielsweise bestimmte Inhalte vom Hochladen ausschließen – oder sie zulassen. Was wie genau passieren soll, regeln die folgenden beiden Einstellungen:

ERLAUBTE DATEITYPEN

Alle Dateien mit den hier eingetragenen MIME-Typen dürfen auf den Server wandern.

VERBOTENE DATEITYPEN

Alle Dateien mit den hier eingetragenen MIME-Typen blockiert Joomla! beim Versuch, sie hochzuladen.

Eine Liste mit allen derzeit gültigen MIME-Typen finden Sie im Internet beispielsweise unter *http://www.iana.org/assignments/media-types/* oder in einer etwas lesbareren Form unter *http://www.webmaster-toolkit.com/mime-types.shtml*.

Abschließend können Sie anstelle des schnöden Eingabefeldes zum Hochladen auch ein schickes, auf Flash basierendes Fenster aktivieren. Dazu setzen Sie FLASH-UPLOADER AKTIVIEREN auf Ja.

Warnung   Diese Alternative prüft allerdings weder die Dateiendungen noch die Inhalte. Zudem haben viele Benutzer Flash deaktiviert oder nicht installiert. Verzichten Sie daher besser auf den Flash-Uploader.

Bilder einbinden

Nachdem die Bilder in der Medienverwaltung gelandet sind, möchte man sie auch irgendwie in die eigene Website einbinden. Überall dort, wo Sie Bilder einbinden können, bietet Joomla! eine entsprechende Schaltfläche an. Beim Erstellen einer Kategorie können Sie beispielsweise auf dem Register BASISOPTIONEN ein Bild AUS-WÄHLEN. Wenn Sie das Bild hingegen direkt in einen Beitragstext integrieren möchten, klicken Sie im entsprechenden Bearbeitungsbildschirm auf die Schaltfläche BILD ganz links unten.

In jedem Fall öffnet sich dann eine Mini-Ausgabe der Medienverwaltung, die Ihnen die Inhalte des *images*-Verzeichnisses kredenzt (siehe Abbildung 5-5).

Abbildung 5-5:   Die Mini-Ausgabe der Medienverwaltung hilft beim Einbinden der Bilder.

Wie man die Mini-Ausgabe der Medienverwaltung bedient, haben Sie bereits im vorherigen Kapitel 4, *Inhalte verwalten*, gesehen.

Tipp   Wenn Sie hier Dateien vermissen, prüfen Sie in den OPTIONEN in der Werkzeugleiste der Medienverwaltung, ob das Bildverzeichnis korrekt eingestellt ist (siehe auch den Kasten *Bildverzeichnisse ändern* auf Seite 189).

Rechtliche Aspekte

Gerade bei einem Kinoportal ist es oftmals mehr als verlockend, einfach das Bild eines Schauspielers oder einer Filmszene von irgendeiner Seite im Internet herunterzuladen und es in die eigene Filmkritik zu integrieren. Dieser Versuchung sollten Sie jedoch unter allen Umständen widerstehen: Jedes Bild-, Ton- und Textmaterial ist urheberrechtlich geschützt. Ein Einsatz auf der eigenen Homepage sollte nur nach Rücksprache mit dem jeweiligen Rechteinhaber erfolgen. Bei Bildern ist dies meist der Fotograf oder eine Bildagentur. Bittet man nicht um Erlaubnis, kann dies recht schnell zu einer Abmahnung und sogar zu Schadensersatzforderungen führen. Fragen Sie im Zweifelsfall einen Rechtsanwalt, oder benutzen Sie ausschließlich selbst angefertigte Bilder. Doch auch hier lauern Fallen: Wenn Sie eine Person fotografiert haben, muss diese der Veröffentlichung zustimmen.

Weitere Informationen zu diesem Thema finden Sie auch im Internet. Eine erste Anlaufstelle ist die Wikipedia unter *http://de.wikipedia.org/wiki/Urheberrechtsverletzung* sowie *http://de.wikipedia.org/wiki/Wikipedia:Bildrechte*.

In diesem Kapitel:
- Bannerwerbung
- Kontaktformulare
- Newsfeeds
- Suchfunktion und Suchstatistiken
- Weblinks

KAPITEL 6
Komponenten – Nützliche Zusatzfunktionen

Nachdem in den vorangegangenen Abschnitten die zukünftige Homepage mit Inhalten gefüllt wurde, gilt es nun, sie mit ein paar interessanten Zusatzfunktionen aufzupeppen. Beispielsweise könnte man über kleine Werbebanner die Miete für den Webserver wieder hereinholen, und eine Link-Sammlung mit Verweisen auf die Kinos der Umgebung wäre auch nicht schlecht. Derartige Aufgaben übernehmen unter Joomla! die sogenannten Komponenten. Eine Komponente ist ein Erweiterungspaket, das Joomla! um zusätzliche Funktionen bereichert. Ein Beispiel wären Kontaktformulare oder die bereits angesprochene Anzeige von Werbebannern.

Komponenten sind wie Bauklötzchen

In der Softwareentwicklung versteht man unter einer Komponente allgemein ein Stück Software, das eine ganz bestimmte Aufgabe erledigt. Man kann sich Komponenten wie Bauklötze vorstellen, die sich zu einer kompletten Anwendung zusammenstöpseln lassen – ganz ähnlich wie bei einem Haus aus LEGO-Steinen.

Joomla! ist selbst ein Beispiel für eine Anwendung, die vollständig aus einzelnen Komponenten besteht: Eine Komponente verwaltet die Beiträge, während sich eine andere der Werbebanner annimmt, wohingegen eine dritte alle Kontaktformulare unter ihre Fittiche nimmt. Im Zusammenspiel bilden sie dann das komplette Content-Management-System.

Genau wie ein LEGO-Haus können Sie auch Joomla! mit weiteren passenden Bauklötzchen – Pardon: Komponenten – erweitern. Wie das funktioniert und wie man eigene Komponenten erstellt, erklärt später noch Kapitel 15, *Eigene Erweiterungen erstellen*.

Joomla! bringt standardmäßig schon ein paar nützliche Komponenten mit (siehe Abbildung 6-1), die im Folgenden etwas näher vorgestellt werden sollen. Wie man weitere Komponenten einspielt, folgt in Kapitel 14, *Funktionsumfang erweitern*. Selbstverständlich bleibt es Ihrem eigenen Geschmack überlassen, welche dieser Funktionen Sie in Ihre Seiten übernehmen möchten. Im Kinoportal kommen zum Kennenlernen alle einmal kurz zum Einsatz.

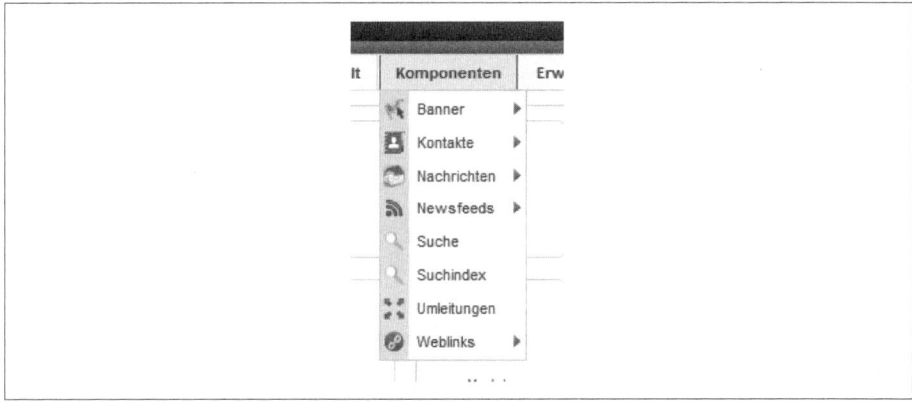

Abbildung 6-1:   Diese Komponenten bringt Joomla! bereits ab Werk mit.

Sämtliche installierte Komponenten verwaltet Joomla! im Menü KOMPONENTEN des Administrationsbereichs. Sehen Sie doch einmal nach, was Sie bisher in diesem Menü vorfinden (siehe Abbildung 6-1). Jeder Eintrag entspricht genau einer bereits mitgelieferten Komponente, und in den folgenden Abschnitten werden diese Komponenten der Reihe nach vorgestellt.

Bannerwerbung

Der Betrieb eines Internetauftritts nagt beständig am eigenen Geldbeutel – schließlich erbringen die Webhoster ihre Leistungen nicht umsonst. Es liegt also nahe, auf der eigenen Seite etwas Werbung zu schalten, um so zumindest einen Teil der Kosten wieder hereinzubekommen. Bei diesem Unterfangen hilft die Komponente BANNER. Wie ihr Name schon andeutet, kümmert sie sich um die Schaltung von sogenannten Werbebannern. Hierbei bucht ein Kunde einen gut einsehbaren Platz auf der Homepage. Gleichzeitig stellt er ein Bild zur Verfügung, das später nicht nur die angemietete Werbefläche zieren, sondern auch bei einem Mausklick direkt auf seine eigenen Internetseiten führen soll.

 Im Kinoportal könnte beispielsweise das hiesige Programmkino *Schauburg* den Platz auf der Homepage buchen.

Drängen gleich mehrere Werbekunden auf die Internetseite, wählt die zuständige Joomla!-Komponente bei jedem Seitenaufruf ein anderes Werbebildchen aus – entweder per Zufall oder abwechselnd in einer vorgegebenen Reihenfolge.

Werbekunden verwalten

Bevor ein Banner auf der Homepage landet, benötigt man zunächst einen Werbe-kunden. Joomla! nennt diese Menschengruppe *Kunden* (im Englischen *Clients*) und verwaltet sie unter KOMPONENTEN → BANNER → KUNDEN. Dahinter verbirgt sich die Liste aus Abbildung 6-2.

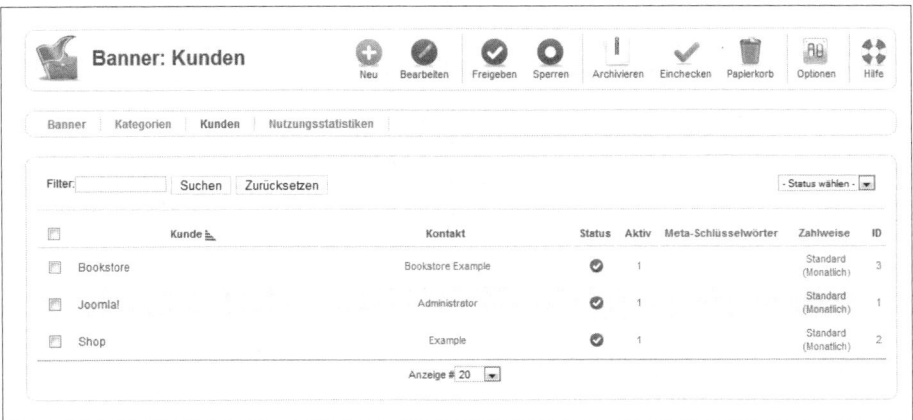

Abbildung 6-2: Die Liste mit allen existierenden Kunden

Mit den Beispieldaten wurden drei Kunden angelegt: einer namens *Bookstore*, dann *Joomla!* und schließlich noch ein gewisser *Shop* (in früheren Joomla!-Versionen gab es nur einen Kunden). Jeder von ihnen ist derzeit mit einem Werbebildchen vertre-ten, wie die Spalte AKTIV verrät. Direkt links daneben nennt die Spalte KONTAKT den jeweiligen Ansprechpartner bei der werbenden Firma.

Um einen neuen Kunden zu erstellen, klicken Sie in der Werkzeugleiste auf die Schaltfläche NEU. In das nun angezeigte Formular geben Sie unter KUNDENNAME den Namen des Kunden ein sowie unter KONTAKTNAME und KONTAKT E-MAIL die jeweils aktuellen Kontaktdaten eines Ansprechpartners.

Legen Sie für das Kinobeispiel die **Schauburg** als Kunden an. Der dortige Ansprech-partner heißt **Heinz Albers** und ist unter der E-Mail-Adresse **heinz@meineschauburg. de** zu erreichen. Das Formular sollte damit so wie in Abbildung 6-3 aussehen.

Achten Sie darauf, dass der STATUS auf FREIGEGEBEN steht. Unter ZAHLWEISE stel-len Sie ein, wann der Kunde das Geld für das elektronische Inserat überweist. Die Schauburg bezahlt die Schaltung ihrer Werbebanner JÄHRLICH. Die standardmäßig vorgegebene GLOBALE EINSTELLUNG entspricht einer monatlichen Überweisung.

Wenn Sie STATISTIK DER AUFRUFE und STATISTIK DER KLICKS auf JA setzen, protokolliert Joomla! akribisch für jeden Tag, wie oft die Werbebanner des Kunden in den letzten 24 Stunden auf der Website angezeigt wurden (STATISTIK DER AUFRUFE) beziehungsweise wie oft ein Besucher das Banner angeklickt hat (STATISTIK DER KLICKS).

Banner: Neuer Kunde

Neuer Kunde

Kundenname *	Schauburg
Kontaktname *	Heinz Albers
Kontakt E-Mail *	heinz@meineschauburg.de
Status	Freigegeben ▾
Zahlweise	Jährlich ▾
Statistik der Aufrufe	Nein ▾
Statistik der Klicks	Nein ▾
ID	0

Abbildung 6-3: Diese Daten legen die *Schauburg* als neuen Kunden an.

Warnung Diese Informationen geben nicht nur Aufschluss über den Erfolg einer Werbekampagne, sie sind auch unter Umständen notwendig, um mit dem Werbekunden abzurechnen. Allerdings produziert die Protokollierung zusätzlichen Rechenaufwand, was die Seitenauslieferung verlangsamen kann. Lassen Sie sie deshalb im Kinoportal erst einmal ausgeschaltet. Sie können diese Vorgabe später noch für jedes Werbebanner einzeln wieder aktivieren.

Welche Einstellungen hier standardmäßig bei der GLOBALEN EINSTELLUNG gelten, können Sie übrigens in der Liste mit allen Kunden aus Abbildung 6-2 hinter OPTIONEN auf dem Register KUNDENOPTIONEN festlegen.

Weiter geht es auf dem Register METADATENOPTIONEN auf der rechten Seite. Dessen Einstellungen haben eine besondere Funktion: Sie können Joomla! später anweisen, die Werbebanner so zu wählen, dass ihr Inhalt zum gerade gezeigten Artikel passt. Beispielsweise würde eine Werbung des Reiseveranstalters *Hinundweg* ideal zu Abenteuerfilmen passen. Wenn ein solcher Film den Besucher interessiert, dürfte er viel eher auch auf das Reisebanner aufmerksam werden. Damit Joomla! eine solche kontextabhängige Werbeeinblendung vornehmen kann, durchsucht es die Meta-Schlüsselwörter des jeweils angezeigten Beitrags (siehe Abschnitt »Beiträge anlegen« auf Seite 126) nach den hier unter META-SCHLÜSSELWORTE eingegebenen und jeweils durch ein Komma getrennten Stichwörtern. Damit die Suche nach den Stichwörtern etwas schneller geht, können Sie unter SCHLÜSSELWÖRTER-PRÄFIX ein Präfix eintippen, wie etwa **Abent**. Wenn Sie dann zusätzlich noch EIGENEN PRÄFIX VERWENDEN auf JA setzen, konzentriert sich Joomla! nur noch auf die Suche nach Wörtern, die mit Abent beginnen. Zusätzlich versteckt Joomla! natürlich auch noch sämtliche META-SCHLÜSSELWÖRTER in allen Seiten, auf denen ein Werbebanner des Kunden erscheint. Auf dieses Angebot stürzen sich dann insbesondere Suchmaschinen (siehe Kapitel 17, *Suchmaschinenoptimierung*).

Da das Werbebanner für die Schauburg omnipräsent sein soll, lassen Sie die Eingabefelder hier in den METADATENOPTIONEN leer.

Rechts auf dem Register ZUSÄTZLICHE INFORMATIONEN dürfen Sie im großen Eingabefeld schließlich noch ein paar weitere Daten über den Kunden hinterlassen, wie beispielsweise seine Postanschrift (siehe Abbildung 6-4).

Abbildung 6-4: Die Zusatzinformationen zur Schauburg

Ein Klick auf SPEICHERN & SCHLIEßEN führt wieder zurück zur Liste aller Kunden.

Tipp   Hinter den OPTIONEN aus der Werkzeugleiste können Sie auf dem Register KUNDEN-OPTIONEN die Zahlweise, die Anzeige- und Klickstatistik sowie das META-SCHLÜSSEL-WORT-PRÄFIX vorgeben. Die dort gewählten Grundeinstellungen gelten dann standardmäßig für jeden neu angelegten Kunden.

Ist der Werbevertrag später irgendwann ausgelaufen, haben Sie ähnlich wie bei den Beiträgen drei Möglichkeiten:

- Sie können den Kunden komplett aus dem System entfernen. Dazu markieren Sie den kleinen Kasten vor seinem Namen und werfen ihn dann in den PAPIER-KORB. Dort hinein linsen Sie, wenn Sie die Ausklappliste – STATUS WÄHLEN – am rechten Rand auf PAPIERKORB setzen. Um den Kunden dann endgültig ins Nirvana zu schicken, markieren Sie ihn und wählen PAPIERKORB LEEREN (mehr zum Papierkorb finden Sie in Kapitel 3, *Erste Schritte*, im Abschnitt »Inhalte löschen und der Papierkorb«).

- Könnte der Kunde in Zukunft vielleicht doch noch einmal Werbung schalten, sollten Sie ihn zunächst nur sperren (beispielsweise mit einem Klick auf den grünen Haken in der Spalte STATUS). Auf dem gleichen Weg können Sie ihn dann bei Bedarf wieder freigeben.

- Alternativ verschieben Sie ihn ins Archiv. Dazu markieren Sie seinen Kasten in der ersten Spalte und klicken auf ARCHIVIEREN in der Werkzeugleiste. Alle so archivierten Kunden zeigt Joomla! an, wenn Sie die Ausklappliste – STATUS WÄHLEN – auf ARCHIVIERT stellen. Um einen Kunden wieder aus dem Archiv zu holen, geben Sie ihn einfach wieder über die entsprechende Schaltfläche frei.

Banner-Kategorien anlegen

Sofern das Internetportal floriert und viele Firmen einen Werbeplatz buchen, kann man die Banner-Bilder noch einmal in Gruppen zusammenfassen. Analog zu den Beiträgen bezeichnet Joomla! diese Gruppen als *Kategorien*.

Warnung   Verwechseln Sie die Werbekategorien nicht mit denen für die Beiträge aus Kapitel 4, *Inhalte verwalten*, auch wenn die Arbeitsweise ganz ähnlich ist.

Diese Gruppierung dient zum einen der Übersicht: Mit 100 und mehr Bannern zu jonglieren kann schnell etwas unübersichtlich werden. Zum anderen kann man später die Anzeige auf Werbebanner aus einer dieser Kategorien beschränken.

Tipp   Auf diese Weise lassen sich sogar themenbezogene Kampagnen schalten: Im Beispiel des Kinoportals könnte man alle Anzeigen, die für das Filmfestival im Juli werben, in einer eigenen Kategorie zusammenfassen. Zwei Wochen vor Beginn des Festivals weist man Joomla! an, nur noch Anzeigen aus eben jener Kategorie zu verwenden.

Da unter Joomla! jedes Werbebanner mindestens einer Kategorie zugeordnet sein muss, geht es als Nächstes zum Menüpunkt KOMPONENTEN → BANNER → KATEGORIEN. Alternativ können Sie auch einfach auf das Register KATEGORIEN direkt unterhalb der Werkzeugleiste wechseln. In beiden Fällen landen Sie bei der Liste aus Abbildung 6-5.

Joomla! liefert in den Beispieldaten bereits zwei Kategorien mit. Eine neue Kategorie (für das Kinoportal) erstellen Sie wie gewohnt mit einem Klick auf die entsprechende Schaltfläche der Werkzeugleiste. Dann erscheint das Formular aus Abbildung 6-6.

Diese Eingabemaske entspricht fast vollständig ihrer Kollegin aus dem Abschnitt »Eine neue Kategorie erstellen« auf Seite 115: Unter TITEL verpassen Sie zunächst der Kategorie einen Namen, im Kinoportal etwa **Kinoportal Werbebanner**. Wenn Sie das ALIAS-Feld freilassen, wählt Joomla! wieder selbst einen passenden Alias- beziehungsweise Ersatznamen.

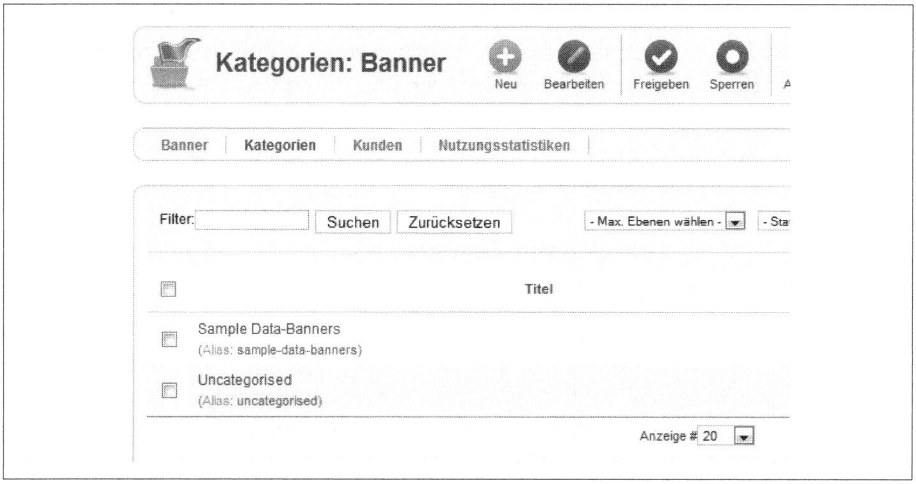

Abbildung 6-5:   Die Liste mit allen derzeit vorhandenen (Werbe-)Kategorien

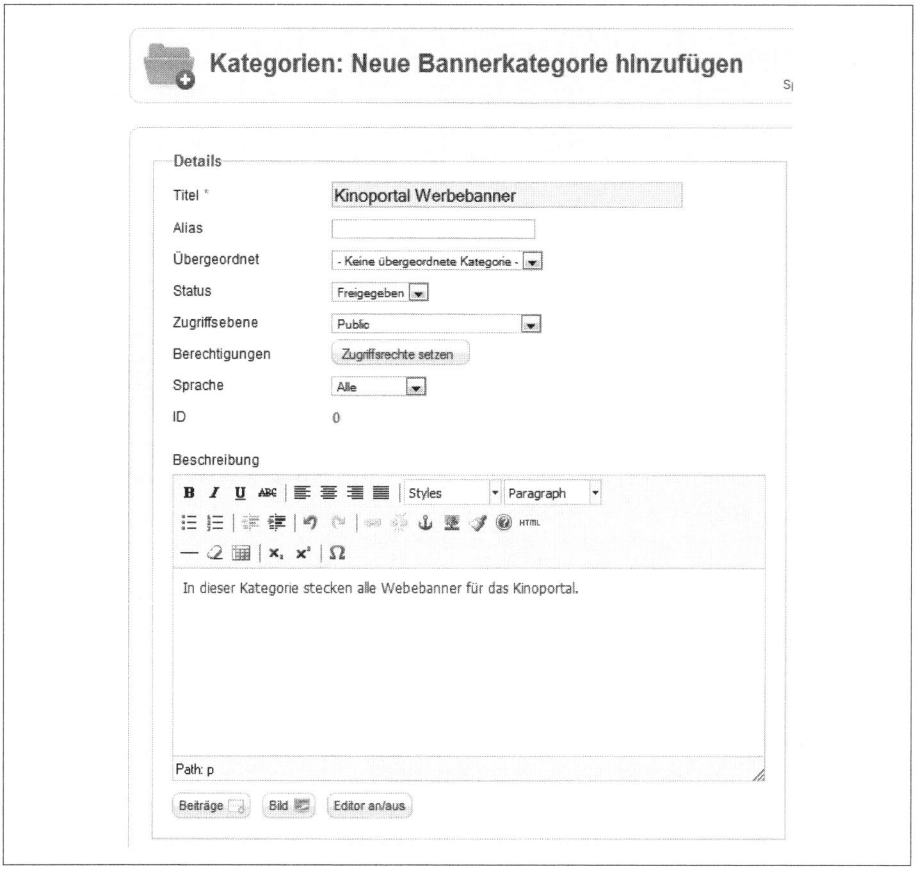

Abbildung 6-6:   Anlegen einer neuen (Werbe-)Kategorie

(Werbe-)Kategorien dürfen Sie wie ihre Kolleginnen für Beiträge ineinander verschachteln und so für Ordnung sorgen. Beispielsweise könnte man zunächst eine Kategorie für die Anzeigen aller Kinos erstellen und dieser dann noch einmal Unterkategorien für Programm- und Multiplex-Kinos spendieren. Die Werbeanzeigen der wirtschaftlich gebeutelten Programmkinos könnte man dann bevorzugt behandeln. Da im Kinoportal die Schauburg der einzige Werbekunde ist und somit die Anzahl der Werbebanner überschaubar ist, belassen Sie das Feld ÜBERGEORDNET auf – KEINE ÜBERGEORDNETE KATEGORIE –. Andernfalls müssten Sie hier der neuen Kategorie eine Oberkategorie zuweisen.

Der STATUS sollte auf FREIGEGEBEN stehen, nur dann erscheinen später auch alle Werbebanner aus dieser Kategorie auf der Homepage. Mit ZUGRIFFSEBENE und BERECHTIGUNGEN können Sie detailliert regeln, wer die Werbebanner in der Kategorie zu Gesicht bekommt. In den Standardeinstellungen sind dies alle Besucher (mehr zu den Zugriffsrechten folgt noch in Kapitel 9, *Benutzerverwaltung und -kommunikation*). Bei mehrsprachigen Seiten bestimmt die Ausklappliste SPRACHE, in welchen Sprachfassungen der Homepage die Webebanner vertreten sein sollen. Im Falle eines einsprachigen Internetauftritts belassen Sie hier ALLE. (Kapitel 12, *Mehrsprachigkeit* wird noch auf dieses Thema eingehen.)

Wenn Sie mögen, dürfen Sie der Kategorie abschließend noch eine BESCHREIBUNG verpassen.

Für das Kinoportal sollte das Formular jetzt so wie in Abbildung 6-6 aussehen.

Auf der Homepage können Sie später immer nur einzelne Werbebanner anzeigen lassen und nie alle in einer Kategorie gesammelten auf einmal. Daher sind die Einstellungen auf den Registern zur rechten Seite zumindest weitgehend nutzlos. Zwar können Sie der Kategorie in den BASISOPTIONEN ein Bild zuordnen, dies bekommt aber später niemand mehr zu Gesicht. Sie können daher die Einstellungen allesamt ignorieren – mit einer kleinen Ausnahme, die sich auf dem Register METADATENOPTIONEN versteckt.

Wie bereits bei den Kunden erwähnt, können Sie immer zum Beitragsinhalt passende Werbebanner einblenden lassen. Zur Filmkritik zu *Stirb Langsam* würden beispielsweise die Banner aus einer Kategorie für Abenteuerreisen passen. Damit Joomla! eine solche kontextabhängige Werbeeinblendung vornehmen kann, durchsucht es die Meta-Schlüsselwörter des jeweils angezeigten Artikels (siehe Abschnitt »Beiträge anlegen« auf Seite 126) nach den hier unter META-SCHLÜSSELWORTE eingegebenen und jeweils mit einem Komma voneinander getrennten Stichwörtern. Da im Kinoportal nur das Werbeplakat der Schauburg existiert, können Sie auf diesen Mechanismus verzichten und das Feld somit leer lassen.

Legen Sie jetzt die neue Kategorie via SPEICHERN & SCHLIEßEN an. Damit kehren Sie gleichzeitig zur Liste mit allen Kategorien zurück.

Dort können Sie später ausgediente Kategorien genau wie schon die Kunden in den Papierkorb werfen oder archivieren. Was alles im Papierkorb und Archiv liegt, erfahren Sie, wenn Sie die Ausklappliste – STATUS WÄHLEN – entsprechend umstellen. Auch die übrigen Ausklapplisten funktionieren wie von den Beitragskategorien her bekannt.

Tipp Mit den Ausklapplisten und Schaltflächen unterhalb dieser Liste können Sie die Werbebanner-Kategorien verschieben und kopieren. Dabei gehen Sie wie in den Abschnitten »Kategorien verschieben« und »Kategorien kopieren« ab Seite 123 beschrieben vor.

Die Banner einbinden

Sind eine Kategorie und mindestens ein Werbekunde vorhanden, können Sie im nächsten Schritt dessen Banner-Grafiken einbinden. Dies geschieht hinter dem Menüpunkt KOMPONENTEN → BANNER → BANNER. Alternativ können Sie auch wieder einfach auf das gleichnamige Register direkt unterhalb der Werkzeugleiste wechseln. In jedem Fall landen Sie damit in der Liste aus Abbildung 6-7. Sie zeigt alle derzeit bekannten Banner an – die allerdings nicht notwendigerweise den Besuchern präsentiert werden.

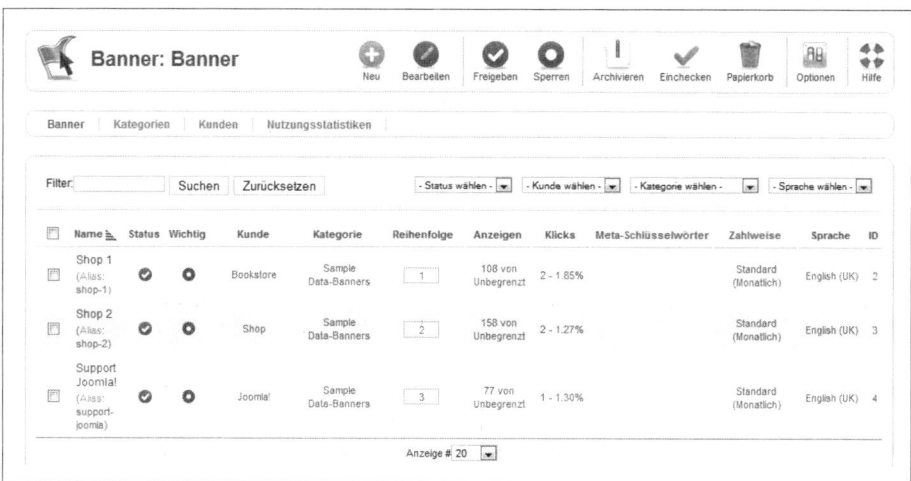

Abbildung 6-7: Die Liste mit allen Werbebannern aus den mitgelieferten Beispieldaten

Die Spalte WICHTIG verrät zunächst, ob das jeweilige Banner bevorzugt auf der Homepage erscheint. Ihre Kollegin ANZEIGEN (in der Mitte der Tabelle) zählt, wie oft das Werbebanner bereits auf der Homepage angezeigt wurde. Die zweite Zahl, die dort hinter VON erscheint, führt darüber Buch, wie viele Seitenaufrufe noch übrig sind, bevor das Banner wieder für immer in der Versenkung verschwindet. Steht dort wie in der Abbildung 6-7 UNBEGRENZT, läuft der Werbevertrag nie aus.

Die Spalte KLICKS verrät, wie oft Besucher schon auf das Werbebanner geklickt haben. Der Prozentwert hinter dem Bindestrich besagt, wie viel Prozent aller Besucher dies waren – und weist somit darauf hin, welches Werbeangebot für die Besucher besonders verführerisch war.

Um ein neues Werbebanner wie etwa für die Schauburg im Kinoportal anzumelden, klicken Sie in der Werkzeugleiste auf NEU. Es erscheint ein etwas monströses Formular, von dem Abbildung 6-8 die linke obere Ecke zeigt.

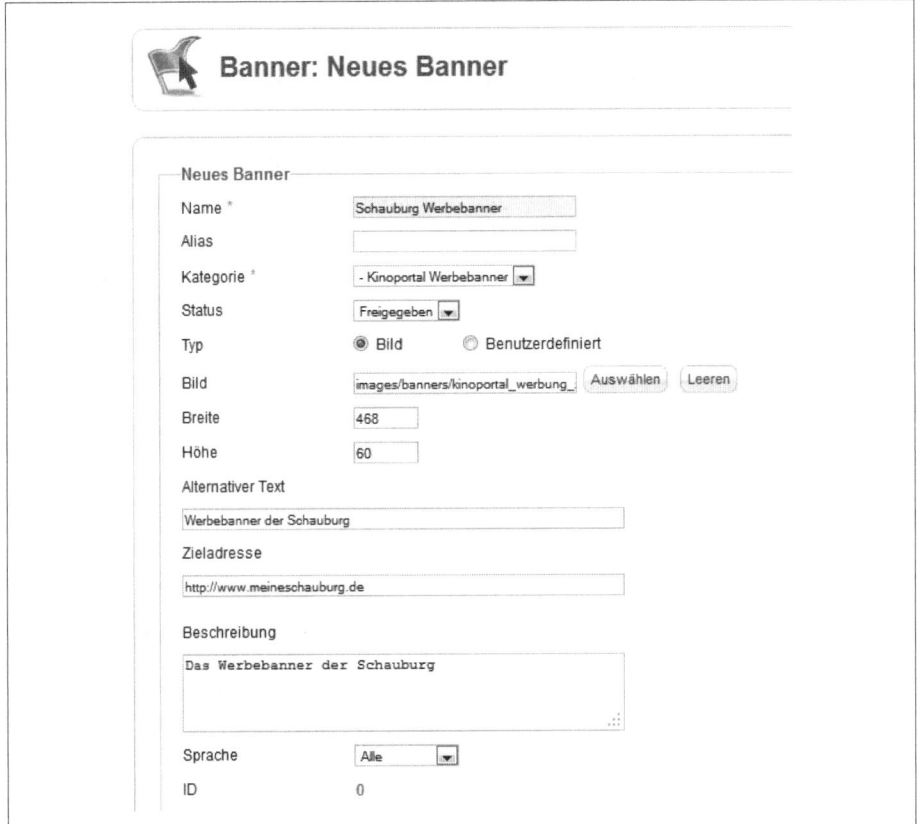

Abbildung 6-8: Diese Einstellungen komplettieren die Einrichtung eines Banners für die Schauburg.

Basisinformationen

In diesem Formular müssen Sie jetzt einmal alle Einstellungen kurz durchgehen und anpassen:

NAME

Zunächst vergibt man hier einen möglichst aussagekräftigen Namen für das neue Banner – im Fall des Kinoportals etwa **Schauburg Werbebanner**.

ALIAS

Hier kann ein Alias- beziehungsweise Ersatzname eingegeben werden. Er dient hauptsächlich internen Zwecken. Beispielsweise hilft er bei der Suchmaschinenoptimierung. Lassen Sie ihn leer; Joomla! wählt dann selbst einen passenden Namen.

KATEGORIE

Hier bestimmen Sie die Kategorie, unter der Joomla! die Werbetafel einsortieren soll. Für das Kinoportal wäre dies KINOPORTAL WERBEBANNER.

STATUS

Die Werbetafel erscheint nur dann auf der Homepage, wenn sie hier FREIGEGEBEN ist.

Der TYP verlangt nun aufgrund seiner Arbeitsweise eine etwas ausführlichere Erklärung.

In der Regel ist ein Werbebanner nichts anderes als ein einfaches Bild. Auch im Kinoportal hat die Schauburg ein PNG-Bild mit ihrem Logo geliefert, das Sie auf der CD im Verzeichnis *Kapitel6* finden. Mit solch einem Bild auf der Festplatte belassen Sie TYP auf BILD und klicken auf AUSWÄHLEN. Es öffnet sich wieder einmal die Mini-Variante der Medienverwaltung. Sie zeigt hier ausschließlich die Bilder im Unterverzeichnis *banners* an, das sich standardmäßig im *images*-Ordner Ihrer Joomla!-Installation befindet (siehe auch Kapitel 5, *Medien verwalten*, Abschnitt »Mit Verzeichnissen Ordnung halten« auf Seite 188).

Tipp   Wenn Sie hier eine Fehlermeldung präsentiert bekommen, kann Joomla! eben jenes Bannerverzeichnis nicht finden. Um den Fehler zu beheben, müssen Sie noch einmal zum Administrationsbereich zurückkehren, dann zum Menüpunkt INHALT → MEDIEN wechseln, dort auf OPTIONEN klicken und auf dem Register KOMPONENTE einen Blick in das Eingabefeld BILDVERZEICHNIS-PFAD werfen. Im dort eingetragenen Ordner erwartet Joomla! das *banners*-Verzeichnis. Steht dort beispielsweise *images*, sucht Joomla! in seinem eigenen Installationsverzeichnis den Unterordner *images/banners* auf und hält dort nach Werbebannern Ausschau. Sie müssen folglich kurz in der Medienverwaltung kontrollieren, ob dieses Verzeichnis existiert, und es gegebenenfalls erstellen (wie das funktioniert, hat bereits Kapitel 5, *Medien verwalten* beschrieben). Achten Sie dabei auf die korrekte Schreibweise von *banners*. Existiert das Verzeichnis bereits an der korrekten Stelle und erhalten Sie weiterhin eine Fehlermeldung, so sollten Sie die Zugriffsrechte kontrollieren (siehe auch Kapitel 2, *Installation*).

Klicken Sie jetzt auf DURCHSUCHEN..., wählen Sie dann das Werbebanner auf der Festplatte (beziehungsweise von der CD) aus, und übergeben Sie es schließlich per HOCHLADEN STARTEN an Joomla!. Anschließend klicken Sie das Banner im oberen Bereich an, woraufhin sein Name im Feld BILD WEBADRESSE erscheint. Lassen Sie es jetzt in das Formular EINFÜGEN.

Version   In Joomla! 1.5 musste man das Bild erst explizit über die Medienverwaltung in das dafür vorgesehene Unterverzeichnis *banners* hochladen (also in der Joomla!-Installation im Verzeichnis */images/banners*).

Unter BREITE und HÖHE müssen Sie jetzt noch die Abmessungen des Bildes eintragen. Das Werbebanner der Schauburg ist **468** Pixel breit und **60** Pixel hoch.

Tipp   Die Bildgröße verrät Ihnen auch die Medienverwaltung in der DETAILS-Ansicht (siehe Kapitel 5, *Medien verwalten*).

Die Bildgröße ist Joomla! prinzipiell egal, dennoch haben sich für Werbebanner im Internet Standardgrößen etabliert. Die weiteste Verbreitung hat dabei das sogenannte *Fullbanner-Format* von 468 x 60 Bildpunkten (Pixel). Weitere gängige Formate nennt beispielsweise der Wikipedia-Artikel unter *http://de.wikipedia.org/wiki/Werbebanner*. Als Dateiformat kommen wie auch sonst PNG, JPEG oder GIF infrage – nur sie werden später von den Internetbrowsern der Besucher ohne Probleme angezeigt.

Abschließend dürfen Sie noch einen ALTERNATIVEN TEXT eintippen. Diesen präsentiert der Browser immer dann, wenn das Bild nicht angezeigt werden kann – beispielsweise weil der Besucher mit einer Braillezeile oder einem kleinen Mobiltelefon im Internet unterwegs ist. Beschreiben Sie möglichst in nur einem Satz, was auf dem Werbebanner zu sehen ist. Im Kinoportal genügt beispielsweise schon der Hinweis **Werbebanner der Schauburg**.

Um die Aufmerksamkeit auf sich zu ziehen, setzen immer mehr Werbende interaktive Elemente ein. Für diese erhalten Sie anstelle eines Bildes einen kleinen Schnipsel kryptischen Programmcode, den Sie in Ihre Webseite einbauen müssen. Ist dies bei Ihnen der Fall, markieren Sie neben TYP den Punkt BENUTZERDEFINIERT und hinterlegen dann den Programmcode im Feld BENUTZERDEFINIERTER CODE.

Die jetzt noch verbleibenden Einstellungen sind wieder rasch erklärt:

ZIELADRESSE
Klickt ein Besucher auf das Werbebanner, so wird er auf die hier angegebene Internetseite weitergeleitet. In der Regel verweist die Adresse auf die Homepage des Werbenden – im Kinoportal etwa auf *http://www.meineschauburg.de*.

BESCHREIBUNG
Hier dürfen Sie weitere Bemerkungen oder Anmerkungen zum Werbebanner eintragen, wie etwa **Das Werbebanner der Schauburg**.

SPRACHE
Bei einer mehrsprachigen Website stellen Sie hier ein, in welchen Sprachfassungen das Banner auftauchen soll. Bei einem einsprachigen Auftritt wie im Kinoportal behalten Sie hier die Voreinstellung ALLE bei. Um Mehrsprachigkeit kümmert sich noch Kapitel 12, *Mehrsprachigkeit*.

Im Fall des Kinoportals sollte das Formular so wie in Abbildung 6-8 aussehen.

Veröffentlichungsoptionen

Auf der rechten Seite können Sie jetzt im Register VERÖFFENTLICHUNGSOPTIONEN festlegen, wann das Banner wie oft auf der Website erscheinen soll (siehe Abbildung 6-9).

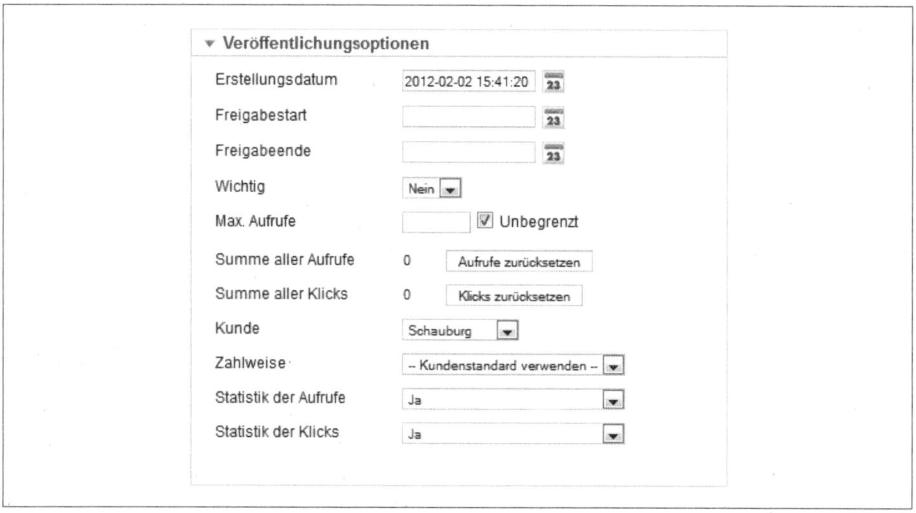

Abbildung 6-9: Diese Einstellungen legen fest, wann und wie lange das Banner auf der Website erscheinen soll, und liefern obendrein noch ein paar Statistiken.

ERSTELLUNGSDATUM

An diesem Datum haben Sie das Banner im Administrationsbereich angelegt. Für gewöhnlich müssen Sie es nie ändern.

FREIGABESTART

Ab diesem Zeitpunkt erscheint das Werbebanner erstmals auf Ihrer Webseite. Wenn Sie das Feld leer lassen, ist dies prinzipiell sofort nach dem Speichern der Fall. Für das Banner der Schauburg übernehmen Sie hier die Voreinstellung.

FREIGABEENDE

Ab dem hier eingetragenen Zeitpunkt sperrt Joomla! das Banner und nimmt es somit von der Website. Wenn Sie das Feld leer lassen, bleibt die Werbung so lange freigeschaltet, bis Sie sie manuell wieder abschalten.

Die Einstellungen FREIGABESTART und FREIGABEENDE sind insbesondere dann nützlich, wenn der Kunde seine Anzeige nur für einen bestimmten Zeitraum gebucht hat. In diesem Fall stellen Sie den Startzeitpunkt der Kampagne unter FREIGABESTART ein, das Ende unter FREIGABEENDE. Joomla! schaltet dann das Werbebanner automatisch frei und nimmt es nach Ablauf der Aktion wieder von der Homepage.

Wenn Sie ein Datum ändern müssen, ruft ein Klick auf das Symbol rechts neben dem jeweiligen Eingabefeld einen kleinen Kalender hervor, in dem Sie bequem das passende Datum auswählen können. Andernfalls notieren Sie Datum und Zeit nach dem Schema: *Jahr-Monat-Tag Stunde:Minute:Sekunde*. Das Jahr müssen Sie dabei vierstellig angeben, Monat und Tag jeweils als zweistellige Zahlen.

Im Kinoportal lassen Sie für das Banner der Schauburg die beiden Felder FREIGABESTART und FREIGABEENDE leer.

WICHTIG

Später auf der Website kann normalerweise immer nur ein Banner erscheinen. Damit es dabei fair zugeht, zeigt Joomla! bei jeder Seitenabfrage ein anderes Werbebanner an. Wenn Sie hier WICHTIG auf JA setzen, behandelt Joomla! dieses neue Banner jedoch bevorzugt. Es erscheint dann auf der Website häufiger als andere Banner. Auf diese Weise können Sie einen gut zahlenden Kunden bevorzugt behandeln. Im Kinoportal lassen Sie hier für die Schauburg die Vorgabe NEIN stehen.

MAX. AUFRUFE

Gibt die Anzahl der gekauften Einblendungen an. Beispielsweise könnte das lokale Kino einen Geldbetrag für 100 Einblendungen überwiesen haben. Als Einblendung gilt hier jeder Seitenaufruf, bei dem das Werbebanner erscheint. Gibt es beispielsweise nur das Banner der Schauburg und rufen 100 Menschen die Homepage auf, so ist das Soll bereits erfüllt. Joomla! würde dann die Werbung automatisch von der Homepage nehmen. Ist hingegen der Punkt UNBEGRENZT markiert, fällt diese Beschränkung weg, und der Werbevertrag läuft unbegrenzt weiter (sofern nicht FREIGABEENDE etwas anderes vorgibt). Für das Banner der Schauburg gibt es kein Limit. Lassen Sie folglich UNBEGRENZT abgehakt und das Feld leer.

SUMME ALLER AUFRUFE

Gibt an, wie oft das Webebanner schon auf der Website angezeigt wurde. Da das Banner gerade erst erstellt wird, steht der Zähler noch auf 0. Per AUFRUFE ZURÜCKSETZEN können Sie ihn später wieder auf diesen Ausgangswert zurücksetzen.

SUMME ALLER KLICKS

Gibt an, wie oft das Werbebanner bereits von Besuchern angeklickt wurde. Dieser Zählerstand ist insbesondere für eine Abrechnung mit dem Werbenden interessant und gibt darüber hinaus Hinweise, wie »beliebt« das Banner war. Über die Schaltfläche KLICKS ZURÜCKSETZEN können Sie den Zähler manuell wieder auf 0 stellen.

KUNDE

Hier stellen Sie ein, zu welchem Kunden das Werbebanner gehört. Im Kinoportal ist dies die SCHAUBURG.

ZAHLWEISE

Hier stellen Sie ein, wann der Kunde die Schaltung genau dieses Werbebanners bezahlt. Bei der Einstellung – KUNDENSTANDARD VERWENDEN – gilt die Zahlweise, die Sie vorhin beim Anlegen des Kunden vorgegeben haben (siehe Abschnitt »Werbekunden verwalten«). Eine andere Einstellung müssen Sie hier wählen, wenn beispielsweise eine Sonderaktion nur über eine Woche läuft und der Kunde diese anders als üblich abrechnen möchte. Für die Schauburg im Kinoportal belassen Sie hier den Standardwert.

STATISTIK DER AUFRUFE *und* STATISTIK DER KLICKS

Joomla! zählt automatisch mit, wie oft ein Werbebanner bereits auf der Website eingeblendet wurde und wie oft Besucher es angeklickt haben. Diese Zählung kann das Content-Management-System auf Wunsch auch noch für jeden einzelnen Tag gesondert durchführen. Sie erfahren so, wie oft das Werbebanner in den letzten 24 Stunden angezeigt (STATISTIK DER AUFRUFE) beziehungsweise angeklickt (STATISTIK DER KLICKS) wurde, und können dies mit den Werten der vorangegangenen Tage vergleichen. Diese detailliertere Aufstellung ist unter Umständen auch für die Abrechnung mit dem Werbekunden notwendig.

Warnung   Allerdings produziert die Protokollierung zusätzlichen Rechenaufwand, was die Seitenauslieferung verlangsamen kann. Schalten Sie die beiden Punkte deshalb wirklich nur dann an, wenn Sie die Statistik tatsächlich benötigen.

Wenn Sie die jeweilige Ausklappliste auf – KUNDENSTANDARD VERWENDEN – setzen, übernimmt Joomla! die entsprechenden Einstellungen des KUNDEn (siehe auch Abschnitt »Werbekunden verwalten« auf Seite 197).

Da im Kinoportal nur ein einsames Werbebanner der Schauburg existiert, stellen Sie beide Ausklapplisten auf JA.

Für das Kinoportal-Beispiel sollten die Einstellungen jetzt wie in Abbildung 6-9 aussehen.

Kontextabhängige Werbung

Damit bleibt noch das Register METADATENOPTIONEN. Es hat eine ganz analoge Funktion wie sein Pendant bei den Werbekunden: Sie können Joomla! später anweisen, die Werbebanner so zu wählen, dass ihr Inhalt zum gerade gezeigten Beitrag passt. Beispielsweise würde eine Werbung für einen Abenteuerurlaub in Amerika doch prima zur Filmkritik von *Stirb Langsam* passen. Wenn der Film einen Besucher interessiert, dürfte er vermutlich auch an einem Abenteuerurlaub Interesse zeigen und die Werbung neben der Filmkritik somit eher bemerken.

Damit Joomla! eine solche kontextabhängige Werbeeinblendung vornehmen kann, durchsucht es die Meta-Schlüsselwörter des jeweils angezeigten Beitrags (siehe Abschnitt »Beiträge anlegen« auf Seite 126) nach den hier unter META-SCHLÜSSEL-

WORTE eingegebenen und per Komma getrennten Stichwörtern. Beachten Sie, dass Joomla! nicht nur nach den hier eingegebenen Schlüsselwörtern fahndet, sondern auch noch die META-SCHLÜSSELWORTE des Kunden und der Kategorie heranzieht.

Damit die Suche nach den Stichwörtern etwas schneller geht, können Sie unter META-SCHLÜSSELWÖRTER-PRÄFIX ein Präfix eintippen, wie etwa **Abent**. Joomla! konzentriert sich dann bei seiner Suche im Beitrag nur noch auf Wörter, die mit Abent beginnen – das geschieht allerdings nur, wenn Sie EIGENEN PRÄFIX VERWEN-DEN auf JA setzen, andernfalls verwendet Joomla! das Präfix, das Sie beim zugehöri-gen Kunden hinterlegt haben (siehe Abschnitt »Werbekunden verwalten«).

Im Kinoportal ist diese Funktion nicht notwendig – wie in der Regel auch in den meisten übrigen Fällen. Lassen Sie daher das Register METADATENOPTIONEN leer.

Nach einem Klick auf SPEICHERN & SCHLIEßEN kehren Sie automatisch zur Liste mit allen Werbebannern zurück.

Banner auf der Website anzeigen

Damit erscheint das neue Banner allerdings noch nicht automatisch auf der Web-site. Dazu benötigen Sie die Hilfe eines sogenannten Moduls. Was es mit diesen Dingern genau auf sich hat, klärt das gleich noch folgende Kapitel 7, *Module – Die kleinen Brüder der Komponenten*. Gehen Sie im Moment einfach davon aus, dass Sie für die Darstellung des Banners eines dieser Module benötigen. Um es anzulegen, wechseln Sie zum Menüpunkt ERWEITERUNGEN → MODULE, klicken auf NEU und wählen im erscheinenden Fenster BANNER. Das damit neu erstellte Modul kümmert sich um die eigentliche Darstellung der Werbebanner auf der Homepage.

Geben Sie jetzt dem neuen Modul im linken Bereich DETAILS einen TITEL, wie etwa **Werbebanner**, klicken Sie dann auf POSITION AUSWÄHLEN, suchen Sie in der Liste den Eintrag POSITION-12, und klicken Sie ihn an. Das Formular sieht damit so aus wie in Abbildung 6-10. Damit erscheint das Banner gleich an einer gut sichtbaren, promi-nenten Stelle (die den Namen *position-12* trägt) auf der Website.

Abbildung 6-10: Die Position regelt, wo auf der Website das Werbebanner erscheint.

Abschließend müssen Sie dem Modul noch sagen, welche Werbebanner es anzeigen soll. Dazu klappen Sie rechts das Register BASISOPTIONEN auf, stellen unter KUNDE die SCHAUBURG ein und markieren die Kategorie KINOPORTAL WERBEBANNER (siehe Abbildung 6-11). Wenn Sie die kontextabhängige Werbeeinblendung nutzen wollen, setzen Sie noch NACH TAG SUCHEN auf JA; im Fall des Kinoportals behalten Sie hier das NEIN bei. Alle anderen Einstellungen im Formular belassen Sie auf ihren Vorgaben.

Bestätigen Sie Ihre Änderungen via SPEICHERN & SCHLIESSEN, und wechseln Sie in die VORSCHAU.

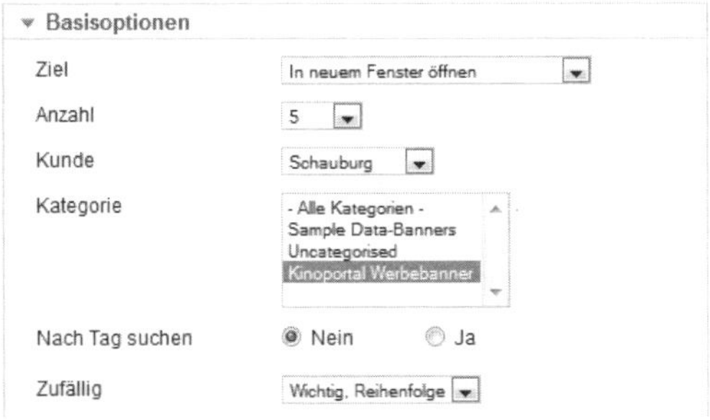

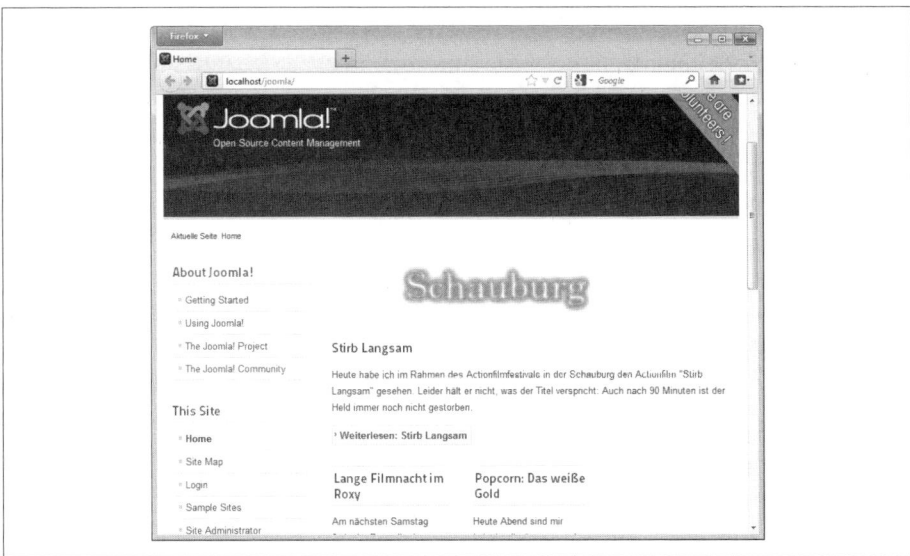

Abbildung 6-11: Mit diesen Einstellungen zeigt das Modul ausschließlich Werbebanner an, die dem Kunden Schauburg gehören und gleichzeitig aus der Kategorie »Kinoportal Werbebanner« stammen.

Damit zeigt sich das neue Werbebanner der Schauburg endlich auf der Website, wie in Abbildung 6-12 zu sehen ist.

Abbildung 6-12: Das neue Banner auf der Homepage

Statistiken

Wenn Sie die tägliche Protokollierung aktiviert haben (Einstellungen STATISTIK DER AUFRUFE und STATISTIK DER KLICKS), wie im Beispiel des Werbebanners für die Schauburg, finden Sie die Auswertung im Administrationsbereich hinter dem Menüpunkt KOMPONENTEN → BANNER → STATISTIKEN (siehe Abbildung 6-13).

Abbildung 6-13:   Am 02.02.2012 wurde das Werbebanner der Schauburg genau 2-mal angezeigt.

Hier treffen Sie auf eine sehr wahrscheinlich recht lange und umfangreiche Tabelle. Wie umfangreich sie ist, hängt davon ab, wie viele Werbebanner Sie von Joomla! so detailliert beobachten lassen und wie lange sie bereits für Besucher sichtbar sind. Um etwas Licht in den Datenwust zu bringen, sollten Sie unbedingt die Filter und Ausklapplisten am oberen Tabellenrand verwenden.

Um beispielsweise herauszufinden, wie oft das Werbebanner der Schauburg am 02. 02.2012 angezeigt wurde, setzen Sie zunächst die Ausklappliste – KUNDE AUSWÄHLEN – auf die SCHAUBURG und – KATEGORIE WÄHLEN – auf KINOPORTAL WERBEBANNER. Damit erscheinen in der Liste nur noch die Werbebanner der Schauburg. Gefragt war, wie oft das Werbebanner auf der Homepage *angezeigt* wurde. Setzen Sie deshalb noch – TYP – auf ANZEIGE.

Suchen Sie jetzt alle Einträge, die als DATUM den 02.02.2012 tragen. Als Hilfe können Sie den Betrachtungszeitraum über die beiden Felder ANFANGSDATUM und ENDDATUM einschränken. Mit einem Klick auf die nebenstehenden Symbole holen Sie einen Kalender hervor, der die Auswahl vereinfacht. Denken Sie zudem daran, dass Sie mit einem Klick auf die Spaltenbeschriftung die Tabelle auch nach Datum sortieren lassen können.

Durch diese ganzen Filtermöglichkeiten sollten jetzt nur noch wenige übersichtliche Einträge übrig bleiben. Die Spalte ERGEBNIS verrät jetzt, wie oft die jeweiligen Werbebanner an dem entsprechenden Tag angezeigt wurden. Wenn Sie auch noch wissen möchten, wie oft das Werbebanner angeklickt wurde, setzen Sie die Ausklappliste ganz rechts (– TYP –) auf KLICK.

Welchen Wert die Spalte ERGEBNIS angibt, sehen Sie auch noch einmal in ihrer Kollegin TYP. Bei ANZEIGE steht unter ERGEBNIS, wie häufig das Werbebanner an diesem Tag angezeigt wurde; bei KLICK steht hingegen, wie oft es jemand angeklickt hat.

In der Tabelle finden Sie übrigens nur dann einen Eintrag für einen Tag, wenn das Werbebanner auch tatsächlich angezeigt beziehungsweise angeklickt wurde.

Wie schon das kleine Beispiel zeigte, ist die Auswertung der Statistiken innerhalb von Joomla! recht mühsam. Aus diesem Grund können Sie sich alle Daten per EXPORT in der Werkzeugleiste als Tabelle herunterladen. Im erscheinenden Fenster müssen Sie nur noch angeben, ob Joomla! die Daten vor dem Versand noch in einer ZIP-Datei komprimieren soll, einen Dateinamen eintippen und auf STATISTIKEN EXPORTIEREN klicken. Das Ergebnis ist dann eine Tabelle im CSV-Format, das jede bessere Tabellenkalkulation lesen und verarbeiten kann.

Wenn Ihnen die Einträge und Statistiken irgendwann über den Kopf wachsen, können Sie sie auch einfach über den gleichnamigen Knopf in der Werkzeugleiste löschen. Joomla! legt allerdings weiterhin neue Statistiken an. Um das zu unterbinden, müssen Sie die Protokollierung abschalten (indem Sie die Punkte STATISTIK DER AUFRUFE und STATISTIK DER KLICKS in den Einstellungen des Banners und des Kunden jeweils auf NEIN setzen).

Kontaktformulare

Das Kinoportal floriert, es gibt fleißige Autoren, die Filmkritiken beisteuern, und die hohen Besucherzahlen sprechen für sich. Einige der Besucher würden jedoch gern mit den Autoren Kontakt aufnehmen. Genau für diesen Zweck existiert die Komponente *Kontakte* (englisch *Contacts*). Sie verwaltet Kontakt- und Adressdaten und stellt sie übersichtlich aufbereitet auf der Homepage bereit. Abbildung 6-14 zeigt ein Beispiel für eine solche Seite.

Abbildung 6-14:   Beispiel für einen Kontakt

Alle auf einer solchen virtuellen Visitenkarte untergebrachten Informationen bezeichnet Joomla! zusammenfassend als *Kontakt*.

Auf Wunsch fügt die Komponente sogar noch ein komfortables Kontaktformular hinzu, über das der Besucher direkt eine Frage stellen kann (siehe Abbildung 6-15).

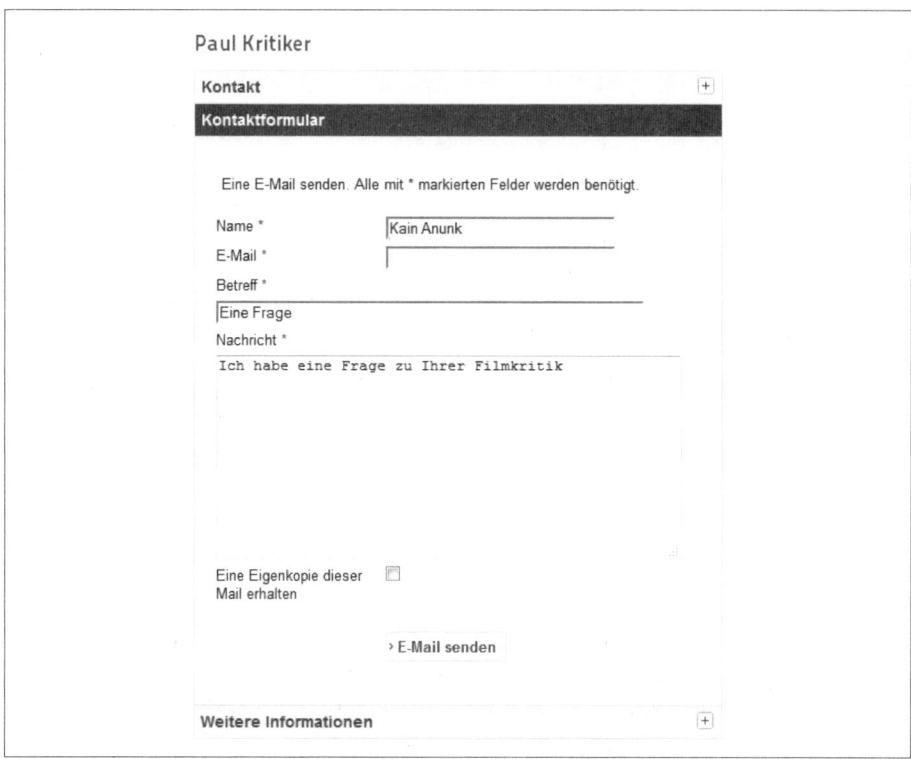

Abbildung 6-15: Beispiel für ein Kontaktformular

 Tipp　Auf diese Weise kann man nicht nur die Kontaktdaten echter Personen nennen, sondern natürlich auch die Adressen der umliegenden Kinos bereitstellen.

Kategorien für die Kontakte anlegen

Joomla! gruppiert alle erreichbaren Personen in sogenannten Kategorien. Letztere erweisen sich insbesondere in Firmen als nützlich, wenn beispielsweise die Kontaktaufnahme sofort in die jeweils zuständige Abteilung dirigiert werden soll. In einem solchen Fall könnte eine der Kategorien *Vertrieb* lauten, eine andere *Support*. Dort würde man dann die entsprechenden Kontaktdaten der jeweiligen Mitarbeiter finden.

 Warnung　Verwechseln Sie nicht die hier behandelten Kategorien für Kontakte mit denen der Beiträge aus Kapitel 4, *Inhalte verwalten*. Die beiden haben nichts miteinander zu tun.

Später auf der Website gibt es für jede Kategorie eine kleine Übersichtsseite, die alle in der Kategorie enthaltenen Kontaktmöglichkeiten auflistet. Abbildung 6-16 zeigt eine solche Übersichtsseite aus den Beispieldaten. (Sie erreichen die Seite in der Vorschau über USING JOOMLA! → USING EXTENSIONS → COMPONENTS → CONTACT COMPONENT → CONTACT CATEGORIES → SHOP SITE.)

Abbildung 6-16: Beispiel für die Übersichtsseite einer Kontaktkategorie

Ein Klick auf die SHOP ADRESS würde dann zum eigentlichen Kontaktformular führen. Joomla! selbst verlangt, dass sich jeder Kontakt in genau einer Kategorie befindet.

Die Verwaltung aller Kategorien übernimmt der Bildschirm hinter KOMPONENTEN → KONTAKTE → KATEGORIEN. Wenn Sie der Schnellinstallation aus Kapitel 2, *Installation*, gefolgt sind beziehungsweise die Beispieldaten eingespielt haben, existieren bereits zahlreiche fertige Kategorien (siehe Abbildung 6-17). Für die eigene Website muss jedoch in der Regel eine neue Kategorie her.

Das gilt auch für das Kinoportal, wo eine neue Kategorie die Kontakte der Filmkritiker sammeln soll.

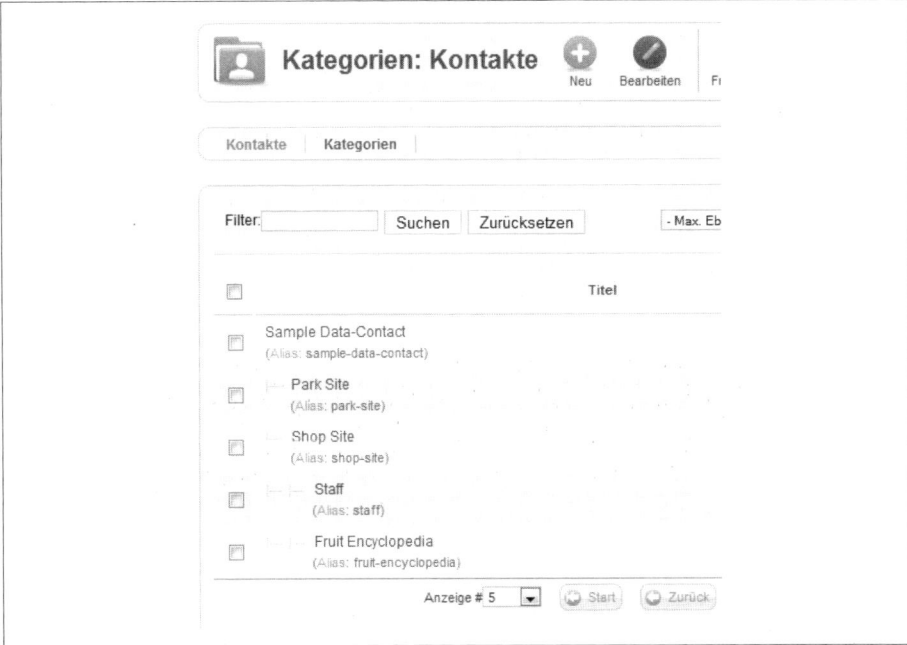

Abbildung 6-17: Der Verwaltungsbildschirm für die Kontaktkategorien

Mit der Schaltfläche Neu in der Werkzeugleiste legen Sie eine neue Kategorie an. Das nun erscheinende Formular dürfte Ihnen bereits aus den vorherigen Kapiteln bekannt vorkommen (siehe Abbildung 6-18).

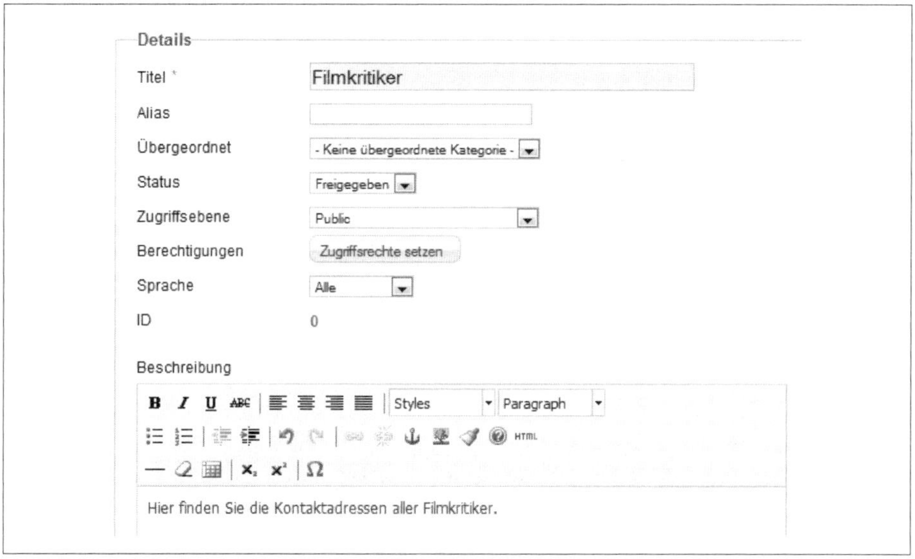

Abbildung 6-18:   Die Basisdaten für die neue Kontaktkategorie

Es ähnelt seinem Kollegen für die Beiträge aus Kapitel 4, *Inhalte verwalten*, und fragt die gleichen Daten ab:

TITEL

> Der Name der Kategorie, der später auch auf der Homepage als Überschrift erscheint. Für das Kinoportal-Beispiel wählen Sie hier **Filmkritiker**.

ALIAS

> Ein Alias- beziehungsweise Ersatzname für die Kategorie. Er dient hauptsächlich internen Zwecken, beispielsweise hilft er bei der Suchmaschinenoptimierung. Sie können ihn in der Regel leer lassen und somit Joomla! die Wahl eines Alias überlassen.

ÜBERGEORDNET

> Die Kontaktkategorien dürfen Sie ineinander verschachteln, um so für Ordnung zu sorgen. Beispielsweise könnte man zunächst eine Kategorie für alle Filmkritiker schaffen und diese dann noch einmal in Unterkategorien mit ihren Anfangsbuchstaben einsortieren. Wenn Sie diese (neue) Kategorie einer anderen unterordnen möchten, müssen Sie hier ihre übergeordnete Kategorie einstellen.

> Im Kinoportal ist die Anzahl der Filmkritiker noch überschaubar, weshalb keine untergeordneten Kategorien notwendig sind. Belassen Sie daher das Feld ÜBERGEORDNET auf – KEINE ÜBERGEORDNETE KATEGORIE –.

STATUS

Nur wenn hier ein FREIGEGEBEN steht, erscheinen die Kategorie und ihre Kontaktformulare auf der Website.

ZUGRIFFSEBENE *und* BERECHTIGUNGEN

Mit diesen beiden Punkten sowie dem großen Register KATEGORIEBERECHTIGUNGEN am unteren Rand legen Sie fest, welche Personengruppen überhaupt die Kontaktinformationen in dieser Kategorie einsehen dürfen. Mit den Standardeinstellungen dürfen später alle Besucher die Kontaktformulare nutzen. Verwenden Sie daher die Voreinstellungen für das Kinoportal-Beispiel. Mehr zu den Zugriffsrechten folgt noch in Kapitel 9, *Benutzerverwaltung und -kommunikation.*

SPRACHE

Bei mehrsprachigen Seiten bestimmt diese Ausklappliste, in welchen Sprachfassungen der Homepage die Kategorie vertreten sein soll. Im Falle eines einsprachigen Internetauftritts belassen Sie hier ALLE. Kapitel 12, *Mehrsprachigkeit* wird noch auf dieses Thema eingehen.

BESCHREIBUNG

Hier können Sie noch eine kurze Beschreibung der Kategorie eintippen. Dieser Text erscheint später auf der Übersichtsseite der Kategorie. Da er Ihren Besuchern hilft, die passende Kontaktperson zu finden, sollten Sie hier ein paar (knappe) Worte über die enthaltenen Kontaktdaten verlieren. Für die Kategorie mit den Kontaktdaten der Filmkritiker bietet sich beispielsweise **Hier finden Sie die Kontaktadressen aller Filmkritiker** an.

Für das Kinoportal-Beispiel sollte der Bereich DETAILS damit wie in Abbildung 6-18 aussehen.

Weiter geht es auf der rechten Seite. Joomla! merkt sich, wer die Kategorie wann erstellt hat. Unter den VERÖFFENTLICHUNGSOPTIONEN können Sie jedoch auch eine andere Person als Ersteller vorgeben. Normalerweise ist dies jedoch nicht notwendig.

Wenn die Kategorie später im Frontend *nicht* direkt über einen Menüpunkt erreichbar ist, dann (und wirklich nur dann) können Sie Ihrer Übersichtsseite in den BASISOPTIONEN unter ALTERNATIVES LAYOUT eine eigene, spezielle Optik verpassen.

Tipp　　Denken Sie daran, dass die Menüpunkte bestimmen, was auf der dahinterliegenden Seite zu sehen ist.

Welche Darstellungen hier zur Verfügung stehen, hängt von den installierten Templates ab. Standardmäßig bringt Joomla! nur eine Darstellungsform mit. Belassen Sie daher die Ausklappliste auf ihrem voreingestellten Wert.

Über die Schaltfläche AUSWÄHLEN können Sie der Kategorie noch ein Bild oder ein Symbol spendieren. Es erscheint später auf der Übersichtsseite über der BESCHREI-

BUNG. Für die Kategorie im Kinoportal ist kein Bild notwendig. Abschließend können Sie auf diesem Register noch eine NOTIZ hinterlassen. Dieser Text ist nur als Gedächtnisstütze gedacht und erscheint ausschließlich im Administrationsbereich. Im Kinoportal-Beispiel lassen Sie auch dieses Feld leer.

Auf dem Register METADATENOPTIONEN können Sie den Suchmaschinen entgegenkommen. Unter META-BESCHREIBUNG hinterlassen Sie für Google und Co eine kurze Beschreibung der Kategorieinhalte, wie beispielsweise **Die Kontaktdaten der Filmkritiker**. Dazu passende META-SCHLÜSSELWORTE wären etwa **Kontakt, Kontaktdaten, Filmkritiker**. Alle diese Informationen versteckt Joomla! später in der Übersichtsseite der Kategorie. Sollen die Suchmaschinen eine ganz bestimmte Person für den AUTOR der Übersichtsseite halten, tragen Sie seinen (vollständigen) Namen in das gleichnamige Feld ein. Für gewöhnlich reicht es aus, das Feld leer zu lassen. Mit der Ausklappliste ROBOTS können Sie schließlich noch festlegen, ob die Suchmaschinen überhaupt die Seite betreten (ein Punkt mit INDEX) und den Links darauf folgen dürfen (ein Punkt mit FOLLOW). NOINDEX und NOFOLLOW verbieten hingegen die jeweilige Aktion.

 Für die neue Kategorie im Kinoportal behalten Sie die Vorgabe GLOBALE EINSTELLUNG bei. Damit gelten die systemweiten Einstellungen, nach denen die Suchmaschinen die Übersichtsseite unter die Lupe nehmen und auch allen darauf befindlichen Links folgen dürfen.

Nachdem Sie die Kategorie per SPEICHERN & SCHLIEßEN angelegt haben, landen Sie wieder in der Liste mit allen Kategorien.

 Tipp   Mit den Ausklapplisten und Schaltflächen unterhalb dieser Liste können Sie die Kontaktkategorien verschieben und kopieren. Dabei gehen Sie wie in den Abschnitten »Kategorien verschieben« und »Kategorien kopieren« ab Seite 123 beschrieben vor.

Kontakte einrichten

Nachdem die Kategorie erstellt ist, wird es höchste Zeit, sie mit Leben zu füllen. Dazu rufen Sie den Punkt KOMPONENTEN → KONTAKTE → KONTAKTE auf. Es erscheint der Bildschirm aus Abbildung 6-19 mit einer Liste aller existierenden Kontaktmöglichkeiten (im Englischen firmiert diese Seite als *Contact Manager*).

In den mitgelieferten Beispieldaten sind das schon einige ganze Menge, die teilweise recht merkwürdige Namen tragen – wie etwa *Contact Name Here*.

Um einen neuen Kontakt, wie zum Beispiel für einen neu hinzugekommenen Filmkritiker anzulegen, klicken Sie auf die Schaltfläche NEU in der Werkzeugleiste. Sie führt zu einem ziemlich großen Formular, dessen Einstellungen Sie jetzt wohl oder übel einmal kurz durchgehen müssen.

Kontakte: Kontakte
Neu
Bearbeiten
Freigeben
Sperren
Archivieren
Einchecken
Papierkorb
Optionen
Hilfe
Kontakte
Kategorien
Filter:
Suchen
Zurücksetzen
- Status wählen -
- Kategorie wählen -
- Zugriffsebene wählen -
- Sprache wählen -
Titel
Verknüpfter Benutzer
Status
Haupteintrag
Kategorie
Reihenfolge
Zugriffsebene
Sprache
ID
Apples (Alias: apples) A 1 Public Alle 6
Bananas (Alias: bananas) B 1 Public Alle 5
Buyer (Alias: buyer) Staff 1 Public Alle 4
Contact Name Here (Alias: name) Sample Data-Contact 1 Public English (UK) 1
Owner (Alias: owner) Staff 2 Public Alle 3
Anzeige # 5
Start
Zurück
1 2
Weiter
Ende
Seite 1 von 2

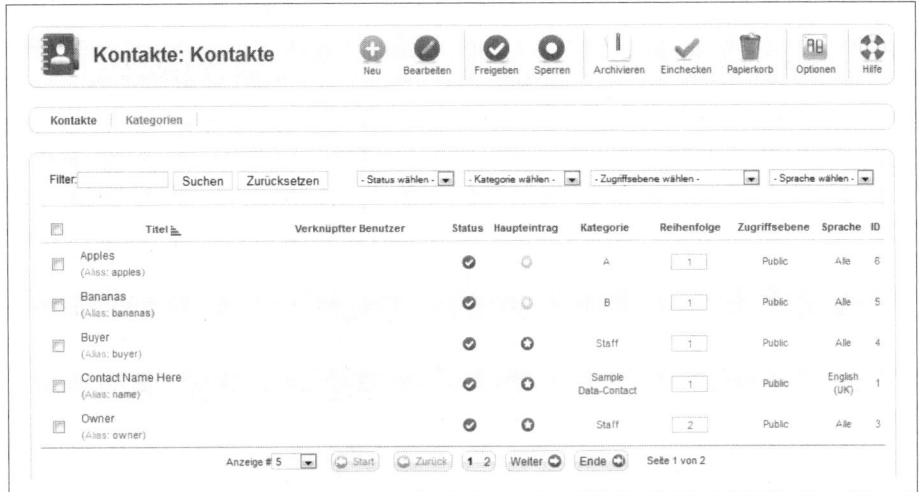

Abbildung 6-19: Die Liste mit allen existierenden Kontakten

Version Mit Joomla! 1.6 sind hier weitere Eingabefelder hinzugekommen. Zudem haben die Entwickler ein wenig aufgeräumt. X.X

Neuer Kontakt
Name *
Paul Kritiker
Alias
Verknüpfter Benutzer
Benutzer auswählen
Kategorie *
- Filmkritiker
Status
Freigegeben
Zugriffsebene
Public
Reihenfolge
Neue Kontakte werden immer am Ende eingefügt. Die Reihenfolge kann nach dem Speichern des Kontakts geändert werden.
Haupteintrag
Nein
Sprache
Alle
ID
0
Weitere Informationen
Styles
Paragraph
HTML
Paul Kritiker ist der beste Filmkritiker der Welt. Das belegen seine 12 Pulitzer-Preise.

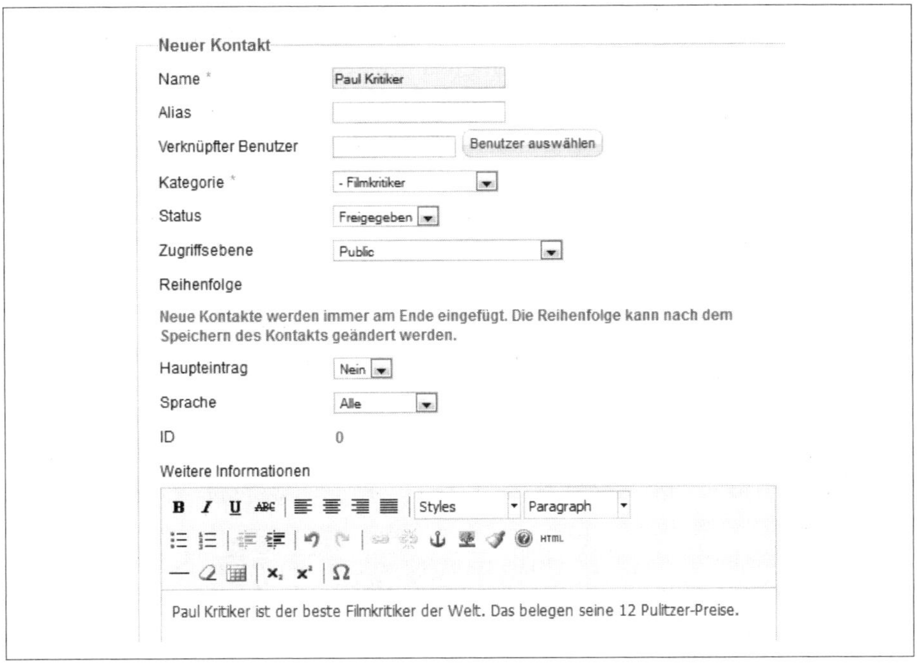

Abbildung 6-20: Diese Daten führen zu einem Kontaktformular für den fiktiven Kritiker »Paul Kritiker«.

Basisinformationen

Beginnen Sie mit der linken Seite im Bereich NEUER KONTAKT (siehe Abbildung 6-20).

NAME

Hier steht der vollständige Name der Kontaktperson, wie etwa der berühmte **Paul Kritiker**.

ALIAS

Ein Alias- beziehungsweise Ersatzname. Er dient hauptsächlich internen Zwecken und hilft bei der Suchmaschinenoptimierung. Lassen Sie ihn leer, wählt Joomla! automatisch einen passenden.

VERKNÜPFTER BENUTZER

Die Kontaktperson muss nicht zwangsweise ein Benutzerkonto unter Joomla! besitzen. Falls Paul Kritiker doch über eines verfügt, könnten Sie es mit dem gerade neu entstehenden Kontaktformular verknüpfen. Dazu klicken Sie einfach auf BENUTZER AUSWÄHLEN und dann in der erscheinenden Liste auf den entsprechenden Namen, im Beispiel also auf *Paul Kritiker*. Wenn Sie den Benutzer mit dem Kontakt verknüpfen, kann Joomla! ein paar zusätzliche Informationen auf der Kontaktseite einblenden (dazu folgt in wenigen Absätzen mehr).

Da Sie im Moment der einzige Joomla! bekannte Benutzer sind, lassen Sie das Feld noch leer und verzichten somit vorerst auf eine Verknüpfung. Bei Bedarf können Sie das selbstverständlich auch noch später nachholen. Mehr zu den Benutzerkonten folgt in Kapitel 9, *Benutzerverwaltung und -kommunikation*.

KATEGORIE

Hier stecken Sie den neuen Kontakt in eine der bestehenden Kategorien. Die Kontaktdaten von Paul Kritiker gehören in die FILMKRITIKER.

STATUS

Nur wenn hier FREIGEGEBEN einstellt ist, erscheinen die Kontaktdaten von Paul Kritiker auf der Website.

ZUGRIFFSEBENE

Diese Ausklappliste legt fest, wer alles die Kontaktdaten zu Gesicht bekommt. In der Standardeinstellung sind dies alle Besucher der Website, also ist dies genau die richtige Einstellung für die Adresse von Paul Kritiker. Weitere Informationen hierzu folgen in Kapitel 9, *Benutzerverwaltung und -kommunikation*.

REIHENFOLGE

Dieser Punkt erscheint erst, nachdem Sie den Kontakt über SPEICHERN in der Werkzeugleiste angelegt haben. Dann können Sie hier die Reihenfolge der Kontakte ändern: Später auf der Homepage stellt Joomla! die Kontakte in einer Liste zur Auswahl. In welcher Zeile jener Liste der hier gerade bearbeitete Kontakt erscheint, regelt dann diese Aufklappliste. Einen besonders wichtigen

Ansprechpartner könnten Sie so direkt an den Anfang der Liste hieven. Beachten Sie, dass der hier gerade bearbeitete Kontakt immer hinter dem in der Ausklappliste gewählten landet.

HAUPTEINTRAG

Einen besonders wichtigen Kontakt können Sie zu einem Haupteintrag (englisch *Featured Contact*) erheben. Alle so gekennzeichneten Kontakte kann Joomla! später auf einer speziellen Übersichtsseite (der Featured View) zusammenfassen. Paul Kritiker ist jedoch nicht derart wichtig, sodass Sie hier NEIN stehen lassen.

SPRACHE

Bei mehrsprachigen Internetauftritten stellen Sie hier ein, in welcher Sprachfassung der Kontakt auftauchen soll. Oder mit anderen Worten: die Sprache, die Paul Kritiker spricht. Sofern Sie nur eine einsprachige Website betreiben, lassen Sie hier wie auch für das Kinoportal ALLE stehen. Um mehrsprachige Internetauftritte kümmert sich später noch das Kapitel 12, *Mehrsprachigkeit*.

WEITERE INFORMATIONEN

In diesem Bereich können Sie eine Beschreibung oder einen freien Text über Paul Kritiker hinterlassen. Das Eingabefeld ist nicht für die eigentlichen Kontaktdaten gedacht – die geben Sie gleich noch auf den Registern zur Rechten ein –, sondern für eine kurze Vorstellung der Person. Über Paul Kritiker könnte man hier vielleicht schreiben: *Paul Kritiker ist der beste Filmkritiker der Welt. Das belegen seine 12 Pulitzer-Preise.*

Die Einstellungen für Paul Kritiker sollten jetzt so wie in Abbildung 6-20 aussehen.

Weiter geht es auf der rechten Seite beim Register VERÖFFENTLICHUNGSOPTIONEN.

AUTOR

Mit einem Klick auf BENUTZER AUSWÄHLEN kann man einen anderen Benutzer zum Schöpfer des Kontakts erheben. Normalerweise ist hier eine Änderung nicht notwendig.

»ERSTELLT VON«-ALIAS

Benutzernamen sind oftmals recht kryptisch, erst recht, wenn sie von den Angemeldeten selbst gewählt wurden. Aus diesem Grund erlaubt Joomla! hier, einen anderen Namen beziehungsweise ein Pseudonym für den AUTOR zu vergeben. Da dieser Alias aber nirgendwo mehr in Joomla! auftaucht, können Sie ihn normalerweise ignorieren – es sei denn, eine nachträglich installierte Erweiterung wertet ihn aus.

ERSTELLUNGSDATUM

Joomla! merkt sich, wann der Kontakt angelegt wurde. Unter ERSTELLUNGSDATUM dürfen Sie diese Angabe fälschen. Auch dies ist normalerweise nicht notwendig.

FREIGABE STARTEN *und* FREIGABE BEENDEN

Über diese beiden Einstellungen können Sie den Kontakt zeitgesteuert erscheinen und wieder verschwinden lassen. Das ist beispielsweise dann nützlich, wenn Paul Kritiker nur ein Jahr für das Kinoportal schreibt und dann wieder zu einem gut dotierten Magazin wechseln wird.

Unter FREIGABE STARTEN tragen Sie ein, wann die Kontaktdaten erstmals auf der Website erscheinen sollen, und unter FREIGABE BEENDEN legen Sie fest, wann sie von dort wieder verschwinden. Die Kalender hinter den Symbolen rechts neben den Eingabefeldern helfen bei der Auswahl des korrekten Termins. Andernfalls notieren Sie Datum und Zeit nach dem Schema: *Jahr-Monat-Tag Stunde:Minute:Sekunde*. Das Jahr müssen Sie dabei vierstellig angeben, Monat und Tag jeweils als zweistellige Zahlen.

Später nach dem ersten Speichern zeigt Joomla! hier in diesem Bereich auch noch an, wer die Einstellungen wann zuletzt bearbeitet hat.

Im Fall von Paul Kritiker können Sie alle Felder auf diesem Register leer lassen. Er schreibt erfreulicherweise auch zukünftig für das Kinoportal.

Kontaktdaten

Unter den KONTAKTDETAILS geht es nun ans Eingemachte. Hier hinterlassen Sie in den Feldern die entsprechenden Adressdaten, wie zum Beispiel die Angabe der Straße, des Wohnorts oder der E-Mail-Adresse (siehe Abbildung 6-21).

Abbildung 6-21: Dies sind die eigentlichen Kontaktdaten von Paul Kritiker.

Via AUSWÄHLEN neben BILD dürfen Sie die Kontaktseite noch mit einem Foto auf-peppen. Die angebotenen Bilder können Sie mit der Medienverwaltung erweitern (siehe Kapitel 5, *Medien verwalten*). Im Fall des Kinoportals bieten sich hier bei-spielsweise Porträts der Autoren an.

Sämtliche Angaben auf diesem Register sind übrigens optional. Sie entscheiden also selbst, welche Daten später auf der Homepage landen sollen.

Warnung   Geben Sie immer nur die Informationen von einem Benutzer preis, mit denen er auch einverstanden ist. Nicht jeder möchte seine private Telefonnummer öffent-lich im Internet wiederfinden.

Angezeigte Informationen festlegen

Die Einstellungen auf dem nächsten Register, ANZEIGEOPTIONEN, regeln, welche der Kontaktinformationen überhaupt später auf der Website erscheinen. Beispiels-weise sorgt VERBERGEN bei TELEFON dafür, dass auf der späteren Kontaktseite die Telefonnummer der Kontaktperson fehlt.

Tipp   Geben Sie wirklich nur die Informationen preis, die für eine Kontaktaufnahme min-destens erforderlich sind. Spam-Versender stürzen sich auf gedankenlos veröffent-lichte E-Mail-Adressen schneller als hungrige Wespen auf einen Erdbeerkuchen.

Einige der hier angebotenen Punkte sind allerdings nicht ganz selbsterklärend:

KONTAKTLISTE ANZEIGEN
Wenn diese Einstellung auf ANZEIGEN steht, erscheint später auf der Seite mit den Kontaktdaten eine kleine Ausklappliste, über die der Besucher schnell zu einem anderen Kontakt aus der gleichen Kategorie wechseln kann.

ANZEIGEFORMAT
Joomla! kann die Kontaktdaten auf drei verschiedene Arten darstellen. Im Fall von SILDER verteilt es die Informationen auf Bereiche, die beim Klick auf ihren Namen oder das Pluszeichen »auffahren« (siehe Abbildung 6-22). Dies ist auch die Standardeinstellung. Mit der Einstellung TABS verteilt Joomla! die Daten auf mehrere Registerblätter wie in Abbildung 6-23. Und schließlich klebt VOLL-STÄNDIG alle Informationen auf eine einzige Seite (siehe Abbildung 6-24).

WEITERE INFORMATIONEN
Dies sind die Informationen im großen Eingabefeld WEITERE INFORMATIONEN auf der linken Seite.

VCARD
Wenn diese Einstellung auf ANZEIGEN steht, stellt Joomla! die Kontaktdaten zusätzlich im sogenannten vCard-Format zum Download bereit. Mit diesem stan-dardisierten Dateiformat kann der Besucher den Kontakt mit wenigen Mausklicks

Paul Kritiker
Kontakt
Oberkritiker
Balthasarstr. 81
Köln
NRW
50670
Deutschland
0221-973160-0
0221-973160-8
013-4567890
http://www.oreilly.de
Kontaktformular
Weitere Informationen

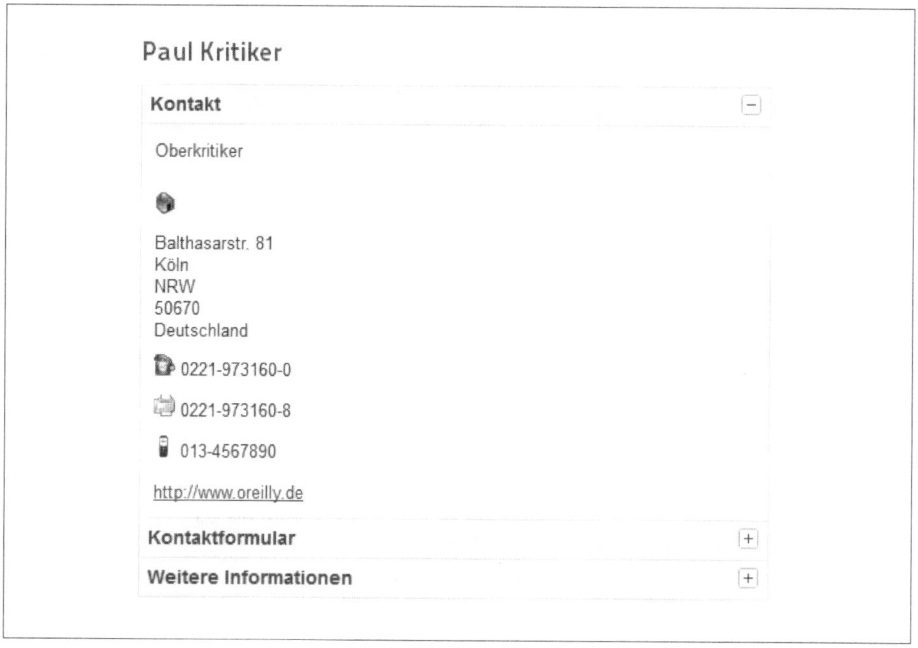

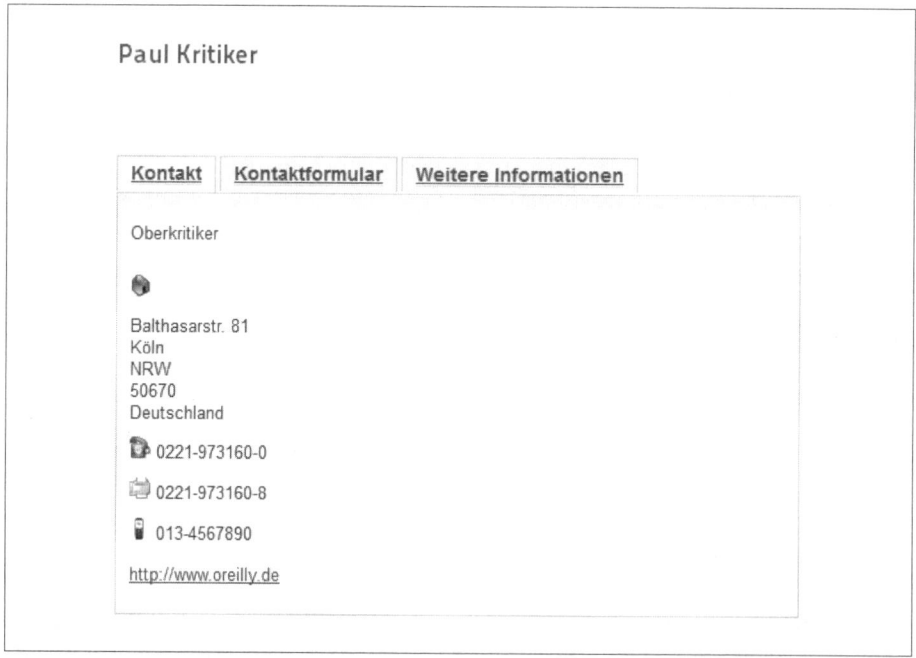

Abbildung 6-22: Die Kontaktdaten in der Darstellungsform »Slider«

Paul Kritiker
Kontakt
Kontaktformular
Weitere Informationen
Oberkritiker
Balthasarstr. 81
Köln
NRW
50670
Deutschland
0221-973160-0
0221-973160-8
013-4567890
http://www.oreilly.de

Abbildung 6-23: Die Kontaktdaten in der Darstellungsform »Tab«

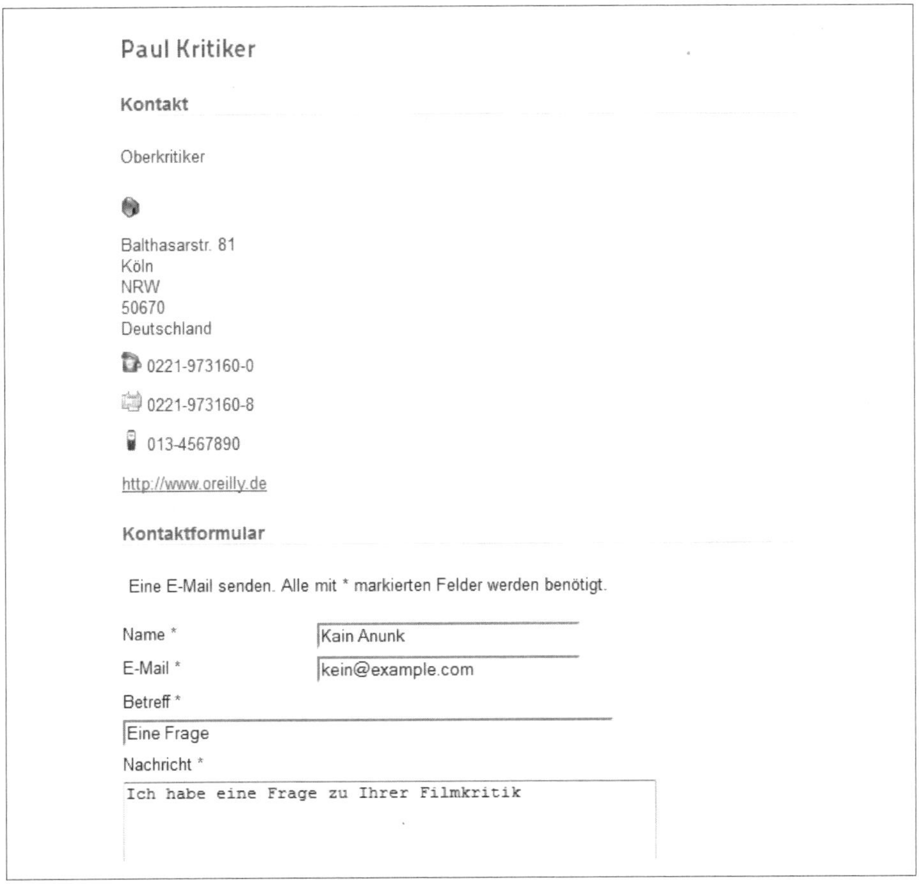

Paul Kritiker

Kontakt

Oberkritiker

Balthasarstr. 81
Köln
NRW
50670
Deutschland

📇 0221-973160-0

🖨 0221-973160-8

📱 013-4567890

http://www.oreilly.de

Kontaktformular

Eine E-Mail senden. Alle mit * markierten Felder werden benötigt.

Name *	Kain Anunk
E-Mail *	kein@example.com
Betreff *	
Eine Frage	
Nachricht *	

Ich habe eine Frage zu Ihrer Filmkritik

Abbildung 6-24: Die Kontaktdaten in der Darstellungsform »Plain«

in sein elektronisches Adressbuch übernehmen. Weitere Informationen zu vCard finden Sie beispielsweise unter *http://de.wikipedia.org/wiki/VCard.*

BEITRÄGE ANZEIGEN
Sofern Sie den Kontakt mit einem Benutzerkonto verknüpft haben, kann Joomla! alle Beiträge dieses Benutzers auflisten.

BENUTZERPROFIL
Sofern Sie den Kontakt mit einem Benutzerkonto verknüpft haben, kann Joomla! auf Wunsch alle Informationen des Benutzerprofils mit preisgeben.

ZUSÄTZLICHE LINKS
Hier können Sie dem Kontaktformular noch eine Liste mit bis zu fünf Internetadressen hinzufügen. Dazu tippen Sie in das Feld LINK A LABEL eine Bezeichnung ein, wie etwa **Mein Arbeitgeber** und dann unter LINK A WEBADRESSE die entsprechende Internetadresse, wie etwa *http://www.roxykino.com.* Wenn dann noch ZUSÄTZLICHE LINKS auf ANZEIGEN steht, sieht das Ergebnis auf der

Homepage wie in Abbildung 6-25 aus. Die anderen Felder LINK ... LABEL und LINK ... WEBADRESSE funktionieren nach dem gleichen Prinzip.

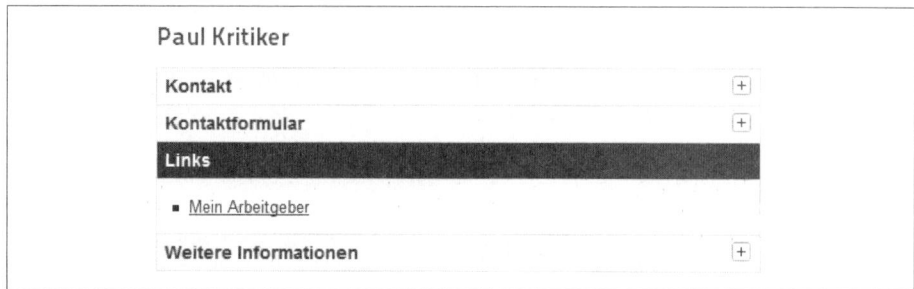

Paul Kritiker

Kontakt	+
Kontaktformular	+
Links	
▪ Mein Arbeitgeber	
Weitere Informationen	+

Abbildung 6-25:   Die zusätzlichen Links auf der Homepage

Unter ALTERNATIVES LAYOUT können Sie der Kontaktseite eine eigene, individuelle Optik überstülpen. Welche Darstellungen hier zur Verfügung stehen, hängt von den installierten Templates ab. Für die Kontaktdaten von Paul Kritiker übernehmen Sie hier die Vorgabe.

 Warnung   Wenn Sie allerdings einen Menüpunkt direkt auf die Kontaktseite setzen, dann bestimmt dieser wieder sowohl das Aussehen der Seite als auch die darauf sichtbaren Informationen. Die Einstellungen auf diesem Register würden dann folglich komplett ignoriert.

Kontaktformular einrichten

Über die Einstellungen auf dem nächsten Register können Sie der Seite noch ein KONTAKTFORMULAR hinzufügen. Der Besucher kann seine Frage in ein Feld eintippen, die Joomla! dann direkt an Paul Kritiker sendet (siehe auch Abbildung 6-15 auf Seite 214).

KONTAKTFORMULAR

> Mit der Einstellung ANZEIGEN erscheint das Formular auf der Website. Dies ist auch die Standardvorgabe.

KOPIE AN ABSENDER

> Auf Wunsch kann sich der Besucher eine Kopie seiner Nachricht zusenden lassen. Dazu muss er ein kleines Kästchen ankreuzen, das Sie mit dieser Einstellung VERBERGEN oder ANZEIGEN lassen können. Damit schalten Sie auch gleichzeitig diese Funktion aus beziehungsweise ein.

BLOCKIERTE E-MAIL

> Hier können Sie die E-Mail-Adressen von bekannten Rüpeln eintragen. Deren Besitzern ist es dann nicht mehr möglich, über das Formular eine Nachricht zu versenden. Mehrere E-Mail-Adressen sind bei der Eingabe jeweils durch ein Semikolon zu trennen. Diese sogenannte Blacklist ist insbesondere dann nütz-

lich, wenn ein Besucher der Homepage durch Pöbeleien oder Spam-Versand auffällt.

VERBOTEN IM BETREFF

Alle hier eingetragenen Wörter sind in der Betreffzeile des Formulars verboten. In der Regel sind dies Schimpf- oder ähnliche Reizwörter. Auch in diesem Feld müssen Sie die einzelnen Wörter jeweils durch ein Semikolon voneinander trennen.

VERBOTEN IM TEXT

Alle hier eingetragenen Wörter sind in der eigentlichen Nachricht verboten. Die einzelnen Begriffe sind jeweils durch ein Semikolon voneinander zu trennen.

SESSION-PRÜFUNG

Joomla! kann vor dem Versand der Nachricht prüfen, ob der Besucher tatsächlich über Ihren Internetauftritt zum Kontaktformular gelangt ist und dieses ausgefüllt hat. Damit hält man sich Spammer vom Leib, die mit speziellen Programmen das Internet automatisiert nach Formularen abgrasen und dann dort ihren Müll abladen.

Aus technischer Sicht übergibt Joomla! dem Browser des Besuchers eine eindeutige Kennnummer (ein sogenanntes Cookie). An ihm erkennt Joomla! den Besucher jederzeit wieder. Ein Spamprogramm, das das Kontaktformular direkt anspringt, kann kein passendes Cookie vorzeigen und wird vom Content-Management-System abgewiesen.

Aus Angst, ausspioniert zu werden, deaktivieren allerdings einige Besucher in ihren Browsern die Cookie-Funktion. Wenn Sie die Session-Prüfung einschalten, können diese Besucher dann nicht das Kontaktformular abschicken.

Sie müssen also abwägen, ob Sie diese sogenannte Session-Prüfung hier mit einem JA aktivieren und damit einige Besucher vom Kontaktformular aussperren oder aber die Funktion lieber via NEIN abgeschaltet lassen und damit Spam-Versand riskieren. Standardmäßig ist die Prüfung eingeschaltet.

Die Session-Prüfung ist übrigens kein alleiniges Allheilmittel gegen unerwünschten Werbemüll. Spam-Versender rüsten ihre Programme ebenfalls immer weiter auf. Weiterführende Informationen zum Thema Cookies finden Sie beispielsweise unter *http://de.wikipedia.org/wiki/HTTP-Cookie*.

BENUTZERDEFINIERTE ANTWORT

Dieser Punkt ist etwas missverständlich übersetzt: Wenn Ihnen das von Joomla! bereitgestellte Kontaktformular nicht ausreicht, können Sie weitere

Funktionen über eine passende Erweiterung nachinstallieren. Einige von diesen Erweiterungen verarbeiten die eingetippten Fragen und Nachrichten selbst weiter. In einem solchen Fall müssen Sie Joomla! daran hindern, selbst die Nachricht zu verschicken. Genau dies passiert, wenn Sie BENUTZERDEFINIERTE ANTWORT auf JA setzen.

 Warnung Legen Sie hier den Schalter wirklich nur dann um, wenn eine Erweiterung Sie explizit dazu auffordert. Andernfalls verkommt das Kontaktformular einfach nur zu einer nutzlosen Ansammlung von netten Eingabefeldern.

KONTAKT WEITERLEITUNG

Joomla! verschickt die Nachricht normalerweise an die auf dem Register KONTAKTDETAILS eingetragene E-MAIL-ADRESSE. Soll die Frage hingegen an eine andere Adresse gehen, tippen Sie diese hier unter KONTAKT WEITERLEITUNG ein.

 Für Paul Kritikers Kontaktformular übernehmen Sie hier überall die Standardeinstellungen.

Metadaten

Zum Abschluss kann Joomla! noch ein paar Meta-Informationen für Suchmaschinen in der Kontaktseite verstecken.

META-BESCHREIBUNG *und* META-SCHLÜSSELWORTE

META-BESCHREIBUNG verrät dabei in kurzen und knappen Worten, was auf der Kontaktseite zu sehen ist, wie etwa **Die Kontaktdaten des berühmten Filmkritikers Paul Kritiker**. Ergänzend nimmt META-SCHLÜSSELWORTE noch ein paar durch Komata getrennte Stichwörter auf, die auf die Kontaktseite zutreffen. Im Kinoportal wären beispielsweise **Paul Kritiker, Kontakt, Adresse** passend.

ROBOTS

Mit der Ausklappliste ROBOTS legen Sie fest, ob die Suchmaschinen überhaupt die Seite betreten (ein Punkt mit INDEX) und den Links darauf folgen dürfen (ein Punkt mit FOLLOW). NOINDEX und NOFOLLOW verbieten hingegen die jeweilige Aktion. In der Regel können Sie hier die Vorgabe beibehalten, nach der Suchmaschinen die Seite untersuchen und allen ihren Links folgen dürfen.

RECHTE

Sind die Kontaktangaben und insbesondere das (Porträt-)Foto urheberrechtlich geschützt oder stehen sie unter einer speziellen Lizenz, dann können Sie einen entsprechenden Hinweis im Feld RECHTE hinterlassen. Üblicherweise trägt man hier einen Text wie »Copyright 2012« ein. Diese Meta-Informationen werten Browser jedoch nicht aus, und auch bei den Suchmaschinen ist der Nutzen dieses Eingabefeldes fraglich. Sie können dieses Feld daher ignorieren.

Damit wären alle Angaben für die Kontaktseite von Paul Kritiker beisammen. Legen Sie ihn per SPEICHERN & SCHLIEßEN an. Als kleine Fingerübung können Sie jetzt auf die gleiche Weise noch ein paar Kontakte für weitere Kritiker erstellen.

Ein solcher Kontakt eignet sich auch ideal dazu, ein etwas hübscheres Impressum zu erschaffen. Im Gegensatz zu einem Beitrag aus dem vorherigen Kapitel besitzt es auch gleich noch ein Kontaktformular. Um das alte Impressum auszutauschen, erstellen Sie einen weiteren Kontakt per NEU, vergeben als NAME das `Impressum`, füllen auf der rechten Seite das Register KONTAKTDETAILS aus und hinterlegen alle weiteren (Pflicht-)Informationen des Impressums im großen Eingabefeld WEITERE INFORMATIONEN.

Normalerweise nimmt das Feld NAME den Namen der Kontaktperson auf, in diesem Fall wären das also Sie als Seitenbetreiber beziehungsweise der Name Ihres Unternehmens. Der NAME bildet aber auch gleichzeitig die Überschrift des späteren Kontaktformulars, weshalb er hier auf *Impressum* steht. Um doch noch den Namen einer Kontaktperson beziehungsweise Ihres Unternehmens zu nennen, haben Sie mehrere Möglichkeiten:

- Sie löschen *Impressum* im Feld NAME und tragen dort wieder Ihren Namen beziehungsweise den Namen des Unternehmens ein. Damit dient dieser Name aber später auch gleichzeitig als Überschrift.

- Sie geben den Namen einfach zusammen mit der Straße in das Feld ADRESSE auf dem Register KONTAKTDETAILS ein. Dies wäre die eleganteste Lösung.

- Sie »missbrauchen« das Eingabefeld POSITION, indem Sie dort den Namen des Betreibers beziehungsweise des Unternehmens eintippen.

Den fertigen Kontakt packen Sie abschließend einfach in die mitgelieferte, aber noch leere KATEGORIE UNCATEGORISED. Sie könnten selbstverständlich auch eine neue, eigene Kategorie für den Kontakt anlegen. Wie jedoch schon der Beitrag für das Impressum wird auch der Kontakt direkt in das Menü eingebunden, die Kategorie spielt folglich keine Rolle. Wichtig ist jedoch, dass Sie den Kontakt nicht zu den Filmkritikern stecken. Andernfalls würde das Impressum später fälschlicherweise auch noch einmal unter diesen auftauchen. SPEICHERN & SCHLIEßEN Sie das fertige Impressum.

Kontakte mit einem Menüpunkt verbinden

Die mühevoll angelegten Kontakte sind allerdings bislang auf der Homepage noch nicht erreichbar – es fehlen schlichtweg passende Menüpunkte. Folglich muss schleunigst ein neuer Menüpunkt her. Das dazu nötige Vorgehen ähnelt dem für die Beiträge aus Kapitel 4, *Inhalte verwalten*, im Abschnitt »Inhalte mit Menüpunkten verbinden« auf Seite 151.

Inhalte einer Kontaktkategorie auflisten

 Im Beispiel der Filmkritiker soll ein Menüpunkt im Hauptmenü (THIS SITE) zur eben angelegten Kategorie und somit zu den Kontaktdaten aller Filmkritiker führen. Dazu wählen Sie im Administrationsbereich MENÜS → MAIN MENU → NEUER MENÜEINTRAG. Im neuen Formular müssen Sie erst wieder auswählen, worauf der Menüpunkt überhaupt zeigen soll. Dazu klicken Sie neben MENÜTYP auf den Knopf AUSWÄHLEN. Interessant sind jetzt die Angaben links oben im Bereich KONTAKTE.

Im Kinoportal soll zunächst ein Menüpunkt zu einer Liste mit allen Kontaktdaten der Filmkritiker führen, ganz wie in Abbildung 6-26.

Abbildung 6-26:   Die Auswahlliste mit den Kontakten auf der Website.

Infrage kommen hier zwei Punkte:

- ALLE KONTAKTKATEGORIEN AUFLISTEN präsentiert lediglich alle Unterkategorien einer ausgewählten Kontaktkategorie. Dieser Menütyp ist somit primär dazu gedacht, den Besuchern die Wahl zwischen verschiedenen Unterkategorien zu ermöglichen.

- KONTAKTE IN KATEGORIE AUFLISTEN stellt hingegen die Kontakte und auf Wunsch auch noch sämtliche Unterkategorien einer Kontaktkategorie zur Auswahl.

Letztgenannter Menütyp ist folglich genau der richtige für die Filmkritiker. Die Einrichtung des Menüpunktes erfolgt übrigens bei beiden Menütypen auf die gleiche Weise, ALLE KONTAKTKATEGORIEN AUFLISTEN kennt lediglich ein paar zusätzliche Einstellungen (dazu später mehr).

 Klicken Sie für das Kinoportal-Beispiel den Punkt KONTAKTE IN KATEGORIE AUFLISTEN an, woraufhin Sie wieder im bekannten Formular landen. Verpassen Sie dem neuen Menüpunkt als Nächstes unter TITEL eine passende Beschriftung, wie etwa **Kontakte Filmkritiker**. Weiter geht es auf der rechten Seite, wo Sie unter BENÖTIGTE EINSTELLUNGEN aus der Ausklappliste die Kategorie einstellen, deren Kontakte Joomla! auflisten soll. Im Beispiel sind dies die FILMKRITIKER (siehe Abbildung 6-27).

Mit den übrigen Registern darunter steuern Sie wieder das Aussehen der Seite. Die dortigen Einstellungen sollten Ihnen bereits allesamt bekannt vorkommen.

Abbildung 6-27: Diese Einstellungen erzeugen einen Menüpunkt, der zum Inhalt einer Kontaktkategorie führt.

Auf KATEGORIEOPTIONEN regeln Sie, welche Informationen über die Kontaktkategorie – in diesem Fall der *Filmkritiker* – auf der Übersichtsseite erscheinen sollen. Es handelt sich dabei um die gleichen Einstellungen, die Sie schon bei den Kategorien für Beiträge in Abschnitt »Kategorieliste« in Kapitel 4, *Inhalte verwalten*, kennengelernt haben. Hier ist noch einmal kurz das Vorgehen im Schnelldurchgang:

KATEGORIETITEL
: Zeigt den Titel der Kontaktkategorie als Überschrift an, im Beispiel *Filmkritker*.

KATEGORIEBESCHREIBUNG
: Die Beschreibung der Kontaktkategorie. Im Beispiel wäre dies *Hier finden Sie die Kontaktadressen aller Filmkritiker*.

KATEGORIEBILD
: Das Bild der Kontaktkategorie, im Beispiel wurde keines vergeben.

UNTERKATEGORIEEBENEN
: Die Seite präsentiert auch alle enthaltenen Unterkategorien bis zu dieser Hierarchiestufe.

LEERE KATEGORIEN
: Joomla! zeigt auf Wunsch auch leere Unterkategorien zur Auswahl an.

UNTERKATEGORIENBESCHREIB.
: Blendet auch die Beschreibungen der Unterkategorien ein.

KONTAKTE IN DER KATEGORIE
: Zeigt an, wie viele Kontakte in einer Unterkategorie enthalten sind.

Für die Kontaktdaten der Filmkritiker können Sie hier alle Vorgaben belassen.

Die Übersichtsseite zeigt später alle Kontaktdaten wie in Abbildung 6-26 in einer kleinen Tabelle an. Auf dem Register LISTENLAYOUT legen Sie fest, welche Informationen in dieser Tabelle auftauchen sollen. Joomla! präsentiert standardmäßig NAME, POSITION, TELEFON, STADT, BUNDESLAND und LAND. Die Einstellungen hier sollten allesamt selbsterklärend sein, bis auf folgende Ausnahmen:

»ANZEIGE« ANZEIGEN
: Der Besucher kann über eine Ausklappliste wählen, wie viele Beiträge Joomla! ihm auf einer Bildschirmseite präsentieren soll. Diese Möglichkeit sollten Sie ihm geben, wenn die Tabelle sehr viele Kontakte enthält.

TABELLENÜBERSCHRIFTEN

Blendet die Spaltenbeschriftungen – und somit die erste Zeile – der Tabelle ein beziehungsweise aus.

SEITENZAHLEN

Wenn mehr Kontakte in der Kategorie stecken, als die Tabelle auf einmal anzeigen kann, erscheinen am unteren Rand Schaltflächen, über die der Besucher zu den übrigen Kontakten WEITER beziehungsweise ZURÜCK blättern kann.

GESAMTSEITENZAHLEN

Mit ANZEIGEN erscheint unterhalb der Tabelle die Information, auf wie viele Bildschirmseiten Joomla! die Tabelle aufgeteilt hat und auf welcher dieser Seiten sich der Besucher gerade befindet.

Diese beiden zuletzt genannten Einstellungen sollten Sie immer auf ihrer Vorgabe belassen. Joomla! blendet die entsprechenden Elemente immer dann ein, wenn sie notwendig werden.

 Für die Kontaktdaten der Filmkritiker können Sie hier wieder alle Grundeinstellungen übernehmen. Wenn Sie jetzt den neuen Menüpunkt SPEICHERN und ihm dann in der VORSCHAU folgen, erreichen Sie die Seite aus Abbildung 6-26. Wenn Sie hier nun den Kontakt für PAUL KRITIKER anklicken, landen Sie auf seiner Kontaktseite mit dem Kontaktformular aus Abbildung 6-28.

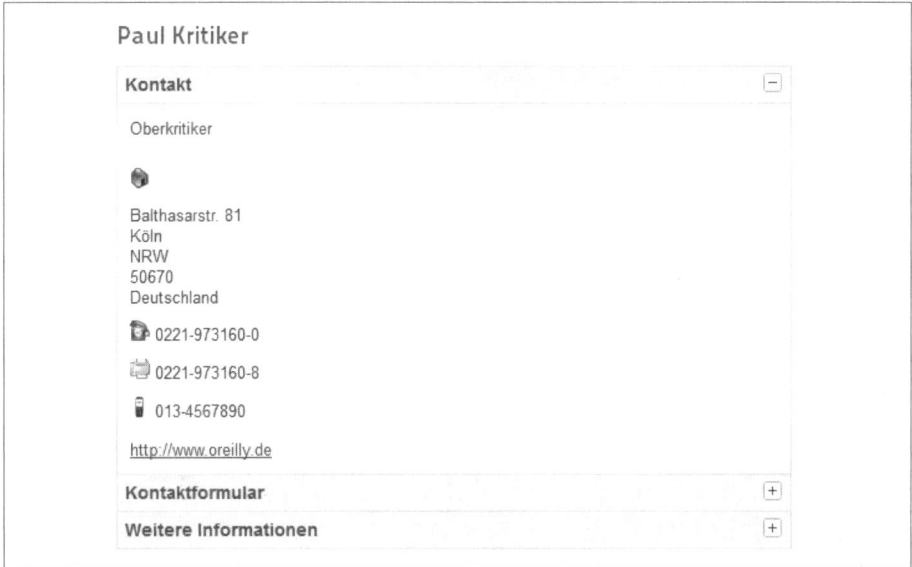

Abbildung 6-28:   Die Kontaktseite für Paul Kritiker

Wie man das Aussehen dieser Seite manipuliert, haben Sie bereits in Abschnitt »Angezeigte Informationen festlegen« erfahren. Es gibt allerdings noch eine zweite

Stelle, mit der Sie das Aussehen der Seite beeinflussen können. Wechseln Sie dazu wieder zurück zum Administrationsbereich in die Einstellungen des Menüpunktes KONTAKTE FILMKRITIKER. Dort finden Sie noch die zwei Register KONTAKTANZEIGE-OPTIONEN und E-MAIL-OPTIONEN. Die dortigen Einstellungen entsprechen exakt denen aus Abschnitt »Angezeigte Informationen festlegen«. Sie legen das Aussehen der Kontaktseiten fest, die irgendwie über diesen Menüpunkt erreichbar sind. Die Einstellungen, die Sie hier beim Menüpunkt festlegen, überschreiben die in Abschnitt »Angezeigte Informationen festlegen« vorgenommenen.

Wenn Sie also das Aussehen einer Kontaktseite wie die von Paul Kritiker verändern möchten, gehen Sie dazu immer wie folgt vor:

1. Öffnen Sie den Bearbeitungsbildschirm des Kontakts, und stellen Sie auf der rechten Seite die anzuzeigenden Informationen ein.

2. Führt das nicht zum gewünschten Ergebnis, prüfen Sie, über welchen Menüpunkt die Kontaktseite erreichbar ist, rufen seinen Bearbeitungsbildschirm auf und kontrollieren dort die Einstellungen auf der rechten Seite.

Wenn Sie den Kinoportal-Beispielen gefolgt sind, verlassen Sie jetzt per SCHLIEßEN den Bearbeitungsbildschirm.

Abschließend noch ein kurzer Hinweis auf den Menütyp ALLE KONTAKTKATEGO-RIEN AUFLISTEN. Wie eingangs erwähnt wurde, listet er lediglich die in einer Kontaktkategorie enthaltenen Unterkategorien auf. Wenn Sie solch einen Menüpunkt angelegt haben, finden Sie in seinem Bearbeitungsbildschirm ein zusätzliches Register KATEGORIEOPTIONEN (das obere der beiden). Auch die dort angebotenen Einstellungen kennen Sie bereits von den Beitragskategorien:

BESCHREIBUNG D. O. KATEGORIE *und* BESCHEREIBUNG DER OBERKATEGORIE
Mit BESCHREIBUNG D. O. KATEGORIE können Sie die Beschreibung der Kategorie ein- und ausblenden. Der Text im Feld BESCHEREIBUNG DER OBERKATEGORIE ersetzt diese Beschreibung.

UNTERKATEGORIEEBENEN
Die Seite präsentiert auch alle enthaltenen Unterkategorien bis zu dieser Hierarchiestufe.

LEERE KATEGORIEN
Joomla! zeigt auf Wunsch auch leere Unterkategorien zur Auswahl an.

UNTERKATEGORIENBESCHREIB.
Blendet auch die Beschreibungen der Unterkategorien ein.

KONTAKTE IN DER KATEGORIE
Zeigt an, wie viele Kontakte in einer Unterkategorie enthalten sind.

Wenn Sie dem angelegten Menüpunkt folgen, sehen Sie eine Auswahl mit enthaltenen Kontaktkategorien. Sobald Sie eine davon anklicken, landen Sie bei einer Seite, die alle Kontakte in dieser Unterkategorie auflistet. Das Aussehen genau dieser Seite regeln die Einstellungen auf dem unteren der beiden KATEGORIEOPTIONEN-Register sowie sein Kollege LISTENLAYOUT. Ihre Einstellungen entsprechen den bereits weiter oben beschriebenen.

Einen einzelnen Kontakt in das Menü einbinden

Wenn Sie im vorherigen Abschnitt für das Impressum einen eigenen Kontakt angelegt haben, müssen Sie für diesen nun noch einen eigenen Menüpunkt schaffen. Rufen Sie dazu MENÜS → MAIN MENU auf. Hier können Sie jetzt wieder einen neuen Menüpunkt erstellen, müssten dann aber den bereits existierenden Menüpunkt löschen. Eleganter ist es jedoch, einfach den Menütyp des vorhandenen Impressum-Menüpunktes zu ändern. Dazu klicken Sie in der Liste den Eintrag IMPRESSUM an.

Egal welchen Weg Sie beschreiten, in jedem Fall klicken Sie auf AUSWÄHLEN. Der Menüpunkt soll auf einen einzelnen Kontakt zeigen; folglich ist der Menütyp EINZELNER KONTAKT der richtige. Auf dem Register ERFORDERLICHE EINSTELLUNGEN klicken Sie jetzt noch auf KONTAKT WECHSELN und anschließend in der Liste auf den Kontakt IMPRESSUM. Das Formular sollte jetzt wie in Abbildung 6-29 aussehen.

Abbildung 6-29:   Hier entsteht ein Menüpunkt auf die Kontaktseite mit dem Impressum.

SPEICHERN Sie den Menüpunkt (lassen Sie also den Bearbeitungsbildschirm noch geöffnet), und folgen Sie in der VORSCHAU dem IMPRESSUM. Damit landen Sie im gewünschten Kontaktformular, das allerdings noch den üblichen Ausklappmechanismus verwendet. Gerade bei einem Impressum wäre es besser, wenn alle Informationen, einschließlich des Kontaktformulars immer komplett sichtbar wären.

Um das zu ändern, müssen Sie sich wieder daran erinnern, dass in Joomla! der Menüpunkt bestimmt, was auf der Zielseite zu sehen ist. Wechseln Sie also wieder zurück zum Bearbeitungsbildschirm des Menüpunktes, und wenden Sie sich dort den Registern auf der rechten Seite zu. Dort bestimmen die KONTAKTANZEIGEOPTIONEN und die E-MAIL-OPTIONEN das Aussehen der Seite und des Kontaktformulars. Ihre Einstellungen entsprechen exakt denen aus Abschnitt »Angezeigte Informationen festlegen«. Für das Impressum klappen Sie die KONTAKTANZEIGEOPTIONEN auf und setzen ANZEIGEFORMAT auf VOLLSTÄNDIG. Nach dem SPEICHERN & SCHLIEßEN sieht das Impressum auf Ihrer Website wie in Abbildung 6-30 aus.

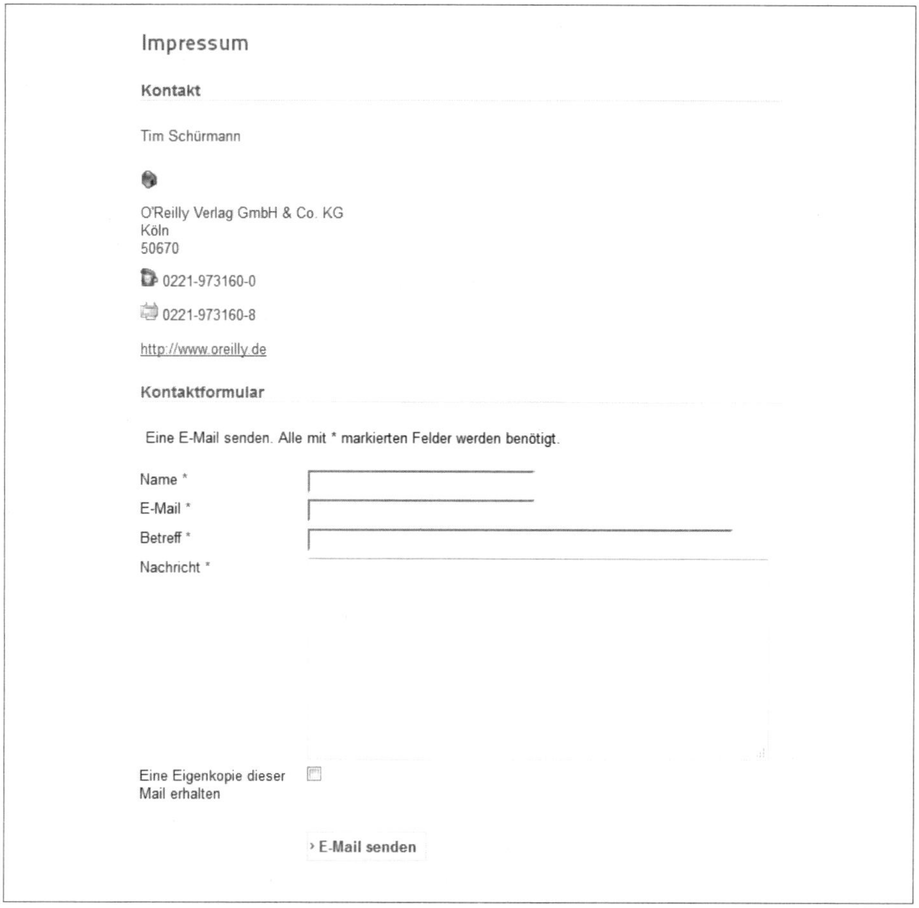

Abbildung 6-30: Das fertige Impressum auf der Homepage

Grundeinstellungen

Werfen Sie noch einmal einen kurzen Blick auf Abbildung 6-30. Dort sehen Sie vor der Telefon- und Faxnummer zwei kleine Symbole – bei der Telefonnummer etwa ein rotes Telefon. Auf diese Weise sieht ein Besucher schneller, welche Nummer welchem Zweck dient.

Version   In Joomla! 1.5 konnte man diese Symbole für jeden Kontakt separat ein- und aus-   X.X
schalten, ab Joomla! 1.6 gilt nur noch die Devise »ganz oder gar nicht«.

Wenn Sie die Symbole loswerden beziehungsweise durch einen Text ersetzen wollen, müssen Sie in die Grundeinstellungen der Kontakt-Komponente wechseln. Sie versteckt sich unter KOMPONENTEN → KONTAKTE hinter der Schaltfläche OPTIONEN. Das Ergebnis ist ein neues Fenster mit ziemlich vielen Registerblättern. Auf ihnen können Sie vorgeben, welche Informationen auf den Kontaktseiten und den Übersichtsseiten der Kontaktkategorien standardmäßig zu sehen sind. Die Einstellungen entsprechen jeweils denen, die Sie in den vorherigen Abschnitten kennengelernt haben. (Die Beschriftung der Register entspricht den Registern der Menüpunkte für Kontakte.)

Eine Ausnahme bildet das Register SYMBOLEINSTELLUNGEN aus Abbildung 6-31. Dort bestimmen Sie, ob und wenn ja welche Symbole auf der Kontaktseite erscheinen sollen.

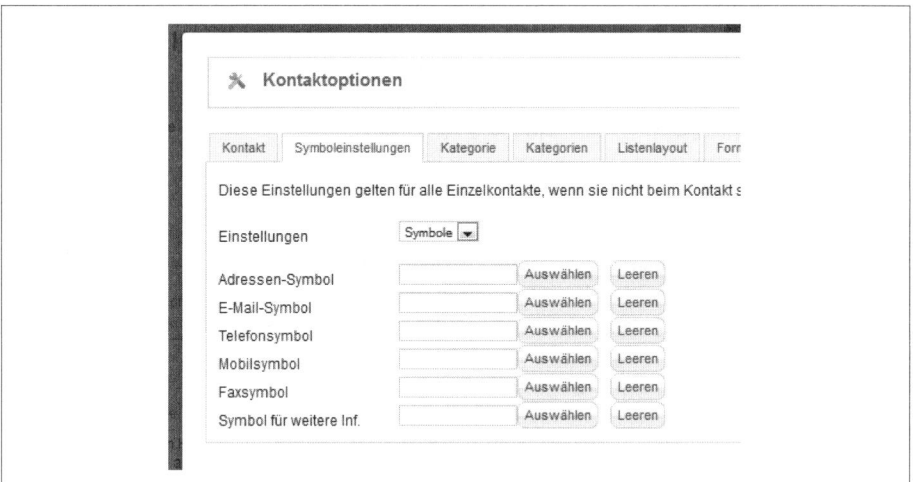

Abbildung 6-31: Die Grundeinstellungen der Kontakt-Komponente

Die erste Ausklappliste, EINSTELLUNGEN, legt fest, ob den Informationen auf den Kontaktseiten SYMBOLE, ein TEXT oder nichts (KEINE) vorangestellt wird. Entscheiden Sie sich hier für die Grafiken, so können Sie das jeweils zu verwendende Piktogramm in den nachfolgenden Feldern frei wählen – es muss also vor der Telefonnummer nicht zwangsweise ein rotes Telefon erscheinen. Um ein anderes eigenes Piktogramm zuzuweisen, müssen Sie es zunächst mit der Medienverwaltung hochladen. Anschließend klicken Sie hier auf AUSWÄHLEN rechts neben dem entsprechenden Eingabefeld und wählen dann das entsprechende Symbol in der Mini-Variante der Medienverwaltung aus (indem Sie im oberen Bereich das gewünschte Bild anklicken, dann EINFÜGEN aktivieren und das Fenster via ABBRECHEN schließen). Wenn das Eingabefeld leer bleibt, verwendet Joomla! seine mitgebrachten Symbole.

Hauptkontakte

Wenn Sie sehr viele Kontakte vorliegen haben, können Sie besonders wichtige zu sogenannten Hauptkontakten (englisch *Featured Contacts*) erheben und in einer eigenen Liste präsentieren. In einem Unternehmen könnten Sie so beispielsweise die wichtigsten Anlaufstellen für Ihre Kunden zusammenfassen, auch wenn sie sich in unterschiedlichen Abteilungen und somit Kategorien befinden.

Um einen Kontakt zum Hauptkontakt zu adeln, wechseln Sie zunächst in die Liste hinter KOMPONENTEN → KONTAKTE → KONTAKTE. Jeder Hauptkontakt besitzt dort in der Spalte HAUPTEINTRAG einen kleinen leuchtenden blauen Stern. Suchen Sie die Zeile des noch gewöhnlichen Kontakts, und klicken Sie dann in der Spalte HAUPTEINTRAG auf seinen grauen Kreis. Alternativ rufen Sie den Bearbeitungsbildschirm des Kontakts auf (beispielsweise, indem Sie seinen Namen in der Liste anklicken) und setzen dann die Ausklappliste HAUPTEINTRAG auf JA.

Die Liste mit allen Hauptkontakten erreichen Ihre Besucher über einen passenden Menüpunkt. Legen Sie einen solchen wie bekannt an (beispielsweise via MENÜS → MAIN MENU → NEUER MENÜEINTRAG), klicken Sie im erscheinenden Formular auf AUSWÄHLEN, und entscheiden Sie sich für die HAUPTKONTAKTE (links oben im Bereich KONTAKTE). Die übrigen Einstellungen des Formulars entsprechen ihren gleichnamigen Kollegen des Menütyps *Kontakte in Kategorie auflisten* aus Abschnitt »Inhalte einer Kontaktkategorie auflisten« auf Seite 230. Lediglich die Beschriftungen der Register auf der rechten Seite weichen leicht voneinander ab. Hier waren die Übersetzer etwas inkonsistent: Die KONTAKTANZEIGEOPTIONEN heißen hier KONTAKT-ANZEIGEEINSTELLUNGEN, und die E-MAIL-OPTIONEN sind jetzt unter den MAILOPTIONEN zu finden. Die Einstellungen auf den Registern sind jedoch dieselben.

Newsfeeds

Das Internet ist voller Informationen, die sich ständig verändern. Viele Seiten liefern brandaktuelle Nachrichten im Sekundentakt oder aktualisieren wichtige Beiträge in raschen Zeitabständen. Ist man auf viele dieser Internetquellen angewiesen oder an ihren Inhalten interessiert, müsste man immer wieder alle Seiten nach neuen Informationen abklappern – schließlich weiß man nie, wann eine Internetseite ihre Texte aktualisiert. Um dieses zeitaufwendige Problem zu lösen, wurde das Konzept der sogenannten Nachrichtenkanäle, englisch *Newsfeeds*, ins Leben gerufen. Dabei packt jede Internetseite die Schlagzeilen ihrer aktuellsten Beiträge in eine spezielle Textdatei. Ein Internetbrowser oder ein spezielles Auswertungsprogramm sammelt diese kleinen Dateien ein, wertet sie aus und stellt sie übersichtlich und optisch ansprechend in einer Liste dar. Nach einer festgelegten Wartezeit schaut der Browser dann selbstständig nach einer aktualisierten Fassung der Newsfeed-Datei. Man könnte auch sagen, die Internetseiten »füttern« (engl. »feed«) den Browser auf diese Weise mit Nachrichten. Im Ergebnis erhält man so die moderne Form eines Nachrichtentickers, mit der der Browser-Benutzer stets alle neu eingetrudelten Beiträge im Blick behält.

Auch Joomla! ist in der Lage, solche Newsfeeds einzusammeln und die darin gespeicherten Informationen in seine eigenen Seiten zu integrieren.

Tipp   Joomla! kann nicht nur Newsfeeds von anderen Seiten abholen, sondern auch selbst welche erstellen. Wie das funktioniert, erklärt Kapitel 7, *Module – Die kleinen Brüder der Komponenten*.

Im Beispiel des Kinoportals könnte man auf der Homepage eine Liste mit Newsfeeds rund um das Thema Film anbieten. Setzt man dabei auf Newsfeeds mit den aktuellsten Nachrichten aus der Branche, erhält man nebenbei und ohne viel Aufwand sogar ein kleines Nachrichtenportal.

Warnung   Anbieter von Newsfeeds sehen es für gewöhnlich nicht gern, wenn ihre mühsam erstellten Informationen plötzlich auf einer anderen Internetseite auftauchen. Sie sollten daher die jeweiligen Seitenbetreiber vorab um Erlaubnis fragen. Andernfalls riskieren Sie eine kostenpflichtige Abmahnung.

Kategorien für die Newsfeeds anlegen

Da bei vielen abonnierten Newsfeeds schnell der Überblick verloren gehen kann, erlaubt Joomla! die Gruppierung der Nachrichtenkanäle in sogenannten Kategorien. Auf diese Weise lassen sich Newsfeeds mit ähnlichem Inhalt oder Themenbezug bequem zusammenfassen. Grundsätzlich muss in Joomla! jeder Newsfeed genau einer Kategorie angehören.

Warnung   Die Kategorien für Newsfeeds haben nichts mit denen für Beiträge aus Kapitel 4, *Inhalte verwalten*, Abschnitt »Kategorien anlegen und verwalten« auf Seite 114 gemeinsam.

Für die Verwaltung der Kategorien ist der Bildschirm hinter dem Menüpunkt KOMPONENTEN → NEWSFEEDS → KATEGORIEN zuständig (im Englischen firmiert diese Seite auch als *Category Manager*). Wenn Sie der Schnellinstallation aus Kapitel 2, *Installation*, gefolgt sind beziehungsweise die Beispieldaten installiert haben, finden Sie hier bereits zwei Newsfeed-Kategorien (siehe Abbildung 6-32).

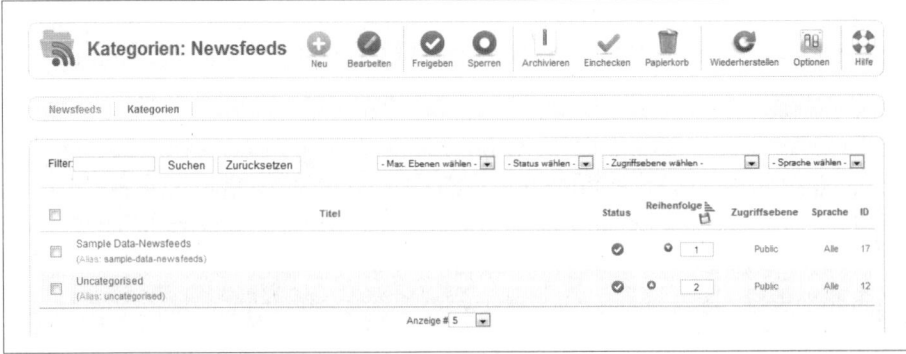

Abbildung 6-32:   Der Verwaltungsbildschirm für Newsfeed-Kategorien

Im Kinoportal muss für die geplanten Newsfeeds zum Thema Film eine eigene Kategorie her. Um eine nigelnagelneue Kategorie zu erstellen, wählen Sie NEU in der Werkzeugleiste. Das nun erscheinende Formular aus Abbildung 6-33 ähnelt seinem Kollegen für die Beiträge aus Kapitel 4, *Inhalte verwalten* und fragt die gleichen Daten ab.

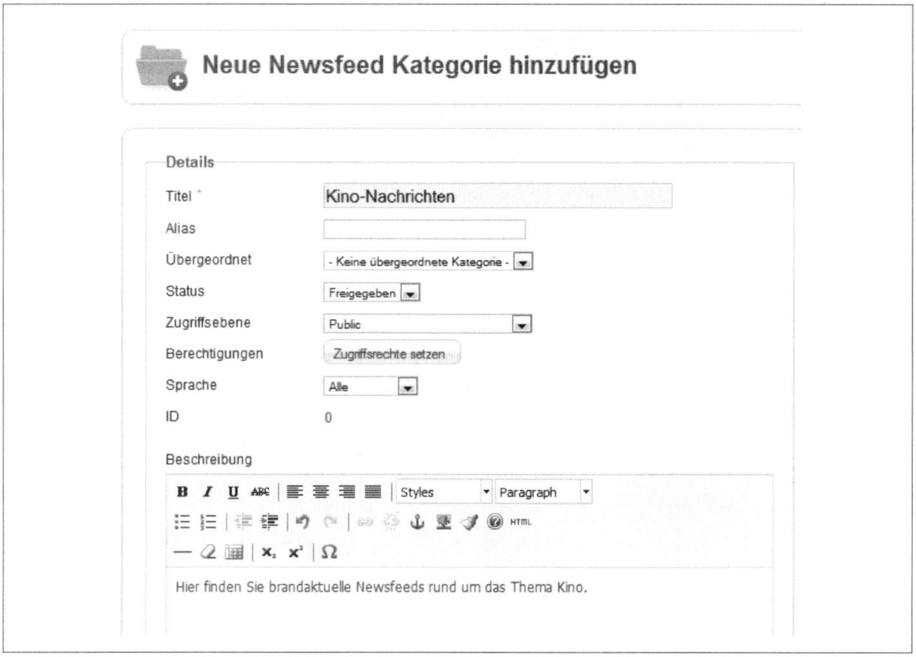

Abbildung 6-33: Die Basiseinstellungen für die neue Newsfeed-Kategorie

Hier noch einmal ein Schnelldurchgang:

TITEL

Der Name der Kategorie, der später auch auf der Homepage als Überschrift erscheint. Für das Kinoportal-Beispiel wählen Sie hier **Kino-Nachrichten**.

ALIAS

Ein Alias- beziehungsweise Ersatzname für die Kategorie. Sie können ihn in der Regel leer lassen, Joomla! wählt dann automatisch einen passenden aus.

ÜBERGEORDNET

Auch die Kontaktkategorien für Newsfeeds dürfen Sie ineinander verschachteln und so für Ordnung sorgen. Wenn Sie diese (neue) Kategorie einer anderen unterordnen möchten, müssen Sie hier ihre übergeordnete Kategorie einstellen. Im Kinoportal genügt eine Kategorie, weshalb Sie das Feld ÜBERGEORDNET auf – KEINE ÜBERGEORDNETE KATEGORIE – belassen.

STATUS

Nur wenn hier ein FREIGEGEBEN steht, erscheint die Kategorie samt ihrer Newsfeeds auf der Website.

ZUGRIFFSEBENE *und* BERECHTIGUNGEN

Diese beiden Punkte legen gemeinsam mit dem großen Register KATEGORIEBE-RECHTIGUNGEN am unteren Rand fest, welche Personengruppen überhaupt die Newsfeed-Informationen einsehen dürfen. Für das Kinoportal belassen Sie hier die Voreinstellung, womit alle Besucher die Newsfeeds aus dieser Kategorie lesen können. Mehr zu den Zugriffsrechten folgt noch in Kapitel 9, *Benutzerverwaltung und -kommunikation*.

SPRACHE

Bei mehrsprachigen Seiten bestimmt diese Ausklappliste, in welchen Sprachfassungen der Homepage die Kategorie vertreten sein soll. Im Falle eines einsprachigen Internetauftritts behalten Sie hier den Punkt ALLE bei. Kapitel 12, *Mehrsprachigkeit* wird noch auf dieses Thema eingehen.

BESCHREIBUNG

Hier können Sie noch eine kurze Beschreibung der Kategorie eintippen. Dieser Text erscheint später auf der Übersichtsseite der Kategorie. Im Kinoportal wählen Sie etwa **Hier finden Sie brandaktuelle Newsfeeds rund um das Thema Kino**.

 Für das Kinoportal-Beispiel sollte der Bereich DETAILS damit wie in Abbildung 6-33 aussehen.

Weiter geht es auf der rechten Seite. Joomla! merkt sich, wer die Kategorie wann erstellt hat. Unter den VERÖFFENTLICHUNGSOPTIONEN können Sie jedoch auch eine andere Person als Ersteller vorgeben. Normalerweise ist das jedoch nicht notwendig.

Wenn die Kategorie später im Frontend *nicht* direkt über einen Menüpunkt erreichbar ist, dann (und wirklich nur dann) können Sie ihrer Übersichtsseite in den BASIS-OPTIONEN unter ALTERNATIVES LAYOUT eine eigene, spezielle Optik verpassen.

 Tipp   Denken Sie daran, dass die Menüpunkte bestimmen, was auf der dahinterliegenden Seite zu sehen ist.

Welche Darstellungen hier zur Verfügung stehen, hängt von den installierten Templates ab. Standardmäßig bringt Joomla! nur eine Darstellungsform mit. Belassen Sie daher die Ausklappliste auf ihrem voreingestellten Wert.

Über die Schaltfläche AUSWÄHLEN können Sie der Kategorie noch ein Bild oder ein Symbol spendieren. Es erscheint später auf der Übersichtsseite über der BESCHREIBUNG. Für die Newsfeed-Kategorie im Kinoportal ist kein Bild notwendig. Abschließend können Sie auf diesem Register noch eine NOTIZ hinterlassen. Dieser Text ist nur als Gedächtnisstütze gedacht und erscheint ausschließlich im Administrationsbereich. Im Kinoportal-Beispiel lassen Sie auch dieses Feld leer.

Auf dem Register METADATENOPTIONEN können Sie den Suchmaschinen entgegenkommen. Unter META-BESCHREIBUNG hinterlassen Sie für Google und Co eine kurze Beschreibung der Kategorieinhalte, wie beispielsweise **Newsfeeds zum Thema**

Film. Dazu passende META-SCHLÜSSELWORTE wären etwa **Newsfeeds, Film, Nachrichten**. Diese Informationen versteckt Joomla! später in der Übersichtsseite der Kategorie. Sollen die Suchmaschinen eine ganz bestimmte Person für den AUTOR der Übersichtsseite halten, tragen Sie seinen (vollständigen) Namen in das gleichnamige Feld ein. Für gewöhnlich reicht es aus, das Feld leer zu lassen. Mit der Ausklappliste ROBOTS können Sie schließlich noch festlegen, ob die Suchmaschinen überhaupt die Seite betreten (ein Punkt mit INDEX) und den Links darauf folgen dürfen (ein Punkt mit FOLLOW). NOINDEX und NOFOLLOW verbieten hingegen die jeweilige Aktion. Für die neue Kategorie im Kinoportal behalten Sie die Vorgabe GLOBALE EINSTELLUNG bei. Damit gelten die systemweiten Einstellungen, nach denen die Suchmaschinen die Übersichtsseite unter die Lupe nehmen und auch allen darauf befindlichen Links folgen dürfen.

Für die Newsfeed-Kategorie im Kinoportal wären damit alle notwendigen Informationen beisammen. Nach dem SPEICHERN & SCHLIEßEN landen Sie wieder in der Liste mit allen Newsfeed-Kategorien.

Tipp   Mit den Ausklapplisten und Schaltflächen unterhalb dieser Liste können Sie die Kontaktkategorien verschieben und kopieren. Dabei gehen Sie so vor, wie in den Abschnitten »Kategorien verschieben« und »Kategorien kopieren« ab Seite 123 beschrieben ist.

Newsfeeds einrichten

Nachdem nun eine Kategorie existiert, kann man endlich einen neuen Newsfeed einrichten und anzapfen. Dazu rufen Sie im Menü den Punkt KOMPONENTEN → NEWSFEEDS → FEEDS auf. Die Liste präsentiert Ihnen nun alle schon vorhandenen Newsfeeds (siehe Abbildung 6-34). Wenn Sie die Beispieldaten installiert haben, sind das bereits vier Stück, die sich Nachrichten von der Joomla!-Homepage abholen.

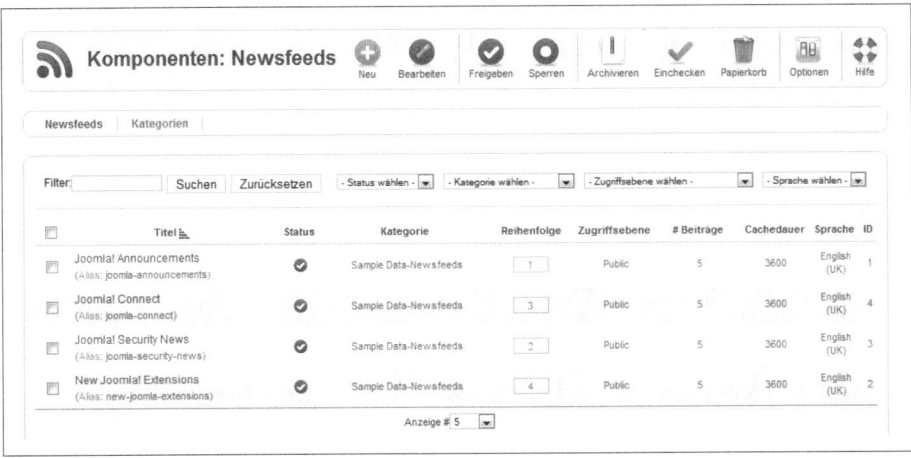

Abbildung 6-34:   Die in den Beispieldaten enthaltenen Newsfeeds

Im Kinoportal soll als Erstes der Ticker über Filmstarts von *kino.de* angezapft werden.

Um eine neue eigene Nachrichtenquelle einzubinden, klicken Sie auf die Schaltfläche NEU in der Werkzeugleiste.

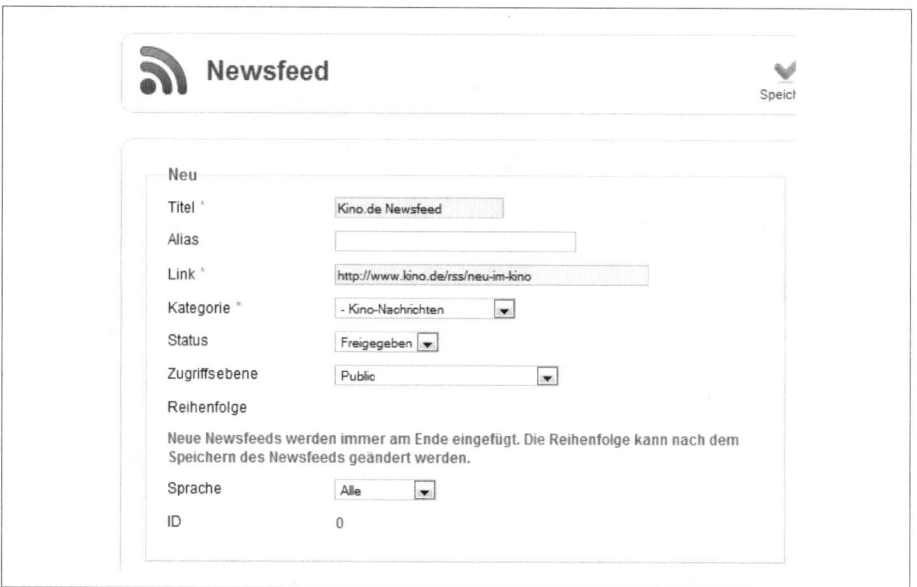

Abbildung 6-35:   In diesem Beispiel wird ein Newsfeed erzeugt, der die Filmpremieren der aktuellen Woche von kino.de bezieht.

Basiseinstellungen

Das daraufhin erscheinende Formular fragt dann zunächst im Bereich NEU die folgenden Parameter ab (siehe Abbildung 6-35):

TITEL

> Der Name des Newsfeeds. Er erscheint später auch als Überschrift auf Ihrer Website. Im Kinoportal wäre vielleicht **Kino.de Newsfeed** ganz passend.

ALIAS

> Ein Alias- beziehungsweise Ersatzname. Für gewöhnlich können Sie das Feld ignorieren, Joomla! wählt dann selbst einen passenden Alias.

LINK

> Die Internetadresse zur entsprechenden Newsfeed-Datei. Sie ermitteln sie, indem Sie auf der zugehörigen Internetseite nach einem kleinen Symbol suchen, das mit RSS oder XML beschriftet ist. Ein Klick darauf fördert die benötigte Internetadresse zutage. In der Regel gibt es auf den Seiten auch Hinweise auf die bereitgestellten Newsfeeds. Auf *http://kino.de* gab es bei Drucklegung dieses Buches rechts oben in der Seitenecke den Punkt RSS, der zu einer Seite mit allen notwendigen Informationen führte.

Hat man die passende Internetadresse ausgemacht, überträgt man sie in dieses Feld. Im Fall des Kinoportals stellte *kino.de* die entsprechende RSS-Datei unter der Adresse *http://www.kino.de/rss/neu-im-kino* bereit. Sie wandert folglich in das Feld LINK.

KATEGORIE

Dieser Kategorie gehört der Newsfeed an, im Beispiel also die gerade angelegten KINO-NACHRICHTEN.

STATUS

Nur wenn der Status auf FREIGEGEBEN steht, erscheinen die Inhalte des Newsfeeds später auf Ihrer Website.

ZUGRIFFSEBENE

Diese Ausklappliste legt fest, wer alles die im Newsfeed hereintickernden Informationen zu Gesicht bekommt. In der Standardeinstellung sind dies alle Besucher der Website, also genau das Richtige für die Filmstarts. Weitere Informationen hierzu folgen in Kapitel 9, *Benutzerverwaltung und -kommunikation*.

REIHENFOLGE

Später auf der Homepage stellt Joomla! alle vorhandenen Newsfeeds in einer Liste zur Auswahl. In welcher Zeile der gerade bearbeitete Newsfeed dort erscheint, regelt diese Ausklappliste. Einen besonders wichtigen Newsfeed könnten Sie so direkt an den Anfang der Liste hieven. Beachten Sie, dass der hier gerade bearbeitete Newsfeed immer hinter dem in der Ausklappliste gewählten landet. Die Ausklappliste erscheint übrigens erst dann, wenn der Newsfeed mit einem Klick auf die entsprechende Schaltfläche in der Werkzeugleiste angelegt wurde.

SPRACHE

Bei mehrsprachigen Internetauftritten stellen Sie hier ein, in welcher Sprachfassung die Inhalte des Newsfeeds auftauchen sollen – für gewöhnlich die Sprache, in der auch der Newsfeed seine Texte ausspuckt. Sofern Sie nur eine einsprachige Website betreiben, lassen Sie hier wie auch für das Kinoportal ALLE stehen. Um mehrsprachige Internetauftritte kümmert sich später noch das Kapitel 12, *Mehrsprachigkeit*.

Veröffentlichungsoptionen

Weiter geht es mit den Registern auf der rechten Seite. Wenn Sie die Schritte in den vorherigen Abschnitten mitgemacht haben, dürften Ihnen wieder einige Einstellungen bekannt vorkommen. Beginnen Sie mit den VERÖFFENTLICHUNGSOPTIONEN.

ERSTELLT VON

Hiermit nennt Joomla! den Ersteller des Newsfeeds (und nicht etwa den Autor der Newsfeeds-Inhalte). Wenn nicht Sie selbst als Autor gelten möchten, können Sie über die entsprechende Schaltfläche auch einen anderen BENUTZER AUSWÄHLEN. Normalerweise ist hier keine Änderung notwendig.

ALIAS DES AUTORS

Benutzernamen sind oftmals recht kryptisch, erst recht, wenn sie von den Angemeldeten selbst gewählt wurden. Aus diesem Grund erlaubt Joomla! Ihnen, hier einen anderen Namen zu vergeben. Da dieser Alias aber nirgendwo sonst in Joomla! auftaucht, können Sie ihn normalerweise ignorieren – es sei denn, eine nachträglich installierte Erweiterung wertet ihn aus.

ERSTELLUNGSDATUM

Joomla! merkt sich, wann Sie den Newsfeed hier angelegt haben. Unter ERSTELLUNGSDATUM dürfen Sie diese Angabe überschreiben. Auch dies ist normalerweise nicht notwendig.

FREIGABE STARTEN *und* FREIGABE BEENDEN

Über diese beiden Einstellungen können Sie die Inhalte des Newsfeeds auf Ihrer Website zeitgesteuert erscheinen und wieder verschwinden lassen. Dazu tragen Sie unter FREIGABE STARTEN ein, wann der Newsfeed erstmals auf der Website auftauchen soll, und unter FREIGABE BEENDEN, wann er von dort wieder verschwindet. Die Kalender hinter den Symbolen rechts neben den Eingabefeldern helfen bei der Auswahl des korrekten Termins. Andernfalls notieren Sie Datum und Zeit nach dem Schema: *Jahr-Monat-Tag Stunde:Minute:Sekunde*. Das Jahr müssen Sie dabei vierstellig angeben, Monat und Tag jeweils als zweistellige Zahlen.

ANZAHL DER BEITRÄGE

In der Regel liefert ein Newsfeed nicht nur immer die letzte, sondern auch noch ein paar der vorhergehenden Nachrichten. Die hier eingetippte Zahl legt fest, wie viele Schlagzeilen Joomla! auf Ihrer Website anzeigen soll.

CACHEDAUER

Joomla! schaut in regelmäßigen Abständen unter der eingetragenen Internetadresse nach, ob es bereits eine neue Version der Newsfeed-Datei gibt. Wie lange die Wartezeit zwischen diesen Nachfragen dauern soll, tragen Sie in dieses Eingabefeld in Minuten ein. Bei einer Seite, die in sehr schnellen Zyklen neue Nachrichten generiert (wie beispielsweise ein Börsenticker), können Sie den Standardwert entsprechend verringern. Ansonsten sollten Sie ihn möglichst beibehalten, um Joomla! auch noch Luft für andere Aufgaben zu lassen.

SCHREIBRICHTUNG

Nicht in allen Sprachen ist die Leserichtung gleich. Insbesondere Arabisch liest man von rechts nach links. Sofern die Inhalte des Newsfeeds diese Schreibrichtung verwenden, setzen Sie diese Ausklappliste auf RECHTS NACH LINKS, andernfalls LINKS NACH RECHTS.

Später nach dem ersten Speichern zeigt Joomla! hier in diesem Bereich auch noch an, wer die Einstellungen wann zuletzt geändert hat.

 Für den Newsfeed im Kinoportal belassen Sie hier einfach alle Einstellungen auf ihren Vorgaben.

Anzeigeoptionen

Auf dem nächsten Register, ANZEIGEOPTIONEN, legen Sie fest, welche im Newsfeed mitgelieferten Inhalte überhaupt auf Ihrer Website erscheinen sollen.

NEWSFEED-BILD

Legt fest, ob Joomla! die im Newsfeed mitgelieferten Bilder anzeigen soll. Meist sind dies Piktogramme oder verkleinerte Fotos.

NEWSFEED-BESCHREIBUNG

Jeder Newsfeed besitzt auch eine kurze Beschreibung seiner Inhalte. Auf Wunsch zeigt Joomla! sie später über den eigentlichen Nachrichtentexten an.

NEWSFEED-INHALT

Hiermit können Sie die eigentlichen Nachrichtentexte im Newsfeed VERBERGEN. Das ist etwa dann sinnvoll, wenn Sie die Newsfeeds nur vorstellen, nicht aber ihre Inhalte übernehmen möchten.

ANZAHL VON ZEICHEN

Die im Newsfeed ausgelieferten Texte können recht lang sein. Joomla! kann deshalb den Text nach einer bestimmten Länge abschneiden. Dazu tippen Sie hier in das Feld einfach die Anzahl der maximal anzuzeigenden Zeichen ein.

ALTERNATIVES LAYOUT

Wenn der Newsfeed später im Frontend *nicht* direkt über einen Menüpunkt erreichbar ist, dann (und wirklich nur dann) können Sie ihm hier eine eigene, spezielle Optik verpassen. Welche Darstellungen hier zur Verfügung stehen, hängt von den installierten Templates ab. Standardmäßig bringt Joomla! nur eine Darstellungsform mit. Belassen Sie daher die Ausklappliste auf ihrem voreingestellten Wert.

FEED-REIHENFOLGE

Normalerweise zeigt Joomla! immer die neuesten Nachrichten aus dem Newsfeed als Erstes an. Diese Reihenfolge können Sie über diese Ausklappliste umdrehen: Mit der Einstellung ÄLTESTE ZUERST zeigt Joomla! auf Ihrer Website zuerst die ältesten Nachrichten im Newsfeed an.

Der Newsfeed von *kino.de* enthält keine Bilder und nur recht kurze Texte. Die Beschreibung ist zudem recht nützlich, um dem Besucher einen kurzen Überblick über die Inhalte zu geben. Belassen Sie daher alle Einstellungen auf ihren Vorgaben.

Metadatenoptionen

Die erfragten Metadaten auf dem letzten Register kennen Sie bereits:

META-BESCHREIBUNG *und* META-SCHLÜSSELWORTE

META-BESCHREIBUNG verrät in knappen Worten, um was es im Newsfeed geht, wie etwa **Die aktuellen Filmstarts, gemeldet von Kino.de**. Ergänzend nimmt META-SCHLÜSSELWORTE ein paar durch Komata getrennte Stichwörter auf. Im Kinoportal passen beispielsweise **Filmstarts, Kino.de, Newsfeed**.

EXTERNE REFERENZ

Im Feld EXTERNE REFERENZ können Sie auf eine externe Datenquelle für den Newsfeed verweisen (für HTML-Kenner: Der hier eingetippte Text landet im HTML-Tag `<meta name="xreference" content="...“ />`). Er wird jedoch im Moment noch nicht ausgewertet, weshalb Sie diese Einstellung ignorieren können.

ROBOTS

Mit der Ausklappliste ROBOTS legen Sie fest, ob die Suchmaschinen überhaupt die Seite betreten (ein Punkt mit INDEX) und den Links darauf folgen dürfen (ein Punkt mit FOLLOW). NOINDEX und NOFOLLOW verbieten hingegen die jeweilige Aktion. In der Regel können Sie hier die Vorgabe beibehalten, nach der Suchmaschinen die Seite untersuchen und allen ihren Links folgen dürfen.

INHALTSRECHTE

Sind die Newsfeed-Inhalte urheberrechtlich geschützt oder stehen sie unter einer speziellen Lizenz, so können Sie einen entsprechenden Hinweis in diesem Feld hinterlassen. Üblicherweise trägt man hier einen Text wie »Copyright 2012 Kino.de« ein. Diese Meta-Information werten Browser jedoch nicht aus, und auch bei den Suchmaschinen ist der Nutzen dieses Eingabefeldes fraglich. Sie können dieses Feld daher ignorieren.

Damit wären alle Daten für den Newsfeed beisammen. Legen Sie ihn per SPEICHERN & SCHLIEßEN an, womit Sie automatisch wieder in der Liste mit allen Newsfeeds landen. Dort informiert noch einmal die Spalte KATEGORIE über die zugewiesene Newsfeed-Kategorie, # BEITRÄGE über die Anzahl der gleichzeitig anzuzeigenden Schlagzeilen und CACHEDAUER über die Wartezeit zwischen zwei Aktualisierungen in Minuten.

Newsfeeds mit einem Menüpunkt verbinden

Abschließend müssen Sie den Newsfeed nur noch über einen Menüpunkt auf Ihrer Website zugänglich machen. Im Kinoportal soll er der Einfachheit halber wieder im Hauptmenü (THIS SITE) erscheinen. Dazu wählen Sie MENÜS → MAIN MENU → NEUER MENÜEINTRAG. Verpassen Sie ihm einen MENÜTITEL, wie etwa **Kino-News-feeds**, und klicken Sie dann auf AUSWÄHLEN neben MENÜTYP.

Interessant ist jetzt der Bereich NEWSFEEDS:

- ALLE NEWSFEED-KATEGORIEN AUFLISTEN präsentiert alle Unterkategorien einer ausgewählten Newsfeed-Kategorie. Dieser Menütyp ist somit primär dazu gedacht, den Besuchern die Wahl zwischen verschiedenen Unterkategorien zu ermöglichen.

NEWSFEEDS IN KATEGORIE AUFLISTEN stellt hingegen die Newsfeeds und auf Wunsch auch noch sämtliche Unterkategorien einer Newsfeed-Kategorie zur Auswahl.

EINZELNER NEWSFEED würde schließlich noch zu den Texten eines einzelnen Newsfeeds führen.

Im Kinoportal soll der Menüpunkt zu einer Übersichtsseite mit allen Newsfeeds aus der Kategorie *Kino-Nachrichten* führen. Klicken Sie folglich den mittleren Punkt, NEWSFEEDS IN KATEGORIE AUFLISTEN, an. Damit landen Sie wieder im Bearbeitungsbildschirm für den Menüpunkt. Dort öffnen Sie auf der rechten Seite das Register ERFORDERLICHE EINSTELLUNGEN und wählen als KATEGORIE die KINO-NACHRICHTEN. Das Formular sollte jetzt so wie in Abbildung 6-36 aussehen.

Abbildung 6-36: Hier entsteht ein neuer Menüpunkt für die Newsfeed-Kategorie »Kino-Nachrichten«.

Legen Sie jetzt den Menüpunkt mit SPEICHERN an (lassen Sie das Formular also noch geöffnet), rufen Sie die VORSCHAU auf, und folgen Sie dort den KINO-NEWSFEEDS. Sie gelangen damit zur Übersichtsseite der Newsfeeds-Kategorie *Kino-Nachrichten* aus Abbildung 6-37.

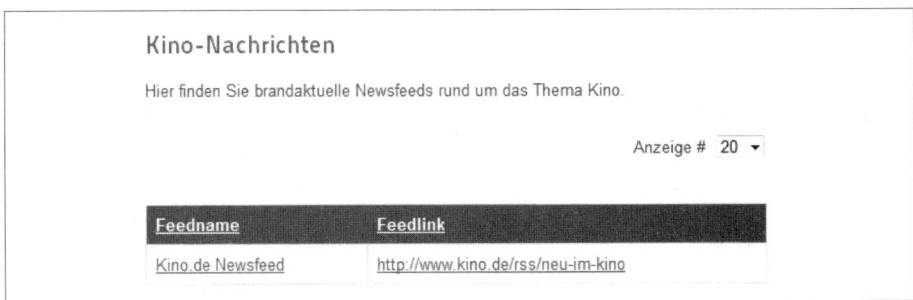

Abbildung 6-37: Die Kino-Nachrichten-Kategorie auf der Homepage

Joomla! listet hier alle Newsfeeds aus dieser Kategorie in einer Tabelle auf. Mit einem Klick auf den Feednamen KINO.DE NEWSFEED gelangen Sie zum eigentlichen Newsfeed und seinen Inhalten (siehe Abbildung 6-38).

| Tipp | Wenn Sie unter XAMPP arbeiten und jetzt eine geballte Ladung Fehlermeldungen der Art `Strict Standards: Non-static method` … erhalten, öffnen Sie die Datei *php.ini* (wo sie liegt, verrät Kapitel 2, *Installation*, Abschnitt »PHP-Konfiguration anpassen«). Suchen Sie in ihr die Zeile |

```
error_reporting = E_ALL | E_STRICT
```

und ersetzen Sie sie durch:

```
error_reporting = E_ALL
```

Speichern Sie Ihre Änderungen ab, und starten Sie anschließend Apache einmal neu.

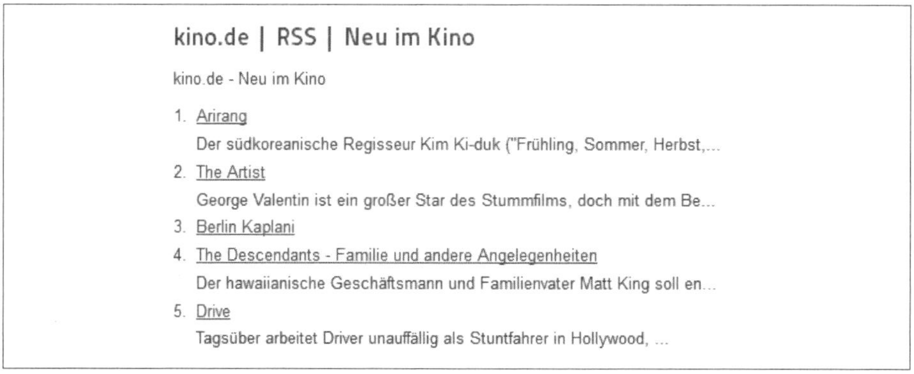

kino.de | RSS | Neu im Kino

kino.de - Neu im Kino

1. Arirang
   Der südkoreanische Regisseur Kim Ki-duk ("Frühling, Sommer, Herbst,...
2. The Artist
   George Valentin ist ein großer Star des Stummfilms, doch mit dem Be...
3. Berlin Kaplani
4. The Descendants - Familie und andere Angelegenheiten
   Der hawaiianische Geschäftsmann und Familienvater Matt King soll en...
5. Drive
   Tagsüber arbeitet Driver unauffällig als Stuntfahrer in Hollywood, ...

Abbildung 6-38:   So sieht der Newsfeed dann auf der Homepage aus.

Sofern Sie Joomla! auf einem Computer im Heimnetzwerk oder lokal installiert haben, benötigen Sie eine funktionierende Internetverbindung. Ansonsten werden zwar die angelegten Newsfeeds angezeigt, nicht aber ihre Artikel abgeholt. Die Seite mit den Artikeln bleibt dann einfach leer. Die blau hervorgehobenen Nachrichtenüberschriften führen übrigens direkt zur kompletten Meldung auf *http://www.kino.de*.

Für das Kinoportal ist diese Darstellung bereits optimal. In vielen anderen Situationen möchte man aber vielleicht noch etwas an der Optik drehen. Dann müssen Sie daran denken, dass in Joomla! der Menüpunkt bestimmt, was die über ihn erreichbaren Seiten zeigen. Das gilt natürlich auch wieder in diesem Fall. Wechseln Sie dann also noch einmal zurück zu seinem Bearbeitungsbildschirm im Administrationsbereich. Welche Einstellungen hier jetzt im Einzelnen zur Verfügung stehen, hängt vom gewählten Menütyp ab.

Newsfeeds in Kategorie auflisten

Beim im Kinoportal gewählten NEWSFEEDS IN KATEGORIE AUFLISTEN finden Sie auf der rechten Seite die drei Register KATEGORIEOPTIONEN, LISTENLAYOUT und FEEDANZEIGEOPTIONEN. Die dortigen Einstellungen kennen Sie bereits weitgehend aus den vorangegangenen Abschnitten.

Auf KATEGORIEOPTIONEN regeln Sie, welche Informationen über die Newsfeed-Kategorie – in diesem Fall die *Kino-Nachrichten* – auf der Übersichtsseite erscheinen sollen. Im Schnelldurchgang:

KATEGORIETITEL

Zeigt den Titel der Kategorie als Überschrift an, im Beispiel *Kino-Nachrichten*.

KATEGORIEBESCHREIBUNG

Die Beschreibung der Newsfeed-Kategorie, im Beispiel wäre dies *Hier finden Sie die Kontaktadressen aller Filmkritiker*.

KATEGORIEBILD

Das Bild der Newsfeed-Kategorie; im Beispiel wurde keines vergeben.

UNTERKATEGORIEEBENEN

Die Übersichtsseite präsentiert auch alle enthaltenen Unterkategorien bis zu dieser Hierarchiestufe.

LEERE KATEGORIEN

Joomla! zeigt auf Wunsch auch leere Unterkategorien zur Auswahl an.

UNTERKATEGORIENBESCHREIB.

Blendet die Beschreibungen der Unterkategorien ein beziehungsweise aus.

 # FEEDS IN KATEGORIE

Joomla! zeigt auch an, wie viele Newsfeeds in einer Unterkategorie enthalten sind.

Später präsentiert die Übersichtsseite alle Newsfeeds wie in Abbildung 6-37 in einer kleinen Tabelle. Auf dem Register LISTEN LAYOUT legen Sie fest, welche Informationen in und um diese Tabelle auftauchen sollen:

»ANZEIGE« ANZEIGEN

Der Besucher kann über eine Ausklappliste wählen, wie viele Beiträge Joomla! ihm auf einer Bildschirmseite präsentieren soll (in Abbildung 6-37 rechts oben über der Tabelle). Diese Möglichkeit sollten Sie ihm geben, wenn die Tabelle sehr viele Newsfeeds enthält.

TABELLENÜBERSCHRIFTEN

Blendet die Spaltenbeschriftungen – und somit die erste Zeile – der Tabelle ein beziehungsweise aus.

 # BEITRÄGE

Wenn Sie diese Ausklappliste auf ANZEIGEN setzen, verrät eine weitere Spalte der Tabelle, wie viele Nachrichten sich in den jeweiligen Newsfeeds befinden.

NEWSFEED-LINKS

Wie in Abbildung 6-37 zeigt Joomla! für jeden Newsfeed dessen Internetadresse (FEEDLINK) an. Wenn Sie dies unterbinden möchten, setzen Sie diese Ausklappliste auf VERBERGEN.

SEITENZAHLEN

Wenn mehr Newsfeeds in der Kategorie stecken, als die Tabelle auf einmal anzeigen kann, erscheinen am unteren Rand Schaltflächen, über die der Besucher zu den übrigen Newsfeeds WEITER beziehungsweise ZURÜCK blättern kann.

GESAMTSEITENZAHLEN

Mit ANZEIGEN erscheint unterhalb der Tabelle die Information, auf wie viele Bildschirmseiten Joomla! die Tabelle aufgeteilt hat und auf welcher dieser Seiten sich der Besucher gerade befindet.

Diese beiden zuletzt genannten Einstellungen sollten Sie immer auf ihrer Vorgabe belassen. Joomla! blendet die entsprechenden Elemente immer dann ein, wenn sie notwendig sind.

Über einen Klick auf einen Newsfeed in der Tabelle erreichen Sie seine Inhalte. Was auf dieser Seite zu sehen ist, bestimmt hier noch das Register FEEDANZEIGEOPTIO-NEN. Die darauf vorhandenen Einstellungen entsprechen exakt denen aus Abschnitt »Newsfeeds einrichten«. Die dort vorgenommenen Einstellungen werden von denen überschrieben, die Sie unter dem Menüpunkt festlegen.

Wenn Sie also das Aussehen einer Newsfeed-Seite wie der aus Abbildung 6-38 ver-ändern möchten, gehen Sie dazu immer wie folgt vor:

1. Öffnen Sie den Bearbeitungsbildschirm des Newsfeeds (KOMPONENTEN → NEWSFEEDS → FEEDS, dann ein Klick auf den entsprechenden Newsfeed), und stellen Sie auf der rechten Seite die anzuzeigenden Informationen ein.

2. Führt das nicht zum gewünschten Ergebnis, prüfen Sie, über welchen Menü-punkt der Newsfeed erreichbar ist, rufen seinen Bearbeitungsbildschirm auf und kontrollieren dort die Einstellungen auf der rechten Seite.

Alle Newsfeed-Kategorien auflisten

Der Menütyp ALLE NEWSFEED-KATEGORIEN AUFLISTEN führt zu einer Seite, die ein-fach nur aus einer nüchternen Liste mit allen Unterkategorien einer ausgewählten Newsfeed-Kategorie besteht. Wenn Sie solch einen Menüpunkt angelegt und sich unter ERFORDERLICHE EINSTELLUNGEN in der Ausklappliste für eine Kategorie ent-schieden haben, finden Sie direkt darunter das Register KATEGORIEOPTIONEN (das obere der beiden). Auch die dort angebotenen Einstellungen dürften Ihnen bekannt vorkommen:

BESCHREIBUNG D. O. KATEGORIE *und* BESCHREIBUNG DER OBERKATEGORIE

Mit BESCHREIBUNG D. O. KATEGORIE können Sie die Beschreibung der Katego-rie ein- und ausblenden. Der Text im Feld BESCHREIBUNG DER OBERKATEGORIE ersetzt diese Beschreibung.

UNTERKATEGORIEEBENEN

Die Seite präsentiert alle in der Kategorie enthaltenen Unterkategorien bis zu dieser Hierarchiestufe.

LEERE KATEGORIEN
: Joomla! zeigt auf Wunsch auch leere Unterkategorien zur Auswahl an.

UNTERKATEGORIENBESCHREIB.
: Blendet die Beschreibungen der Unterkategorien ein.

\# FEEDS IN KATEGORIE
: Zeigt an, wie viele Newsfeeds (und nicht Newsfeed-Nachrichten) in einer Unterkategorie enthalten sind.

Wenn Sie einem Menüpunkt vom Typ ALLE NEWSFEED-KATEGORIEN AUFLISTEN folgen, sehen Sie eine Auswahl der enthaltenen Unterkategorien. Sobald Sie eine davon anklicken, landen Sie bei einer Seite, die alle Newsfeeds dieser Unterkategorie auflistet (wie in Abbildung 6-37). Das Aussehen genau dieser Seite regeln die Einstellungen auf dem unteren der beiden KATEGORIEOPTIONEN-Register sowie auf seinem Kollegen LISTENLAYOUT. Ihre Einstellungen entsprechen ihren Namensvettern beim Menütyp *Newsfeeds in Kategorie auflisten*. Wie schließlich die darüber erreichbaren Newsfeed-Nachrichtenseiten aussehen, bestimmen die FEEDANZEIGE-OPTIONEN. Auch ihre Einstellungen entsprechen denen des Menütyps *Newsfeeds in Kategorie auflisten*.

Einzelner Newsfeed

Abschließend können Sie noch einen Menüpunkt auf einen einzelnen Newsfeed setzen. Dazu wählen Sie als Menütyp EINZELNER NEWSFEED, klicken dann unter ERFORDERLICHE EINSTELLUNGEN auf NEWSFEED AUSWÄHLEN und entscheiden sich dann im neuen Fenster für den zu verknüpfenden Newsfeed. Anschließend können Sie noch auf dem Register FEEDANZEIGEOPTIONEN festlegen, welche Informationen Joomla! aus dem Newsfeed anzeigen soll. Die dortigen Einstellungen entsprechen wieder denen aus Abschnitt »Newsfeeds einrichten«, wobei die hier vorgenommenen Änderungen ihre Pendants überschreiben.

Suchfunktion und Suchstatistiken

Sofern Sie der Schnellinstallation aus Kapitel 2, *Installation*, gefolgt sind beziehungsweise während der Joomla!-Installation die Beispieldaten eingespielt haben, finden Sie auf der Website rechts oben in der Ecke ein kleines SUCHEN-Feld. Wenn Sie dort einen Begriff eingeben und auf die Eingabetaste drücken, sucht das Content-Management-System Ihren Begriff im gesamten Internetauftritt und gibt anschließend alle gefundenen Stellen aus. Abbildung 6-39 zeigt das Ergebnis einer solchen Suchanfrage. Joomla! blendet dort im oberen Teil noch weitere Einstellungen ein, mit denen der Suchende seine Anfrage weiter verfeinern kann. Im Bereich NUR SUCHEN darf er beispielsweise die Fahndung auf Kategorien, Kontakte und so weiter einschränken.

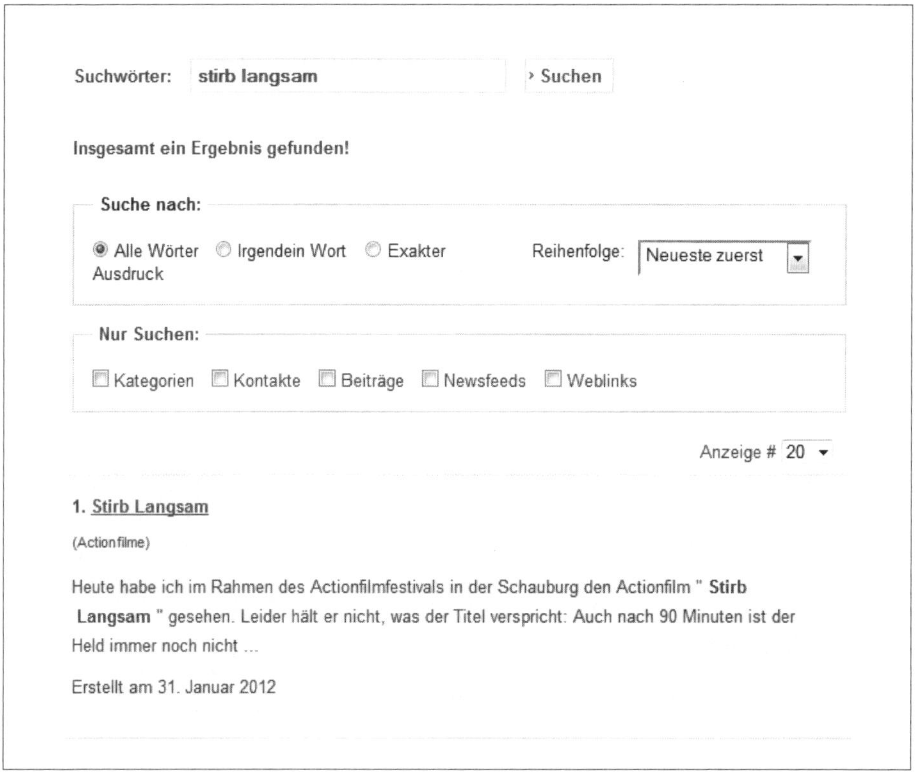

Suchwörter: **stirb langsam**   › Suchen

Insgesamt ein Ergebnis gefunden!

Suche nach:

◉ Alle Wörter ○ Irgendein Wort ○ Exakter   Reihenfolge: | Neueste zuerst ▾ |
Ausdruck

Nur Suchen:

☐ Kategorien ☐ Kontakte ☐ Beiträge ☐ Newsfeeds ☐ Weblinks

Anzeige # 20 ▾

1. Stirb Langsam

(Actionfilme)

Heute habe ich im Rahmen des Actionfilmfestivals in der Schauburg den Actionfilm " **Stirb
Langsam** " gesehen. Leider hält er nicht, was der Titel verspricht: Auch nach 90 Minuten ist der
Held immer noch nicht ...

Erstellt am 31. Januar 2012

Abbildung 6-39:   Steckt das gesuchte Wort in einem Beitrag, nennt Joomla! auch dessen Erstellungsdatum in seinen
Suchergebnissen.

Suchanfragen analysieren

Ein Besucher nutzt die Suchfunktion besonders dann, wenn er einen bestimmten
Beitrag nicht schnell genug finden konnte. Häufige Suchanfragen weisen somit auf
einen fehlerhaften oder suboptimalen Aufbau der Homepage hin – denn andernfalls
hätten die Besucher den wesentlich bequemeren Weg über das Menü genommen.

Um herauszubekommen, welche Begriffe wie oft gesucht wurden, muss eine entsprechende Buchführung her. Diese stellt eine Komponente hinter KOMPONENTEN
→ SUCHE bereit. Das Ergebnis ist ein zunächst noch etwas karger Bildschirm.

Wie der rot leuchtende Text SUCHSTATISTIKEN WERDEN NICHT ERFASST bereits dezent
andeutet, merkt sich Joomla! standardmäßig keinen einzigen der gesuchten Begriffe.
Um die Suchstatistik zu aktivieren, klicken Sie in der Werkzeugleiste auf den OPTI-
ONEN-Knopf. Im nun erscheinenden Fenster existieren genau drei Einstellungen:
Sobald Sie SUCHSTATISTIKEN ERFASSEN auf JA stellen, protokolliert Joomla! penibel
jede Suchanfrage. Die anderen beiden Einstellungen spielen gleich noch eine Rolle.

Um die Erstellung von Suchstatistiken anzuwerfen, setzen Sie ein Kreuz bei JA und klicken anschließend auf SPEICHERN & SCHLIEßEN, um die Änderungen zu übernehmen. Spielen Sie jetzt einmal Besucher, indem Sie in die VORSCHAU wechseln, in das Suchfeld rechts oben **stirb langsam** eintippen und anschließend die Eingabetaste betätigen. Wiederholen Sie diesen Vorgang absichtlich ein zweites Mal.

Wenn Sie nun zurück in den Administrationsbereich wechseln und im Hauptmenü wieder den Punkt KOMPONENTEN → SUCHE aufrufen, erscheinen in der Liste alle bislang gesuchten Begriffe. Die Spalte # ZUGRIFFE verrät, wie oft nach dem Begriff gesucht wurde (siehe Abbildung 6-40).

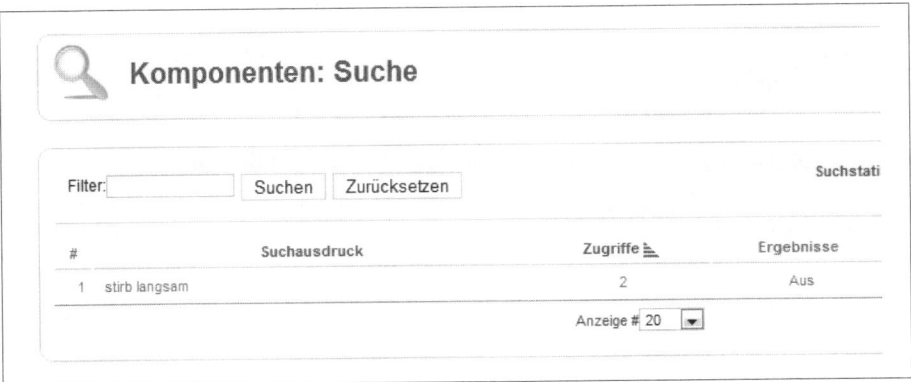

Abbildung 6-40: Wie diese Statistik verrät, wurde über die Homepage zweimal nach dem Begriff »stirb langsam« gesucht.

Nachdem eine Suche ausgeführt wurde, merkt sich Joomla! die Anzahl der Fundstellen. Wie viele Fundstellen es zu einem Begriff gab, erfahren Sie nach einem Klick auf SUCHERGEBNISSE ANZEIGEN. In der dritten Spalte, ERGEBNISSE, erscheint jetzt die gewünschte Information.

Version Unter Joomla! 2.5.0 erhalten Sie derzeit nur eine merkwürdige Meldung. Dieser Programmfehler sollte mit einer der kommenden Aktualisierungen jedoch behoben sein. Um wieder zur normalen Statistik zurückzukehren, nutzen Sie die ZURÜCK-Schaltfläche Ihres Browsers und melden sich dann einmal bei Joomla! ab und wieder an.

Um die Suchstatistiken zu löschen und mit der Erfassung wieder von vorne zu beginnen, klicken Sie in der Werkzeugleiste auf ZURÜCKSETZEN.

Warnung Das Sammeln und Berechnen der Suchstatistik kostet zusätzliche Rechenzeit, wodurch sich unter Umständen die Auslieferung der Webseiten verzögern kann. Überlegen Sie sich also gut, ob Sie die Statistiken erstellen lassen möchten. Schalten Sie sie daher möglichst nur über einen kurzen Zeitraum ein oder dann wenn Sie den Verdacht haben, dass die Suchfunktion überproportional oft verwendet wird.

Suchformular in ein Menü einbinden

Das umfangreichere Suchformular aus Abbildung 6-39 erscheint immer dann, wenn der Besucher seinen Begriff in das kleine Feld rechts oben in der Ecke eingetippt und abgeschickt hat – also eigentlich viel zu spät. Sie können ihm das Formular aber auch über einen Menüpunkt zugänglich machen. Im Kinoportal soll er der Einfachheit halber wieder im Hauptmenü (THIS SITE) seinen Platz finden. Rufen Sie daher im Administrationsbereich MENÜS → MAIN MENU → NEUER MENÜEINTRAG auf.

Im Bearbeitungsbildschirm klicken Sie zunächst auf AUSWÄHLEN und entscheiden sich für den etwas missverständlich beschriebenen Menütyp SUCHFORMULAR ODER SUCHERGEBNISSE AUFLISTEN. Vergeben Sie noch einen passenden MENÜTITEL, wie etwa **Erweiterte Suche**. Rechts auf dem Register BASISEINSTELLUNGEN können Sie das Suchformular noch etwas anpassen.

Standardmäßig zeigt Joomla! wie in Abbildung 6-39 den Bereich NUR SUCHEN an, in dem der Besucher seine Anfrage auf die Kategorien, Kontakte und so weiter einschränken kann. Wenn Sie ihm dies verbieten möchten, setzen Sie hier in den Optionen den Punkt SUCHBEREICHE VERWENDEN auf NEIN. Joomla! blendet dann den Bereich NUR SUCHEN komplett aus. Das gilt allerdings nur, wenn der Besucher direkt über den Menüpunkt auf das Formular kommt. Sobald er seine Suchanfrage abgeschickt hat, erscheint der Bereich erneut.

Der Parameter ERSTELLUNGSDATUM bezieht sich auf die Darstellung der Suchergebnisse. Diese präsentiert Joomla! auf der Homepage in einer mehr oder weniger langen Liste. Handelt sich bei einer der Fundstellen um einen Beitrag, so zeigt das Content-Management-System standardmäßig auch dessen Erstellungsdatum, wie in Abbildung 6-39 zu sehen ist (am äußersten unteren Rand). Auf diese Weise sieht der Suchende sofort, ob der Beitrag eventuell schon veraltet ist. Möchten Sie das Datum in den Suchergebnissen nicht mit aufführen, setzen Sie ERSTELLUNGSDATUM auf VERBERGEN.

X.X Bis einschließlich Joomla! 2.5.0 funktionierte das jedoch nicht: Nach dem Ausführen einer Suche erschien immer das Datum – egal, welche Einstellung hier gewählt war.

Mitunter tippen Besucher nicht nur eines, sondern gleich mehrere Wörter in das Suchfeld. Wie Joomla! dann suchen soll, bestimmen Sie unter SUCHEN NACH. Bei ALLE WÖRTER müssen alle eingegebenen Wörter irgendwo in einem Beitrag enthalten sein, damit er später unter den Ergebnissen auftaucht. Im Fall von IRGENDEIN WORT reicht es schon aus, wenn eines der Wörter im Beitrag vorkommt. EXAKTER AUSDRUCK berücksichtigt auch die Reihenfolge der Wörter, »Stirb Langsam« wird folglich erst gefunden, wenn es exakt so in einem Beitrag vorkommt.

Die ERGEBNISSORTIERUNG regelt schließlich, in welcher Reihenfolge Joomla! die Fundstellen präsentiert. Standardmäßig erscheinen die zuletzt erstellten Beiträge (NEUESTE ZUERST) immer ganz oben in der Ergebnisliste.

Auf dem Register OPTIONALER SUCHBEGRIFF können Sie noch einen Suchbegriff vorgeben. Sobald ein Besucher das Formular aufruft, packt Joomla! den Suchbegriff automatisch in das Feld SUCHWÖRTER. Der Besucher kann ihn dann gleich per SUCHEN übernehmen oder mit einem anderen Begriff überschreiben. Normalerweise gibt man auf diesem Weg einen besonders häufig gesuchten Begriff vor.

Tipp   Das kleine Suchfeld rechts oben in der Seitenecke stellt übrigens ein Modul bereit. Sie werden folglich in Kapitel 7, *Module – Die kleinen Brüder der Komponenten*, noch einmal über die Suchfunktion stolpern.

Suchindex (Smart Search)

Neu in Joomla! 2.5 ist die sogenannte Smart Search. Dahinter verbirgt sich eine runderneuerte, halbintelligente Suchfunktion. In einem ersten Schritt analysiert sie sämtliche in Joomla! gespeicherten Inhalte – die sogenannte Indexierung. Auf diese Weise kann die Suchfunktion die Fundstellen eines Suchlaufs nach Relevanz sortieren. Darüber hinaus schlägt sie alternative Suchbegriffe vor – beispielsweise anstelle von »stripp langsam« den Begriff »stirb langsam« (siehe Abbildung 6-41).

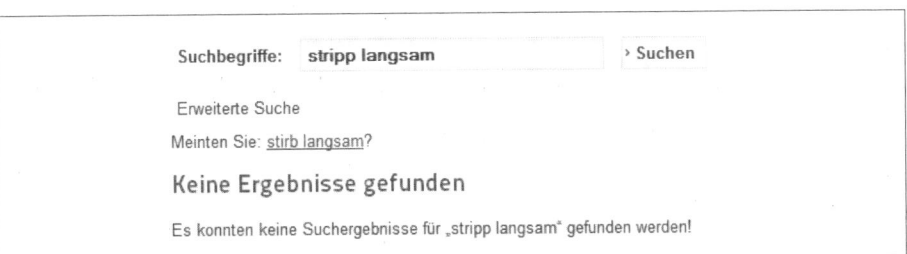

Abbildung 6-41:   Die neue Suchfunktion hilft bei Tippfehlern im Suchbegriff.

Sie kennen diese Funktion vielleicht von Google (»Meinten Sie ... ?«). Die Suchmaschine stand auch bei einer weiteren Funktion Pate: Sobald der Besucher zu tippen beginnt, versucht Joomla!, seinen Suchbegriff zu erraten, und unterbreitet ihm in einer Ausklappliste seine Vorschläge. Dank der Indexierung ist der eigentliche Suchvorgang obendrein auch noch schneller. Ihren Ursprung hat die neue Suchfunktion übrigens in der Erweiterung *Finder*. Bevor die Besucher die neue Suchfunktion nutzen können, ist allerdings noch etwas Vorarbeit notwendig.

Version   Unter Joomla! 2.5.0 funktionierte Smart Search noch nicht so, wie es eigentlich sollte. Beispielsweise wurden einige der angebotenen Einstellungen noch ignoriert. Probieren Sie daher diese neue Suchfunktion bei Ihnen erst gründlich in einer Joomla!-Testinstallation aus, bevor Sie sie auf Ihrer richtigen Webseite freischalten.

Wechseln Sie zunächst zum Menüpunkt ERWEITERUNGEN → PLUGINS, und suchen Sie dort in der Liste den Eintrag INHALT – SUCHINDEX. Kreuzen Sie sein Kästchen an, und klicken Sie dann in der Werkzeugleiste auf AKTIVIEREN. In der Zeile INHALT – SUCHINDEX sollte jetzt in der Spalte STATUS ein grüner Haken leuchten. Damit ist die neue Suchfunktion aktiviert. (Was sich hinter diesen Plugins und der Liste genau verbirgt, klärt später noch Kapitel 11, *Plugins*.)

Als Nächstes müssen Sie Joomla! anweisen, alle schon vorhandenen Inhalte zu analysieren. Dazu wechseln Sie zum Menüpunkt KOMPONENTEN → SUCHINDEX und klicken dann auf INDEX in der Werkzeugleiste. Sobald Joomla! mit der Arbeit fertig ist, schließen Sie die Erfolgsmeldung mit einem Klick auf das kleine X-Symbol rechts oben. In der Liste finden Sie jetzt alle von Joomla! gefundenen Begriffe (siehe Abbildung 6-42).

Abbildung 6-42: Die indexierten Suchbegriffe

Von diesen Begriffen glaubt das Content-Management-System, dass ein Besucher sie irgendwann einmal suchen könnte. Soll Joomla! einen der Begriffe später nicht berücksichtigen, können Sie ihn hier auch sperren (beispielsweise mit einem Klick auf seinen grünen Haken in der Spalte STATUS). Beachten Sie, dass Joomla! diesen Begriff trotzdem weiterhin in seinem Datenbestand sucht. Lediglich die netten Zusatzfunktionen, wie etwa die Tipphilfe »Meinten Sie ... ?«, berücksichtigen den Begriff dann nicht mehr.

Tipp   Joomla! analysiert ab jetzt neu angelegte Inhalte automatisch. Es kann jedoch immer mal passieren, dass der Index nicht mehr auf dem aktuellen Stand ist – beispielsweise wenn Sie Erweiterungen einsetzen, die Inhalte an Joomla! vorbei in die Datenbank schmuggeln. Sie sollten daher hin und wieder manuell über die Werkzeugleiste den INDEX LEEREN und dann einen neuen INDEX erzeugen lassen.

Bei der Analyse versucht Joomla! den gefundenen Begriffen gleich auch noch eine Bedeutung zuzuordnen. Beispielsweise hat es automatisch erkannt, dass der *Super User* ein *Autor* ist. Prüfen können Sie das auf dem Register INHALTSGRUPPEN (siehe Abbildung 6-43).

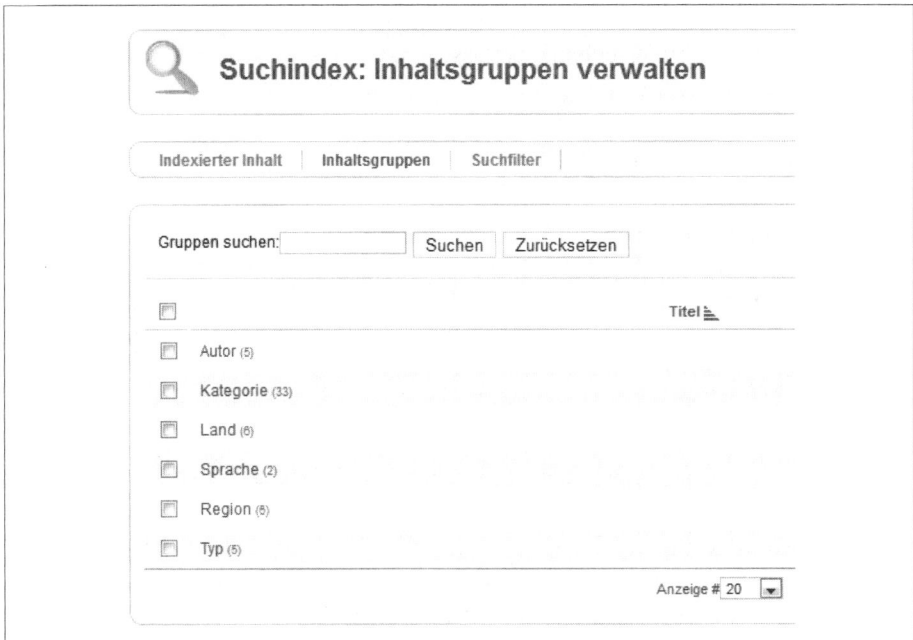

Abbildung 6-43: Die Inhaltsgruppen dienen zur Klassifizierung von Begriffen.

In Abbildung 6-43 hat Joomla! neben den AUTOREN auch unter anderem noch Kategorien, Länder und Sprachen ausgemacht. Um nun beispielsweise zu sehen, wen oder was Joomla! alles für einen Autor hält, klicken Sie einfach auf AUTOR. Die Begriffe eigenhändig umgruppieren dürfen Sie zumindest in Joomla! 2.5.0 leider noch nicht. Hält Joomla! versehentlich einen gewissen »Stirb Langsam« für einen Autor, dann bleibt dies unverrückbar so. Immerhin können Sie diesen Eintrag sperren (beispielsweise mit einem Klick auf seinen grünen Haken in der Spalte STATUS). Joomla! denkt dann nicht mehr länger, dass der betroffene Begriff ein Autor ist. Zurück zur Aufstellung mit allen Inhaltsgruppen gelangen Sie via ZURÜCK ZU DEN GRUPPEN. Dort können Sie übrigens auch gleich eine komplette Inhaltsgruppe sperren.

Tipp　　Insbesondere dann, wenn man eine englischsprachige Anleitung zu diesem Thema konsultiert, trifft man auf weitere wirre Bezeichnungen. In der deutschen Sprachfassung ordnet Joomla! die Begriffe (wie den *Super User*) in Inhaltsgruppen (*Autor*) ein. Im Englischen heißt das ganze Klassifikationskonzept *Content Maps*, die Inhaltsgruppen sind die *Branches*, während die darin liegenden Begriffe als *Nodes* bezeichnet werden. Im Beispiel wäre also *Autor* ein Branch, der *Super User* darin ein Node.

Abschließend müssen Sie noch die neue Suchfunktion auf der Website zugänglich machen. Das geschieht wieder über einen neuen Menüpunkt. Um einen solchen im Hauptmenü (THIS SITE) erscheinen zu lassen, aktivieren Sie MENÜS → MAIN MENU → NEUER MENÜEINTRAG, klicken auf AUSWÄHLEN und entscheiden sich für den Menütyp SUCHE (links im Bereich SUCHINDEX). Vergeben Sie einen MENÜTITEL, wie etwa **Suche**, und legen Sie den Menüpunkt mit SPEICHERN an (lassen Sie also den Bearbeitungsbildschirm noch geöffnet).

Wenn Sie jetzt in der VORSCHAU dem neuen Menüpunkt folgen, landen Sie bei einem augenscheinlich einfachen Eingabefeld. Mit einem Klick auf ERWEITERTE SUCHE erscheinen am unteren Rand Ausklapplisten, mit denen man die Suche weiter einschränken kann (siehe Abbildung 6-44). Um etwa nur alle Beiträge von einem ganz bestimmten Autor durchsuchen zu lassen, setzt man SUCHE NACH AUTOR auf die entsprechende Person.

Tipp　　Joomla! stellt hier für jede (freigegebene) Inhaltsgruppe eine Auswahlliste bereit.

Wie die Texte darüber vorschlagen, kann man die Suchanfrage zudem mit logischen Operatoren verfeinern. Die Eingabe von `langsam nicht Joomla` würde etwa alle Beiträge zutage fördern, die den Begriff »langsam« und gleichzeitig *nicht* den Begriff »Joomla« enthalten.

Das Aussehen dieses Suchformulars können Sie in den Einstellungen des Menüpunktes anpassen. Dazu wechseln Sie noch einmal zurück in den Administrationsbereich zum entsprechenden Bearbeitungsbildschirm und öffnen dort auf der rechten Seite das Register BASISEINSTELLUNGEN. Dieses bietet nun folgende Einstellungen an:

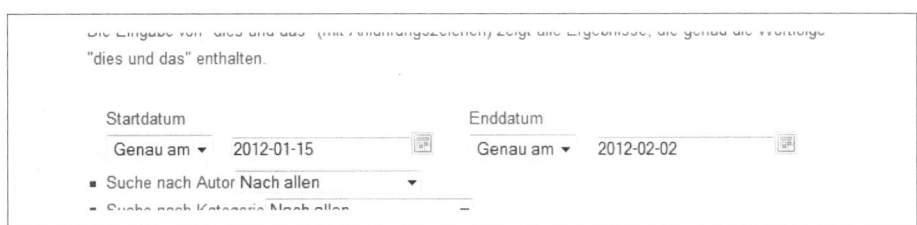

Abbildung 6-44: Die neue Suchfunktion sieht etwas anders aus als ihr Vorgänger.

DATUMSFILTER

Wenn Sie diese Ausklappliste auf Anzeigen setzen, erscheinen im Formular auch noch die zwei weiteren Eingabefelder aus Abbildung 6-45. Mit ihnen kann man die Suche auf Inhalte aus einem ganz bestimmten Zeitraum beschränken.

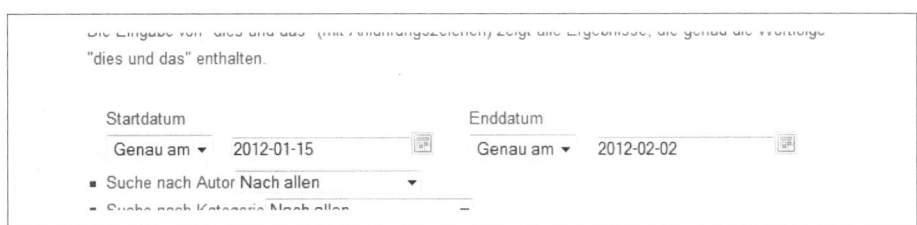

Abbildung 6-45: Der aktivierte Datumsfilter

Möchten Sie beispielsweise nur in Beiträgen fahnden, die zwischen dem 15.01. 2012 und dem 02.02.2012 veröffentlicht wurden, dann stellen Sie unter START-DATUM die erste Ausklappliste auf GENAU AM, klicken rechts neben dem Eingabefeld auf das Kalendersymbol und wählen den 15.01.2012 aus. Alternativ können Sie das Datum auch im Format *Jahr-Monat-Tag* direkt eintippen, wobei der Monat und der Tag zweistellig sein müssen. Anschließend stellen Sie die Ausklappliste unter ENDDATUM auf GENAU AM, klicken auf das Kalendersymbol ganz rechts und stellen den 02.02.2012 ein. Das Ergebnis sieht dann so wie in Abbildung 6-45 aus. Wie Sie merken, ist die Bedienung der Felder nicht ganz trivial, Sie sollten sich daher überlegen, ob Sie sie ihren Besuchern anbieten.

ERWEITERTE SUCHE

Hiermit können Sie die erweiterten Einstellungen komplett ab- beziehungsweise wieder anschalten.

ERWEITERTE SUCHE ÖFFNEN

Wenn Sie diese Ausklappliste auf ANZEIGEN setzen, zeigt Joomla! die erweiterten Einstellungen immer an. Der Besucher muss sie also nicht erst mit einem Klick auf ERWEITERTE SUCHE öffnen.

BESCHREIBUNG DER ERGEBNISSE

Zu jedem gefundenen Beitrag zeigt Joomla! auch seinen Anfang – wie in Abbildung 6-46.

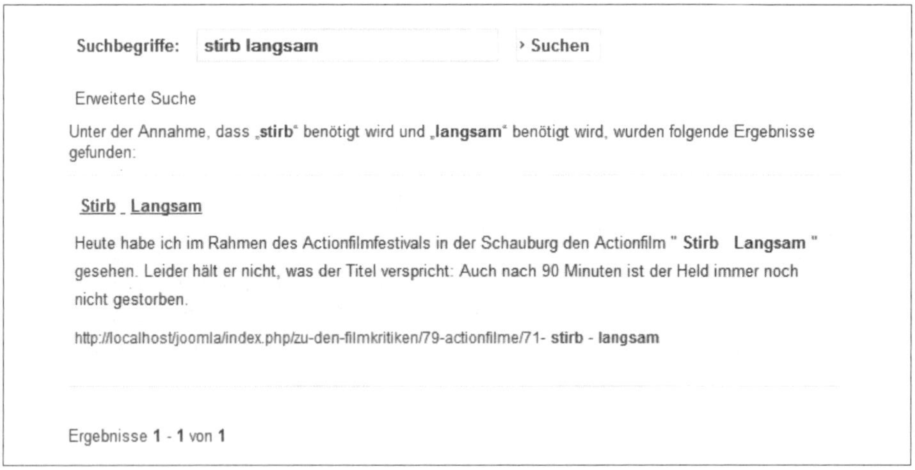

Abbildung 6-46: Zu jedem gefundenen Beitrag zeigt Joomla! einen kurzen Teil seines Textes sowie einen zu ihm führenden Link.

Wenn Sie diesen Textauszug unterdrücken möchten, setzen Sie die Ausklappliste BESCHREIBUNG DER ERGEBNISSE auf VERBERGEN.

LÄNGE DER BESCHREIBUNG

In diesem Eingabefeld legen Sie fest, wie viele Zeichen vom Anfang eines gefundenen Beitrags erscheinen sollen. Standardmäßig sind das 255 Zeichen (wie auch in Abbildung 6-46).

URL DER ERGEBNISSE

Unter jedes Suchergebnis setzt Joomla! noch einen Link, der direkt zur entsprechenden Fundstelle führt. In Abbildung 6-46 müsste der Besucher nur auf *http: //localhost/joomla/index.php/zu-den-filmkritiken/79-actionfilme/71-stirb-langsam* klicken, und schon würde er bei der Filmkritik zu »Stirb Langsam« landen. Wenn die Links Sie stören, können Sie sie ausblenden lassen, indem Sie hier URL DER ERGEBNISSE auf VERBERGEN setzen. Der Besucher gelangt dann nur noch mit einem Klick auf den Titel (in Abbildung 6-46 also einem Klick auf STIRB LANGSAM) zum entsprechenden Beitrag.

Auf dem nächsten Register, ERWEITERTE OPTIONEN, warten eigentlich weitere Einstellungen, die jedoch unter Joomla! 2.5.0 allesamt keine Auswirkungen zeigen.

Damit bleibt noch ganz oben das Register ERFORDERLICHE EINSTELLUNGEN. Dort können Sie im Feld SUCHANFRAGE einen Suchbegriff vorgeben. Im Gegensatz zur normalen Suche liefert Joomla! hier jedoch sofort alle passenden Fundstellen, sobald der Besucher den Menüpunkt anklickt.

Standardmäßig durchforstet Joomla! sämtliche von ihm verwalteten Inhalte. Mithilfe sogenannter Filter können Sie die Suche jedoch gezielt auf bestimmte Bereiche, wie etwa die Autoren, einschränken.

Um einen Filter zu erstellen, schließen Sie die Einstellungen des Menüpunktes, rufen ERWEITERUNGEN → SUCHINDEX auf und wechseln zum Register SUCHFILTER, wo Sie in der Werkzeugleiste auf NEU klicken. Es erscheint jetzt das etwas breitere Formular aus Abbildung 6-47.

Abbildung 6-47: In diesem Formular erzeugen Sie einen neuen Suchfilter.

In diesem Formular verpassen Sie dem Filter einen neuen Namen, wie zum Beispiel **Autoren-Filter**. Wie bei den Beiträgen und Kategorien dürfen Sie auch hier wieder einen ALIAS-Namen vergeben. Wenn Sie das Feld leer lassen, wählt Joomla! automatisch einen passenden Namen für Sie aus. Nur wenn der STATUS auf FREIGEGEBEN steht, ist der Filter später auch verwendbar.

Im Kasten links unten klicken Sie sich jetzt die benötigten Einschränkungen zusammen. Um beispielsweise die Suchfunktion auf die Autoren zu beschränken, haken Sie SUCHE NACH AUTOREN ab. Joomla! präsentiert daraufhin auf der rechten Seite alle in der entsprechenden Inhaltsgruppe gesammelten Autoren. Haken Sie dort jeden Autor ab, den Joomla! berücksichtigen soll. Sofern es alle sind, markieren Sie das Kästchen ganz oben neben SUCHE NACH AUTOR (wie in Abbildung 6-47).

Rechts oben auf dem Register FILTERZEITPLAN können Sie die Suche schließlich noch auf einen bestimmten Zeitraum eingrenzen. Die Ausklapplisten und Eingabefelder funktionieren wie ihre Kollegen aus dem Suchformular (die aus Abbildung 6-45).

Joomla! merkt sich, wer den Filter erstellt hat. Auf dem Register FILTERDETAILS können Sie via BENUTZER AUSWÄHLEN auch einen anderen Benutzer zum Ersteller küren. Da Benutzernamen in der Regel kryptisch sind, dürfen Sie den vollen Namen des Benutzers unter ALIAS eintragen. Abschließend dürfen Sie noch das ERSTELLUNGSDATUM des Filters fälschen. Dazu klicken Sie einfach auf das Kalender-Symbol und wählen den passenden Tag aus. Einen Nutzen haben alle drei Einstellungen derzeit übrigens noch nicht; sie dienen rein zu Ihrer Information.

Nachdem Sie den Filter per SPEICHERN & SCHLIEßEN angelegt haben, landen Sie wieder in der Liste mit allen Filtern. Dort zeigt die Spalte GRUPPENZÄHLER an, wie viele Elemente (Nodes) im Filter enthalten sind. Im Beispiel waren das insgesamt 5 Autoren. Abschließend müssen Sie den Filter noch anwenden. Dazu rufen Sie wieder die Einstellungen des entsprechenden Menüpunktes auf (MENÜS → MAIN MENU, dann ein Klick auf SUCHE) und öffnen dort auf der rechten Seite das Register für ERFORDERLICHE EINSTELLUNGEN. In ihm setzen Sie SUCHFILTER auf den gerade angelegten AUTOREN-FILTER und klicken auf SPEICHERN & SCHLIEßEN.

 Version   Wenn Sie unter Joomla! 2.5.0 jetzt dem Menüpunkt folgen, erhalten Sie aufgrund eines Programmfehlers nur die lapidare Meldung FEHLER: 500. Wenn das auch noch bei Ihnen beziehungsweise einer späteren Joomla!-Version der Fall ist, schalten Sie den SUCHFILTER in den Einstellungen des Menüpunktes wieder auf FILTER AUSWÄHLEN. Damit ist der *Autoren-Filter* zwar deaktiviert, das Suchformular aber immerhin wieder erreichbar.

Wie die alte Suchfunktion hält auch die neue ein paar Statistiken bereit. Diese rufen Sie hinter ERWEITERUNGEN → SUCHINDEX über den Knopf STATISTIKEN in der Werkzeugleiste auf. Leider liefert sie nur eine knappe Zusammenfassung – welcher Suchbegriff wie oft eingetippt wurde, erfährt man nicht.

Es gibt übrigens noch eine kleine Altlast: Hinter dem Suchfeld rechts oben in der Ecke im Frontend verbirgt sich noch die alte Suchfunktion. Um das Feld auszutauschen, muss ein spezielles Modul her. Um diese Gesellen kümmert sich ausführlich noch das nachfolgende Kapitel 7, *Module – Die kleinen Brüder der Komponenten*, genauer gesagt der Abschnitt »Suchindex« auf Seite 323. Für Eilige ist hier eine Schnellanleitung: Rufen Sie ERWEITERUNGEN → MODULE auf, klicken Sie NEU an, wählen SUCHINDEX, vergeben Sie einen TITEL, wie etwa `Smart Search`, klicken Sie auf POSITION AUSWÄHLEN, entscheiden Sie sich für die POSITION-0, und SPEICHERN & SCHLIEßEN Sie das Formular. Das Eingabefeld taucht jetzt auf der Website rechts oben in der Ecke unterhalb des alten Suchfeldes auf. Wie Sie das alte Suchfeld komplett loswerden, zeigt gleich das nächste Kapitel.

Weblinks

Als vorbildlicher Gastgeber und Internetredakteur sollte man seinen Besuchern auch immer eine Seite mit Links zu weiterführenden und/oder vertiefenden Informationen anbieten. Das Kinoportal könnte zum Beispiel Verweise auf die Seiten aller Kinos der näheren Umgebung bereitstellen. Zusätzlich ließen sich auch die Internetauftritte der Schauspieler hier auflisten. Zwar könnte man auch direkt in den Filmkritiken einen Link einfügen, Links auf einer eigenen Seite zu bündeln, hat jedoch gleich mehrere Vorteile: So kann man etwa auch Links angeben, die nicht in den Artikeln auftauchen oder die nur in zweiter Linie etwas mit dem Angebot zu tun haben. Darüber hinaus muss ein Besucher auf der Suche nach einem Link nicht erst die ganzen Filmkritiken durchwühlen, sondern bekommt hier eine zentrale Anlaufstelle.

Da solche Link-Sammlungen erfahrungsgemäß sehr umfangreich werden können, gruppiert Joomla! thematisch zusammengehörige Links in Kategorien.

Warnung   Diese Kategorien für Links sind weder verwandt noch verschwägert mit ihren gleichnamigen Kollegen für die Beiträge aus Kapitel 4, *Inhalte verwalten*, Abschnitt »Kategorien anlegen und verwalten« auf Seite 114.

Link-Kategorien einrichten

Beispielsweise könnte man alle Links, die zu den Internetseiten von Prominenten führen, in einer Kategorie *Filmstars* zusammenfassen, während man die Links auf die Kinos in einer anderen Kategorie bündelt.

Joomla! verlangt, dass jeder Link genau einer Kategorie angehört. Aus diesem Grund führt der erste Weg zum Menüpunkt KOMPONENTEN → WEBLINKS → KATEGORIEN. In der nun angezeigten Liste erscheinen alle bereits existierenden Kategorien für

Weblinks. Die Exemplare in Abbildung 6-48 stammen aus den mitgelieferten Beispieldaten.

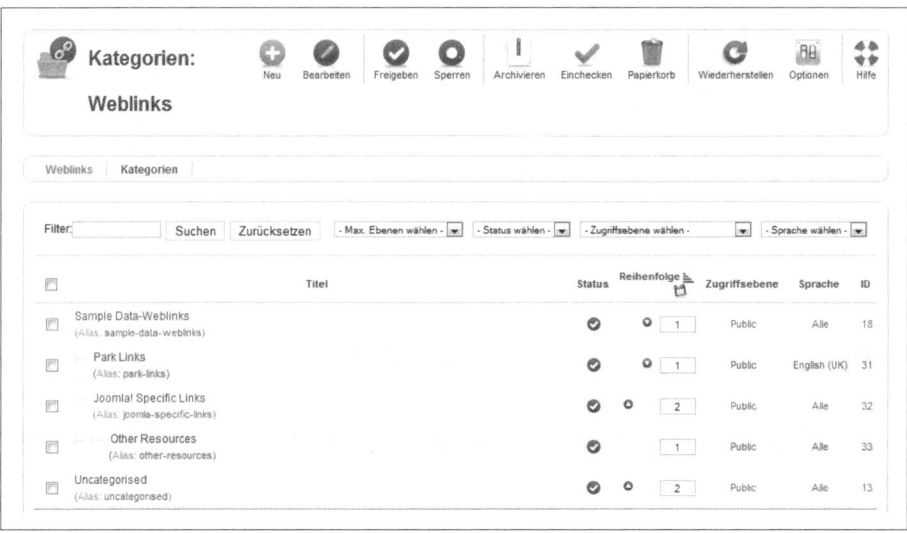

Abbildung 6-48: Der Verwaltungsbildschirm für die Weblinks-Kategorien

Wie die Einrückungen der TITEL schon andeuten, darf man auch die Kategorien für Weblinks ineinander verschachteln und so weiter für Ordnung sorgen.

Im Kinoportal könnte man auf diese Weise etwa die Kategorien für die Filmstars und die Kinos in einer gemeinsamen Kategorie *Filmlinks* unterbringen. Genau diese Oberkategorie soll nun als Erstes her.

Um eine neue Kategorie hinzuzufügen, wählen Sie in der Werkzeugleiste NEU. Joomla! öffnet nun ein Formular, in dem es folgende Informationen wissen möchte (vgl. Abbildung 6-49):

TITEL
Der Name der Kategorie, der später auch auf der Homepage als Überschrift erscheint. Für das Kinoportal-Beispiel wählen Sie hier zunächst **Filmlinks**.

ALIAS
Ein Alias- beziehungsweise Ersatzname für die Kategorie. Sie können ihn in der Regel leer lassen, Joomla! wählt dann automatisch einen passenden Namen.

ÜBERGEORDNET
Wenn Sie eine Kategorie einer anderen unterordnen möchten, müssen Sie hier ihre übergeordnete Kategorie einstellen. Im Kinoportal soll die Kategorie *Filmlinks* als Oberkategorie die anderen beiden aufnehmen, weshalb Sie das Feld ÜBERGEORDNET auf – KEINE ÜBERGEORDNETE KATEGORIE – belassen.

```
┌─ Details ──────────────────────────────────────────────────────────┐
│                                                                      │
│  Titel *            [ Filmlinks                                    ] │
│                                                                      │
│  Alias              [                                              ] │
│                                                                      │
│  Übergeordnet       [ - Keine übergeordnete Kategorie -  ▼]          │
│                                                                      │
│  Status             [ Freigegeben ▼]                                 │
│                                                                      │
│  Zugriffsebene      [ Public                             ▼]          │
│                                                                      │
│  Berechtigungen     [ Zugriffsrechte setzen ]                        │
│                                                                      │
│  Sprache            [ Alle ▼]                                        │
│                                                                      │
│  ID                 0                                                │
│                                                                      │
│  Beschreibung                                                        │
│  ┌────────────────────────────────────────────────────────────────┐ │
│  │ B  I  U  ABC │ ≡ ≡ ≡ ≡ │ Styles  ▼ │ Paragraph  ▼ │            │ │
│  │ ≔ ≔ │ ⧉ ⧉ │ ↶ ↷ │ ∞ ⊗ ⚓ ⊞ ✂ ⓘ  HTML            │ │
│  │ — ⊘ ⊞ │ x₂ x² │ Ω                                              │ │
│  │ ┌──────────────────────────────────────────────────────────┐   │ │
│  │ │ Hier finden Sie wichtige Links rund um die Themen Film und Kino. │ │
│  └────────────────────────────────────────────────────────────────┘ │
└──────────────────────────────────────────────────────────────────────┘
```

Abbildung 6-49: Diese Einstellungen führen zu einer neuen Kategorie »Filmlinks«.

STATUS

Nur wenn hier ein FREIGEGEBEN steht, erscheint die Kategorie samt der enthaltenen Links auf der Website.

ZUGRIFFSEBENE *und* BERECHTIGUNGEN

Diese beiden Punkte legen gemeinsam mit dem großen Register KATEGORIEBE-RECHTIGUNGEN am unteren Rand fest, welche Personengruppen überhaupt die Links in dieser Kategorie einsehen dürfen. Für das Kinoportal behalten Sie hier die Voreinstellung bei, womit alle Besucher die Links aus dieser Kategorie lesen und anklicken können. Mehr zu den Zugriffsrechten folgt noch in Kapitel 9, *Benutzerverwaltung und -kommunikation*.

SPRACHE

Bei mehrsprachigen Seiten bestimmt diese Ausklappliste, in welchen Sprachfassungen der Website die Kategorie vertreten sein soll. Im Falle eines einsprachigen Internetauftritts belassen Sie hier ALLE. Kapitel 12, *Mehrsprachigkeit* wird noch auf dieses Thema eingehen.

BESCHREIBUNG

Hier können Sie noch eine kurze Beschreibung der Kategorie eintippen. Da dieser Text später auf der Übersichtsseite der Kategorie erscheint, sollte er kurz umreißen, welche Links man in ihr findet. Im Kinoportal wählen Sie etwa **Hier finden Sie wichtige Links rund um die Themen Film und Kino**.

Für das Kinoportal-Beispiel sollte der Bereich DETAILS damit so wie in Abbildung 6-49 aussehen.

Weiter geht es auf der rechten Seite. Joomla! merkt sich, wer die Kategorie wann erstellt hat. Unter den VERÖFFENTLICHUNGSOPTIONEN können Sie jedoch auch eine andere Person als Ersteller vorgeben. Normalerweise ist dies jedoch nicht notwendig.

Wenn die Kategorie später im Frontend *nicht* direkt über einen Menüpunkt erreichbar ist, dann (und wirklich nur dann) können Sie ihrer Übersichtsseite in den BASISOPTIONEN unter ALTERNATIVES LAYOUT eine eigene, spezielle Optik verpassen. Welche Darstellungen hier zur Verfügung stehen, hängt von den installierten Templates ab. Standardmäßig bringt Joomla! nur eine Darstellungsform mit. Belassen Sie daher die Ausklappliste auf ihrem voreingestellten Wert.

Über die Schaltfläche AUSWÄHLEN können Sie der Kategorie noch ein Bild oder ein Symbol spendieren. Es erscheint später auf der Übersichtsseite über der BESCHREIBUNG. Für die Weblink-Kategorie im Kinoportal ist kein Bild notwendig. Abschließend können Sie auf diesem Register noch eine NOTIZ hinterlassen. Dieser Text ist nur als Gedächtnisstütze gedacht und erscheint ausschließlich im Administrationsbereich. Im Kinoportal-Beispiel lassen Sie auch dieses Feld leer.

Auf dem Register METADATENOPTIONEN können Sie den Suchmaschinen entgegenkommen. Unter META-BESCHREIBUNG hinterlassen Sie für Google und Co eine kurze Beschreibung der Kategorieinhalte, wie beispielsweise **Weblinks zum Thema Film und Kino**. Dazu passende META-SCHLÜSSELWORTE wären etwa **Links, Weblinks, Link-Sammlung, Film, Kino**. Diese Informationen versteckt Joomla! später in der Übersichtsseite der Kategorie. Sollen die Suchmaschinen eine ganz bestimmte Person für den AUTOR der Übersichtsseite halten, tragen Sie seinen (vollständigen) Namen in das gleichnamige Feld ein. Für gewöhnlich reicht es aus, das Feld leer zu lassen. Mit der Ausklappliste ROBOTS können Sie schließlich noch festlegen, ob die Suchmaschinen überhaupt die Seite betreten (ein Punkt mit INDEX) und den Links darauf folgen dürfen (ein Punkt mit FOLLOW). NOINDEX und NOFOLLOW verbieten hingegen die jeweilige Aktion. Für die neue Kategorie im Kinoportal behalten Sie die Vorgabe GLOBALE EINSTELLUNG bei. Damit gelten die systemweiten Einstellungen, nach denen die Suchmaschinen die Übersichtsseite unter die Lupe nehmen und auch allen darauf befindlichen Links folgen dürfen.

 Für die Weblink-Kategorie im Kinoportal wären damit alle notwendigen Informationen beisammen. Nach dem SPEICHERN & SCHLIEßEN landen Sie wieder in der Liste mit allen Link-Kategorien.

 Tipp   Mit den Ausklapplisten und Schaltflächen unterhalb dieser Liste können Sie die Kategorien schnell verschieben und kopieren. Dabei gehen Sie so vor, wie in den Abschnitten »Kategorien verschieben« und »Kategorien kopieren« ab Seite 123 beschrieben ist.

Erstellen Sie jetzt auf dem gleichen Weg noch zwei weitere Kategorien. Der ersten verpassen Sie den Titel **Kinos** und stecken sie via ÜBERGEORDNET in die gerade angelegte Kategorie FILMLINKS. Als BESCHREIBUNG wählen Sie beispielsweise **Hier finden Sie Links zu den Internetseiten der hiesigen Kinos**. Alle übrigen Einstellungen bleiben auf ihren Vorgaben.

Tipp Mit einem Klick auf SPEICHERN & NEU erzeugt Joomla! die Kategorie und legt sofort wieder eine neue an. Sie müssen damit nicht erst den Umweg über die Liste mit allen Kategorien gehen.

Die zweite Kategorie nennen Sie **Schauspieler**, packen sie wieder mittels ÜBERGEORDNET in die Kategorie FILMLINKS und geben ihr die BESCHREIBUNG **Hier finden Sie Links zu den Internetauftritten aller wichtigen Filmstars**.

Nach dem SPEICHERN & SCHLIEßEN sollte die Hierarchie wie in Abbildung 6-50 aussehen.

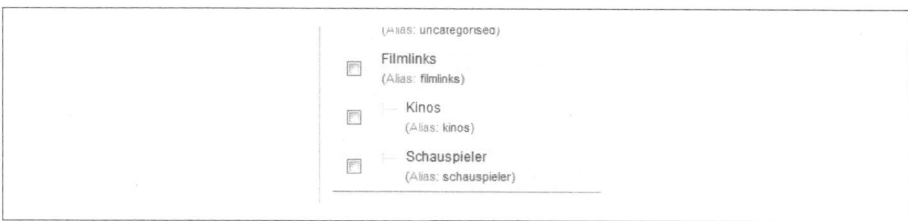

Abbildung 6-50: Die angelegten Kategorien

Nachdem die Kategorien existieren, kann man sie nun mit Links befüllen.

Links verwalten

Für die Verwaltung der eigentlichen Links wählt man den Menüpunkt KOMPONENTEN → WEBLINKS → LINKS. Der erscheinende Bildschirm, im Englischen auch als *Web Link Manager* bezeichnet, präsentiert eine Liste aller bislang existierenden Links. Die Einträge aus Abbildung 6-51 stammen aus den Beispieldaten.

Im Kinoportal soll als Erstes ein Link auf die Webseiten des Roxy-Kinos hinzugefügt werden. Dazu klicken Sie auf die Schaltfläche NEU, woraufhin das Formular aus Abbildung 6-52 erscheint.

Hier sind nun folgende Eingaben erforderlich:

TITEL
Der Name des Links. Diese Bezeichnung muss der Benutzer später anklicken, um auf die unter WEBADRESSE eingetippte Internetseite zu gelangen. Im Kinoportal wäre **Roxy** ein geeigneter Name.

ALIAS
Ein Alias- beziehungsweise Ersatzname. Er dient hauptsächlich internen Zwecken – beispielsweise hilft er bei der Suchmaschinenoptimierung. Lassen Sie das Feld leer, wählt Joomla! automatisch selbst einen passenden Namen.

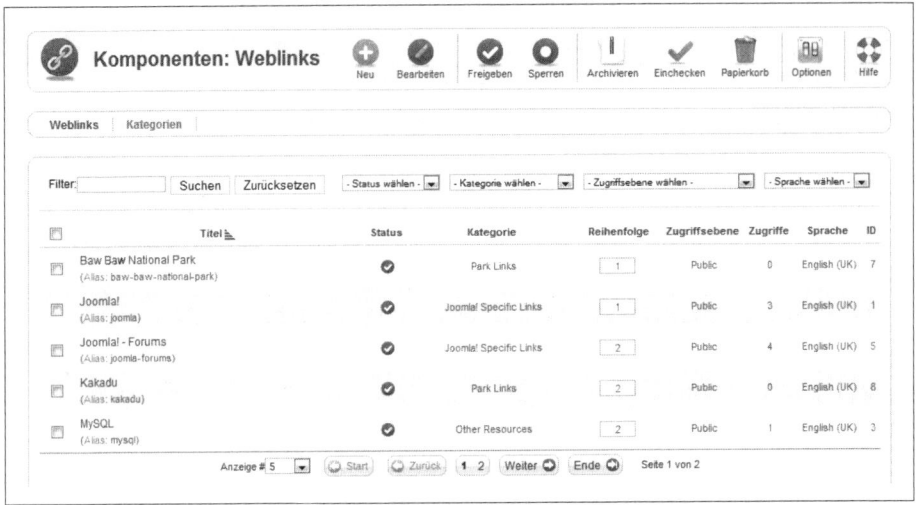

Abbildung 6-51: Der Verwaltungsbildschirm für Weblinks

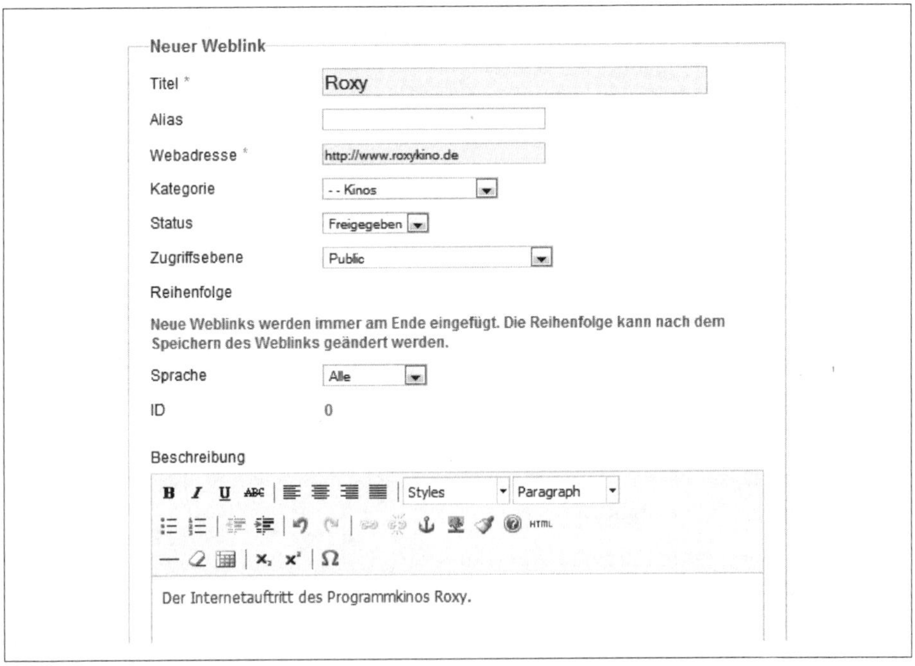

Neuer Weblink

Titel *	Roxy
Alias	
Webadresse *	http://www.roxykino.de
Kategorie	- - Kinos
Status	Freigegeben
Zugriffsebene	Public

Reihenfolge

Neue Weblinks werden immer am Ende eingefügt. Die Reihenfolge kann nach dem Speichern des Weblinks geändert werden.

Sprache	Alle
ID	0

Beschreibung

B *I* <u>U</u> ABC | ≣ ≣ ≣ ≣ | Styles ▾ | Paragraph ▾

≔ ≔ | ⇥ ⇤ | ↺ ↻ | ∞ ⚓ ⛿ ✔ ⓘ HTML

— ⬪ ▦ | x₂ x² | Ω

Der Internetauftritt des Programmkinos Roxy.

Abbildung 6-52: Hier entsteht ein neuer Weblink auf die Internetseiten des (fiktiven) Roxy-Kinos.

URL

Hier hinein gehört die Internetadresse, auf die der Link zeigen soll – im Beispiel also etwa *http://www.roxykino.de*.

KATEGORIE

In Joomla! muss jeder Link genau einer Kategorie angehören. Welche dies ist, bestimmt der hier gewählte Eintrag. Den Link auf das Roxy-Kino packen Sie in die dafür vorhin angelegte Kategorie KINOS.

STATUS

Der Link erscheint nur dann auf der Website, wenn hier FREIGEGEBEN eingestellt ist.

ZUGRIFFSEBENE

Diese Ausklappliste legt fest, welche Personengruppen den Link überhaupt zu Gesicht bekommen. In der Standardeinstellung sind dies alle Besucher der Website; das ist also genau das Richtige für den Link auf die Homepage des Roxy-Kinos. Weitere Informationen hierzu folgen in Kapitel 9, *Benutzerverwaltung und -kommunikation*.

REIHENFOLGE

Später auf der Website stellt Joomla! die Links in einer Liste zur Auswahl. In welcher Zeile dieser Liste der hier gerade bearbeitete Link erscheint, regelt diese Aufklappliste. Einen besonders wichtigen Link könnten Sie so direkt an den Anfang der Liste hieven. Beachten Sie, dass der hier gerade bearbeitete Link immer hinter dem in der Ausklappliste gewählten landet. Die erscheint übrigens erst dann, wenn der Link mit einem Klick auf die entsprechende Schaltfläche in der Werkzeugleiste angelegt wurde.

SPRACHE

Bei mehrsprachigen Internetauftritten stellen Sie hier ein, in welcher Sprachfassung der Link auftauchen soll. Für gewöhnlich wählen Sie hier die Sprache aus, in der auch die Inhalte der verknüpften Homepage vorliegen. Sofern Sie nur eine einsprachige Website betreiben, lassen Sie hier wie auch für das Kinoportal ALLE stehen. Um mehrsprachige Internetauftritte kümmert sich später noch das Kapitel 12, *Mehrsprachigkeit*.

BESCHREIBUNG

Der hier eingetippte Text sollte kurz beschreiben, was den Besucher hinter dem Link erwartet – im Fall des Roxy-Kinos etwa **Der Internetauftritt des Programmkinos Roxy**.

Für den Link zum Roxy-Kino sollten die Einstellungen jetzt so wie in Abbildung 6-52 aussehen.

Weiter geht es jetzt noch bei den Registern auf der rechten Seite. Das obere Register mit den VERÖFFENTLICHUNGSOPTIONEN dürfte Ihnen bekannt vorkommen:

AUTOR

Wenn Sie nicht selbst als Ersteller des Weblinks gelten möchten, können Sie über die entsprechende Schaltfläche auch einen anderen BENUTZER AUSWÄHLEN. Normalerweise ist hier keine Änderung notwendig.

ALIAS DES AUTORS

Hier können Sie dem AUTOR einen anderen Namen verpassen. Da dieser Alias aber nirgendwo sonst in Joomla! auftaucht, können Sie ihn normalerweise ignorieren – es sei denn, eine nachträglich installierte Erweiterung wertet ihn aus.

ERSTELLUNGSDATUM

Joomla! merkt sich, wann Sie den Link angelegt haben. Unter ERSTELLUNGSDATUM dürfen Sie diese Angabe fälschen. Auch dies ist normalerweise nicht notwendig.

FREIGABE STARTEN *und* FREIGABE BEENDEN

Über diese beiden Einstellungen können Sie den Link auf Ihrer Website zeitgesteuert erscheinen und wieder verschwinden lassen. Dazu tragen Sie unter FREIGABE STARTEN ein, wann der Link erstmals auf der Website auftauchen soll, und unter FREIGABE BEENDEN legen Sie fest, wann er von dort wieder verschwindet. Die Kalender hinter den Symbolen rechts neben den Eingabefeldern helfen bei der Auswahl des korrekten Termins. Andernfalls notieren Sie Datum und Zeit nach dem Schema: *Jahr-Monat-Tag Stunde:Minute:Sekunde*. Das Jahr müssen Sie dabei vierstellig angeben, Monat und Tag jeweils als zweistellige Zahlen.

Später nach dem ersten Speichern zeigt Joomla! hier in diesem Bereich auch noch an, wer die Einstellungen wann zuletzt geändert hat.

 Für den Link auf das Roxy-Kino belassen Sie hier einfach alle Einstellungen auf ihren Vorgaben.

Wesentlich wichtiger sind hingegen die BASISOPTIONEN. Auf diesem Register legen Sie fest, wie und wo sich die Internetseite hinter dem Link öffnet:

ZIEL

Hier bestimmen Sie, was nach einem Klick auf den Link passiert. Entweder erscheint die dahinter stehende Seite im gleichen Fenster, in einem neuen Fenster mit allen Navigationsmöglichkeiten (IN EINEM NEUEN FENSTER ÖFFNEN) oder in einem neuen, nackten Fenster ohne die sonst üblichen Symbolleisten (ALS POP-UP-FENSTER ÖFFNEN). Neu in Joomla! 1.6 ist die Möglichkeit, die Internetseite in einem MODALFENSTER anzeigen lassen. Dabei dunkelt Joomla! ähnlich wie bei der Mini-Ausgabe der Medienverwaltung Ihre Website ab und zeigt dann in einem weißen Rahmen die fremde Internetseite an. Wenn Sie hier die GLOBALE EINSTELLUNG übernehmen, öffnet Joomla! die Internetseite im gleichen Browser-Fenster, ersetzt dort also Ihre eigene Website.

Tipp Häufig kommt dann der Besucher nicht mehr auf Ihre Website zurück. Sie sollten daher der Einstellung IN EINEM NEUEN FENSTER ÖFFNEN oder wahlweise dem MODALFENSTER den Vorzug geben.

BREITE *und* HÖHE

Wenn Sie die Website in einem neuen Fenster öffnen lassen, tippen Sie hier seine Abmessungen in Pixeln (Bildpunkte) ein. Wenn die beiden Felder leer bleiben, erstellt Joomla! ein 600 x 500 Pixel großes Fenster.

KLICKS ZÄHLEN

Joomla! zählt automatisch mit, wie oft ein Besucher den Link angeklickt hat. Auf diese Weise finden Sie schnell heraus, welche Links besonders beliebt sind. Wenn Sie diese Zählung für den Link unterbinden möchten, setzen Sie KLICKS ZÄHLEN auf NEIN.

Für das Roxy-Kino belassen Sie hier alle Einstellungen auf ihren Standardwerten und erzeugen den Link per SPEICHERN & SCHLIEßEN. Damit gelangen Sie wieder zur Liste mit allen angelegten Links. Die Spalte ZUGRIFFE zeigt dort an, wie oft die Besucher diesem Link bereits gefolgt sind.

Legen Sie als Fingerübung auf die gleiche Weise noch ein paar weitere Links auf die Kinos in Ihrer Umgebung an. Achten Sie dabei darauf, sie in die Kategorie KINOS zu stecken. Die Kategorie SCHAUSPIELER lassen Sie absichtlich noch leer.

Links mit einem Menüpunkt verbinden

Nachdem die kleine Linksammlung existiert, muss man sie noch auf der Website für Besucher zugänglich machen. Dazu muss wiederum ein passender Menüpunkt her, der im Fall des Kinoportals im Hauptmenü (THIS SITE) landen soll.

Rufen Sie also MENÜS → MAIN MENU → NEUER MENÜEINTRAG auf, und klicken Sie im erscheinenden Formular neben MENÜTYP auf AUSWÄHLEN. Jetzt müssen Sie sich wieder entscheiden, auf was der Menüeintrag zeigen soll.

Im Kinoportal soll er auf eine Seite führen, die die beiden Weblink-Kategorien *Kinos* und *Filmstars* zur Auswahl stellt. Infrage kommen damit die zwei ganz ähnlich klingenden Menütypen ALLE WEBLINKSKATEGORIEN AUFLISTEN und WEBLINKS IN KATEGORIE AUFLISTEN ganz links unten im Bereich WEBLINKS.

- ALLE WEBLINKSKATEGORIEN AUFLISTEN listet alle Weblinks sowie die Unterkategorien einer ausgewählten Kategorie auf, wohingegen
- WEBLINKS IN KATEGORIE AUFLISTEN zeigt einfach nur alle Weblinks in *einer einzelnen* Kategorie an.

Im Kinoportal wäre somit der Menütyp ALLE WEBLINKSKATEGORIEN AUFLISTEN (also der obere der beiden) genau der richtige. Nachdem Sie ihn angeklickt haben, vergeben Sie einen passenden MENÜTITEL. Im Kinoportal reicht einfach `Weblinks`.

Auf der rechten Seite wählen Sie noch unter ERFORDERLICHE EINSTELLUNGEN die Kategorie aus, deren Inhalte Joomla! auf der Website präsentieren soll. Im Fall des

Kinoportals setzen Sie KATEGORIE DER OBERSTEN KATEGORIEEBENE auf die FILM-LINKS. Damit sollte das Formular wie in Abbildung 6-53 aussehen.

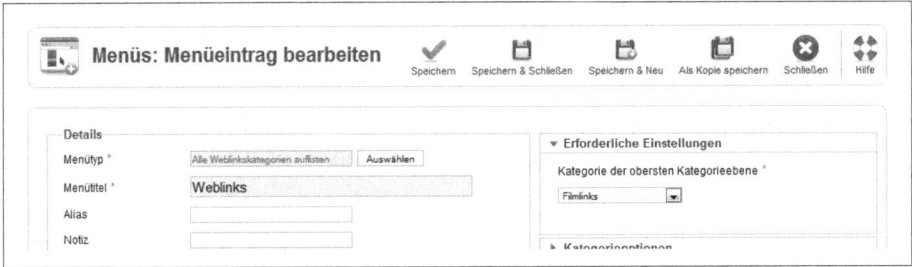

Abbildung 6-53: Diese Einstellungen erzeugen einen Menüpunkt für Inhalte der Weblink-Kategorie »Filmlinks«.

Legen Sie jetzt den neuen Menüpunkt mit SPEICHERN an (und lassen Sie das Formular somit noch geöffnet), rufen Sie die VORSCHAU auf, und folgen Sie dem neuen Menüpunkt WEBLINKS. Sie landen damit auf der ziemlich kargen Seite aus Abbildung 6-54.

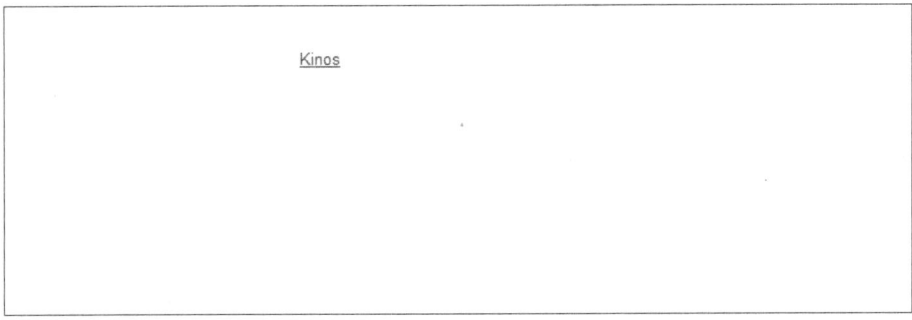

Abbildung 6-54: Die Aufstellung mit allen Weblink-Kategorien sieht noch etwas karg aus.

Dort finden Sie nur ein einsames KINOS. Es fehlt eine vernünftige Beschreibung, außerdem die Kategorie mit den Weblinks für die Schauspieler. Immerhin gelangen Sie mit einem Klick auf KINOS zur Liste mit allen darin befindlichen Links (siehe Abbildung 6-55).

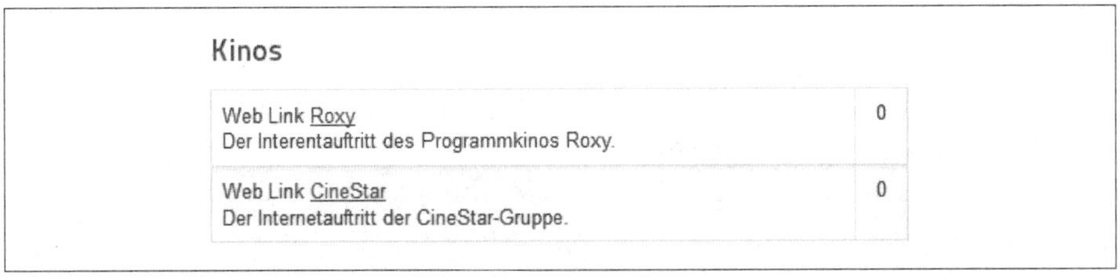

Kinos

Web Link Roxy Der Interentauftritt des Programmkinos Roxy.	0
Web Link CineStar Der Internetauftritt der CineStar-Gruppe.	0

Abbildung 6-55: Die Liste mit allen Links zu den Kinos

Erinnern Sie sich daran, dass in Joomla! die Menüpunkte bestimmen, was auf den über sie erreichbaren Seiten zu sehen ist. Um also die Übersichtsseite aus Abbildung 6-54 mit mehr Leben zu füllen, wechseln Sie noch einmal zurück zum Administrationsbereich, und dort in den Bearbeitungsschirm des Menüpunkts. Dort wenden Sie sich den Registern auf der rechten Seite zu, wobei Sie zunächst die oberen der beiden KATEGORIEOPTIONEN aufklappen:

BESCHREIBUNG D. O. KATEGORIE

Hier können Sie die Beschreibung der Kategorie ein- und ausblenden. Setzen Sie für das Kinoportal folglich diesen Punkt auf ANZEIGEN.

BESCHREIBUNG DER OBERKATEGORIE

Der Text im Feld BESCHREIBUNG DER OBERKATEGORIE ersetzt die Beschreibung. Im Kinoportal haben Sie im vorherigen Abschnitt den Kategorien schon direkt eine Beschreibung mit auf den Weg gegeben. Lassen Sie dieses Feld daher leer.

UNTERKATEGORIEEBENEN

Die Seite präsentiert alle in der Kategorie enthaltenen Unterkategorien bis zu dieser Hierarchiestufe. Im Kinoportal enthalten die beiden Unterkategorien von *Filmlinks* keine weiteren Kategorien, folglich können Sie hier einfach ALLE einstellen.

LEERE KATEGORIEN

Joomla! zeigt auf Wunsch auch leere Unterkategorien zur Auswahl an. Dazu müssen Sie diese Ausklappliste auf ANZEIGEN setzen. Da im Kinoportal damit auch die in Abbildung 6-54 vermisste Kategorie für die *Schauspieler* auftaucht, legen Sie diesen Hebel entsprechend um.

UNTERKATEGORIENBESCHREIB.

Blendet die Beschreibungen der Unterkategorien ein. Da dies dem Besucher die Auswahl erleichtert, sollten Sie für das Kinoportal die Ausklappliste auf ANZEIGEN umschalten.

WEBLINKS

Steht diese Ausklappliste auf ANZEIGEN, blendet Joomla! ein, wie viele Weblinks in der jeweiligen Unterkategorie enthalten sind. Für das Kinoportal setzen Sie auch diesen Punkt auf ANZEIGEN.

Damit sollte das Register so wie in Abbildung 6-56 aussehen.

Wenn Sie auf der Übersichtsseite später die Unterkategorie KINOS anklicken, landen Sie auf der Seite aus Abbildung 6-55, die wiederum alle in ihr gespeicherten Weblinks zur Auswahl stellt. Das Aussehen dieser Unterseiten regeln die Einstellungen auf dem unteren der beiden KATEGORIEOPTIONEN-Register:

KATEGORIETITEL

Zeigt den Titel der Weblinks-Katgorie als Überschrift an. In Abbildung 6-55 wäre dies KINOS.

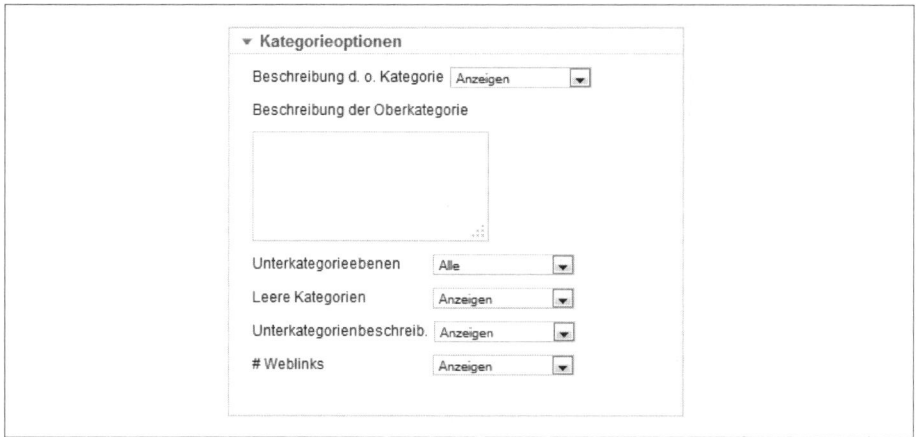

Abbildung 6-56:   Das Register KATEGORIEOPTIONEN mit den Einstellungen für das Kinoportal.

KATEGORIEBESCHREIBUNG

Blendet die Beschreibung der Weblinks-Kategorie ein und aus. In Abbildung 6-55 fehlt sie noch, weshalb Sie diese Einstellung auf ANZEIGEN setzen.

KATEGORIEBILD

Das Bild der Weblinks-Kategorie. Im Beispiel wurde keines vergeben, ergo können Sie diese Einstellung ignorieren.

UNTERKATEGORIEEBENEN

Die Übersichtsseite präsentiert auch alle enthaltenen Unterkategorien bis zu dieser Hierarchiestufe. Im Beispiel enthalten *Kinos* und *Filmstars* keine weiteren Unterkategorien, folglich können Sie hier die Vorgabe stehen lassen. Gleiches gilt deshalb auch für die nächsten drei Einstellungen:

LEERE KATEGORIEN

Steht diese Ausklappliste auf ANZEIGEN, bietet Joomla! auch leere Unterkategorien zur Auswahl an.

UNTERKATEGORIENBESCHREIB.

Blendet die Beschreibungen der Unterkategorien ein beziehungsweise aus.

WEBLINKS

Hiermit können Sie Joomla! ANZEIGEN lassen, wie viele Weblinks in den jeweiligen Unterkategorien enthalten sind.

Wie in Abbildung 6-55 zeigt Joomla! alle Weblinks immer in einer Tabelle an. Auf dem Register LISTENLAYOUT legen Sie fest, welche Informationen in und um diese Tabelle auftauchen sollen:

»ANZEIGE« ANZEIGEN

Der Besucher kann über eine Ausklappliste wählen, wie viele Beiträge Joomla! ihm auf einer Bildschirmseite präsentieren soll. Sofern die Tabelle sehr viele Weblinks enthält, sollten Sie ihm diese Möglichkeit via ANZEIGEN geben.

TABELLENÜBERSCHRIFTEN

Per ANZEIGEN blendet Joomla! Spaltenbeschriftungen ein. Genau auf diesen Punkt legen Sie im Kinoportal die Ausklappliste um. Damit wird dann auch gleich klar, was die ominösen Ziffern in der letzten Spalte in Abbildung 6-55 bedeuten.

ZUGRIFFE

Joomla! zählt automatisch mit, wie oft ein Link von Ihren Besuchern angeklickt wurde. Diese Zahl führt die Tabelle in ihrer rechten Spalte. Möchten Sie diese Information nicht preisgeben, stellen Sie diese Ausklappliste auf VERBERGEN. Für das Kinoportal übernehmen Sie einfach die Vorgabe.

SEITENZAHLEN

Wenn mehr Weblinks in der Kategorie stecken, als die Tabelle auf einmal anzeigen kann, teilt Joomla! sie auf mehrere Bildschirmseiten auf. Am unteren Rand der Tabelle erscheinen dann Schaltflächen, über die der Besucher zu den übrigen Weblinks WEITER beziehungsweise ZURÜCK blättern kann.

GESAMTSEITENZAHLEN

Mit ANZEIGEN verrät Joomla! unterhalb der Tabelle, auf wie viele Bildschirm-seiten es die Tabelle aufgeteilt hat und auf welcher dieser Seiten sich der Besu-cher gerade befindet.

Die letzten beiden Einstellungen sollten Sie auf ihren Vorgaben belassen. Joomla! blendet die entsprechenden Elemente dann immer ein, wenn sie gebraucht werden.

SPEICHERN Sie die Änderungen ab, und wechseln Sie dann noch einmal in VOR-SCHAU und dort weiter zum Menüpunkt WEBLINKS. Die Übersichtsseite sollte jetzt wie in Abbildung 6-57 wesentlich auskunftsfreudiger sein.

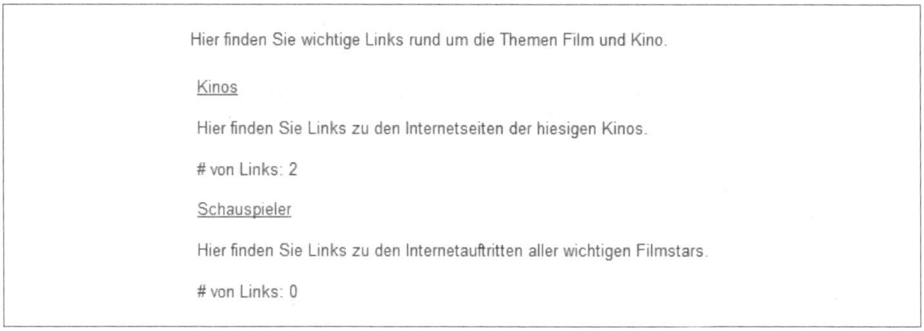

Abbildung 6-57: Die modifizierte Übersichtsseite

Wenn Sie jetzt weiter zu den Weblinks der KINOS wechseln, erhalten Sie das Ergeb-nis aus Abbildung 6-58.

Kinos

Hier finden Sie Links zu den Internetseiten der hiesigen Kinos.

Anzeige # 20 ▾

Weblink <u>Roxy</u> Der Internetauftritt des Programmkinos Roxy.	0
Weblink <u>Cinestar</u> Der Internetauftritt der CineStar-Gruppe.	0

Abbildung 6-58: Die modifizierte Liste mit den Weblinks zu den Kinos der Umgebung

Abschließend noch kurz ein Hinweis zum Menütyp WEBLINKS IN KATEGORIE AUF-LISTEN. Ein solcher Menüpunkt führt einfach zu den Inhalten einer ausgewählten Kategorie, also direkt zu einer Seite wie der aus Abbildung 6-58. Wenn Sie sich für diesen Menütyp entschieden haben, wählen Sie zunächst auf der rechten Seite auf dem Register ERFORDERLICHE EINSTELLUNGEN die Kategorie aus, deren Inhalte Joomla! anzeigen soll. Mit den beiden Registern KATEGORIEOPTIONEN und LISTEN-LAYOUT bestimmen Sie dann wieder das Aussehen. Die Einstellungen, die auf diesen Registern angeboten werden, entsprechen den gerade vorgestellten.

Grundeinstellungen

In Abbildung 6-58 hat Joomla! automatisch vor jedem einzelnen Link den Text *Weblink* gesetzt. Ältere Joomla!-Versionen verzierten den Link hingegen noch mit einer kleinen Weltkugel. Was dort erscheint, bestimmen Sie in den Grundeinstellungen der Komponente. Sie erreichen sie hinter KOMPONENTEN → WEBLINKS → LINKS und dann mit einem Klick auf OPTIONEN. Daraufhin erscheint das Fenster aus Abbildung 6-59, in dem Sie zunächst auf den Registern KATEGORIE, KATEGORIEN und LISTENLAYOUT vorgeben können, wie die Listen mit den Links beziehungsweise die Übersichtsseiten der Weblink-Kategorien standardmäßig aussehen sollen. In den Einstellungen des Menüpunktes können Sie diese Werte dann überschreiben (wie im vorherigen Abschnitt gezeigt).

Den vorangestellten Text ändern Sie auf dem Register WEBLINK. Dort legt zunächst NUR TEXT/ICON/WEBLINK fest, ob ein Symbol (ICON), der TEXT Weblink oder gar nichts (NUR DEN WEBLINK) vor den Links erscheinen sollen. Wenn Sie sich für das Symbol entscheiden, können Sie mit AUSWÄHLEN neben ICON AUSWÄHLEN ein passendes Piktogramm über die Mini-Variante der Medienverwaltung bestimmen (indem Sie es im oberen Bereich anklicken, EINFÜGEN wählen und das Fenster mit ABBRECHEN schließen). Sofern das Feld ICON AUSWÄHLEN leer ist oder Sie es LEEREN lassen, verwendet Joomla! seine mitgebrachte Weltkugel.

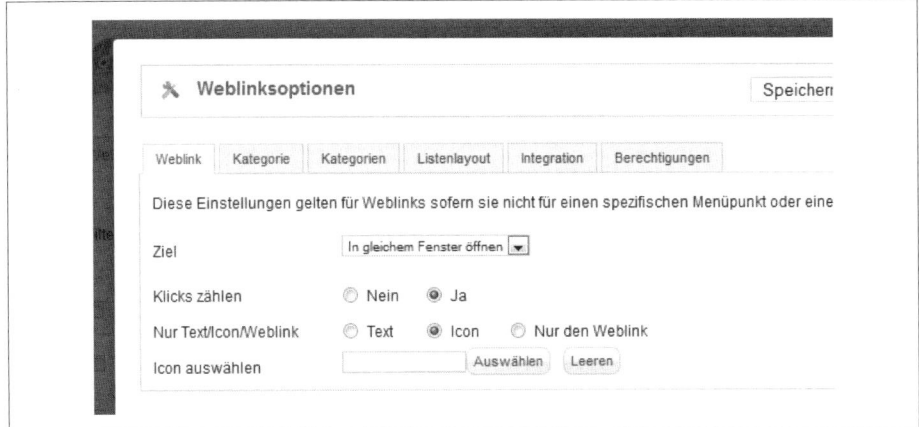

Abbildung 6-59: Die Grundeinstellungen der Komponente für die Weblinks

Tipp Wenn bei Ihnen ICON markiert und das Feld ICON AUSWÄHLEN leer ist, Joomla! aber trotzdem keine Weltkugel anzeigt, SPEICHERN Sie einmal die Einstellungen, leeren dann den Cache Ihres Browsers und laden dann die Seite mit den Links noch einmal neu.

Übrigens können Sie auf diesem Register auch noch festlegen, ob Joomla! standardmäßig zählen soll, wie oft ein Link angeklickt wurde (KLICKS ZÄHLEN) und in welchem Fenster die Internetseiten erscheinen (ZIEL). Beide Einstellungen können Sie dann für jeden Link in seinen Einstellungen individuell überschreiben (siehe Abschnitt »Links verwalten«).

Vielleicht ist Ihnen aufgefallen, dass zwei Komponenten im gleichnamigen Menü noch nicht angesprochen wurden. Hinter den NACHRICHTEN verbirgt sich Ihr Joomla!-eigenes Postfach für die interne Kommunikation mit anderen Benutzern. Da diese aber im Moment noch nicht existieren, wird erst Kapitel 9, *Benutzerverwaltung und -kommunikation* die entsprechenden Funktionen vorstellen.

Mit den UMLEITUNGEN können Sie Beiträgen oder anderen Inhalten eine ganz spezielle und persönliche Internetadresse verpassen. Dies ist primär im Zusammenhang mit der Suchmaschinenoptimierung interessant und kommt deshalb erst im entsprechenden Kapitel 17, *Suchmaschinenoptimierung* zur Sprache.

KAPITEL 7
Module – Die kleinen Brüder der Komponenten

In den vorangegangenen Kapiteln wurden Beiträge angelegt, Medien verwaltet und Zusatzfunktionen wie Kontaktformulare oder Newsfeeds in den entstehenden Internetauftritt eingebunden. Eine wesentliche Frage blieb dabei jedoch unbeantwortet: Wie verändert man die Anordnung der Elemente auf der Homepage? Auf der Suche nach einer Antwort trifft man auf die kleinen Brüder der Komponenten: die Module.

Module, Komponenten und Templates: Ein komplexes Zusammenspiel

Die im vorangegangenen Kapitel 6, *Komponenten – Nützliche Zusatzfunktionen*, vorgestellten Komponenten sind echte Schwergewichte. Sie haben nicht nur jeweils eine große Aufgabe zu lösen, auch ihre Ausgaben sind häufig so umfangreich, dass sie dafür ordentlich Platz beanspruchen. Denken Sie nur an das Kontaktformular oder die zahlreichen Nachrichten eines Newsfeeds. Aus diesem Grund gingen die Joomla!-Entwickler auf Nummer sicher und wiesen ihnen einen festen, aber ausreichend großen Platz auf der Website zu. Das ist genau der große Hauptbereich, in dem auch die Beiträge erscheinen.

Neben diesen dicken Komponenten gibt es aber auch noch kleine und schlanke Varianten, die eine überschaubare Ausgabe produzieren. Um sie von ihren großen Brüdern abzugrenzen, bezeichnet man sie als *Module*. Die Ausgaben eines Moduls dürfen Sie sogar relativ frei auf der Website platzieren. An welchen Stellen genau, das bestimmt das gerade ausgewählte Template. Den von ihm bereitgestellten Bauplan kann man sich wie eine Ansammlung von Schachteln vorstellen. Wenn Sie die VORSCHAU Ihrer bisher zusammengebauten Website betrachten, dürften Ihnen sicherlich schnell rechteckige Bereiche auffallen. Abbildung 7-1 hebt sie noch einmal deutlicher mit grauen Rechtecken hervor. Genau das sind die Schachteln, in die man ein oder mehrere Module stecken darf.

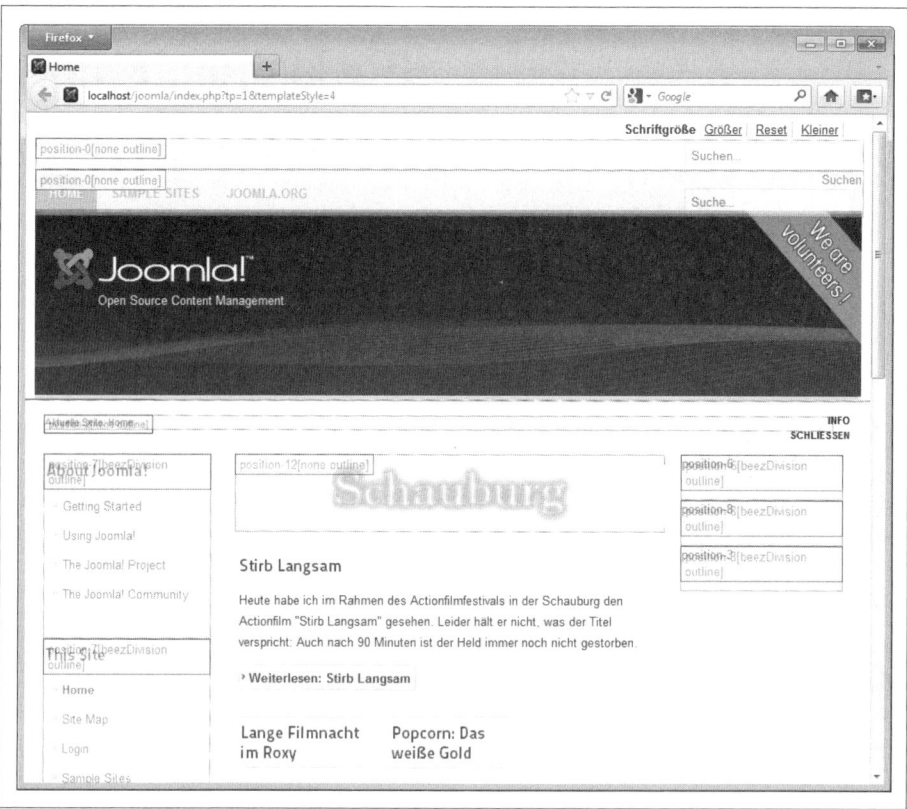

Abbildung 7-1: Die grauen, rechteckigen Bereiche sind Platzhalter für die Module. Um diese später einfacher in die Bereiche stecken zu können, erhält jeder Ort noch einen mehr oder weniger kryptischen Namen, der in seiner linken oberen Ecke steht.

Module lösen meist nur eine kleine Aufgabe, für die sie oftmals sogar die Hilfe eines ihrer großen Geschwister in Anspruch nehmen. Ein Beispiel für eine solche Kooperation liefert das Werbebanner: Das Banner-Modul zeigt auf der Homepage eine Werbegrafik an. Sobald der Benutzer sie anklickt, übergibt das Modul diese Information an die bereits in Kapitel 6, *Komponenten – Nützliche Zusatzfunktionen*, vorgestellte Komponente. Letztere registriert den Mausklick für die Abrechnung mit dem Kunden und leitet den Besucher schließlich auf das fremde Angebot weiter.

Häufig trifft man aber auch auf Module mit etwas mehr Intelligenz. Hierzu zählt beispielsweise das Modul namens *Zufallsbild* (englisch *Random Image*). Es wählt aus einer Liste von Bildern eines zufällig aus und präsentiert es anschließend auf der Website.

Wie »intelligent« ein Modul ist, entscheidet sein Entwickler. Ihm allein bleibt es überlassen, wie viele Funktionen und Aufgaben er seinem Modul überträgt. Gleiches gilt übrigens auch für die Komponenten. Niemand schreibt vor, dass sie tatsächlich eine größere Aufgabe lösen müssen. So könnte man eine Komponente auch zur Anzeige von Werbebannern degradieren. Ihre (eventuell erzeugten) Ausgaben bleiben jedoch auf den angesprochenen Bildschirmbereich beschränkt.

Das komplexe Zusammenspiel der kleinen Module, der funktionsschweren Komponenten und der Templates veranschaulicht noch einmal Abbildung 7-2.

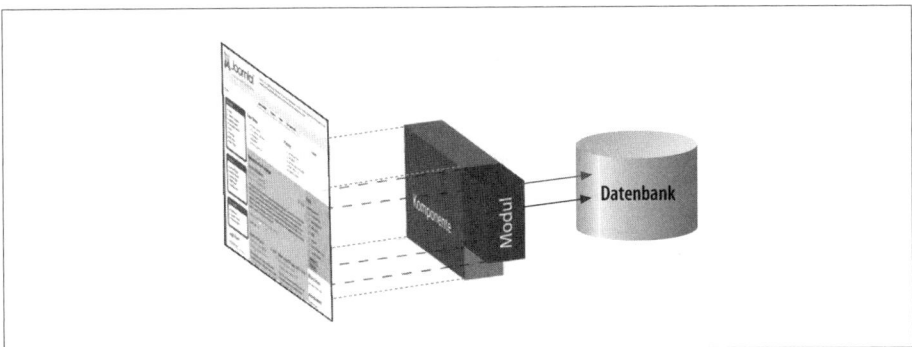

Abbildung 7-2:   Der Aufbau von Joomla! als Explosionszeichnung

Wie die Abbildung 7-2 zeigt, gibt das Template den grundlegenden Aufbau der Seite vor. In die noch leeren Stellen in diesem Bauplan fügt Joomla! dann die Ausgaben der dort vom Seitenbetreiber platzierten Module ein.

Soll beispielsweise ein Werbebanner im Kasten namens *position-12* erscheinen, bittet Joomla! das Modul *Banner*, diesen Platz mit grafischen Elementen zu füllen. *Banner* holt dann von der Festplatte das passende Bild und legt es an der *position-12* auf der Webseite ab. Klickt der Benutzer auf das Werbeplakat, registriert dies das *Banner*-Modul und benachrichtigt umgehend die für diese Angelegenheiten zuständige Werbebanner-Komponente. Letztere schlägt in der Datenbank nach, wie häufig das Plakat bereits angeklickt wurde, zählt einen Klick dazu und legt das Ergebnis wieder in der Datenbank ab.

Da die Begriffe reichlich verwirrend sind, sind sie hier noch einmal zusammengefasst:

- Das *Template* beschreibt, welche Elemente wo erscheinen. Es bildet somit den Bauplan der Homepage.
- Eine *Komponente* realisiert eine ganz bestimmte Funktion. Ihre Ausgaben erscheinen immer im Hauptbereich der Seite (da, wo bislang immer die Texte der Beiträge erschienen).

- *Module* realisieren ebenfalls eine ganz bestimmte, aber meist kleinere Funktion. Der Homepagebetreiber darf selbst entscheiden, wo ihre Ausgaben auf der Seite landen. Häufig arbeitet ein Modul mit einer Komponente zusammen.

Tipp In einer LEGO-Welt wären Komponenten die größeren Sechser- und Module die kleinen Einer-Bausteine. Das Template entspricht in diesem Bild dem mitgelieferten Aufbauplan.

Eigentlich gibt es keinen triftigen Grund, zwischen Komponenten und Modulen zu unterscheiden: Beide erfüllen eine ganz bestimmte Aufgabe, deren Ergebnisse sie auf der Homepage präsentieren. Diese Trennung geht noch auf den Joomla!-Vorläufer Mambo zurück. Warum sie einst erfolgte, wird wohl für immer ein Geheimnis der damaligen Entwickler bleiben – zumal jeder Programmierer selbst entscheiden kann, welche Funktionen er in ein Modul und welche er in eine Komponente verpackt. Dafür existieren noch nicht einmal (verbindliche) Richtlinien.

Verflixt kompliziert, möchte man meinen. Allerdings hat diese Arbeitsteilung auch den Vorteil, dass man die einzelnen Teile flexibel austauschen und umbauen kann. Gibt es beispielsweise ein Modul, das die Werbebanner noch hübscher und schneller anzuzeigen vermag, so reicht es aus, das kleine Modul zu ersetzen. Der Rest des Joomla!-Systems bleibt dabei unangetastet.

Rundgang durch die Modulverwaltung

Für die Verwaltung der Module ist der Bildschirm hinter dem Menüpunkt ERWEITERUNGEN → MODULE zuständig (im Englischen firmiert diese Seite auch als *Module Manager*). Das Ergebnis ist die ziemlich lange Tabelle aus Abbildung 7-3.

Genau zwischen der nun erscheinenden Liste und der darüberliegenden Werkzeugliste finden Sie in der ersten Ausklappliste von links die beiden Punkte SITE und ADMINISTRATOR. Sofern SITE aktiviert ist, führt die große Liste darunter alle Module auf, die ihr Werk auf der Homepage verrichten und somit den Besuchern nützen. Hinter ADMINISTRATOR verstecken sich hingegen alle Module, die sich um den Administrationsbereich kümmern.

Version In Joomla! 1.5 gab es anstelle der Ausklappliste noch zwei Register.

Das mag auf den ersten Blick etwas verwirrend klingen. Der Administrationsbereich ist jedoch eigentlich nichts anderes als eine kleine Joomla!-Homepage mit einem ganz speziellen Zweck – nämlich dem der Konfiguration. Das Hauptmenü am oberen Rand funktioniert daher genau so wie die Menüs auf Ihrer Homepage: Auch für deren Anzeige ist ein Modul zuständig (dazu gleich noch mehr). Sofern Sie nicht auf Basis von Joomla! ein eigenes Content-Management-System entwickeln möchten,

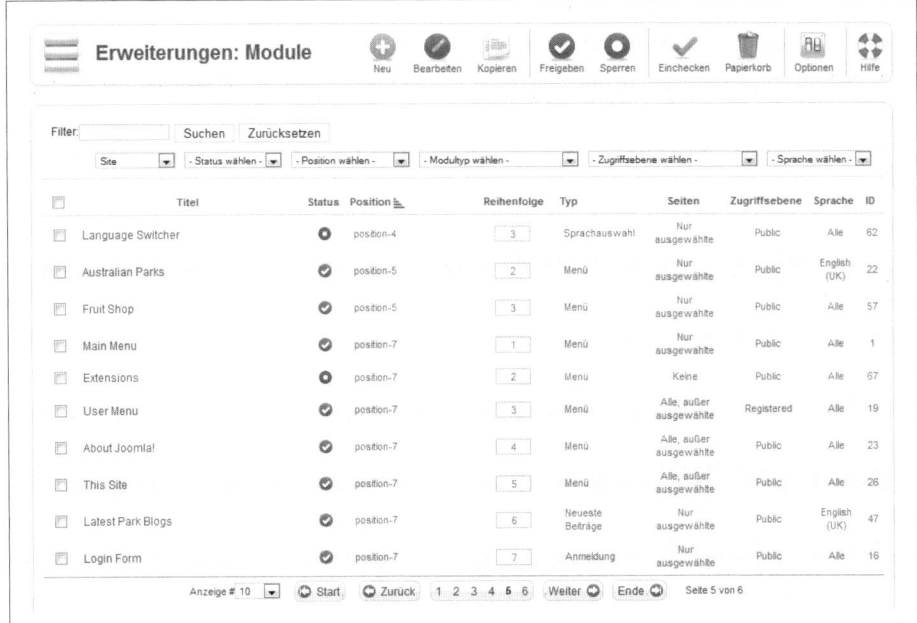

	Titel	Status	Position ≛	Reihenfolge	Typ	Seiten	Zugriffsebene	Sprache	ID
☐	Language Switcher	⬤	position-4	3	Sprachauswahl	Nur ausgewählte	Public	Alle	62
☐	Australian Parks	⬤	position-5	2	Menü	Nur ausgewählte	Public	English (UK)	22
☐	Fruit Shop	⬤	position-5	3	Menü	Nur ausgewählte	Public	Alle	57
☐	Main Menu	⬤	position-7	1	Menü	Nur ausgewählte	Public	Alle	1
☐	Extensions	⬤	position-7	2	Menü	Keine	Public	Alle	67
☐	User Menu	⬤	position-7	3	Menü	Alle, außer ausgewählte	Registered	Alle	19
☐	About Joomla!	⬤	position-7	4	Menü	Alle, außer ausgewählte	Public	Alle	23
☐	This Site	⬤	position-7	5	Menü	Alle, außer ausgewählte	Public	Alle	26
☐	Latest Park Blogs	⬤	position-7	6	Neueste Beiträge	Nur ausgewählte	Public	English (UK)	47
☐	Login Form	⬤	position-7	7	Anmeldung	Nur ausgewählte	Public	Alle	16

Abbildung 7-3: Der Verwaltungsbildschirm für Module, wobei die Anzeige hier auf 10 Exemplare pro Seite beschränkt wurde

sind hier jedoch glücklicherweise keinerlei Änderungen erforderlich. Es besteht im Gegenteil sogar die Gefahr, dass Sie sich sonst selbst für immer aussperren. Bis auf wenige Ausnahmen werden Sie somit ausschließlich mit den Modulen für die SITE in Kontakt kommen.

Tipp   Im Englischen fasst man alle Module für die Website unter dem Begriff *Site Modules* zusammen, während ihre Kollegen für den Administrationsbereich als *Administration Modules* bekannt sind. Da Letztere normalerweise weder angetastet noch ergänzt werden, verwendet man den Begriff *Modules* häufig synonym zu den *Site Modules*. In den deutschen Übersetzungen ist allgemein nur von *Modulen* die Rede. Diese gebräuchliche Konvention soll auch in allen folgenden Abschnitten zur Anwendung kommen.

Warnung   Achten Sie in den folgenden Abschnitten immer darauf, dass Sie sich bei den Modulen für die Homepage befinden – dass in der ersten Ausklappliste also SITE aktiviert ist.

Jede Zeile der Tabelle zeigt ein Modul, von denen einige allerdings nicht auf der Website erscheinen – erkennbar am roten Symbol in der Spalte STATUS. Der Name des Moduls in der Spalte TITEL prangt übrigens auf Wunsch auch später als Überschrift auf der Homepage. Ein gutes Beispiel dafür ist das Modul für die Benutzeranmeldung: In der Liste taucht es als Login Form auf. Dies ist genau die gleiche Bezeichnung, die als Titel über den Eingabefeldern auf der Homepage erscheint (siehe die Abbildungen 7-4 und 7-5).

Tipp   Wenn Sie ein Modul in der Tabelle suchen, beachten Sie, dass Joomla! die Einträge in der Tabelle standardmäßig nach ihrer Position sortiert. Verwenden Sie daher entweder den Filter, oder klicken Sie auf die Spaltenbeschriftung Titel, damit Joomla! die Module nach ihrer Bezeichnung anordnet.

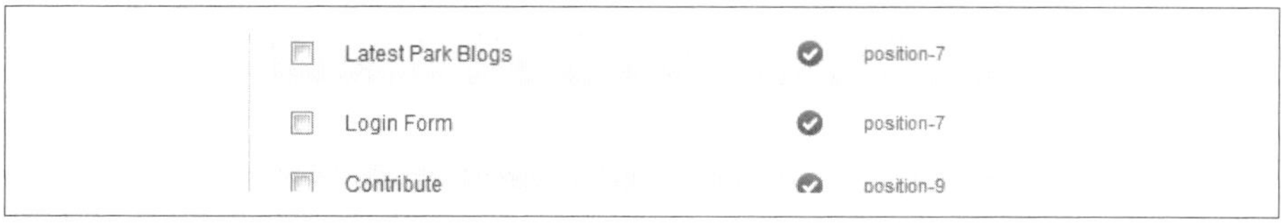

Abbildung 7-4:   Der Name des Moduls ...

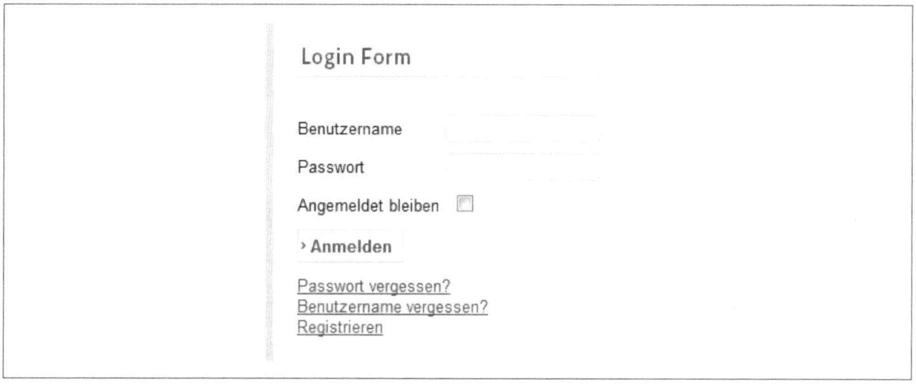

Abbildung 7-5:   ... ist gleichzeitig sein Titel auf der Website.

Die Spalte Position verrät, an welcher Stelle auf der Website das zugehörige Modul erscheint (oder mit anderen Worten: Das ist der Name der Schachtel, in der das Modul liegt). Wie Abbildung 7-3 zeigt, tauchen manche Beschriftungen mehrfach auf (insbesondere *position-7*). Dies weist dezent darauf hin, dass Sie durchaus mehrere Module in eine Schachtel packen dürfen. So könnten Sie beispielsweise auch das (Werbe-)*Banner* zum *Login Form* packen. Da die einzelnen Bereiche des verwendeten Templates jedoch für die derzeitigen Inhalte optimiert wurden, könnte das Ergebnis etwas zerpflückt aussehen.

Jedes Modul erledigt eine ganz spezielle Aufgabe. Ein Werbebanner-Modul gibt ausschließlich Plakate aus, während das Suchmodul ganz rechts oben in der Ecke die Suchfunktion bereitstellt. Auch hinter jedem einzelnen Menü steckt nichts anderes als ein Modul, das die Menüeinträge hübsch zur Auswahl stellt. Um was sich ein Modul kümmert beziehungsweise welche Informationen es anzeigt, verrät in der Tabelle die Spalte Typ.

Befinden sich mehrere Module gemeinsam in einem Bereich, so werden sie dort automatisch übereinandergestapelt. Ein Paradebeispiel ist der linke Seitenrand der Startseite, an dem sich momentan gleich mehrere Menüs und das Login Form tummeln. Die Abfolge, in der die Elemente dort erscheinen, entspricht exakt derjenigen aus der Spalte Reihenfolge. Möchten Sie beispielsweise das Login Form vor das Hauptmenü setzen, so genügt es bereits, das entsprechende Modul vor das Modul des Hauptmenüs (Main Menu) zu schieben (wie man mithilfe der Spalte Reihenfolge Elemente umordnet, hat bereits Abschnitt »Sortierreihenfolge ändern« in Kapitel 3, *Erste Schritte*, verraten).

Die Spalte Seiten zeigt, auf welchen Unterseiten das Modul auftaucht. Bei Alle hat der Besucher das Modul immer im Blick, bei Keine erscheint es nirgendwo. Da das *Login-Form*-Modul nur auf der ersten Seite auftaucht, bekommt es hier ein Nur Ausgewählte verpasst. Module, deren Ausgaben umgekehrt eigentlich auf allen Seiten zu sehen sind, aber nur auf einigen wenigen anderen fehlen, kennzeichnet hier ein Alle, Außer Ausgewählte.

Auch für Module gibt es einen Papierkorb: Möchten Sie ein Modul wieder loswerden, weil beispielsweise seine Inhalte veraltet sind, markieren Sie das kleine Kästchen in seiner Zeile und klicken dann auf Papierkorb. Einen Blick in diesen Abfalleimer werfen Sie, indem Sie die Ausklappliste – Status wählen – auf Papierkorb setzen. Erst wenn Sie hier die Module noch einmal abhaken und Papierkorb leeren anklicken, entfernen Sie sie endgültig aus Joomla!.

Warnung Auf diese Weise lassen sich auch Module ins Jenseits befördern, die eine Kernfunktionalität bereitstellen. Achten Sie folglich peinlich genau darauf, welches Modul Sie gerade markiert haben. Dies gilt insbesondere für die im Abschnitt »Administrator-Module« auf Seite 336 vorgestellten Administrator-Module. Ansonsten kann es passieren, dass Sie sich aus Ihrem System aussperren.

Module verschieben

Um ein Modul, wie etwa das Werbebanner, an einen anderen Ort zu verschieben, muss man zunächst herausbekommen, welche Bereiche (beziehungsweise Schachteln) das Template überhaupt anbietet.

Neue Position ermitteln

Eigens zu diesem Zweck bietet Joomla! eine seit der Version 1.6 extrem gut versteckte Spezialvorschau. Um sie zu aktivieren, wechseln Sie zum Menüpunkt Erweiterungen → Templates, öffnen die Optionen, setzen dort Vorschau

MODULPOSITIONEN auf FREIGEGEBEN, SPEICHERN & SCHLIEßEN Ihre Änderungen und öffnen jetzt ein neues Browserfenster. Wenn Sie der Schnellinstallationsanleitung aus Kapitel 2, *Installation*, gefolgt sind, steuern Sie jetzt die Internetadresse *http://localhost/joomla/index.php?tp=1* an. Andernfalls wechseln Sie zur Startseite Ihres Internetauftritts, hängen der Adresse ein *?tp=1* an und rufen das Ergebnis auf. Sie sehen jetzt den Bauplan Ihrer Internetseite, genau so, wie ihn auch Abbildung 7-1 ganz zu Beginn dieses Kapitels gezeigt hat.

Tipp

Das funktioniert auch bei jeder beliebigen Unterseite: Hängen Sie ihrer Internetadresse einfach ein *?tp=1* an. Sobald Sie eine so gebildete Adresse aufrufen, sehen Sie den Bauplan der Unterseite.

Version

Ab Joomla! 1.7 gibt es auch noch einen anderen Weg: In der Liste hinter ERWEITE-RUNGEN → TEMPLATES klicken Sie auf das kleine Vorschausymbol links vom TITEL des gerade aktiven Templates. Wenn Sie der Schnellinstallationsanleitung aus Kapitel 2, *Installation*, gefolgt sind, ist heißt das aktive Template BEEZ2 – DEFAULT. Suchen Sie seine Zeile, und klicken Sie auf das Symbol direkt links von seinem Namen (Joomla! sollte den Hinweis VORSCHAU einblenden, wenn Sie den Mauszeiger über das Symbol ziehen).

Die grauen Kästen markieren alle möglichen Positionen für ein Modul; der jeweilige Name des Bereichs steht in seiner linken oberen Ecke. Der Begriff in den eckigen Klammern gehört übrigens nicht mehr dazu, sondern bezieht sich auf die optische Darstellung. In Abbildung 7-1 befindet sich beispielsweise das Werbebanner der *Schauburg* in einem Bereich namens *position-12*. Diese Bezeichnungen gibt übrigens der Ersteller des Templates vor. Hier war er wohl nicht besonders kreativ. Am rechten Seitenrand finden Sie übrigens noch ein paar leere Bereiche. Wenn der Besucher die Seite ansteuert, nehmen automatisch die gefüllten, umgebenden Bereiche diese Brachen in Beschlag.

Warnung

Wenn Sie mit der Arbeit fertig sind, sollten Sie diese spezielle Ansicht in den OPTIO-NEN hinter ERWEITERUNGEN → TEMPLATES wieder sperren. Ein Angreifer erhält ansonsten unter Umständen wertvolle Informationen über den Aufbau Ihrer Webseite.

Das Modul umtopfen

Um nun ein Modul an eine andere Position zu verschieben, kehren Sie zur Modulverwaltung hinter ERWEITERUNGEN → MODULE zurück, klicken in der Liste seinen Namen an, aktivieren in seinem Bearbeitungsbildschirm POSITION AUSWÄHLEN und entscheiden sich schließlich in der Liste für einen Bereich. Wenn Sie den Schritten im vorherigen Kapitel 6, *Komponenten – Nützliche Zusatzfunktionen*, gefolgt sind, probieren Sie das einmal anhand des Werbebanners aus: Suchen Sie in der Liste das Modul mit dem Namen WERBEBANNER (Sie finden es schneller, wenn Sie die Ausklappliste – MODULTYP WÄHLEN – auf BANNER setzen), klicken Sie es an, und aktivieren Sie den Knopf POSITION AUSWÄHLEN (links oben im Bereich DETAILS). Die jetzt erscheinende Liste bedienen Sie wie alle übrigen, Sie müssen also nur in der Spalte TITEL den gewünschten Bereich ausfindig machen und anklicken. Es gibt allerdings eine kleine Stolperfalle: Joomla! zeigt hier standardmäßig sämtliche Bereiche *aller* installierten Templates an. Die Spalte TEMPLATES verrät, in welchen Bauplänen die jeweiligen Bereiche überhaupt auftreten (siehe Abbildung 7-6).

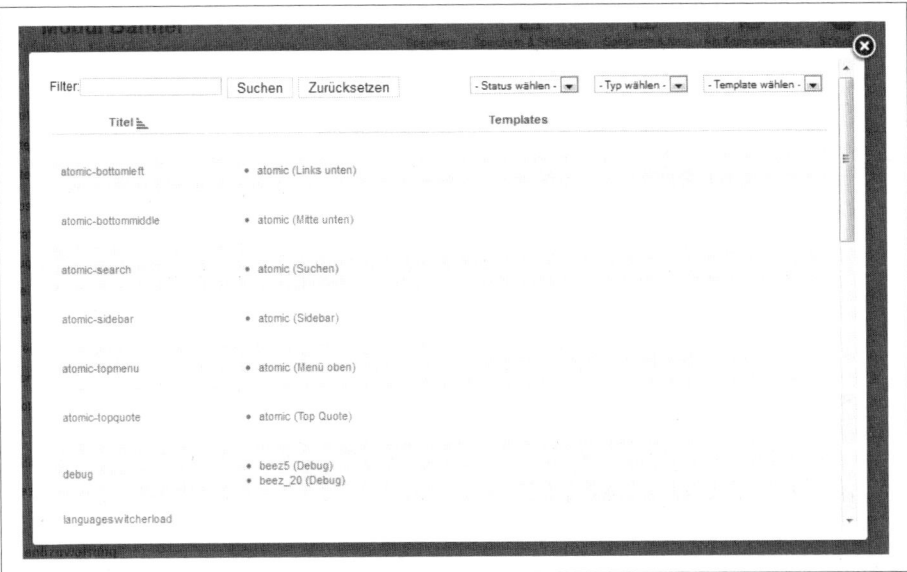

Abbildung 7-6: Das Fenster für die Auswahl einer Position

Wenn Sie auf allen Seiten Ihres Internetauftritts immer nur das gleiche Template verwenden, können Sie seinen Namen in der Ausklappliste – TEMPLATE WÄHLEN – einstellen und somit die Ansicht auf den in diesem Bauplan enthaltenen Bereich reduzieren. Andernfalls orientieren Sie sich an den Namen aus der Spezialanzeige (wie Abbildung 7-1 sie zeigt).

Im Fall des Werbebanners entscheiden Sie sich probeweise für die POSITION-10. Wenn Sie jetzt nach dem SPEICHERN in die VORSCHAU wechseln, erscheint das Werbebanner am unteren Seitenrand (siehe Abbildung 7-7).

Gleichzeitig erhält es auch seine Überschrift WERBEBANNER verpasst, die das Template an der alten Position ausgeblendet hatte.

Tipp Mithilfe des Modulnamens können Sie ein Werbeplakat auch eindeutig als Werbung klassifizieren. Das ist insbesondere dann notwendig, wenn die Werbung nicht als solche erkennbar ist. Verpassen Sie dann dem Modul einfach den Namen *Werbung* beziehungsweise *Promotion*, und stellen Sie sicher, dass dieser Name auf der Homepage erscheint (dazu erfahren Sie in den nachfolgenden Abschnitten mehr).

Beachten Sie, dass Werbung immer klar als solche erkennbar sein muss. Kennzeichnen Sie daher die Banner im Zweifelsfall lieber überdeutlich als zu wenig. Sprechen Sie gegebenenfalls auch mit einem Fachanwalt.

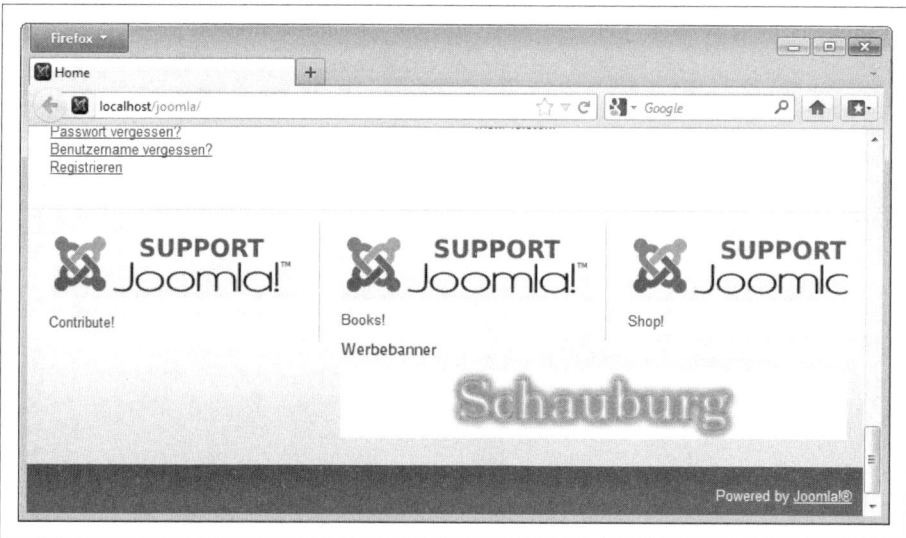

Abbildung 7-7: Das Werbebanner wurde an die Position »position-10« versetzt.

Das Werbebanner wird am unteren Rand allerdings von der übrigen Werbung unschön dominiert. Insbesondere bei fertigen Templates aus dem Internet sieht man erst nach dem Umsetzen, ob das Modul überhaupt in die Schachtel passt oder ob es wie hier zu einer hässlichen Optik führt. Einen Anhaltspunkt bieten die Ausmaße der Kästen in der Spezialvorschau (werfen Sie auch noch mal einen Blick auf Abbildung 7-1). Ein großes Modul in einem kleinen Bereich kann Ihnen folglich den Gesamteindruck der Homepage ruinieren.

Setzen Sie deshalb im Beispiel das Werbebanner wieder in seinen ursprünglichen Bereich *position-12* (indem Sie erst POSITION AUSWÄHLEN, dann in der Liste POSITION-12 anklicken und die Änderung SPEICHERN).

Beim Blick in die Einstellungen des Werbebanner-Moduls dürften Ihnen sicherlich die erschreckend vielen Parameter und Stellschrauben aufgefallen sein. Um diesen Optionswust kümmert sich der gleich folgende Abschnitt »Eigenschaften eines Moduls verändern« auf Seite 292. Zuvor soll aber kurz noch ein neues Modul erstellt werden. Sofern Sie noch den Bearbeitungsbildschirm geöffnet haben, SCHLIESSEN Sie ihn jetzt und stellen dann in der Tabelle die Ausklappliste BANNER wieder zurück auf – MODULTYP WÄHLEN –.

Ein neues Modul erstellen

Im Kontrollzentrum des Administrationsbereichs (SITE → KONTROLLZENTRUM) 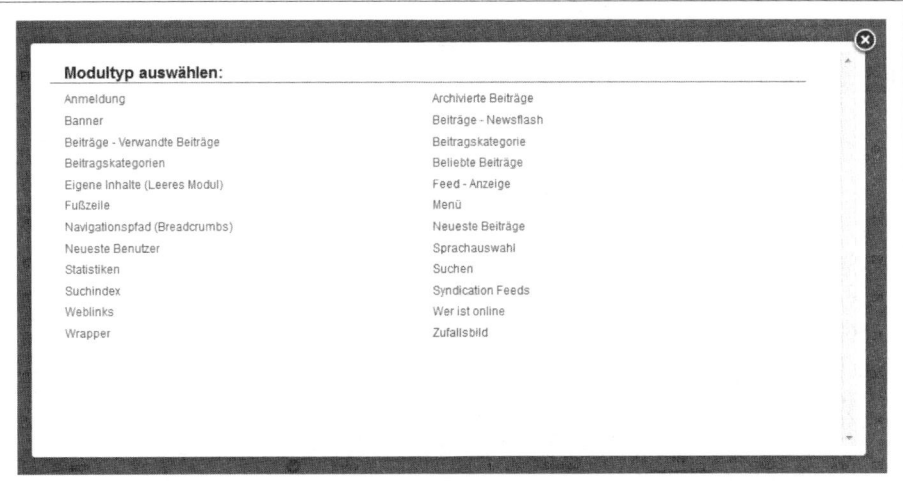 behält man DIE 5 BELIEBTESTEN BEITRÄGE immer im Blick. Eine solche Bestenliste wäre allerdings auch im Kinoportal nicht schlecht. Auf diese Weise würden die Besucher animiert, auch ältere Filmkritiken zu lesen. Damit würden sie länger im Kinoportal herumstöbern und so vielleicht nebenbei auch in Versuchung geraten, mehr Werbebanner anzuklicken. Netterweise können Sie Ihrer Joomla!-Website ein Modul hinzufügen, das ständig die beliebtesten Beiträge aus einer frei wählbaren Kategorie einblendet.

Um der eigenen Website ein weiteres, neues Modul zu spendieren, klicken Sie in der Modul-Verwaltung (ERWEITERUNGEN → MODULE) auf die Schaltfläche NEU. Es erscheint nun das Fenster aus Abbildung 7-8.

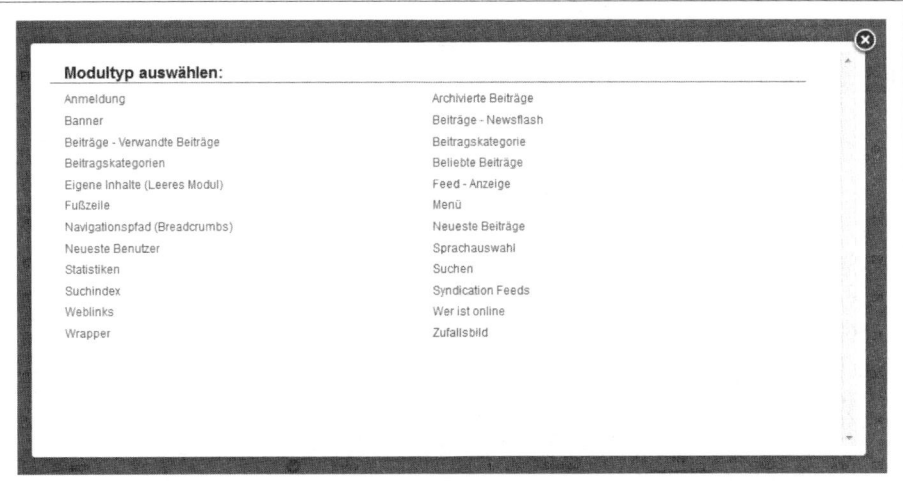

Abbildung 7-8: In diesem Fenster wählt man zunächst den Typ des neuen Moduls.

Hier entscheiden Sie zunächst, welche Aufgabe das neue Modul erledigen soll – und legen somit seinen *Modultyp* fest. Hier ist ein schneller Überblick über die standardmäßig zu Verfügung stehenden Modularten (in alphabetischer Reihenfolge), später in Abschnitt »Eigenschaften eines Moduls verändern« folgen noch genauere Beschreibungen:

Anmeldung
    Stellt ein Formular bereit, über das sich registrierte Besucher anmelden können – also das bereits bekannte *Login Form*.

Archivierte Beiträge
    Zeigt eine Liste mit allen Monaten an, in denen archivierte Beiträge existieren.

Banner

Präsentiert ein Werbebanner.

Beiträge – Newsflash

Zeigt die Einleitungen der zuletzt erstellten Beiträge einer oder mehrerer Kategorien an und dient so als eine Art Nachrichtenticker. Alternativ kann es auch per Zufall einen oder mehrere Beiträge aus einer vorgegebenen Kategorie ziehen und anzeigen. Mit jedem Aufruf der Website erscheint dann ein anderer Beitrag. Das Modul eignet sich somit auch ideal, um auf (wenig beachtete) Artikel aufmerksam zu machen.

Beiträge – Verwandte Beiträge

Zu dem jeweils aktuell dargestellten Text sucht dieses Modul nach ähnlichen oder verwandten Beiträgen in der Datenbank. Als Basis für die Suche dienen dem Modul die Schlüsselwörter aus den Metadaten der Beiträge.

Beitragskategorie

Zeigt eine Liste mit allen in einer Kategorie enthaltenen Beiträgen.

Beitragskategorien

Listet sämtliche Unterkategorien einer Kategorie auf.

Beliebte Beiträge

Bietet eine Liste mit den meistgelesenen und somit beliebtesten Beiträgen (englisch *Most Popular Articles*).

Eigene Inhalte (Leeres Modul)

Zeigt einen Text an. Zu seiner Formatierung stehen Ihnen die bereits bekannten Symbole des TinyMCE-Editors bereit.

Feed – Anzeige

Stellt die Inhalte von Newsfeeds dar. Das Modul funktioniert genauso wie die entsprechende Komponente aus Kapitel 6, *Komponenten – Nützliche Zusatzfunktionen*.

Fußzeile

Präsentiert am unteren Bildschirmrand die Joomla!-Copyright-Informationen (das *Powered by Joomla!* ganz unten auf der Beispiel-Website). Eigene Texte können nicht verwendet werden.

Menü

Zeigt ein Menü an.

Navigationspfad (Breadcrumbs)

Zeigt den Navigationspfad (*Breadcrumb*-Leiste) an, also den Weg zur aktuellen Webseite. Der Navigationspfad teilt dem Besucher mit, wie er auf die aktuelle Seite gekommen ist, und soll ihm so bei der Orientierung helfen. Sie haben eine solche »Brotkrumenleiste« bereits im Abschnitt »Das Frontend«, Kapitel 3, *Erste Schritte*, kennengelernt: In der mitgelieferten Beispiel-Homepage sehen Sie eine solche Leiste in kleiner Schrift unterhalb des blauen Joomla!-Logos.

Neueste Beiträge

Präsentiert eine Liste mit den zuletzt erstellten Beiträgen (im Gegensatz zu seinem Kollegen *Beiträge – Newsflash* zeigt ein Modul vom Typ *Neueste Beiträge* nicht den Inhalt der Beiträge an).

Neueste Benutzer

Listet die Namen der zuletzt registrierten Benutzer auf.

Sprachauswahl

Bei einem mehrsprachigen Internetauftritt erlaubt dieses Modul den schnellen und bequemen Wechsel auf eine andere Sprachfassung.

Statistiken

Präsentiert verschiedene statistische Informationen, beispielsweise die Anzahl der bisherigen Besucher oder die Menge der Beiträge in der Datenbank.

Suchen

Stellt ein kleines Eingabefeld bereit, über das der Besucher die Homepage nach einem Begriff durchsuchen kann.

Suchindex

Stellt ein kleines Eingabefeld mit der neuen Suchfunktion (*Smart Search*) bereit.

Syndication Feeds

Für jede Seite Ihres Internetauftritts stellt Joomla! standardmäßig einen eigenen Newsfeed bereit. Dieses Modul blendet ein kleines Symbol beziehungsweise einen Link ein, über den ein Besucher den Newsfeed der gerade angezeigten Seite bequem abonnieren kann.

Wenn Sie also beispielsweise ein *Syndication-Feeds*-Modul auf der Seite mit dem Blog anbringen, kann sich ein Besucher über den bereitgestellten Link einen Newsfeed abonnieren, der ihn immer über die neuesten Blog-Einträge auf dem Laufenden hält.

| **Warnung** | Das Modul arbeitet Hand in Hand mit der eingebauten Newsfeed-Funktion von Joomla!, die Sie über die Menüpunkte ein- und ausschalten (Sie lesen richtig). Mehr dazu finden Sie in Kapitel 8, *Menüs* im Abschnitt »Schritt 5: RSS-Feeds aktivieren (Integrationseinstellungen)«. | |

Weblinks

Zeigt eine Liste mit Weblinks aus einer ausgewählten Weblink-Kategorie an (die Sie zuvor über die entsprechende Weblink-Komponente eingerichtet haben, siehe auch Abschnitt »Weblinks« in Kapitel 6, *Komponenten – Nützliche Zusatzfunktionen*).

Wer ist online

Gibt Auskunft darüber, wie viele Gäste und wie viele angemeldete Besucher derzeit auf Ihren Webseiten unterwegs sind.

Wrapper

Bindet eine externe Internetseite in die von Joomla! produzierten Seiten ein.

Zufallsbild

Wählt per Zufall ein Bild aus einem vorgegebenen Verzeichnis und zeigt es an.

Aus diesem Angebot wählen Sie die passende Aufgabe für das neue Modul aus, indem Sie einfach den zugehörigen Eintrag anklicken.

Tipp   Wenn Sie mit dem Mauszeiger über einen Eintrag fahren, erscheint zusätzlich eine kurze Beschreibung. Wenn Sie zudem der Schnellinstallationsanleitung aus Kapitel 2, *Installation*, gefolgt sind beziehungsweise die Beispieldaten installiert haben, finden Sie eine Demonstration aller Module in der VORSCHAU hinter dem Menüpunkt USING JOOMLA! → USING EXTENSIONS → MODULES. Dort führt jede Unterkategorie zu den Modulen.

Im Kinoportal soll das neue Modul die beliebtesten Filmkritiken anzeigen, folglich ist BELIEBTE BEITRÄGE genau richtig.

Tipp   Zusammen mit den Beispieldaten hat Joomla! bereits bei der Installation einige Module eingerichtet, die teilweise deaktiviert sind. Im Idealfall brauchen Sie diese nur an die eigenen Bedürfnisse anzupassen. In der Regel tragen sie als Titel die englische Übersetzung ihres Typs (der Autor der Beispiel-Homepage war offenbar nicht sehr kreativ). So steckt beispielsweise hinter dem *Login Form* ein Modul vom Typ *Anmelden*, während das *Feed Display* für die *Feed-Anzeige* sorgt.

Es öffnet sich nun ein Bearbeitungsbildschirm, der im nächsten Abschnitt beschrieben wird.

Tipp   Niemand hindert Sie daran, mehrere Module der gleichen Art zu erstellen. Auf diese Weise könnten Sie Ihre Homepage mit sechs Navigationspfaden, vierzehn Suchfeldern und zwei Zufallsbildern ausstatten. Ob das immer sinnvoll ist, steht natürlich auf einem anderen Blatt.

Eigenschaften eines Moduls verändern

Egal ob Sie nach dem obigen Schema ein neues Modul erstellen oder ein bestehendes in der Liste hinter ERWEITERUNGEN → MODULE anklicken, Sie landen jedes Mal in einem ziemlich überfüllt wirkenden Bildschirm. Er präsentiert alle Eigenschaften und Stellschrauben des Moduls.

Der Bereich DETAILS, wie ihn Abbildung 7-9 zeigt, enthält einige allgemeine Einstellungen, die Sie bei jedem Modul antreffen:

TITEL

Hier geben Sie dem Modul einen Namen. Im Kinoportal wählen Sie für das Modul mit den beliebtesten Artikeln einfach **Beliebteste Kritiken**.

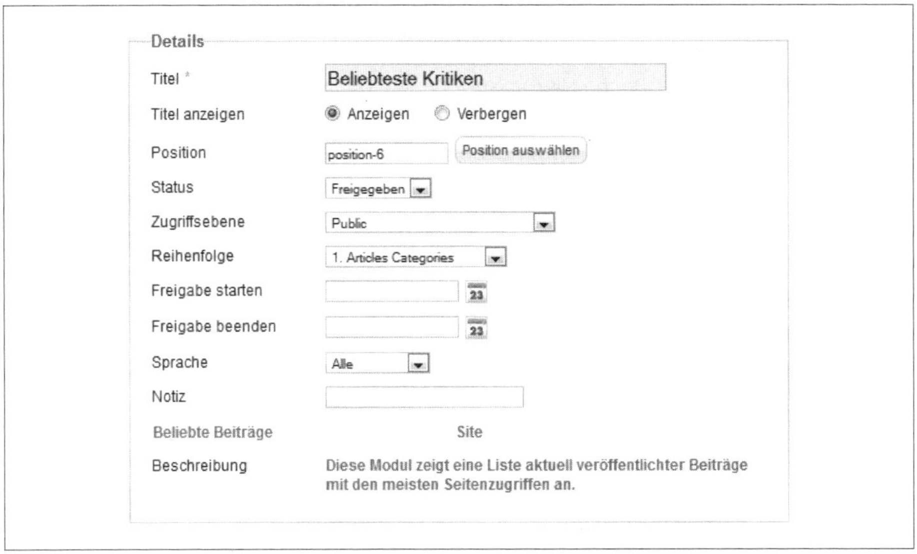

Abbildung 7-9:   Die Grundeinstellungen eines nagelneuen »Beliebte Beiträge«-Moduls.

TITEL ANZEIGEN

Mit ANZEIGEN erscheint der Name des Moduls auch als Überschrift auf der Homepage. In den Beispieldaten ist dies etwa beim Hauptmenü (THIS SITE) oder dem Anmeldeformular (LOGIN FORM) der Fall. Im Kinoportal behalten Sie hier das ANZEIGEN bei. Damit erscheint der gerade vergebene Titel *Beliebteste Kritiken* gleich auch auf der Website und verrät den Besuchern so nebenbei, welche Informationen das Modul überhaupt anzeigt.

POSITION

Über die Schaltfläche POSITION AUSWÄHLEN platzieren Sie die Ausgaben des Moduls auf der Seite. Das dahinter stehende Fenster enthält dazu alle möglichen Positionen des derzeit aktiven Templates. Seine Bedienung haben Sie bereits im vorherigen Abschnitt »Module verschieben« kennengelernt. Im Beispiel packen Sie die beliebtesten Filmkritiken an die *position-6*. Dieser Bereich befindet sich am rechten Seitenrand.

STATUS

Nur wenn diese Ausklappliste auf FREIGEGEBEN steht, erscheinen die Ausgaben des Moduls auf der Website.

ZUGRIFFSEBENE

Diese Ausklappliste bestimmt, wer das Modul zu Gesicht bekommt. Standardmäßig sind dies alle Besucher – was also genau das Richtige für die beliebtesten Kritiken im Kinoportal ist. Mehr zur Benutzerverwaltung folgt noch in Kapitel 9, *Benutzerverwaltung und -kommunikation*.

REIHENFOLGE

Sofern mehreren Modulen die gleiche POSITION zugewiesen wurde, stapelt Joomla! sie dort einfach übereinander. Mit dieser Ausklappliste legen Sie die Position des Moduls in diesem Stapel fest. Das neue Modul wird dabei immer nach dem in der Liste gewählten Modul eingeordnet.

 **Warnung**   Sobald Sie die POSITION verändern, müssen Sie das Modul erst noch über die gleichnamige Schaltfläche einmal SPEICHERN, bevor Sie hier die Reihenfolge anpassen können.

FREIGABE STARTEN *und* FREIGABE BEENDEN

Genau wie bei einem Beitrag können Sie auch die Ausgabe des Moduls zu einem bestimmten Zeitpunkt auf der Website erscheinen und dann nach einer gewissen Zeitspanne automatisch wieder verschwinden lassen. Den Startzeitpunkt tragen Sie unter FREIGABE STARTEN ein, das Enddatum unter FREIGABE BEENDEN. Um alles Weitere kümmert sich dann Joomla!. Ein Klick auf das kleine Symbol rechts neben den Eingabefeldern holt einen kleinen Kalender hervor, in dem Sie das Datum bequem auswählen können. Andernfalls notieren Sie Datum und Zeit nach dem Schema: *Jahr-Monat-Tag Stunde:Minute:Sekunde*. Das Jahr müssen Sie dabei vierstellig angeben, Monat und Tag jeweils als zweistellige Zahlen.

SPRACHE

Bei einem mehrsprachigen Internetauftritt legen Sie hier fest, in welcher Sprachfassung die Ausgaben des Moduls erscheinen sollen. Sofern Sie wie bislang im Kinoportal einen einsprachigen Internetauftritt betreiben, ist ALLE der richtige Wert. Um die Mehrsprachigkeit kümmert sich später noch Kapitel 12, *Mehrsprachigkeit*.

NOTIZ

In diesem Feld können Sie noch eine kleine Notiz hinterlassen. Sie dient rein als Gedächtnisstütze und taucht später nur im Administrationsbereich auf.

BESCHREIBUNG

Hier informiert Joomla! Sie noch einmal über den Leistungsumfang des Moduls.

In diesem Bereich nennt Joomla! abschließend noch die interne Identifikationsnummer (ID) des Moduls, seinen Typ (im Beispiel ist dies BELIEBTE BEITRÄGE) und gibt an, ob es sich um ein Modul handelt, das im Frontend seinen Dienst verrichtet (SITE).

 Im Kinoportal sollte der Bereich DETAILS jetzt wie in Abbildung 7-9 aussehen.

Menüzuweisung – auf welchen Unterseiten erscheint das Modul?

In den Einstellungen eines jeden Moduls finden Sie links unten den Bereich MENÜZUWEISUNG, den auch Abbildung 7-10 zeigt. Dort steuern Sie, auf welchen Seiten das neue Modul später erscheinen soll.

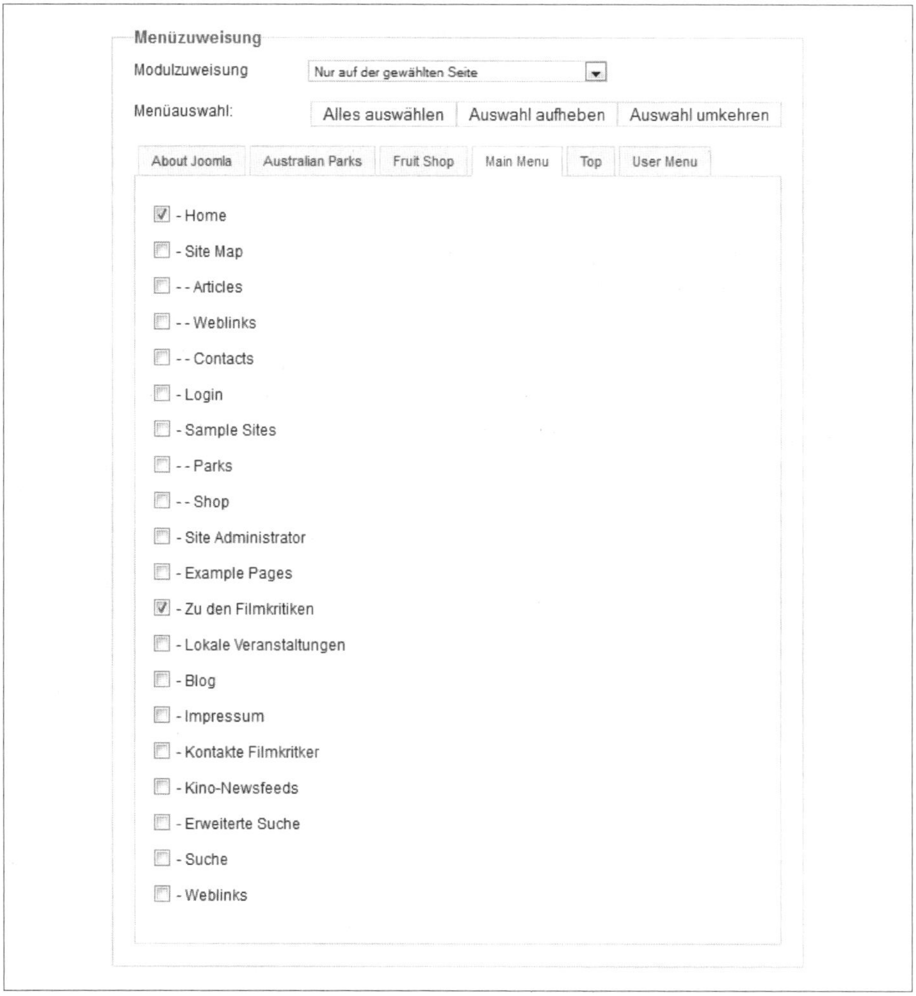

Abbildung 7-10: Auf den hier abgehakten Unterseiten ist das Modul später zu sehen.

Wie die Ausklappliste MODULZUWEISUNG verrät, sind die Ausgaben des Moduls standardmäßig AUF ALLEN SEITEN zu sehen. Alternativ können Sie das Modul auch komplett verstecken. In dem Fall wählen Sie in der Ausklappliste KEINE SEITEN.

Für gewöhnlich möchte man das Modul jedoch nur auf ganz bestimmten, ausgewählten Unterseiten einblenden. Die beliebtesten Filmkritiken sollen beispielsweise nur auf der Startseite sowie allen Unterseiten erscheinen, die irgendetwas mit den Filmkritiken zu tun haben. Um das zu erreichen, setzen Sie zunächst die Ausklappliste MODULZUWEISUNG auf NUR AUF DER GEWÄHLTEN SEITE. Wenden Sie sich jetzt den Registern direkt darunter zu. Sie finden hier für jedes Menü ein Register, auf dem sich wiederum alle seine Menüeinträge befinden. Wenn Sie den bisherigen Beispielen für das Kinoportal gefolgt sind, finden Sie die selbst erstellten Menüpunkte auf dem Register MAIN MENU. Die Ausgaben des Moduls sind jetzt auf allen Seiten sichtbar, die direkt über die abgehakten Menüpunkte erreichbar sind. Ist also beispielsweise ZU DEN FILMKRITIKEN abgehakt, sieht ein Besucher das Modul später auch neben der Genre-Auswahl. Für das Modul mit den beliebtesten Filmkritiken stellen Sie also sicher, dass ZU DEN FILMKRITIKEN abgehakt ist. Um es auch auf der Startseite anzuzeigen, ist noch ein Haken vor HOME (ganz am oberen Rand des Registers) fällig. Bei allen anderen Menüpunkten entfernen Sie den Haken.

Tipp   Mit einem Klick auf die entsprechende Schaltfläche direkt über den Registern können Sie die Auswahl auch blitzschnell umkehren. Betroffen sind dabei allerdings alle Register, also nicht nur das gerade geöffnete. Alternativ können Sie mit den beiden anderen Schaltflächen auf einen Schlag ALLES AUSWÄHLEN beziehungsweise die AUSWAHL AUFHEBEN (und somit alle Haken entfernen).

Soll ein Modul auf fast allen (Unter-)Seiten erscheinen, müsste man mühsam fast alle Menüpunkte abhaken. Damit das nicht zu einer Sisyphusarbeit ausartet, setzen Sie MODULZUWEISUNG auf AUF ALLEN SEITEN MIT AUSNAHME DER GEWÄHLTEN und haken dann alle Menüpunkte ab, auf deren Seiten das Modul *nicht* erscheinen soll.

Version   In Joomla! 1.5 musste man die Menüpunkte noch umständlich in einer Liste (bei gedrückter *Strg*-Taste) selektieren.

Standardmäßig sind hier alle Seiten abgehakt, das Modul erscheint folglich auf allen Seiten. Dies bestätigt auch noch einmal die Ausklappliste MODULZUWEISUNG.

 Im Kinoportal sollte der Bereich MENÜZUWEISUNG jetzt so wie in Abbildung 7-10 aussehen.

Vom Modultyp abhängige Einstellungen

Im Bearbeitungsbildschirm des Moduls schlummern auf der rechten Seite noch ein paar Register. Die dortigen Einstellungen und Optionen hängen vom jeweils gewählten Modultyp ab.

Lediglich das Feld MODULKLASSENSUFFIX taucht immer auf. Es verlangt als Eingabe eine sogenannte CSS-Klasse, mit deren Hilfe man in die Anzeige des Moduls eingreifen kann. Der hier eingegebene Begriff wird dabei als Erweiterung (Suffix) an die CSS-Klasse (wie zum Beispiel table.moduletable) des Moduls angehängt. Auf diese Weise kann man genau diesem einen Modul ein ganz eigenes Aussehen verpassen (mehr zu diesem Thema finden Sie in Kapitel 13, *Templates*).

Beliebte Beiträge

Im Fall der beliebtesten Beiträge wartet auf der rechten Seite zunächst das Register BASISOPTIONEN aus Abbildung 7-11.

Abbildung 7-11:   Die Basisoptionen des »Beliebte Beiträge«-Moduls

Hier verlangt das Modul folgende Eingaben:

KATEGORIE

In dieser Liste markieren Sie alle Kategorien, aus denen das Modul die meistgelesenen Beiträge zusammensucht. Mehrere Einträge selektieren Sie bei gedrückter *Strg*-Taste. Im Kinoportal sollen nur die meistgelesenen Filmkritiken erscheinen. Wählen Sie daher die Kategorien ACTIONFILME, LIEBESFILME und KOMÖDIEN aus. Standardmäßig greift das Modul übrigens zu den Beiträgen aus – ALLEN KATEGORIEN –.

ANZAHL

Das Modul besitzt so viele Listeneinträge, wie hier angegeben sind. Bei einer 5 zeigt es beispielsweise die Titel der fünf meistgelesenen Beiträge an. Für das Kinoportal behalten Sie hier die Voreinstellung bei.

HAUPTARTIKEL

Bei ANZEIGEN nimmt das Modul auch Hauptbeiträge in seine Liste auf. Sie zu VERBERGEN ist beispielsweise dann sinnvoll, wenn die Hauptbeiträge schon auf der Startseite erscheinen. In diesem Fall würden sie noch einmal in der Liste des

Moduls auftauchen und so anderen Beiträgen wertvollen (Werbe-)Platz weg-
nehmen.

Für das Kinoportal sollten die Einstellungen jetzt wie in Abbildung 7-11 aussehen.

Unter ERWEITERTE OPTIONEN warten jetzt noch ein paar Einstellungen, die Sie für
das Kinoportal auf ihren Standardwerten belassen können:

ALTERNATIVES LAYOUT
Über die Ausklappliste können Sie den Modulausgaben eine ganz bestimmte,
vom Standard abweichende Optik überstülpen. Welche Punkte hier zur Auswahl stehen, hängt von den installierten Templates ab. Joomla! selbst bringt
hier nur die STANDARD-Ansicht mit.

CACHING
Aktiviert einen Zwischenspeicher (Cache), der den Inhalt dieses Moduls puffert. Dadurch muss das Modul seine Ausgaben nicht immer wieder erneut
zusammenstellen und kann somit Anfragen schneller bedienen. Im Gegenzug
kostet diese Funktion wertvollen Speicherplatz, und man läuft zudem Gefahr,
dass das Modul veraltete Informationen ausspuckt.

CACHEDAUER
Gibt vor, wie lange Daten im Zwischenspeicher vorgehalten werden.

Legen Sie jetzt das neue Modul per SPEICHERN & SCHLIEßEN an, und wechseln Sie
anschließend in die VORSCHAU. Dort sollte jetzt auf der rechten Seite das Modul die
beliebtesten Filmkritiken aufführen (wie in Abbildung 7-12).

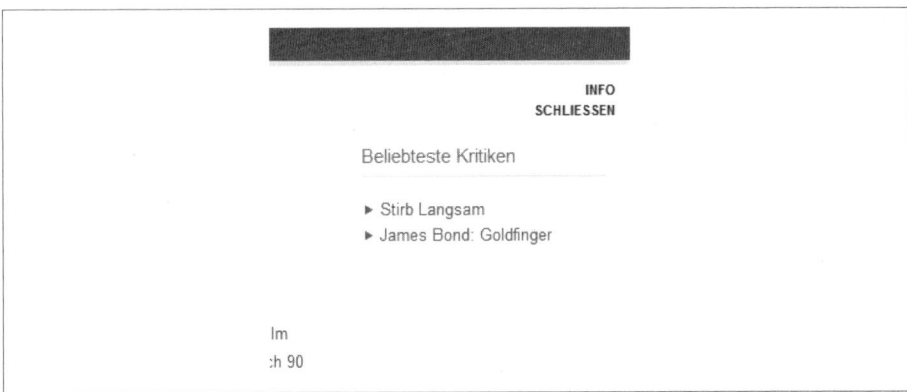

Abbildung 7-12:   Das Modul mit den beliebtesten Filmkritiken auf der Homepage

Das INFO SCHLIEßEN stammt übrigens nicht vom Modul, sondern vom Template.
Es gestattet dem Besucher über diesen Link, alle Module am rechten Rand auszublenden. Klicken Sie daher noch nicht darauf, sondern wechseln Sie einmal auf eine
andere Unterseite, wie etwa zum BLOG. Hier fehlt das Modul wie gewünscht. Auf
den Unterseiten mit den Filmkritiken ist es hingegen weiterhin zu sehen.

Im Folgenden sollen noch jeweils kurz die Einstellungen der übrigen Modultypen vorgestellt werden. Als Fingerübung können Sie die entsprechenden Abschnitte anlesen, dabei überlegen, ob ein solches Modul auch dem Kinoportal beziehungsweise Ihrer geplanten Website gut zu Gesicht stehen würde, und es dann anlegen. Für die nachfolgenden Kapitel ist dies jedoch nicht zwingend notwendig. Bei bereits im Kinoportal vorhandenen Modulen können Sie zudem ruhig etwas mit den vorgestellten Einstellungen experimentieren, kehren Sie dort aber immer wieder zur Ausgangssituation zurück.

Anmeldung

Über ein Modul dieses Typs melden sich registrierte Benutzer am Joomla!-System an (siehe Abbildung 7-13). Sofern sich die Besucher selbst ein neues Benutzerkonto beschaffen dürfen, zeigt das Modul eine entsprechende Option (mehr zur Benutzerverwaltung finden Sie in Kapitel 9, *Benutzerverwaltung und -kommunikation*).

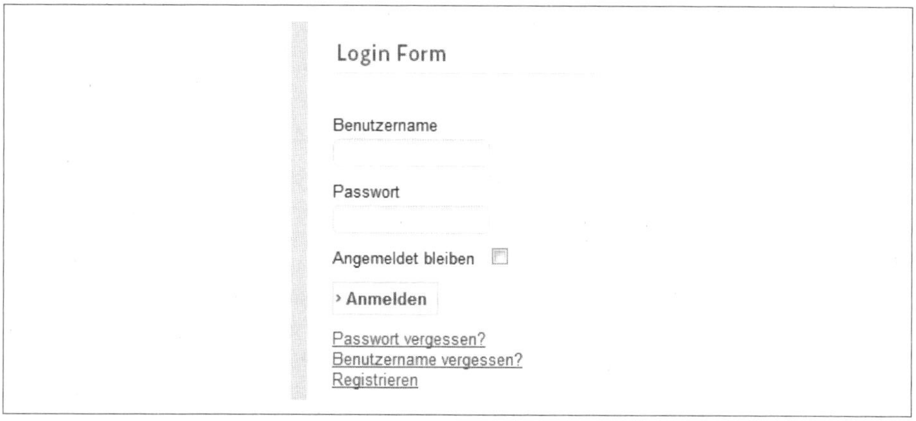

Abbildung 7-13: Die Benutzeranmeldung

Nach dem erfolgreichen Einloggen wechselt das Modul seinen Inhalt und zeigt ab sofort einen Schalter zum Abmelden.

Das Modul verlangt auf dem Register BASISOPTIONEN folgende Eingaben:

TEXT DAVOR

Der hier eingegebene Text erscheint direkt unter dem Titel (also der Überschrift) des Moduls.

TEXT DANACH

Der hier eingegebene Text erscheint am Ende des ANMELDEN-Moduls.

URL-WEITERLEITUNG BEIM ANMELDEN

Sofern die Anmeldung erfolgreich war, springt Joomla! automatisch auf die hier eingestellte Unterseite Ihrer Homepage. In der Regel sollte sie einen Begrüßungstext oder aktuelle Hinweise für die Benutzer enthalten. Steht die Ausklappliste auf STANDARD, bleibt Joomla! auf der aktuellen Seite.

URL-WEITERLEITUNG BEIM ABMELDEN

Nachdem sich ein Besucher wieder abgemeldet hat, wechselt Joomla! automatisch auf diese Unterseite Ihres Internetauftritts. Steht die Ausklappliste auf STANDARD, bleibt Joomla! auf der aktuellen Seite.

BEGRÜSSUNG ZEIGEN

Nach dem Anmelden ersetzt das Modul seine Eingabefelder durch eine Schaltfläche zum Abmelden. Sofern Sie hier JA wählen, zeigt Joomla! direkt über diesem Knopf einen Begrüßungstext in der Form *Hallo, Benutzername*.

NAME/BENUTZERNAME ANZEIGEN

Sofern BEGRÜSSUNG ZEIGEN aktiviert ist, bestimmt diese Einstellung, ob nach dem *Hallo* der vollständige NAME oder nur der BENUTZERNAME folgt.

ANMELDEFORMULAR VERSCHLÜSSELN

Wenn Sie diesen Punkt auf JA setzen, schickt der Browser den eingetippten Benutzernamen und das Passwort mittels SSL-Verfahren verschlüsselt an das Content-Management-System. Aktivieren Sie diesen Punkt nur, wenn Joomla! über das *https://*-Protokoll erreichbar ist (Informationen hierzu liefert Ihnen das Handbuch zu Ihrem Webserver beziehungsweise Ihr Webhoster).

Auf dem Register ERWEITERTE OPTIONEN warten schließlich noch folgende Einstellungen:

ALTERNATIVES LAYOUT

Über die Ausklappliste können Sie den Modulausgaben eine ganz bestimmte, vom Standard abweichende Optik überstülpen. Welche Punkte hier zur Auswahl stehen, hängt von den installierten Templates ab. Joomla! selbst bringt hier nur die STANDARD-Ansicht mit.

CACHING

Dieser Eintrag ist eigentlich überflüssig, da er mit KEINE ZWISCHENSPEICHERUNG nur eine Einstellung zur Auswahl lässt. Seinem Namen nach würde er eigentlich einen Zwischenspeicher (Cache) aktivieren, der die Inhalte des Moduls für eine schnellere Auslieferung puffert. Warum die Entwickler den Punkt unbenutzbar hinterlassen haben, bleibt vermutlich wieder einmal ihr Geheimnis.

Archivierte Beiträge

Ein Modul dieses Typs ermöglicht einen Zugang zu den im Archiv gespeicherten Elementen. Dazu zeigt es auf der Homepage eine Liste mit allen Kalendermonaten, in denen archivierte Beiträge existieren (wie in Abbildung 7-14).

Archivierte Beiträge

Februar, 2012
Januar, 2011

Abbildung 7-14: Aus diesen Monaten stammen die archivierten Beiträge.

Klickt der Besucher der Seite auf einen Monat, erscheinen kurze Textausschnitte dieser Beiträge. Vollständig anzeigen lassen kann man sie dann mit einem Klick auf ihre jeweilige Überschrift. Mit anderen Worten gestatten Sie den Besuchern über dieses Modul den Zugriff auf Ihr (Artikel-)Archiv.

Einstellmöglichkeiten bietet das Modul nur wenige:

MONATE

Auf dem Register BASISOPTIONEN bestimmen Sie mit # MONATE, wie viele Monate das Modul anzeigen soll. Damit verhindern Sie, dass bei vielen archivierten Beiträgen das Modul auf der Homepage aus allen Nähten platzt.

Auf dem Register ERWEITERTE OPTIONEN gibt es nur unwesentlich mehr zu regeln:

ALTERNATIVES LAYOUT

Über die Ausklappliste können Sie den Modulausgaben eine ganz bestimmte, vom Standard abweichende Optik überstülpen. Welche Punkte hier zur Auswahl stehen, hängt von den installierten Templates ab. Joomla! selbst bringt hier nur die STANDARD-Ansicht mit.

CACHING

Aktiviert einen Zwischenspeicher (Cache), der den Inhalt dieses Moduls puffert. Dadurch muss das Modul seine Ausgaben nicht immer wieder erneut zusammenstellen und kann somit wiederum Anfragen schneller bedienen. Im Gegenzug kostet diese Funktion wertvollen Speicherplatz, und man läuft zudem Gefahr, dass das Modul veraltete Informationen ausspuckt. Wie lange das Modul zu den Informationen im Zwischenspeicher greift, legt die CACHE-DAUER fest.

CACHEDAUER

Gibt vor, wie lange Daten im Zwischenspeicher vorgehalten werden.

Banner

Ein Modul dieses Typs zeigt ein Werbebanner an, wie Sie es bereits aus Kapitel 6, *Komponenten – Nützliche Zusatzfunktionen*, Abschnitt »Die Banner einbinden« her kennen. Das Modul verlangt auf dem Register BASISOPTIONEN folgende Eingaben:

ZIEL

Sobald der Besucher auf das Werbebanner klickt, wird er auf die Internetseite des Werbenden weitergeleitet. In dieser Ausklappliste bestimmen Sie, in welchem Fenster die Seite erscheint. Die beiden Einträge IN NEUEM FENSTER ÖFFNEN und ALS POP-UP-FENSTER ÖFFNEN reißen jeweils ein neues Fenster auf. Im zweiten Fall (Pop-up-Fenster) dunkelt Joomla! den Hintergrund ab und öffnet ein kleines weißes Fenster, wie Sie es auch von der Mini-Variante der Medienverwaltung her kennen. Der Besucher sieht somit noch im Hintergrund Ihre Webseite. Darüber hinaus fehlt in diesem »Pop-up-Fenster« die sonst übliche Symbolleiste mit den Navigationsschaltflächen. Der Besucher kann also auf der neuen Homepage nicht mehr einfach vor- und zurücknavigieren. Die Einstellung IN GLEICHEM FENSTER ÖFFNEN ersetzt Ihre Internetseite durch die des Werbekunden.

ANZAHL

So viele Werbebanner bringt das Modul gleichzeitig auf den Schirm.

KUNDE

Die Werbung dieses Kunden wird angezeigt (zum Anlegen von Kunden siehe Abschnitt »Werbekunden verwalten« auf Seite 197).

KATEGORIE

Aus dieser Banner-Kategorie entnimmt das Modul die anzuzeigenden Werbetafeln (zum Anlegen von Banner-Kategorien siehe Abschnitt »Banner-Kategorien anlegen« auf Seite 200).

NACH TAG SUCHEN

Steht hier der Schalter auf JA, wählt das Modul die Werbetafel passend zum gerade angezeigten Beitrag. Bei einer Filmkritik zu *Stirb Langsam* würde das Modul beispielsweise automatisch zu einem Banner für Abenteuerurlaub greifen.

Damit dies reibungslos klappt, muss man jedoch zum einen die Beiträge mit Schlüsselwörtern in ihren Metadaten ausstatten (siehe dazu Kapitel 4, *Inhalte verwalten*) und zum anderen den Werbebannern passende Meta-Schlüsselwörter vergeben (wie das geht, zeigt der Abschnitt »Die Banner einbinden« auf Seite 203). Das Modul gleicht diese Schlüsselwörter mit denen der Beiträge ab. Bei einer hohen Übereinstimmung wird dann das Banner zum Beitrag angezeigt. Aus diesem Grund ist es wichtig, die Schlüsselwörter wohlüberlegt zu wählen.

ZUFÄLLIG

Das Modul zieht die gerade angezeigte Werbetafel entweder per Zufall aus der angegebenen Kategorie (WICHTIG, ZUFÄLLIG) oder hält sich an die darin vorgegebene Reihenfolge (WICHTIG, REIHENFOLGE).

KOPFZEILE UND FUSSZEILE

Der hier eingetippte Text erscheint zusätzlich über beziehungsweise unterhalb des Werbebanners auf der Homepage.

Auf dem Register ERWEITERTE OPTIONEN warten schließlich noch folgende Einstellungen:

ALTERNATIVES LAYOUT

Über die Ausklappliste können Sie den Modulausgaben eine ganz bestimmte, vom Standard abweichende Optik überstülpen. Welche Punkte hier zur Auswahl stehen, hängt von den installierten Templates ab. Joomla! selbst bringt hier nur die STANDARD-Ansicht mit.

CACHING

Aktiviert einen Zwischenspeicher (Cache), der den Inhalt dieses Moduls puffert. Dadurch muss das Modul seine Ausgaben nicht immer wieder erneut zusammenstellen und kann somit wiederum Anfragen schneller bedienen. Im Gegenzug kostet diese Funktion wertvollen Speicherplatz, und man läuft zudem Gefahr, dass das Modul veraltete Informationen liefert.

CACHEDAUER

Gibt vor, wie lange Daten im Zwischenspeicher vorgehalten werden.

Beiträge – Newsflash

Ein Modul dieses Typs stellt die (kompletten) Einleitungen eines oder mehrerer Beiträge dar (siehe Abbildung 7-15). Dabei dürfen Sie entscheiden, ob das Modul nur die zuletzt erstellten Einleitungen anzeigen oder aber per Zufall welche auswählen soll.

Im Kinoportal könnten Sie ein solches Modul die letzten Veranstaltungshinweise präsentieren lassen (wie in Abbildung 7-15).

Das Modul verlangt auf dem Register BASISOPTIONEN folgende Eingaben:

KATEGORIE

Legt die Kategorie fest, aus der die anzuzeigenden Texte stammen. Mehrere Kategorien markieren Sie bei gedrückter *Strg*-Taste. Im Fall des Kinoportals wäre hier LOKALE VERANSTALTUNGEN die richtige Wahl.

BEITRAGSBILDER ANZEIGEN

Bei einem JA werden auch die in den Texten enthaltenen Bilder angezeigt. Doch Vorsicht: Das kann dann im kleinen Modul zu Gedränge führen. Für das Kinoportal behalten Sie daher hier die Voreinstellung bei.

BEITRAGSTITEL ANZEIGEN

Bei einem JA werden wie in Abbildung 7-15 auch die Überschriften der Beiträge angezeigt. Im Fall des Kinoportals ist dies folglich angebracht.

Beiträge - Newsflash

__Nordische Filmtage im November__

Auch in diesem Jahr finden in der
Woche vom 13. November wieder
die nordischen Filmtage statt. Dabei
zeigen alle Kinos der Stadt
bekannte und neue Filme aus
Dänemark, Schweden, Norwegen
und Finnland.

__Lange Filmnacht im Roxy__

Am nächsten Samstag findet im
Roxy die „Lange Nacht der
Stummfilme" statt. Gezeigt werden
zwei Filme von Fritz Lang, sowie ein
Charlie Chaplin Film. Das genaue
Programm wurde noch nicht
verraten. Für stilechte
Musikuntermalung sorgt ein
bekannter Stummfilmpianist.

Abbildung 7-15:   Ein Beispiel für einen Newsflash

TITEL VERLINKEN

Wählt man hier JA, kann der Besucher über einen Klick auf die Beitragsüberschrift direkt zum zugehörigen Beitrag springen. Voraussetzung dafür ist, dass die Überschrift unter BEITRAGSTITEL ANZEIGEN aktiviert wurde. Für die Veranstaltungen im Kinoportal setzen Sie diesen Punkt auf JA. Alle nachfolgenden Punkte können Sie für die Liste mit den Veranstaltungen auf ihren Vorgaben belassen.

ÜBERSCHRIFTGRÖßE

Hier legen Sie die Schriftgröße der Beitragsüberschriften fest. Dabei bezeichnet H1 die größte und H5 die kleinste Schriftgröße. (HTML-Kennern dürften diese Bezeichnungen bekannt vorkommen.)

TRENNELEMENT ANZEIGEN

Wenn das Modul mehrere Beiträge anzeigt, trennt es diese optisch voneinander – in der Regel durch einen Strich. Wenn Sie diese Einstellung auf JA setzen, malt das Modul auch nach dem letzten Beitrag einen solchen Strich.

WEITERLESEN-LINK

Bei einem Anzeigen erscheint unter jedem Beitrag der berühmte WEITERLESEN-Knopf, über den ein Besucher zum kompletten Text gelangt. Der Knopf erscheint allerdings nur, wenn der jeweilige Beitrag auch einen Haupttext besitzt und nicht nur aus der Einleitung besteht.

ANZAHL VON BEITRÄGEN

So viele Beiträge soll das Modul gleichzeitig anzeigen.

ERGEBNISSE DER SORTIERUNG

Hier stellen Sie ein, welche Beiträge das Modul anzeigen soll. Beim VERÖFFENT-
LICHUNGSDATUM erscheinen die zuletzt veröffentlichten Artikel, Analoges gilt
beim ERSTELLUNGSDATUM.

Tipp   Rufen Sie sich den Unterschied zwischen den beiden Daten ins Gedächtnis: Der
Autor hat den Artikel zum ERSTELLUNGSDATUM angelegt, aber auf der Website
erschien er zum ersten Mal am VERÖFFENTLICHUNGSDATUM.

Bei der Einstellung SORTIERUNG nimmt das Modul die Reihenfolge, wie sie im
Administrationsbereich hinter INHALT → BEITRÄGE die Spalte REIHENFOLGE
für die gewählte Kategorie vorgibt. Abschließend können Sie das Modul noch
ZUFÄLLIG ein paar Beiträge aus der eingestellten KATEGORIE ziehen lassen.

Auf dem Register ERWEITERTE PARAMETER gibt es schließlich noch folgende Einstellungen:

ALTERNATIVES LAYOUT

Über die Ausklappliste können Sie den Modulausgaben eine ganz bestimmte,
vom Standard abweichende Optik überstülpen. Welche Punkte hier zur Auswahl stehen, hängt von den installierten Templates ab. Standardmäßig haben
Sie hier die Wahl, die Texthäppchen der Beiträge HORIZONTAL oder vertikal
(VERTICAL) anzuordnen. Welcher Wert hier der richtige ist, hängt von der Position des Moduls auf der Website ab.

CACHING

Aktiviert einen Zwischenspeicher (Cache), der den Inhalt dieses Moduls puffert.
Dadurch muss das Modul seine Ausgaben nicht immer wieder erneut zusammenstellen und kann somit wiederum Anfragen schneller bedienen. Im Gegenzug kostet diese Funktion wertvollen Speicherplatz, und man läuft zudem
Gefahr, dass das Modul veraltete Informationen liefert.

CACHEDAUER

Gibt vor, wie lange Daten im Zwischenspeicher vorgehalten werden.

Beiträge – Verwandte Beiträge

Ein Modul dieses Typs präsentiert eine Liste mit allen Beiträgen, die mit dem derzeit angezeigten Text thematisch verwandt sind. Enthält beispielsweise die derzeit
dargestellte Filmkritik den Begriff *Julia Roberts* und taucht dieser Name noch in
einem Blog-Beitrag auf, so würde Letzterer im Modul erscheinen.

Ob ein Beitrag mit einem anderen thematisch verwandt ist, ermittelt das Modul
durch einen Vergleich ihrer Schlüsselwörter. Diese können Sie in den Metadaten
der Beiträge vergeben (wie das genau funktioniert, erklärt Kapitel 4, *Inhalte verwalten*). Damit also im obigen Beispiel die Nachricht über Julia Roberts in der Liste des

Moduls auftaucht, müsste ihr Name als Schlüsselwort sowohl in der Nachricht als auch in der Filmkritik enthalten sein.

Da das Modul somit fast alles alleine macht, gibt es auch nicht besonders viel einzustellen. Auf dem Register BASISOPTIONEN wartet eine einsame Option:

DATUM ANZEIGEN
Bei ANZEIGEN setzt das Modul neben die gefundenen Beiträge noch ihr jeweiliges Erstellungsdatum.

Auch das Register ERWEITERTE OPTIONEN ist schnell abgehakt:

ALTERNATIVES LAYOUT
Über die Ausklappliste können Sie den Modulausgaben eine ganz bestimmte, vom Standard abweichende Optik überstülpen. Welche Punkte hier zur Auswahl stehen, hängt von den installierten Templates ab. Joomla! selbst bringt hier nur die STANDARD-Ansicht mit.

CACHING
Dieser Eintrag ist eigentlich überflüssig, da er mit KEINE ZWISCHENSPEICHERUNG nur eine Einstellung zur Auswahl lässt. Seinem Namen nach würde er eigentlich einen Zwischenspeicher (Cache) aktivieren, der die Inhalte des Moduls für eine schnellere Auslieferung puffert. Warum die Entwickler den Punkt unbenutzbar hinterlassen haben, bleibt vermutlich wieder einmal ihr Geheimnis.

Beitragskategorie

Dieses erstmals mit Joomla! 1.6 eingeführte Modul zeigt einfach eine Liste mit Beiträgen an. Abbildung 7-16 zeigt ein Beispiel.

Abbildung 7-16:   Das Beitragskategorie-Modul zeigt ausgewählte Beiträge an.

 Tipp   Wenn Sie Ihren Internetauftritt übersichtlich strukturiert haben, sollte dieses Modul normalerweise nicht notwendig sein. Nützlich ist es dann in der Regel nur, um Querverweise auf ganz bestimmte, wichtige Artikel, Hilfetexte oder Anleitungen zu setzen.

Welche Beiträge das Modul anzeigt, darf man ziemlich flexibel selbst festlegen. Dazu bietet es gleich auf mehreren Registern zahlreiche Einstellungen an.

Auf dem Register BASISOPTIONEN wählt man zunächst die Arbeitsweise des Moduls. Wenn der MODUS auf NORMAL steht, können Sie auf den nachfolgenden Registern selbst festlegen, welche Beiträge das Modul wie anzeigt.

Im dynamischen Modus prüft das Modul, in welcher Kategorie der Besucher gerade auf der Homepage unterwegs ist, und stellt dann aus genau dieser Kategorie die Beiträge zur Auswahl. Wenn Sie sich für diesen Modus entschieden haben, legen Sie auf dem Register DYNAMISCHER MODUS fest, ob das Modul auch auf Beitragsseiten erscheinen (ANZEIGEN) oder aber besser immer nur auf Übersichtsseiten von Kategorien zu sehen sein soll (VERBERGEN).

Auf dem Register FILTER legen Sie fest, welche Beiträge das Modul anzeigen und zur Auswahl stellen soll:

HAUPTBEITRÄGE
: Bei ANZEIGEN erscheinen im Modul auch die Hauptbeiträge, im Fall von VERBERGEN hingegen nicht. Alternativ kann das Modul auch NUR Hauptbeiträge anzeigen.

ANZAHL
: Die Anzahl der Beiträge, die das Modul auf einmal zur Auswahl stellen soll.

KATEGORIEN-FILTERTYP *und* KATEGORIE
: Unter KATEGORIE markieren Sie (bei gedrückter *Strg*-Taste) alle Kategorien, aus denen das Modul die Beiträge anzeigen soll. Damit Sie sich nicht bei sehr vielen Kategorien mürbe klicken, können Sie auch KATEGORIEN-FILTERTYP auf EXKLUSIV setzen und dann in der Liste alle Kategorien markieren, die das Modul *nicht* berücksichtigen soll.

UNTERKATEGORIENBEITRÄGE *und* KATEGORIETIEFE
: Setzen Sie UNTERKATEGORIENBEITRÄGE auf INKLUSIVE, berücksichtigt das Modul auch alle Beiträge in Unterkategorien bis zu der unter KATEGORIETIEFE gewählten Gliederungstiefe.

AUTOR-FILTERTYP *und* AUTOREN
: Unter AUTOREN markieren Sie (bei gedrückter *Strg*-Taste) alle Autoren, deren Beiträge das Modul anzeigen soll. Damit Sie sich nicht bei sehr vielen Autoren müde klicken, können Sie auch AUTOR-FILTERTYP auf EXKLUSIV setzen und dann in der Liste alle Autoren markieren, die das Modul *nicht* berücksichtigen soll. Steht AUTOR-FILTERTYP auf INKLUSIVE und ist – AUTOREN WÄHLEN – markiert, zeigt das Modul die Beiträge aller Autoren an.

AUTORALIAS-FILTERTYP *und* AUTORALIAS
: Unter AUTORALIAS markieren Sie (bei gedrückter *Strg*-Taste) alle Autoren-Aliase, deren Beiträge das Modul anzeigen soll. Den Autoren-Alias können Sie bei

jedem Beitrag auf dem Register VERÖFFENTLICHUNGSOPTIONEN vergeben (Punkt ERSTELLT VON ALIAS, siehe Kapitel 4, *Inhalte verwalten*).

Damit Sie sich hier nicht bei sehr vielen Autoren mürbe klicken, können Sie auch AUTORALIAS-FILTERTYP auf EXKLUSIV setzen und dann in der Liste alle Autoren-Aliasnamen markieren, die das Modul *nicht* berücksichtigen soll. Steht AUTORALIAS-FILTERTYP auf INKLUSIV und ist – AUTOREN ALIASE WÄHLEN – markiert, zeigt das Modul die Beiträge aller Autoren-Aliase an.

BEITRAGS-IDS AUSSCHLIEßEN

Alle Beiträge mit den hier eingetippten Identifikationsnummern zeigt das Modul *nicht* an. Dabei erwartet Joomla! in jeder Zeile eine Nummer.

DATUMSFILTER

Abschließend können Sie die Anzeige auch noch auf Beiträge aus einem bestimmten Zeitraum beschränken. Wenn Sie dies möchten, aktivieren Sie DATUMSBEREICH und tippen dann unter DATUMSBEREICH VON das Anfangsdatum und unter BIS DATUM das Enddatum des Zeitraums ein. Ein Klick auf eines der Symbole rechts neben den Eingabefeldern holt einen kleinen Kalender hervor, der bei der Auswahl hilft. Unter DATUMSBEREICH wählen Sie schließlich noch, ob sich die Daten auf das ERSTELLUNGSDATUM, das Veröffentlichungsdatum (FREIGABESTART) oder das Datum der letzten Änderung (BEARBEITUNG) der Beiträge bezieht.

Anstatt feste Daten vorzugeben, können Sie auch einfach alle Beiträge der letzten Tage anzeigen lassen. Dazu aktivieren Sie neben DATUMSFILTER den Punkt RELATIVES DATUM und tragen dann die Anzahl der Tage unter in das Eingabefeld RELATIVES DATUM ein.

Damit weiß das Modul, welche Beiträge es anzeigen soll. In welcher REIHENFOLGE sie angeordnet werden, legen Sie auf dem gleichnamigen Register unter SORTIERUNG NACH BEITRAGSFELD fest. Das Modul sortiert die Beiträge nach dem hier eingestellten Element. Wählen Sie beispielsweise TITEL, erscheinen die Beiträge alphabetisch nach ihren Überschriften. Die Ausklappliste darunter bestimmt, ob dies AUF- oder ABSTEIGEND erfolgt. JOOMLA! REIHENFOLGE bezeichnet übrigens die Sortierung, wie sie die Spalte REIHENFOLGE im Administrationsbereich hinter INHALT → BEITRÄGE vorgibt.

Auf dem Register GLIEDERUNG können Sie die angezeigten Beiträge noch gruppieren. In Abbildung 7-16 wurden beispielsweise alle Artikel zusammengefasst, die im gleichen Jahr erschienen sind. Gruppieren können Sie die Beiträge hier via BEITRAGSGLIEDERUNG nach JAHR, dann MONAT UND JAHR, dem AUTOR und der KATEGORIE. Die AUSRICHTUNG legt dabei die Reihenfolge fest, zur Wahl stehen AUFSTEIGEND und ABSTEIGEND. In Abbildung 7-16 stehen die Artikel aus dem Jahr 2012 unter denen aus dem Jahr 2011, folglich wurden die Gruppen dort aufsteigend sortiert. Bei einer Sortierung nach Monaten beschriftet das Modul die Gruppen nach dem Schema Monat Jahreszahl, in Abbildung 7-16 steht beispielsweise JANUAR 2011. Wenn Sie hier eine andere Notation wünschen, legen Sie diese im Feld MONATS- UND JAHRSANZEIGEFORMAT fest. Der Platzhalterbuchstabe F steht dabei für den ausgeschriebenen Monat, Y für das Jahr. Weitere Platzhalter und zusätzliche Informationen zu diesem Format finden Sie auf der Internetseite *http:// php.net/date*.

Abschließend dürfen Sie noch auf dem Register ANZEIGE festlegen, welche Informationen das Modul zu jedem Beitrag noch liefern soll:

ÜBERSCHRIFTGRÖßE

> Hier legen Sie die Schriftgröße der Beitragstitel fest. Dabei bezeichnet H1 die größte und H5 die kleinste Schriftgröße. (HTML-Kennern dürften diese Bezeichnungen bekannt vorkommen.)

TITEL VERLINKEN

> Bei einem JA gelangt der Besucher mit einem Klick auf den Beitragstitel zu seinem Text.

DATUM, DATUMSFELD *und* DATUMSFORMAT

> Zeigt zu jedem Beitrag ein DATUM an – welches genau, bestimmt die Ausklappliste DATUMSFELD. DATUMSFORMAT bestimmt wiederum, wie das Datum auf der Website erscheint. Die einzelnen Buchstaben stehen hier wieder als Platzhalter, Y für das Jahr, m für den Monat, d für den Tag, H für die Stunden, i für die Minuten und s für die Sekunden. Weitere Platzhalter und Informationen zu dieser kryptischen Notation finden Sie auf der Internetseite *http://php.net/ date*.

Die nächsten Einstellungen sollten selbsterklärend sein: KATEGORIE blendet noch die jeweilige Kategorie ein, ZUGRIFFE die Anzahl der bisherigen Leser und AUTOR den Namen des Urhebers. Mit EINLEITUNGSTEXT auf ANZEIGEN präsentiert das Modul auch jeweils noch den Einleitungstext. Wie viele Buchstaben davon erscheinen, regelt das EINLEITUNGSTEXTLIMIT. »WEITERLESEN« blendet Schaltflächen ein, über die der Besucher zu dem jeweiligen Text des Beitrags gelangt. Setzen Sie zusätzlich noch »WEITERLESEN«-TITEL auf ANZEIGEN, steht auf dieser Schaltfläche der Titel des Beitrags. Sofern dieser wiederum sehr lang sein sollte, schneidet das Modul ihn nach so vielen Zeichen ab, wie Sie unter »WEITERLESEN«-TEXTLIMIT eingetragen haben.

Auf dem Register ERWEITERTE OPTIONEN warten abschließend noch folgende Einstellungen:

ALTERNATIVES LAYOUT

> Über die Ausklappliste können Sie den Modulausgaben eine ganz bestimmte, vom Standard abweichende Optik überstülpen. Welche Punkte hier zur Auswahl stehen, hängt von den installierten Templates ab. Joomla! selbst bringt hier nur die STANDARD-Ansicht mit.

CACHING

Aktiviert einen Zwischenspeicher (Cache), der den Inhalt dieses Moduls puffert. Dadurch muss das Modul seine Ausgaben nicht immer wieder erneut zusammenstellen und kann somit wiederum Anfragen schneller bedienen. Im Gegenzug kostet diese Funktion wertvollen Speicherplatz, und man läuft zudem Gefahr, dass das Modul veraltete Informationen ausspuckt.

CACHEDAUER

Gibt vor, wie lange die Daten im Zwischenspeicher vorgehalten werden.

Beitragskategorien

Ein Modul dieses Typs zeigt eine Liste mit allen Unterkategorien einer ausgewählten Kategorie an. In Abbildung 7-17 zeigt ein solches Modul beispielsweise die Unterkategorien der Filmkritiken an. Ein Klick auf einen der Einträge führt direkt zur entsprechenden Übersichtsseite der gewählten Kategorie.

Abbildung 7-17:   Über das Beitragskategorien-Modul gelangt man schnell zu ausgewählten (Unter-)Kategorien.

Das Modul verlangt auf dem Register BASISOPTIONEN folgende Eingaben:

HÖHERE KATEGORIE

Das Modul stellt alle Unterkategorien aus der hier eingestellten Kategorie zur Auswahl.

KATEGORIEBESCHREIBUNGEN

Bei einem JA zeigt das Modul zu jeder Unterkategorie auch noch ihre Beschreibung an. Da die Beschreibungen dem Besucher bei seiner Auswahl helfen, sollten Sie diese Funktion aktivieren – vorausgesetzt, die Anzahl der Kategorien ist nicht zu groß und die Beschreibungen sind kurz.

UNTERKATEGORIEN ANZEIGEN

Auf Wunsch stellt das Modul auch noch die in den angezeigten Unterkategorien enthaltenen Unter-Unterkategorien dar. Wenn Sie dies wünschen, setzen Sie diese Einstellung auf JA.

ERSTE UNTERKATEGORIE

So viele Unterkategorien zeigt das Modul an. Wählt man im Beispiel aus Abbildung 7-17 hier etwa eine 2, so würde das Modul nur noch die beiden Unterkategorien *Actionfilme* und *Liebesfilme* zur Auswahl stellen. Diese Einstellung soll verhindern, dass das Modul bei sehr vielen Kategorien aus allen Nähten platzt.

Tipp In einem solchen Fall sollten Sie allerdings dringend darüber nachdenken, ob die Gliederungsstruktur Ihrer Homepage nicht eine Überarbeitung vertragen könnte.

MAXIMALE EBENENTIEFE

Wenn Sie sich dazu entschlossen haben, auch die Unter-Unterkategorien darstellen zu lassen (Einstellung UNTERKATEGORIEN ANZEIGEN), bestimmen Sie hier, bis zu welcher Gliederungstiefe das Modul die Kategorien anzeigen soll.

Das Register ERWEITERTE OPTIONEN bietet schließlich noch folgende Einstellungen:

ALTERNATIVES LAYOUT

Über die Ausklappliste können Sie den Modulausgaben eine ganz bestimmte, vom Standard abweichende Optik überstülpen. Welche Punkte hier zur Auswahl stehen, hängt von den installierten Templates ab. Joomla! selbst bringt hier nur die STANDARD-Ansicht mit.

ÜBERSCHRIFTGRÖSSE

Hier legen Sie die Schriftgröße der angezeigten Unterkapitel fest. Dabei bezeichnet H1 die größte und H5 die kleinste Schriftgröße. (HTML-Kennern dürften diese Bezeichnungen bekannt vorkommen.)

CACHING

Aktiviert einen Zwischenspeicher (Cache), der den Inhalt dieses Moduls puffert. Dadurch muss das Modul seine Ausgaben nicht immer wieder erneut zusammenstellen und kann somit wiederum Anfragen schneller bedienen. Im Gegenzug kostet diese Funktion wertvollen Speicherplatz, und man läuft zudem Gefahr, dass das Modul veraltete Informationen ausspuckt.

CACHEDAUER

Gibt vor, wie lange Daten im Zwischenspeicher vorgehalten werden.

Eigene Inhalte (Leeres Modul)

Ein Modul dieses Typs zeigt den Text auf der Homepage an, den Sie im großen Bereich BENUTZERDEFINIERTE AUSGABE (auf der linken Seite unter den DETAILS) eingetippt haben. Der TinyMCE-Editor, der dort residiert, ist Ihnen schon in den vorherigen Kapiteln begegnet. Seine Bedienung erfolgt wie bei einer herkömmlichen Textverarbeitung (seine Symbole werden in Anhang B, *TinyMCE-Editor* ausführlich vorgestellt).

Tipp Neben den vom TinyMCE-Editor angebotenen Formatierungsmöglichkeiten dürfen Sie nach einem Klick auf das HTML-Symbol übrigens auch HTML-Befehle verwenden (mehr Informationen zu HTML liefert die Internetseite *http://www.selfhtml.de*).

Auf der rechten Seite gibt es noch zwei zusätzliche Register. Unter den BASISOPTIONEN können Sie veranlassen, dass das Modul den eingetippten Text auch an das Joomla!-Inhaltsplugin weiterreicht. Auf diesen kleinen Helfer stoßen Sie noch in Kapitel 11, *Plugins*. Es kümmert sich unter anderem darum, dass die Administratoren bei neuen Beiträgen per E-Mail informiert werden. Wenn Sie sich unsicher sind, behalten Sie hier die Vorgabe bei. Darüber hinaus können Sie hier noch EIN HINTERGRUNDBILD AUSWÄHLEN. Dazu klicken Sie einfach auf AUSWÄHLEN und suchen sich dann in der Mini-Variante der Medienverwaltung das passende Bild aus.

Das zweite Register, ERWEITERTE OPTIONEN, bietet wieder die altbekannten Einstellungen:

ALTERNATIVES LAYOUT
> Über die Ausklappliste können Sie den Modulausgaben eine ganz bestimmte, vom Standard abweichende Optik überstülpen. Welche Punkte hier zur Auswahl stehen, hängt von den installierten Templates ab. Joomla! selbst bringt hier nur die STANDARD-Ansicht mit.

CACHING
> Aktiviert einen Zwischenspeicher (Cache), der den Inhalt dieses Moduls puffert. Dadurch muss das Modul seine Ausgaben nicht immer wieder erneut zusammenstellen und kann somit wiederum Anfragen schneller bedienen. Im Gegenzug kostet diese Funktion wertvollen Speicherplatz, und man läuft zudem Gefahr, dass das Modul veraltete Informationen ausspuckt.

CACHEDAUER
> Gibt vor, wie lange Daten im Zwischenspeicher vorgehalten werden.

Feed – Anzeige

Analog zur Komponente aus Kapitel 6, *Komponenten – Nützliche Zusatzfunktionen*, zeigt ein solches Modul einen Newsfeed an. Dabei handelt es sich um kleine Dateien, die der Betreiber einer Homepage zusätzlich bereitstellt. Meist enthalten sie Kurznachrichten oder Informationen zur letzten Aktualisierung auf der jeweiligen Homepage. Ein Besucher kann diese Dateien über seinen Browser abonnieren und bleibt so immer auf dem Laufenden.

Auch das Modul *Feed – Anzeige* holt diese Newsfeeds auf Wunsch von einer anderen Webseite ab und präsentiert die darin gespeicherten Informationen (wie in Abbildung 7-18).

 Tipp   Ein *Feed – Anzeige*-Modul arbeitet unabhängig von der Newsfeed-Komponente. Folglich haben Sie in Joomla! zwei Möglichkeiten, Newsfeeds von anderen Webseiten in die eigene zu integrieren.

An dieser Stelle zeigt sich deutlich, wie sehr die Grenzen zwischen Modulen und Komponenten verschwimmen: Für ein und dieselbe Aufgabe – nämlich die Anzeige von Newsfeeds – existiert sowohl ein Modul als auch eine Komponente. Diese Doppelung ist nur aufgrund der für Module und Komponenten geltenden Einschränkungen notwendig. Ob Sie die Anzeige eines Newsfeeds der Komponente aus Abschnitt »Newsfeeds« auf Seite 237 oder einem Modul überlassen, hängt ausschließlich davon ab, wo dessen Informationen auf der Homepage erscheinen sollen: Soll Joomla! sie im Hauptbereich präsentieren, greifen Sie zur Komponente, andernfalls zum hier beschriebenen Modul. Darüber hinaus kann die Komponente etwas komfortabler eine komplette Newsfeed-Sammlung jonglieren.

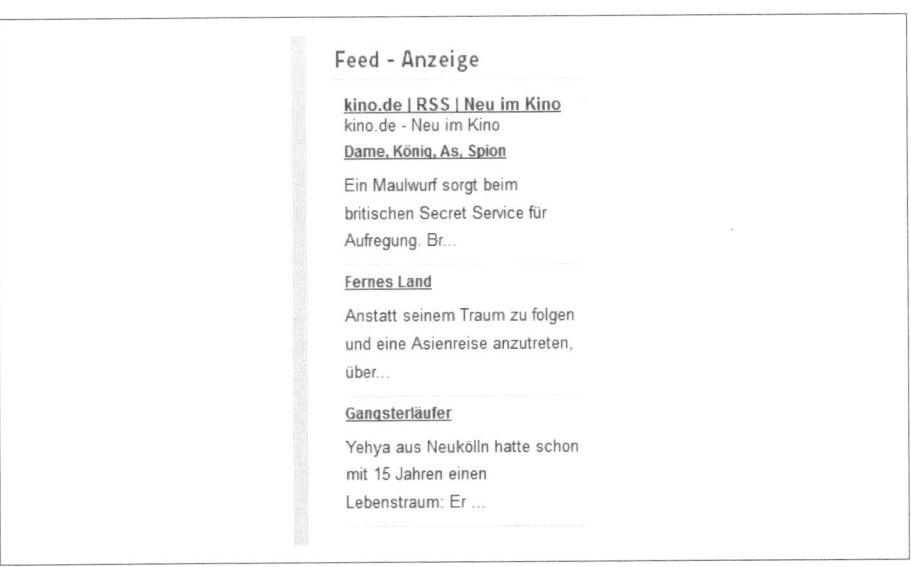

Abbildung 7-18:   Das Modul zur Newsfeed-Anzeige präsentiert hier einen Newsfeed des Portals kino.de.

Das Modul verlangt auf dem Register BASISOPTIONEN folgende Eingaben:

FEED-URL

Die Internetadresse zur entsprechenden Newsfeed-Datei. Diese FEED-URL ermitteln Sie, indem Sie auf der zugehörigen Internetseite nach einem kleinen Symbol suchen, das mit RSS oder XML beschriftet ist, beziehungsweise mehrere Halbkreise trägt. Ein Klick darauf führt direkt zur besagten Datei. In der Regel gibt es auf den Seiten auch Hinweise auf die bereitgestellten Newsfeeds. Hat man die passende Adresse ausgemacht, überträgt man sie in dieses Feld.

RNL-FEED

Sofern die Inhalte des Newsfeeds von rechts nach links gelesen werden (Right to Left), müssen Sie diesen Schalter auf JA setzen.

FEED-TITEL

Sofern der Newsfeed eine Überschrift enthält, wird diese bei einem JA später auf der Website angezeigt (in Abbildung 7-18 wäre dies KINO.DE | RSS | NEU IM KINO).

FEED-BESCHREIBUNG

Einige Newsfeeds enthalten eine Beschreibung ihrer Inhalte. Wenn man hier JA wählt, erscheint die Beschreibung auch auf der Homepage. In Abbildung 7-18 lautet sie beispielsweise *kino.de – Neu im Kino*.

FEED-BILD

Zeigt das zum Newsfeed gehörende Bild an.

FEED-EINTRÄGE

In der Regel liefert ein Newsfeed nicht nur die letzte, sondern auch noch ein paar der vorhergehenden Nachrichten mit. Die hier eingetippte Zahl legt fest, wie viele dieser Nachrichten auf der Website angezeigt werden sollen.

BEITRAGSBESCHREIBUNG

Die im Newsfeed enthaltenen Nachrichten dürfen neben der obligatorischen Schlagzeile auch einen erläuternden Text enthalten. Wenn Sie hier JA wählen, wird dieser Text auf der Website angezeigt.

WORTANZAHL

Die Beschreibungstexte (siehe vorheriger Punkt) können recht lang sein. Damit man mit diesen Textmassen nicht das schöne Layout der eigenen Website zerschießt, darf man hier die Beschreibungen auf die eingetragene Anzahl Wörter zurechtstutzen. Bei einer 0 zeigt Joomla! den gesamten Text.

Das Register ERWEITERTE OPTIONEN hält noch folgende Einstellungen bereit:

ALTERNATIVES LAYOUT

Über die Ausklappliste können Sie den Modulausgaben eine ganz bestimmte, vom Standard abweichende Optik überstülpen. Welche Punkte hier zur Auswahl stehen, hängt von den installierten Templates ab. Joomla! selbst bringt hier nur die STANDARD-Ansicht mit.

CACHING

Aktiviert einen Zwischenspeicher (Cache), der den Inhalt dieses Moduls puffert. Dadurch muss das Modul seine Ausgaben nicht immer wieder erneut zusammenstellen und kann somit wiederum Anfragen schneller bedienen. Im Gegenzug kostet diese Funktion wertvollen Speicherplatz, und man läuft zudem Gefahr, dass das Modul veraltete Informationen ausspuckt.

CACHEDAUER

Gibt vor, wie lange die Daten im Zwischenspeicher vorgehalten werden.

 Tipp   Kontrollieren Sie nach der Aktivierung des Moduls seine Ausgaben in der VOR-SCHAU. Bei langen Beiträgen kann es Ihnen zum einen das Seitenlayout zerstören, und zum anderen benötigt es sehr viel Speicher. Fehlt Letzterer, unterschlägt

Joomla! die Darstellung der Homepage mit einer hässlichen Fehlermeldung. In einem solchen Fall können Sie nur noch das Modul wieder deaktivieren oder müssen die PHP-Konfigurationsdatei *php.ini* anpassen (ihren Fundort auf Ihrem System verrät Kapitel 2, *Installation*, Abschnitt »PHP-Konfiguration anpassen«). Öffnen Sie sie mit einem Texteditor, und suchen Sie mit seiner Hilfe die Zeile `memory_limit = 8M`. Ändern Sie die Zahl auf den benötigten höheren Wert, wie zum Beispiel `15`. Speichern Sie die Datei, und starten Sie anschließend Ihren Webserver beziehungsweise XAMPP neu. Jetzt sollte das Modul wieder funktionieren.

Fußzeile

Ein Modul dieses Typs blendet am unteren Rand der Homepage einen Hinweistext auf das Joomla!-Projekt ein. Eigene Texte können hier nicht verwendet werden – folglich bietet es auch keine weiteren Einstellungen.

Menü

Dieser Typ dient als Ausgangspunkt für sämtliche Menüs (siehe Abbildung 7-19). Dazu zählen neben dem Hauptmenü auf der linken Seite auch waagerechte Menüs wie das im oberen Teil der Homepage.

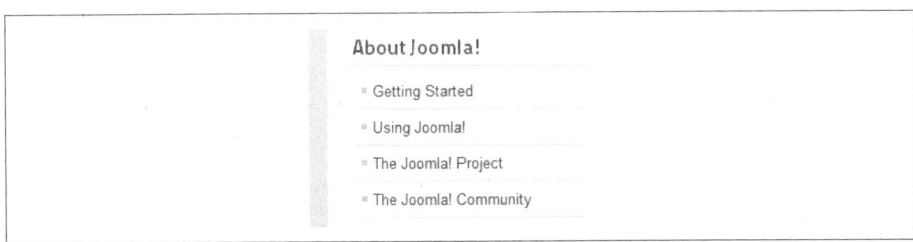

Abbildung 7-19:   Das »About Joomla!«-Menü aus der Beispiel-Website

Die angebotenen Einstellungen setzen Wissen um den Aufbau eines Menüs voraus, weshalb sich Abschnitt »Neue Menüs anlegen« im nächsten Kapitel 8, *Menüs*, auf Seite 344 noch ausführlich mit ihnen beschäftigen wird.

Navigationspfad (Breadcrumbs)

Damit der Benutzer immer weiß, wo er sich gerade auf der Homepage befindet, blenden Module dieses Typs stets den Weg zur aktuellen Seite ein. Abbildung 7-20 veranschaulicht dies noch einmal.

Abbildung 7-20:   Der Pfad zur Unterseite mit der Filmkritik zu »Stirb Langsam«

Von der Startseite (HOME) aus gelangt man via ZU DEN FILMKRITIKEN zur Übersichtsseite der Kategorie ACTIONFILME, von der aus es weiter zur Filmkritik zu STIRB LANGSAM geht. Mit einem Klick auf eine der vorherigen Stationen springt der Besucher dann schnell wieder zurück. Das gleiche Prinzip verwendet übrigens auch der Dateimanager von Windows 7 beziehungsweise Vista.

In Anlehnung an Hänsel und Gretel, die mit einer Brotkrumenspur wieder den Weg nach Hause fanden, bezeichnet man einen solchen Pfad im Englischen auch als *Breadcrumbs*. Diese Hilfe sollten Sie insbesondere immer dann anbieten, wenn Ihre Seitenstruktur recht verschachtelt oder komplex ist.

Ein Modul dieses Typs bietet auf dem Register BASISOPTIONEN folgende Einstellmöglichkeiten:

AKTUELLE SEITE ANZEIGEN

Ganz links setzt das Modul dem Navigationspfad den Text *Aktuelle Seite* voran. Mit einem NEIN lassen Sie ihn verschwinden.

STARTSEITE ANZEIGEN

Legt fest, ob immer auch die Startseite im ganzen Pfad erscheinen soll (in Abbildung 7-20 ist das HOME ganz links).

TEXT FÜR DIE STARTSEITE

Wenn Ihnen die Beschriftung des ersten Links nicht gefällt (in Abbildung 7-20 HOME), können Sie hier einfach einen anderen vergeben.

LETZTES ELEMENT ANZEIGEN

Bei einem JA zeigt der Navigationspfad ganz rechts noch einmal den Titel der aktuellen Seite (in Abbildung 7-20 *Stirb Langsam*).

TRENNZEICHEN

Zwischen den einzelnen Elementen des Pfades taucht dieses Trennzeichen auf. Standardmäßig verwendet Joomla! ein kleines Dreieck. Alternativ werden in der Praxis auch Schrägstriche (/) oder spitze Klammern (>) verwendet.

Auf dem nächsten Register, ERWEITERTE OPTIONEN, warten noch die üblichen Verdächtigen:

ALTERNATIVES LAYOUT

Über die Ausklappliste können Sie den Modulausgaben eine ganz bestimmte, vom Standard abweichende Optik überstülpen. Welche Punkte hier zur Auswahl stehen, hängt von den installierten Templates ab. Joomla! selbst bringt hier nur die STANDARD-Ansicht mit.

CACHING

Aktiviert einen Zwischenspeicher (Cache), der den Inhalt dieses Moduls puffert. Dadurch muss das Modul seine Ausgaben nicht immer wieder erneut zusammenstellen und kann somit wiederum Anfragen schneller bedienen. Im

Gegenzug kostet diese Funktion wertvollen Speicherplatz, und man läuft zudem Gefahr, dass das Modul veraltete Informationen ausspuckt.

CACHEDAUER
Gibt vor, wie lange Daten im Zwischenspeicher vorgehalten werden.

Neueste Beiträge

Ein Modul dieses Typs listet die zuletzt veröffentlichten Beiträge auf. Besonders sinnvoll ist diese Anzeige, wenn auf der Homepage Nachrichten oder in kurzen Abständen viele neue Artikel veröffentlicht werden. Auf diese Weise sieht ein Besucher sofort, welche Meldungen die aktuellsten sind.

Auch im Kinoportal könnte ein solches Modul wie in Abbildung 7-21 auf die neuesten Beiträge aufmerksam machen.

> ### Neueste Beiträge
>
> ▸ Nordische Filmtage im November
> ▸ Lange Filmnacht im Roxy
> ▸ Rauchende Projektoren
> ▸ Popcorn: Das weiße Gold
> ▸ James Bond: Goldfinger

Abbildung 7-21: Die neuesten Artikel im Kinoportal

Das Modul verlangt auf dem Register BASISOPTIONEN folgende Eingaben:

KATEGORIE
Markieren Sie in dieser Liste alle Kategorien, deren Beiträge das Modul berücksichtigen soll. Mehrere Kategorien markieren Sie bei gedrückter *Strg*-Taste. Im Fall des Kinoportals soll das Modul die neuesten Beiträge aus den Kategorien ACTIONFILME, LIEBESFILME, KOMÖDIEN, LOKALE VERANSTALTUNGEN und BLOG einsammeln.

ANZAHL
So viele Beiträge listet das Modul auf. Bei der Vorgabe 5 würde es also die fünf zuletzt erstellten Beiträge zur Auswahl stellen. Für das Kinoportal sollte dies ausreichen.

HAUPTBEITRÄGE
Steht diese Einstellung auf ANZEIGEN, berücksichtigt das Modul auch alle Hauptbeiträge. Sofern diese schon allesamt auf der Startseite stehen, sollte das Modul sie nicht noch einmal anzeigen. Setzen Sie dann die Ausklappliste auf VERBERGEN. Umgekehrt können Sie das Modul aber auch zwingen, nur die

Hauptbeiträge anzuzeigen. Für das Kinoportal behalten Sie hier einfach die Vorgabe bei.

SORTIEREN

Hier legen Sie fest, in welcher Reihenfolge das Modul die gefundenen Beiträge anzeigt. Auch hier ist die Vorgabe wieder für das Kinoportal richtig.

AUTOREN

Damit diese Einstellung Wirkung zeigt, muss sich zunächst ein Besucher auf der Startseite anmelden. Ein VON MIR ERSTELLT ODER GEÄNDERT beschränkt dann die Liste auf alle Beiträge, die aus der Feder des angemeldeten Benutzers stammen. Umgekehrt verbannt NICHT VON MIR ERSTELLT ODER GEÄNDERT alle Artikel aus der Liste, bei denen der Benutzer seine Finger mit im Spiel hatte. Im Kinoportal-Beispiel behalten Sie hier JEDER bei, wodurch immer alle neuen Beiträge in der Liste erscheinen.

Bleiben noch die Einstellungen auf dem Register ERWEITERTE OPTIONEN:

ALTERNATIVES LAYOUT

Über die Ausklappliste können Sie den Modulausgaben eine ganz bestimmte, vom Standard abweichende Optik überstülpen. Welche Punkte hier zur Auswahl stehen, hängt von den installierten Templates ab. Joomla! selbst bringt hier nur die STANDARD-Ansicht mit.

CACHING

Aktiviert einen Zwischenspeicher (Cache), der den Inhalt dieses Moduls puffert. Dadurch muss das Modul seine Ausgaben nicht immer wieder erneut zusammenstellen und kann somit wiederum Anfragen schneller bedienen. Im Gegenzug kostet diese Funktion wertvollen Speicherplatz, und man läuft zudem Gefahr, dass das Modul veraltete Informationen ausspuckt.

CACHEDAUER

Gibt vor, wie lange Daten im Zwischenspeicher vorgehalten werden.

Neueste Benutzer

Dieses Modul präsentiert die zuletzt registrierten Benutzer. Auf diese Weise werden alle anderen Benutzer auf neue Mitglieder oder Autoren aufmerksam.

 Warnung   Dieses Modul sollten Sie deshalb nicht für alle beliebigen Besucher freigeben – diese geht es normalerweise nichts an, wer unter welchem Namen sich registriert hat. Wie man den Zugriff auf ein Modul einschränkt, erfahren Sie in Kapitel 9, *Benutzerverwaltung und -kommunikation*.

Wie in Abbildung 7-22 zeigt das Modul nur die Benutzer, nicht aber die realen Namen an.

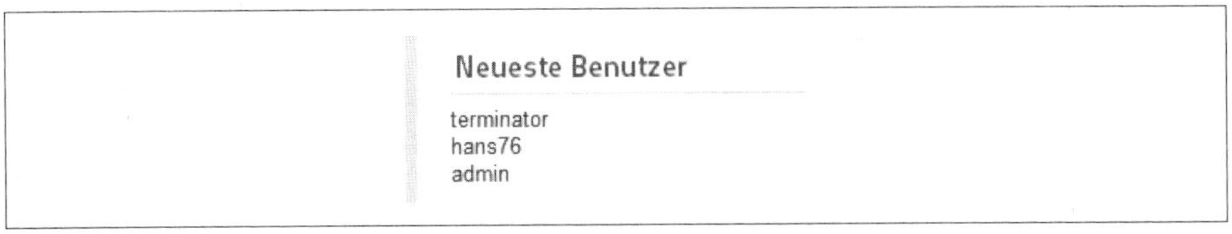

Neueste Benutzer

terminator
hans76
admin

Abbildung 7-22: Nach dem »admin« haben sich noch zwei Benutzer namens »hans76« und »terminator« registriert.

Die Einstellungen sind entsprechend rar. Das Register Basisoptionen bietet lediglich folgende zwei Möglichkeiten:

BENUTZERANZAHL
So viele Benutzer zeigt das Modul an, standardmäßig also immer die fünf zuletzt registrierten.

GRUPPENFILTER
Wenn Sie diese Einstellung auf JA setzen, sortiert das Modul die Benutzer noch einmal nach Benutzergruppen.

Auf dem Register ERWEITERTE OPTIONEN verbleiben noch folgende Einstellungen:

ALTERNATIVES LAYOUT
Über die Ausklappliste können Sie den Modulausgaben eine ganz bestimmte, vom Standard abweichende Optik überstülpen. Welche Punkte hier zur Auswahl stehen, hängt von den installierten Templates ab. Joomla! selbst bringt hier nur die STANDARD-Ansicht mit.

CACHING
Aktiviert einen Zwischenspeicher (Cache), der den Inhalt dieses Moduls puffert. Dadurch muss das Modul seine Ausgaben nicht immer wieder erneut zusammenstellen und kann somit wiederum Anfragen schneller bedienen. Im Gegenzug kostet diese Funktion wertvollen Speicherplatz, und man läuft zudem Gefahr, dass das Modul veraltete Informationen ausspuckt.

CACHEDAUER
Gibt vor, wie lange Daten im Zwischenspeicher vorgehalten werden.

Sprachauswahl

Mit einem Modul von diesem Typ schalten Besucher in einem mehrsprachigen Internetauftritt auf eine andere Sprachfassung um.

Warnung   Dies klappt allerdings nur, wenn einige Voraussetzungen erfüllt sind. Welche das sind, verrät später noch Kapitel 12, *Mehrsprachigkeit*. Auf einer einsprachigen Seite wie dem Kinoportal ist dieses Modul daher nutzlos.

Eine ausführliche Erklärung der einzelnen Einstellungen finden Sie daher in Kapitel 12, *Mehrsprachigkeit*.

Statistiken

Ein Modul dieses Typs gibt Informationen zur Website und zum System aus, auf dem Joomla! läuft. Abbildung 7-23 zeigt eine Beispielausgabe.

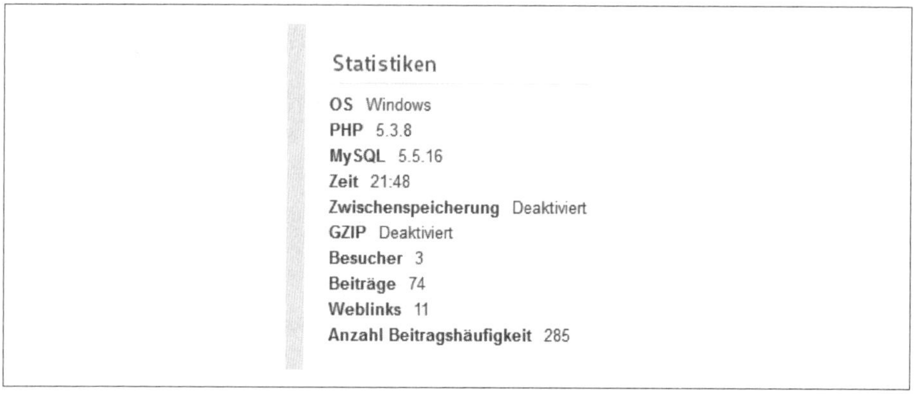

Statistiken

OS Windows
PHP 5.3.8
MySQL 5.5.16
Zeit 21:48
Zwischenspeicherung Deaktiviert
GZIP Deaktiviert
Besucher 3
Beiträge 74
Weblinks 11
Anzahl Beitragshäufigkeit 285

Abbildung 7-23: Beispiel für die Ausgaben eines Statistik-Moduls

 Warnung In einer produktiven Umgebung sollten Sie die Angaben zum System immer deaktivieren, da Angreifer andernfalls wertvolle Informationen über potenzielle Schwachpunkte erhalten.

Welche Informationen das Modul anzeigen soll, legen Sie auf dem Register BASISOPTIONEN fest:

SERVERINFORMATIONEN
Bei einem JA spuckt das Modul Informationen über den Computer aus, auf dem Joomla! läuft.

SEITENINFORMATIONEN
Bei einem JA liefert das Modul Informationen über die Website-Einstellungen.

ZUGRIFFSZÄHLER
Bei einem JA zeigt das Modul, wie oft die Website bereits besucht wurde.

ZÄHLER HOCHSETZEN
Legt den Anfangswert des Zugriffszählers auf die hier eingetragene Zahl fest. Diese Funktion ist besonders für Seitenbetreiber interessant, die Ihre Seite neu aufsetzen (müssen), den alten Stand aber nicht verlieren wollen.

Auf dem Register ERWEITERTE OPTIONEN warten noch folgende Einstellungen:

ALTERNATIVES LAYOUT
Über die Ausklappliste können Sie den Modulausgaben eine ganz bestimmte, vom Standard abweichende Optik überstülpen. Welche Punkte hier zur Aus-

wahl stehen, hängt von den installierten Templates ab. Joomla! selbst bringt hier nur die STANDARD-Ansicht mit.

CACHING

Aktiviert einen Zwischenspeicher (Cache), der den Inhalt dieses Moduls puffert. Dadurch muss das Modul seine Ausgaben nicht immer wieder erneut zusammenstellen und kann somit Anfragen schneller bedienen. Im Gegenzug kostet diese Funktion wertvollen Speicherplatz, und man läuft zudem Gefahr, dass das Modul veraltete Informationen ausspuckt.

CACHEDAUER

Gibt vor, wie lange Daten im Zwischenspeicher vorgehalten werden.

Suchen

Ein Modul dieses Typs stellt ein Eingabefeld bereit, über das Besucher die Seite nach einem bestimmten Begriff durchsuchen können (siehe Abbildung 7-24). Das Ergebnis der Suche präsentiert Joomla! in einer mehr oder weniger langen Liste, analog zu denen der bekannten Internetsuchmaschinen.

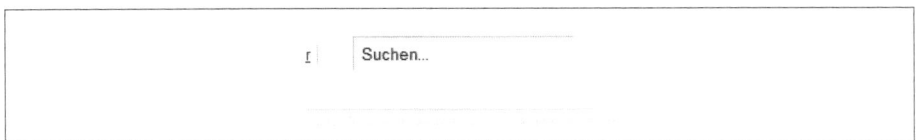

Abbildung 7-24:   Die minimalistische Version des Suchmoduls

Hinter den Kulissen leitet das Suchmodul die Anfrage an die Komponente *Suchen* weiter (die auch hinter KOMPONENTEN → SUCHEN steckt). Diese übernimmt dann gemeinsam mit ein paar Plugins aus Kapitel 11, *Plugins* die eigentliche Suche in der Datenbank.

Das Modul verlangt auf dem Register BASISOPTIONEN folgende Eingaben:

BOXINHALT

Der hier eingetippte Text erscheint links vom Eingabefeld. In Abbildung 7-24 ist er ausgeblendet. Ob er erscheint, hängt auch vom Template ab.

BOXBREITE

So viele Zeichen nimmt das Suchfeld maximal auf.

BOXTEXT

Der hier eingegebene Text wird im Suchfeld als Vorgabe angezeigt. Sofern Sie das Feld leer lassen, packt Joomla! die Vorgabe aus dem derzeit aktiven Sprachpaket in das Feld. In Abbildung 7-24 ist dies SUCHEN...

SUCHEN-SCHALTFLÄCHE

Standardmäßig löst die Eingabetaste den Suchvorgang aus. Über diese Einstellung kann man zusätzlich noch neben dem Suchfeld einen kleinen Knopf einblenden, der die gleiche Aufgabe übernimmt.

 Tipp   Viele Besucher dürften nicht wissen, dass sie die Suche über die Eingabetaste einleiten müssen (schließlich ist das nicht selbstverständlich). Blenden Sie daher die Schaltfläche ruhig per JA ein.

SCHALTFLÄCHENPOSITION

Gibt die Position der Schaltfläche in Relation zum Eingabefeld an. UNTEN platziert die Schlatfläche beispielsweise direkt unterhalb des Feldes.

SUCHBUTTON-BILD

Stellt die Schaltfläche nicht mit einer Beschriftung, sondern als kleines Symbol dar. Das funktioniert allerdings nur, wenn das Template ein entsprechendes Symbol mitbringt.

SCHALTFLÄCHENTEXT

Anstelle des Symbols können Sie die Schaltfläche auch mit dem hier hinterlegten Text beschriften. Um den Besucher nicht in die Irre zu führen, sollte man klare Begriffe wählen, wie beispielsweise SUCHEN oder LOS.

OPENSEARCH-AUTO-DISCOVERY *und* OPENSEARCH-TITEL

Wenn Sie einen Blick auf die Adresszeile Ihres Browsers werfen, finden Sie am rechten Rand sehr wahrscheinlich ein kleines Eingabefeld. Den dort eingetippten Begriff schickt der Browser direkt an eine Suchmaschine. Welche das ist, können Sie in der Regel über eine kleine Ausklappliste beziehungsweise das Symbol der Suchmaschine bestimmen. Genau dieser Liste können Sie auch die Suchfunktion Ihrer eigenen Joomla!-Website hinzufügen. Dazu setzen Sie OPENSEARCH-AUTO-DISCOVERY auf JA und tragen dann unter OPENSEARCH-TITEL eine Bezeichnung ein, unter der Joomla!s Suchfunktion später in der Liste mit den Suchmaschinen auftaucht.

Für den Browser erscheint jetzt die Homepage Ihres Internetauftritts wie eine Internetsuchmaschine. Um sie in den Browser zu integrieren, müssen Sie normalerweise nur die Ausklappliste beim Suchfeld öffnen und dann die Suchfunktion über den entsprechenden Eintrag HINZUFÜGEN.

Weitere Informationen zu dieser Funktion erhalten Sie, indem Sie den blauen Schriftzug OPENSEARCH anklicken.

EINTRAGS-ID SETZEN

Die Ergebnisseite der Suchfunktion erscheint immer in einer Standardansicht. Möchte man sie verändern, muss man, wie in Kapitel 6, *Komponenten – Nützliche Zusatzfunktionen*, Abschnitt »Suchfunktion und Suchstatistiken« auf Seite 251 beschrieben, einen neuen Menüpunkt anlegen. Möchte man genau dies nicht machen, aber dennoch eine andere Darstellung erzielen, kann man hier die Identifikationsnummer eines Menüeintrages angeben, dessen Vorgaben das Modul dann übernimmt. In der Regel können Sie diese Einstellung jedoch ignorieren.

Auf dem Register Erweiterte Optionen stehen schließlich noch folgende Einstellungen parat:

Alternatives Layout
Über die Ausklappliste können Sie den Modulausgaben eine ganz bestimmte, vom Standard abweichende Optik überstülpen. Welche Punkte hier zur Auswahl stehen, hängt von den installierten Templates ab. Joomla! selbst bringt hier nur die Standard-Ansicht mit.

Caching
Aktiviert einen Zwischenspeicher (Cache), der den Inhalt dieses Moduls puffert. Dadurch muss das Modul seine Ausgaben nicht immer wieder erneut zusammenstellen und kann somit Anfragen schneller bedienen. Im Gegenzug kostet diese Funktion wertvollen Speicherplatz, und man läuft zudem Gefahr, dass das Modul veraltete Informationen ausspuckt.

Cachedauer
Gibt vor, wie lange Daten im Zwischenspeicher vorgehalten werden.

Suchindex

Ein Modul vom Typ *Suchindex* stellt ein Suchfeld bereit, das jedoch im Gegensatz zu einem Kollegen vom Typ *Suche* die neue Suchfunktion *Smart Search* verwendet (siehe Kapitel 6, *Komponenten – Nützliche Zusatzfunktionen*, Abschnitt »Suchindex (Smart Search)« auf Seite 255).

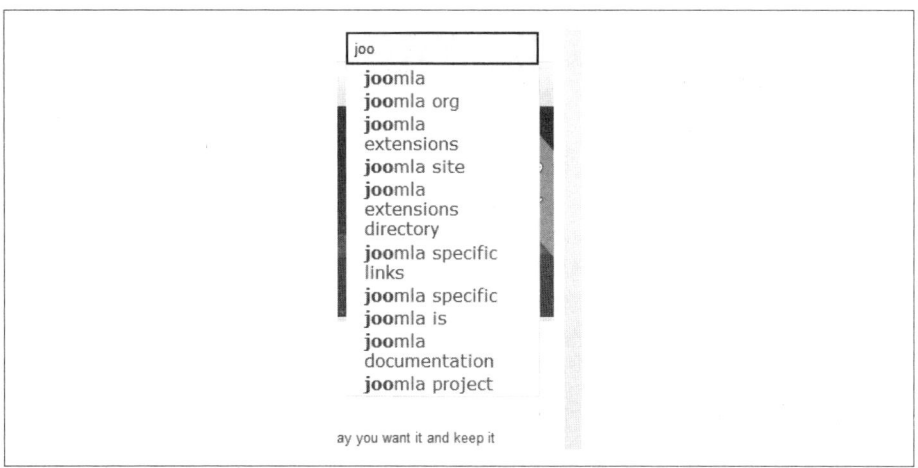

Abbildung 7-25: Ein Modul vom Typ »Suchindex« kann schon beim Tippen passende Vorschläge unterbreiten.

Auf dem Register BASISOPTIONEN darf man dabei an folgenden Schrauben drehen:

SUCHFILTER

Hier können Sie einen Suchfilter hinzuschalten und so die Liste mit den Ergebnissen weiter einschränken.

SUCHVORSCHLÄGE

Wenn Sie diese Ausklappliste auf ANZEIGEN setzen, unterbreitet das Suchfeld wie in Abbildung 7-25 schon beim Tippen mögliche Vorschläge – vorausgesetzt, Sie haben zuvor hinter KOMPONENTEN → SUCHINDEX einen INDEX generieren lassen und Ihre Joomla!-Version ist nicht die 2.5.0.

ERWEITERTE SUCHE

Über diese Ausklappliste können Sie dem Besucher noch erweiterte Filterkriterien an die Hand geben. Im Fall von ANZEIGEN erscheinen unter dem Suchfeld die Filter-Ausklapplisten, die Sie auch schon aus Kapitel 6, *Komponenten – Nützliche Zusatzfunktionen*, Abschnitt »Suchfunktion und Suchstatistiken« auf Seite 251 kennen. Da das allerdings wie in Abbildung 7-26 schnell das Layout sprengt, kann man mit dem Punkt VERKNÜPFUNG ZUR KOMPONENTE auch nur einen Link auf das große Suchformular einblenden.

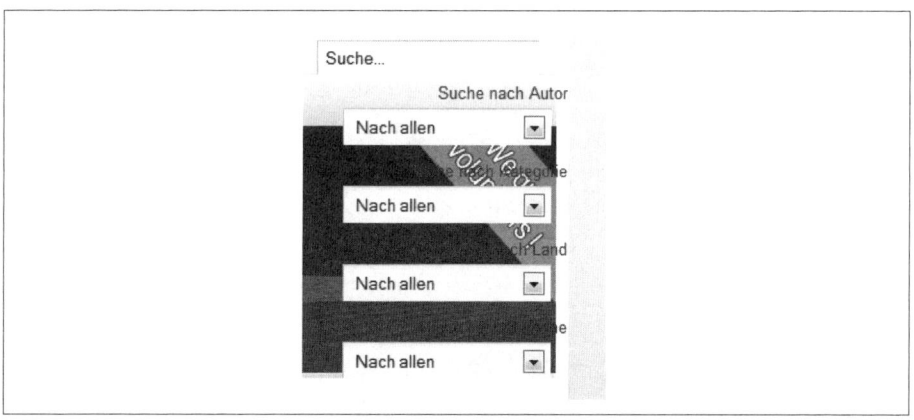

Abbildung 7-26:   Die Filter unter dem Suchfeld sprengen schnell die Optik.

Weiter geht es auf dem Register ERWEITERTE OPTIONEN:

ALTERNATIVES LAYOUT

Über die Ausklappliste können Sie den Modulausgaben eine ganz bestimmte, vom Standard abweichende Optik überstülpen. Welche Punkte hier zur Auswahl stehen, hängt von den installierten Templates ab. Joomla! selbst bringt hier nur die DEFAULT-Ansicht mit.

SUCHFELDGRÖßE

Mehr Zeichen, als hier vorgegeben sind, darf ein Besucher nicht in das Suchfeld eintippen.

ALTERNATIVE BEZEICHNUNG, BEZEICHNUNG SUCHFELD, POSITION BEZEICHNUNG
Den unter ALTERNATIVE BEZEICHNUNG eingegebenen Text parkt Joomla! vor dem Suchfeld. Das tut Joomla! allerdings nur, wenn BEZEICHNUNG SUCHFELD auf ANZEIGEN steht. Wo der Text genau erscheinen soll, legen Sie schließlich unter POSITION BEZEICHNUNG fest.

SUCHBUTTON
Standardmäßig löst die Eingabetaste den Suchvorgang aus. Über diese Einstellung kann man zusätzlich noch neben dem Suchfeld einen kleinen Knopf einblenden, der die gleiche Aufgabe übernimmt.

Tipp Viele Besucher dürften nicht wissen, dass sie die Suche über die Eingabetaste einleiten müssen (schließlich ist das nicht selbstverständlich). Lassen Sie daher die Schaltfläche ruhig ANZEIGEN.

POSITION BUTTON
Hier bestimmen Sie die Position der Schaltfläche in Relation zum Eingabefeld. UNTEN platziert die Schaltfläche beispielsweise direkt unterhalb des Feldes.

OPENSEARCH-UNTERSTÜTZUNG *und* OPENSEARCH-TITEL
Wenn Sie einen Blick auf die Adresszeile Ihres Browsers werfen, finden Sie am rechten Rand sehr wahrscheinlich ein kleines Eingabefeld. Den dort eingetippten Begriff schickt der Browser direkt an eine Suchmaschine. Welche das ist, können Sie in der Regel über eine kleine Ausklappliste beziehungsweise das Symbol der Suchmaschine bestimmen. Genau dieser Liste können Sie auch die Suchfunktion Ihrer eigenen Joomla!-Website hinzufügen. Dazu setzen Sie OPENSEARCH-UNTERSTÜTZUNG auf JA und tragen dann unter OPENSEARCH-TITEL eine Bezeichnung ein, unter der Joomla!s Suchfunktion später in der Liste mit den Suchmaschinen auftaucht.

Für den Browser erscheint jetzt die Homepage Ihres Internetauftritts wie eine Internetsuchmaschine. Um sie in den Browser zu integrieren, müssen Sie normalerweise nur die Ausklappliste beim Suchfeld öffnen und dann die Suchfunktion über den entsprechenden Eintrag HINZUFÜGEN.

Syndication Feeds

Standardmäßig erstellt Joomla! für jede Seite des Internetauftritts einen eigenen Newsfeed. Wie bereits im Abschnitt »Newsfeeds« auf Seite 237 beschrieben wurde, sind dies kleine Nachrichtenticker, die ein Browser von Joomla! abonnieren kann. Immer wenn ein neuer Beitrag oder eine neue Nachricht erstellt wird, geht eine Kurzfassung über den Newsfeed an alle Abonnenten. Letztere müssen auf diesem Weg nicht erst Ihre Homepage besuchen, nur um zu erfahren, ob es Neuerungen gibt, und wenn ja, welche.

Je nach Browser ist das Abonnieren eines solchen Newsfeeds recht umständlich oder erfordert zahlreiche Mausklicks. In der Windows-Version von Firefox müssen Sie beispielsweise erst das FIREFOX-Menü öffnen, dann den Menüpunkt LESEZEICHEN ansteuern, weiter zu DIESE SEITE ABONNIEREN wechseln und sich dann für ein Newsfeed-(Datei-)Format entscheiden.

Ein Modul vom Typ *Syndication Feeds* macht nicht nur den Besucher auf die von Joomla! generierten Newsfeeds aufmerksam, es vereinfacht auch das Abonnement. Dazu blendet es auf der Homepage ein kleines Symbol wie in Abbildung 7-27 ein. Ein Mausklick darauf genügt, und schon bietet der Browser an, den Newsfeed für die aktuell angezeigte Seite zu abonnieren.

Abbildung 7-27: Ein Modul des Typs »Syndication Feeds« erlaubt das bequeme Abonnieren des Newsfeeds für die aktuelle Seite. Ein Klick auf dieses kleine Symbol genügt bereits.

Warnung   Das Modul arbeitet also Hand in Hand mit der eingebauten Newsfeed-Funktion von Joomla!, die Sie über die Menüpunkte ein- und ausschalten (Sie lesen richtig: Die Menüpunkte legen fest, ob Joomla! einen Newsfeed für die darüber erreichbaren Seiten generiert). Mehr dazu finden Sie in Kapitel 8, *Menüs* im Abschnitt »Schritt 5: RSS-Feeds aktivieren (Integrationseinstellungen)«.

Joomla! packt zudem alle Inhalte, die gerade auf der aktuellen Seite zu sehen sind, in den Newsfeed. Überlegen Sie sich also gut, auf welchen Unterseiten Sie das Modul einblenden.

Den Aufbau von Newsfeeds regeln derzeit gleich mehrere Quasi-Standards. Am weitesten verbreitet ist das RSS-Format in der Version 2.0.

Tipp   Lustigerweise hat sich mit den Versionen auch das Akronym verändert: In Version 0.91 stand es noch für *Rich Site Summary*, in der Version 1.0 dann für *RDF Site Summary*, und schließlich ist es heute die Abkürzung von *Really Simple Syndication*. Als Grundlage dient in allen Fällen das textbasierte Austauschformat XML.

Auf Wunsch bietet das *Syndication-Feeds*-Modul auch Newsfeeds im Konkurrenzformat ATOM 1.0 an. Dazu setzen Sie auf dem Register BASISOPTIONEN das FEED-FORMAT auf ATOM 1.0. Der auf dem gleichen Register im Eingabefeld eingetippte TEXT erscheint neben dem kleinen Symbol auf der Homepage. Wenn Sie das Feld leer lassen, verwendet Joomla! den Text, den das gerade aktivierte Sprachpaket mitliefert. Den Text können Sie auch explizit abschalten, indem Sie TEXT ANZEIGEN auf VERBERGEN setzen.

Tipp   Sofern Ihr Browser keine Newsfeeds unterstützt, können Sie sich dennoch die Datei als Klartext anschauen. Dazu genügt die Eingabe der Internetadresse zu der entsprechenden Datei. Um Newsfeeds zu nutzen, brauchen Sie die Interna aber nicht zu kennen. Wer dennoch weitere Informationen sucht, der findet unter *http://de.wikipedia.org/wiki/RSS* eine entsprechende Anlaufstelle.

Die Einstellungen auf dem Register ERWEITERTE OPTIONEN sind in der Regel unnütz:

ALTERNATIVES LAYOUT

Über die Ausklappliste können Sie den Modulausgaben eine ganz bestimmte, vom Standard abweichende Optik überstülpen. Welche Punkte hier zur Auswahl stehen, hängt von den installierten Templates ab. Joomla! selbst bringt hier nur die STANDARD-Ansicht mit.

CACHING

Dieser Eintrag ist eigentlich überflüssig, da er mit KEINE ZWISCHENSPEICHERUNG nur eine Einstellung zur Auswahl lässt. Seinem Namen nach würde er eigentlich einen Zwischenspeicher (Cache) aktivieren, der die Inhalte des Moduls für eine schnellere Auslieferung puffert.

Weblinks

Dieses Modul greift sich die in einer Weblink-Kategorie angelegten Weblinks und zeigt sie an. Wie man eine solche Kategorie anlegt und mit Weblinks bestückt, hat bereits Kapitel 6, *Komponenten – Nützliche Zusatzfunktionen*, Abschnitt »Weblinks« gezeigt. Abbildung 7-28 zeigt ein Beispiel für die Ausgaben eines solchen Moduls

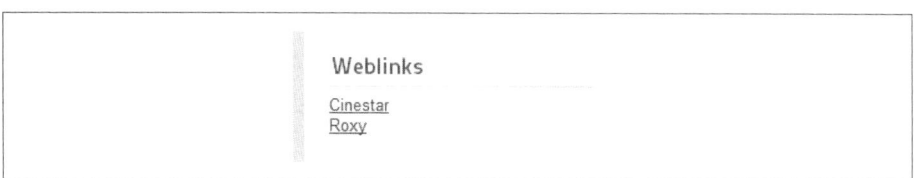

Abbildung 7-28:   Ein Modul des Typs »Weblinks« zeigt hier die Links auf die Kinos in der Umgebung an.

Tipp   Gegenüber der Komponente ist ein solches Modul besonders dann praktisch beziehungsweise vorzuziehen, wenn man direkt neben einem Artikel auf Quellen oder weiterführende Informationen verweisen möchte.

Damit das Modul weiß, welche Weblinks es wie anzeigen soll, ist ein Besuch auf dem Register BASISOPTIONEN Pflicht. Dort warten dann folgende Einstellungen:

KATEGORIE

Hier wählen Sie die Weblink-Kategorie, deren Weblinks das Modul anzeigen soll.

ANZAHL

Hier legen Sie fest, wie viele Weblinks das Modul höchstens präsentieren soll.

REIHENFOLGE *und* REIHENFOLGE

Wenn das Modul mehrere Weblinks anzeigt, können Sie diese über die obere REIHENFOLGE-Ausklappliste wahlweise nach ihrem TITEL oder den bisherigen ZUGRIFFEN (also ihrer Beliebtheit) sortieren lassen. Im Fall von SORTIEREN verwendet das Modul die Reihenfolge, wie sie im Administrationsbereich die Liste hinter KOMPONENTEN → WEBLINKS → WEBLINKS für die entsprechende Kategorie in der Spalte REIHENFOLGE vorgibt.

Nachdem Sie sich für eines der drei Kriterien entschieden haben, können Sie mit der unteren Ausklappliste REIHENFOLGE die Weblinks AUFSTEIGEND oder ABSTEIGEND sortieren lassen.

ZIELFENSTER

Sobald der Besucher auf einen Link klickt, leitet das Modul ihn auf die entsprechende Internetseite weiter. Der hier eingestellte Wert bestimmt, in welchem Fenster diese Seite erscheint. Die beiden Einträge IN NEUEM FENSTER ÖFFNEN und ALS POP-UP-FENSTER ÖFFNEN reißen jeweils ein neues Fenster auf. Im zweiten Fall (Pop-up-Fenster) dunkelt Joomla! den Hintergrund ab und öffnet ein kleines weißes Fenster, wie Sie es auch von der Mini-Variante der Medienverwaltung her kennen. Der Besucher sieht somit noch im Hintergrund Ihre Webseite, während gleichzeitig die sonst übliche Symbolleiste mit den Navigationsschaltflächen fehlen. Die Einstellung IM GLEICHEN FENSTER ÖFFNEN ersetzt Ihre Internetseite durch die hinter dem Link.

FOLLOW/NO FOLLOW

Dieser Punkt richtet sich an Suchmaschinen: Wenn Sie FOLLOW aktivieren, dürfen Google und Co den präsentierten Links folgen, bei NO FOLLOW nicht. Dies ist allerdings nur eine Empfehlung. Ob sich die Suchmaschinen tatsächlich daran halten, bleibt ihnen überlassen.

BESCHREIBUNG

Im Fall von ANZEIGEN blendet das Modul zu jedem Link auch noch seine Beschreibung ein.

ZUGRIFFE

Bei ANZEIGEN zeigt das Modul auch noch an, wie oft die einzelnen Weblinks jeweils angeklickt wurden.

KLICKS ZÄHLEN

Standardmäßig zählt das Modul nicht mit, wie oft Besucher die Links angeklickt haben. Ein Besucher könnte somit beliebig oft im Modul auf den Link zum ROXY-Kino klicken, die Anzahl der Zugriffe würde sich für Joomla! dennoch nicht erhöhen. Wenn Sie die Ausklappliste auf JA setzen, zählt neben der Weblink-Komponente dann auch dieses Modul die Mausklicks mit.

Tipp   Normalerweise möchte man jeden Klick auf jeden Weblink mitzählen. Um dies zu erreichen, müssen Sie in allen Modulen vom Typ *Weblink* den Punkt KLICKS ZÄHLEN auf JA stellen sowie in der Komponente das Zählen einschalten (siehe Kapitel 6, *Komponenten – Nützliche Zusatzfunktionen*, Abschnitt »Weblinks« auf Seite 263).

Damit bleibt wieder noch das Register ERWEITERTE OPTIONEN mit folgenden Einstellungen übrig:

ALTERNATIVES LAYOUT

Über die Ausklappliste können Sie den Modulausgaben eine ganz bestimmte, vom Standard abweichende Optik überstülpen. Welche Punkte hier zur Auswahl stehen, hängt von den installierten Templates ab. Joomla! selbst bringt hier nur die STANDARD-Ansicht mit.

CACHING

Aktiviert einen Zwischenspeicher (Cache), der den Inhalt dieses Moduls puffert. Dadurch muss das Modul seine Ausgaben nicht immer wieder erneut zusammenstellen und kann somit Anfragen schneller bedienen. Im Gegenzug kostet diese Funktion wertvollen Speicherplatz, und man läuft zudem Gefahr, dass das Modul veraltete Informationen ausspuckt.

CACHEDAUER

Gibt vor, wie lange Daten im Zwischenspeicher vorgehalten werden.

Wer ist online

Ein Modul dieses Typs informiert darüber, wie viele Besucher sich gerade auf der Seite tummeln. Abbildung 7-29 zeigt ein Beispiel. Auf Wunsch erscheinen angemeldete Benutzer mit ihrem Namen in einer Liste, alle anderen werden als Gäste gezählt.

Abbildung 7-29:   Derzeit schaut sich nur ein Gast auf der Seite um.

Auf dem Register BASISOPTIONEN legen Sie mit der Ausklappliste ANZEIGE fest, welche Informationen das Modul anzeigt. # VON GÄSTEN / BENUTZERN beschränkt sich auf die Anzahl der derzeit angemeldeten Benutzer und Gäste (wie in Abbildung 7-29). BENUTZERNAMEN zeigt nur die Namen der derzeit eingeloggten Benutzer, und BEIDES vereint beide Informationen.

Die Einstellungen auf dem Register ERWEITERTE OPTIONEN sind durchweg unnütz:

ALTERNATIVES LAYOUT
Über die Ausklappliste können Sie den Modulausgaben eine ganz bestimmte, vom Standard abweichende Optik überstülpen. Welche Punkte hier zur Auswahl stehen, hängt von den installierten Templates ab. Joomla! selbst bringt hier nur die STANDARD-Ansicht mit.

CACHING
Dieser Eintrag ist eigentlich überflüssig, da er mit KEINE ZWISCHENSPEICHERUNG nur eine Einstellung zur Auswahl lässt. Seinem Namen nach würde er eigentlich einen Zwischenspeicher (Cache) aktivieren, der die Inhalte des Moduls für eine schnellere Auslieferung puffert.

GRUPPENFILTER
Wenn Sie diese Einstellung auf JA setzen, sortiert das Modul die Benutzer noch einmal nach Benutzergruppen.

Wrapper

Ein Modul vom Typ *Wrapper* bettet eine (externe) Internetseite in einem abgetrennten Bereich auf der Homepage ein. Bei Bedarf wird dieser Bereich wie in Abbildung 7-30 um zusätzliche Bildlaufleisten ergänzt. Auf diese Weise könnte man beispielsweise Informationsseiten über Spezialeffekte einer befreundeten Seite in das Kinoportal integrieren.

Abbildung 7-30: Hier hat das Modul den Internetauftritt der »Free Software Foundation« (*http://fsf.org*) eingebunden.

 **Warnung** Auf diese Weise machen Sie sich fremde Seiten zu eigen. Um dadurch nicht Probleme mit dem Urheberrecht zu bekommen und im schlimmsten Fall eine

Abmahnung zu kassieren, sollten Sie den konkurrierenden Seitenbetreiber immer vorher um Erlaubnis bitten. Darüber hinaus sind Sie ab sofort für die integrierten Inhalte mitverantwortlich. Sollten dort also beispielsweise rechtswidrige Texte erscheinen, könnte man Sie ebenfalls haftbar machen.

Das Register BASISOPTIONEN bietet folgende Einstellungen an:

URL

Hier tippen Sie die Internetadresse der Seite ein, die das Modul anzeigen soll – im Beispiel aus Abbildung 7-30 also *http://fsf.org*.

PROTOKOLL HINZUFÜGEN

Sofern im Feld URL das Protokoll (*http://* oder *https://* zu Beginn der Adresse) fehlt, ergänzt Joomla! diese Angabe selbstständig – vorausgesetzt, hier ist JA angekreuzt.

SCROLLBALKEN

Ein NEIN verbietet die Anzeige von zusätzlichen Bildlaufleisten, ein JA erzwingt sie. AUTOM. erzeugt sie automatisch bei Bedarf.

BREITE

Breite des Bereichs, in dem die Seite angezeigt wird. Sie dürfen den Abstand entweder in Pixeln (Bildpunkten) oder als Prozentwert eintragen.

HÖHE

Höhe des Bereichs, in dem die Seite angezeigt wird. Sie dürfen den Abstand entweder in Pixeln (Bildpunkten) oder als Prozentwert eintragen.

AUTOM. HÖHE

Bei einem JA ermittelt das Modul die Höhe selbstständig.

ZIELNAME

Dieses Feld spricht primär Programmierer (von Templates) an: Die externe Seite wird über den HTML-Befehl `iframe` eingebunden. Der Name der externen Seite gehört in dieses Feld.

Auf dem Register ERWEITERTE OPTIONEN warten wieder die üblichen Verdächtigen:

ALTERNATIVES LAYOUT

Über die Ausklappliste können Sie den Modulausgaben eine ganz bestimmte, vom Standard abweichende Optik überstülpen. Welche Punkte hier zur Auswahl stehen, hängt von den installierten Templates ab. Joomla! selbst bringt hier nur die STANDARD-Ansicht mit.

CACHING

Aktiviert einen Zwischenspeicher (Cache), der den Inhalt dieses Moduls puffert. Dadurch muss das Modul seine Ausgaben nicht immer wieder erneut zusammenstellen und kann somit Anfragen schneller bedienen. Im Gegenzug kostet diese Funktion wertvollen Speicherplatz, und man läuft zudem Gefahr, dass das Modul veraltete Informationen ausgibt.

CACHEDAUER
Gibt vor, wie lange Daten im Zwischenspeicher vorgehalten werden.

Zufallsbild

Ein Modul dieses Typs wählt per Zufall ein Bild aus und zeigt es auf der Homepage an (siehe Abbildung 7-31). Im Beispiel des Kinoportals könnte man es dazu verwenden, verschiedene nostalgische Filmplakate zu präsentieren, und somit an die gute alte Zeit erinnern. Aber auch in Foto- oder Kunstportalen sorgen zufällig gezogene Bilder für eine Auflockerung und machen Appetit auf die eigentliche Sammlung.

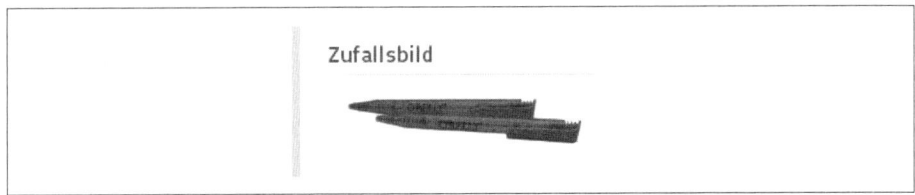

Abbildung 7-31: Ein Zufallsbild-Modul hat hier zufällig ein paar schmucke O'Reilly-Kugelschreiber gewählt.

Das Modul verlangt auf dem Register BASISOPTIONEN folgende Eingaben:

BILDTYP
Legt das Bildformat fest, wie zum Beispiel *gif*, *png* oder *jpg*. Beschränken Sie sich möglichst auf die drei genannten Formate, da nur diese von den meisten Browsern ohne Probleme erkannt beziehungsweise verarbeitet werden.

BILDVERZEICHNIS
Bestimmt das Verzeichnis, aus dem das Modul per Zufall ein Bild zieht. Der hier eingetippte Pfad ist dabei relativ zum Joomla!-Verzeichnis anzugeben. Liegen die Bilder zum Beispiel im Verzeichnis *http://www.kinoportal.de/images/galerie*, so gehört der Eintrag *images/galerie* in das Feld.

 Tipp   Da dieses Verzeichnis Teil der Medienverwaltung ist, liegt es nahe, diese auch für die Verwaltung der hier benötigten Bilder heranzuziehen. Beispielsweise könnten Sie mit ihr das Verzeichnis *images/zufall* anlegen, das dann ausschließlich die Bilder für das Zufallsbild-Modul aufnimmt. (Weitere Informationen zur Medienverwaltung finden Sie in Kapitel 5, *Medien verwalten*.)

LINK
Der Besucher gelangt nach einem Klick auf das Bild zur hier eingetragenen Internetadresse.

BREITE (PX)
Die Breite des Bildes in Pixeln (Bildpunkten). Fehlt hier ein Eintrag, wird das Bild automatisch in den vom Modul bereitgestellten Kasten gequetscht.

HÖHE (PX)
Die Höhe des Bildes in Pixeln (Bildpunkten). Fehlt hier ein Eintrag, wird das Bild automatisch in den vom Modul bereitgestellten Kasten gequetscht.

Das Register ERWEITERTE OPTIONEN kennt schließlich noch folgende Einstellungen:

ALTERNATIVES LAYOUT
Über die Ausklappliste können Sie den Modulausgaben eine ganz bestimmte, vom Standard abweichende Optik überstülpen. Welche Punkte hier zur Auswahl stehen, hängt von den installierten Templates ab. Joomla! selbst bringt hier nur die STANDARD-Ansicht mit.

CACHING
Dieser Eintrag ist eigentlich überflüssig, da er mit KEINE ZWISCHENSPEICHE-RUNG nur eine Einstellung zur Auswahl lässt. Seinem Namen nach würde er eigentlich einen Zwischenspeicher (Cache) aktivieren, der die Inhalte des Moduls für eine schnellere Auslieferung puffert.

Module in Beiträge einbinden

Mit einem kleinen Trick können Sie die Ausgaben eines Moduls auch mitten in einen Beitrag kleben. Dazu erstellen Sie zunächst das gewünschte Modul und weisen ihm eine Position zu, die es überhaupt nicht gibt. Denken Sie sich also eine Bezeichnung aus, wie etwa meineposition, und tippen Sie diese in das Feld POSITION ein (wie in Abbildung 7-32). Den TITEL des Moduls können Sie beliebig wählen, er erscheint später nicht mit im Beitrag.

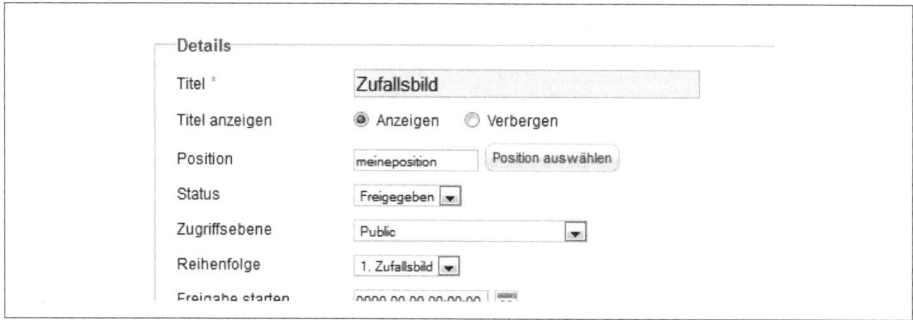

Abbildung 7-32:   Um die Ausgaben des Moduls in einen Beitrag fließen zu lassen, setzt man das Modul zunächst an eine POSITION, die es nicht gibt.

Nach dem SPEICHERN & SCHLIEßEN wechseln Sie in den Bearbeitungsbildschirm des Beitrags (hinter INHALT → BEITRÄGE und dann mit einem Klick auf den Titel des BEITRAGS). An der Stelle im Beitragsinhalt, an der die Modulausgaben erscheinen sollen, tippen Sie jetzt folgenden kryptischen Befehl ein:

```
{loadposition name}
```

Wobei Sie *name* gegen die frei erfundene Position austauschen. Im Beispiel sieht der Befehl damit wie folgt aus (siehe Abbildung 7-33):

```
{loadposition meineposition}
```

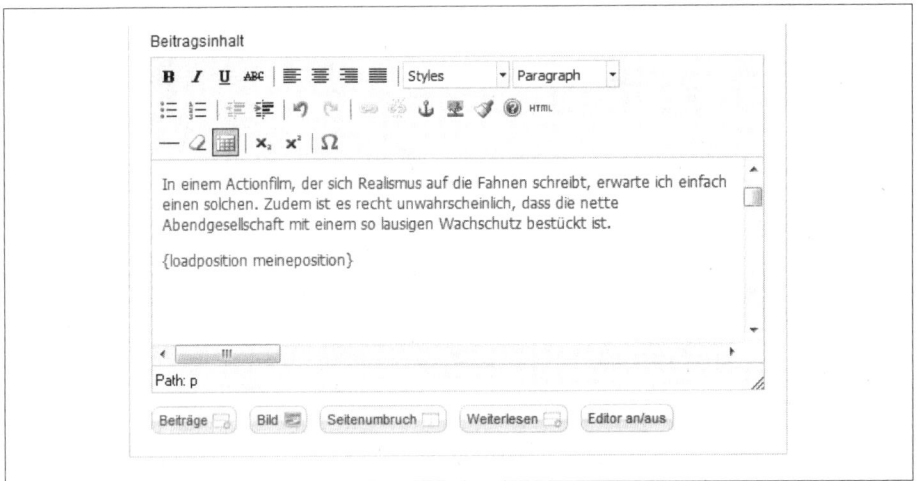

Abbildung 7-33: Diesen Platzhalter ersetzt Joomla! später durch die Modulausgaben.

Diesen speziellen Platzhalter ersetzt Joomla! später auf der Website durch alle Inhalte, die sich an der Position *meineposition* befinden – im Beispiel ist dies das gewünschte Modul.

Tipp   Anstelle einer eigenen Position können Sie selbstverständlich auch eine existierende, sichtbare Position nehmen. Würden Sie beispielsweise

```
{loadposition position-7}
```

schreiben, würden im Beitrag alle Menüs sowie das *Login Form* vom linken Fensterrand noch einmal mitten im Artikel auftauchen.

SPEICHERN Sie den Beitrag, und betrachten Sie das Ergebnis in der VORSCHAU (siehe Abbildung 7-34).

Tipp   Auch die in Joomla! mitgelieferte Beispiel-Homepage verwendet diesen Trick. Die entsprechenden Beiträge finden Sie im Menü ABOUT JOOMLA! hinter USING JOOMLA! → USING EXTENSIONS → MODULES.

Stirb Langsam - Meinung des Autors

Kategorie: Actionfilme
Veröffentlicht am Dienstag, 31. Januar 2012 21:49
Geschrieben von Super User
Zugriffe: 4

Seite 2 von 2

In einem Actionfilm, der sich Realismus auf die Fahnen
schreibt, erwarte ich einfach einen solchen. Zudem ist es
recht unwahrscheinlich, dass die nette Abendgesellschaft
mit einem so lausigen Wachschutz bestückt ist.

- Stirb Langsam
- Meinung
- Alle Seiten

<< Zurück   Weiter

Abbildung 7-34: Die Kugelschreiber stammen aus einem Modul vom Typ »Zufallsbild«.

{loadposition …} besitzt noch einen Bruder namens {loadmodule …}. Er funktioniert nach dem gleichen Prinzip, bindet aber anstelle eines Bereichs nur ein einzelnes Modul ein. Um beispielsweise das Modul mit dem Namen *Zufallsbild* einzubinden, geben Sie im Beitrag den folgenden Text ein:

```
{loadposition random_image,Zufallsbild}
```

Dabei steht random_image für den Modultyp. Er sieht etwas kryptisch aus, weil Joomla! hier die interne Bezeichnung nutzt, die sonst eigentlich nur Joomla!-Programmierer zu Gesicht bekommen. Tabelle 7-1 listet deshalb noch einmal alle Modultypen und ihre entsprechenden Bezeichnungen für loadposition auf.

Tabelle 7-1: Modultypen und ihre internen Bezeichnungen

Modultyp	Bezeichner für loadposition
Anmelden	login
Archivierte Beiträge	articles_archive
Banner	banners
Beiträge Newsflash	articles_news
Beiträge – Verwandte Beiträge	related_items
Beitragkategorie	articles_category
Beitragkategorien	articles_categories
Beliebte Beiträge	articles_popular
Eigene Inhalte	custom

Tabelle 7-1: Modultypen und ihre internen Bezeichnungen (Fortsetzung)

Modultyp	Bezeichner für loadposition
Feed – Anzeige	feed
Fußzeile	footer
Menü	menu
Navigationspfad (Breadcrumbs)	breadcrumbs
Neueste Beiträge	articles_latest
Neueste Benutzer	users_latest
Sprachauswahl	languages
Statistiken	stats
Suchen	search
Suchindex	finder
Syndication Feeds	syndicate
Weblinks	weblinks
Wer ist online	whosonline
Wrapper	wrapper
Zufallsbild	random_image

Administrator-Module

Rufen Sie im Menü des Administrationsbereichs den Punkt ERWEITERUNGEN →
MODULE auf, und setzen Sie die Ausklappliste ganz links auf ADMINISTRATOR.
Joomla! präsentiert Ihnen nun in der Liste alle Module, die ihre Arbeit im Adminis-
trationsbereich verrichten (siehe Abbildung 7-35).

Beispielsweise sorgt das Modul ADMIN MENU dafür, dass am oberen Seitenrand das
Hauptmenü erscheint.

Die Einrichtung der Module erfolgt genau so, wie es im vorherigen Abschnitt für die
Module des Frontends gezeigt wurde. Da im normalen Betrieb jedoch keine Änderungen an den bestehenden Einstellungen erforderlich sind, soll im Folgenden nur
ein kurzer Überblick über die vorhandenen Module gegeben werden.

 **Warnung**   Bei Experimenten mit den hier angebotenen Modulen besteht immer die Gefahr,
dass man sich selbst aus dem Administrationsbereich aussperrt. Sie sollten daher
Änderungen an den Administrator-Modulen niemals auf einem produktiven System durchführen.

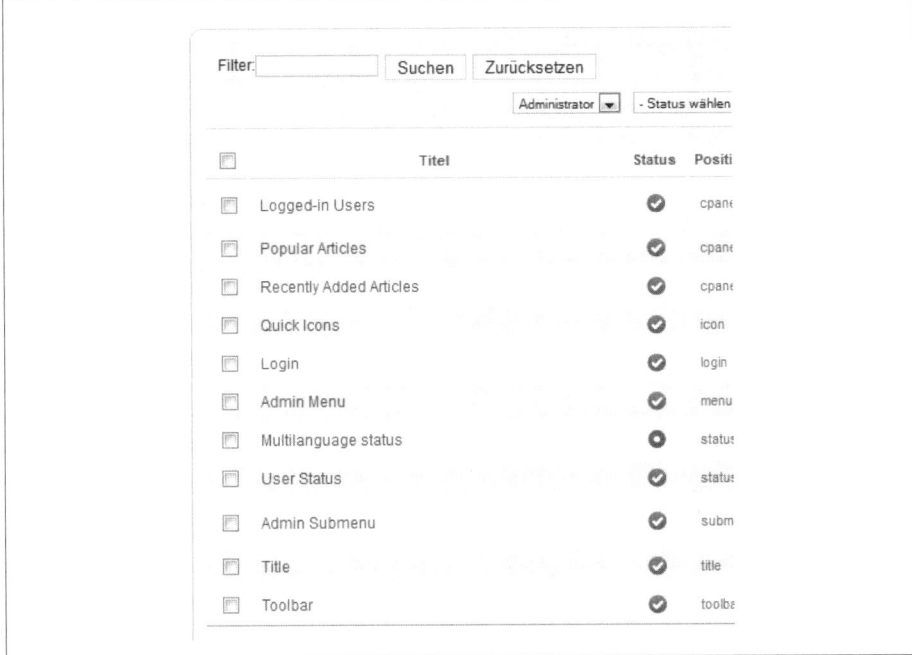

Abbildung 7-35:   Die Module für den Administrationsbereich im Überblick

Standardmäßig trifft man auf folgende Module:

Logged-in Users, Popular Articles, Recently Added Articles
> Diese Module kümmern sich um die Register rechts im Kontrollzentrum des Administrationsbereichs.
>
> In Joomla! 1.5 gab es noch zwei weitere Register und somit noch die beiden entsprechenden Module *Welcome to Joomla!* und *Menu Stats*.

Quick Icons
> Stellt die großen Schaltflächen links auf der Einstiegsseite des Administrationsbereichs bereit.

Login
> Kümmert sich um den Anmeldebildschirm.

Admin Menu
> Stellt das Hauptmenü am oberen Seitenrand.

Multilanguage status
> Kümmert sich um die Mehrsprachigkeit.

User Status
> Zeigt den Status des angemeldeten Benutzers.

Admin SubMenu

Kümmert sich um die Anzeige der Unterpunkte im Hauptmenü.

Title

Blendet auf der linken Seite der Werkzeugleiste den Namen beziehungsweise den Titel der gerade geöffneten Seite ein.

Toolbar

Kümmert sich um die Anzeige der Symbole in der Werkzeugleiste.

Sollten Sie wider Erwarten doch einmal mit den hier aufgeführten Modulen in Kontakt treten müssen, finden Sie weitere Informationen in der Joomla!-Online-Hilfe.

In diesem Kapitel:
- Die Menüs aus den Beispieldaten
- Menüs verwalten
- Menüeinträge verwalten
- Einen Menüeintrag anlegen
- Spezielle Menüpunkte

KAPITEL 8
Menüs

Im Kinoportal gibt es bereits zahlreiche Beiträge und verschiedene Zusatzfunktionen, die in den vorangegangenen Kapiteln freigeschaltet wurden. Diese Funktionen und Beiträge muss der Besucher aber auch irgendwie erreichen können.

Die Navigation in Ihrem Internetauftritt erfolgt über Menüs. Im Gegensatz zu anderen Content-Management-Systemen entkoppelt Joomla! die Inhalte von den einzelnen Menüeinträgen. Man erzeugt also zunächst Kategorien und Beiträge, die man dann im zweiten Schritt nach den eigenen Vorstellungen mit den Menüpunkten verbindet. Es gilt sogar:

Warnung   In Joomla! bestimmt der Menüpunkt, was die dahinterliegenden Webseiten in welcher Reihenfolge anzeigen. (Um einen schicken Anstrich kümmert sich dann das Template.)

Auf diese Weise erreicht man eine höhere Flexibilität bei der Gestaltung.

Die Menüs aus den Beispieldaten

In den Beispieldaten liefert Joomla! bereits sechs Menüs aus. Dreieinhalb alte Bekannte sehen Sie noch einmal in Abbildung 8-1. Dies sind am linken Bildschirmrand das Menü *About Joomla!*, das zu INFORMATIONSSEITEN über das Content-Management-System führt. Direkt darunter folgt das eigentliche Hauptmenü (*This Site*). Am oberen Rand liegt ein waagerechtes Menü. Es enthält Einträge zu den wichtigsten und zentralen Inhalten.

Standardmäßig nicht sichtbar ist das *User Menu*. Es erscheint nur, nachdem sich ein registrierter Benutzer über das LOGIN FORM links unten auf der Startseite angemeldet hat.

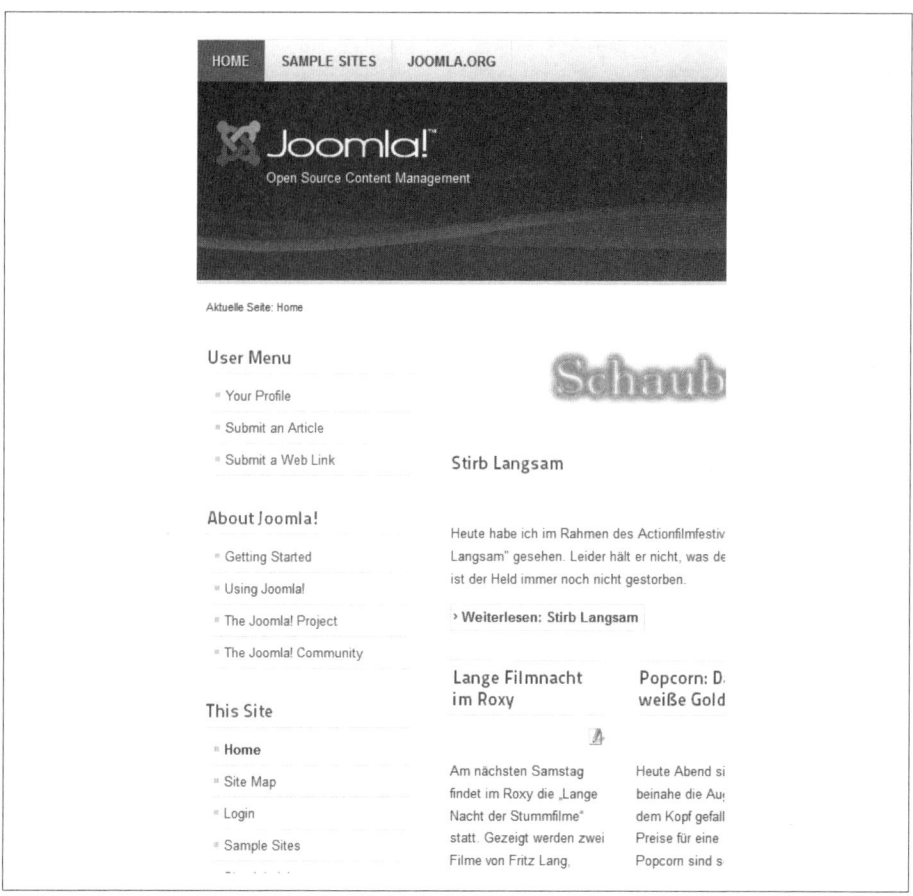

Abbildung 8-1: Die Beispiel-Homepage mit (fast) allen Menüs

Wenn Sie über das waagerechte Menü am oberen Seitenrand zu den SAMPLE SITES wechseln, sehen Sie noch zwei weitere Menüs: *Australian Parks* und *Fruit Shop* sind nur auf ganz bestimmten Unterseiten sichtbar.

Wie die Beispiele zeigen, können Sie ein Menü also

- nur bestimmten Benutzern zur Verfügung stellen
- nur auf bestimmten Unterseiten Ihres Internetauftritts einblenden

Menüs verwalten

Für die Verwaltung der Menüs ist im Administrationsbereich der gleichnamige Menüpunkt MENÜS → MENÜS zuständig. Die dahinter stehende Seite aus Abbildung 8-2 präsentiert eine Liste, die alle derzeit existierenden Menüs aufführt (im Englischen heißt diese Seite *Menu Manager*).

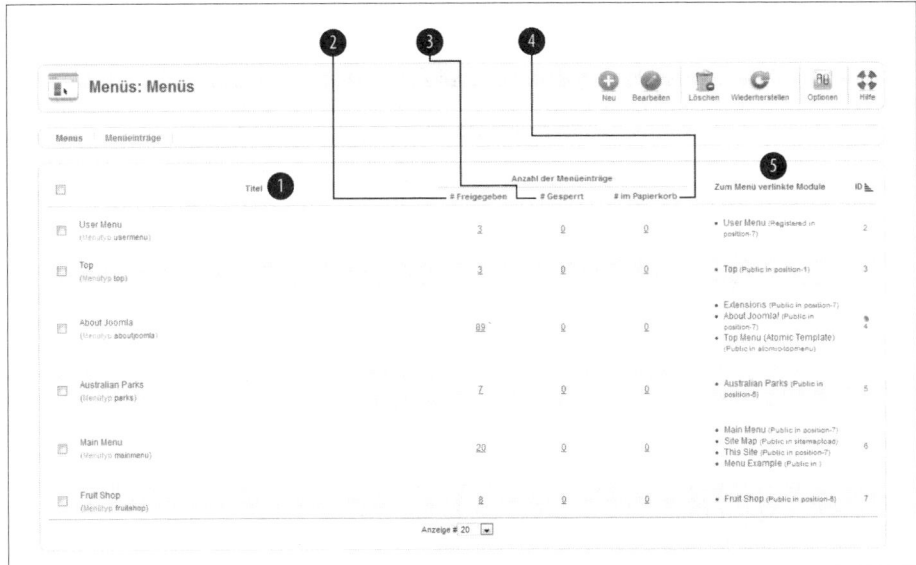

Abbildung 8-2:   Diese Seite verwaltet alle vorhandenen Menüs. Hier sind es die sechs aus den mitgelieferten Beispieldaten.

Lassen Sie sich dabei nicht von der Informationsmenge erschlagen. Es sieht auf den ersten Blick schlimmer aus, als es tatsächlich ist.

Anhand ihrer TITEL sollten Sie die Menüs schnell im Frontend identifizieren können ❶. Hinter dem mit *Top* bezeichneten Menü versteckt sich das waagerechte Menü am oberen Seitenrand, das *Main Menu* firmiert auf der Website unter dem Namen *Site Menu*.

Die nächsten drei Spalten zeigen an, wie viele Menüeinträge des Menüs derzeit

- veröffentlicht (# FREIGEGEBEN) ❷,
- auf der Homepage nicht sichtbar (# GESPERRT) ❸ oder
- im Mülleimer (# PAPIERKORB) gelandet sind ❹.

Mit einem Klick auf eine der Zahlen gelangen Sie direkt zu einer Liste mit den entsprechenden Menüpunkten. Wenn Sie also beispielsweise in der Zeile für das *Top*-Menü die 3 in der Spalte # FREIGEGEBEN anklicken, sehen Sie alle derzeit auf Ihrer Website sichtbaren Einträge des waagerechten Menüs. Analog würde die 0 in der Spalte # GELÖSCHT zu einem leeren Papierkorb führen.

Tipp   Wenn Sie in der Liste mit den Menüpunkten einen Blick auf die Ausklapplisten werfen, werden Sie schnell feststellen, dass es sich hier einfach um die Liste aller vorhandenen Menüpunkte handelt, die Joomla! lediglich passend einschränkt.

Wenn Sie dies ausprobiert haben, kehren Sie wieder per MENÜS → MENÜS zur Liste mit allen Menüs zurück. Um die Menüpunkte kümmert sich gleich noch ein eigener Abschnitt.

Die Menüverwaltung hinter MENÜS → MENÜS legt nur fest, welche Menüs es überhaupt gibt. Ihre Darstellung auf der Website übernimmt jeweils ein entsprechendes Modul aus dem Abschnitt »Menü« in Kapitel 7, *Module – Die kleinen Brüder der Komponenten* auf Seite 315. Es hindert Sie aber niemand daran, einfach ein weiteres Modul einzurichten, das das gleiche Menü visualisiert. Damit wäre das Menü dann zweimal auf der Homepage vorhanden – ob dies sinnvoll ist, steht auf einem anderen Blatt. Die vorletzte Spalte in der Liste, ZUM MENÜ VERLINKTE MODULE, verrät jedenfalls, welche Module an welchen Positionen auf der Homepage das jeweilige Menü anzeigen ❺. Normalerweise ordnet man jedem Menü genau ein Modul zu, folglich sollte hier überall nur ein Modulname erscheinen.

Tipp   Mit einem Klick auf den Modulnamen gelangen Sie direkt zu seinen Einstellungen.

Diese Arbeitsweise erklärt übrigens auch, warum das Menü mit dem Namen *Main Menu* auf der Homepage *This Site* heißt: Dort zeigt schlichtweg ein Modul namens *This Site* das Menü mit dem Namen *Main Menu* an – und nur der Name des Moduls erscheint auf der Homepage.

Tipp   Das mag extrem umständlich erscheinen, ist aber wieder ein gutes Beispiel für die Trennung von Inhalt und Darstellung: Den Aufbau des Menüs legt die Menüverwaltung fest, während sich ein Modul um die Anzeige auf der Homepage kümmert.

Alle Begriffe im Überblick

Da das alles ziemlich verwirrend ist, folgen hier noch einmal alle Begriffe und die dahinterstehenden Konzepte im Überblick:

- Ein *Menü* enthält einen oder mehrere *Menüpunkte*.
- Für jeden Menüpunkt muss man festlegen, auf was für Informationen er zeigen soll (einen Beitrag oder ein Kontaktformular?). Dies bezeichnet man als *Menütyp*.
- Die Menüpunkte bestimmen, was auf den über sie erreichbaren Seiten zu sehen ist (nur der Text eines Beitrags oder auch der Name des Autors?).
- Ein Modul zeigt das Menü schließlich auf der Website an. Dort erscheint immer der Name des Moduls, nicht der des Menüs.

Die fertigen Menüs aus den Beispieldaten liefern in den meisten Fällen schon ein recht gutes Ausgangsmaterial, aus dem sich mit wenigen Mausklicks die Menüs für den eigenen Internetauftritt bauen lassen. In den folgenden Abschnitten soll es deshalb zunächst um die Bearbeitung bestehender und anschließend erst um den Aufbau neuer Menüs gehen.

Menüs löschen

Für das Kinoportal ist das *About Joomla!*-Menü eigentlich überflüssig.

Um ein komplettes Menü zu löschen, haken Sie wie unter Joomla! üblich den Kandidaten in der ersten Spalte der Tabelle ab (im Fall des Kinoportals also ABOUT JOOMLA!) und klicken anschließend in der Werkzeugleiste auf den Schalter LÖSCHEN.

Warnung   Joomla! entfernt nicht nur das Menü, sondern auch alle darin enthaltenen Menüpunkte sowie das für seine Anzeige zuständige Modul.

Im Beispielfall sind keine wertvollen Elemente betroffen, sodass Sie mit ruhigem Gewissen die Sicherheitsabfrage bestätigen dürfen. Ein anschließender Blick auf die Homepage zeigt das nach oben aufgerückte Menü THIS SITE (siehe Abbildung 8-3).

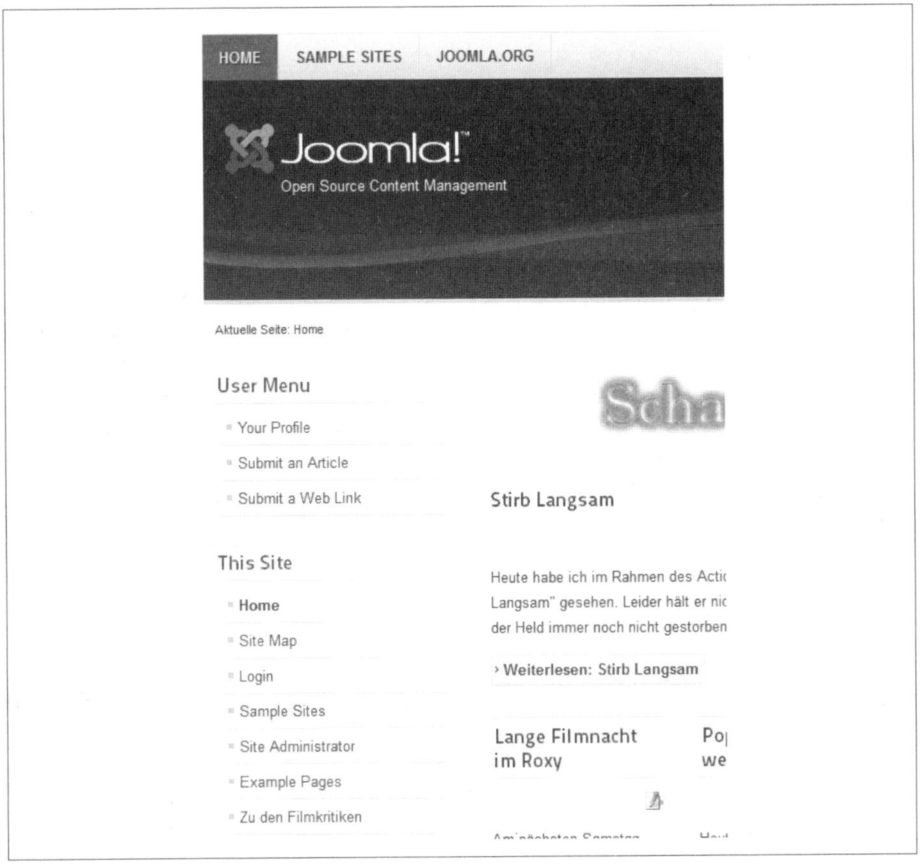

| HOME | SAMPLE SITES | JOOMLA.ORG |

Joomla!
Open Source Content Management

Aktuelle Seite: Home

User Menu

▪ Your Profile

▪ Submit an Article

▪ Submit a Web Link

This Site

▪ **Home**

▪ Site Map

▪ Login

▪ Sample Sites

▪ Site Administrator

▪ Example Pages

▪ Zu den Filmkritiken

Stirb Langsam

Heute habe ich im Rahmen des Actio
Langsam" gesehen. Leider hält er nic
der Held immer noch nicht gestorben

› **Weiterlesen: Stirb Langsam**

Lange Filmnacht   Po|
im Roxy   we

Am'nächsten Samstag   Heu|

Abbildung 8-3:   Am nachgerückten Menü *This Site* erkennt man, dass das »About Joomla!«-Menü Geschichte ist.

Im Kinoportal führt im Moment das Menü THIS SITE noch ziemlich viele Einträge, was es ziemlich unübersichtlich macht. Eleganter wäre es, alle Menüpunkte zu den Inhalten des Kinoportals in einem eigenen Menü zu kapseln. THIS SITE führt dann nur noch zu Seiten mit allgemeinen Informationen, wie etwa zu der Startseite, zu einer Sitemap, zu den Kontaktformularen und zum Impressum.

Neue Menüs anlegen

Das Anlegen eines komplett neuen Menüs funktioniert fast genauso schnell wie das Löschen. Nach einem Klick auf das Symbol NEU in der Symbolleiste verlangt Joomla! lediglich nach den drei Eingaben aus Abbildung 8-4.

Abbildung 8-4: Joomla! braucht nur diese drei Informationen für ein neues Menü.

Unter TITEL geben Sie dem Menü zunächst einen Namen. Unter dieser Bezeichnung finden Sie das Menü gleich auch im Administrationsbereich wieder. Für das Kinoportal wählen Sie etwa **Kinoportal Menü**.

MENÜTYP ist der interne Name für das Menü, quasi sein Fingerabdruck oder Identifikationsname. Er muss unter allen Menüs eindeutig sein und darf keine Leerzeichen enthalten. Für ein neues Menü im Kinoportal könnte man beispielsweise **kinoportal_menue** wählen. Bis auf ganz wenige Ausnahmen verwendet in Zukunft nur Joomla! selbst diesen kryptischen Bezeichner – Sie werden mit ihm folglich nur in wenigen Fällen noch einmal in Berührung kommen.

Eine ergänzende BESCHREIBUNG gehört in das dritte Feld. Sie dient rein zur Information und sollte kurz den Zweck des Menüs umreißen.

Im Fall des Kinoportals sollten die Felder so wie in Abbildung 8-4 aussehen. Das war es schon. Ein Klick auf SPEICHERN & SCHLIESSEN führt wieder zurück zur Liste mit allen Menüs.

Wie ein kurzer Blick in die VORSCHAU verrät, ist das Menü dort allerdings noch nicht zu sehen. Im Gegensatz zu Joomla! 1.5 erstellen die aktuellen Versionen nicht mehr automatisch ein passendes Modul. Damit das Menü auf der Website erscheint, muss man folglich selbst noch ein solches erstellen (siehe auch Kapitel 7, *Module – Die kleinen Brüder der Komponenten*).

Ein neues Menü-Modul erstellen

Öffnen Sie dazu die Modulverwaltung hinter ERWEITERUNGEN → MODULE, und klicken Sie auf NEU. Entscheiden Sie sich im neuen Fenster für den Modultyp MENÜ. Im Bearbeitungsbildschirm vergeben Sie zunächst einen TITEL. Er erscheint später auch als Überschrift über dem Menü. Im Beispiel des Kinoportals wäre deshalb vielleicht `Kino, Film und Co` passend. Als POSITION wählen Sie die POSITION-7. Damit erscheint das Menü gleich auf der linken Seite zusammen mit dem Menü *This Site*.

Weiter geht es rechts auf dem Register BASISOPTIONEN. Dort verlangt das Modul noch folgende Eingaben:

MENÜ AUSWÄHLEN

Hier legen Sie fest, welches Menü das Modul anzeigen soll. Im Kinoportal stellen Sie die Ausklappliste MENÜ WÄHLEN auf das vorhin angelegte KINOPORTAL MENÜ.

ERSTE EBENE

Das Modul zeigt nur alle Menüpunkte ab dieser Hierarchie- beziehungsweise Gliederungsebene an (dazu erfahren Sie im folgenden Abschnitt noch mehr).

LETZTE EBENE

Das Modul zeigt nur alle Menüpunkte bis zu dieser Hierarchie- beziehungsweise Gliederungsebene an (dazu folgt im folgenden Abschnitt noch mehr).

UNTERMENÜEINTRÄGE ANZEIGEN

Enthält ein Menüeintrag weitere Unterpunkte, so bleiben diese bei einem JA immer eingeblendet. Damit ist die komplette Gliederung von Anfang an für den Besucher sichtbar. Bei einem NEIN klappen die einzelnen Unterpunkte erst nach einem Klick auf ihren jeweils übergeordneten Eintrag auf (wie in der mitgelieferten Beispielhomepage die Unterpunkte im Menü ABOUT JOOMLA!).

Die Einstellungen auf dem Register ERWEITERTE OPTIONEN sind insbesondere im Zusammenhang mit einem eigenen Template sinnvoll:

MENÜ-TAG-ID

Hier können Sie dem Menü ein individuelles ID-Attribut anheften, mit dem später dann das Template das Menü individuell formatieren kann (dazu folgt später mehr im entsprechenden Kapitel 13, *Templates*). Beachten Sie, dass Sie dem Modul auch noch zusätzlich ein MODULKLASSENSUFFIX und ein MENÜKLASSENSUFFIX verpassen können.

MENÜKLASSENSUFFIX

Funktioniert analog zum Modulklassensuffix: Der hier eingestellte Text wird den Menü-Klassen vorangestellt.

ZIELPOSITION

JavaScript-Programmierer können hier Werte eingeben, um ein Popup-Fenster zu positionieren.

ALTERNATIVES LAYOUT

Über die Ausklappliste können Sie den Modulausgaben eine ganz bestimmte, vom Standard abweichende Optik überstülpen. Welche Punkte hier zur Auswahl stehen, hängt von den installierten Templates ab. Joomla! selbst bringt hier nur die STANDARD-Ansicht mit.

MODULKLASSENSUFFIX

Dieses Feld verlangt als Eingabe eine sogenannte CSS-Klasse, mit deren Hilfe man in die Anzeige des Moduls eingreifen kann. Der hier eingegebene Begriff wird dabei als Erweiterung (Suffix) an die CSS-Klasse (wie zum Beispiel `table.moduletable`) des Moduls angehängt. Auf diese Weise kann man genau diesem einen Modul ein ganz eigenes Aussehen verpassen (mehr zu diesem Thema finden Sie in Kapitel 13, *Templates*).

CACHING

Aktiviert einen Zwischenspeicher (Cache), der den Inhalt dieses Moduls puffert. Dadurch muss das Modul seine Ausgaben nicht immer wieder erneut zusammenstellen und kann somit Anfragen schneller bedienen. Im Gegenzug kostet diese Funktion wertvollen Speicherplatz, und man läuft zudem Gefahr, dass das Modul veraltete Informationen ausspuckt.

CACHEDAUER

Gibt vor, wie lange Daten im Zwischenspeicher vorgehalten werden.

X.X **Version**   In älteren Joomla!-Versionen gab es hier noch zahlreiche Einstellungen, mit denen man das Aussehen des Menüs beeinflussen konnte. Diese wurden mit Joomla! 1.6 wegrationalisiert.

Bis auf MENÜ WÄHLEN können im Kinoportal alle Einstellungen auf den Vorgaben verbleiben. Legen Sie das Menü-Modul via SPEICHERN & SCHLIEßEN an, und werfen Sie wieder einen Blick in die VORSCHAU. Dort glänzt das Modul und somit das Menü immer noch durch Abwesenheit. Der Grund dafür ist einfach: Standardmäßig blendet Joomla! alle leeren Menüs aus.

X.X **Version**   In Joomla! 1.5 konnten Sie noch ein komplettes Menü kopieren. Dabei duplizierte Joomla! auch gleich sämtliche Menüeinträge des Originals. Diese Funktion gibt es ab Joomla! 1.6 nicht mehr. Wenn Sie ein Menü zweimal benötigen, müssen Sie es noch einmal komplett per Hand anlegen.

▶▶ **Tipp**   Für ein neu erstelltes Menü können Sie auch schnell ein passendes Modul erzeugen, indem Sie hinter MENÜS → MENÜS in der Spalte ZUM MENÜ VERLINKTE MODULE auf den Punkt EIN MODUL FÜR DIESEN MENÜTYP HINZUFÜGEN klicken. Sie sparen sich dann einen Mausklick.

Menüeinträge verwalten

Jedes ordentliche Menü besteht aus mehreren Einträgen. Klickt der Benutzer auf einen solchen Menüpunkt, gelangt er zu einer der vielen Unterseiten, die (hoffentlich) der Beschriftung des Eintrags entspricht. Dies ist jedoch nur eine Aufgabe der Menüeinträge:

- Sie geben dem Benutzer einen Überblick über das Angebot Ihrer Website. (Was beziehungsweise welche Informationen bietet der Internetauftritt an?)
- Sie dienen zur Gliederung des Inhalts. (Was findet der Besucher wo?)
- Sie leiten den Benutzer gezielt in die Tiefen der Homepage. (Wie gelangt der Besucher dorthin?)
- Sie verweisen auf ähnliche externe Angebote. (Wo findet der Benutzer ähnliche oder weiterführende Internetauftritte?)

Es ist also wichtig, sich ein paar Gedanken über die Menüstrukturen zu machen und die Menüpunkte entsprechend abzuändern. Das gilt erst recht für den momentanen Zustand des Kinoportals, in dem noch Kraut und Rüben herrschen.

Um die Menüeinträge zu verändern, wählen Sie

- entweder aus dem Hauptmenü des Administrationsbereichs den Punkt MENÜS und dann das Menü, dessen Einträge Sie bearbeiten möchten,
- oder Sie klicken hinter MENÜS → MENÜS im Streifen unterhalb der Werkzeugleiste auf MENÜEINTRÄGE und stellen dann in der ersten Ausklappliste von links das Menü ein, dessen Menüpunkte Sie bearbeiten möchten.

Im Kinoportal-Beispiel sollen einige Menüpunkte aus dem Hauptmenü (*Main Menu*) in das *Kinoportal*-Menü umziehen. Wählen Sie daher MENÜS → MAIN MENU.

Es erscheint jetzt die Liste aus Abbildung 8-5. Dort sehen Sie alle im *Main Menu* enthaltenen Menüpunkte.

Unterpunkte erscheinen hier eingerückt. In Abbildung 8-5 gilt dies beispielsweise für *Articles* oder *Weblinks*. Ob und wenn ja diese Unterpunkte auf der Homepage dargestellt werden, hängt von den Einstellungen des anzeigenden Moduls ab. In der Regel erscheint ein solcher Eintrag erst, wenn der Besucher den übergeordneten Punkt – in diesem Fall also SITE MAP – angeklickt hat.

In der Tabelle können Sie die Position eines Menüpunktes innerhalb des Menüs über die blauen Pfeile in der Spalte REIHENFOLGE verschieben (unter Umständen müssen Sie erst auf die Spaltenbeschriftung klicken). Sie verändern damit auch seine Position im Menü auf der Homepage – die dortige Anordnung der einzelnen Menüpunkte entspricht exakt der hier in der Liste vorherrschenden Reihenfolge.

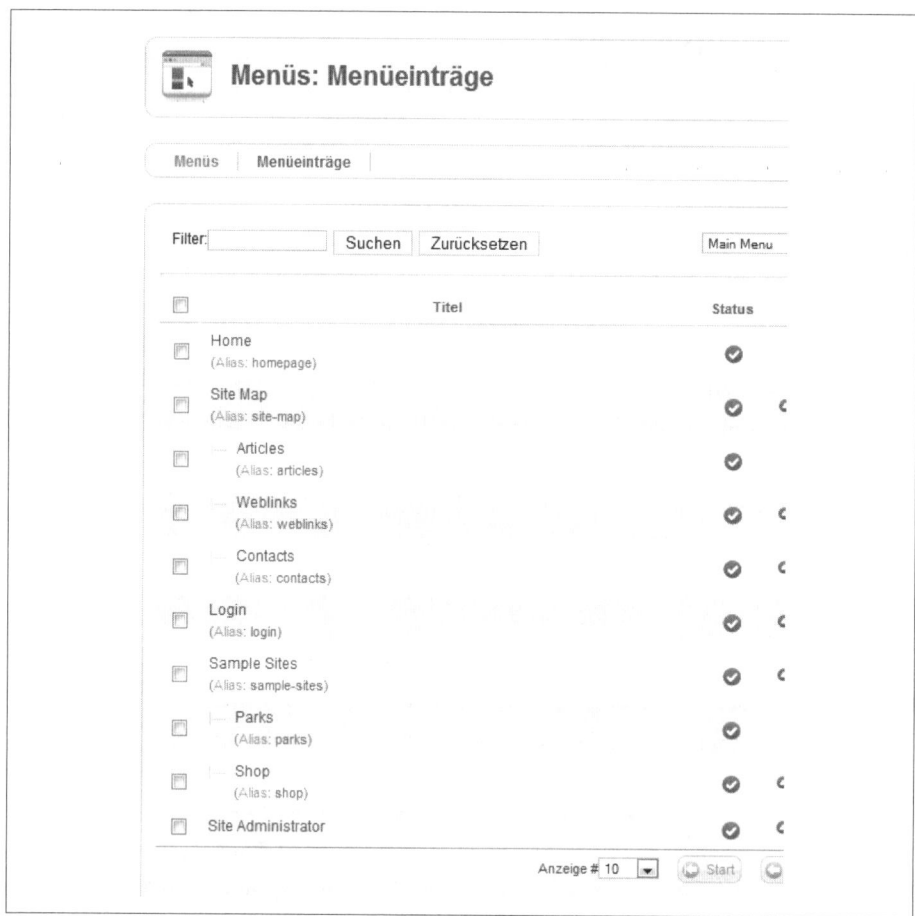

Abbildung 8-5: Alle derzeitigen Menüpunkte des Hauptmenüs »*Main Menu*« (Die Ansicht wurde hier auf 10 Einträge beschränkt.)

Auf was für Inhalte ein Menüpunkt zeigt, verrät die Spalte MENÜTYP. In ihrer Kollegin ZUGRIFFSEBENE kann man ablesen, wer alles den Menüpunkt überhaupt zu Gesicht bekommt. Im Fall von PUBLIC sind dies alle Besucher (mehr zu den Benutzerrechten erfahren Sie im nachfolgenden Kapitel 9, *Benutzerverwaltung und -kommunikation*). Bei einer mehrsprachigen Seite gibt die vorletzte Spalte, SPRACHE, noch an, in welcher Sprachfassung der Menüpunkt auftaucht.

Startseite festlegen

In der Liste mit den Menüeinträgen funkelt in der Spalte STARTSEITE genau ein kleiner, gelber Stern. Steuert ein neuer Besucher erstmalig Ihren Internetauftritt an, greift sich Joomla! genau diesen Menüpunkt und liefert die dahinterliegende Seite als Startseite aus. Sie ändern diese Zuordnung, indem Sie den entsprechenden Menüeintrag in seinem kleinen Kästchen ankreuzen und dann in der Werkzeugleiste den Knopf STARTSEITE bemühen.

Probieren Sie dies ruhig einmal aus: Schließen Sie zunächst alle Vorschaufenster auf Ihre Website. Markieren Sie nun das kleine Kästchen in der Zeile ARTICLES, und klicken Sie anschließend in der Symbolleiste auf STARTSEITE. Der gelbe Stern wechselt daraufhin die Zeile. Rufen Sie jetzt die VORSCHAU auf. Dort erscheint jetzt als Startseite eine Liste mit allen Beitragskategorien. Kehren Sie wieder zum Administrationsbereich zurück, und setzen Sie die Einstiegsseite nach dem gerade gezeigten Prinzip wieder auf HOME.

Wie die Spalte MENÜTYP verrät, führt der Menüpunkt HOME übrigens zu einer Blog-Darstellung mit allen *Hauptbeiträgen*. Es handelt sich also auch bei ihm um einen ganz normalen Menüpunkt mit der Beschriftung HOME. Um das Aussehen der Startseite zu verändern, müssen Sie folglich lediglich die Einstellungen des Menüpunktes ändern.

Tipp　　Auf einer rein deutschen Seite sollten Sie seine Beschriftung ändern, beispielsweise in *Startseite* oder *Start* – je nachdem, was für Ihren Internetauftritt passend ist.

Menüeinträge löschen

Im Fall des Kinoportals sind die Menüpunkte EXAMPLE PAGES, SAMPLE SITES, PARKS, SHOP und insbesondere SITE ADMINISTRATOR überflüssig und können daher gelöscht werden.

Warnung　　SITE ADMINISTRATOR ist sogar ein extrem heißer Lösch-Kandidat, da er direkt auf den Anmeldebildschirm des Administrationsbereichs verweist – schließlich will man unbekannte Besucher nicht direkt auf den Eingang zum Verwaltungstrakt aufmerksam machen und sie so auf kriminelle Gedanken bringen. Wenn Sie also Ihre eigene Homepage auf den Beispiel-Daten aufbauen, sollten Sie diesen Menüpunkt als Erstes in den Mülleimer werfen.

Menüpunkte löschen Sie wie auch andere Elemente in Joomla!: Kreuzen Sie dazu das kleine Kästchen in ihren Zeilen an, und klicken Sie anschließend auf den PAPIERKORB in der Werkzeugleiste.

Warnung　　Joomla! löscht immer auch alle Unterpunkte eines Menüeintrags. Im Kinoportal würde es folglich genügen, SAMPLE SITES zu markieren. Seine Unterpunkte PARKS und SHOP wandern dann automatisch mit in den Papierkorb.

Wenn Sie PARKS und SHOP behalten wollen, müssen Sie sie erst in ihren Einstellungen zu Oberpunkten erheben. Erst danach dürfen Sie den Menüpunkt SAMPLE SITES löschen.

Menüeinträgen eine neue Heimat geben

Um einen Menüeintrag von einem Menü in ein anderes zu verschieben, müssen Sie ab Joomla! 1.6 die Funktionen am unteren Ende der Tabelle mit allen Menüpunkten verwenden. Sie kennen die dortigen Elemente vielleicht noch von den Kategorien (siehe Abschnitt »Kategorien verschieben« in Kapitel 4, *Inhalte verwalten*, auf Seite 123).

 Version   In Joomla! 1.5 genügte es noch, die entsprechenden Menüpunkte in der ersten Tabellenspalte abzuhaken, VERSCHIEBEN in der Werkzeugleiste aufzurufen und dann das Zielmenü auszuwählen.

Menüeinträge verschieben

Zunächst kreuzen Sie in der ersten Spalte der Tabelle alle Menüpunkte an, die in ein anderes Menü umziehen sollen. Dann achten Sie darauf, dass am unteren Rand unter EIN MENÜ ODER EINEN ÜBERGEORDNETEN EINTRAG ZUM VERSCHIEBEN BZW. KOPIEREN AUSWÄHLEN der Punkt VERSCHIEBEN aktiviert ist, und wählen in der Ausklappliste links daneben die neue Heimat aus. Sofern Sie sich in der Liste für einen Menüpunkt entscheiden, werden die in der Tabelle markierten Menüeinträge automatisch zu dessen Unterpunkten. AUSFÜHREN verschiebt schließlich den oder die Menüpunkte.

 Warnung   Dabei wandern auch ihre Unterpunkte mit. Um das zu verhinden, müssen Sie die Unterpunkte vorher in ihren Einstellungen zu normalen Menüpunkten beziehungsweise Oberpunkten erheben.

 Im Kinoportal soll nun endlich das im vorherigen Abschnitt frisch angelegte Menü ein paar Einträge erhalten. Dazu markieren Sie in der Liste die Menüpunkte ZU DEN FILMKRITIKEN, LOKALE VERANSTALTUNGEN, BLOG, KINO-NEWSFEEDS und die WEBLINKS (vorausgesetzt, Sie haben in den letzten Kapiteln alle entsprechenden Beispiele mitgemacht). Sofern noch nicht geschehen, aktivieren Sie jetzt unterhalb der Tabelle im Bereich EIN MENÜ ODER EINEN ÜBERGEORDNETEN EINTRAG ZUM VERSCHIEBEN BZW. KOPIEREN AUSWÄHLEN den Punkt VERSCHIEBEN. Öffnen Sie die Ausklappliste links daneben, und suchen Sie darin den Eintrag KINOPORTAL MENÜ. Er erscheint kursiv und in fetten Lettern. Direkt darunter und etwas eingerückt steht ZU DIESEM MENÜ HINZUFÜGEN (siehe Abbildung 8-6). Klicken Sie darauf.

Damit landen *Zu den Filmkritiken*, *Lokale Veranstaltungen* und so weiter direkt als normale Einträge im *Kinoportal*-Menü. Das Ergebnis sollte so wie in Abbildung 8-7 aussehen.

Abbildung 8-6: Um die Menüpunkte in das Kinoportal-Menü zu verschieben, muss man diesen Punkt in der Ausklappliste wählen.

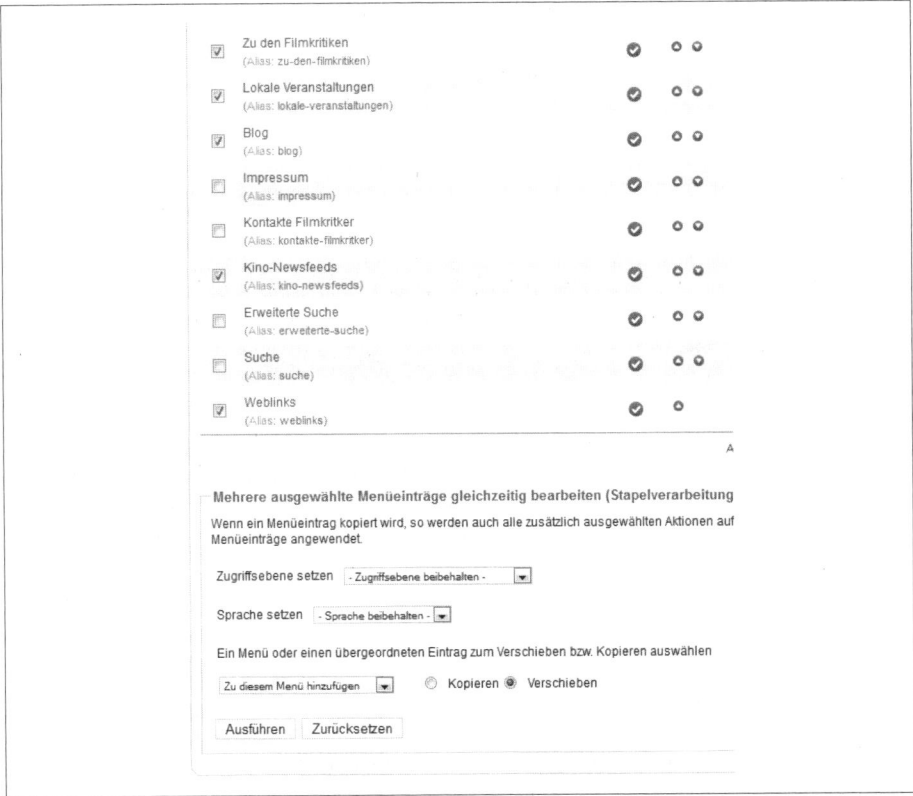

Abbildung 8-7: Die oben markierten Menüpunkte verschiebt Joomla! gleich in das in der Ausklappliste gewählte Menü.

Klicken Sie jetzt auf AUSFÜHREN. Die angekreuzten Menüeinträge sollten jetzt aus der Tabelle verschwunden sein. Ob sie auch im korrekten Menü gelandet sind, prüfen Sie kurz hinter MENÜS → *Kinoportal*-Menü. Da das Menü jetzt nicht mehr leer ist, erscheint es auch endlich in der VORSCHAU. Die neue Startseite Ihres Internetauftritts sollte damit so wie in Abbildung 8-8 aussehen.

Abbildung 8-8: Das neue Menü auf der Startseite

Das sieht schon recht ansehnlich aus. Im Menü *Kino, Film und Co* findet der Besucher jetzt schnell alle Beiträge, Veranstaltungshinweise, Blog-Artikel und andere Informationen rund um das Kino- und Filmgeschehen. Demgegenüber fasst *This Site* allgemeine Funktionen rund um diesen Internetauftritt zusammen, wie etwa das Impressum, eine Kontaktmöglichkeit oder die erweiterte Suchfunktion.

Störend ist allerdings noch das waagerechte Menü am oberen Rand. Im Moment zeigt es noch die für das Kinoportal unbrauchbaren Punkte SAMPLE SITES und JOOMLA.ORG. Zunächst sollten Sie beide eliminieren. Dazu rufen Sie im Administrationsbereich MENÜS → TOP auf, kreuzen SAMPLE SITES sowie JOOMLA.ORG an und stecken dann beide in den PAPIERKORB. Als Nächstes gilt es, das einsam verbliebene HOME um weitere sinnvolle Menüpunkte zu ergänzen.

Bei den meisten Internetauftritten führt ein waagerechtes Top-Menü immer schnell zu den wichtigsten Bereichen des Internetauftritts und dient dem Besucher so als vertraute, überall verfügbare Anlaufstelle. Im Kinoportal könnte man ihm sowohl einen Menüpunkt zur Sitemap als auch einem zum Impressum spendieren.

Tipp　Es bleibt letztendlich Ihnen überlassen, wie Sie Ihre Menüs aufbauen. Versuchen Sie dabei jedoch möglichst doppelte Menüeinträge zu vermeiden, die Menüs nicht mit Einträgen zu überfrachten und die Menüpunkte thematisch zu gruppieren.

Sie könnten jetzt per NEU in der Werkzeugleiste diese beiden Menüpunkte einrichten. Da im *This Site*-Menü allerdings schon zwei passende Menüpunkte existieren, gibt es noch einen anderen Weg: Sie können die Punkte kopieren.

Menüeinträge kopieren

Um einen oder mehrere Menüpunkte zu duplizieren, markieren Sie sie in der ersten Tabellenspalte, aktivieren am unteren Seitenrand im Bereich EIN MENÜ ODER EINEN ÜBERGEORDNETEN EINTRAG ZUM VERSCHIEBEN BZW. KOPIEREN AUSWÄHLEN den Punkt KOPIEREN, suchen in der Ausklappliste links daneben das Menü aus, in dem die Duplikate landen sollen, und klicken auf AUSFÜHREN.

Im Kinoportal rufen Sie also MENÜS → MAIN MENU auf, markieren in der ersten Tabellenspalte die Zeilen der SITE MAP und des IMPRESSUM, aktivieren unterhalb der Tabelle im Bereich EIN MENÜ ODER EINEN ÜBERGEORDNETEN EINTRAG ZUM VERSCHIEBEN BZW. KOPIEREN AUSWÄHLEN den Punkt KOPIEREN und öffnen die Ausklappliste links daneben. Hier suchen Sie jetzt den kursiv und fett gedruckten Eintrag TOP. Eingerückt direkt darunter finden Sie die beiden Punkte ZU DIESEM MENÜ HINZUFÜGEN und HOME. Wenn Sie HOME wählen, würden die beiden duplizierten Menüeinträge zu Unterpunkten von HOME. Da die beiden jedoch normale Menüpunkte werden sollen, entscheiden Sie sich für ZU DIESEM MENÜ HINZUFÜGEN. Das Ergebnis sollte jetzt so wie in Abbildung 8-9 aussehen.

Klicken Sie jetzt auf AUSFÜHREN. Joomla! kopiert die beiden Menüeinträge in das Menü *Top*. Überprüfen Sie das Ergebnis hinter MENÜS → TOP. Zunächst einmal fällt auf, dass auch die Unterpunkte von *Site Map* mitkopiert wurden. Darüber hinaus tragen die Duplikate hier zur Unterscheidung eine (2) im Namen (siehe Abbildung 8-10).

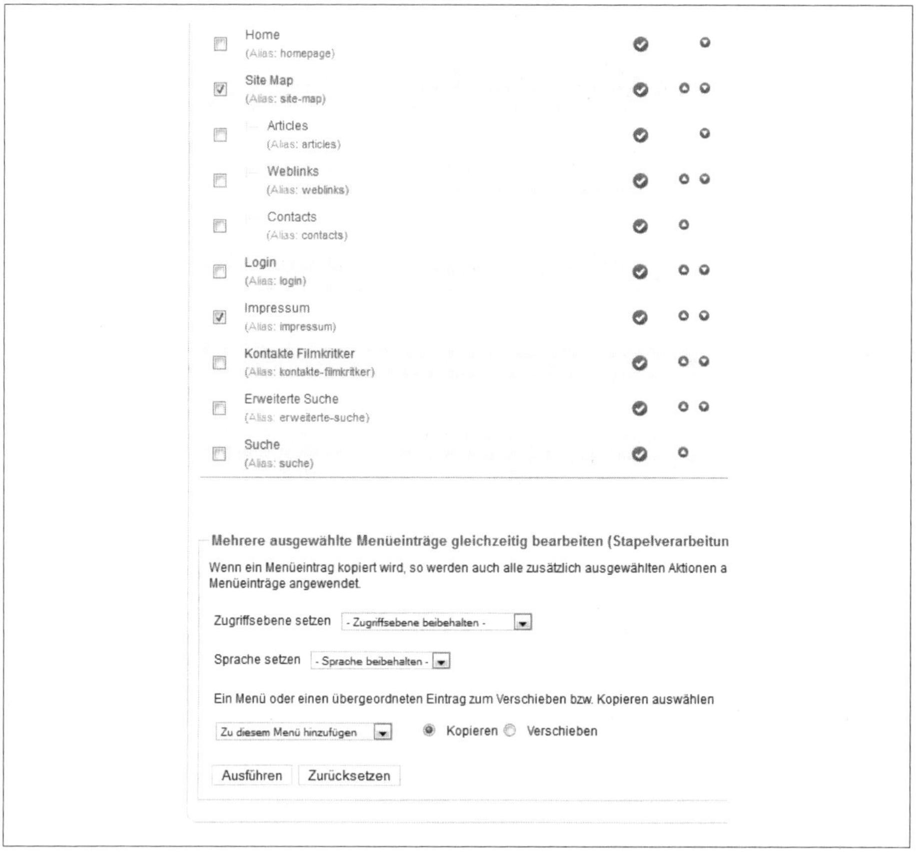

Abbildung 8-9: Die oben markierten Menüpunkte kopiert Joomla! gleich in das in der Ausklappliste gewählte Menü.

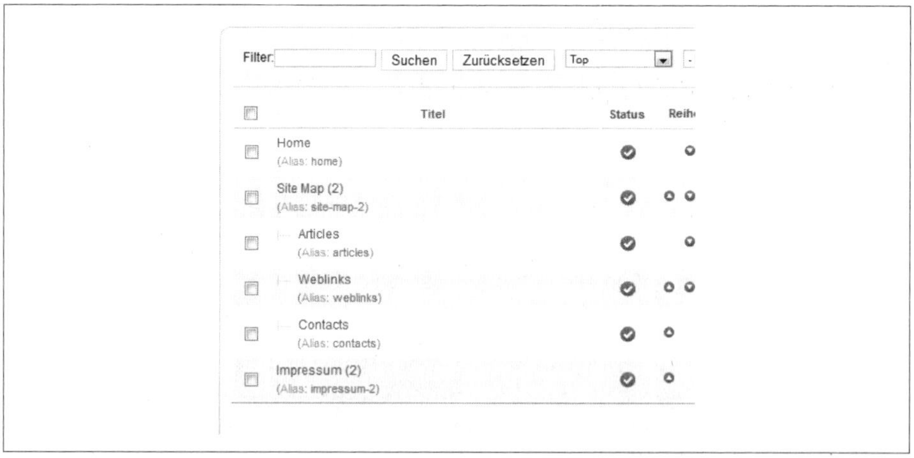

Abbildung 8-10: Kopierten Menüpunkten hängt Joomla! zur Unterscheidung eine Nummer an.

Da dies auf der Website später etwas unschön aussieht, müssen Sie den Titel der beiden Menüpunkte noch korrigieren. Dazu klicken Sie zunächst auf SITE MAP (2) und entfernen dann im Bearbeitungsbildschirm im Feld TITEL die störende (2). Übernehmen Sie die Änderungen via SPEICHERN & SCHLIEßEN, und wiederholen Sie das Verfahren für das IMPRESSUM (2).

Abschließend müssen Sie noch einmal kurz prüfen, ob die Reihenfolge der Menüpunkte stimmt. Besucher erwarten immer ganz links oben einen Knopf, mit dem sie zur Startseite zurückkehren können. Verschieben Sie daher gegebenenfalls die Zeile HOME über den kleinen, nach oben zeigenden blauen Pfeil in der Spalte REIHEN- FOLGE nach ganz oben (wenn die blauen Pfeile fehlen, klicken Sie einmal auf die Spaltenbeschriftung REIHENFOLGE).

Tipp   Als Faustregel gilt: Je wichtiger und bedeutender ein Menüeintrag ist, desto höher sollte er im Menü aufsteigen – beziehungsweise sollte er bei einem waagerechten Menü möglichst weit links erscheinen.

Betrachten Sie abschließend das Ergebnis in der VORSCHAU. Das waagerechte Menü sollte jetzt so wie in Abbildung 8-11 aussehen.

Abbildung 8-11:   Das umgestaltete waagerechte Menü

Spielen Sie hier auch ruhig einmal Besucher, und klicken Sie das IMPRESSUM im waagerechten und anschließend seinen Kollegen im THIS SITE-Menü an: Beide führen exakt zur selben Seite. Auf die SITE MAP kommt später noch einmal ein weiterer Abschnitt zurück (Abschnitt »Sitemap« in Kapitel 14, *Funktionsumfang erweitern* auf Seite 660).

Warnung   Nach dem Kopieren existieren zwei eigenständige und komplett voneinander unabhängige Menüpunkte. Wenn Sie also die Einstellungen eines der beiden Menüpunkte verändern, bleibt der andere so, wie er ist. Würden Sie also irgendwann einmal in der Zukunft den Menüeintrag IMPRESSUM im *This-Site*-Menü auf ein anderes Kontaktformular umbiegen, würde sein Kollege im waagerechten *Top*-Menü weiterhin zum alten führen (es sei denn, Sie ändern auch seine Einstellungen).

Joomla! kann allerdings auch *einen* Menüeintrag in mehreren Menüs auftauchen lassen. Um diesen sogenannten *Menüalias* kümmert sich gleich noch Abschnitt »Spezielle Menüpunkte«.

Wenn der Besucher eine Filmkritik liest und dann zu einem anderen Genre wechseln möchte, muss er erst wieder ZU DEN FILMKRITKEN wechseln und das entsprechende Genre auswählen. Praktischer wäre es, wenn im Menü KINO, FILM UND CO unterhalb von ZU DEN FILMKRITKEN passende Unterpunkte aufklappen würden, genau so wie in Abbildung 8-12. Der Besucher kann dann wesentlich schneller – nämlich mit nur einem einzigen Mausklick – zwischen den Genres hin und her springen.

Kino, Film und Co

       Zu den Filmkritiken

          Actionfilme

          Liebesfilme

          Komödien

       Lokale Veranstaltungen

       Blog

       Kino-Newsfeeds

       Weblinks

Abbildung 8-12:   Ein Menü mit Unterpunkten

Solche Unterpunkte haben zwei Vorteile:

- Wenn sie erst bei Bedarf aufklappen, bleibt das Menü weiterhin übersichtlich.
- Man kann die Gliederung des Internetauftritts auch im Menü widerspiegeln und so dem Besucher die Orientierung erleichtern.

Um das Ergebnis aus Abbildung 8-12 nachzubauen, müssen also drei weitere Menüpunkte her. Das gibt gleichzeitig die Gelegenheit, noch einmal einen genauen Blick auf das Erstellen eines Menüpunktes und die dabei kredenzten Einstellungen zu werfen.

Einen Menüeintrag anlegen

Um einen neuen Menüpunkt zu erstellen, klappen Sie zunächst im Hauptmenü des Administrationsbereichs das Menü MENÜS auf. Entscheiden Sie sich hier für das Menü, in dem der neue Eintrag auftauchen soll. Im Fall des Kinoportals ist dies das Menü, in dem auch der Menüpunkt *Zu den Filmkritiken* steckt, also das KINOPORTAL MENÜ (wenn Sie die Beispiele aus den vorherigen Abschnitten nicht nachvollzogen haben, können Sie auch einfach ein anderes Menü verwenden). Im neuen Fenster klicken Sie auf NEU in der Werkzeugleiste. Die Einrichtung des Menüpunktes erfolgt nun in mehreren, aufeinander aufbauenden Schritten.

Schritt 1: Festlegen des Menütyps

Im ersten Schritt klicken Sie auf AUSWÄHLEN rechts neben MENÜTYP und legen dann im neuen Fenster fest, auf was der neue Menüpunkt verweisen soll. Wie Abbildung 8-13 zeigt, können dies beispielsweise Bereiche, Kategorien, Kontakte, Umfrageergebnisse oder natürlich auch einzelne Beiträge sein.

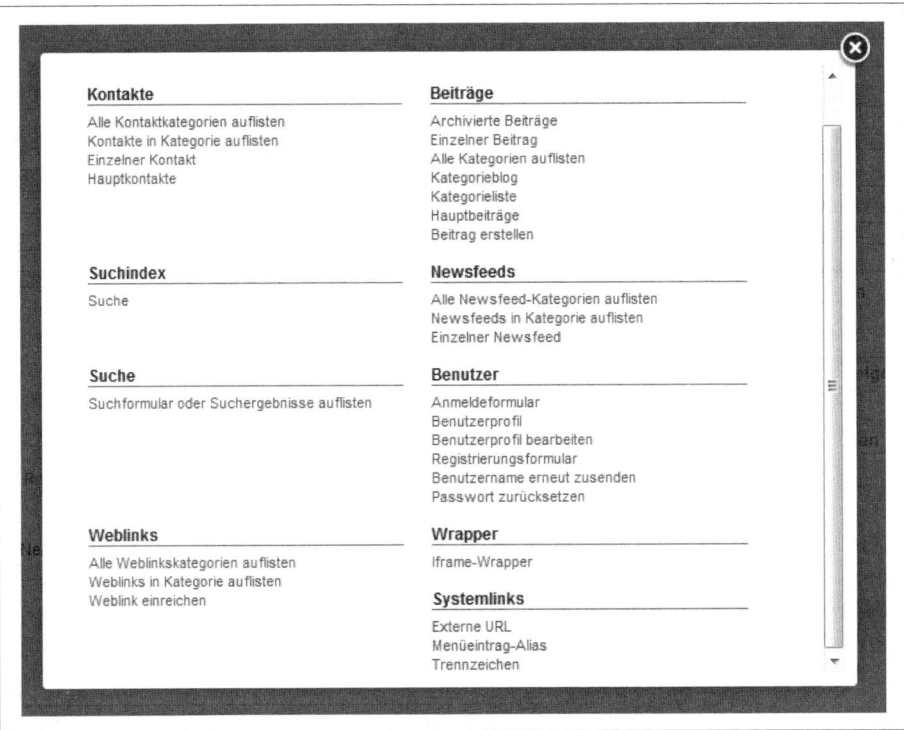

Abbildung 8-13: Ein Menüpunkt besitzt immer einen bestimmten Typ. Beim Erstellen eines neuen Eintrags muss man ihn in diesem Fenster festlegen.

Die Auswahl hier im ersten Schritt sagt noch nichts darüber aus, in welchem Menü der Menüpunkt später wo einsortiert wird oder welche Beschriftung er trägt, sondern nur, auf was er einmal verweist. Man könnte auch sagen, die hier in der Liste verfügbaren Wahlmöglichkeiten bestimmen den *Typ* des neuen Menüpunktes. Die formale, offizielle Bezeichnung dafür lautet *Menütyp*, teilweise trifft man auch auf den etwas sperrigeren Namen *Menüeintragstyp*.

Tipp   Falls Sie mit diesen Fachbegriffen nichts anfangen können, dürfen Sie sie auch getrost wieder vergessen. Merken Sie sich nur, dass Sie hier für den neuen Menüpunkt festlegen, auf was er später verweisen soll (ein Beitrag, die Übersichtsseite einer Kategorie, ein Kontaktformular, ...).

Wie Abbildung 8-13 zeigt, hat man dabei die Qual der Wahl: Für fast jeden Zweck existiert ein eigener Menütyp. Zur besseren Übersicht gruppiert Joomla! immerhin alle möglichen Punkte.

Bei den Einträgen taucht auch immer wieder der Begriff des *Blog* auf. Dieser hat nur in zweiter Linie etwas mit den elektronischen Tagebüchern zu tun, die sich derzeit im Internet großer Beliebtheit erfreuen. Hier wird dieser Begriff lediglich in Anlehnung an deren optischen Aufbau verwendet, wie in Abbildung 8-14 zu sehen ist.

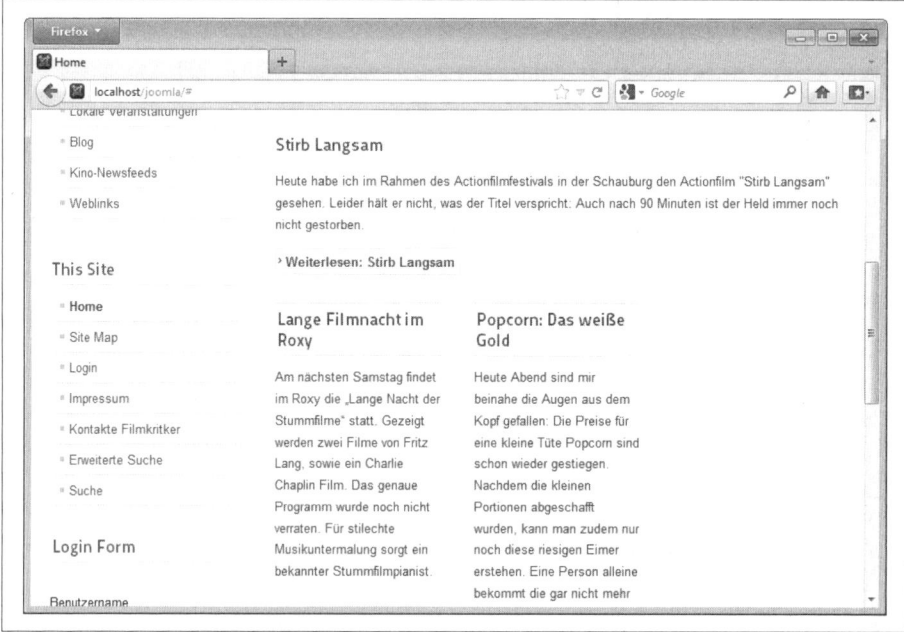

Abbildung 8-14: Wie dieses Beispiel einer Blog-Darstellung zeigt, können darin die Beiträge auch in Spalten erscheinen.

Die ansonsten übliche Standard-Darstellung als *Liste* sehen Sie in Abbildung 8-15.

Abbildung 8-15: Ein Beispiel für eine Listen-Darstellung (die eigentlich mehr eine Tabelle ist)

Wissen Sie schon, welche Art von Menüeintrag Sie anlegen wollen? Die folgenden Beschreibungen sollen Ihnen bei der Auswahl helfen (in alphabetischer Reihenfolge).

Beiträge

In dieser Rubrik finden Sie alle Menütypen, die in irgendeiner Weise mit den Beiträgen zusammenhängen:

Archivierte Beiträge
Führt zu einer Liste mit allen archivierten Beiträgen. Als Bonus ermöglicht die Zielseite eine Suche nach einem bestimmten Datum.

Einzelner Beitrag
Führt zu einem einzelnen Beitrag.

Alle Kategorien auflisten
Führt zu einer Liste mit allen oder einigen ausgewählten Kategorien.

Kategorieblog
Stellt die Beiträge einer Kategorie in Blog-Form dar (wie in Abbildung 8-14).

Kategorieliste
Stellt die Beiträge einer Kategorie in einer Liste zur Auswahl (wie in Abbildung 8-15).

Hauptbeiträge
Zeigt alle Hauptbeiträge in einer Blog-Darstellung an.

Beitrag erstellen
Führt zu einem Formular, über das Besucher einen neuen Beitrag zur Veröffentlichung einreichen können.

Für gewöhnlich muss ein Administrator oder Moderator anschließend den Beitrag zunächst begutachten und dann zur Veröffentlichung freischalten. Wie dieses Verfahren genau abläuft, zeigt das Kapitel 9, *Benutzerverwaltung und -kommunikation* zur Benutzerverwaltung.

Benutzer

Die Menütypen aus dieser Kategorie drehen sich um die Benutzerverwaltung (siehe auch Kapitel 9, *Benutzerverwaltung und -kommunikation*).

Tipp   Überlegen Sie sich, ob Sie überhaupt eine Benutzerverwaltung benötigen. Dies ist immer dann der Fall, wenn Sie bestimmte Seiten nur einem kleinen Besucherkreis zugänglich machen wollen oder wenn neben Ihnen noch weitere Personen den Inhalt der Homepage gestalten sollen. In allen anderen Fällen sollten Sie die Benutzerverwaltung deaktivieren und folglich auch keine entsprechenden Menüeinträge anbieten. Zum einen räumt dies etwas auf der Homepage auf, und zum anderen eliminieren Sie so ein potenzielles Einfallstor für Angreifer.

Insgesamt stehen folgende Ansichten zur Auswahl:

Anmeldeformular

Führt zu einem Bildschirm, über den sich registrierte Benutzer am System anmelden können. Sofern Sie bereits das entsprechende *Login Form*-Modul auf Ihrer Homepage verwenden, benötigen Sie einen derartigen Menüpunkt eigentlich nicht.

Benutzerprofil

Dieser Menüpunkt führt zum Benutzerprofil eines Besuchers, also quasi seinem Steckbrief.

Benutzerprofil bearbeiten

Der hierüber angelegte Menüpunkt führt zu einem Formular, in dem der registrierte Benutzer seine persönlichen Daten nachträglich ändern darf. Diese umfassen beispielsweise seinen Namen, seine E-Mail-Adresse oder sein Passwort.

Registrierungsformular

Führt zu einem Formular, über das Besucher ein Benutzerkonto beantragen oder sogar beschaffen können. Dieses Angebot ist nicht ganz risikolos, da sich ein böswilliger Besucher unter Umständen gleich mehrere Konten spendieren und damit Schindluder treiben könnte. Mehr zu dieser Problematik und möglichen Gegenmaßnahmen folgt in Kapitel 9, *Benutzerverwaltung und -kommunikation*.

Benutzername erneut zusenden

Hat ein registrierter Benutzer seinen Benutzernamen vergessen, können Sie ihm eine rettende Hand reichen: Der hierüber angelegte Menüpunkt führt auf ein spezielles Formular, auf dem ein vergesslicher Benutzer seine E-Mail-Adresse hinterlässt. Joomla! schickt ihm dann seinen Benutzernamen zu. Die E-Mail-Adresse muss dabei mit derjenigen identisch sein, die der Benutzer bei seiner Registrierung angegeben hat. Ein vergessenes Passwort kann er über diesen Punkt nicht anfordern. Sie erreichen die dahinter steckende Seite übrigens auch über den entsprechenden Link im *Login Form*.

Passwort zurücksetzen

Der hierüber angelegte Menüpunkt führt zu einem Formular, auf dem ein vergesslicher Benutzer ein neues Passwort anfordern kann. Sie erreichen dieses Formular übrigens auch über den entsprechenden Link im *Login Form*.

Kontakte

Um passende Ansprechpartner für die Sorgen und Nöte der Besucher kümmert sich die Komponente *Kontakte* (siehe Kapitel 6, *Komponenten – Nützliche Zusatzfunktionen*, im Abschnitt »Kontaktformulare« auf Seite 213). Sobald mindestens eine Kontaktperson existiert, führen die hierüber angelegten Menüpunkte direkt zu den entsprechenden Kontaktformularen. Dabei stehen folgende Ansichten bereit:

Alle Kontaktkategorien auflisten
Liefert eine Liste mit allen oder einigen ausgewählten Kontaktkategorien.

Kontakte in Kategorie auflisten
Stellt eine Liste mit allen Kontakten dar. Diese stammen dabei aus einer der vorhandenen Kontakt-Kategorien.

Einzelner Kontakt
Zeigt einen einzelnen Kontakt an.

Hauptkontakte
Listet alle als Hauptkontakte gekennzeichneten Kontakte auf.

Newsfeeds

Die hierüber angelegten Menüpunkte führen zu den mit der gleichnamigen Komponente verwalteten Newsfeeds (siehe Kapitel 6, *Komponenten – Nützliche Zusatzfunktionen*, im Abschnitt »Newsfeeds« auf Seite 237). Dabei stehen folgende Ansichten zur Auswahl:

Alle Newsfeed-Kategorien auflisten
Zeigt eine Liste mit allen oder einigen ausgewählten Newsfeed-Kategorien an.

Newsfeeds in Kategorie auflisten
Zeigt eine Liste mit allen Newsfeeds aus einer Newsfeed-Kategorie.

Einzelner Newsfeed
Zeigt den Inhalt eines Newsfeeds an.

Suche

Die mit dem Menütyp *Suchformular oder Suchergebnisse auflisten* angelegten Menüpunkte führen zu einem umfangreichen Suchformular. Ein derartiger Menüeintrag ist insbesondere bei großen, umfangreichen Internetauftritten ratsam. Bei kleinen Seiten reicht bereits das standardmäßig aktivierte Suchen-Feld rechts oben in der Seitenecke. Weitere Informationen rund um die Suchfunktion finden Sie in Kapitel 6, *Komponenten – Nützliche Zusatzfunktionen* im Abschnitt »Suchfunktion und Suchstatistiken«.

Suchindex

Ein Menüpunkt vom Typ *Suche* führt zu einem Suchformular, das die neue Suchfunktion *Smart Search* nutzt.

Systemlinks

Die Menüpunkte aus dieser Gruppe verweisen auf ein paar spezielle Ziele beziehungsweise Seiten:

Externe URL

Der hierüber angelegte Menüpunkt verweist auf eine externe Internetseite. Sobald der Besucher auf den neuen Menüeintrag klickt, leitet Joomla! ihn automatisch auf diese Homepage weiter.

<table>
<tr><td>X.X</td><td>**Version**</td><td>In Joomla! 1.5 gab es noch einen internen Link, der auf Seiten führte, die von Joomla! selbst stammten. Das Gleiche erreichen Sie aber auch über eine *externe URL*, die Sie einfach auf eine Seite in Ihrem Internetauftritt legen.</td></tr>
</table>

Menüeintrag-Alias

Ein solcher Menüpunkt zeigt auf einen anderen Menüpunkt. Der hierüber angelegte Eintrag verhält sich exakt wie sein Vorbild, er übernimmt sogar alle seine Einstellungen.

Trennzeichen

Ein derartiger Menüpunkt ist gar kein Menüpunkt, sondern nur ein lebloser Strich beziehungsweise ein Symbol oder Zeichen in einem Menü. Er dient dazu, die Menüs optisch etwas aufzulockern.

Weblinks

Die hierüber angelegten Menüpunkte führen zu den Weblinks, die über die gleichnamige Komponente angelegt wurden (siehe Kapitel 6, *Komponenten – Nützliche Zusatzfunktionen* im Abschnitt »Weblinks« auf Seite 263). Dabei stehen folgende Ansichten zur Verfügung:

Alle Weblinkskategorien auflisten

Zeigt eine Liste mit allen vorhandenen oder einigen ausgewählten Weblink-Kategorien.

Weblinks in Kategorie auflisten

Präsentiert in einer Liste alle Weblinks aus einer Weblink-Kategorie.

Weblink einreichen

Der hierüber angelegte Menüpunkt führt zu einem Formular, über das Besucher eigene Weblinks zur Veröffentlichung vorschlagen können.

Wrapper

Mit dem *Iframe Wrapper* binden Sie eine (externe) Internetseite in die eigene ein. Diese wird dabei in einem Bereich der eigenen Seite eingeblendet, der je nach gewählten Einstellungen noch mit Bildlaufleisten versehen wird (technisch gesehen erfolgt die Einbindung über den HTML-Befehl `iframe`).

Einige der vorgestellten Menütypen dürften Ihnen bereits aus den vorherigen Kapiteln bekannt vorkommen, auf einige andere kommen gleich noch die folgenden Abschnitte zurück. Um die teilweise etwas merkwürdigen Systemlinks kümmert sich beispielsweise Abschnitt »Spezielle Menüpunkte«.

Im Fall des Kinoportals muss zunächst ein Menüpunkt auf alle Actionfilm-Kritiken her. Mit anderen Worten: Der Eintrag soll zu einer Liste mit allen Filmkritiken aus der Kategorie *Actionfilme* führen. Passend wäre also der Menütyp KATEGORIELISTE, den Sie anklicken. Damit kehren Sie wieder in das große Formular zurück.

Schritt 2: Grundeinstellungen vornehmen

Sobald Sie sich für einen Menütyp entschieden haben, wenden Sie sich zunächst dem Bereich DETAILS auf der linken Seite zu (siehe Abbildung 8-16).

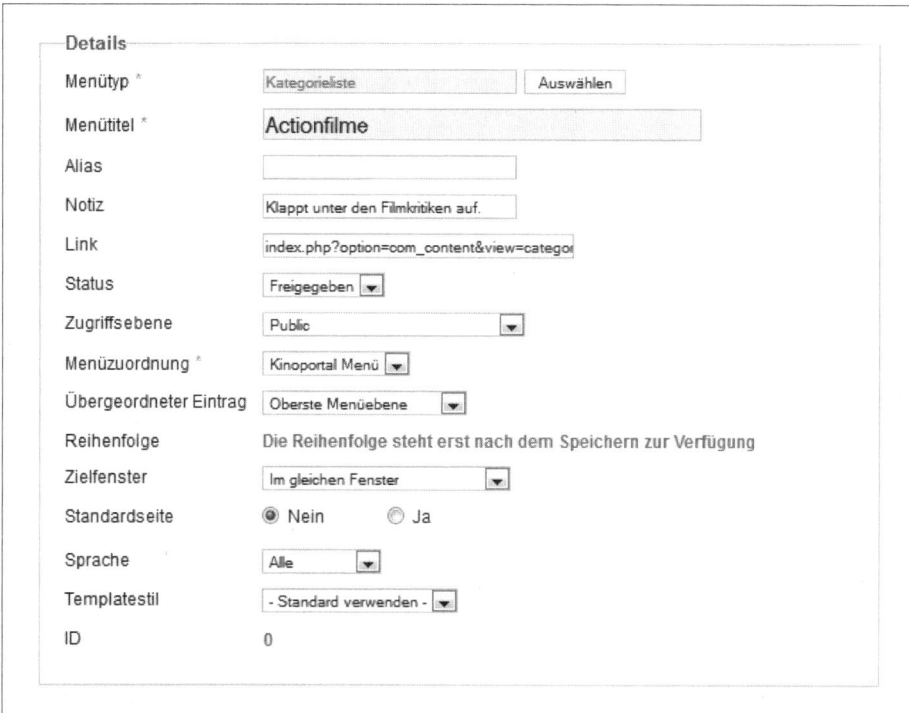

Abbildung 8-16:   Diese Grundeinstellungen sind für jeden Menütyp gleich.

Neben MENÜTYP steht noch einmal der Name des gewählten Typs. Per AUSWÄHLEN können Sie ihn jederzeit wechseln.

Warnung   Doch Vorsicht: Dabei gehen die Einstellungen auf der rechten Seite komplett verloren.

Darunter finden Sie einige weitere Grundeinstellungen, die für jeden Menüpunkt gleich sind:

MENÜTITEL

Zunächst gibt man dem neuen Menüeintrag unter MENÜTITEL einen neuen Namen. Dies ist auch gleichzeitig seine Beschriftung auf der Homepage. Für das Kinoportal-Beispiel wählen Sie `Actionfilme`.

ALIAS

Das Eingabefeld neben ALIAS verlangt wie immer nach einem alternativen Titel für interne Zwecke. Wenn Sie das Feld leer lassen, überlegt sich Joomla! selbst einen Titel.

NOTIZ

Hier können Sie eine kleine Notiz hinterlassen. Sie dient rein als Gedächtnisstütze und taucht später nur im Administrationsbereich auf. Im Fall des Kinoportals könnten Sie hier beispielsweise notieren: »`Klappt unter den Filmkritiken auf.`«

LINK

Im Feld neben LINK zeigt Joomla! die Internetadresse der Seite an, auf die der neue Menüpunkt führt. Bei internen Seiten wird der korrekte Verweis automatisch fest vorgegeben. Es gibt aber eine Ausnahme: Sofern Sie eine *Externe URL* anlegen (siehe vorheriger Abschnitt), gehört in dieses Feld die Internetadresse der externen Seite.

STATUS

Der Menüpunkt ist nur dann für die Besucher sichtbar, wenn STATUS auf FREIGEGEBEN steht. Um ihn vorübergehend von der Homepage zu nehmen, setzen Sie die Ausklappliste auf GESPERRT. Er ist dann übrigens auch nicht mehr für registrierte Besucher sichtbar.

ZUGRIFFSEBENE

Wer genau den Menüpunkt zu Gesicht bekommt, regelt die ZUGRIFFSEBENE. Mit den Standardeinstellungen sieht jeder Besucher den Menüpunkt und darf ihm folgen.

 Tipp   Man könnte ein ganzes Menü verstecken, indem man alle enthaltenen Punkte eines Menüs auf eine passende ZUGRIFFSEBENE setzt. Eine bessere Methode bietet jedoch der Umweg über ein neues Menü-Modul, auf das man dann den Zugriff mit den entsprechenden Methoden einschränkt. Weitere Informationen zu den Benutzerrechten liefert Kapitel 9, *Benutzerverwaltung und -kommunikation*, und mehr Informationen zu Modulen finden Sie in Kapitel 7, *Module – Die kleinen Brüder der Komponenten*.

MENÜZUORDNUNG

In dem hier gewählten Menü erscheint später der neue Menüpunkt auf der Website. Im Fall des Kinoportals ist hier schon seine korrekte Heimat in Form des KINOPORTAL MENÜS ausgewählt.

Tipp Beim Aufbau der Menüs sollten Sie sich an die Hierarchie halten, die Sie zu Beginn
des Kapitels »Inhalte verwalten« ausgetüftelt haben. Fassen Sie dabei (thematisch)
zusammengehörige Menüpunkte in jeweils einem eigenen Menü zusammen. Im
Kinoportal stecken beispielsweise derzeit alle Menüpunkte, die irgendwas mit Kritiken zu tun haben, gemeinsam im Menü KINOPORTAL MENÜ.

ÜBERGEORDNETER EINTRAG

Hierüber können Sie den Menüpunkt einem anderen unterordnen. Dazu folgt
in wenigen Zeilen etwas mehr.

REIHENFOLGE

Sobald Sie den Menüeintrag angelegt haben (zum Beispiel via SPEICHERN),
können Sie ihn hier an eine andere Position im Menü verschieben. Dazu stellen Sie in der Ausklappliste den Menüpunkt-Kollegen ein, *unter* dem der
Menüpunkt zukünftig erscheinen soll. Um den Menüpunkt an den oberen
Rand des Menüs zu verfrachten, wählen Sie – ERSTER –, ans Ende schiebt ihn
hingegen – LETZTER –.

ZIELFENSTER

Wenn ein Besucher später auf den Menüpunkt klickt, öffnet Joomla! die neue
Seite immer im gleichen Browserfenster. Sie können die Seite aber auch in
einem separaten Browserfenster anzeigen lassen. Dazu bietet Ihnen diese Ausklappliste gleich zwei Varianten: NEUES FENSTER MIT NAVIGATION öffnet die
Zielseite in einem normalen Browserfenster, während NEUES FENSTER OHNE
NAVIGATION ein neues Fenster ohne Symbolleisten erzwingt. Das normale Verhalten erhalten Sie mit der Einstellung IM GLEICHEN FENSTER.

Tipp Ein neues Fenster sollten Sie nur dann öffnen lassen, wenn die Zielseite nicht zum
Angebot der eigenen Homepage gehört. Andernfalls irritieren Sie den Besucher.

Wenn Sie jetzt verwirrt sind, belassen Sie diesen Punkt immer auf seiner Vorgabe.

STANDARDSEITE

Wenn STANDARDSEITE auf JA steht, ist die über den Menüpunkt erreichbare
Seite auch gleichzeitig die Startseite Ihres Internetauftritts. Sie trägt dann in der
Liste mit allen Menüpunkten das kleine gelbe Sternchen. Mehr zu diesem
Thema finden Sie im Abschnitt »Startseite festlegen« auf Seite 348.

SPRACHE

Bei einem mehrsprachigen Internetauftritt legen Sie hier fest, in welcher
Sprachfassung der Menüpunkt auftauchen soll. Sofern Sie nur einen einsprachigen Auftritt planen, behalten Sie hier die Vorgabe ALLE bei.

TEMPLATESTIL

Der über den Menüpunkt erreichbaren Seite können Sie hier eine ganz individuelle Optik überstülpen. Dazu wählen Sie aus der Liste einfach ein passendes

Template. Beachten Sie, dass einzelne Templates mehrere verschiedene Optiken mitbringen können. Diese erscheinen dann in der Ausklappliste unter dem kursiv gedruckten Template-Namen eingerückt.

⬛ **Warnung** Den hier gewählten Anstrich tragen unter Umständen auch alle weiteren Unterseiten, die über diesen Menüpunkt erreichbar sind. Sofern Sie einzelnen Seiten ein anderes Template zugewiesen haben, sollten Sie anschließend die Seiten unbedingt in der VORSCHAU kontrollieren.

Wenn Sie in der Ausklappliste – STANDARD ANWENDEN – beibehalten, nutzt die Seite das systemweit gültige Template. Sofern Sie Ihrem Internetauftritt ein einheitliches Aussehen verpassen wollen, ist dies somit genau die richtige Einstellung – wie auch im Beispiel des Kinoportals. Weitere Informationen zu den Templates finden Sie in Kapitel 13, *Templates*.

Im Kinoportal wählen Sie für den Menüpunkt, der zu den Actionfilmen führt, die Einstellungen aus Abbildung 8-16.

Schritt 3: Menüeinträge hierarchisch ordnen

Im Moment tummelt sich der neue Menüpunkt noch gleichberechtigt neben allen anderen Einträgen. Er lässt sich aber auch einem Kollegen unterordnen. Auf diese Weise entsteht ein Untermenü, wie Sie es auch aus dem Hauptmenü eines normalen Anwendungsprogramms kennen. Die Abbildungen 8-17, 8-18 und 8-19 zeigen dazu ein kleines Beispiel.

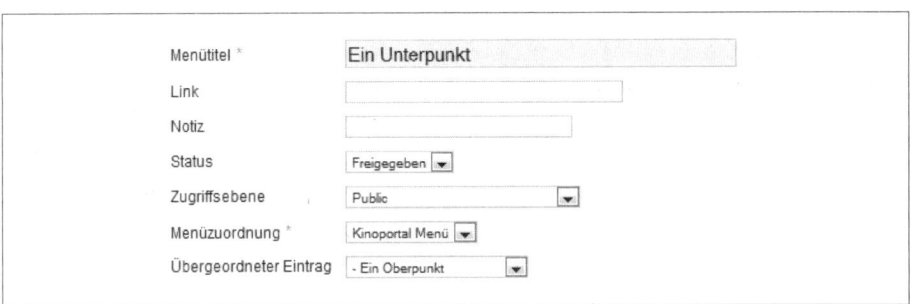

Abbildung 8-17: Der neue Menüpunkt namens »Ein Unterpunkt« erscheint mit diesen Einstellungen ...

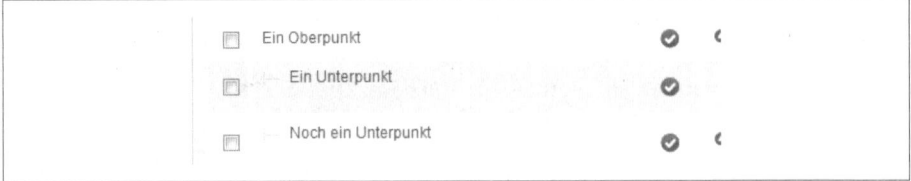

Abbildung 8-18: ... eine Hierarchieebene tiefer in der Menü-Verwaltung ...

Abbildung 8-19: ... und schließlich so auf der Homepage.

Mit solchen Untermenüs lässt sich auch die Struktur des Internetauftritts abbilden und so gleichzeitig die Übersicht für den Betrachter verbessern. Letzteres ist insbesondere bei besonders vielen Menüpunkten hilfreich.

Tipp Behalten Sie dabei jedoch die Verschachtelungstiefe im Auge. Bei mehr als drei Gliederungsebenen (also einem Unter-Unter-Untermenü) geht die Übersicht für Besucher schnell wieder verloren. In solch einem Fall sollten Sie überlegen, ob Sie Ihren Internetauftritt nicht besser anders strukturieren.

Im Kinoportal soll der gerade entstehende Menüpunkt, der zu den Actionfilmen führt, ein Unterpunkt des Eintrags ZU DEN FILMKRITIKEN werden.

Dazu wählen Sie in der Liste hinter ÜBERGEORDNETER EINTRAG den Menüpunkt, dem sich der gerade hier bearbeitete unterordnen soll.

Für das Kinoportal wählen Sie hier also ZU DEN FILMKRITIKEN. Damit wird der Menüpunkt zu den Actionfilmen sein Unterpunkt.

Falls in der Ausklappliste OBERSTE MENÜEBENE eingestellt ist, erscheint der neue Menüpunkt auf gleicher Augenhöhe mit seinen restlichen Kollegen.

Tipp Beim Aufbau einer Menühierarchie sollten Sie sich an der bereits zu Beginn des Kapitels »Inhalte verwalten« festgelegten Struktur Ihrer Homepage orientieren. Damit finden sich die späteren Besucher schneller auf Ihrer Homepage zurecht.

Schritt 4: Typabhängige Einstellungen vornehmen

Auf den Registern im rechten Teil des Formulars finden Sie noch eine mehr oder weniger üppige Auswahl weiterer Einstellungen. Welche genau das sind, hängt vom gewählten Menütyp ab. Die meisten Einstellungen sind optional und bereits

mit sinnvollen Werten bestückt – mit Ausnahme derer auf dem Register ERFOR-
DERLICHE EINSTELLUNGEN. Dorthinein sollten Sie immer zumindest einen prüfen-
den Blick werfen.

 Im Kinoportal wurde der Menütyp *Kategorieliste* gewählt. Der neue Menüpunkt
führt damit zu einer Auswahl aller Beiträge in einer Kategorie. Um welche es sich
dabei handelt, legen Sie unter KATEGORIE AUSWÄHLEN fest. Der neue Menüpunkt
soll auf die ACTIONFILME zeigen, folglich wählen Sie hier die gleichnamige Kategorie (siehe Abbildung 8-20).

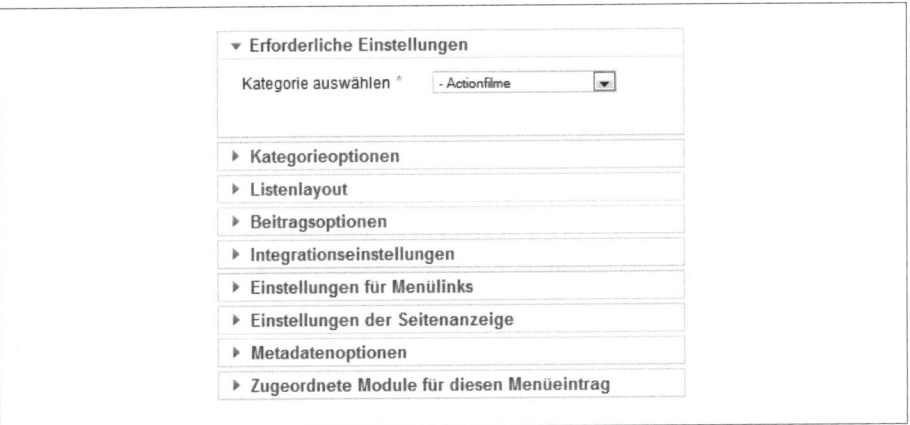

Abbildung 8-20: Das Register ERFORDERLICHE EINSTELLUNGEN hält wichtige, vom Menütyp abhängige Einstellungen bereit. Im
Fall der Kategorieliste ist eine passende Kategorie auszuwählen.

Alle vom Menütyp abhängigen Einstellungen wurden bereits in den zugehörigen
Kapiteln angesprochen. Tabelle 8-1 gibt noch einmal einen kurzen Überblick, auf
welcher Seite Sie bei welchem Menütyp nachschlagen müssen.

 Für das aktuelle Kinoportal-Beispiel müssen Sie jetzt nicht extra zurückblättern. Bis
auf zwei kleine Ausnahmen können Sie alle Einstellungen auf ihren voreingestellten
Werten belassen. Setzen Sie lediglich auf dem Register KATEGORIEOPTIONEN die
Punkte KATEGORIETITEL und KATEGORIEBESCHREIBUNG auf ANZEIGEN.

Tabelle 8-1: Vom Menütyp abhängige Einstellungen und wo ihre jeweilige Erklärung zu finden ist

Menütyp	Kapitel	Seite
Beiträge		
Archivierte Beiträge	4, *Inhalte verwalten*, Abschnitt »Archivieren«	181
Einzelner Beitrag	4, *Inhalte verwalten*, Abschnitt »Einzelner Beitrag«	171
Alle Kategorien auflisten	4, *Inhalte verwalten*, Abschnitt »Alle Kategorien auflisten«	152
Kategorieblog	4, *Inhalte verwalten*, Abschnitt »Kategorieblog«	165

Tabelle 8-1: Vom Menütyp abhängige Einstellungen und wo ihre jeweilige Erklärung zu finden ist (Fortsetzung) (Fortsetzung)

Menütyp	Kapitel	Seite
Kategorieliste	4, *Inhalte verwalten*, Abschnitt »Kategorieliste«	157
Hauptbeiträge	4, *Inhalte verwalten*, Abschnitt »Hauptbeiträge und die Startseite«	179
Beitrag erstellen	9, *Benutzerverwaltung und -kommunikation*, Abschnitt »Beiträge und Weblinks einreichen«	425
Benutzer		
Anmeldeformular	9, *Benutzerverwaltung und -kommunikation*, Abschnitt »An- und Abmeldeformular«	421
Benutzerprofil	9, *Benutzerverwaltung und -kommunikation*, Abschnitt »Benutzerprofil«	424
Benutzerprofil bearbeiten	9, *Benutzerverwaltung und -kommunikation*, Abschnitt »Benutzerprofil«	424
Registrierungsformular	9, *Benutzerverwaltung und -kommunikation*, Abschnitt »Registrierungsformular«	416
Benutzername erneut zusenden	9, *Benutzerverwaltung und -kommunikation*, Abschnitt »Vergessene Benutzernamen und Passwörter«	423
Passwort zurücksetzen	9, *Benutzerverwaltung und -kommunikation*, Abschnitt »Vergessene Benutzernamen und Passwörter«	423
Kontakte		
Alle Kontaktkategorien auflisten	6, *Komponenten – Nützliche Zusatzfunktionen*, Abschnitt »Kontakte mit einem Menüpunkt verbinden«	229
Kontakte in Kategorie auflisten	6, *Komponenten – Nützliche Zusatzfunktionen*, Abschnitt »Kontakte mit einem Menüpunkt verbinden«	229
Einzelner Kontakt	6, *Komponenten – Nützliche Zusatzfunktionen*, Abschnitt »Einen einzelnen Kontakt in das Menü einbinden«	234
Hauptkontakte	6, *Komponenten – Nützliche Zusatzfunktionen*, Abschnitt »Hauptkontakte«	236
Newsfeeds		
Alle Newsfeed-Kategorien auflisten	6, *Komponenten – Nützliche Zusatzfunktionen*, Abschnitt »Alle Newsfeed-Kategorien auflisten«	250
Newsfeeds in Kategorie auflisten	6, *Komponenten – Nützliche Zusatzfunktionen*, Abschnitt »Newsfeeds in Kategorie auflisten«	248
Einzelner Newsfeed	6, *Komponenten – Nützliche Zusatzfunktionen*, Abschnitt »Einzelner Newsfeed«	251
Suche		
Suchformular oder Suchergebnisse auflisten	6, *Komponenten – Nützliche Zusatzfunktionen*, Abschnitt »Suchformular in ein Menü einbinden«	254
Suchindex		
Suche	6, *Komponenten – Nützliche Zusatzfunktionen*, Abschnitt »Suchindex (Smart Search)«	255

Ist bei einer Einstellung der Punkt GLOBALE EINSTELLUNG ausgewählt, so verwendet das Content-Management-System einfach die systemweit vorgegebenen Werte. Diese verbergen sich hinter der Schaltfläche OPTIONEN, die Sie wiederum in der entsprechenden Listenansicht im Administrationsbereich erreichen. Beispielsweise stecken alle Vorgaben für die Beiträge hinter INHALT → BEITRÄGE, die Grundeinstellungen für die Kontaktformulare hingegen unter KOMPONENTEN → KONTAKTE.

Schritt 5: RSS-Feeds aktivieren (Integrationseinstellungen)

Es gibt allerdings auch ein paar Register, die bei fast allen oder sogar jedem Menütyp auftauchen. Auf ihnen können Sie noch ein paar pfiffige Spezialfunktionen aktivieren beziehungsweise abschalten, weshalb sie eine besondere Beachtung verdienen.

Eines dieser Register hört auf den Namen INTEGRATIONSEINSTELLUNGEN (siehe Abbildung 8-21). Auf ihm können Sie festlegen, ob Joomla! für die über den Menüpunkt erreichbaren Webseiten einen Newsfeed erstellen und anbieten soll.

Abbildung 8-21: Hier regeln Sie, ob Joomla! für die erreichbare Seite einen Newsfeed erstellen soll und wenn ja, welche Informationen dieser enthält.

Dies ist standardmäßig der Fall, Sie können also in Ihrem Browser jede von Joomla! ausgelieferte Seite als Newsfeed abonnieren. Wie das funktioniert, hängt von Ihrem Browser ab. Unter Firefox finden Sie beispielsweise die entsprechende Funktion im LESEZEICHEN-Menü (DIESE SEITE ABONNIEREN). Viele Browser zeigen in der Adressleiste auch ein kleines, orangefarbenes Symbol an.

Tipp Damit der Besucher überhaupt erfährt, dass es einen Newsfeed gibt, sollten Sie ein Modul vom Typ *Syndication Feeds* aktivieren und auf allen passenden Seiten platzieren (siehe auch Kapitel 7, *Module – Die kleinen Brüder der Komponenten*).

Joomla! packt in den Newsfeed immer alle Inhalte der jeweiligen Seite. Damit der Feed nicht aus allen Nähten platzt, übernimmt Joomla! von Beiträgen immer nur den Einleitungstext. Möchten Sie dennoch den kompletten Beitrag im Newsfeed ausliefern, stellen Sie FÜR JEDEN FEEDEINTRAG auf GESAMTER TEXT.

Möchten Sie schließlich verhindern, dass Joomla! einen Newsfeed für die über diesen Menüpunkt erreichbaren Seiten erzeugt, setzen Sie den Punkt FEEDLINK ANZEIGEN auf VERBERGEN.

Tipp Lassen Sie im Zweifelsfall hier die Einstellungen auf Ihren Standardwerten.

Für das Beispiel im Kinoportal übernehmen Sie hier die Voreinstellungen (und lassen somit Joomla! den Feed für die Unterseiten generieren).

Schritt 6: An der Optik drehen (Einstellungen für Menülinks)

Auf dem Register LINKTYPOPTIONEN ist ein Punkt ganz besonders interessant: BILD ZUM LINK ordnet dem Menüpunkt ein (kleines) Bild zu. Letzteres erscheint dann auf der Homepage immer neben der Beschriftung des Menüpunktes (siehe Abbildung 8-22).

Tipp In der Regel wählt man kein größeres Foto, sondern ein kleines Symbol. Beispielsweise ziert häufig ein kleines Häuschen den Menüpunkt zur Startseite (Home).

Abbildung 8-22: Hier wurde dem Verweis auf das Blog eine verkleinerte Variante der Kugelschreiber zugewiesen (Sie finden sie auch auf der CD im Verzeichnis »Kapitel8«).

Die Besucher können sowohl das Bild als auch die Beschriftung des Menüpunktes anklicken, um zur gewünschten Seite zu gelangen. Um einem Menüeintrag ein Bild zu verpassen, klicken Sie auf AUSWÄHLEN, woraufhin sich die bekannte Mini-Ausgabe der Medienverwaltung meldet (in ihr klicken Sie im oberen Bereich das Bild an und wählen EINFÜGEN, weitere Informationen finden Sie in Kapitel 5, *Medien verwalten*). Um ein zugewiesenes Bild wieder loszuwerden, klicken Sie einmal auf LEEREN.

Häufig sieht es etwas unschön aus, wenn der Menüpunkt wie in Abbildung 8-22 sowohl ein Bild als auch eine Beschriftung trägt. Zudem irritiert es den Besucher: Soll er jetzt den Text anklicken oder das Bild oder gar beides? Aus diesem Grund können Sie die Beschriftung abschalten, indem Sie MENÜTITEL HINZUFÜGEN auf NEIN setzen.

 **Tipp**   Mischen Sie möglihst nie Text und Bild, sondern ersetzen Sie entweder *alle* Menüpunkte eines Menüs durch Bilder oder bleiben Sie bei einer reinen Beschriftung.

 Für den neuen Menüpunkt im Kinoportal ist kein Bild notwendig, übernehmen Sie daher hier die Voreinstellungen.

Den Text im Feld TITLE-ATTRIBUTE FÜR MENÜLINKS zeigen viele Browser später als kleinen Tooltip an, wenn der Besucher mit dem Mauszeiger auf den Menüpunkt fährt. Sofern aus der Beschriftung nicht schon hervorgeht, wohin der Menüpunkt führt, sollten Sie hier eine kurze Erläuterung hinterlassen. (Unter der Haube packt Joomla! den Text aus dem Feld TITLE-ATTRIBUTE FÜR MENÜLINKS in das HTML-Attribut title und takkert es an den Link, der den Menüpunkt repräsentiert.)

Das Eingabefeld CSS-STYLE FÜR LINKS richtet sich schließlich primär an Template-Programmierer. Tatsächlich ist ein Menüpunkt später in der ausgelieferten Seite nichts anderes als ein normaler Link. Diesen kann man im Template mit einem speziellen CSS-Stil formatieren. Seinen Namen muss man lediglich in dieses Feld eintippen, woraufhin Joomla! ihn später automatisch auf diesen Menüpunkt anwendet. Genau wie im Kinoportal können Sie dieses Feld normalerweise leer lassen.

Schritt 7: Seitentitel verändern

Wenn Sie in der VORSCHAU einen Blick auf die Titelleiste beziehungsweise die Registerlasche Ihres Browsers werfen, so steht dort immer der Titel der aktuell angezeigten Seite. Auf dem Register EINSTELLUNGEN DER SEITENANZEIGE können Sie diese Beschriftung gegen eine eigene austauschen.

Dazu tragen Sie die neue Beschriftung einfach unter SEITENTITEL IM BROWSER ein. Das Ergebnis veranschaulichen Abbildung 8-23 und 8-24.

Joomla! ersetzt den Seitentitel allerdings nur auf der direkt über den Menüpunkt erreichbaren Seite.

 Warnung   Auch Suchmaschinen orientieren sich an diesem Seitentitel. Wenn Sie ihn anders wählen, sollten Sie ihn möglichst weise vergeben.

Abbildung 8-23: Der hier eingegebene Text ...

Abbildung 8-24: ... erscheint später als Register-Beschriftung beziehungsweise in der Titelleiste im Browser (hier am Beispiel von Firefox 10).

Stellen Sie zusätzlich noch SEITENTITEL ANZEIGEN auf JA, erscheint der BROWSER SEITENTITEL auch noch einmal als Überschrift auf der Seite (wie in Abbildung 8-25).

Abbildung 8-25: Auf Wunsch blendet Joomla! den Seitentitel auch noch einmal dick und fett auf der entsprechenden Webseite ein.

Im Feld SEITENÜBERSCHRIFT können Sie wiederum auch noch diesen Überschrifttext austauschen. Die Auswirkungen zeigen die Abbildungen 8-26 und 8-27.

Abbildung 8-26:   Diese Einstellungen ...

Abbildung 8-27:   ... führen zu diesem Ergebnis. Beachten Sie die Beschriftung der Registerlasche und der Seite.

Das letzte Eingabefeld SEITENKLASSE auf dem Register EINSTELLUNGEN DER SEITENANZEIGE richtet sich schließlich wieder an Template-Entwickler. Den hier eingetragenen CSS-Klassennamen tackert Joomla! an alle Elemente der über den Menüpunkt erreichbaren Seite. Damit lässt sich dieser Seite eine ganz spezielle Optik zuweisen (mehr zu diesem Thema erfahren Sie in Kapitel 13, *Templates*).

Im Kinoportal haben Sie bereits im vorletzten Abschnitt den Kategorientitel und die Kategorienbeschreibung eingeblendet. Ein zusätzlicher Titel beziehungsweise eine zusätzliche Überschrift ist somit nicht notwendig. Lassen Sie daher alle Eingabefelder leer.

Schritt 8: Metadaten ergänzen

Abschließend können Sie in der über den Menüpunkt erreichbaren Seite noch ein paar Meta-Informationen verstecken. Diese Informationen sollen vor allem Suchmaschinen etwas unter die Arme greifen. Die entsprechenden Einstellungen finden Sie auf dem Register METADATENOPTIONEN und sollten bereits aus den vorherigen Kapiteln bekannt sein:

META-BESCHREIBUNG

Hier hinterlassen Sie für Google und Co eine kurze Beschreibung der Seiteninhalte, wie beispielsweise `Kritiken zu Filmen aus dem Action-Genre`.

META-SCHLÜSSELWORTE

Diese Beschreibung ergänzen ein paar passende META-SCHLÜSSELWORTE. Im Kinoportal könnten Sie beispielsweise `Kritiken, Action, Filme` wählen. Die einzelnen Wörter trennen Sie jeweils durch Kommata.

ROBOTS

Mit der Ausklappliste ROBOTS legen Sie fest, ob die Suchmaschinen überhaupt die Seite betreten (ein Punkt mit INDEX) und den Links darauf folgen dürfen (ein Punkt mit FOLLOW). NOINDEX und NOFOLLOW verbieten hingegen die jeweilige Aktion.

SSL-SICHERHEIT

Wenn Sie diesen Punkt auf AN setzen, können die Besucher die Seite hinter dem Menüpunkt nur noch über eine verschlüsselte Verbindung erreichen. Dies klappt allerdings nur, wenn auch der Webserver solche Verbindungen nach dem SSL-Verfahren akzeptiert. (Informationen hierzu liefert Ihnen das Handbuch zu Ihrem Webserver beziehungsweise Ihr Webhoster.)

Schritt 9: Menüpunkt erzeugen

Abschließend gibt es noch das Register mit dem sperrigen Namen ZUGEORDNETE MODULE FÜR DIESEN MENÜEINTRAG. Es listet schlichtweg alle Module auf, die später auf der Seite hinter dem Menüpunkt zu sehen sein werden. Das sind genau diejenigen, die in der Spalte ANZEIGE ein JA tragen. Mit einem Klick auf einen Modulnamen können Sie auch schnell dessen Einstellungen hier vor Ort ändern, Sie müssen also nicht extra erst in die Modulverwaltung wechseln.

Für das Kinoportal sind damit alle Informationen beisammen. Legen Sie den Menüpunkt via SPEICHERN & SCHLIEßEN an, und betrachten Sie das Ergebnis in der VORSCHAU: Sobald Sie auf ZU DEN FILMKRITIKEN klicken, klappt der Unterpunkt ACTIONFILME auf (siehe Abbildung 8-28).

Erstellen Sie jetzt auf die gleiche Weise noch zwei weitere Menüpunkte: einen, der zu den Liebesfilmen führt, und einen weiteren zu den Komödien: Nach einem Klick auf NEU wählen Sie per AUSWÄHLEN den Menütyp KATEGORIELISTE, tragen als MENÜTI-

Abbildung 8-28: Der untergeordnete Menüpunkt

TEL **Liebesfilme** ein, setzen ÜBERGEORDNETER EINTRAG auf ZU DEN FILMKRITIKEN,
setzen auf dem Register ERFORDERLICHE EINSTELLUNGEN die Ausklappliste KATEGO-
RIE AUSWÄHLEN auf die Kategorie LIEBESFILME und stellen in den KATEGORIEOPTIO-
NEN den KATEGORIETITEL und die KATEGORIEBESCHREIBUNG auf ANZEIGEN. Nach
dem SPEICHERN & SCHLIEẞEN wiederholen Sie die Prozedur für die Komödien. Mit
einem Blick in die VORSCHAU sehen Sie dann das Menü aus Abbildung 8-29 (und
damit das ursprünglich angepeilte Ergebnis aus Abbildung 8-12).

Abbildung 8-29: Das fertige Kinoportal-Menü

Schritt 10: Das Verhalten des Untermenüs steuern

Standardmäßig bekommen Besucher die Unterpunkte erst zu Gesicht, wenn sie ZU DEN FILMKRITIKEN, also den Oberpunkt, anklicken. Alternativ können Sie aber auch alle Unterpunkte direkt einblenden. Dazu müssen Sie allerdings in die Einstellungen des entsprechenden Moduls wechseln – denn das ist für die Anzeige des Menüs verantwortlich.

Im Kinoportal müssten Sie folglich ERWEITERUNGEN → MODULE aufrufen, dann in der Liste KINO, FILM UND CO aufspüren und anklicken.

In den BASISOPTIONEN können Sie jetzt dauerhaft alle UNTERMENÜEINTRÄGE ANZEIGEN lassen, indem Sie JA aktivieren.

Die beiden Punkte darüber werden jetzt ebenfalls interessant. In Abbildung 8-29 gibt es zwei Gliederungsebenen: einmal die Hauptpunkte (ZU DEN FILMKRITIKEN) und dann die Unterpunkte (ACTIONFILME etc). Mit LETZTE EBENE bestimmen Sie, bis zu welcher Gliederungsebene Joomla! Unterpunkte anzeigen soll. Setzen Sie die Liste beispielsweise auf 1, verschwinden die Menüpunkte zu den Actionfilmen, Liebesfilmen und Komödien, da sie sich allesamt auf der zweiten Gliederungsebene befinden. Der Besucher hat dann auch keine Möglichkeit mehr, an sie heranzukommen.

Analog können Sie mit der Ausklappliste darüber die ERSTE EBENE bestimmen, die das Menü anzeigen soll. Setzen Sie die Liste beispielsweise auf 2, zeigt das Menü nur noch die drei Untermenüpunkte (ACTIONFILME, LIEBESFILME UND KOMÖDIEN) an.

Mit einer geschickten Wahl von ERSTE und LETZTE EBENE lässt sich ein Menü basteln, das nur aus ganz bestimmten Unterpunkten besteht.

Tipp   Wenn Sie das verwirrt, bauen Sie sich probeweise ein relativ tief verschachteltes Menü und experimentieren dann hier mit verschiedenen Einstellungen.

Im Kinoportal nehmen Sie hier keine Änderungen vor. Damit bleibt das Menü schön übersichtlich und schlank.

Spezielle Menüpunkte

Normalerweise führt ein Menüpunkt immer auf eine Seite mit Inhalten, wie zu einer Filmkritik, einem Kontaktformular oder einer Linksammlung. Joomla! kennt aber auch noch ein paar ganz spezielle Menütypen.

Externe URL

Sobald das Kinoportal einen größeren Bekanntheitsgrad erreicht, sind Kooperationen mit anderen Filmfans nicht auszuschließen. Beispielsweise könnte man eine Partnerschaft mit dem Betreiber einer Seite über Filmmusik eingehen. In diesem Fall ist es üblich, dass man über einen Link auf die Partner-Homepage verweist.

Nun könnte man für diesen einen Link eine neue Weblink-Kategorie anlegen, dann darin einen Weblink auf die befreundete Seite ablegen und schließlich einen Menüpunkt auf die Weblink-Kategorie setzen. Das alles ist nicht nur umständlich, der Besucher steht auch vor einer fast leeren Weblink-Kategorie.

Glücklicherweise kann Joomla! einen Menüpunkt direkt auf eine externe Internetseite zeigen lassen. Genau eine solche Verknüpfung soll nun im Hauptmenü auftauchen.

Tipp	Hinter einem Menüeintrag steckt nichts anderes als ein Verweis auf eine Internetseite. Dies kann eine von Joomla! bereitgestellte Unterseite oder aber, wie jetzt gerade im Kino-Beispiel, eine externe Internetseite sein. Umgekehrt können Sie mit der folgenden Methode auch einen Menüpunkt auf eine beliebige Unterseite Ihres eigenen Internetauftritts anlegen.
Warnung	Bei Verweisen auf externe Seiten ist jedoch Vorsicht geboten: In erster Linie dienen Menüs zur Navigation im eigenen Internetauftritt. Aus diesem Grund sollten Menüeinträge, die auf externe Seiten verweisen, immer gesondert, am besten in einem eigenen Menü erscheinen. Andernfalls läuft man Gefahr, den Besucher zu verwirren.

Erstellen Sie zunächst wie gewohnt einen neuen Menüeintrag, im Kinoportal-Beispiel also über MENÜS → MAIN MENU → NEUER MENÜEINTRAG. Als MENÜTYP wählen Sie die EXTERNE URL ganz rechts unten im Bereich SYSTEMLINKS.

Vergeben Sie jetzt einen MENÜTITEL, im Beispiel etwa **Partnerseite Filmmusik**, und tragen Sie dann unter LINK die Internetadresse ein (achten Sie auch noch einmal darauf, dass MENÜZUORDNUNG auf MAIN MENU steht). Für das Kinoportal könnten Sie hier beispielsweise *http://www.filmmusik.uni-kiel.de* verwenden. Klickt der Besucher später den Menüpunkt an, landet er dann automatisch auf den Seiten der *Kieler Gesellschaft für Filmmusikforschung*.

Die übrigen Einstellungen können Sie nun noch nach Lust und Laune beziehungsweise nach Ihren Anforderungen zurechtbiegen.

Warnung	Standardmäßig öffnet Joomla! die externe Homepage im gleichen Browser-Fenster, sie verdrängt also Ihren eigenen Internetauftritt. Um das zu ändern, müssen Sie ein anderes ZIELFENSTER auswählen. Ein neues Fenster könnte allerdings die Besucher irritieren: Diese sind normalerweise überrascht, wenn nach einem Klick auf einen Menüpunkt plötzlich ein neues Fenster erscheint.

Jetzt müssen Sie nur noch Ihre Einstellungen SPEICHERN & SCHLIEßEN. Den Menüpunkt zur Kieler Gesellschaft für Filmmusikforschung finden Sie jetzt in der VORSCHAU im Menü *This Site*.

Menüeintrag-Alias

In der Praxis kommt es häufig vor, dass mehrere Menüeinträge auf ein und dieselbe Seite zeigen. Paradebeispiel ist das Impressum: Zu ihm führen meistens ein Menüpunkt am oberen Seitenrand sowie ein zweiter in einem Hauptmenü oder ein ganz kleiner Verweis am unteren Seitenrand.

Wenn Sie dem Abschnitt »Menüeinträge kopieren« auf Seite 353 gefolgt sind, ist dies auch im Kinoportal der Fall: Zum Impressum gelangen Sie einmal über das Menü *This Site* und einmal über einen Knopf im waagerechten Menü am oberen Rand.

Auf den ersten Blick scheint das kein großes Problem zu sein: Man legt einfach nacheinander mehrere Menüpunkte an und lässt sie jeweils auf den gleichen Beitrag beziehungsweise das gleiche Kontaktformular zeigen (siehe Abbildung 8-30). Dummerweise regeln in Joomla! die Menüpunkte, wie die darüber erreichbare Seite aussieht. Sobald man die Einstellungen eines der Menüpunkte ändert, müsste man auch alle anderen anpassen.

Tipp

Wenn Sie die Beispiele aus den vorherigen Abschnitten nachvollzogen haben, probieren Sie das einmal im Kinoportal aus: Wechseln Sie im Administrationsbereich zum Menüpunkt MENÜS → TOP, klicken Sie in der Liste den Menüpunkt für das IMPRESSUM an, und ändern Sie dann auf den Registern auf der rechten Seite ein paar sichtbare Einstellungen – setzen Sie beispielsweise unter E-MAIL-OPTIONEN den Punkt KONTAKTFORMULAR auf VERBERGEN (sofern das Impressum bei Ihnen noch auf einen Beitrag zeigt, lassen Sie in den BEITRAGSOPTIONEN den TITEL einfach VERBERGEN). Wenn Sie jetzt nach dem SPEICHERN in der VORSCHAU auf das IMPRESSUM im oberen, waagerechten Menü wechseln, fehlt dort das Kontaktformular (beziehungsweise der TITEL). Klicken Sie hingegen auf den Menüpunkt IMPRESSUM im THIS SITE-Menü, ist das Kontaktformular noch da.

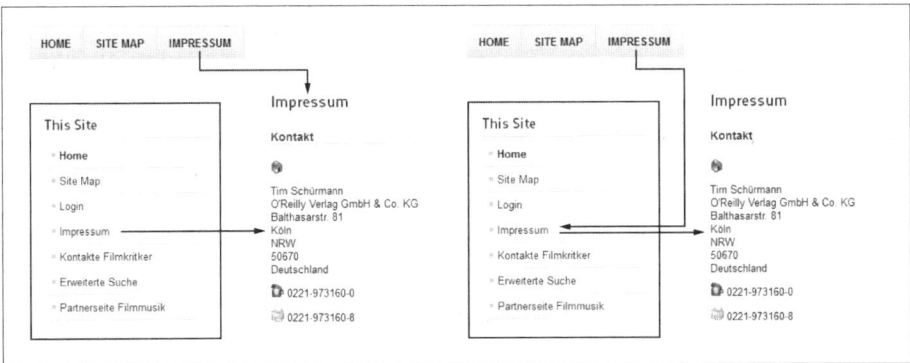

Abbildung 8-30: Zwei Menüpunkte führen zwar zur selben Seite, sind aber normalerweise unabhängig voneinander (links). Der Menüalias übernimmt hingegen alle Einstellungen eines anderen Menüpunktes (rechts).

Glücklicherweise können Sie in Joomla! aber auch einen normalen Menüpunkt einrichten und dann andere Kollegen auf diesen Menüpunkt umbiegen (wie rechts in Abbildung 8-30). Einen solchen Menüpunkt, der auf einen anderen Menüpunkt verweist, bezeichnet Joomla! als *Menüeintrag-Alias* oder kurz *Menüalias*. Sie können sich ihn als normalen Menüpunkt vorstellen, der immer sämtliche Einstellungen eines anderen Menüpunktes übernimmt.

Um einen Menüeintrag-Alias anzulegen, erstellen Sie wie gewohnt einen neuen Menüpunkt, weisen ihm den Menütyp *Menüeintrag-Alias* zu und wählen dann auf dem Register ERFORDERLICHE EINSTELLUNGEN unter ALIAS VERLINKEN MIT den Menüpunkt aus, dessen Einstellungen der Menüalias übernehmen soll. Alle übrigen der angebotenen Einstellungen können Sie nach Belieben vornehmen, das ALIAS-Feld sollten Sie jedoch, wie von Joomla! vorgeschlagen, frei lassen.

Im Kinoportal soll der Menüpunkt IMPRESSUM im waagerechten Menü am oberen Rand in einen Menüeintrag-Alias auf seinen Kollegen im *This Site*-Menü verwandelt werden. Dazu rufen Sie im Administrationsbereich MENÜS → TOP auf, klicken in der Liste den Menüpunkt IMPRESSUM an, aktivieren AUSWÄHLEN und ändern den Menütyp auf MENÜEINTRAG-ALIAS. Jetzt müssen Sie nur noch unter ERFORDERLICHE EINSTELLUNGEN in der Ausklappliste ALIAS VERLINKEN MIT das *mainmenu* finden und dort den (eingerückten) Eintrag IMPRESSUM auswählen. Beachten Sie, dass Joomla! in der Liste die einzelnen Menüs mit ihren Aliasnamen aufführt. Wenden Sie Ihre Änderungen per SPEICHERN & SCHLIESSEN an.

Das war bereits alles: Ab sofort gelten für beide IMPRESSUM-Menüpunkte immer die gleichen Einstellungen. Prüfen Sie das Ergebnis in der VORSCHAU: Sobald Sie auf einen der IMPRESSUM-Einträge klicken, erscheinen sogar beide hervorgehoben.

Trennzeichen

Ab und an benötigt man Menüpunkte, die der Besucher nicht anklicken kann:

- Zunächst kann man einen solchen Menüpunkt zur Gruppierung von Menüeinträgen verwenden, indem man ihm weitere Punkte unterordnet. Im Kinoportal gibt es beispielsweise den Eintrag ZU DEN FILMKRITIKEN, dem der Punkt ACTIONFILME untergeordnet ist. Der Besucher kann derzeit beide Menüpunkte anklicken. Was aber, wenn man den übergeordneten Punkt ZU DEN FILMKRITIKEN lediglich als (leblose) Überschrift für die untergeordneten Menüeinträge verwenden möchte (wie in Abbildung 8-31)?

- Weist man dem Menüpunkt ein Bild mit einem bunten Strich oder einem Ornament zu, könnte man ihn zudem als Trennlinie missbrauchen. Sie unterteilt dann das Menü optisch und macht es bei vielen Einträgen etwas übersichtlicher.

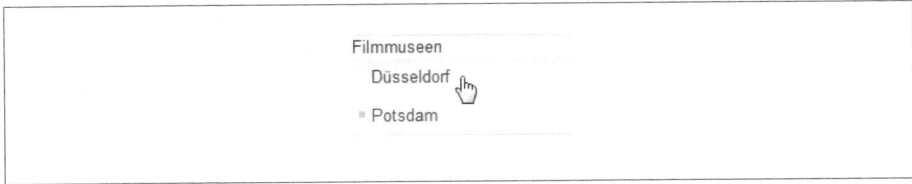

Abbildung 8-31: Der übergeordnete Menüpunkt Filmmuseen ist in diesem Fall leblos.

Ein lebloser Menüpunkt ist folglich in der Praxis recht nützlich. Um einen solchen in Joomla! anzulegen, erstellen Sie zunächst wie gewohnt einen neuen Menüpunkt, verpassen ihm aber den Menütyp TRENNZEICHEN.

Diesem Menüpunkt können Sie jetzt wie gewohnt unter MENÜTITEL eine beliebige Beschriftung geben oder ihm auf dem Register EINSTELLUNGEN FÜR MENÜ-LINKS ein beliebiges Bild verpassen (via AUSWÄHLEN neben BILD ZUM LINK). Der neue Menüpunkt verhält sich wie alle seine Kollegen; ein Besucher kann ihn nur nicht anklicken.

Tipp   Man könnte jetzt auch auf die Idee kommen, wie in Abbildung 8-32 im Feld MENÜ-TITEL eine Trennlinie mit Sonderzeichen nachzubauen. Wie Sie selbst in Abbildung 8-33 sehen, wirkt eine solche »Linie« etwas kitschig und auch »billig«.

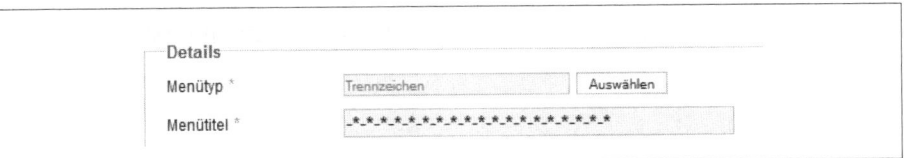

Abbildung 8-32: Diese Einstellungen ...

Abbildung 8-33: ... führen zu solch einem Trennstreifen.

Im Kinoportal sind die leblosen Menüpunkte eigentlich nicht nötig. Wenn Sie dennoch das Menü aus Abbildung 8-31 nachbauen möchten, erstellen Sie einen neuen Menüpunkt und weisen ihm den Menütyp TRENNZEICHEN zu. Als MENÜTITEL geben Sie **Filmmuseen** ein. Klicken Sie auf SPEICHERN & NEU, um einen weiteren Menüpunkt anzulegen. Diesem geben Sie den Menütyp EXTERNE URL. Als MENÜTITEL wählen Sie **Düsseldorf**, als LINK tippen Sie *http://www.duesseldorf.de/ kultur/filmmuseum/* ein, und unter ÜBERGEORDNETER EINTRAG entscheiden Sie sich für die gerade angelegten FILMMUSEEN. Klicken Sie wieder auf SPEICHERN & NEU, wählen Sie als MENÜTYP wieder EXTERNE URL, vergeben Sie den MENÜTITEL **Potsdam** sowie den LINK *http://filmmuseumpotsdam.de/*, und entscheiden Sie sich in der Liste ÜBERGEORDNETER EINTRAG für die FILMMUSEEN. SPEICHERN & SCHLIEßEN Sie das Ergebnis.

Tipp Dieses Beispiel ist etwas künstlich: Die Links wären eigentlich in einer eigenen Weblink-Kategorie besser aufgehoben.

Übrigens gibt es in Deutschland noch zahlreiche weitere Filmmuseen, sehr wahrscheinlich auch in Ihrer Nähe. Befragen Sie einfach mal eine Suchmaschine.

Da der Menüpunkt FILMMUSEEN nicht angeklickt werden kann, klappen allerdings auch seine Unterpunkte nicht mehr auf. Damit diese erreichbar sind, muss das zuständige Modul sie dauerhaft einblenden. Rufen Sie deshalb ERWEITERUNGEN → MODULE auf, suchen Sie in der Liste das Modul, das für die Menüpunkte zuständig ist, klicken Sie seinen Namen an, und stellen Sie dann in seinem Bearbeitungsbildschirm auf dem Register BASISOPTIONEN den Punkt UNTERMENÜEINTRÄGE ANZEIGEN auf JA.

Iframe Wrapper

Ein Menüpunkt vom Typ *Iframe Wrapper* bindet eine fremde, externe Webseite in den eigenen Internetauftritt ein (wie in Abbildung 8-34).

Von dieser Methode sollten Sie aus gleich mehreren Gründen Abstand nehmen:

- Sie integrieren eine fremde Seite in die eigene Homepage. Dies wirkt auf Besucher irritierend – erst recht, wenn die integrierte Seite ein anderes Layout aufweist.

- Sie machen sich den Inhalt der fremden Seite zwar zu eigen, haben aber keine Kontrolle darüber. Das ist insbesondere dann brenzlig, wenn die integrierte Seite (plötzlich) gegen geltendes Recht verstößt. In diesem Fall könnte man Sie ebenfalls haftbar machen.

- Sie verletzen unter Umständen das Urheberrecht. Sie sollten daher vor einer Übernahme der Seite den anderen Seitenbetreiber um Erlaubnis fragen.

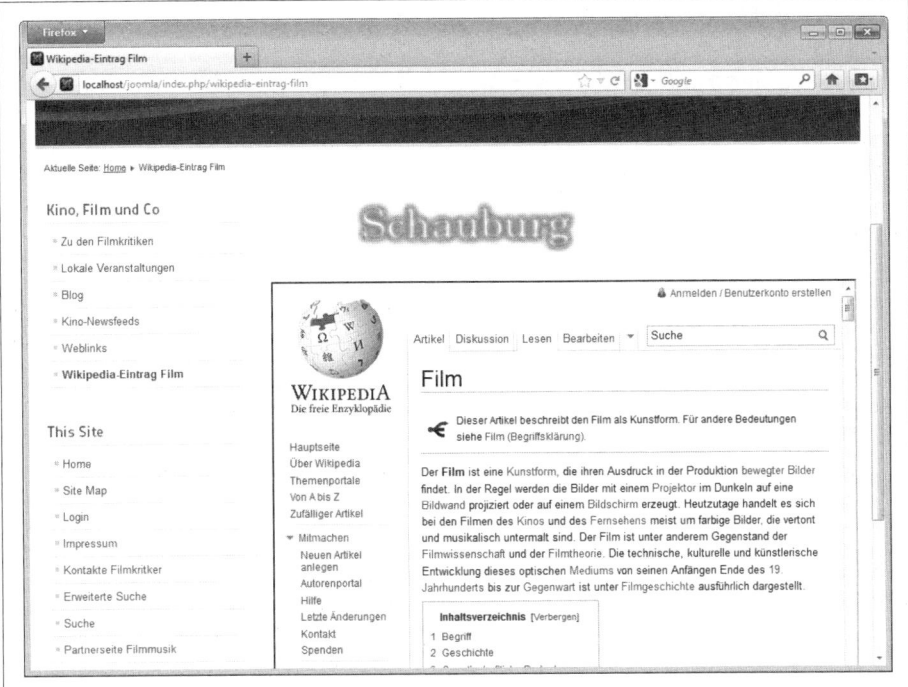

Abbildung 8-34: Hier wurde die Wikipedia-Seite zum Begriff »Film« über einen Menüpunkt vom Typ »Iframe Wrapper« eingebunden.

Folglich sollten Sie nur dann eine externe Seite in den eigenen Auftritt einbinden, wenn Sie wirklich gute Gründe dafür haben.

Wenn dies der Fall ist, erstellen Sie wie gewohnt einen neuen Menüpunkt, dem Sie den Menütyp IFRAME WRAPPER verpassen. Unter den BASISEINSTELLUNGEN tippen Sie dann die WEBADRESSE der Seite ein, die Joomla! einbinden soll. Wie und in welcher Weise sich diese externe Webseite auf der Ihren breit machen darf, regeln die Einstellungen auf dem Register BILDLAUFLEISTENPARAMETER:

BILDLAUFLEISTE
Legt fest, ob Bildlaufleisten immer (JA), nie (NEIN) oder nur dann angezeigt werden sollen, wenn die eingebundene Seite zu groß ist (AUTOMATISCH).

BREITE
So viel Platz darf die eingebundene Seite in der Breite einnehmen. Sie können ihn entweder in Prozent des zur Verfügung stehenden Platzes angeben (dann hängen Sie der eingetippten Zahl ein Prozentzeichen an) oder aber exakt in Bildpunkten.

HÖHE
So viel Platz darf die eingebundene Seite in der Höhe einnehmen. Die Angabe hier muss in Bildpunkten (Pixel) erfolgen.

Zwei ergänzende Einstellungen hält schließlich noch das Register ERWEITERTE OPTIONEN parat:

AUTOMATISCHE HÖHE

Sofern die eingebundene Seite zum eigenen Internetauftritt gehört, kann Joomla! die Höhe auch selbst ermitteln. Wenn Sie das erlauben wollen, setzen Sie hier ein JA.

AUTOMATISCH HINZUFÜGEN

Die unter WEBADRESSE eingetippte Internetadresse muss normalerweise immer mit einem *http://* oder *https://* beginnen. Wenn Sie hier ein JA setzen, dürfen Sie dies auch »vergessen«. Joomla! ergänzt dann das notwendige Präfix automatisch.

Alle übrigen Einstellungen kennen Sie bereits aus den vorherigen Kapiteln und Abschnitten.

KAPITEL 9

Benutzerverwaltung und -kommunikation

Gute Filmkritiken zu verfassen kostet recht viel Zeit. Da kommt es gerade recht, wenn andere Cineasten ihre Unterstützung anbieten. Um den neuen Autoren das Schreiben von Beiträgen zu gestatten, muss man ihnen Zugriff auf die entsprechenden Funktionen des Joomla!-Systems gewähren. Hierfür ist die Benutzerverwaltung (englisch *UserManager*) zuständig.

Version Mit Joomla! 1.6 wurde die Benutzerverwaltung extrem ausgebaut und erweitert. Sie können nun flexibel bis ins kleinste Detail festlegen, wer welche Inhalte sehen und verändern darf.

Warnung Damit ist die Benutzerverwaltung allerdings auch komplexer geworden. Die Ent- wickler haben zudem einige der Einstellungen unnötig kompliziert gestaltet und teilweise auch noch recht gut versteckt. Es gilt daher besonders wachsam zu sein, um am Ende nicht versehendlich einem Benutzer mehr zu erlauben, als er eigentlich darf.

Damit Sie die Arbeitsweisen der Benutzerverwaltung besser verstehen lernen, unternehmen wir zunächst noch einmal einen kurzen Ausflug in die exklusiven VIP-Bereiche des Frontends.

Seiten für Benutzer im Frontend

Damit Joomla! unterscheiden kann, wer welche Funktionen aufrufen und nutzen darf, erhält jede privilegierte Person ein eigenes Benutzerkonto. Es besteht aus einem geheimen Passwort und einem eindeutigen Benutzernamen. Mit diesen beiden Daten meldet sich der Besucher dann bei Joomla! an – in der Regel auf der Startseite im LOGIN FORM. Als allmächtiger Seitenbetreiber besitzen Sie selbst bereits ein eigenes Benutzerkonto. Tragen Sie jetzt einmal seine Daten (mit denen Sie sonst auch immer den Administrationsbereich betreten) in das LOGIN FORM, ein und klicken Sie auf ANMELDEN.

Es erscheint jetzt ein neues, bislang unsichtbares Menü namens USER MENU (siehe Abbildung 9-1). Es ist die ganze Zeit über schon vorhanden gewesen, zeigt sich samt seinen Inhalten jedoch nur angemeldeten Besuchern. Neben Menüs (also kompletten Modulen) dürfen Sie auch einzelne Beiträge, Kontaktformulare und andere Inhalte nur ganz bestimmten Benutzern zugänglich machen. Sie als Super User sehen übrigens standardmäßig immer sämtliche Inhalte und haben Zutritt zu allen Bereichen.

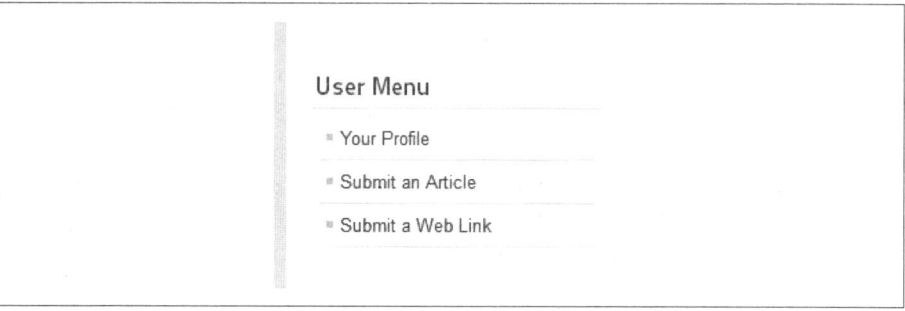

Abbildung 9-1: Das User Menu enthält Menüpunkte, die nur für angemeldete Benutzer sichtbar sind.

Das USER MENU umfasst im Moment drei Einträge. YOUR PROFILE führt zu einer Art Steckbrief, wie ihn Abbildung 9-2 zeigt. Auf dieser sogenannten *Profilseite* kann der Benutzer einige persönliche Daten, wie seinen Benutzernamen und das Datum seines letzten Besuchs, einsehen sowie über den Link PROFIL BEARBEITEN seine hinterlegte E-Mail-Adresse und sein Passwort ändern.

Wenn Sie dem Menüpunkt SUBMIT AN ARTICLE folgen, landen Sie im Formular aus Abbildung 9-3, über das der Benutzer einen Beitrag schreiben und einreichen kann. Auf analoge Weise lässt sich hinter SUBMIT A WEB LINK ein Weblink vorschlagen. Dank dieser Formulare muss man den Benutzern nicht unbedingt Zutritt zum Administrationsbereich und somit zu den heiligen Hallen von Joomla! gewähren.

 Warnung Alle diese Formulare im Frontend können Sie durchaus auch einfach allen Besuchern Ihrer Seite zugänglich machen. Sie laufen dann allerdings Gefahr, dass witzige Gesellen ihren Werbemüll in den Formularen abladen. Das passiert sogar automatisiert durch Programme, sodass Sie schneller in Reklametexten ertrinken, als Sie bis drei zählen können. Joomla! bietet diese Seiten folglich aus gutem Grund standardmäßig nur angemeldeten Benutzern an (und wie Sie gleich sehen werden, sogar nur einem ganz erlesenen Kreis).

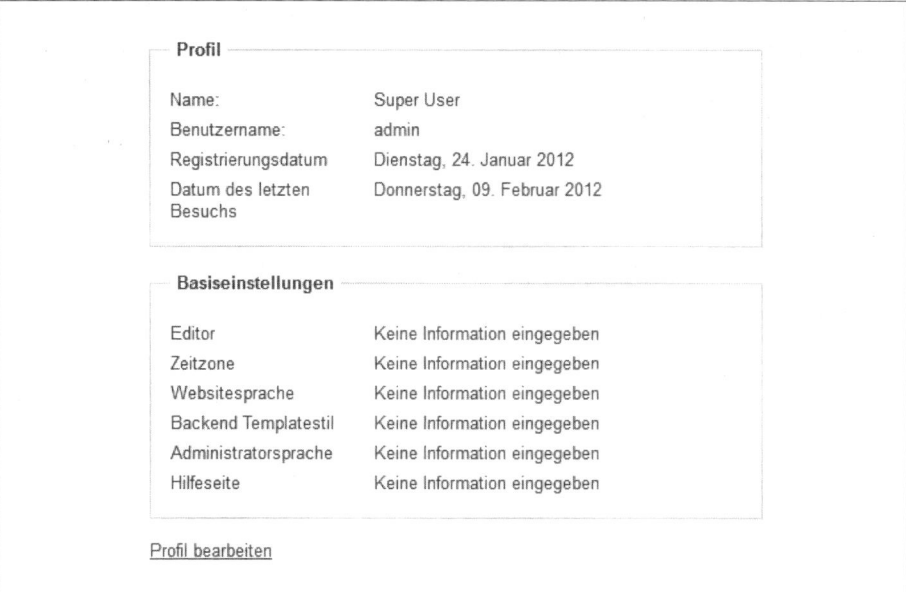

Abbildung 9-2: Das Profil des Benutzers »Super User«

Abbildung 9-3: Über dieses Formular dürfen angemeldete Benutzer eigene Beiträge schreiben und einreichen (hier ist nur der obere Teil mit dem Editor abgebildet).

Beenden Sie Ihren Rundgang durch das Frontend, indem Sie sich auf der Startseite über die gleichnamige Schaltfläche ABMELDEN (ganz links unten auf der Seite). Weiter geht es jetzt wieder im Administrationsbereich.

Benutzergruppen

Mehrere Benutzer kann Joomla! in einer Benutzergruppe zusammenfassen. Im Kinoportal könnte man beispielsweise alle Filmkritiker in eine Gruppe namens *Kritiker* stecken. Auf diese Weise behält man zum einen den Überblick, und zum anderen muss man später bei der Rechtevergabe nicht mühsam jeden Benutzer einzeln bearbeiten.

Sämtliche Benutzergruppen verwaltet der Bildschirm hinter BENUTZER → GRUPPEN. Wie Abbildung 9-4 zeigt, liefert Joomla! von Haus aus schon ein paar Gruppen mit.

Abbildung 9-4:   Die mitgelieferten Benutzergruppen

Wie viele Benutzer in einer Benutzergruppe stecken, verrät die Spalte BENUTZER IN GRUPPE. Im Moment dürfte hier nur eine 1 neben den SUPER USERS zu sehen sein. Das sind Sie selbst.

Benutzergruppen dürfen Sie ineinander verschachteln und so Untergruppen bilden
(ganz ähnlich, wie es auch bei den Kategorien für die Beiträge möglich ist). Die Liste
aus Abbildung 9-4 zeigt Untergruppen immer eingerückt. So ist beispielsweise
Administrator eine Untergruppe von *Manager*, die wiederum eine Untergruppe von
Public bildet.

Die Mitglieder einer Untergruppe dürfen automatisch das Gleiche anstellen wie die
Mitglieder der übergeordneten Gruppe – und darüber hinaus noch etwas mehr. Beispielsweise darf ein *Administrator* nicht nur wie ein *Manager* neue Beiträge erstellen, sondern auch noch zusätzlich neue Menüs erschaffen. Eine Untergruppe
»übernimmt« also immer die Rechte von ihrer übergeordneten Gruppe und erwei-
tertet sie um zusätzliche Befugnisse. Wie Sie gleich sehen werden, erleichtert dieser
Mechanismus die Rechtevergabe.

Die in Joomla! mitgelieferten Gruppen dürfen standardmäßig Folgendes anstellen:

Public
Diese Gruppe fasst alle Gäste Ihres Internetauftritts zusammen, die nicht über
ein Benutzerkonto verfügen. Diese »normalen« Besucher dürfen lediglich die
Seiten im Frontend betrachten; der Administrationsbereich bleibt für sie grundsätzlich tabu.

Registered
Mitglieder dieser Gruppe besitzen ein Benutzerkonto und können sich auf der
Startseite Ihres Internetauftritts anmelden. Anschließend dürfen sie Bereiche
einsehen, die normale Gäste nicht zu Gesicht bekommen.

Author
Mitglieder dieser Gruppe dürfen zusätzlich Beiträge schreiben und ihre eigenen
ändern (über das entsprechende Formular aus Abbildung 9-3).

Editor
Mitglieder der Gruppe *Editor* dürfen zusätzlich auch noch alle übrigen Beiträge
ändern – ganz egal, ob diese von ihnen selbst oder einem anderen Autor stammen.

Publisher
Publisher dürfen zusätzlich die Beiträge freigeben beziehungsweise sperren.

Manager
Die Mitglieder dieser Gruppe haben im Frontend die gleichen Rechte wie die
Publisher. Darüber hinaus dürfen sie sich im Backend anmelden und dort

Inhalte anlegen und erstellen. Da sie nur Zugriff auf die Menüs INHALT und KOMPONENTEN haben, können sie keine Menüs anlegen, Benutzer verwalten, die Grundeinstellungen ändern sowie Module und Komponenten installieren oder verändern.

Administrator

Benutzer dieser Gruppe sind dem allmächtigen Super User fast gleichgestellt. Sie dürfen allerdings nicht die Grundeinstellungen ändern, einen Benutzer zum Super User erheben, E-Mails an alle Benutzer absenden, Templates austauschen und Sprachen wechseln.

Super Users

Mitglieder dieser Gruppe haben Zutritt zu allen Bereichen und Einstellungen.

Wenn Sie der Schnellinstallation aus Kapitel 2, *Installation* gefolgt sind beziehungsweise die Beispieldaten eingespielt haben, finden Sie in der Liste noch die Gruppen *Shop Suppliers* und *Customer Group*. Sie sind für die Beispiel-Homepage gedacht und somit für eigene Seiten in aller Regel nutzlos.

 Version   Diese Gruppenaufteilung ist seit Joomla! 1.6 nicht mehr in Stein gemeißelt. Sie können sowohl die Gruppen als auch ihre Rechte fast beliebig verändern und um weitere Gruppen ergänzen (dazu folgt in wenigen Zeilen mehr).

Zusätzlich zu dieser Gruppenaufteilung sind noch zwei unumstößliche Regeln zu beachten:

- Sobald ein Gast Ihre Homepage betritt, gehört er automatisch zur Gruppe *Public*, selbst dann, wenn er gar kein Benutzerkonto besitzt. Mit diesem Kniff kann man den Aktionsradius normaler unbekannter Besucher ohne große Verrenkungen einschränken.

- Sobald sich ein Besucher bei Joomla! um ein Benutzerkonto bewirbt (sich also registriert), steckt das Content-Management-System ihn zunächst automatisch in die Gruppe *Registered*. Gegebenenfalls müssen Sie den Benutzer anschließend manuell in eine andere Gruppe verschieben.

 Tipp   Sie können die beiden Gruppen auch gegen andere austauschen. Dazu klicken Sie auf OPTIONEN und wenden sich im erscheinenden Fenster dem Register KOMPONENTE zu. Dort stellen Sie unter GAST BENUTZERGRUPPE ein, in welcher Gruppe sich automatisch Gäste (also nicht angemeldete Besucher) befinden. In welcher Gruppe die Benutzer direkt nach ihrer Registrierung landen, legt hingegen GRUPPE FÜR NEUE BENUTZER fest.

Überlegen Sie sich eine solche Änderung jedoch gut. Denn gerade die unbekannten Gäste sollten so wenige Aktionen wie möglich ausführen können – was aber schon genau die Gruppe *Public* sicherstellt.

In vielen einfachen Fällen reichen die vorhandenen Benutzergruppen bereits aus – allerdings nicht immer. Wer die vorhandenen Benutzer einfach irgendwie in die vorhandenen Gruppen einordnet, gewährt unter Umständen einigen Benutzern mehr Rechte, als es eigentlich notwendig wäre. Deshalb sollte man kurz überlegen, welche Benutzergruppen man überhaupt für die eigene Internetseite benötigt.

Im Kinoportal sollen wie bisher alle vorbeischlendernden Besucher sämtliche Beiträge und Veranstaltungen lesen können. Wer ein Benutzerkonto beantragt und sich somit registriert, gelangt an ein paar zusätzliche Inhalte, wie etwa exklusive Vorabberichte. Einige ausgewählte Benutzer sollen zudem über ein spezielles Formular eigene Filmkritiken einreichen können. Damit Werbefachleute dieses Angebot nicht schamlos ausnutzen und das Kinoportal mit Beiträgen über Potenzmittel überschwemmen, wird jeder eingereichte Beitrag erst nach einer Prüfung durch den Seitenbetreiber (also Sie) freigeschaltet. Unter dem Strich müssen also vier Benutzergruppen her:

- einmal die normalen Gäste ohne eigenes Benutzerkonto,
- alle registrierten Personen (die beispielsweise Filmkritiken kommentieren dürfen),
- Filmkritiker (die Kritiken schreiben und einreichen dürfen)
- und schließlich noch eine Gruppe für Sie als allmächtigen Seitenbetreiber.

Im nächsten Schritt prüft man, ob sich Untergruppen bilden lassen. Im Kinoportal liegt etwa die Hierarchie aus Abbildung 9-5 nahe.

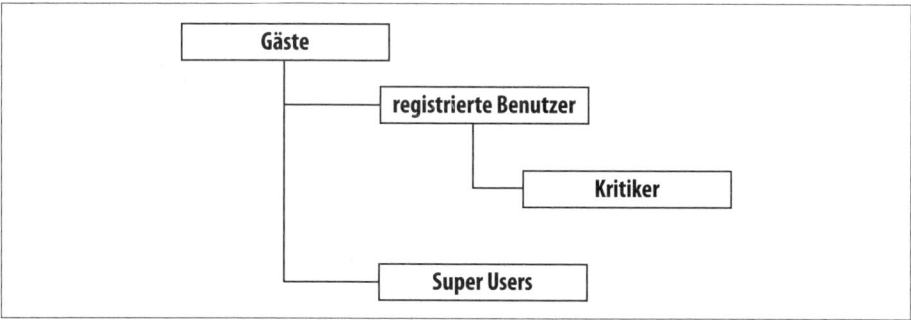

Abbildung 9-5: Die geplanten Benutzergruppen für das Kinoportal

Die registrierten Benutzer dürfen natürlich ebenfalls alle Seiten im Frontend sehen, sind damit also eine Untergruppe der Gäste. Die Kritiker haben die gleichen Rechte wie die registrierten Benutzer, dürfen aber zusätzlich beliebige Beiträge schreiben. Damit sind sie eine Untergruppe der registrierten Benutzer. Sie als Super User dürfen alles und bilden somit eine eigene Gruppe.

Für die Gäste, die registrierten Benutzer und Sie als Super User gibt es mit *Public*, *Registered* und *Super Users* jeweils schon eine passende Gruppe in Joomla!. Bleiben noch die Kritiker. Es ist jetzt extrem verführerisch, die Schreiberlinge einfach die in die schon vorhandene Gruppe *Authors* zu stecken. Die Mitglieder dieser Gruppe dürfen allerdings ihre Beiträge nachträglich ändern. Genau das sollte man allerdings unbekannten Personen erst einmal verbieten – nicht, dass man sich auf diese Weise doch wieder Werbung für Potenzmittelchen einfängt. Folglich muss im Kinoportal eine neue Gruppe für die Kritiker her, die selbst eine Untergruppe von *Registered* ist.

 Warnung Man könnte natürlich auch der Gruppe *Authors* einfach die entsprechenden Rechte entziehen. Allerdings besteht dabei immer die Gefahr, dass man eine (andere) erlaubte Aktion übersieht und der Benutzer dann doch wieder mehr darf, als man ihm eigentlich gestatten möchte. Das gilt besonders unter Joomla!, wo man die Rechte der Gruppen in kryptischen, unübersichtlichen Listen festlegt, die sich auch noch an verschiedenen Stellen des Administrationsbereichs verstecken. Um also bei der Rechtevergabe nicht versehentlich irgendwelche Schlupflöcher zu hinterlassen, sollten Sie sich möglichst an folgender Vorgehensweise orientieren:

Die Rechte bestehender Gruppen kann man bedenkenlos *erweitern*.

Bevor man die Rechte einer bestehenden Gruppe *einschränkt*, sollte man besser eine neue Gruppe mit weniger Rechten erstellen und diese frische Gruppe dann mit den gerade notwendigen Rechten ausstatten.

Das Anlegen einer neuen Benutzergruppe ist kinderleicht: Klicken Sie auf NEU in der Werkzeugleiste, verpassen Sie der neuen Gruppe unter GRUPPENTITEL einen Namen, und stellen Sie in der Ausklappliste noch eine übergeordnete Gruppe ein.

 Im Fall des Kinoportals muss eine Gruppe für die Kritiker her. Klicken Sie also auf NEU in der Werkzeugleiste, vergeben Sie den Gruppentitel **Kritiker**, und setzen Sie ÜBERGEORDNETE GRUPPE auf REGISTERED.

Was die Mitglieder der neuen Gruppe alles noch zusätzlich anstellen dürfen, regeln Sie gleich separat. Klicken Sie deshalb einfach auf SPEICHERN & SCHLIEßEN, um die Gruppe anzulegen. Im Kinoportal sollte das Ergebnis in der Übersicht jetzt so wie in Abbildung 9-6 aussehen.

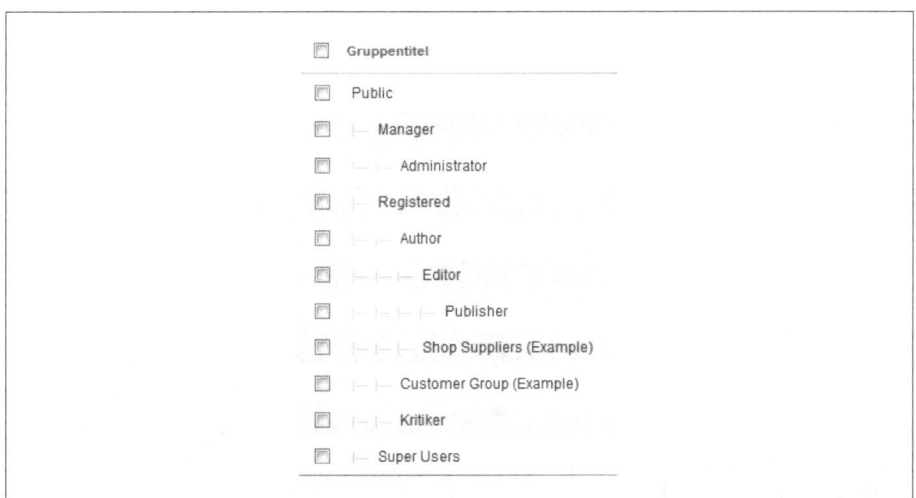

Abbildung 9-6: Die angelegte Benutzergruppe für die Kritiker

Benutzer verwalten

Nachdem alle benötigten Benutzergruppen existieren, kann man endlich Benutzerkonten anlegen. Deren Verwaltung übernimmt der Bildschirm hinter dem Menüpunkt BENUTZER → BENUTZER. Die dort erscheinende Liste aus Abbildung 9-7 präsentiert alle derzeit eingerichteten Benutzerkonten.

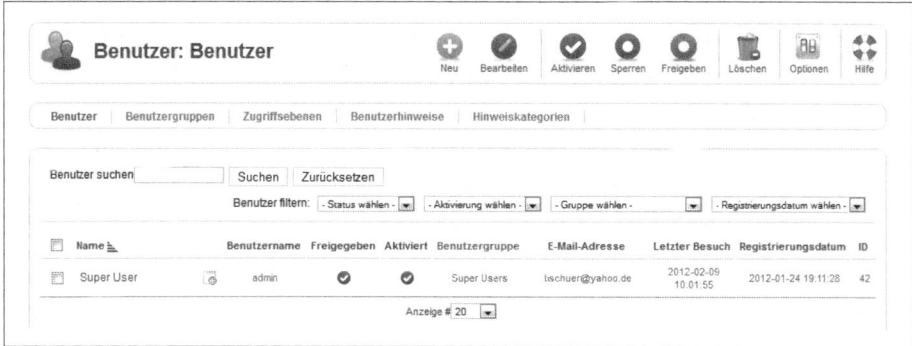

Abbildung 9-7: Die Benutzerverwaltung

Warnung   Die Benutzerverwaltung kennt keinen Papierkorb! Wenn Sie also ein Benutzerkonto über die gleichnamige Schaltfläche in der Werkzeugleiste LÖSCHEN, ist es sofort verloren.

Direkt nach der Installation von Joomla! ist hier nur der *Super User* vorhanden – also Sie selbst. Wie die Spalte BENUTZERGRUPPE verrät, gehört er zu der Gruppe der *Super Users*. Ihnen ist somit einfach alles erlaubt.

Warnung   Schon allein aus diesem Grund sollten Sie das bei der Installation festgelegte Passwort niemals weitergeben.

Die Spalte E-MAIL-ADRESSE verrät, wie der Benutzer per elektronischer Post zu erreichen ist. Rechts daneben zeigt LETZTER BESUCH das Datum der letzten Anmeldung, während am REGISTRIERUNGSDATUM das Benutzerkonto (von Ihnen) erstellt wurde.

Nach einem Klick auf den grünen Haken in der Spalte FREIGEGEBEN kann sich der entsprechende Benutzer nicht mehr am System anmelden. Eine solche Sperrung ist zum Beispiel dann sinnvoll, wenn der Benutzer auf der Homepage Schindluder getrieben hat und man ihn so erst mal in Quarantäne nimmt. Ein gesperrtes Konto wird in der genannten Spalte durch einen roten Kreis anstelle des grünen Hakens angezeigt. Sie können diese Sperrung natürlich auch über die Werkzeugleiste mit den Schaltflächen SPERREN und FREIGEGEBEN vornehmen.

 **Warnung** Zwar können Sie sich hier nicht selbst aussperren, dennoch sollten Sie immer genau darauf achten, wessen Konto Sie hier auf Eis legen. Gerade bei zahlreichen Benutzern verrutscht man gerne einmal in der Zeile.

Die AKTIVIERT-Spalte spielt eine wichtige Rolle, wenn sich Besucher über die Homepage registrieren. Joomla! erstellt dann zunächst ein deaktiviertes Konto, das entweder der Benutzer oder Sie selbst erst noch explizit aktivieren müssen (zu diesem Verfahren folgt später noch mehr im Abschnitt »Spezielle Menüs für Benutzer«).

Wenn Sie mehrere Benutzer in eine andere Benutzergruppe verschieben möchten, können Sie dies bequem über die neue Stapelverarbeitung am unteren Seitenrand erledigen. Dazu müssen Sie nur alle Kandidaten in der Liste markieren, dann am unteren Rand in der Ausklappliste GRUPPE AUSWÄHLEN ihre neue Gruppe einstellen, noch kurz sicherstellen, dass rechts daneben ZUR GRUPPE HINZUFÜGEN markiert ist (das linke der beiden) und schließlich auf AUSFÜHREN klicken. Joomla! verschiebt allerdings nicht die Benutzer, sondern fügt sie nur der eingestellten Benutzergruppe hinzu. Die Benutzer stecken also anschließend in mehreren Benutzergruppen. Um mehrere Benutzer aus einer Gruppe hinauszuwerfen, markieren Sie sie wieder in der Liste und wählen am unteren Rand aus der Ausklappliste GRUPPE AUSWÄHLEN die Benutzergruppe, aus der Sie die Benutzer verbannen wollen. Stellen Sie jetzt noch sicher, dass AUS GRUPPE LÖSCHEN aktiviert ist, und klicken Sie schließlich auf AUSFÜHREN.

Benutzerkonten im Backend anlegen

Um nun einem neuen Autor das Schreiben von Filmkritiken zu gestatten, muss man zunächst ein Benutzerkonto für ihn anlegen. Dazu klicken Sie hinter BENUTZER → BENUTZER in der Werkzeugleiste auf NEU, woraufhin sich ein ziemlich großes Formular mit drei Bereichen öffnet.

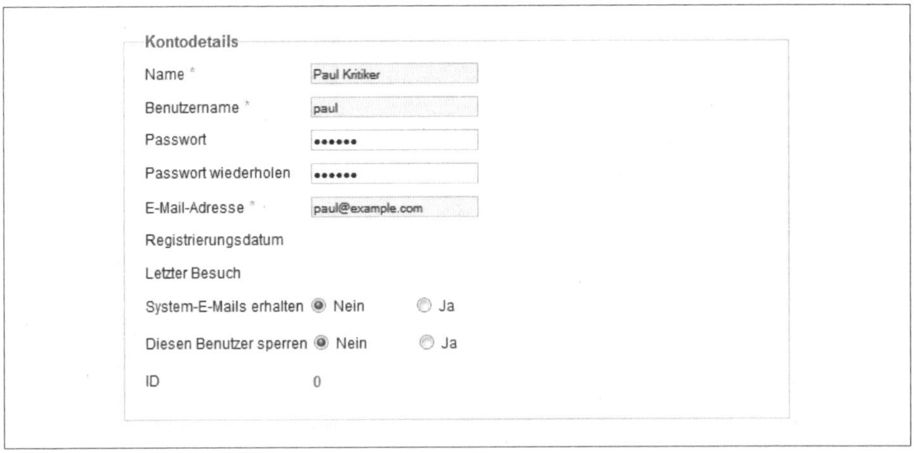

Kontodetails

Name *	Paul Kritiker
Benutzername *	paul
Passwort	●●●●●●
Passwort wiederholen	●●●●●●
E-Mail-Adresse *	paul@example.com
Registrierungsdatum	
Letzter Besuch	
System-E-Mails erhalten	◉ Nein ○ Ja
Diesen Benutzer sperren	◉ Nein ○ Ja
ID	0

Abbildung 9-8: Hier entsteht ein neuer Benutzer namens Paul Kritiker.

Füllen Sie zunächst die persönlichen Daten auf der linken Seite unter KONTODETAILS aus (Abbildung 9-8). Dazu gehören:

NAME

Dies ist der vollständige Name des Benutzers, wie zum Beispiel **Paul Kritiker**.

BENUTZERNAME

Mit diesem Namen meldet sich der neue Benutzer später am System an. Der Benutzername muss nicht mit dem tatsächlichen Namen identisch sein und sollte keine Leerzeichen enthalten. In der Regel verwendet man nur den Vor- oder einen Spitznamen. In der Liste mit allen Benutzern hinter BENUTZER → BENUTZER taucht dieser Name in der Spalte BENUTZERNAME auf. Wenn Sie der Schnellinstallationsanleitung aus Kapitel 2, *Installation* gefolgt sind, lautet Ihr eigener Benutzername *admin*.

PASSWORT

Mit dem hier eingegebenen Passwort meldet sich der neue Benutzer später am System an. Es dient somit ausschließlich zur Authentifizierung. Der zugehörige Benutzer kann dieses Passwort später selbst ändern.

Wenn Sie dieses Feld frei lassen, generiert Joomla! zufallsgesteuert selbst ein Passwort, das es dann dem Benutzer per E-Mail zuschickt. Dieses Vorgehen hat den Vorteil, dass man sich als Administrator nicht selbst immer Passwörter ausdenken muss. Zudem gerät man nicht in Verdacht, mit den Passwörtern seiner Benutzer Schindluder zu treiben.

Warnung Gibt man selbst ein Passwort vor, so sollte man immer ein möglichst schwer zu erratendes wählen. Im Idealfall ist es mindestens 10 Zeichen lang und enthält neben Ziffern auch noch eine Mischung aus Groß- und Kleinbuchstaben. Eigennamen, Geburtsdaten und ähnliche persönliche Informationen sind tabu. Knackprogramme, die sich auf das Erraten von Passwörtern spezialisiert haben, arbeiten mit Namenslisten und Wörterbüchern, die sie in kurzer Zeit durchprobieren. Verwenden Sie daher niemals Passwörter, die im Lexikon oder Duden auftauchen.

PASSWORT WIEDERHOLEN

Wenn Sie selbst ein Passwort vorgeben, müssen Sie es hier noch einmal eingeben, um Tippfehler auszuschließen.

E-MAIL-ADRESSE

Unter dieser E-Mail-Adresse ist der Benutzer zu erreichen. Sie muss immer eindeutig sein; zwei Benutzer dürfen folglich nicht die gleiche E-Mail-Adresse verwenden. Auf diese Weise wird verhindert, dass sich ein Besucher mehrere Nutzerkonten verschafft.

REGISTRIERUNGSDATUM *und* LETZTER BESUCH

Sobald Sie das Benutzerkonto angelegt haben, zeigt Joomla! hier an, wann Sie auf SPEICHERN geklickt haben (REGISTRIERUNGSDATUM) und wann sich der Benutzer zum letzten Mal angemeldet hat (LETZTER BESUCH).

SYSTEM-E-MAILS ERHALTEN

Steht dieser Punkt auf JA, sendet Joomla! wichtige interne System- und Fehlermeldungen per E-Mail auch an diesen Benutzer.

Warnung   Gedacht sind diese Nachrichten für Administratoren und Super User (wie Sie es
einer sind). Achten Sie folglich darauf, dass nur Empfänger mit entsprechend weit-
reichenden Rechten diese Nachrichten erhalten. Als Faustregel gilt, dass der
Benutzer mindestens Zugang zum Backend haben sollte.

DIESEN BENUTZER SPERREN

Wenn Sie diesen Schalter auf JA umlegen, kann sich der Benutzer nicht mehr
bei Joomla! anmelden.

 Legen Sie im Beispiel des Kinoportals ein Benutzerkonto für Paul Kritiker an. Wie in
Abbildung 9-8 tippen Sie unter NAME seinen Namen ein, wählen als BENUTZERNA-
MEN **paul**, denken sich ein PASSWORT aus und geben noch eine E-MAIL-ADRESSE ein.
Wenn Sie nicht über eine zweite E-Mail-Adresse verfügen, verwenden Sie hier eine
fiktive, die auf *@example.com* endet. Solche Adressen sind für derartige Testzwecke
vorgesehen und führen immer ins Nirvana.

Als Nächstes haken Sie im Bereich ZUGEWIESENE GRUPPEN die Benutzergruppe ab,
zu der der neue Benutzer ab sofort gehören soll.

Abbildung 9-9:   Dieser Bereich regelt die Gruppenzugehörigkeit des neuen Benutzers.

 Im Kinoportal gehört Paul Kritiker zu den *Kritikern*. Entfernen Sie daher den Haken
vor REGISTERED, und setzen Sie einen neuen bei KRITIKER (wie in Abbildung 9-9).

Tipp   Jeder Benutzer darf durchaus in mehreren Gruppen gleichzeitig stecken. Beispielsweise könnte es auf einer Vereinsseite eine Benutzergruppe für alle Tennisspieler
und eine weitere für alle Fußballer geben. Damit der Koordinator für die Jugendar-
beit später auf die Seiten beider Bereiche zugreifen kann, packt man ihn kurzerhand in beide Gruppen.

Normalerweise gelten für den neuen Benutzer die üblichen Standardeinstellungen. Spricht beispielsweise das Frontend Deutsch, geht Joomla! davon aus, dass auch der Benutzer Deutsch versteht. Ist dies jedoch einmal nicht der Fall, können Sie rechts oben im Bereich BASIS EINSTELLUNGEN (siehe Abbildung 9-10) einige dieser Vorgaben überschreiben und dem Besucher unter anderem eine andere Sprache oder Zeitzone zuweisen. Sofern die Ausklapplisten auf – STANDARD ANWENDEN – stehen, gelten die Vorgaben von Joomla!.

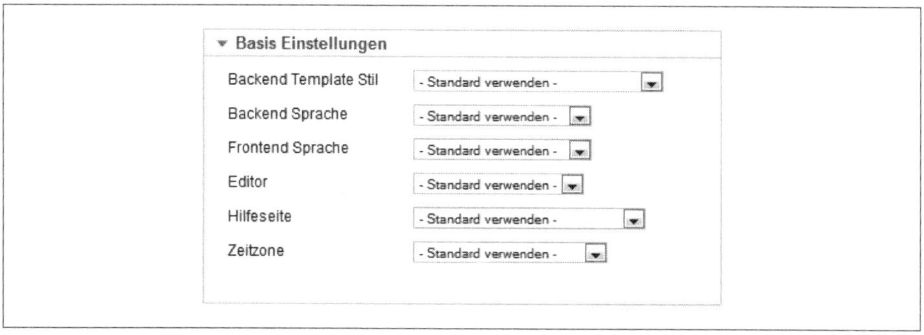

Abbildung 9-10: In diesem Bereich können Sie dem Benutzer unter anderem eine andere Sprache zuweisen und ihn in eine ganz bestimmte Zeitzone stecken.

Im Einzelnen warten hier folgende Einstellungen:

BACKEND TEMPLATE STIL

Wenn der Benutzer Zugang zum Backend besitzt, bekommt er es in der hier eingestellten Optik zu Gesicht. Für gewöhnlich müssen Sie hier keine Änderungen vornehmen.

BACKEND SPRACHE

In der hier eingestellten Sprache erscheint der Administrationsbereich, sobald sich der Benutzer angemeldet hat (vorausgesetzt, er besitzt die nötigen Rechte dazu).

FRONTEND SPRACHE

Die Homepage erscheint in dieser Sprache, sobald sich der Benutzer auf ihr angemeldet hat – vorausgesetzt, Sie betreiben eine mehrsprachige Website.

EDITOR

Wenn ein Benutzer einen neuen Beitrag einreichen möchte, gibt Joomla! ihm einen kleinen Texteditor an die Hand, in dem er seinen Artikel mehr oder weniger komfortabel eintippen kann (wie Sie es weiter oben im Abschnitt »Seiten für Benutzer im Frontend« bereits gesehen haben).

Standardmäßig verwendet Joomla! für solche Zwecke den TinyMCE-Editor, den Sie schon aus den vorangegangenen Kapiteln kennen. Alternativ darf man dem Benutzer auch ein karges Eingabefeld vorsetzen (Einstellung EDITOR –

KEINE), das allerdings nicht die Eingabe von HTML-Befehlen verhindert. Einen Autor, der die Freiheiten des TinyMCE-Editor zu weit auskostet und infolgedessen das Seitenbild zerstört, kann man durch einen derartigen Tausch allein also nicht zügeln.

Tipp   Sie können aber die »bösen« HTML-Befehle herausfiltern. Wie das funktioniert, erklärt später noch der Abschnitt »Textfilter für Benutzergruppen« auf Seite 415.

Allerdings stellt ein schlichtes Eingabefeld weniger Leistungsansprüche an die Browser der Besucher. Einem sehbehinderten Autor, der auf einen Screenreader oder gar eine Braillezeile angewiesen ist, kann man beispielsweise mit einem Tausch das Leben drastisch erleichtern.

Die dritte Alternative, EDITOR – CODEMIRROR, aktiviert ein Eingabefeld, das sich an Softwareentwickler richtet. Es hebt in erster Linie eingetippten Programmcode hervor.

Tipp   Über entsprechende Erweiterungen können Sie Joomla! noch weitere Texteditoren hinzufügen. Mehr Informationen hierzu finden Sie in den Kapiteln 11, *Plugins* und 15, *Eigene Erweiterungen erstellen*.

HILFESEITE
Diese Ausklappliste bestimmt, welche Hilfe-Seiten der Benutzer zu Gesicht bekommt.

ZEITZONE
Zu jedem Beitrag wird auch sein Erstellungsdatum gespeichert und angezeigt. Sofern die Autoren über die ganze Welt verstreut sind und somit in verschiedenen Zeitzonen leben, würden diese Datumsangaben vollständig durcheinandergeraten. Aus diesem Grund kann man hier festlegen, in welcher Zeitzone sich der Benutzer gerade befindet.

Für Paul Kritiker können Sie hier alle Vorgaben belassen. Legen Sie sein Benutzerkonto per SPEICHERN & SCHLIEßEN an.

Dabei schickt Joomla! dem Benutzer eine kleine Begrüßungsnachricht. Damit das klappt, muss das Content-Management-System allerdings E-Mails verschicken können. Wenn Sie Windows verwenden und der Schnellinstallationsanleitung aus Kapitel 2, *Installation* gefolgt sind, blockiert beispielsweise die Firewall den Versand. Sollte Joomla! die E-Mail nicht verschicken können, erhalten Sie eine entsprechende Warnmeldung. In der Testinstallation ist das nicht weiter tragisch. Läuft Joomla! später im Internet, sollten Sie zunächst die Grundeinstellungen kontrollieren (um die sich gleich noch Kapitel 10, *Globale Einstellungen* kümmert) und gegebenenfalls Ihren Provider ansprechen.

Egal ob der E-Mail-Versand fehlschlug oder nicht, der neue Benutzer Paul Kritiker taucht jetzt in der Übersichtsliste auf. Da Sie ihn selbst in der Administratoroberfläche angelegt und dabei zudem nicht gesperrt haben, leuchtet sowohl in der FREIGE-GEBEN- als auch in der AKTIVIERT-Spalte ein grüner Haken. Paul Kritiker könnte sich somit umgehend im Frontend anmelden.

Probieren Sie das gleich einmal aus: Wechseln Sie in die VORSCHAU, und melden Sie sich dort im LOGIN FORM als **paul** mit dem entsprechenden Passwort an. Im USER MENU fehlt jetzt allerdings der Menüpunkt, um eine eigene Kritik zu schreiben. Um das zu beheben, melden Sie sich wieder ab.

Benutzer zwangsweise abmelden

Unter Joomla! 1.5 konnte man in der Benutzerverwaltung noch über eine entspre-   chende Schaltfläche einen derzeit angemeldeten Benutzer schnell und unkompliziert abmelden. Mittlerweile gibt es diese Möglichkeit nur noch im Kontrollzentrum (SITE → KONTROLLZENTRUM) für DIE 5 ZULETZT ANGEMELDETEN BENUTZER. Dort reicht ein Klick auf das rote Symbol in der Spalte ABMELDEN, um den Benutzer vor die Tür zu setzen. Dieser kann sich dann natürlich wieder umgehend neu anmelden. Um ihn dauerhaft auszusperren, müssen Sie ihn in der Benutzerverwaltung (BENUTZER → BENUTZER) richtig SPERREN.

Warnung Man sollte sich jedoch genau überlegen, ob man den Benutzer zwangsweise abmeldet. Bearbeitet er nämlich gerade ein Element, wie zum Beispiel eine Filmkritik, so führt das nicht nur zu einem verärgerten Autor. Joomla! sperrt in diesem Fall auch den Artikel für alle weiteren Bearbeitungen. Hiermit soll vermieden werden, dass zwei Benutzer gleichzeig an einem Text werkeln und so Inkonsistenzen entstehen. Mehr zu gesperrten Elementen finden Sie in Kapitel 3, *Erste Schritte*, im Abschnitt »Inhalte sperren und freischalten« auf Seite 94.

Zugriffsebenen – was bekommt ein Benutzer zu sehen

Welche Benutzergruppen auf welche Inhalte zugreifen dürfen, regeln in Joomla! die sogenannten *Zugriffsebenen*. Genauso umständlich wie der deutsche Name ist auch die dahinter stehende Arbeitsweise.

Warnung Es geht hier zunächst nur darum, welche Beiträge, Menüs und andere Inhalte die Mitglieder einer Benutzergruppe überhaupt zu *sehen* bekommen. Welche Funktionen die Benutzer *aufrufen* dürfen, regeln Sie in Joomla! separat.

Arbeitsweise

Theoretisch müssten Sie für jeden Beitrag, jeden Menüpunkt und alle anderen sichtbaren Elemente mühsam einstellen, welche Benutzergruppen sie betrachten dürfen und welche nicht. Schon bei 20 Beiträgen und circa 15 Menüpunkten des gut florierenden Kinoportals würde das eine ganz schöne Sisyphusarbeit, die obendrein noch ziemlich fehleranfällig wäre. Joomla! geht deshalb einen anderen Weg.

Alle Benutzergruppen, die das Gleiche sehen dürfen, schreibt man auf eine Liste. Im Kinoportal sollen beispielsweise neben den *Super Users* auch die *Kritiker* das Formular zum Schreiben eines Beitrags aufrufen können. Folglich würde man hier die *Kritiker* und *Super Users* notieren.

 **Tipp**   Sehr oft vergisst man die *Super Users*. Sie besitzen jedoch keine Sonderstellung, sondern sind eine ganz normale Benutzergruppe. Man kann ihnen also ebenfalls die Zugriffsrechte entziehen beziehungsweise gar nicht erst einräumen. Das führt dann beispielsweise zu der kuriosen Situation, dass man als Seitenbetreiber zwar einen Artikel schreiben, ihn dann aber nicht im Frontend lesen darf. Denken Sie daher immer auch an die Super Users, wenn Sie die Rechte manipulieren.

Diese Liste bekommt nun einen eindeutigen Namen, wie etwa *KritikerZugriff*. Genau diesen Namen heftet man wiederum den entsprechenden Inhalten an, im Beispiel also dem Menüpunkt zum Formular.

Sobald sich Paul Kritiker angemeldet hat und somit das USER MENU in sein Sichtfeld gerät, knöpft sich Joomla! die Liste mit dem Namen *KritikerZugriff* vor und prüft, ob Paul in einer der darauf notierten Benutzergruppen steckt. Wenn ja, blendet es den Menüpunkt zum Formular ein. Abbildung 9-11 veranschaulicht noch einmal dieses Prozedere.

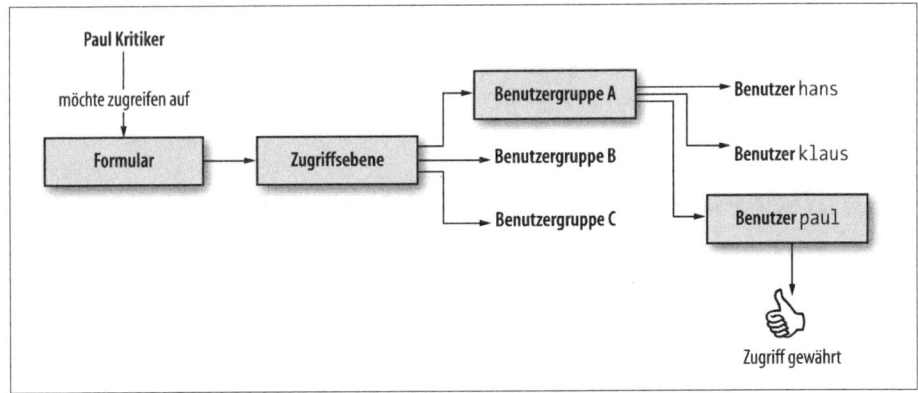

Abbildung 9-11:   Möchte Paul Kritiker das Formular sehen, nimmt sich Joomla! die ihm zugewiesene Zugriffsebene und schaut nach, welche Benutzergruppen sich darin befinden. Gehört Paul Kritiker zu einer dieser Gruppen, bekommt er das Formular zu Gesicht.

Joomla! bezeichnet die Listen als *Zugriffsebenen*. Diese werden über den Bildschirm hinter dem Menüpunkt BENUTZER → ZUGRIFFSEBENEN verwaltet (siehe Abbildung 9-12).

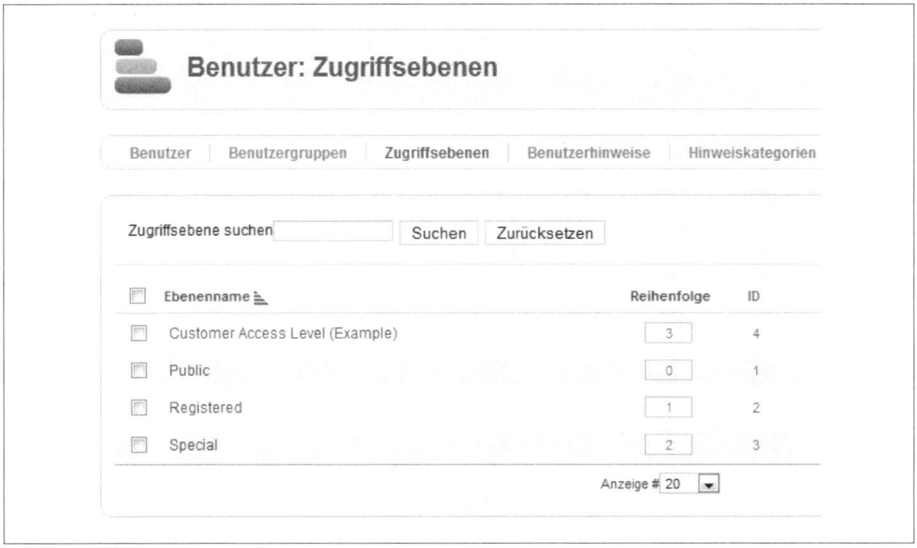

Abbildung 9-12: Die bereits mitgebrachten Zugriffsebenen

Standardmäßig existieren folgende Zugriffsebenen:

Public

Diese Zugriffsebene umfasst sämtliche Benutzergruppen. Wenn Sie diese Zugriffsebene beispielsweise einem Beitrag zuweisen, darf jedermann ihn lesen.

Registered

Diese Zugriffsebene umfasst alle Benutzergruppen mit Ausnahme von *Public*. Wenn Sie also diese Zugriffsebene einem Beitrag zuweisen, dürfen alle angemeldeten Benutzer ihn lesen.

Special

Diese Zugriffsebene umfasst alle Benutzergruppen, mit Ausnahme von *Public* und *Registered*. Einen damit gekennzeichneten Beitrag dürfen folglich nur angemeldete Benutzer lesen, die mindestens vom Rang eines *Authors* sind (vergleichen Sie auch Abschnitt »Benutzergruppen«).

Wenn Sie der Schnellinstallationsanleitung aus Kapitel 2, *Installation* gefolgt sind beziehungsweise die Beispieldaten eingespielt haben, existiert noch eine vierte Zugriffsebene namens *Customer Access Level*. Sie ist nur im Zusammenhang mit der Beispiel-Homepage von Interesse und enthält die Gruppen *Manager*, *Author* sowie die *Customer Group*, nebst allen jeweiligen Untergruppen.

In der Praxis geht man jetzt alle zu versteckenden Elemente durch und überlegt, welche Zugriffsebene die passende ist oder ob man gar eine komplett neue benötigt.

Im Kinoportal dürfen nur die Mitglieder der Benutzergruppen *Registered*, *Kritiker* und *Super Users* das Benutzermenü (alias *User Menu*) sehen. Dem zuständigen

Modul wurde bereits von Joomla! die Zugriffsebene *Registered* angetackert (wie ein kurzer Blick unter ERWEITERUNGEN → MODULE in die Spalte ZUGRIFFSEBENE verrät). Damit können es ausschließlich angemeldete Benutzer sehen. Das ist wiederum genau das richtige Verhalten für das Kinoportal, sodass hier praktischerweise keine weiteren Eingriffe erforderlich sind.

Allen übrigen Inhalten, wie etwa den Filmkritiken, wurde in den letzten Kapiteln immer die standardmäßig vorgeschlagene Zugriffsebene *Public* zugewiesen (werfen Sie auch hier einen Blick in die Spalte ZUGRIFFSEBENE der Liste hinter INHALT → BEITRÄGE). Damit dürfen alle Besucher die Beiträge lesen, selbst wenn sie kein Benutzerkonto besitzen. Auch das ist genau das richtige Verhalten.

Das Formular zum Einreichen eines Beitrags sollen allerdings nur die *Kritiker* und die *Super Users* sehen. *Public* und *Registered* wären somit die falschen Zugriffsebenen, denn dann könnten auch alle Gäste beziehungsweise im zweiten Fall jeder x-beliebige angemeldete Benutzer auf das Formular zugreifen. Auch *Special* passt dummerweise nicht: Die Benutzergruppe *Kritiker* ist eine Untergruppe von *Registered* und nicht von *Authors*. Würde man also dem Formular die Zugriffsebene *Special* verpassen, könnten die Kritiker nicht darauf zugreifen (sehen Sie sich dazu auch noch einmal die Hierarchie in Abbildung 9-6 auf Seite 392 an).

 Tipp Sie merken sicher schon, dass die Rechtevergabe in Joomla! die Hirnwindungen ziemlich verknoten kann. Gemeinerweise wird das in den nächsten Abschnitten noch schlimmer.

Neue Zugriffsebene anlegen

Mit anderen Worten: Es muss eine neue Zugriffsebene her. Dazu klicken Sie in der Werkzeugleiste auf NEU, verpassen im erscheinenden Formular unter EBENENTITEL der Zugriffsebene einen Namen und haken dann in der Liste darunter alle Benutzergruppen ab, die zu dieser Zugriffsebene gehören sollen (siehe Abbildung 9-13).

 **Warnung** Joomla! schließt dabei automatisch immer alle Untergruppen mit ein. Wenn Sie also beispielsweise einen Haken vor AUTHORS setzen, dürfen später auch alle Mitglieder der Gruppen *Editor* und *Publisher* auf die entsprechenden Inhalte zugreifen. Sie müssen also nicht gleich alle drei abhaken.

 Im Fall des Kinoportals genügt es, wie in Abbildung 9-13 die Gruppe *Kritiker* und *Super Users* abzuhaken. Als EBENENTITEL wählen Sie einfach **Kritiker**. Via SPEICHERN & SCHLIEßEN geht es wieder zurück zur Liste. Dort taucht jetzt auch die neue Zugriffsebene auf. Sobald Sie sie einem Beitrag oder einem Menüpunkt anheften, dürfen nur noch die Mitglieder der Benutzergruppen *Kritiker* und *Super Users* darauf zugreifen.

Benutzer: Zugriffsebenen - Neue Zugriffsebene

Ebenendetails

Ebenentitel *   Kritiker

Folgende Benutzergruppen haben Zugriff

- ☐ Public
- ☐ Manager
- ☐ Administrator
- ☐ Registered
- ☐ Author
- ☐ Editor
- ☐ Publisher
- ☐ Shop Suppliers (Example)
- ☐ Customer Group (Example)
- ☑ Kritiker
- ☑ Super Users

Abbildung 9-13: Die neue Zugriffsebene umfasst die beiden abgehakten Benutzergruppen

Zugriffsebene anwenden

Nachdem die passende Zugriffsebene existiert, müssen Sie sie jetzt noch den entsprechenden Inhalten zuweisen. Das geschieht immer im jeweiligen Bearbeitungsbildschirm. Möchten Sie beispielsweise die Sicht auf einen Beitrag einschränken, bemühen Sie INHALTE → BEITRÄGE und klicken dann auf den Namen des Beitrags.

Tipp   Grundsätzlich sollte man einer Benutzergruppe immer nur den Zugriff auf die gerade eben notwendigen Inhalte gewähren.

Im Kinoportal soll im *User Menu* der Menüeintrag zum Einreichen eines Beitrags nur für die Kritiker und Super Users erscheinen. Folglich geht es zu den Einstellungen des besagten Menüpunktes hinter MENÜS → USER MENU, wo Sie auf SUBMIT AN ARTICLE klicken.

Tipp   Denken Sie zudem daran, dass jedes Menü von einem Modul auf Ihrer Website angezeigt wird. Um den Zugriff auf ein komplettes Menü zu unterbinden, müssen Sie daher die Zugriffsebene des Moduls anpassen. Analoges gilt auch für alle anderen Dinge, die über Module ihren Weg auf die Homepage finden.

Im Bearbeitungsbildschirm finden Sie jetzt irgendwo eine Ausklappliste namens ZUGRIFFSEBENE. Sie versteckt sich meist relativ mittig bei den DETAILS (siehe Abbildung 9-14). Diese Ausklappliste legt fest, welche Zugriffsebene für das Element gilt.

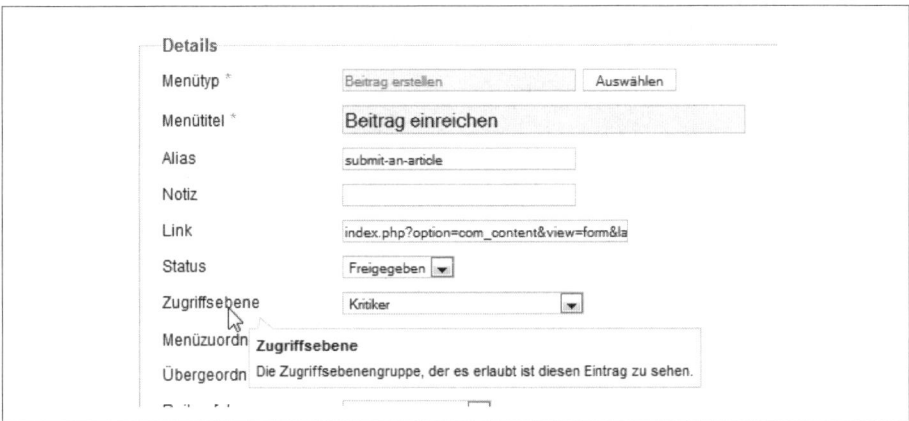

Abbildung 9-14: Die Zugriffsebene regelt, welche Benutzer den Menüpunkt sehen können.

Damit im Kinoportal die *Kritiker* und *Super Users* den Menüpunkt sehen können, stellen Sie in der Ausklappliste entsprechend KRITIKER ein. Und wo Sie gerade schon einmal hier sind, verpassen Sie dem Menüpunkt auch gleich noch einen deutschen MENÜTITEL, wie etwa **Beitrag einreichen**. Das Ergebnis sollte so wie in Abbildung 9-14 aussehen.

SPEICHERN & SCHLIEẞEN Sie Ihr Ergebnis, wechseln Sie wieder in die VORSCHAU, und melden Sie sich dort als **paul** an. Im USER MENU erscheint jetzt endlich der Menüpunkt, um einen Beitrag einzureichen. Wenn Sie ihn anklicken, landen Sie allerdings bei einer Fehlermeldung. Das hat einen einfachen Grund: Die Zugriffsebenen regeln nur, was Paul zu sehen bekommt, nicht aber, welche Funktionen er nutzen darf. Im Moment verbietet Joomla! allen Kritikern noch, Beiträge zu schreiben. Diese Funktion müssen Sie erst noch explizit freigeben. Bis dahin bleibt das Formular blockiert.

Bevor der nächste Abschnitt genau das ändert, kommen wir noch kurz zu einem Problem, das insbesondere bei Beiträgen auftaucht. Um es besser erklären zu können, muss schnell ein weiterer kleiner Artikel her.

Eine ordentliche Kritik besteht aus einer Einleitung, einer kurzen Zusammenfassung des Filminhaltes und einem saftigen Fazit. Damit die Kritiker an diesen Aufbau denken und nicht nur zwei kurze Sätze einreichen, könnte man eine kleine Stilfibel zusammenstellen und in einem neuen Beitrag bereitstellen. In ihm wäre auch eine Kurzanleitung für den TinyMCE-Editor und das zugehörige Eingabeformular gut aufgehoben. Erstellen Sie also schnell einen neuen Beitrag via INHALT → BEITRÄGE → NEUER BEITRAG, verpassen Sie ihm den TITEL **Stilfibel**, legen Sie ihn in die für solche allgemeinen Artikel gedachte KATEGORIE SONSTIGES, und denken Sie sich einen passenden BEITRAGSINHALT aus (es reicht ein Nonsense-Text). Alle anderen Einstellungen bleiben zunächst auf ihren Vorgaben. Nach dem SPEICHERN & SCHLIEßEN müssen Sie die Stilfibel noch über ein Menü zugänglich machen. Den Hilfetext sollen ausschließlich die Kritiker zu Gesicht bekommen, folglich wäre ein Menüpunkt im USER MENU sinnvoll. Rufen Sie also MENÜS → USER MENU → NEUER MENÜEINTRAG auf, aktivieren Sie AUSWÄHLEN, entscheiden Sie sich für den Menütyp EINZELNER BEITRAG, vergeben Sie als MENÜTITEL beispielsweise **Stilfibel**, klicken Sie rechts unter ERFORDERLICHE EINSTELLUNGEN auf den Knopf AUSWÄHLEN / WECHSELN, suchen Sie in der Liste den Beitrag STILFIBEL, und klicken Sie ihn an. SPEICHERN Sie Ihre Änderungen (lassen Sie also den Bearbeitungsschirm noch geöffnet).

Wie Sie mit dem Benutzer paul in der VORSCHAU überprüfen können, existiert jetzt im USER MENU ein neuer Menüpunkt: STILFIBEL. Den entsprechenden Beitrag dürfen im Moment allerdings noch alle registrierten Benutzer sehen. Und wäre das USER MENU nicht standardmäßig versteckt, könnten den Menüpunkt sogar alle Gäste einsehen: Wenn Sie einen Blick zurück in den Bearbeitungsbildschirm des Menüpunktes werfen, steht dort die ZUGRIFFSEBENE auf PUBLIC.

Um die Stilfibel auf die Kritiker zu beschränken, haben Sie jetzt drei Möglichkeiten:

- Sie setzen den *Menüpunkt* zum Beitrag auf die Zugriffsebene *Kritiker*.

  Damit sehen nur noch die angemeldeten Kritiker und die Super Users den Menüpunkt, womit auch wiederum der Beitrag von normalen Besuchern nicht mehr erreicht werden kann. Zumindest fast: Gibt es noch irgendwo einen anderen Menüpunkt, der auf diesen Beitrag verweist, kann ein Besucher den Beitrag darüber immer noch einsehen.

- Sie können den *Beitrag* unter die Zugriffsebene *Kritiker* stellen.

  Damit sieht jeder (angemeldete) Besucher allerdings noch den Menüpunkt. Ein Klick darauf würde dann eine nichtssagende Fehlermeldung produzieren. Nur die angemeldeten Kritiker und Super Users erreichen darüber den tatsächlichen Beitrag. Die anderen Benutzer dürfte die Fehlermeldung jedoch irritieren, weshalb Sie diese Methode meiden sollten.

- Sie gehen auf Nummer sicher und stellen sowohl den Menüpunkt als auch den Beitrag unter die Zugriffsebene *Kritiker*. Damit ist der Beitrag garantiert nur noch von angemeldeten Kritikern und Super Users zu sehen.

Unter Joomla! sollte man durchaus beherzt paranoid zu Werke gehen und die letzte Variante wählen. Auf diese Weise läuft man gar nicht erst Gefahr, einen Beitrag doch noch für Unbefugte lesbar zu hinterlassen.

Warnung   Das Gleiche gilt übrigens nicht nur bei Beiträgen, sondern auch für andere Inhalte, wie etwa für Kontaktformulare. Wenn Sie also den Zugriff auf ein bestimmtes Element einschränken möchten, müssen Sie die Zugriffsebene bei allen Menüpunkten, die auf das Element verweisen, bei den beteiligten Kategorien und bei den Elementen selbst korrigieren.

Um nun also endlich die Stilfibel nur noch für die Kritiker sichtbar zu machen, kehren Sie zum Bearbeitungsbildschirm des Menüpunktes zurück und setzen dort die ZUGRIFFSEBENE auf KRITIKER. SPEICHERN & SCHLIEßEN Sie die Änderung. Rufen Sie jetzt INHALT → BEITRÄGE auf, suchen Sie in der Liste die STILFIBEL (als Hilfe können Sie – KATEGORIE WÄHLEN – auf SONSTIGES setzen), klicken Sie ihren Namen an, und stellen Sie auch hier im Bereich BEITRAG BEARBEITEN die ZUGRIFFSEBENE auf KRITIKER. Nach dem SPEICHERN & SCHLIEßEN sehen nur noch Kritiker und Super Users die Stilfibel.

Zusammenfassung

Da die Arbeit mit Zugriffsebenen recht verwirrend und irritierend ist, folgt hier noch einmal eine kurze Zusammenfassung.

Wenn Sie den Zugriff auf bestimmte Inhalte einschränken möchten, gehen Sie wie folgt vor:

- Erstellen Sie eine neue Zugriffsebene (BENUTZER → ZUGRIFFSEBENEN → NEUE ZUGRIFFSEBENE), und weisen Sie ihr alle Benutzergruppen zu, die später die Inhalte einsehen dürfen. Damit Sie nicht doppelte Arbeit machen, sollten Sie zuvor prüfen, ob es nicht schon eine passende Zugriffsebene gibt.
- Öffnen Sie den Bearbeitungsschirm des Elements, dessen Zugriff Sie einschränken wollen, und stellen Sie dort in der entsprechenden Ausklappliste die gerade angelegte ZUGRIFFSEBENE ein.
- Klappern Sie jetzt alle Menüpunkte und Kategorien ab, über die das Element (direkt) erreichbar ist, und passen Sie gegebenenfalls auch noch deren Zugriffsebenen an.

Damit ist nun geregelt, wer welche Inhalte zu sehen bekommt. Als Nächstes muss man den Benutzern noch die notwendigen Funktionen freischalten. Das geschieht über sogenannte Berechtigungen.

Berechtigungen – welche Aktionen darf ein Benutzer ausführen

Joomla! regelt auf unterschiedliche Weise

- was ein Benutzer zu *sehen* bekommt und
- welche *Aktionen* er ausführen darf.

Auf welche Inhalte ein Benutzer überhaupt zugreifen darf und was er somit zu Gesicht bekommt, haben Sie über die Zugriffsebenen aus dem vorherigen Abschnitt festgelegt.

Damit sieht ein Besucher zwar schon bestimmte Funktionen, kann sie aber unter Umständen gar nicht auslösen oder bekommt nur eine Fehlermeldung zu Gesicht.

Das gilt auch im Kinoportal für den Benutzer Paul Kritiker, der zwar im *User Menu* angeboten bekommt, einen neuen Beitrag zu erstellen, beim entsprechenden Versuch aber eine Fehlermeldung erhält.

Berechtigungen anpassen

Um den Mitgliedern einer Benutzergruppe eine Aktion zu erlauben, wechseln Sie zunächst zum Menüpunkt SITE → KONFIGURATION und dort weiter auf das Register BERECHTIGUNGEN. Hier finden Sie das Registermonster aus Abbildung 9-15.

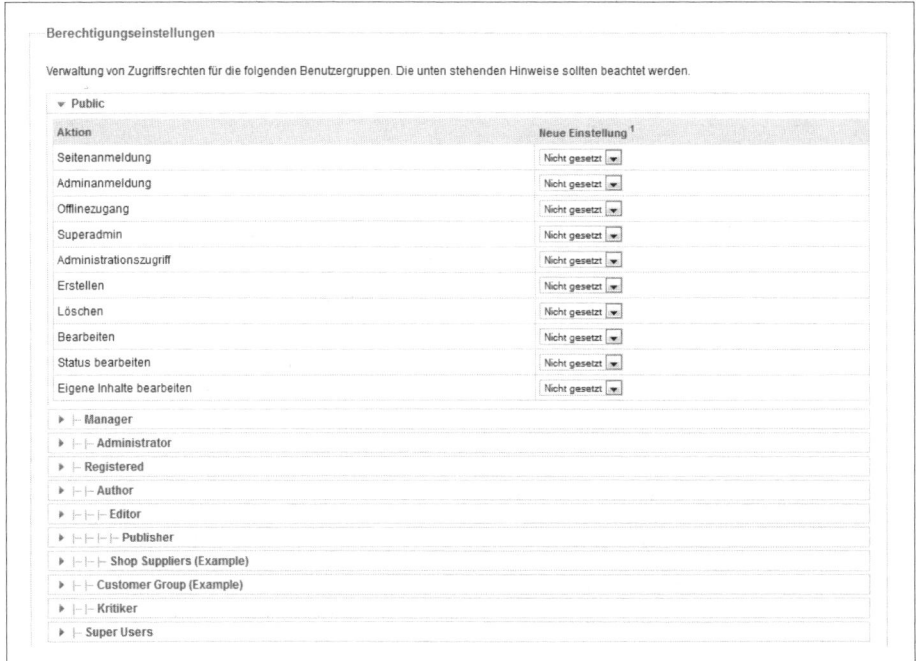

Abbildung 9-15: Auf diesen Registern legen Sie fest, welche Gruppe welche Aktionen ausführen darf.

Es ist jedoch harmloser, als es auf den ersten Blick scheint. Klicken Sie zunächst auf den Registernamen PUBLIC ganz oben, und lassen Sie das Register so einklappen. Sie sehen jetzt alle existierenden Benutzergruppen. Untergruppen erscheinen wieder eingerückt (siehe Abbildung 9-16).

Joomla! spendiert jeder Gruppe ein eigenes Register, auf dem Sie wiederum einstellen, was die Mitglieder einer Gruppe alles anstellen dürfen. Klappen Sie jetzt das Register der KRITIKER auf. (Wenn Sie die Beispiele aus den vorherigen Abschnitten nicht mitgemacht haben, öffnen Sie stattdessen die Gruppe AUTHORS.) Abbildung 9-17 zeigt das Ergebnis.

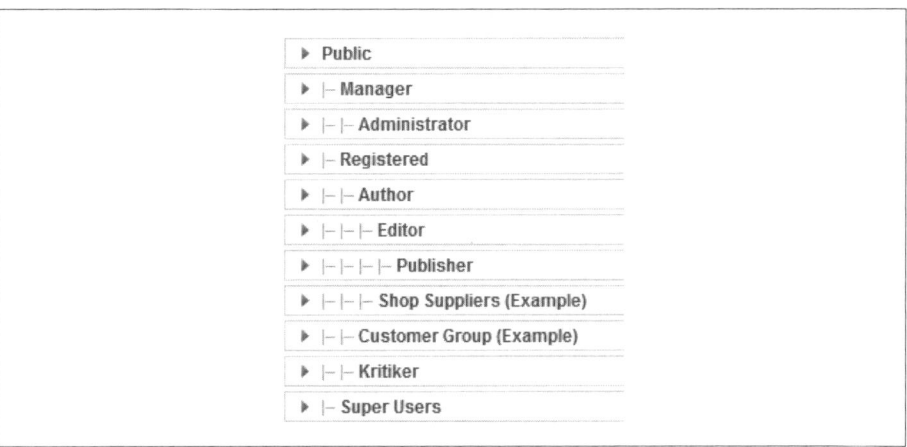

Abbildung 9-16: Jede Benutzergruppe besitzt ein eigenes Register.

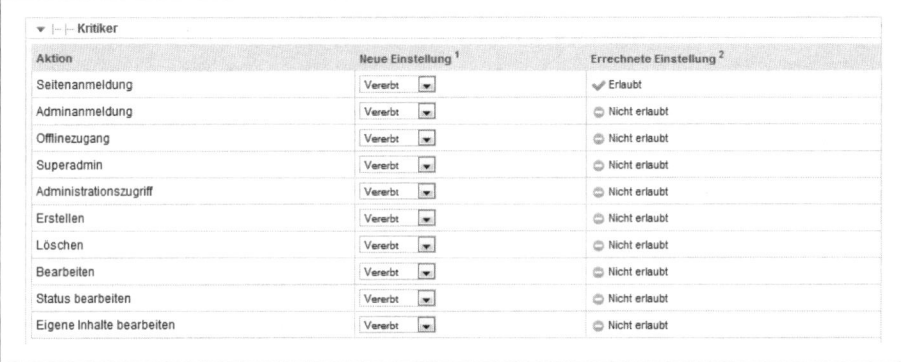

Abbildung 9-17: Die Berechtigungen für die Benutzergruppe der Kritiker

Konzentrieren Sie sich jetzt auf genau dieses Register, und versuchen Sie wie in Abbildung 9-17 das ganze Drumherum zu ignorieren. In jeder Zeile finden Sie eine Aktion, die die Kritiker ausführen könnten. Insgesamt stehen hier die Funktionen aus Tabelle 9-1 bereit.

Tabelle 9-1: Mögliche Aktionen

Aktion	Die Mitglieder der Gruppe dürfen ...
Seitenanmeldung	sich am Frontend anmelden (über das Login Form)
Adminanmeldung	sich am Backend anmelden
Offlinezugang	sich am Backend anmelden, auch wenn die Website abgeschaltet (also im Offline-Modus) ist

Tabelle 9-1: Mögliche Aktionen (Fortsetzung)

Aktion	Die Mitglieder der Gruppe dürfen ...
Superadmin	wirklich alles, egal was die übrigen Einstellungen hier noch so alles sagen. Die Mitglieder der Gruppe werden folglich allmächtig.
Administrationszugriff	auf alle Bereiche im Administrationsbereich zugreifen, dabei allerdings nicht die Konfiguration verändern.
Erstellen	Inhalte erstellen
Löschen	Inhalte löschen
Bearbeiten	bestehende Inhalte verändern beziehungsweise nachbearbeiten
Status bearbeiten	bestehende Inhalte sperren und wieder freigeben
Eigene Inhalte bearbeiten	ihre selbst erstellten Inhalte verändern beziehungsweise nachbearbeiten

Einige der Aktionen schließen sich gegenseitig aus. Das gilt beispielsweise für *Bearbeiten* und *Eigene Inhalte bearbeiten*. Wenn Sie Letztgenanntes erlauben, dürfen die Mitglieder jeweils nur ihre eigenen Inhalte nachbearbeiten. Bei *Bearbeiten* können Sie hingegen restlos alle Inhalte verändern, was natürlich ihre eigenen einschließt. Folglich ist nur eine der beiden Aktionen sinnvoll.

In der Aufstellung zeigt die rechte Spalte Errechnete Einstellung an, was die Mitglieder der Gruppe im Moment dürfen. Den Kritikern aus Abbildung 9-17 ist es demnach erlaubt, sich am Frontend anzumelden – mehr jedoch nicht.

Dies ändern Sie über die Ausklapplisten in der Spalte Neue Einstellung. Steht hier ein Erlaubt, dürfen die Mitglieder der Gruppe die Aktion ausführen, bei Verweigert hingegen nicht.

Im Moment steht in ihnen überall Vererbt. Damit übernimmt die Gruppe die Einstellungen ihrer übergeordneten Gruppe. Die *Kritiker* sind eine Untergruppe von *Registered*. Wenn Sie jetzt deren Register aufklappen, sehen Sie, dass dort Seitenanmeldung auf Erlaubt steht. Als Untergruppe übernehmen die Kritiker genau diese Vorgabe. Man sagt, sie *erben* diese Einstellung. Kehren Sie jetzt wieder auf das Register der Kritiker zurück.

Um nun den Kritikern das Schreiben von Beiträgen zu erlauben, setzen Sie einfach die Ausklappliste in der Zeile Erstellen auf Erlaubt. Doch halt: Damit würden Sie den Kritikern gestatten, *beliebige Inhalte* zu erstellen. Prinzipiell dürften sie dann auch Blogeinträge schreiben oder Weblinks einreichen.

Warnung   Grundsätzlich sollte man einer Benutzergruppe immer nur so viel erlauben, wie gerade eben notwendig ist. Damit führt man die (normalerweise unbekannten) Benutzer nicht in Versuchung, die Funktionen zu missbrauchen.

Glücklicherweise kann man den Kritikern auch ganz gezielt nur das Schreiben von Beiträgen gestatten. Dazu belassen Sie die Ausklappliste auf Vererbt und verlassen die Konfiguration über Abbrechen.

Für die Verwaltung der Beiträge ist die Liste hinter INHALT → BEITRÄGE zuständig. Wechseln Sie dorthin, rufen Sie die OPTIONEN auf, und aktivieren Sie dann das Register BERECHTIGUNGEN. Sein Inhalt dürfte Ihnen ziemlich bekannt vorkommen (siehe Abbildung 9-18).

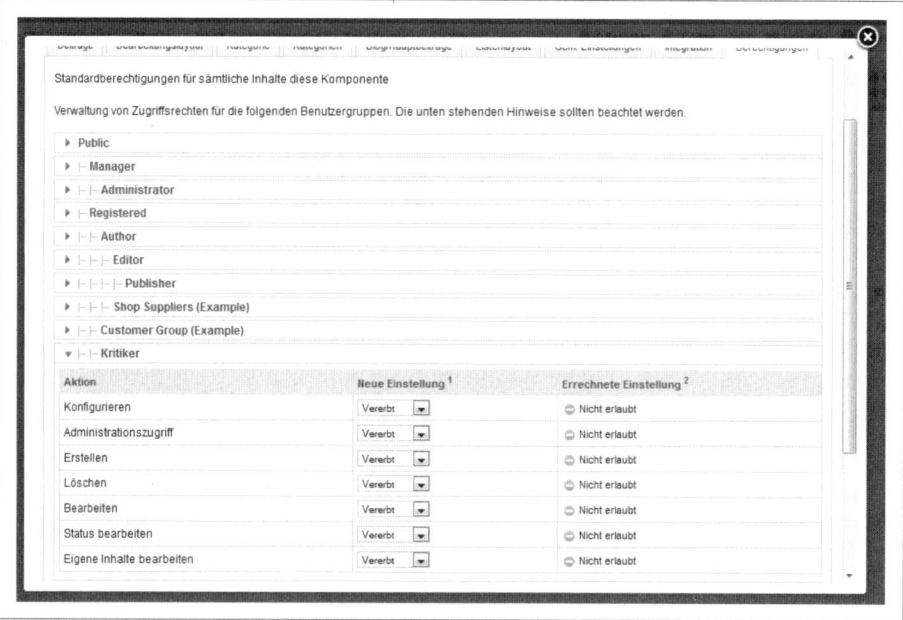

Abbildung 9-18: In den Optionen regeln Sie für jede Benutzergruppe, welche Aktionen diese ausführen darf.

Auf diesem Register stellen Sie ein, welche Benutzergruppen was mit *allen Beiträgen* anstellen dürfen. Beachten Sie, dass es hier wirklich nur um Aktionen geht, die in irgendeiner Weise die Beiträge manipulieren. Insgesamt stehen hier die Aktionen aus Tabelle 9-2 bereit.

Tabelle 9-2: Mögliche Aktionen für Beiträge

Aktion	Die Mitglieder der Gruppe dürfen ...
Konfigurieren	hinter INHALT → BEITRÄGE in den OPTIONEN die Vorgaben verändern
Administrationszugriff	auf die für die Beiträge zuständige Komponente zugreifen (also beispielsweise die Liste mit allen Beiträgen einsehen)
Erstellen	Beiträge erstellen
Löschen	vorhandene Beiträge löschen
Bearbeiten	vorhandene Beiträge bearbeiten
Status bearbeiten	Beiträge sperren und freigeben
Eigene Inhalte bearbeiten	Der Ersteller eines Beitrags darf ihn nachträglich verändern.

Klappen Sie hier wieder das Register für die KRITIKER auf. Wie erwartet und von der Spalte ERRECHNETE EINSTELLUNG bestätigt, dürfen diese im Moment noch nichts. Um ihnen das Schreiben von eigenen Artikeln zu gestatten, setzen Sie in der Zeile ERSTELLEN die Ausklappliste auf ERLAUBT. Doch halt: Damit würde man ihnen erlauben, beliebige Artikel zu schreiben, also auch Blogeinträge. Man darf ihnen also eigentlich nur gestatten, neue Beiträge für die Kategorie der Filmkritiken und ihre Unterkategorien (Actionfilme, Komödien etc.) zu verfassen.

Belassen Sie deshalb die Ausklappliste auf VERERBT, schließen Sie das OPTIONEN-Fenster (beispielsweise mit einem Klick auf ABBRECHEN), und rufen Sie INHALT → KATEGORIEN auf. Den Kritikern muss man erlauben, Beiträge für die Kategorie *Filmkritiken* zu schreiben. Suchen Sie daher die FILMKRITIKEN in der Liste, und öffnen Sie ihren Bearbeitungsbildschirm (beispielsweise indem Sie auf ihren Namen klicken). Wenn Sie jetzt mit dem Mauszeiger an den unteren Rand fahren, finden Sie die bereits zu Genüge bekannten Register (siehe Abbildung 9-19)

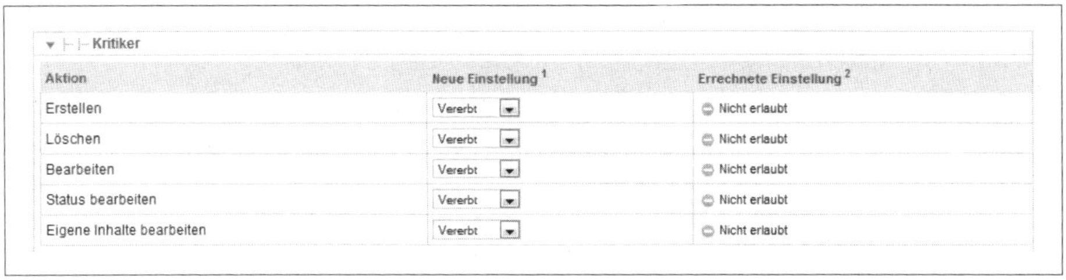

▼ ├ ├ Kritiker		
Aktion	Neue Einstellung [1]	Errechnete Einstellung [2]
Erstellen	Vererbt ▾	○ Nicht erlaubt
Löschen	Vererbt ▾	○ Nicht erlaubt
Bearbeiten	Vererbt ▾	○ Nicht erlaubt
Status bearbeiten	Vererbt ▾	○ Nicht erlaubt
Eigene Inhalte bearbeiten	Vererbt ▾	○ Nicht erlaubt

Abbildung 9-19: Hier regeln Sie für die Benutzergruppe der Kritiker, welche Aktionen diese innerhalb der Kategorie ausführen darf.

Auf diesen Registern stellen Sie ein, was die einzelnen Benutzergruppen mit den *Beiträgen in dieser Kategorie* anstellen dürfen. Dabei stehen die Aktionen aus Tabelle 9-3 zur Verfügung.

Tabelle 9-3: Mögliche Aktionen für die Beiträge einer Kategorie

Aktion	Die Mitglieder der Gruppe dürfen ...
Erstellen	Beiträge in dieser Kategorie erstellen
Löschen	bestehende Beiträge in dieser Kategorie löschen
Bearbeiten	bestehende Beiträge in dieser Kategorie nachbearbeiten
Status bearbeiten	bestehende Beiträge in dieser Kategorie sperren oder freigeben
Eigene Inhalte bearbeiten	Der Autor eines Beitrags darf ihn nachträglich korrigieren beziehungsweise verändern.

Um den Kritikern das Erstellen von Beiträgen in dieser Kategorie zu erlauben, setzen Sie in der Zeile ERSTELLEN die Ausklappliste auf ERLAUBT. SPEICHERN Sie anschließend Ihre Änderungen, und beobachten Sie, wie sich die Spalte ERRECHNETE EINSTELLUNG verändert hat (siehe Abbildung 9-20).

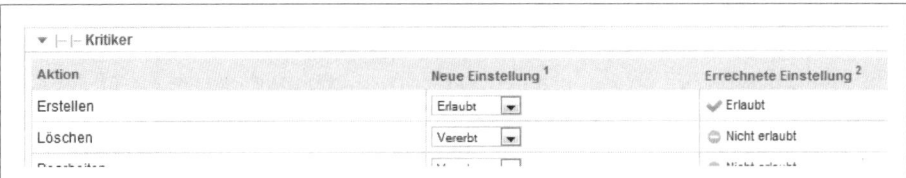

Abbildung 9-20: Mit dieser Einstellung dürfen die Kritiker in der Kategorie »Filmkritiken« eigene Beiträge erstellen.

Warnung   Beachten Sie, dass die so erlaubte Aktion automatisch auch für die Beiträge in allen Unterkategorien gilt. Wenn Sie das verhindern möchten, müssen Sie nacheinander in die Bearbeitungsbildschirme der Unterkategorien wechseln und dort dann die entsprechenden Aktionen wieder verbieten.

Melden Sie sich jetzt in der VORSCHAU wieder als Benutzer paul an, und wechseln Sie im USER MENU zum entsprechenden Formular (BEITRAG EINREICHEN, wenn Sie die vorherigen Schritte mitgemacht haben). Zum einen erhält Paul Kritiker jetzt endlich Zugriff, zum anderen kann er in der Ausklappliste für die KATEGORIE nur noch die FILMKRITIKEN sowie deren Unterkategorien auswählen.

Nach dem gleichen Prinzip ändern Sie auch die Zugriffsrechte für alle anderen Elemente, Inhalte und Kategorien. Die angebotenen Aktionen sind dabei jeweils immer die gleichen. Selbst den Zugriff auf nachträglich über Erweiterungen installierte Komponenten und Module können Sie auf diese Weise regeln. (Achten Sie immer in der Werkzeugleiste auf die Schaltfläche OPTIONEN beziehungsweise werfen Sie in Bearbeitungsbildschirmen einen Blick an den unteren Rand.)

Vererbungslehre

Damit Sie dabei nicht versehentlich zu viele Rechte erteilen oder gar Benutzer aussperren, sollten Sie immer im Hinterkopf behalten, wie sich die Rechte »weitervererben«:

- Zum einen gibt eine Benutzergruppe ihre Befugnisse an alle ihre Untergruppen weiter.

  Können beispielsweise die Mitglieder der Gruppe *Registered* einen Beitrag erstellen, so dürfen das automatisch auch alle untergeordneten *Kritiker* – es sei denn, man verbietet ihnen das explizit wieder.

- Zum anderen gibt ein Einstellungsbildschirm die Befugnisse an seine »untergeordneten« Kollegen weiter.

  Haben Sie beispielsweise den Kritikern erlaubt, Beiträge in der Kategorie *Filmkritiken* zu schreiben, so dürfen sie automatisch auch Beiträge in allen enthaltenen Unterkategorien erstellen – es sei denn, Sie ändern die Berechtigungseinstellungen der Unterkategorien.

  Durch diese Abhängigkeiten bildet sich eine sogenannte Rechte-Hierarchie (*Permission Hierarchy*): Die Einstellungen in der Konfiguration (unter SITE →

KONFIGURATION → BERECHTIGUNGEN) gelten erst einmal auch für die komplette Beitragsverwaltung. Deren Einstellungen gelten wiederum für alle Kategorien, und deren Einstellungen gelten auch wieder für jeden einzelnen Beitrag.

Warnung Abschließend gibt es noch einen kleinen, aber wichtigen Sonderfall: Die Einstellung VERWEIGERT ist immer unumstößlich. Ein so ausgesprochenes Verbot lässt sich von sämtlichen »Erben« nicht mehr umgehen beziehungsweise zurücknehmen. Haben Sie beispielsweise der Benutzergruppe *Registered* verboten, Beiträge in der Kategorie *Filmkritiken* zu bearbeiten, dann können Sie diese Einschränkung weder für ihre Untergruppe der *Kritiker* noch für einzelne Beiträge zurücknehmen.

Es ist folglich recht kompliziert, herauszufinden, ob ein Benutzer eine bestimmte Aktion ausführen darf. Joomla! muss dazu in der Regel gleich mehrere Einstellungen abklappern. Dabei geht das Content-Management-System ähnlich vor wie Sie im vorherigen Abschnitt:

Tipp Um die folgende Detektivarbeit besser nachvollziehen zu können, sollten Sie die jeweiligen Schritte selbst parallel im Administrationsbereich durchspielen.

Möchte Paul Kritiker einen Beitrag erstellen, wirft Joomla! zunächst einen Blick in die Konfiguration hinter SITE → KONFIGURATION → BERECHTIGUNGEN. Dort steht auf dem Register seiner Benutzergruppe KRITIKER die Aktion ERSTELLEN auf VERERBT. Um herauszufinden, was da vererbt wird, muss Joomla! auf dem Register der übergeordneten Benutzergruppe REGISTERED nachschlagen. Dort steht die Aktion ERSTELLEN ebenfalls auf VERERBT. Also geht es weiter zum Register der nächsten übergeordneten Gruppe. Das wäre PUBLIC, wo ERSTELLEN auf NICHT GESETZT steht. In diesem Fall nimmt Joomla! an, dass das Erstellen von Inhalten verboten ist.

Warnung Im Gegensatz zur Einstellung VERWEIGERT lässt sich das Verbot bei NICHT GESETZT später wieder zurücknehmen. NICHT GESETZT ist folglich weniger strikt, Sie können also beispielsweise den *Kritikern* nachträglich das Erstellen von Beiträgen erlauben.

Abbildung 9-21 visualisiert diese Suche noch einmal.

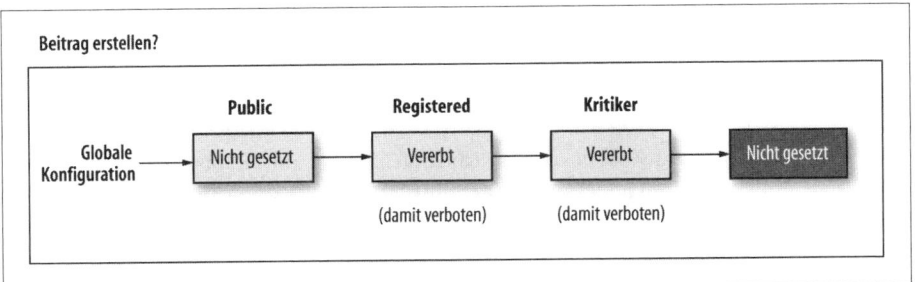

Abbildung 9-21: So ermittelt Joomla! die Berechtigungen in der Konfiguration. Die Pfeile zeigen dabei an, wie die Rechte jeweils weitergegeben werden.

Damit hat Joomla! schon einmal herausgefunden, dass das Erstellen von Inhalten – und somit auch das Anlegen von Beiträgen – prinzipiell verboten wäre. Allerdings gibt es noch weitere Stellen im Administrationsbereich, an denen sich entsprechende Einstellungen verstecken. Joomla! ermittelt deshalb, welche Komponente im aktuellen Fall zuständig ist. Das ist im Beispiel die Beitragsverwaltung hinter INHALT → BEITRÄGE. Dort schaut Joomla! dann in die OPTIONEN, wo das bekannte Spielchen von vorne losgeht: Auf dem Register der KRITIKER steht VERERBT. Also muss Joomla! das Register der übergeordneten Benutzergruppe REGISTERED konsultieren. Auch dort ist in der Zeile ERSTELLEN die Ausklappliste auf VERERBT gesetzt. Es gilt somit die Einstellung der nächsten übergeordneten Gruppe PUBLIC. Dort steht diesmal allerdings ebenfalls VERERBT. Damit gelten jetzt die Einstellungen aus der Konfiguration, womit das Erstellen von Inhalten verboten ist. Paul hat somit wieder Pech. Joomla!s aktuellen Ermittlungsstand fasst noch einmal Abbildung 9-22 zusammen.

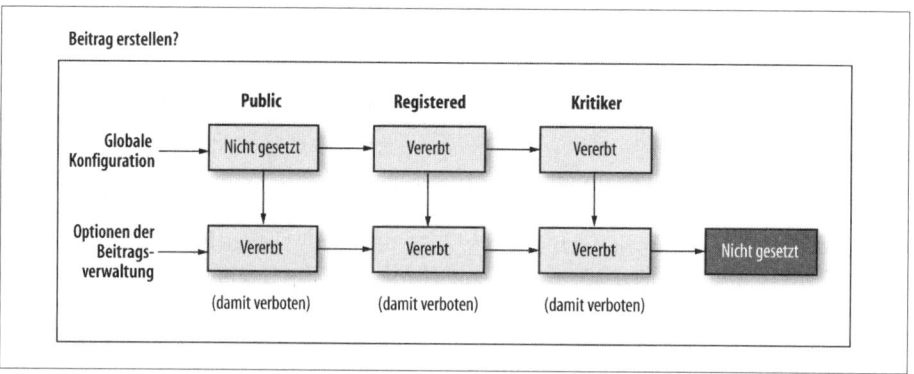

Abbildung 9-22:   Die weiteren Ermittlungen in der Beitragsverwaltung. Beachten Sie, dass sich die Rechte sowohl von der Benutzergruppe als auch von den Vorgaben aus der Konfiguration übertragen.

Vielleicht darf Paul Kritiker aber einen Beitrag in einer der Kategorien erstellen. Also muss Joomla! alle Kategorien abklappern. Bei den *Filmkritiken* angekommen, steht auf dem Register für die Benutzergruppe *Kritiker* die Aktion ERSTELLEN auf ERLAUBT (vorausgesetzt, Sie haben das Beispiel aus dem vorherigen Abschnitt mitgemacht).

Damit weiß Joomla!, dass Paul Beiträge in der Kategorie *Filmkritiken* erstellen darf. Das gilt allerdings nur, wenn eine übergeordnete Benutzergruppe dies nicht noch explizit VERWEIGERT (erinnern Sie sich an die Sonderregel auf Seite 413). Also muss Joomla! wieder die Register der übergeordneten Benutzergruppen abklappern. Auf dem Register REGISTERED steht die Aktion ERSTELLEN auf VERERBT, Gleiches gilt für die Benutzergruppe PUBLIC. Da die Einstellung VERWEIGERT somit nicht auftaucht, darf Paul aufatmen und doch noch einen Beitrag erstellen. Wie sich die Rechte unter dem Strich vererbt beziehungsweise übertragen haben, veranschaulicht noch einmal Abbildung 9-23.

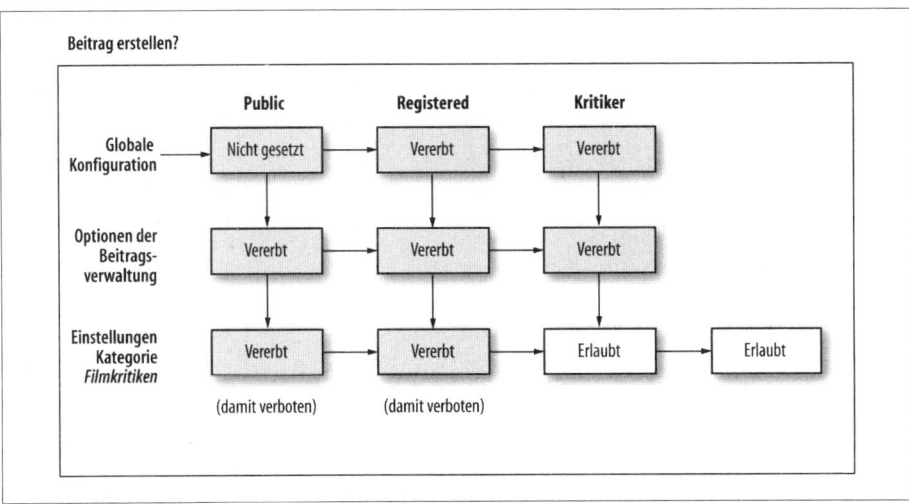

Abbildung 9-23: Die abgeschlossenen Ermittlungen für die Kategorie

Da die Kategorie *Filmkritiken* noch Unterkategorien enthält, muss Joomla! auch dort noch einmal jeweils deren Einstellungen überprüfen. Im Beispiel stehen sie allesamt auf VERERBT. Somit gelten die Vorgaben der Kategorie *Filmkritiken* – Paul darf also auch in den *Actionfilmen*, *Komödien* und *Liebesfilmen* eigene Beiträge ablegen.

Dieses ganze Prozedere führt Joomla! bei jeder Aktion durch, die ein Benutzer ausführt. Glücklicherweise nennt Joomla! seine jeweiligen (Zwischen-)Ermittlungen immer in der allseits bekannten Spalte ERRECHNETE EINSTELLUNG. Man muss folglich nicht selbst umständlich Detektiv spielen.

Warnung   Wenn eine Aktion erlaubt ist, muss sie nicht unbedingt auch im Frontend nutzbar sein. Das klingt zunächst paradox. Fehlt jedoch ein Menüpunkt auf das entsprechende Formular, wird ein Kritiker keine neuen Artikel einreichen können – selbst wenn er dafür noch so viele Rechte besitzt. Eine solche Situation entsteht beispielsweise, wenn man die Zugriffsebenen (versehentlich) falsch setzt oder schlichtweg vergisst, einen passenden Menüpunkt anzulegen.

Textfilter für Benutzergruppen

Wenn Sie unbekannten Personen das Schreiben von Beiträgen gestatten, dürfen diese ihre Texte auch mit HTML-Befehlen anreichern beziehungsweise »aufhübschen«. Dabei besteht allerdings die Gefahr, dass ein Autor seine Freiheiten zu stark ausreizt und das Layout somit vollkommen durcheinanderbringt. Darüber hinaus könnten böswillige Autoren auf diesem Weg recht leicht schädlichen Programmcode einschmuggeln.

Aus diesen Gründen darf man unter SITE → KONFIGURATION (in älteren Joomla!-Versionen hinter INHALT → BEITRÄGE in den OPTIONEN) auf dem Register TEXTFIL-

TER den Gebrauch von HTML-Befehlen einschränken. Zunächst suchen Sie unter FILTERGRUPPEN die Benutzergruppe heraus, die Sie kontrollieren möchten, und wählen Sie dann in der Ausklappliste rechts daneben ein FILTERVERFAHREN aus. Dabei stehen folgende Möglichkeiten zur Auswahl:

- KEIN HTML untersagt jeglichen Gebrauch von HTML.
- Bei STANDARD BLACKLISTE lässt Joomla! alle HTML-Tags durchgehen, mit Ausnahme einiger Befehle, die beim Einschmuggeln von fremdem Programmcode helfen könnten. Konkret verboten sind die Elemente applet, body, bgsound, base, basefont, embed, frame, frameset, head, html, id, iframe, ilayer, link, meta, name, object, script, style, title, xml sowie die Attribute action, background, codebase, dynsrc und lowsrc. Weitere HTML-Elemente und Attribute können Sie über die entsprechenden Eingabefelder rechts daneben hinzufügen. Die einzelnen Elemente und Attribute trennen Sie dabei jeweils durch ein Komma.
- Die WHITELISTE erlaubt ausschließlich die in den Feldern rechts daneben eingetippten HTML-Elemente und Attribute. Auch hier muss man wieder die einzelnen Elemente und Attribute durch Kommata trennen.
- Die EIGENE BLACKLISTE funktioniert genau entgegengesetzt zur Whiteliste: Joomla! verbietet dann die in den Feldern rechts daneben eingetippten HTML-Elemente und Attribute. Auch hier muss man wieder die einzelnen Elemente und Attribute durch Kommata trennen.
- KEINE FILTERUNG erlaubt schließlich alle möglichen HTML-Befehle.

 Warnung   Sofern Sie in Ihrem Internetauftritt den Autoren nicht trauen können, sollten Sie hier KEIN HTML aktivieren und die betroffenen Personengruppen über die aktivierte Filterung (und die möglichen Konsequenzen) informieren.

Spezielle Menüs für Benutzer

Joomla! kennt für angemeldete Benutzer noch ein paar spezielle Menüpunkte, die ihnen das Leben in unterschiedlichen Situationen erleichtern können. In der Regel ergänzen oder ersetzen sie die Links im LOGIN FORM.

 Im Kinoportal ist deshalb keiner der im Folgenden vorgestellten Menüeinträge wirklich zwingend notwendig, es kann aber auch nicht schaden, solche Einträge anzulegen. Entscheiden Sie daher einfach selbst, welche Menüpunkte Sie zusätzlich noch anbieten möchten.

Registrierungsformular

 Als Erstes sollte man den Besuchern die Möglichkeit geben, ein Benutzerkonto zu beantragen. Im Kinoportal wäre ein entsprechender Menüpunkt am besten im Hauptmenü aufgehoben. Rufen Sie also MENÜS → MAIN MENU → NEUER MENÜEINTRAG auf.

Im Bearbeitungsbildschirm des Menüpunkts klicken Sie auf AUSWÄHLEN und entscheiden sich für den Menütyp REGISTRIERUNGSFORMULAR (im Bereich BENUTZER). Vergeben Sie noch einen aussagekräftigen Titel, wie etwa REGISTRIEREN. Die übrigen Einstellungen können auf ihren Vorgaben bleiben (die ZUGRIFFSEBENE sorgt übrigens mit PUBLIC dafür, dass alle Gäste den Menüpunkt sehen und sich somit registrieren können).

Das war bereits alles. Nach dem SPEICHERN & SCHLIEßEN erreichen Sie über Ihr Hauptmenü das Registrierungsformular aus Abbildung 9-24. Genau das gleiche Exemplar steckt übrigens hinter dem Link REGISTRIEREN im LOGIN FORM.

Abbildung 9-24: Über dieses Registrierungsformular beantragen Besucher ein Benutzerkonto.

Hier muss der Besucher seinen vollständigen Namen, einen selbst gewählten Benutzernamen, zweimal das Passwort und zweimal seine E-Mail-Adresse eintippen. Sobald er auf REGISTRIEREN klickt, schickt Joomla! ihm eine E-Mail und weist darauf mit der Meldung aus Abbildung Abbildung 9-25 hin.

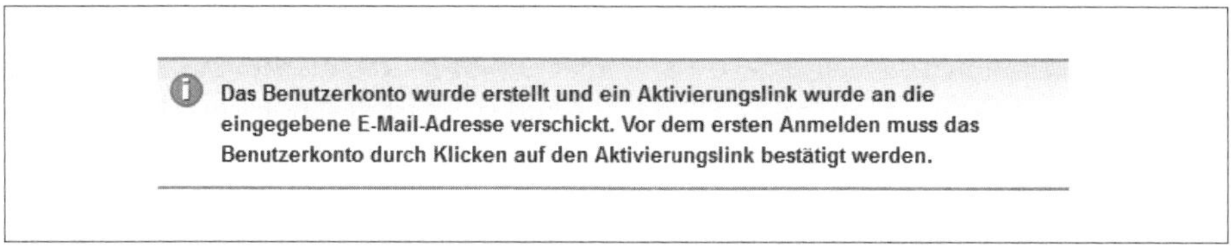

Abbildung 9-25: Diese Meldung erscheint nach der Registrierung.

Die von Joomla! gesendete E-Mail sieht für den Besucher Hans Hansen beispielsweise wie folgt aus:

```
Hallo Hans Hansen,

Vielen Dank für die Registrierung bei Kinoportal. Das Benutzerkonto wurde angelegt
und muss zur Verwendung noch aktiviert werden.
```

```
Um dieses zu tun, genügt ein Klick auf den folgenden Link oder der Link kann auch
aus dieser Nachricht kopiert und in den Webbrowser eingefügt werden:
http://localhost/joomla/index.php?option=com_users&task=registration.
activate&token=1308367772bff13c12e3268e4b832afc

Nach der Aktivierung ist eine Anmeldung bei http://localhost/joomla/ mit dem
folgenden Benutzernamen und Passwort möglich:

Benutzername: hans76
Passwort: 123456
```

Der Benutzer muss jetzt den angegebenen Link entweder anklicken oder in seinem
Browser aufrufen. Joomla! schaltet dann automatisch das Benutzerkonto frei.

Durch diese ganze Prozedur versucht das Content-Management-System sicherzustellen, dass der Besucher eine echte Person ist, das Postfach tatsächlich existiert
und kein Scherzbold ein Konto für seinen Nachbarn anlegt.

Warnung Da dieses Verfahren halbautomatisch abläuft, ist es nicht hundertprozentig sicher.
Beispielsweise nützt es nicht viel, dass die E-Mail-Adressen existieren und eindeu-
tig sein müssen: Ein böswilliger Benutzer legt sich einfach beliebig viele weitere
Postfächer bei einem kostenlosen E-Mail-Dienst an und erfindet irgendwelche
Fantasienamen. Ab Joomla! 2.5.0 können Sie die Hürden dafür mit einem soge-
nannten CAPTCHA erhöhen (siehe den Kasten »CAPTCHA« auf Seite 420).

Darüber hinaus kann diese Form der Registrierung zu vielen Karteileichen führen,
wenn sich zum Beispiel Besucher der Seite registrieren, sie das entsprechende Konto
aber nie wieder in Anspruch nehmen. Aus diesem Grund sollte man in regelmäßigen Abständen in der Benutzerverwaltung aufräumen und veraltete Datensätze entfernen.

Damit die halbautomatische Registrierung funktioniert, muss Joomla! in der Lage
sein, die E-Mails zu verschicken. Wenn Sie unter Windows arbeiten und der
Schnellinstallationsanleitung aus Kapitel 2, *Installation* gefolgt sind, blockiert beispielsweise die Firewall den Weg nach draußen. Auch auf einem angemieteten
Internetserver kann die E-Mail-Funktion deaktiviert oder fehlerhaft eingestellt sein.
Der Besucher sieht in solch einem Fall entweder eine (kryptische) Fehlermeldung
oder eine leere Seite. Im Hintergrund hat Joomla! allerdings schon ein neues Benutzerkonto eingerichtet, dieses aber noch nicht aktiviert. Damit kann sich der Besucher weder anmelden noch das Benutzerkonto erneut beantragen (denn es existiert
ja schon). Um den Besucher nicht verwirrt zurückzulassen, sollten Sie daher immer
kurz selbst prüfen, ob der E-Mail-Versand klappt. Dazu benötigen Sie allerdings ein
zweites Postfach (beispielsweise bei einem kostenlosen Freemail-Anbieter oder in
Form einer E-Mail-Weiterleitung). Spielen Sie dann selbst Besucher, und registrieren Sie über das Formular einen neuen fiktiven Benutzer.

 Machen Sie genau das einmal probeweise im Kinoportal. Registrieren Sie dort im
Formular einen Besucher namens **Hans Hansen**, dessen Benutzername **hans76** lautet.
Wenn Sie über ein zweites Postfach verfügen, verwenden Sie dieses als E-Mail-

ADRESSE, andernfalls nutzen Sie eine E-Mail-Adresse mit der Endung *@example. com*, wie etwa *hans76@example.com*. Solche Adressen sind für Testzwecke gedacht und führen ins Nirvana. Sie bekommen dann zwar keine Bestätigungs-E-Mail, sehen aber zumindest eine Erfolgs- beziehungsweise Fehlermeldung. Denken Sie sich abschließend noch ein PASSWORT aus.

Sofern nach einem Klick auf REGISTRIEREN eine Fehlermeldung oder eine leere Seite erscheint beziehungsweise der E-Mail-Versand hakt, müssen Sie die E-Mail-Einstellungen von Joomla! ändern. Das erfolgt in den Grundeinstellungen, weshalb später noch das Kapitel 10, *Globale Einstellungen* darauf zurückkommen wird. Für den Moment ignorieren Sie eine etwaige Meldung und wechseln in den Administrationsbereich zur Liste hinter BENUTZER → BENUTZER. Hier taucht jetzt *Hans Hansen* wie in Abbildung 9-26 mit zwei rot leuchtenden Kreisen in den Spalten FREIGEGEBEN und AKTIVIERT auf.

Abbildung 9-26: Das noch nicht freigegebene und aktivierte Benutzerkonto für Hans Hansen

Klicken Sie den Kreis aus der Spalte AKTIVIERT an. Hierdurch simulieren Sie einen Klick auf den Link in der E-Mail, wodurch Joomla! das Benutzerkonto aktiviert. Gleichzeitig schaltet es das Content-Management-System auch noch frei, wie der grüne Haken in der Spalte FREIGEGEBEN zeigt. Damit darf sich der Benutzer jetzt im Frontend anmelden.

Sie können die halbautomatische Registrierung auch komplett deaktivieren. Dann müssen Sie allerdings immer eigenhändig die beantragten Benutzerkonten im Administrationsbereich aktivieren (auf die gleiche Weise wie gerade im Kinoportal). Um dieses Verhalten einzustellen, wechseln Sie hinter BENUTZER → BENUTZER in den OPTIONEN auf das Register KOMPONENTE und setzen dort die Ausklappliste KONTENAKTIVIERUNG DURCH auf ADMINISTRATOR.

Warnung Wenn Sie hier KEINE wählen, aktiviert Joomla! das Benutzerkonto immer sofort und ohne Rückfrage. Ein böswilliger Angreifer könnte sich dann automatisiert beliebig viele Benutzerkonten anlegen. Ignorieren Sie daher am besten, dass es die Einstellung KEINE überhaupt gibt.

Sie können die Registrierung über die Startseite sogar komplett verhindern, indem Sie hier auf dem Register KOMPONENTE den Punkt BENUTZERREGISTRIERUNG auf NEIN stellen. Damit verschwindet der Link REGISTRIEREN aus dem LOGIN FORM, während ein eventueller Menüpunkt auf das Registrierungsformular ins Leere führt. Besucher können sich folglich über die Homepage kein Benutzerkonto mehr beschaffen. Das Anlegen bleibt dann Ihnen als Seitenbetreiber vorbehalten.

Captchas

X.X

Spammer und Angreifer benutzen gerne Programme, die automatisch in kurzer Zeit zahlreiche Benutzerprofile anlegen. Um das zu verhindern, wurden die sogenannten Captchas erfunden. Das sind kleine Bildchen, die ein verzerrtes Wort zeigen (wie in Abbildung 9-27). Menschen können das Wort leicht lesen, für Computerprogramme bleibt es jedoch nur eine wilde Pixelwüste. Ein neues Benutzerkonto bekommt aber nur, wer das Captcha-Wort lesen und eingeben kann. Dumme Programme bleiben so wirkungsvoll ausgesperrt.

Ab Version 2.5.0 kann auch Joomla! solche Captchas einsetzen. Dazu greift es auf die Hilfe des *Google reCAPTCHA*-Dienstes zurück. Der erzeugt das Captcha und prüft die korrekte Eingabe. Wenn Sie ein Captcha in Joomla! einsetzen möchten, müssen Sie sich zunächst auf seiner Homepage unter *http://www.google.com/recaptcha* registrieren. Anschließend tippen Sie unter MY ACCOUNT den Domainnamen Ihrer Website ein und klicken auf CREATE KEY. Google reCAPTCHA ergeugt jetzt einen privaten Schlüssel (*Private Key*) und einen öffentlichen Schlüssel (*Public Key*) in Form von zwei kryptischen Zeichenketten.

Notieren Sie sich diese Schlüssel und wechseln Sie dann im Administrationsbereich von Joomla! zur Plugin-Verwaltung hinter ERWEITERUNGEN → PLUGINS. Suchen Sie dort in der Liste den Eintrag CAPTCHA – RECAPTCHA, und klicken Sie ihn an. Im neuen Formular stellen Sie zunächst sicher, dass der STATUS auf FREIGEGEBEN steht. Anschließend tragen Sie im unteren Bereich den öffentlichen und den privaten Schlüssel in die entsprechenden Eingabefelder ein. Mit der Ausklappliste darunter können Sie schließlich noch das AUSSEHEN des Captchas festlegen. Wählen Sie hier eine Farbe, die zum Rest Ihrer Website passt. Wenn Sie unsicher sind, lassen Sie das relativ neutrale CLEAN stehen. SPEICHERN & SCHLIESSEN Sie die Einstellungen.

Weiter geht es in die Grundeinstellungen der Benutzerverwaltung. Dazu rufen Sie BENUTZER → BENUTZER auf, wechseln in die OPTIONEN und wenden sich im neuen Fenster dem Register KOMPONENTE zu. Hier stellen Sie die Ausklappliste CAPTCHA auf CAPTCHA – RECAPTCHA. Nach dem SPEICHERN & SCHLIESSEN müssen ab sofort alle Besucher auf dem Registrierformular erst ein Captcha ausfüllen, bevor sie ein neues Benutzerkonto erhalten.

Ein Captcha erscheint übrigens auch immer dann, wenn ein vergesslicher Benutzer ein neues Passwort oder seinen Benutzernamen anfordert (siehe dazu auch Abschnitt »Vergessene Benutzernamen und Passwörter« auf Seite 423).

Weitere Informationen zu Captchas im Allgemeinen und zu dem reCAPTCHA-Dienst im Speziellen finden Sie beispielsweise in der Wikipedia unter *http://de.wikipedia.org/wiki/ReCAPTCHA*.

Abbildung 9-27: Bevor ein Besucher ein neues Benutzerkonto erhält, muss er die verzerrten Wörter in das Feld eintippen. Über die kleinen blauen Symbole kann er ein neues Wort anfordern, es sich vorlesen lassen und eine kleine Hilfe aufrufen.

An- und Abmeldeformular

Standardmäßig können sich Besucher lediglich über das LOGIN FORM an- und wieder abmelden. Das ist insbesondere auch deshalb etwas umständlich, weil man dazu derzeit immer wieder auf die Startseite zurückkehren muss. Anstatt jetzt das Modul mit dem *Login Form* auf jeder Unterseite des Internetauftritts einzublenden, können Sie auch einen Menüpunkt einrichten, der zu einem An- und Abmeldeformular führt.

Dazu erstellen Sie einen neuen Menüpunkt (beispielsweise im *Main Menu* via MENÜS → MAIN MENU → NEUER MENÜEINTRAG), klicken dann auf AUSWÄHLEN und entscheiden sich für den Menütyp ANMELDEFORMULAR.

Mit den Standardeinstellungen würde der Menüpunkt dann zu dem kleinen Formular aus Abbildung 9-28 führen.

Dieses Formular können Sie noch rechts auf dem Register BASISEINSTELLUNGEN etwas aufpeppen. Dort stehen folgende Einstellungen parat:

ANMELDEUMLEITUNG
Nach erfolgreicher Anmeldung ruft Joomla! die hier eingetippte Internetadresse auf. Sollte das Feld leer sein, landet der Benutzer auf seinem eigenen Benutzerprofil (und muss dann von dort aus Ihren Internetauftritt erkunden).

| Benutzername | |
| Passwort | |

› **Anmelden**

- Passwort vergessen?
- Benutzername vergessen?
- Noch kein Benutzerkonto erstellt?

Abbildung 9-28: Das Anmeldeformular

ANMELDEBESCHREIBUNG

Steht diese Ausklappliste auf ANZEIGEN, blendet Joomla! über den beiden Eingabefeldern einen Beschreibungstext ein (siehe nächste Einstellung).

BESCHREIBUNGSTEXT DER ANMELDUNG

Hier dürfen Sie einen Text vorgegeben, den Joomla! dem Besucher auf dem Formular präsentiert. Ein Beispiel wäre: *»Bitte melden Sie sich mit Ihrem Benutzernamen und Passwort an.«*

ANMELDEBILD

Zusätzlich zum Text blendet Joomla! auf Wunsch auch ein Bild auf dem Formular ein. Wenn Sie dies möchten, klicken Sie einfach auf AUSWÄHLEN. Dann öffnet sich die Mini-Variante der Medienverwaltung, in der Sie das Bild hochladen, dann anklicken und schließlich EINFÜGEN.

Wenn der erfolgreich angemeldete Benutzer noch einmal auf den Menüpunkt klickt, bietet Joomla! witzigerweise an, ihn wieder vom System abzumelden. Da dies einerseits nicht offensichtlich ist und Sie andererseits die Beschriftung des Menüpunktes nicht nachträglich ändern können, sollten Sie von vornherein einen MENÜTITEL wie etwa **An- und Abmelden** vergeben.

Klickt ein angemeldeter Benutzer auf den Menüpunkt, zeigt Joomla! standardmäßig nur eine kleine, mit ABMELDEN beschriftete Schaltfläche an, die der Benutzer noch einmal zur Bestätigung aktivieren muss. Damit die Seite nicht ganz so leer wirkt, können Sie im unteren Teil des Registers BASISEINSTELLUNGEN noch folgende Einstellungen vornehmen:

ABMELDEUMLEITUNG

Nach der Abmeldung ruft Joomla! die hier eingegebene Internetadresse auf. Sollte das Feld leer sein, präsentiert Joomla! einfach wieder das Anmeldeformular aus Abbildung 9-27.

BESCHREIBUNGSTEXT DER ABMELDUNG

Steht diese Ausklappliste auf ANZEIGEN, blendet Joomla! auf der Abmeldungsseite einen Beschreibungstext ein (siehe nächste Einstellung).

ABMELDEBESCHREIBUNG

Hier dürfen Sie einen Text vorgeben, den Joomla! dem Besucher auf der Abmeldungsseite präsentiert. Ein Beispiel wäre: »Um sich abzumelden, klicken Sie bitte auf die Schaltfläche.«

ABMELDEBILD

Zusätzlich zum Text blendet Joomla! auf Wunsch auch ein Bild ein. Wenn Sie dies möchten, klicken Sie einfach auf AUSWÄHLEN. Dann öffnet sich die Mini-Variante der Medienverwaltung, in der Sie das Bild hochladen, dann anklicken und schließlich EINFÜGEN.

Vergessene Benutzernamen und Passwörter

Insbesondere dann, wenn sich Benutzer nur selten an Ihrem Internetauftritt anmelden, vergessen sie schon einmal ihr Passwort und ihren Benutzernamen. Sie selbst können als Super User beide Informationen im Administrationsbereich hinter BENUTZER → BENUTZER einsehen und auch ändern. Der Besucher muss Sie jedoch dazu erst per E-Mail kontaktieren.

Alternativ können Sie deshalb zwei Formulare bereitstellen, über die ein Benutzer selbst ein neues Passwort anfordern beziehungsweise sich an seinen Benutzernamen erinnern lassen kann. Sinnvollerweise sollten beide in einem für alle Besucher sichtbaren Menü erscheinen, wie etwa dem MAIN MENU.

Zunächst zum Passwort: Erstellen Sie via MENÜS → MAIN MENU → NEUER MENÜ-EINTRAG einen neuen Menüpunkt, und weisen Sie ihm hinter AUSWÄHLEN den Menütyp PASSWORT ZURÜCKSETZEN zu. Vergeben Sie abschließend noch einen MENÜTITEL, wie etwa **Passwort vergessen**. Der fertige Menüeintrag führt dann im Frontend zur Seite aus Abbildung 9-29.

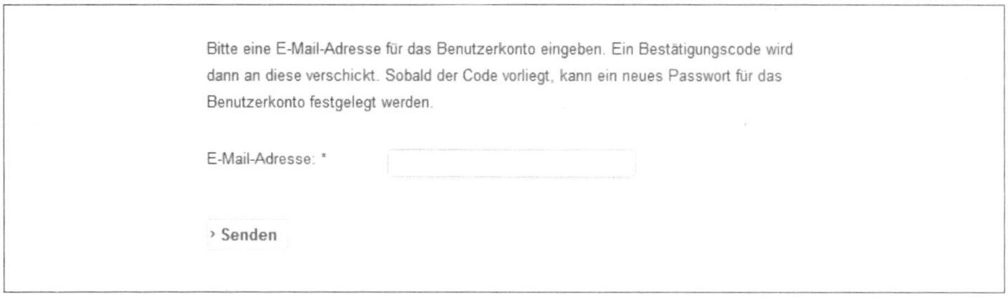

Bitte eine E-Mail-Adresse für das Benutzerkonto eingeben. Ein Bestätigungscode wird dann an diese verschickt. Sobald der Code vorliegt, kann ein neues Passwort für das Benutzerkonto festgelegt werden.

E-Mail-Adresse: *

› Senden

Abbildung 9-29: Um ein neues Passwort zu erhalten, muss der Besucher seine E-Mail-Adresse hinterlassen.

Hier muss der vergessliche Benutzer seine E-Mail-Adresse hinterlassen, an die Joomla! dann eine Nachricht mit einem Bestätigungscode schickt. Diesen Code muss der Benutzer in ein neues Formular übertragen – erst dann wird ein neues Passwort vergeben. Mit dieser ganzen Prozedur soll sichergestellt werden, dass niemand ein vorhandenes Benutzerkonto kapert.

Etwas weniger kompliziert funktioniert die Erinnerung an einen vergessenen Benutzernamen: Erstellen Sie wieder einen neuen Menüpunkt (MENÜS → MAIN MENU → NEUER MENÜEINTRAG), verpassen Sie ihm aber diesmal den Menütyp BENUTZERNAME ERNEUT ZUSENDEN. Diese Bezeichnung bietet sich auch gleich als MENÜTITEL an. Ein solcher Menüpunkt führt zur Seite aus Abbildung 9-30.

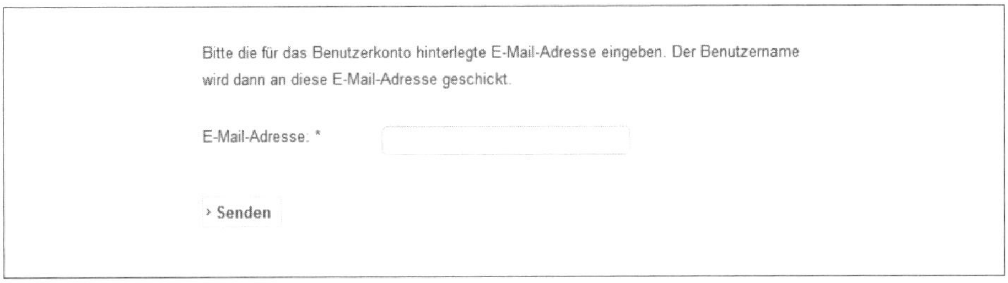

Bitte die für das Benutzerkonto hinterlegte E-Mail-Adresse eingeben. Der Benutzername wird dann an diese E-Mail-Adresse geschickt.

E-Mail-Adresse. *

› Senden

Abbildung 9-30: Um an seinen Benutzernamen erinnert zu werden, muss der Besucher seine E-Mail-Adresse hinterlassen.

Sobald hier der Benutzer seine E-Mail-Adresse eingetippt hat, sendet Joomla! ihm den Benutzernamen zu.

Benutzerprofil

Nachdem sich ein Benutzer bei Joomla! angemeldet hat, findet er im USER MENU standardmäßig einen Menüpunkt YOUR PROFILE. Er ist vom Menütyp *Benutzerprofil* und präsentiert auf einer Seite übersichtlich einige Informationen über den Benutzer, wie etwa seinen Benutzernamen und das Datum seines letzten Besuchs (siehe auch Abbildung 9-2 auf Seite 387). Über den Link PROFIL BEARBEITEN am unteren Rand kann er seine Anmeldedaten und ein paar Einstellungen ändern.

Das dahinterstehende Formular (also den Bearbeitungsbildschirm) können Sie ihm auch über einen eigenen Menüpunkt zugänglich machen. Da es am besten im *User Menu* aufgehoben ist, erstellen Sie über MENÜS → USER MENU → NEUER MENÜEINTRAG einen neuen Menüpunkt und weisen ihm via AUSWÄHLEN den Menütyp BENUTZERPROFIL BEARBEITEN zu. Wählen Sie einen passenden MENÜTITEL, wie etwa **Benutzerprofil ändern**, und setzen Sie noch die ZUGRIFFSEBENE auf REGISTERED. Damit ist sichergestellt, dass nur Personen mit einem Benutzerkonto den Menüpunkt zu Gesicht bekommen. Außer den anderen bekannten Standardeinstellungen gibt es ansonsten nicht mehr viel einzustellen. Nach dem SPEICHERN führt der Menüpunkt zu dem Formular aus Abbildung 9-31.

Im oberen Bereich darf der Benutzer seinen Namen, seinen Benutzernamen, sein Passwort und seine E-Mail-Adresse korrigieren. Darunter kann er einen anderen Editor wählen (was aber nur Auswirkungen hat, wenn er auch Beiträge schreiben darf), sowie die Zeitzone und die von ihm präferierte Sprache. Wenn Ihnen die letzten drei Einstellungsmöglichkeiten zu weit gehen, wechseln Sie im Administrationsbereich zum Menüpunkt BENUTZER → BENUTZER, rufen dort die OPTIONEN auf und stellen auf dem Register KOMPONENTE den Punkt EINSTELLUNGEN IM FRONTEND auf VERBERGEN.

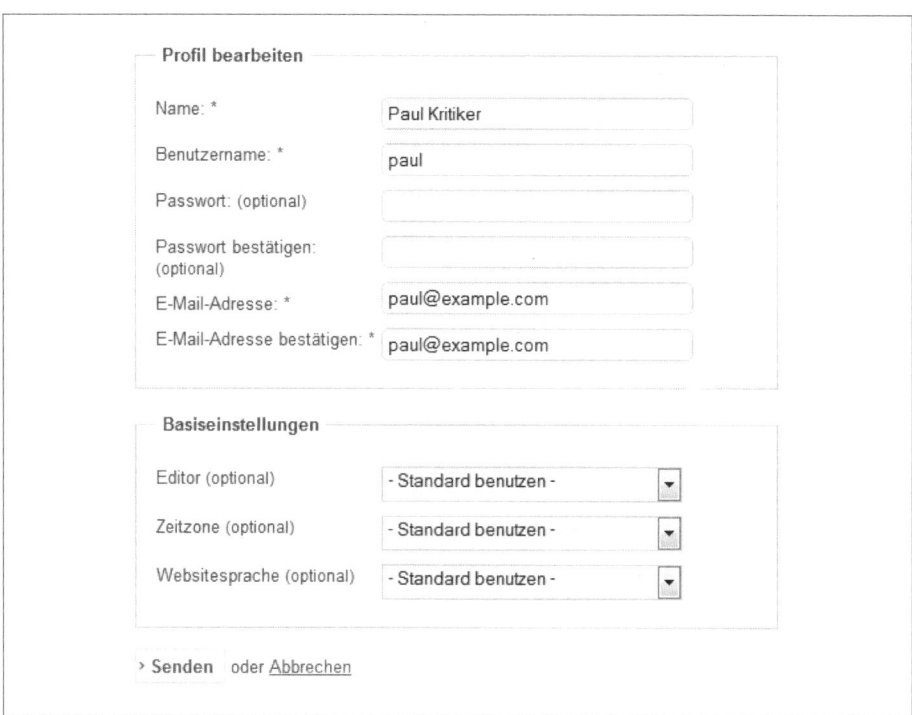

Abbildung 9-31:   In diesem Formular darf der Benutzer einige seiner persönlichen Daten ändern.

Tipp   Alle Benutzer, die Zugriff auf das Backend haben, finden die Einstellungen auch
hinter SITE → MEIN PROFIL.

Beiträge und Weblinks einreichen

Abschließend können Sie Benutzern noch jeweils ein Formular anbieten, über das
sie Beiträge oder Weblinks einreichen können. Beide Formulare haben Sie bereits
im Abschnitt »Seiten für Benutzer im Frontend« kennengelernt. Standardmäßig enthält das *User Menu* bereits jeweils einen passenden Link.

Zu einem Formular zum Erstellen von Beiträgen führt ein Menüpunkt vom Typ BEI-
TRAG ERSTELLEN. Wenn Sie allen vorherigen Beispielen gefolgt sind, existiert ein solcher Menüeintrag bereits unter dem Namen BEITRAG EINREICHEN im versteckten
USER MENU. Das hinter solch einem Menüpunkt steckende Formular enthält im
oberen Bereich den TinyMCE-Editor. Darunter stellt der Autor die KATEGORIE ein
und legt unter ZUGRIFF die Zugriffsebene fest. Möchte der Autor mit einem Pseudonym erscheinen, tippt er dieses noch unter AUTORALIAS ein. Den Abschluss bildet
die Auswahl der SPRACHE, in der der Beitrag verfasst wurde, gefolgt von zwei Eingabefeldern für die METADATEN (siehe auch Abbildung 9-3 auf Seite 387).

Hin und wieder trifft ein angemeldeter Benutzer auf die Symbole aus Abbildung 9-32.

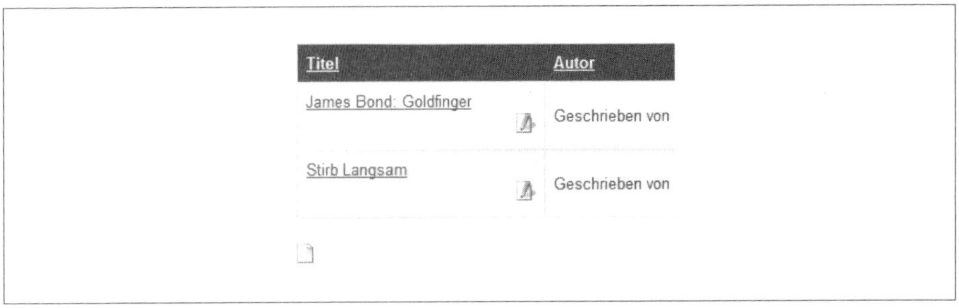

Titel	Autor
James Bond: Goldfinger	Geschrieben von
Stirb Langsam	Geschrieben von

Abbildung 9-32: Über die kleinen Symbole kann ein Benutzer schnell neue Beiträge anlegen beziehungsweise die vorhandenen bearbeiten.

Das leere Blatt taucht auf Übersichtsseiten auf, in deren Kategorien der Benutzer einen Beitrag erstellen darf. Ein Klick darauf führt dann direkt zum bekannten Formular. Über das Stiftsymbol kann der Benutzer hingegen den nebenstehenden Beitrag bearbeiten – vorausgesetzt, er besitzt die passenden Rechte (siehe Abschnitt »Berechtigungen – welche Aktionen darf ein Benutzer ausführen«).

Neue Weblinks erstellen Benutzer über ein Formular, wie es Abbildung 9-33 zeigt.

Weblink

Titel *	
Alias	
Kategorie *	- Sample Data-Weblinks ▾
URL *	
Status	Freigegeben ▾
Sprache	Alle ▾

[Speichern] [Abbrechen]

Beschreibung

B *I* U ABC | ☰ ☰ ☰ ☰ | Styles ▾ | Paragraph ▾

☰ ☰ | ☰ ☰ | ↺ ↻ | ∞ ⬚ ⚓ ⬚ ✂ ⓘ HTML

— ⬚ ▦ | x₁ x² | Ω

Path: p

Beiträge   Bild   Editor an/aus

Abbildung 9-33: Über dieses Formular können Benutzer einen Weblink einreichen beziehungsweise vorschlagen

Dorthin führt ein Menüpunkt vom Typ WEBLINK EINREICHEN. Im USER MENU existiert standardmäßig ein solches Exemplar mit dem Namen SUBMIT A WEBLINK (Sie sehen ihn, wenn Sie sich als Super User im Frontend anmelden). Das Formular enthält die gleichen Einstellungen und Felder, wie Sie sie auch im Bearbeitungsbildschirm hinter KOMPONETEN → WEBLINKS → LINKS und dann mit einem Klick auf NEU im Bereich NEUER WEBLINK vorfinden (siehe Kapitel 6, *Komponenten – Nützliche Zusatzfunktionen*, Abschnitt »Weblinks«).

Benutzerhinweise

Ab Joomla! 2.5.0 können Sie eine Notiz an einzelne Benutzerkonten kleben – ganz analog zu den kleinen gelben Post-It-Zetteln. Auf ihnen können Sie beispielsweise notieren, dass der Besucher häufig schon als Rowdy aufgefallen ist oder beim nächsten Vereinstreffen den Protokollführer spielen muss.

Einem Benutzerkonto dürfen Sie beliebig viele dieser sogenannten *Benutzerhinweise* (englisch *Notes*) anheften. Um dabei den Überblick zu behalten, lassen sich die Hinweise thematisch zu Kategorien zusammenfassen. Das funktioniert genauso wie bei den Beiträgen aus Kapitel 4, *Inhalte verwalten*. Joomla! verlangt, dass jeder Hinweis in mindestens einer Kategorie liegt.

Im Kinoportal ist der Benutzer *hans76* mehrfach negativ aufgefallen. Bevor Sie sein Benutzerkonto endgültig sperren, geben Sie ihm noch eine Woche Bewährungszeit. Damit der Termin nicht in Vergessenheit gerät, soll er als Hinweis am Benutzerkonto pappen. Alle Hinweise, die sich auf ein rüpelhaftes Betragen beziehen, soll zudem eine eigene Hinweiskategorie namens *Schlechtes Benehmen* sammeln.

Tipp Die Hinweise sind nur für Administratoren im Backend sichtbar. Wofür Sie die Hinweise dort verwenden beziehungsweise was Sie auf sie schreiben, bleibt vollständig Ihnen überlassen. Einen bestimmten Anwendungszweck schreibt Joomla! nicht vor.

Hinweiskategorien anlegen

Sämtliche Hinweiskategorien verwaltet der Bildschirm hinter BENUTZER → HINWEISKATEGORIEN. Wie der eine einsame Eintrag andeutet, bringt Joomla! bereits eine Kategorie namens UNCATEGORISED mit, die als Sammelbecken für alle möglichen Hinweise dient. Um eine neue Kategorie zu erstellen, klicken Sie in der Werkzeugleiste auf NEU. Das jetzt erscheinende Formular aus Abbildung 9-34 sieht nicht nur exakt so aus wie sein Kollege für die Beitragskategorien (siehe Kapitel 4, *Inhalte verwalten*), die Bedienung ist auch identisch.

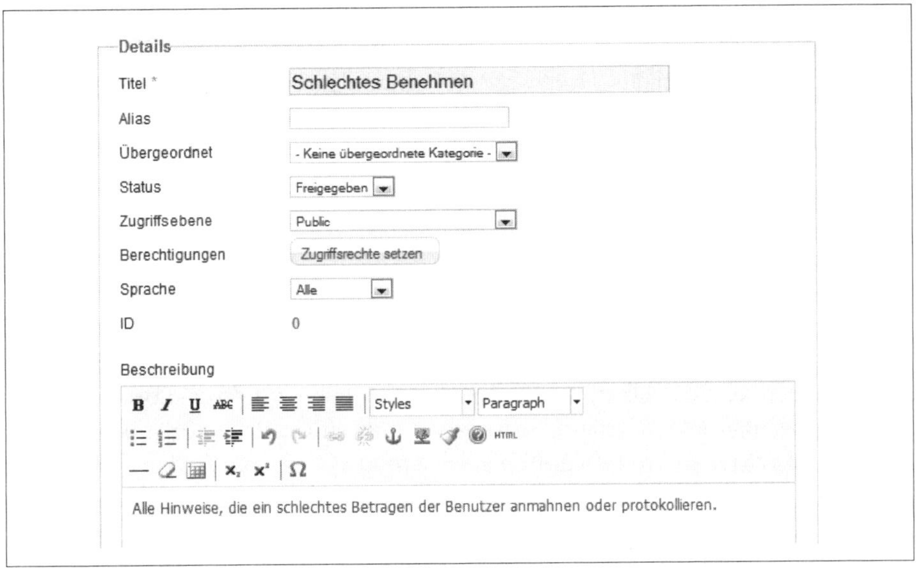

Abbildung 9-34: Diese Einstellungen erzeugen eine neue Hinweiskategorie.

Hier noch einmal kurz die Einstellungen im Schnelldurchgang:

TITEL
: Der Name der Kategorie; für das Kinoportal-Beispiel wählen Sie hier **Schlechtes Benehmen**.

ALIAS
: Ein Alias-Name für den Titel, im Beispiel lassen Sie das Feld leer.

ÜBERGEORDNET
: Sie können mehrere Hinweiskategorien ineinander verschachteln und so weiter gliedern. Die gerade neu erstellte Kategorie ist dabei der hier eingestellten untergeordnet.

STATUS
: Nur wenn die Kategorie FREIGEGEBEN ist, kleben die darin gesammelten Hinweise an ihren jeweiligen Benutzern.

ZUGRIFFSEBENE
: Regelt, wer die Hinweise aus der Kategorie zu sehen bekommt.

BERECHTIGUNGEN
: Legt zusammen mit den KATEGORIEBERECHTIGUNGEN am unteren Rand die Zugriffsrechte fest (siehe auch Abschnitt »Berechtigungen – welche Aktionen darf ein Benutzer ausführen«).

SPRACHE
: In dieser Sprache werden die enthaltenen Hinweise und die Beschreibung verfasst. Bei einem einsprachigen Internetauftritt übernehmen Sie die Vorgabe ALLE.

Der hier eingetippte Text sollte kurz umreißen, was für Hinweise in der Kategorie zu finden sind, im Kinoportal etwa: **Alle Hinweise, die ein schlechtes Betragen der Benutzer anmahnen oder protokollieren.**

Für die Hinweiskategorie im Kinoportal sollten die Einstellungen jetzt so wie in Abbildung 9-34 aussehen.

Bleiben noch die Einstellungen rechts auf den Registern: Unter den VERÖFFENTLICHUNGSOPTIONEN können Sie einen anderen Benutzer zum Ersteller der Hinweiskategorie küren. Da die Hinweiskategorie nicht im Frontend erscheint, sind die Einstellungen auf den anderen beiden Registern nutzlos: Ein alternatives Layout wie auch ein Bild bekommt zumindest unter Joomla! 2.5.0 niemand zu sehen. Gleiches gilt für die Metadaten, die Suchmaschinen niemals entdecken können, und die Joomla! an keiner anderen Stelle auswertet. Mit anderen Worten: Sie können die Register auf der rechten Seite ignorieren.

Im Kinoportal-Beispiel legen Sie jetzt die neue Hinweiskategorie via SPEICHERN & SCHLIESSEN an. Als Nächstes muss der Hinweis für den Benutzer *hans76* her.

Benutzerhinweise anlegen

Sämtliche Hinweise finden Sie in der Liste hinter BENUTZER → BENUTZERHINWEISE. Diese ist im Moment noch leer. Um einen weiteren Hinweis hinzufügen, aktivieren Sie NEU in der Werkzeugleiste. Daraufhin erscheint das übersichtliche Formular aus Abbildung 9-35.

Zunächst tippen Sie einen BETREFF ein. Er sollte kurz zusammenfassen, um was es geht. Im Kinoportal-Beispiel könnten Sie **Bewährungszeit** wählen.

Anschließend heften Sie den Hinweis dem entsprechenden Benutzer an. Dazu klicken Sie erst auf BENUTZER AUSWÄHLEN, und im neuen Fenster klicken Sie den Namen der Person an – im Beispiel HANS76. (Wenn Sie nicht alle vorherigen Beispiele mitgemacht haben, können Sie auch einen beliebigen anderen Benutzer wählen.)

Mit der Ausklappliste darunter packen Sie den Hinweis noch in eine Hinweis-KATEGORIE. Im Beispiel soll das die gerade angelegte Kategorie SCHLECHTES BENEHMEN sein. Achten Sie darauf, dass der STATUS auf FREIGEGEBEN steht. Nur dann ist der Hinweis auch mit dem Benutzerkonto verknüpft.

Im Kinoportal muss sich der Benutzer *hans76* eine Woche lang vorbildlich benehmen. In sieben Tagen steht folglich noch einmal eine Überprüfung (des Hinweises) an. Dann entscheidet sich, ob nur der Hinweis oder das Benutzerkonto gelöscht wird. Damit man diesen Termin nicht vergisst, gibt es die PRÜFUNGSZEIT. Klicken Sie auf das kleine Kalendersymbol, und wählen Sie einen Tag in einer Woche aus.

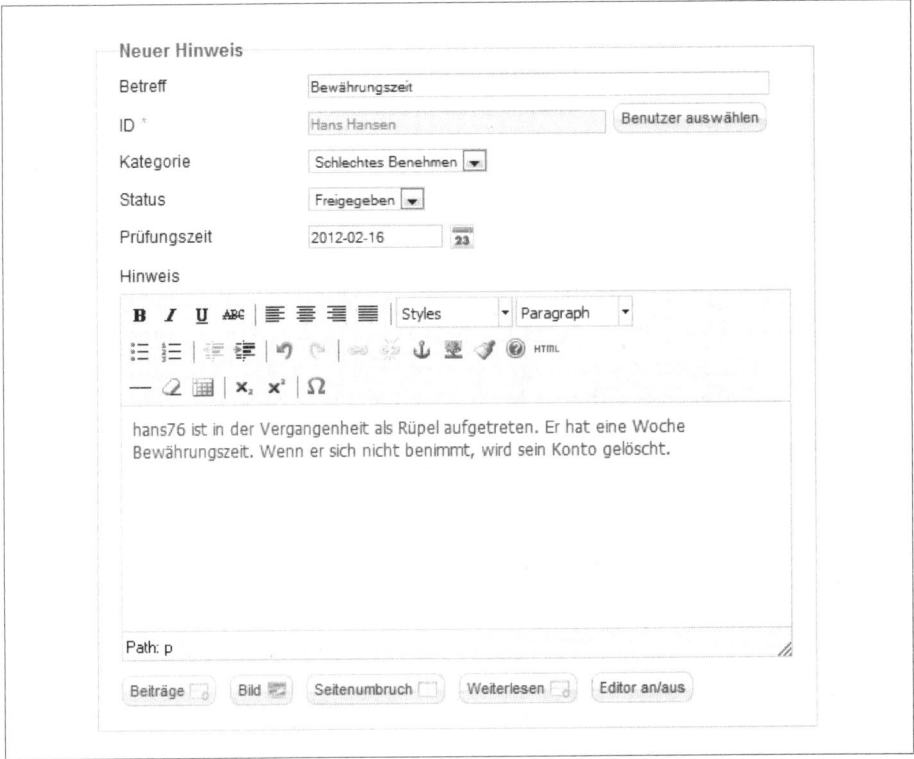

Neuer Hinweis

Betreff   Bewährungszeit

ID   Hans Hansen   [Benutzer auswählen]

Kategorie   Schlechtes Benehmen ▾

Status   Freigegeben ▾

Prüfungszeit   2012-02-16   23

Hinweis

B *I* U ABC | ≡ ≡ ≡ ≡ | Styles ▾ | Paragraph ▾

hans76 ist in der Vergangenheit als Rüpel aufgetreten. Er hat eine Woche Bewährungszeit. Wenn er sich nicht benimmt, wird sein Konto gelöscht.

Path: p

Beiträge   Bild   Seitenumbruch   Weiterlesen   Editor an/aus

Abbildung 9-35: Diese Einstellungen erzeugen einen Hinweis für den Benutzer »hans76«.

Leider funktioniert die Prüfungszeit nicht wie ein Wecker, sondern ergänzt den Hinweis lediglich um ein Datum. Sie erhalten folglich keine Erinnerungsnachricht, sondern müssen immer mal wieder hinter BENUTZER → BENUTZERHINWEISE vorbeischauen. Die Prüfungszeit ist zudem optional. Wenn Sie sie in Ihren eigenen Hinweisen nicht benötigen, ignorieren Sie das zugehörige Feld einfach.

Abschließend tippen Sie noch unter HINWEIS den eigentlichen Hinweistext ein (also den Text, den Sie auch auf einen Post-It-Zettel schreiben würden). Im Kinoportal-Beispiel können Sie einfach den Text aus Abbildung 9-35 übernehmen. Es stehen Ihnen hier übrigens wieder alle Formatierungsmöglichkeiten des TinyMCE-Editors zur Verfügung, Sie dürfen sogar Bilder einfügen und wie bei Beiträgen den Text in eine Einleitung und einen Hauptteil auftrennen. Unter Joomla! 2.5.0 hat Letzteres aber noch keinen praktischen Nutzen.

Nachdem Sie den neuen Hinweis mit SPEICHERN & SCHLIESSEN angelegt haben, landen Sie wieder in der Liste mit allen Hinweisen. Wechseln Sie jetzt direkt weiter in die Benutzerverwaltung hinter BENUTZER → BENUTZER. Hier finden Sie jetzt in der Zeile für HANS76 mehrere kleine Symbole (siehe Abbildung 9-36).

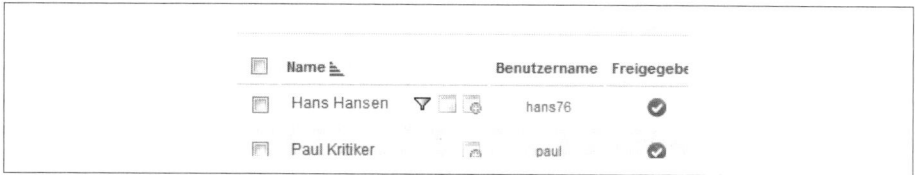

Abbildung 9-36: Die kleinen Symbole ermöglichen einen schnellen Zugriff auf die Notizen des Benutzers.

Mit einem Klick auf den Trichter gelangen Sie schnell zu einer Liste mit allen Hinweisen für diesen Benutzer. Das Symbol mit dem gelben Post-It-Zettel rechts daneben öffnet das Fenster aus Abbildung 9-37 mit allen Hinweisen des Benutzers. Joomla! zeigt hier allerdings nur den reinen Text an; eventuell im Hinweis eingebundene Bilder fehlen hier.

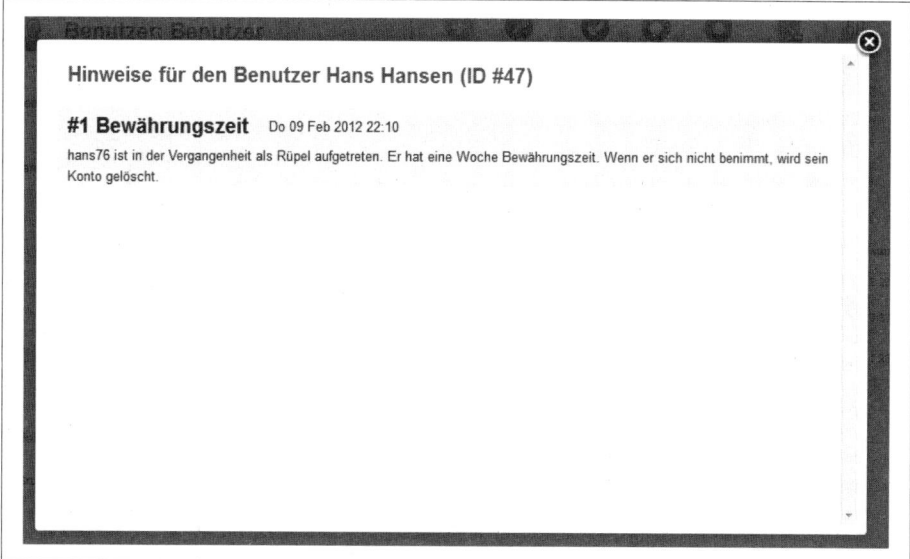

Abbildung 9-37: Dieses Fenster zeigt übersichtlich alle Hinweise eines Benutzers an. Für »hans76« gibt es im Moment nur einen.

Über das dritte Symbol können Sie schließlich noch in Rekordgeschwindigkeit einen neuen Hinweis für diesen Benutzer anlegen.

Das interne Nachrichtensystem

Alle Benutzer, die Zugang zum Backend besitzen, dürfen über das in Joomla! eingebaute Nachrichtensystem miteinander kommunizieren. Aber auch Joomla! selbst hat ab und an das Bedürfnis, mit einem der Administratoren zu reden. Letzteres ist zum Beispiel immer dann der Fall, wenn jemand einen neuen Beitrag, wie zum Beispiel eine Filmkritik, einreicht.

Empfangene Nachrichten

Sobald eine Nachricht eingeht, landet sie im Joomla!-eigenen Postkasten (englisch *Inbox*). Dass ein neuer Brief eingegangen ist, verrät eine entsprechende Meldung in der Menüleiste (siehe Abbildung 9-38).

Abbildung 9-38: In diesem Fall sind vier Nachrichten eingegangen.

Über einen Klick auf diese Zahl oder alternativ über den Menüpunkt KOMPONENTEN → NACHRICHTEN → NACHRICHTEN LESEN gelangt man zu einer Liste mit allen empfangenen Meldungen (siehe Abbildung 9-39).

X.X **Version** In früheren Joomla!-Versionen war der Posteingang noch im WERKZEUGE-Menü versteckt. Manager und einfache Administratoren mussten sogar immer das Briefsymbol in der Menüleiste bemühen.

Abbildung 9-39: Hier sieht man zwei eingegangene Nachrichten. Die untere weist darauf hin, dass der Benutzer »Paul Kritiker« auf der Homepage einen neuen Artikel zur Veröffentlichung eingereicht hat.

Die Spalte VON verrät, von wem diese Nachricht stammt. DATUM nennt das Sendedatum, und GELESEN vermerkt, ob der Postkastenbesitzer die Meldung bereits gelesen hat.

▶▶ **Tipp** Wenn Sie in der Spalte GELESEN merkwürdige Fehlermeldungen sehen, die mit *Strict Standards:* beginnen, dann stammen diese von Ihrer PHP-Umgebung. Um sie verschwinden zu lassen, öffnen Sie die Datei *php.ini*, suchen die Zeile

```
error_reporting = E_ALL | E_STRICT
```

ändern sie in

```
error_reporting = E_ALL
```

speichern die *php.ini* ab und starten den Webserver einmal neu. Wenn Sie jetzt die Seite im Browser aktualisieren, sollten die Fehlermeldungen verschwunden sein. Weitere Informationen zur *php.ini* finden Sie in Kapitel 2, *Installation*, Abschnitt »PHP-Konfiguration anpassen« auf Seite 71. Die Fehlermeldungen beeinträchtigen allerdings nicht die Funktion, sondern sehen nur unschön aus.

Um eine der Nachrichten anzusehen, klicken Sie einfach auf ihren BETREFF. Auf der nun erscheinenden Seite können Sie mit einem Klick auf ANTWORTEN direkt eine Antwort verfassen.

Nachrichten verschicken

Eine neue Nachricht können Sie schreiben, indem Sie entweder aus dem Menü KOMPONENTEN → NACHRICHTEN → NACHRICHT SCHREIBEN wählen, alternativ im Postkasten (KOMPONENTEN → NACHRICHTEN → NACHRICHTEN LESEN) in der Werkzeugleiste auf NEU klicken oder aber in Ihrem Postkasten auf das Register NEUE PRIVATE NACHRICHT wechseln.

Im nun angezeigten Formular stellen Sie über BENUTZER AUSWÄHLEN den Empfänger ein, tippen im Eingabefeld BETREFF das Thema ein und schütten schließlich unter NACHRICHT Ihr Herz aus. Ein Klick auf SENDEN schickt den Brief auf die Reise.

Einstellungen für das Nachrichtensystem

Einstellungen rund um das Nachrichtensystem erlauben hinter KOMPONENTEN → NACHRICHTEN → NACHRICHTEN LESEN gleich zwei Schaltflächen in der Werkzeugleiste. Die unter MEINE EINSTELLUNGEN veränderten Punkte gelten nur für das eigene Postfach:

POSTEINGANG SPERREN
  Bei einem JA weist Joomla! sämtliche Zustellversuche ab. Mit anderen Worten: Sie erhalten keine Post mehr.

NEUE NACHRICHTEN
  Diesen Punkt sollten Sie insbesondere dann auf JA stellen, wenn Sie nur selten den Administrationsbereich besuchen. Joomla! benachrichtigt dann den Postfachinhaber per E-Mail, sobald eine neue Nachricht eingegangen ist.

NACHRICHTEN AUTOMATISCH LEEREN NACH (TAGE)
  So viele Tage bewahrt Joomla! eingegangene Nachrichten auf. Überschreitet eine Nachricht diese Lagerfrist, löscht das Content-Management-System sie automatisch aus dem Posteingang. Davon unabhängig können Sie natürlich auch jede Nachricht manuell in den PAPIERKORB stecken.

Neben den privaten Einstellungen können Sie hinter den OPTIONEN noch festlegen, wer überhaupt auf das interne Nachrichtensystem zugreifen darf.

Massenmail

Für den nächsten Samstag wurde kurzfristig ein interessantes Sonderprogramm im Roxy-Kino angesetzt. Um nun alle registrierten Benutzer über dieses Ereignis zu informieren, kann man auf die *Massenmail*-Funktion (englisch *Mass Mail*) zurückgreifen. Sie versendet eine E-Mail an eine oder mehrere Benutzergruppen. Eine solche Rundmail ist auch dann äußerst nützlich, wenn im System plötzlich mal etwas klemmt oder Wartungsarbeiten anstehen, die einen Zugriff oder gar die Erreichbarkeit der Homepage beeinträchtigen.

 Tipp Sie sollten diese Funktion nur für die genannten Zwecke heranziehen. Andernfalls könnte es passieren, dass sich die Empfänger über zu viel unnötige Post beschweren.

Für einen Massenversand müssen allerdings ein paar Voraussetzungen erfüllt sein. Zunächst einmal muss jeder Benutzer über eine gültige E-Mail-Adresse verfügen, die in seinem Profil eingetragen ist (siehe Abschnitt »Benutzerprofil« auf Seite 424). Darüber hinaus muss Joomla! E-Mails verschicken können (auf die dazu eventuell notwendigen Einstellungen geht noch Kapitel 10, *Globale Einstellungen* ein).

Sind diese Bedingungen erfüllt, ruft man im Menü den Punkt BENUTZER → MASSENMAIL auf.

 Version In Joomla! 1.5 versteckte sich der Massenversand von E-Mails noch unter WERKZEUGE → MASSENMAIL.

Es öffnet sich nun das Formular aus Abbildung 9-40.

In diesem Formular markiert man zunächst in der Liste unter GRUPPE die Empfänger. ALLE GRUPPEN ANZEIGEN sendet die Nachricht an wirklich alle registrierten Benutzer. Joomla! erlaubt hier übrigens immer nur eine Gruppe als Empfänger auszuwählen. Wenn Sie allerdings MAIL AN UNTERGRUPPEN abhaken, bezieht Joomla! auch noch alle jeweils untergeordneten (und in der Darstellung eingerückten) Gruppen in den Versand mit ein.

Vergeben Sie nun auf der rechten Seite eine Betreffzeile, und tippen Sie Ihre NACHRICHT ein. Falls Sie noch auf der linken Seite ALS HTML VERSENDEN ankreuzen, dürfen Sie hier sogar HTML-Befehle verwenden, um den Nachrichtentext etwas hübscher zu gestalten. Eine Vorschau des Ergebnisses bietet die Massenmail-Funktion allerdings nicht.

Abbildung 9-40: Die Funktion zum Versenden von Massenmails

Sofern der langatmig benannte Punkt EMPFÄNGER ALS BCC. SCHICKT EINE KOPIE ZUR ADMINISTRATOR E-MAIL-ADRESSE abgehakt ist, setzt Joomla! alle Empfänger der Nachricht auf BCC (die *Blind Carbon Copy*). Diese Funktion dürften Sie auch von Ihrem E-Mail-Programm her kennen: Sie sorgt dafür, dass die Empfänger die E-Mail-Adressen der anderen Empfänger nicht zu Gesicht bekommen. Schon aus Gründen des Datenschutzes sollten Sie diese Funktion immer aktiviert lassen.

Bevor Sie die Nachricht mithilfe der Schaltfläche SENDEN abschicken, sollten Sie noch einen Blick in die OPTIONEN hinter der gleichnamigen Schaltfläche in der Werkzeugleiste werfen. Joomla! bietet dort auf dem Register MASSENMAIL zwei Einstellungen an:

BETREFF VORANGESTELLT
: Den hier eingetippten Text klebt Joomla! vor den Betreff einer jeden Nachricht. Im Kinoportal könnte man hier etwa die Zeichenkette **[Kinoportal]** eingeben, womit beim Empfänger dann eine Betreffzeile à la [Kinoportal] Filmabend im Roxy ankommt. Auf diese Weise sehen die Empfänger auf einen Blick, woher die E-Mail stammt.

MAILANHANG
: Der hier eingetippte Text erscheint immer am Ende einer jeden Nachricht. Üblich sind hier Informationen zum Absender, wie beispielsweise: *Diese Nachricht wurde Ihnen vom Kinoportal geschickt*.

Warnung   Firmen müssen bestimmte Regeln einhalten und beispielsweise in ihrer Korrespondenz immer auch den Namen des Geschäftsführers und den Firmensitz nennen. Informieren Sie sich hier am besten bei einem Fachanwalt, bevor Sie das erste Mal Massenmails verschicken.

KAPITEL 10

Globale Einstellungen

Joomla! hält an verschiedenen Stellen Funktionen, Einstellungen und Informationen bereit, die sich auf das gesamte System beziehen beziehungsweise in bestimmten Notfallsituationen helfen können. Zwar benötigen Sie sie somit nicht täglich, sie zu kennen kann Sie jedoch im Fall der Fälle retten.

Tipp   Sie sollten die folgenden Abschnitte einmal lesen, bei Bedarf die jeweiligen Vorgaben in Ihrer Joomla!-Installation gerade rücken und den angebotenen Funktionsumfang im Hinterkopf behalten.

Warnung   Wenn Sie unsicher sind, belassen Sie die entsprechenden Werte auf ihren Vorgaben. Die Einstellungen sind durchweg sinnvoll belegt.

Die meisten Einstellungen sammelt Joomla! hinter SITE → KONFIGURATION. Beispielsweise können Sie hier vom TinyMCE-Editor auf einen anderen umschalten.

Version   In Joomla! 1.5 finden Sie hier zudem noch ein paar zusätzliche Einstellungen, die in der Version 1.6 an andere Stellen gewandert sind.

Die dabei überall vorgegebenen Daten stammen größtenteils aus der Datei *configuration.php*, die Joomla! während der Installation angelegt hat. Sind dieser Datei die Schreibrechte komplett entzogen, können Sie die angezeigten Grundeinstellungen folglich nicht verändern. Allerdings hat dies auch den Vorteil, dass ein anderer Benutzer mit Administratorrechten hier nicht einfach wildern kann. Sie sollten daher nach einer Änderung dieser Einstellungen die genannte Datei unbedingt wieder mit Schreibrechten versehen. (Falls Ihr FTP-Programm einen numerischen Wert verlangt, wählen Sie die 444, damit kann Joomla! die *configuration.php* nur noch lesen.)

Tipp   Erstellen Sie von der *configuration.php* für den Fall der Fälle immer eine Sicherungskopie auf Ihrer Festplatte. Geraten Ihnen die Grundeinstellungen einmal
durcheinander, haben Sie so noch einen Rettungsring.

Systemeinstellungen

Zunächst kommen wir zu den essenziellen Grundeinstellungen, die das Joomla!-
System selbst betreffen. Die finden Sie hinter SITE → KONFIGURATION auf dem
Register SYSTEM im Bereich SYSTEM (siehe Abbildung 10-1):

```
┌─ System ─────────────────────────────────────────────────
│   Geheimes Wort *      ID4edabDv3Oypa7T
│   Protokollverzeichnis *   C:\xampp\htdocs\joomla/logs
│   Hilfeserver *        English (GB) - Joomla help wiki 1.6  ▾
```

Abbildung 10-1:   Der Bereich SYSTEM

GEHEIMES WORT
Diese Zeichenkette hat Joomla! generiert. Sie ist für jede Joomla!-Installation
einmalig und wird für einige Sicherheitsfunktionen herangezogen.

 Warnung   Ändern Sie sie deshalb unter keinen Umständen!

PROTOKOLLVERZEICHNIS
Joomla! protokolliert Fehlermeldungen und seine übrigen Tätigkeiten in die-
sem Ordner. In der Datei *error.php* finden Sie beispielsweise missglückte
Anmeldeversuche Ihrer Benutzer. Das alles klappt allerdings nur, wenn Joomla!
Schreibrechte für das Verzeichnis besitzt.

HILFESERVER
Bestimmt die Bezugsquelle für die Online-Hilfe.

Ausgelieferte Website

Unter SITE → KONFIGURATION auf dem Register SITE können Sie im Bereich WEB-
SITE unter anderem Ihren Internetauftritt vom Netz nehmen und den Standard-Edi-
tor wählen (siehe Abbildung 10-2).

Insgesamt stehen folgende Einstellungen bereit:

NAME DER WEBSITE
Der Name des Internetauftritts, wie beispielsweise **Kinoportal**. Er erscheint an
verschiedenen Stellen – auf den Seiten des Administrationsbereichs beispielsweise in der Titelleiste des Browsers.

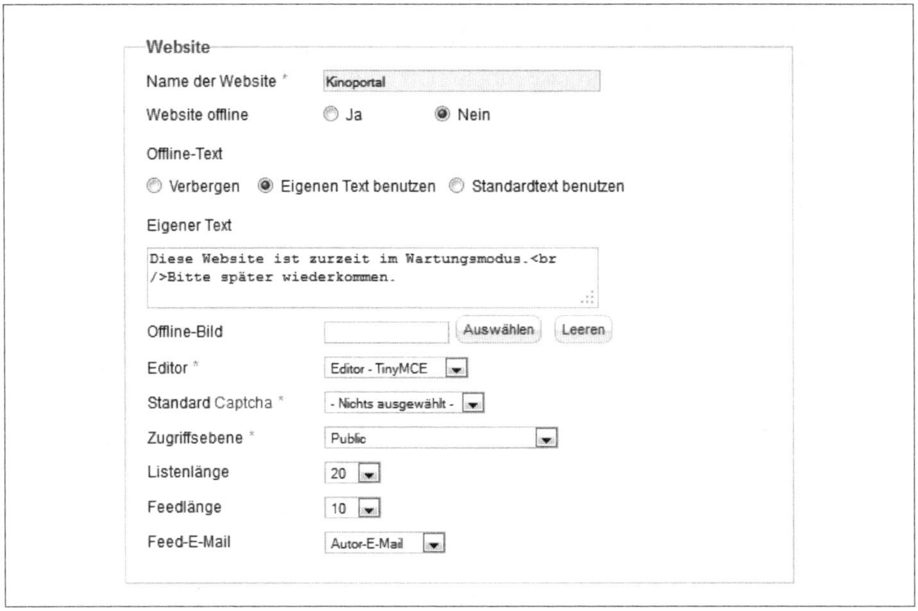

Abbildung 10-2: Diese Einstellungen beziehen sich auf das Frontend.

WEBSITE OFFLINE

Steht der Schalter hier auf JA, wird das gesamte Frontend abgeschaltet (»offline genommen«). Was Joomla! stattdessen anzeigt, bestimmt die nachfolgende Einstellung OFFLINE-TEXT.

Diese Option sollten Sie beispielsweise immer dann einsetzen, wenn umfangreiche Wartungsarbeiten oder Umbauten anstehen.

OFFLINE-TEXT *und* EIGENER TEXT

Wenn Sie Ihre WEBSITE OFFLINE geschaltet haben, ist die eigentliche Website nicht mehr zu erreichen. Was Joomla! stattdessen anzeigt, bestimmen Sie unter OFFLINE-TEXT.

Abbildung 10-3: Das Frontend im Wartungsmodus zeigt diesen Schirm an.

Ist hier VERBERGEN aktiviert, präsentiert Joomla! nur den kargen Anmeldebildschirm aus Abbildung 10-3. Standardmäßig dürfen sich nur Administratoren über das Formular mit ihrem Benutzernamen und Passwort anmelden und die Seite betrachten. Mit Hilfe der Benutzerverwaltung können Sie aber auch weiteren ausgewählten Gruppen den Zugang gestatten (hinter SITE → KONFIGURATION, auf dem Register BERECHTIGUNGEN und dem Punkt OFFLINEZUGANG, siehe Kapitel 9, *Benutzerverwaltung und -kommunikation*).

In der Einstellung EIGENEN TEXT BENUTZEN erscheint zusätzlich noch die unter EIGENER TEXT eingetippte Meldung (wie in Abbildung 10-4). Sie können die Vorgabe dort einfach überschreiben oder anpassen. Das <br /> sorgt für einen Zeilenumbruch.

 Tipp   Die Offline-Nachricht dürfen Sie mit HTML-Befehlen anreichern beziehungsweise aufhübschen.

Abbildung 10-4:   Das deaktivierte Frontend mit dem EIGENEN TEXT

Alternativ können Sie auch einfach einen STANDARDTEXT BENUTZEN lassen. Den schreibt das jeweilige Sprachpaket vor, und er sieht bei einem deutschen Joomla! wie in Abbildung 10-5 aus.

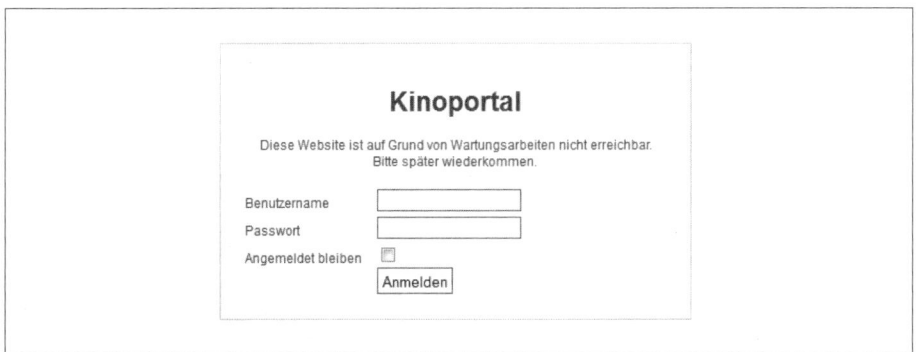

Abbildung 10-5:   Das deaktivierte Frontend mit dem Standardtext

OFFLINE-BILD

Der Anmeldebildschirm des abgeschalteten Frontends sieht ziemlich karg aus. Über die Schaltfläche AUSWÄHLEN können Sie ihn noch mit einem Bild aufpeppen. Es empfiehlt sich hier beispielsweise das Logo der Seite. Via LEEREN werden Sie das einmal gewählte Bild wieder los.

EDITOR

Hier können Sie den Editor aussuchen, der standardmäßig zur Eingabe von Texten verwendet wird. Zur Auswahl stehen der TinyMCE-Editor, ein einfaches Eingabefeld (Einstellung EDITOR – KEINE) und der an Softwareentwickler gerichtete Editor CodeMirror, der Programmcode hervorhebt.

STANDARD CAPTCHA

In Kapitel 9, *Benutzerverwaltung und -kommunikation* beschreibt der Kasten *Captchas* auf Seite 420, wie Sie das Registrierungsformular mit einem sogenannten Captcha absichern. In dieser Ausklappliste bestimmen Sie, ob und wenn ja welchen Captcha-Dienst Joomla! standardmäßig verwenden soll. Unter Joomla! 2.5.0 steht dabei nur Googles *reCAPTCHA*-Dienst zur Auswahl.

ZUGRIFFSEBENE

Diese Zugriffsebene schlägt Joomla! standardmäßig bei allen neu erstellten Inhalten (in Form von Beiträgen, Menüpunkten, Formularen etc.) vor.

LISTENLÄNGE

Standardmäßig zeigen die Listen im Administrationsbereich (wie etwa die hinter INHALT → BEITRÄGE) so viele Zeilen auf einmal an.

FEEDLÄNGE

Die von Joomla! selbst generierten Newsfeeds enthalten maximal so viele Einträge.

FEED-E-MAIL

In seine eigenen Newsfeeds packt Joomla! nicht nur die Einleitung der Beiträge, sondern auch die E-Mail-Adressen der jeweiligen Autoren – zumindest dann, wenn Sie hier AUTOR-E-MAIL einstellen. Wählen Sie stattdessen WEBSITE-E-MAIL, taucht in den Newsfeeds immer nur die Standard-E-Mail-Adresse des Kinoportals auf.

Tipp Klären Sie vorab mit den Autoren, ob diese ihre E-Mail-Adresse überhaupt in den Newsfeeds sehen möchten – schließlich lesen auch Spammer die Newsfeeds mit.

Globale Metadaten

Unter SITE → KONFIGURATION enthält auf dem Register SITE der Bereich GLOBALE METADATEN Informationen, die Joomla! unsichtbar in jede ausgelieferte Seite integriert. Diese Daten werten unter anderem Internet-Suchmaschinen aus. Da die hier eingetippten Informationen in allen Seiten Ihres Internetauftritts erscheinen, sollten

Sie nur Begriffe und Erläuterungen verwenden, die sich auf den gesamten Auftritt beziehen. Für die einzelnen Beiträge können Sie dann noch zusätzliche Metadaten vergeben (mehr dazu finden Sie in Kapitel 4, *Inhalte verwalten*). Bei allen anderen Unterseiten führt der Weg zu ergänzenden Metadaten über den entsprechenden Menüeintrag (siehe Kapitel 8, *Menüs*, Abschnitt »Schritt 8: Metadaten ergänzen« auf Seite 375).

Tipp   HTML-Profis dürfte interessieren, dass Joomla! die Daten über das `<meta>`-Tag in der ausgelieferten Seite versteckt. Wie das Ergebnis aussieht, verrät Ihnen die sogenannte Seitenquelltext-Ansicht Ihres Browsers.

META-BESCHREIBUNG

Hier hinein gehört eine Beschreibung Ihres Internetauftritts. Beim Kinoportal könnte sie zum Beispiel lauten: **Hier finden Sie Filmkritiken und vieles Weitere rund um das Thema Kino.**

META-SCHLÜSSELWÖRTER

Hier können Sie ergänzend noch Stichwörter eingeben, die Ihren Internetauftritt charakterisieren. Jeder eingegebene Begriff muss dabei durch ein Komma von seinen umstehenden Kollegen getrennt werden. Für das Kinoportal könnte solch eine Liste folgendermaßen aussehen: **Kino, Kinoportal, Film, Filme, Filmkritiken.**

Tipp   Auch wenn die Felder einladend groß sind, mögen Suchmaschinen keine ellenlangen Texte und Schlüsselwörtertiraden. Sie vermuten dann sogar unter Umständen Spam und strafen den Internetauftritt ab, indem sie ihn in ihren Ergebnislisten nur noch am unteren Ende berücksichtigen. Fassen Sie sich daher in jedem Fall kurz: Bei der META-BESCHREIBUNG genügt ein Satz, bei den SCHLÜSSELWÖRTERN fünf oder sechs.

ROBOTS

Mit der Ausklappliste ROBOTS legen Sie fest, ob die Suchmaschinen überhaupt die Seite betreten (ein Punkt bei INDEX) und den Links beziehungsweise Menüpunkten darauf folgen dürfen (ein Punkt bei FOLLOW). NOINDEX und NOFOLLOW verbieten hingegen die jeweilige Aktion. Niemand garantiert allerdings, dass wirklich alle Suchmaschinen diese Einstellungen berücksichtigen. Zumindest die großen, wie Google und Bing, halten sich aber an die Vorgaben.

INHALTSRECHTE

Hier können Sie Informationen zum Urheberrecht hinterlassen. Dürfen Besucher beispielsweise sämtliche Texte des Internetauftritts nach Lust und Laune kopieren und weiterverarbeiten, sollten Sie dies hier notieren. Allerdings sind diese Angaben nicht verbindlich und zudem auch noch vor den Augen normaler Besucher versteckt.

AUTOR-META-TAG ANZEIGEN

Bei einem JA versteckt Joomla! auch noch den Namen des jeweiligen Autors in den Metadaten eines Beitrags.

Fehlersuche (Debug)

Bei Fehlern, Problemen oder einem lahmen System bringen zwei Diagnose-Funktionen Sie unter Umständen auf die richtige Spur. Sie finden die beiden zugehörigen Einstellungen unter SITE → KONFIGURATION auf dem Register SYSTEM im Bereich FEHLERSUCHE (DEBUG). Sie sind insbesondere auch für Entwickler von Erweiterungen interessant.

Tipp Programmierer sprechen vom *Debuggen*, wenn sie auf Fehlersuche gehen. Der etwas merkwürdige Begriff stammt noch aus einer Zeit, als Computer so groß wie Kleiderschränke waren. Hin und wieder verirrten sich kleine Käfer, englisch *Bugs*, in die mit Röhren vollstopften Rechner und sorgten dort für einen Kurzschluss. Die Techniker durften sich folglich als Kammerjäger betätigen und den Computer »entwanzen«, also »debuggen«. Dieser Begriff hat sich bis heute als Synonym für die Fehlersuche in Programmen gehalten.

SYSTEM DEBUGGEN

Wenn Sie diese Einstellung aktivieren, plaudert Joomla! am unteren Rand von jeder ausgelieferten Seite alle seine (intern) durchgeführten Aktionen aus – darunter finden sich auch sämtliche Interaktionen mit der Datenbank (siehe Abbildung 10-6).

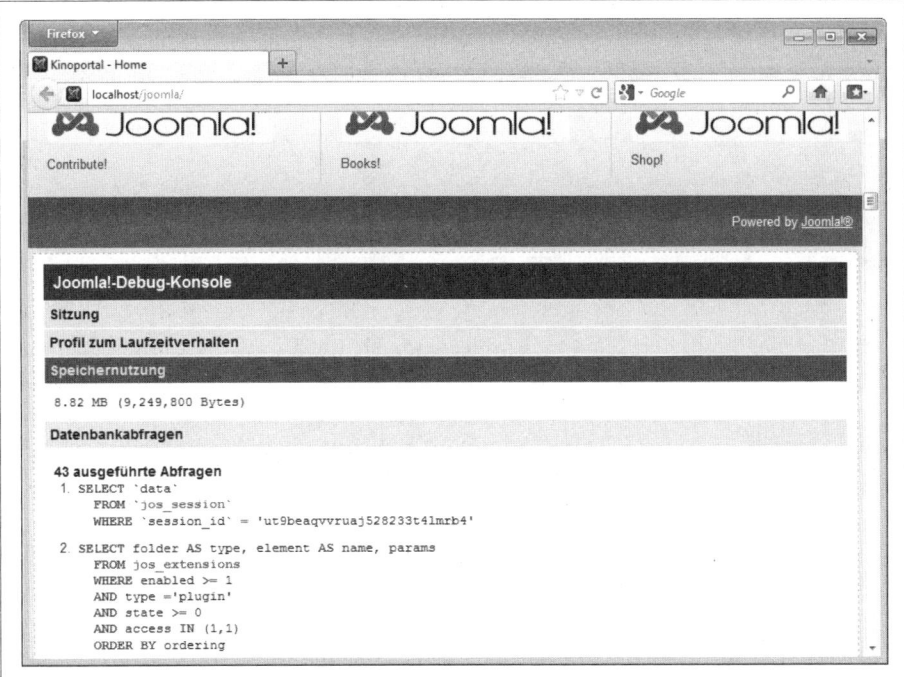

Abbildung 10-6: Die Joomla!-Debug-Konsole hilft beim Aufsprüren von Programmfehlern und anderen Problemen.

In dieser *Joomla!-Debug-Konsole* klappen Sie die einzelnen Bereiche mit einem Mausklick auf.

Diese Ausgabenflut stört jedoch die Besucher und erlaubt obendrein noch Kriminellen einen tiefen Einblick in Ihr System. Sie sollten deshalb hier immer nur dann JA wählen, wenn Sie eigene Komponenten entwickeln und dabei auf Fehlersuche gehen oder aber wenn größere Fehler im Betrieb auftauchen.

Wenn Sie ab Joomla! 2.5.0 den Punkt SYSTEM DEBUGGEN aktivieren und nach dem SPEICHERN weiter in die Benutzerverwaltung hinter BENUTZER → BENUTZER wechseln, finden Sie dort neben jedem Benutzernamen einen Knopf DEBUG: BERECHTIGUNGSBERICHT. Ein Klick darauf zeigt detailliert an, was der Benutzer alles darf (siehe Abbildung 10-7).

Abbildung 10-7: Der Berechtigungsbericht für den Benutzer »Paul Kritiker« listet auf, was er derzeit alles darf (grüner Haken) und was nicht.

Die dabei angezeigte Tabelle ist allerdings ziemlich groß und unübersichtlich. Sie sollten daher unbedingt über die Ausklapplisten am oberen Rand die Darstellung einschränken. Beachten Sie weiterhin, dass die einzelnen Komponenten in den ersten beiden Spalten mit ihren internen Namen aufgeführt sind. Die für die Kontakte zuständige Komponente firmiert dort beispielsweise als COM_CONTACT.

Den Berechtigungsbericht gibt es übrigens nicht nur für die Benutzer, sondern auch für alle Benutzergrupppen hinter BENUTZER → GRUPPEN.

Warnung   Bevor Sie jetzt SYSTEM DEBUGGEN aktivieren, sollten Sie daran denken, dass Joomla! dann standardmäßig die Informationen auch im Frontend anzeigt.

Tipp	Glücklicherweise liegt dabei die Betonung auf »standardmäßig«: Sämtliche Debug-Informationen sammelt im Hintergrund ein sogenanntes Plugin. Dieses können Sie anweisen, die protokollierten Daten nur ganz bestimmten Benutzergruppen zu präsentieren. Wie das funktioniert, erfahren Sie im nächsten Kapitel »Plugins« in Abschnitt »System – Debug« auf Seite 482.	

SPRACHE DEBUGGEN

Bei einem JA liefert Joomla! Informationen zum aktuell verwendeten Sprachpaket, darunter beispielsweise alle nicht übersetzten Texte. Zudem umrahmen zwei Sternchen alle aus dem Sprachpaket stammenden Texte.

Zwischenspeicher (Cache)

Alle Elemente, die Sie auf Ihrer Website sehen, muss Joomla! erst erzeugen: Bei einer Anfrage greift es zunächst in die Datenbank, stellt die Inhalte zusammen und hübscht das Ergebnis mithilfe des Templates optisch auf. Dies alles nimmt recht viel Zeit und Rechenleistung in Anspruch. Um den Besucher der Seite nicht lange warten zu lassen, puffert Joomla! auf Wunsch die einmal erstellten Ergebnisse in einem Zwischenspeicher. Bei der nächsten Anfrage greift das Content-Management-System einfach auf die darin abgelegten Zwischenergebnisse zurück. Dadurch fallen insbesondere die zeitraubenden Datenbankanfragen weg. Erst wenn ein Element – wie etwa ein Beitrag – aktualisiert wurde, erstellt Joomla! die entsprechende Seite neu.

Standardmäßig ist diese Funktion abgeschaltet. Anwerfen und einrichten dürfen Sie sie hinter SITE → KONFIGURATION auf dem Register SYSTEM im Bereich ZWISCHEN-SPEICHER (CACHE). Dort warten die folgenden drei Einstellungen:

CACHE

Hiermit aktivieren Sie den Zwischenspeicher. Dieser kann entweder klein ausfallen (Einstellung AN – NORMALES CACHING) oder richtig viel Speicherplatz auf dem Server belegen (AN – ERWEITERTES CACHING). Die Joomla!-Entwickler raten davon ab, die letztgenannte Einstellung bei sehr großen Internetauftritten einzusetzen. Das standardmäßig vorgegebene AUS – CACHE DEAKTIVIERT schaltet den Zwischenspeicher komplett ab.

CACHESPEICHER

Hier wählen Sie die Lagerstätte für den Cache. Standardmäßig landen die im Cache zwischengespeicherten Daten in einer DATEI, genauer gesagt, im Unterverzeichnis *cache* Ihrer Joomla!-Installation. Dieses muss folglich für Joomla! beschreibbar sein. Alternativ steht hier noch CACHE_LITE bereit, ein gemäß seiner Entwickler »schnelles, leichtes und sicheres Cache-System« für PHP-Anwendungen. Sollte bei Ihnen die Standardeinstellung zu langsam sein, sollten Sie Cache_Lite ausprobieren. Weitere Informationen zu Cache_Lite finden Sie unter *http://pear.php.net/manual/de/package.caching.cache-lite.php*.

CACHEDAUER

So lange verbleibt ein gepuffertes Element maximal im Cache. Nachdem diese Zeit in Minuten abgelaufen ist, wird das Element auf jeden Fall aktualisiert.

Sie können den Cache-Speicher übrigens auch manuell leeren beziehungsweise zurücksetzen. Das ist beispielsweise dann notwendig, wenn Joomla! sich merkwürdig verhält, munter weiter veraltete Seiten ausspuckt oder wenn das Cache-Verzeichnis umfangreiche Dimensionen annimmt und so Ihr Platz auf dem Webserver auszugehen droht.

Um den Cache zu bereinigen, rufen Sie SITE → WARTUNG → CACHE LEEREN auf. Joomla! zeigt Ihnen dann eine Liste ähnlich der aus Abbildung 10-8 an.

Abbildung 10-8:   Die Cache-Verwaltung

Jede Zeile führt eine Komponente oder ein Modul auf, für das Joomla! Daten im Cache abgelegt hat. In der Spalte CACHEGRUPPE stehen die internen Namen der Komponenten und Module. So steckt hinter COM_CONTENT die Beitragsverwaltung, während COM_WEBLINKS alle Weblinks verwaltet. _SYSTEM bezeichnet das Kernsystem von Joomla!. Unter ANZAHL DER DATEIEN können Sie ablesen, wie viele Dateien für die jeweilige Komponente im Unterverzeichnis *cache* lagern. In der Regel besteht eine ausgelieferte Webseite aus mehreren solcher im Cache abgelegten Dateien. Die GRÖSSE gibt schließlich noch an, wie viel Platz auf der Festplatte die Dateien im Cache belegen. Um den Cache zu leeren, markieren Sie alle Kästchen in der ersten Spalte und klicken dann auf LÖSCHEN.

 Tipp   Sie können natürlich auch gezielt nur die Daten einer einzelnen Komponente beziehungsweise eines Moduls aus dem Cache entfernen. Da sich aber eine Seite aus mehreren Cache-Bestandteilen zusammensetzt, besteht dabei die Gefahr, dass weiterhin veraltete Daten in die ausgelieferte Webseite einfließen. Lassen Sie daher am besten immer gleich den kompletten Cache leeren.

Unter Umständen bleiben einige Daten im Cache liegen, obwohl Joomla! schon längst eine aktualisierte Fassung der Seite ausliefert. Um gezielt nur diese Karteileichen zu löschen, rufen Sie SITE → WARTUNG → ABGELAUFENEN CACHE LEEREN auf und aktivieren in der Symbolleiste ABGELAUFENEN CACHE LEEREN.

Sitzungsmanagement und Cookies

Unter SITE → KONFIGURATION finden Sie auf dem Register SYSTEM im Bereich SITZUNG Einstellungen zum sogenannten Session-Management, mit dessen Hilfe Joomla! einzelne Besucher voneinander unterscheidet.

War ein angemeldeter Benutzer längere Zeit untätig, meldet Joomla! ihn aus Sicherheitsgründen automatisch wieder ab. Nach wie vielen Minuten dies geschieht, legen Sie im Feld GÜLTIGKEIT fest.

Tipp   Hier einen richtigen Wert zu finden, ist eine kleine Gratwanderung: Wählt man die
Zeitspanne zu lang, besteht womöglich ein Sicherheitsrisiko. Wählt man sie zu kurz, verliert ein Autor unter Umständen einen längeren Text (den einzutippen entsprechend dauert). Übernehmen Sie daher im Zweifelsfall erst einmal die Vorgabe. Sollte sie zu knapp bemessen sein, erhöhen Sie sie nach und nach um jeweils 5 Minuten.

Wenn sich ein Benutzer anmeldet, speichert Joomla! in seinem Browser ein sogenanntes Cookie. Das ist nichts anderes als eine lange eindeutige Ausweisnummer. Mit ihrer Hilfe erkennt Joomla! den Benutzer später immer wieder beziehungsweise weiß so, dass er immer noch angemeldet ist (siehe auch *http://de.wikipedia.org/wiki/Cookie*).

Hat ein Besucher seinem Browser jedoch untersagt, solche Cookies anzunehmen, muss Joomla! auf ein anderes Identifizierungsverfahren umschwenken. Genau dieses stellen Sie hier in der Ausklappliste CACHESPEICHER ein.

Selbst wenn der Besucher die Cookies in seinem Browser aktiviert hat, kann die Wiedererkennung in einigen seltenen Situationen scheitern – insbesondere dann, wenn man Joomla! mit anderen Web-Anwendungen, wie etwa einem Forum, verknüpft. Mit den beiden Einstellungen unter SITE → KONFIGURATION auf dem Register SITE im Bereich COOKIES lassen sich diese Unstimmigkeiten beseitigen.

Tipp   Die beiden Einstellungen richten sich an erfahrene Administratoren beziehungs-
weise Experten. Wenn Ihnen die folgenden Ausführungen nichts sagen, lassen Sie die beiden Felder einfach leer. Falsche Einträge führen im schlimmsten Fall dazu, dass sich niemand mehr bei Joomla! anmelden kann.

Das ausgeteilte Cookie gilt immer nur für eine ganz bestimmte Domain. Das kann zu Problemen führen, wenn Sie mehrere Subdomains verwenden. Angenommen,

Sie betreiben Joomla! unter *joomla.kinoportal.de* und ein Forum unter *forum. kinoportal.de*. Meldet sich jetzt ein Benutzer im Forum an und wechselt dann auf *joomla.kinoportal.de*, erkennt Joomla! ihn nicht, weil das Cookie nur für *forum. kinoportal.de* gilt. Um diese Ignoranz zu beseitigen, geben Sie in das Feld DOMAINCOOKIE den Domainnamen ohne die Subdomains und mit einem vorangestellten Punkt ein – im Beispiel also `.kinoportal.de`. Dann gilt das ausgeteilte Cookie auch für sämtliche Subdomains. Im Beispiel kann sich der Besucher sowohl unter *joomla.kinoportal.de* als auch unter: *forum.kinoportal.de* anmelden: Joomla! erkennt ihn in jedem Fall wieder.

Der COOKIE-PFAD ist immer dann von Interesse, wenn Joomla! auf dem Webserver in einem Unterverzeichnis liegt und im Hauptverzeichnis eine andere Web-Anwendung werkelt. In solch einem Fall muss man Joomla! mitteilen, ab welchem Pfad die Cookies gelten – und genau den hinterlegt man dann unter COOKIE-PFAD.

Einstellungen zum Webserver

Unter KONFIGURATION → SITE finden Sie auf dem Register SERVER im Bereich SERVER alle Einstellungen, die den Webserver betreffen (also das Programm, das die Webseiten schließlich ausliefert):

TEMPVERZEICHNIS
Der Pfad zu einem (beschreibbaren) Ordner, in dem Joomla! temporäre Daten ablegen darf. Für gewöhnlich ist dies der Unterordner *tmp* der Joomla!-Installation.

GZIP-KOMPRIMIERUNG
Komprimiert eine Seite vor ihrer Übermittlung an den Browser im GZIP-Format. Damit schrumpfen zwar die zu übertragenden Datenmengen, Browser und Webserver müssen diese Technik aber auch unterstützen.

FEHLER BERICHTEN
Aktiviert das Diagnose-System von PHP (also der Programmiersprache, in der Joomla! geschrieben wurde). Damit erscheinen dessen Fehler und Warnungen direkt auf den von Joomla! erzeugten Seiten. Diese Option geht somit Hand in Hand mit dem Bereich DEBUG auf dem Register SYSTEM. Die Ausklappliste regelt, welche Art von Meldungen PHP ausgeben soll.

Bei STANDARD gelten die diesbezüglich vorgegebenen Einstellungen in der *php. ini*-Konfigurationsdatei. KEINE unterdrückt sämtliche von PHP ausgehenden Meldungen, EINFACH gibt alle Meldungen der Kategorien `E_ERROR`, `E_WARNING` und `E_PARSE` aus, und MAXIMUM liefert alles, was das PHP-System hergibt (Kategorie `E_ALL`). Entwickler wiederum liefert die Fehler aus den Kategorien `E_ALL` und `E_STRICT`.

| Tipp | Wenn Sie sich nicht mit PHP auskennen, belassen Sie hier die Voreinstellung STANDARD. | |

SSL ERZWINGEN

Moderne Webserver können mit den Browsern verschlüsselt und somit abhörsicher kommunizieren. Das dabei zum Einsatz kommende Verfahren hört auf den Namen SSL und muss in der Regel im Webserver explizit aktiviert werden. Verschlüsselt übertragene Webseiten erkennt man im Browser an dem vorangestellten *https://* in ihrer Internetadresse.

Standardmäßig liefert Joomla! seine Seiten unverschlüsselt aus. Wenn Sie SSL ERZWINGEN auf NUR ADMINISTRATOR setzen, ist das Backend nur noch über eine via SSL-Verfahren geschützte Verbindung erreichbar. In der Einstellung GESAMTE WEBSITE gilt das sogar für Ihren kompletten Internetauftritt.

In beiden Fällen muss die Verschlüsselung in Ihrem Webserver aktiviert und somit von Joomla! nutzbar sein.

Einstellungen zur Datenbank

Hinter SITE → KONFIGURATION warten auf dem Register SERVER im Bereich DATENBANK noch einmal alle Einstellungen zur Datenbank, die Joomla! auch bei der Installation abgefragt hat (mehr dazu finden Sie in Kapitel 2, *Installation*).

| Warnung | Korrekturen sind hier nur dann notwendig, wenn Sie mit Ihrem Internetauftritt auf einen anderen Server umziehen oder sich etwas an der Datenbank ändert. Andernfalls besteht immer die Gefahr, dass Joomla! anschließend nicht mehr läuft. | |

TYP

Der Name der verwendeten Datenbank-Software. Den Unterschied zwischen der Einstellung MYSQLI und MYSQL erläutert der Kasten *MySQLi versus MySQL* auf Seite 53 in Kapitel 2, *Installation*; SQLAZURE steht für Microsofts Azure-Dienst, SQLSRV für Microsofts SQL Server. Die letzten beiden stehen nur unter den in Kapitel 2, *Installation* erwähnten Bedingungen zur Verfügung.

SERVER

Der Name des Computers, auf dem die Datenbank läuft, wie zum Beispiel *kinoportal.de* oder bei einer lokalen Installation *localhost*. Letztgenannter Name ist auch immer dann korrekt, wenn die Datenbank auf dem gleichen Computer wie Joomla! läuft.

BENUTZER

Mit dem hier eingetragenen Benutzernamen meldet sich Joomla! bei der Datenbank an. Ihn bekommt man in der Regel vom Betreiber des Servers zugewiesen. Beim Einsatz von XAMPP ist dies root.

DATENBANK

Der Name der von Joomla! genutzten Datenbank.

PRÄFIX

Dieses Präfix stellt Joomla! allen seinen Tabellen innerhalb der Datenbank voran. Doch Vorsicht: Wenn Sie hier ein anderes Präfix eintragen, müssen bereits die zugehörigen Joomla!-Tabellen existieren.

Zeitzone des Servers

Die Einstellung hinter SITE → KONFIGURATION im Bereich ZEITZONE bestimmt die Zeitzone, in der sich Ihr Internetauftritt befindet. Aus der Liste wählen Sie dazu einfach die Hauptstadt des entsprechenden Landes. Steht der Server, auf dem Joomla! läuft, beispielsweise in Deutschland, so müssen Sie in der Liste den Eintrag BERLIN suchen.

Insbesondere Server im Internet nutzen allerdings nicht die Ortszeit, sondern sind auf die koordinierte Weltzeit (*Coordinated Universal Time*, kurz UTC) eingestellt. In diesem Fall müssen Sie in der Ausklappliste den allerersten Punkt, KOORDINIERTE WELTZEIT (UTC), einstellen.

Die korrekte Auswahl der Zeitzone ist wichtig, da sie von einigen Funktionen und Komponenten genutzt wird. Erfragen Sie deshalb im Zweifelsfall die richtige Einstellung bei Ihrem Webhoster.

 Tipp   Achten Sie auch darauf, dass jedem Ihrer Benutzer die für ihn korrekte Zeitzone zugewiesen wurde (siehe Abschnitt »Benutzerkonten im Backend anlegen« in Kapitel 9, *Benutzerverwaltung und -kommunikation* auf Seite 394).

FTP-Einstellungen korrigieren

Hier tauchen die Angaben zum FTP-Zugang aus der Installation auf und können nachträglich abgeändert werden (weitere Informationen dazu finden Sie in Kapitel 2, *Installation*, im Abschnitt »Schritt 5: FTP-Konfiguration« auf Seite 55). Zur Erinnerung: Sollte Ihr Webhoster das Hochladen von Dateien per PHP verbieten, können Sie auf einen FTP-Zugang ausweichen.

FTP AKTIVIEREN

Schaltet den FTP-Zugriff auf den Joomla!-Server ein und aus.

SERVER

Die IP-Adresse des FTP-Servers. Diesen Wert erhalten Sie von Ihrem Webhoster. Meist ist dies das vorgegebene 127.0.0.1, also der Computer, auf dem auch Joomla! läuft.

PORT

Der sogenannte Port, an dem der FTP-Server auf Verbindungsanfragen lauscht. Diesen Wert erhalten Sie entweder von Ihrem Webhoster oder entnehmen ihn der Dokumentation Ihres FTP-Programms.

BENUTZERNAME

Der Benutzername für den FTP-Zugang. Diesen erhalten Sie von Ihrem Webhoster, mitunter können Sie ihn je nach gebuchtem Paket auch selbst anlegen.

Warnung Normalerweise gibt Ihnen Ihr Webhoster einen FTP-Zugang, über den Sie Ihre eigene Webseite hochladen und verwalten können. Aus Sicherheitsgründen sollten Sie die Anmeldedaten zu dem FTP-Zugang hier nicht eintippen. Erhält ein böswilliger Angreifer aus irgendeinem Grund Zugriff auf Joomla!, würde er damit auch die Anmeldedaten für Ihren kompletten Server kennen.

Erstellen Sie deshalb für Joomla! immer einen eigenen FTP-Zugang, dessen Aktionsradius Sie zudem auf das Joomla!-Verzeichnis beschränken. Sofern Ihnen Ihr Webhoster das nicht gestattet oder wenn er Ihnen nur einen einzigen FTP-Zugang zugesteht, verzichten Sie besser auf die FTP-Funktion (und schalten sie ab, indem Sie FTP AKTIVIEREN auf NEIN setzen).

PASSWORT

Das Passwort für den FTP-Zugang. Auch dieses erhalten Sie von Ihrem Webhoster.

ROOT-VERZEICHNIS

Normalerweise darf jeder FTP-Zugang nur auf ein ganz bestimmtes Verzeichnis auf dem Server zugreifen. Genau dieses Verzeichnis ist hier anzugeben.

E-Mail-Versand einrichten (Mailing)

Joomla! muss in vielen Situationen E-Mails versenden – angefangen bei der Begrüßungs-E-Mail für neu registrierte Benutzer, über Rundbriefe bis hin zu wichtigen Systemnachrichten an den Super User. Wie und auf welchem Weg Joomla! diese E-Mails verschickt, regeln die Einstellungen hinter SITE → KONFIGURATION auf dem Register SERVER im Bereich MAILING:

MAILER

Legt fest, wer den eigentlichen Versand der E-Mails übernimmt. Dies kann entweder die in PHP integrierte E-Mail-Funktion sein (Einstellung PHP-MAIL), das Hilfsprogramm SENDMAIL (das hierzu auf dem Server installiert sein muss) oder ein sogenannter SMTP-Server. Letzteren stellen beispielsweise viele Anbieter von kostenlosen E-Mail-Postfächern (»Freemail«) bereit.

ABSENDERADRESSE

Diese E-Mail-Adresse erscheint als Absender in allen versendeten E-Mails.

ABSENDERNAME

Diesen Namen verwendet Joomla! als Absender in allen E-Mails.

Welche der nachfolgenden Einstellungen Sie noch ausfüllen müssen, hängt vom gewählten MAILER ab. Im Fall von PHP-MAIL sind Sie bereits fertig, bei SENDMAIL füllen Sie noch das nächste Feld aus, während für den SMTP-Server sämtliche danach folgenden Einstellungen zuständig sind.

SENDMAILVERZEICHNIS

Sofern das Hilfsprogramm *Sendmail* die E-Mails verschicken soll, muss man hier noch sein Verzeichnis samt Programmnamen eintragen. Das so entstehende Kommando ruft Joomla! dann für den Versandvorgang auf.

SMTP-AUTHENTIFIZIERUNG

Soll der Versand über einen SMTP-Server geschehen, so legt JA hier fest, dass genau dieser Server eine Authentifizierung mit Benutzername und Passwort verlangt. Aufgrund des zunehmenden Spams ist dies mittlerweile bei fast allen SMTP-Servern der Fall.

SMTP-SICHERHEIT

Damit das Passwort für die Authentifizierung nicht mitgelesen werden kann, verlangen viele SMTP-Server zudem noch eine verschlüsselte Übertragung der Anmeldedaten. Welches Verfahren dabei zum Einsatz kommt, stellen Sie hier ein. Den korrekten Wert erfahren Sie in der Regel vom Betreiber des SMTP-Servers.

PORT

An diesem Port wartet der SMTP-Server auf eine Verbindungsanfrage. Den richtigen Wert nennt Ihnen wieder der Betreiber des SMTP-Servers. Bei einer ungesicherten Verbindung wird meistens der Port 25 verwendet, eine gesicherte Kommunikation erfolgt hingegen häufig über den Port 465.

BENUTZER

In dieses Feld gehört der Benutzername, mit dem sich Joomla! beim SMTP-Server anmeldet.

PASSWORT

In dieses Feld gehört das Passwort, mit dem sich Joomla! am SMTP-Server anmeldet.

SERVER

Der Name des SMTP-Servers. Den korrekten Wert nennt Ihnen Ihr SMTP-Betreiber.

Systeminformationen

Unter dem Menüpunkt SITE finden Sie noch einen Eintrag namens SYSTEMINFORMATIONEN (Unter Joomla! 1.5 war der Menüpunkt noch unter HILFE eingeordnet). Wie in Abbildung 10-9 zu sehen ist, führt er zu einer Seite mit fünf Registern.

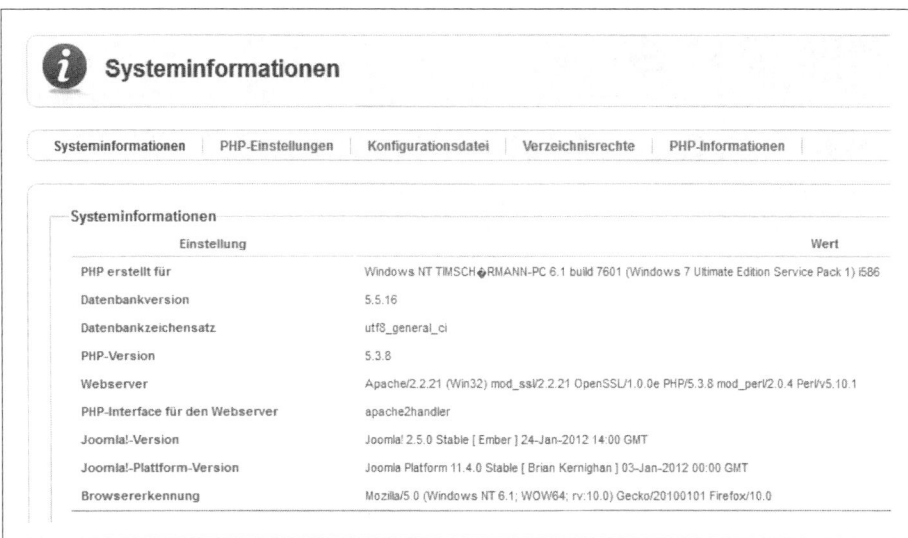

Abbildung 10-9: Die Systeminformationen des aktuellen Joomla!-Systems

Auf SYSTEMINFORMATIONEN präsentiert Joomla! die auf dem Server eingesetzten Programme nebst ihren jeweiligen Versionsnummern. Das nächste Register zeigt die für Joomla! wichtigsten PHP-EINSTELLUNGEN an, während Sie unter KONFIGU-RATIONSDATEI den Inhalt der Datei *configuration.php* finden. Sie speichert die Grundeinstellungen von Joomla!. Ändern können Sie diese Einstellungen übrigens zu einem großen Teil bequem über SITE → KONFIGURATION (wie in den vorherigen Abschnitten beschrieben).

Besonders wichtig ist jedoch die Registerkarte VERZEICHNISRECHTE. Hier sind sämtliche Unterverzeichnisse der Joomla!-Installation aufgeführt, in die das Content-Management-System irgendwann einmal Dateien schreiben möchte (siehe Abbildung 10-10). Sollten Sie später eine Erweiterung nicht installieren oder Fotos hochladen können, schauen Sie immer auch auf diesem Register nach – vielleicht besitzt Joomla! nicht die passenden Schreibrechte. Um alle Joomla!-Funktionen ohne Einbußen nutzen zu können, muss hier jeder Eintrag mit einem grün leuchtenden BESCHREIBBAR versehen sein.

Warnung Aus Sicherheitsgründen sollten Sie jedoch die Schreibrechte für einige der Verzeichnisse bewusst entziehen. Ist beispielsweise das Unterverzeichnis *components* nur lesbar, so kann dort auch niemand ungewollt neue und eventuell sogar bösartige Erweiterungen installieren.

Dummerweise speichern einige Erweiterungen ihre Einstellungen direkt in einem dieser Verzeichnisse. Dann müssen Sie entweder in den sauren Apfel beißen und den Zugriff auf die betroffenen Ordner wieder gestatten oder aber auf eine andere, gleichwertige Erweiterung ausweichen.

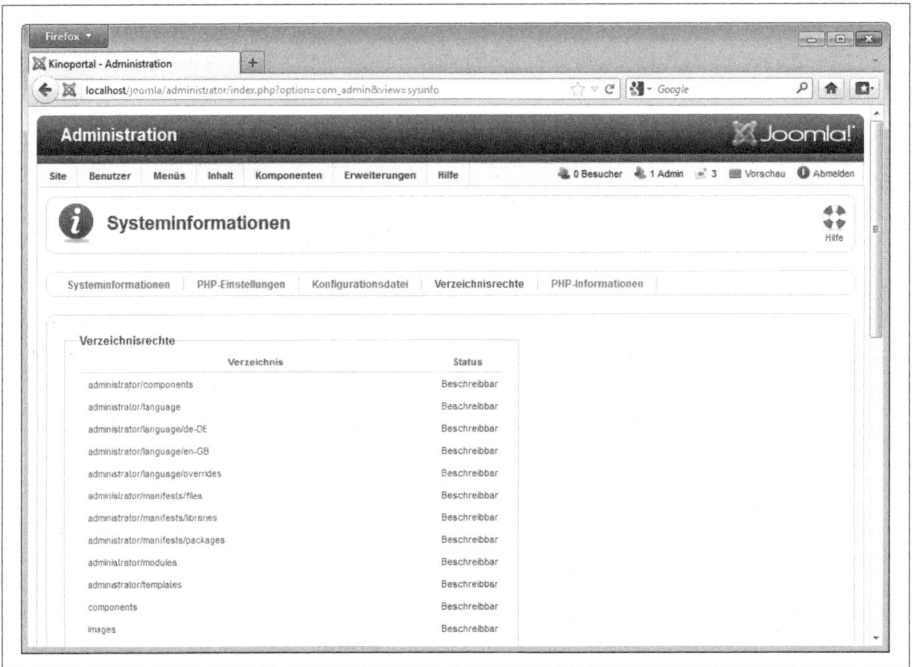

Abbildung 10-10: Hier zeigt Joomla! alle Verzeichnisse, auf die es Schreibrechte benötigt.

Das letzte Register, PHP-INFORMATION, sammelt ganz unverblümt alle Daten, die Joomla! über die PHP-Umgebung ergattern kann. Hier erfährt man unter anderem, wie viel Speicherplatz dem Content-Management-System zur Verfügung steht (Zeile memory_limit) und bis zu welcher Größe Dateien auf den Server wandern dürfen (Zeile upload_max_filesize). Um die übrigen Zeilen interpretieren zu können, benötigt man allerdings weitergehende PHP-Kenntnisse.

Menüs und Kategorien wiederherstellen

In der Menüverwaltung (MENÜS → MENÜS) und hinter INHALT → KATEGORIEN finden Sie in der Werkzeugleiste einen ominösen Punkt namens WIEDERHERSTELLEN (im englischen REBUILD, siehe Abbildung 10-11).

Abbildung 10-11: Die Rebuild-Schaltfläche bringt Menüs und Kategorien wieder in einen konsistenten Zustand.

Wenn man Erweiterungen einsetzt, die Menüs und Artikel manipulieren, kann es mitunter vorkommen, dass Menüpunkte und Beitragskategorien plötzlich falsch verschachtelt sind oder aber nicht mit dem Ergebnis in der VORSCHAU übereinstimmen.

In solchen Fällen markieren Sie das fehlerhafte Menü beziehungsweise die Oberkategorie und klicken auf WIEDERHERSTELLEN. Joomla! versucht dann, die korrekte Gliederung zu rekonstruieren. Glücklicherweise ist diese Reißleine nur sehr selten notwendig.

Warnung Diese Funktion ist allerdings kein Reparaturwunder. Regelmäßige Sicherungskopien Ihrer Joomla!-Installation sind daher weiterhin Pflicht.

KAPITEL 11

Plugins

Eine Theatervorstellung wäre ohne die vielen guten Geister im Hintergrund zum Scheitern verurteilt – angefangen bei den Bühnenarbeitern über die Maske bis hin zur Requisite, die im Fundus nach geeigneten Gegenständen sucht.

Auch Joomla! kennt solche unsichtbaren Helferlein, die Module und Komponenten bei ihrer Arbeit unterstützen. Diese sogenannten *Plugins* sind mit kleinen Robotern vergleichbar, die im Hintergrund jeweils eine ganz bestimmte, spezialisierte Aufgabe erfüllen.

Grundlagen

Sofern Sie dem Kinobeispiel aus den vorherigen Kapiteln gefolgt sind, haben Sie schon mehrfach die Dienste von Plugins in Anspruch genommen. Beispielsweise schickt die Suchfunktion gleich mehrere spezialisierte Plugins los, die das bestehende Textmaterial nach passenden Fundstellen durchkämmen. Andere Plugins wiederum tauschen in Beiträgen schnell noch bestimmte Textpassagen aus, bevor die komplette Seite den Browser des Besuchers erreicht. Sogar den TinyMCE-WYSIWYG-Editor, der an allen Ecken und Enden des Administrationsbereichs auftaucht, stellt ein entsprechendes Plugin bereit.

Version In den allerersten Joomla!-Versionen der 1.0.x-Reihe hießen Plugins noch *Mambots*. Diese Wortschöpfung ist eine Mischung aus dem Namen des Vor-Vorgängersystems Mambo und »Robot« beziehungsweise dessen Kurzform »Bot«. `X.X`

Für gewöhnlich kommt weder ein Super User noch ein Besucher mit den installierten Plugins in Kontakt. Das Wissen um die kleinen Helfer kann allerdings äußerst nützlich sein – beispielsweise dann, wenn etwas plötzlich nicht mehr funktioniert oder Sie gezielt eine bestimmte Funktion deaktivieren möchten. Beispielsweise könnten Sie die Suche in den Kontaktdaten komplett unterbinden, indem Sie einfach das dafür zuständige Plugin deaktivieren. Umgekehrt bieten einige standardmäßig deaktivierte Plugins nützliche Zusatzfunktionen, wie beispielsweise eine automatische Formatierung von Programmcode in Artikeln.

Das Wissen um die aktiven Plugins kann zudem bei Sicherheitsproblemen hilfreich sein. Sollte beispielsweise eine Sicherheitslücke in einem der Helfer bekannt werden, lässt er sich vorübergehend außer Gefecht setzen, bis eine entsprechende Aktualisierung bereitsteht. Auf die gleiche Weise knipsen Sie auch dem TinyMCE-Editor das Licht aus und verhindern so, dass ein randalierender Besucher über ihn schadhaften HTML-Code einschleust (mehr zum Thema HTML folgt in Kapitel 13, *Templates*).

Welche Plugins Joomla! von Haus aus mitbringt, zeigt die Liste hinter dem Menüpunkt ERWEITERUNGEN → PLUGINS (siehe Abbildung 11-1).

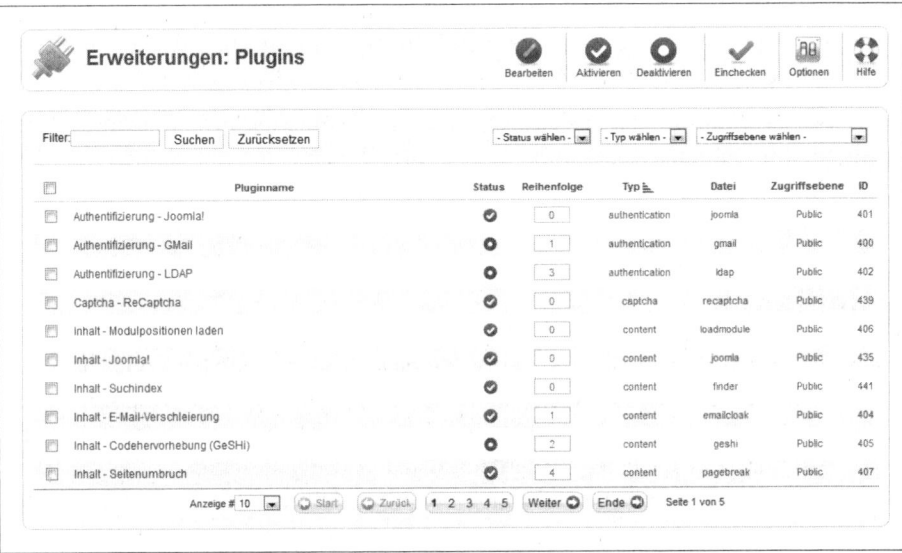

Abbildung 11-1:   Die Plugin-Verwaltung

Joomla! gruppiert alle Plugins nach ihren jeweiligen Aufgabengebieten. Um was sich ein Plugin genau kümmert, verrät die Spalte TYP. In Joomla! können dabei Plugins

- die Benutzeranmeldung übernehmen (*authentication*),
- ein Captcha bereitstellen (*captcha*),
- Inhalte manipulieren (*content*),
- einen Editor zur Eingabe von Texten bereitstellen (*editors*),
- die vorhandenen Texteditoren um zusätzliche Funktionen erweitern (*editors-xtd*),

- Erweiterungen betreuen, indem sie diese beispielsweise selbstständig aktualisieren (*extensions*),
- die Suche durchführen (*search*),
- für die neue erweiterte Suche alias *Smart Search* einen Teil des Index erstellen (*finder*)
- ein intelligentes Symbol im Kontrollzentrum bereitstellen (*quickicon*),
- spezielle Systemfunktionen bereitstellen (*system*) und
- Benutzer verwalten (*user*).

Version Neu ab Joomla! 1.6 ist der *extensions*-Typ, und mit Joomla! 2.5 kamen noch die Typen *quickicon*, *finder* und *captcha* hinzu. Dafür sind seit Version 1.6 die *xmlrpc*-Plugins weggefallen. Mit ihrer Hilfe konnten andere Programme Joomla! über das Internet fernsteuern (mittels XML-RPC-Standard). Diese Plugins sorgten jedoch immer wieder für massive Sicherheitsprobleme.   ⌧.⌧

Mit einem Klick auf den Namen eines Plugins gelangen Sie zu seinen Einstellungen. Die linke Seite unter DETAILS ist für alle Plugins gleich (siehe Abbildung 11-2).

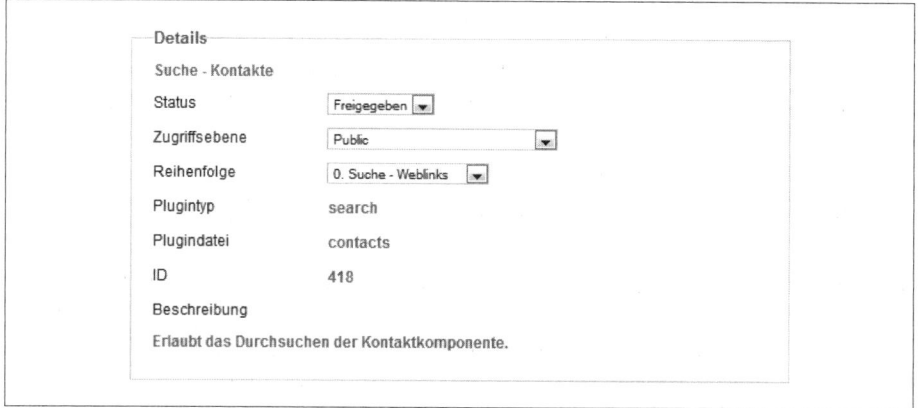

Abbildung 11-2: Die Einstellungen des Plugins »*Suche – Kontakte*«, das in allen Kontaktdaten nach einem Suchbegriff fahndet.

Sie liefert hauptsächlich ein paar grundlegende Informationen. Ganz links oben steht noch einmal der Name des Plugins. In Abbildung 11-2 lautet er *Suche – Kontakte*.

Version In Joomla! 1.5 konnten Sie den Namen noch verändern. Um kein Fehlverhalten von Joomla! zu produzieren, sollten Sie davon jedoch Abstand nehmen.   ⌧.⌧

Darunter tummeln sich folgende Einstellungen und Informationen:

STATUS

Die Ausklappliste STATUS schaltet das Plugin ein (FREIGEGEBEN) und aus (GESPERRT).

 In einigen älteren Joomla!-Versionen hieß dieser Punkt noch AKTIVIERT; die Funktion war die gleiche.

ZUGRIFFSEBENE

Die ZUGRIFFSEBENE regelt, für welche Benutzergruppe das Plugin aktiv wird. Die Vorgabe sollten Sie nur dann ändern, wenn Sie zum einen die Funktionen des Plugins kennen und Sie zum anderen seine Dienste ausschließlich speziellen Benutzergruppen zugänglich machen wollen. Würden Sie beispielsweise beim Plugin *Suche – Kontakte* in Abbildung 11-2 den Wert REGISTERED wählen, könnten ab sofort nur noch alle registrierten Besucher die Kontaktdaten durchsuchen.

REIHENFOLGE

Bei einigen Plugins spielt es eine Rolle, in welcher Reihenfolge sie ihre Arbeit aufnehmen. So ist es beispielsweise ein Unterschied, ob man zuerst die Beiträge oder die Kontaktdaten nach einem Suchbegriff durchforstet.

Über die hier bereitgestellte Ausklappliste dürfen Sie diese Reihenfolge beeinflussen. In Abbildung 11-3 führt die Liste beispielsweise sämtliche Such-Plugins auf. Das Plugin *Suche – Kontakte* steht hier an zweiter Stelle – sein Kollege für die Kategorien drängt sich vor es. Damit sucht Joomla! einen Begriff zunächst in den Beschreibungen der Kategorien und erst danach in den Kontakten. Dies spiegelt sich dann später auch in der Ergebnisliste auf Ihrer Homepage wider.

Dieses Ordnungsprinzip war den Joomla!-Entwicklern aber offenbar zu einfach, weshalb sie zur Verwirrung aller Anwender noch die Ziffern vor den Plugins einführten. Diese Nummern verdeutlichen eigentlich noch einmal die Reihenfolge: Das Plugin mit der 0 startet als Erstes, das mit der 1 als Zweites und so weiter. Wie in Abbildung 11-3 kann man aber mehrere Plugins auf dieselbe Position setzen. In Abbildung 11-3 steht vor allen Plugins eine Null, folglich sollen sie alle als Erstes starten. In solchen mehrdeutigen Fällen wählt Joomla! selbst eine Reihenfolge. Sicher ist dann nur, dass die Plugins mit der 0 vor denen mit der 1 starten. Wenn Sie also eine bestimmte Reihenfolge sicherstellen wollen, achten Sie darauf, dass vor jedem Plugin eine eindeutige Zahl steht.

Um das gerade geöffnete Plugin früher oder später anlaufen zu lassen, stellen Sie hier in der Liste einfach seine neue Position ein. Soll Joomla! beispielsweise die Kontaktdaten immer erst ganz zum Schluss durchsuchen, wählen Sie unter REIHENFOLGE einfach ALS LETZTES und SPEICHERN die Änderung ab.

Tipp   Die Reihenfolge können Sie auch in der Plugin-Verwaltung hinter ERWEITERUNGEN → *Plugins* über die Spalte *Reihenfolge* verändern. Ihre Bedienung hat bereits Abschnitt »Sortierreihenfolge ändern« in Kapitel 3, *Erste Schritte* auf Seite 96 gezeigt.

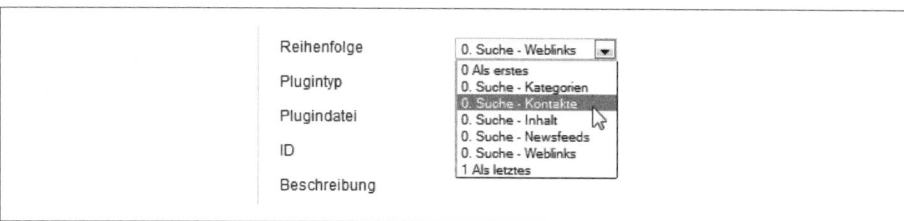

Abbildung 11-3: Die Reihenfolge der Such-Plugins

PLUGINTYP

Hier können Sie noch einmal ablesen, was für ein Typ das Plugin ist. In Abbildung 11-2 handelt es sich um ein *search*-Plugin, also um ein Plugin, das einen bestimmten Teil des Internetauftritts durchsucht.

PLUGINDATEI

In dieser Datei befindet sich der Programmcode des Plugins. Diese Information ist nur für Joomla!-Entwickler von Interesse.

BESCHREIBUNG

Hier finden Sie noch einmal kurz zusammengefasst, welche Aufgaben das Plugin übernimmt.

Je nach Plugin finden Sie auf der rechten Seite unter den BASISOPTIONEN noch weitere Einstellungen. Welche das sind, erfahren Sie in den gleich folgenden Abschnitten. Sie verraten auch, wann und wofür man welches mitgelieferte Plugin benötigt.

Tipp   Wie Sie dort sehen werden, liefert Joomla! alle Plugins schon mit sinnvollen Voreinstellungen. Es genügt deshalb, die nachfolgenden Abschnitte kurz zu überfliegen.

Version   Die englische Fassung von Joomla! 1.5 bezeichnete diese zusätzlichen Einstellungen noch als *Parameter*. Ab Joomla! 1.6 heißen sie *Options*. Die Dokumentation und viele Seiten im Internet werfen beide Begriffe noch munter durcheinander.

Authentification-Plugins

Bei jeder Anmeldung am Content-Management-System müssen Sie Joomla! Ihren Benutzernamen und Ihr Passwort nennen. Eines der Plugins aus der Gruppe *authentification* überprüft daraufhin die Gültigkeit Ihrer Daten. Standardmäßig schlägt dabei das Plugin *Authentifizierung – Joomla!* einfach in seiner Datenbank nach. Seine Kollegen laufen auf Wunsch aber auch eine andere Stelle an. Beispielsweise fragt das Plugin *Authentifizierung - GMail* beim E-Mail-Dienst von Google nach, ob dort ein Benutzerkonto mit den eingetippten Daten besteht. Sofern dies der Fall ist, gestattet Joomla! den Zutritt. Auf diese Weise muss man sich im Idealfall nur einmal anmelden.

Tipp Diese Plugin-Art soll auch noch die Erstellung sogenannter Bridges vereinfachen. Dabei reicht das Plugin die Anmeldedaten an ein externes System, wie zum Beispiel ein Forum, weiter. Auf diese Weise muss sich der Benutzer nicht doppelt anmelden (zunächst bei Joomla! und anschließend noch einmal am Forum). Für die beliebte Forensoftware phpBB existiert beispielsweise solch ein Authentification-Plugin im Extensions-Verzeichnis auf der Joomla!-Homepage (*http://extensions.joomla.org/extensions/access-a-security/site-access/authentication-bridges*).

Authentifizierung - Joomla!

Dieses Plugin schlägt in der Joomla!-Datenbank den eingetippten Benutzernamen und das Passwort nach. Da es somit die bereits einschlägig bekannte Standard-Anmeldeprodzedur realisiert, sollten Sie es nur in absoluten Ausnahmefällen deaktivieren.

Warnung Achten Sie darauf, dass Sie immer ein Authentifizierungs-Plugin aktiviert haben. Andernfalls können Sie sich nie wieder bei Joomla! anmelden.

 In Joomla! 1.5 gab es auch noch ein Plugin, mit dem man sich via OpenID-Standard anmelden konnte. Obwohl diese Möglichkeit noch in der Hilfe auftaucht, gehört das Plugin nicht mehr zum Lieferumfang von Joomla!.

Authentifizierung – GMail

Die Authentifizierung läuft über den gleichnamigen E-Mail-Dienst von Google. Das Plugin prüft, ob der Joomla!-Benutzer ein gültiges Konto bei *Google Mail* besitzt. Auf diese Weise können sich Joomla!-Benutzer mit ihren Google Mail-Zugangsdaten am Content-Management-System anmelden.

Damit das klappt, muss allerdings in Ihrer PHP-Umgebung die cURL-Funktion aktiviert sein. Ob sie aktiv ist, finden Sie heraus, indem Sie unter SITE → SYSTEMINFORMATIONEN auf dem Register PHP-INFORMATIONEN in der Liste nach einem Bereich CURL fahnden. Dort sollte CURL SUPPORT auf ENABLED stehen. Steht hier DISABLED oder fehlt der Bereich CURL, müssen Sie die PHP-Einstellungen in der zugehörigen Datei *php.ini* anpassen. Unter XAMPP in Windows genügt es bereits, in der Zeile

```
;extension=php_curl.dll
```

das voranstehende Semikolon zu entfernen, die Datei zu speichern und dann den Webserver einmal neu zu starten. Unter Linux und Mac OS X sollte cURL normalerweise standardmäßig aktiviert sein. Bei einem gemieteten Server konsultieren Sie die Dokumentation Ihres Webhosters beziehungsweise sprechen Sie ihn darauf an. Weitere Informationen zu cURL finden Sie unter *http://de.wikipedia.org/wiki/CURL*.

Das Plugin selbst hält noch ein paar spezielle BASISOPTIONEN bereit:

BENUTZERNAMEN SUFFIX VERWENDEN *und* BENUTZERNAME SUFFIX

Google Mail verwendet in der Regel als Benutzernamen die komplette E-Mail-Adresse, wie etwa *hansenhans@googlemail.com*. Auf Wunsch kann Joomla! den hinteren Teil *@googlemail.com* beziehungsweise *@gmail.com* automatisch ergänzen.

Dazu setzen Sie die Ausklappliste auf IMMER DIESEN SUFFIX VERWENDEN und tippen die passende Adresse hinter dem @ unter BENUTZERNAME SUFFIX ein – bei einem deutschen Internetauftritt für gewöhnlich *googlemail.com*. Ihre Benutzer müssen dann bei ihrer Anmeldung an Joomla! immer nur noch den vorderen Teil eintippen, im obigen Beispiel also *hansenhans*.

Wenn Sie die Ausklappliste auf VERWENDETER SUFFIX FALLS NICHT VORHANDEN stellen, hängt Joomla! das vorgegebene Suffix nur dann an, wenn es im Benutzernamen fehlt. Ihre Besucher können also ihren vollständigen Benutzernamen eintippen (*hansenhans@googlemail.com*) oder das Suffix weglassen (*hansenhans*).

Bei der Vorgabe KEINEN SUFFIX VERWENDEN müssen Ihre Benutzer hingegen immer den kompletten Benutzernamen eingeben (inklusive *@googlemail.com*).

PEER VERBINDUNG ÜBERPRÜFEN

Nachdem der Benutzer seine Anmeldedaten eingetippt hat, fragt Joomla! bei Google nach, ob ein entsprechendes Benutzerkonto existiert. Um das sensible Passwort zu schützen, geschieht dies ausschließlich verschlüsselt mit dem SSL-Verfahren. Dabei erhält Joomla! von Google auch ein Zertifikat. Mit ihm kann das Content-Management-System prüfen, ob es tatsächlich einen Computer von Google an der Strippe hat und nicht irgendeinen bösen Server im Urwald. Mitunter schlägt die Überprüfung des Zertifikats allerdings fehl. In diesen Fällen müssen Sie entweder auf die Anmeldung via Google verzichten oder aber hier die Prüfung des Zertifikats mit NEIN ausschalten.

BENUTZER SCHWARZE LISTE

Die hier hinterlegten Benutzernamen dürfen sich nicht über das Plugin und somit Google anmelden. Mehrere Benutzernamen müssen Sie dabei jeweils durch ein Komma getrennt eintippen.

Weitere Informationen zu Google Mail finden Sie unter *http://mail.google.com* oder *http://de.wikipedia.org/wiki/Gmail*.

Authentifizierung – LDAP

Viele Firmen speichern die Benutzerdaten ihrer Mitarbeiter auf einem speziell dafür eingerichteten Server. Ähnlich wie bei einem Telefonbuch können dann andere Programme die dortigen Informationen bei Bedarf abfragen.

Die Kommunikation mit einem solchen Verzeichnisdienst über ein Netzwerk regeln verschiedene Standards. Der mittlerweile am häufigsten verwendete Standard heißt *Lightweight Directory Access Protocol*, kurz LDAP.

Das Plugin *Authentifizierung - LDAP* kontaktiert nun auf Wunsch (als sogenannter LDAP-Client) einen solchen LDAP-Server und gleicht die dort gespeicherten Daten mit den zuvor eingetippten Anmeldedaten ab. Damit das reibungslos klappt, verlangt das Plugin in seinen Einstellungen verschiedene Basisinformationen (siehe Abbildung 11-4). Wenn Sie beziehungsweise Ihre Institution über einen Verzeichnisdienst verfügen, werden Sie die erforderlichen Parameter kennen. In allen anderen Fällen lassen Sie das Plugin deaktiviert.

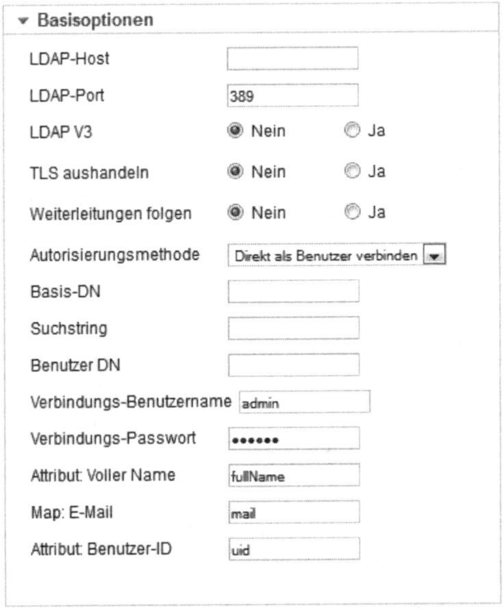

Abbildung 11-4: Die Basiseinstellungen des LDAP-Plugins

LDAP-HOST
  Rechnername des LDAP-Servers, beispielsweise *ldap.meinserver.de*.

LDAP-PORT
  TCP-Port, an dem der LDAP-Server auf eingehende Anfragen lauscht.

LDAP V3
  Bei einem JA verwendet Joomla! die LDAP-Version 3, andernfalls noch die alte Version 2.

TLS AUSHANDELN
  Bei einem JA versucht Joomla! verschlüsselt mit dem LDAP-Server zu kommunizieren. Zum Einsatz kommt dabei das TLS-Verfahren.

WEITERLEITUNGEN FOLGEN

Bei einem JA setzt Joomla! das `LDAP_OPT_REFERRALS`-Flag. Im Zusammenspiel mit einem Windows 2003-Server muss diese deaktiviert werden.

AUTORISIERUNGSMETHODE

Legt fest, mit welcher Methode sich das Plugin am LDAP-Server anmeldet.

BASIS-DN

Bestimmt den Punkt, von dem aus das Verzeichnis durchsucht werden soll.

SUCHSTRING

Die hier eingetippte Suchanfrage wird vom Plugin verwendet, um die Benutzerdaten im Verzeichnis aufzustöbern. Die Anfrage muss dem LDAP-Standard entsprechen. Die Zeichenkette `[search]` ersetzt Joomla! dabei durch die Benutzeranmeldung. Ein Beispiel für einen Anfragetext wäre `uid=[search]`.

BENUTZER DN

Mit der hier eingetragenen Anfrage ermittelt das Plugin die sogenannte Benutzer-DN. Die Zeichenkette `[username]` ersetzt Joomla! dabei durch die Benutzeranmeldung. Ein Beispiel für eine Eingabe wäre `uid=[username], dc=my-domain, dc=com`.

VERBINDUNGS-BENUTZERNAME *und* VERBINDUNGS-PASSWORT

Die Verbindungsparameter für die DN-Lookup-Phase. Für einen anonymen DN-Lookup lassen Sie einfach beide Felder leer. Andernfalls vergeben Sie hier den entsprechenden Benutzernamen und das zugehörige Passwort eines administrativen Benutzerkontos.

ATTRIBUT: VOLLER NAME

In dieses Feld gehört der Name des LDAP-Attributs, das den vollständigen Namen des Benutzers enthält.

MAP: E-MAIL

In dieses Feld gehört der Name des LDAP-Attributs, das die E-Mail-Adresse des Benutzers enthält.

ATTRIBUT: BENUTZER-ID

In dieses Feld gehört der Name des LDAP-Attributs, das die Benutzer-ID des Benutzers enthält.

Mehr zum Konzept der Verzeichnisdienste und zum LDAP-Standard finden Sie im Internet, beispielsweise unter *http://de.wikipedia.org/wiki/Lightweight_Directory_Access_Protocol*.

Captcha-Plugins

Ein Captcha ist ein Bild mit einem verzerrten Wort, das ein Besucher bei seiner Registrierung eintippen muss. Auf diese Weise kann Joomla! feststellen, ob der Besucher ein echter Mensch oder doch nur ein dummes Spam-Programm ist. In

Joomla! 2.5.0 gibt es nur ein Plugin, das solche Captchas bereitstellt. Wie sein Name *Captcha – ReCaptcha* verrät, nutzt es im Hintergrund den *reCAPTCHA*-Dienst von Google. Wie man ihn in eigenen Seiten nutzt, hat bereits ausführlich der Kasten *Captchas* in Kapitel 9, *Benutzerverwaltung und -kommunikation* auf Seite 420 gezeigt.

Content-Plugins

Plugins der Kategorie *Content* manipulieren die in Joomla! gespeicherten Texte oder reichen sie um zusätzliche Informationen oder Funktionen an.

Inhalt – Bewertung

Dieses Plugin kümmert sich um die Bewertungen, die Besucher für jeden Beitrag abgeben können (siehe Abbildung 11-5).

Abbildung 11-5:   Mit diesen Schaltern bewerten Besucher einen Beitrag.

Damit diese Funktion auch auf der Homepage erscheint, muss für den Beitrag das Bewertungssystem aktiviert sein (mehr dazu finden Sie in Kapitel 4, *Inhalte verwalten*, im Abschnitt »Die Darstellung des Beitrags anpassen« auf Seite 138).

Inhalt – Code Hervorhebung (GeSHi)

Dieses Plugin ist besonders für Programmierer und Entwickler gedacht, die beispielsweise Tutorials oder Anleitungen auf ihrer Homepage veröffentlichen wollen.

Für gewöhnlich zeigt Joomla! jeden Artikel als schwarze Textwüste an und übernimmt auch noch eigenmächtig den Zeilenumbruch. Für Programmcode ist dieses Verhalten jedoch alles andere als optimal: Ein Programmierer, der auf diesem Weg seine Arbeit vorstellen möchte, erhält auf der Homepage nur ein unleserliches Durcheinander.

An dieser Stelle springt nun das Plugin ein: Es formatiert den Programmcode in Ihren Artikeln und hebt ihn gleich noch gut lesbar hervor. Zusätzlich beherrscht es sogar das sogenannte Syntax-Highlighting, das die einzelnen Befehle der jeweiligen

Programmiersprache farblich hervorhebt (daher auch der Name GeSHi, der *Generic Syntax Highlighter*).

Um diese automatische Formatierung zu nutzen, müssen Sie lediglich das Plugin aktivieren und dann in Ihrem Beitrag den Quellcode zwischen die Befehle <pre> und </pre> klemmen – Sie können folglich in Ihren Beiträgen munter normalen, erklärenden Text mit Code mischen. Die verwendete Programmiersprache teilen Sie dem Plugin über den Parameter xml:lang mit, um den Sie noch das öffnende <pre>-Tag erweitern:

```
<pre xml:lang="css">
    body { color: red; background: #eeeeee; }
</pre>
```

Abbildung 11-6 zeigt das Ergebnis auf der Homepage.

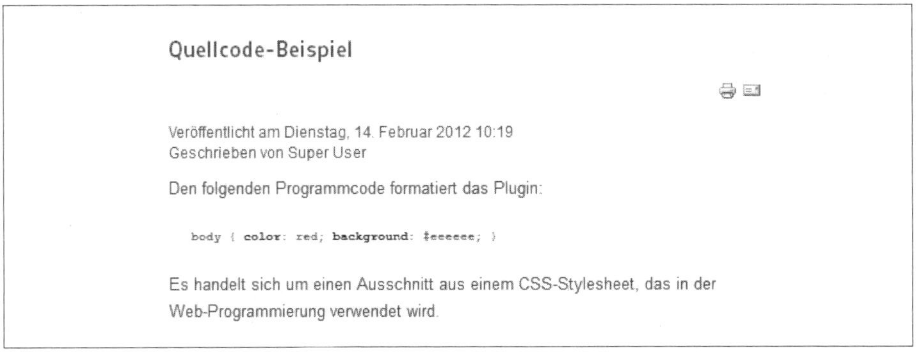

> ## Quellcode-Beispiel
>
> Veröffentlicht am Dienstag, 14. Februar 2012 10:19
> Geschrieben von Super User
>
> Den folgenden Programmcode formatiert das Plugin:
>
> body { color: red; background: #eeeeee; }
>
> Es handelt sich um einen Ausschnitt aus einem CSS-Stylesheet, das in der Web-Programmierung verwendet wird.

Abbildung 11-6: Das GeSHi-Plugin formatiert den Quellcode.

Warnung   Der in Joomla! zur Eingabe der Beiträge verwendete TinyMCE-Editor ist zwar komfortabel, greift aber immer wieder eigenmächtig in Ihren Quellcode ein. Sie sollten ihn daher unbedingt über die entsprechende Schaltfläche abschalten oder ihn gleich in den globalen Einstellungen (unter SITE → KONFIGURATION) gegen einen sparsameren Kollegen austauschen.

Neben CSS kennt das Plugin unter anderem folgende Sprachen:

- CSS: xml:lang="css"
- HTML4: xml:lang="html4strict"
- JavaScript: xml:lang="javascript"
- PHP: xml:lang="php"
- PHP-Brief: xml:lang="php-brief"
- SQL: xml:lang="sql"
- XML: xml:lang="xml"

Tipp Das Plugin selbst basiert auf einer kastrierten Fassung der separat erhältlichen Software GeSHi. Dies hat den Vorteil, dass sich weitere Sprachen ganz einfach nachrüsten lassen. Dazu laden Sie sich die Version 1.0.8.10 von GeSHi unter *http://www.qbnz.
com/highlighter/* herunter und entpacken sie in ein Verzeichnis Ihrer Wahl. Kopieren
Sie anschließend alle Dateien aus dem Unterverzeichnis *geshi/geshi* in den Ordner */
plugins/content/geshi/geshi/geshi* der Joomla!-Installation. Jede Datei steht dabei für
eine Programmiersprache. Beispielsweise rüstet *cpp.php* die Unterstützung für C++
nach. Als Wert für `xml:lang="..."` dient jeweils der entsprechende Dateiname.

Inhalt – E-Mail-Verschleierung

Dieses Plugin versteckt alle E-Mail-Adressen in Beiträgen vor Spam-Programmen
(der englische Begriff *Cloaking* wird hier im Sinne von *Verhüllen* gebraucht). Spam-
Programme grasen das Internet nach E-Mail-Adressen ab, um sie dann im nächsten
Schritt mit Werbung zu bombardieren.

In den Einstellungen unter BASISOPTIONEN erlaubt das Plugin zwei Betriebsmodi: Ent-
weder stellt es die E-Mail-Adressen als einfachen Text dar (NICHT VERLINKTER TEXT)
oder es versteckt sie hinter einem Link (ALS LINKBARE »MAILTO« ADRESSE). Klickt ein
Besucher einen solchen Link an, öffnet sich automatisch sein E-Mail-Programm.
Zusätzlich tarnt das Plugin die E-Mail-Adresse durch den Einsatz von JavaScript.
Folglich müssen die Besucher der Homepage diese Programmiersprache in ihrem
Browser aktiviert haben – andernfalls bleibt das E-Mail-Programm geschlossen.

Mittlerweile erkennen die Programme der Spammer aber auch solche Tarnungen.
Ein Allheilmittel gegen unerwünschte Werbung bietet das Plugin somit zwar nicht,
es blockt aber zumindest viele einfache E-Mail-Sammler ab. Da man mithilfe des
Plugins die Arbeit der Spam-Versender zumindest erschwert, sollten Sie es möglichst aktiviert lassen.

Inhalt – Joomla!

Dieses Plugin schlägt Alarm, sobald Sie eine noch mit Beiträgen gefüllte Kategorie
löschen möchten. Darüber hinaus verschickt es automatisch eine E-Mail, sobald
jemand einen neuen Beitrag über das Frontend eingereicht hat.

Beide Funktionen können Sie auf der rechten Seite unter BASISOPTIONEN deaktivieren.

Inhalt – Modulpositionen laden

Dieses Plugin blendet ein Modul mitten in einen Beitrag ein. Wie das funktioniert,
hat bereits Abschnitt »Module in Beiträge einbinden« auf Seite 333 beschrieben. In
der Kurzfassung:

An der Stelle im Beitragsinhalt, an der die Modulausgaben erscheinen sollen, tippen Sie

```
{loadposition name}
```

ein, wobei **name** für eine Modulposition steht. Das Plugin sammelt dann die Ausgaben aller an dieser Position stehenden Module ein und packt sie in den Beitrag. Auf diese Weise könnte man beispielsweise ein Menü in eine Filmkritik einbetten.

Tipp   Hilfreich ist dieses Plugin besonders bei selbst geschriebenen Modulen, die von vornherein auf eine Integration mit einem Beitrag ausgelegt wurden.

Das Plugin lässt sich in seinen Einstellungen mit der Ausklappliste auf dem Register BASISOPTIONEN in folgende Betriebsmodi versetzen, die besonders für Template-Entwickler interessant sind (mehr zu den etwas kryptischen Templates folgt in Kapitel 13, *Templates*):

MIT TABELLE UMGEBEN – SPALTEN
  Sofern an der Position mehrere Module stehen, werden sie untereinander platziert. Im Hintergrund packt das Plugin die Module in die entsprechenden Zellen einer HTML-Tabelle.

MIT TABELLE UMGEBEN – HORIZONTAL
  Sofern an der Position mehrere Module stehen, werden sie nebeneinander platziert. Im Hintergrund packt das Plugin die Module in die entsprechenden Zellen einer HTML-Tabelle.

MIT DIVS UMGEBEN
  Sofern an der Position mehrere Module stehen, werden sie jeweils mit dem HTML-Befehl <div> eingerahmt. Die genaue Formatierung erfolgt dann über ein Stylesheet.

MEHRFACH MIT DIVS UMGEBEN
  Arbeitet wie MIT DIVS UMGEBEN, nur dass diesmal mehrere verschachtelte <div>-Tags verwendet werden. Die genaue Formatierung erfolgt dann wieder über ein entsprechendes Stylesheet.

NICHT UMGEBEN – REINER INHALT
  Die Ausgaben der Module werden direkt, also ohne weitere umfassende Tags ausgegeben. Bei den mitgelieferten Modulen führt das zu einer etwas durcheinandergewürfelten Darstellung. Diese Einstellung ist insbesondere dann sinnvoll, wenn die einzelnen Module ihre Formatierung selbst übernehmen.

Inhalt – Seitennavigation

Zwischen den Beiträgen einer Kategorie kann der Besucher normalerweise mit WEITER und ZURÜCK blättern (siehe Abbildung 11-7). Diese beiden Schaltflächen stellt das Plugin INHALT - SEITEN NAVIGATION bereit.

In den Einstellungen des Plugins dürfen Sie rechts oben unter POSITION festlegen, wo es die Knöpfe einblenden soll: entweder wie gewohnt am unteren oder alternativ am oberen Ende des Beitrags, und Sie legen fest, ob dies RELATIV zum GESAMTEN BEITRAG oder nur RELATIV zu dessen TEXT gelten soll.

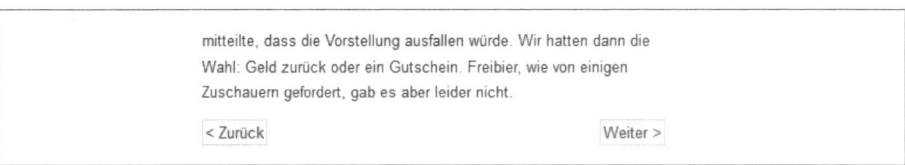

mitteilte, dass die Vorstellung ausfallen würde. Wir hatten dann die
Wahl: Geld zurück oder ein Gutschein. Freibier, wie von einigen
Zuschauern gefordert, gab es aber leider nicht.

< Zurück   Weiter >

Abbildung 11-7:   Die Seitennavigation auf der Homepage

Inhalt – Seitenumbruch

Bei einem mehrseitigen Beitrag sorgt dieses Plugin für ein kleines Inhaltsverzeichnis
(wie in Abbildung 11-8). Darüber hinaus erzeugt es den eigentlichen Seitenumbruch in einem Artikel. (Wie man Seitenumbrüche in einen Beitrag einfügt, haben
Sie bereits in Kapitel 4, *Inhalte verwalten*, im Abschnitt »Unterseiten« auf Seite 134
gesehen.)

er
eider hält   • Stirb Langsam
n ist der   • Meinung
                  • Alle Seiten

Abbildung 11-8:   Das Plugin »Inhalt – Seitenumbruch« erzeugt ein solches Inhaltsverzeichnis.

Das Plugin hält auf dem Register BASISOPTIONEN folgende Einstellungen bereit:

SEITENTITEL ANZEIGEN
  Wenn Sie einen Beitrag verfassen und dabei einen Seitenumbruch einfügen,
  können Sie der neuen Unterseite auch eine eigene Überschrift verpassen. Später
  auf der Homepage erscheint diese Überschrift dann neben dem eigentlichen
  Titel des Beitrags (wie in Abbildung 11-9).

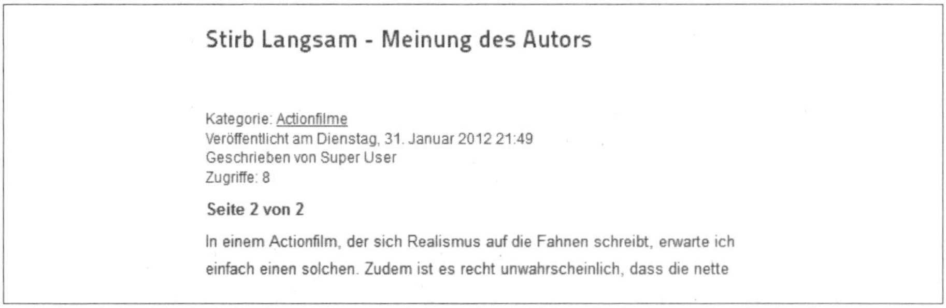

Stirb Langsam - Meinung des Autors

Kategorie: Actionfilme
Veröffentlicht am Dienstag, 31. Januar 2012 21:49
Geschrieben von Super User
Zugriffe: 8

Seite 2 von 2

In einem Actionfilm, der sich Realismus auf die Fahnen schreibt, erwarte ich
einfach einen solchen. Zudem ist es recht unwahrscheinlich, dass die nette

Abbildung 11-9:   An den eigentlichen Titel des Beitrags, hier »Stirb Langsam«, hängt Joomla! auch immer noch die
Überschrift der Unterseite an – in diesem Fall die »Die Meinung des Autors«.

Wenn Sie hier SEITENTITEL ANZEIGEN auf VERBERGEN setzen, präsentiert
Joomla! immer nur den Titel des Beitrags. In Abbildung 11-9 würde also nur
noch *Stirb Langsam* erscheinen.

VERZEICHNISÜBERSCHRIFT *und* BENUTZERDEFINIERTE VERZEICHNISÜBERSCHRIFT

Das kleine Menü aus Abbildung 11-8 enthält standardmäßig immer nur die Links zu allen Unterseiten. Sie können dem Kasten aber auch noch eine Überschrift spendieren, wie etwa *Inhaltsverzeichnis*. Dazu tippen Sie sie einfach in das Feld BENUTZERDEFINIERTE VERZEICHNISÜBERSCHRIFT. Wenn Sie diese Überschrift (vorübergehend) ausblenden möchte, stellen Sie VERZEICHNISÜBERSCHRIFT auf VERBERGEN.

INHALTSVERZEICHNIS

Blendet das komplette Inhaltsverzeichnis ein (ANZEIGEN) oder aus (VERBERGEN). Unabhängig von der Einstellung wird der Seitenumbruch weiterhin ausgeführt. Um diesen zu unterbinden, müssten Sie das Plugin komplett deaktivieren.

ALLES ZEIGEN

Steht diese Einstellung auf ANZEIGEN, erscheint im Inhaltsverzeichnis der Punkt ALLE SEITEN. Er führt zu einer Seite mit dem kompletten Beitragstext.

DARSTELLUNG IN

Normalerweise verteilt Joomla! den Beitrag auf mehrere Unterseiten. Alternativ können Sie ihn aber auch auf Registerkarten (Einstellung TABS) oder sogenannten SILDERn anordnen. Wie die beiden Alternativen auf der Webseite aussehen, zeigen die Abbildung 11-10 und Abbildung 11-11.

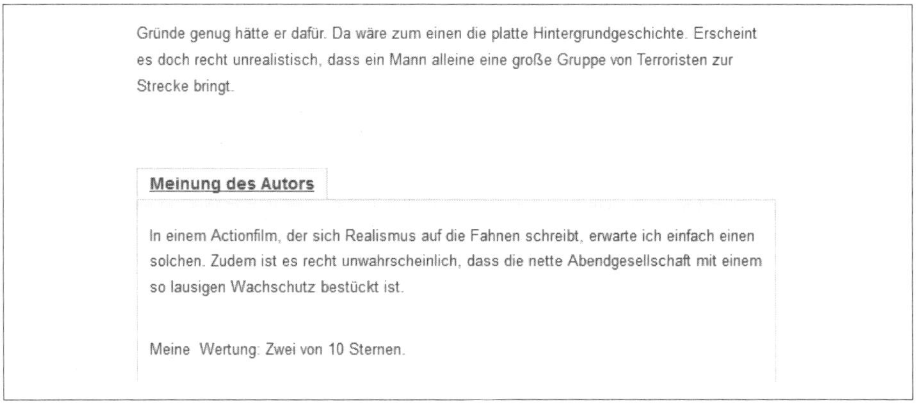

Abbildung 11-10: Der Beitrag in der Einstellung »Tabs« ...

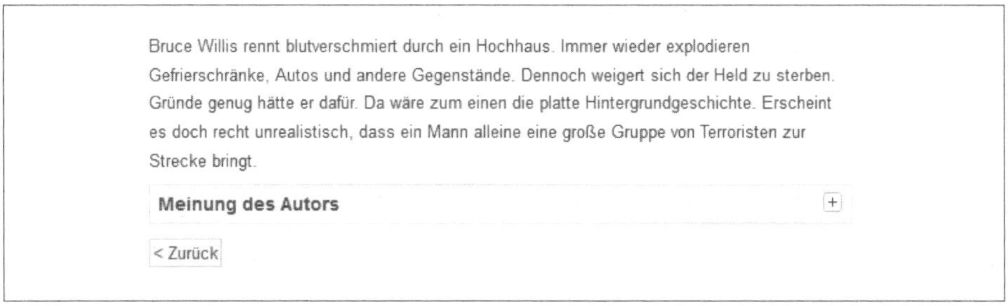

Abbildung 11-11: ... und hier mit Slidern. Der Slider klappt auf, wenn der Besucher auf seinen Namen oder das kleine Plus-Symbol klickt.

Inhalt – Suchindex

Dieses Plugin aktiviert die neue Suchfunktion (*Smart Search*). Weitere Informationen hierzu finden Sie in Kapitel 6, *Komponenten – Nützliche Zusatzfunktionen*, Abschnitt »Suchindex (Smart Search)« auf Seite 255.

Editors-Plugins

Jedes Plugin aus dieser Kategorie stellt einen Editor zur Eingabe von (längeren) Texten bereit. Dem äußerst komfortablen TinyMCE-Editor begegnen Sie beispielsweise bei der Eingabe eines neuen Beitrags.

Welchen Editor (und somit welches Plugin) Joomla! standardmäßig verwendet, legen Sie in der globalen Konfiguration hinter SITE → KONFIGURATION unter EDITOR fest. In seiner Aufklappliste finden Sie alle aktivierten Editor-Plugins.

 Version   In Joomla! 1.5 gab es noch den *XStandard Lite 2.0*-Editor. Dieser bereitete jedoch immer wieder Probleme, fiel durch Sicherheitslücken auf und setzte zudem die Installation einer ActiveX-Komponente voraus, was wiederum nur unter Windows funktionierte. Mit Joomla! 1.6 wurde er gegen den im Folgenden vorgestellten *CodeMirror*-Editor ausgetauscht.

Editor – CodeMirror

Der CoreMirror-Editor richtet sich primär an Programmierer. Nach außen gibt er sich recht karg, hebt aber bei einigen ihm bekannten Programmiersprachen die einzelnen Schlüsselwörter farbig hervor (Syntax-Highlighting). In seinen Einstellungen unter den BASISOPTIONEN können Sie ihn dazu überreden, wie in Abbildung 11-12 auch die Zeilennummern anzuzeigen (indem Sie ZEILENNUMMERIERUNG auf EIN setzen).

```
Beitragsinhalt

 1  <?php
 2  /* Ein einfaches PHP-Skrip */
 3
 4  echo 'Hallo Welt';
 5
 6  ?>
 7
 8
 9
10
11
12
13
14
15
```

Abbildung 11-12:   Der CodeMirror-Editor im Einsatz, hier mit aktivierten Zeilennummern

Wenn Sie zusätzlich den TAB MODUS auf UMSCHALTTASTE setzen, können Sie die Zeilen über der Tabulatortaste ein- und per *Umschalt* und *Tabulator* wieder ausrücken – ganz so, wie Sie es von Ihrer Programmierumgebung gewohnt sind.

Weitere Informationen zu CodeMirror finden Sie unter *http://codemirror.net/*.

Editor – Keine

Der Name dieses Plugins ist etwas irreführend: Natürlich erlaubt auch dieses Plugin die Eingabe von Texten. Im Gegensatz zu seinen Kollegen liefert es allerdings nur ein einsames Textfeld (das große leere Feld aus Abbildung 11-13).

Abbildung 11-13: Der »Keine«-Editor in Aktion, hier bei der Eingabe eines neuen Beitrags

Da es im Gegensatz zu einem ausgewachsenen Texteditor keine weiteren Eingabehilfen anbietet, stellt es also in gewissem Sinne »keinen« Editor (englisch »No Editor«) dar.

Warnung   Alle im Editor eingetippten HTML-Befehle wertet später der Browser der Besucher aus. Ein böswilliger Autor könnte auf diesem Weg nicht nur das Layout der Seite sprengen, sondern auch schadhaften Programmcode einschmuggeln. Nutzen Sie daher immer auch die von Joomla! angebotenen Textfilter, die in Kapitel 9, *Benutzerverwaltung und -kommunikation* in Abschnitt »Textfilter für Benutzergruppen« auf Seite 415 vorgestellt wurden.

Editor – TinyMCE

Den Editor, den dieses Plugin anbietet, dürfte vermutlich jeder Joomla!-Benutzer kennen. Er ist nach der Installation der Standardeditor und bietet umfangreiche Hilfsfunktionen bei der Texteingabe (siehe Abbildung 11-14). Um so viel Komfort nutzen zu können, muss in den Browsern seiner Benutzer allerdings JavaScript aktiviert sein.

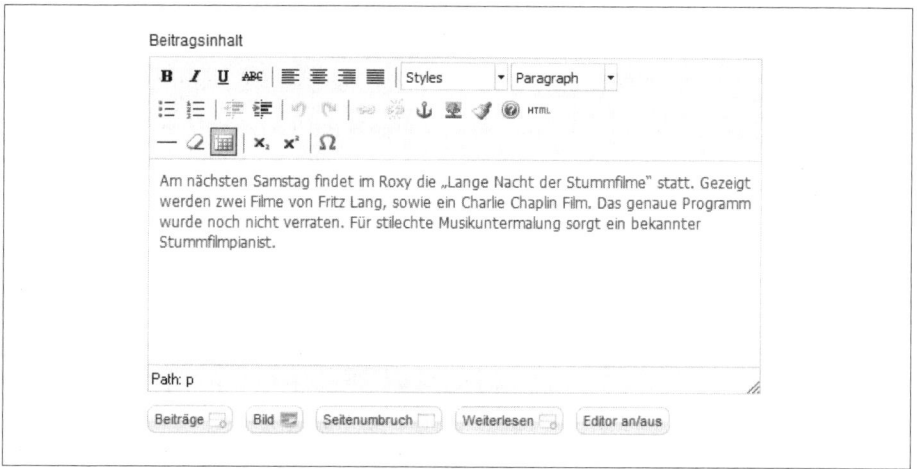

Abbildung 11-14: Der TinyMCE-Editor bei der Eingabe eines Beitrags

Über die zahlreichen Symbole lassen sich die eingetippten Texte umfassend formatieren. Dabei besteht allerdings auch immer die Gefahr, dass Autoren das Layout sprengen oder durcheinanderbringen. Aus diesem Grund können Sie den Funktionsumfang in den Einstellungen des Plugins gezielt beschneiden. Dazu stehen auf der rechten Seite unter den BASISOPTIONEN folgende Einstellungen bereit:

FUNKTIONALITÄT

Mit dieser Ausklappliste legen Sie den Funktionsumfang fest. In der Einstellung EINFACH dürfen alle Autoren lediglich den Schriftschnitt (fett, kursiv etc.) ändern sowie Aufzählungen einfügen. ERWEITERT gewährt Zugriff auf die Werkzeuge aus Abbildung 11-14. KOMPLETT bohrt den Funktionsumfang noch einmal ordentlich auf. In diesem Modus dürfen Autoren unter anderem sogar die Textfarbe ändern oder Emoticons (also kleine Smileys) einfügen.

 **Warnung** Beachten Sie, dass die hier getroffene Einstellung für restlos alle Autoren gilt – Sie als Super User eingeschlossen.

AUSSEHEN

Hier können Sie die Symbolleisten im Editor wie in Microsoft Office 2007 aussehen lassen. Dabei ändert sich nur die Optik, der Funktionsumfang bleibt gleich.

ENTITY-KODIERUNG

Aus den eingegebenen Texten produziert der TinyMCE-Editor waschechten HTML-Code, also den Stoff, aus dem eine Internetseite aufgebaut ist. Das Ergebnis speichert er anschließend in der Datenbank. Joomla! selbst greift sich später einfach diesen fertigen Textbaustein und liefert ihn so, wie er ist, an den Browser der Besucher aus.

Tipp Um zu sehen, was der Editor aus dem eingegebenen Text fabriziert, erstellen Sie probeweise einen neuen Beitrag. Klicken Sie nun auf das HTML-Symbol des TinyMCE-Editors. In einem neuen Fenster zeigt er Ihnen nun, wie der Text in der Datenbank ausschaut. Für die korrekte Interpretation dieses Zeichenwirrwarrs sorgt dann später Ihr Browser. Das Fenster schließen Sie wieder über das rote CANCEL.

Ein böswilliger Autor könnte nun auf die Idee kommen, seinen Beitrag mit schädlichen HTML-Befehlen zu spicken. Diese würden ebenfalls in der Datenbank und schließlich in den Browsern Ihrer Besucher landen. Findet der TinyMCE-Editor Zeichen, die in HTML-Befehlen zum Einsatz kommen, kann er sie durch spezielle ungefährliche Kürzel, die sogenannten Entities, ersetzen. Aus einer spitzen Klammer < würde dann beispielsweise die Zeichenfolge <. Der Browser macht aus dem kryptischen Zeichenbrei auf dem Bildschirm wieder eine Klammer. Wenn Sie solch eine Ersetzung vornehmen lassen möchten, setzen Sie ENTITY-KODIERUNG auf NAMENTLICH. Bei der Einstellung NUMERISCH würde der Editor das Zeichen durch eine Zahl in hexadezimaler Schreibweise austauschen. Die spitze Klammer < würde dann zu &#03c;. Der Effekt wäre aber letztendlich der gleiche.

Tipp Suchmaschinen können die benamsten Entities, wie < besser verdauen, weshalb Sie ihnen den Vortritt lassen sollten.

Wenn Sie ganz sichergehen möchten, dass sich Suchmaschinen nicht an den Entities verschlucken, müssen Sie die Einstellung RAW wählen. Dann belässt der Editor die verdächtigen Zeichen im Beitrag.

AUTOM. SPRACHAUSWAHL *und* SPRACH-CODE

Den TinyMCE-Editor haben die Joomla!-Entwickler nicht selbst programmiert, sondern von der Firma *Moxiecode Systems* übernommen (*http://tinymce.moxiecode.com*). Dummerweise spricht er von Haus aus nur Englisch. Um ihm weitere Sprachen beizubringen, müssen Sie speziell auf ihn zugeschnittene Sprachpakete nachinstallieren. Diese finden Sie wiederum auf seiner Homepage *http://tinymce.moxiecode.com*. Bei Drucklegung dieses Buches mussten Sie dort im DOWNLOAD-Bereich am rechten Rand LANGUAGES aktivieren, dann ein Häkchen bei den gewünschten Sprachen setzen und auf DOWNLOAD am unteren Ende der Tabelle klicken. Das so erhaltene Archiv entpacken Sie auf Ihrer Festplatte und kopieren den kompletten *Inhalt* des Ordners *tinymce_language_pack* ins Unterverzeichnis *media/editors/tinymce/jscripts/tiny_mce* Ihrer Joomla!-Installation.

Wenn Sie anschließend hier die AUTOM. SPRACHAUSWAHL auf JA stellen, spricht der Editor immer die gleiche Sprache wie Joomla!.

Möchten Sie den Editor zwingen, immer eine ganz bestimmte Sprache zu sprechen, so setzen Sie hier ein NEIN und geben dann im Eingabefeld SPRACH-CODE das zugehörige Sprachkürzel ein. **en** steht dabei für Englisch, **de** für Deutsch. Eine komplette Liste dieser Ländercodes finden Sie im Internet unter *http://de.wikipedia.org/wiki/ISO-3166-1-Kodierliste*.

TEXTRICHTUNG

In vielen Sprachen schreibt man von rechts nach links. Dem trägt der Editor mit dieser Einstellung Rechnung: Wählen Sie aus der Liste einfach die bevorzugte Schreibrichtung.

TEMPLATE-CSS-KLASSEN

Die nachfolgenden beiden Punkte richten sich primär an Template-Entwickler. Zur Formatierung der Texte in seinem Eingabefeld verwendet das Plugin standardmäßig ein im Template mitgeliefertes Stylesheet. Damit erhalten Sie schon beim Eintippen eine ungefähre Vorstellung davon, wie der Beitrag später auf der Homepage aussehen wird.

Wenn Sie hier NEIN wählen, greift der Editor stattdessen immer auf ein in Joomla! mitgeliefertes Standard-Stylesheet zurück.

EIGENE CSS-KLASSEN

Soll TinyMCE für seine Vorschau ein ganz bestimmtes Stylesheet verwenden, so tippen Sie hier seinen Dateinamen ein (einschließlich des kompletten Pfades dorthin).

URLs

Wenn Sie in einen Beitrag einen Link einfügen (indem Sie ein Wort markieren und auf das Kettensymbol klicken), geben Sie normalerweise eine vollständige Internetadresse wie diese an:

http://localhost/joomla/index.php/zu-den-filmkritiken/actionfilme/68-stirb-lang-sam

Solche Internetadressen mit dem *http://* und dem Domainnamen (im Beispiel *localhost*) bezeichnet man als *absolute* Adressen. Befindet sich die Zielseite innerhalb Ihres Internetauftritts, können Sie sich diese Angaben jedoch auch sparen:

index.php/zu-den-filmkritiken/actionfilme/68-stirb-langsam

Bei einer solchen *relativen* Adresse ergänzt der Browser selbstständig das *http://* und den Domainnamen.

Stellen Sie nun hier die Ausklappliste URLs auf ABSOLUT, übernimmt bereits der Editor das Ergänzen. Wenn Sie also eine relative Adresse einbinden, wie *index.php/zu-den-filmkritiken/actionfilme/68-stirb-langsam*, macht der Editor daraus umgehend die absolute Adresse *http://localhost/joomla/index.php/zu-den-filmkritiken/actionfilme/68-stirb-langsam*.

Tipp Wenn Sie unsicher sind, belassen Sie hier die Vorgabe RELATIV.

NEUE ZEILEN

HTML kennt zwei Möglichkeiten für einen Zeilenumbruch: entweder das Element <p> oder seinen Kollegen <br>. Welches dieser beiden Tags das Plugin für seine Zeilenumbrüche verwendet, geben Sie hier über die Ausklappliste vor.

Falls Sie keine Erfahrungen mit HTML besitzen, behalten Sie hier die Einstellung <P>-ELEMENTE bei.

VERBOTENE ANWEISUNGEN

Alle hier eingetippten HTML-Elemente wirft der Editor automatisch über Bord. Ihre Namen müssen Sie ohne die spitzen Klammern eintragen, und mehrere Elementnamen sind zudem jeweils durch ein Komma voneinander zu trennen.

GÜLTIGE ANWEISUNGEN

Alle hier eingetippten HTML-Elemente lässt der Editor ungeprüft durchgehen. Mehrere Elementnamen sind auch hier wieder jeweils durch ein Komma zu trennen.

Auf dem nachfolgenden Register ERWEITERTE PARAMETER legen Sie zunächst unter WERKZEUGLEISTE fest, ob die Symbolleiste am oberen Rand des großen Eingabefeldes (OBEN) oder am unteren Rand (UNTEN) erscheinen soll. Die TOOLBAR-AUSRICHTUNG bestimmt, ob die Symbole LINKS, zentriert (MITTE) oder RECHTS ausgerichtet werden sollen. Abbildung 11-15 zeigt die letzte Variante, die sich insbesondere bei Sprachen anbietet, die von rechts nach links geschrieben werden (siehe auch die Einstellung TEXTRICHTUNG).

HTML-HÖHE und HTML-BREITE geben in Pixeln die Ausmaße des Fensters an, das bei einem Klick auf das HTML-Symbol aufspringt.

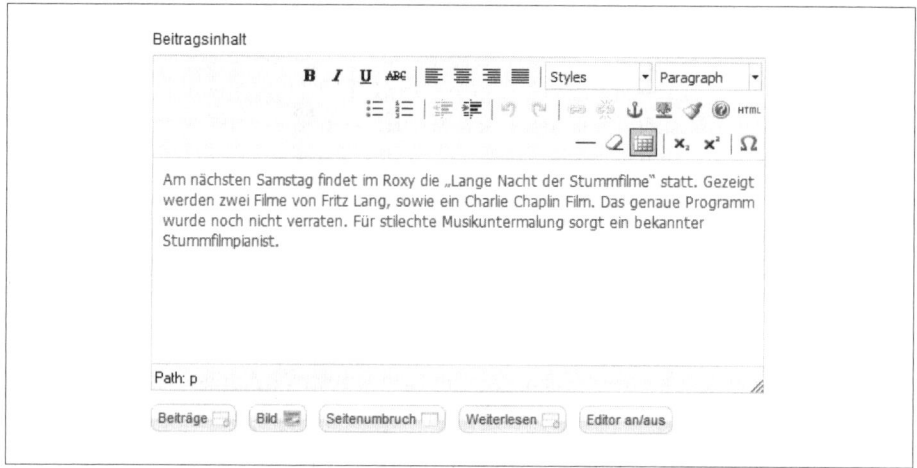

Abbildung 11-15: Hier wurden die Symbole rechtsbündig ausgerichtet.

Werfen Sie noch einmal einen Blick auf Abbildung 11-15. In der rechten unteren Ecke finden Sie ein kleines graues Rechteck. Wenn Sie dieses bei gedrückter Maustaste verschieben, ändern Sie gleichzeitig die Größe des Eingabefeldes. Das ist insbesondere bei längeren Texten hilfreich. Solange VERKLEINERN auf AN steht, kann der Autor das Feld auf diese Weise vertikal vergrößern und verkleinern. Setzen Sie HORIZONTALE VERKLEINERUNG auf AN, funktioniert das auch horizontal.

ELEMENTPFAD auf AN gewährt einen Blick hinter die Kulissen: Die graue Statusleiste am unteren Rand des Eingabefeldes zeigt dann immer das HTML-Element an, das den Text neben der Einfügemarke formatiert.

Alle nachfolgenden Einstellungen schalten die entsprechenden Funktionen im *Komplett*-Modus des Editors ein (ANZEIGEN) oder aus (VERBERGEN). Den *Komplett*-Modus aktiviert die oben erwähnte Ausklappliste FUNKTIONALITÄT. Erklärungsbedürftig wären damit nur noch die Eingabefelder:

DATUMSFORMAT

Mit einem Mausklick auf das Datumssymbol fügt der TinyMCE-Editor das aktuelle Datum in den Text ein. Wie dieses formatiert wird, bestimmt die kryptische Zeichenfolge im Feld DATUMSFORMAT. Darin steht %Y für das Jahr, %m für den Monat und %d für den Tag. Am 12. Mai 2012 würde der Editor folglich das Datum 2012-05-12 ausspucken. Um die in Deutschland übliche Datumsformatierung zu erhalten, tippen Sie hier %d.%m.%Y ein.

ZEITFORMAT

Analoges gilt für die Uhrzeit: Im Feld ZEITFORMAT steht %H für die Stunde, %M für die Minuten und %S für die Sekunden.

EIGENE PLUGINS *und* EIGENE BUTTONS

Über die Felder EIGENE PLUGINS und EIGENE BUTTONS können Sie den TinyMCE-Editor um eigene Werkzeuge erweitern. Weitere Informationen dazu finden Sie auf der TinyMCE-Homepage.

Editors-xtd-Plugins

Die Plugins aus dieser Kategorie erzeugen die Schaltflächen unterhalb des Texteditors (siehe Abbildung 11-16).

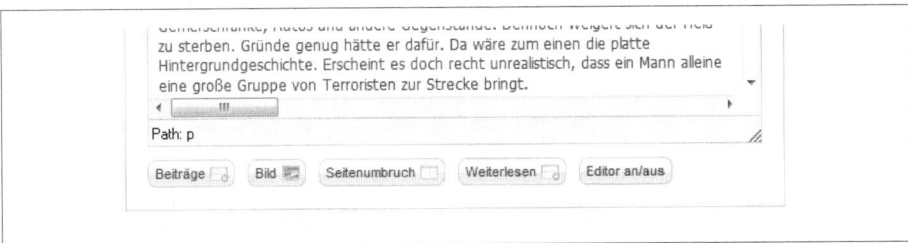

Abbildung 11-16: Hinter diesen Schaltflächen steckt jeweils ein Plugin.

Sie fügen bestimmte Sonderelemente in den Text ein, und zwar

- einen Link auf einen anderen Beitrag (*Schaltfläche – Beiträge*),
- ein Bild (*Schaltfläche – Bild*),
- einen Seitenumbruch (*Schaltfläche - Seitenumbruch*) und
- einen WEITERLESEN-Link (*Schaltfläche - Weiterlesen*).

Tipp   Wer sich mit der HTML-Programmierung auskennt, sollte unbedingt einen Blick hinter die Kulissen werfen: Die Plugins sind eigentlich strohdumm, und ein Klick auf die Schaltflächen fügt lediglich den zugehörigen HTML-Code ein. Leider versteckt der TinyMCE-Editor ihn sofort, gibt ihn aber bei einem Klick auf das HTML-Symbol wieder preis. Ein Seitenumbruch besteht beispielsweise aus diesem Befehl:

```
<hr title="Meinung des Autors" alt="Meinung" class="system-
pagebreak" />
```

Analog integriert ein Bild das bekannte `<img>`-Tag.

Extension-Plugins

Von diesem Typ gibt es in Joomla! 2.5.0 nur ein einsames Plugin namens *Erweiterungen – Joomla!*. Es verwaltet die Update-Webseiten von Erweiterungen, auf denen diese wiederum ihre Aktualisierungen bereitstellen. Lassen Sie es daher möglichst aktiviert.

Finder-Plugins

Jedes Plugin aus dieser Kategorie indexiert im Auftrag der neuen erweiterten Such-funktion (*Smart Search*) einen ganz bestimmten Teil des Datenbestands. Zur Verfü-gung stehen dabei die Helfer aus Tabelle 11-1.

Tabelle 11-1: Alle standardmäßig in Joomla! ausgelieferten Suchindex-Plugins und ihr jeweiliger Tätigkeitsbereich

Plugin	Indexiert ...
Suchindex – Kategorien	die Texte aller Kategorien (insbesondere ihre Beschreibung)
Suchindex – Kontakte	alle Kontakte
Suchindex – Inhalt	alle Beiträge
Suchindex – Newsfeeds	alle Newsfeeds
Suchindex – Weblinks	die von der Weblink-Komponente verwalteten Links

Die Plugins sind alle standardmäßig aktiviert. Nur wenn Sie nicht möchten, dass einer der Bereiche im Index landet, sollten Sie das dazugehörige Plugin abschalten.

Weitere Informationen zur neuen Suchfunktion und dem Index finden Sie in Kapi-tel 6, *Komponenten – Nützliche Zusatzfunktionen*, Abschnitt »Suchindex (Smart Search)«, auf Seite 255.

Quickicon-Plugins

Im Kontrollzentrum (SITE → KONTROLLZENTRUM) finden Sie links unten zwei intel-ligente Symbole (siehe Abbildung 11-17). Das eine zeigt an, ob für nachträglich installierte Erweiterungen Aktualisierungen vorliegen. Analog warnt das andere, sobald es eine Aktualisierung für Joomla! gibt.

Abbildung 11-17: Hinter diesen beiden Schaltflächen steckt jeweils ein Quickicon-Plugin.

Diese beiden Symbole erzeugen die beiden Plugins mit den sperrigen Namen SCHNELLSTARTSYMBOLE – JOOMLA!-ERWEITERUNGSAKTUALISIERUNGEN und SCHNELLSTARTSYMBOLE – JOOMLA!-AKTUALISIERUNGSÜBERPRÜFUNG. Da sie auf wichtige Sicherheitsaktualisierungen hinweisen, sollten Sie sie immer aktiviert lassen.

Search-Plugins

Jedes Plugin aus dieser Kategorie nimmt vom *Suchen*-Modul oder dem Suchformular einen Begriff entgegen und stöbert diesen dann in einem ganz bestimmten Bereich der Datenbank auf. Zur Verfügung stehen dabei die Helfer aus Tabelle 11-2.

Tabelle 11-2: Alle standardmäßig in Joomla! ausgelieferten Such-Plugins und ihr jeweiliger Tätigkeitsbereich

Plugin	Durchsucht ...
Suche – Kategorien	die Texte aller Kategorien (insbesondere ihre Beschreibung)
Suche – Kontakte	alle Kontakte
Suche – Inhalt	alle Beiträge
Suche – Newsfeeds	alle Newsfeeds
Suche – Weblinks	die von der Weblink-Komponente verwalteten Links

Die Plugins sind alle standardmäßig aktiviert. Nur wenn Sie nicht möchten, dass einer der Bereiche durchsucht wird, sollten Sie das dazugehörige Plugin abschalten.

In den Einstellungen eines jeden Such-Plugins finden Sie das Eingabefeld SUCHLIMIT. Es bestimmt, wie viele Fundstellen das Plugin maximal zurückliefert. Darunter dürfen Sie festlegen, was das Plugin durchsuchen soll:

SUCHE VERÖFFENTLICHT *beziehungsweise* BEITRÄGE
Das Plugin durchsucht alle veröffentlichten Elemente.

SUCHE ARCHIVIERT *beziehungsweise* ARCHIVIERTE BEITRÄGE
Das Plugin durchsucht auch die archivierten Elemente.

System-Plugins

Die Plugins aus dieser Kategorie liefern unterschiedliche Leistungen ab, greifen aber alle in das Innerste von Joomla! ein.

Warnung Bevor Sie an den Einstellungen der folgenden Plugins drehen, sollten Sie sich genau überlegen, was Sie tun.

Version In Joomla! 1.5 gab es noch die zwei Plugins *System – Legacy* und *System – Backlink*. Mit ihrer Hilfe konnte man Erweiterung betreiben, die eigentlich für das uralte Joomla! 1.0 geschrieben waren. Ab Joomla! 1.6 besteht diese Möglichkeit nicht mehr. Wenn Sie noch alte Erweiterungen eingesetzt haben, müssen Sie entweder auf sie verzichten oder sich nach einem Ersatz umsehen.

System - Abmelden

Wenn sich ein Benutzer bei Joomla! abmeldet, leitet dieses Plugin ihn automatisch zur Startseite.

System – Cache

Um die Auslieferungszeiten zu verkürzen, puffert Joomla! einmal erstellte Seitenteile auf Wunsch in einem Zwischenspeicher, dem sogenannten Cache. Zusätzlich zu diesem bereits aus Kapitel 10, *Globale Einstellungen* bekannten Verfahren puffert das Plugin *System - Cache* auch noch die *komplette*, an den Browser ausgelieferte Internetseite.

 Warnung　Dieses Plugin ist standardmäßig deaktiviert, weil es in der Vergangenheit immer mal wieder zu Problemen kam. Sollten ständig nur veraltete Seiten ausgeliefert werden oder sollten Sie ein anderes Fehlverhalten bemerken, deaktivieren Sie zunächst dieses Plugin und schalten erst danach auch den Cache hinter SITE → KONFIGURATION aus. Es kann ebenfalls helfen, den Cache einmal komplett zu löschen.

In seinen Einstellungen bietet das Plugin die Möglichkeit, den Zwischenspeicher in den Browser des Besuchers zu verlagern (BROWSER-CACHE BENUTZEN). Die Seiten müssen damit gar nicht erst durch das relativ lahme Internet wandern.

System – Debug

Wenn Sie unter SITE → KONFIGURATION auf dem Register SYSTEM die FEHLERSUCHE einschalten (siehe auch Kapitel 10, *Globale Einstellungen*), beobachtet und analysiert dieses Plugin das System.

Die dabei von ihm gesammelten Informationen schreibt es immer ungeniert an den unteren Rand einer jeden von Joomla! ausgelieferten Seite. Das Ergebnis stört normale Besucher, wohingegen sich Angreifer über den tiefen Einblick in Ihr System freuen. Sie sollten deshalb die Ausgaben auf einen ausgewählten Personenkreis – am besten den der Super Users oder Administratoren – beschränken.

Dazu rufen Sie die Einstellungen des Plugins auf und wenden sich dort dem Bereich BASISOPTIONEN zu. Unter ERLAUBTE GRUPPEN markieren Sie bei gedrückter *Strg*-Taste alle Benutzergruppen, die die Debug-Informationen zu Gesicht bekommen sollen.

 Warnung　Wenn hier keine Gruppe hervorgehoben ist, sind die Ausgaben des Plugins für alle Besucher sichtbar.

Die übrigen Einstellungen legen fest, welche Daten das Plugin sammeln beziehungsweise generieren soll. Die meisten richten sich dabei an Entwickler und Programmierer:

LAUFZEITVERHALTEN ANZEIGEN
> Bei einem JA ermittelt das Plugin, wie lange Joomla! für welche Aktionen benötigt hat. Die Ergebnisse erscheinen in der Ausgabe unter dem PROFIL ZUM LAUFZEITVERHALTEN (in Abbildung 11-18 ganz oben).

EINTRÄGE ANZEIGEN

Bei einem JA listet das Plugin alle Datenbankabfragen auf, die notwendig waren, um die aktuell angezeigte Seite zusammenzubauen (in Abbildung 11-18 unter DATENBANKABFRAGEN).

Tipp Dieses Protokoll ist besonders wertvoll, um Einbruchsversuche aufzudecken. Sie aufzuspüren erfordert allerdings Wissen über die Sprache SQL sowie über die internen Abläufe von Joomla! (dazu auch noch mehr in Kapitel 15, *Eigene Erweiterungen erstellen*).

ABFRAGETYPEN ANZEIGEN

Bei einem JA ermittelt das Plugin, wie oft Joomla! der Datenbank welche Fragen gestellt hat.

Tipp Sollten bestimmte Anfragen überproportional häufig gestellt worden sein, *könnte* das wieder auf einen Einbruchsversuch hindeuten.

Stellt eine selbst programmierte Komponente zu viele Anfragen, sollte man überlegen, ob man diese Anfragen nicht irgendwie zusammenfassen kann. Damit spart man Rechenzeit.

SPEICHERNUTZUNG ANZEIGEN

Bei einem JA verrät das Plugin, wie viel Speicherplatz Joomla! derzeit belegt. In Abbildung 11-18 hat das Content-Management-System für den Aufbau der Seite beispielsweise 8.13 MB benötigt.

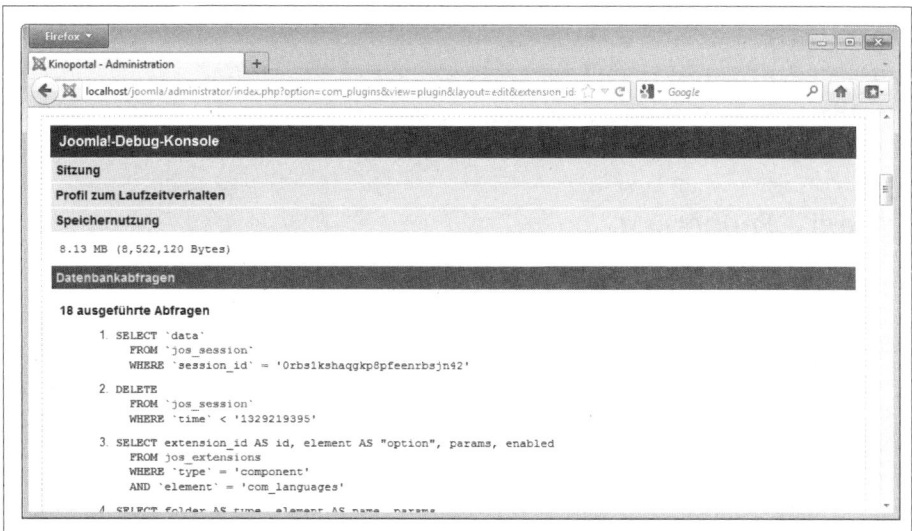

Abbildung 11-18: Ein Beispiel für die vom Plugin erzeugten Informationen

Auf Wunsch deckt das Plugin *System – Debug* auch fehlende Übersetzungen und defekte Sprachpakete auf – vorausgesetzt, Sie haben unter SITE → KONFIGURATION auf dem Register SYSTEM den Punkt SPRACHE DEBUGGEN auf JA gestellt. Welche Fehler das Plugin dann protokolliert, stellen Sie hier auf dem Register SPRACHOPTIONEN ein:

ZEIGT DIE FEHLER, DIE WÄHREND DES EINLESENS DER SPRACHDATEIEN AUFTRETEN
>   Ein Sprachpaket besteht aus mehreren einzelnen Dateien mit der Endung *.ini*, die wiederum jeweils die eigentlichen Übersetzungen für einen ganz bestimmten Teil von Joomla! enthalten.
>
>   Wenn Sie diese Einstellung auf JA setzen, meldet das Plugin alle defekten beziehungsweise nicht lesbaren *.ini*-Dateien (siehe dazu auch Kapitel 12, *Mehrsprachigkeit*).

SPRACHDATEIEN ANZEIGEN
>   Bei einem JA nennt das Plugin alle von Joomla! geladenen *.ini*-Dateien.

ZEIGT ALLE SPRACHSTRINGS
>   Diese Einstellung ist besonders für Übersetzer nützlich: Bei einem JA listet das Plugin alle Elemente der Joomla!-Benutzeroberfläche auf, für die noch eine Übersetzung fehlt.

DAS ERSTE WORT ENTFERNEN
>   In Übersetzungen, die aus mehr als einem Wort bestehen, lässt das Plugin das erste Wort weg.

VOM ANFANG ENTFERNEN
>   Zusätzlich entfernt das Plugin vom Anfang einer Übersetzung alle hier eingetragenen Wörter. Mehrere Wörter trennt man im Eingabefeld durch einen geraden Strich, also etwa `Wort1|Wort2`.

AM ENDE ENTFERNEN
>   Analog entfernt das Plugin alle hier eingetragenen Wörter am Ende einer Übersetzung. Mehrere Wörter sind wieder durch einen Strich | zu trennen.

System – Erinnerung

Normalerweise muss sich ein Benutzer bei jedem Besuch erneut mit seinem Benutzernamen und Passwort anmelden. Davon wird er allerdings befreit, wenn er im LOGIN FORM einen Haken vor ANGEMELDET BLEIBEN setzt. Hinter genau dieser Funktion steckt das Plugin *System - Erinnerung*. Im Hintergrund verpackt es das Passwort und den Benutzernamen gut verschlüsselt in ein sogenanntes Cookie, das anschließend in den Browser des Besuchers wandert. Sobald dieser erneut die Seite betritt, dient das Cookie als Ausweis, der den Zutritt zu den geschützten Seiten ohne erneute Anmeldung erlaubt. Dies klappt allerdings nur, wenn sich der Besucher nicht explizit wieder abmeldet (über die gleichnamige Schaltfläche auf der Startseite).

System – Highlight

Dieses Plugin hebt in Texten bestimmte Ausdrücke hervor.

System – P3P-Richtlinien

Viele Internetseiten sammeln eifrig Daten über ihre Besucher. Joomla! kennt beispielsweise den vollständigen Namen und die E-Mail-Adresse aller registrierten Autoren. Was mit diesen Daten im Hintergrund passiert, erfährt der Besucher jedoch normalerweise nicht.

Das *World Wide Web Consortium* (W3C, *http://www.w3c.org*) entwarf deshalb 2002 die *Platform for Privacy Preferences*, kurz P3P. Mit diesem standardisierten Verfahren können Internetseiten ihren Besuchern mitteilen, wie sie die persönlichen Daten im Hintergrund speichern und weiterverarbeiten.

Das Plugin *System - P3P-Richtlinien* klebt die entsprechenden Informationen an jede von Joomla! ausgelieferte Internetseite (genauer gesagt wandern die Informationen im sogenannten HTTP-Header durch das Internet). Spezielle Kürzel, die sogenannten Tags, verraten dabei dem Browser, was das Content-Management-System mit den gesammelten Daten anstellt. Dem Browser bleibt es dann überlassen, ob und wenn ja wie er diese Informationen auswertet und seinem Besitzer präsentiert.

In den Einstellungen des Plugins können Sie unter den BASISOPTIONEN eigene P3P RICHTLINIEN TAGS ergänzen beziehungsweise die vorhandenen ändern.

Warnung Machen Sie das jedoch nur, wenn Sie genau wissen, was Sie tun! Andernfalls kann es passieren, dass sich einige Besucher nicht mehr bei Joomla! anmelden können.

Tipp Wenn Sie noch nie etwas von P3P gehört haben, belassen Sie das P3P-Plugin akti- viert und seine Einstellungen auf den Vorgaben.

Weitere Informationen zum P3P-Standard finden Sie unter *http://de.wikipedia.org/ wiki/Platform_for_Privacy_Preferences_Project* sowie seine aktuelle Version unter *http://www.w3.org/TR/P3P11/*.

System – Protokollierung

Dieses Plugin protokolliert sämtliche Fehlermeldungen. Dazu zählen in erster Linie fehlgeschlagene Anmeldeversuche.

Tipp Aus dem Protokoll können Sie auch Einbruchsversuche ablesen: Tauchen bei- spielsweise sehr viele fehlgeschlagene Anmeldungen in kurzer Zeit auf, versucht offensichtlich jemand, sich mit aller Gewalt Zugang zum Content-Management-System zu verschaffen.

Alle Meldungen landen in der Datei *error.php*. Ihren Speicherort verrät unter SITE → KONFIGURATION das Eingabefeld PROTOKOLLVERZEICHNIS auf der Registerkarte SYSTEM.

Einen Einblick in die Datei *error.php* gewährt Ihnen jeder beliebige Texteditor. Der in Windows mitgelieferte Editor ignoriert allerdings geflissentlich alle Zeilenumbrüche und zeigt daher nur einen riesigen Textbrei an. In den Einstellungen des Plugins können Sie noch unter den Basisoptionen die BENUTZERNAMEN SPEICHERN lassen. In diesem Fall protokolliert das Plugin auch jeden fehlgeschlagenen Anmeldeversuch.

System – SEF

Auf Wunsch verpasst Joomla! allen seinen Seiten suchmaschinenfreundliche Internetadressen (*Search Engine Friendly*, kurz SEF). Damit sollen Google, Bing und Co leichter alle in Joomla! gespeicherten Beiträge aufspüren können. Das SEF-Plugin unterstützt dieses Vorgehen, indem es in jedem ausgelieferten Artikel sämtliche Links durch die entsprechenden suchmaschinenfreundlichen Pendants ersetzt (weitere Informationen dazu liefern die Kapitel 10, *Globale Einstellungen* und Kapitel 17, *Suchmaschinenoptimierung*).

 **Warnung** Wenn Sie die SEF-Funktion nutzen, müssen Sie auch immer dieses Plugin aktivieren. Ansonsten kommt es zu Inkonsistenzen, über die wiederum die Suchmaschinen bei ihrer Arbeit stolpern.

System – Sprachenfilter

Dieses Plugin hilft beim Aufbau eines mehrsprachigen Internetauftritts. Ausführliche Informationen hierzu folgen direkt im nächsten Kapitel 12, *Mehrsprachigkeit*. Deshalb hier nur schnell die Bedeutung der Einstellungen:

SPRACHAUSWAHL FÜR NEUE BESUCHER
Ihre Website spricht entweder die gleiche Sprache wie der Browser des Besuchers (BROWSEREINSTELLUNGEN) oder aber die hinter ERWEITERUNGEN → SPRACHEN eingestellte Standard-Sprache (SEITENSPRACHE).

AUTOMATISCHER SPRACHWECHSEL
Sobald ein Besucher die Spracheinstellung ändert, wechselt Joomla! umgehend im Frontend die Sprache – vorausgesetzt, Sie haben hier JA gewählt.

ASSOZIIERTE MENÜPUNKTE
Wenn Sie diesen Punkt auf JA setzen, können Sie Menüpunkte miteinander verknüpfen. Was es genau damit auf sich hat, verrät Kapitel 12, *Mehrsprachigkeit*, Abschnitt »Schritt 7: Menüpunkte miteinander verknüpfen« auf Seite 521.

URL-SPRACHKÜRZEL ENTFERNEN
Wenn Sie einen mehrsprachigen Internetauftritt erstellen, finden Sie in allen von Joomla! erzeugten Internetadressen auch immer ein Sprachkürzel. Es zeigt

an, in welcher Sprache die gerade betrachtete Seiten verfasst wurde. Wenn Sie hier JA wählen, unterdrückt Joomla! das Sprachkürzel – aber nur, wenn auf der Website gerade die Standardsprache zu sehen ist und gleichzeitig suchmaschinenfreundliche URLs zum Einsatz kommen.

ANDERE META-TAGS HINZUFÜGEN

Wenn Sie diesen Punkt auf JA setzen, versteckt Joomla! in den Webseiten einen Hinweis auf die anderen Sprachfassungen. Insbesondere Suchmaschinen erkennen auf diese Weise, dass es Ihren Internetauftritt noch in anderen Sprachen gibt.

Für HTML-Kenner: Joomla! fügt in den Kopf einer Seite ein passendes `<link>`-Tag ein. Betreiben Sie beispielsweise einen deutsch- und englischsprachigen Auftritt, schreibt Joomla! in den Kopf der deutschen Fassung: `<link href="http://www.example.org/joomla/index.php/en/" rel="alternate" hreflang="en-GB" />`

System – Sprachkürzel

Ganz am Anfang einer jeden ausgelieferten Seite versteckt Joomla! auch ein Sprachkürzel (für HTML-Kenner: in den Attributen `xml:lang` und `lang` des `<html>`-Tags). Es soll insbesondere Suchmaschinen auf die im Text verwendete Sprache hinweisen. Normalerweise verwendet Joomla! immer das Kürzel des gerade aktiven Sprachpakets.

Mit dem Plugin *System – Sprachkürzel* können Sie dieses Kürzel gegen ein beliebiges anderes austauschen. Dazu aktivieren Sie das Plugin zunächst, indem Sie in seinen Einstellungen die Ausklappliste STATUS auf FREIGEGEBEN setzen und die Änderungen einmal SPEICHERN. Auf der rechten Seite erscheint jetzt eine Liste mit den Kürzeln aller installierten Sprachpakete. In die Felder tippen Sie jetzt diejenigen Sprachkürzel, die Joomla! stattdessen in den Webseiten verwenden soll.

Wenn Sie sich beispielsweise mit Ihrem Internetangebot ausschließlich an österreichische Besucher richten, tragen Sie neben DE-DE das entsprechende Kürzel **de-AT** ein. Dies signalisiert dann den Suchmaschinen, dass in den Texten österreichische Begriffe und Bezeichnungen auftauchen.

Tipp Wenn Sie jetzt verwirrt sind, lassen Sie dieses Plugin deaktiviert.

System – Umleitung

Steuert ein Besucher eine nicht (mehr) vorhandene Seite an, kann Joomla! ihn automatisch auf eine beliebige andere Seite umleiten. Das kann etwa eine Fehlermeldung oder ein ähnlicher Beitrag sein. Welche Internetadresse Joomla! auf welchen Beitrag umlenkt, legen Sie unter KOMPONENTEN → UMLEITUNGEN fest. Das Plugin SYSTEM – UMLEITUNG führt dann die eigentliche Umleitung durch.

Warnung Wenn Sie die Umleitungen nutzen möchten, müssen Sie folglich auch immer dieses Plugin aktivieren.

Weitere Informationen hierzu folgen noch in Kapitel 17, *Suchmaschinen-optimierung*.

User-Plugins

Die User-Plugins bohren die Benutzerverwaltung auf.

Benutzer – Joomla!

Das Plugin hält die Benutzerdaten konsistent. Beispielsweise kümmert es sich darum, dass beim Löschen keine Rückstände verbleiben.

Mit der Einstellung in den BASISOPTIONEN legen Sie fest, ob das Plugin automatisch passende Benutzerkonten anlegen soll, wann immer es möglich ist. Existiert beispielsweise über eine Erweiterung eine Anbindung an ein Forum und gibt es dort Benutzer, die in Joomla! noch kein Konto besitzen, so legt das Plugin für jeden Benutzer kurzerhand ein passendes Konto an.

Wenn Sie als Super User ein Benutzerkonto anlegen, schickt Joomla! der entsprechenden Person eine E-Mail mit seinem Passwort und dem Benutzernamen – vorausgesetzt, BENACHRICHTIGUNGS-E-MAIL AN DEN BENUTZER steht auf JA.

Benutzer – Kontakterstellung

Ein Benutzerkonto können Sie mit einem Kontakt(-Formular) verbinden (wie in Kapitel 6, *Komponenten – Nützliche Zusatzfunktionen*, Abschnitt »Kontaktformulare« beschrieben). Diese Handarbeit nimmt Ihnen das Plugin *Benutzer - Kontakterstellung* ab: Sobald Sie einen neuen Benutzer anlegen, erstellt es automatisch einen dazu passenden Kontakt.

Dazu müssen Sie lediglich das Plugin freigeben und in seinen Einstellungen noch ein paar Grundeinstellungen gerade rücken:

AUTOM. ERST. KONTAKTSEITE
In den Kontaktdaten können Sie neben Adresse und Telefonnummer unter anderem auch die Homepage des Benutzers nennen. Diese Angabe kann das Plugin automatisch ausfüllen. Das klappt allerdings nur, wenn die zugehörigen Internetadressen einem einheitlichen Schema folgen.

Angenommen, jeder Benutzer besitzt unter *http://www.example.com/benutzer-name* eine eigene Webseite. Die Seite von Hans Hansen wäre demnach unter *http://www.example.com/hans76* zu erreichen. In diesem Fall tippen Sie einfach `http://www.example.com/[username]` in das Feld AUTOM. ERST. KONTAKTSEITE. Sobald Sie jetzt einen neuen Benutzer erstellen, ersetzt das Plugin zunächst den Platzhalter [username] durch den Benutzernamen und schreibt dann die entstandene Internetadresse in das Feld WEBSITE des zuvor erstellten Kontakts.

Neben [username] gibt es noch weitere Platzhalter: [name] steht für den kompletten Namen des Benutzers, [userid] für seine interne Identifikationsnummer und [email] für seine E-Mail-Adresse.

Tipp
Es ist ziemlich unwahrscheinlich, dass alle Internetadressen Ihrer Benutzer einem festen Schema folgen. Sinnvoll nutzbar ist die Ausfüllhilfe daher eigentlich nur im Intranet beziehungsweise dann, wenn Sie selbst den Benutzern jeweils eine kleine Webseite bereitstellen.

Damit das Plugin keine falschen Internetadressen in den Kontakten ablegt, sollten Sie im Zweifelsfall das Feld lieber leer lassen.

KATEGORIE
Die vom Plugin erstellten Kontakte landen standardmäßig in dieser Kontakt-Kategorie.

KONTAKT AUTOM. VERÖFFENTLICHEN
Mit einem JA veröffentlicht Joomla! alle vom Plugin erstellten Kontakte, bei einem NEIN bleiben sie sicherheitshalber erst einmal gesperrt.

Tipp
Sobald ein Besucher das Registrierungsformular ausgefüllt hat, erzeugt das Plugin umgehend einen Kontakt. Damit dieser nicht schon veröffentlicht wird, bevor das zugehörige Benutzerkonto überhaupt aktiviert ist, sollten Sie hier immer das NEIN belassen.

Benutzer – Profile

Wenn sich Benutzer im Frontend anmelden, erhalten sie immer auch Zugang zu einer Profilseite. Wie in Abbildung 11-19 zu sehen ist, nennt sie gerade einmal den Namen, das Registrierungsdatum sowie das Datum des letzten Besuchs.

Abbildung 11-19: Das Benutzerprofil

Das Plugin *Benutzer – Profile* erweitert das Profil um zusätzliche Informationen, wie etwa den Wohnort, die Telefonnummer oder das Geburtsdatum. Dazu müssen Sie das Plugin lediglich freigeben.

Welche Daten das Benutzerprofil dann zusätzlich führt, legen Sie in den Einstellungen des Plugins fest. Dort schalten Sie im unteren Bereich BENUTZERPROFILFELDER ZUM BEARBEITEN DES BENUTZERPROFILS der BASISOPTIONEN über die Ausklapplisten das jeweilige Informationsfeld frei. Dabei gibt es folgende drei Möglichkeiten:

- In der Einstellung BENÖTIGT *muss* der Benutzer die entsprechende Information über sich preisgeben,
- bei OPTIONAL *kann* er sie eingeben, und
- im Fall von DEAKTIVIERT taucht das Informationsfeld im Profil gar nicht erst auf.

Wenn Sie beispielsweise STADT auf OPTIONAL stellen, kann jeder registrierte Benutzer über PROFIL BEARBEITEN seinen Wohnort nachtragen – er muss es aber nicht tun.

 Version   In der Joomla!-Version 2.5.0 arbeitete das Plugin allerdings noch fehlerhaft. So ignorierte es geflissentlich die Einstellungen im unteren Bereich.

Einige Informationen sollte man bereits abfragen, wenn der Benutzer sein Konto beantragt. Welche Daten das dabei angezeigte Registrierungsformular einfordert, stellen Sie im oberen Bereich BENUTZERPROFILFELDER FÜR DIE REGISTRIERUNGS- UND ADMINISTRATIONSMASKE der BASISOPTIONEN ein. Setzen Sie dort beispielsweise STADT auf BENÖTIGT, muss der Benutzer seinen Wohnort preisgeben – andernfalls bekommt er kein Konto.

Durch diese Trennung zwischen Registrierungsformular und Benutzerprofil können Sie bei der Registrierung zusätzliche beziehungsweise andere Informationen abfragen, als später im Benutzerprofil auftauchen.

 Warnung   Nach dem deutschen Datenschutzrecht dürfen Sie allerdings nur solche Informationen von Ihren Benutzern sammeln, die gerade eben notwendig sind. Insbesondere Unternehmen sollten hierauf penibel achten. Lassen Sie sich gegebenenfalls von einem Rechtsanwalt beraten.

Als Super User können Sie alle aktivierten Profildaten wie gewohnt in der Benutzerverwaltung hinter BENUTZER → BENUTZER ändern. Im Bearbeitungsbildschirm eines Benutzers finden Sie dann alle vom Plugin gesammelten Informationen rechts auf dem Register BENUTZERPROFILE wieder.

Zur Eingabe der einzelnen Profildaten stellt Joomla! jeweils ein normales Eingabefeld bereit, in das der Besucher irgendwelche Daten eintippen kann. Das Content-Management-System prüft folglich nicht, ob wirklich eine Stadt oder der Fantasiename *&g348Hgze* eingetippt wurde. Es gibt nur eine Ausnahme: Wenn Sie ALLGE-MEINE NUTZUNGSBEDINGUNGEN auf OPTIONAL oder BENÖTIGT stellen, zeigt Joomla! ein Kästchen an. Dieses muss der Besucher anklicken, um so seine Zustimmung zu den AGB zu signalisieren. Ein so einmal erteiltes Einverständnis kann er nicht wieder zurücknehmen; das einmal angeklickte Optionsfeld lässt sich nicht wieder deaktivieren. Die allgemeinen Geschäftsbedingungen müssen Sie zudem in einem separaten Beitrag hinterlegen.

Joomla! erweitern

Mehrsprachigkeit

Nach seiner Installation spricht Joomla! zunächst ausschließlich Englisch. Um einen rein deutschsprachigen Internetauftritt zu erhalten, haben Sie in Kapitel 2, *Installation* ein passendes Sprachpaket installiert und anschließend alle Texte immer in Deutsch eingegeben.

Auf diesem Weg erstellen Sie auch jeden anderssprachigen Internetauftritt:

- Ein Sprachpaket übersetzt alle von Joomla! erzeugten Elemente, wie etwa die ANMELDEN-Schaltfläche im LOGIN FORM.
- Die übrigen Texte verfassen Sie oder Ihre Autoren in der entsprechenden Sprache.

In der Praxis lauern dabei jedoch ein paar kleinere Stolperfallen – die erste schon beim Herunterladen der Sprachpakete.

Tipp   Wer nur einen rein deutschen oder englischsprachigen Internetauftritt erstellen möchte, der kann dieses Kapitel überspringen. Alle anderen Leser sollten sich auf ein paar kompliziertere Konzepte einstellen.

Sprachpakete beschaffen und installieren

Um Joomla! eine andere Sprache beizubringen, muss als Erstes ein passendes Sprachpaket her. Dazu steuern Sie in Ihrem Browser die Internetadresse *http://www.joomla.org* an. Im Hauptmenü am oberen Rand finden Sie irgendwo einen Punkt TRANSLATIONS. Zum Zeitpunkt der Drucklegung dieses Buches versteckte er sich hinter EXTENSIONS. Entscheiden Sie sich auf der neuen Seite für Ihre Joomla!-Version. Im Fall von Joomla! 2.5.0 folgen Sie JOOMLA! 1.6 , 1.7 AND 2.5 TRANSLATION PACKS. Es erscheint jetzt eine lange Liste mit allen derzeit zur Verfügung stehenden Sprachpaketen (siehe Abbildung 12-1). Ziehen Sie den Mauszeiger gegebenenfalls auf der Seite etwas nach unten.

Tipp   Der Weg zu dieser Liste mit Sprachpaketen hat sich in der Vergangenheit immer mal wieder geändert. Nutzen Sie im Zweifelsfall auch die Suchfunktion mit den Stichwörtern *Translations* und *Languages*.

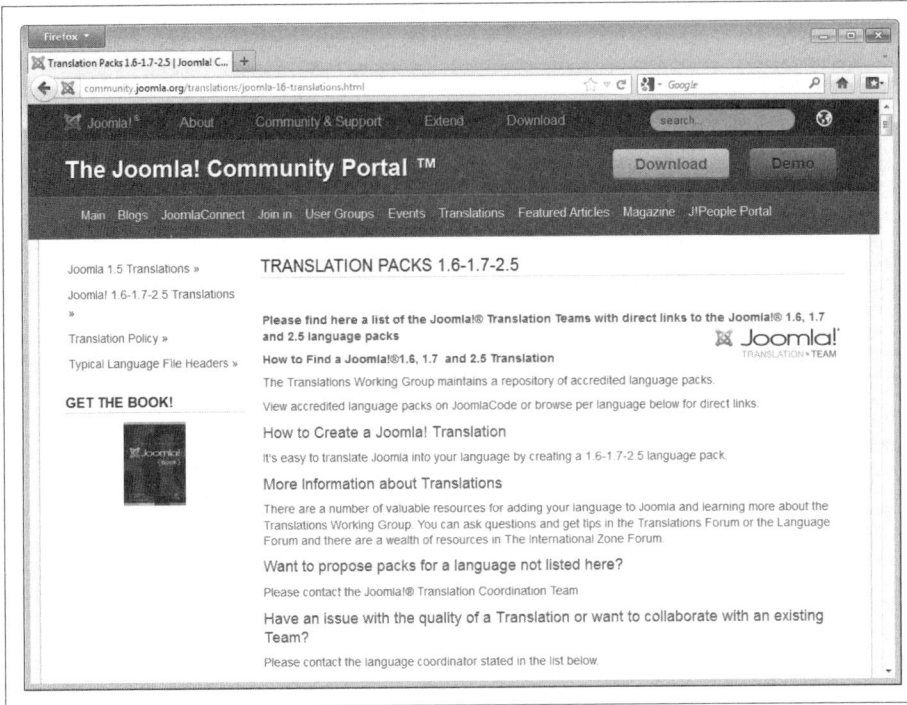

Abbildung 12-1: Auf dieser extrem langen Seite (beachten Sie die Bildlaufleiste am rechten Rand) finden Sie alle existierenden Sprachpakete.

Um ein Sprachpaket herunterzuladen, klicken Sie auf den langen Link neben DOWNLOAD LANGUAGE PACKS. Sie landen damit auf einer Seite wie der aus Abbildung 12-2.

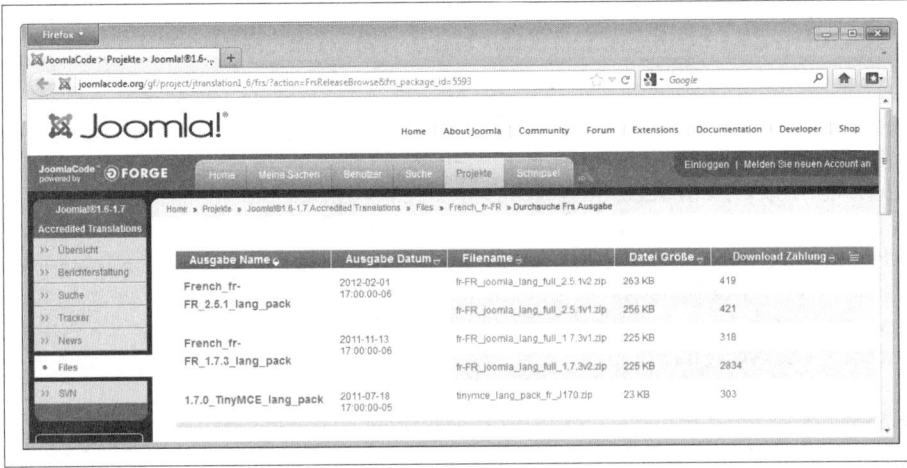

Abbildung 12-2: Die Downloadseite der französischen Sprachpakete

Ordentlich nach Joomla!-Versionen sortiert (linke Spalte in der Tabelle), finden Sie hier häufig mehrere Sprachpakete. Mittlerweile sind ihre Dateinamen standardisiert und besitzen den Aufbau aus Abbildung 12-3.

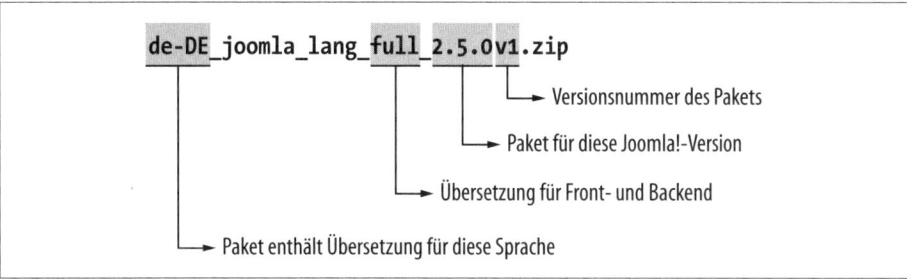

Abbildung 12-3: Die Dateinamen der Sprachpakete folgen häufig diesem Schema.

Welche Sprache das Sprachpaket enthält, verrät das Kürzel am Anfang. *de-DE* steht beispielsweise für Deutsch, *fr-FR* für Französisch und *en-AU* für australisches Englisch. Die beiden Kleinbuchstaben stehen für die jeweilige Sprache, die Großbuchstaben für das Land. Eine Liste mit den Sprachkürzeln finden Sie im Internet, beispielsweise auf der Wikipedia-Seite *http://en.wikipedia.org/wiki/List_of_ISO_639-1_codes*. Die Länderkennzeichen finden Sie hingegen unter *http://de.wikipedia.org/wiki/ISO-3166-1-Kodierliste*.

Das im Dateinamen folgende *_joomla_lang_* weist auf ein Sprachpaket für Joomla! hin. In Abbildung 12-3 enthält es sowohl die Übersetzung für das Front- als auch für das Backend – darauf deutet die Angabe *full*. Gedacht ist das Paket zudem für die Joomla!-Version *2.5.0*. Manchmal fehlen in der Versionsnummer auch die Punkte: *de-DE_joomla_lang_full_250v1.zip*.

Warnung   Achten Sie unbedingt darauf, dass Sie nur die zu Ihrer Joomla!-Version passenden Sprachdateien herunterladen und installieren. Ansonsten könnten fehlerhafte oder unvollständige Übersetzungen die Folge sein.

Die Übersetzerteams aktualisieren immer mal wieder ihre Sprachpakete. Jedes Paket erhält deshalb seine eigene Versionsnummer. Sie steht für gewöhnlich am Ende des Dateinamens und lautet in Abbildung 12-3 schlicht *v1*. Eine überarbeitete Fassung würde dann das Anhängsel *v2* bekommen, die dann folgende *v3* und so weiter.

Tipp   Einige Übersetzerteams nehmen dem Joomla!-Benutzer etwas Arbeit ab und stellen ein Joomla!-Komplettpaket bereit, in das die jeweiligen Sprachpakete schon integriert wurden. Für eine Installation genügt es dann, einfach dem Kapitel 2, *Installation* zu folgen.

Sollten Sie jetzt etwas ratlos vor der Downloadseite stehen, gehen Sie wie folgt vor:

1. Merken Sie sich Ihre Joomla!-Version.

   Beispielsweise könnte das die 2.5.0 sein.

2. Suchen Sie jetzt alle Sprachpakete, die exakt zu Ihrer Joomla!-Version passen.

   Im Beispiel würden das also alle Dateien sein, die eine *2.5.0* im Namen tragen.

3. Wählen Sie das Sprachpaket, das *full* im Namen trägt (also das Sprachpaket mit den Übersetzungen für das Front- und Backend).

4. Gibt es mehrere mögliche Kandidaten, wählen Sie das Paket mit der höchsten (angehängten) Versionsnummer oder dem jüngsten Veröffentlichungsdatum.

   Im Beispiel könnte es noch zwei infrage kommende Pakete geben: Der Name des einen endet auf *v1*, der Name des anderen auf *v2*. Greifen Sie zu dem Paket mit der höchsten Nummer, also dem mit *v2* im Namen.

⬤ Warnung Wenn Sie gemäß Kapitel 14, *Funktionsumfang erweitern*, eigene Erweiterungen installieren, benötigen Sie für jede ein eigenes Sprachpaket. Welche Übersetzungen für die Erweiterung wo zu haben sind, sagt Ihnen für gewöhnlich deren Homepage.

[X.X] Früher stellten die Übersetzerteams üblicherweise noch weitere Sprachpakete bereit:

- Ein Paket enthielt die Übersetzungen des Administrationsbereichs. Meist trug es den Begriff *backend*, *Administrator* oder *admin* im Namen.

- Ein Paket enthielt die Übersetzungen der Elemente auf der Website. Meist trug es den Begriff *frontend* oder *site* im Namen.

- Zusätzlich gab es natürlich auch ein Paket mit den Übersetzungen für Bakkend und Frontend. Anstelle von *full* trug es auch schon einmal *all* im Namen.

Haben Sie die gewünschte Sprachdatei auf der Platte, wählen Sie im Administrationsbereich den Menüpunkt ERWEITERUNGEN → ERWEITERUNGEN (in einem englischsprachigen Joomla! EXTENSIONS → EXTENSION MANAGER). Dahinter wartet das Formular aus Abbildung 12-4.

Rechts neben dem Feld PAKETDATEI (beziehungsweise PACKAGE FILE) klicken Sie nun auf den Schalter DURCHSUCHEN... (BROWSE...) und wählen das Sprachpaket aus. Ein Klick auf HOCHLADEN & INSTALLIEREN (UPLOAD & INSTALL) hievt das Sprachpaket schließlich auf den Webserver und integriert es in Joomla!.

Anstatt das Sprachpaket erst auf den eigenen Computer herunterzuladen, können Sie auch direkt seine Downloadadresse in das Eingabefeld URL ZUM PAKET (INSTALL URL) tippen. Mit einem Klick auf das nebenstehende INSTALLIEREN (INSTALL) lädt Joomla! sich dann das Sprachpaket selbst herunter und spielt es ein.

Abbildung 12-4: Über diese Seite spielt man die heruntergeladenen Sprachpakete ein.

Liegt das Sprachpaket wider Erwarten in einem exotischen Dateiformat vor (das weder auf *.zip* noch auf *.tar.gz* endet), müssen Sie es zunächst auf Ihrer eigenen Festplatte entpacken. Den herausgepurzelten Inhalt transferieren Sie anschließend per Hand in ein Arbeitsverzeichnis auf dem Webserver. Den kompletten Pfad zu den Inhalten dieses Arbeitsverzeichnisses tippen Sie jetzt in das Eingabefeld PFAD ZUM PAKET (INSTALL DIRECTORY). Nach einem Klick auf das nebenstehende INSTALLIEREN (INSTALL) holt das Content-Management-System die Sprachdateien aus diesem Verzeichnis und spielt sie ein.

Tipp Sollte bei einer der drei Methoden eine Fehlermeldung erscheinen, fehlen Joomla! sehr wahrscheinlich die Schreibrechte auf die Verzeichnisse *tmp*, *language* und *administrator/language*. Sie finden die Dreierbande in Ihrem Joomla!-Verzeichnis.

Haben Sie versehentlich ein falsches Sprachpaket installiert oder möchten Sie es später aus anderen Gründen wieder loswerden, rufen Sie den Punkt ERWEITERUNGEN → ERWEITERUNGEN auf, wechseln zum Register VERWALTEN (das kann einen Moment dauern) und stellen die Ausklappliste – TYP WÄHLEN – auf SPRACHE. Es erscheinen jetzt alle installierten Sprachpakete. In der Regel sehen Sie hier für jede Sprache zwei Einträge: einmal die Übersetzungen für den Administrationsbereich und einmal für die Website. Haken Sie die beiden Einträge in der ersten Spalte ab, und klicken Sie dann auf DEINSTALLIEREN.

Warnung Joomla! löscht Sprachpakete sofort ohne Rückfrage!

Joomla! komplett auf eine Sprache umstellen

Die per Sprachpaket eingeimpften Übersetzungen verwaltet der Bildschirm hinter
ERWEITERUNGEN → SPRACHEN (in einem englischen Joomla! unter EXTENSIONS →
LANGUAGE MANAGER).

Unterhalb der Werkzeugleiste finden Sie mehrere Register. Wenn Sie dort INSTAL-
LIERT – SITE (respektive INSTALLED – SITE) aktivieren, sehen Sie alle möglichen Sprachen für das Frontend (wie in Abbildung 12-5).

X.X   **Version**   In älteren Joomla!-Versionen gab es vorübergehend anstelle der Register eine Ausklappliste FILTERBEREICH.

Abbildung 12-5:   Diese Seite verwaltet alle installierten Sprachpakete für das Frontend. Hier wurde Joomla! nachträglich
Deutsch beigebracht.

Welche dieser Sprachen Joomla! derzeit »spricht«, zeigt der gelbe Stern in der Spalte
STANDARD. In Abbildung 12-5 erscheint die Website folglich mit deutschen Bedie-
nelementen. Sie verändern diesen Zustand, indem Sie die Zeile mit der gewünschten Sprache in der zweiten Spalte markieren und anschließend in der
Werkzeugleiste STANDARD (DEFAULT) anklicken. Alternativ können Sie auch direkt
auf den leeren Stern in der Spalte STANDARD (DEFAULT) klicken.

Um dem Administrationsbereich eine andere Sprache beizubringen, wechseln Sie
auf das Register INSTALLIERT – ADMINISTRATOR (INSTALLED - ADMINISTRATOR).
Joomla! zeigt jetzt alle vorhandenen Sprachen für das Backend an. Auch hier wechseln Sie die Sprache über die Schaltfläche STANDARD.

    Warnung   Dank der Register können Sie Front- und Backend unterschiedliche Sprachen bei-
bringen. Allerdings übersieht man im Eifer des Gefechts schon gerne einmal, welches der beiden aktiviert ist. Bevor Sie die Sprache wechseln, sollten Sie daher
immer erst kontrollieren, ob Sie dies gerade für die Homepage (SITE) oder den
Administrationsbereich (ADMINISTRATOR) tun.

Das Sprachenangebot für Front- und Backend kann übrigens voneinander abweichen – beispielsweise wenn das zuvor installierte Sprachpaket nur die Übersetzungen für das Frontend enthielt (siehe auch den vorherigen Abschnitt).

Um die eigene Website vollständig an eine neue Sprache anzupassen, reicht ein Wechsel des Sprachpakets alleine nicht aus. Denn dieses übersetzt immer nur die von Joomla! erzeugten Elemente, wie beispielsweise die ANMELDEN-Schaltfläche im LOGIN FORM. Für eine komplette Übersetzung müssen Sie insgesamt folgende Stellen in Joomla! abgrasen:

- In den Spracheinstellungen (hinter ERWEITERUNGEN → SPRACHEN) wechseln Sie auf das Register INSTALLIERT – SITE und erheben dann die gewünschte Zielsprache zum STANDARD.

- Bei allen veröffentlichten Modulen müssen Sie den TITEL und wenn möglich auch alle durch das Modul publizierten Texte anpassen.

- Alle Beiträge und sonstigen Texte müssen in der gewünschten Sprache verfasst worden sein. Dazu zählen auch die Beschreibungen der Kategorien, deren Titel, die Menüeinträge, alle Kontakte, die Weblinks und Werbebanner.

- In den globalen Einstellungen unter SITE → KONFIGURATION legen Sie auf der Registerkarte SERVER gegebenenfalls die korrekte ZEITZONE fest (mehr dazu finden Sie in Kapitel 10, *Globale Einstellungen*, Abschnitt »Zeitzone des Servers«).

- Wenn Sie ein selbst geschriebenes Template einsetzen, muss in ihm die Definition für die sogenannte Zeichenkodierung korrekt gesetzt sein (mehr dazu finden Sie in Kapitel 13, *Templates*).

Es kostet also einige Anstrengung, die Website vollständig zu lokalisieren. Das wird noch schlimmer, wenn man einen mehrsprachigen Internetauftritt erstellen möchte.

Einen mehrsprachigen Internetauftritt erstellen

Bislang spricht die Website immer nur genau eine Sprache, das Kinoportal beispielsweise nur Deutsch. Wenn die Homepage allerdings schon einmal weltweit erreichbar ist, könnte man sie doch auch gleich in mehreren Sprachen anbieten. Unternehmen erschließen so neue Märkte, während das Kinoportal den englischsprachigen Cineasten eine Heimat bietet.

Version	Erst ab Version 1.6 kann Joomla! einen solchen mehrsprachigen Internetauftritt verwalten. Zuvor waren dazu immer spezielle Erweiterungen, wie etwa Joom!Fish, notwendig.

Eine Website in mehreren Sprachen anzubieten, ist in Joomla! allerdings etwas komplizierter beziehungsweise umständlicher. Im Einzelnen müssen Sie dazu

1. für jede unterstützte Sprache die entsprechenden Sprachpakete installieren.

2. per Hand alle Beiträge übersetzen.

3. den mehrsprachigen Auftritt aktivieren (über ein spezielles Plugin).

4. für jede Sprache eine eigene Startseite und ein eigenes Hauptmenü erstellen.

5. ein Modul freigeben, über das die Besucher selbst die Sprache wechseln können.

6. sämtliche verbliebenen (Menü-)Beschriftungen übersetzen.

Wenn Sie das jetzt nicht abschreckt, finden Sie in den folgenden Abschnitten eine detaillierte Schritt-für-Schritt-Anleitung, bei der als Beispiel das Kinoportal eine englische Übersetzung spendiert bekommt.

Tipp Dabei benötigen Sie das geballte Wissen aus allen vorangegangenen Kapiteln. Das gilt insbesondere für die Menüs aus Kapitel 8, *Menüs*, die Module aus Kapitel 7, *Module – Die kleinen Brüder der Komponenten* und die Beiträge aus Kapitel 4, *Inhalte verwalten*.

Schritt 1: Sprachpakete installieren und Mehrsprachigkeit vorbereiten

Für jede Sprache, die Ihr Internetauftritt sprechen soll, installieren Sie zunächst ein passendes Sprachpaket. Das funktioniert genau so, wie bereits in Abschnitt »Sprachpakete beschaffen und installieren« beschrieben wurde. Das Sprachpaket sollte mindestens die Übersetzungen für das Frontend enthalten.

Tipp Sofern Sie kein passendes Sprachpaket im Internet finden, ist das nicht dramatisch: Entweder belassen Sie dann später die wenigen Bedienelemente auf Englisch, das die meisten Besucher verstehen, oder Sie erstellen selbst eine Übersetzung. Wie das funktioniert, verrät gleich noch Abschnitt »Eigene Sprachpakete erstellen«.

Das Kinoportal soll in Deutsch und Englisch erscheinen. Wenn Sie der Schnellinstallationsanleitung aus Kapitel 2, *Installation* gefolgt sind, haben Sie die beiden passenden Sprachpakete bereits installiert.

Als Nächstes rufen Sie ERWEITERUNGEN → SPRACHEN auf. Das Register INSTALLIERT – SITE sollte alle Sprachen aufführen, die Ihre Website später sprechen soll. Küren Sie davon jetzt eine zum STANDARD. Diese Sprache spricht Joomla! dann in allen Zweifelsfällen – beispielsweise wenn der Besucher keine Sprache ausgewählt hat.

Tipp Da heutzutage die meisten Besucher Englisch beherrschen, sollten Sie hier im Zweifelsfall immer ENGLISH als Standard vorgeben.

Damit liegen jetzt für alle Bedienelemente der Website passende Übersetzungen vor. Die ANMELDEN-Schaltfläche kann im Kinoportal beispielsweise eine englische oder eine deutsche Beschriftung erhalten.

Bleiben noch die Beiträge. In welchen Sprachen diese vorliegen können, legen Sie separat auf dem Register INHALT fest. Dahinter wartet die Liste aus Abbildung 12-6.

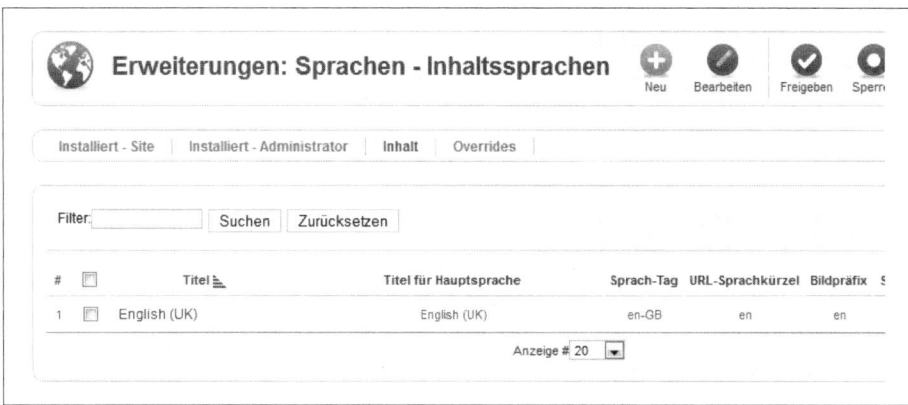

Abbildung 12-6: Hier legen Sie alle Sprachen für die Beiträge und alle anderen von Ihnen eingetippten Texte fest.

Überraschenderweise finden Sie hier nur den Eintrag ENGLISH (UK). Für jede Sprache, die Ihr Internetauftritt sprechen soll, müssen Sie jetzt selbst einen neuen Eintrag anlegen.

Tipp   Dieses Vorgehen ist unlogisch und kompliziert, zumal Sie in fast allen Fällen hier
für jedes installierte Sprachpaket ein Pendant erstellen werden.

Vielleicht kommt es Ihnen auch etwas merkwürdig vor, dass auf der Website die deutschen Texte erscheinen, obwohl es hier doch nur die Sprache Englisch gibt. Beim Anlegen der Filmkritiken (und aller anderen Beiträge) haben Sie jedoch einfach die Standardeinstellungen übernommen. Damit erscheinen die Filmkritiken immer, egal welche Sprache Joomla! sonst gerade so spricht. Der nächste Abschnitt »Texte übersetzen«, kommt auf dieses Thema noch einmal zurück.

Im Kinoportal sollen neben englischen Filmkritiken auch deutsche angeboten werden. Für Englisch existiert in der Liste aus Abbildung 12-6 bereits ein Eintrag. Jetzt fehlt noch einer für Deutsch.

Um eine weitere Sprache hinzuzufügen, klicken Sie in der Werkzeugleiste auf NEU. Damit erscheint das kryptische Formular aus Abbildung 12-7. Hier müssen Sie zumindest die Felder auf der linken Seite ausfüllen:

TITEL

Der Name der Sprache. Im Beispiel wäre das einfach **German**. Diese Bezeichnung taucht später sowohl im Administrationsbereich als auch auf der Website auf.

Neue Sprache für Inhalte

Neue Sprache für Inhalte

Titel *   Deutsch

Benennung für Hauptsprache *   Deutsch

URL-Sprachkürzel *   de

Bildpräfix *   de

Sprach-Tag *   de-DE

Status   Freigegeben

Beschreibung

Deutsche Sprache / German Language

ID   0

Abbildung 12-7:   Mit diesen Einstellungen erfährt Joomla!, dass es im Kinoportal auch deutschsprachige Artikel gibt.

 Tipp   Deshalb sollten Sie anstelle von **Deutsch** als TITEL die englische Bezeichnung **German** wählen. Das verstehen dann im Zweifelsfall auch Autoren und Besucher, die kein Deutsch sprechen.

BENENNUNG FÜR HAUPTSPRACHE

Der Name der Sprache in der Muttersprache – beispielsweise **Français** für Französisch. Im Fall des Kinoportals wäre dies **Deutsch**.

URL-SPRACHKÜRZEL

Der weltweit gültige Standard ISO 639-1 ordnet jeder Sprache ein eindeutiges Kürzel zu. Beispielsweise steht de für Deutsch, en für Englisch und fr für Französisch.

Im Eingabefeld URL-SPRACHKÜRZEL möchte Joomla! das Sprachkürzel wissen, das zur hier neu angelegten Sprache gehört. Im Fall des Kinoportals wäre das **de** für Deutsch. Eine Liste mit den wichtigsten Kürzeln finden Sie unter *http://en.wikipedia.org/wiki/List_of_ISO_639-1_codes* in der Spalte 639-1.

Das hier eingetragene Kürzel hat noch eine weitere Funktion: Wenn Sie es später an die Internetadresse Ihrer Website anhängen, wechselt Joomla! auf die entsprechende Sprache. Beispielsweise erreichen Sie hinter *http://localhost/joomla/index.php/de* die deutsche Startseite Ihres Internetauftritts; *http://localhost/joomla/index.php/en* führt hingegen zur englischen.

Warnung   Aus diesem Grund dürfen Sie das Kürzel auch nur für eine einzige Sprache verwenden. Es ist also nicht möglich, zweimal die Sprache Deutsch mit dem Kürzel de anzulegen.

Wenn Sie keine suchmaschinenfreundlichen Internetadressen verwenden (wie es Kapitel 17, *Suchmaschinenoptimierung* noch zeigt), müssen Sie anstelle des Kürzels übrigens das kryptische Gebilde *&lang=de* anhängen. *de* ersetzen Sie dabei durch das hier eingetippte URL-SPRACHKÜRZEL.

BILDPRÄFIX

Später auf der Website darf der Besucher eine der Sprachfassungen auswählen. Joomla! zeigt ihm dazu mehrere kleine Flaggen an. Die entsprechenden Bilder lagern alle im Unterverzeichnis *media/mod_languages/images* Ihrer Joomla!-Installation. Genau dort suchen Sie sich jetzt die Flagge aus, die zu der gerade neu angelegten Sprache passt. Im Kinoportal ist Deutsch angesagt; die passende deutsche Fahne liegt in der Datei *de.gif*.

Den Dateinamen ohne die Endung (im Beispiel *.gif*) tippen Sie in das Eingabefeld BILDPRÄFIX – im Beispiel also einfach **de**.

Tipp   In der Regel ist das einfach wieder das Sprachkürzel, das Sie auch schon unter URL-SPRACHKÜRZEL eingetippt haben.

SPRACH-TAG

Hier müssen Sie jetzt noch einmal das Sprachkürzel eintragen – allerdings in einer etwas erweiterten Fassung: Einige Sprachen unterscheiden sich noch einmal von Land zu Land. Beispielsweise sprechen die Amerikaner ein (leicht) anderes Englisch als die Briten und Australier. Unterschiede gibt es auch zwischen dem in Deutschland, Österreich und in der Schweiz gesprochenen Deutsch.

Daher erweitert man das Sprachkürzel noch um ein Länderkürzel. Australisches Englisch erhält beispielsweise das Kürzel en-AU, österreichisches Deutsch de-AT, Hochdeutsch besitzt hingegen das Kürzel de-DE. Dabei werden die ersten beiden Buchstaben klein-, die hinter dem Strich großgeschrieben. Auch für die Länderkürzel gibt es wieder einen eigenen Standard, ISO-3166-1. Eine Liste der Länderkürzel finden Sie beispielsweise unter *http://de.wikipedia.org/wiki/ISO-3166-1-Kodierliste*. Relevant ist dort die Spalte ALPHA-2.

In das Feld SPRACH-TAG gehört jetzt das komplette Kürzel aus Sprach- und Länderkennzeichnung. Im Fall des Kinoportals wäre dies für Hochdeutsch **de-DE**.

STATUS

Genau wie alle anderen Elemente in Joomla! können Sie auch eine Sprache sperren. Den Autoren ist es dann nicht mehr möglich, Beiträge in dieser Sprache zu verfassen. (Das kann sie allerdings nicht daran hindern, einfach einen deutschen Text als englischen auszugeben.) Für das Kinoportal behalten Sie hier FREIGEGEBEN bei.

BESCHREIBUNG

Abschließend können Sie noch eine Beschreibung vergeben. Sie taucht später allerdings weder im Administrationsbereich noch auf der Website auf. Sie dient daher mehr als kleiner Notizblock.

Auf der rechten Seite können Sie jetzt noch ein paar Metadaten eintippen. Joomla! liefert sie immer nur in der entsprechenden Sprachfassung aus – hier im Beispiel also in *allen* deutschsprachigen Seiten.

Bei der Installation von Joomla! haben Sie sich für einen Seitennamen entschieden. Dieser taucht unter anderem in der Titelleiste beziehungsweise auf der Registerlasche Ihres Browsers auf. Je nachdem, in welcher Sprache Sie ihn vorgegeben haben, verstehen ihn jedoch internationale Surfer nicht. Ein englischer Besucher kann beispielsweise mit dem Begriff *Kinoportal* nur wenig anfangen. Sie können den Seitentitel daher auf dem Register SEITENNAME in die hier gerade angelegte Sprache übersetzen.

 Für das Kinoportal sollten jetzt alle Einstellungen so wie in Abbildung 12-7 aussehen. Die Felder für die Metadaten und den Seitennamen lassen Sie einfach frei.

Legen Sie die Sprache via SPEICHERN & SCHLIEßEN an. Damit dürfen die Beiträge jetzt endlich sowohl in Deutsch als auch in Englisch vorliegen. Bevor es an ihre Übersetzung geht, noch einmal kurz zusammengefasst:

- Auf dem Register INSTALLIERT - SITE finden Sie alle Übersetzungen für die von Joomla! erzeugten Elemente (wie die ANMELDEN-Schaltfläche). Weitere Übersetzungen fügen Sie über Sprachpakete hinzu.

- Auf dem Register INHALT finden Sie alle Sprachen, in denen die Beiträge vorliegen können. Weitere Sprachen müssen Sie per Hand hinzufügen.

Schritt 2: Beiträge übersetzen

Im nächsten Schritt müssen Sie die schon vorhandenen Beiträge ihrer richtigen Sprache zuordnen und anschließend alle Beiträge übersetzen.

 Im Kinoportal soll die Filmkritik zu *Stirb Langsam* den Anfang machen. Steuern Sie die Liste mit allen Beiträgen hinter INHALT → BEITRÄGE an, suchen Sie in ihr den Beitrag zu STIRB LANGSAM, und klicken Sie ihn an.

In den Einstellungen finden Sie im Bereich BEITRAG BEARBEITEN auf der linken Seite die Ausklappliste SPRACHE. Wenn sie auf ALLE steht, erscheint der Beitrag immer in allen Sprachfassungen. Da die Kritik zu *Stirb Langsam* in Deutsch verfasst wurde, stellen Sie wie in Abbildung 12-8 die SPRACHE auf GERMAN und übernehmen die Änderungen via SPEICHERN & SCHLIEßEN.

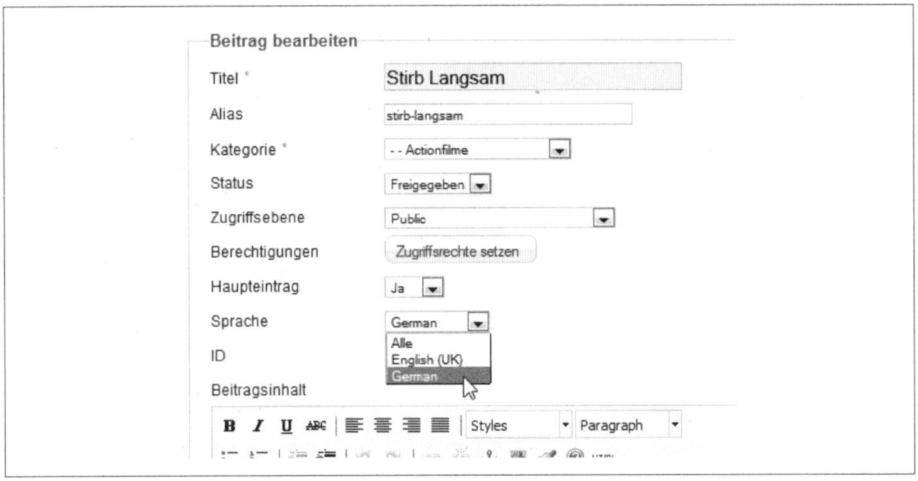

Abbildung 12-8: Über die Ausklappliste ganz unten legen Sie die Sprache des Beitrags fest.

Um jetzt eine englische Übersetzung zu erstellen, müssen Sie via NEU in der Werkzeugleiste einen komplett neuen Beitrag anlegen. Geben Sie als TITEL **Die Hard** ein. Die nachfolgenden Einstellungen setzen Sie auf die gleichen Werte wie im Beitrag zu *Stirb Langsam*, also die KATEGORIE auf ACTIONFILME und den Haupteintrag auf JA. Die SPRACHE ist jetzt allerdings ENGLISH (UK). Unter BEITRAGSINHALT tippen Sie die übersetzte Kritik ein. Das Ergebnis sollte so aussehen wie in Abbildung 12-9.

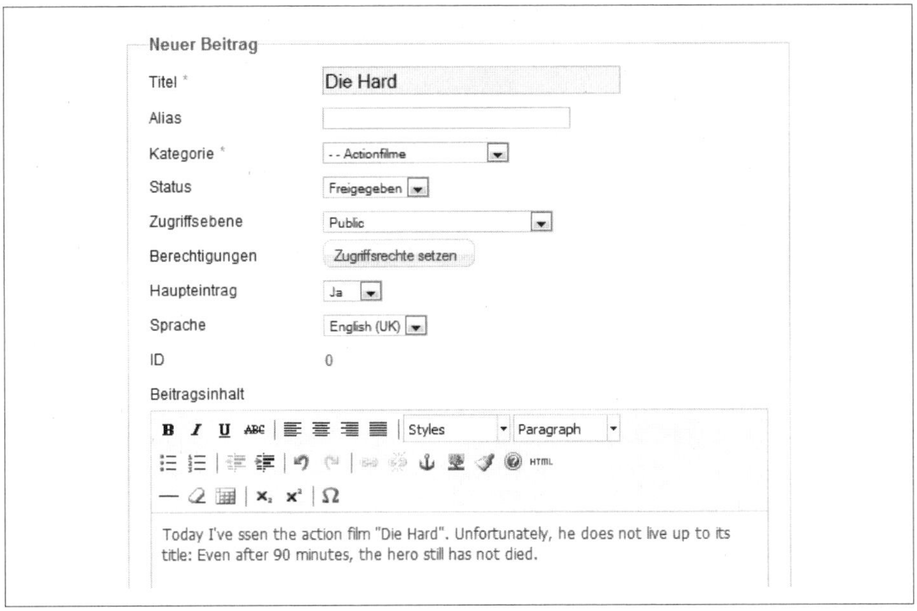

Abbildung 12-9: Die englische Fassung der Filmkritik zu »Stirb Langsam«.

SPEICHERN & SCHLIEßEN Sie die fertige Kritik. Damit existieren jetzt zwei Beiträge: einer mit der deutschen und einer mit der englischen Kritik zum Film *Stirb Langsam*.

 **Warnung** Beachten Sie, dass es sich um zwei vollkommen unabhängige Beiträge handelt. Den einen zeigt Joomla! nur in der deutschsprachigen Fassung Ihrer Website, den anderen nur in der englischsprachigen.

Sie übersetzen also nicht einen Beitrag, sondern erstellen für jede Sprache einen eigenen. Das ist nicht nur bei der Eingabe extrem umständlich – die ganzen Beiträge überfluten so auch schnell die Liste hinter INHALT → BEITRÄGE. Allerdings können Sie auf diese Weise in den einzelnen Sprachfassungen Ihrer Website vollkommen unterschiedliche Beiträge anbieten.

 Tipp Sie können sich die Arbeit zumindest etwas erleichtern, indem Sie den Beitrag zu *Stirb Langsam* erst kopieren und dann im Duplikat alle Texte übersetzen. Damit sehen Sie dann zumindest noch die (deutschen) Ausgangstexte und übernehmen auch gleich noch alle Einstellungen des Beitrags. Weitere Hilfe bei der Übersetzung erhalten Sie nur von speziellen Erweiterungen.

Das gezeigte Verfahren müssen Sie jetzt für alle anderen Beiträge wiederholen. Ausnahmen bilden Beiträge, die in allen Sprachen identisch sind, wie etwa das Impressum. Dort belassen Sie die Ausklappliste SPRACHE auf ALLE.

 Im Kinoportal genügt erst einmal die übersetzte Kritik zu *Stirb Langsam*. Als Fingerübung können Sie aber gerne noch ein paar weitere Kritiken ins Englische übertragen.

Wenn Sie jetzt einen Blick in die VORSCHAU werfen, finden Sie dort noch sowohl den Beitrag zu *Stirb Langsam* als auch sein englisches Pendant *Die Hard*. Das wird sich jedoch umgehend ändern.

Schritt 3: Plugin einschalten

Ein kleines Plugin sorgt dafür, dass jeder Besucher nur die Beiträge in seiner Sprache zu Gesicht bekommt. Genau dieses Plugin müssen Sie allerdings erst noch aktivieren und einrichten. Dazu rufen Sie den Menüpunkt ERWEITERUNGEN → PLUGINS auf, suchen in der Liste das Plugin SYSTEM – SPRACHENFILTER und öffnen seinen Bearbeitungsbildschirm (beispielsweise, indem Sie seinen Namen anklicken).

Im Bereich DETAILS schalten Sie es zunächst ein, indem Sie STATUS auf FREIGEGEBEN setzen. Auf der rechten Seite bestimmen Sie in den BASISOPTIONEN, wie das Plugin die korrekte Sprache wählt (siehe Abbildung 12-10):

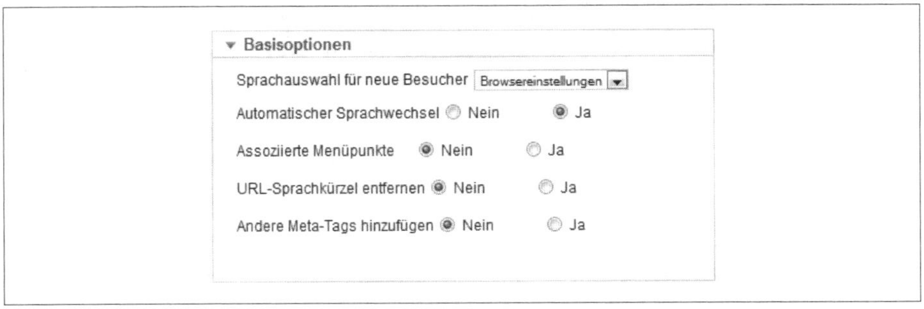

Abbildung 12-10: Die wichtigen BASISOPTIONEN des »System – Sprachenfilter«-Plugins.

SPRACHAUSWAHL FÜR NEUE BESUCHER

Wenn ein Besucher Ihren Internetauftritt ansteuert, ermittelt Joomla! die in seinem Browser eingestellte Sprache und wechselt dann automatisch zu einer passenden Sprachfassung. Schlägt diese Erkennung fehl, spricht Joomla! immer die hinter ERWEITERUNGEN → SPRACHE als STANDARD eingestellte Sprache.

Sobald Sie die Ausklappliste SPRACHAUSWAHL FÜR NEUE BESUCHER auf SEITENSPRACHE umstellen, begrüßt Joomla! alle Besucher zunächst *immer* in der Sprache, die Sie unter ERWEITERUNGEN → SPRACHE als Standard festgelegt haben.

In jedem Fall kann der Besucher über das gleich noch aktivierte Modul selbst eine andere Sprache einstellen.

AUTOMATISCHER SPRACHWECHSEL

Sobald ein Besucher die Spracheinstellung ändert, wechselt Joomla! umgehend im Frontend die Sprache – vorausgesetzt, Sie haben hier JA gewählt.

ASSOZIIERTE MENÜPUNKTE

Wenn Sie diesen Punkt auf JA setzen, können Sie Menüpunkte miteinander verknüpfen. Was es genau damit auf sich hat, verrät später noch Abschnitt »Schritt 7: Menüpunkte miteinander verknüpfen« auf Seite 521.

URL-SPRACHKÜRZEL ENTFERNEN

Wenn Sie einen mehrsprachigen Internetauftritt erstellen, finden Sie in allen von Joomla! erzeugten Internetadressen auch immer ein Sprachkürzel. Es zeigt an, in welcher Sprache die gerade betrachtete Seiten verfasst wurde. Wenn Sie hier JA wählen, unterdrückt Joomla! das Sprachkürzel – aber nur, wenn auf der Website gerade die Standardsprache zu sehen ist und gleichzeitig suchmaschinenfreundliche URLs zum Einsatz kommen.

ANDERE META-TAGS HINZUFÜGEN

Wenn Sie diesen Punkt auf JA setzen, versteckt Joomla! in den Webseiten einen Hinweis auf die anderen Sprachfassungen. Insbesondere Suchmaschinen erkennen auf diese Weise, dass es Ihren Internetauftritt noch in anderen Sprachen gibt.

Für HTML-Kenner: Joomla! fügt in den Kopf einer Seite ein passendes `<link>`-Tag ein. Betreiben Sie beispielsweise einen deutsch- und englischsprachigen Auftritt, schreibt Joomla! in den Kopf der deutschen Fassung: `<link href="http://www.example.org/joomla/index.php/en/" rel="alternate" hreflang="en-GB" />`.

In der Regel wie auch im Kinoportal können Sie hier alle Vorgaben übernehmen. Bestätigen Sie Ihre Änderungen mit SPEICHERN & SCHLIESSEN.

Wenn Sie jetzt erneut die VORSCHAU aufrufen, zeigt Joomla! nur noch die deutsche Variante der Filmkritik zu *Stirb Langsam* – vorausgesetzt, Sie verwenden einen deutschsprachigen Browser.

 Tipp   Beachten Sie auch die Internetadresse in der Adresszeile Ihres Browsers: Sie sollte jetzt mit */de* enden. Sie befinden sich damit im deutschsprachigen Bereich Ihrer Website. Wenn Sie das Kürzel gegen */en* austauschen und dann die entstandene Adresse aufrufen, landen Sie im englischsprachigen Bereich (das Kürzel ist übrigens genau dasjenige, das Sie in Abschnitt »Schritt 1: Sprachpakete installieren und Mehrsprachigkeit vorbereiten« auf Seite 502 im Feld *URL-Sprachkürzel* eingetragen haben). Auf diese Weise können Sie schnell zwischen den einzelnen Sprachfassungen wechseln.

Schritt 4: Für jede Sprache ein Hauptmenü und eine Startseite einrichten

Das Plugin versucht zwar automatisch die Sprache des Besuchers zu ermitteln, liegt dabei aber hin und wieder daneben. Sie sollten daher Ihren Besuchern immer die Möglichkeit geben, die Sprache selbst umzustellen. Das gilt erst recht, wenn Sie auf die Automatik verzichten und jedem Besucher beispielsweise erst immer die englischsprachige Fassung präsentieren.

Zuständig für die Sprachauswahl ist ein kleines Modul. Wie in Abbildung 12-11 zu sehen ist, bietet es alle verfügbaren Sprachen in Form kleiner Fähnchen an. Ein Mausklick auf eine der Fahnen leitet den Besucher dann auf die Startseite in seiner Sprache um. Das setzt allerdings voraus, dass es für jede Sprache eine eigene Startseite und ein eigenes Hauptmenü gibt. Warum das so ist, wissen vermutlich wieder einmal nur die Joomla!-Entwickler – einen technischen Grund gibt es dafür jedenfalls nicht.

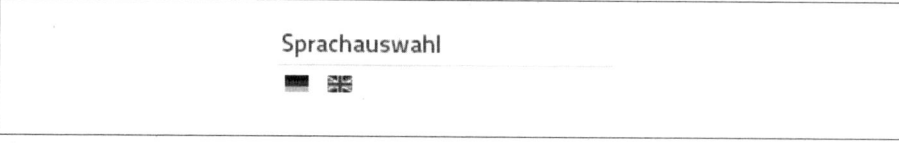

Abbildung 12-11: Später wählt der Besucher die Sprache bequem über dieses Modul aus.

 Im Kinoportal existiert im Moment nur eine Startseite für alle Sprachen. Auf ihr blendet das *Sprachenfilter*-Plugin die entsprechenden Beiträge ein- und aus. Damit die Besucher über das Modul die Sprache wechseln können, müssen jetzt noch zwei Menüs und zwei Startseiten her: jeweils eines für die deutsche und eine für die englische Sprachfassung. Wie Sie gleich sehen werden, klingt das nicht nur nach viel Arbeit.

Hauptmenüs anlegen

Zunächst zu den Hauptmenüs: Im Kinoportal benötigen Sie ein Hauptmenü für die deutsche und eines für die englische Sprachfassung. Wählen Sie also MENÜS → MENÜS → NEUES MENÜ. Als TITEL vergeben Sie etwa `Main Menu Deutsch` und als MENÜTYP vielleicht `mainmenu_deutsch`. Legen Sie das Menü per SPEICHERN & NEU an. Joomla! öffnet damit direkt ein neues leeres Formular, in dem Sie das Hauptmenü für die englische Sprachfassung anlegen. Als TITEL passt jetzt `Main Menu English`, als MENÜTYP `mainmenu_english`. SPEICHERN & SCHLIESSEN Sie das Menü. Damit landen Sie wieder in der Liste mit allen Menüs.

Passende Module erstellen

Jedes Menü zeigt ein Modul auf der Website an (siehe Kapitel 8, *Menüs*). Für die beiden neuen Menüs müssen folglich noch jeweils passende Module her. Dazu nutzen Sie eine Abkürzung und klicken auf EIN MODUL FÜR DIESEN MENÜTYP hinzufügen in der Zeile MAIN MENU DEUTSCH.

Dieses erste angelegte Modul soll das deutsche Hauptmenü anzeigen. Vergeben Sie daher als TITEL am besten `Hauptmenü` (oder `Diese Seite` in Anlehnung an das bestehende Hauptmenü THIS SITE). Die passende POSITION lautet `position-7`. Damit erscheint das Menü später am linken Seitenrand bei seinen Kollegen. Das deutsche Menü soll nur in der deutschen Sprachfassung zu sehen sein. Setzen Sie deshalb noch SPRACHE auf GERMAN.

Tipp	Wie Sie hieran sehen, können Sie auch komplette Module nur in einer ganz bestimmten Sprachfassung erscheinen lassen.	

Innerhalb der deutschen Seiten soll das Menü immer zu sehen sein, egal welchen (deutschen) Beitrag der Besucher gerade liest. Stellen Sie daher sicher, dass die MODULZUWEISUNG auf AUF ALLEN SEITEN steht. Legen Sie schließlich das Modul via SPEICHERN & SCHLIESSEN an.

Die ganze Prozedur müssen Sie jetzt noch einmal für das englische Hauptmenü wiederholen: Wechseln Sie zu MENÜS → MENÜS, klicken Sie auf EIN MODUL FÜR DIESEN MENÜTYP HINZUFÜGEN in der Zeile MAIN MENU ENGLISH, geben Sie als TITEL vielleicht MAIN MENU ein, stecken Sie das Modul an die POSITION `position-7`, setzen Sie die Sprache auf ENGLISH (UK), und stellen Sie sicher, dass unter MODULZUWEISUNG der Punkt AUF ALLEN SEITEN eingestellt ist. Legen Sie das Modul per SPEICHERN & SCHLIESSEN an.

Tipp   Wenn Sie der Schnellinstallationsanleitung aus Kapitel 2, *Installation* gefolgt sind beziehungsweise die Beispieldaten eingespielt haben, existiert bereits ein Modul mit dem Namen MAIN MENU. Da beliebig viele Module mit den gleichen Namen existieren dürfen, ist dies nicht weiter tragisch. Sie müssen später nur immer darauf achten, das richtige Modul zu erwischen beziehungsweise zu bearbeiten.

Startseiten einrichten

Als Nächstes muss für jede Sprache eine eigene Startseite her. Erinnern Sie sich daran, dass in Joomla! ein speziell gekennzeichneter Menüpunkt die Startseite festlegt (siehe Kapitel 8, *Menüs*, Abschnitt »Startseite festlegen« auf Seite 348). Sie müssen also für jede Sprache einen solchen speziellen Menüpunkt anlegen. Am einfachsten kopieren Sie dazu den bereits vorhandenen Menüpunkt. Damit müssen Sie nur noch ein paar wenige Einstellungen anpassen.

Im Kinoportal wechseln Sie zu MENÜS → MAIN MENU. Markieren Sie den Eintrag HOME, und fahren Sie dann an den unteren Rand. Dort aktivieren Sie unter EIN MENÜ ODER EINEN ÜBERGEORDNETEN EINTRAG ZUM VERSCHIEBEN BZW. KOPIEREN AUSWÄHLEN den Punkt KOPIEREN. Klappen Sie links daneben die Liste auf, und suchen Sie den Eintrag MAIN MENU DEUTSCH. Entscheiden Sie sich für den direkt unter ihm etwas eingerückten Punkt ZU DIESEM MENÜ HINZUFÜGEN. Klicken Sie abschließend auf AUSFÜHREN. Jetzt müssen Sie den kopierten Punkt nur noch etwas anpassen. Dazu rufen Sie MENÜS → MAIN MENU DEUTSCH auf und klicken HOME (2) an.

Als MENÜTITEL vergeben Sie entweder wieder **Home** oder aber – da es sich um die deutsche Website handelt – noch besser **Startseite**.

Tipp   HOME hätte wiederum den Vorteil, dass ihn auch verirrte englischsprachige Besucher verstehen und so zumindest immer auf die Startseite zurückfinden.

Weiter unten setzen Sie STANDARDSEITE auf JA und die SPRACHE auf GERMAN. Damit zeigt dieser neue Menüpunkt nun auf die Startseite des deutschen Angebots. Das Ergebnis sollte so wie in Abbildung 12-12 aussehen.

Nach dem SPEICHERN & SCHLIESSEN finden Sie jetzt in der Liste hinter MENÜS → MAIN MENU DEUTSCH den neuen Menüpunkt wieder (siehe Abbildung 12-13).

In der Spalte STARTSEITE sehen Sie jetzt anstelle eines gelben Sterns eine deutsche Fahne. Sie weist darauf hin, dass der Menüpunkt auf die Startseite der deutschen Sprachfassung zeigt.

Erzeugen Sie jetzt auf analogem Weg einen weiteren Menüpunkt für den englischen Auftritt: Hinter MENÜS → MAIN MENU markieren Sie die Zeile HOME, aktivieren am unteren Seitenrand den Punkt KOPIEREN, klappen links danenen die Liste auf, suchen den Eintrag MAIN MENU ENGLISH, entscheiden sich für den direkt unter

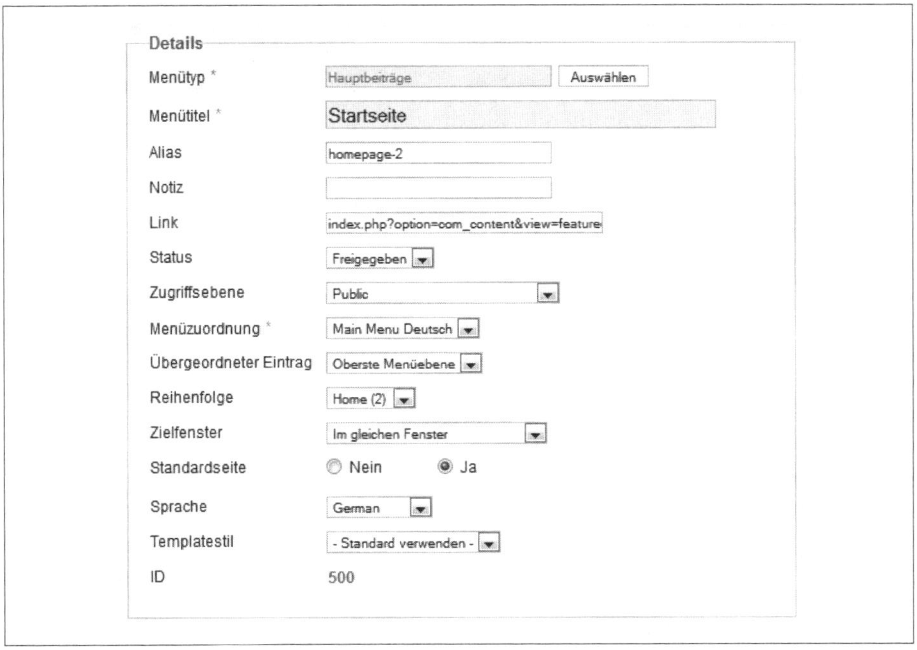

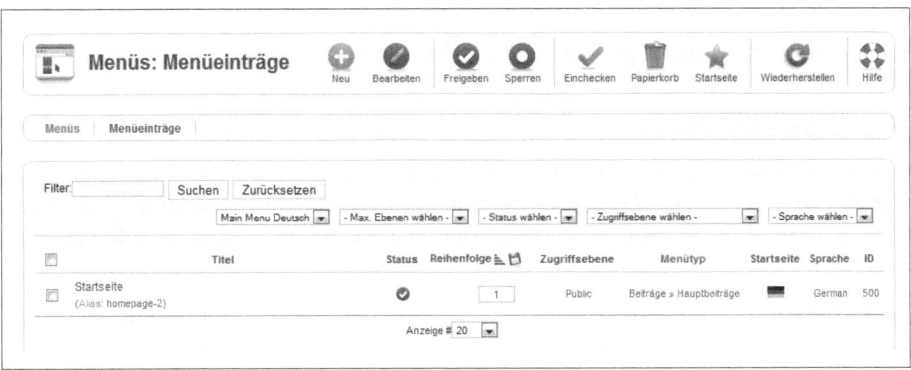

Details
Menütyp *
Hauptbeiträge
Auswählen
Menütitel *
Startseite
Alias
homepage-2
Notiz
Link
index.php?option=com_content&view=feature
Status
Freigegeben
Zugriffsebene
Public
Menüzuordnung *
Main Menu Deutsch
Übergeordneter Eintrag
Oberste Menüebene
Reihenfolge
Home (2)
Zielfenster
Im gleichen Fenster
Standardseite
Nein
Ja
Sprache
German
Templatestil
- Standard verwenden -
ID
500

Abbildung 12-12: Hier entsteht ein Menüpunkt, der auf die deutschsprachige Startseite zeigt.

Menüs: Menüeinträge
Neu
Bearbeiten
Freigeben
Sperren
Einchecken
Papierkorb
Startseite
Wiederherstellen
Hilfe
Menüs
Menüeinträge
Filter:
Suchen
Zurücksetzen
Main Menu Deutsch
- Max. Ebenen wählen -
- Status wählen -
- Zugriffsebene wählen -
- Sprache wählen -
Titel
Status
Reihenfolge
Zugriffsebene
Menütyp
Startseite
Sprache
ID
Startseite
(Alias: homepage-2)
1
Public
Beiträge » Hauptbeiträge
German
500
Anzeige # 20

Abbildung 12-13: Der Menüpunkt zeigt auf die deutsche Startseite.

ihm etwas eingerückten Punkt Zu diesem Menü hinzufügen und aktivieren abschließend Ausführen. Weiter geht es zu Menüs → Main Menu English, wo Sie in der Liste Home (3) anklicken. Im Bearbeitungsbildschirm ändern Sie den Menütitel auf **Home**, setzen die Standardseite auf Ja und wählen unter Sprache den Punkt English (UK). Speichern & Schließen Sie Ihre Änderungen.

Wenn Sie jetzt einen Blick in die Vorschau werfen, finden Sie in der deutschen Sprachfassung schon das eben angelegte deutsche Hauptmenü, dessen Eintrag auch immer brav zur deutschen Startseite zurückführt (achten Sie auf die Sprache des *Stirb-Langsam*-Artikels). Analog zeigt die englische Sprachfassung immer das englische Hauptmenü (Sie erreichen die englischen Seiten testweise unter der Internetadresse *http://localhost/joomla/index.php/en*). Wie Abbildung 12-14 zeigt, sind die beiden neuen Hauptmenüs allerdings noch recht leer.

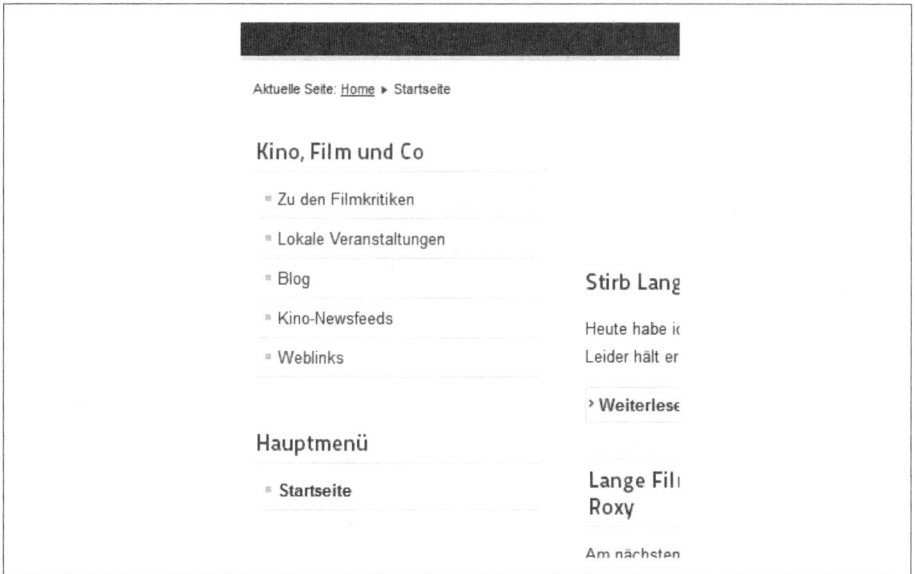

Abbildung 12-14: Das noch etwas leere Hauptmenü der deutschen Sprachfassung

Menüeinträge übernehmen

Die beiden Hauptmenüs sollen die gleichen Einträge enthalten wie das noch aktuelle MAIN MENU (das auf der Website unter der Überschrift THIS SITE bekannt ist). Das geht am schnellsten über die schon hinlänglich bekannte Kopieren-Funktion.

 Rufen Sie MENÜS → MAIN MENU auf, und markieren Sie dann bis auf die erste Zeile HOME (die mit dem gelben Sternchen) alle Einträge in ihren Kästchen in der ersten Spalte. Der Menüpunkt HOME wird nicht gebraucht, da die beiden neuen Hauptmenüs bereits ein eigenes Pendant besitzen. Fahren Sie an den unteren Seitenrand, stellen Sie in der Ausklappliste EIN MENÜ ODER EINEN ÜBERGEORDNETEN EINTRAG ZUM VERSCHIEBEN BZW. KOPIEREN AUSWÄHLEN unter MAIN MENU DEUTSCH den Punkt ZU DIESEM MENÜ HINZUFÜGEN ein, aktivieren Sie rechts KOPIEREN, und klicken Sie auf AUSFÜHREN.

Lassen Sie sich jetzt über MENÜS → MAIN MENU DEUTSCH alle Menüpunkte des deutschen Hauptmenüs anzeigen. Bringen Sie hier die Reihenfolge wieder in Ordnung, und entfernen Sie anschließend in den Namen der kopierten Menüpunkte die angehängten Zahlen (2) und (3) (indem Sie sie jeweils anklicken und dann in ihrem Bearbeitungsbildschirm den TITEL anpassen). Stellen Sie darüber hinaus die SPRA-

CHE auf GERMAN (das wird später in Abschnitt »Schritt 7: Menüpunkte miteinander verknüpfen« wichtig).

Wiederholen Sie jetzt die Kopierorgie für das englischsprachige Hauptmenü: Wechseln Sie zum Menüpunkt MENÜS → MAIN MENU, haken Sie bis auf HOME alle Einträge ab, fahren Sie an den unteren Seitenrand, stellen Sie in der Ausklappliste EIN MENÜ ODER EINEN ÜBERGEORDNETEN EINTRAG ZUM VERSCHIEBEN BZW. KOPIEREN AUSWÄHLEN unterhalb von MAIN MENU ENGLISH den Punkt ZU DIESEM MENÜ HINZUFÜGEN ein, aktivieren Sie rechts daneben KOPIEREN, und klicken Sie auf AUSFÜHREN. Wechseln Sie zu MENÜS → MAIN MENU ENGLISH, bringen Sie hier die Reihenfolge wieder in Ordnung, und entfernen Sie in den Namen der Menüpunkte die Zahlen. Und wo Sie gerade schon einmal dabei sind, können Sie ihnen auch gleich englische TITEL geben sowie die SPRACHE auf ENGLISH (UK) setzen.

Zusammenfassung

Nach dieser Klickorgie wird es Zeit für eine kurze Zwischenbilanz:

- Für jede Sprache haben Sie ein neues Menü angelegt (via MENÜS → MENÜS → NEUES MENÜ).
- Für jedes dieser Menüs haben Sie ein neues Modul vom Typ *Menü* angelegt.
- Für jede Sprache haben Sie eine neue, eigene Startseite angelegt. Dazu haben Sie in den neuen Menüs jeweils einen neuen Menüpunkt erstellt, diesen dabei zur STANDARDSEITE gekürt und auf die zugehörige SPRACHE eingestellt.
- Zum Schluss haben Sie noch die neuen Hauptmenüs mit den Menüpunkten aus dem alten Hauptmenü komplettiert.

Unter dem Strich haben Sie jetzt für die deutsche und für die englische Sprachfassung jeweils ein eigenes Hauptmenü und eine eigene Startseite. Und wofür die ganze Mühe? Nur für das Modul mit der Sprachauswahl.

Schritt 5: Das Modul für die Sprachauswahl aktivieren

Nachdem die Voraussetzungen geschaffen sind, können Sie das Modul für die Sprachauswahl erstellen und einrichten. Dazu wechseln Sie zum Menüpunkt ERWEITERUNGEN → MODULE, klicken hier auf NEU und wählen als MODULTYP die SPRACHAUSWAHL.

Tipp Wenn Sie in Kapitel 2, *Installation* der Schnellinstallationsanleitung gefolgt sind beziehungsweise die Beispieldaten eingespielt haben, existieren bereits zwei Module vom Typ *Sprachauswahl*. Sie können daher auch einfach eines der beiden aktivieren und dann seine Einstellungen anpassen.

Im Bearbeitungsbildschirm stellen Sie zunächst sicher, dass der STATUS auf FREIGEGEBEN steht. Vergeben Sie dann einen TITEL. Er erscheint später auch auf der Website, sofern TITEL ANZEIGEN auf JA steht und das Template nichts dagegen hat. Sie sollten ihn folglich möglichst allgemeingültig und auf Englisch wählen, wie etwa Choose your language. Via POSITION WÄHLEN platzieren Sie das Modul an einer gut sichtbaren, aber nicht allzu störenden Stelle.

 Im Kinoportal eignet sich am besten POSITION-7 am linken Seitenrand bei den Menüs.

Idealerweise sollte die Sprachauswahl auf allen Seiten zur Verfügung stehen, mindestens jedoch auf der Startseite.

 Im Kinoportal wählen Sie daher aus der Ausklappliste MODULZUWEISUNG den Punkt AUF ALLEN SEITEN.

SPEICHERN Sie die Änderungen (lassen Sie also den Bearbeitungsbildschirm noch geöffnet). In der VORSCHAU erscheint jetzt das Modul aus Abbildung 12-15. Mit einem Klick auf eine der Fahnen wechselt Joomla! automatisch die Sprache.

Abbildung 12-15: Über die Fahnen des neuen Moduls wechselt der Benutzer schnell die Sprache.

Unter Umständen erscheint das Modul irgendwo zwischen oder unterhalb der Menüs. In solch einem Fall müssen Sie dann noch in seinem Bearbeitungsbildschirm die REIHENFOLGE anpassen.

Tipp   Sollte es dabei Probleme geben, SCHLIESSEN Sie das Formular und stellen dann die Ausklappliste – POSITION WÄHLEN – auf die entsprechende Position, im Beispiel also auf POSITION-7. In der Spalte REIHENFOLGE sollte jetzt jedes Modul eine eindeutige Ziffer besitzen. Wenn nicht, klicken Sie auf die Spaltenbeschriftung REIHENFOLGE, tippen in jedes Feld eine eindeutige Zahl ein und klicken dann auf das kleine Diskettensymbol. Anschließend sollte das Umsortieren wieder funktionieren.

Die Fähnchen sind zwar recht nett, aber nicht besonders aussagekräftig. Amerikaner werden sich zudem vielleicht an der britischen Fahne stören. Glücklicherweise können Sie im Bearbeitungsbildschirm des Sprachauswahl-Moduls noch etwas an der Optik schrauben. Wechseln Sie deshalb noch einmal zurück zum Administrationsbereich, wo Sie sich auf der rechten Seite dem Register BASISOPTIONEN zuwenden. Hier warten folgende Einstellungen:

TEXT DAVOR

Der hier eingegebene Text erscheint direkt unter dem Titel (also der Überschrift) des Moduls.

TEXT DANACH

Der hier eingegebene Text erscheint am unteren Ende der Sprachauswahl (also unterhalb der Flaggen).

DROP-DOWN BENUTZEN

Wenn Sie diesen Punkt auf Ja setzen, zeigt das Modul anstelle der Fahnen eine Ausklappliste an, aus der die Besucher dann ihre Sprache auswählen können (wie in Abbildung 12-16).

Abbildung 12-16: Wenn Sie sich für eine Ausklappliste entscheiden, führt diese die vollständigen Namen der Sprachen.

Wenn Sie sich mit einem NEIN gegen die Ausklappliste entscheiden, gelten die folgenden Einstellungen:

BILDFLAGGEN BENUTZEN

Bei einem JA zeigt das Modul kleine Flaggensymbol an (wie in Abbildung 12-15), bei einem NEIN schreibt es die zu Verfügung stehenden Sprachen aus (wie in Abbildung 12-18).

HORIZONTALE ANZEIGE

Bei einem JA zeigt das Modul die zur Auswahl stehenden Sprachen nebeneinander statt untereinander an.

AKTIVE SPRACHE

Bei einem JA hebt das Modul die derzeit aktive Sprache hervor. Das klappt allerdings nur, wenn das Template dies auch unterstützt. (Für Template-Programmierer: Das Modul weist dem entsprechenden Symbol beziehungsweise Text die Klasse lang-active zu.)

VOLLSTÄNDIGE SPRACHENNAMEN

Wenn Sie sich gegen die Flaggen entschieden haben, schreibt Joomla! normalerweise alle zur Verfügung stehenden Sprachen aus (wie in Abbildung 12-18). Insbesondere wenn Sie Ihre Internetseite in vielen Sprachen anbieten, kann das recht schnell zu einem kleinen Gedränge im Modul werden. Wenn Sie diese Einstellung auf JA stellen, ersetzt das Modul die vollständigen Sprachnamen durch ihr jeweiliges Kürzel. Aus *Deutsch* würde dann etwa *DE*, aus *English (UK)* entsprechend *EN*. Ihre Besucher müssen dann aber auch wissen, dass sich hinter dem Kürzel *DE* die deutsche Sprachfassung verbirgt.

Die Abbildungen 12-17 und 12-18 veranschaulichen noch einmal die Auswirkungen der Einstellungen.

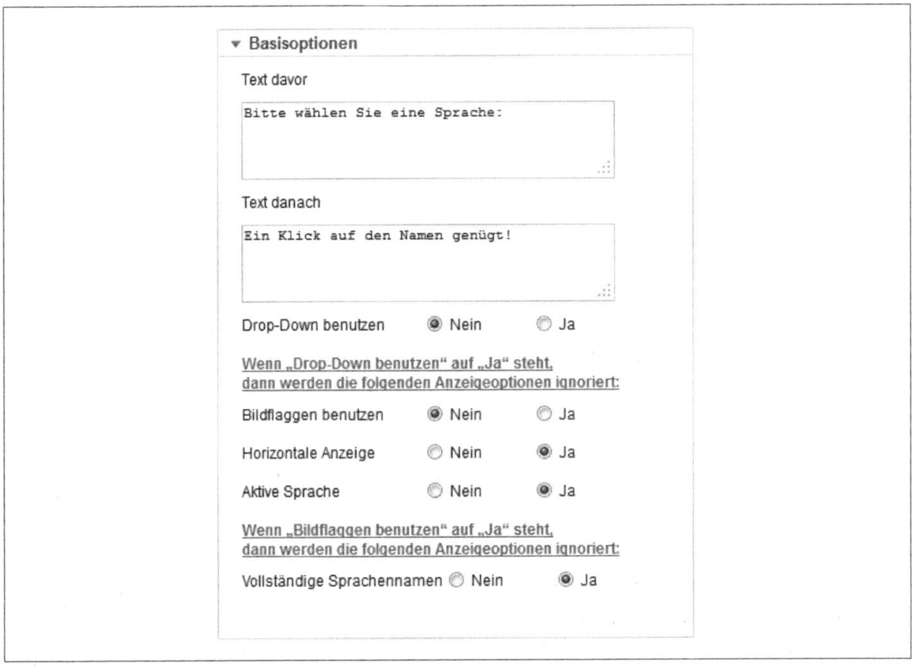

Basisoptionen

Text davor

> Bitte wählen Sie eine Sprache:

Text danach

> Ein Klick auf den Namen genügt!

Drop-Down benutzen   ● Nein   ○ Ja

*Wenn „Drop-Down benutzen" auf „Ja" steht,
dann werden die folgenden Anzeigeoptionen ignoriert:*

Bildflaggen benutzen   ● Nein   ○ Ja

Horizontale Anzeige   ○ Nein   ● Ja

Aktive Sprache   ○ Nein   ● Ja

*Wenn „Bildflaggen benutzen" auf „Ja" steht,
dann werden die folgenden Anzeigeoptionen ignoriert:*

Vollständige Sprachennamen ○ Nein   ● Ja

Abbildung 12-17: Diese Einstellungen ...

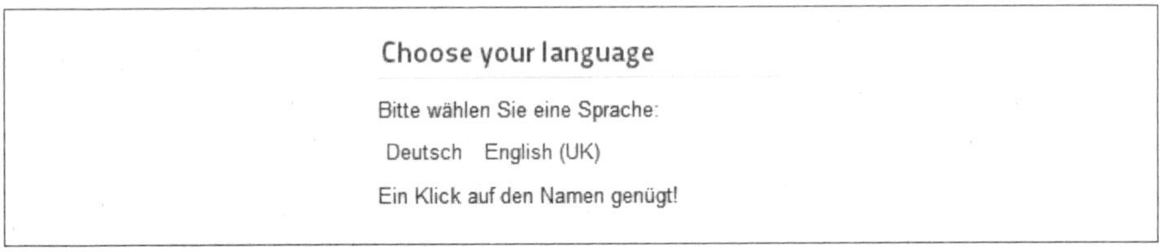

Choose your language

Bitte wählen Sie eine Sprache:

Deutsch   English (UK)

Ein Klick auf den Namen genügt!

Abbildung 12-18: ... führen zu diesem Ergebnis.

Das Register ERWEITERTE OPTIONEN bietet schließlich noch folgende Einstellungen:

ALTERNATIVES LAYOUT

Über die Ausklappliste können Sie den Modulausgaben eine ganz bestimmte, vom Standard abweichende Optik überstülpen. Welche Punkte hier zur Auswahl stehen, hängt von den installierten Templates ab. Joomla! selbst bringt hier nur die STANDARD-Ansicht mit.

MODULKLASSENSUFFIX

Dieses Eingabefeld richtet sich vor allem an Template-Ersteller: Diese dürfen hier eine sogenannte CSS-Klasse hinterlegen, die dann wiederum die Anzeige des Moduls bestimmt. Der hier eingegebene Begriff wird dabei als Erweiterung (Suffix) an die CSS-Klasse (wie zum Beispiel `table.moduletable`) des Moduls angehängt. Auf diese Weise kann man genau diesem einen Modul ein ganz eigenes Aussehen verpassen (mehr zu diesem Thema finden Sie in Kapitel 13, *Templates*).

CACHING

Aktiviert einen Zwischenspeicher (Cache), der den Inhalt dieses Moduls puffert. Dadurch muss das Modul seine Ausgaben nicht immer wieder erneut zusammenstellen und kann somit Anfragen schneller bedienen. Im Gegenzug kostet diese Funktion wertvollen Speicherplatz, und man läuft zudem Gefahr, dass das Modul veraltete Informationen ausspuckt.

CACHEDAUER

Gibt vor, wie lange Daten im Zwischenspeicher vorgehalten werden.

Im Kinoportal können Sie die BASISOPTIONEN nach eigenem Geschmack verändern. ERWEITERTE OPTIONEN belassen Sie auf ihren Vorgaben.

In den BASISOPTIONEN lädt das Feld TEXT DAVOR ein, dort einen Text wie »Wählen Sie eine Sprache« einzutippen. Dieser Hinweis erscheint dann aber immer in jeder Sprachfassung. Gleiches gilt übrigens auch für den TITEL des Moduls (im Moment also *Choose you language*). Sie können das direkt in der VORSCHAU überprüfen, indem Sie zwischen Englisch und Deutsch wechseln und dabei das Modul im Auge behalten.

Sie müssten also eigentlich zwei Sprachauswahl-Module anlegen: eines mit einem deutschen Titel, das nur in der deutschen Sprachfassung erscheint (indem Sie SPRACHE auf GERMAN setzen) und eines mit einem englischen Titel, das nur in der englischen Sprachfassung erscheint (SPRACHE auf ENGLISH UK). Wenn Sie diesen Aufwand scheuen, setzen Sie BILDFLAGGEN BENUTZEN auf JA und TITEL ANZEIGEN auf VERBERGEN. Dann zeigt das Modul nur die sprachneutralen Fahnen an, und es reicht ein Modul, das in allen Sprachfassungen erscheint.

Es gibt aber noch ein kleines Problem: In der VORSCHAU taucht noch das alte Hauptmenü mit dem Titel THIS SITE auf – und zwar immer in allen Sprachfassungen. Eigentlich könnte man es jetzt einfach löschen. Das ist jedoch keine so gute Idee:

Warnung   Die Joomla!-Entwickler weisen extra und überdeutlich darauf hin, dass es weiterhin einen Menüpunkt auf eine allgemeine Startseite geben sollte.

Zumindest der alte HOME-Menüpunkt (der mit dem gelben Stern in der Liste hinter MENÜS → MAIN MENU) sollte also möglichst weiterhin existieren.

Es kommt sogar noch schlimmer:

Warnung   Das Menü-Modul, das ihn anzeigt, *muss* einer Template-Position zugeordnet sein, die es tatsächlich gibt.

Der einfachste Ausweg ist deshalb, das Modul mit dem alten Hauptmenü auf allen Seiten auszublenden. Dazu rufen Sie ERWEITERUNGEN → MODULE auf, suchen in der Liste das THIS SITE-Modul, klicken seinen Namen an und setzen dann in seinem Bearbeitungsbildschirm die Ausklappliste MODULZUWEISUNG auf KEINE SEITEN. Nach dem SPEICHERN & SCHLIEßEN ist der Menüpunkt immer noch vorhanden, das Modul an einer Position, die es gibt, und das Menü auf der Website unsichtbar – also genau so, wie es sein soll.

Schritt 6: Abschlussarbeiten

Zum Schluss steht noch einmal eine richtige Sisyphusarbeit an: Wenn Sie einen Blick in die VORSCHAU werfen und zwischen den beiden Sprachen hin- und herschalten, dürften Ihnen viele Elemente auffallen, die nicht übersetzt werden. Dazu zählen beispielsweise alle Menüeinträge des Menüs KINO, FILM UND CO, sämtliche Kategorien, deren Beschreibungen, alle Kontakte und die Werbebanner.

Alle diese Elemente müssen Sie jetzt noch einmal in einer englischsprachigen Fassung erstellen. Denken Sie auch daran, die Menüpunkte mit ihren korrekten Inhalten zu verbinden. So muss der Menüpunkt KONTAKTE FILMKRITIKER aus dem *Main Menu Deutsch* auf die deutsche Kontakt-Kategorie zeigen, das Pendant aus dem Menü *Main Menu English* entsprechend auf die englische Variante.

Am Ende haben Sie dann jedes Modul, jedes Menü und jede Kategorie doppelt: Einmal mit deutschen und einmal mit englischen Texten beziehungsweise Beschriftungen.

 Warnung Achten Sie dabei unbedingt darauf, welche Beiträge in welchen Kategorien laden und in welcher Sprachfassung sie zu sehen sind. Ein deutscher Beitrag in einer englischen Kategorie würde auf der Website einem englischsprachigen Besucher gezeigt werden.

Darüber hinaus müssen Sie noch einmal alle Module daraufhin abklopfen, ob sie überhaupt noch zu sehen sind. Momentan ist beispielsweise das LOGIN FORM verschwunden. Um es wieder hervorzuzaubern, rufen Sie seine Einstellungen auf (ERWEITERUNGEN → MODULE, dort das LOGIN FORM anklicken) und passen im unteren Bereich die MODULZUWEISUNG und die MENÜAUSWAHL an (im Kinoportal setzen Sie MODULZUWEISUNG auf NUR AUF DER GEWÄHLTEN SEITE und haken dann auf den Registern MAIN MENU DEUTSCH und MAIN MENU ENGLISH jeweils den Punkt HOME ab).

Sie merken schon: Das alles ist nicht nur umständlich, man gerät auch in Gefahr, den Überblick zu verlieren. Sie sollten deshalb am besten einen Plan mit der Gliederung Ihrer Website erstellen (ruhig auf Papier) und dann alle Elemente nacheinander abhaken. Unter Umständen empfiehlt es sich sogar, die Struktur Ihres Internetauftritts noch einmal komplett zu überarbeiten. Wenn Sie gerade erst einen Auftritt erstellen, sollten Sie die Mehrsprachigkeit schon von Beginn an mit einplanen. Bei den Beiträgen raten die Joomla!-Entwickler beispielsweise zu einem Aufbau wie dem aus Abbildung 12-19.

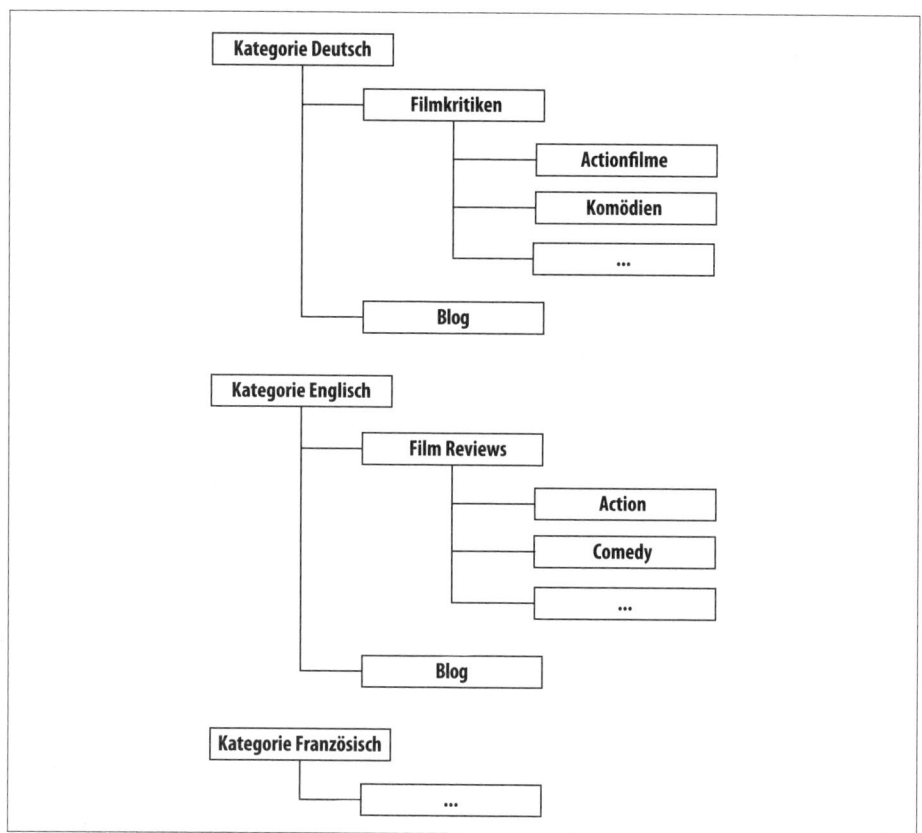

Abbildung 12-19: Möglicher Aufbau eines mehrsprachigen Internetauftritts

Schritt 7: Menüpunkte miteinander verknüpfen

Wechseln Sie jetzt einmal in die VORSCHAU, dort zum deutschsprachigen Internetauftritt und dann auf irgendeine Unterseite. Wenn Sie jetzt über das Modul auf die englische Sprachfassung umschalten, springt Joomla! automatisch wieder zur Startseite zurück. Wesentlich eleganter wäre es, wenn direkt die passende, englische Unterseite erscheinen würde. Genau das kann Joomla! ab Version 1.7 – vorausgesetzt, Sie leisten einige Vorarbeit.

Damit Joomla! weiß, welche Unterseiten zusammengehören, müssen Sie – Achtung – die darauf verweisenden Menüpunkte miteinander verknüpfen. Da das ziemlich verwirrend ist, betrachten wir zunächst ein kleines Beispiel.

Auf einer mehrsprachigen Joomla!-Website gibt es einen Menüpunkt, der nur in der deutschen Sprachfassung erscheint und auf die Filmkritik zu *Stirb Langsam* führt. Ein anderer Menüpunkt erscheint wiederum nur in der englischen Sprachfassung und verweist auf die Filmkritik zu *Die Hard*.

Die beiden Filmkritiken besprechen den gleichen Film, nur eben in unterschiedlichen Sprachen. Damit auch Joomla! davon erfährt, muss man die beiden *Menüpunkte* miteinander verknüpfen. Dann kann ein Besucher später bequem zwischen den beiden Sprachfassungen der Beiträge hin- und herschalten. Zwei so verknüpfte Menüpunkte bezeichnet Joomla! als *assoziierte Menüpunkte* (englisch *Associated Menu Items*), im Internet findet man auch die Bezeichnung *sprachlich verknüpfte Menüpunkte*.

Um überhaupt Menüpunkte miteinander verknüpfen zu können, müssen Sie als Erstes hinter ERWEITERUNGEN → PLUGINS die Einstellungen des Plugins SYSTEM – SPRACHENFILTER aufrufen (indem Sie beispielsweise einen Namen in der Liste anklicken). Rechts in den Basisoptionen stellen Sie jetzt ASSOZIIERTE MENÜPUNKTE auf JA und SPEICHERN & SCHLIEßEN die Änderungen.

Ab sofort finden Sie in den Einstellungen eines jeden Menüpunktes auf der rechten Seite ein neues Register namens ASSOZIIERTE MENÜPUNKTE (MEHRSPRACHIGKEIT). Auf ihm können Sie den Menüpunkt mit anderen verknüpfen (siehe Abbildung 12-20).

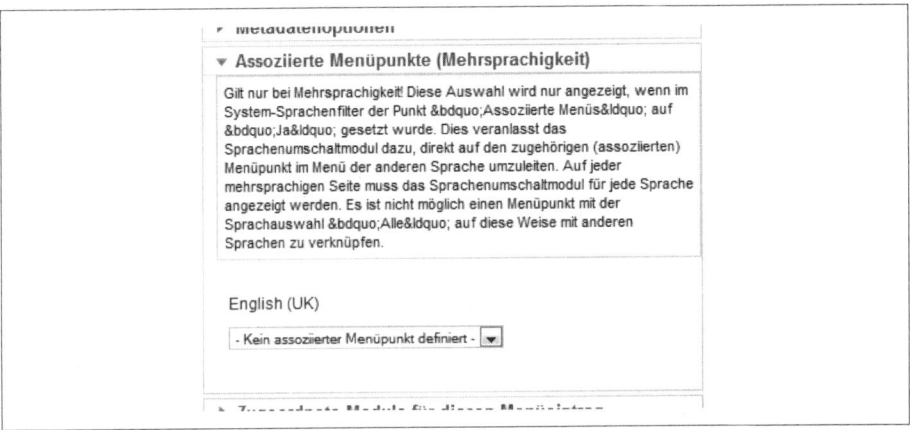

Abbildung 12-20: Auf diesem Register lassen sich verschiedene Sprachfasssungen eines Menüpunktes miteinander verbinden.

Wie das genau funktioniert, zeigt am besten wieder ein kleines Beispiel zum Mitmachen. Als Ausgangspunkt dient dabei wieder das Kinoportal. Stellen Sie zunächst sicher, dass es einen Beitrag zu *Stirb Langsam* und einen zu *Die Hard* gibt (wenn Sie den vorherigen Abschnitten gefolgt sind, sollte dies bereits der Fall sein).

Erstellen Sie jetzt einen Menüpunkt auf die Kritik zu *Stirb Langsam*, der nur in der deutschen Sprachfassung auftaucht: Klicken Sie auf MENÜS → MAIN MENU DEUTSCH → NEUER MENÜEINTRAG, dann auf AUSWÄHLEN, gefolgt von EINZELNER BEITRAG. Vergeben Sie als MENÜTITEL die Bezeichnung `Stirb Langsam`, stellen Sie SPRACHE auf GERMAN, klicken Sie dann rechts unter ERFORDERLICHE EINSTELLUNGEN auf AUSWÄHLEN/WECHSELN, und entscheiden Sie sich in der Liste für den Beitrag STIRB LANGSAM. Legen Sie den Menüpunkt via SPEICHERN & SCHLIEßEN an.

Damit gibt es jetzt in der deutschen Sprachfassung einen Menüpunkt, der direkt zur Kritik zu *Stirb Langsam* führt.

Analog erzeugen Sie jetzt einen Menüpunkt auf die Kritik zu *Die Hard*, der nur in der englischen Sprachfassung auftaucht: Wählen Sie MENÜS → MAIN MENU ENGLISH → NEUER MENÜEINTRAG, dann AUSWÄHLEN, gefolgt von EINZELNER BEITRAG. Vergeben Sie als MENÜTITEL die Bezeichnung `Die Hard`, stellen Sie SPRACHE auf ENGLISH (UK), klicken Sie dann rechts unter ERFORDERLICHE EINSTELLUNGEN auf AUSWÄHLEN/WECHSELN, und entscheiden Sie sich in der Liste für den Beitrag DIE HARD. Legen Sie den Menüpunkt via SPEICHERN & SCHLIEßEN an. Damit gibt es jetzt in der englischen Sprachfassung einen Menüpunkt, der direkt zur Kritik zu *Die Hard* führt.

In der VORSCHAU können Sie jetzt das alte Verhalten prüfen: Klicken Sie auf den Menüeintrag STIRB LANGSAM, und wechseln Sie dann auf die englische Sprachfassung. Joomla! springt automatisch wieder zurück zur Startseite. Dies gilt es jetzt zu ändern.

Sofern es noch nicht geschehen ist, aktivieren Sie jetzt die entsprechende Funktion im *Sprachenfilter*-Plugin. Dazu rufen Sie ERWEITERUNGEN → PLUGINS auf, klicken in der Liste SYSTEM – SPRACHENFILTER an, setzen in den BASISOPTIONEN den Punkt ASSOZIIERTE MENÜPUNKTE auf JA und klicken dann in der Werkzeugleiste auf SPEICHERN & SCHLIEßEN.

Als Letztes müssen Sie nur noch die beiden Menüpunkte STIRB LANGSAM und DIE HARD verknüpfen. Wechseln Sie also zurück zu MENÜS → MAIN MENU DEUTSCH, und klicken Sie dort den Menüeintrag STIRB LANGSAM an. Auf der rechten Seite klappen Sie das Register ASSOZIIERTE MENÜPUNKTE (MEHRSPRACHIGKEIT) auf. Dort finden Sie jetzt für jede weitere Sprachfassung der Webseite eine Ausklappliste (wie in Abbildung 12-20). Im Kinoportal ist dies nur eine für Englisch.

Der Menüpunkt führt zur Filmkritik zu *Stirb Langsam*. Das Gleiche macht sein Amtskollege mit der Beschriftung DIE HARD in der englischen Fassung. Stellen Sie also in der Ausklappliste DIE HARD ein (unterhalb von MAINMENU-ENGLISH). Klicken Sie jetzt auf SPEICHERN & SCHLIEßEN in der Werkzeugleiste.

Sie landen jetzt wieder in der Liste mit allen Menüpunkten. Dort gibt es die Spalte ASSOCIATION. In ihr weist ein kleines blaues Symbol mit einer Kette darauf hin, dass der entsprechende Menüpunkt mit einem anderen verknüpft ist (siehe Abbildung 12-21).

Den englischen Menüpunkt zum Beitrag *Die Hard* müssen Sie jetzt nicht noch einmal mit dem deutschen Pendant verknüpfen. Joomla! hat das bereits automatisch für Sie durchgeführt.

Wechseln Sie jetzt noch einmal in die VORSCHAU, und klicken Sie hier den Menüpunkt STIRB LANGSAM an. Wenn Sie jetzt zur englischen Fassung wechseln, erscheint umgehend der Beitrag zu *Die Hard* und nicht mehr die Startseite.

Abbildung 12-21: Wenn Sie den Mauszeiger auf dem blauen Symbol parken, erfahren Sie, mit welchen Menüpunkten dieses Exemeplar verknüpft ist.

Die gezeigte Prozedur müssen Sie jetzt für alle anderen Menüpunkte in Ihrem Internetauftritt wiederholen.

Im Kinoportal haben die beiden Menüeinträge zu *Stirb Langsam* und *Die Hard* ihre Schuldigkeit getan. Löschen Sie sie hinter MENÜS → MAIN MENU DEUTSCH und MENÜS → MAIN MENU ENGLISH.

Nach diesem Ausflug in die komplexe Welt einer mehrsprachigen Website geht es in den folgenden Abschnitten noch einmal um die Sprachpakete – was aber nicht heißt, dass es einfacher wird.

Einzelne Übersetzungen austauschen (Language String Overrides)

Nicht immer gefallen die Übersetzungen aus den (deutschen) Sprachpaketen. Beispielsweise bietet das LOGIN FORM aus Abbildung 12-22 immer etwas nichtssagend das REGISTRIEREN an. Aussagekräftiger wäre doch vielleicht BENUTZERKONTO BEANTRAGEN.

Wollte man in Joomla! 1.5 nur die Beschriftung einer einzigen Schaltfläche oder eines einzigen Eingabefeldes ändern, musste man entweder umständlich ein neues Sprachpaket schnüren oder aber die zugehörigen Dateien im Verzeichnis *language* per Hand manipulieren (und darauf hoffen, dass sie bei einer Aktualisierung des Sprachpakets nicht überschrieben wurden). Seit Joomla! 1.6 gibt es jedoch mit den sogenannten *Language String Overrides* eine wesentlich elegantere Lösung, und seit Joomla! 2.5.0 muss man sogar nicht mehr umständlich und fehlerträchtig in irgendwelchen Textdateien herumhantieren.

Im Folgenden soll als kleines Beispiel im LOGIN FORM das nichtssagende REGISTRIEREN gegen das passendere BENUTZERKONTO BEANTRAGEN ausgetauscht werden. Alle übrigen Beschriftungen des Moduls bleiben unverändert.

Login Form

Benutzername

Passwort

Angemeldet bleiben ☐

› **Anmelden**

Passwort vergessen?
Benutzername vergessen?
Registrieren

Abbildung 12-22: Nur die deutsche Beschriftung des Links REGISTRIEREN soll ausgetauscht werden.

Um eine Beschriftung auszutauschen, rufen Sie ERWEITERUNGEN → SPRACHEN auf und wechseln dort auf das Register OVERRIDES. Sie landen jetzt in einer Liste mit allen ersetzten Beschriftungen – im Moment sind das noch keine.

Rechts oberhalb der (leeren) Liste finden Sie eine Ausklappliste. In ihr stellen Sie die Sprache ein, in der die auszutauschende Beschriftung vorliegt. Im Beispiel stammt der Begriff REGISTRIEREN aus dem deutschen Sprachpaket und erscheint auf der Website. Wählen Sie folglich den Eintrag GERMAN (DE-CH-AT) – SITE.

Um jetzt den Begriff zu ersetzen, klicken Sie auf NEU in der Werkzeugleiste, woraufhin das Formular aus Abbildung 12-23 erscheint.

Abbildung 12-23: Hier entsteht ein neuer Override, der den Begriff »Registrieren« im Login Form durch den Text »Benutzerkonto beantragen« ersetzt.

Jedes Element auf Ihrer Homepage besitzt einen internen, recht kryptischen Bezeichner. Diese sogenannte *Sprachkonstante* haben die Joomla!-Entwickler fest vorgegeben. Das gilt auch für den REGISTRIEREN-Link. Um seine Beschriftung gegen eine andere austauschen zu können, müssen Sie zunächst seine Sprachkonstante herausfinden. Mit dem Eingabefeld auf der rechten Seite geht das jedoch ruck, zuck: Tippen Sie dort in das Feld die Übersetzung ein, die Sie austauschen wollen – im Beispiel also **Registrieren**. Stellen Sie jetzt noch sicher, dass darunter SUCHEN NACH auf INHALT steht, und klicken Sie dann auf SUCHEN. Joomla! spuckt daraufhin eine ganze Reihe von SUCHERGEBNISSEN aus (siehe Abbildung 12-24).

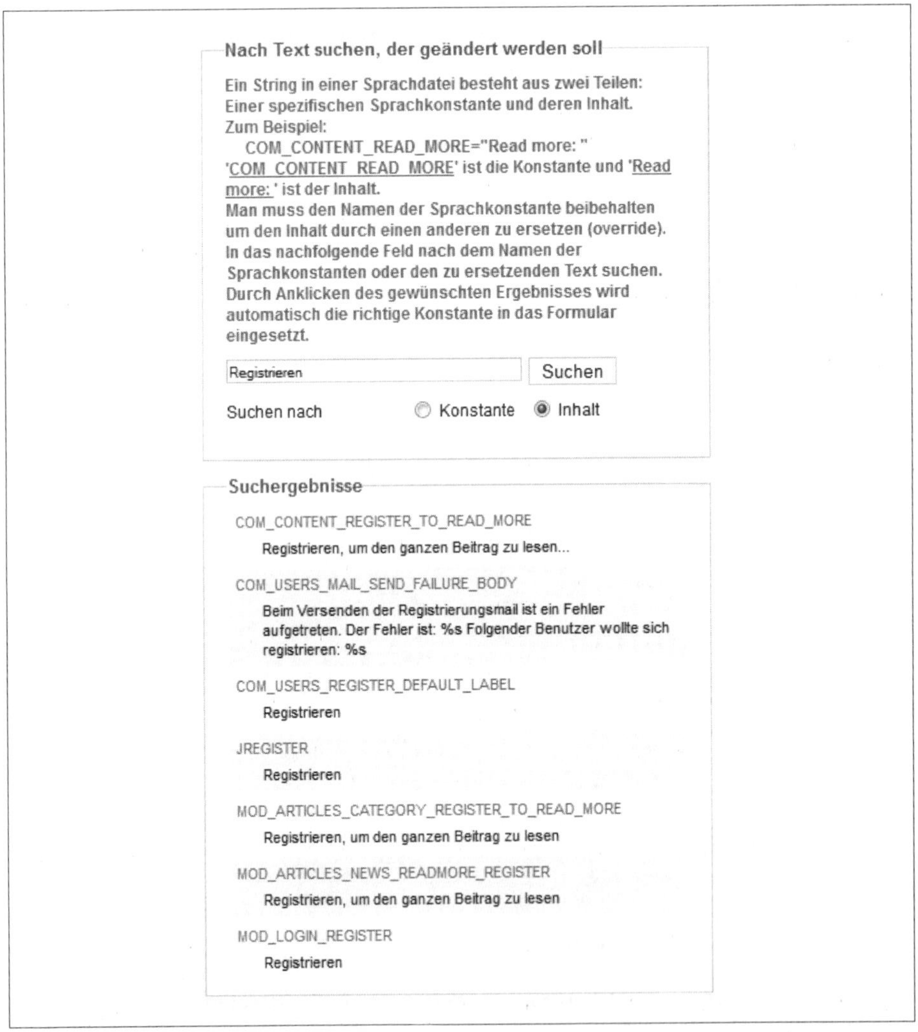

Nach Text suchen, der geändert werden soll

Ein String in einer Sprachdatei besteht aus zwei Teilen:
Einer spezifischen Sprachkonstante und deren Inhalt.
Zum Beispiel:
 COM_CONTENT_READ_MORE="Read more: "
'COM_CONTENT_READ_MORE' ist die Konstante und 'Read more:' ist der Inhalt.
Man muss den Namen der Sprachkonstante beibehalten um den Inhalt durch einen anderen zu ersetzen (override).
In das nachfolgende Feld nach dem Namen der Sprachkonstanten oder den zu ersetzenden Text suchen.
Durch Anklicken des gewünschten Ergebnisses wird automatisch die richtige Konstante in das Formular eingesetzt.

| Registrieren | Suchen |

Suchen nach   ◯ Konstante   ⦿ Inhalt

Suchergebnisse

COM_CONTENT_REGISTER_TO_READ_MORE
  Registrieren, um den ganzen Beitrag zu lesen...

COM_USERS_MAIL_SEND_FAILURE_BODY
  Beim Versenden der Registrierungsmail ist ein Fehler aufgetreten. Der Fehler ist: %s Folgender Benutzer wollte sich registrieren: %s

COM_USERS_REGISTER_DEFAULT_LABEL
  Registrieren

JREGISTER
  Registrieren

MOD_ARTICLES_CATEGORY_REGISTER_TO_READ_MORE
  Registrieren, um den ganzen Beitrag zu lesen

MOD_ARTICLES_NEWS_READMORE_REGISTER
  Registrieren, um den ganzen Beitrag zu lesen

MOD_LOGIN_REGISTER
  Registrieren

Abbildung 12-24: Der Begriff »Registrieren« taucht an insgesamt sieben Stellen in Joomla! auf.

Jetzt muss man ein wenig kombinieren: Die kryptischen Begriffe in den Großbuchstaben sind die Sprachkonstanten. Anhand der Texte darunter wird schnell klar, dass nur `COM_USERS_REGISTER_DEFAULT_LABEL`, `JREGISTER` und `MOD_LOGIN_REGISTER` infrage kommen. Alle Sprachkonstanten, die mit `COM_` beginnen, beziehen sich auf die Ausgaben von Komponenten. Analog sind die Sprachkonstanten, die mit einem `MOD_` beginnen, Modulen zugeordnet. Der REGISTRIEREN-Link erscheint im *Login Form*, einem Modul. Ergo heißt die ihm von Joomla! zugeordnete Sprachkonstante `MOD_LOGIN_REGISTER`.

Genau diese Sprachkonstante klicken Sie jetzt einfach in den Suchergebnissen an. Joomla! trägt sie daraufhin automatisch links oben in das passende Feld ein. Die aktuelle Beschriftung landet unter TEXT. Tauschen Sie ihn dort einfach gegen **Benutzerkonto beantragen** aus. Das Ergebnis sollte dann so wie in Abbildung 12-23 aussehen. Legen Sie den Ersatz jetzt via SPEICHERN & SCHLIESSEN an.

Damit haben Sie jetzt einem Element, das Joomla! intern als `MOD_LOGIN_REGISTER` bezeichnet, eine neue Beschriftung mit dem Text *Benutzerkonto beantragen* verpasst. Ob Sie auch das richtige Element erwischt haben, verrät ein Blick in die VORSCHAU. Dort zeigt sich jetzt das LOGIN FORM so wie in Abbildung 12-25.

Abbildung 12-25: Die ausgetauschte Beschriftung

Eigene Sprachpakete erstellen

Wenn Ihnen die Übersetzungen aus den Sprachpaketen überhaupt nicht gefallen, können Sie auch selbst Hand anlegen und eine eigene Übersetzung in Angriff nehmen – wie zum Beispiel eine Variante in Plattdeutsch. Zuvor empfiehlt es sich allerdings, kurz zu klären, ob dieser doch beträchtliche Aufwand überhaupt notwendig ist. So bietet sich zunächst eine kurze Nachfrage in einem Joomla!-Forum an. Vielleicht gibt es ja schon jemanden, der eine Übersetzung in dieser Mundart in Angriff genommen hat.

Language Overrides: Ein Blick unter die Haube

Sämtliche Ersatztexte sammelt Joomla! in Dateien im Unterverzeichnis *language/overrides* Ihrer Joomla!-Installation. Für jedes Sprachpaket liegt dort eine eigene Textdatei mit dem Namen *xx-XX.override.ini*. Das *xx-XX* steht dabei für das Language-Tag des zu verändernden Sprachpakets. So überschreiben beispielsweise die Texte in der Datei *de-DE.override.ini* ihre Pendants aus dem deutschen Sprachpaket.

Wenn Sie diese Datei mit einem Texteditor öffnen, finden Sie in jeder Zeile genau eine überschriebene Übersetzung, wie etwa:

```
MOD_LOGIN_REGISTER="Benutzerkonto beantragen"
```

Vorne steht die Sprachkonstante, hinter dem Gleichheitszeichen der Ersatztext. Sie können hier selbst weitere Zeilen hinzufügen, was allerdings recht umständlich und fehleranfällig ist. Gehen Sie daher möglichst den Weg über den Administrationsbereich.

Um später sämtliche Änderungen auf einen Schlag zurückzunehmen, können Sie aber die entsprechende Override-Datei wie *de-DE.override.ini* einfach löschen.

Die Elemente der Website übersetzen

Entscheidet man sich für ein komplett selbst gebautes Joomla! »op Platt«, führt der Weg als Erstes in das Unterverzeichnis *language* der Joomla!-Installation. Wenn Sie der Schnellinstallationsanleitung aus Kapitel 2, *Installation* gefolgt sind, ist das unter

- Windows das Verzeichnis *c:\xampp\htdocs\joomla\language, unter*
- Linux das Verzeichnis */opt/lampp/htdocs/joomla/language* und unter
- Mac OS X der Ordner */Programme/XAMPP/xamppfiles/htdocs/joomla/language*.

Dort steckt jede Sprache in einem eigenen Unterverzeichnis. Deren Namen wiederum folgen einem ganz bestimmten Schema. Die ersten beiden Kleinbuchstaben benennen die Sprache. So steht beispielsweise de für Deutschland und en für Englisch. Welche Buchstabenkombination zu welcher Sprache gehört, regelt der weltweit gültige Standard ISO 639. Listen mit allen Kürzeln finden Sie beispielsweise unter *http://www.sil.org/iso639-3/codes.asp*. In Joomla! können Sie die üblichen Kürzel mit zwei Buchstaben (ISO-Standard 639-1) oder drei Buchstaben (ISO-Standard 639-2) verwenden. Auch für Plattdeutsch gibt es ein passendes Kürzel: nds.

Nach dem Bindestrich weisen die zwei Großbuchstaben auf das Land hin, zum Beispiel AT für Österreich. Diese Länderkürzel sind wiederum im Standard ISO-3166-1 verzeichnet. Eine Aufstellung finden Sie beispielsweise unter *http://de.wikipedia.org/wiki/ISO-3166-1-Kodierliste* in der Spalte ALPHA-2.

Ein Verzeichnis mit dem Namen *de-AT* enthält somit die Übersetzungen für Deutsch, wie es in Österreich gesprochen wird. Das komplette Gebilde aus Sprach- und Länderkürzel wie de-AT bezeichnet Joomla! als *Language-Tag*. Im Beispiel des Plattdeutschen lautet es nds-DE.

Tipp An diese Namenskonvention sind Sie übrigens nicht zwingend gebunden, Joomla! akzeptiert auch jede beliebige andere Zeichenkette als Language-Tag. Beispiels- weise könnten Sie einem plattdeutschen Sprachpaket das Language-Tag *dtplatt* oder *Rumpelstielzchen* geben. Joomla! stützt sich jedoch an verschiedenen Stellen auf die Sprach- und Länderkürzel. Wenn Sie davon abweichen, könnten später Probleme bei einem mehrsprachigen Auftritt oder im Zusammenspiel mit Erweite- rungen auftreten.

Im Zweifelsfall sollten Sie Sprachkürzel verwenden, die Ihrer Sprache beziehungs- weise Ihrem Dialekt möglichst nahe kommen oder aber in den Standards nicht auftauchen (wie etwa xx-XX).

In jedem Unterverzeichnis finden Sie gleich einen ganzen Haufen Textdateien. Jede von ihnen enthält die Übersetzung für einen ganz bestimmten Teilbereich von Joomla!. Bevor es jedoch an deren Modifikation geht, erstellen Sie zunächst irgendwo auf Ihrer Festplatte ein Arbeitsverzeichnis mit einem beliebigen Namen. Dort hinein kopieren Sie alle Dateien aus dem englischen Verzeichnis *en-GB*. Eine bestehende Sprache als Ausgangsbasis zu verwenden hat den Vorteil, dass keiner der zu übersetzenden Texte in Vergessenheit gerät. Entscheidet man sich zudem für das englische Original, sieht man wesentlich schneller, welche Texte noch nicht übersetzt wurden.

Tauschen Sie jetzt noch bei jeder kopierten Datei den Namensbestandteil *en-GB* gegen den der zu unterstützenden Sprache aus. *en-GB.mod_login.php* wird im Bei- spiel des plattdeutschen Joomla! zu *nds-DE.mod_login.php*. Nur die Datei *index. html* behält ihren Namen.

Die Informationsdatei

Im nächsten Schritt machen Sie sich über die Datei mit der Endung *.xml* her – im Platt-Beispiel wäre dies *nds-DE.xml*. Öffnen Sie sie in einem Texteditor Ihrer Wahl.

Warnung Doch Vorsicht: Sämtliche Dateien in Joomla! dürfen Sie nur mit einem Texteditor  bearbeiten, der mit Unicode-Zeichen umgehen kann. Andernfalls sind später auf der Homepage alle Sonderzeichen und Umlaute entstellt, und unter Umständen weigert sich Joomla! sogar, das Sprachpaket zu installieren.

Moderne Texteditoren erkennen das sogenannte UTF-8 Format automatisch. Sie können dies testen, indem Sie eine *.ini*-Datei aus dem deutschen Verzeichnis *de- DE* öffnen. Bleiben dabei die Umlaute erhalten, kann Ihr Texteditor mit dem Uni- code-Standard umgehen. Das in Windows mitgelieferte WordPad fällt bei diesem Test allerdings durch.

Windows-Anwender müssen zudem darauf achten, dass die Dateiendung stimmt. Beispielsweise hängt der Editor gerne ungefragt ein *.txt* als Endung an, die Windows dann im Explorer auch noch ausblendet.

Mehr zum Thema Unicode und zu der von allen Joomla!-Dateien verwendeten UTF-8-Kodierung finden Sie beispielsweise im Internet unter *http://de.wikipedia.org/wiki/Unicode* oder *http://www.unicode.org*.

Die Datei *nds-DE.xml* enthält ein paar Basisinformationen, die Sie später auch im Administrationsbereich wiederfinden. Tauschen Sie einfach die entsprechenden Begriffe gegen passende Werte aus:

- Zwischen `<name>` und `</name>` steht der Name der Sprache.

  Im Beispiel ersetzen Sie den Text folglich durch **Plattdeutsch** (oder korrekter **Plattdüütsch**)

- Zwischen `<version>` und `</version>` steht die Versionsnummer der Übersetzung.

  Wie die Versionsnummer aussieht, können Sie prinzipiell frei bestimmen. Sie sollten sich aber an den üblichen Standard halten. Demnach besteht die Versionsnummer aus der Joomla!-Version, einem angehängten v und der Revision des Paketes. Im Beispiel erstellen Sie ein Sprachpaket für Joomla! 2.5.0 gerade neu. Folglich handelt es sich um die Version **2.5.0v1**.

- Zwischen `<creationDate>` und `</creationDate>` steht das Datum, an dem die Übersetzung fertiggestellt wurde.

- Zwischen `<author>` und `</author>` steht der Name des Übersetzers.

- Zwischen `<authorEmail>` und `</authorEmail>` steht die E-Mail-Adresse des Übersetzers.

- Zwischen `<authorUrl>` und `</authorUrl>` steht die Internetadresse des Übersetzers (dies ist in der Regel der Ort, an dem man das fertige Sprachpaket bekommt).

- Zwischen `<copyright>` und `</copyright>` stehen Urheberinformationen, wie etwa in der Art **(C) 2012 Tim Schürmann. Alle Rechte vorbehalten.**.

- Zwischen `<license>` und `</license>` steht die Lizenz, unter der das Sprachpaket steht. Alternativ können Sie hier auch auf eine Datei oder Internetadresse mit weiteren Informationen verweisen.

- Zwischen `<description>` und `</description>` folgt noch eine kleine Beschreibung, wie etwa **Website in Plattdeutsch**.

Im Mittelteil der Datei finden Sie recht viele Zeilen mit folgendem Muster:

```
<filename>en-GB.com_contact.ini</filename>
```

Hierbei handelt es sich um eine Auflistung aller Dateien, die zum Sprachpaket gehören. Tauschen Sie bei allen mit `<filename>` beginnenden Zeilen das en-GB gegen Ihr Sprachkürzel aus – im Plattdeutsch-Beispiel also gegen nds-DE:

```
<filename>nds-DE.com_contact.ini</filename>
```

Am schnellsten geht das mit der Suchen-und-Ersetzen-Funktion Ihres Texteditors.

Am unteren Ende der Textdatei gibt es noch einen zwischen <metadata> und </metadata> eingekesselten Bereich. Er ist in Joomla! 1.6 hinzugekommen und enthält ein paar (formale) Informationen über die Sprache:

- Zwischen <name> und <name> steht noch einmal die offizielle Bezeichnung der Sprache, im Beispiel also **Plattdüütsch**.
- Zwischen <tag> und </tag> steht das Language-Tag (im Beispiel **nds-DE**).
- Die Zahl zwischen <rtl> und </rtl> gibt an, ob die Schreibrichtung der Sprache wie im Deutschen von links nach rechts (**0**) oder wie etwa im Arabischen von rechts nach links verläuft (dann wäre hier eine **1** richtig).
- Zwischen <locale> und </locale> gehören alle Language-Tags, für die diese Sprache ebenfalls gilt. Für Deutsch kann man beispielsweise nicht nur de_DE, sondern nach dem Standard mit den drei Buchstaben auch deu_DE schreiben. Schließlich gibt es noch die einzelnen Abkürzungen de und deu sowie die Bezeichnungen german und germany. Alle diese Begriffe sammeln Sie hier zwischen <locale> und </locale> und trennen sie jeweils mit einem Komma. Als Vorlage können Sie die Angaben aus der Datei *en-GB.xml* verwenden. Im Fall des Plattdeutschen sieht das dann etwa so aus: <locale>nds_DE.utf8, nds_DE. UTF-8, nds_DE, nds, platt, plattdeutsch</locale>.
- Die Zahl zwischen <firstDay> und </firstDay> legt abschließend fest, ob die Arbeitswoche an einem Sonntag beginnt (dann verwenden Sie die Zahl **0**) oder wie in Deutschland an einem Montag (dann gehört hier die Ziffer **1** hin).

Texte übersetzen

Nachdem Sie die Änderungen gespeichert haben, wenden Sie sich einer der Dateien mit der Endung *.ini*. zu. Jede von ihnen enthält die Übersetzungen genau einer Komponente, eines Moduls oder eines Plugins. Die Datei *en-GB.mod_login.ini* (beziehungsweise im Platt-Beispiel *nds-DE.mod_login.ini*) enthält beispielsweise alle Beschriftungen des Moduls für die Anmeldung (das LOGIN FORM links unten im Frontend). Auch die *.ini*-Dateien können Sie mit einem herkömmlichen Editor bearbeiten.

Warnung   Achten Sie aber auch hier wieder darauf, dass dieser Editor die UTF-8-Kodierung verwendet.

Jede der *.ini*-Dateien enthält in jeder Zeile die Übersetzung genau eines Elements auf Ihrer Website. Alle Zeilen, die mit einem Semikolon beginnen, werden später von Joomla! ignoriert.

Version   Joomla! 1.5 verwendete anstelle des Semikolons eine Raute #.   X.X

Die übrigen Zeilen starten mit einem großgeschriebenen Begriff, der ein ganz bestimmtes Element auf der Joomla!-Homepage repräsentiert – das ist die sogenannte Sprachkonstante. Diesen internen Bezeichner haben die Joomla!-Entwickler fest vorgegeben (wie im vorherigen Abschnitt bereits vorgestellt). Anschließend steht ein Gleichheitszeichen, gefolgt von der entsprechenden Übersetzung in Anführungszeichen.

X.X **Version**
Die Anführungszeichen sind erst ab Joomla! 1.6 Pflicht.

Dazu ein kleines Beispiel aus der Datei *en-GB.mod_login.ini*:

```
MOD_LOGIN_VALUE_USERNAME="User Name"
```

Hier besitzt das Modul ein Element namens MOD_LOGIN_VALUE_USERNAME, das mit dem Text USER NAME beschriftet ist. Es handelt sich hier folglich um das Eingabefeld für den Benutzernamen (das im Englischen die Beschriftung USER NAME trägt).

Tipp
Hier sehen Sie einen weiteren Grund, warum man eine bestehende Sprache als Ausgangsbasis heranziehen sollte: Nur am Text nach dem Gleichheitszeichen können Sie zweifelsfrei erkennen, welches Element der Begriff zu Beginn der Zeile repräsentiert.

Tipp
Löschen Sie eine dieser Zeilen, so fällt Joomla! auf die englischen Originaltexte zurück.

Tauschen Sie jetzt in allen *.ini*-Dateien die Texte in den Anführungszeichen gegen die entsprechenden Übersetzungen in Ihrer Sprache aus. Mitunter stoßen Sie dabei auf merkwürdige Zeichenketten, wie %s. Das sind Platzhalter, die Joomla! später durch Zahlen oder andere Begriffe ersetzt.

Die Dateien mit dem Kürzel *.tpl_* im Namen übersetzen die Texte einzelner Templates. So liegen beispielsweise in *de-DE.tpl_beez_20.ini* unter anderem die deutschen Beschriftungen der SCHRIFTGRÖßE-Links (mit denen ein Besucher die Schrift GRÖßER oder KLEINER machen kann) am oberen Seitenrand neben der Suche.

Die Datei .localize.php

Eine Sonderrolle nimmt die Datei mit der Endung *.localize.php* ein (in Joomla! 1.5 war sie noch als *.ignore.php* bekannt). Sie enthält ein paar weitere Informationen zur Sprache. Ihr Aufbau unterscheidet sich allerdings etwas von dem Aufbau der anderen Dateien (ihre Inhalte sind mehr oder weniger kryptische PHP-Befehle).

Öffnen Sie die Datei mit einem Texteditor, und suchen Sie in ihr folgende Zeile:

```
abstract class en_GBLocalise {
```

Ersetzen Sie en_GB durch das Language-Tag der neuen Sprache. Im Plattdeutsch-Beispiel sieht das Ergebnis dann so aus:

```
abstract class nds-DELocalise {
```

Als Nächstes wenden Sie sich folgenden Zeilen zu:

```
$search_ignore[] = "and";
$search_ignore[] = "in";
$search_ignore[] = "on";
```

Sie finden sie etwa in der Mitte der Datei. Jede dieser Zeilen nennt in den Anführungszeichen einen Begriff, den die in Joomla! eingebaute Suchfunktion später ignorieren soll. Hierzu gehören im Deutschen beispielsweise Füllwörter wie *und*, *in*, *mit* und so weiter.

Für Ihre eigene Übersetzung löschen Sie zunächst die obigen drei Zeilen und erstellen dann zwischen

```
$search_ignore = array();
```

und

```
return $search_ignore;
```

für jedes Füllwort eine weitere Zeile nach diesem Muster:

```
$search_ignore[] = "Füllwort";
```

Für die deutschen Füllwörter sähe die Passage damit wie folgt aus:

```
$search_ignore = array();
$search_ignore[] = "und";
$search_ignore[] = "in";
$search_ignore[] = "auf";
return $search_ignore;
```

Alle übrigen Befehle und Zeilen belassen Sie so, wie sie sind, und speichern die Änderungen ab.

Ein Sprachpaket schnüren

Abschließend müssen die modifizierten Dateien in Ihrem Arbeitsverzeichnis noch zu einem Paket geschnürt werden. Dazu ist eine weitere Datei mit dem Namen *install.xml* notwendig. Ihr Aufbau entspricht dem ihrer Kolleginnen für die Erweiterungen (mehr dazu finden Sie in Kapitel 15, *Eigene Erweiterungen erstellen*). Für den Augenblick können Sie eine Datei aus einem bestehenden Sprachpaket ausleihen (und sie beispielsweise aus dem Verzeichnis *de-DE* in Ihr Arbeitsverzeichnis kopieren).

In ihrem oberen Teil verlangt Joomla! wieder ein paar allgemeine Informationen, wie sie auch schon in der Informationsdatei mit der Endung *.xml* auftraten.

Tipp Wenn Sie die *install.xml* aus dem deutschen Sprachpaket kopiert haben, finden Sie zwischen `<description>` und `</description>` einen langen kryptischen Text. Diesen können Sie einfach löschen und ersetzen. Den hier abgeladenen Text zeigt Joomla! direkt nach der Installation des Sprachpakets an. In dem kryptischen Textsalat des deutschen Sprachpakets dürften HTML-Kenner übrigens vieles wiedererkennen: Alles zwischen `<![CDATA[` und `]]>` sind HTML-Tags, die die Ausgabe später aufhübschen.

Wichtig ist diesmal vor allem der Bereich zwischen `<files>` und `</files>`. Er listet alle Dateien auf, die zum Sprachpaket gehören. Jeder Dateiname wird dabei noch zwischen `<filename>` und `</filename>` gesetzt. Für das »Platt«-Beispiel sähen die Einträge folgendermaßen aus:

```
<files>
  ...
  <filename>nds-DE.com_users.ini</filename>
  <filename>nds-DE.com_weblinks.ini</filename>
  ...
</file>
```

Anhand dieser Angaben weiß Joomla! später, welche Dateien es aus dem Paket übernehmen und im *language*-Verzeichnis ablegen muss. Achten Sie deshalb darauf, dass für jede Datei in Ihrem Arbeitsverzeichnis genau eine `<filename>` … `</filename>`-Zeile auftaucht.

Abschließend packen Sie alle Dateien *in* Ihrem Arbeitsverzeichnis in ein Archiv im ZIP-Format. Das Ergebnis ist dann ein fertiges Sprachpaket, das sich bequem an alle Interessenten weitergeben lässt. Die Installation erfolgt dann genau so, wie in Abschnitt »Sprachpakete beschaffen und installieren« auf Seite 495 beschrieben. Anschließend taucht die neue Sprache so wie in Abbildung 12-26 einträchtig neben den anderen im Administrationsbereich auf.

Abbildung 12-26: Das eigene Sprachpaket in Joomla!

Die Elemente des Administrationsbereichs übersetzen

Bislang wurden nur die Elemente der Homepage übersetzt. Die Sprache des Administrationsbereichs passen Sie auf exakt die gleiche Weise an. Die zugehörigen Dateien liegen lediglich im Unterverzeichnis */administrator/language* des Joomla!-Verzeichnisses.

Ein komplettes Archiv erstellen

Wenn Sie auf die beschriebene Weise sowohl die Texte für das Frontend als auch für das Backend übersetzt haben, halten Sie an dieser Stelle zwei ZIP-Archive in der Hand. Damit ein Joomla!-Betreiber nicht beide separat installieren muss, dürfen Sie sie ab Joomla! 1.6 zu einem einzigen Paket schnüren.

Dazu erstellen Sie zunächst ein neues Arbeitsverzeichnis. In dieses kopieren Sie das ZIP-Archiv mit den Übersetzungen für das Frontend und geben ihm den Dateinamen *site_de-DE.zip*. Das *de-DE* ersetzen Sie dabei durch Ihr Language-Tag. Im Beispiel des Plattdeutschen heißt die Datei somit *site_nds-DE.zip*.

Kopieren Sie auch das Archiv mit den Übersetzungen für das Backend, und geben Sie ihm den Dateinamen *admin_de-DE.zip*. Das *de-DE* ersetzen Sie dabei wieder durch Ihr Language-Tag. Im Beispiel des Plattdeutschen heißt die Datei damit *admin_nds-DE.zip*.

Als Nächstes erstellen Sie im Arbeitsverzeichnis eine Textdatei mit dem Namen *pkg_de-DE.xml*. Der Bestandteil *de-DE* steht dabei wieder für Ihr Language-Tag. Bei der Übersetzung ins Plattdeutsche heißt die Datei somit *pkg_nds-DE.xml*. Diese füllen Sie jetzt mit folgendem Inhalt:

```xml
<?xml version="1.0" encoding="UTF-8" ?>
<extension type="package" version="2.5">
<name>Sprachpaket Plattdeutsch</name>
<packagename>nds-DE</packagename>
<version>2.5.0.1</version>
<creationDate>15.02.2012</creationDate>
<author>Hans Hansen</author>
<authorEmail>hans@example.com</authorEmail>
<authorUrl>http://www.example.com</authorUrl>
<description>Sprachpaket für Plattdeutsch</description>
<files>
   <file type="language" client="site" id="nds-DE">site_nds-DE.zip</file>
   <file type="language" client="administrator" id="nds-DE">admin_nds-DE.zip</file>
</files>
</extension>
```

Der Aufbau ähnelt dem der *.xml*-Datei aus Abschnitt »Die Informationsdatei« auf Seite 529. Alle bekannten Zeilen wie etwa den Namen des Erstellers zwischen <name> und </name> passen Sie wieder an Ihre Gegebenheiten an. Neu sind lediglich folgende Zeilen:

Zwischen `<packagename>` und `</packagename>` steht das Language-Tag, wie es auch im Dateinamen erscheint. Im Beispiel heißt die Datei *pkg_nds-DE.xml*, folglich gehört zwischen `<packagename>` und `</packagename>` der Text **nds-DE**.

Bei den Zeilen

```
<file type="language" client="site" id="xx-XX">site_xx-XX.zip</file>
```

und

```
<file type="language" client="administrator" id="xx-XX">admin_xx-XX.zip</file>
```

müssen Sie nur xx-XX gegen das Language-Tag Ihrer Sprache austauschen, im Beispiel für Plattdeutsch also gegen nds-DE. Die beiden Zeilen verraten Joomla!, welches Archiv welche Übersetzung enthält.

Nach dem Speichern liegen jetzt in Ihrem Arbeitsverzeichnis drei Dateien:

- *site_nds-DE.zip* mit der Übersetzung für das Frontend
- *admin_nds-DE.zip* mit der Übersetzung für das Backend
- *pkg_nds-DE.xml* mit Informationen für Joomla!

Diese Dreierbande müssen Sie jetzt nur noch in ein ZIP-Archiv verpacken. So erhalten Sie das komplette Sprachpaket.

Templates

Wie jedes Content-Management-System trennt auch Joomla! den Inhalt von der Darstellung. Diese Arbeitsweise erlaubt das dynamische und flexible Generieren der Internetseiten sowie einen schnellen Austausch des Homepage-Designs. Das grundlegende Erscheinungsbild, die Farbgebung und die Anordnung der einzelnen Inhalte steuert in Joomla! ein sogenanntes Template.

Abbildung 13-1 zeigt den grundlegenden Aufbau des standardmäßig mitgelieferten Templates. Jeder mit einem kleinen Namensschild versehene Kasten repräsentiert genau einen Bereich, der mit Inhalten (wie zum Beispiel einem Menü oder einem Werbebanner) gefüllt werden kann. Andere Elemente wie die Titelgrafik sind wiederum fest durch das Template vorgegeben. Vereinfacht gesagt enthält ein Template den Bauplan oder das Skelett der späteren Homepage. Die umrandeten Kästchen ersetzt Joomla! erst bei der Auslieferung einer angeforderten Seite durch die entsprechend zugeordneten Inhalte.

Tipp   Unter der Haube besteht ein Template lediglich aus herkömmlichen HTML- und
CSS-Anweisungen, die mit einer Handvoll Spezialbefehlen angereichert werden. Ein Template unterscheidet sich folglich nicht wesentlich von jeder anderen Internetseite. Es lässt sich sogar in einem grafischen Webseiten-Baukasten wie Adobe Dreamweaver vorzeichnen. Wie einfach die Erstellung eines Templates abläuft, zeigt gleich noch der Abschnitt »Ein erstes eigenes Template entwickeln« auf Seite 553.

Abbildung 13-1: Der Aufbau des Standard-Templates »Beez_20«.

Templates verwalten

Dieses Konzept wäre allerdings wertlos, könnte man das Template nicht gegen ein anderes Exemplar austauschen. Genau darum kümmert sich die Template-Verwaltung hinter ERWEITERUNGEN → TEMPLATES (im Englischen heißt diese Seite übrigens *Template Manager*).

Wechseln Sie hier in der Leiste direkt unterhalb der Werkzeugleiste auf das Register TEMPLATES. Jetzt erscheint eine Liste mit allen installierten Templates (siehe Abbildung 13-2).

Joomla! bringt standardmäßig fünf Templates mit: *Atomic* von Ron Severdia, *Beez5* und *Beez_20* von Angie Radtke sowie *Bluestork* von Ron Severdia und *Hathor* von Andrea Tarr.

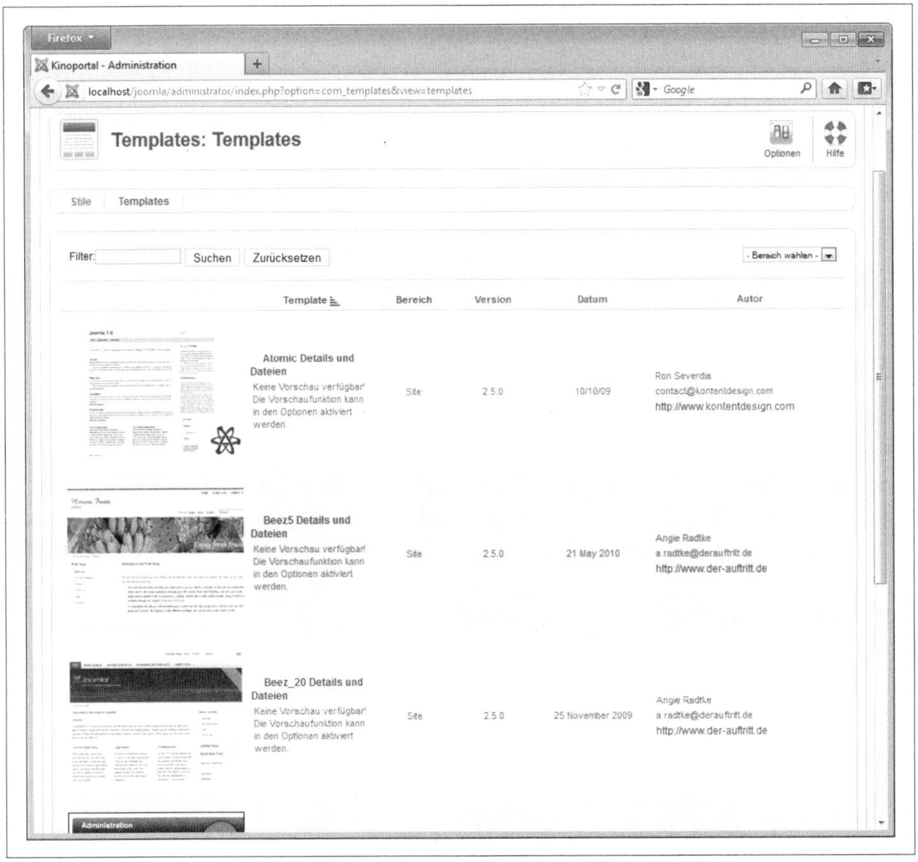

Abbildung 13-2: Die Seite zur Verwaltung der Templates

Version   In Joomla! 1.5 waren *beez* von Angie Radtke und Robert Deutz sowie *rhuk_milky-* ☒.☒
way von Andy Miller dabei. Das Aussehen der alten Templates weicht teilweise
recht deutlich von den aktuellen Varianten ab. Das aktuelle *Beez5* hat dabei noch
am ehesten Ähnlichkeit mit dem einstigen *beez*.

Die ersten drei genannten Templates beeinflussen das Aussehen der Homepage,
die letzten beiden sorgen hingegen für einen optisch ansprechenden Administrationsbereich. Sie lesen richtig: Auch das Aussehen des Backends bestimmt in
Joomla! ein Template. Welche Templates die Website und welche den Administrationsbereich aufhübschen, verrät die Spalte BEREICH. Alternativ können Sie
über die Ausklappliste – BEREICH WÄHLEN – (rechts oberhalb der Liste) die
Ansicht entsprechend einschränken.

Version   Joomla! 1.5 hat die Templates für den Administrationsbereich noch auf einem ☒.☒
eigenen Register (ADMINISTRATOR) verwaltet.

Die VERSION des jeweiligen Templates ist in der gleichnamigen Spalte angegeben, DATUM nennt das Erstellungsdatum.

 Tipp   Die Schöpferin der *Beez*-Templates hat ein besonderes Augenmerk auf die sogenannte Barrierefreiheit gelegt. Derartig gestaltete Seiten können auch von behinderten Menschen betrachtet beziehungsweise von rudimentär ausgestatteten
Browsern dargestellt werden. Menschen mit eingeschränkter Sehkraft können beispielsweise über die Links am rechten oberen Seitenrand die Schrift vergrößern
oder verkleinern. Um die Barrierefreiheit kümmert sich noch ausführlich Kapitel 16,
Barrierefreiheit.

Fertige Templates beschaffen

Nun sind fünf Templates nicht gerade als eine große Auswahl zu bezeichnen. Um diese Situation zu verbessern, könnte man entweder selbst zur Tastatur greifen und ein eigenes Template schreiben, oder man wählt die bequemere Variante und sucht im Internet nach bereits fertigen Designs. Schier zahllose Seiten bieten dort ebenso viele Templates für alle nur erdenklichen Situationen und Anlässe an, wie etwa das Angebot aus Abbildung 13-3 beweist. Größere Template-Sammlungen fanden Sie bei Drucklegung des Buches beispielsweise unter:

- *http://www.joomlaos.de*
- *http://www.joomla-downloads.de/templates.html*
- *http://www.joomla24.com*
- *http://www.joomla-templates.com*

Beim Stöbern sollten Sie jedoch zwei wichtige Dinge im Auge behalten:

Das Urheberrecht
Nicht alle angebotenen Templates dürfen Sie auch tatsächlich in allen Situationen kostenfrei nutzen.

Die Joomla!-Version
Greifen Sie nur zu Templates, die für Ihre Joomla!-Version gedacht sind: Vorlagen für ältere Versionen unterscheiden sich in einigen Punkten von denen für
Joomla! 2.5 und können unter Umständen zu unschönen oder nicht funktionierenden Ergebnissen führen. Je nach Alter blockiert Joomla! sogar die Installation von überholten Templates.

 Suchen Sie sich für das Kinoportal auf einer der oben genannten Internetseiten einfach irgendein Template aus, das Ihnen gefällt. In den folgenden Beispielen kommt
das Template *Phoca Maloo* von Jan Pavelka zum Einsatz, das bei Drucklegung dieses Buches unter *http://www.phoca.cz* erhältlich war.

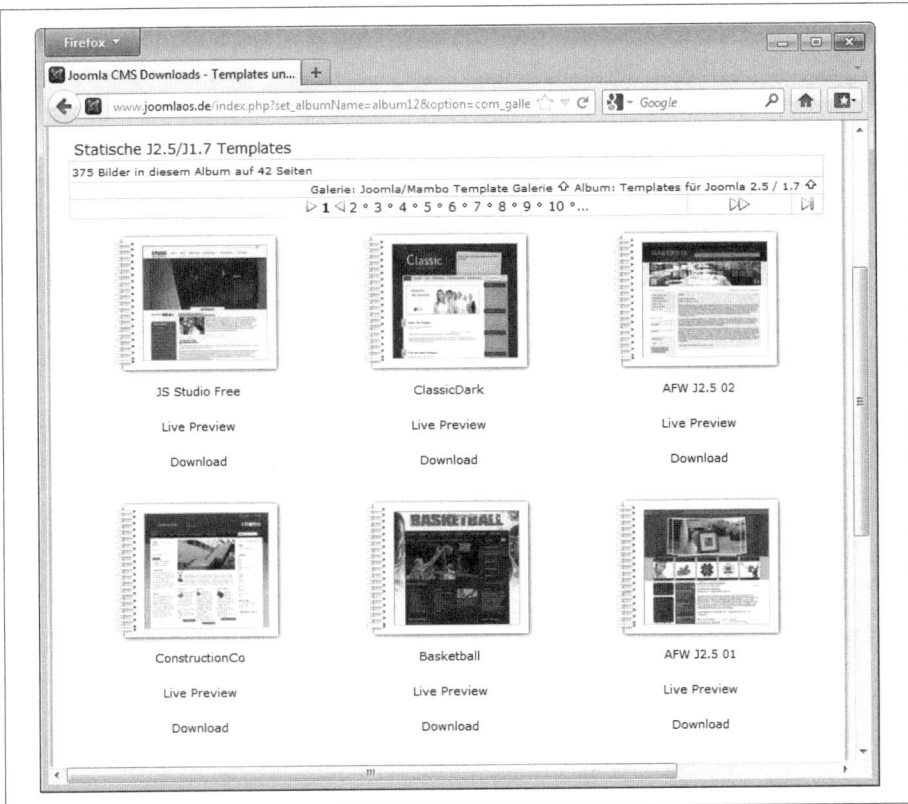

Abbildung 13-3: Freie Templates zuhauf gibt es beispielsweise unter *http://www.joomlaos.de*.

Templates installieren

Jedes Template landet normalerweise in einer Datei mit der Endung *.zip* oder *.tar.gz* auf Ihrer Festplatte. Um die darin enthaltene Vorlage in Joomla! zu registrieren, wählen Sie im Administrationsbereich aus dem Hauptmenü den Punkt ERWEITE-RUNGEN → ERWEITERUNGEN (unter Joomla! 1.5 noch ERWEITERUNGEN → INSTAL-LIEREN/DEINSTALLIEREN). Dieser führt umgehend zu der Seite aus Abbildung 13-4.

Hier klicken Sie auf DURCHSUCHEN... und wählen dann die heruntergeladene Datei mit dem Template aus. Anschließend spielt HOCHLADEN & INSTALLIEREN das neue Template ein. Spielen Sie auf diesem Weg auch das vorhin für das Kinoportal heruntergeladene Template ein.

Alternativ kann Joomla! das Template auch selbst herunterladen und einspielen. Dazu tippen Sie die Internetadresse der Paketdatei in das Eingabefeld URL ZUM PAKET und klicken auf INSTALLIEREN. Damit besitzen Sie dann allerdings keine Kopie des Templates auf der eigenen Festplatte.

Abbildung 13-4:   Über dieses Formular installiert man ein neues Template.

Wenn Sie das Template entweder in einem *.zip-* oder in einem *.tar.gz*-Archiv erhalten, müssen Sie es zunächst auf Ihrer Festplatte entpacken. Den herausgepurzelten Inhalt transferieren Sie anschließend per Hand in ein Arbeitsverzeichnis auf dem Webserver, wie etwa */tmp/arbeitsverzeichnis*. Genau diesen Pfad tippen Sie dann in das Eingabefeld PFAD ZUM PAKET. Mit einem Klick auf das nebenstehende INSTALL spielt Joomla! das Template schließlich ein.

Templates deinstallieren

Um ein Template später wieder loszuwerden, wechseln Sie im Administrationsbereich zum Menüpunkt ERWEITERUNGEN → ERWEITERUNGEN und dort zum Register VERWALTEN. Stellen Sie die Ausklappliste – TYP WÄHLEN – auf TEMPLATE, haken Sie dann in der ersten Spalte das zu löschende Template ab, und klicken Sie auf DEINSTALLIEREN.

 Warnung   Dabei gibt es keine Rückfrage, das Template ist sofort gelöscht!

Achten Sie zudem immer darauf, dass es mindestens immer ein Template für die Website und den Administrationsbereich gibt.

 Im Kinoportal sollte das neue Template jetzt in der Liste hinter ERWEITERUNGEN → TEMPLATES auf dem Register TEMPLATES auftauchen. Um die Website auf sein Design umzustellen, benötigt man allerdings noch die Hilfe der sogenannten Stile.

Stile

Einige Templates gibt es in verschiedenen Varianten. So darf man häufig zwischen einem roten, grünen oder blauen Anstrich wählen, während andere Templates wiederum passende Abwandlungen für Weihnachten und Ostern mitbringen. Auf diese Weise lassen sich später die Themenbereiche der eigenen Website unterschiedlich farblich hervorheben oder zu speziellen Anlässen stimmungsvoll dekorieren. Solche Varianten eines Templates bezeichnet Joomla! als *Stile* (englisch *Styles*).

Version   Die Stile sind in Joomla! 1.6 neu hinzugekommen.   X.X

Alle derzeit vorhandenen Stile sammelt das Register STILE, das Sie hinter ERWEITERUNGEN → TEMPLATES finden. Für jedes Template finden Sie hier immer mindestens einen Stil mit seiner Standard-Optik – meist trägt dieser Stil ein *Default* oder *Standard* im Namen. Zu welchem Template ein Stil gehört, verrät die Spalte TEMPLATE.

In Abbildung 13-5 gibt es für das *Beez_20*-Template gleich zwei Stile: Neben der normalen Optik *Beez2 – Default* gibt es auch noch einen Stil namens *Beez2 – Parks Site*. Er streicht primär alle Seiten olivgrün an und ist eigentlich für die *Parks Site* aus den Beispieldaten gedacht.

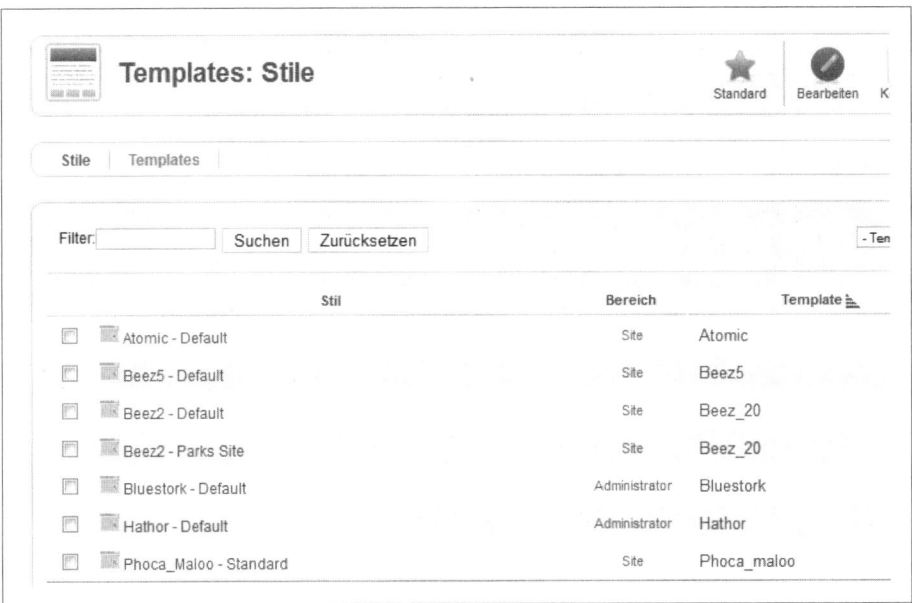

Abbildung 13-5:   Alle standardmäßig vorhandenen Stile plus das im vorherigen Abschnitt nachinstallierte »Phoca_Maloo«

Stile austauschen

Welcher Stil gerade standardmäßig zum Einsatz kommt, zeigt die Spalte STANDARD mit einem Stern. Wenn Sie allen bisherigen Beispielen gefolgt sind, ist dies der Stil BEEZ2 – DEFAULT. Um Ihrer kompletten Website einen der Stile zuzuweisen, haken Sie sein Kästchen ab und klicken dann auf STANDARD in der Symbolleiste.

Warnung   Ab Joomla! 1.6 weisen Sie Ihrer Website also nicht mehr direkt ein Template zu, sondern immer nur einen ganz bestimmten Stil.

Welchen der Stile aus welchem Template man verwendet, ist reine Geschmackssache. Während sich beispielsweise die *Beez*-Stile recht ähnlich sehen, gibt *Atomic - Default* alle Seiteninhalte schnörkellos als Text aus (das dahinterstehende Template *Atomic* ist eigentlich als Basis für eigene Templates gedacht).

Der zweite gelbe Stern kennzeichnet den gerade aktuellen Stil des Administrationsbereichs – denn Stile gibt es natürlich auch für die Templates des Administrationsbereichs. Standardmäßig ist der BLUESTORK – DEFAULT-Stil aktiv. Haken Sie einfach einmal seinen Kollegen HATHOR – DEFAULT ab, und klicken Sie dann in der Werkzeugleiste auf STANDARD. Damit erscheint der Administrationsbereich jetzt so wie in Abbildung 13-6. Dieser Stil wirkt auf den ersten Blick etwas chaotisch, ist aber weniger verspielt und vor allem auf kleineren Bildschirmen von mobilen Geräten übersichtlicher beziehungsweise besser lesbar. Zum alten BLUESTORK – DEFAULT-Stil kehren Sie wieder zurück, indem Sie sein Kästchen ankreuzen und dann auf STANDARD klicken.

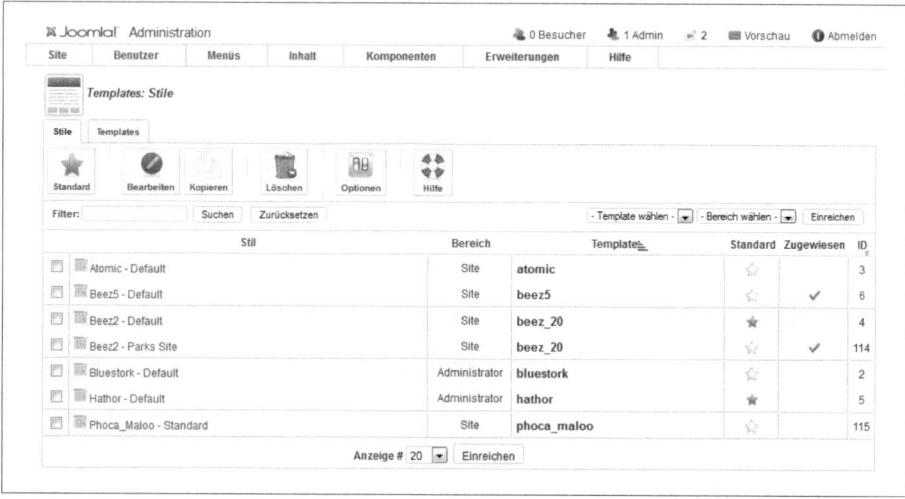

Abbildung 13-6:   Der aktivierte Stil Hathor - Default

Ob ein Stil das Aussehen der Website oder des Administrationsbereichs verändert, verrät die Spalte BEREICH.

Tipp Sinnvoll ist ein Austausch eines Stils für den Administrationsbereich beispielsweise dann, wenn man selbst eine Joomla!-Distribution zusammenstellt und vertreibt. Auf diese Weise lässt sich etwa das Joomla!-Logo im Administrationsbereich durch ein eigenes ersetzen. Darüber hinaus hilft ein neues Design, sich in mehreren, gleichzeitig betreuten Joomla!-Installationen schneller zurechtzufinden. Viele Agenturen nutzen zudem ein eigenes Template mit ihrer eigenen Corporate Identity.

Auch zum vorhin installierten Template wurde gleich ein passender Stil namens *Phoca_Maloo – Standard* eingerichtet. Schalten Sie das Kinoportal jetzt auf diesen Stil um, indem Sie ihn abhaken, auf STANDARD klicken und das Ergebnis in der VORSCHAU begutachten. Abbildung 13-7 zeigt das Ergebnis.

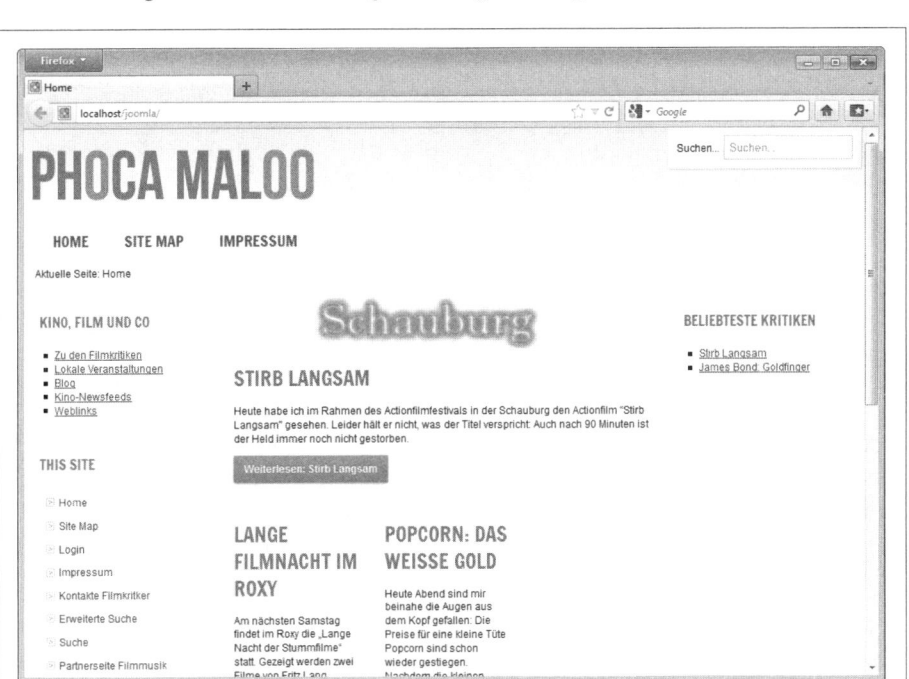

Abbildung 13-7: Das Kinoportal unter Einfluss des »Phoca_Maloo - Standard«-Stils.

Nach der Installation und Aktivierung eines fremden Templates sollten Sie in der VORSCHAU noch unbedingt prüfen, ob noch alle aktivierten Module erreichbar sind. Sollte eines von ihnen plötzlich verschwunden sein, so fehlt im neuen Template der Platz, an dem das Modul vorher verstaut war. Hier bleibt Ihnen dann nur übrig, entweder das betroffene Modul umzusetzen oder ein anderes Template zu wählen.

Dieser vermeintliche Gedächtnisschwund lässt sich recht schnell erklären: Jeder Bereich, in dem man Module platzieren darf, erhält vom Template einen eindeutigen Namen. Dummerweise gibt es hierfür keine festen Regeln – jedes Template kann seine Bereiche bezeichnen, wie es ihm beliebt. Platziert man nun beispielsweise ein Menü in einem Bereich namens *left*, der jedoch nach einem Designwechsel im neuen Template fehlt, so weiß Joomla! nicht mehr, wohin mit dem Modul, und blendet es vorsichtshalber lieber ganz aus.

Um herauszufinden, welche Bereiche ein Template unter welchen Namen zur Verfügung stellt, rufen Sie die Templateverwaltung auf (ERWEITERUNGEN → TEMPLATES), klicken auf OPTIONEN, setzen VORSCHAU MODULPOSITIONEN auf FREIGEGEBEN, SPEICHERN & SCHLIEßEN die Änderungen, wechseln auf das Register STILE und klicken links neben dem Namen des gewünschten Stils auf das kleine Symbol   .

X.X **Version**   In Joomla! 1.5 reichte es noch aus, ERWEITERUNGEN → TEMPLATES aufzurufen, das entsprechende Template anzuklicken und dann über die Werkzeugleiste in die VORSCHAU zu wechseln.

Dann erscheint die Darstellung, die Sie vom Anfang des Kapitels her kennen (siehe Abbildung 13-1 auf Seite 538). Die Namen der Bereiche stehen in kleiner roter Schrift links oben in ihren Ecken.

(▶▶) **Tipp**   Diese Darstellung erreichen Sie übrigens auch auf dem Register TEMPLATES, wenn Sie beim gewünschten Template unterhalb seines Namens auf VORSCHAU klicken (in der Spalte TEMPLATE). Diese Abkürzung zeigt dann aber immer den *Standard*-beziehungsweise *Default*-Stil des Templates an.

Einige Template-Entwickler sind auch so nett und verraten die Namen der Bereiche auf ihrer Homepage. Früher handelte es sich um die Positionen *top*, *bottom*, *left*, *right*, *user1*, *user2* und *user3;* seit Joomla! 1.6 kommen häufig durchnummerierte Positionen wie *position-0*, *position-1* und so weiter zum Einsatz. *Beez_20* bezeichnet beispielsweise den Bereich am linken Seitenrand als *position-7*.

Die Betonung liegt dabei allerdings auf »häufig«: Sie können sich nie sicher sein, dass ein Modul im Kasten *position-7* auch nach einem Template- (beziehungsweise Stil-)Wechsel noch auf der Seite auftaucht.

Wie man ein Modul in einen anderen Bereich verschiebt, hat bereits Kapitel 7, *Module – Die kleinen Brüder der Komponenten* gezeigt (wechseln Sie in den Bearbeitungsbildschirm des entsprechenden Moduls, und wählen Sie dort unter POSITION einen neuen Liegeplatz).

Da in den nachfolgenden Kapiteln ein eigenes Template entstehen soll, sparen Sie sich im Kinoportal die aufwendige Prüfung aller Module und wechseln wieder zurück zum BEEZ2 – DEFAULT-Stil (indem Sie ihn ankreuzen und dann auf STANDARD klicken).

Stile erstellen und verändern

Der standardmäßig aktive Stil BEEZ2 – DEFAULT sieht eigentlich nicht schlecht aus. Wie in den meisten anderen Fällen stört jedoch im Kinoportal noch die dicke Titelgrafik mit dem Schriftzug *Joomla!*. Es müsste also eigentlich ein weiterer Stil her, bei dem anstelle des blauen Bands ein Kinoportal-Logo alle Besucher begrüßt. Dazu muss man jetzt aber nicht gleich Kontakt mit dem Template-Autor aufnehmen.

Mit ein paar Mausklicks können Sie selbst eigene Stile erstellen. Dazu überlegen Sie sich zunächst, für welches Template Sie einen neuen Stil erstellen möchten. Im Fall des Kinoportals ist dies *Beez_20*.

Haken Sie jetzt hinter ERWEITERUNGEN → TEMPLATES auf dem Register STILE in der ersten Spalte einen seiner schon vorhandenen Stile ab, im Beispiel vielleicht einfach das gerade aktuelle BEEZ2 – DEFAULT, und klicken Sie schließlich in der Werkzeugleiste auf KOPIEREN. Der Stil existiert jetzt doppelt, wobei das Duplikat eine (2) im Namen trägt. Wenn Sie jetzt diesen Namen anklicken, landen Sie im Bearbeitungsbildschirm des Stils.

Tipp   Natürlich könnten Sie auch einfach einen vorhandenen Stil bearbeiten. Für Notfälle empfiehlt es sich jedoch immer, das Original in der Hinterhand zu behalten.

Abbildung 13-8:   Der Bereich DETAILS mit den Einstellungen für das Kinoportal

Links oben im Bereich DETAILS dürfen Sie ihm zunächst einen neuen Namen verpassen (siehe Abbildung 13-8).

Im Kinoportal könnten Sie ihn beispielsweise **Beez2 – Kinoportal** nennen.

Wenn die Ausklappliste STANDARD auf ALLE steht, nutzt Ihre Website standardmäßig immer diesen Stil. Der Stil würde also in der Liste das gelbe Sternchen erhalten. Bei einem NEIN ist der Stil hingegen im Moment nicht aktiv. Die übrigen Punkte in der Ausklappliste sind nur interessant, wenn Sie einen mehrsprachigen Auftritt betreiben (wie in Kapitel 12, *Mehrsprachigkeit* beschrieben). Dann können Sie den Stil ganz gezielt einer einzelnen Sprachfassung überstülpen. Welche das ist, legen Sie in der Ausklappliste fest. Wählen Sie hier beispielsweise ENGLISH, erscheinen alle englischen Seiten – und wirklich nur die – in diesem Stil.

 Im Kinoportal soll der neue Stil standardmäßig zum Einsatz kommen. Stellen Sie deshalb die Ausklappliste STANDARD auf ALLE.

Jedes Template bietet noch ein paar weitere Einstellungen an, mit denen Sie sein Aussehen in bestimmten Grenzen verändern können. Genau diese Einstellschrauben finden Sie auf der rechten Seite im Bereich ERWEITERTE OPTIONEN. Wie in Abbildung 13-9 lässt sich meist eine andere Titelgrafik oder eine andere Farbe wählen. Welche Einstellungen hier genau zur Verfügung stehen, hängt vom jeweiligen Template ab.

Tipp   Ein Stil ist somit nichts anderes als eine Sammlung bestimmter Template-Einstellungen.

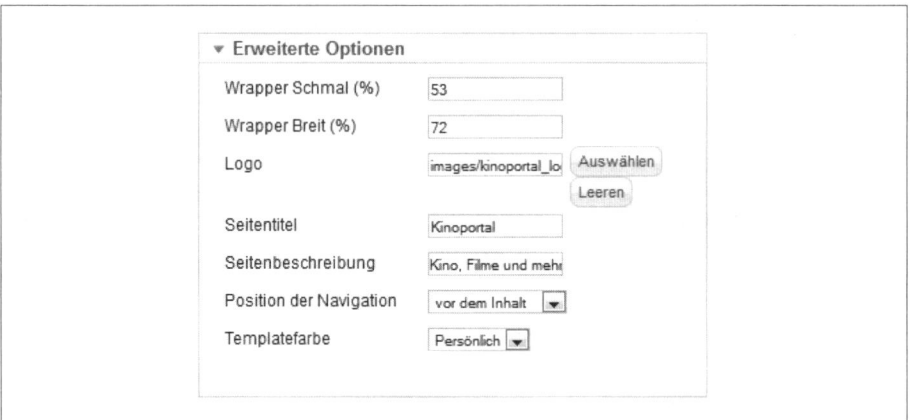

Abbildung 13-9:   Diese Einstellungen erlaubt das »*Beez_20*«-Template.

 Das Template *Beez_20* bietet die Einstellungen aus Abbildung 13-9 an. Netterweise darf man dort auch das blaue LOGO austauschen. Klicken Sie also AUSWÄHLEN an, aktivieren Sie DURCHSUCHEN..., und wählen Sie die Datei mit dem Kinoportal-Logo aus. Sie finden sie im Unterverzeichnis *Kapitel13* auf der beiliegenden CD unter dem Namen *kinoportal_logo.png*. Klicken Sie jetzt auf HOCHLADEN STARTEN und anschließend auf das kleine Vorschaubild mit dem Kinoportal-

Logo im Bereich darüber. Per EINFÜGEN geht es wieder zum Bearbeitungsbild-schirm des Stils zurück.

Hier können Sie auch gleich noch ein paar der anderen Einstellungen gerade rücken: Der SEITENTITEL lautet natürlich **Kinoportal**, und als SEITENBESCHRIF-TUNG wäre **Kino, Filme und mehr...** ganz passend. Da als TEMPLATEFARBE mit NATUR nur noch das merkwürdige Olivgrün zur Verfügung steht, belassen Sie die Einstellung hier auf PERSÖNLICH. Auch die anderen Felder bleiben auf ihren Vor-gaben.

Nach dem SPEICHERN & SCHLIEßEN sollte jetzt der gelbe Stern in der Spalte STAN-DARD neben dem Stil BEEZ2 – KINOPORTAL funkeln. Joomla! stülpt also bereits allen Webseiten den neuen Stil über. Prüfen Sie das Ergebnis in der VORSCHAU. Ein Satz mit x, das war wohl nix: Wie Abbildung 13-10 beweist, hat Joomla! nur das Logo und die Unterschrift ausgetauscht. Der blaue Balken war offensichtlich ein Hinter-grundbild, das bestehen bleibt.

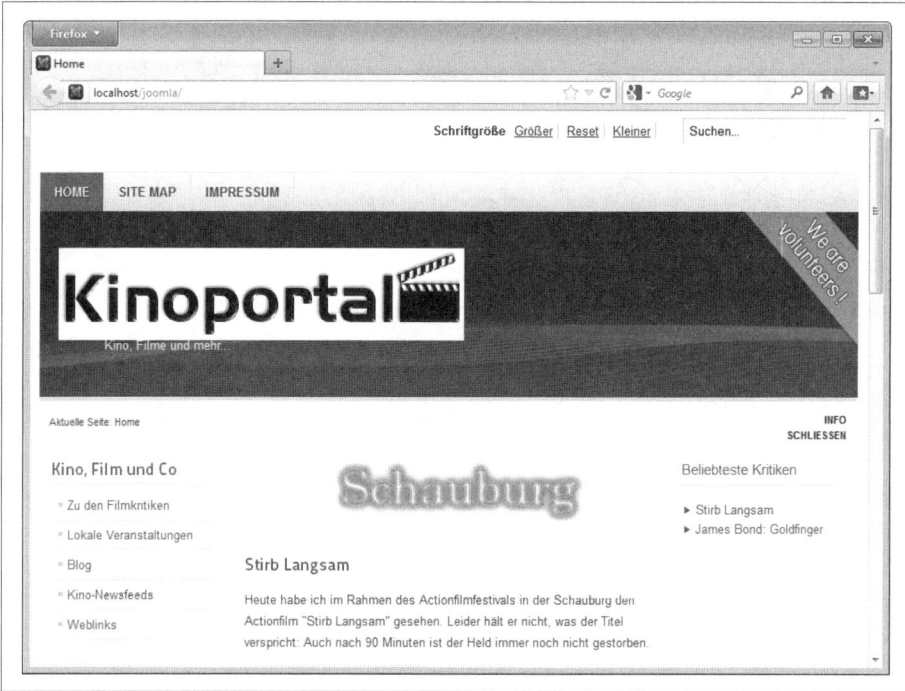

Abbildung 13-10: Das nicht ganz so gewünschte Ergebnis in der Vorschau

In den Einstellungen des Stils gab es keine Möglichkeiten, diesen Balken auszutau-schen oder abzuschalten. Das Template gibt ihn folglich fest vor. Also muss man eine passende Lösung finden:

- In der einfachsten Variante lebt man einfach mit dem blauen Band. Dann muss man aber im Bild mit dem Kinoportal-Logo den weißen durch einen transparenten Hintergrund ersetzen. Alternativ verzichtet man auf das Logo, indem man im Bearbeitungsbildschirm des Stils neben LOGO auf LEEREN klickt. Nach dem SPEICHERN zeigt das Template dann anstelle des Logos den SEITENTITEL an. Wie Abbildung 13-11 beweist, hätte das durchaus seine Reize. Als angenehmer Nebeneffekt wäre diese Überschrift auch gleich noch maschinenlesbar, worüber sich insbesondere blinde Internetnutzer, Besitzer mobiler Geräte und Suchmaschinen freuen.

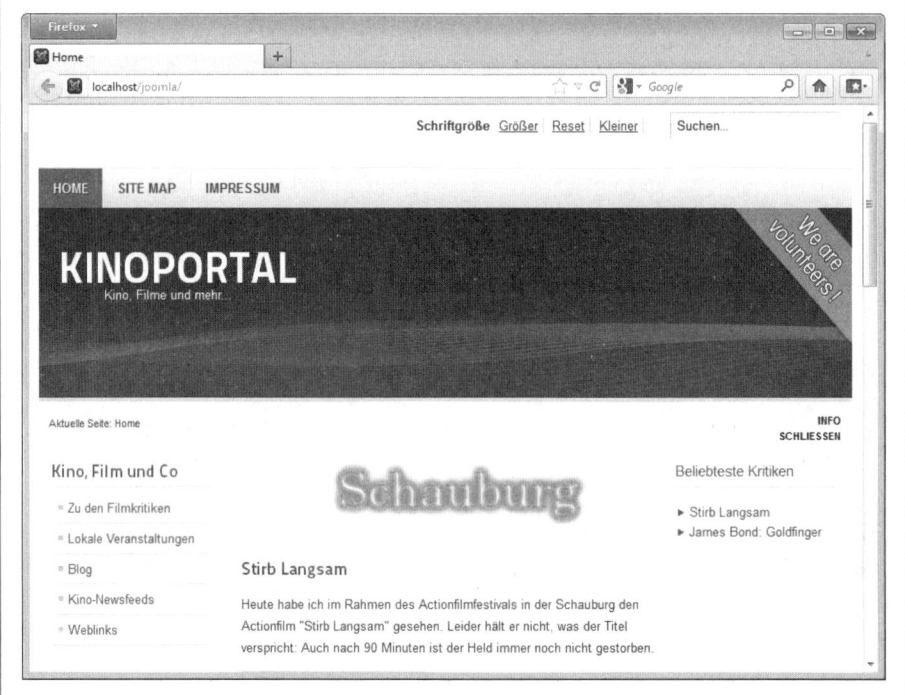

Abbildung 13-11: Das Kinoportal ohne Logo

- Man könnte auf der Festplatte das Template *Beez_20* suchen und dann das Hintergrundbild gegen ein eigenes austauschen. Das setzt allerdings nicht nur Kenntnisse in der Template-Programmierung voraus, man greift damit auch ziemlich tief in das Template ein. Im schlimmsten Fall erhält man eine zerwürfelte Homepage.

  Wenn Sie es doch probieren möchten: Wechseln Sie in das Verzeichnis *templates* Ihrer Joomla!-Installation. Dort steckt jedes Template in einem eigenen Unterverzeichnis, in dem Sie wiederum auch alle Bilder und sonstigen, grafischen Elemente finden. Diese ersetzen Sie nun einfach durch Ihre eigenen Kreationen. Beachten Sie bei solchen Tauschaktionen aber immer die Lizenzen des jeweiligen Templates.

- Man sucht im Internet nach einem fertigen, passenden Template oder lässt sich eines maßschneidern. Bei kostenlosen Exemplaren stößt man wieder auf ähnliche Probleme wie bei *Beez_20* und maßgeschneiderte haben die unangenehme Eigenschaft, die Brieftasche zu leeren.
- Man erstellt sein eigenes Template.

Letzteres setzt allerdings Kenntnisse in der Template-Programmierung voraus. Wie der gleich folgende Abschnitt zeigt, ist die aber gar nicht so schwierig. Zunächst kommen wir aber noch einmal kurz zur Möglichkeit, verschiedenen Unterseiten verschiedene Stile zu verpassen.

Verschiedene Designs auf einer Website

In einigen Fällen kann es wünschenswert sein, den Besuchern manche Unterseiten des Internetauftritts in einem anderen Stil zu präsentieren. Im Kinoportal könnte man beispielsweise das Blog gegenüber dem Rest in einem anderen Layout erstrahlen lassen. Auf diese Weise zeigt man einem Betrachter auch optisch, wo er sich gerade befindet.

Eine derartige Unterteilung erreicht man, indem man einen Stil auf nur bestimmte (Unter-)Seiten anwenden lässt. Hierzu wechseln Sie zunächst wieder über ERWEITERUNGEN → TEMPLATES in die Templateverwaltung. Überlegen Sie sich jetzt, welchen Stil Sie einigen ausgewählten Unterseiten (wie etwa dem Blog) überstülpen möchten.

Warnung   Dies darf nicht das derzeit aktive Standard-Template sein – denn dies erscheint bereits standardmäßig auf allen Seiten.

Im Kinoportal könnte man das Blog in das Olivgrün des Stils *Beez2 – Parks Site* tauchen.

Dessen Namen klicken Sie jetzt einfach an, womit Sie wieder direkt im bekannten Bearbeitungsbildschirm landen. In der linken unteren Seitenecke finden Sie einen Bereich namens MENÜZUWEISUNG. Dort markieren Sie jetzt alle Menüeinträge, deren Zielseiten mit diesem Stil dargestellt werden sollen (siehe Abbildung 13-12).

Für das Kinoportal stellen Sie jetzt sicher, dass wie in Abbildung 13-12 nur der Punkt BLOG abgehakt ist. Damit erscheint der Stil gleich nur noch auf all den Seiten, die über den Menüpunkt BLOG erreichbar sind.

Version   In Joomla! 1.5 musste man erst noch AUS LISTE AUSWÄHLEN aktivieren, was wiederum eine Liste mit allen Menüpunkten freigeschaltet hat. In dieser Liste markierte man dann bei gedrückter *Strg*-Taste alle entsprechenden Menüpunkte.

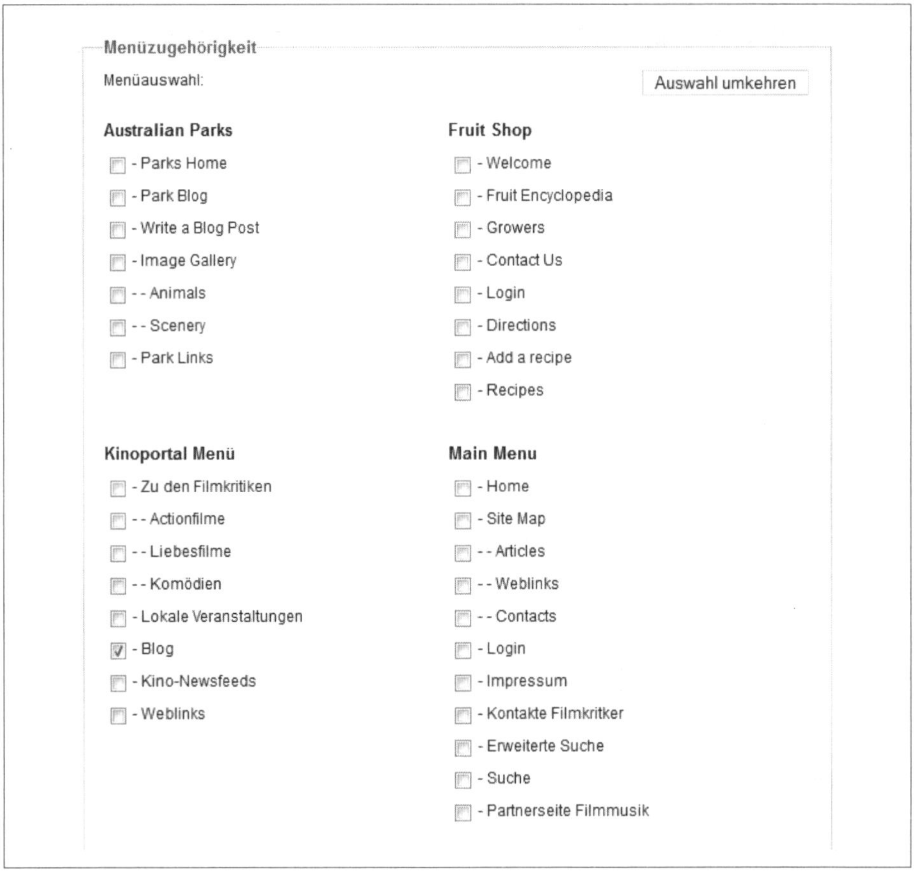

Menüzugehörigkeit

Menüauswahl: [Auswahl umkehren]

Australian Parks   **Fruit Shop**

☐ - Parks Home   ☐ - Welcome

☐ - Park Blog   ☐ - Fruit Encyclopedia

☐ - Write a Blog Post   ☐ - Growers

☐ - Image Gallery   ☐ - Contact Us

☐ - - Animals   ☐ - Login

☐ - - Scenery   ☐ - Directions

☐ - Park Links   ☐ - Add a recipe

                                             ☐ - Recipes

Kinoportal Menü   **Main Menu**

☐ - Zu den Filmkritiken   ☐ - Home

☐ - - Actionfilme   ☐ - Site Map

☐ - - Liebesfilme   ☐ - - Articles

☐ - - Komödien   ☐ - - Weblinks

☐ - Lokale Veranstaltungen   ☐ - - Contacts

☑ - Blog   ☐ - Login

☐ - Kino-Newsfeeds   ☐ - Impressum

☐ - Weblinks   ☐ - Kontakte Filmkritker

                                             ☐ - Erweiterte Suche

                                             ☐ - Suche

                                             ☐ - Partnerseite Filmmusik

Abbildung 13-12: Hier reduziert man die Darstellung eines Templates auf die abgehakten Unterseiten.

Sobald Sie die Änderungen via SPEICHERN & SCHLIESSEN übernehmen, erscheint in der Liste mit allen Stilen in der Spalte ZUGEWIESEN ein grüner Haken (siehe Abbildung 13-13). Er weist darauf hin, dass Joomla! diesen Stil auf mindestens eine Unterseite Ihres Internetauftritts anwendet.

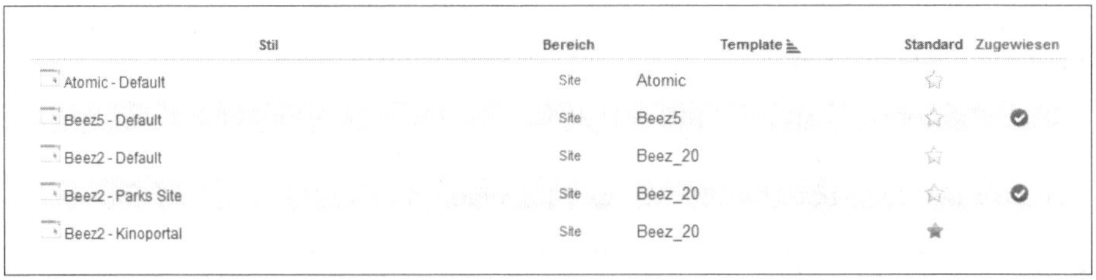

Stil	Bereich	Template ≜	Standard	Zugewiesen
Atomic - Default	Site	Atomic	☆	
Beez5 - Default	Site	Beez5	☆	✓
Beez2 - Default	Site	Beez_20	☆	
Beez2 - Parks Site	Site	Beez_20	☆	✓
Beez2 - Kinoportal	Site	Beez_20	★	

Abbildung 13-13: Der grüne Haken verrät, dass der Stil »Beez 2 – Parks Site« derzeit einige Unterseiten verschönert.

Wenn Sie jetzt in der VORSCHAU das BLOG aufrufen, erscheint es in der entsprechenden Aufmachung. Nach demselben Verfahren stülpen Sie auch den anderen Unterseiten einen anderen Stil über.

Um das Blog wieder von seinem Anstrich in Olivgrün zu befreien, klicken Sie im Administrationsbereich BEEZ2 – PARKS SITE an, entfernen im Bereich MENÜZUGEHÖRIGKEIT den Haken vor dem BLOG und speichern die Änderung wieder ab.

Ein erstes eigenes Template entwickeln

Wer in der Vielzahl der im Internet herumschwirrenden Templates nicht das Passende für die eigene Homepage findet, darf auch selbst Hand anlegen und eigene Seitenbaupläne konstruieren. Aufgrund der dabei fast unbegrenzten Gestaltungsmöglichkeiten zählt ein eigenes Template allerdings schon zur Kür.

Ein Template ist nichts anderes als eine normale Internetseite, die mit speziellen Markierungen versehen wurde. Diese kennzeichnen, an welchen Stellen Joomla! später seine eigenen Inhalte platzieren darf.

Da somit bewährte Techniken in einem Template stecken, könnte man es sogar mit einem herkömmlichen Webseiten-Editor wie zum Beispiel Dreamweaver, RapidWeaver oder Fusion erstellen. Leider kommt man selbst mit solch einer Hilfe nicht immer um nachträgliche Anpassungen herum.

Aus diesem Grund wird im weiteren Verlauf auf derartige Hilfsmittel verzichtet. Stattdessen beschreiben die nachfolgenden Abschnitte, wie man zu Fuß in kleinen Schritten zu einem individuellen Homepage-Design gelangt. Doch keine Sorge: Der Blick hinter die Kulissen enthüllt keine chaotischen Befehlswüsten oder komplizierten Konzepte. Wohin die Reise geht, zeigt Abbildung 13-14.

Dieses Beispiel ist absichtlich extrem einfach gehalten. Das Ergebnis wird die Besucher folglich nicht vom Hocker reißen. Im Gegenzug bleibt es jedoch verständlich.

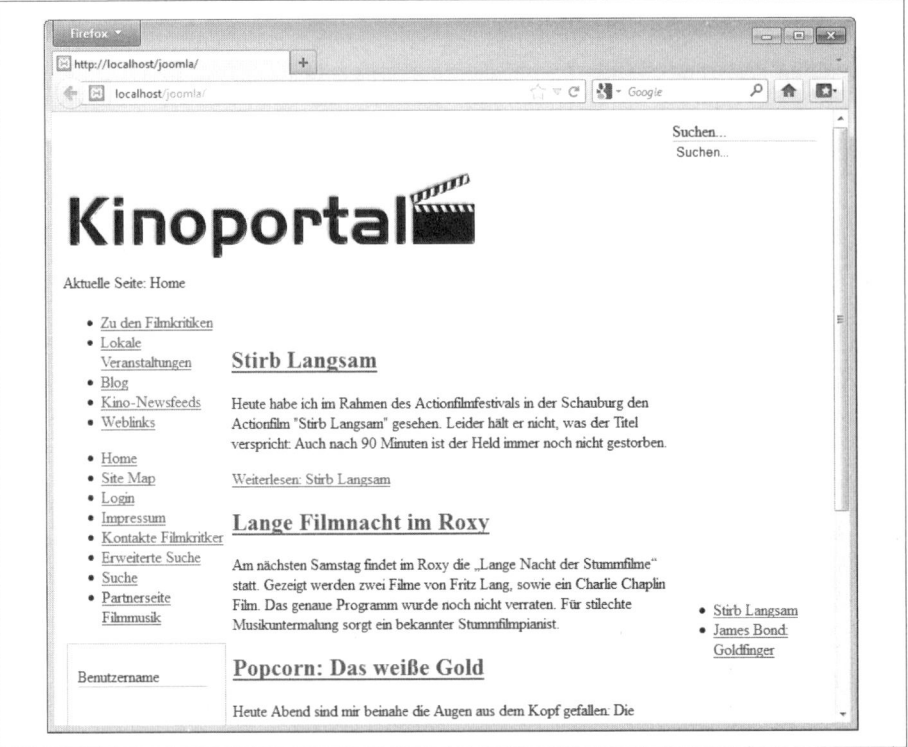

Abbildung 13-14: Die fertige Seite mit dem selbst gebastelten Template

Sofern Sie Gefallen an der Template-Entwicklung gefunden haben, können Sie es bequem als Ausgangspunkt für professionellere Ergebnisse heranziehen.

 Tipp   Alle im Folgenden entwickelten Dateien und Beispiele finden Sie auch auf der beiliegenden CD im Verzeichnis *Kapitel13*.

Das Template-Verzeichnis

Werfen Sie zunächst einen Blick in das Unterverzeichnis *templates* Ihrer Joomla!-Installation. Genau dort legt das Content-Management-System alle seine Templates nach dem Hochladen ab. Jedes Verzeichnis entspricht genau einem Template. Wechseln Sie nun in eines dieser Unterverzeichnisse, wie etwa *beez_20*. Die Dateien und Ordner, die Sie hier sehen, sind für alle Templates gleich.

Mindestens vorhanden sein müssen dabei:

- *index.php* enthält die eigentliche Vorlage.
- *templateDetails.xml* liefert wichtige Informationen und Eigenschaften des Templates, die später unter anderem auch im Administrationsbereich auftauchen.

Optional dürfen noch existieren:

- zum Template gehörende Bilder, wie beispielsweise ein großes, schickes Logo. Um die Übersicht zu behalten, sammelt man sie für gewöhnlich im Unterverzeichnis /images.

- sogenannte Stylesheets in Form von CSS-Dateien. Sie sorgen später für ein hübsches Äußeres. Den allgemeinen Template-Sitten folgend, sollten sie im Unterverzeichnis /css liegen.

- template_thumbnail.png und template_preview.png enthalten jeweils ein Vorschaubild des fertigen Templates (template_thumbnail.png besitzt vorzugsweise die Abmessungen 206 × 150 Pixel, das Bild in template_preview.png erscheint hingegen in 640 × 388 Pixeln).

Alle diese Dateien und Verzeichnisse müssen im Folgenden nacheinander erzeugt und mit Inhalten gefüllt werden. Zunächst erstellen Sie auf Ihrer Festplatte irgendwo ein neues Arbeitsverzeichnis. Um von der obigen Liste nicht abzuweichen, legen Sie in ihm anschließend noch das Unterverzeichnis images an.

Tipp   Entwickeln und testen Sie ein Template zunächst immer in einer lokalen Joomla!-
Installation. Erst wenn Sie mit dem Layout zufrieden sind, installieren Sie das Paket dann auf Ihrem richtigen Webserver. Andernfalls laufen Sie Gefahr, Ihre Besucher mit einem zerstückelten Layout zu verschrecken.

index.php ist die mit Abstand wichtigste Datei. Hierbei handelt es sich um die eingangs erwähnte Internetseite. Ihre Struktur basiert auf dem sogenannten HTML-Standard, in den der folgende Abschnitt kurz hineinschnuppert. Kenner von HTML dürfen daher ruhigen Gewissens direkt zum nächsten Abschnitt springen.

Tipp   HTML-Dateien enden für gewöhnlich auf .htm oder .html. Da in diesem Fall noch ein paar Joomla!-eigene Befehle untergemischt werden, bekommt unsere index-Datei die spezielle Endung .php.

Crashkurs HTML

Eine herkömmliche Internetseite ist nichts anderes als eine normale Textdatei. Sie enthält alle Texte, die später auf der Homepage erscheinen. Hinzu gesellen sich noch ein paar besondere Zeichenketten, die sogenannten *Tags*. Diese Befehle sagen dem Browser, um was für eine Art Text es sich handelt – ist es beispielsweise eine Überschrift, ein Absatz oder doch eine Aufzählung? Man erkennt solche Tags an ihren spitzen Klammern:

```
<h1>Stirb Langsam</h1>
```

Dieses Beispiel teilt dem Browser mit, dass der Text *Stirb Langsam* eine Überschrift ist. Mit diesem Wissen kann der Browser wiederum den Text passend formatieren.

Das h im Tag-Namen leitet sich übrigens vom englischen *Heading* ab. Der Schräg-strich vor dem zweiten h1-Tag zeigt an, dass hier die Überschrift aufhört. Da dieses Tag somit das Ende anzeigt, heißt es auch *Ende-* oder *schließendes* Tag. Analog wird der Befehl am Anfang als *öffnendes* Tag bezeichnet.

Wie die Tags aussehen und was sie bedeuten, regelt ein eigener Standard, der auf den Namen HTML hört, ein Akronym für *HyperText Markup Language*. Er wird vom World Wide Web Consortium (kurz W3C) betreut, verwaltet und regelmäßig erneuert. Wie der Bestandteil »Language« im Namen verrät, handelt es sich um eine eigene Computersprache, die allerdings auf die Auszeichnung (Markup) von Texten spezialisiert ist.

 Tipp   Die vielen von HTML bereitgestellten Tags füllen ganze Bücher. Nicht umsonst führt der Buchhändler Ihres Vertrauens gleich eine ganze Batterie solcher Schin-ken. Eine kostenlose und sehr beliebte Anlaufstelle im Internet sind die Seiten unter *http://www.selfhtml.org*.

Neben der weiter oben gezeigten Kursivschrift sind für das Beispiel-Template noch folgende Tags interessant:

- `<p>` … `</p>` markiert einen Absatz.
- `<small>` … `</small>` rahmt Lizenzinformationen, Randbemerkungen oder Text in der Fußzeile ein.
- `<h1>` … `</h1>` erzeugt eine Überschrift.
- `<h2>` … `</h2>` bis `<h5>` … `</h5>` erzeugen jeweils eine Zwischenüberschrift, die von 2 bis 5 immer »kleiner« wird, ähnlich wie bei den Kapitelüberschriften in diesem Buch (weitere Informationen hierzu finden Sie unter *http://de.selfhtml. org/html/text/ueberschriften.htm*).
- `<img src="logo.png" alt="Das Logo" >` bindet an genau dieser Stelle ein Bild mit dem Dateinamen *logo.png* ein.

Das `<img>`-Tag unterscheidet sich in gleich zweifacher Hinsicht von den anderen. Zunächst besitzt es kein schließendes Tag – denn für seine Aufgabe braucht es schlichtweg auch keins. `src=` und `alt=` sind sogenannte *Attribute*, mit denen man bestimmte Eigenschaften einstellt. In diesem Fall gibt das erste von beiden den Dateinamen für das Bild an, das zweite einen alternativen Text. Letzterer wird immer dann als Ersatz eingeblendet, wenn das Bild nicht angezeigt wird oder wer-den kann.

Jede Internetseite, die dem HTML-Standard folgt, besteht aus dem immer gleichen Grundgerüst:

```
<!DOCTYPE html>
<html>
```

```
<head> </head>
<body> Hier steht der Seiteninhalt. </body>
</html>
```

Alles, was zwischen den beiden Befehlen <html> und </html> liegt, gehört zur Internetseite. Letztere wird noch einmal in einen *Kopfteil* (alles zwischen <head> und </head>) und in den *Rumpf* (alles zwischen <body> und </body>) unterteilt. In den Kopf kommen alle Dinge, die Einstellungen oder wichtige Informationen für die Seite umfassen. Hierzu gehört beispielsweise die Information, welcher Text in der Titelleiste des Browsers erscheinen soll oder in welcher Landessprache die Texte auf der Seite geschrieben wurden. Im Rumpf folgt dann der eigentliche Inhalt der Seite. Das <!DOCTYPE html> weist darauf hin, dass es sich um ein HTML-Dokument, also eine Webseite handelt (ganz genau gesagt, folgt es dem HTML5-Standard).

Die Entwurfsskizze

Um ein Template zu erstellen, genügt es, einen Texteditor zu öffnen, dort mit gewöhnlichen HTML-Befehlen eine bunte Seite zusammenzubasteln und das Ergebnis noch mit speziellen Platzhalter-Tags für Joomla! zu spicken. Bevor Sie jetzt zu Ihrem Lieblingstexteditor greifen, sollten Sie sich in einem ersten Schritt kurz ein paar Gedanken über den gewünschten Seitenaufbau machen.

Zunächst sollten Sie sich ein ganz normales Blatt Papier und einen Stift besorgen. Darauf skizzieren Sie kurz das spätere Seitenlayout. In Abbildung 13-15 finden Sie eine solche Zeichnung für das hier angestrebte Beispiel aus Abbildung 13-14.

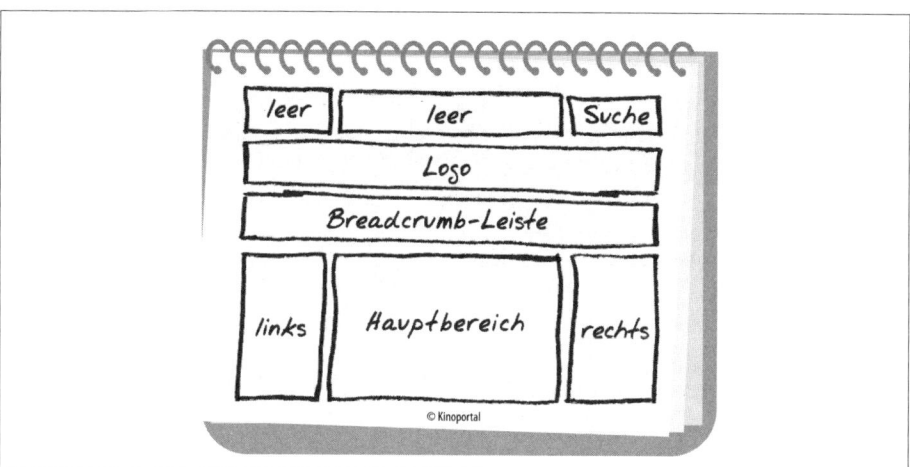

Abbildung 13-15:   Diesen Aufbau soll das Beispiel-Template haben.

In die dort abgebildeten einzelnen Kästchen darf Joomla! später seine Inhalte einhängen, wie zum Beispiel die Menüs oder das Modul für die beliebtesten Beiträge.

Eine solche Skizze erleichtert später den Zusammenbau und beugt unliebsamen Überraschungen vor. Dabei sollten Sie im Hinterkopf behalten, dass die Höhe und Breite der Bereiche je nach Inhalt variieren wird – schließlich könnte der Seitenbetreiber auf die waghalsige Idee kommen, gleich mehrere Menüs im linken Bereich zu stapeln.

Ein HTML-Grundgerüst basteln

Im nächsten Schritt darf man endlich den Texteditor aufrufen. Welchen Sie verwenden, bleibt Ihrem eigenen Geschmack überlassen, solange er Dateien in der sogenannten UTF-8-Zeichenkodierung speichert. Viele Editoren machen das von Haus aus, bei anderen muss man dies erst in einem Menü einstellen oder explizit beim Speichern der Datei angeben. Letzteres gilt beispielsweise für den in Windows mitgelieferten Editor. In ihm setzen Sie hinter DATEI → SPEICHERN UNTER ... die CODIERUNG auf UTF-8. Weitere Informationen zur UTF-8-Zeichenkodierung finden Sie im Internet unter *http://de.wikipedia.org/wiki/UTF-8* sowie *http://www.unicode.org*.

Als Ausgangspunkt für das Beispiel verwenden Sie das Grundgerüst aus Beispiel 13-1.

Beispiel 13-1: Das Grundgerüst einer HTML-Datei

```
<!DOCTYPE html>
<html>
<head> </head>
<body>

<p><small>Dies ist später die Fußzeile.</small></p>
</body>
</html>
```

Speichern Sie es unter dem Namen *index.html* in Ihrem Arbeitsverzeichnis ab – achten Sie darauf, dass die Endung zunächst noch *.html* lautet.

 **Tipp** Der Windows-Editor hängt seinen Dateien sehr gerne (zusätzlich) die Endung *.txt* an, die Windows dann auch noch vor Ihren Augen versteckt. Achten Sie daher darauf, dass die Datei wirklich *index.html* heißt. Der Explorer erkennt ihren TYP dann als *HTML-Dokument*.

Öffnen Sie die Datei anschließend in Ihrem Browser. Das Ergebnis sollte so wie in Abbildung 13-16 aussehen.

Tipp Bitte beachten Sie, dass die Darstellung im von Ihnen verwendeten Internet-Browser leicht abweichen kann. Da jeder Browser seine ganz persönlichen Eigenheiten aufweist, sollten Sie Ihre selbst erstellten Seiten auf möglichst vielen unterschiedlichen Plattformen begutachten und wenn nötig anpassen.

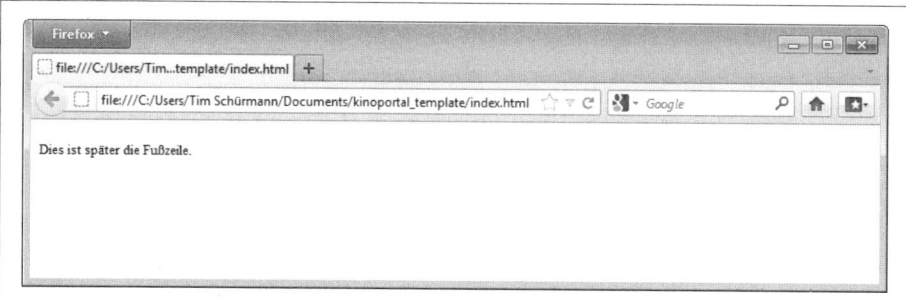

Abbildung 13-16: Die einfache HTML-Datei erscheint so im Firefox-Browser.

Sollte das ß bei Ihnen im Browser etwas kryptisch erscheinen, so verwendet dieser eine falsche Zeichenkodierung. Um das Problem zu beheben, suchen Sie im Hauptmenü des Browsers nach einer entsprechenden Einstellung. Bei Firefox werden Sie beispielsweise unter FIREFOX → WEB-ENTWICKLER → ZEICHENKODIERUNG (respektive ANSICHT → ZEICHENKODIERUNG) fündig. Wählen Sie hier UNICODE (UTF-8) aus.

Für die Grundstruktur der Seite greift das Beispiel zu einer Tabelle, deren Felder später die einzelnen Teilbereiche der Seite bilden.

Tipp

Das gewählte Vorgehen, mithilfe einer Tabelle das Layout festzulegen, fördert zwar nicht besonders die Barrierefreiheit, wurde hier aber aufgrund der Einfachheit gewählt. Wie man komplett auf Tabellen verzichtet, zeigt später noch der Abschnitt »Template-Entwicklung mit XHTML und CSS« auf Seite 572 (zusätzliche Informationen zum Thema Barrierefreiheit liefert Kapitel 16, *Barrierefreiheit*).

Zunächst muss also eine Tabelle her, die direkt hinter <body> landet:

```
<table>
</table>
```

Die Tabelle soll gemäß der Zeichnung aus Abbildung 13-15 vier Zeilen besitzen:

```
<table>
     <tr> </tr> <!-- Reihe 1 -->
     <tr> </tr> <!-- Reihe 2 -->
     <tr> </tr> <!-- Reihe 3 -->
     <tr> </tr> <!-- Reihe 4 -->
</table>
```

Alles, was zwischen <!-- und --> steht, gilt als Kommentar und wird später vom Browser ignoriert. Gemäß der Zeichnung aus Abbildung 13-15 gibt es in der ersten Reihe drei Spalten:

```
<table>
     <tr> <!-- Reihe 1 -->
        <td> </td> <!-- erste Spalte -->
        <td> </td> <!-- zweite Spalte -->
```

```
        <td> </td> <!-- dritte Spalte -->
    </tr>
    ...
```

In der zweiten Reihe gibt es nur eine Spalte. Dort findet später das Logo Platz. Das ist wiederum ein ganz normales Bild und wird über ein passendes <img>-Tag eingebunden:

```
    ...
    <tr> <!-- Reihe 2 -->
        <td colspan="3"> <!-- nur eine Spalte -->
            <img src="images/kinoportal_logo.png" alt="Das Logo" >
        </td>
    </tr>
    ...
```

In diesem Fall erwartet der Browser das Logo in einer Datei namens *kinoportal_logo.png* im Unterverzeichnis *images*.

Das eingewobene Attribut colspan="3" erzwingt, dass sich die Zeile über die gesamte Tabellenbreite erstreckt (also immer genauso breit ist wie die drei Spalten darüber, genau wie von der Skizze gefordert).

Analoges gilt für die dritte Zeile, die später die Breadcrumb-Leiste beherbergen soll:

```
    ...
    <tr> <!-- Reihe 3 -->
        <td colspan="3"> </td> <!-- wieder nur eine Spalte -->
    </tr>
    ...
```

Die vierte und letzte Zeile besitzt wieder drei Spalten:

```
    ...
    <tr> <!-- Reihe 4 -->
        <td> </td> <!-- erste Spalte -->
        <td> </td> <!-- zweite Spalte -->
        <td> </td> <!-- dritte Spalte -->
    </tr>
</table>
```

Die komplette HTML-Datei sieht dann so wie in Beispiel 13-2 aus:

Beispiel 13-2: Das Grundgerüst des Templates

```
<!DOCTYPE html>
<html>
<head> </head>
<body>
<table>
    <tr> <!-- Reihe 1 -->
        <td> </td> <!-- erste Spalte -->
        <td> </td> <!-- zweite Spalte -->
        <td> </td> <!-- dritte Spalte -->
    </tr>
```

```
      <tr> <!-- Reihe 2 -->
        <td colspan="3"> <!-- nur eine Spalte -->
          <img src="images/kinoportal_logo.png" alt="Das Logo" >
        </td>
      </tr>

      <tr> <!-- Reihe 3 -->
        <td colspan="3"> </td> <!-- wieder nur eine Spalte -->
      </tr>

      <tr> <!-- Reihe 4 -->
        <td> </td> <!-- erste Spalte -->
        <td> </td> <!-- zweite Spalte -->
        <td> </td> <!-- dritte Spalte -->
      </tr>
</table>

<p><small>(C) Kinoportal</small></p>
</body>
</html>
```

Fehlt noch das eigentliche Logo. Für das Kinoportal finden Sie ein passendes Bild auf der mitgelieferten CD im Verzeichnis *Kapitel13*. Kopieren Sie einfach die dort liegende Datei *kinoportal_logo.png* ins Unterverzeichnis *images* Ihres Arbeitsverzeichnisses.

Tipp   Achten Sie darauf, dass das Dateiformat Ihrer Bilder von jedem Browser erkannt und verarbeitet werden kann. Unproblematisch sind die Formate *png*, *gif* und *jpg*.

Das war es schon. Damit steht bereits die Grundstruktur des Templates. Wenn Sie die Datei *index.html* jetzt in einem Browser öffnen, sehen Sie außer dem Logo und der unteren Zeile noch nicht viel von der Tabelle. Damit ist es an der Zeit, dass Joomla! ihre leeren Felder mit Leben füllt.

Spezialbefehle und die Integration in Joomla!

Spezielle Befehle im Template kennzeichnen, wo Joomla! seine Module und Inhalte einfügen darf. Dabei handelt es sich nun nicht mehr um HTML-Tags, sondern um Joomla!-eigene Platzhalter, die nur an die HTML-Befehle angelehnt wurden.

Tipp   Genauer gesagt, handelt es sich um Befehle in der Auszeichnungssprache XML. Sie erlaubt die Definition von eigenen Befehlen im HTML-Stil. Doch keine Angst: Für den Entwurf eines Templates braucht man keine XML-Kenntnisse. Es genügt vollauf, wenn man weiß, welche Befehle Joomla! gegen welche seiner Elemente austauscht.

Zunächst gehört in den Kopfbereich ein Befehl, der unter anderem den Text in der Titelleiste des Browsers korrekt setzt:

```
<head>
    <jdoc:include type="head" />
</head>
```

Diese Zeile tauscht Joomla! vor der Auslieferung der fertigen Seite unter anderem gegen das `<title>`-Tag und die ganzen Meta-Daten in den `<meta>`-Tags aus.

Als Nächstes sind die Positionen dran, an denen Joomla! seine Module platzieren soll. Dies geschieht mit folgendem Befehl:

```
<jdoc:include type="modules" name="NamederPosition" />
```

Dieser Befehl besagt, dass an seiner Stelle später alle Module eingefügt werden sollen, die im Administrationsbereich an der Position mit dem Namen *NamederPosition* platziert wurden (ergänzende Informationen zu diesem Konzept finden Sie in den vorherigen Abschnitten und Kapitel 7, *Module – Die kleinen Brüder der Komponenten*).

Prinzipiell bleibt es Ihnen überlassen, welche Namen Sie für welche Position wählen. Es bietet sich jedoch an, die Namen aus dem standardmäßig von Joomla! genutzten *Beez_20*-Template zu verwenden: Damit müssen nach einem Templatewechsel nicht erst alle Module neuen Positionen zugeordnet werden.

Auf der anderen Seite haben sich mit Joomla! 1.5 ein paar Standardbezeichnungen etabliert, die immer noch viele im Internet erhältliche Templates nutzen. Dazu gehören die drei Basispositionen *top*, *left* und *right* sowie *user1* bis *user4*, *bottom* und *breadcrumb*. Es bleibt hier Ihnen überlassen, ob Sie vorhandene Positionen aufgreifen oder eigene erfinden.

 Warnung   Dies sind erst mal nur Namen für Bereiche. Ob der Bereich *left* tatsächlich auch auf der linken Seite liegt, hängt vom Template ab beziehungsweise bleibt vollständig Ihnen überlassen. Wichtig ist nur, dass der Bereich mit dem Namen *left* überhaupt existiert.

 Um es im Folgenden etwas einfacher zu haben, soll das Template für das Kinoportal einige viel genutzte Positionen des *Beez_20*-Templates übernehmen. Dazu gehören mit der *position-7* die Seitenspalte am linken Rand, mit *position-6* das Pendant rechts, die *position-0* mit der Suche am oberen Rand sowie *position-2*, in der die Breadcrumb-Leiste steckt. Im Beispiel-Template würde man gemäß der Skizze aus Abbildung 13-15 folgende Zuordnungen wählen:

```
<table>
  <tr> <!-- Reihe 1 -->
    <td> </td> <!-- erste Spalte -->
    <td> </td> <!-- zweite Spalte -->
```

```
        <td> <jdoc:include type="modules" name="position-0" /> </td> <!-- Suche -->
    </tr>

    <tr> <!-- Reihe 2 -->
        <td colspan="3"> <!-- nur eine Spalte -->
            <img src="images/kinoportal_logo.png" alt="Das Logo" >
        </td>
    </tr>

    <tr> <!-- Reihe 3 -->
        <td colspan="3"> <jdoc:include type="modules" name="position-2" />
                    </td> <!-- Breadcrumb-Leiste -->
    </tr>

    <tr> <!-- Reihe 4 -->
        <td> <jdoc:include type="modules" name="position-7" /> </td> <!-- Module links -->
        <td> <jdoc:include type="component" /> </td> <!-- Hauptbereich -->
        <td> <jdoc:include type="modules" name="position-6" /> </td>
            <!-- Module rechts -->
    </tr>
</table>
```

Den Befehl

```
<jdoc:include type="component" />
```

ersetzt Joomla! später durch die Ausgaben der gerade aktiven Komponente. In der Regel ist dies der Text eines Beitrags, also eine Filmkritik oder ein Nachrichtentext (in der mitgelieferten Beispiel-Homepage ist dies der große Bereich in der Mitte der Seite).

Neben den genannten Befehlen kennt Joomla! noch:

```
<?php echo $app->getCfg('sitename'); ?>
```

Version   In Joomla! 1.5 lautet das Pendant: X.X

```
<?php echo $mainframe->getCfg('sitename');?>
```

Er wird später auf der Homepage durch den Namen der Homepage ersetzt, wie zum Beispiel *Kinoportal*. Für das Kinoportal-Template genügen die weiter oben verwendeten Befehle.

Die fertige Datei index.php

Im vorhergehenden Abschnitt fanden HTML-fremde Elemente ihren Weg in die Internetseite. Da es nun keine reine HTML-Datei mehr ist, geben Sie ihr den von Joomla! gewünschten Dateinamen *index.php*.

Abschließend sollte man immer noch sicherstellen, dass nur Joomla! den Inhalt dieser Datei auswerten darf. Dafür sorgt der Befehl

```
<?php defined('_JEXEC') or die; ?>
```

den man in die allererste Zeile setzt. Versucht nun jemand – wie beispielsweise ein Angreifer – das Template direkt in seinem Browser zu öffnen, blockiert Joomla! dies. Damit bleibt fremden Besuchern der Einblick in den Aufbau Ihres Templates verwehrt.

Die gesamte Datei *index.php* für das Kino-Beispiel sehen Sie noch einmal in Beispiel 13-3.

Beispiel 13-3: Die erste Version des Templates für das Kinoportal

```php
<?php defined('_JEXEC') or die; ?>
<!DOCTYPE html>
<html>
<head>
  <jdoc:include type="head" />
</head>
<body>
<table>
  <tr> <!-- Reihe 1 -->
    <td> </td> <!-- erste Spalte -->
    <td> </td> <!-- zweite Spalte -->
    <td> <jdoc:include type="modules" name="position-0" /> </td> <!-- Suche -->
  </tr>

  <tr> <!-- Reihe 2 -->
    <td colspan="3"> <!-- nur eine Spalte -->
      <img src="images/kinoportal_logo.png" alt="Das Logo" >
    </td>
  </tr>

  <tr> <!-- Reihe 3 -->
    <td colspan="3"> <jdoc:include type="modules" name="position-2" /> </td>
                    <!-- Breadcrumb-Leiste -->
  </tr>

  <tr> <!-- Reihe 4 -->
    <td> <jdoc:include type="modules" name="position-7" /> </td> <!-- Module links -->
    <td> <jdoc:include type="component" /> </td> <!-- Hauptbereich -->
    <td> <jdoc:include type="modules" name="position-6" /> </td> <!-- Module rechts -->
  </tr>
</table>

<p><small>(C) Kinoportal</small></p>
</body>
</html>
```

Damit wären bereits zwei von Joomla!s Forderungen erfüllt: Es existiert die zentrale Datei *index.php*, und das Bild liegt vorschriftsmäßig im Unterverzeichnis *images*. Es fehlt somit nur noch die zweite Mindestanforderung aus dem Abschnitt »Das Template-Verzeichnis« auf Seite 554: die Datei *templateDetails.xml*.

Die Datei templateDetails.xml

Als Nächstes muss Joomla! irgendwie mitgeteilt werden, wie das Template heißt, wer der Autor ist und welche Dateien beteiligt sind. All diese Angaben sammelt die Textdatei *templateDetails.xml*. Grundsätzlich hat sie den Aufbau aus Beispiel 13-4, der dort schon mit den passenden Beispielwerten für das Kinoportal gefüllt wurde:

Beispiel 13-4: Der Inhalt der Datei »*templateDetails.xml*«

```
<?xml version="1.0" encoding="utf-8"?>
<!DOCTYPE install PUBLIC "-//Joomla! 1.6//DTD template 1.0//EN" "http://www.joomla.org/
    xml/dtd/1.6/template-install.dtd">

<extension version="2.5" type="template" client="site">

    <!-- Ein paar allgemeine Informationen über das Template: -->
    <name>kinoportal_template</name>
    <creationDate>16.02.2012</creationDate>
    <author>Tim Schürmann</author>
    <authorEmail>tischuer@yahoo.de</authorEmail>
    <authorUrl>http://www.tim-schuermann.de</authorUrl>
    <copyright>Copyright (C) 2012 Tim Schürmann, alle Rechte vorbehalten.</copyright>
    <license>GNU GPL</license>
    <version>0.1</version>
    <description>Hier steht eine Beschreibung des Templates</description>

    <!-- Alle Dateien und Verzeichnisse des Templates: -->
    <files>
        <folder>images</folder>
        <filename>index.php</filename>
        <filename>templateDetails.xml</filename>
    </files>

    <!-- Die Positionen, die das Template anbietet: -->
    <positions>
        <position>position-0</position>
        <position>position-2</position>
        <position>position-6</position>
        <position>position-7</position>
    </positions>
</extension>
```

Unter Joomla! 1.5 sah die Datei noch ein klein wenig übersichtlicher aus: X.X

```
<?xml version="1.0" encoding="iso-8859-1"?>
<install version="1.5" type="template">
    <name>kinoportal_template</name>
    <creationDate>16.02.2012</creationDate>
    <author>Tim Schuermann</author>
    <authorEmail>tischuer@yahoo.de</authorEmail>
    <authorUrl>http://www.tim-schuermann.de</authorUrl>
    <copyright>GNU GPL</copyright>
```

```
        <version>0.1</version>
        <description>Hier steht eine Beschreibung des Templates</description>
        <files>
            <filename>templateDetails.xml</filename>
            <filename>index.php</filename>
            <filename>images/kinoportal_logo.png</filename>
        </files>
    </install>
```

Joomla! verwendet erneut eigene Tags im HTML-Stil, die gemäß ihrem Namen auszufüllen sind.

 Tipp　Genau genommen handelt es sich hierbei um eine XML-Datei. Diese Auszeichnungssprache erlaubt die Definition von eigenen Tags im Stil von HTML. Mehr Informationen zu diesem Thema gibt es unter *http://www.xml.org* oder in vielen Büchern zu diesem Thema. Um Templates zu schreiben, muss man die Sprache aber nicht beherrschen.

Zwischen die Tags fügen Sie Ihre Template-Informationen ein. Am einfachsten ist es, eine bestehende Datei zu kopieren und dann den eigenen Bedürfnissen anzupassen. Dabei erscheinen alle Angaben vor `<files>` später als Information im Administrationsbereich.

Die ersten beiden kryptischen Zeilen

```
<?xml version="1.0" encoding="utf-8"?>
<!DOCTYPE install PUBLIC "-//Joomla! 1.6//DTD template 1.0//EN"
    "http://www.joomla.org/xml/dtd/1.6/template-install.dtd">
```

sind rein technischer Natur und müssen so immer vorhanden sein (XML-Kenner werden die beiden Zeilen wiedererkennen, alle anderen können sie einfach immer so gedankenlos übernehmen).

Die nächste Zeile

```
<extension version="2.5" type="template" client="site">
```

sagt Joomla!, dass es sich hierbei um ein Template (type="template") für Joomla! 2. 5 handelt. das das Aussehen der Website (client="site") verändert. (Unter Joomla! 1.5 übernahm dies noch das Tag `<install ...>`.)

Der Name des Templates gehört zwischen die `<name>`-Tags. Im Beispiel lautet der Template-Name kinoportal_template.

 **Warnung**　Den hier vergebenen Template-Namen zieht Joomla! zur Erstellung des zugehörigen Template-Verzeichnisses heran. Sofern das Content-Management-System den hier stehenden Begriff nicht direkt als Verzeichnisnamen verwenden kann, bastelt es sich kurzerhand aus den bestehenden Angaben einen eigenen. Aus diesem Grund sollten Sie dem Template immer den gleichen Namen verpassen wie dem Verzeichnis, in dem es später residiert.

Alle folgenden Angaben sind Zusatzinformationen:

`<creationDate>16.02.2012</creationDate>`
Das Erstellungsdatum des Templates. Es bleibt Ihnen überlassen, welches Datumsformat Sie verwenden. So wäre hier beispielsweise auch `Feb/16/2011` oder `02-16-2011` möglich.

`<author>Tim Schürmann</author>`
Der Autor des Templates.

`<authorEmail>tischuer@yahoo.de</authorEmail>`
Die E-Mail-Adresse des Autors. Auf diesem Weg können die späteren Anwender bei Problemen, Fragen oder Anregungen für zukünftige Versionen mit Ihnen in Kontakt treten.

`<authorUrl>http://www.tim-schuermann.de</authorUrl>`
Die Internetadresse des Autors.

`<copyright>Copyright (C) 2012 Tim Schürmann, alle Rechte vorbehalten.</copyright>`
Informationen zum Urheberrecht.

`<license>GNU GPL</license>`
Die Lizenz, unter der das Template verbreitet werden darf. In diesem Fall wurde die freie GNU General Public License gewählt (*http://www.gnu.org*). Genauso wäre aber natürlich auch eine kommerzielle Lizenz denkbar.

`<version>0.1</version>`
Die Versionsnummer des Templates. Wie schon beim Datum gibt es auch hier keine feste Vorschrift für ihren Aufbau.

`<description>Hier steht eine Beschreibung des Templates</description>`
Eine Beschreibung des Templates. Er sollte anderen Joomla!-Betreibern das Template kurz vorstellen und auf mögliche Einsatzbereiche hinweisen.

Der folgende Bereich zwischen `<files>` und `</files>` führt alle Dateien auf, die zum Template gehören. Jeder Dateiname wird dabei noch einmal zwischen `<filename>` und `</filename>` eingekesselt:

```
<filename>index.php</filename>
<filename>templateDetails.xml</filename>
```

Um sich bei vielen Dateien und Unterverzeichnissen nicht die Finger wund zu tippen, kann man ab Joomla! 1.6 auch einfach ganze Verzeichnisse einschließen:

```
<folder>images</folder>
```

Hiermit würden automatisch alle Dateien und Unterverzeichnisse im Ordner *images* zum Template gehören.

Wenn Sie später ein Paket für die Weitergabe des Templates geschnürt haben, greift Joomla! auf diese Informationen bei der Installation zurück. Nur die Dateien und Verzeichnisse, die in der Datei *templateDetails.xml* vermerkt wurden, landen später auch in ihrem zugehörigen Templateverzeichnis auf dem Webserver. Damit dort keine zerstückelte Vorlage landet, sollten Sie immer besonders gut darauf achten, dass hier restlos alle zum Template gehörenden Dateien und Verzeichnisse aufgelistet sind.

Im unteren Teil der Datei stehen zwischen <positions> und </positions> noch einmal die Namen aller Bereiche, die das Template anbietet (ohne den Bereich für die Komponente). Jeder Name wird dabei noch einmal von <position> und </position> eingekesselt:

```
<positions>
    <position>position-0</position>
    <position>position-2</position>
    <position>position-6</position>
    <position>position-7</position>
</positions>
```

 Für das Kinoportal speichern Sie jetzt Beispiel 13-4 unter dem Dateinamen *template-Details.xml* in Ihrem Arbeitsverzeichnis. Achten Sie dabei auf die Groß- und Kleinschreibung des Dateinamens.

Vorschaubilder

Im Administrationsbereich hinter ERWEITERUNGEN → TEMPLATES geben auf dem Register TEMPLATES kleine Vorschaubilder einen Ausblick auf das Layout der jeweiligen Templates. Ein Klick auf eines der Bilder holt zudem eine etwas größere Variante auf den Schirm.

Um auch für das Kinoportal-Template solch ein Vorschaubild einzubinden, schießen Sie ein Bildschirmfoto Ihrer Seite. Dieses speichern Sie einmal mit den Abmessungen von circa 200 × 150 Bildpunkten (Pixeln) in der Datei *template_thumbnail. png* und dann noch einmal in einer größeren Fassung mit circa 640 × 480 Bildpunkten (Pixeln) in der Datei *template_preview.png*. Beide Bilddateien verfrachten Sie dann in Ihr Arbeitsverzeichnis.

 Die zwei Vorschaubilder für das Kinoportal finden Sie auf der CD im Verzeichnis *Kapitel13/01_Erstes_eigenes_Template*.

 Tipp   Die Größe des Vorschaubildes ist Joomla! prinzipiell egal. Um den vorhandenen Platz im Administrationsbereich nicht zu sprengen, sollten Sie sich jedoch an den genannten Abmessungen orientieren.

 Version   Das größere der beiden Vorschaubilder *template_preview.png* kennt und nutzt Joomla! erst ab Version 1.6.

Vergessen Sie nicht, die Bilder noch in der *templateDetails.xml*-Datei anzumelden. Dazu erstellen Sie für beide einen weiteren Eintrag zwischen <files> und </files>:

```
<files>
    ...
    <filename>template_thumbnail.png</filename>
    <filename>template_preview.png</filename>
</files>
```

Template-Paket erstellen und Testlauf in Joomla!

Damit sind bereits die Minimalvoraussetzungen an ein Template erfüllt. Verpacken Sie den Inhalt Ihres Arbeitsverzeichnisses in ein ZIP-Archiv. Rufen Sie dann im Administrationsbereich von Joomla! den Menüpunkt ERWEITERUNGEN → ERWEITERUNGEN auf, wählen Sie via DURCHSUCHEN ..., das gerade zuvor erzeugte ZIP-Archiv, und lassen Sie es mit einem Klick auf HOCHLADEN & INSTALLIEREN einspielen.

Joomla! öffnet jetzt die ZIP-Datei und schaut, welche Zeichenkette zwischen den <name>-Tags steht. Diese Information verwendet es, um im Unterverzeichnis *template* der Joomla!-Installation ein Verzeichnis mit diesem Namen anzulegen. Dort hinein kopiert es alle Dateien, die im unteren Teil der Datei *templateDetails.xml* angemeldet sind, einschließlich der *templateDetails.xml* selbst.

Wenn Sie dabei eine Fehlermeldung erhalten, prüfen Sie noch einmal die exakte Schreibweise der einzelnen Dateien und des Verzeichnisses sowie den Inhalt der Datei *templateDetails.xml* auf Tippfehler.

Hat alles geklappt, taucht das neue Kinoportal-Template in der Liste hinter ERWEITERUNGEN → TEMPLATES auf. Wie Abbildung 13-17 zeigt, hat Joomla! sogar schon einen passenden Stil angelegt.

	Stil	Bereich	Template ≞
☐	Atomic - Default	Site	Atomic
☐	Beez5 - Default	Site	Beez5
☐	Beez2 - Default	Site	Beez_20
☐	Beez2 - Parks Site	Site	Beez_20
☐	Beez2 - Kinoportal	Site	Beez_20
☐	kinoportal_template - Standard	Site	Kinoportal_template
☐	Phoca_Maloo - Standard	Site	Phoca_maloo

Abbildung 13-17: Das selbst erstellte Template taucht zwischen seinen Kollegen auf.

Machen Sie den Stil zum Standard-Stil (indem Sie das Kästchen des KINOPORTAL_ TEMPLATES ankreuzen und dann auf STANDARD klicken). In der VORSCHAU erstrahlt dann die eigene Website im selbst gestrickten und derzeit noch etwas minimalistischen neuen Template (siehe Abbildung 13-18).

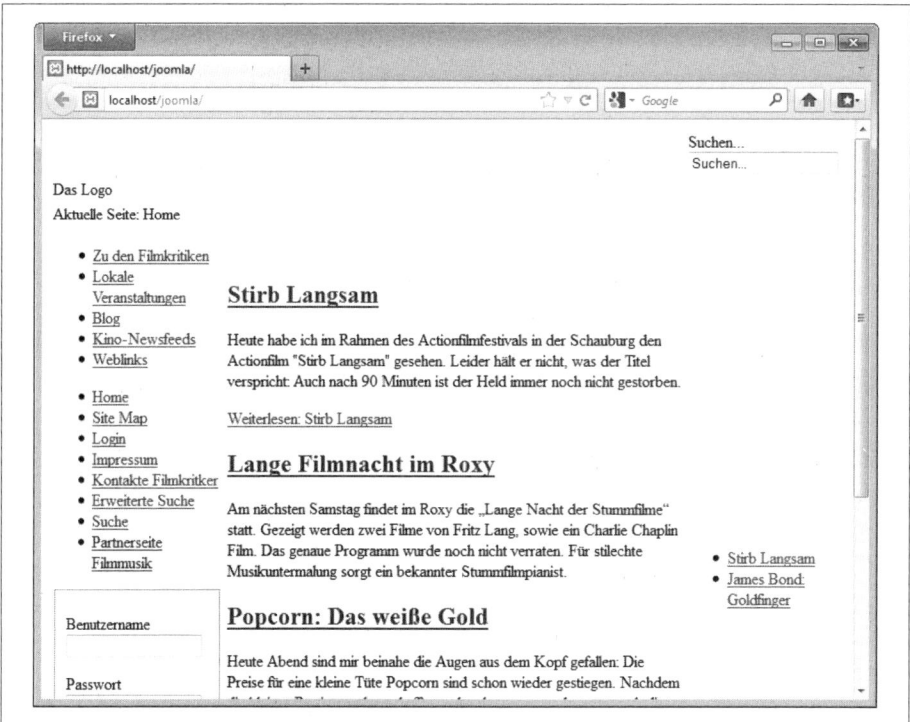

Abbildung 13-18: Das eigene Template in der Vorschau

Erstaunlicherweise fehlt das Logo: Links oben in der Ecke erscheint nur sein Ersatztext. Dies liegt daran, dass die Pfadangabe nicht stimmt. Joomla! verlangt bei Verzeichnisnamen immer den kompletten Pfad. Stellen Sie daher dem Dateinamen *images/kinoportal_logo.png* noch den Platzhalter `<?php echo $this->baseurl ?>` voran. Ihn ersetzt Joomla! durch den Pfad zur Joomla!-Installation. Diesem müssen dann noch das Verzeichnis *templates* sowie `<?php echo $this->template ?>` folgen. Diesen zweiten Platzhalter ersetzt Joomla! durch den Namen des Templates – und somit auch gleichzeitig durch den Verzeichnisnamen des Templates. Komplett sieht das Ganze dann wie folgt aus:

```
<img src="<?php echo $this->baseurl ?>/templates/<?php echo $this->template ?>/
    images/kinoportal_logo.png" alt="Das Logo" >
```

 Tipp

Sie hätten selbstverständlich auch den ganzen Pfad zur Datei *kinoportal_logo. png* direkt eintippen können. Was würde jedoch passieren, wenn Sie irgendwann den Namen des Templates ändern oder Joomla! in einem anderen Verzeichnis installieren möchten? In diesem Fall müssten Sie nicht nur die Datei *templateDetails.xml* anpassen, sondern auch alle anderen Dateien durchgehen und dort die (Verzeichnis-)Namen austauschen. Allein schon aus diesem Grund sollte man Informationen niemals »fest verdrahten«, sondern auf die entsprechenden Joomla!-Befehle zurückgreifen.

Da es sich nur um eine marginale Änderung handelt, können Sie ausnahmsweise auch die Datei *index.php* direkt im Template-Verzeichnis modifizieren. Wenn Sie der Schnellinstallationsanleitung aus Kapitel 2, *Installation* gefolgt sind, öffnen Sie also unter

- Windows die Datei *c:\xampp\htdocs\joomla\templates\kinoportal_template/ index.php*, unter
- Linux die Datei */opt/lampp/htdocs/joomla/templates/kinoportal_template/ index.php* und unter
- Mac OS X die Datei */Programme/XAMPP/xamppfiles/htdocs/joomla/templates/ kinoportal_template/index.php*.

Darin tauschen Sie die Zeile `<img ...>` gegen die obige modifizierte Zeile aus. Wenn Sie die Änderungen speichern und dann die Vorschau Ihrer Website neu laden, sollte wie in Abbildung 13-19 das Logo auftauchen.

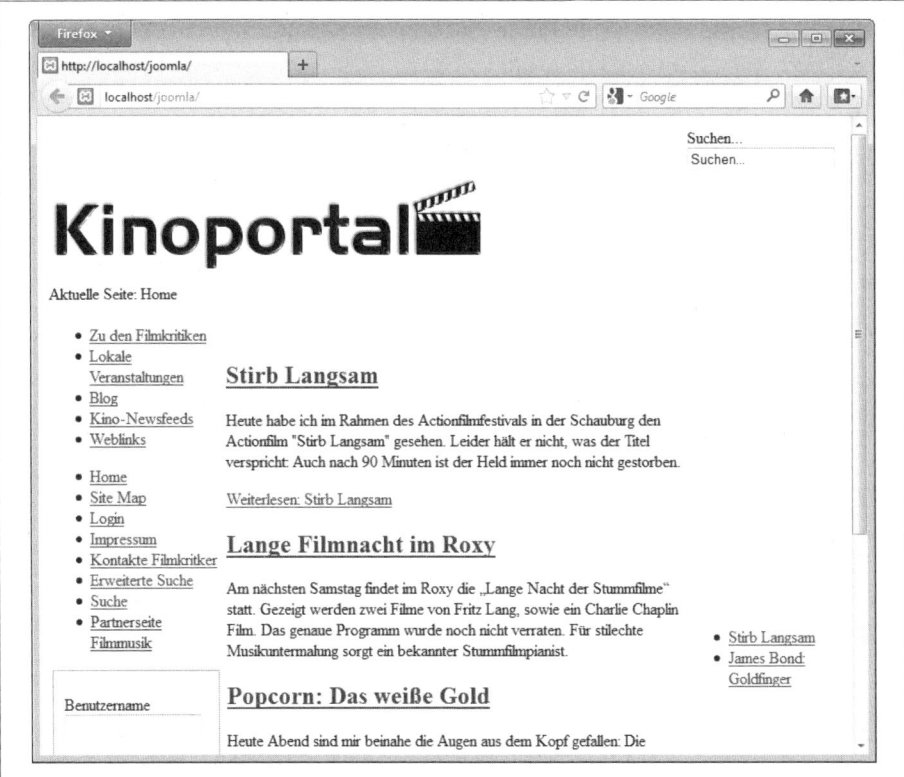

Abbildung 13-19: Und so klappt's auch mit dem Logo.

In Abbildung 13-20 wurden die einzelnen Tabellenzellen noch eingefärbt. Hierdurch wird die Struktur der Seite sehr gut sichtbar.

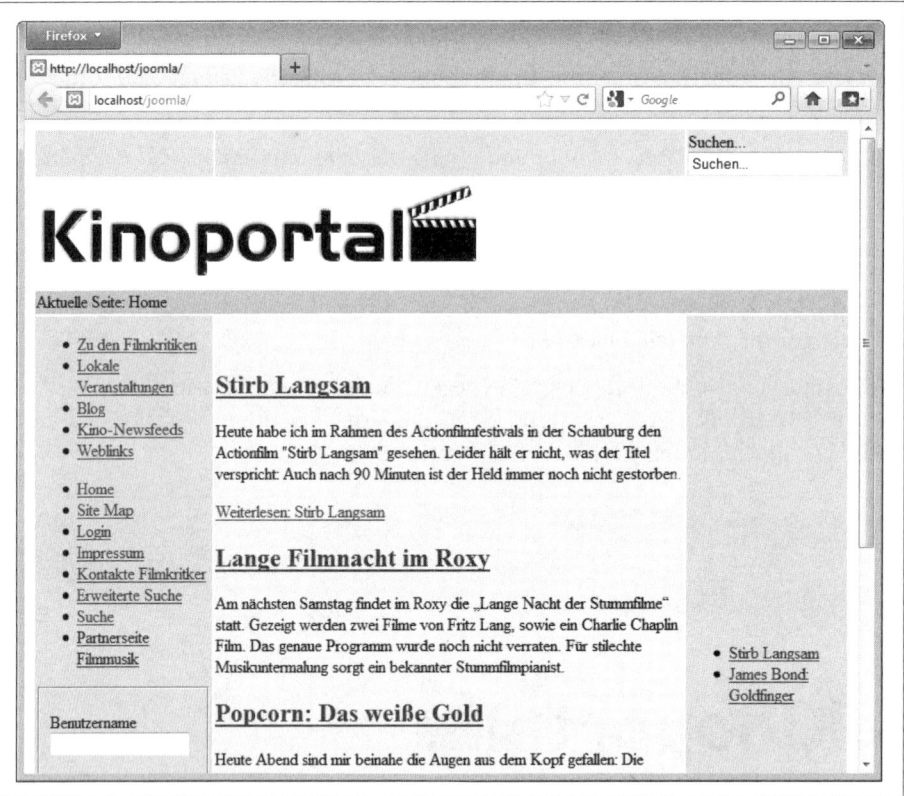

Abbildung 13-20: Hier wurden zur Anschauung die Tabellenzellen eingefärbt.

Vergessen Sie nicht, die veränderte Datei *index.php* in Ihr Arbeitsverzeichnis zu kopieren – denn dort geht es in den folgenden Abschnitten noch einmal weiter.

Template-Entwicklung mit XHTML und CSS

Die zur Verfügung stehenden HTML-Befehle sind nicht besonders üppig, weshalb das Ergebnis noch etwas nackt aussieht. Zudem zwangen die mangelnden Gestaltungsmöglichkeiten dazu, für die Formatierung eine Tabelle zu missbrauchen. Letztere sollten eigentlich immer nur für das verwendet werden, wofür die HTML-Väter sie auch erschaffen hatten – nämlich zur Darstellung von Tabellen.

Nach dem Prinzip der Formatvorlagen – wie Sie sie vielleicht von Ihrer Textverarbeitung her kennen – entwickelte das W3C zunächst die *Cascading Style Sheets*, kurz CSS. Diesem Standard folgend, erstellt man zunächst ein sogenanntes Stylesheet, das aus einer oder mehreren Textdateien besteht. Die darin abgelegten Regeln sagen dem Browser, wie er welches Element in der HTML-Datei auf dem Bildschirm darzustellen hat.

Tipp
Die Auslagerung der Layout-Beschreibung in eine oder mehrere externe Dateien
hat den Vorteil, dass ältere oder spezielle Browser (wie beispielsweise für Mobilte-
lefone oder Handhelds) sie einfach ignorieren können. Auf diese Weise sieht der
Besucher zwar nicht das schicke Design, erhält aber immerhin noch Zugang zu
den eigentlichen Informationen.

Bei den HTML-Standards herrschte bis vor einiger Zeit noch ein kleines Durchein-
ander. Nachdem das W3C die Version 4.01 veröffentlicht hatte, begann man
HTML etwas aufzuräumen. Die so entstandene HTML-Variante erhielt den Namen
XHTML. Das W3C wollte anschließend eigentlich dieses XHTML weiterentwi-
ckeln, was jedoch vor allem einige Browser-Hersteller boykottierten. Nach einigem
Hin und Her gab das W3C schließlich nach, ließ XHTML fallen und werkelt seit-
dem an einer überarbeiteten Fassung des HTML-Standards namens HTML5. Zum
Zeitpunkt der Drucklegung dieses Buches war dieser Standard zwar noch nicht endgültig fertig, wurde aber im Internet schon fleißig verwendet – allen voran von
Google. Obwohl es somit abzusehen ist, dass HTML5 der neue Standard wird, verwenden die meisten und insbesondere die offiziellen Joomla!-Templates immer
noch das alte XHTML.

In Joomla!-Templates gibt also eine XHTML-Datei den Grundaufbau des Templates vor, während ein oder mehrere Stylesheets die Formatierung übernehmen.

Tipp
Auch hier stößt man wieder auf die Trennung von Inhalt und Layout: Die XHTML-
Datei nimmt die Inhalte auf (in diesem Fall die Angaben, wo welche Module
erscheinen sollen), die ein Stylesheet dann formatiert.

Die folgenden Abschnitte zeigen deshalb, wie man das bestehende Kinoportal-Tem-
plate in XHTML umwandelt und via CSS hübsch formatiert. Dazu deinstallieren Sie
zunächst das Kinoportal-Template, indem Sie im Administrationsbereich ERWEITE-
RUNGEN → TEMPLATES aufrufen, einen beliebigen anderen Stil ankreuzen (wie etwa
BEEZ2 – DEFAULT), dann auf STANDARD klicken, ERWEITERUNGEN → ERWEITERUN-
GEN aufrufen, zum Register VERWALTEN wechseln, ein wenig warten, unter – TYP
WÄHLEN – den Punkt TEMPLATE einstellen, in der Liste das KINOPORTAL_TEMPLATE
abhaken und auf DEINSTALLIEREN klicken.

Tipp
Das wiederholte Installieren und Deinstallieren ist leider während der Template-
Entwicklung notwendig – Sie werden diese Prozedur im Folgenden daher noch
häufiger durchführen. Unter Joomla! 1.5 konnten Sie (fast) alle Änderungen auch
noch direkt im installierten Template vornehmen (wie im vorherigen Abschnitt
»Template-Paket erstellen und Testlauf in Joomla!«). Ab Joomla! 1.6 ist dies aufgrund des leicht veränderten Installationsmechanismus nur noch in Ausnahmefällen möglich.

Wenden Sie sich jetzt wieder Ihrem Arbeitsverzeichnis zu.

XHTML verwenden

XHTML ist weitestgehend mit HTML identisch, räumt aber mit ein paar (fehlerträchtigen) Freiheiten auf:

- Alle Tags müssen nun zwangsweise kleingeschrieben werden. Wo unter HTML `<table>`, `<Table>` und `<TABLE>` das Gleiche bedeuten, ist unter XHTML nur noch `<table>` erlaubt.

- Wenn ein Tag nur aus einer öffnenden Variante besteht, muss man dies mit einem expliziten Schrägstrich vor der zweiten spitzen Klammern kennzeichnen. Aus `<img ... >` wird in XHTML somit `<img ... />`.

- Sofern ein Tag Attribute enthält, müssen diese nun immer in Anführungszeichen gesetzt sein. Anstelle von `<img src=logo.png />` muss jetzt `<img src="logo.png" />` geschrieben werden.

- In einigen Fällen darf man in HTML das schließende Tag verbummeln. Dies ist in XHTML nicht erlaubt: Zu jedem öffnenden Tag muss es auch ein schließendes geben.

Damit wären bereits die wichtigsten Unterschiede genannt.

 Tipp Tatsächlich ist XHTML nichts anderes als eine Neuformulierung von HTML 4.01 in XML. Erst das wenig gebräuchliche XHTML 1.1 schneidet einige alte Zöpfe ab. Wer sich für die Hintergründe und den Werdegang von (X)HTML interessiert, der sollte einen Blick auf den XHTML-Standard unter *http://www.w3.org/TR/xhtml1/* und die häufig gestellten Fragen unter *http://www.w3.org/MarkUp/2004/xhtml-faq.html* werfen. Für die folgenden Schritte genügt die vereinfachte Vorstellung, dass XHTML eine aufgeräumte Variante von HTML darstellt.

Wie ein Blick in die Datei *index.php* (oder Beispiel 13-3) beweist, folgt das bisherige Kinoportal-Template erfreulicherweise auch dem XHTML-Standard. Lediglich das `<img ...>`-Tag müssen Sie noch in ein XHTML-konformes Pendant umwandeln:

```
<img src="<?php echo $this->baseurl ?>/templates/<?php echo $this->template ?>/
    images/kinoportal_logo.png" alt="Das Logo" />
```

Um dem Browser mitzuteilen, dass es sich ab sofort um ein XHTML-Dokument handelt, tauschen Sie noch die Zeile

```
<!DOCTYPE html>
```

gegen dieses etwas kryptisch anmutende Monster aus:

```
<!DOCTYPE html PUBLIC "-//W3C//DTD XHTML 1.0 Transitional//EN" "http://www.w3.org/
    TR/xhtml1/DTD/xhtml1-transitional.dtd">
```

Für alle folgenden Schritte müssen Sie nicht genau wissen, wie der obige Befehl aufgebaut ist. Stellen Sie ihn sich einfach als feststehenden Begriff vor, der zu Beginn jeder Datei mit XHTML-Befehlen auftauchen muss.

Aktuelle Sprache einbinden

Als Nächstes teilt man dem Browser mit, in welcher Sprache die Texte der Seite geschrieben wurden. Der Browser kann dann beispielsweise eine passende Schriftart wählen und alle Umlaute korrekt anzeigen. In welcher Landessprache Joomla! derzeit seine Seiten ausspuckt, verrät der folgende Befehl:

```
<?php echo $this->language; ?>
```

Ihn baut man gemäß der dafür geltenden XHTML-Regeln in das öffnende `<html>`-Tag ein:

```
<html xmlns="http://www.w3.org/1999/xhtml" xml:lang="<?php echo $this->language; ?>"
    lang="<?php echo $this->language; ?>" >
```

Auch hier können Sie einfach wieder das bisherige `<html>` durch diese kryptische Zeile ersetzen.

Tabellen entfernen

Bislang verwendet das Kinoportal-Beispiel immer noch eine Tabelle, um die einzelnen Bestandteile der Homepage hübsch zu drapieren. Für diese Aufgabe sind Tabellen jedoch eigentlich nicht geschaffen. Das merkt man recht deutlich, sobald man etwas komplexere Layouts erschaffen möchte. Folglich sollte man Tabellen aus dem Layout verbannen und sie nur noch für die Darstellung von echten Tabellen heranziehen.

Tipp Der Verzicht auf Tabellen bei der Formatierung hat noch einen weiteren Vorteil: Stellen Sie sich einen erblindeten Menschen vor, der sich eine Internetseite über ein Spezialprogramm vorlesen lässt. Diese Hilfe kann nicht wissen, ob es sich um eine normale Tabelle oder um das Gerüst für das Layout handelt. Folglich liest sie jede Zeile und jede Spalte als solche vor. Im schlimmsten Fall verwirrt dies den Besucher. Weitere Informationen zum Thema Barrierefreiheit finden Sie in Kapitel 16, *Barrierefreiheit*.

Um auch ohne Tabellen den Aufbau der Seite beschreiben zu können, braucht man ein paar Ersatz-Tags. Im Befehlsrepertoire von HTML existiert ein normalerweise vollkommen unnützes Tag namens `<div>`. Es macht überhaupt nichts, außer andere Elemente (logisch) zu gruppieren. Die in wenigen Schritten auftauchenden Cascading Style Sheets sind jedoch in der Lage, auch einem `<div>`-Tag ein grafisches Leben auf dem Bildschirm einzuhauchen. Bevor es aber so weit ist, müssen erst einmal alle Tabellen-Tags durch `<div>`s ersetzt werden. Damit ergibt sich die *index.php* aus Beispiel 13-5.

Beispiel 13-5: Die Datei »index.php« ohne Tabellen

```
<?php defined('_JEXEC') or die; ?>
<!DOCTYPE html PUBLIC "-//W3C//DTD XHTML 1.0 Transitional//EN" "http://www.w3.org/TR/
    xhtml1/DTD/xhtml1-
transitional.dtd">
<html xmlns="http://www.w3.org/1999/xhtml" xml:lang="<?php echo $this->language; ?>"
    lang="<?php echo $this->language; ?>" >
<head>
  <jdoc:include type="head" />
</head>
<body>
<div>
  <div> <!-- Reihe 1 -->
    <div> </div> <!-- erste Spalte -->
    <div> </div> <!-- zweite Spalte -->
    <div> <jdoc:include type="modules" name="position-0" /> </div> <!-- Suche -->
  </div>

  <div> <!-- Reihe 2 -->
    <div colspan="3"> <!-- nur eine Spalte -->
      <img src="<?php echo $this->baseurl ?>/templates/<?php echo $this->template ?>
              /images/kinoportal_logo.png" alt="Das Logo" />
    </div>
  </div>

  <div> <!-- Reihe 3 -->
    <div colspan="3"> <jdoc:include type="modules" name="position-2" /> </div>
        <!-- Breadcrumb-Leiste -->
  </div>

  <div> <!-- Reihe 4 -->
    <div> <jdoc:include type="modules" name="position-7" /> </div> <!-- Module links -->
    <div> <jdoc:include type="component" /> </div> <!-- Hauptbereich -->
    <div> <jdoc:include type="modules" name="position-6" /> </div> <!-- Module rechts -->
  </div>
</div>

<p><small>(C) Kinoportal</small></p>
</body>
</html>
```

Ganz schön unübersichtlich. Ohne die Kommentare und Einrückungen wüsste man überhaupt nicht mehr, was die Zeilen und was die Spalten sind.

Glücklicherweise darf man jedem <div> noch über das Attribut class einen Namen verpassen. (Warum das Attribut ausgerechnet class und nicht name heißt, klärt sich gleich in zwei weiteren Schritten.)

Und wo man schon mal dabei ist, kann man auch gleich noch die leeren und somit eigentlich nutzlosen Tags über Bord werfen. Beispiel 13-6 zeigt das Ergebnis.

Beispiel 13-6: Die benannten <div>s

```php
<?php defined('_JEXEC') or die; ?>
<!DOCTYPE html PUBLIC "-//W3C//DTD XHTML 1.0 Transitional//EN" "http://www.w3.org/TR/
    xhtml1/DTD/xhtml1-
transitional.dtd">
<html xmlns="http://www.w3.org/1999/xhtml" xml:lang="<?php echo $this->language; ?>"
  lang="<?php echo $this->language; ?>" >
<head>
  <jdoc:include type="head" />
</head>
<body>

<div class="tabelle">

   <!-- Reihe 1 -->
   <div class="suche">
      <jdoc:include type="modules" name="position-0" /> <!-- Suche -->
   </div>

   <!-- Reihe 2 -->
   <div class="logo">
      <img src="<?php echo $this->baseurl ?>/templates/<?php echo $this->template ?>
             /images/kinoportal_logo.png" alt="Das Logo" />
   </div>

   <!-- Reihe 3 -->
   <div class="breadcrumb">
      <jdoc:include type="modules" name="position-2" /> <!-- Breadcrumb-Leiste -->
   </div>

   <!-- Reihe 4 -->
   <div class="inhalte">
      <div class="links"> <jdoc:include type="modules" name="position-7" /> </div>
         <!-- Module links -->
      <div class="hauptbereich"> <jdoc:include type="component" />
                       </div> <!-- Hauptbereich -->
      <div class="rechts"> <jdoc:include type="modules" name="position-6" /> </div>
         <!-- Module rechts -->
   </div>
</div> <!--Ende Tabelle -->

<div class="fusszeile"><p><small>(C) Kinoportal</small></p></div>
</body>
```

Das wirkt doch schon wesentlich aufgeräumter und sogar lesbarer als die alte Tabelle. Beachten Sie, dass auch die Fußzeile mit einem <div> eingekesselt wurde.

Speichern Sie das Ergebnis ab. Würden Sie das modifizierte Template jetzt installieren, erhielten Sie das recht ernüchternde Ergebnis aus Abbildung 13-21.

Offensichtlich werden alle Bestandteile der Seite einfach untereinandergehängt. Dieses Ergebnis war jedoch zu erwarten – schließlich sind alle <div>-Tags wirkungslos.

Abbildung 13-21: Das Template nach der Umstellung auf `<div>`s

Da der Browser sie folglich ignoriert, bleiben auf dem Bildschirm die aneinanderge-reihten Joomla!-Inhalte übrig.

Das style-Attribut nutzen

Abbildung 13-22 wirft mit der Seitenquelltext-Ansicht des Firefox-Browsers einen Blick hinter die Kulissen. Sie zeigt einen Ausschnitt der fertig ausgelieferten Seite mit ihren HTML-Befehlen.

Dort sehen Sie das Ergebnis nach der Ersetzung der Platzhalter durch Joomla!, wobei sich das Content-Management-System nicht besonders um Lesbarkeit bemüht: Unter dem Kommentar `<-- Reihe 4 -->` finden Sie das selbst vorgegebene `<div class="links">`. Danach fehlt der Befehl:

```
<jdoc:include type="modules" name="position-7" />
```

Abbildung 13-22: Die Seitenquelltext-Ansicht im Firefox-Browser

Dessen Platz nehmen nun die Menüs ein. Darunter folgen die Felder für die Benutzeranmeldung (BENUTZERNAME und PASSWORT nebst ihren Kolleginnen).

Während die Menüs ihre Punkte in Form einer einfachen Liste ausgeben (Tag <ul>),
stecken die Inhalte der Benutzeranmeldung in einem Formular (<form>).

Diese Ausgaben kann man noch in bestimmtem Rahmen beeinflussen: Der Platz-
halter-Befehl <jdoc:include type="modules" … /> aus der *index.php* besitzt ein optio-
nales, drittes Attribut namens style. Es bestimmt, auf welche Weise die Ausgaben
aller hier erscheinenden Module in die Homepage eingebettet werden. Ein

```
<jdoc:include type="modules" name="position-7" style="xhtml" />
```

sorgt beispielsweise dafür, dass Joomla! die unter position-7 platzierten Module
XHTML-konform zwischen ein <div> und </div> setzt und dabei jeweils auch noch
den Titel des Moduls mit ausgibt (vorausgesetzt, man hat dem Modul im Administrationsbereich erlaubt, seinen Titel preiszugeben).

In den Anführungsstrichen von style dürfen dabei folgende Werte stehen:

table

Die an dieser Position platzierten Module verpackt Joomla! jeweils in eine
eigene (HTML-) Tabelle:

```
<table cellpadding="0" cellspacing="0" class="moduletable">
<tr>
    <th valign="top">Titel des Moduls</th>
</tr>
<tr>
    <td>
       Hier folgt das eigentliche Modul
    </td>
</tr>
</table>
```

Da diese Variante nicht barrierefrei ist, sollten Sie am besten auf sie verzichten.

horz

Alle Module an dieser Position packt Joomla! in zwei ineinander verschachtelte
Tabellen, wobei die äußere Tabelle wiederum nur aus einer Zeile besteht:

```
<table cellspacing="1" cellpadding="0" border="0" width="100%">
<tr>
<td valign="top">
    <table cellpadding="0" cellspacing="0" class="moduletable">
    <tr>
       <th valign="top">Titel des Moduls</th>
    </tr>
    <tr>
       <td>
          Hier folgt das eigentliche Modul
       </td>
    </tr>
    </table>
</td>
</tr>
</table>
```

Auf diese Weise lassen sich die Module recht einfach horizontal anordnen.

xhtml

Die an dieser Position platzierten Module landen ausschließlich in <div>-Tags
und nicht mehr in einer Tabelle. Den Titel des Moduls kennzeichnet Joomla!
dabei als eine Überschrift dritten Ranges:

```
<div class="moduletable">
    <h3>Titel des Moduls</h3>
    Hier folgt das eigentliche Modul
</div>
```

rounded

Die an dieser Position platzierten Module werden jeweils durch gleich mehrere
<div>-Tags eingerahmt. Auf diese Weise kann man beispielsweise über entspre-
chende CSS-Regeln runde Ecken einbauen:

```
<div class="module">
    <div>
        <div>
            <div>
                <h3>Titel des Moduls</h3>
                Hier folgt das eigentliche Modul
            </div>
        </div>
    </div>
</div>
```

outline

Ähnelt xhtml, regt aber Joomla! an, für jedes Modul Zusatzinformationen preiszugeben. Das Ergebnis sieht ähnlich wie die Template-Vorschau im Administrationsbereich aus (ERWEITERUNGEN → TEMPLATES, auf das Register TEMPLATE wechseln und dann VORSCHAU anklicken, siehe auch Abbildung 13-1 auf Seite 538). Dieser Stil kann in der Erstellungsphase eines Templates helfen, sollte aber niemals auf der späteren Website erscheinen.

Im Gegensatz zu den anderen Punkten werden die hier platzierten Punkte nicht noch einmal durch zusätzliche Tags eingerahmt. Folglich erscheinen hier nur die »reinen« Inhalte der Module. Dies ist auch die Standard-Einstellung, wenn das Attribut style="..." fehlt.

style sorgt also dafür, dass eine der oben aufgeführten HTML-Umgebungen um die Ausgabe eines jeden Moduls gelegt wird.

Da für das Kinoportal-Template keine Tabellen zur Formatierung erwünscht sind, verpassen Sie allen Platzhaltern der Form <jdoc:include type="modules" … > das zusätzliche Attribut style="xhtml".

Warnung   style bestimmt nur, in welche Tags die einzelnen Module eingefasst werden. Die eigentlichen Inhalte und Ausgaben der Module bleiben davon unberührt. So packt beispielsweise das Modul für die Benutzeranmeldung (*Login Form*) auch weiterhin alle möglichen Optionen in ein Formular (Tag <form>) – komme, was da wolle. Erst mit den später noch vorgestellten sogenannten Template Overrides können Sie auch hier eingreifen.

Tipp   Die obige Liste mit den vorgegebenen Einfassungen dürfen Sie noch um eigene erweitern. Wie das genau funktioniert, zeigt später noch der Abschnitt »Module Chrome« auf Seite 612.

Damit wäre die *index.php* komplett, und es kann endlich mit der Gestaltung des eigentlichen Layouts weitergehen.

CSS-Crashkurs

Ein Stylesheet ist eine (separate) Textdatei, die mehrere Formatierungsregeln enthält. Letztere beschreiben, wie die einzelnen Bestandteile der Homepage auf dem Bildschirm erscheinen sollen.

Auch die Cascading Style Sheets füllen wieder ganze Bände. Daher finden Sie in diesem Abschnitt nur einen kleinen Schnelleinstieg. CSS-Kenner können ihn überspringen und direkt mit dem nächsten Abschnitt fortfahren. Falls Sie tiefer in die Möglichkeiten von CSS eintauchen möchten, empfiehlt sich ein Blick auf *http://de.selfhtml.org/* oder ein Gang in die Buchhandlung Ihres Vertrauens.

Als Erstes überlegt man sich, welchem Element man auf der Homepage ein neues Aussehen verpassen möchte. Für den Einstieg soll zunächst nur die Schriftart aller Texte geändert werden.

Jetzt sucht man in der XHTML-Datei nach den Tags, die das entsprechende Element einrahmen. Alle Texte liegen offensichtlich irgendwo zwischen <body> und </body>.

Für das so gefundene Tag erstellt man im Stylesheet eine neue Regel in der Form:

```
tagname
{
}
```

Der tagname war im Beispiel body, wobei man hier die spitzen Klammern weglässt.

In den geschweiften Klammern beschreibt man nun das Aussehen. Für eine Änderung der Schriftart ist im Beispiel nur eine weitere kleine Zeile notwendig:

```
body
{
        font-family: Helvetica,Arial,sans-serif;
}
```

Die so entstandene Regel weist den Browser an, alle Texte im <body> des Templates in einer der angegebenen Schriftarten zu formatieren – hier vorzugsweise *Helvetica*. Sollte diese nicht auf dem System des Besuchers verfügbar sein, wählt der Browser stattdessen *Arial*. Fehlt auch sie, soll er zu irgendeiner serifenlosen Schrift greifen.

Ganz allgemein folgen auf das Element, dessen optische Attribute geändert werden sollen (in diesem Fall body, also die gesamte Seite), eine sich öffnende geschweifte Klammer, dann alle veränderten Eigenschaften (in diesem Fall nur font-family, also die Schriftart) und schließlich wieder eine schließende, geschweifte Klammer.

Damit der Browser weiß, wo die Angabe einer Eigenschaft endet und wo die nächste beginnt, setzt man noch ein Semikolon an das Ende der jeweiligen Zeilen.

Stylesheet einbinden

Erstellen Sie in Ihrem Arbeitsverzeichnis ein weiteres Unterverzeichnis *css*. Darin speichern Sie die obige Regel (body { ... } in einer Textdatei namens *template.css*. Damit der Browser weiß, dass er das Stylesheet verwenden soll, melden Sie es anschließend noch im Kopf (also zwischen <head> und </head>) der *index.php* an:

```
<link rel="stylesheet" href="<?php echo $this->baseurl ?>/templates/<?php echo
    $this->template ?>/css/template.css" type="text/css" />
```

Mit diesem Befehl aktiviert Joomla! das Stylesheet und verwendet ab sofort die gewünschte Schriftart.

Neben Ihrem eigenen Stylesheet können Sie zusätzlich noch das in Joomla! mitgelieferte Standard-Stylesheet via

```
<link rel="stylesheet" href="<?php echo $this->baseurl ?>/templates/system/css/
general.css" type="text/css" />
```

einbinden. In ihm lagern ein paar Basis-Formatierungen, insbesondere für Systemmeldungen.

Der gesamte Kopf sieht damit wie folgt aus:

```
<head>
    <link rel="stylesheet" href="<?php echo $this->baseurl ?>/templates/<?php echo
        $this->template ?>/css/template.css" type="text/css" />
    <link rel="stylesheet" href="<?php echo $this->baseurl ?>/templates/system/css/
        general.css" type="text/css" />
    <jdoc:include type="head" />
</head>
```

Abschließend fehlt noch ein Eintrag des Stylesheets in die Datei *templateDetails.xml*. Der Einfachheit halber erwähnt man in der <files>-Sektion das komplette Unterverzeichnis *css*:

```
...
<files>
    <folder>css</folder>
    <folder>images</folder>
    <filename>index.php</filename>
    <filename>templateDetails.xml</filename>
</files>
...
```

Um sicherzugehen, dass sich bis hierhin kein Tippfehler eingeschlichen hat, sollten Sie jetzt den Inhalt Ihres Arbeitsverzeichnisses wieder in eine ZIP-Archiv packen und unter Joomla! installieren (via ERWEITERUNGEN → ERWEITERUNGEN, dann DURCHSUCHEN... und HOCHLADEN & INSTALLIEREN). Anschließend machen Sie den KINOPORTAL_TEMPLATE-Stil hinter ERWEITERUNGEN → TEMPLATES zum STANDARD und betrachten die VORSCHAU. Diese sollte wie in Abbildung 13-23 aussehen. Sollte das bei Ihnen nicht der Fall sein oder sollte schon vorher ein Fehler aufgetreten sein, prüfen Sie alle Dateinamen und die Dateiinhalte auf Tippfehler (Sie können sie mit den Dateien auf der CD vergleichen).

Abbildung 13-23: Die Schrift des Kinoportals erscheint jetzt in Helvetica.

 Tipp
Probieren Sie ruhig auch einmal andere Schriftarten aus. Prinzipiell dürfen Sie alle auf Ihrem System installierten Schriften heranziehen. Sofern Sie jedoch das Template später auf Ihrer Homepage verwenden möchten, sollten Sie hier nur Schriftarten angeben, die möglichst alle Besucher auf ihren Computern installiert haben. Hierzu gehören in der Regel *Helvetica* und *Arial*. Moderne Browser können auch Schriften aus dem Internet nachladen und dann verwenden. Einen guten Einstiegspunkt in dieses Thema bieten die Wikipedia-Einträge *http://de.wikipedia.org/wiki/Webtypografie* und *http://de.wikipedia.org/wiki/Web_Open_Font_Format*.

Wenn alles geklappt hat, deinstallieren Sie das Kinoportal-Template wieder (indem Sie im Administrationsbereich ERWEITERUNGEN → TEMPLATES aufrufen, einen beliebigen anderen Stil ankreuzen, dann auf STANDARD klicken, ERWEITERUNGEN → ERWEITERUNGEN aufrufen, zum Register VERWALTEN wechseln, unter – TYP WÄHLEN – den Punkt TEMPLATE einstellen, in der Liste das KINOPORTAL_TEMPLATE abhaken und auf DEINSTALLIEREN klicken). Wenden Sie sich dann wieder Ihrem Arbeitsverzeichnis zu.

Die Fußzeile formatieren

Als Nächstes ist die Fußzeile an der Reihe. Sie soll wieder zentriert und in kursiver Schrift auf der Homepage erscheinen. Ein Blick in die Datei *index.php* verrät, dass die Fußzeile zwischen <div class="fusszeile"> und </div> steckt.

Man könnte jetzt einfach wieder eine neue Regel für das Tag <div> erstellen:

```
div
{
        text-align: center;
        color: gray;
}
```

Damit erscheint der Text zentriert und in grauer Farbe. Damit würde der Browser allerdings *alle* in <div>-Tags eingefassten Texte grau unterlegt und zentriert darstellen (siehe Abbildung 13-24).

Abbildung 13-24: Die Formatierung der Fußzeile läuft noch etwas aus dem Ruder.

Man müsste also irgendwie die obige Zuweisung nur auf das <div> mit dem Namen fusszeile einschränken können. Es muss also eine Regel her, die für alle Elemente mit diesem Namen gilt:

```
.fusszeile
{
    text-align: center;
    font-size: small;
    font-style: italic;
    color: gray;
}
```

Dieser Abschnitt im Stylesheet weist den Browser an, alle Elemente mit dem Namen fusszeile wie in den geschweiften Klammern beschrieben zu formatieren. In der CSS-Terminologie spricht man übrigens nicht von Namen, sondern von *Klassen* (Englisch *classes*) – daher rührt auch das zunächst etwas merkwürdige Attribut *class*.

Tipp

Der Grund für diese etwas komische Bezeichnung liegt in der Wiederverwendbarkeit: Tauscht man beispielsweise einen der anderen Namen in der *index.php* probeweise gegen fusszeile aus, wird der entsprechende Text ab sofort genau so formatiert wie die eigentliche Fußzeile. Möchte man jetzt das Aussehen beider Texte verändern, braucht man nur noch an einer Stelle in der CSS-Datei an den Eigenschaften zu drehen und spart sich somit unter dem Strich die doppelte Arbeit. Beide identisch formatierten Elemente gehören somit zur gleichen Gruppe beziehungsweise »Klasse«.

Beachten Sie unbedingt den Punkt vor fusszeile. Durch ihn weiß der Browser, dass es sich um den (Klassen-)Namen eines Tags handelt und nicht – wie im Fall von body – um das Tag selbst.

Die verwendeten Attribute haben dabei folgende Bedeutung:

- text-align: center; stellt den Text zentriert dar.
- font-size: small; druckt den Text in kleiner Schriftgröße.
- font-style: italic; zeigt den Text kursiv an.
- color: gray; färbt den Text grau.

Ergänzen Sie Ihre Datei *template.css* um die obige Regel .fusszeile.

Warnung

Wenn Sie die Eigenschaften eines Tags verändern, so verändern Sie gleichzeitig auch das Aussehen aller von ihm eingerahmten Elemente. Dieses Verhalten haben Sie bereits in Schritt 5 ausgenutzt: Die Schriftänderung des <body> wirkte sich auf alle seine enthaltenen Elemente aus – und somit zwangsweise auch auf alle darin enthaltenen Texte. Durch diese Automatik müssen Sie nicht jedes einzelne Element im Stylesheet mühsam aufführen und formatieren. Wollen Sie jedoch umgekehrt ein untergeordnetes Element anders darstellen, müssen Sie für dieses einen eigenen Abschnitt erstellen.

Das Seitenlayout mit CSS aufbauen

Das gleiche Vorgehen wie bei der Fußzeile wiederholen Sie nun auch mit den restlichen Elementen. Einen Vorschlag für das Kinoportal-Template macht Beispiel 13-7.

Beispiel 13-7: Dieser Teil des Stylesheets sorgt für ein tabellenartiges Layout.

```css
.suche
{
   float: right;
}

.inhalte
{
    border-top: 2px solid gray;
    padding-top: 1em;
}

.links
{
    float: left;
    width: 20%;
    background-color:#eeeeee;
}

.hauptbereich
{
    float: left;
    width: 58%;
    margin-left: 1%;
    margin-right: 1%;
}

.rechts
{
    float: left;
    width: 20%;
    background-color:#eeeeee;
}
```

Das Logo bleibt unberührt und erscheint damit weiterhin links oben auf der Homepage. Die linke Spalte mit den Menüs nimmt 20% der gesamten Fensterbreite ein (width), ebenso die rechte Spalte mit den meistgelesenen Beiträgen. Somit bleiben unter dem Strich noch 60% für den Hauptbereich in der Mitte der Seite. Um optisch etwas Luft zu schaffen, erhält dieser auf seiner linken und rechten Seite jeweils einen Abstand von jeweils 1% der gesamten Fensterbreite, womit für ihn selbst noch 58% übrig bleiben. Etwas Farbe in Spiel bringt ein dezenter grauer Hintergrund (background-color) in der linken und rechten Spalte.

Das float: left sorgt dafür, dass die einzelnen Bereiche nicht mehr untereinander, sondern ab sofort nebeneinander erscheinen. Analog drückt float: right die Ausgaben des Suchmoduls an den rechten Fensterrand neben das Logo.

Abschließend wäre es noch schön, wenn man die Dreiergruppe aus linker und rechter Spalte sowie dem Hauptbereich vom Logo optisch trennen könnte. Rein zufällig werden sie von einem <div>-Tag namens inhalte eingefasst. Diesem verpasst man nun einfach einen 2 Pixel breiten oberen Rand. Das padding sorgt dafür, dass alle Elemente, die innerhalb von <div class="inhalte"> liegen, gemeinsam um eine Zeichenhöhe nach unten verschoben werden. Auf diese Weise entsteht ein schmaler Spalt zwischen dem oberen, 2 Pixel breiten Rand und dem eigentlichen Inhalt.

 Tipp   CSS arbeitet eigentlich mit einem sogenannten Box-Modell. Der Browser steckt dabei alles, was sich zwischen einem öffnenden und einem schließenden Tag befindet, in einen eigenen Kasten. Dieser Kasten besitzt einen Rand (border), einen Abstand zu den umgebenden Elementen (margin) und einen Abstand zu allen in ihm enthaltenen Elementen (padding). Die Regeln im Stylesheet ändern nun die Eigenschaften dieser Kästen.

Speichern Sie die erweiterte *template.css* ab, erstellen Sie wieder ein ZIP-Archiv mit den Inhalten Ihres Arbeitsverzeichnisses, spielen Sie es unter Joomla! wie bekannt ein, und küren Sie dann den KINOPORTAL_TEMPLATE-Stil zum STANDARD. In der VORSCHAU zeigt sich das Kinoportal jetzt wie in Abbildung 13-25. Wenn nicht, kontrollieren Sie Ihre *template.css* auf Tippfehler.

Es gibt allerdings noch zwei kleine Probleme: Die Fußzeile taucht unter der rechten Spalte auf, also genau da, wo sie eigentlich nicht hingehört. Zudem stören die fettgedruckten Titel BREADCRUMB und SUCHEN. Kommen wir zunächst zur Fußzeile.

Dort liegt das Problem im verwendeten float: left. Einmal eingeschaltet, werden alle folgenden Elemente nicht mehr untereinander, sondern nebeneinander angeordnet. Dieses Verhalten behält der Browser so lange bei, bis eines der folgenden Tags es über den CSS-Befehl clear: both wieder aufhebt. Genau diesen Befehl ergänzen Sie nun noch in der Regel für die Fußzeile:

```
.fusszeile
{
    clear: both;
    text-align: center;
    font-size: small;
    font-style: italic;
    color: gray;
}
```

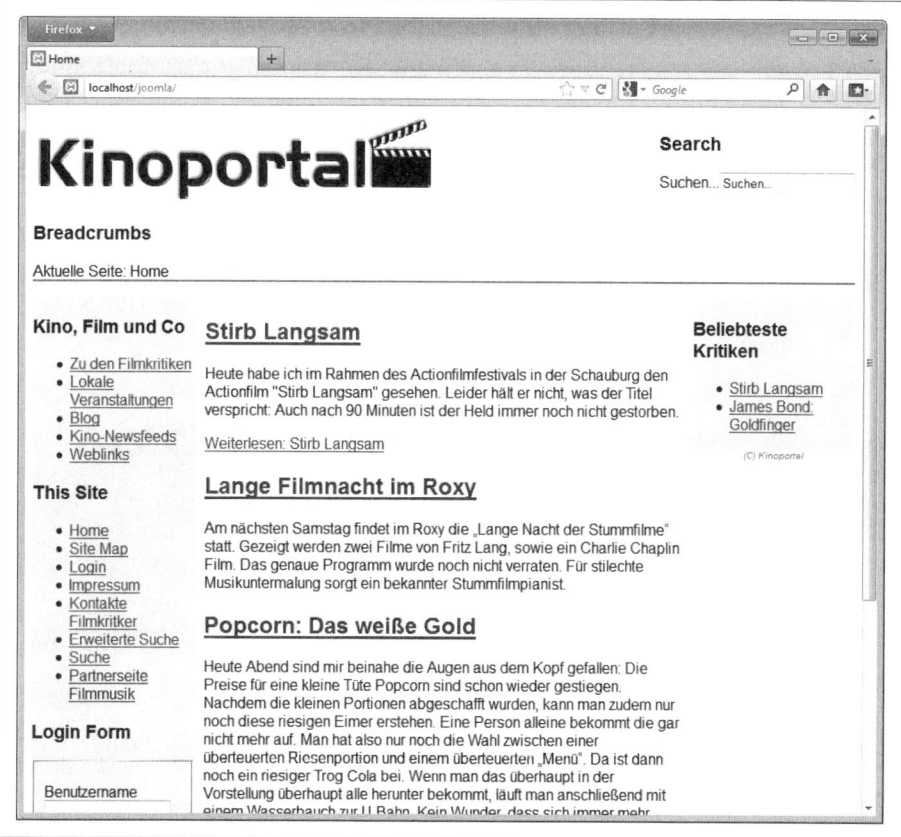

Abbildung 13-25: Das Template erstrahlt in seinem neuen Layout.

Bei den fettgedruckten Titeln haben Sie derzeit zwei Möglichkeiten: Entweder wechseln Sie im Administrationsbereich in die Modulverwaltung (ERWEITERUNGEN → MODULE) und schalten dort in den Einstellungen der beiden betroffenen Module TITEL ANZEIGEN auf VERBERGEN. Alternativ setzen Sie in der Datei *index.php* für die Suche und die Breadcrumbleiste das Attribut style auf none:

```
<jdoc:include type="modules" name="position-0" style="none" />
...
<jdoc:include type="modules" name="position-2" style="none" />
```

Um das Ergebnis zu betrachten, deinstallieren Sie wieder das Kinoportal-Template, packen den Inhalt Ihres Arbeitsverzeichnisses in ein ZIP-Archiv und installieren es in Joomla!.

Unter Joomla! stehen Ihnen sämtliche Möglichkeiten der Cascading Style Sheets offen. Sofern Sie selbst ein Template stricken wollen, lohnt sich daher eine tiefere Einarbeitung in das Thema. Eine gute Anlaufstelle ist hier Ihre Buchhandlung.

Joomla!s eigene CSS-Klassen

Die Arbeit mit den Klassen ist recht angenehm. Auch Joomla! macht davon regen Gebrauch. Jede Komponente und jedes Modul, das auf der Seite eingehängt wurde, gibt nichts anderes als HTML-Tags mit den sichtbaren Texten aus. Diese Tags besitzen alle bereits eine Klasse. Den Beweis hierfür liefert die Seitenquelltext-Ansicht Ihres Browsers (siehe Abbildung 13-26).

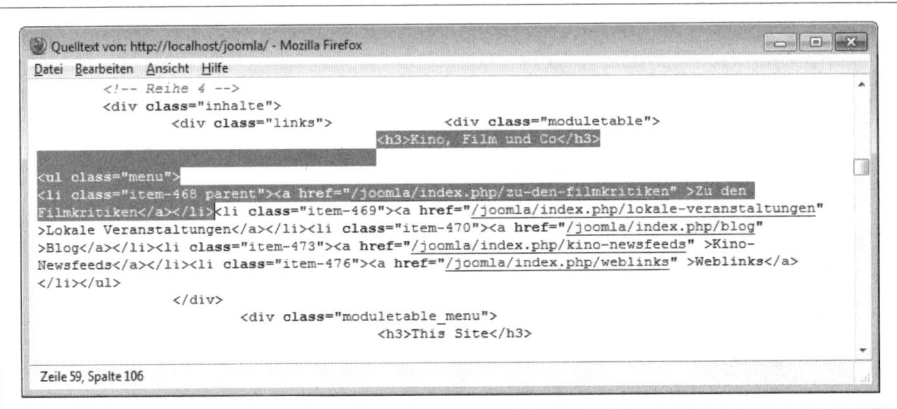

Abbildung 13-26: Die Seitenquelltext-Ansicht im Firefox-Browser

An jeden einzelnen Menüpunkt wurde von Joomla! die Klasse menu angeheftet. Der erste Eintrag des Hauptmenüs sieht beispielsweise so aus (in Abbildung 13-26 hervorgehoben):

```
<h3>Kino, Film und Co</h3>
<ul class="menu">
    <li id="item-465" class="parent">
        <a href="..." >Zu den Filmkritiken</a>
    </li>
    ...
</ul>
```

Hier wird eine Liste (<ul>) erstellt, deren erster Punkt (<li>) ein Link (<a>) mit der Beschriftung ZU DEN FILMKRITIKEN ist. Dieser Link verweist auf die Seite zwischen den Anführungszeichen von href="" (im obigen Beispiel gekürzt). id bildet eine Alternative zu class. Während ein Klassenname jedoch bei vielen Tags wiederverwendet werden kann, sollte eine id möglichst immer nur genau ein Tag schmücken und somit aus ihm ein individuelles Element machen.

Die komplette Liste bekommt von Joomla! standardmäßig den Namen menu und der Menüpunkt ZU DEN FILMKRITIKEN die etwas sperrige Bezeichnung item-465.

Diese Klassen kann man nun in der eigenen CSS-Datei weiterverwenden. Sobald Sie etwa folgende Zeilen der *template.css* hinzufügen, färben sich die Menüpunkte rot:

```
.menu
{
    color: red;
}
```

Beachten Sie, dass sich wirklich nur die Menüpunkte rot färben. Die Einträge bestehen jedoch aus Links. Um sicherzustellen, dass von der Färbung nur die Links betroffen sind, können Sie noch folgende Einschränkung festlegen:

```
.menu a
{
    color: red;
}
```

Damit werden die Attribute zwischen den geschweiften Klammern nur auf Links (also das HTML-Tag <a>) angewendet, die von der Klasse menu sind.

Abschließend soll noch gezeigt werden, wie man die Links mit einem sogenannten Rollover-Effekt versieht. Sobald der Mauszeiger einen Link streift, wird er hervorgehoben:

```
.menu a:hover
{
    color: black;
    background: red;
    font-size: 12pt;
}
```

Das nachgestellte :hover bezeichnet genau die Situation, in der sich der Mauszeiger über dem Element befindet.

Wie gezeigt, gibt Joomla! allen wesentlichen Elementen vordefinierte Klassennamen mit auf den Weg. Wenn Sie wissen möchten, welche Bezeichner das Content-Management-System für ein bestimmtes Element verwendet, sollten Sie ein einfaches Template generieren, das nur das zu untersuchende Modul anzeigt. In der Seitenquelltext-Ansicht Ihres Browsers können Sie dann recht einfach die entsprechenden Klassen herausfischen. Eine weitere Quelle für die Klassennamen sind die Hilfe-Seiten der Joomla!-Homepage unter *http://docs.joomla.org*.

Eigene CSS-Klassen

Mithilfe eigener und der vordefinierten CSS-Klassen lassen sich schon beachtliche Layouts erzielen. Was tut man jedoch, wenn man mehrere Menüs einsetzt, von denen eines besonders wichtig ist? Im Kinoportal könnte man beispielsweise das Kinoportal-Menü optisch hervorheben und die Besucher so direkt auf die Filmkritiken aufmerksam machen.

Dummerweise verpasst Joomla! jedem (Menü-)Modul immer den gleichen Klassennamen .moduletable (wie in Abbildung 13-26 direkt über dem Titel Kino, Film und Co zu sehen ist). Hierdurch ist es nicht möglich, ein ganz bestimmtes Modul mit einer besonderen Formatierung zu versehen. Glücklicherweise gibt es einen Ausweg: Joomla! erlaubt in solchen Fällen die Vergabe eines Suffixes, das es allen Klassennamen des jeweiligen Moduls anhängt. Auf diese Weise lässt sich in der CSS-Datei das Modul von allen anderen unterscheiden.

Im Kinoportal öffnen Sie im Administrationsbereich unter ERWEITERUNGEN →
MODULE den Bearbeitungsbildschirm des Menüs KINO, FILM UND CO (oder ein beliebiges anderes sichtbares Menü-Modul, wenn Sie die Beispiele aus den vorherigen Kapiteln nicht mitgemacht haben). Auf der rechten Seite finden Sie auf dem Register ERWEITERTE OPTIONEN den Punkt MODULKLASSENSUFFIX (siehe Abbildung 13-27).

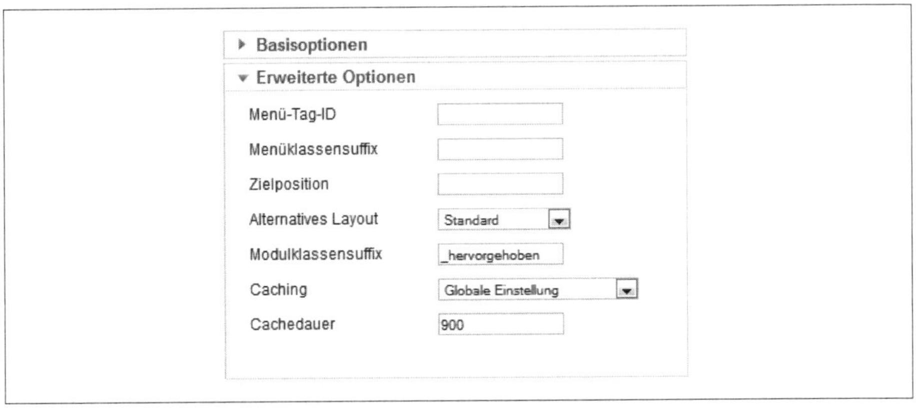

Abbildung 13-27: Das Menü-Modul erlaubt die Vergabe zweier Suffixe.

Hier können Sie nun eine Bezeichnung vergeben, wie zum Beispiel _hervorgehoben.
Nach dem SPEICHERN tackert Joomla! dann genau an dieses Modul anstelle der sonst üblichen CSS-Klasse `moduletable` ausnahmsweise `moduletable_hervorgehoben`.
Den Beweis liefert wieder die Ansicht mit dem Seitenquelltext in Abbildung 13-28.

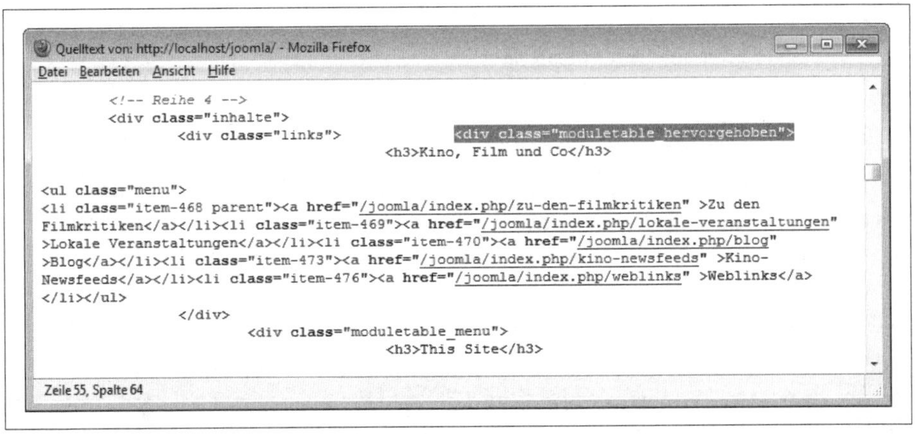

Abbildung 13-28: Das hinzugefügte Suffix ist hervorgehoben.

In der CSS-Datei *template.css* kann man nun zwischen diesen beiden Klassen unterscheiden:

```
.moduletable
{
    ...
}
```

übernimmt die Formatierung aller anderen Module, während sich

```
.moduletable_hervorgehoben
{
    ...
}
```

ausschließlich um das KINO, FILM UND CO-Menü kümmert. Auf diese Weise lässt sich über entsprechende Regeln in der CSS-Datei jedem einzelnen Modul ein individuelles Aussehen zuweisen.

Bei einem Menü-Modul darf man übrigens nicht nur dem Modul selbst, sondern auch dem enthaltenen Menü via MENÜKLASSENSUFFIX ein eigenes Anhängsel spendieren. Auf diese Weise lassen sich beispielsweise die Menüpunkte hervorheben, während die Umrandung wie bei allen anderen Modulen erscheint.

Eigene Fehlerseite

Sollte irgendwann ein Fehler auftreten, sieht der Besucher die Meldung aus Abbildung 13-29.

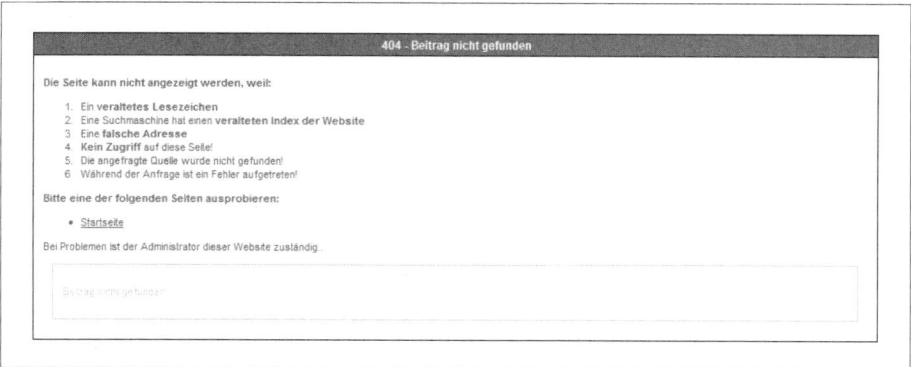

Abbildung 13-29: Hier wurde eine Seite nicht gefunden.

Sie ist weder hübsch, noch passt sie zum eigenen Template. Glücklicherweise können Sie das Aussehen dieser Fehlerseite selbst bestimmen.

Dazu erstellen Sie in Ihrem Arbeitsverzeichnis einfach die Textdatei *error.php*. Sie ist wie die *index.php* eine HTML-Datei und mit ein paar Joomla!-eigenen Platzhaltern gewürzt. Eine einfache Fassung zeigt Beispiel 13-8.

Beispiel 13-8: Beispiel für eine extrem einfache »*error.php*«

```php
<?php defined('_JEXEC') or die; ?>
<!DOCTYPE html PUBLIC "-//W3C//DTD XHTML 1.0 Transitional//EN" "http://www.w3.org/TR/
    xhtml1/DTD/xhtml1-transitional.dtd">
<html xmlns="http://www.w3.org/1999/xhtml" xml:lang="<?php echo $this->language; ?>"
    lang="<?php echo $this->language; ?>" >
<head>
    <link rel="stylesheet" href="<?php echo $this->baseurl ?>/templates/system/css/
        general.css" type="text/css" />
    <jdoc:include type="head" />
</head>
<body>

    <p>Folgender Fehler ist aufgetreten:</p>
    <p>Nummer: <?php echo $this->error->getCode(); ?> </p>
    <p>Grund: <?php echo $this->error->getMessage(); ?> </p>
    <p><a href="<?php echo $this->baseurl; ?>">Zurück zur Startseite</a></p>

</body>
</html>
```

Den ganzen Vorspann und den Kopf kennen Sie bereits aus der Datei *index.php*.
Neu ist der Rumpf: Den Platzhalter `<?php echo $this->error->getCode(); ?>` ersetzt
Joomla! durch die interne Fehlernummer. Ein nicht gefundener Beitrag trägt beispielsweise immer die Nummer 404. Eine etwas aussagekräftigere Beschreibung liefert `<?php echo $this->error->getMessage(); ?>`.

> **X.X Version**
>
> In Joomla! 1.5 stand für die Fehlernummer noch der Platzhalter
>
> ```php
> <?php echo $this->error->code; ?>
> ```
>
> und für die Fehlerbeschreibung sein Kollege:
>
> ```php
> <?php echo $this->error->message; ?>
> ```

Abschließend bietet Beispiel 13-8 dem Besucher noch die Möglichkeit, über einen
Link wieder direkt zur Startseite zu springen. Den Platzhalter `<?php echo $this->
baseurl; ?>` ersetzt Joomla! durch die Internetadresse Ihres Internetauftritts – hinter
dem wiederum die Startseite wartet. Einen solchen Link sollten Sie grundsätzlich
immer auf der Fehlerseite anbieten, damit der Besucher nicht hilflos vor der Fehlermeldung in einer Sackgasse steht.

> **▶▶ Tipp**
>
> Natürlich hätte man auch direkt die Internetadresse eintippen können:
>
> ```php
> <p><a href="http://localhost/joomla">Zurück zur
> Startseite</a></p>
> ```
>
> Wenn Sie das Template aber weitergeben möchten oder selbst auf eine andere
> Domain umziehen, müssten Sie die *error.php* per Hand nachbearbeiten. Der Platz-
> halter ist da die wesentlich bequemere Lösung.

Vergessen Sie abschließend nicht, die Datei *error.php* in der *templateDetail.xml* anzumelden:

```
<files>
   ...
   <filename>error.php</filename>
   ...
</files>
```

Wenn Sie Ihr Template jetzt in Joomla! neu installieren und einen Fehler provozieren (beispielsweise indem Sie via *http://localhost/joomla/index.php/abcde* eine nicht existierende Seite aufrufen), dann erhalten Sie die angepasste Fehlermeldung aus Abbildung 13-30.

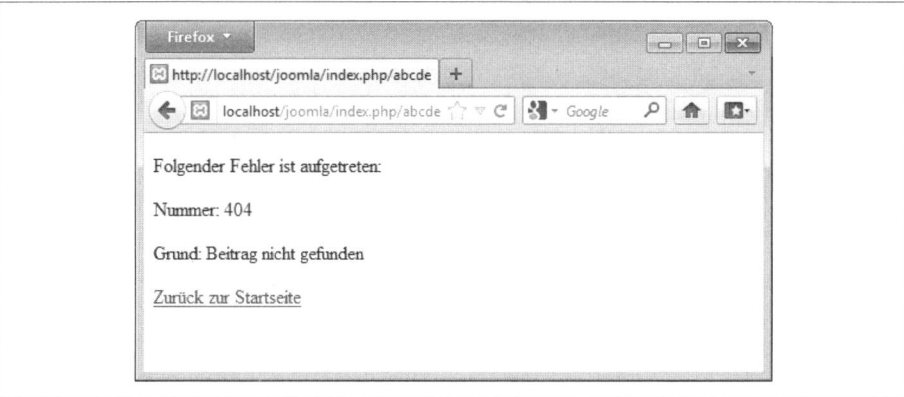

Abbildung 13-30: Die angepasste Fehlermeldung

Die Datei *error.php* können Sie jetzt wie schon die *index.php* erweitern und mittels Stylesheets etwas hübscher formatieren. Für die nachfolgenden Abschnitte deinstallieren Sie das selbst geschriebene Template wieder.

Eigene Templates mit Parametern steuern

Innerhalb der Datei *index.php* dürfen auch PHP-Befehle auftauchen. Bislang wurde diese Möglichkeit nur genutzt, um das Template-Verzeichnis zu ermitteln:

```
<?php echo $this->template ?>
```

Das etwas komisch aussehende Tag `<?php ... ?>` kann jedoch beliebig viele und beliebig lange PHP-Befehle aufnehmen.

Warnung Halten Sie sich dabei unbedingt an die Regel: »So wenige Befehle wie nötig, die so kurz sind wie möglich.« Die PHP-Befehle werden auf dem Webserver ausgeführt und können somit die Seitenauslieferung spürbar verzögern. Zudem bilden mögliche (unentdeckte) Programmfehler ein potenzielles Einfallstor für Angreifer.

Einfache Abfragen

Solche zusätzlichen PHP-Befehle eignen sich ideal, um das Aussehen der Homepage an bestimmte Rahmenbedingungen zu koppeln. Beispielsweise könnte man den Hauptbereich bis zum Fensterrand ausdehnen, falls in der rechten Spalte überhaupt keine Module stecken. Im Kinoportal kommt dies insbesondere auf den Seiten mit den Filmkritiken vor (wie in Abbildung 13-31).

 Tipp   Um die folgenden Erklärungen zu verstehen, müssen Sie (leichte) PHP-Kenntnisse mitbringen oder zumindest schon einmal in einer anderen Sprache programmiert haben.

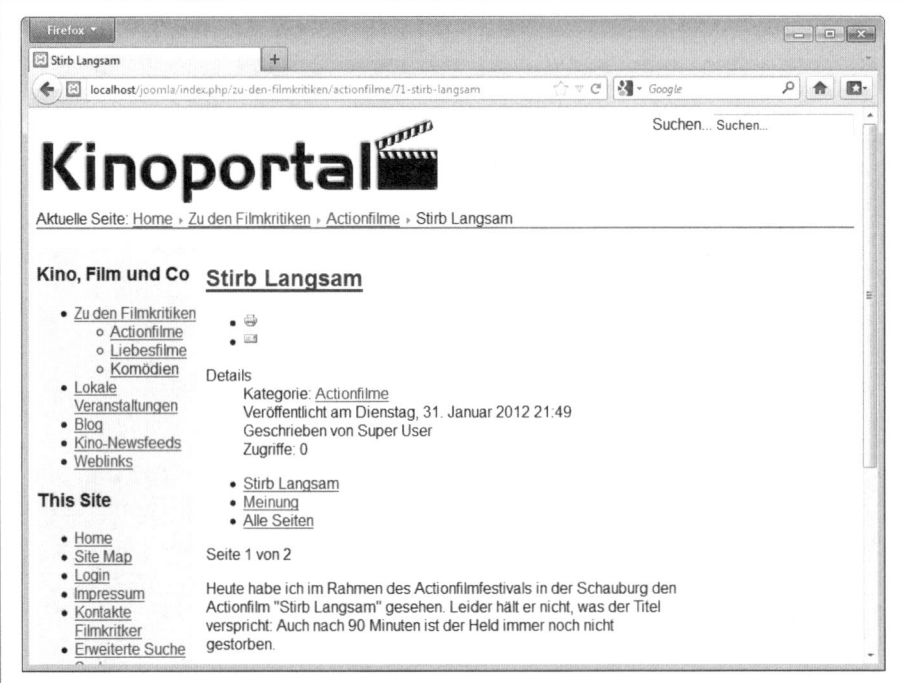

Abbildung 13-31:   Bei einzelnen Beiträgen lässt Joomla! im Moment noch auf der rechten Seite einen leeren Streifen.

Um dort dem Beitrag mehr Platz einzuräumen, nehmen Sie sich in Ihrem Arbeitsverzeichnis zunächst den betroffenen Abschnitt aus der Datei *index.php* vor:

```
<!-- Reihe 4 -->
<div class="inhalte">
   <div class="links"> ... </div> <!-- Module links -->
   <div class="hauptbereich"> ... </div> <!-- Hauptbereich -->
   <div class="rechts"> ... </div> <!-- Module rechts -->
</div>
```

Der rechte Bereich ist überflüssig, wenn in ihm keine Module stecken. Andersherum formuliert: Wenn an dieser Position Module erscheinen, blendet man sie ein:

```php
<!-- Reihe 4 -->
<div class="inhalte">
    <div class="links"> ... </div> <!-- Module links -->
    <div class="hauptbereich"> ... </div> <!-- Hauptbereich -->
    <?php if($this->countModules('position-6') > 0) : ?>
        <div class="rechts"> ... </div> <!-- Module rechts -->
    <?php endif; ?>
</div>
```

`$this->countModules('position-6')` liefert die Anzahl der Module zurück, die an der genannten Position (`position-6`) erscheinen werden. Nur wenn diese Anzahl größer 0 ist – also dort Module existieren – erscheint auch der ganze rechte Bereich.

Jetzt fehlt nur noch der Hauptbereich, bei dem man mit einem kleinen Trick arbeitet: Nur wenn rechts keine Module existieren, kann man ihm die gesamte Fensterbreite spendieren. Also ermittelt man zunächst, ob dieser Fall vorliegt:

```php
<!-- Reihe 4 -->
<div class="inhalte">
    <div class="links"> ... </div> <!-- Module links -->
    <?php
        if($this->countModules('position-6') == 0) $klasse="hauptbereich_gross";
        else $klasse="hauptbereich_klein";
    ?>
    <div class="hauptbereich"> ... </div>
    ...
```

Das Ergebnis speichert hier die Variable `$klasse`. Jetzt kommt der Kniff: Genau den darin gespeicherten Wert übernimmt man einfach als Klasse des Hauptbereichs:

```php
<div class="<?php echo $klasse ?>"> ... </div>
```

Damit ergibt sich insgesamt:

```php
...
<!-- Reihe 4 -->
<div class="inhalte">
    <div class="links"> <jdoc:include type="modules" name="position-7" style="xhtml" />
        </div> <!-- Module links -->
    <?php
        if($this->countModules('position-6') == 0) $klasse="hauptbereich_gross";
        else $klasse="hauptbereich_klein";
    ?>
    <div class="<?php echo $klasse ?>"> <jdoc:include type="component" /> </div>
    <!-- Hauptbereich -->
    <?php if($this->countModules('position-6') > 0) : ?>
        <div class="rechts"> <jdoc:include type="modules" name="position-6"
            style="xhtml" /> </div> <!-- Module rechts -->
    <?php endif; ?>
</div>
...
```

Ändern Sie den Abschnitt in Ihrer *index.php* entsprechend ab. Im Stylesheet *template.css* definieren Sie abschließend noch für hauptbereich_gross und hauptbereich_klein jeweils passende Regeln:

```
.hauptbereich_gross
{
      float: left;
      width: 80%;
}
.hauptbereich_klein
{
      float: left;
      width: 58%;
}
```

Damit richtet sich das Layout automatisch nach der Anzahl der auftauchenden Module: Stehen rechts keine Module, ist ihre Anzahl folglich gleich 0. Die Variable $klasse erhält damit den Wert hauptbereich_gross. Dieser wird gleichzeitig als Klassenname für den Hauptbereich verwendet. Die zur Klasse hauptbereich_gross gehörende Regel im Stylesheet weist den dortigen Elementen die gesamte Fensterbreite zu (width: 100%;). Ohne diese Maßnahmen würde rechts der leere Streifen zurückbleiben.

> **Tipp** In einem Template, das Sie an andere weitergeben möchten, sollten Sie auf die gleiche Weise zusätzlich noch den linken Bereich behandeln – denn vielleicht liegen die Menüs in den fremden Internetauftritten auf der rechten Seite.

Speichern Sie Ihre Änderungen, packen Sie die Inhalte Ihres Arbeitsverzeichnisses wieder in ein ZIP-Archiv, installieren Sie es nach dem gewohnten Prinzip in Joomla!, und prüfen Sie das Ergebnis in der Vorschau. Auf der Startseite sollte am rechten Rand das Modul mit den meistgelesenen Beiträgen noch erscheinen, in einer Filmkritik jedoch nicht mehr. Dort nimmt der Haupttext den vollen Bereich ein.

Wie Sie sehen, kann sich ein Template mithilfe einiger weniger PHP-Zeilen selbstständig unterschiedlichen Gegebenheiten anpassen.

> **Tipp** Wenn Sie mit Sprachen arbeiten, die von rechts nach links geschrieben werden, können Sie die derzeit gültige Leserichtung in Ihrer *index.php* über
>
> ```
> <?php if($this->direction == 'rtl') : ?>
>         <!-- die Leserichtung verläuft von rechts nach
>             links -->
> <?php endif; ?>
> ```
>
> abfragen und so zusätzliche Maßnahmen einleiten.

Deinstallieren Sie jetzt das Kinoportal-Template wieder, und wenden Sie sich erneut Ihrem Arbeitsverzeichnis zu.

Parameter festlegen

Doch was tun Sie, wenn Sie verschiedene Farbvarianten des eigenen Templates anbieten möchten? In der Vergangenheit musste man in diesem Fall noch für jede Farbe ein eigenes Template anlegen. Seit Joomla! 1.5 gibt es mit den sogenannten Parametern jedoch eine praktischere Alternative.

Wenn Sie im Administrationsbereich den Menüpunkt ERWEITERUNGEN → TEMPLATES aufrufen und dort das BEEZ2 – DEFAULT SKIN anklicken, finden Sie auf der rechten Seite ein Register ERWEITERTE OPTIONEN mit den aus Abschnitt »Stile« bekannten Einstellungen (siehe Abbildung 13-32).

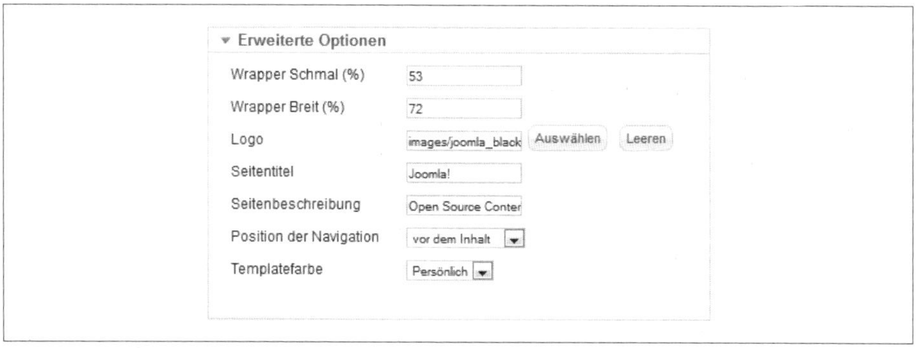

Abbildung 13-32: Die Parameter auf der rechten Seite beeinflussen das Layout des Templates.

Diese Einstellungen bezeichnet Joomla! als *Parameter*. Die in ihren Feldern eingetippten beziehungsweise eingestellten Werte übergibt Joomla! an das Template, das diese wiederum auswerten und weiterverarbeiten kann.

Welche Parameter hier im Administrationsbereich auftauchen, legt die Datei *templateDetails.xml* fest. In ihr müssen Sie vor dem schließenden `</extensions>` einen neuen Abschnitt

```
<config>
...
</config>
```

erstellen. In ihm landet die Konfiguration des Templates. Im Folgenden sollen neue Parameter her. Diese listet man zwischen den Tags `<fields name="params">` und `</fields>` auf:

```
<config>
   <fields name="params">
   ...
   </fields>
</config>
```

Die Parameter kann der Administrationsbereich auf einem Register mit dem Namen BASISOPTIONEN oder wie in Abbildung 13-32 ERWEITERTE OPTIONEN präsentieren.

Welche Parameter Sie auf welchem Register unterbringen, hängt von Ihrem Template und den angebotenen Einstellungen ab. Eine Farbauswahl zählt sicherlich zu den BASISOPTIONEN, das zu verwendende Hintergrundbild vermutlich eher zu den ERWEITERTEN OPTIONEN.

Alle BASISOPTIONEN sammelt der Bereich `<fieldset name="basic">` … `</fieldset>`, wohingegen alle Parameter auf dem Register ERWEITERTE OPTIONEN zwischen `<fieldset name="advanced">` und `</fieldset>` gehören:

```
<config>
    <fields name="params">
        <fieldset name="basic">
            <!-- Hier folgen alle Parameter auf dem Register Basisoptionen -->
        </fieldset>
        <fieldset name="advanced">
            <!-- Hier folgen alle Parameter auf dem Register Erweiterte Optionen -->
        </fieldset>
    </fields>
</config>
```

Wenn Sie nur das Register BASISOPTIONEN benötigen, lassen Sie die Tags `<fieldset name="advanced">` … `</fieldset>` weg und umgekehrt.

Tipp

Wenn Ihnen das alles bis hierhin etwas kompliziert vorkam, verwenden Sie in Ihrer *templateDetails.xml* einfach immer folgendes Grundgerüst

```
<config>
    <fields name="params">
        <fieldset name="advanced">
            <!-- Hier folgen alle Parameter -->
        </fieldset>
    </fields>
</config>
```

und listen an der Stelle des Kommentars alle vom Template angebotenen Parameter auf.

Version

Joomla! 1.5 verzichtete noch auf diesen ganzen Tag-Wust. Dort musste man alle vom Template angebotenen Parameter zwischen

```
<param>
    ...
</param>
```

auflisten. Dafür konnte man die Parameter aber auch noch nicht auf zwei Register verteilen.

Im Kinoportal soll man später im Administrationsbereich zwischen einer roten und einer blauen Optik wählen können. Die zugehörige Einstellung soll dabei das Register BASISOPTIONEN präsentieren:

```
<config>
   <fields name="params">
      <fieldset name="basic">

      </fieldset>
   </fields>
</config>
```

Jetzt kann man endlich die eigentlichen Parameter festlegen. Wie in Beispiel 13-9 erstellen Sie für jeden von ihnen ein `<field>`-Tag.

Beispiel 13-9: Der Parameter zur Farbauswahl

```
<config>
   <fields name="params">
      <fieldset name="basic">
         <field name="farbauswahl" type="list" default="blau" label="Farbauswahl"
           description="Wählen Sie die Farbe des Templates">
            <option value="blau">Blau</option>
            <option value="rot">Rot</option>
         </field>
      </fieldset>
   </fields>
</config>
```

Das Attribut `type="list"` legt fest, um was für einen Parameter es sich handelt. In diesem Beispiel erscheint im Administrationsbereich auf dem Register BASISOPTIO-NEN eine Liste. Sie trägt als Beschriftung den Text hinter `label`. Das Attribut `description` legt einen kleinen Hilfetext fest, der später in einem kleinen Tooltipp-Fenster erscheint. Über das gleichnamige Attribut bekommt jeder Parameter schließlich noch einen eindeutigen `namen`. Ihn sollten Sie sich gut merken, da er später im Template bei der Auswertung des Parameters hilft.

Version   In Joomla! 1.5 hieß das `<field>`-Tag noch `<param>`. Die Attribute sind jedoch gleich geblieben.   X.X

Welche Punkte die Liste enthält, legen ein oder mehrere `<option>`-Tags fest. In Beispiel 13-9 führt später die Liste wie in Abbildung 13-33 die zwei Einträge BLAU und ROT.

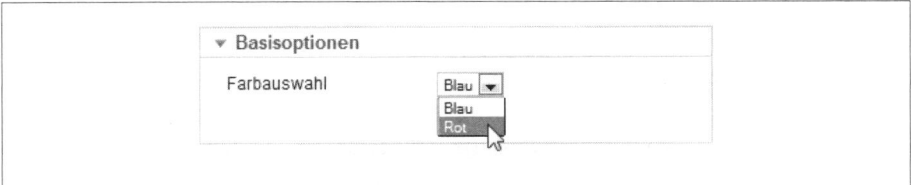

Abbildung 13-33: Später im Administrationsbereich sieht man diese Liste.

Sobald ein Eintrag ausgewählt wurde, leitet Joomla! den zugehörigen Wert hinter value an das Template weiter, hier also entweder blau oder rot.

 Tipp Alle Werte können übrigens frei gewählt werden. Es wären somit auch folgende Listeneinträge erlaubt:

```
<option value="1">Eine Farbe, die blau ist</option>
<option value="2,666">FF0000</option>
```

Aus Gründen der Lesbarkeit sollte man jedoch möglichst aussagekräftige Werte wählen. Beispielsweise werden nur wenige Benutzer des Templates wissen, dass FF0000 die Farbe Rot repräsentiert.

Das bislang noch nicht angesprochene Attribut default="blau" sorgt abschließend noch dafür, dass in der Ausklappliste standardmäßig immer der Eintrag für blau selektiert ist. Darüber hinaus gilt er immer dann, wenn der Benutzer noch keine Einstellungen vorgenommen hat. Durch diese Vorgabe ist garantiert, dass das Template ordnungsgemäß funktioniert.

Neben der Ausklappliste gibt es noch ein Textfeld, das man mit type="text" erzeugt:

```
<field name="zahleingabe" type="text" default="42" label="Zahl" description="Tippen
    Sie irgendeine Zahl ein." size="2" filter="integer" />
```

Aufgrund size="2" nimmt das Textfeld später nur insgesamt zwei Zeichen auf. Mit dem Attribut filter="integer" prüft Joomla!, ob wirklich eine Zahl und nicht irgendein Textmüll eingetippt wurde. Wie filter sind übrigens auch die meisten anderen Attribute optional.

Joomla! kennt noch viele weitere Felder und Regler. Sie alle vorzustellen würde den Rahmen dieses Buchs vollends sprengen, zumal man in der Praxis meist mit der Ausklappliste und dem Textfeld auskommt. Eine ausführliche Aufstellung finden Sie in der Joomla!-Dokumentation (zum Zeitpunkt der Drucklegung dieses Buches befand sie sich unter *http://docs.joomla.org/Template_parameters#Standard_parameter_types_in_detail*).

Im Kinoportal sind die Parameter mit der Farbauswahl bereits komplett. Ergänzen Sie in Ihrem Arbeitsverzeichnis die Datei *templateDetails.xml* vor dem schließenden </extension> um den Abschnitt aus Beispiel 13-9.

Parameter auswerten

Damit könnte man die Farbe über den Administrationsbereich schon ändern, nur ausgewertet wird die Einstellung noch nicht. Bevor Sie hierzu die *index.php* erweitern, müssen Sie zunächst die zwei Farbalternativen erstellen. An dieser Stelle zahlt sich wieder einmal die Trennung von Inhalt und Layout aus:

Da die Layout-Beschreibung vollständig in die CSS-Datei ausgelagert wurde, erstellen Sie im Unterverzeichnis *css* einfach zwei neue Kollegen mit einer roten und einer blauen Farbgebung.

Im Kinoportal-Beispiel soll die erste CSS-Datei *template_blau.css* und die zweite *template_rot.css* heißen (Sie können einfach die auf der CD mitgelieferten Dateien nehmen).

Version

Unter Joomla! 1.5 waren Sie damit allerdings noch nicht ganz fertig: Alle im Administrationsbereich eingestellten Werte legte Joomla! 1.5 noch in einer Datei namens *params.ini* im Template-Verzeichnis ab. Diese mussten Sie deshalb noch als leere Textdatei in Ihrem Arbeitsverzeichnis anlegen und dem `<files>`-Bereich in der *templateDetails.xml* hinzufügen:

X.X

```
<files>

    ...

    <filename>index.php</filename>

    <filename>params.ini</filename>

    <filename>images/kinoportal_logo.png</filename>

    <filename>css/template.css</filename>

</files>
```

Als Nächstes wenden Sie sich der *index.php* zu. Dort sorgt bislang die Zeile

```
<link rel="stylesheet" href="<?php echo $this->baseurl ?>/templates/<?php echo
$this->template ?>/css/template.css" type="text/css" />
```

für die Einbindung des Templates. An den aktuellen Wert eines Parameters gelangen Sie über diesen PHP-Befehl:

```
<?php echo $this->params->get('farbauswahl') ?>
```

In den Hochkommata steht der Wert, den man als `name` in der *templateDetails.xml* vergeben hat – in diesem Fall war das `farbauswahl`. Der Befehl liefert dann die derzeit gültige Einstellung, hier also entweder `blau` oder `rot`.

Über eine `if`-Abfrage könnte man jetzt wieder entscheiden, welche der beiden CSS-Dateien einzubinden ist. Mit einem kleinen Kniff kann man sich dies aber sparen: Auf *blau* und *rot* enden auch die Dateinamen der entsprechenden Stylesheets. An den Namen der zu benutzenden CSS-Datei gelangt man also trickreich per:

```
template_<?php echo $this->params->get('farbauswahl'); ?>.css
```

Diesen Bandwurm setzen Sie jetzt einfach an die Stelle von `template.css` in der Zeile für die Stylesheet-Aktivierung:

```
<link rel="stylesheet" href="<?php echo $this->baseurl ?>/templates/<?php echo
$this->template ? >/css/template_<?php echo $this->params->get('farbauswahl'); ?>.
css" type="text/css" />
```

Das Ergebnis ist zwar nicht mehr besonders gut lesbar, dafür wird ab sofort das zur gewählten Farbe passende Stylesheet geladen und verwendet.

Selbstverständlich lassen sich die Parameter nicht nur zur Auswahl einer anderen Farbgebung einsetzen. Da Sie selbst festlegen, welche Parameter mit welchen Einstellungen existieren sollen, sind hier der Fantasie keine Grenzen gesetzt.

Verpacken Sie jetzt den Inhalt Ihres Arbeitsverzeichnisses in eine ZIP-Datei, installieren Sie diese Datei unter Joomla!, und küren Sie den Stil KINOPORTAL_TEMPLATE - STANDARD zum Standard. Wenn Sie jetzt in seine Einstellungen wechseln, erscheint auf der rechten Seite in den BASISOPTIONEN die FARBAUSWAHL (wie in Abbildung 13-33). Stellen Sie hier den Wert BLAU ein, lassen Sie Ihre Änderung SPEICHERN, und betrachten Sie das Ergebnis in der VORSCHAU. Wechseln Sie anschließend zum Vergleich noch einmal auf ROT.

 Tipp   Wenn Sie CSS-Dateien von der CD nehmen, strahlen die Menüs in ziemlich knalligen Farben. Damit sieht man hier zwar sehr gut die Unterschiede zwischen den beiden Einstellungen, in Ihrem eigenen Template sollten Sie jedoch eine etwas behutsamere und augenschonendere Farbwahl treffen.

Deinstallieren Sie jetzt wieder das Kinoportal-Template, und wenden Sie sich anschließend wieder Ihrem Arbeitsverzeichnis zu – denn es fehlt noch eine Kleinigkeit.

Parameterbeschriftung in mehreren Sprachen

Das Attribut label="..." beschriftet den entsprechenden Parameter im Administrationsbereich. Im Kinoportal prangte vor der Ausklappliste beispielsweise FARBAUSWAHL (wie in Abbildung 13-33). Diese deutsche Beschriftung erscheint allerdings auch, wenn Sie den Administrationsbereich auf Englisch oder eine beliebige andere Sprache umstellen. Das ist insbesondere dann ein Problem, wenn man das Template über das Internet an andere Joomla!-Nutzer weitergeben möchte und diese kein Deutsch verstehen.

Glücklicherweise lassen sich aber auch diese Beschriftungen übersetzen. Dazu legt man dem Template einfach noch passende Sprachdateien bei. (Für die folgenden Schritte benötigen Sie das Wissen aus Kapitel 12, *Mehrsprachigkeit*, Abschnitt »Eigene Sprachpakete erstellen«.)

Schritt 1: Platzhalter einführen

Öffnen Sie die Datei *templateDetails.xml*. In ihr ersetzen Sie den festen deutschen Text Farbauswahl durch einen eindeutigen Platzhalter in Großbuchstaben, wie etwa TPL_KINO_COLOR. Gleiches wiederholen Sie mit der Beschreibung, die Sie gegen den Platzhalter TPL_KINO_COLOR_DESC tauschen. Die gesamte Zeile lautet damit:

```
<field name="farbauswahl" type="list" default="blau" label="TPL_KINO_COLOR"
  description="TPL_KINO_COLOR_DESC">
```

Den Namen der Platzhalter dürfen Sie selbst frei wählen. Damit er unter Garantie eindeutig ist, stellt man ihm ein TPL für Template sowie den Templatenamen voran. Joomla! ersetzt später alle diese Platzhalter durch ihre jeweilige Übersetzung. Und genau diese Übersetzungen müssen jetzt als Nächstes her (lassen Sie die Datei *templateDetails.xml* aber noch geöffnet).

Tipp   Sie können auch die anderen (deutschen) Zeichenketten durch Platzhalter ersetzen. Dazu zählen insbesondere die Optionen `Blau` und `Rot`. Damit das Beispiel nicht zu unübersichtlich wird, sollen im Folgenden aber nur die Beschriftung und die Beschreibung übersetzt werden.

Schritt 2: Sprachdateien anlegen

Erstellen Sie in Ihrem Arbeitsverzeichnis das neue Unterverzeichnis *language*. In ihm legen Sie jetzt für jede unterstützte Sprache eine neue leere Textdatei an. Ihr Dateiname folgt dem Schema *en-GB.tpl_templatename.ini*. Dabei steht *en-GB* für das entsprechende Language-Tag. *templatename* ersetzen Sie durch den Namen Ihres Templates, wie er in der Datei *templateDetails.xml* zwischen <name> und </name> steht. Im Kinoportal soll die Ausklappliste sowohl eine deutsche als auch eine englische Beschriftung erhalten. Sie müssen folglich im Verzeichnis *language* die beiden leeren Textdateien

- *en-GB.tpl_kinoportal_template.ini*
- *de-DE.tpl_kinoportal_template.ini*

anlegen. Beachten Sie dabei die Groß- und Kleinschreibung.

Schritt 3: Texte übersetzen

In beiden Dateien legen Sie jetzt die Übersetzungen ab – ganz so, wie Sie es aus dem vorherigen Kapitel 12, *Mehrsprachigkeit* her kennen. In jeder Zeile steht zunächst ein Platzhalter, gefolgt von einem Gleichheitszeichen und der entsprechenden Übersetzung in Anführungsstrichen.

Die Datei *de-DE.tpl_kinoportal_template.ini* hat somit folgenden Inhalt:

```
TPL_KINO_COLOR="Farbauswahl"
TPL_KINO_COLOR_DESC="Wählen Sie die Farbe des Templates"
```

Analog sieht die Datei *en-GB.tpl_kinoportal_template.ini* mit den englischen Übersetzungen wie folgt aus:

```
TPL_KINO_COLOR="Color"
TPL_KINO_COLOR_DESC="Choose the color"
```

Schritt 4: Sprachdateien anmelden

Abschließend müssen Sie Joomla! nur noch mitteilen, dass es diese beiden Sprachdateien benutzen soll. Dazu wenden Sie sich noch einmal der Datei *templateDetails.xml* zu und ergänzen vor dem schließenden </extension> folgenden Abschnitt:

```
<languages folder="language">
    <language tag="en-GB">en-GB.tpl_kinoportal_template.ini</language>
    <language tag="de-DE">de-DE.tpl_kinoportal_template.ini</language>
</languages>
```

Zwischen `<language>` und `</language>` steht jeweils eine Sprachdatei. Welche Sprache sie führt, verrät das Attribut `tag="en-GB"`. Das Ganze umrahmen `<languages>` und `</languages>`, wobei das Attribut `folder="language"` auf den Speicherort deutet. Den müssen Sie noch zwischen `<files>` und `</files>` anmelden:

```
<files>
    ...
    <folder>language</folder>
    ...
</files>
```

Packen Sie jetzt den Inhalt Ihres Arbeitsverzeichnisses in ein ZIP-Archiv, und spielen Sie es in Joomla! ein. In einem deutschsprachigen Administrationsbereich heißt die Ausklappliste jetzt wie gewohnt FARBWAHL, und das Ergebnis entspricht weiterhin dem aus Abbildung 13-33. Wenn Sie hinter ERWEITERUNGEN → SPRACHEN den Administrationsbereich auf ENGLISH schalten, steht neben der Ausklappliste jetzt COLOR (wie in Abbildung 13-34).

Abbildung 13-34: Später sieht man in einem englischsprachigen Administrationsbereich diese Beschriftung.

 Warnung   Achten Sie wieder darauf, dass Ihr Texteditor alle Dateien in der UTF-8-Zeichenkodierung speichert. Andernfalls können komplette Beschriftungen beziehungsweise Übersetzungen fehlen.

Template Overrides

Bislang gaben die platzierten Komponenten und Module aus, was sie wollten. Die Module für die Menüs und der beliebtesten Beiträge liefern ihre Texte beispielsweise immer in einer Liste (`<ul>`). Die bisher gezeigten Maßnahmen konnten lediglich die Rahmenbedingungen festlegen – oder mit anderen Worten: das Bett zimmern, in das die jeweilige Liste fällt.

Insbesondere schlampig programmierte Module und Komponenten aus dem Internet pressen ihre Inhalte schon mal eigenmächtig in Tabellen oder stellen mitunter sogar das gesamte Layout auf den Kopf. Diese Sturheit ist natürlich besonders ärgerlich: Da hat man gerade sein Template von sämtlichen Tabellen befreit, und schon kommt ein Modul oder die Komponente und macht alle Mühen zunichte.

Was die Komponenten und Module so produzieren, enthüllt wieder einmal die Quelltext-Ansicht Ihres Browsers. Der HTML-Schnipsel aus Beispiel 13-10 zeigt die Ausgaben des Moduls für die beliebtesten Beiträge:

Beispiel 13-10: Ausschnitt aus einer Ausgabe des Moduls für die beliebtesten Beiträge

```
<div class="moduletable">
   <h3>Beliebteste Kritiken</h3>
   <ul class="mostread">
      <li>
         <a href="/joomla/index.php/zu-den-filmkritiken/actionfilme/68-stirb-langsam">
         Stirb Langsam</a>
      </li>
      <li>
         <a href="/joomla/index.php/zu-den-filmkritiken/actionfilme/69-james-bond-
         goldfinger">James Bond: Goldfinger</a>
      </li>
   </ul>
</div>
```

Mithilfe der Klassennamen – wie etwa class="mostread" – lassen sich die einzelnen Elemente noch über das Stylesheet hübsch formatieren, die Liste selbst wird man darüber jedoch nicht los.

In die Ausgaben der Module eingreifen

Seit Joomla! 1.5 dürfen Templates erstmals Einfluss auf die Ausgabe von Komponenten und Modulen nehmen. Um die dahinterstehenden Mechanismen besser verstehen zu können, ist zunächst ein kleiner Ausflug in das Joomla!-Installationsverzeichnis notwendig.

Warnung   Da es gleich ans Eingemachte geht, benötigen Sie gute Kenntnisse in der HTML- und PHP-Programmierung. Ohne entsprechendes Wissen sollten Sie die Ausgaben der Module und Komponenten besser unangetastet lassen.

Wechseln Sie in den Unterordner *modules/mod_articles_popular* Ihrer Joomla!-Installation. Hier residiert das Modul *mod_articles_popular*, das die beliebtesten Beiträge einsammelt und anzeigt.

Tipp   *mod_articles_popular* ist der interne Name des Moduls. Leider nutzt ihn Joomla! nur unter der Haube, Sie müssen also ein wenig raten, in welchem Verzeichnis welches Modul liegt. Da jedoch durchweg auf kryptische Bezeichnungen verzichtet wurde, sollte sich der korrekte Ordner im *modules*-Verzeichnis schnell aufspüren lassen. Mehr zu diesen internen Namen folgt noch in Kapitel 15, *Eigene Erweiterungen erstellen*.

Wann immer das Modul irgendwelche Inhalte ausgeben muss, zieht es die Dateien im Unterverzeichnis *tmpl* zurate. Im Fall des Moduls für die beliebtesten Beiträge finden Sie darin nur eine einzige Datei namens *default.php* (siehe Abbildung 13-35).

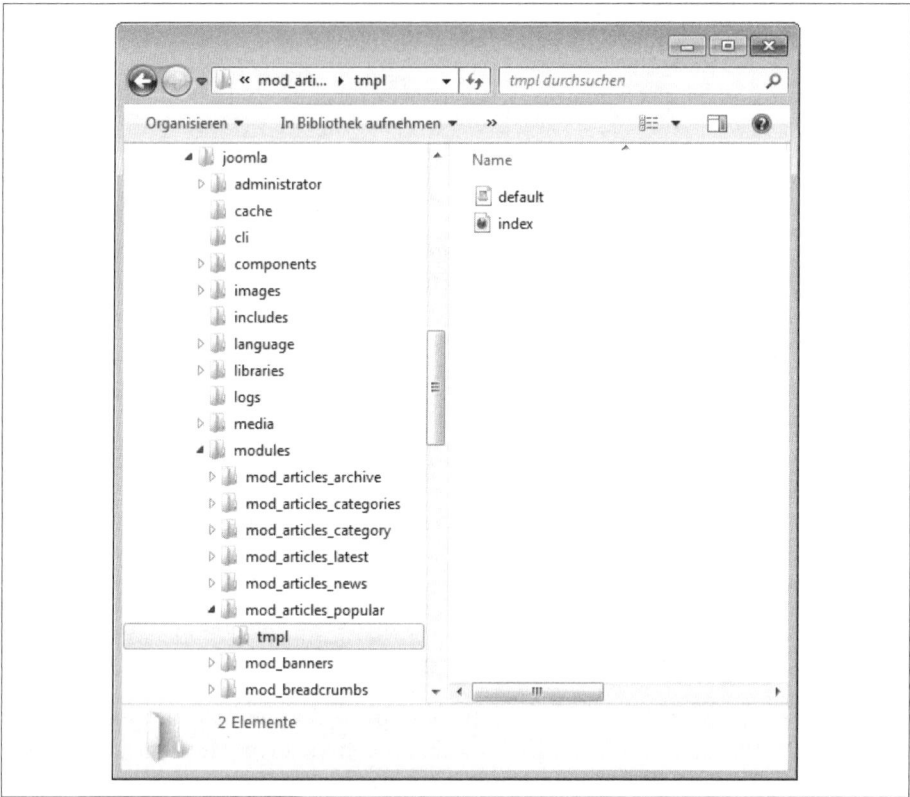

Abbildung 13-35: Die Datei »*default.php*« erzeugt alle Ausgaben für das Modul »*mod_articles_popular*«. Ihr Kompagnon »*index.html*« schützt den Ordner lediglich vor fremden Zugriffen und hat sonst keinerlei weitere Funktion.

Die in dieser Datei gespeicherten Anweisungen sagen dem Modul ganz detailliert, wie es seine Daten zu formatieren hat. Öffnen Sie die Datei *default.php* in einem Texteditor, und voilà – Sie haben die bekannte Liste aus Beispiel 13-10 vor sich.

 Tipp Mit anderen Worten: Die Datei *default.php* ist nichts anderes als eine Art »Template für die Modulausgaben« – nicht umsonst steht der Verzeichnisname *tmpl* als Abkürzung für »Template«.

Die immer wieder eingestreuten <?php>-Tags weisen dezent darauf hin, dass die Datei *default.php* eine Mischung aus HTML- und PHP-Befehlen enthält. Letztere regeln, wie die darzustellenden Inhalte – hier etwa die beliebtesten Beiträge – in den HTML-Rest einzubetten sind.

In dieses Kauderwelsch könnten Sie nun direkt eingreifen und beispielsweise alle Listen-Tags beispielsweise gegen <div>-Elemente austauschen. Dieses rabiate Vorgehen hat allerdings zwei gravierende Nachteile: Zum einen verändern Sie damit direkt Joomla!-eigenen Code, der mit dem nächsten Versionsupdate wieder überschrieben würde. Zum anderen laufen Sie Gefahr, das Modul unbrauchbar zu machen – ein kleiner Tippfehler genügt, und schon gibt das Modul auf der Homepage nur noch Müll aus.

Glücklicherweise gibt es einen trickreichen Ausweg: Das *(Kinoportal-)Template* wird kurzerhand mit einer eigenen Version der *default.php* ausgestattet. Dazu erstellen Sie im Arbeitsverzeichnis Ihres Templates einen Ordner namens *html*. Darin legen Sie ein weiteres Unterverzeichnis an, das genauso heißt wie das Modul – im Beispiel also *mod_articles_popular*. Dort hinein kopieren Sie die originale Datei *default.php* (also die aus dem Unterverzeichnis *modules/mod_articles_popular/tmpl*).

Diese Kopie können Sie jetzt in Ihrem Template-Verzeichnis nach Herzenslust anpassen und beispielsweise die Listen-Tags gegen <div>-Pendants austauschen.

Später sucht das Beliebteste-Beiträge-Modul immer zuerst im Unterverzeichnis *html* des aktuellen Templates nach einem Unterverzeichnis *mod_articles_popular*. Wird es fündig, verwendet es die darin abgelegte Datei *default.php* zur Formatierung seiner Inhalte. Andernfalls nimmt es die mitgelieferte Datei aus seinem eigenen Ordner. Das Template überschreibt folglich mit seiner eigenen Fassung der *default.php* die originale *default.php* des Moduls – daher rührt auch die Bezeichnung *Template Overrides* für dieses Konzept.

Sollte einmal etwas schiefgehen, deaktivieren Sie entweder kurzzeitig das Template im Administrationsbereich, oder Sie löschen einfach die verkorkste *default.php* aus Ihrem Template.

Abschließend müssen Sie das Verzeichnis *html* noch in Ihrer Datei *templateDetails.xml* anmelden:

```
<files>
...
<folder>html</folder>
...
</files>
```

Jetzt können Sie den Inhalt Ihres Arbeitsverzeichnisses wieder in ein ZIP-Archiv verpacken und das so entstandene Template-Paket in Joomla! wie gewohnt einspielen.

Nach dem gleichen Schema arbeiten selbstverständlich auch alle anderen Module: Erstellen Sie einfach im Verzeichnis *html* einen weiteren Ordner mit dem Namen des Moduls, und kopieren Sie dann dessen *tmpl*-Dateien dort hinein.

Es gibt grundsätzlich immer nur eine *default.php*, der allerdings bei einigen Modulen noch ein paar weitere Dateien zur Seite stehen. Ein Beispiel wäre *mod_articles_news*, das sich um die Ausgabe der letzten Beiträge kümmert. Es benötigt neben der *default.php* noch die *_item.php*, *horizontal.php* (sie kümmert sich um eine horizontale Anordnung der Meldungen) und *vertical.php* (falls eine vertikale Anordnung der Meldungen gewünscht wurde). Diese zusätzlichen Dateien müssen Sie folglich mit kopieren und ebenfalls entsprechend anpassen.

In die Ausgaben der Komponenten eingreifen

Die Ausgaben der Komponenten lassen sich nach dem gleichen Prinzip überschreiben. Dort gibt es allerdings eine kleine Besonderheit zu beachten:

Wie Sie aus den vorangegangenen Kapiteln wissen, stellt Joomla! die Beiträge je nach Situation unterschiedlich dar. Auf der Startseite gibt es beispielsweise nur einen kleinen Anrisstext, und erst bei einem Klick auf WEITERLESEN erscheint der Beitrag in seiner ganzen Pracht. Für die Darstellung der Beiträge ist im Hintergrund die Komponente mit dem (internen) Namen *com_content* zuständig. Abhängig von der aktuellen Situation muss sie den Text entsprechend formatieren und aufbereiten. Mit anderen Worten: *com_content* bietet verschiedene Sichtweisen oder Ansichten, englisch *Views*, auf den Text. Insgesamt kennt die Komponente fünf verschiedene solcher Views: einmal für die Darstellung der Hauptbeiträge (*Featured Articles*), für alle archivierten Beiträge, für die Übersichtsseite einer Kategorie, für die Liste mit allen Kategorien und schließlich noch für die einzelnen Beiträge in ihrer vollen Pracht.

 Tipp Das sind genau die Ansichten, für die Sie auch einen Menüpunkt anlegen können.

Damit nun die Komponente *com_content* jeden Beitrag mit ganz bestimmten HTML-Tags ausspuckt, muss das Template die Darstellung der entsprechenden View überschreiben.

Dazu wechseln Sie zunächst in das Verzeichnis *components/com_content* Ihrer Joomla!-Installation. Dies ist die Heimat der Komponente *com_content*. Dort geht es direkt weiter in das Unterverzeichnis *views*, das wiederum für jede von der Komponente bereitgestellte Ansicht genau ein Verzeichnis enthält. Die Darstellung eines Beitrags bestimmen beispielsweise die Dateien im Ordner *article*. Sobald Sie in ihn hineinwechseln, stehen Sie wieder vor dem bekannten *tmpl*-Verzeichnis (siehe Abbildung 13-36).

Seinen Inhalt müssen Sie jetzt wieder in Ihr Template kopieren – allerdings in einen ganz bestimmten Zielordner.

Wechseln Sie dazu in Ihrem Arbeitsverzeichnis in den Ordner *html*, und erstellen Sie dort ein weiteres Unterverzeichnis für die Komponente – in diesem Fall mit dem Namen *com_content*. Darin erzeugen Sie nun für jede View, deren Darstellung Sie überschreiben wollen, einen weiteren Ordner. Im Beispiel soll die Darstellung eines Beitrags geändert werden. Die zuständige View lag im Verzeichnis *articles*, folglich muss hier der neue Ordner ebenfalls den Namen *articles* erhalten. In ihn kopieren Sie jetzt wiederum die Inhalte des *tmpl*-Verzeichnisses.

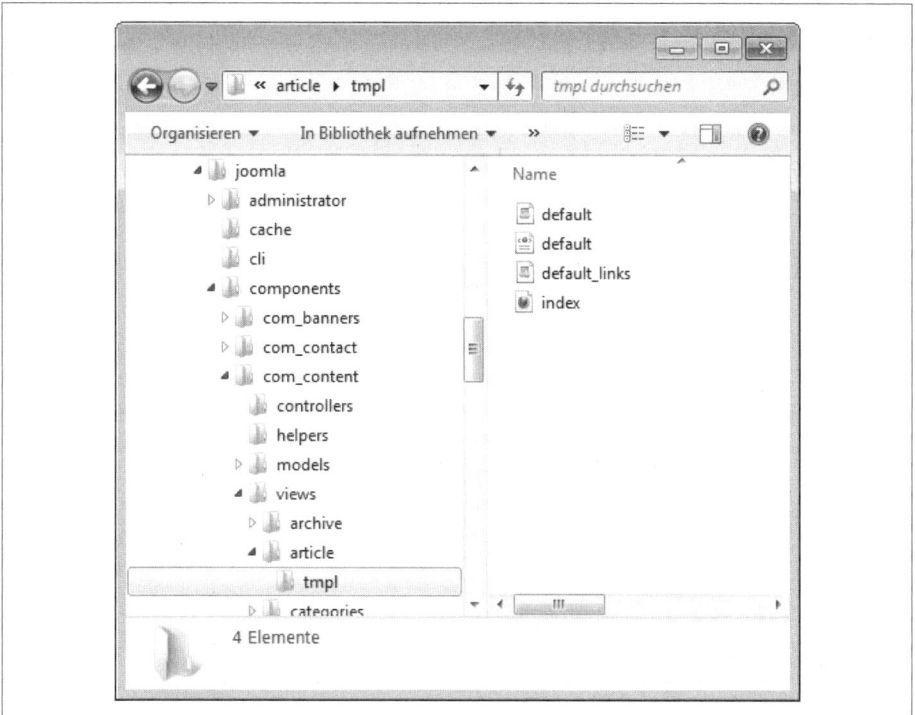

Abbildung 13-36: Jede Komponente besitzt mehrere Views, also verschiedene Darstellungen ihrer Inhalte. Wie diese Darstellung konkret aussieht, regeln die Dateien im »*tmpl*«-Verzeichnis der jeweiligen View.

Zusammengefasst müssen Sie im Beispiel also alle Dateien aus dem Joomla!-Verzeichnis

/components/com_content/view/article/tmpl

in den Ordner

html/com_content/article

Ihres Arbeitsverzeichnisses kopieren.

Dort angekommen, dürfen Sie die Dateien wieder nach Herzenslust verändern. Auf die gleiche Weise verfahren Sie auch mit den anderen Komponenten und Views.

Sofern das noch nicht geschehen ist, müssen Sie natürlich auch hier wieder das Verzeichnis *html* in der Datei *templateDetails.xml* anmelden.

Tipp Wenn die Begriffe aus diesem Abschnitt Sie endgültig verwirrt haben, warten Sie noch bis Kapitel 15, *Eigene Erweiterungen erstellen*. Dort blicken Sie noch einmal etwas ausführlicher hinter die Kulissen von Joomla! und insbesondere auch auf die Komponenten. Mit dem dortigen Wissen sollten auch die Template Overrides noch einmal etwas klarer werden.

Module Chrome

Bislang wurden Module über einen Platzhalter der Form

```
<jdoc:include type="modules" name="left" style="xhtml" />
```

in das Template eingehängt. In diesem Fall landen an Stelle des Platzhalters alle Module auf der Homepage, denen die Position left zugewiesen wurde. Die Angabe xhtml hinter style sorgt noch dafür, dass Joomla! jedes von ihnen zwischen <div> und </div> einrahmt. Neben xhtml gibt es noch verschiedene andere Verpackungsmethoden, die bereits in Abschnitt »Das style-Attribut nutzen« auf Seite 578 vorgestellt wurden.

Diesen Einrahmungsmechanismus bezeichnet Joomla! als *Module Chrome*. Allgemein handelt es sich um eine Handvoll HTML-Befehle, die vor, nach oder um die Ausgabe eines jeden Moduls gelegt werden. Diese zusätzlichen Befehle können dann wie in den vorherigen Abschnitten von einem Stylesheet genutzt werden, um die Seite hübsch zu formatieren. Normalerweise wird dieser Mechanismus verwendet, um einen mehr oder weniger hübschen Rahmen um jedes Modul zu zeichnen und die einzelnen Module so für den Besucher optisch besser voneinander zu trennen. Darüber hinaus hilft Module Chrome, die eigenen Seiten barrierefrei zu halten.

 Tipp An der entsprechenden Position erhält dann jedes einzelne Modul einen Rahmen. Haben Sie zwei Module, die unterschiedliche Einrahmungen erhalten sollen, so müssen Sie sie an zwei verschiedene Positionen (und über zwei verschiedene Platzhalter) einhängen.

Joomla! bringt von Haus aus die im Abschnitt »Das style-Attribut nutzen« auf Seite 578 vorgestellten Module-Chrome-Stile mit. Sofern Ihnen diese Vorgaben nicht ausreichen, dürfen Sie – Grundkenntnisse in der PHP-Programmierung vorausgesetzt – für Ihr Template beliebig viele weitere Stile entwerfen.

 Tipp Beachten Sie, dass diese Stile dann ausschließlich in Ihrem eigenen Template verfügbar sind.

Eigener Stil

Für einen eigenen Module-Chrome-Stil erstellen Sie zunächst ein Unterverzeichnis namens *html* in Ihrem Template-Ordner. Sofern Sie mit Template Overrides aus dem vorherigen Abschnitt arbeiten, sollte es bereits existieren. Darin erzeugen Sie nun eine leere Textdatei namens *modules.php*.

In dieser Datei erstellen Sie nun eine PHP-Funktion namens modChrome_**STILNAME**, wobei Sie **STILNAME** durch den Namen Ihres neuen Module-Chrome-Stils ersetzen. Dies ist später auch der Bezeichner, den Sie dem Platzhalter

```
<jdoc:include type="modules" name="left" style="STILNAME" />
```

mit auf den Weg geben. Im Beispiel des Kinoportals taufen Sie den Stil auf den Namen kinostil.

Die neue PHP-Funktion muss genau drei Argumente entgegennehmen: $module, &$params und &$attribs. Damit sieht im Kinoportal-Template die *module.php* wie folgt aus:

```
<?php defined('_JEXEC') or die;
function modChrome_kinostil( $module, &$params, &$attribs ) {
    /* hier folgt die eigentliche Stildefinition */
}
?>
```

Die erste Zeile sorgt dafür, dass nur das Joomla!-Template auf diese Datei Zugriff erhält und somit Angreifer aus dem Internet vor verschlossenen Türen stehen.

Zwischen die geschweiften Klammern gehört jetzt ein Schwung PHP-Anweisungen, die den Rahmen der Module erzeugen und ausgeben. Dabei helfen folgende Befehle:

- $module->content – An dieser Stelle erscheinen später die Ausgaben des Moduls.
- $module->title – An dieser Stelle platziert Joomla! später den Titel des Moduls.

Als einfache Fingerübung könnten Sie die Ausgaben des Moduls zunächst durch ein einfaches <div>-Tag einrahmen:

```
<?php defined('_JEXEC') or die;
function modChrome_kinostil( $module, &$params, &$attribs ) {
    echo "<div>" . $module->content . "</div>";
}
?>
```

Jetzt fehlt nur noch der Titel des Moduls. Ob er auf der Homepage erscheinen soll, legt ein entsprechender Schalter im Administrationsbereich fest. Seine Stellung verrät $module->showtitle. Diese Variable ist true, wenn die Modulüberschrift angezeigt werden soll. Eine kurze if-Abfrage in PHP genügt, und der Titel erscheint genau dann, wenn er es auch soll:

```
<?php defined('_JEXEC') or die;
function modChrome_kinostil( $module, &$params, &$attribs ) {
    echo "<div>";
    if ($module->showtitle) echo "<h2>" . $module->title . "</h2>";
    echo $module->content;
    echo "</div>";
}
?>
```

Da es sich um eine normale PHP-Funktion handelt, dürfen Sie Ihrer Kreativität freien Lauf lassen und somit beliebig komplexe Module-Chome-Stile produzieren.

Das war es bereits. Sofern es noch nicht geschehen ist, müssen Sie nur noch das Verzeichnis *html* in der Datei *templateDetails.xml* anmelden:

```
<files>
    ...
    <folder>html</folder>
    ...
</files>
```

Ab jetzt können Sie den neuen Stil in Ihrem Template (in der Datei *index.php*) wie einen der vordefinierten Stile nutzen. Ein

```
<jdoc:include type="modules" name="left" style="kinostil" />
```

verwandelt Joomla! dann später in:

```
...
<div>
    <h2>Beliebteste Kritiken</h2>
    <!-- Hier folgen die Inhalte des Beliebteste-Beiträge-Moduls -->
</div>
...
```

Jedes Modul besitzt noch ein paar individuelle Einstellungen, die Sie in seinem Bearbeitungsbildschirm auf den Registern BASISOPTIONEN und ERWEITERTE OPTIO-NEN finden (siehe Kapitel 7, *Module – Die kleinen Brüder der Komponenten*, Abschnitt »Vom Modultyp abhängige Einstellungen«). Alle diese Parameter des Moduls stecken im übergebenen \$params-Objekt. Beispielsweise erhält man das Modulklassensuffix über \$params->get('moduleclass_sfx'). Dieses kann man dann wiederum in den Klassennamen einbauen:

```
<?php defined('_JEXEC') or die;
function modChrome_kinostil( $module, &$params, &$attribs ) {
    echo "<div class=\"" . $params->get('moduleclass_sfx') . "\" >";
    if ($module->showtitle) echo "<h2>" . $module->title . "</h2>";
    echo $module->content;
    echo "</div>";
}
?>
```

Um die Namen der übrigen Parameter herauszufinden, muss man allerdings etwas Archäologie betreiben und in den Quellcode der Module hinabsteigen. Wo diese ihre Parameter und die Namen verstecken, verrät noch das Kapitel 15, *Eigene Erweiterungen erstellen*.

 Tipp   Normalerweise sind diese Parameter für die Darstellung an dieser Stelle irrelevant. So ist es beispielsweise für die Optik und insbesondere die Umrandung des Moduls schnuppe, ob der Cache des Moduls aktiviert ist oder nicht.

Eigene Attribute

Weiterhin ist es möglich, die `<jdoc:include ... />`-Anweisung um eigene Attri-bute zu ergänzen. Die Werte dieser Attribute übergibt Joomla! dann an die Module-Chrome-Funktion, wo man sie wiederum auswerten und weiterverarbeiten kann. Auf diese Weise ist es beispielsweise möglich, den Titel des Moduls auf eine andere Gliederungsstufe zu setzen (also vielleicht auf ‹h3› anstelle des bislang vergebenen ‹h2›):

```
<jdoc:include type="modules" name="left" style="kinostil" titelebene="3" />
```

oder eine bestimmte CSS-Klasse auszuwählen:

```
<jdoc:include type="modules" name="left" style="kinostil" klasse="eckigerrahmen" />
```

Tipp   Die Namen der Attribute und ihre Werte dürfen Sie ganz nach Belieben wählen. So
hätte man im ersten Beispiel anstelle von `titelebene` durchaus auch `butterbrot`
verwenden können. Ihre eigentliche Bedeutung erhalten die Attribute erst bei
ihrer Auswertung in der Module-Chrome-Funktion.

Die Werte dieser zusätzlichen Attribute packt Joomla! in das Array `$attrib` und füttert damit dann die Module-Chrome-Funktion. Dort muss man sie nur noch auswerten – am einfachsten wieder über eine Fallunterscheidung:

```
<?php defined('_JEXEC') or die;
function modChrome_kinostil( $module, &$params, &$attribs ) {
        echo "<div>";

        /* Prüfen, ob die Anzahl übergeben wurde */
        if(isset($attribs['titelebene'])) $titelebene=$attribs['titelebene'];
        else $titelebene=2; /* wenn nein, setze alle Titel einfach zwischen <h2> */

        /* Prüfen, ob die Klasse übergeben wurde. Wenn nicht, Standard-Klasse wählen
*/
        if(isset($attribs['klasse'])) $klasse=$attribs['klasse'];
        else $klasse='kinoklasse';

        /* Rahmen zusammenbauen: */

        /* 1. Umschließendes <div> mit entsprechender Klasse: */
        echo "<div class=\"" . $klasse . $params->get('moduleclass_sfx') . "\" >";

        /* 2. Modultitel zusammenbauen: */
        if ($module->showtitle) {
            echo "<h" . $titelebene . ">" . $module->title . "</h" . $titelebene . ">
";
        }

        /* 3. Modulinhalte ausgeben: */
        echo $module->content;

        /* 4. Schließendes </div> */
        echo "</div>";
}
?>
```

Damit würden dann die folgenden `<jdoc:include ... />`-Aufrufe in Tabelle 13-1 zu den jeweils nebenstehenden Ergebnissen führen:

Tabelle 13-1: Beispiele für die Anwendung von Attributen in Module Chrome

Aufruf	Ergebnis

`<jdoc:include type="modules" name="position-6" style="kinostil" />`	`...`
	`<div class="kinoklasse">`
	`<h2>Beliebteste Kritiken</h2>`
	`<!-- Hier folgen die Inhalte des Moduls -->`
	`</div>`
	`...`

`<jdoc:include type="modules" name="position-6" style="kinostil" titelebene="3" />`	`...`
	`<div class="kinoklasse">`
	`<h3>Beliebteste Kritiken</h3>`
	`<!-- Hier folgen die Inhalte des Moduls -->`
	`</div>`
	`...`

`<jdoc:include type="modules" name="position-6" style="kinostil" titelebene="3" klasse="meinekl"/>`	`...`
	`<div class="meinekl">`
	`<h3>Beliebteste Kritiken</h3>`
	`<!-- Hier folgen die Inhalte des Moduls -->`
	`</div>`
	`...`

 Tipp Werfen Sie auch einen Blick in die mitgelieferten Templates, die durchweg alle Module Chrome und Template Overrides verwenden. Am einfachsten zu durchschauen ist dabei *atomic*, mit dem Sie beginnen sollten (und das Sie sogar als Ausgangsbasis für Ihre eigenen Templates verwenden können).

Diese Templates nutzen übrigens immer gleich mehrere CSS-Dateien, denen unterschiedliche Aufgaben zukommen. Bei *Beez* finden Sie beispielsweise Stylesheet-Dateien, die sich explizit um die Eigenheiten des Internet Explorers kümmern (*ie7only.css* und *ieonly.css*) oder die eine Seite für den Druck produzieren (*print.css*).

Templates für den Administrationsbereich erstellen

Auch im Administrationsbereich legt ein Template fest, welche Elemente wo erscheinen. Über den Menüpunkt ERWEITERUNGEN → TEMPLATES kann man auf diese Weise schnell das Erscheinungsbild des Backends ändern – vorausgesetzt, es wurden bereits weitere Templates zur Auswahl installiert.

Alle Templates für den Administrationsbereich liegen im Unterverzeichnis *administrator/templates* der Joomla!-Installation. Für sie gilt genau das Gleiche wie für die normalen Templates – allerdings mit ein paar Ergänzungen:

- *login.php* ist für das Aussehen des Anmeldebildschirms zuständig und *cpanel.php* für das Kontrollzentrum (*Control Panel*). Beide entsprechen in ihrem Aufbau der bekannten Datei *index.php*.

- In der Datei *templateDetails.xml* hat die zweite Zeile folgendes Aussehen:

  ```
  <extension type="template" version="2.5" client="administrator">
  ```

  (In Joomla! 1.5 stand dort noch `<install type="template" version="1.5.0"` `client="administrator">` .) [X.X]

- Der Platzhalter `<jdoc:include type="modules" name="status" />` verweist je nach Wert von name auf die Standardbereiche status, menu, toolbar, title und submenu. Zusätzlich gibt es noch die Platzhalter `<jdoc:include type="message" />` und `<jdoc:include type="component" />` für den Hauptbereich.

In diesem Kapitel:

- Erweiterungen installieren
- Erweiterungen verwalten und deinstallieren
- Wartungsfunktionen
- Abwärtskompatibilität
- Forum (Kunena)
- Kommentare (sliComments)
- Datei- und Dokumentenmanagement (Phoca Download)
- Social Networking und Nutzergemein- schaften (Community Builder)
- Sitemap
- Kalender (JEvents)
- Bildergalerie
- Umfragen (AcePolls)

KAPITEL 14

Funktionsumfang erweitern

Joomla!s Leistungsumfang ist zwar schon recht üppig, bei einem stetig wachsenden Internetauftritt wird man jedoch irgendwann spezielle Funktionen vermissen – erst recht, wenn man hin und wieder einen neidischen Blick auf das Angebot der Konkurrenz wirft. So wäre doch beispielsweise ein Forum für den Gedankenaustausch mit anderen Kinoliebhabern eine feine Sache.

In Joomla! lassen sich solche Spezialfunktionen mit wenigen Handgriffen über Erweiterungspakete von Drittanbietern nachrüsten. Allein der entsprechende Katalog auf der Joomla!-Homepage zählt über 3000 Erweiterungen. Egal ob Forum, Umfragen oder eine Bildergalerie – für fast jede Lebenslage stehen passende Komponenten bereit. Wenn Sie also eine Funktion vermissen, stöbern Sie einfach mal im Verzeichnis unter *http://extension.joomla.org*.

Warnung   Einige Erweiterungen besitzen ganz spezielle Systemanforderungen. So verlangen beispielsweise viele Komponenten zwingend PHP 5 oder besonders viel freien Speicherplatz. Sollte eine Erweiterung nicht laufen, prüfen Sie als Erstes, ob Ihr System beziehungsweise der Webserver alle Voraussetzungen erfüllt. Mehr Speicherplatz spendieren Sie in der *php.ini* hinter `memory_limit =` (mehr zur Datei *php.ini* erfahren Sie im Kapitel 2, *Installation* im Abschnitt »PHP-Konfiguration anpassen« auf Seite 71). Nehmen Sie gegebenenfalls mit Ihrem Webhoster Kontakt auf.

Tipp   Wenn während der Installation oder im Betrieb Fehlermeldungen der Art

```
Strict Standards: Non-static method …
```

erscheinen, ist Ihre PHP-Umgebung etwas zu penibel eingestellt. Sie protokolliert dann alles, was ihr nicht gefällt, auch wenn es nicht zwingend ein Programmfehler ist. In einem solchen Fall müssen Sie die Datei *php.ini* anpassen. Unter XAMPP ersetzen Sie dazu die Zeile

```
error_reporting = E_ALL | E_STRICT
```

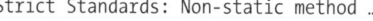

durch:

```
error_reporting = E_ALL
```

Nach dem Speichern der *php.ini* müssen Sie den Webserver einmal neu starten. Weitere Informationen zur *php.ini* finden Sie in Kapitel 2, *Installation*, Abschnitt »PHP-Konfiguration anpassen« auf Seite 71.

Das ständig wachsende Angebot macht es natürlich unmöglich, hier alle Erweiterungen vorzustellen. Daher beschränken sich die folgenden Abschnitte auf eine Auswahl der wichtigsten und vielleicht auch interessantesten Pakete.

| X.X | **Version** | Mit jeder Joomla!-Version gibt es auch immer Änderungen am Unterbau. Zwar können Sie einige Erweiterungen von Joomla! 1.5 in aktuelle Fassungen mitnehmen. Ganz risikolos ist das aber nicht: Insbesondere wenn sich eine alte Erweiterung tief in das System fräst, kann diese unter Umständen Ihre mühsam aufgesetzte Joomla! 2.5-Installation zerstören. Verzichten Sie deshalb möglichst auf Komponenten, die nicht für die aktuelle Version ausgelegt wurden. Es erspart Ihnen viel Ärger, Schweiß und Tränen. |

Die Erweiterung um schicke Zusatzfunktionen funktioniert nur deshalb so wunderbar reibungslos, weil Joomla! kein starres System ist. Wie bereits in Teil 2 vorgestellt, besteht es aus einer Ansammlung von Komponenten, Modulen und Plugins:

- Eine *Komponente* ist ein Block Software, der eine bestimmte Zusatzfunktion realisiert oder eine größere Aufgabe löst. Ihre Ausgaben landen immer in einem speziell für sie reservierten Bereich auf der Homepage. Die in Joomla! mitgelieferten Komponenten wurden bereits in Kapitel 6, *Komponenten – Nützliche Zusatzfunktionen* vorgestellt.

- *Module* realisieren in der Regel eine kleine, spezielle Funktion. Sie dürfen sie selbst an einer durch das Template vorgegebenen Position auf der Homepage platzieren. Häufig arbeitet ein Modul mit einer Komponente zusammen (weitere Informationen lieferten die Kapitel 7, *Module – Die kleinen Brüder der Komponenten* und Kapitel 13, *Templates*).

- *Plugins* sind kleine unsichtbare Helferlein, die Module und Komponenten bei ihrer Arbeit unterstützen. Kapitel 11, *Plugins* befasste sich eingehender mit den Plugins, die normalerweise unbemerkt vom Joomla!-Benutzer im Hintergrund ihren Dienst verrichten.

Wann man nun welche Elemente für welche Zwecke einsetzt, hängt von der zu lösenden Aufgabe ab. In der Regel verwendet man eine gesunde Mischung aus allen drei Möglichkeiten – das beste Beispiel für das Zusammenspiel bildet das Joomla!-System selbst. So ist es auch nicht weiter verwunderlich, dass die im Internet erhältlichen Erweiterungspakete neben einer Komponente meist auch noch ein oder mehrere Module nebst Plugin enthalten.

| ▶▶ | **Tipp** | Die für den Betrieb zwingend erforderlichen und in Joomla! bereits enthaltenen Komponenten werden als *Core-Komponenten* bezeichnet. Wie ihr Name schon andeutet, bilden sie den Kern des Content-Management-Systems. |

Erweiterungen installieren

Die Installation von Komponenten, Modulen und Plugins erfolgt ganz genau so wie das Einspielen von Templates: Über den Menüpunkt ERWEITERUNGEN → ERWEITE-RUNGEN (In Joomla! 1.5 hieß er noch ERWEITERUNGEN → INSTALLIEREN/DEINSTAL-LIEREN) im Administrationsbereich gelangen Sie zum Formular aus Abbildung 14-1.

Abbildung 14-1: Der Installationsbildschirm für jede Art von Erweiterungen

Fertige Erweiterungen aus dem Internet erhalten Sie meistens als *.zip-*, *.tar.gz-* oder *.tgz*-Archiv. Sobald ein solches auf Ihrer Festplatte liegt, klicken Sie auf DURCHSU-CHEN... und wählen die Datei aus. Ein anschließender Klick auf HOCHLADEN & INSTALLIEREN spielt die Erweiterung schließlich ein.

Was Joomla! nun alles auf den Webserver schaufelt, hängt von der jeweiligen Erweiterung ab. Wundern Sie sich also nicht, wenn nach der Installation neben einer Komponente auch neue Plugins und Module in den Menüs auftauchen.

Einige Erweiterungen liegen in mehreren, separaten Paketen vor. Diese müssen Sie nacheinander auf dem beschriebenen Weg installieren. Die dabei einzuhaltende Reihenfolge hängt von der konkreten Erweiterung ab. In der Regel sollte die ent-sprechende Information auf ihrer Homepage zu finden sein.

Alternativ kann Joomla! die Erweiterung auch selbst herunterladen und einspielen. Dazu tippen Sie die Internetadresse ihrer Paketdatei in das Eingabefeld URL ZUM PAKET und klicken auf INSTALLIEREN rechts daneben. Damit besitzen Sie dann aller-dings keine Kopie der Erweiterung auf der eigenen Festplatte. Sollte die Erweite-rung aus mehreren einzelnen Paketen bestehen, wiederholen Sie den Vorgang für jede dieser Dateien.

Kommt die Erweiterung entweder in einem *.zip-* oder einem *.tar.gz*-Archiv, müssen Sie sie zunächst auf Ihrer Festplatte entpacken. Den herausgepurzelten Inhalt transferieren Sie anschließend per Hand in ein Arbeitsverzeichnis auf dem Webserver, wie etwa */tmp/arbeitsverzeichnis*. Genau diesen Pfad geben Sie dann in das Eingabefeld PFAD ZUM PAKET ein. Mit einem Klick auf das nebenstehende INSTALL spielt Joomla! die Erweiterung schließlich ein.

Warnung   Einige Erweiterungen verändern bei ihrer Installation die Datenbank oder führen andere vorbereitende Maßnahmen aus. Es reicht folglich nicht aus, die entpackten Paketdateien nur in das Joomla!-Verzeichnis zu kopieren. Sollte eine Installation auf den drei beschriebenen Wegen fehlschlagen, sollten Sie Kontakt mit dem Autor der Erweiterung aufnehmen oder in einem entsprechenden Internetforum um Hilfe bitten.

Erweiterungen verwalten und deinstallieren

Wenn Sie hinter ERWEITERUNGEN → ERWEITERUNGEN zwischen der Werkzeugleiste und den gerade beschriebenen Eingabefeldern auf das Register VERWALTEN klicken, gelangen Sie zu einer Liste mit allen derzeit installierten Komponenten, Modulen, Plugins, Sprachpaketen und Templates (siehe Abbildung 14-2).

Version   In Joomla! 1.5 gab es für jede dieser Erweiterungen noch ein eigenes Register.

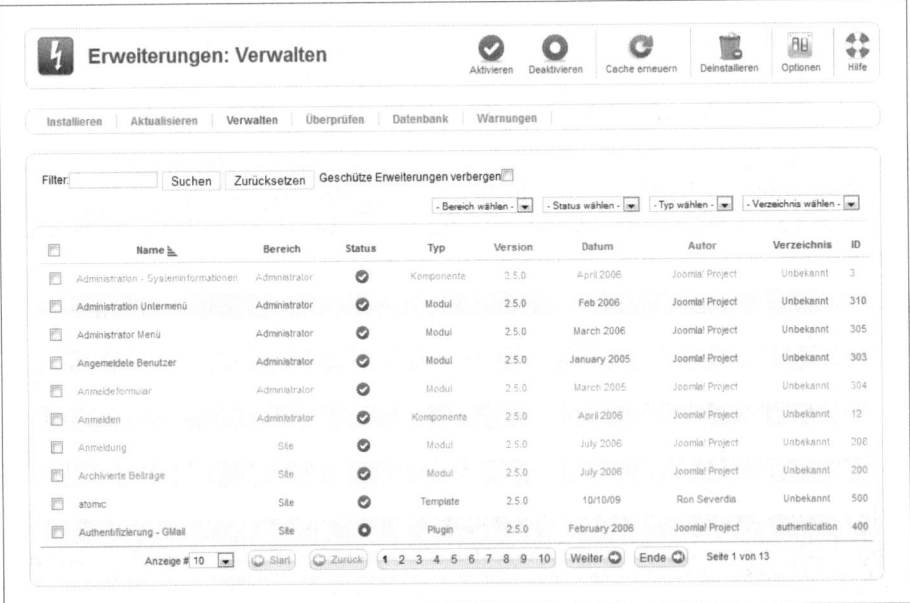

Abbildung 14-2:   Der Verwaltungsbildschirm für alle derzeit installierten Erweiterungen

Schon in der Standardinstallation ist diese Liste recht lang, weshalb ihr Aufruf etwas dauern kann. Nutzen Sie daher möglichst auch die Ausklapplisten zur Filterung. Besonders hilfreich ist hier – TYP WÄHLEN –. Wenn Sie diese beispielsweise auf KOMPONETEN stellen, führt die Liste darunter nur noch alle installierten Komponenten.

Mit einem Klick auf den grünen Haken in der Spalte STATUS (unter Joomla! 1.5 hieß sie noch AKTIV) können Sie eine Erweiterung vorübergehend außer Gefecht setzen (alternativ dürfen Sie auch die Erweiterung in ihrem Kästchen ankreuzen und dann die Schaltflächen AKTIVIEREN beziehungsweise DEAKTIVIEREN in der Werkzeugleiste heranziehen).

<table>
<tr><td>Tipp</td><td>Diese Möglichkeit ist insbesondere dann nützlich, wenn Joomla! sich plötzlich bockig verhält. Durch eine gezielte Deaktivierung der Komponenten, Module oder Plugins lässt sich so der Übeltäter finden, ohne gleich die Erweiterung komplett wieder deinstallieren zu müssen.</td><td></td></tr>
</table>

Wenn Sie eine Erweiterung wieder loswerden wollen, markieren Sie einfach wie gewohnt das kleine Kästchen in ihrer Zeile, und klicken Sie dann in der Werkzeugleiste auf DEINSTALLIEREN.

<table>
<tr><td>Warnung</td><td>Doch Vorsicht: Joomla! wirft die Erweiterung umgehend und ohne jegliche Rückfrage über Bord!</td><td></td></tr>
</table>

Einige der Erweiterungen erscheinen in der Liste hellgrau. Bei ihnen handelt es sich um Basiskomponenten, die Joomla! dringend zum Überleben braucht. Aus diesem Grund widersetzen sie sich jeglichen Löschversuchen. Wenn diese Einträge Sie stören, können Sie sie ausblenden, indem Sie GESCHÜTZE ERWEITERUNGEN VERBERGEN abhaken (es dauert auch hier wieder einen Moment, bis die Änderungen sichtbar sind).

Mit der Schaltfläche CACHE ERNEUERN können Sie Joomla! zwingen, die in der Liste angezeigten Informationen zu aktualisieren. Das sollten Sie immer dann durchführen lassen, wenn in der Tabelle einige Informationen wie etwa das ERSTELLUNGSDATUM fehlen. Wenn Sie die betroffene Erweiterung in ihrem Kästchen ankreuzen und dann auf CACHE ERNEUERN klicken, fragt Joomla! alle zugehörigen Informationen (noch einmal).

Wartungsfunktionen

Ab Joomla! 1.6 gibt es neben den bereits bekannten INSTALLIEREN- und VERWALTEN-Registern noch ein paar weitere. Die dort angebotenen Werkzeuge helfen insbesondere bei Problemen weiter oder weisen auf solche hin – wie das Register WARNUNGEN.

Warnungen

Das Register ganz rechts sammelt WARNUNGEN und Systemmeldungen, die irgendwie die Erweiterungen betreffen. In Abbildung 14-3 weist Joomla! beispielsweise auf merkwürdige PHP-Einstellungen hin. Sie sollten alle hier gemeldeten Probleme beachten und ernst nehmen, da sie die Erweiterungen beeinflussen und im Extremfall sogar außer Gefecht setzen könnten.

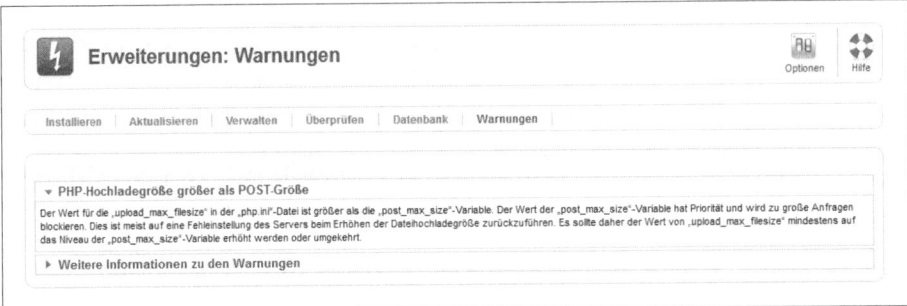

Abbildung 14-3: Joomla! beschwert sich hier darüber, dass es prinzipiell größere Dateien hochladen kann, als dann die PHP-Umgebung tatsächlich erlaubt. Den entsprechenden Wert modifizieren Sie über die Datei »php.ini« (siehe Kapitel 2, *Installation*).

Überprüfen

In einigen Situationen schlagen die Installationsmethoden aus Abschnitt »Erweiterungen installieren« fehl. Das ist beispielsweise dann der Fall, wenn Sie sehr große Erweiterungspakete vorliegen haben, Ihr Webhoster aber nur das Hochladen von viel kleineren Dateien gestattet. Für solche Fälle bietet Joomla! auf diesem Register eine Hintertür an, mit der sich die Erweiterung doch noch einspielen lässt.

Dazu entpacken Sie zunächst das Paket mit der Erweiterung auf Ihrer Festplatte. Die dabei herausgepurzelten Verzeichnisse hieven Sie dann per FTP oder SSH in die entsprechenden Verzeichnisse Ihrer Joomla!-Installation.

Warnung Diese Methode setzt voraus, dass Sie genau wissen, welche Verzeichnisse aus dem Erweiterungspaket in welche Joomla!-Verzeichnisse gehören. Bei der Einschätzung helfen Ihnen die Informationen aus den Kapitel 12, *Mehrsprachigkeit*, Kapitel 13, *Templates* und Kapitel 15, *Eigene Erweiterungen erstellen*. Im Zweifel sollten Sie den Entwickler der Erweiterung kontaktieren.

Haben Sie beispielsweise das französische Sprachpaket für das Frontend entpackt, gehört das Verzeichnis *site_fr-FR* unter seinem neuen Namen *fr-FR* in das Unterverzeichnis *language* Ihrer Joomla!-Installation.

Sind die Paketinhalte alle an ihrem Platz, wechseln Sie im Administrationsbereich von Joomla! zum Menüpunkt ERWEITERUNGEN → ERWEITERUNGEN und dort auf das Register ÜBERPRÜFEN. Nach einem Klick auf ÜBERPRÜFEN in der Werkzeugleiste rennt Joomla! durch alle seine Verzeichnisse und schaut nach, ob irgendwo noch nicht installierte Erweiterungen vorhanden sind. Alle gefundenen Kandidaten listet es dann so wie in Abbildung 14-4 auf.

Abbildung 14-4: Hier wurde im Joomla!-Verzeichnis ein noch nicht installiertes Sprachpaket gefunden.

Alle diese Erweiterungen werden von Joomla! noch ignoriert. Um sie endgültig zu aktivieren, kreuzen Sie ihr jeweiliges Kästchen an und klicken dann auf INSTALLIEREN.

Tipp   Auf diesem Weg können Sie auch recht schnell mehrere Erweiterungen gleichzeitig einspielen.

Sollten in der Liste auch deinstallierte Erweiterungen auftauchen, lassen Sie einmal den CACHE LEEREN.

Aktualisieren

Normalerweise müssen Sie selbst darauf achten, dass alle installierten Erweiterungen auf dem aktuellen Stand sind. In der Praxis müssen Sie also immer mal wieder die Internetseiten der Erweiterungen ansteuern und nach neuen Versionen Ausschau halten. Das ist gerade bei mehreren installierten Erweiterungen ziemlich mühsam.

Seit Joomla! 1.6 können Entwickler deshalb eine automatische Update-Funktion in ihre Erweiterungen einbauen. Mit einem Klick auf AKTUALISIERUNGEN SUCHEN auf dem Register AKTUALISIEREN klappert dann Joomla! alle Webseiten ab und sucht nach neuen Versionen. Alle gefundenen Aktualisierungen listet es dann hier auf, URL-DETAILS nennt dabei die Bezugsquelle.

Wie Sie in Abbildung 14-5 sehen, nutzt auch Joomla! selbst diesen Aktualisierungsmechanismus.

Abbildung 14-5: Auch Joomla! selbst bringen Sie über das Register Aktualisieren auf den neuesten Stand. Hier bietet die Funktion an, Joomla! 2.5.0 auf Joomla! 2.5.1 zu aktualisieren.

Warnung Erweiterungen *können* diese Aktualisierungsfunktion nutzen, müssen es aber nicht. Es ist also sehr wahrscheinlich, dass Sie einige Erweiterungen dennoch weiterhin per Hand auf dem aktuellen Stand halten müssen.

Sie müssen jetzt nur noch alle Erweiterungen ankreuzen und dann via AKTUALISIEREN auf den neuesten Stand bringen.

Die Liste mit den Aktualisierungen können Sie zurücksetzen, indem Sie auf CACHE LEEREN klicken.

Abwärtskompatibilität

Mit jeder neuen Joomla!-Version ändern sich auch einige Teile unter der Haube. Damit besteht allerdings die Gefahr, dass auf die Vorversion zugeschnittene Erweiterungen nicht mehr funktionieren. Glücklicherweise behalten die Joomla!-Entwickler dieses Problem im Auge.

Als Faustregel gilt, dass unter der aktuellen Joomla!-Version auch immer die Erweiterungen für die direkte Vorversion funktionieren. Eine auf Joomla! 1.7 zugeschnittene Komponente läuft mit großer Wahrscheinlichkeit auch unter Joomla! 2.5 – vorausgesetzt, die Komponente nutzt keine speziellen Systemfunktionen.

Tipp Um jegliche Probleme zu vermeiden, sollten Sie immer nur auf Ihre Joomla!-Version zugeschnittene Erweiterungen einsetzen.

Darüber hinaus empfiehlt es sich, *jede* Erweiterung zunächst in einer Testinstallation von Joomla! auf Herz und Nieren zu prüfen. Damit verhindern Sie, dass eine veraltete oder schlampig programmierte Erweiterung Ihre richtige Internetseite lahmlegt.

Ein kleiner Sonderfall war Joomla! 1.5. Mit dieser Version wurde der Unterbau des Content-Management-Systems komplett generalüberholt. Um die bis dato bestehenden Erweiterungen für Joomla! 1.0.x nicht über Nacht nutzlos werden zu lassen, schufen die Joomla!-Entwickler den sogenannten *Kompatibilitätsmodus*, auf Englisch *Legacy Mode*. Sobald man ihn aktiviert hatte, konnte man Erweiterungen für Joomla! 1.0.x installieren und nutzen. Diese Behelfsfunktion funktionierte allerdings nur leidlich. Da die Version 1.0.x schon lange nicht mehr unterstützt wird, fehlt der Kompatibilitätsmodus ab Joomla! 1.6.

Forum (Kunena)

Diskussionen und einen angeregten Meinungsaustausch führt man heutzutage in Foren. Die schwarzen Bretter des Internets erlauben ihren Mitgliedern beispielsweise, eigene Kommentare zu aktuellen Filmen abzugeben oder am neuesten Klatsch und Tratsch aus Hollywood teilzunehmen.

Warnung Mit einem Forum ist jedoch auch immer ein nicht unerheblicher Arbeits- und Pflegeaufwand verbunden: Nach derzeitiger Gesetzeslage haftet ein Betreiber unter bestimmten Umständen für die Beiträge seiner Mitglieder. Eine oder mehrere Personen, die ständig über die Veröffentlichungen wachen und rechtswidrige Inhalte streichen, sind daher unerlässlich. Lassen Sie sich gegebenenfalls von einem Fachanwalt beraten.

Um Joomla! ein Forum unterzuschieben, existieren gleich mehrere Möglichkeiten. Eine Variante wäre die Integration eines bekannten, eigenständigen Forenprodukts. Hierzu zählen beispielsweise das beliebte *phpBB* oder *vBulletin*. Leider sind diese Komplettlösungen von der Stange nicht auf die Zusammenarbeit mit Joomla! geeicht. Eine Verbindung zwischen den beiden Welten versuchen spezielle Erweiterungen herzustellen, die auch als *Brücken* oder *Bridges* bezeichnet werden. Das funktioniert allerdings mehr recht als schlecht. Sie finden die entsprechenden Erweiterungen unter *http://extensions.joomla.org* im Bereich COMMUNITCATION → FORUM BRIDGES.

Glücklicherweise gibt es noch speziell für Joomla! entwickelte Foren. Das wohl bekannteste Beispiel ist *Kunena*, das aus *FireBoard* hervorging, das wiederum vom ebenfalls bekannten Joomlaboard (beziehungsweise dessen Vorgänger *Simpleboard*) abstammt. Der Name Kunena ist übrigens der Sprache Swaheli entlehnt und bedeutet übersetzt in etwa »Sprechen«.

Kunena integriert sich nahtlos in Joomla! und bietet alle wichtigen Funktionen der großen Foren-Konkurrenz. Es eignet sich somit ideal für kleinere oder mittelgroße

Seiten, wie zum Beispiel auch das Kinoportal. Als Basis dient im Folgenden die Kunena-Version 1.7.2.

Kunena installieren

Für einen reibungslosen Betrieb benötigt Kunena mindestens 16 MB Speicherplatz (besser 64 MB und mehr) und PHP ab Version 5.2.3. Sofern Sie gleich bei der Installation eine Fehlermeldung erhalten, sollten Sie diese beiden Punkte als Erstes kontrollieren. Mehr Speicherplatz gestehen Sie über die *php.ini* in der Zeile memory_limit zu (siehe Kapitel 2, *Installation*, Abschnitt »PHP-Konfiguration anpassen« auf Seite 71). XAMPP erfüllt übrigens alle diese Voraussetzungen.

Laden Sie zunächst im DOWNLOAD-Bereich auf der Seite *http://www.kunena.com* die aktuelle Version von Kunena herunter. Das so erhaltene Paket installieren Sie so, wie im Abschnitt »Erweiterungen installieren« beschrieben wird.

 Tipp   Eine Menge ergänzender Hilfsmodule zu Kunena finden Sie sowohl im unteren Bereich der Download-Seite als auch bei Drittherstellern im Internet.

Sofern alles geklappt hat, startet das Kunena-eigene Installationsprogramm aus Abbildung 14-6.

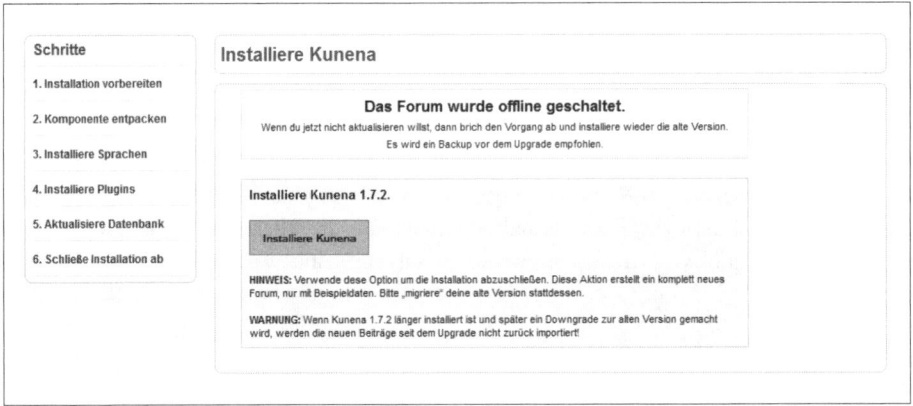

Abbildung 14-6:   Die Kunena-Installation startet.

Hier klicken Sie auf die grüne Schaltfläche INSTALLIERE KUNENA. Kunena spielt dabei auch ein kleines Beispielforum ein. Sobald eine Erfolgsmeldung erscheint, kehren Sie via FERTIG zum Joomla!-Administrationsbereich zurück.

Für die Besucher auf der Homepage ist das Forum im Moment noch unsichtbar. Bevor man es freischaltet, sind noch ein paar weitere Handgriffe notwendig.

Kunenas Verwaltungszentrale

Der neue Menüpunkt KOMPONENTEN → KUNENA FORUM führt zur Kunena-*Bedienungskonsole*. Diese recht monströse Seite aus Abbildung 14-7 bildet die Schaltzentrale des Forums.

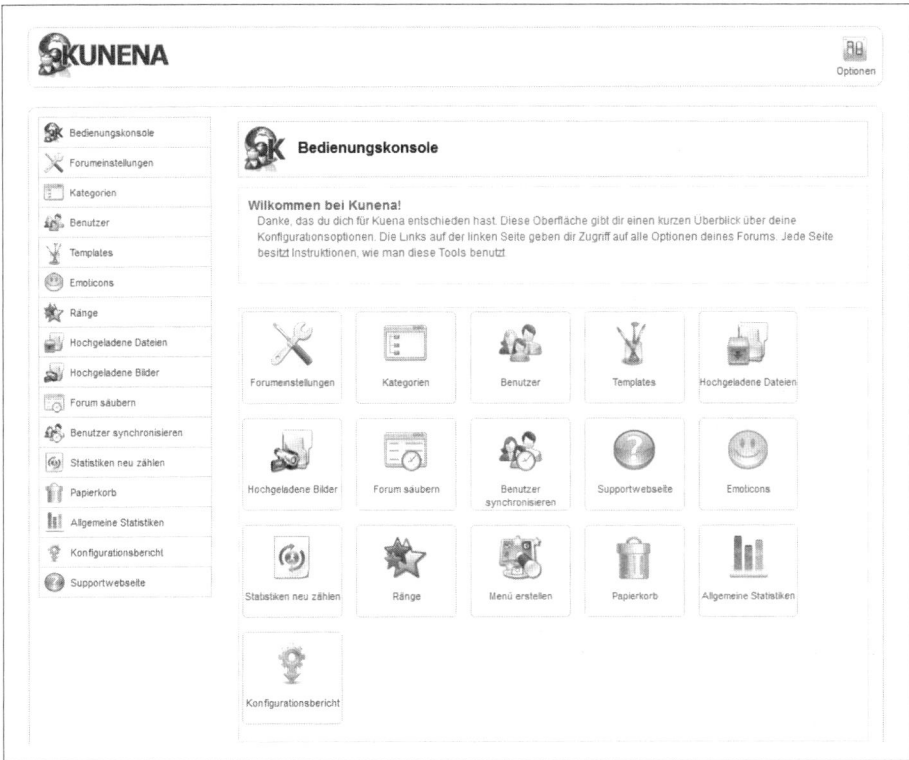

Abbildung 14-7: Die Konfigurationsoberfläche von Kunena

Die großen Schaltflächen führen zu den jeweiligen Einstellungen des Forums. Genau das Gleiche ermöglicht die Menüleiste am linken Rand. Sie bleibt die ganze Zeit über eingeblendet und erlaubt so schnelle Sprünge zwischen den einzelnen Bereichen. Ein Klick auf den obersten Punkt führt dabei immer wieder zur Startseite der BEDIENUNGSKONSOLE zurück.

Bereiche und Kategorien anlegen

Im neuen Forum des Kinoportals soll es zwei Themenwelten geben: In der ersten geht es um die aktuellen Filme, während sich die zweite ganz dem Klatsch und Tratsch über eitle Schauspieler und das Treiben in Hollywood widmet. Selbstverständlich könnte man auf eine solche Trennung verzichten, allerdings würde gerade ein hoch frequentiertes Forum aufgrund der vielen, thematisch verschiedenen Beiträge recht schnell unübersichtlich.

Glücklicherweise kommt Kunena mit seiner Arbeitsweise einer solchen Aufteilung entgegen. Die Joomla!-Erweiterung unterteilt ein komplettes Forum zunächst in sogenannte Bereiche. Im Beispiel des Kinoportals hätte man somit zwei Bereiche: einen unter dem Namen *Kinosaal* für alle Diskussionen rund um die Kinofilme selbst und einen mit der Bezeichnung *Klatsch und Tratsch* für alle restlichen Themen.

Diese beiden Sammelbehälter kann man nun weiter in Kategorien unterteilen. Beim Kinoportal könnte es im Bereich *Kinosaal* beispielsweise die zwei Kategorien *Filme* und *News* geben: In der ersten Kategorie dürfen die Benutzer über aktuelle Filme diskutieren und in der zweiten selbst entdeckte Neuigkeiten loswerden. *Klatsch und Tratsch* hält hingegen die Kategorien *Stars* und *Sonstiges* bereit.

 **Tipp**   Diese Aufteilung ist auf den ersten Blick etwas wirr: Ein Bereich dient später auf der Homepage eigentlich nur dazu, die vorhandenen Kategorien thematisch und optisch zu gruppieren. Sie selbst ist nicht in der Lage, Diskussionen aufzunehmen; dies dürfen nur die in ihr enthaltenen Kategorien.

X.X **Version**   In früheren Versionen von Kunena hießen die Bereiche noch *Kategorien*, und die Kategorien waren *Foren*.

Abbildung 14-8 verdeutlicht die geplante Struktur noch einmal.

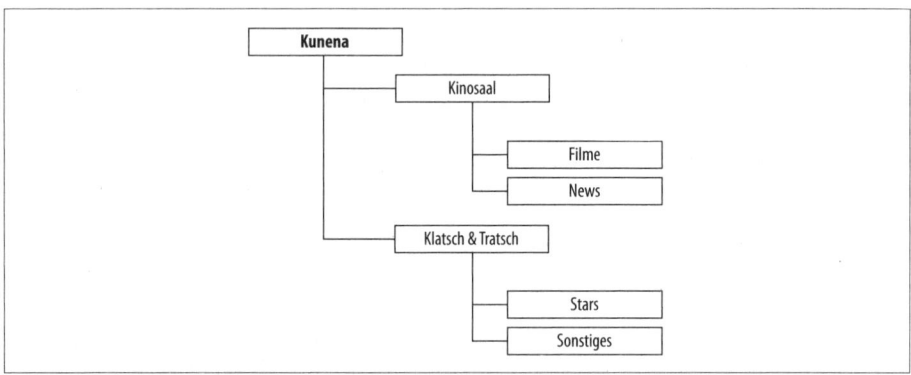

Abbildung 14-8:   Die fertige Struktur des geplanten Forums

Jede Kategorie muss übrigens immer in genau einem Bereich stecken. Im ersten Schritt ist man folglich gezwungen, wenigstens einen neuen Bereich anzulegen.

Bereiche anlegen

Um einen Bereich anzulegen, klicken Sie auf die Schaltfläche KATEGORIEN in der Kunena-Bedienungskonsole. Wie in der erscheinenden Liste zu sehen ist, hat

Kunena bei der Installation schon einen Bereich namens HAUPTSEKTION sowie zwei darin enthaltene Kategorien anlegt. Anhand der Einrückung erkennt man schnell, welche Kategorien in welchem Bereich liegen.

Um einen neuen Bereich zu erstellen, klicken Sie auf die Schaltfläche NEU in der Werkzeugleiste. Der nun erscheinende Bildschirm erlaubt sowohl die Erzeugung eines Bereichs als auch die Einrichtung einer darin enthaltenen Kategorie.

Um zunächst den Bereich *Kinosaal* zu erstellen, stellen Sie auf dem Register GRUNDLEGENDE INFORMATIONEN die Ausklappliste ELTERNTEIL auf TOP LEVEL. Damit teilen Sie Kunena mit, dass Sie einen neuen Bereich erstellen möchten – also genau das, was jetzt gebraucht wird. Als Nächstes tippen Sie unter NAME eine Bezeichnung und darunter eine Beschreibung für den neuen Bereich ein. Im Kinoportal-Beispiel wären dies der **Kinosaal** mit der Beschreibung **Hier dreht sich alles um Kinofilme**. Das Feld KATEGORIEKOPF bleibt hier bei Bereichen ungenutzt.

Weiter geht es auf dem Register ZUGANGSKONTROLLE. Dort stellen Sie zunächst ZUGANGS-KONTROLLTYP auf BENUTZERGRUPPEN. Nur die jetzt unter PRIMÄRE BENUTZERGRUPPE markierten Benutzergruppen dürfen später den Bereich betreten und sich an den darin befindlichen Diskussionen beteiligen. Auf diese Weise kann man Teile des Forums vor bestimmten Personengruppen verstecken.

Tipp   Die hier vorgenommenen Einstellungen überschreiben die Zugriffsregeln der enthaltenen beziehungsweise untergeordneten Kategorien. Falls also beispielsweise die Kategorie *Filme* im Bereich *Kinosaal* für alle Besucher (PUBLIC) einsehbar ist, der Bereich *Kinosaal* jedoch nur für die Benutzergruppe der KRITIKER zugänglich ist, so dürfen auf die Kategorie nur Benutzer vom Rang eines Kritikers zugreifen.

Um Spam zu vermeiden, sollen auf den Bereich *Kinosaal* nur registrierte Besucher zugreifen können. Markieren Sie deshalb REGISTERED. Achten Sie zusätzlich darauf, dass PRIMÄRE GRUPPE ENTHÄLT UNTERGRUPPEN auf JA steht. Nur dann dürfen auch alle Untergruppen von *Registered* den Bereich betreten – bei einem NEIN müssten sonst unter anderem die Kritiker draußen bleiben. Weitere Informationen zu den Benutzergruppen liefert Kapitel 9, *Benutzerverwaltung und -kommunikation*.

Alle weiteren Werte in diesem Bereich sind bereits sinnvoll belegt. Klicken Sie deshalb auf SPEICHERN & SCHLIESSEN, um den neuen Bereich anzulegen. Sie gelangen damit automatisch wieder zurück zur Liste aller Beiträge und Kategorien. Diese Liste bedienen Sie analog zu allen bereits bekannten Listen in Joomla!. Der rote Kreis weist in der Spalte VERÖFFENTLICHT darauf hin, dass der Bereich derzeit noch nicht auf der Homepage sichtbar ist. Heben Sie diesen Zustand jetzt mit einem Klick auf den roten Kreis auf.

Erstellen Sie jetzt auf die gleiche Weise für das Kinoportal noch den Themenbereich *Klatsch und Tratsch*: Klicken Sie auf NEU, wählen Sie als ELTERNTEIL den TOP LEVEL (denn es soll ja ein neuer Bereich her), tippen Sie als NAME **Klatsch und Tratsch** ein, wechseln Sie auf das Register ZUGANGSKONTROLLE, stellen Sie dort als ZUGANGS KONTROLLTYP den Punkt BENUTZERGRUPPEN ein, markieren Sie unter PRIMÄRE BENUTZERGRUPPE den Punkt REGISTERED, klicken Sie auf SPEICHERN & SCHLIEßEN, und geben Sie den neuen Bereich mit einem Klick auf den roten Kreis in der Spalte VERÖFFENTLICHT frei.

Kategorien anlegen

Nachdem ein Bereich steht, muss man in ihm mindestens eine Kategorie anlegen. Dazu klicken Sie auf die Schaltfläche NEU und wählen auf dem Register GRUNDLE- GENDE INFORMATIONEN in der Ausklappliste ELTERNTEIL den zuvor erstellten Bereich. Kunena weiß damit gleichzeitig, dass Sie eine Kategorie erstellen möchten. Anschlie- ßend geben Sie der Kategorie noch einen Namen und eine kurze Beschreibung.

 Tipp Der Text unter KATEGORIEKOPF erscheint später immer über allen Diskussionen in einer Kategorie.

 Im Fall des Kinoportals stellen Sie ELTERNTEIL auf KINOSAAL. Als NAME tippen Sie die Filme ein und denken sich noch eine BESCHREIBUNG aus. Alle anderen Einstel- lungen sind für das Kinoportal bereits korrekt vorgegeben.

Die Schaltfläche SPEICHERN & SCHLIEßEN katapultiert Sie wieder zurück zur Liste. Geben Sie hier die neue Kategorie mit einem Klick auf den roten Kreis in der Spalte VERÖFFENTLICHT für die Besucher frei.

 Legen Sie auf die gleiche Weise im Bereich KINOSAAL noch eine Kategorie mit dem Namen *News* an: Nach einem Klick auf NEU setzen Sie ELTERNTEIL auf den KINO- SAAL, tippen unter NAME **News** ein, klicken auf SPEICHERN & SCHLIEßEN und veröf- fentlichen die NEWS über die Spalte VERÖFFENTLICHT.

Abschließend braucht noch der Themenbereich KLATSCH UND TRATSCH die Katego- rien *Stars* und *Sonstiges*. Vergessen Sie nicht, auch diese Kategorien in der Liste auf VER- ÖFFENTLICHT zu schalten. Das Endergebnis sollte wie in Abbildung 14-9 aussehen.

4	☐	Kinosaal	4	○ ○	7			Bereich			✔	Registered / Super Users
5	☐	- - Filme	6	○	4	✖	✔	✖	✖	✖	✔	Zugangsebene: Public
6	☐	- - News	7	○	5	✖	✔	✖	✖	✖	✔	Zugangsebene: Public
7	☐	Klatsch und Tratsch	5	○	9			Bereich			✔	Registered / Super Users
8	☐	- - Stars	8	○	2	✖	✔	✖	✖	✖	✔	Zugangsebene: Public
9	☐	- - Sonstiges	9	○	3	✖	✔	✖	✖	✖	✔	Zugangsebene: Public

Abbildung 14-9: Die fertigen Themenbereiche mit den jeweiligen Kategorien für das Kinoportal

Tipp

Über die Spalte VERÖFFENTLICHT blenden Sie eine Kategorie auf Ihrer Website ein- und aus. Ergänzend können Sie eine Kategorie aber auch noch »schließen«. Es kann dann niemand mehr einen neuen Diskussionsbeitrag schreiben, die vorhandenen Beiträge aber sehr wohl noch lesen. Die Diskussionen sind damit faktisch »geschlossen«. Um eine Kategorie zu schließen, klicken Sie auf ihr kleines rotes Kreuz in der Spalte GESCHLOSSEN. Wenn der grüne Haken leuchtet, ist die Kategorie geschlossen – er hat hier also eine andere Bedeutung als in der Spalte VERÖFFENT-LICHT. Alternativ können Sie mit einem Klick auf ihren Namen auch den Bearbeitungsschirm aufrufen und dann auf dem Register EINSTELLUNGEN den Punkt GESCHLOSSEN auf JA setzen.

Der mitgelieferte Beispielbereich und seine zwei Kategorien sind damit überflüssig. Haken Sie sie in ihrem Kästchen ab (HAUPTSEKTION, WILLKOMMEN und SUGGESTION BOX), und lassen Sie sie dann LÖSCHEN.

Forum freischalten

Um das Forum den Besuchern der Seite zugänglich zu machen, müssen Sie die neu installierte Komponente mit einem Menüpunkt verknüpfen.

Im Beispiel des Kinoportals soll das schwarze Brett direkt über das Hauptmenü (THIS SITE auf der Website) erreichbar sein. Wählen Sie daher im Menü des Administrationsbereichs MENÜS → MAIN MENU → NEUER MENÜEINTRAG, und klicken Sie auf AUSWÄHLEN. Im neuen Fenster entscheiden Sie sich für die KUNENA START-SEITE im Bereich KUNENA FORUM. Der neue Menüpunkt bekommt den schlichten MENÜTITEL **Kinoportal Forum**. Ein Klick auf SPEICHERN & SCHLIEßEN legt ihn schließlich auf der Website an (weitere Informationen über das Anlegen eines Menüeintrages finden Sie in Kapitel 8, *Menüs*).

Eine Anmeldung geschieht mit den ganz normalen Joomla!-Zugangsdaten über das LOGIN FORM auf der Homepage (mehr dazu erfahren Sie in Kapitel 9, *Benutzerverwaltung und -kommunikation*). Ist dies einmal geschehen, gelangt man über den gerade angelegten Menüpunkt direkt zum Forum, an dessen oberem Rand gleich mehrere Register thronen. Standardmäßig befindet man sich auf dem Register AKTUELL. Es führt eine Liste mit den zuletzt veröffentlichten Themen und Beiträgen. Auf diese Weise haben die Besucher die angesagtesten Diskussionen im Blick und können schneller verfolgen, auf welche Themen zuletzt geantwortet wurde. Erst das Register INDEX gewährt Zutritt zu den eigentlichen Foren. Sie präsentieren sich wie in Abbildung 14-10.

Die beiden Bereiche KINOSAAL und KLATSCH UND TRATSCH sind beide optisch voneinander getrennt. Ein Klick auf eine Kategorie zeigt alle darin enthaltenen Themen (Topics) an. Jedes Thema besteht aus einer Menge von Beiträgen (Postings), die zusammen eine komplette Diskussion (Thread) ergeben. Die Bedienung des Forums ist weitgehend selbsterklärend und lehnt sich an die üblichen Standards an.

Weitere Informationen zur Bedienung erhalten Sie im Kunena-Wiki unter *http://docs.kunena.org.*

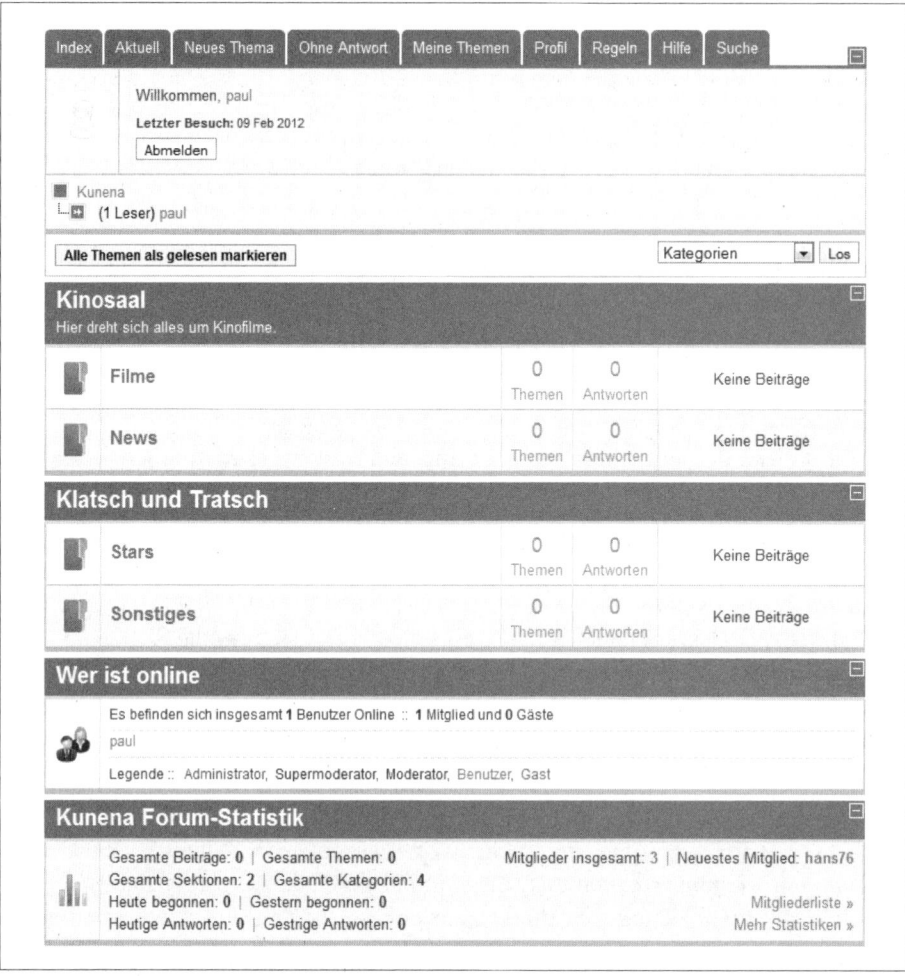

Abbildung 14-10: Das Forum auf der Homepage mit den Foren aus dem Kinobeispiel

Kommentare (sliComments)

Wer gern Diskussionen zu seinen eingestellten Artikeln erlauben, dabei aber nicht gleich ein ganzes Forum aufsetzen möchte, der greift zu einer Erweiterung wie *sliComments*. Mit ihr können Besucher kurze Kommentare an die Beiträge anheften.

Eine Liste mit entsprechenden Erweiterungen finden Sie im Joomla!-Extensions-Verzeichnis unter *http://extensions.joomla.org* im Bereich CONTACTS & FEEDBACK

→ Articles Comments. Diese Kommentar-Erweiterungen funktionieren alle nach dem gleichen einfachen Prinzip: Man installiert eine Komponente und ein Plugin, aktiviert Letztgenanntes und schon erscheinen unterhalb der Beiträge mehr oder weniger hübsche Eingabefelder, in denen Besucher einen kurzen Kommentar hinterlassen können.

Exemplarisch soll im Folgenden das bereits angesprochene sliComments zum Einsatz kommen. Sie finden die Erweiterung im Extensions-Verzeichnis *http://extensions.joomla.org* unter Contacts & Feedback → Articles comments → sliComments. Zum Zeitpunkt der Drucklegung dieses Buches führte die Adresse *http://extensions.joomla.org/extensions/contacts-and-feedback/articles-comments/ 19165* direkt zur entsprechenden Seite.

Version   Einige unter Joomla! 1.5 populäre Kommentar-Erweiterungen, wie etwa *yvComments* oder *mXcomments*, waren von ihren Entwicklern zum Zeitpunkt der Drucklegung noch nicht an neue Joomla!-Versionen angepasst worden. mXcomments wurde sogar komplett eingestellt.

Um die sliComments herunterzuladen, klicken Sie auf das etwas unscheinbare Download auf der rechten Seite. Das dabei erhaltene ZIP-Archiv spielen Sie so wie im Abschnitt »Erweiterungen installieren« beschrieben ein.

Das war bereits alles. Ab sofort finden Besucher wie in Abbildung 14-11 unter jedem Beitrag ein Eingabefeld, über das sie einen Kommentar hinterlassen können.

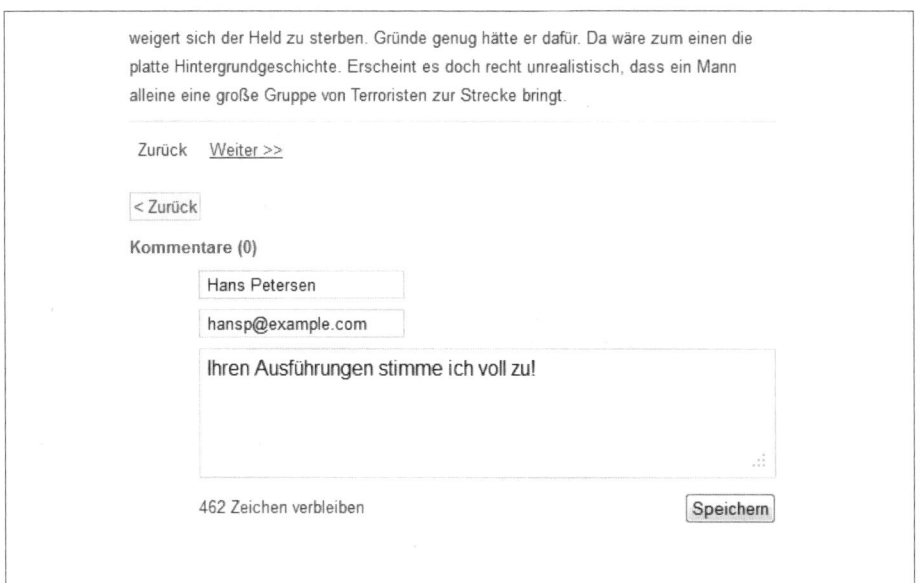

Abbildung 14-11:   Über diese Felder hinterlässt man seinen Kommentar.

Wer einen Kommentar hinterlassen möchte, der muss hier einen Namen und optional eine E-Mail-Adresse angeben, der Kommentar selbst darf maximal 500 Zeichen lang sein.

 Tipp   Standardmäßig dürfen die Besucher hier den aus vielen Foren bekannten BBCode verwenden. (Weitere Informationen hierzu erhalten Sie unter *http://de.wikipedia. org/wiki/BBCode.*)

Nachdem der Besucher den Kommentar hat SPEICHERN lassen, erscheint er unterhalb des Eingabefeldes. Andere Besucher haben dann die Möglichkeit, auf diesen Kommentar zu ANTWORTEN (siehe Abbildung 14-12).

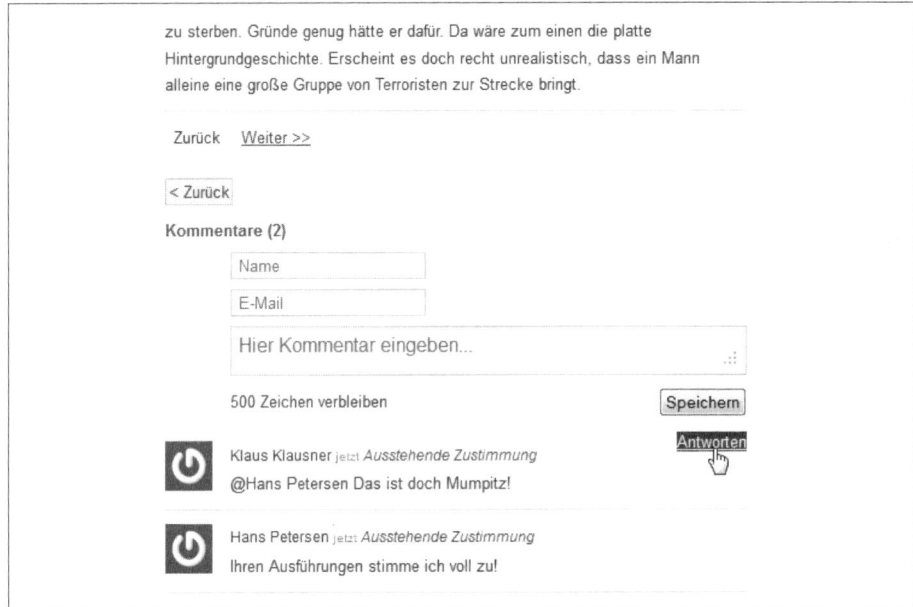

Abbildung 14-12: Die »Antworten«-Funktion erscheint erst, wenn man mit der Maus über den Kommentar fährt.

Wenn Sie die Seite neu laden, verschwinden alle eingetippten Kommentare. Das passiert mit Absicht: Damit niemand Spam oder Werbung in den Kommentaren ablegt, müssen diese standardmäßig erst von einem Administrator beziehungsweise Super User abgesegnet werden. Solange das noch nicht passiert ist, zeigt sliComment die Kommentare nicht auf der Website an.

Jeden Kommentar finden Sie im Administrationsbereich in der Liste hinter KOMPONENTEN → SLICOMMENTS wieder. Dort können Sie die Kommentare noch einmal BEARBEITEN, als SPAM klassifizieren oder in den PAPIERKORB werfen. Die entsprechenden Funktionen erscheinen, wenn Sie mit der Maus über den Kommentar fahren. Alternativ greifen Sie zu den gleichnamigen Schaltflächen in der Werkzeugleiste.

Tipp	Besucher verzeihen es selten, wenn Sie ihre Kommentare nachbearbeiten. Auch wenn die Versuchung groß ist, sollten Sie weder Kritiken löschen noch Tippfehler beheben. Werbemüll und rechtswidrige Inhalte müssen Sie hingegen entfernen, dazu gelten hier die gleichen Richtlinien wie in einem Forum.

Ist der Kommentar in Ordnung, BESTÄTIGEN Sie ihn. Damit erscheint er wieder auf der Website. Zudem ist das rote AUSSTEHENDE ZUSTIMMUNG verschwunden.

Wer sich über das LOGIN FORM anmeldet, der darf die einzelnen Kommentare noch POSITIV oder NEGATIV bewerten. Die entsprechenden Funktionen erscheinen, wenn man mit der Maus über den entsprechenden Kommentar fährt (siehe Abbildung 14-13).

Abbildung 14-13: Hier wurde der Kommentar von Hans Petersen bereits einmal positiv bewertet.

Nicht bei allen Beiträgen ist ein Kommentar sinnvoll – denken Sie etwa an das Impressum. Sie können die Kommentarfunktion daher auch für jeden einzelnen Beitrag deaktivieren. Dazu rufen Sie den Bearbeitungsbildschirm des Beitrags auf und setzen auf dem neuen Register SLICOMMENTS OPTIONEN die beiden Punkte auf NEIN.

Wer überhaupt in welchen Situationen Kommentare abgeben kann, regeln Sie hinter KOMPONENTEN → SLICOMMENTS in den OPTIONEN. Auf dem Register BASIC markieren Sie zunächst unter KATEGORIE alle Kategorien, deren Beiträge kommentiert werden dürfen. Mehrere Einträge selektieren Sie bei gedrückter *Strg*-Taste. Weiter geht es auf dem Register BERECHTIGUNGEN. Es sieht etwas anders aus als seine Kollegen aus Joomla!, funktioniert aber nach dem gleichen Prinzip. Sollen normale Besucher keine Kommentare schreiben dürfen, klicken Sie in der Liste links auf PUBLIC und stellen dann NEUE KOMMENTARE SCHREIBEN auf VERWEIGERT. Auf die gleiche Weise passen Sie auch die Rechte der anderen Benutzergruppen an (weitere Informationen zu diesem Thema finden Sie in Kapitel 9, *Benutzerverwaltung und -kommunikation*).

Warnung	Sie sollten niemals x-beliebigen Besuchern Ihrer Seite das Schreiben von Kommentaren erlauben. Spammer warten nur auf solche offenen Eingabefelder, um dort ihren Werbemüll abzuladen. Das passiert sogar automatisiert mit speziellen Pro-

grammen. Zwar blendet cliComments unbestätigte Kommentare aus, sie landen aber allesamt in der Liste hinter KOMPONENTEN → SLICOMMENTS, in der man sie dann manuell löschen beziehungsweise als Spam klassifizieren muss. Sie sollten daher immer nur registrierten Benutzern das Schreiben von Kommentaren erlauben.

Datei- und Dokumentenmanagement (Phoca Download)

Wer schnell und unkompliziert auf seiner Homepage Dateien zum Download anbieten möchte, der greift zu *Phoca Download*.

Die Erweiterung kommt im Kinoportal wie gerufen, haben sich doch Kontakte zu den Pressestellen der Filmverleiher ergeben. Diese stellen zu neuen Filmen kostenlose Pressetexte und Bildmaterial bereit, mit denen die Kritiker ihre Artikel ausschmücken und durch Hintergrundinformationen ergänzen können. Allerdings sollen nur die Kritiker die Dateien herunterladen können und nicht irgendwelche unbefugten Besucher. Auch das ist kein Problem für Phoca Download: Für jede Datei darf man gezielt festlegen, wer sie herunterladen darf.

Tipp   Wenn Ihnen der Funktionsumfang von Phoca Download nicht ausreicht, sollten Sie einen Blick auf die Konkurrenz im Extensions-Verzeichnis unter *http://extensions.joomla.org* im Bereich DIRECTORY & DOCUMENTATION → DOWNLOADS werfen. Besonders beliebt ist das mittlerweile kommerzielle *DOCman* (*http://www.joomla-tools.eu/store*).

Sie finden die Erweiterung im Internet unter *http://www.phoca.cz/phocadownload/*. Wählen Sie dort weiter unten DOWNLOAD (fallen Sie nicht auf den Screenshot herein!) und dann in der langen Liste die für Ihre Joomla!-Version passende Komponente. Für Joomla! 2.5 war das zum Zeitpunkt der Drucklegung COM_PHOCADOWNLOAD_V2.1.5.ZIP. Im unteren Teil der Liste laden Sie sich anschließend noch das deutsche Sprachpaket herunter. Letzteres müssen Sie etwas in der Liste suchen (und gegebenenfalls umblättern). Achten Sie immer darauf, das für Ihre Joomla!-Version gedachte Paket zu erwischen. Zum Zeitpunkt der Drucklegung war dies für Joomla! 2.5 *de-DE.com_phocadownload25.zip*.

Installation

Wenden Sie sich zunächst der Komponente in der Datei *com_phocadownload...* zu. Installieren Sie sie so, wie im Abschnitt »Erweiterungen installieren« beschrieben. Eventuell beschwert sich dabei Joomla!, dass es ein Verzeichnis nicht anlegen konnte. Diese Meldung dürfen Sie im Moment einfach ignorieren. Wichtig ist nur, dass Phoca Download Sie mit den zwei riesigen Schaltflächen aus Abbildung 14-14 begrüßt.

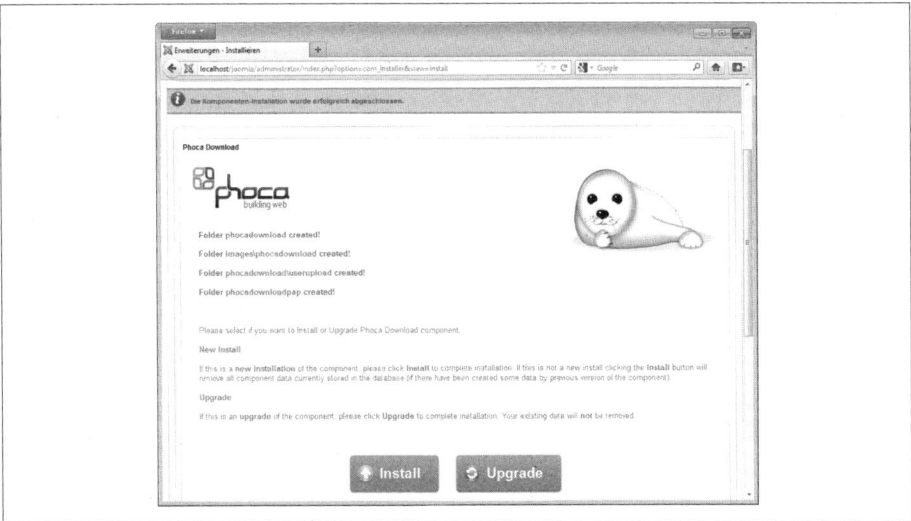

Abbildung 14-14: Die erste Phase der Installation hat geklappt.

Klicken Sie hier auf INSTALL, woraufhin Phoca Download die Einrichtung beendet und Sie zur Startseite der Komponente führt, dem PHOCA DOWNLOAD CONTROL PANEL. Bevor es dort weitergeht, bringen Sie ihm zunächst noch Deutsch bei. Dazu installieren Sie einfach wie gewohnt über ERWEITERUNGEN → ERWEITERUNGEN das heruntergeladene Sprachpaket (*de-DE.com_phocadownload25.zip*).

Sobald Sie nun wieder das Control Panel via KOMPONENTEN → PHOCA DOWNLOAD aktivieren, begrüßt es Sie mit deutschen Begriffen – aus dem *Control Panel* wurde das deutsche *Kontrollzentrum* (siehe Abbildung 14-15).

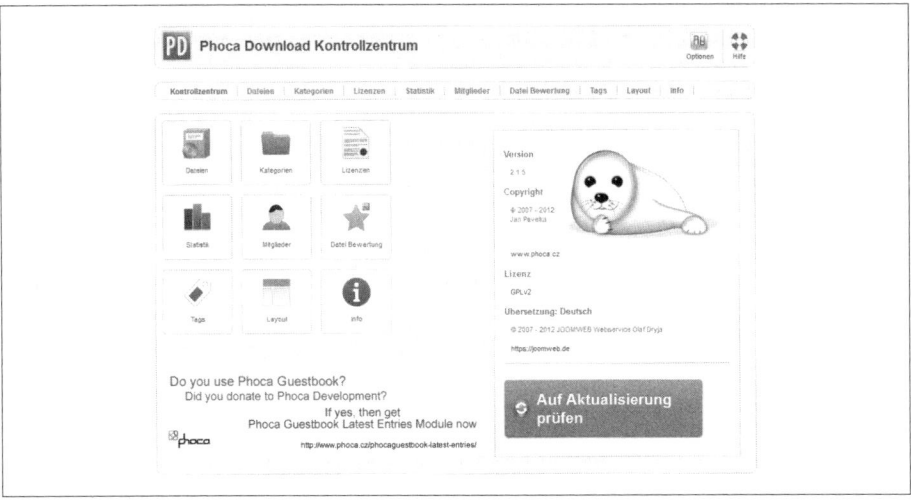

Abbildung 14-15: Die Kommandozentrale von Phoca Download

Grundeinstellungen

Bevor man erstmals Dateien zum Download anbieten kann, ist ein Abstecher in die Einstellungen notwendig. Sie erreichen sie mit einem Klick auf OPTIONEN in der Werkzeugleiste. Wechseln Sie im erscheinenden Fenster auf das Register GRUND-LAGE (siehe Abbildung 14-16).

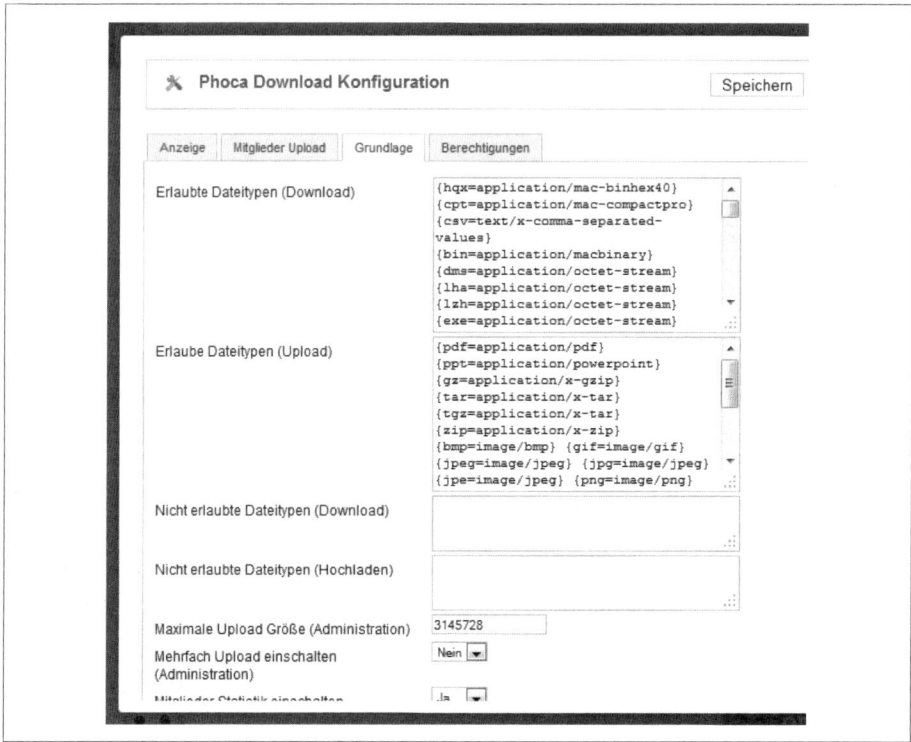

Abbildung 14-16: Die Grundeinstellungen von Phoca Download

Phoca Download speichert alle hochgeladenen Dateien im DOWNLOAD VERZEICH-NIS (ganz unten auf dem Register im Bereich EXPERTEN). Schon bei der Installation versucht die Komponente das hier vorgeschlagene *phocadownload* direkt im Ordner des Joomla!-Installationsverzeichnisses anzulegen, was jedoch normalerweise an fehlenden Rechten scheitert. Dieses Scheitern war übrigens auch der Grund für die Fehlermeldung während der Installation. Sie müssen den Ordner *phocadownload* folglich von Hand anlegen und Joomla! entsprechende Zugriffsrechte erteilen.

Ihre (registrierten) Besucher können später selbst Dateien mit Phoca Download auf den Server hochladen. Damit niemand diese Funktion missbraucht und einfach rie-sige Videodateien auf Ihren Server hievt, sollte man ein paar Grenzen setzen.

Welche Dateiformate Phoca Download überhaupt entgegennimmt, regelt die Liste neben ERLAUBTE DATEITYPEN (UPLOAD). Analog bestimmt ERLAUBTE DATEITYPEN (DOWNLOAD), welche Dateiformate sich später überhaupt herunterladen lassen. Jede Zeile rahmt einen Dateityp in geschweiften Klammern ein. Darin steht zunächst die Dateiendung und dann nach dem Gleichheitszeichen der zugehörige sogenannte MIME-Typ. Weitere Informationen hierzu finden Sie im Internet beispielsweise unter *http://de.wikipedia.org/wiki/Internet_Media_Type* sowie eine Liste mit Dateiendungen und ihrem jeweiligen MIME-Typ unter *http://de.wikipedia.org/wiki/Liste_der_Dateiendungen*. Für gewöhnlich müssen Sie hier keine Änderungen vornehmen.

Ergänzend können Sie noch unter NICHT ERLAUBTE DATEITYPEN (HOCHLADEN) alle Dateiformate eintragen, die Phoca gar nicht erst entgegennimmt. NICHT ERLAUBTE DATEITYPEN (DOWNLOAD) führt schließlich noch alle Dateiformate auf, für die der Download verboten ist. Die Einträge in den Listen folgen hier dem gleichen Aufbau wie unter ERLAUBTE DATEITYPEN.

Neben den Dateiformaten sollte man auch den Dateigrößen eine Grenze setzen. Das passiert an gleich zwei Stellen. Über den Administrationsbereich nimmt Phoca nur Dateien entgegen, die die MAXIMALE UPLOAD GRÖSSE (ADMINISTRATION) unterschreiten. Von Benutzern über das Frontend eingereichte Dateien dürfen hingegen nur so groß sein, wie auf dem Register MITGLIEDER UPLOAD das Feld MITGLIEDER DATEI – DATEIGRÖSSE vorgibt. Jedem Benutzer steht zudem nur ein begrenzter Speicherplatz zur Verfügung. Wie groß der ist, bestimmt das Feld MAXIMALE GRÖSSE ALLER DATEIEN EINES MITGLIEDES. Ist dieser Platz erschöpft, kann der Benutzer keine Dateien mehr hochladen. Die Angaben in allen Feldern erfolgen übrigens in Bytes. Sofern Sie eine 0 eintragen, gibt es keine Beschränkung.

Sofern Sie hier eine der Einstellungen ändern mussten, SPEICHERN & SCHLIESSEN Sie das Fenster, andernfalls schließen Sie es per ABBRECHEN. Stellen Sie jetzt sicher, dass Sie sich im Kontrollzentrum von Phoca Download befinden (KOMPONENTEN → PHOCA DOWNLOAD).

Kategorien erstellen

Phoca Download ordnet alle Dokumente fein säuberlich in Kategorien. Letztere erlauben nicht nur eine thematische Sortierung, sondern bewahren gleichzeitig bei recht vielen Dateien den Überblick. Ähnlich wie bei Joomla! dürfen Kategorien selbst wieder Kategorien enthalten. Auf diese Weise lässt sich eine noch feinere Gliederung aufbauen. Allerdings gilt auch hier, dass jede Datei in genau einer Kategorie liegen muss.

Im Fall des Kinoportals genügt für den Anfang eine Kategorie für die Pressetexte. Um sie anzulegen, klicken Sie auf das Symbol KATEGORIEN (oder bemühen den Menüpunkt KOMPONENTEN → PHOCA DOWNLOAD → KATEGORIEN) und klicken anschließend in der Werkzeugleiste auf NEU. Es erscheint das Formular aus Abbildung 14-17.

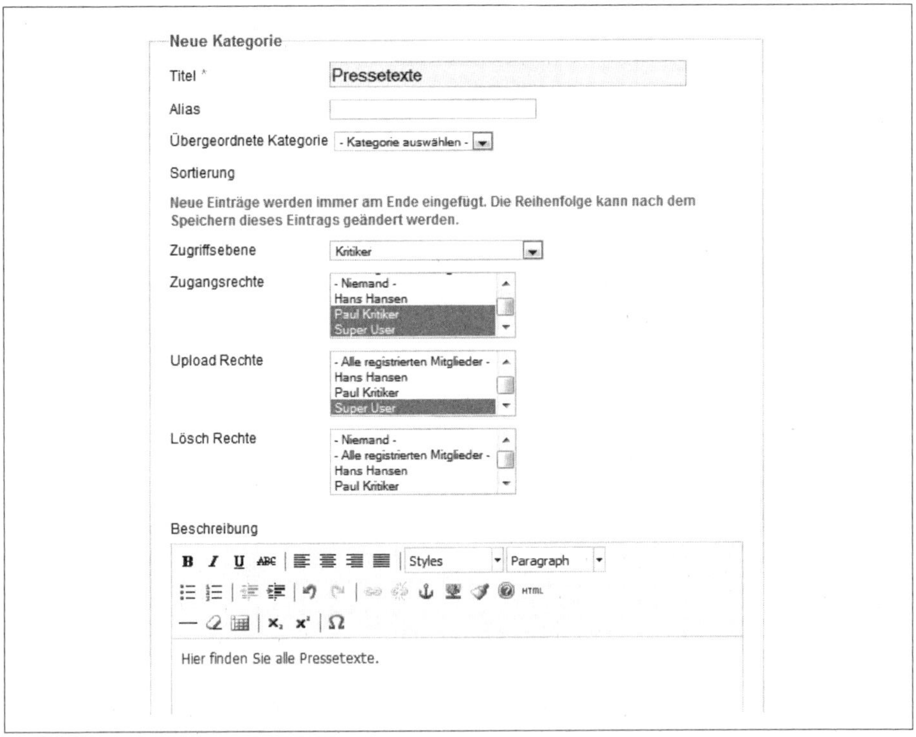

Abbildung 14-17: Über dieses Formular erzeugt man eine neue Phoca-Download-Kategorie für die Pressetexte.

Geben Sie der Kategorie zunächst einen TITEL, wie beispielsweise **Pressetexte**. Mit der Ausklappliste ÜBERGEORDNETE KATEGORIE können Sie die Kategorie in eine andere stecken. Da es im Moment noch keine Kollegin gibt, behalten Sie die Vorgabe bei.

Als Nächstes wählen Sie unter ZUGRIFFSEBENE, welche Besucher die Dateien in dieser Kategorie später sehen können sollen. Die Pressetexte sind ausschließlich für die KRITIKER gedacht (wenn Sie die Beispiele aus Kapitel 9, *Benutzerverwaltung und -kommunikation* nicht mitgemacht haben, behalten Sie die Vorgaben bei – in diesem Fall dürfen alle Besucher die Dateien sehen). Die Liste ZUGANGSRECHTE, bestimmt, wer zusätzlich auch noch Dateien herunterladen kann. Mehrere Punkte selektieren Sie bei gedrückter *Strg*-Taste. Im Kinoportal sollen nur alle KRITIKER und natürlich Sie selbst als SUPER USER Dateien herunterladen können.

Wer alles Dateien hochladen und für den Download anbieten darf, das bestimmt die Liste UPLOAD RECHTE. Im Beispiel sind dies nur Sie als SUPER USER; markieren Sie deshalb den entsprechenden Punkt mit einem gezielten Mausklick.

Vergeben Sie abschließend eine BESCHREIBUNG und stellen Sie auf der rechten Seite sicher, dass VERÖFFENTLICHEN auf FREIGEGEBEN steht. Die Ausklappliste SPRACHE ist nur von Bedeutung, wenn Sie einen mehrsprachigen Internetauftritt anbieten. Dann funktioniert sie wie ihre Kolleginnen aus Kapitel 12, *Mehrsprachigkeit*.

Warnung Behalten Sie stets im Hinterkopf, dass die über Phoca Download angelegten Kategorien ausschließlich der Dateiverwaltung dienen und somit nichts mit den Kategorien aus Kapitel 4, *Inhalte verwalten* gemeinsam haben.

Für das Kinoportal sollten die Einstellungen jetzt so wie in Abbildung 14-17 ausse-hen. SPEICHERN & SCHLIEßEN Sie die neue Kategorie.

Lizenzen

Die Pressesprecherin von Werner Bros. verlangt, dass die Leser ihrer Pressetexte einschränkende Nutzungsbedingungen akzeptieren. Damit man nicht für jede Datei den gesamten Lizenztext erneut eintippen und speichern muss, verwaltet Phoca Download alle möglichen Lizenzen separat. Später weist man dann einfach der jeweiligen Datei eine der Lizenzen zu.

Um eine neue Lizenz anzulegen, klicken Sie im Kontrollzentrum auf LIZENZEN oder rufen den Menüpunkt KOMPONENTEN → PHOCA DOWNLOAD → LIZENZEN auf. In der noch leeren Liste klicken Sie auf NEU in der Werkzeugleiste. Im nun erscheinen-den Formular aus Abbildung 14-18 möchte Phoca Download lediglich den TITEL der Lizenz – wie zum Beispiel `Lizenz für Werner Bros. Texte` – und ihren Inhalt in Form des LIZENZ TEXT wissen. Achten Sie vor dem SPEICHERN & SCHLIEßEN noch darauf, dass die neue Lizenz `Freigegeben` ist. Andernfalls lässt sie sich gleich nicht nutzen.

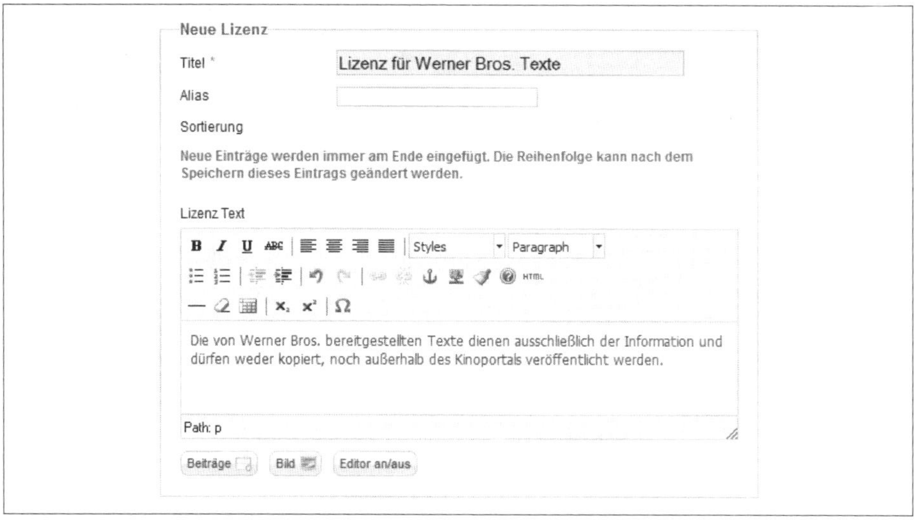

Abbildung 14-18: Hier entsteht gerade eine neue Lizenz.

Dateien hochladen

Sobald mindestens eine Kategorie existiert und, falls nötig, die entsprechenden Lizenzen angelegt sind, darf man endlich die Dateien einstellen. Dazu rufen Sie den Menüpunkt KOMPONENTEN → PHOCA DOWNLOAD → DATEIEN auf (oder klicken im Kontrollzentrum auf DATEIEN). In der nun erscheinenden Liste sammelt die Komponente alle ihr bekannten Dateien. Um eine neue hinzuzufügen, klicken Sie in der Werkzeugleiste auf NEU.

 Tipp
Wenn Sie eine Textdatei zum Download anbieten möchten, können Sie auch den Knopf TEXT bemühen. Es erscheint dann ein großes Eingabefeld, in das Sie den entsprechenden Text (also den Dateiinhalt) direkt eintippen können. Auf diese Weise ersparen Sie sich das Hochladen auf den Server.

Sie landen damit im Formular aus Abbildung 14-19.

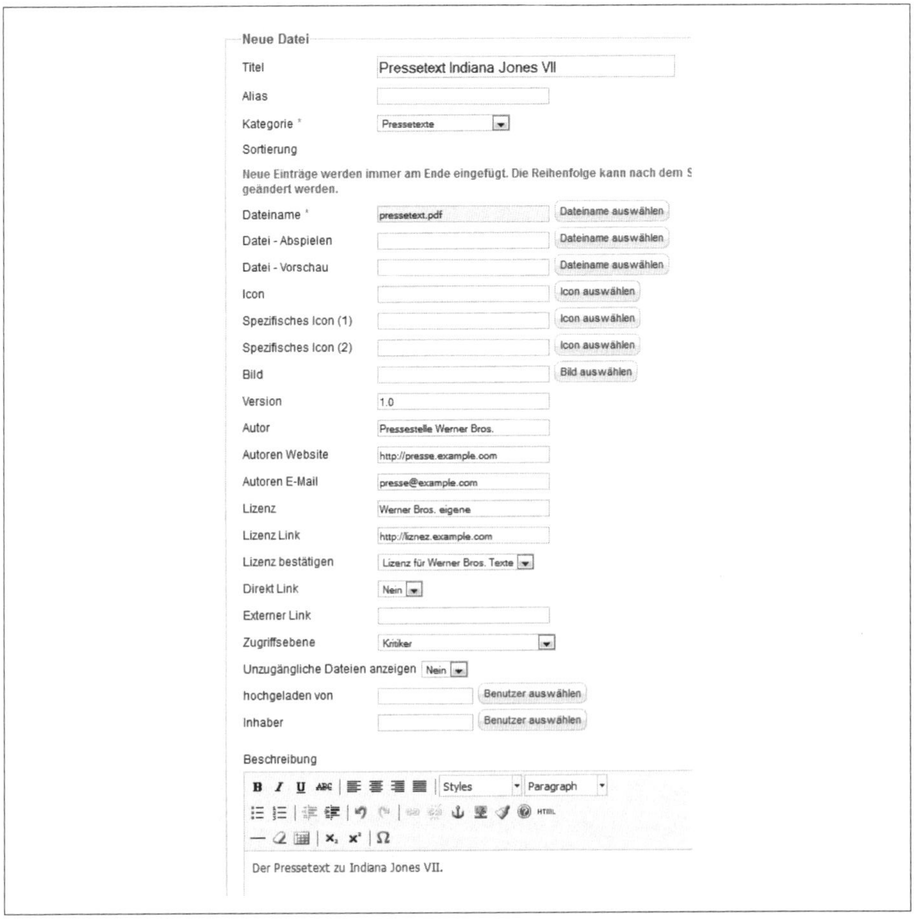

Abbildung 14-19: Über dieses Formular teilen Sie Phoca Download mit, welche Datei auf der Homepage angeboten werden soll.

Dort geben Sie zunächst einen beschreibenden Titel ein. Er sollte möglichst kurz und aussagekräftig umreißen, welche Datei hier zum Download zur Verfügung steht. Im Kinoportal könnte man beispielsweise **Pressetext Indiana Jones VII** wählen.

Als Nächstes verpassen Sie der Datei unter Kategorie eine neue Heimat. Für den Pressetext wäre die Kategorie Pressetexte passend.

Klicken Sie jetzt auf die Schaltfläche Dateiname Auswählen rechts neben Dateiname. Daraufhin öffnet sich das kleine Fenster aus Abbildung 14-20.

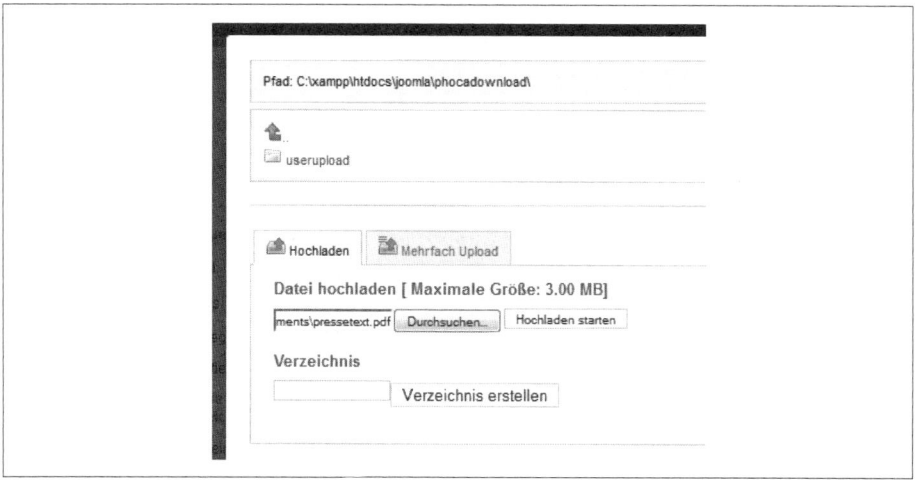

Abbildung 14-20: Die Auswahl der Datei

Im oberen Teil listet Phoca Download den Inhalt aus dem im Abschnitt »Grundeinstellungen« auf Seite 640 festgelegten Verzeichnis auf (standardmäßig ist dies *phocadownload*). Liegt hier schon die gewünschte Datei, reicht ein Mausklick auf ihren Namen.

Um bei vielen Dateien den Überblick zu behalten, dürfen Sie im Bereich Verzeichnis ein solches erstellen. Dazu tippen Sie den Verzeichnisnamen in das Eingabefeld und klicken auf Erstelle Verzeichnis. Der neue Ordner erscheint dann im oberen Teil. Mit einem Mausklick wechseln Sie in ihn hinein und laden dann dort wie oben beschrieben Ihre Dateien ab.

Tipp   Es empfiehlt sich, für jede Kategorie einen eigenen Ordner anzulegen und dort dann die jeweils zugehörigen Dateien zu sammeln.

Schlummert das Dokument hingegen noch auf Ihrer Festplatte, klicken Sie auf Durchsuchen…, fahnden nach der entsprechenden Datei und kopieren sie schließlich per Hochladen starten auf den Server. Phoca Download führt sie jetzt im oberen Teil des kleinen Fensters, wo Sie sie nur noch anzuklicken brauchen.

Damit landen Sie wieder im Formular aus Abbildung 14-19. Hier dürfen Sie nun der Datei viele weitere Informationen anheften, darunter etwa die VERSIONsnummer der Datei oder den Namen des AUTORs. Eine besondere Bedeutung haben dabei folgende Felder:

DATEI – ABSPIELEN

Hier können Sie eine Datei angeben, die sich der Besucher dann später auf der Website ansehen oder anhören kann. Stellen Sie beispielsweise ein Video zum Download bereit, könnten Sie hier einen kleinen Werbetrailer einbinden.

DATEI – VORSCHAU

Hier können Sie ein Vorschaubild einbinden.

ICON

Das hier über ICON AUSWÄHLEN eingestellte Symbol erscheint später neben dem Download-Link auf der Homepage.

LIZENZ

Unter dieser Lizenz steht das Dokument. Bei freien Dokumenten empfiehlt sich beispielsweise die Creative Commons. Sie können hier einen beliebigen Text eintippen, die Verknüpfung mit dem vorhin angelegten Lizenztext erfolgt weiter unten.

LIZENZ LINK

Unter dieser Internetadresse findet der Besucher den vollständigen Text der Lizenz – im Fall der Creative Commons also beispielsweise *http://de.creative-commons.org/index.php*.

LIZENZ BESTÄTIGEN

Sofern die Besucher der Seite vor dem Download die Lizenz explizit lesen und abnicken müssen, stellen Sie hier den entsprechenden Lizenztext ein. Im Kinoportal ist dies die LIZENZ FÜR WERNER BROS. TEXTE.

DIREKTER LINK

Ein JA schaltet die Kontrolle durch Phoca Download ab. Der Besucher der Homepage erhält somit direkten Zugriff auf die Datei. Wählen Sie diese Einstellung möglichst nur, wenn es Probleme beim Herunterladen gibt.

ZUGRIFFSEBENE

Ausschließlich Mitglieder der hier eingestellten Zugriffsebene können die Datei sehen (und somit herunterladen). Im Kinoportal sollen das ausschließlich die KRITIKER sein.

BESCHREIBUNG

Eine (kurze) Beschreibung des Dateiinhaltes.

 Für den Pressetext aus dem Kinoportal übernehmen Sie Vorgaben aus Abbildung 14-19 und klicken anschließend auf SPEICHERN & SCHLIEßEN.

Die Benutzerseite

Sobald alle Dateien beisammen sind, fehlt nur noch ein neuer Menüpunkt auf der Homepage, über den die Besucher zum Downloadbereich gelangen.

Da im Kinoportal nur die angemeldeten Kritiker die Pressetexte herunterladen können sollen, ist der neue Punkt im Benutzermenü am besten aufgehoben. Entscheiden Sie sich daher für MENÜS → USER MENU → NEUER MENÜEINTRAG, und klicken Sie auf AUSWÄHLEN (wenn Sie die Beispiele aus Kapitel 9, *Benutzerverwaltung und -kommunikation* nicht mitgemacht haben, stecken Sie den Menüpunkt einfach in das Hauptmenü via MENÜS → MAIN MENU → NEUER MENÜEINTRAG).

Im folgenden Bildschirm entscheiden Sie sich für LISTE DER KATEGORIEN (KATEGORIEN ANSICHT) im Bereich PHOCA DOWNLOAD. Vergeben Sie noch einen MENÜTITEL wie **Downloads**, und SPEICHERN & SCHLIEßEN Sie den neuen Menüpunkt.

Wenn Sie sich jetzt auf der Website im LOGIN FORM anmelden, finden Sie den Menüpunkt im Benutzermenü, wo er ab sofort zur Auswahl aus Abbildung 14-21 führt.

Abbildung 14-21: Der fertige Download-Bereich auf der Homepage

Phoca Download präsentiert hier im Kasten alle Kategorien zur Auswahl. Sobald man sich bis zur gesuchten Datei durchgehangelt hat, erhält man über DETAILS die im vorherigen Abschnitt eingetippten Zusatzinformationen, während ein Klick auf DOWNLOAD die Datei herunterlädt. Sofern man vorher unter LIZENZ BESTÄTIGEN eine Lizenz ausgewählt hat, erscheint noch der entsprechende Text. Erst wenn der Besucher diesen Bedingungen mit einem Kreuzchen zustimmt, gibt die Komponente den Download frei.

Tipp   Auf der Phoca-Download-Homepage unter *http://www.phoca.cz* finden Sie bei den MODULES noch ein paar nützliche Zusatzmodule.

Wenn Sie jetzt auch noch Ihren Benutzern das Hochladen und Einstellen von Dateien gestatten möchten, müssen Sie noch einen weiteren Menüeintrag vom Typ MITGLIEDER UPLOAD einrichten.

Social Networking und Nutzergemeinschaften (Community Builder)

Bislang war die Kommunikation recht einseitig. Besucher der Homepage konnten in der Regel nur Informationen konsumieren oder herunterladen. Ein Gedankenaustausch war nur über ein Forum oder Kommentare möglich. Darüber hinaus wären aber sicherlich noch Adressen- und E-Mail-Listen oder Seiten mit persönlichen Informationen, wie zum Beispiel einem Porträtfoto, interessant. Derartige Funktionen tragen dazu bei, die Kontakte unter den Besuchern und Benutzern der Homepage zu knüpfen, zu festigen und zu erweitern.

Wenn Sie Ihren Internetauftritt konsequent auf die Kommunikation und somit den Aufbau einer sogenannten Community (Nutzergemeinde) ausrichten möchten, sollten Sie einen Blick auf die extrem beliebte Community-Builder-Komponente werfen. Im Wesentlichen erweitert sie die schon vorhandenen Profilseiten der Benutzer und setzt darauf dann weitere Funktionen auf. Die folgenden Ausführungen beziehen sich auf die Community-Builder-Version 1.7.1, die zum Zeitpunkt der Drucklegung dieses Buches die aktuellste Version war.

Installation

Sie bekommen den Community Builder kostenlos auf dessen Homepage *http://www.joomlapolis.com*. Die einzige Bedingung für seine freie Nutzung ist eine Registrierung, die Sie am oberen rechten Rand über REGISTER vornehmen. Achten Sie im folgenden Anmeldeformular darauf, dass Sie den kostenfreien Zugang auswählen (indem Sie das Feld FREE anklicken und hervorheben). Anschließend erhalten Sie eine E-Mail. Den darin enthaltenen Link klicken Sie einmal an und wechseln wieder auf die Community-Builder-Homepage. Dort loggen Sie sich am oberen Rand mit Ihren neuen Zugangsdaten ein. Nach dieser umständlichen Prozedur wechseln Sie zum Bereich COMMUNITY BUILDER und klicken auf FREE DOWNLOAD. Damit landen Sie auf einer neuen Seite, auf der Sie am unteren Rand der Tabelle endlich den eigentlichen DOWNLOAD anstoßen.

Das heruntergeladene ZIP-Archiv entpacken Sie in einem ersten Schritt auf Ihrer Festplatte. Sie erhalten ein Unterverzeichnis mit zahlreichen weiteren Dateien. Die Textdatei *README-NEW-INSTALL.txt* gibt einen kurzen Einblick in den Installationsablauf.

 Warnung   Der Community Builder ist ein echtes Schwergewicht. So muss die PHP-Umgebung Dateien in einer Größe von mindestens 4 MB entgegennehmen können. Sofern Sie Zugriff auf die *php.ini* haben, setzen Sie gegebenenfalls den Wert in der Zeile `upload_max_filesize` = entsprechend herauf (mehr Informationen zur *php.ini* finden Sie in Kapitel 2, *Installation*, im Abschnitt »PHP-Konfiguration anpassen« auf Seite 71). Andernfalls müssen Sie Kontakt mit Ihrem Webhoster aufnehmen.

Rufen Sie im Administrationsbereich von Joomla! den Menüpunkt ERWEITERUN-GEN → ERWEITERUNGEN auf, und installieren Sie so, wie im Abschnitt »Erweiterungen installieren« beschrieben, das Paket *com_comprofiler.zip*. Dabei führt der Community Builder selbst noch ein paar Arbeiten durch. Warten Sie unbedingt so lange, bis nur noch grüne Erfolgsmeldungen erscheinen und nichts mehr blinkt.

Kehren Sie anschließend zum Bildschirm hinter ERWEITERUNGEN → ERWEITERUN-GEN zurück, und spielen Sie das Modul *mod_cblogin.zip* ein. Es enthält einen Ersatz für das bisherige Login-Modul (LOGIN FORM). Wenn Sie möchten, können Sie noch die Module *mod_comprofilerModerator.zip* und *mod_comprofileronline.zip* installie-ren. Erstgenanntes erinnert die sogenannten Moderatoren an noch ausstehende Aufgaben, während *mod_comprofileronline.zip* später eine Liste mit allen derzeit angemeldeten Benutzern anzeigt.

Deutsches Sprachpaket

Damit die Bedienelemente des Community Builder Deutsch sprechen, benötigen Sie noch ein Sprachpaket. Dieses müssen Sie sich allerdings aus den Untiefen des Community Builder Forums unter *https://www.joomlapolis.com/forum* angeln. Dort müssen Sie sich in die deutschsprachige Sektion vorkämpfen und dann den Diskus-sionsbeitrag suchen, in dem das Sprachpaket zum Download angeboten wird.

Warnung   Achten Sie darauf, dass Sie das zu Ihrer Community-Builder-Version passende Paket erwischen.

Wie man ein Sprachpaket für den Community Builder installiert, hängt vom jewei-ligen Übersetzerteam ab. Das deutsche Sprachpaket für den Community Builder 1. 7-1 erhalten Sie in einem ZIP-Archiv, das Sie zunächst auf der Festplatte entpacken. Jetzt steuern Sie im Administrationsbereich den Menüpunkt KOMPONENTEN → COMMUNITY BUILDER → PLUGIN MANAGEMENT an. Dort fahren Sie mit dem Maus-zeiger an den unteren Seitenrand, klicken unter UPLOAD PACKAGE FILE auf DURCH-SUCHEN... und wählen die aus dem ZIP-Archiv herausgepurzelte Datei *german.zip*. Per UPLOAD FILE & INSTALL spielen Sie das Paket schließlich ein. Mit einem Klick auf CONTINUE... kehren Sie wieder zum jetzt Deutsch sprechenden Community Builder zurück.

Vorbereitungen

Bevor Sie den Community Builder endgültig in Betrieb nehmen können, müssen Sie noch ein paar Einstellungen gerade rücken.

Wechseln Sie zunächst über ERWEITERUNGEN → MODULE zur Liste aller derzeit verfügbaren Module. Deaktivieren Sie dort das bestehende LOGIN FORM mit einem Klick auf den zugehörigen grünen Haken in der Spalte STATUS. Als Ersatz veröffentlichen Sie das Modul CB LOGIN: Suchen Sie es zunächst in der Liste, und klicken Sie seinen Namen an. Im Bearbeitungsbildschirm schalten Sie den STATUS des Moduls zunächst auf FREIGEGEBEN und schieben es via POSITION AUSWÄHLEN an einen gut sichtbaren Platz – im Kinoportal wäre POSITION-7 ideal. Im unteren Bereich setzen Sie noch die MODULZUWEISUNG auf AUF ALLEN SEITEN. SPEICHERN & SCHLIEßEN Sie Ihre Änderungen.

Warnung Damit übernimmt ab sofort der Community Builder die gesamte Benutzerverwaltung. Zwar finden Sie unter *Benutzer → Benutzer* noch den altbekannten Bildschirm, dessen Nutzung untergräbt jedoch teilweise die neuen Funktionen des Community Builders. Aus diesem Grund sollten Sie ab sofort nur noch das Menü *Komponenten → Community Builder* für die Benutzerverwaltung heranziehen.

Wenn Sie auch noch die anderen Module installiert haben, wiederholen Sie die gesamte Prozedur mit den Modulen CB WORKFLOWS und CB ONLINE. Stellen Sie dabei jeweils zusätzlich noch sicher, dass die ZUGRIFFSEBENE auf REGISTERED steht. Damit sorgen Sie dafür, dass nur angemeldete (also registrierte) Benutzer die entsprechenden Anzeigen zu Gesicht bekommen.

In einem letzten Schritt wird noch ein Menüeintrag fällig. Über ihn erhalten später die Besucher der Homepage Zugang zur neuen Komponente. Damit nicht jeder seine Nase dort hineinsteckt, kommt der neue Menüeintrag in das nur registrierten Personen zugängliche Benutzermenü. Dazu rufen Sie zunächst MENÜS → USER MENU → NEUER MENÜEINTRAG auf und klicken AUSWÄHLEN an. In der neuen Liste entscheiden Sie sich für USER PROFILE (MANDATORY!) im Bereich COMPROFILER. Vergeben Sie noch einen Menütitel, wie etwa COMMUNITY BUILDER. Vergessen Sie nicht, die ZUGRIFFSEBENE auf registrierte Benutzer (REGISTERED) zu beschränken. Ein Klick auf SPEICHERN & SCHLIEßEN legt den neuen Menüpunkt an. Ab sofort erreichen angemeldete Benutzer über ihr eigenes BENUTZERMENÜ die Seiten des COMMUNITY BUILDERS. Dort dürfen sie unter anderem ihre Nutzerdaten selbst bearbeiten und ergänzen.

Jetzt folgen noch ein paar weitere Nachbearbeitungen: Zunächst müssen Sie aus den Menüs alle Verweise auf die Benutzerverwaltung entfernen oder zumindest ausblenden. Betroffen ist insbesondere im Benutzermenü (MENÜS → USER MENU) der Punkt YOUR PROFILE. Stellen Sie zudem sicher, dass das Modul für das Benutzermenü auf allen (Unter-)Seiten Ihres Auftrittes zu sehen ist (ERWEITERUNGEN → MODULE, dann USER MENU in der Liste anklicken und die Modulzuweisung korrigieren).

Wechseln Sie anschließend zum Menüpunkt KOMPONENTEN → COMMUNITY BUILDER → CONFIGURATION. Damit landen Sie in den Grundeinstellungen des Community Builders, wo Sie wiederum das Register MODERATION aufsuchen. Unter MODERATORENGRUPPEN erheben Sie jetzt eine Benutzergruppe zu sogenannten Moderatoren. Diese dürfen unter anderem neu registrierte Benutzerprofile freischalten oder randalierende Benutzer sperren. Beachten Sie, dass nicht nur die selektierte

Gruppe zu den Moderatoren zählt, sondern auch automatisch alle darunter eingerückten. Im Zweifelsfall belassen Sie hier die Voreinstellungen. Haben Sie Änderungen durchgeführt, SPEICHERN Sie sie, andernfalls klicken Sie auf ABBRECHEN.

Benutzerverwaltung

Sobald der Community Builder vollständig installiert und korrekt eingerichtet ist,
ersetzt er die komplette Benutzerverwaltung von Joomla!. Dies bedeutet auch, dass
Sie ab sofort alle neuen Benutzer über KOMPONENTEN → COMMUNITY BUILDER →
USER MANAGEMENT anlegen und pflegen müssen. Die unter dem genannten Menü-
punkt erreichbare Liste funktioniert analog zu der bereits von Joomla! bekannten
Benutzerverwaltung hinter BENUTZER → BENUTZER.

Wie Abbildung 14-22 zeigt, klinkt sich der Community Builder in die Benutzerverwaltung von Joomla! ein und übernimmt darin bereits vorhandene Konten. Umgekehrt tauchen alle hier angelegten Benutzer auch in der Benutzerverwaltung von
Joomla! auf. Hierdurch ist sichergestellt, dass auch externe Erweiterungen alle vorhandenen Konten finden.

Warnung   Dennoch sollten Sie beim Einsatz des Community Builders auf Erweiterungen verzichten, die irgendwie in die Benutzerverwaltung eingreifen. Andernfalls können
unerwünschte Seiteneffekte auftreten. Im schlimmsten Fall droht sogar Datenverlust.

Tipp   Einige Erweiterungen unterstützten den Community Builder explizit oder bringen
selbst weitere Erweiterungen mit, die eine solche Unterstützung nachrüsten.

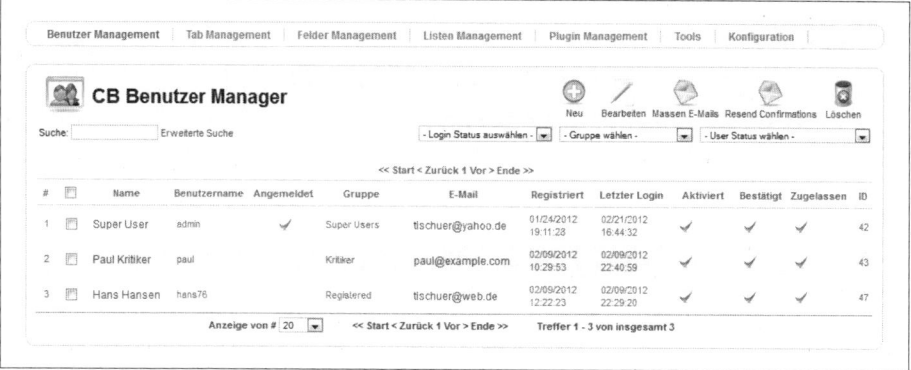

Abbildung 14-22:   Die Übersicht aller Benutzer im Community Builder

Um einen neuen Benutzer anzulegen, klicken Sie in der Werkzeugleiste einfach auf
die Schaltfläche NEU. Sie gelangen zu einem Formular, das nur noch entfernt dem

aus der Benutzerverwaltung von Joomla! ähnelt. Auf dem zunächst recht kargen Register PORTRAIT können Sie zunächst ein Foto des Benutzers hochladen, indem Sie die Ausklappliste auf AVATAR HOCHLADEN stellen und dann via DURCHSUCHEN... das passende Foto auswählen. Das Bild selbst lädt der Community Builder dann gleich beim Speichern hoch.

Auf dem zweiten Register, KONTAKTINFO, fragt der Community Builder die bereits aus Kapitel 9, *Benutzerverwaltung und -kommunikation* bekannten Informationen wie den Benutzernamen (USERNAME) und die E-Mail-Adresse ab. In das Feld NAME gehört übrigens der Vor- *und* Zuname, die beide in den Feldern darunter noch einmal getrennt voneinander angegeben werden müssen. Die E-Mail-Adresse prüft der Community Builder schon bei der Eingabe auf ihre Gültigkeit – was allerdings häufig fehlschlägt. Die dann erscheinende Meldung dürfen Sie getrost ignorieren.

Genau wie Joomla! verfügt auch der Community Builder über einen mehrstufigen Anmeldungsprozess. Zunächst hinterlässt ein Besucher seine persönlichen Daten auf dem Registrierungsformular und beantragt so ein eigenes Benutzerkonto. Erst nachdem sein Profil durch einen Moderator geprüft wurde, schaltet der Community Builder das Konto frei. Im unteren Teil des Formulars können Sie bestimmen, welche Stufen dieses Prozesses bereits erfolgreich durchlaufen wurden. Ein ZUGE-LASSEN bei BENUTZER ZULASSEN genügt, und schon hat das neue Profil den Segen des Moderators.

Sobald der Benutzer ein neues Konto beantragt hat, erhält er eine E-Mail mit einem Link. Erst wenn er die dahinterstehende Internetadresse aufgerufen hat, schaltet der Community Builder das Benutzerkonto endgültig frei. Auf diese Weise wird verhindert, dass ein fremder Besucher im Namen eines anderen einfach ein Konto anlegt. Steht bei BENUTZER BESTÄTIGEN ein JA, so wurde das Konto auf diesem Weg bestätigt. Sie können dem natürlich auch vorgreifen und hier einfach schon den Schalter umlegen.

Welche Informationen speichern?

Als Betreiber der Homepage dürfen Sie zudem selbst bestimmen, welche Informationen ein jedes Benutzerkonto enthält. Beispielsweise fehlen in der herkömmlichen Benutzerverwaltung Telefonnummern und Adressen.

Jede einzelne Information legt der Community Builder in einem sogenannten *Feld* (englisch *Field*) ab. Möchte man beispielsweise auch den Wohnort in die Nutzer-profile aufnehmen, erstellt man einfach ein neues Feld namens *Wohnort*, das dann jeder Benutzer mit entsprechendem Inhalt füllt. Die Verwaltung aller zusätzlichen Felder erfolgt über den Menüpunkt KOMPONENTEN → COMMUNITY BUILDER → FIELD MANAGEMENT. Um dort nun beispielsweise den erwähnten Wohnort anzule-gen, klicken Sie auf NEUES FELD in der Werkzeugleiste.

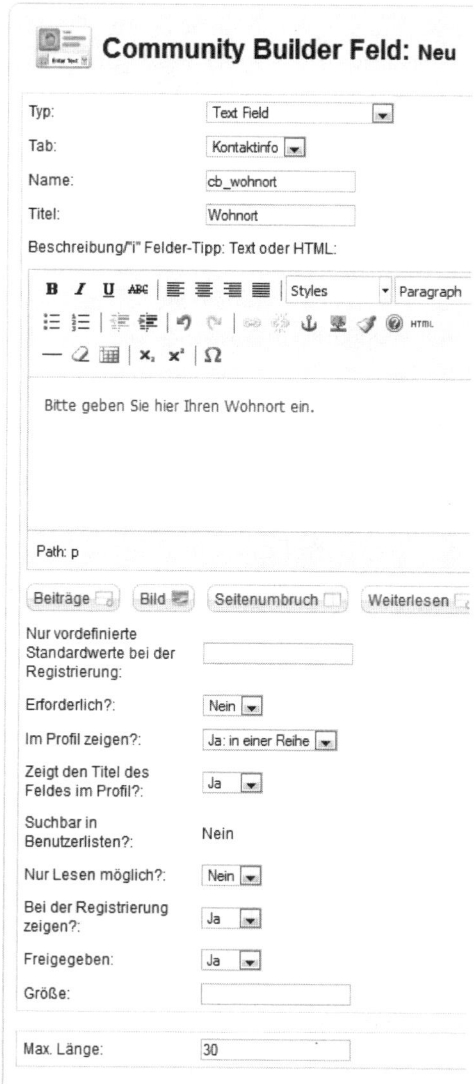

Abbildung 14-23: Diese Einstellungen erzeugen ein neues Eingabefeld für den Wohnort.

Das erscheinende Formular aus Abbildung 14-23 fragt nun folgende Informationen ab:

Typ

    Hier bestimmen Sie, welche Daten das Feld aufnehmen darf. Wählen Sie zum Beispiel DATE, so darf der Benutzer ausschließlich ein Datum eingeben. Für den Wohnort belassen Sie einfach den Typ auf TEXT FIELD.

Je nachdem, welchen Typ Sie hier gewählt haben, erscheinen sowohl auf der rechten Seite als auch am unteren Ende des Formulars passende Einstellungen. Im Fall des Textfeldes legen Sie beispielsweise unter MAX. LÄNGE die maximal erlaubte Zeichenanzahl fest. Da für den Wohnort keine Romane nötig sind, beschränken Sie ihn am besten auf **30** Zeichen.

TAB

Beim Anlegen eines Benutzers verteilte der Community Builder die Informationen auf zwei Register. Unter TAB wählen Sie aus, auf welcher Registerkarte dieses Feld erscheinen soll. Im Moment stehen hier vier Register zur Auswahl. KONTAKTINFO und das PORTRAIT kennen Sie bereits. Die anderen beiden Register enthalten noch keine Felder und wurden daher automatisch vom Community Builder ausgeblendet.

Legen Sie den Wohnort zunächst auf dem Register KONTAKTINFO ab. Mehr zu den Registerkarten folgt gleich noch im nächsten Abschnitt »Informationen mit Registern strukturieren« auf Seite 655.

NAME

Der (interne) Name des neuen Feldes. Er dient zur eindeutigen Identifikation innerhalb des Community Builders. Er muss ohne Leerzeichen auskommen, mit dem Kürzel cb_ beginnen und darf nicht schon für ein anderes Feld verwendet worden sein.

▶▶ Tipp   Am einfachsten verwenden Sie für den Namen den TITEL (im Beispiel **wohnort**), aus dem Sie die Leerzeichen entfernen, und stellen ihm noch das Kürzel **cb_** für Community Builder voran.

TITEL

Der hier eingetippte Begriff erscheint später als Beschriftung vor dem Eingabefeld. Für den Wohnort wäre dies beispielsweise **Wohnort**.

BESCHREIBUING

Hier hinein gehört eine Beschreibung des Feldes beziehungsweise ein Hilfetext. Er sollte Auskunft darüber geben, welche Informationen der Benutzer in das Feld eingeben muss.

▶▶ Tipp   Der hier eingetippte Text erscheint später, wenn der Benutzer mit der Maus über dem kleinen i-Symbol neben dem Eingabefeld verweilt.

NUR VORDEFINIERTE STANDARDWERTE BEI DER REGISTRIERUNG

Den hier eingetippten Text schreibt der Community Builder als Vorgabe beziehungsweise Vorschlag automatisch in das Feld. Der Benutzer kann diesen vorgegebenen Wert dann bei der Registrierung einfach übernehmen oder kurzerhand überschreiben.

ERFORDERLICH?

Steht hier ein JA, so müssen die Benutzer dieses Feld zwangsweise mit Daten füllen.

IM PROFIL ZEIGEN?

Bei einem JA (YES) erscheint das neue Feld auch im Profil des Benutzers im Frontend (wahlweise in einer oder über zwei Zeilen). Für einen Wohnort ist dies sicherlich sinnvoll, wohingegen beispielsweise Passwörter aus Sicherheitsgründen niemals irgendwo erscheinen sollten. In einem solchen Fall wählt man hier NEIN.

ZEIGT DEN TITEL DES FELDES IM PROFIL?

Bei einem JA erscheint der TITEL links neben dem Eingabefeld. Sie sollten diese Einstellung immer eingeschaltet lassen, damit die Benutzer wissen, welche Daten in das Feld gehören.

SUCHBAR IN BENUTZERLISTEN?

Hier informiert der Community Builder darüber, ob das Feld später auf der Homepage durchsucht werden kann.

NUR LESEN MÖGLICH?

Benutzer können den Inhalt des Feldes nur einsehen, aber nicht verändern.

BEI DER REGISTRIERUNG ZEIGEN?

Bei einem JA muss der Benutzer das Feld bereits bei der Registrierung ausfüllen.

FREIGEGEBEN

Bei einem JA ist das Feld veröffentlicht und somit auf der Homepage sichtbar.

GRÖSSE

Diese Länge besitzt das Eingabefeld später. Mit anderen Worten: Sie bestimmen hier seine optische Breite.

Für den Wohnort sollte das Formular jetzt wie in Abbildung 14-23 aussehen.

Nach dem SPEICHERN taucht das neue Feld mit seinen Eckdaten in der Liste auf. Legen Sie nun zur Probe einen neuen Benutzer über KOMPONENTEN → COMMUNITY BUILDER → USER MANAGEMENT und einen Klick auf NEU an. Wie Sie sehen, taucht hier jetzt auf dem Register KONTAKTINFO auch der WOHNORT als neues Eingabefeld auf, wenn auch etwas einsam am unteren Rand.

Tipp   Sollte dies bei Ihnen nicht der Fall sein, kontrollieren Sie noch einmal unter KOMPO-
NENTEN → COMMUNITY BUILDER → FIELD MANAGEMENT, ob das neue Feld tatsächlich
freigegeben ist (in der Spalte FREIGEGEBEN? sollte ein grüner Haken leuchten). Darüber hinaus muss es dem Tab KONTAKTINFO zugeordnet sein.

Informationen mit Registern strukturieren

Hat man viele solcher Felder angelegt, wird die Eingabe der Daten recht schnell unübersichtlich. Der Wohnort aus dem vorherigen Abschnitt tauchte beispielsweise erst ganz am unteren Rand der Eingabemaske auf. Kommen dort noch Telefonnummer, Straße, Postleitzahl, Ort und ähnliche Informationen hinzu, erhält man auf der Seite zwangsweise ein nettes Durcheinander. Wesentlich eleganter wäre ein zusätzliches drittes Register, das alle Felder der Adresse sammelt.

Um ein solches Register, englisch *Tab*, zu erstellen, rufen Sie den Menüpunkt KOMPONENTEN → COMMUNITY BUILDER → TAB MANAGEMENT auf.

Die erscheinende Liste bringt schon ein paar vordefinierte Register für verschiedene Zwecke mit. Insbesondere PORTRAIT und KONTAKTINFO dürften Ihnen bekannt vorkommen. Die anderen Tabs tauchen an anderen Stellen des Community Builders auf oder kommen im Zusammenspiel mit anderen Erweiterungen zum Einsatz.

Tipp Letzteres trifft beispielsweise auf das FORUM zu. Die auf dem zugehörigen Register kredenzten Funktionen und Einstellungen funktionieren nur im Zusammenspiel mit einem installierten Kunena-Forum.

Warnung Einige der aktivierten Tabs, insbesondere aus dem oberen Teil der Liste, kümmern sich um wichtige Basisfunktionen. Daher sollten Sie grundsätzlich alle hier bereits aktivierten Listeneinträge unbedingt in diesem Zustand belassen.

Sie erstellen ein neues eigenes Register, indem Sie auf NEUER TAB in der Werkzeugleiste klicken. Für gewöhnlich müssen Sie im neuen Formular lediglich einen TITEL und eine BESCHREIBUNG vergeben. Die anderen Werte bestimmen das Aussehen des neuen Registers und wurden vom Community Builder bereits sinnvoll vorgegeben. Prüfen Sie abschließend noch, ob FREIGEGEBEN auf JA steht und somit das Register samt seiner Inhalte auch sichtbar ist.

Für das Beispiel mit der Adresse wählen Sie einfach die Einstellungen aus Abbildung 14-24.

SPEICHERN Sie den neuen Karteireiter. Nun müssen nur noch die entsprechenden Felder auf das neue Tab verschoben werden. Wechseln Sie dazu wieder zu KOMPONENTEN → COMMUNITY BUILDER → FIELD MANAGEMENT, und klicken Sie dort auf den Namen eines der zu verschiebenden Felder, wie etwa auf den bereits angelegten Wohnort (alias CB_WOHNORT). Im nun erscheinenden Bearbeitungsbildschirm wählen Sie unter TAB das soeben erstellte Register (ADRESSE).

Nach dem SPEICHERN geht es via KOMPONENTEN → COMMUNITY BUILDER → USER MANAGEMENT wieder zurück zur Benutzerverwaltung. Wenn Sie jetzt einen der bestehenden Benutzer anklicken oder über NEU einen anlegen, stehen Ihnen wie erwartet drei Register zur Auswahl. Das rechte verlangt dabei nach der Eingabe des Wohnorts.

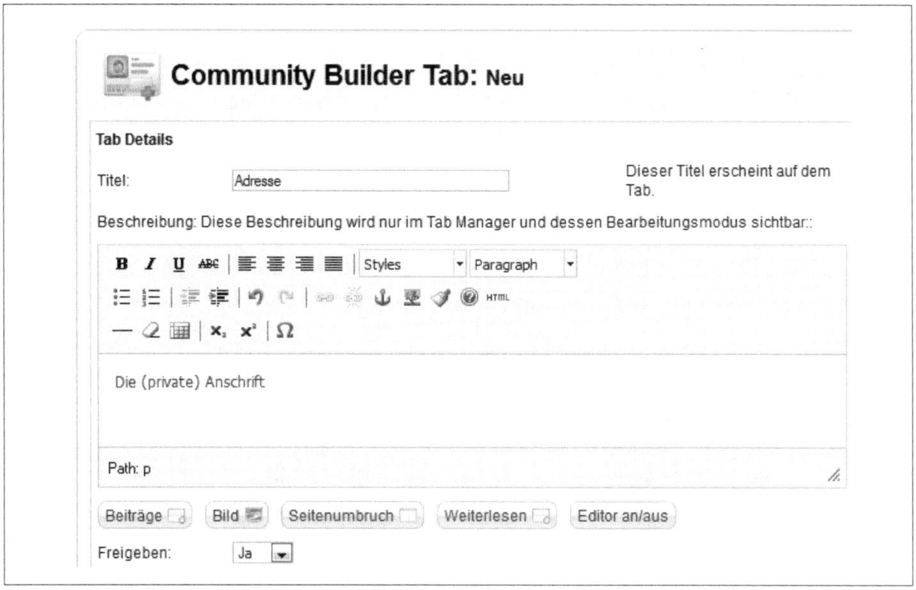

Community Builder Tab: Neu

Tab Details

Titel: [Adresse]   Dieser Titel erscheint auf dem Tab.

Beschreibung: Diese Beschreibung wird nur im Tab Manager und dessen Bearbeitungsmodus sichtbar::

B *I* U ABC | ≣ ≣ ≣ ≣ | Styles ▾ | Paragraph ▾

≣ ≣ | ≣ ≣ | ↻ ↺ | ∞ ✂ ⚓ ▣ ✅ ⊘ HTML

— ✎ ▦ | x₂ x² | Ω

Die (private) Anschrift

Path: p

(Beiträge) (Bild) (Seitenumbruch) (Weiterlesen) (Editor an/aus)

Freigeben: [Ja ▾]

Abbildung 14-24: Hier entsteht ein neues Register für die Adressdaten.

Frontend

Nachdem sich ein Benutzer auf der Homepage über das neue Modul CB LOGIN am unteren linken Rand angemeldet hat, kann er nun über den im Abschnitt »Installation« auf Seite 648 angelegten Menüpunkt sein eigenes Profil einsehen und es via BEARBEITEN → PROFIL AKTUALISIEREN bearbeiten (siehe Abbildung 14-25).

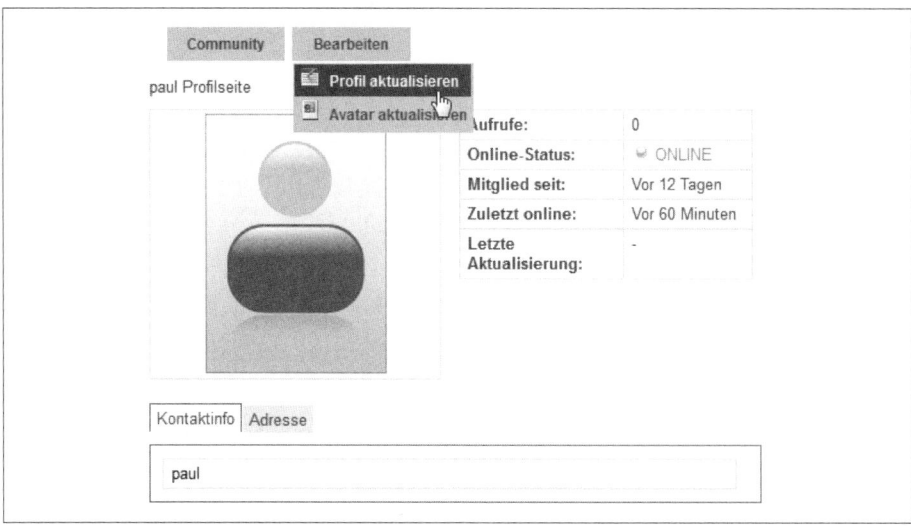

Abbildung 14-25: Das Benutzerprofil auf der Website

Listen

Bis zu diesem Zeitpunkt blieben alle registrierten Benutzer weitgehend anonym. Abhilfe schaffen würde eine Adressliste mit den Kontaktdaten der angemeldeten Benutzer. Damit könnten sich Gleichgesinnte viel schneller finden. Solche Verzeichnisse bezeichnet der Community Builder sinnigerweise als *Liste*. Die zuständige Verwaltung finden Sie im Administrationsbereich hinter KOMPONENTEN → COMMUNITY BUILDER → LIST MANAGEMENT. Um eine neue Liste zu erzeugen, klicken Sie dort auf die Schaltfläche NEUE LISTE in der Werkzeugleiste. Das nun erscheinende riesige Formular wirkt auf den ersten Blick ein wenig chaotisch.

Im oberen Teil legen Sie das Aussehen fest und bestimmen, wer die Liste einsehen darf. Hier geben Sie der Liste zunächst unter TITEL einen Namen beziehungsweise eine Überschrift, wie etwa **Adressliste**. Darunter tippen Sie eine BESCHREIBUNG ein und bestimmen dann in der Liste DIESER BENUTZERGRUPPE DEN ZUGRIFF AUF DIE LISTE ERLAUBEN, wer später die Liste einsehen darf. Zugriff haben die markierte Benutzergruppe sowie alle ihr untergeordneten Gruppen.

Welche Benutzer später alle auf der Liste stehen, regelt der Punkt BENUTZERGRUPPEN, DIE IN DIESER LISTE AUFGEÜHRT WERDEN SOLLEN. Markieren Sie hier einfach alle gewünschten Benutzergruppen bei gedrückter *Strg*-Taste. Möchten Sie beispielsweise nur eine Adressliste der Filmkritiker erstellen, markieren Sie hier die Gruppe der KRITIKER. Damit die Liste später überhaupt im Frontend zu sehen ist, setzen Sie FREIGEGEBEN auf JA.

Welche Informationen über die einzelnen Benutzer in der (Adress-)Liste auftauchen sollen, bestimmen Sie im unteren Bereich des Formulars (siehe Abbildung 14-26). Insgesamt stehen Ihnen auf der späteren Liste maximal vier Spalten zur Verfügung. Folglich sollten Sie sich gut überlegen, welche Informationen Sie in welcher Spalte preisgeben.

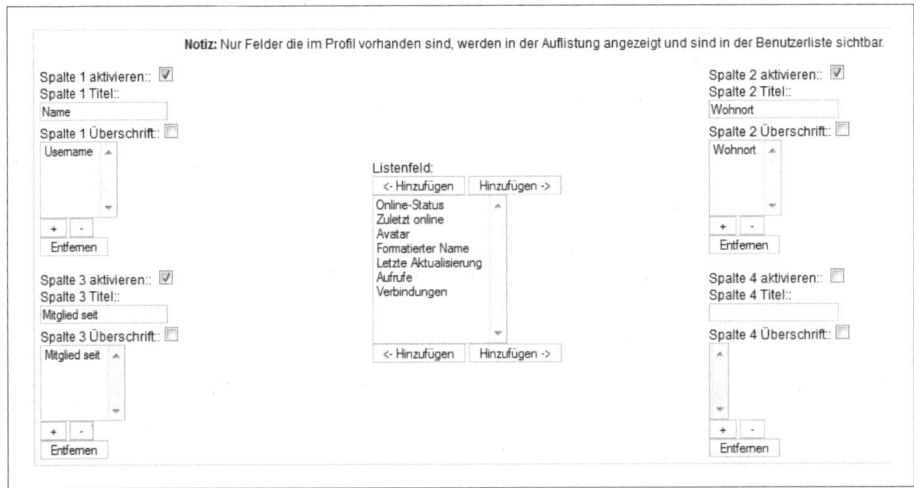

Abbildung 14-26: Diese Einstellungen für eine Liste ...

Bevor eine Spalte auf der Liste erscheint, müssen Sie sie aktivieren. Dies geschieht über einen Haken neben einem der vier SPALTE ... AKTIVIEREN-Kästchen. Um beispielsweise die erste Spalte auf der späteren Liste erscheinen zu lassen, markieren Sie das Kästchen neben SPALTE 1 AKTIVIEREN. Anschließend vergeben Sie unter dem darunter stehenden SPALTE ... TITEL eine möglichst aussagekräftige Spaltenüberschrift, wie beispielsweise **Name**, wenn Sie in der ersten Spalte die Namen der Benutzer aufführen wollen.

In der Mitte steht eine Liste mit allen verfügbaren Feldern (das LISTENFELD). Wählen Sie eines der Felder aus, und klicken Sie dann auf eine der entsprechenden HINZUFÜGEN-Schaltflächen, die rund um das LISTENFELD in der Mitte angeordnet sind. Community Builder schiebt das Feld dann in die Spalte, in die der Pfeil zeigt. Markieren Sie beispielsweise im LISTENFELD den USERNAME und klicken dann auf <-HINZUFÜGEN links oben, wandert der Benutzername in die erste Spalte der Liste. Wiederholen Sie das Spiel, bis die gewünschten Informationen in den jeweiligen Spalten stehen.

Abschließend müssen Sie sich noch der Liste SORTIERT NACH zuwenden (etwa in der Mitte des riesigen Formulars). Sie entscheidet, in welcher Reihenfolge die Benutzer in der Liste erscheinen. Um beispielsweise die Adressliste aufsteigend nach Benutzernamen zu sortieren, wählen Sie aus der ersten Ausklappliste USERNAME, aus der rechts daneben AUFSTEIGEND und klicken auf HINZUFÜGEN. Auf die gleiche Weise ergänzen Sie weitere Sortierkriterien.

Nachdem Sie die neue Liste gespeichert haben, rufen Sie noch einmal den Bearbeitungsbildschirm auf (indem Sie auf ihren Namen klicken). Ganz oben erscheint nun der Punkt URL FÜR DEN MENÜLINK ZU DIESER LISTE. Daneben finden Sie eine Internetadresse, die direkt zu der neuen Liste führt. Damit auch gleich die Benutzer der Homepage die Liste einsehen können, merken Sie sich diese Adresse (beispielsweise indem Sie sie in die Zwischenablage kopieren) und klicken anschließend auf ABBRECHEN.

Als Nächstes geht es an die Erstellung eines neuen Menüpunktes, der zur Liste führt. Dazu suchen Sie sich zunächst unter MENÜS eines der Menüs aus und erstellen darin einen neuen Eintrag. Ideal ist das Benutzermenü. Der Weg führt folglich über MENÜS → USER MENU → NEUER MENÜEINTRAG und dann AUSWÄHLEN.

Jetzt haben Sie zwei Möglichkeiten:

1. Wenn der Menüpunkt nur genau zu dieser Adressliste führen soll, wählen Sie den Menütyp EXTERNE URL, vergeben einen MENÜTITEL, wie zum Beispiel **Adressliste**, und tragen dann unter LINK die Internetadresse ein, die Sie sich vorhin gemerkt haben .

2. Wenn Sie mehrere Listen vorliegen haben und dem Besucher die Auswahl überlassen möchten, wählen Sie den Menütyp USERS LISTS im Bereich COMPROFILER und vergeben dann einen MENÜTITEL, wie zum Beispiel **Listen**.

In jedem Fall sollten Sie nicht vergessen, die ZUGRIFFSEBENE auf REGISTERED zu setzen, damit nur angemeldete Benutzer die (Adress-)Liste zu Gesicht bekommen. SPEICHERN & SCHLIEßEN legt den neuen Menüpunkt an, über den ab sofort alle Benutzer direkt zur neuen Liste springen können.

Abbildung 14-27 zeigt das Ergebnis, nachdem ein Benutzer den fertigen Menüpunkt angeklickt hat.

			User suchen
Adressliste			
Eine Adressliste			
Kinoportal hat 3 User			
Name	**Wohnort**	**Mitglied seit**	
admin	Köln	Vor 27 Tagen	
hans76	-	Vor 12 Tagen	
paul	Babenhausen	Vor 12 Tagen	

Abbildung 14-27: ... führen zu diesem Ergebnis.

Sitemap

Gerade bei umfangreichen Seiten, wie zum Beispiel dem wachsenden Kinoportal, fällt es den Besuchern häufig schwer, den Überblick zu behalten oder einen ganz bestimmten Artikel zu finden. Bevor man sie entnervt durch verschiedene Untermenüs irren lässt, bietet man ihnen besser eine sogenannte Sitemap an. Sie präsentiert übersichtlich und kompakt alle verfügbaren Seiten der Homepage in einer kleinen Hierarchie.

Sitemap mit Bordmitteln

Ab Joomla! 1.6 können Sie mit wenigen Mausklicks und Trick 17 schnell eine Sitemap erstellen. Zunächst entscheiden Sie sich, in welchem Menü Sie einen neuen Punkt zur Sitemap ablegen wollen. Wenn Sie den Kinoportal-Beispielen bis hierhin gefolgt sind, bietet sich dazu das waagerechte *Top*-Menü am oberen Rand an.

Dort erstellen Sie jetzt einen neuen Menüpunkt (MENÜS → TOP → NEUER MENÜEINTRAG) und klicken auf AUSWÄHLEN. Entscheiden Sie sich für den Menütyp ALLE KATEGORIEN AUFLISTEN, und vergeben Sie einen MENÜTITEL, wie etwa **Sitemap**. Der Kniff besteht nun darin, unter ERFORDERLICHE EINSTELLUNGEN in der Ausklappliste ROOT auszuwählen. Damit listet die über den Menüpunkt erreichbare Seite restlos alle vorhanden (Beitrags-)Kategorien auf. Wenn Sie dann noch unter den KATEGORIEOPTIONEN (das obere der beiden Register) die UNTERKATEGORIEEBE-

NEN auf ALLE setzen und die UNTERKATEGORIENBESCHREIB. auf ANZEIGEN, dann
entsteht nichts anderes als eine Sitemap. Über die anderen Einstellungen können
Sie die Darstellung dann noch weiter verfeinern (siehe Kapitel 4, *Inhalte verwalten*,
Abschnitt »Inhalte mit Menüpunkten verbinden« auf Seite 151). Wenn Sie den
Menüpunkt SPEICHERN & SCHLIEßEN und ihn dann in der VORSCHAU anklicken,
landen Sie auf der Seite aus Abbildung 14-28.

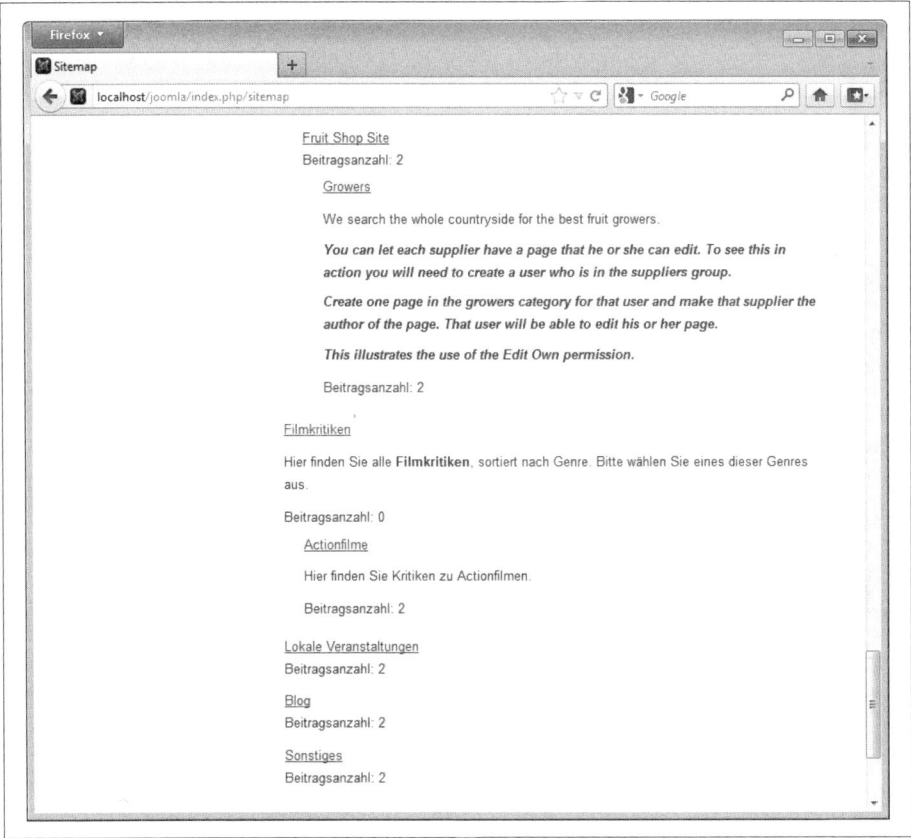

Abbildung 14-28: Die selbst gebastelte Sitemap

Wie dort gut zu sehen ist, hat diese Selbstbaumethode ein paar Schattenseiten:
Zunächst einmal sind auch noch ein paar unerwünschte Kategorien dabei: in Abbildung 14-28 beispielsweise die FRUIT SHOP SITE aus den Beispieldaten und die Kategorie SONSTIGES, die eigentlich verborgen bleiben sollte. Die FRUIT SHOP SITE-
Kategorie kann man noch einfach deaktivieren oder löschen, bei der benötigten
Kategorie SONSTIGES ist das jedoch nicht so einfach möglich. Viel schlimmer wiegt
aber, dass diese Methode nicht die Kontakte und Newsfeeds erfasst.

Umgehen könnten Sie das, indem Sie ein neues Menü erstellen, das jeweils mit einem Menüpunkt auf die Root-Kategorie von Beiträgen, Kontakten und Newsfeeds zeigt. Dieses Menü veröffentlichen Sie an einer im Template nicht sichtbaren Position und binden es anschließend mit dem Verfahren aus Kapitel 7, *Module – Die kleinen Brüder der Komponenten*, Abschnitt »Module in Beiträge einbinden«, in einen neuen Beitrag ein. Auf diesen Beitrag wiederum lassen Sie den Menüpunkt SITEMAP zeigen. Das ist nicht nur unfassbar umständlich, sondern auch extrem fehlerträchtig. Dennoch nutzen die Joomla!-Entwickler diese Methode in ihrer Beispielseite (verfolgen Sie im Administrationsbereich einmal die Spuren des SITE MAP-Menüpunktes im MAIN MENU).

Wenn Sie nicht gerade eine recht einfach aufgebaute Seite betreiben, ist es wesentlich einfacher, auf spezielle Erweiterungen zurückzugreifen – wie etwa auf das beliebte Xmap.

Sitemap mit Xmap

Die Komponente *Xmap* basiert auf der alteingesessenen *Joomap* und bietet folglich einen recht ähnlichen Funktionsumfang.

Das aktuelle Xmap-Paket fanden Sie zum Zeitpunkt der Drucklegung dieses Buches unter *http://joomla.vargas.co.cr/en/* im Bereich DOWNLOADS unter COMPONENTS und dann XMAP. Achten Sie darauf, dass Sie die zu Ihrer Joomla!-Version passende Variante herunterladen. Wenn Sie Joomla! 2.5 einsetzen, benötigen Sie Xmap mindestens in Version 2.2. Suchen Sie in der Liste ATTACHMENTS das passende Archiv, und klicken Sie es an. Bei Drucklegung war dies beispielsweise XMAP 2.2.1. Das heruntergeladene Paket spielen Sie wie im Abschnitt »Erweiterungen installieren« auf Seite 621 beschrieben ein.

Anschließend wechseln Sie zum Menüpunkt KOMPONENTEN → XMAP. Dort treffen Sie auf eine ziemlich leere Liste. Xmap kann mehrere verschiedene Sitemaps verwalten. Das ist besonders dann nützlich, wenn Ihr Internetauftritt über mehrere (optisch) getrennte Bereiche verfügt. Umgekehrt müssen Sie zunächst einmal eine neue Sitemap anlegen. Dazu klicken Sie auf NEU in der Werkzeugleiste.

Im nun erscheinenden Formular (siehe Abbildung 14-29) geben Sie der Sitemap einen TITEL. Er erscheint auch später auf der Website als Überschrift. Wenn Sie nur eine Sitemap anbieten, können Sie hier deshalb einfach **Sitemap** wählen.

Damit die Sitemap später auch sichtbar ist, müssen Sie den STATUS auf FREIGEGEBEN stellen. Die ZUGRIFFSEBENE bestimmt wie gewohnt, wer alles die Sitemap sehen darf. Normalerweise sind das alle Besucher, folglich ist hier PUBLIC schon der richtige Wert. Den INTRO TEXT zeigt Xmap später über der eigentlichen Sitemap an. Er sollte in kurzen Worten den Besuchern erklären, was sie auf dieser Seite eigentlich zu sehen bekommen.

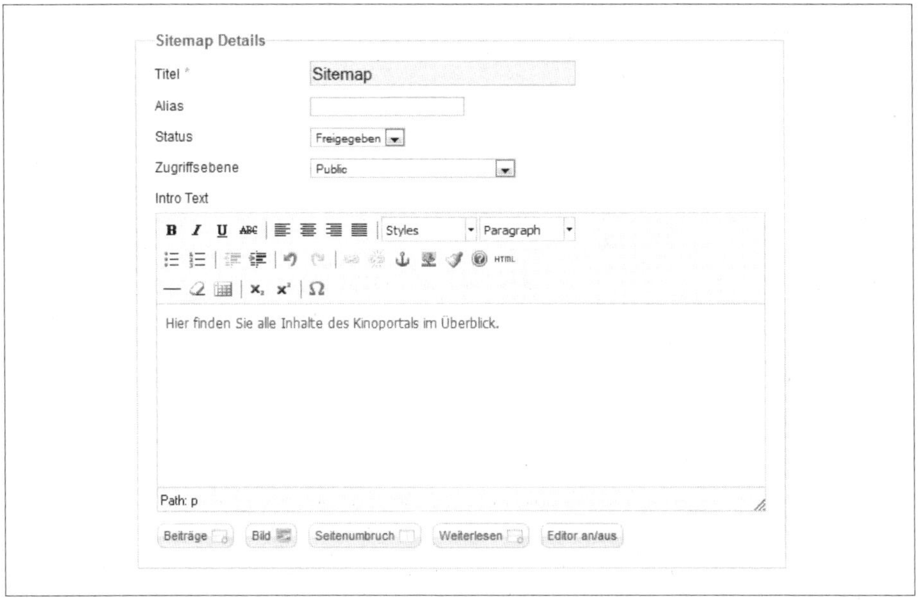

Abbildung 14-29: Hier entsteht eine neue Sitemap.

Auf der rechten Seite finden Sie eine Liste mit allen derzeit existierenden Menüs (siehe Abbildung 14-30). Xmap durchforstet später alle hier abgehakten Menüs und baut aus den dabei gefundenen Inhalten die Sitemap zusammen.

Im Kinoportal könnten Sie beispielsweise einen Haken beim KINOPORTAL MENÜ und dem MAIN MENU setzen. Das *User Menu* enthält das persönliche Menü eines Benutzers, dessen Einträge in einer öffentlichen Sitemap nichts verloren haben. Die Einträge im *Top*-Menü sind gleichzeitig auch im *Main Menu* zu finden. Würden Sie das *Top*-Menü abhaken, würden in der Sitemap diese Einträge doppelt auftauchen. Alle anderen Menüs sind Altlasten aus den Beispieldaten und bleiben deshalb ebenfalls ausgenommen.

Xmap durchforstet die Menüs später in der Reihenfolge, in der sie hier in der Liste erscheinen. In Abbildung 14-30 würden also erst die über das KINOPORTAL MENÜ erreichbaren Seiten in der Sitemap erscheinen und dann erst die Seiten, die Sie über das MAIN MENU aufrufen. Diese Reihenfolge können Sie einfach per Drag-and-Drop ändern: Wenn Sie mit dem Mauszeiger über eines der grauen Kästchen fahren, verwandelt er sich in einen Doppelpfeil. Wenn Sie jetzt die linke Maustaste gedrückt halten, können Sie den Kasten an eine andere Position verschieben. Sind alle Einstellungen nach Ihrem Geschmack, SPEICHERN & SCHLIEßEN Sie die neue Sitemap.

Damit die Sitemap auch auf der Homepage sichtbar ist, muss die Komponente noch in eines der Menüs eingebunden werden. Im Kinoportal ist hierfür das Menü am obe-

Abbildung 14-30: In diesem Fall landen in der späteren Sitemap ausschließlich alle Inhalte, die über das Kinoportal-Menü und das Main Menu erreichbar sind.

ren Rand der Website ideal. Um die Sitemap dort zu integrieren, wählen Sie MENÜS → TOP → NEUER MENÜEINTRAG. Klicken Sie auf AUSWÄHLEN, entscheiden Sie sich dann für den Menütyp HTML SITE MAP im Bereich XMAP, und vergeben Sie einen Menütitel wie SITEMAP. Abschließend wenden Sie sich dem Register ERFORDERLICHE EINSTELLUNGEN zu. Dort klicken Sie auf CHANGE und wählen dann aus der Liste die anzuzeigende Sitemap aus. SPEICHERN & SCHLIEßEN legt den Menüpunkt an.

Wenn Sie jetzt in der VORSCHAU die SITEMAP aufrufen, landen Sie in einer übersichtlichen Darstellung Ihres Internetauftritts (siehe Abbildung 14-31).

Die Sitemap listet standardmäßig nur alle Kategorien auf. Auf Wunsch kann Xmap aber auch noch alle Beiträge mit aufführen. Dazu rufen Sie im Administrationsbereich den Punkt KOMPONENTEN → XMAP auf, wechseln zum Register EXTENSIONS und aktivieren dort das XMAP → CONTENT PLUGIN (mit einem Klick auf den roten Kreis in der Spalte STATUS).

Kino, Film und Co

- Zu den Filmkritiken

  - Actionfilme
  - Liebesfilme
  - Komödien

  - Lokale Veranstaltungen
- Blog
- Kino-Newsfeeds
- Weblinks

Main Menu

- Home
- Site Map

  - Articles
  - Weblinks
  - Contacts

- Login
- Impressum
- Kontakte Filmkritker
- Erweiterte Suche
- Suche
- Partnerseite Filmmusik

Abbildung 14-31: Die fertige Sitemap auf der Homepage

Warnung   Doch Vorsicht: Bei vielen Beiträgen wird die Sitemap extrem lang und unüber-sichtlich. Das widerspricht jedoch ihrem eigentlichen Zweck.

Wie die anderen Plugins andeuten, kann Xmap auch die Inhalte anderer Erweiterungen, wie etwa des Kunena-Forums einbinden. Dazu müssen Sie nur das passende Plugin aktivieren.

Kalender (JEvents)

Die Veranstaltungsdaten von Filmfestivals in der nahen Umgebung könnte man im Kinoportal jeweils durch Newsmeldungen ankündigen. Eine schönere und übersichtlichere Präsentation liefert jedoch ein schmucker Kalender.

Eine der beliebtesten Lösungen ist *JEvents*, das teilweise auch einfach schlicht als *Event Calendar* oder *Events* bezeichnet wird. Sie finden die Erweiterung unter *http://www.jevents.net/jevents-download*. Von dort benötigen Sie mindestens das mit *com_events-...* beginnende Paket, das sich hinter MAIN COMPONENT verbirgt. Installieren Sie das Paket wie im Abschnitt »Erweiterungen installieren« beschrieben. Hat alles geklappt, erscheint eine kleine Meldung, in der Sie auf CONTINUE klicken. So landen Sie automatisch in den JEvents-Grundeinstellungen.

Anschließend brauchen Sie noch das deutsche Sprachpaket. Dazu müssen Sie sich im DOWNLOAD-Bereich zu den JEVENTS ... TRANSLATIONS durchklicken. Achten Sie darauf, dass Sie das zu Ihrer JEvents- und Joomla!-Version passende Sprachpaket erwischen. Die deutschen Übersetzungen für JEvents 2.1, das unter Joomla! 2.5 läuft, finden Sie beispielsweise hinter dem Link JEVENTS 2.1 TRANSLATIONS und dann DE-DE_JEVENTS_2.1_J25.ZIP. Dieses Paket spielen Sie wie gewohnt hinter ERWEITERUNGEN → ERWEITERUNGEN ein.

Grundeinstellungen

Nach der Installation gehen Sie zum Menüpunkt ERWEITERUNGEN → JEVENTS und dort weiter zum Register RECHTE. Im Feld ADMIN USER stellen Sie den Joomla!-Benutzer ein, der für die Kalender verantwortlich ist. In der Regel ist dies der SUPER USER.

Wechseln Sie weiter auf das Register KOMPONENTE. Das DATUMSFORMAT ist noch auf französisch-englische Verhältnisse geeicht. In den beiden Ländern ist es beispielsweise üblich, erst den Monat und dann den Tag zu nennen. Für das deutsche Datumsformat wählen Sie hier KONTINENTAL → DEUTSCH. Der Tag steht dann vor dem Monat, also beispielsweise Montag, 06. Februar 2013.

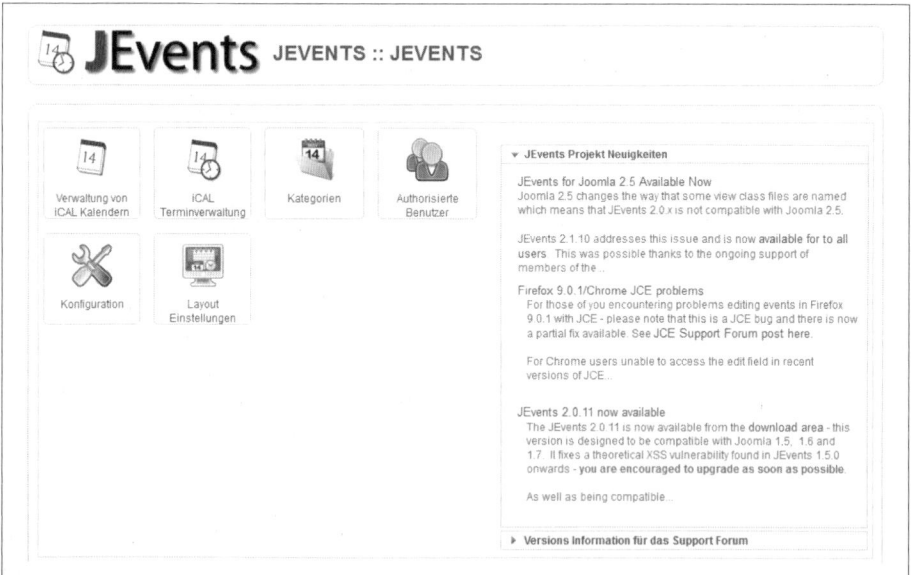

Abbildung 14-32: Die Steuerzentrale von JEvents

Im englischen Sprachraum ist es zudem üblich, nur mit 12 Stunden zu rechnen. Die Unterscheidung zwischen Vormittag und Nachmittag fällt dann über ein nachgestelltes *pm* oder *am*. Damit JEvents die in Deutschland üblichen 24 Stunden verwendet, setzen Sie VERWENDE 12-STUNDEN-FORMAT noch auf NEIN.

Als Nächstes ist die Einstellung ERSTER WOCHENTAG an der Reihe. Mit dem hier vorgegebenen Tag beginnt im Kalender eine neue Woche. Normalerweise ist dies in Deutschland der Montag. Der korrekte Wert lautet somit MONTAG ERSTER TAG.

Alle übrigen Grundeinstellungen können Sie vorerst auf ihren Vorgaben belassen. SPEICHERN & SCHLIEßEN Sie die Änderungen über die gleichnamige Schaltfläche in der Werkzeugleiste. JEvents leitet Sie dann in seine Steuerzentrale, das *Kontrollzentrum* (englisch *Control Panel*), weiter (siehe Abbildung 14-32). Sie erreichen es ab sofort auch immer über den Menüpunkt KOMPONENTEN → JEVENTS.

Kategorien

Um bei vielen Terminen nicht im Chaos zu versinken, ordnet auch der Kalender alle Ereignisse übersichtlich in Kategorien.

Im Fall des Kinoportals könnte man beispielsweise die Termine aller anstehenden Filmpremieren in einer gemeinsamen Kategorie sammeln, während die kommenden Filmfestspiele in eine andere wandern.

Genau wie Joomla! erzwingt JEvents, dass jeder Termin beziehungsweise jede Veranstaltung in genau einer Kategorie steckt. Da bislang noch keine Kategorien existieren, muss als Nächstes eine neue her. Dazu klicken Sie auf die Schaltfläche KATEGORIEN. In der erscheinenden Liste finden Sie bereits eine einsame Kategorie mit dem bezeichnenden Namen DEFAULT. Um eine eigene hinzuzufügen, klicken Sie in der Werkzeugleiste auf NEU. Das nun erscheinende Formular sollte Ihnen bekannt vorkommen. Es fragt ähnliche Informationen ab wie sein Kollege für die Beiträge.

Warnung   Dennoch haben diese Kategorien nichts mit den Kategorien aus Joomla! gemein. Die hier von JEvents bereitgestellten Kategorien dienen lediglich zur Gruppierung von Terminen.

Im Beispiel des Filmportals geben Sie der neuen Kategorie zunächst einen TITEL, wie etwa `Filmpremieren`. Die Termine in dieser Kategorie sollen alle Besucher einsehen können, belassen Sie daher alle nachfolgenden Einstellungen auf ihren Standardwerten.

Interessant ist auf der rechten Seite noch das Register BASISOPTIONEN. Hier dürfen Sie mit dem großen Farbwähler unter CHOOSE COLOUR der Kategorie eine Farbe zuordnen (siehe Abbildung 14-33). JEvents streicht in ihr später alle Termine an, die aus dieser Kategorie stammen. Im Kalender lassen sich dann die jeweiligen Termine optisch schneller erfassen und einfacher ihren einzelnen Gruppen zuordnen.

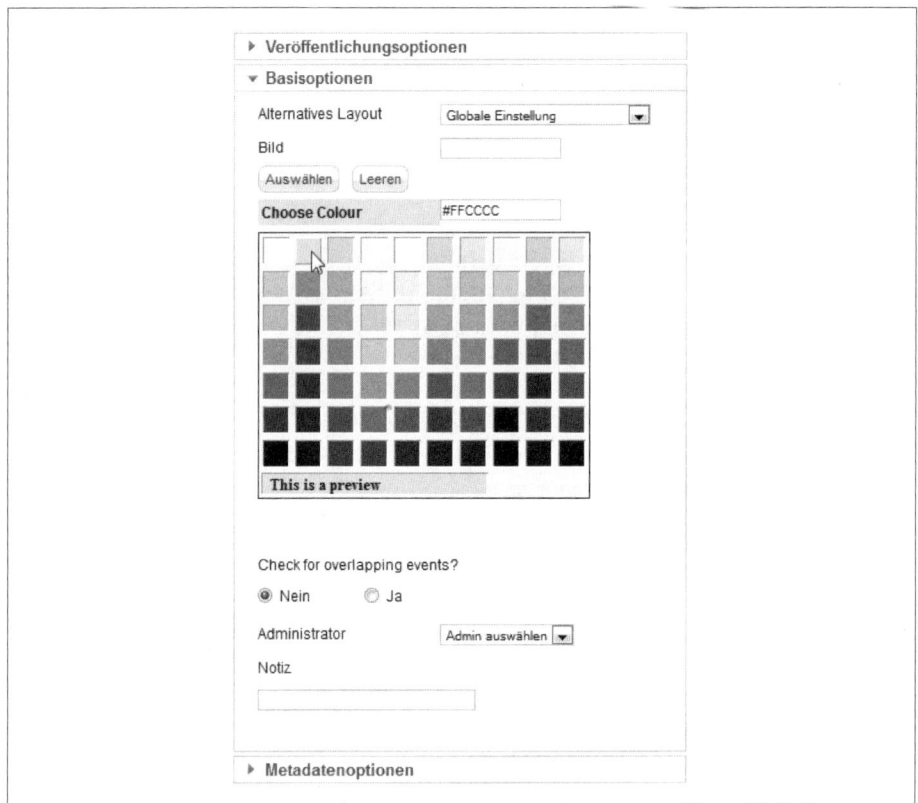

Abbildung 14-33: Um einer Kategorie eine Farbe zuzuordnen, klicken Sie sie einfach in der Palette an. Alternativ können Sie auch ihren Zahlenwert in hexadezimaler Schreibweise in das Eingabefeld tippen.

Im Kinoportal könnten Sie der Kategorie für die Filmpremieren einen Rotton zuordnen. Die Besucher des Kinoportals würden dann schon von Weitem erkennen, wann sie sich unbedingt freinehmen müssen.

Abschließend wählen Sie noch unter ADMINISTRATOR die für diese Kategorie verantwortliche Person. Im Kinoportal stellen Sie die Ausklappliste auf SUPER USER. Ein Klick auf SPEICHERN & SCHLIEßEN legt die neue Kategorie an.

Termine

Nachdem mindestens eine Kategorie besteht, geht es nun an das Anlegen der eigentlichen Termine, die von JEvents auch als *Ereignisse* oder *Events* bezeichnet werden. Dazu kehren Sie mit einem Klick auf das etwas unscheinbare KONTROLL-ZENTRUM zwischen Werkzeugleiste und der Liste mit den Kategorien zur Startseite zurück und klicken dort die Schaltfläche ICAL TERMINVERWALTUNG an. Um eine neue Veranstaltung einzutragen, klicken Sie auf NEU. Es erscheint ein Formular mit zwei Registern.

Auf dem Reiter ALLGEMEIN legen Sie zunächst fest, wo und aus welchem Anlass der Termin stattfindet (siehe Abbildung 14-34).

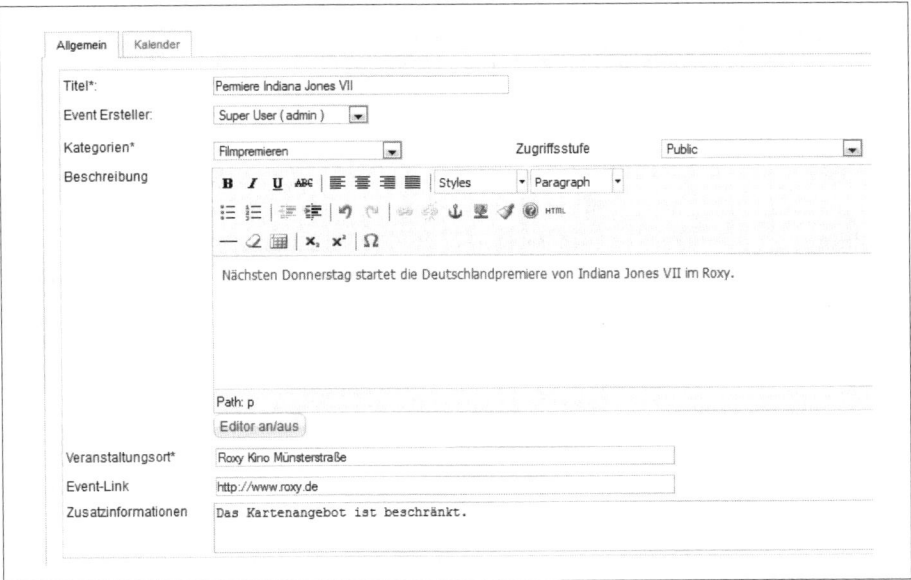

Abbildung 14-34: Hier entsteht ein neuer Termin, der auf eine Filmpremiere hinweist.

TITEL

Hier vergeben Sie eine Bezeichnung für den neuen Termin beziehungsweise das Ereignis. Im Kinoportal wäre dies zum Beispiel die PREMIERE INDIANA JONES VII.

EVENT ERSTELLER

Die Person, die den Termin angelegt hat beziehungsweise für ihn verantwortlich ist – in der Regel also Sie selbst.

KATEGORIEN

Der Termin gehört der hier eingestellten Kategorie an. Für das Kinoportal wählen Sie die FILMPREMIEREN.

ZUGRIFFSSTUFE

Hiermit legen Sie fest, wer diesen Termin zu Gesicht bekommt. Im Kinoportal sollen alle Besucher den Termin sehen können, weshalb Sie die Vorgabe PUBLIC übernehmen.

BESCHREIBUNG

Eine Beschreibung des Termins oder Ereignisses.

VERANSTALTUNGSORT

Der Veranstaltungsort, an dem der Termin oder das Ereignis stattfindet. Beispielsweise könnte dies das **Roxy Kino Münsterstraße** sein.

EVENT-LINK

Unter der hier eingetippten Internetadresse bekommt ein Interessent weitere Informationen.

ZUSATZINFORMATIONEN

Dieses Eingabefeld nimmt Zusatzinformationen auf. Beispielsweise könnte man hier notieren, dass festliche Abendgarderobe erwünscht ist oder dass es nur wenige Eintrittskarten gibt.

Weiter geht es auf dem Register KALENDER. Unter START, END, DAUER legen Sie fest, an welchem Datum und zu welcher Uhrzeit der Termin stattfindet (siehe Abbildung 14-35): Der Termin oder das Ereignis beginnt am ERSTER TAG um STARTZEIT und geht bis zum LETZTER TAG um ENDZEIT. Beachten Sie, dass das Datum jeweils in der Notation Jahr-Monat-Tag angegeben wird. Die Schaltfläche neben den Eingabefeldern blendet jeweils einen kleinen Kalender ein, der die Auswahl vereinfacht. Eine derartige Hilfestellung gibt es für die Zeiten leider nicht. Dort erfolgt die Eingabe im Format Stunden:Minuten.

Ist das Ende offen, markieren Sie KEINE SPEZIFISCHE ENDZEIT. Stehen weder Start- noch Endzeit fest, weil das Ereignis beispielsweise einen ganzen Tag lang dauert, setzen Sie einen Haken hinter ALL DAY GANZTÄGIG ODER UNBESTIMMTE ZEIT.

Im Fall des Kinoportals startet die Filmpremiere am Donnerstag, den 24. Februar 2012 um 20.00 Uhr. Das Ende ist offen. Um diesen Termin einzustellen, klicken Sie auf das kleine Symbol rechts neben ERSTER TAG und suchen im Kalender den 24.02. 2012. Als Startzeit tragen Sie **20:00** ein. Kontrollieren Sie anschließend, ob das Datum unter Letzter Tag ebenfalls auf 2012-02-24 steht, und kreuzen Sie rechts daneben KEINE SPEZIFISCHE ENDZEIT an. Das Ergebnis sollte so wie in Abbildung 14-35 aussehen.

Findet ein Ereignis regelmäßig statt, wie beispielsweise das wöchentliche Treffen des Vereins für Filmfreunde e.V., wäre es ziemlich mühsam, jeden dieser Termine einzeln per Hand einzutippen. Aus diesem Grund bietet JEvent für derartige Termine im unteren Teil eine kleine Automatik an.

Zuerst wählen Sie dort aus, ob der Termin oder das Ereignis TÄGLICH, WÖCHENTLICH, MONATLICH oder JÄHRLICH wiederkehrt. Davon abhängig schaltet JEvents weitere Einstellungen frei.

In jedem Fall tippen Sie als Nächstes die Anzahl der Wiederholungen in das Feld ANZAHL WIEDERHOLUNGEN ein. Alternativ darf der Termin auch an einem ganz bestimmten Datum enden. Dazu aktivieren Sie WIEDERHOLEN BIS und wählen über die kleine Schaltfläche das entsprechende Datum aus. In welchen Abständen der Termin stattfindet, legen Sie noch unter WIEDERHOLUNGSINTERVAL fest. Soll beispielsweise eine Versammlung nur jeden zweiten Tag einberufen werden, setzen Sie den WIEDERHOLUNGSTYP auf TÄGLICH und tippen dann bei ANZAHL WIEDERHO-LUNGEN eine **2** ein.

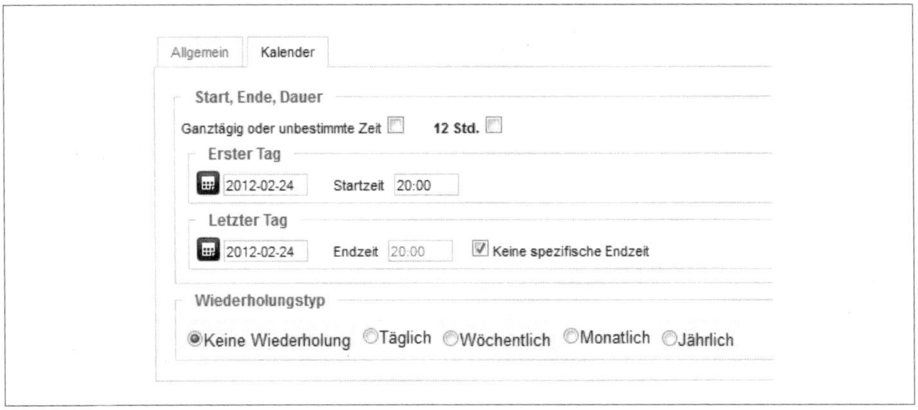

Abbildung 14-35: Hier stellen Sie die Zeit und das Datum für den neuen Termin ein.

Bei wöchentlichen Veranstaltungen geben Sie unter NACH TAG zusätzlich noch den Wochentag an. Für monatlich und jährlich angesetzte Termine steht jeweils noch ein Eingabefeld NACH MONATSTAG beziehungsweise NACH JAHRESTAG bereit. Hier hinein gehören, jeweils durch ein Komma getrennt, die Tage, an denen die Veranstaltung stattfindet.

Soll eine Veranstaltung jeden zweiten Samstag im Monat stattfinden, muss das Eingabefeld leider passen. In diesem Fall aktivieren Sie NACH TAG und markieren dort die entsprechenden Tage. Um beispielsweise den besagten zweiten Samstag im Monat auszuwählen, haken Sie das SA und die WOCHE 2 ab.

Über SPEICHERN & SCHLIEẞEN legen Sie die neue Veranstaltung an. Sie landen automatisch wieder in der Liste mit allen existierenden Terminen. Damit die Liste nicht zu unübersichtlich wird, blendet Joomla! standardmäßig abgelaufene Termine aus. Sollten Sie einen solchen Termin vermissen, setzen Sie UNTERDRÜCKE ABGELAUFENE EVENTS auf NEIN.

Einen Menüpunkt anlegen

Im Moment ist der Kalender für Ihre Besucher noch unsichtbar. Zutritt verschafft ihnen erst ein passender Menüpunkt. Im Kinoportal soll er der Einfachheit halber im Hauptmenü landen. Wählen Sie also MENÜS → MAIN MENU → NEUER MENÜ-EINTRAG, und klicken Sie auf AUSWÄHLEN. Im Bereich JEVENTS stehen Ihnen jetzt folgende verschiedene Menütypen zur Auswahl:

- ANZEIGE NACH JAHR präsentiert eine Liste mit allen Terminen, die in einem Jahr stattfinden (siehe Abbildung 14-36). Diese Ansicht empfiehlt sich immer, wenn Sie Ihren Besuchern einen Überblick über alle (als Nächstes) anstehenden Veranstaltungen geben möchten.

Abbildung 14-36: Die Anzeige nach Jahr

• ANZEIGE NACH MONAT zeigt einen Monatskalender, wie man ihn auch von herkömmlichen Kalendern auf Papier her kennt (siehe Abbildung 14-37). Er bietet auch noch bei vielen Terminen einen guten, ersten Überblick. Wenn Sie unsicher sind, welche Darstellungsform für Ihre Zwecke geeignet ist, sollten Sie zunächst diese heranziehen.

Abbildung 14-37: Die Anzeige nach Monat

• ANZEIGE NACH WOCHE listet alle Termine einer Woche auf (siehe Abbildung 14-38). Diese Darstellung sollten Sie wählen, wenn Sie sehr viele Termine vorliegen haben (mehr als zwei pro Woche) und Ihren Besuchern einen Überblick über die (als Nächstes) anstehenden Veranstaltungen geben möchten.

Abbildung 14-38: Die Anzeige nach Woche

- Analog präsentiert NACH TAG ANZEIGEN alle Termine an einem Tag. Diese Liste ist eigentlich nur dann sinnvoll, wenn Sie extrem viele Termine verwalten oder aber auf einen ganz bestimmten Termin aufmerksam machen wollen.

- NACH KATEGORIE ANZEIGEN liefert alle Termine aus einer Kategorie. Welche dies ist, bestimmt standardmäßig der Besucher der Seite über eine kleine Ausklappliste (siehe Abbildung 14-39). Diese Darstellung bietet sich immer an, wenn Ihre Kategorien thematisch sehr weit auseinanderliegen. Verwalten Sie beispielsweise Termine für einen Fußball- und einen Handballverein, können die Fußballer so direkt alle für sie uninteressanten Handballspiele ausblenden.

Abbildung 14-39: Hier lässt sich ein Besucher alle Veranstaltungen der Kategorie »Filmpremieren« auflisten.

- Bei ZEITRAUM können Sie schließlich noch selbst einen Zeitraum vorgeben, aus dem JEvents alle Termine auf der Website auflistet.

Sie legen hier mit dem Menütyp übrigens nur die Standardansicht fest. Später auf der Homepage können die Besucher über Symbole am oberen Rand des Kalenders beziehungsweise der Listen selbst zwischen verschiedenen Darstellungen wechseln (dazu folgt in wenigen Zeilen mehr).

 Im Kinoportal soll die Monatsansicht Verwendung finden. Klicken Sie daher auf ANSICHT NACH MONAT, und vergeben Sie einen MENÜTITEL, wie zum Beispiel **Veranstaltungskalender**.

Werfen Sie abschließend noch einen Blick auf die Ausklapplisten rechts oben im Bereich KOMPONENTE. Wenn Sie dort unter KATEGORIE(EN) WÄHLEN → FÜR ALLE LEER LASSEN eine oder mehrere Kategorien einstellen, zeigt der Kalender nur noch Termine aus genau diesen Kategorien. Mehrere Einträge markieren Sie bei gedrückter *Strg*-Taste. Möchten Sie, dass der Kalender restlos alle Ereignisse führt, so behalten Sie hier einfach die Voreinstellungen bei (also keinen Eintrag ausgewählt).

Tipp Mithilfe dieser Filterung können Sie den Besuchern Ihrer Seite vorgaukeln, es gäbe mehrere Kalender für unterschiedliche Zwecke. Dazu legen Sie einfach mehrere Menüpunkte an, die jeweils nur die Termine einer ganz bestimmten Kategorie auf den Schirm bringen. Ein Besucher erhält so den Eindruck, als würde jeder dieser Menüpunkte zu einem ganz bestimmten, eigenständigen Kalender führen.

Die Benutzerseite

SPEICHERN & SCHLIEẞEN Sie den neuen Menüpunkt über die gleichnamige Schaltfläche, und wechseln Sie anschließend in die VORSCHAU. Spielen Sie dort nun testweise Besucher, und klicken Sie den neuen Eintrag im Hauptmenü an. Wie erwartet, erscheint nun die Monatsansicht aus Abbildung 14-37 siehe Seite 672.

Abbildung 14-40: Die Detailansicht eines Termins

Über die Symbole am oberen Rand des Kalenders schaltet man schnell auf eine der anderen Darstellungen um, und über die Ausklappliste rechts daneben wechselt man schnell den Monat. Fährt der Besucher mit der Maus über einen Termin, zeigt JEvents weitere Informationen an. Ein Klick auf den Termin führt zu dessen Detailansicht aus Abbildung 14-40.

Erweiterungen

Zu JEvents existieren einige Zusatzmodule. Sie finden sie auf der gleichen Internetseite wie die Komponente selbst (*http://www.jevents.net/jevents-download*). Zu den wichtigsten Zusatzmodulen zählt zum einen das *Calendar Module* (*mod_jevents_cal*), das einen kleinen Kalender mit Monatsüberblick einblendet, und zum anderen das *Latest Events*-Modul (*mod_jevents_latest*), das stets einen Überblick über die als Nächstes anstehenden Termine präsentiert.

Bildergalerie

Das Kinofestival im Mehrzweckveranstaltungssaal ist vor wenigen Minuten zu Ende gegangen. In diesem Jahr konnten die Veranstalter sogar ein paar prominente Filmstars gewinnen, die selbstverständlich von verschiedenen Fotografen abgelichtet wurden. Für alle Filmfreunde, die leider nicht dabei sein konnten, sollen diese Fotos auch im Kinoportal den Erfolg der Veranstaltung belegen. Eine Möglichkeit, sie dort zu veröffentlichen, führt über einen neuen Beitrag. Doch es gibt einen wesentlich einfacheren und auch komfortableren Weg.

Im Internet buhlt eine Vielzahl von auf solche Zwecke spezialisierten Bildergalerien um die Gunst der Fotografen. Allein das Extensions-Verzeichnis auf der Joomla!-Homepage (*http://extensions.joomla.org*) führte zum Zeitpunkt der Bucherstellung weit über 100 Einträge zu diesem Thema.

Tipp   Einige dieser Erweiterungen sorgen auch für die Anbindung von externen Galerien. Wer beispielsweise seine Fotos über den Dienst Flickr (*http://www.flickr.com*) verbreitet, der sollte einen Blick in die Rubrik *Photo Channels* werfen (*http://extensions.joomla.org/extensions/social-web/photo-channels*).

Galerie über Beiträge mit sigplus

Besonders schnell zu einer Galerie kommt man mit *sigplus*. Das Plugin binden Sie mit einem kurzen Befehl in einen Beitrag ein (nach dem Prinzip aus Kapitel 7, *Module – Die kleinen Brüder der Komponenten*, Abschnitt »Module in Beiträge einbinden« auf Seite 333), und schon entsteht dort eine vollständige Bildergalerie.

Sie bekommen *sigplus* unter *http://joomlacode.org/gf/project/sigplus/frs/*. Laden Sie sich dort das zu Ihrer Joomla!-Version passende Paket herunter, und spielen Sie es wie im Abschnitt »Erweiterungen installieren« beschrieben ein. Wechseln Sie anschließend weiter zu ERWEITERUNGEN → PLUGINS, und aktivieren Sie dort das CONTENT – IMAGE GALLERY – SIGPLUS-Plugin (beispielsweise mit einem Klick auf seinen roten Kreis in der Spalte STATUS).

Laden Sie jetzt mit der Medienverwaltung (INHALT → MEDIEN) alle in der Galerie anzuzeigenden Bilder in ein Verzeichnis hoch. Merken Sie sich diesen Verzeichnisnamen.

Anschließend erstellen Sie einen neuen Beitrag (INHALT → BEITRÄGE → NEUER BEITRAG) und tippen unter BESCHREIBUNG folgenden Befehl ein:

{gallery}*sampledata/parks/animals*{/gallery}

sampledata/parks/animals ersetzen Sie dabei durch das Verzeichnis, in dem sich die Bilder befinden (für einen kleinen ersten Test können Sie das Verzeichnis auch übernehmen – es enthält die Bilder für die mitgelieferte Beispielhomepage).

Den so geschaffenen Platzhalter tauscht später das *sigplus*-Plugin durch die Bildergalerie aus. Sie dürfen übrigens auch vor und nach dem Befehl beliebigen weiteren Text eintippen (siehe Abbildung 14-41).

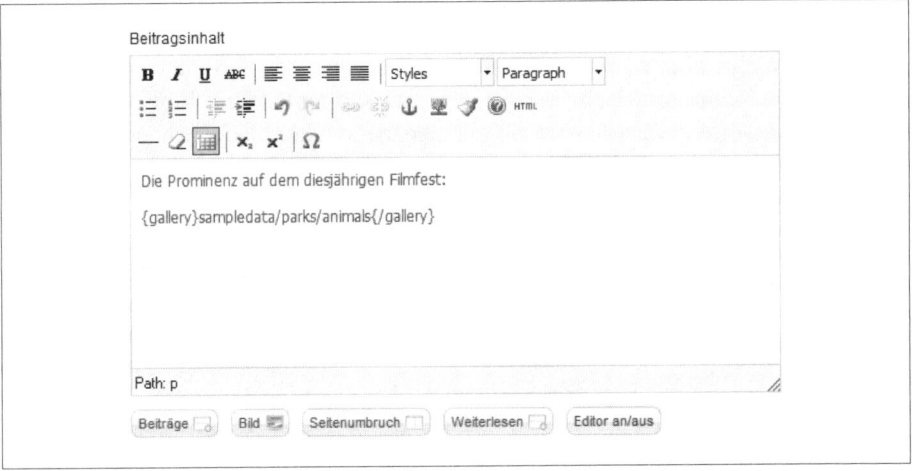

Abbildung 14-41: Aus dieser Beschreibung …

Die übrigen Einstellungen können Sie nach Belieben ausfüllen. Als TITEL bietet sich etwa **Bildergalerie** an. Im Kinoportal können Sie den Beitrag zudem in die KATEGORIE SONSTIGES stecken.

Nach dem SPEICHERN & SCHLIEßEN müssen Sie den Beitrag nur noch in ein Menü einbinden (siehe Kapitel 4, *Inhalte verwalten*, Abschnitt »Einzelner Beitrag« auf Seite 171). Auf der Homepage erscheint er dann wie in Abbildung 14-42.

Abbildung 14-42: ...wird dieser Beitrag.

Ein Klick auf ein Bild holt es explizit noch einmal in einer sogenannten Shadowbox in den Vordergrund.

Tipp Damit ein Besucher bei vielen Bildern den Überblick behält, sollten Sie thematisch zusammengehörenden Bildern jeweils einen eigenen Beitrag spendieren und dann alle diese Beiträge wiederum in einer Kategorie *Bildergalerie* zusammenfassen.

Das Aussehen der Galerie verändern Sie in den Einstellungen des Plugins (ERWEITE-RUNGEN → PLUGINS, dann ein Klick auf CONTENT – IMAGE GALLERY – SIGPLUS). Darüber hinaus bringt *sigplus* noch das standardmäßig deaktivierte Modul SIGPLUS mit, das auf der Homepage immer ein Bild anzeigt und somit im Wesentlichen ein aufgebohrter Ersatz für das Joomla!-eigene *Zufallsbild*-Modul ist.

Galerie mit Phoca Gallery

Wenn Ihnen der Weg über das Plugin etwas zu spartanisch ist, können Sie auch zu einer größeren Komponente greifen. Zu den beliebtesten zählt die *Phoca Gallery*. Sie bietet sogar eine Anbindung an die Dienste *Picasa* und *Facebook*.

Sie erhalten die Komponente auf ihrer Homepage *http://www.phoca.cz* im DOWN-LOAD-Bereich (*http://www.phoca.cz/download/category/1-phoca-gallery-component*). Zunächst benötigen Sie nur die PHOCA GALLERY COMPONENT. Achten Sie darauf, dass Sie die für Ihre Version passende Datei herunterladen. Zum Zeitpunkt der

Drucklegung dieses Buches war dies für Joomla! 2.5 das Paket *com_phocagallery_v3.1.5.zip*.

Installation

Das mit *com_phocagallery...* beginnende Paket spielen Sie anschließend wie im Abschnitt »Erweiterungen installieren« beschrieben ein. Phoca Gallery meldet sich dann mit einem Begrüßungsbildschirm, in dem Sie auf INSTALL klicken. Die Komponente nimmt dann noch ein paar Abschlussarbeiten vor.

Um Phoca Gallery noch Deutsch (oder eine andere Sprache) beizubringen, kehren Sie noch einmal auf die Download-Seite zurück. Im unteren Bereich finden Sie mehrere Sprachpakete, auf der zweiten Seite auch welche auf Deutsch. Laden Sie sich hier die Datei herunter, die zu Ihrer Joomla!-Version passt. Im Fall des deutschen Sprachpakets benötigen Joomla!-2.5-Besitzer beispielsweise das Paket *de-DE.com_phocagallery_25.zip*. Dieses installieren Sie wie gewohnt über ERWEITERUNGEN → ERWEITERUNGEN.

Nach der Installation erreichen Sie das Kontrollzentrum von Phoca Gallery hinter KOMPONENTEN → PHOCA GALLERY (siehe Abbildung 14-43).

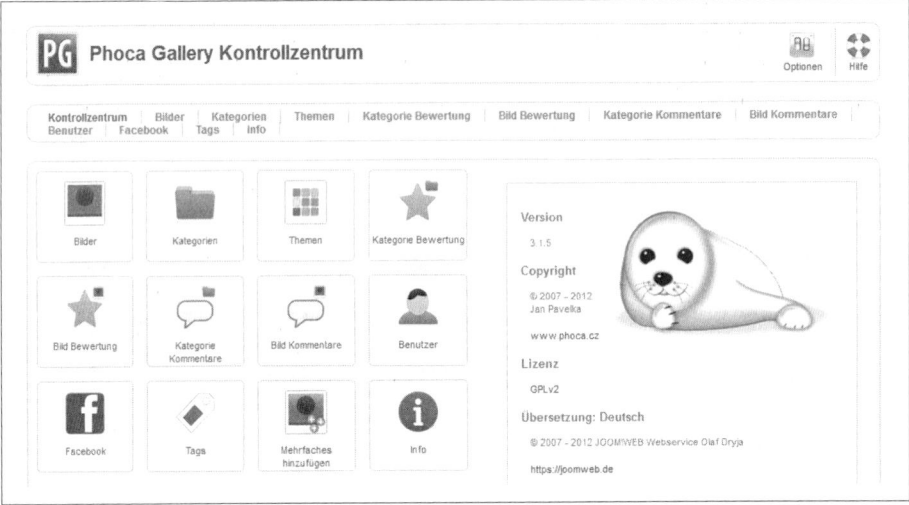

Abbildung 14-43: Das Kontrollzentrum von Phoca Gallery

Kategorien

Phoca Gallery fasst thematisch gleiche Bilder in Kategorien zusammen. Sie können sich eine Kategorie wie eine Abteilung in einem Museum vorstellen. Da jedes Bild immer zwingend in einer Kategorie enthalten sein muss, gilt es im ersten Schritt mindestens eine Kategorie zu erstellen.

Dazu klicken Sie im Kontrollzentrum auf KATEGORIEN (oder rufen KOMPONENTEN → PHOCA GALLERY → KATEGORIEN auf) und entscheiden sich für NEU in der Werkzeugleiste. Im erscheinenden Formular geben Sie der Kategorie zunächst einen TITEL. Im Kinoportal soll die Kategorie alle Bilder des Kinofestivals sammeln, folglich wäre **Kinofestival** ganz passend. Via ÜBERGEORDNETE KATEGORIE können Sie die Kategorie in eine andere Kollegin stecken und so ineinander verschachteln. Da dies die erste Kategorie überhaupt ist, übernehmen Sie die Vorgabe.

Die ZUGRIFFSEBENE bestimmt, wer später auf der Website die Bilder in dieser Kategorie betrachten darf. Im Kinoportal sollen dies alle Besucher sein, weshalb hier PUBLIC schon der richtige Wert ist.

Über die Listen darunter legen Sie fest, welche Benutzer ZUGANGSRECHTE besitzen, Bilder in die Kategorie einstellen dürfen (RECHTE ZUM HOCHLADEN) und Bilder aus der Kategorie wieder löschen können (LÖSCH-RECHTE). Mehrere Benutzer selektieren Sie in den Listen bei gedrückter [Strg]-Taste. Im Kinoportal sollen alle Besucher ZUGRIFFSRECHTE erhalten, weshalb Sie in der Liste keinen Punkt markieren. RECHTE ZUM HOCHLADEN und LÖSCH-RECHTE bekommen jeweils nur Sie selbst, also der SUPER USER.

Unter INHABER stellen Sie den Joomla!-Benutzer ein, dem die Galerie gehört. Im Kinoportal sind das wieder Sie selbst, also der SUPER USER.

Im Feld BESCHREIBUNG sollten Sie noch kurz zusammenfassen, welche Bilder einen Besucher in dieser Galerie erwarten.

Sofern Ihre Bilder bei Picasa oder Facebook lagern, füllen Sie noch die entsprechenden Felder am unteren Seitenrand aus. Anschließend müssen Sie in der Werkzeugleiste noch PICASA IMPORT beziehungsweise FACEBOOK IMPORT aktivieren. Die Kategorie zeigt dann später die Bilder aus dem angegebenen Album an.

Stellen Sie abschließend noch rechts oben unter VERÖFFENTLICHUNG – OPTIONEN sicher, dass VERÖFFENTLICHT auf FREIGEGEBEN steht. Alle anderen Einstellungen können Sie auf ihren Standardwerten belassen. SPEICHERN & SCHLIEßEN Sie die neue Kategorie.

Bilder hinzufügen

Sobald eine Kategorie existiert, kann man sie mit den eigentlichen Bildern befüllen. Dazu rufen Sie KOMPONENTEN → PHOCA GALLERY → BILDER auf (oder klicken im Phoca-Gallery-Kontrollzentrum auf BILDER). In der nun erscheinenden Liste müssen Sie für jedes Bild einen eigenen Eintrag anlegen. Dazu klicken Sie auf NEU in der Werkzeugleiste. Das nun erscheinende Formular wirkt monströser, als es tatsächlich ist. Eigentlich müssen Sie nur eine Handvoll Felder ausfüllen.

Zunächst geben Sie dem Bild einen möglichst aussagekräftigen TITEL und wählen eine KATEGORIE. Anschließend müssen Sie noch die Bilddatei hochladen. Dazu klicken Sie auf DATEINAMEN AUSWÄHLEN. Es erscheint jetzt ein kleines Fenster, das der Mini-Ausgabe der Medienverwaltung ähnelt: Klicken Sie auf DURCHSUCHEN..., wählen Sie das Foto auf der Festplatte aus, und lassen Sie das HOCHLADEN STARTEN. Anschließend erscheint das Foto im oberen Teil, wo Sie es anklicken. Damit kehren Sie gleichzeitig wieder zum Formular zurück.

 Tipp   Wenn Sie sehr viele Fotos haben, sollten Sie im Fenster für jede Kategorie ein eigenes Verzeichnis anlegen und dann darin die Bilder sammeln. Das funktioniert genau so wie bei der Medienverwaltung.

Phoca Gallery speichert alle Bilder übrigens im Verzeichnis *images/phocagallery* Ihrer Joomla!-Installation, das Sie auch über die Medienverwaltung erreichen.

Das war es eigentlich schon. Falls Sie mögen, können Sie noch eine BESCHREIBUNG vergeben. Stellen Sie abschließend noch auf der rechten Seite sicher, dass VERÖFFENTLICHT auf FREIGEGEBEN steht. Andernfalls wäre das Bild später auf der Website nicht zu sehen.

 Im Beispiel des Kinoportals wählen Sie als TITEL vielleicht das besonders originelle **Eine prominente Person**, stellen die KATEGORIE auf das vorhin angelegte KINOFESTIVAL und laden dann via DATEINAMEN AUSWÄHLEN irgendein beliebiges Foto von Ihrer Festplatte hoch.

Alle anderen Felder füllen Sie bei Bedarf aus. Unter BREITENGRAD und LÄNGENGRAD können Sie beispielsweise die Koordinaten hinterlegen, an denen das Bild aufgenommen wurde. Die Schaltfläche KOORDINANTEN EINGEBEN hilft bei der Auswahl.

SPEICHERN & SCHLIESSEN Sie das neue Bild. Phoca Gallery generiert jetzt automatisch kleine Vorschaubilder, was einen Moment dauern kann.

Anschließend müssen Sie die Prozedur mit allen anderen Fotos wiederholen, die in der Galerie erscheinen sollen.

 Tipp   Wenn Sie sehr viele Bilder haben, können Sie diese alle zusammen über MEHRFACHES HINZUFÜGEN einstellen. Sie müssen dann nur einen TITEL vorgeben, die KATEGORIE einstellen, dann auf dem Register MEHRFACHES HOCHLADEN alle gewünschten Dateien hochladen und schließlich in der Liste unter DATEINAME alle Bilder abhaken, die Phoca Gallery anzeigen soll. Für diese Prozedur müssen Sie allerdings auf Ihrem eigenen Computer den Flash Player installiert haben (*http://www.adobe.de*).

Die Benutzerseite

Sind alle Bilder angemeldet, kann man endlich die Galerie eröffnen. Dazu muss nur noch ein neuer Menüpunkt her. Im Kinoportal soll er der Einfachheit halber im Hauptmenü untergebracht werden. Wählen Sie also MENÜS → MAIN MENU → NEUER MENÜEINTRAG, und klicken Sie auf AUSWÄHLEN. Im Bereich PHOCA GALLERY haben Sie jetzt mehrere Menütypen zur Auswahl:

- LISTE DER KATEGORIEN (KATEGORIEN ANSICHT) würde später dem Besucher eine Liste mit allen Bilder-Kategorien präsentieren, über die er sich dann zu den entsprechenden Bildern weiterhangeln kann.
- LISTE DER BILDER (KATEGORIE ANSICHT) führt hingegen direkt zu einer Aufstellung aller Bilder aus einer ausgewählten Kategorie.
- Gleiches macht die COOLIRIS 3D WAND, wobei sie die Bilder aber in einer zeitgemäß animierten 3D-Darstellung zur Auswahl stellt. Hierfür müssen die Besucher allerdings den Adobe Flash Player installiert haben.

Da im Kinoportal nur eine Kategorie existiert, kann der Menüpunkt direkt zu den darin enthaltenen Bildern springen. Folglich wäre LISTE DER BILDER (KATEGORIE ANSICHT) genau richtig. Vergeben Sie noch einen Menütitel, wie etwa **Bilder Kinofest**.

Wenn Sie sich für LISTE DER BILDER (KATEGORIE ANSICHT) oder die COOLIRIS 3D WAND entschieden haben, müssen Sie rechts oben unter ERFORDERLICHE EINSTELLUNGEN noch die KATEGORIE AUSWÄHLEN, deren Bilder angezeigt werden sollen. Im Kinoportal wäre es das KINOFESTIVAL.

Nach dem SPEICHERN & SCHLIEßEN erreichen Sie dann in der VORSCHAU über den neuen Menüpunkt die Bilderauswahl aus Abbildung 14-44.

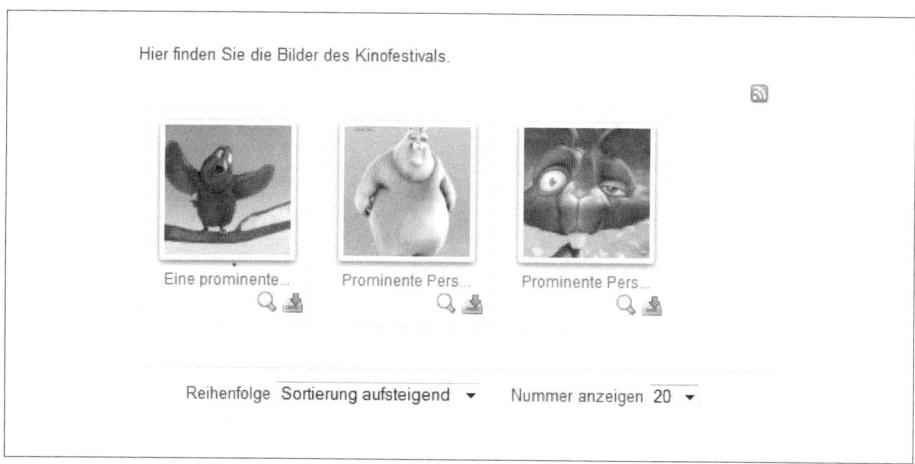

Abbildung 14-44: Die Galerie auf der Website – die abgelichteten »Personen« stammen übrigens aus dem kostenlosen Kurzfilm »Bick Buck Bunny« (*http://www.bigbuckbunny.org*), der von der Blender Foundation erstellt wurde.

Mit einem Klick auf das Bild oder die kleine Lupe darunter öffnet Phoca Gallery das Bild in einem eigenen Fenster. Über den grünen Pfeil kann ein Besucher das Bild herunterladen. Haben Sie diesem Besucher zudem das Hochladen und Löschen von Bildern gestattet, tauchen automatisch noch weitere Bedienelemente auf.

Umfragen (AcePolls)

Egal ob Nachrichtenportal oder Bundesregierung – jeder Internetauftritt, der etwas auf sich hält, führt heutzutage regelmäßige Umfragen (englisch *Polls*) durch. Auf diese Weise animiert man seine Besucher zum Mitmachen und erfährt ganz nebenbei noch ihre Vorlieben oder Wünsche – die man dann wiederum zur Verbesserung oder Erweiterung des eigenen Auftritts heranziehen kann.

 Im Fall des Kinoportals könnte man beispielsweise eine Abstimmung über den möglichen Ausgang der nächsten Oscar-Verleihung oder die allgemeine Qualität der derzeit verfügbaren Filmkritiken durchführen.

 Version   Joomla! 1.5 brachte noch selbst eine Komponente für Umfragen mit. Sie wurde jedoch mit Joomla! 1.6 gestrichen, da die Entwickler der Meinung waren, dass eine solche Funktion nicht zu den Kernfunktionen von Joomla! gehören würde. Wer also Umfragen auf seiner Website durchführen möchte, der muss auf die Produkte Dritter zurückgreifen.

Zu den beliebtesten Erweiterungen zählt *AcePolls*, das Sie unter *http://www.joomace.net/downloads finden.* Achten Sie darauf, das zu Ihrer Joomla!-Version passende Paket herunterzuladen. Die so erhaltenen Dateien spielen Sie wie im Abschnitt »Erweiterungen installieren« beschrieben ein. Dabei integrieren sich neben einer Komponente und einem Modul auch mehrere Plugins in Joomla!.

 Warnung   Zu dem Zeitpunkt, als dieses Buch geschrieben wurde, sprach die Erweiterung nur Englisch. Sprachpakete stehen auf der Downloadseite prinzipiell hinter dem goldenden L (LANGUAGES) bereit.

Umfrage einrichten

Um eine neue Umfrage einzurichten, rufen Sie den Menüpunkt KOMPONENTEN → ACEPOLLS → POLLS auf, klicken auf NEU in der Werkzeugleiste und füllen das erscheinende Formular aus.

In das etwas irreführend beschriftete Feld TITLE gehört der einleitende Text der Umfrage. In der Regel ist das die (Multiple-Choice-)Frage, die man den Besuchern im Rahmen der Abstimmung stellt.

 Im Kinoportal könnte man beispielsweise wissen wollen, wie gut die Kritiken ankommen. Folglich wäre **Die Filmkritiken sind...** ein passender TITLE.

Nachdem ein Besucher per Mausklick sein Votum abgegeben hat, muss er die unter LAG eingetragene Zeitspanne warten, bevor er erneut an der Umfrage teilnehmen darf. Auf diese Weise verhindert man, dass ein Besucher (aus Versehen) mehrfach hintereinander an der Umfrage teilnimmt und somit das Ergebnis verfälscht.

Warnung Aus technischen Gründen können Sie nicht verhindern, dass ein Besucher nach dieser Zeit doch noch einmal irgendwann wiederkommt und ein weiteres Mal abstimmt – selbst wenn Sie die Zeitspanne extrem hoch wählen würden. Offene Umfragen im Internet sind daher niemals repräsentativ.

Die 24 Stunden Lag sind bereits optimal gewählt, behalten Sie daher möglichst hier diese Vorgabe bei.

Die Umfrage läuft insgesamt vom START DATE bis zum END DATE. Standardmäßig ist hier ein Monat vorgegeben. Die beiden Daten können Sie entweder nach dem Schema Jahr-Monat-Tag Stunde:Minute:Sekunde eintippen oder nach einem Klick auf das kleine Symbol rechts daneben bequem aus einem Kalender auswählen.

Nur wenn PUBLISHED auf JA steht, ist die Umfrage später auf der Website sichtbar und zugänglich.

In den Feldern am unteren Rand geben Sie jetzt die verschiedenen Antwortmöglichkeiten vor. Über das Pluszeichen fügen Sie eine weitere Antwort hinzu.

Für die Umfrage im Kinoportal klicken Sie noch dreimal auf das Pluszeichen, sodass Sie insgesamt fünf verschiedene Antwortmöglichkeiten haben. Tragen Sie in die Felder dann die Antworten aus Abbildung 14-45 ein (**Sehr gut**, **Gut**, **Geht so**, **Ach du meine Güte!** und **Welche Kritiken?**).

![AcePolls Poll: [New]

Details
Title: Die Filmkritiken sind...
Alias:
Lag: 24   hours between votes
Start date: 2012-02-21 23:37:27   Date to start voting
End date: 2012-03-21 23:37:27   Date to end voting
Published: ○ Nein   ● Ja

Options (Drag and drop to reorder)
+ −   Option   Color Votes
1   Sehr gut
2   Gut
3   Geht so
4   Schlecht
5   Welche Kritiken?]

Abbildung 14-45: Hier entsteht eine neue Umfrage für das Kinoportal.

Tipp   Per Drag-and-Drop können Sie die einzelnen Antwortmöglichkeiten schnell in ihrer Reihenfolge verändern: Fahren Sie über die Zeilennummer, bis sich der Maus-zeiger in einen Doppelpfeil verwandelt, halten Sie dann die linke Maustaste gedrückt, und ziehen Sie den Kasten an die neue Position.

Mit einem Klick auf die Farbfelder rechts neben den Eingabefeldern weisen Sie jetzt jeder Antwort eine andere Farbe zu. AcePolls benutzt die Farben später bei der Aus-wertung der Umfrage in einem Diagramm.

Abschließend überlegen Sie sich noch, ob alle Besucher an der Umfrage teilnehmen dürfen oder nur registrierte Benutzer. Sollen nur die registrierten Benutzer teilneh-men, setzen Sie noch rechts oben im Register GENERAL den Punkt ONLY REGISTE-RED USERS CAN VOTE auf JA. Im Kinoportal ist dies nicht notwendig.

SPEICHERN & SCHLIESSEN Sie die Umfrage. Damit landen Sie wieder automatisch in der Liste mit allen vorhandenen Umfragen. Merken Sie sich hier die Zahl in der Spalte ID.

Die Umfrage auf der Homepage

Es gibt jetzt zwei Möglichkeiten, um die Umfrage auf Ihre Website zu stellen. Zunächst könnten Sie einen neuen Menüpunkt vom Typ SINGLE POLL anlegen, dem Sie im Bereich ERFORDERLICHE EINSTELLUNGEN noch unter POLL ID die gerade gemerkte ID der Umfrage mit auf den Weg geben. Die Besucher müssten dann aber erst den Menüpunkt auf der Homepage anklicken, um zur Umfrage zu gelangen. Besser wäre, wenn man sie nebenbei zum Mitmachen animieren könnte. Das geht am besten über ein Modul.

Rufen Sie ERWEITERUNGEN → MODULE auf, suchen Sie in der Liste das Modul ACE-POLLS, und klicken Sie auf seinen Namen. Damit landen Sie in seinem Bearbei-tungsbildschirm, wo Sie als Erstes den STATUS auf FREIGEGEBEN schalten. Weisen Sie dann dem Modul eine POSITION zu. Im Kinoportal können Sie es der Einfachheit halber an die POSITION-7 zu den Menüs stecken.

Im unteren Bereich unter MENÜZUWEISUNG blenden Sie das Modul auf den passen-den Seiten ein. Die Umfrage im Kinoportal sollte beispielsweise auf der Homepage und neben den Filmkritiken erscheinen (weitere Informationen zur Menüzuwei-sung finden Sie in Kapitel 7, *Module – Die kleinen Brüder der Komponenten*, Abschnitt »Menüzuweisung – auf welchen Unterseiten erscheint das Modul?«, auf Seite 295).

Abschließend tragen Sie noch rechts oben auf dem Register BASISOPTIONEN unter POLL ID die vorhin gemerkte ID der Umfrage ein und schalten SHOW LINK TO ARTICLE auf NO. Mit Letzterem verhindern Sie, dass das Modul gleich einen Link auf die AcePoll-Homepage anbietet.

Tipp   Sie können allerdings auch hier ein JA belassen und dann unter RELATED ARTICLE LINK die Internetadresse zu einem Beitrag angeben, der weitere Informationen zur Umfrage bereithält.

Wenn Sie die Änderungen SPEICHERN & SCHLIEßEN und die VORSCHAU aufrufen, wartet dort das Modul wie in Abbildung 14-46.

> ## AcePolls
>
> **Die Filmkritiken sind...**
> ○ Sehr gut
> ○ Gut
> ○ Geht so
> ○ Schlecht
> ○ Welche Kritiken?
>
> › **Vote**
>
> View details

Abbildung 14-46:   Das Umfrage-Modul

Spielen Sie jetzt einmal selbst Besucher: Markieren Sie eine der Antworten, und klicken Sie dann auf VOTE. AcePolls zeigt jetzt eine Auswertung an (siehe Abbildung 14-47).

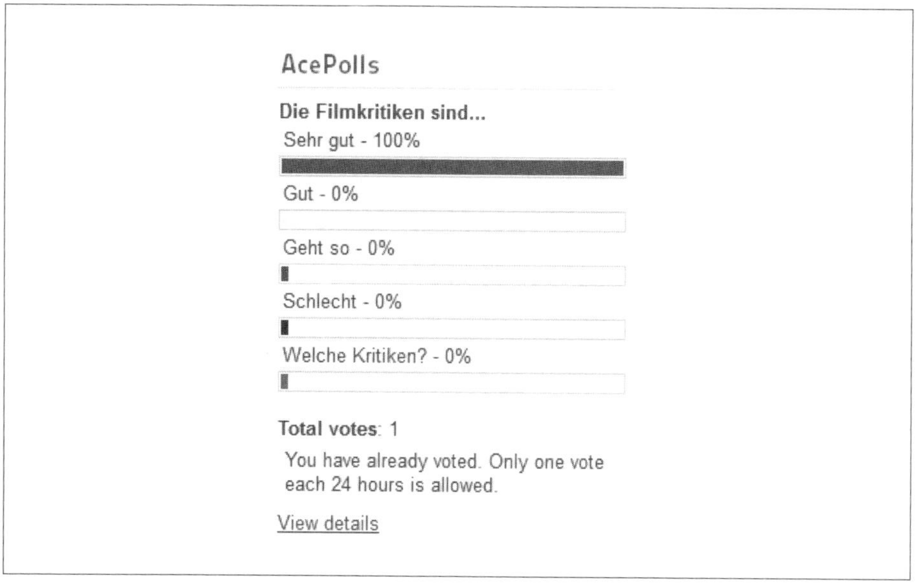

> ## AcePolls
>
> **Die Filmkritiken sind...**
> Sehr gut - 100%
>
> Gut - 0%
>
> Geht so - 0%
>
> Schlecht - 0%
>
> Welche Kritiken? - 0%
>
> **Total votes**: 1
> You have already voted. Only one vote each 24 hours is allowed.
>
> View details

Abbildung 14-47:   Das derzeitige Zwischenergebnis der Umfrage nach einem Teilnehmer

Die Auswertung gibt es auch noch einmal groß auf der Seite, wobei die Anzeige dort einen installierten Flash Player voraussetzt (kostenlos zu bekommen unter *http://www.adobe.de*).

Die Ergebnisse aller Umfragen finden Sie übrigens auch im Administrationsbereich hinter KOMPONENTEN → ACEPOLLS → VOTES.

Eigene Erweiterungen erstellen

Nach der Lektüre des vorangegangenen Kapitel 14, *Funktionsumfang erweitern*, sollte man eigentlich meinen, es gäbe für jede Lebenslage und jede nur erdenkliche Aufgabe eine eigene Erweiterung. Leider ist dem nicht so. Stattdessen wird man als Betreiber einer Homepage häufig vor die Wahl gestellt, eine geplante Funktionalität wieder fallen zu lassen oder aber selbst Hand anzulegen und eine eigene Erweiterung zu programmieren.

Im Kinoportal könnte beispielsweise der Wunsch aufkommen, Zusatzinformationen über die einzelnen Filme zu speichern, wie etwa die Produktionskosten. Um den teuersten Film aller Zeiten zu ermitteln, soll dann das Ergebnis sortiert in einer Liste erscheinen. Ergänzend soll ein Modul am linken Seitenrand den Besuchern stets eine Liste mit den Namen der Filme anbieten. Ein Mausklick auf einen der Einträge führt dann direkt zu seinen Produktionskosten.

Dieses Beispiel ist zugegebenermaßen recht einfach gehalten. Mit ihm lässt sich jedoch sehr gut zeigen, wie man eigene Komponenten, Module und Plugins programmiert. Ganz nebenbei verdeutlicht das Beispiel das Zusammenspiel der drei genannten Bausteine. Aus diesem Grund dient es auch als Grundlage für die folgenden Abschnitte, in denen nach und nach eine eigene Komponente, ein Modul und schließlich noch ein Plugin entsteht.

Um eigene Erweiterungen zu erstellen, sollten Sie gute Kenntnisse in HTML, SQL und der objektorientierten Programmierung in PHP mitbringen. Da jede dieser Sprachen ein eigenes Buch füllen würde, setzen die folgenden Abschnitte entsprechendes Wissen voraus.

Tipp Wenn Sie über keinerlei Programmiererfahrung verfügen, sollten Sie im Internet nach Helfern suchen oder bei entsprechendem Engagement eines der Einsteigerbücher zu den genannten Themengebieten studieren. Mittlerweile bieten auch verschiedene Firmen die Entwicklung von maßgeschneiderten Joomla!-Komponenten an – entsprechendes Kleingeld im Portemonnaie des Auftraggebers vorausgesetzt.

Bei der Entwicklung von Joomla!-Erweiterungen kommen Sie nicht um die Objekt-orientierung herum. Falls Sie mit Begriffen wie *Klassen*, *Methoden* und *Vererbung* nur wenig anfangen können, sollten Sie unbedingt mit einem guten PHP-Buch Ihr Wissen auffrischen, wie zum Beispiel mit »Einführung in PHP« von David Sklar.

Bevor es richtig losgeht, noch einmal kurz zusammengefasst: Joomla! stellt einem Programmierer insgesamt drei verschiedene Erweiterungsmöglichkeiten zur Wahl:

- Eine *Komponente* ist ein Block Software, der eine bestimmte Zusatzfunktion realisiert.

- *Module* assistieren den Komponenten. Sie bieten meist einen schnellen Zugriff auf häufig genutzte Funktionen oder erlauben es, wichtige Informationen auf allen Unterseiten der Homepage immer im Blick zu behalten. Joomla! hängt die Module in die jeweils zugewiesenen Plätze des Templates ein (siehe Kapitel 7, *Module – Die kleinen Brüder der Komponenten*).

- *Plugins* sind schließlich kleine unsichtbare Helferlein, die im Hintergrund Module und Komponenten bei ihrer Arbeit unterstützen. Beispielsweise suchen sie zu einem Stichwort die passende Fundstelle in einem Artikel heraus.

 Im Beispiel soll Joomla! eine Liste mit den Filmen und ihren Produktionskosten verwalten. Die entsprechenden Informationen muss jemand in der Datenbank ablegen und bei Bedarf formschön im Browser anzeigen. Diese Aufgabe übernimmt für gewöhnlich eine Komponente, die folglich als Erstes her muss. Der direkt folgende Abschnitt kümmert sich um genau dieses Thema.

Anschließend erlaubt man seinen Besuchern einen Schnellzugriff auf die Filme über ein passendes Modul am Seitenrand. Um dessen Erstellung kümmert sich der Abschnitt »Module« auf Seite 769.

Den Abschluss bildet noch ein Plugin, das Besuchern die Suche im neuen Datenbestand – also den Filmen – ermöglicht. Doch wie angekündigt, kommen wir zunächst zum Hauptteil und somit zur Komponente.

Komponenten

Technisch gesehen besteht eine Komponente aus einer Gruppe von PHP-Skripten, deren Ausgaben Joomla! in einen ausgewählten Bereich des Templates und somit auf die Homepage packt (die grundlegende Vorgehensweise wurde bereits in Kapitel 6, *Komponenten – Nützliche Zusatzfunktionen*, vorgestellt). Alle zu einer Komponente gehörenden PHP-Skripte sammelt Joomla! in einem eigenen Unterverzeichnis, das den Namen der Komponente mit einem vorangestellten *com_* trägt.

Sämtliche Komponenten liegen wiederum im Ordner *components* der Joomla!-
Installation. Wenn Sie der Schnellinstallationsanleitung aus Kapitel 2, *Installation*,
gefolgt sind, finden Sie also

- unter Windows im Verzeichnis *c:\xampp\htdocs\joomla\components*.
- unter Linux im Verzeichnis */opt/lampp/htdocs/joomla/components*.
- unter Mac OS X im Verzeichnis
  /Programme/XAMPP/xamppfiles/htdocs/joomla/components.

Die Komponente zur Verwaltung der Filme könnte man auf den Namen *kinoportal*
taufen. Den Konventionen zufolge gehört ihr damit innerhalb von *components* das
Unterverzeichnis *com_kinoportal*.

Bevor sich jetzt dort die Komponente für das Kinoportal hinzugesellt, sollten Sie
sich kurz ein paar Gedanken über den internen Aufbau der neuen Komponente
machen.

Model-View-Controller

Theoretisch könnte man einfach die gesamte Logik in nur einer Klasse kapseln.
Eine durchschnittliche Joomla!-Komponente enthält jedoch mehrere Tausend Zeilen Programmcode. Diesen in eine Klasse und somit in eine einzige große Datei zu
stecken, würde zwangsweise zum berühmt-berüchtigten Spaghetti-Code führen –
also zu einem heillosen, unübersichtlichen Wust aus PHP-Befehlen.

Also muss man sich irgendeine Strategie zurechtlegen, wie man den Programmcode
möglichst übersichtlich strukturieren könnte – und zwar am besten gleich so, dass

sich zukünftige Änderungswünsche rasch und unkompliziert umsetzen lassen. Bei dieser nicht ganz trivialen Aufgabe hilft ein kurzer Blick auf die Arbeitsweise von Joomla! und seiner Komponenten.

Angenommen, ein Besucher des Kinoportals möchte sich gern über die Produktionskosten des Films Titanic informieren. Dabei passieren nacheinander genau drei Dinge:

1. Der Besucher weist Joomla! an, ihm Informationen zum Film Titanic herauszusuchen. Das könnte beispielsweise geschehen, indem er mit der Maus den Namen in einer Liste anklickt oder einen passenden Menüpunkt aufruft.

2. Joomla! leitet diese Anfrage an die zuständige Komponente weiter, die wiederum die entsprechenden Daten aus der Datenbank herauskramt.

3. Die Komponente präsentiert die gefundenen Informationen in einer grafisch ansprechenden Form auf dem Bildschirm.

Diese drei Schritte geschehen unter Joomla! immer wieder: Der Besucher stößt eine Aktion an, die zuständige Komponente holt oder verändert irgendwelche Daten in der Datenbank, und schließlich erfolgt eine Anzeige auf dem Bildschirm.

Es wäre also nicht verkehrt, den eigenen Programmcode an diesem Vorgehen auszurichten. Dazu spendiert man der Komponente drei Hauptklassen:

- Die erste Klasse verwaltet die Daten – im Beispiel also die Filme mit ihren Produktionskosten. Je nach Bedarf holt sie diese Informationen aus der Datenbank oder manipuliert sie dort. Diesen Teil der Komponente, der sich ganz der Datenhaltung widmet, nennt man *Model*.

- Um die Anzeige der Informationen kümmert sich die zweite Klasse. Sie bringt die vom Model gelieferten Filme hübsch formatiert als Tabelle oder entlang eines schmucken Zeitstrahls auf den Bildschirm. Man könnte also sagen, dass diese Klasse eine ganz bestimmte Sicht auf den Datenbestand liefert. Aus diesem Grund bezeichnet man sie als *View*.

- Abschließend braucht man noch eine Klasse, die alles zusammenhält und gewissermaßen als Kitt fungiert: Sie wartet zunächst auf Benutzereingaben, schaut sich dann die zu lösende Aufgabe an (wie etwa »Zeige die Produktionskosten von Titanic«), legt sich einen Schlachtplan zurecht (»Titanic-Eintrag aus der Datenbank holen und ausgeben«) und erteilt schließlich den beiden anderen Klassen entsprechende Arbeitsanweisungen. Da diese Klasse somit die gesamte Komponente steuert oder kontrolliert, nennt man sie auch den *Controller*.

In Anlehnung an die drei Aufgabenbereiche bezeichnet man diese Strukturierungsmethode als *Model-View-Controller*, kurz *MVC*. Ihre Grundidee ist die strikte Trennung der eigentlichen Logik (die das Model kapselt) und der Präsentation (über die Views).

Benötigt man nachträglich noch eine weitere Darstellung, wie beispielsweise ein Diagramm über die kostspieligsten Filme aller Zeiten, so fügt man einfach noch eine neue View(-Klasse) hinzu. Änderungen an anderen Teilen der Komponente sind somit gar nicht erst nötig.

Joomla! stülpt jeder Komponente das MVC-Konzept über und zwingt sie somit zur erwähnten Aufspaltung in drei Klassen. Damit wollten die Entwickler ursprünglich etwas Ordnung in die Programmierung bringen. Dieser prinzipiell lobenswerte Ansatz rächt sich jedoch bei kleineren Erweiterungen. Selbst eine Komponente, die nur einen Text wie etwa »Hallo Welt« ausgibt, besteht zwangsweise aus mindestens drei Klassen. Hinzu kommt noch Programmcode, der die drei Teile zusammen-klebt. Unter dem Strich jongliert man mit einem halben Dutzend Dateien, Tendenz schnell steigend. Dadurch erscheint das MVC-Konzept auch noch komplizierter, als es tatsächlich ist, was wiederum gerade viele Hobby-Programmierer und PHP-Ein-steiger abschrecken dürfte.

Tipp   Man sollte sich davon jedoch nicht entmutigen lassen, sondern vielmehr die Chancen sehen: Sobald eine Erweiterung fertig ist, wächst für gewöhnlich der Wunsch, sie um weitere Funktionen zu ergänzen. Wie Sie gleich noch sehen wer-den, spielt das MVC-Konzept in genau diesen Fällen seine Trümpfe aus.

Den Einstieg in die Programmierung von Joomla!-Komponenten soll deshalb das fast schon obligatorische Hallo-Welt-Beispiel erleichtern. Die fertige Erweiterung präsentiert bei ihrem Aufruf lediglich den Text »Hallo Welt«. Auf diese Weise wird man ohne Nebenwirkungen mit dem internen Aufbau einer Komponente etwas ver-trauter. Zudem liefert es ein gutes Grundgerüst für die Kinoportal-Komponente und Ihre eigenen Erweiterungen.

Tipp   Dieses Buch kann aus Platzgründen nur eine Einführung in die Joomla!-Program- mierung geben. Weitere Informationen finden Sie in der sogenannten API-Refe-renz auf der Joomla!-Homepage unter *http://api.joomla.org*. Sie listet alle von Joomla! bereitgestellten Klassen und Funktionen auf.

Schnellstart: Die Hallo-Welt-Komponente

Erstellen Sie irgendwo auf Ihrer Festplatte ein neues Arbeitsverzeichnis. In ihm legen Sie jetzt alle für die Komponenten notwendigen PHP-Skripte ab.

Warnung   Wie schon bei den Templates müssen Sie auch hier alle Dateien in der UTF-8-Zei-chenkodierung speichern.

Kleiner Exkurs: Entwurfsmuster

In der objektorientierten Programmierung muss man irgendwann entscheiden, welche Objekte mit welchen anderen wann und vor allem auf welche Weise interagieren sollen. Kapselt man beispielsweise eine Adresse in nur einer Klasse oder spendiert man Name, Straße und Ort jeweils eine eigene? Software-Entwickler bezeichnen diese Vorüberlegungen als *Entwurf*. Gerade wenn die Programme etwas größer werden, stößt man dabei jedoch immer wieder auf Probleme. Beispielsweise könnten gleich mehrere Objekte informiert werden wollen, sobald der Benutzer eine ganz bestimmte Aktion auslöst. Man könnte jetzt einfach die beteiligten Objekte miteinander bekannt machen, was jedoch nicht selten zu aufgeblähten, undurchsichtigen und bei größeren Programmen auch komplexen Klassenbeziehungen führt (»jeder kennt jeden«).

In solchen Fällen wäre es doch schön, wenn man einfach mal nachschlagen könnte, wie andere Programmierer in dieser Situation vorgegangen sind – vielleicht ist ja jemand auf eine bessere Lösung gestoßen. Ideal wäre hier ein kleiner Katalog, der für das aktuelle Entwurfsproblem (»Wie benachrichtige ich möglichst elegant mehrere Objekte?«) einen passenden Lösungsvorschlag parat halten würde. Bezogen auf das Beispiel könnte dort stehen: »Schaffe ein komplett neues Objekt, das die Benachrichtigung der entsprechenden Objekte übernimmt.« Am besten wäre so ein Vorschlag noch mit einem hübschen Klassendiagramm garniert, das man wiederum nur noch auf den eigenen konkreten Fall zu übertragen bräuchte.

Diesen Wunsch erfüllten Erich Gamma, Richard Helm, Ralph Johnson und John Vlissides. Diese häufig als »Gang of Four« bezeichnete Gruppe machte sich in den 90er-Jahren auf die Suche nach häufig auftauchenden Strukturierungs- beziehungsweise Entwurfsproblemen und den dazu in der Praxis bewährten Lösungen. Ihre Ergebnisse veröffentlichten sie 1994 in ihrem Buch *Design Patterns – Elements of Reusable Object-Oriented Software* (in Deutschland unter dem Titel *Entwurfsmuster – Elemente wiederverwendbarer objektorientierter Software* erschienen, ISBN 3-8273-2199-9). Da man die Lösungsvorschläge ähnlich wie Vorlagen übernehmen kann, bezeichnet man sie auch als *Entwurfsmuster* (englisch *Design Pattern*). Das von Joomla! verwendete Model-View-Controller-Konzept ist eines dieser Entwurfsmuster – aber nicht das einzige, das das Content-Management-System verwendet.

Die konsequente Nutzung von Entwurfsmustern hilft entscheidend dabei, den Programmcode zu strukturieren, seine Übersichtlichkeit zu steigern und ihn somit auch schnell und unkompliziert ändern zu können. Falls jetzt Ihr Interesse für Entwurfsmuster geweckt wurde, sollten Sie einen Blick in das Buch *Entwurfsmuster von Kopf bis Fuß* aus dem O'Reilly-Verlag werfen (ISBN 3-89721-421-0). Im Gegensatz zu vielen anderen Werken bietet es eine leicht verständliche Einführung in das Thema.

1. Schritt: Das Model

Als Erstes benötigen Sie eine Klasse für die Datenhaltung, das Model. In diesem einfachen Beispiel verwaltet sie lediglich die Zeichenkette Hallo Welt, die sie auf Anfrage herausgibt (siehe Beispiel 15-1):

Beispiel 15-1: Das Model für das Hallo-Welt-Beispiel (Datei »*site/models/hallowelt.php*«)

```php
<?php
// Sicherheitsprüfung: Wird die Klasse von Joomla! verwendet?
defined('_JEXEC') or die;

// Importiere JModel-Klasse:
jimport( 'joomla.application.component.model' );

// Die Model-Klasse (von JModel abgeleitet):
class HalloweltModelHallowelt extends JModel
{
    // Gib auf Anfrage den Text aus:
    function getHallo()
    {
        return 'Hallo Welt!';
    }
}
?>
```

Jede von Ihnen erstellte PHP-Datei sollte immer mit der Sicherheitsabfrage

```php
defined('_JEXEC') or die;
```

beginnen. Sie prüft, ob die Datei tatsächlich unter einem laufenden Joomla! geöffnet wurde. Damit verhindern Sie, dass Angreifer die Datei später von außen einfach aufrufen und ausführen können.

Mit Blick auf den obigen Programmcode scheint das allerdings eine etwas übertriebene Maßnahme zu sein – schließlich würde bei ihrem direkten Aufruf gar nichts passieren. Und selbst wenn: Was kann die Ausgabe der Zeichenkette Hallo Welt! schon großartig anrichten? Bei komplexeren Komponenten könnte das Skript jedoch unter Umständen ein anderes, unerwünschtes Verhalten an den Tag legen, an das der Programmierer gar nicht gedacht hat. Insbesondere unentdeckte Programmierfehler öffnen immer wieder eine Hintertür für Hacker. Darüber hinaus besteht die Gefahr, dass ein Angreifer auf diese Weise eigenen SQL-Code einschleust. Dieses Verfahren ist unter dem Namen *SQL-Injection* bekannt und wird noch in einem später folgenden Abschnitt behandelt. Unter dem Strich ist es also besser, jede PHP-Datei mit einer Sicherheitsabfrage auszustatten: Besser man zieht einen Wassergraben um den Sack Kartoffeln, als dass er später gestohlen wird.

Tipp   Theoretisch könnten Sie auch noch eine Fehlermeldung ausgeben:

```
defined('_JEXEC') or die('Zugriff verboten');
```

Sollte in diesem Fall jemand versuchen, einfach so die PHP-Datei aufzurufen, erscheint die Meldung Zugriff verboten. Damit verraten Sie jedoch einem Angreifer, dass dahinter eine (intelligente) Datei steckt. Verzichten Sie daher einfach auf die Fehlermeldung, und lassen Sie den Schirm weiß:

```
defined('_JEXEC') or die;
```

Die Konstante _JEXEC wird dem Skript übrigens von der Joomla!-Umgebung zur Verfügung gestellt.

Als Nächstes lädt in Beispiel 15-1 die Funktion jimport die Datei *libraries/joomla/application/component/model.php* aus der Joomla!-Klassenbibliothek, dem sogenannten Joomla!-Framework.

Tipp   Was die Klassenbibliothek noch so alles zu bieten hat, zeigt ihre Referenz auf der Joomla!-Homepage unter *http://api.joomla.org*.

Der Dateiname in den Anführungszeichen sieht absichtlich etwas verstümmelt aus: Unglücklicherweise unterscheiden sich die Verzeichnis-Trennzeichen von Betriebssystem zu Betriebssystem. Während Windows einen Rückstrich \ verwendet, setzen Linux und Unix auf einen Schrägstrich /. Damit man sich als Komponenten-Programmierer keine Gedanken um das spätere Betriebssystem machen muss, wurden die neutralen Punkte als Ersatzzeichen eingeführt. Joomla! ersetzt sie später automatisch durch das richtige Trennzeichen.

Damit wurde aber auch gleichzeitig die Konvention nötig, dass die letzte Komponente des entstehenden Gebildes die zu ladende Datei bezeichnet – in diesem Fall *model.php*. Und als wären das noch nicht genug Regeln, sucht Joomla! die angeforderte Datei grundsätzlich immer relativ zum Verzeichnis *libraries* (Joomla! beginnt also dort mit der Suche nach der Datei).

Im obigen Listing holt jimport auf diese Weise die Definition der Klasse JModel hinzu. Von ihr leitet man nun die Klasse ab, die zukünftig das eigene Model realisieren soll. In diesem Fall heißt die neue Klasse etwas sperrig HalloweltModelHallowelt. Sie folgt damit den Joomla!-Konventionen, nach denen der Klassenname des Models immer mit dem Namen der Komponente beginnt (hier also Hallowelt), dann der Begriff Model folgt und schließlich noch der Name des Models steht (im Beispiel einfach wieder Hallowelt).

Die neu geschaffene Model-Klasse verwaltet lediglich die Zeichenkette Hallo Welt, die sie über die Methode getHallo() bereitwillig preisgibt. Der Name der Methode beginnt übrigens absichtlich mit get – dazu in wenigen Zeilen mehr.

Verschaffen Sie dem neuen Model abschließend noch ein eigenes warmes Plätzchen, indem Sie in Ihrem Arbeitsverzeichnis zunächst das Verzeichnis *site* erstellen,

---

in ihm wiederum den Unterordner *models* anlegen und dort schließlich den Programmcode aus dem obigen Beispiel 15-1 in der Datei *hallowelt.php* speichern.

Warnung   Die (meisten) Datei- und Verzeichnisnamen gibt Joomla! vor. Eine Abweichung von den Konventionen könnte dazu führen, dass Teile der Komponente nicht mehr gefunden werden und sie somit ihren Dienst quittiert.

Bis jetzt haben Sie in Ihrem Arbeitsverzeichnis also genau eine Datei:

Datei	Funktion
site/models/hallowelt.php	Enthält eine Klasse, die das Model realisiert.

2. Schritt: Die View

Die Daten aus dem Model müssen jetzt auf den Schirm. Darum kümmert sich die nächste Klasse, die View (siehe Beispiel 15-2):

Beispiel 15-2: Die View für das Hallo-Welt-Beispiel (Datei »*site/views/hallowelt/view.html.php*«)

```php
<?php
// Erlaube Zugriff nur von Joomla! aus:
defined('_JEXEC') or die;

// Importiere JView-Klasse:
jimport('joomla.application.component.view');

// Die View-Klasse (von JView abgeleitet):
class HalloweltViewHallowelt extends JView
{
    // Variable zur Speicherung aller Filme:
    protected $allefilme;

    // Ausgabefunktion:
    function display($tpl = null)
    {
        // Ausgabe des Model in $gruesse merken:
        $this->gruesse = $this->get('Hallo');

        // Auf Fehler prüfen:
        if (count($errors = $this->get('Errors')))
        {
            JError::raiseError(500, implode('<br />', $errors));
            return false;
        }

        // Abschließend display() der Basisklasse aufrufen:
        parent::display($tpl);
    }
}
?>
```

Am Anfang steht wieder die Sicherheitsabfrage. Danach importiert man die JView-Klasse, von der man wiederum die eigene View-Klasse ableitet. Der Name der neuen Klasse folgt den gleichen Konventionen wie beim Model (Namen, der Komponente, Begriff View und der Name der View).

Eine View-Klasse enthält grundsätzlich immer eine Methode display(). In diesem Fall fragt sie als Erstes via

```
$this->get('Hallo');
```

den vom Model verwalteten Text ab. Die Methode get() geht dabei ziemlich trickreich zu Werke: Zunächst nimmt sie den Text in den Anführungsstrichen und stellt ihm ein get voran. Im obigen Beispiel entsteht so getHallo. Anschließend ruft sie im Model die Methode auf, die genauso heißt: getHallo(). Aus genau diesem Grund wurde in Beispiel 15-1 die Methode getHallo() und nicht etwa sagHallo() getauft.

 Tipp   Es gilt also die Faustregel: Wenn eine Methode einen Wert zurückliefert, muss ihr Name immer mit einem get beginnen.

Die von get() zurückgelieferten Informationen verstaut Beispiel 15-2 erst einmal in einer neuen Variable gruesse.

 **Version**   In Joomla! 1.5 war es noch üblich, sich erst das Model kommen zu lassen:

```
$model =& $this->getModel();
```

dann die Methode direkt aufzurufen:

```
$modeldaten = $model->sagHallo();
```

und die Variable gruesse mit der Hilfsfunktion assignRef() anzulegen:

```
$this->assignRef('gruesse', $modeldaten);
```

Das ist weiterhin möglich, ab Joomla! 1.6 sollten Sie jedoch den allgemeinen Konventionen folgen und die hier vorgestellte Methode über get verwenden. Sie kennt bereits das passende Model.

Nachdem das Model um seine Informationen gebeten wurde, prüft die if-Abfrage, ob dabei ein Fehler aufgetreten ist. Wenn ja, bricht JError::raiseError() die weitere Verarbeitung ab und präsentiert eine entsprechende Fehlermeldung.

Ging alles glatt, ruft Beispiel 15-2 noch die display()-Methode der Basisklasse auf, die wiederum für die eigentliche Anzeige auf dem Bildschirm sorgt.

Bleibt nur noch, der View-Klasse eine neue Heimat zu spendieren. Erstellen Sie dazu in Ihrem Arbeitsverzeichnis unterhalb von *site* den Ordner *views*. Dort legen Sie ein weiteres Verzeichnis mit dem Namen der View an – im Beispiel wäre dies also *hallowelt*. Die oben aufgeführte Klasse aus Beispiel 15-2 speichern Sie darin als *view.html.php*. (Die Datei *view.html.php* liegt also im Unterordner *site/views/hallowelt* Ihres Arbeitsverzeichnisses.)

Ist es Ihnen aufgefallen? Bislang fehlt noch etwas: Der aus dem Model geholte Gruß wurde nirgendwo ausgegeben. Das könnte nach der Fehlerprüfung ein simples

```
echo $this->gruss;
```

erledigen. Die Ausgabe der View wäre dann jedoch ein langweiliger, unformatierter Text. Der Gruß Hallo Welt! sollte den Besucher aber doch besser in einer großen, fetten Schrift anstrahlen. Wie Sie aus Kapitel 13, *Templates* wissen, steuern in Joomla! Templates das Aussehen. So ist es auch in diesem Fall: Der View wird einfach ein kleines Template (von der Joomla!-Dokumentation auch immer wieder als Layout bezeichnet) an die Seite gestellt, das wiederum die Ausgaben der View mit entsprechenden HTML-Tags hübsch formatiert. Den Hallo Welt-Text könnte man der Einfachheit halber zwischen zwei <h1>-Tags setzen:

Beispiel 15-3: Das kleine Template für das Hallo-Welt-Beispiel (Datei »*site/views/hallowelt/tmpl/default.php*«)

```
<?php defined('_JEXEC') or die; ?>
<h1>
     <?php echo $this->gruesse; ?>
</h1>
```

Templates sind unter Joomla! nichts anderes als PHP-Dateien, die ebenfalls immer mit der obligatorischen Sicherheitsabfrage beginnen sollten. Netterweise darf das Template auf die Variablen (Eigenschaften) der View-Klasse zugreifen. In diesem Fall zapft das Template den vorhin in gruesse gemerkten Text an und setzt ihn via echo in die Ausgabe ein. Im Beispiel würde damit die Ausgabe der View so aussehen:

```
<h1>Hallo Welt!</h1>
```

Diesen HTML-Schnipsel baut nun wiederum Joomla! an der richtigen Stelle der kompletten, ausgelieferten Seite ein.

Tipp   Da dieser Ablauf etwas komplizierter ist, sei er hier noch einmal kurz zusammengefasst: Die View holt aus dem Model den darin gespeicherten Text, packt ihn in eine Variable und schiebt diese wiederum in das Template. Das Template setzt den Inhalt der Variablen in ein HTML-Fragment ein, das Joomla! in die ausgelieferte Homepage integriert.

Die View gibt also nicht selbst Daten aus, sondern steckt sie nur in Variablen. Die eigentliche Ausgabe geschieht dann über das zugeordnete Mini-Template. Dies bedeutet aber auch, dass eine View immer aus der Klasse und einem Template besteht.

Legen Sie für das Template im Verzeichnis *site/views/hallowelt* das Unterverzeichnis *tmpl* an, und speichern Sie die kleine Vorlage aus dem obigen Beispiel 15-3 dort unter dem Namen *default.php*.

Damit besteht die Komponente in Ihrem Arbeitsverzeichnis jetzt schon aus drei Dateien:

Datei	Funktion
site/models/hallowelt.php	Enthält eine Klasse, die das Model realisiert.
site/views/hallowelt/view.html.php	Enthält eine Klasse, die eine View realisiert.
site/views/hallowelt/tmpl/default.php	Enthält das zur View gehörende Template.

3. Schritt: Der Controller

Als Nächstes benötigen Sie eine Klasse, die den Ablauf steuert – den Controller. Er übernimmt die Regie, sobald ein Seitenbesucher die Komponente aufruft und ihr eine Aufgabe stellt. Diese Aufgabewertet der Controller aus. Er überlegt sich, mit welchen Methoden von Model und View sie sich lösen lässt. In der Regel weist er zunächst das Model an, die Daten entsprechend der Aufgabenstellung zu verändern und sie dann an die View zur Präsentation weiterzureichen.

 Warnung   Der Controller koordiniert nur die Aktionen. Er selbst manipuliert weder irgendwelche Daten noch bringt er sie auf den Bildschirm.

In diesem einfachen Beispiel muss der Controller lediglich dafür sorgen, dass immer bei einer Aktivierung der Komponente die eben erstellte View geladen wird und somit der Hallo Welt-Text auf dem Bildschirm erscheint. Alles dazu Notwendige bringt bereits die von Joomla! bereitgestellte Klasse JController mit (siehe Beispiel 15-4):

Beispiel 15-4: Der Controller für das Hallo-Welt-Beispiel (Datei »*site/controller.php*«)

```
<?php
defined('_JEXEC') or die;

jimport('joomla.application.component.controller');

class HalloweltController extends JController
{
}
?>
```

JController ist von Haus aus so eingestellt, dass er grundsätzlich immer die View aufruft, die seinen Namen trägt – in diesem Fall würde der *Hallowelt*Controller die View mit dem Namen HalloweltView*Hallowelt* aktivieren (wenn Sie dieses Verhalten nicht möchten, müssten Sie die Methode display() des Controllers überscheiben – zu dieser Methode später noch mehr).

Unter dem Strich sorgt der oben geschaffene HalloweltController also dafür, dass bei einem Aufruf der Komponente der im Model gespeicherte Text auf den Bild-

schirm wandert. Alle anderen Benutzeraktionen werden (noch) geflissentlich ignoriert.

Tipp   Man könnte sich deshalb das Ableiten auch sparen und gleich im vierten Schritt
direkt die Klasse JController als Controller verwenden. Die Hallo-Welt-Erweite-
rung bietet jedoch einen recht guten Ausgangspunkt für die später anstehende
Verwaltung der Filme.

Speichern Sie den Controller aus dem obigen Beispiel 15-4 direkt in Ihrem Arbeitsverzeichnis unter dem Dateinamen *controller.php*.

Insgesamt sollten in Ihrem Arbeitsverzeichnis jetzt folgende vier Dateien vorliegen:

Datei	Funktion
controller.php	Enthält eine Klasse, die den Controller realisiert.
models/hallowelt.php	Enthält eine Klasse, die das Model realisiert.
views/hallowelt/view.html.php	Enthält eine Klasse, die eine View realisiert.
views/hallowelt/tmpl/default.php	Enthält das zur View gehörende Template.

4. Schritt: Ein Einsprungspunkt für Joomla!

Sobald jemand die Komponente später aktiviert, geht Joomla! im Verzeichnis *components* auf die Suche nach einem Unterverzeichnis mit dem Namen der Komponente – im Beispiel also *com_hallowelt*.

In diesem Ordner erwartet das Content-Management-System ein PHP-Skript, das
den gleichen Namen wie die Komponente trägt (im Beispiel *hallowelt.php*, ohne das
vorangestellte *com_*). Dieses Skript startet dann einfach Joomla!, lehnt sich
anschließend zurück und wartet ungeduldig auf die Ausgaben.

Das aufgerufene PHP-Skript bezeichnet Joomla! als *Einsprungspunkt* oder englisch
Entry Point der Komponente. Nach seinem Start ist es ganz allein dafür verantwortlich, ein passendes Controller-Objekt zu erzeugen und dieses zu aktivieren. Im
Hallo-Welt-Beispiel sieht das als Einsprungspunkt dienende Skript wie folgt aus
(siehe Beispiel 15-5):

Beispiel 15-5: Der Entry Point für das Hallo-Welt-Beispiel (Datei »*site/hallowelt.php*«)

```
<?php
defined('_JEXEC') or die;

// Controller hinzuholen:
jimport('joomla.application.component.controller');

// Hallowelt Controller-Objekt erstellen:
$controller = JController::getInstance('Hallowelt');

// Die gestellte Aufgabe lösen:
```

Beispiel 15-5: Der Entry Point für das Hallo-Welt-Beispiel (Datei »*site/hallowelt.php*«) *(Fortsetzung)*

```
$controller->execute('');

// Weiterleiten, sofern der Controller dies verlangt:
$controller->redirect();
?>
```

Zu Beginn steht – Sie ahnen es – wieder einmal die Sicherheitsabfrage. Der folgende jimport-Befehl importiert die Controller-Klasse.

Anschließend wird ein neues Controller-Objekt der Klasse HalloweltController erzeugt, das umgehend aktiviert wird: $controller->execute().

Normalerweise muss man an execute() den Namen der zu lösenden Aufgabe durchreichen (wie das genau funktioniert, erfahren Sie gleich in einem späteren Abschnitt). In diesem Fall hat die Komponente jedoch nur eine Standardaufgabe: die Anzeige des Textes Hallo Welt. Indem man execute() eine leere Zeichenkette übergibt, spult der Controller einfach sein Standardprogramm ab – und das bestand ja gerade darin, den Text anzuzeigen. (Wie im vorherigen Schritt beschrieben wurde, ruft er dazu die View auf, die wiederum alle nötigen Schritte veranlasst.)

Zum Abschluss leitet $controller->redirect(); den Browser noch auf eine bestimmte Seite weiter – welche das ist und ob die Weiterleitung überhaupt notwendig ist, hängt von der zuvor vom Controller gelösten Aufgabe ab. In diesem einfachen Hallo-Welt-Beispiel steht zwar keine Weiterleitung an, sicherheitshalber sollte man die Anweisung jedoch immer einbauen – nicht, dass der Besucher im Fall der Fälle in einer Sackgasse steht.

Speichern Sie das obige PHP-Skript aus Beispiel 15-5 in der Datei *hallowelt.php*, und legen Sie diese im Unterverzeichnis *site* Ihres Arbeitsverzeichnisses ab.

Damit haben Sie dort jetzt schon fünf Dateien:

Datei	Funktion
site/hallowelt.php	Bildet den Einsprungpunkt für Joomla!.
site/controller.php	Enthält eine Klasse, die den Controller realisiert.
site/models/hallowelt.php	Enthält eine Klasse, die das Model realisiert.
site/views/hallowelt/view.html.php	Enthält eine Klasse, die eine View realisiert.
site/views/hallowelt/tmpl/default.php	Enthält das zur View gehörende Template.

5. Schritt: Einen Menütyp anmelden

Später auf der Website muss ein Besucher die Meldung *Hallo Welt* auch irgendwie abrufen beziehungsweise erreichen können. Das geht am bequemsten über einen entsprechenden Menüpunkt. Um einen solchen wiederum anlegen zu können, benötigt man einen passenden Menütyp. Den gibt es aber bislang noch gar nicht für

die Hallo-Welt-Komponente (hinter MENÜS → MAIN MENU → NEUER MENÜEIN-
TRAG und einem Klick auf AUSWÄHLEN kann man im Moment nur Menüpunkte auf
die anderen Komponenten einrichten).

Sie müssen deshalb erst einen Menütyp für die neue Komponente anmelden –
genauer gesagt für eine View: Wenn ein Besucher einen Menüpunkt anklickt, aktiviert Joomla! die dahinter wartende Komponente. Diese würgt ihre Daten hervor,
die dann wiederum eine ihrer Views hübsch formatiert auf den Bildschirm klatscht.
Welche View das sein soll, bestimmt der Menüpunkt über seinen Menütyp. Mit
anderen Worten ist also ein Menütyp nichts anderes als ein Zeigefinger auf eine
View (siehe Abbildung 15-1).

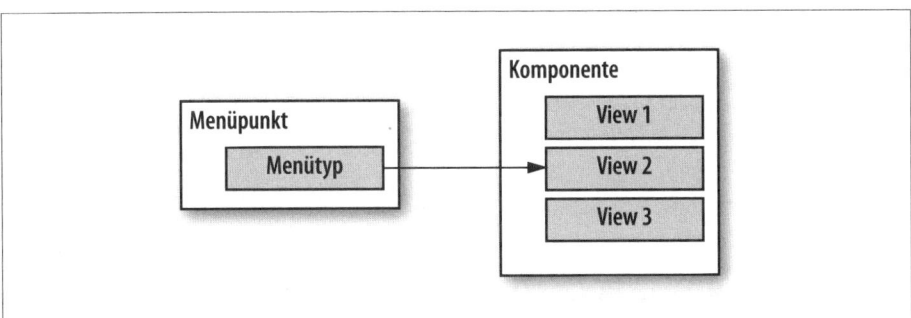

Abbildung 15-1:   Ein Menüpunkt führt immer zu einer ganz bestimmten View einer ganz bestimmten Komponente.

Damit Joomla! weiß, für welche View es einen Menütyp einrichten soll, müssen Sie
eine spezielle Datei namens *default.xml* im Verzeichnis der View ablegen. Ihren
Inhalt zeigt Beispiel 15-16.

Beispiel 15-6: Diese XML-Datei erzeugt einen neuen Menütyp für die Komponente (Datei »*site/views/hallowelt/tmpl/default.xml*«).

```
<?xml version="1.0" encoding="utf-8"?>
<metadata>
    <layout title="Hallo Welt">
        <message>Eine Seite mit der Nachricht Hallo Welt!</message>
    </layout>
</metadata>
```

Der Text hinter `title=` gibt die Beschriftung des Menütyps in der Auswahlliste vor.
Im Beispiel 15-6 erscheint der Menütyp später mit dem Namen HALLO WELT
(`title="Hallo Welt"`). Den Text zwischen `<message>` und `</message>` zeigt Joomla!
später in einem kleinen Tooltipp-Fenster an, wenn Sie dann in der Auswahlliste mit
der Maus über den Menütyp fahren (siehe Abbildung 15-2). Den übrigen kryptischen Textwust in der Datei können Sie immer einfach so übernehmen.

Speichern Sie Beispiel 15-6 im Unterverzeichnis *site/views/hallowelt/tmpl/* in der
Datei *default.xml*.

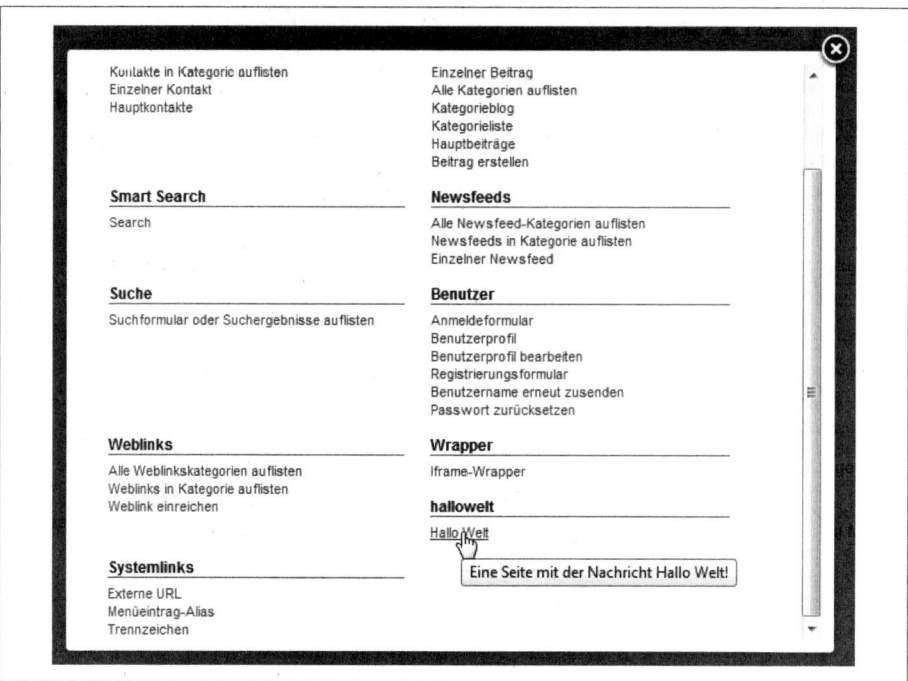

Abbildung 15-2: Dank der »*default.xml*«-Datei erhält die Hallo-Welt-Komponente einen eigenen Menütyp.

Für jede weitere View, die später auf der Homepage über einen Menüpunkt erreichbar sein soll, müssten Sie jetzt eine weitere eigene *default.xml*-Datei anlegen. Die Hallo-Welt-Komponente hat glücklicherweise nur eine View.

Damit sollte in Ihrem Arbeitsverzeichnis jetzt das halbe Dutzend voll sein:

Datei	Funktion
site/hallowelt.php	Bildet den Einsprungpunkt für Joomla!.
site/controller.php	Enthält eine Klasse, die den Controller realisiert.
site/models/hallowelt.php	Enthält eine Klasse, die das Model realisiert.
site/views/hallowelt/view.html.php	Enthält eine Klasse, die eine View realisiert.
site/views/hallowelt/tmpl/default.php	Enthält das zur View gehörende Template.
site/views/hallowelt/tmpl/default.xml	Weist Joomla! an, einen Menütyp für die View zu erstellen.

6. Schritt: Die dunkle Seite der Macht – die Administrator-Schnittstelle

Jede Komponente hat zwei Gesichter: eines, das der Besucher auf der Homepage sieht, und eines, das nur für den Administrator zur Konfiguration bestimmt ist. Diese Administrator-Schnittstelle integriert sich später in den Administrationsbereich von Joomla!.

Im Fall der extrem einfach gestrickten Hallo-Welt-Komponente soll dort lediglich ein Hinweistext erscheinen. Dies übernimmt für den Moment ein einziges Skript namens *hallowelt.php*, dessen Inhalt Beispiel 15-7 zeigt. Es heißt dummerweise genau so wie der Einsprungspunkt für die Website, verwechseln Sie die beiden also nicht.

Beispiel 15-7: Das Skript für die Administrator-Schnittstelle (Datei »*admin/hallowelt.php*«)

```php
<?php defined('_JEXEC') or die; ?>
<h1>
    Der Hallo Welt! Administrationsbereich
</h1>
```

Gleich bei der Installation der Komponente reserviert Joomla! für sie einen Eintrag im Menü KOMPONENTEN. Sobald Sie ihn aufrufen, erscheint die in *hallowelt.php* definierte Seite. Wie das im Hallo-Welt-Beispiel aussieht, zeigt Abbildung 15-3.

Abbildung 15-3: Die Administrator-Schnittstelle der Komponente zeigt im Hallo-Welt-Beispiel lediglich einen kleinen Informationstext an.

Warnung Dies ist nur eine Notlösung. Wie Sie später bei der Verwaltung der Filme sehen werden, verwendet auch der für die Administration zuständige Teil der Komponente das MVC-Konzept. Die Datei *hallowelt.php* dient dort dann als Einsprungspunkt. Sofern Ihre Komponente jedoch keine Administrationsoberfläche besitzt, könnten Sie auf die Datei auch verzichten. Es empfiehlt sich jedoch wie beim Hallo-Welt-Beispiel, zumindest einen kleinen Informationsbildschirm einzurichten. Für den späteren Anwender wünschenswert wären dabei sicherlich Angaben zum Entwickler und zur Versionsnummer der Komponente.

Erstellen Sie in Ihrem Arbeitsverzeichnis den Unterordner *admin*, und speichern Sie dort die Datei *hallowelt.php* aus Beispiel 15-7. Damit ist gleichzeitig klar, welche der beiden *hallowelt.php* für die Website und welche für den Administrationsbereich zuständig ist.

In Ihrem Arbeitsverzeichnis liegen damit folgende Dateien:

Datei	Funktion
admin/hallowelt.php	Sorgt für die Anzeige im Administrationsbereich.
site/hallowelt.php	Bildet den Einsprungpunkt für Joomla!.
site/controller.php	Enthält eine Klasse, die den Controller realisiert.
site/models/hallowelt.php	Enthält eine Klasse, die das Model realisiert.
site/views/hallowelt/view.html.php	Enthält eine Klasse, die eine View realisiert.
site/views/hallowelt/tmpl/default.php	Enthält das zur View gehörende Template.
site/views/hallowelt/tmpl/default.xml	Weist Joomla! an, einen Menütyp für die View zu erstellen.

7. Schritt: Verzeichnisse vor neugierigen Blicken schützen

Würden Sie die Komponente in diesem Zustand unter Joomla! installieren, könnte jeder Besucher über die Internetadresse *http://localhost/joomla/components/com_hallowelt/* alle Dateien Ihrer neuen Komponente sehen. Ein Besucher mit genügend krimineller Energie könnte somit alle Bestandteile Ihrer Komponente herunterladen und sie in Ruhe auf Angriffsmöglichkeiten hin analysieren.

 Tipp   Um auf die passende Adresse zu kommen, braucht es übrigens nicht viel: Den Namen der Komponente verrät Joomla! unter Umständen selbst in der Adressleiste des Browsers (dazu gleich noch mehr). Als versierter Programmierer weiß der Angreifer somit, dass die Erweiterung im Verzeichnis *components/com_hallowelt* liegt. Das muss er nur noch an *http://localhost/joomla/* hängen, und schon hat er die passende Adresse.

Um die eigenen Dateien vor fremden Einblicken und vor allem Zugriffen zu schützen, packen Sie einfach in *jedes* bislang erstellte Unterverzeichnis Ihrer Komponente eine Textdatei mit dem Namen *index.html* und dem Inhalt:

```
<!DOCTYPE html><title></title>
```

Versucht nun ein Angreifer die Adresse *http://localhost/joomla/components/com_hallowelt/* aufzurufen, bekommt er immer nur eine weiße, leere Seite vorgesetzt.

Wenn ich mich nicht verzählt habe, müssten sich jetzt insgesamt sechs *index.html*-Dateien in den Unterordnern Ihres Arbeitsverzeichnisses tummeln. Damit haben Sie es auch fast geschafft: Bis zum großen Glück fehlt nur noch eine einzige Datei.

8. Schritt: Die XML-Datei

Damit Joomla! die Komponente installieren und alle Dateien an die richtigen Positionen kopieren kann, muss noch eine kleine Informationsdatei her (siehe Beispiel 15-8).

Beispiel 15-8: Die XML-Informationsdatei für das Hallo-Welt-Beispiel (Datei »*hallowelt.xml*«)

```xml
<?xml version="1.0" encoding="utf-8"?>
<extension type="component" version="2.5">

    <name>Hallowelt</name>
    <creationDate>28. Juli 2011</creationDate>
    <author>Tim Schürmann</author>
    <authorEmail>tischuer@yahoo.de</authorEmail>
    <authorUrl>http://www.tim-schuermann.de</authorUrl>
    <copyright>(C) Tim Schürmann 2011</copyright>
    <license>GNU General Public License</license>
    <version>1.0</version> <!-- Versionsnummer der Komponente -->
    <description>Dies ist eine Beschreibung der Komponente ...</description>

    <files folder="site">
       <filename>index.html</filename>
       <filename>hallowelt.php</filename>
       <filename>controller.php</filename>
       <folder>models</folder>
       <folder>views</folder>
    </files>

    <administration>
       <menu>Hallo Welt!</menu>
       <files folder="admin">
          <filename>index.html</filename>
          <filename>hallowelt.php</filename>
       </files>
    </administration>

</extension>
```

Wenn Sie bereits das Kapitel über Templates gelesen haben, dürfte Ihnen dieser Aufbau bekannt vorkommen. Es handelt sich hierbei um eine Datei im XML-Format, worauf die erste Zeile hinweist:

```xml
<?xml version="1.0" encoding="utf-8"?>
```

Um den Aufbau der Datei zu verstehen, müssen Sie glücklicherweise kein XML beherrschen. Alle Informationen über die Komponente stehen jeweils in HTML-ähnlichen Tags.

Als Erstes weist das öffnende Tag

```xml
<extension type="component" version="2.5">
```

darauf hin, dass es im Folgenden um eine Komponente (type="component") geht, die für Joomla! 2.5 und höher gedacht ist (version="2.5"). Alle Informationen über diese Komponente stehen dann innerhalb von `<extension ...>` und `</extension>`.

Version   Unter Joomla! 1.5 hieß `<extension>` noch `<install>`:   X.X

```xml
<install type="component" version="1.5.0">
...
</install>
```

Als Nächstes folgen ein paar allgemeine Informationen über die Komponente:

`<name>`
: Der Name der Komponente

`<creationDate>`
: Das Datum der Erstellung

`<author>`
: Der Autor oder Programmierer der Komponente

`<authorEmail>`
: Die E-Mail-Adresse des Autors

`<authorUrl>`
: Die Internetadresse der Homepage des Autors

`<copyright>`
: Das Copyright der Komponente und dessen Inhaber

`<license>`
: Die Lizenz, unter der die Komponente veröffentlicht wurde (wie beispielsweise die GNU GPL)

`<version>`
: Die Version der Komponente

`<description>`
: Eine kurze Beschreibung, was die Komponente alles so anstellt

Es gibt für die Texte zwischen den Tags übrigens keine festen Konventionen. Sie können Ihrer Komponente daher beispielsweise auch die Versionsnummer `4BETA2bratwurst` verpassen.

 Tipp   Dann müssen Sie allerdings auf den ab Joomla! 1.6 angebotenen Update-Mechanismus verzichten. Sie sollten daher am besten nur Versionsnummern verwenden, die aus Ziffern und Punkten bestehen, wie etwa 1.2.3. Mehr zu diesem Thema folgt später noch im Kasten *Upgrade-Pakete* auf Seite 734.

Zwischen `<files>` und `</files>` listet man alle zur Komponente gehörenden Dateien auf, die ihre Arbeit im Frontend verrichten. Diese Dateien wandern später bei der Installation in das Verzeichnis *components/com_hallowelt* Ihrer Joomla!-Installation.

Das Attribut `folder="site"` sagt Joomla!, in welchem Unterverzeichnis es alle diese Dateien zu suchen hat. Jeden einzelnen Dateinamen rahmt man noch einmal mit `<filename>` und `</filename>` ein.

Damit man sich bei vielen Dateien nicht die Finger wund tippt (im Hallo-Welt-Beispiel sind das immerhin schon 13 Dateien), kann man seit Joomla! 1.6 auch gleich ganze Unterverzeichnisse angeben. Mit der Zeile:

```
<folder>views</folder>
```

berücksichtigt Joomla! bei der Installation beispielsweise automatisch alle Dateien aus dem Unterverzeichnis *views*.

Tipp	Achten Sie immer penibel darauf, dass sich keine Tippfehler in die Verzeichnis- oder Dateinamen einschleichen. Andernfalls schlägt die Installation gleich fehl.

Der `<administration>`-Abschnitt sorgt schließlich noch für die Integration in den Administrationsbereich. Unter dem Begriff zwischen `<menu>` ... `</menu>` erstellt Joomla! gleich einen neuen Punkt im Menü KOMPONENTEN.

Version	Joomla! 1.5 hat zudem einen eigenen Menütyp mit diesem Namen eingerichtet. Ab Joomla! 1.6 läuft dies über die Datei *default.xml* (siehe Abschnitt »5. Schritt: Einen Menütyp anmelden« auf Seite 700). ⟦X.X⟧

Als Nächstes listet der `<administration>`-Abschnitt alle Dateien auf, die zur Administrator-Schnittstelle der Komponente gehören. Diese wandern bei der Installation in das Unterverzeichnis *administrator/components/com_hallowelt* Ihrer Joomla!-Installation.

Tipp	Sollte sich eine Komponente aus irgendwelchen Gründen nur unvollständig deinstallieren lassen, müssen Sie deshalb immer an den beiden genannten Stellen nach Dateileichen suchen – im Beispiel also unter *components/com_hallowelt* und *administrator/components/com_hallowelt*. Darüber hinaus merkt sich Joomla! ab Version 1.6 alle registrierten Komponenten in einer Datenbanktabelle, deren Name auf `extensions` endet. Auch diese sollten Sie im Fehlerfall auf Dateireste untersuchen (zum Beispiel mit dem Konfigurationswerkzeug phpMyAdmin).

Während die meisten Tags aus dem oberen Abschnitt (wie etwa die `<description>`) optional sind, bleibt der `<administration>`-Abschnitt Pflicht. Andernfalls verweigert Joomla! die Installation der neuen Komponente.

Speichern Sie die neue Datei aus Beispiel 15-8 als *hallowelt.xml* direkt in Ihrem Arbeitsverzeichnis. Dort sollten sich jetzt insgesamt die folgenden Dateien befinden:

Datei	Funktion
hallowelt.xml	Enthält Informationen für die Installation.
admin/hallowelt.php	Ist die Administrator-Schnittstelle der Komponente.
admin/index.html	Bietet Schutz vor neugierigen Blicken.
site/hallowelt.php	Bildet den Einsprungpunkt für Joomla!.
site/controller.php	Enthält eine Klasse, die den Controller realisiert.
site/index.html	Bietet Schutz vor neugierigen Blicken.
site/models/hallowelt.php	Enthält eine Klasse, die das Model realisiert.
site/models/index.html	Bietet Schutz vor neugierigen Blicken.
site/views/index.html	Bietet Schutz vor neugierigen Blicken.

Datei	Funktion
site/views/hallowelt/view.html.php	Enthält eine Klasse, die eine View realisiert.
site/views/hallowelt/index.html	Bietet Schutz vor neugierigen Blicken.
site/views/hallowelt/tmpl/default.php	Enthält das zur View gehörende Template.
site/views/hallowelt/tmpl/default.xml	Weist Joomla! an, einen Menütyp für die View zu erstellen.
site/views/hallowelt/tmpl/index.html	Bietet Schutz vor neugierigen Blicken.

9. Schritt: Probelauf (und eine kleine Zusammenfassung der Geschehnisse)

Packen Sie jetzt den kompletten *Inhalt* Ihres Arbeitsverzeichnisses in ein ZIP-Archiv, wechseln Sie anschließend in den Administrationsbereich von Joomla!, und installieren Sie das ZIP-Archiv über den allseits bekannten Menüpunkt ERWEITERUNGEN → ERWEITERUNGEN. Im Erfolgsfall erscheint die Meldung, die Sie in der *hallowelt. xml*-Datei unter `<description>` eingetragen haben (wie in Abbildung 15-4).

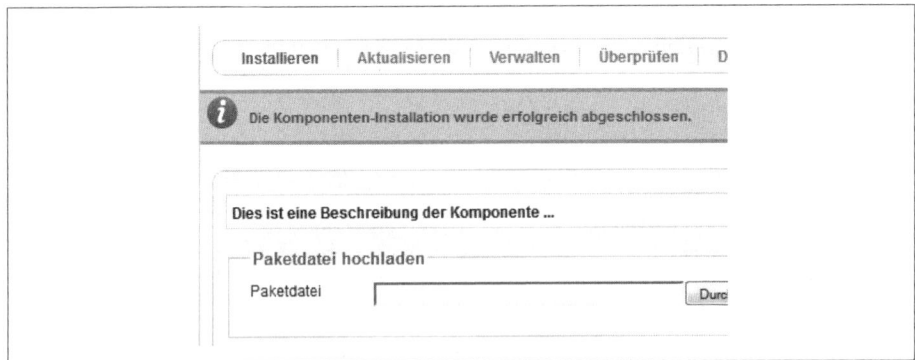

Abbildung 15-4: Die Installation der Hallo-Welt-Komponente war erfolgreich.

Sollte etwas schieflaufen, gibt Joomla! in der Regel eine recht informative Fehlermeldung aus. Meist ist der Grund ein Tippfehler innerhalb der XML-Datei, oder das Problem rührt daher, dass Sie innerhalb des `<files>`-Abschnitts eine Datei oder ein Verzeichnis nicht angegeben haben.

Ging alles glatt, steht eine Funktionsprüfung an. Im KOMPONENTEN-Menü sollte für die Hallo-Welt-Komponente ein neuer Menüeintrag warten, der zur Seite aus Abbildung 15-3 auf Seite 703 führt (die Beschriftung des Menüpunktes stammt aus der Datei *hallowelt.xml*, die angezeigte Seite aus der Datei *admin/hallowelt.php*). Der Menüpunkt sieht mit HALLO-WELT noch etwas merkwürdig aus. Dies liegt daran, dass die Komponente noch keine eigene Sprachdatei besitzt. Um dieses Problem kümmert sich später noch ein eigener Abschnitt (Abschnitt »11. Schritt: Sprachdateien einbinden« auf Seite 760), für den Moment sehen Sie bitte einfach noch darüber hinweg.

Um Ihren Besuchern die neue Komponente zugänglich zu machen, legen Sie in einem der vorhandenen Menüs wie gewohnt einen neuen Menüpunkt an (beispielsweise im Hauptmenü via MENÜS → MAIN MENU → NEUER MENÜEINTRAG). Nach einem Klick auf AUSWÄHLEN finden Sie im Bereich HALLOWELT den neuen Menütyp HALLO WELT – ganz so wie in Abbildung 15-2 Seite 702 (HALLO WELT und die Beschreibung im Tooltipp stammen aus der Datei *site/views/hallowelt/tmpl/default. xml*).

Tipp Bei mehreren vorhandenen Views würden hier weitere Einträge zur Auswahl stehen.

Entscheiden Sie sich für den HALLO WELT-Menütyp, vergeben Sie noch einen MENÜTITEL, wie etwa **Hallo Welt**, und legen Sie den Punkt via SPEICHERN & SCHLIESSEN an. Wenn Sie den neuen Menüpunkt jetzt in der VORSCHAU aufrufen, erscheint die Seite aus Abbildung 15-5.

Abbildung 15-5: Die Ausgabe der Hallo-Welt-Komponente im beez_20-Template (Stil Beez2 – Default).

Der Text stammt aus dem Model (Datei *site/models/hallowelt.php*), die Seite selbst hat die View (Datei *site/views/hallowelt/view.html.php*) mithilfe ihres kleinen Templates (Datei *site/views/hallowelt/tmpl/default.php*) auf den Bildschirm gebracht.

Die Ausgabe der Komponente erscheint an ihrem dafür zugewiesenen Platz innerhalb des *beez_20*-Templates (siehe Kapitel 13, *Templates*).

Abbildung 15-6 fasst den ganzen Ablauf noch einmal zusammen:

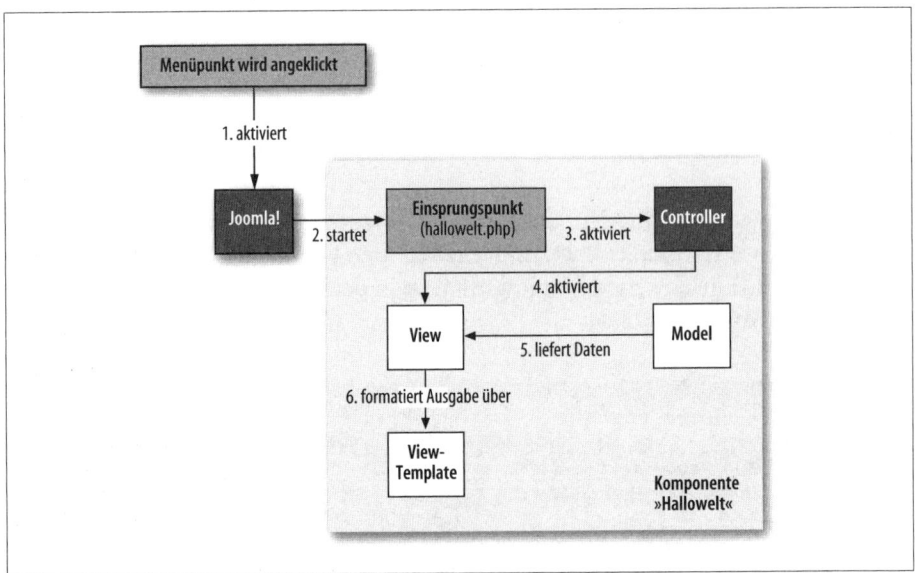

Abbildung 15-6: Ablauf der Hallo-Welt-Komponente

Wenn Sie im Frontend auf den Menüpunkt HALLO WELT klicken ❶, sucht Joomla! das Verzeichnis der Komponente auf (*components/com_hallowelt*) und startet dort das PHP-Skript, das den Namen der Komponente trägt – in diesem Fall also *hallowelt.php*. ❷

Dieses Skript erstellt nun ein Controller-Objekt, dem es anschließend die Kontrolle übergibt ❸. Das Controller-Objekt stellt nun fest, dass ihm gar keine Aufgabe genannt wurde ($controller->execute('') wurde nur eine leere Zeichenkette übergeben). Also greift es einfach zu seiner Standardaufgabe »Gib die von der Komponente verwalteten Daten aus«. Dazu erstellt es ein View-Objekt und ruft dann dessen display()-Methode auf ❹.

Damit übernimmt jetzt die View das Kommando. Zunächst benötigt sie erst einmal etwas, das sie überhaupt darstellen kann. Die entsprechenden Texte kennt das Model, das folglich umgehend um seine Daten gebeten wird ❺. Den zurückgelieferten Text speichert die View zunächst in einer Variablen, die sie anschließend in ihr kleines Template schiebt. Dieses sorgt noch für eine hübsche Formatierung ❻.

Die gesamte Ausgabe landet schließlich wieder bei Joomla!, das damit die Seite anhand seines eigenen Templates komplettiert und das Ergebnis schließlich an den Browser liefert. Ganz schön kompliziert, nur für eine einfache Ausgabe des Textes *Hallo Welt*.

10. Schritt: Deinstallation

Die Hallo-Welt-Komponente hat damit ihre Schuldigkeit getan. Löschen Sie also zunächst ihren Menüpunkt (MENÜS → MAIN MENU, Menüpunkt selektieren, PAPIERKORB), und deinstallieren Sie anschließend die Komponente (ERWEITERUNGEN → ERWEITERUNGEN, auf das Register VERWALTEN wechseln, die Komponente HALLOWELT ankreuzen und auf DEINSTALLIEREN klicken).

Tipp Sie müssen den Menüpunkt nicht zwingend entfernen. Er würde dann aber auf der Homepage ins Nirgendwo führen und somit Joomla! wiederum zu einer Fehlermeldung veranlassen (»404 Not Found«).

Während der Entwicklung einer Joomla!-Erweiterung müssen Sie diese für gewöhnlich häufiger installieren, testen und wieder deinstallieren. Seit Joomla! 1.6 kommen Sie in den meisten Fällen auch nicht mehr um diese umständliche Prozedur herum.

Warnung Joomla! führt bei der Installation ein paar vorbereitende Maßnahmen im Hintergrund durch. Unter anderem richtet es dabei die Datenbank ein (dazu gleich noch mehr). Es ist folglich keine gute Idee, die Dateien der installierten Komponente direkt im *components*-Verzeichnis der Joomla!-Installation zu verändern.

Glücklicherweise können Sie sich die Prozedur etwas erleichtern. Dazu tauschen Sie in der Informationsdatei *hallowelt.xml* die Zeile

```
<extension type="component" version="2.5">
```

gegen

```
<extension type="component" version="2.5" method="upgrade">
```

aus. Damit wird aus dem Installationspaket ein Update-Paket, das Joomla! brav über die alte Fassung installiert. Die ständige Deinstallation entfällt somit.

Warnung Doch Vorsicht: Wenn später auch die Datenbank ins Spiel kommt, müssen Sie noch ein spezielles Update-Skript bereitstellen (dazu später noch mehr). Andernfalls bleibt die Datenbank so, wie sie ist.

Auch das Erstellen eines Menüpunktes können Sie sich sparen und stattdessen die Komponente direkt aktivieren. Dazu müssen Sie lediglich eine spezielle Internetadresse aufrufen. Sie erhalten sie, indem Sie der Adresse zu Joomla! noch ein *index. php?option=* und den Verzeichnisnamen Ihrer Komponente anfügen. Wenn Sie der Schnellinstallationsanleitung aus Kapitel 2, *Installation*, gefolgt sind, ergibt sich dann im Fall der Hallo-Welt-Komponente:

```
http://localhost/joomla/index.php?option=com_hallowelt
```

Sofern Ihnen ein Tippfehler unterlaufen ist, beschwert sich das Content-Management-System mit einer entsprechenden (und leider meist recht nichtssagenden) Meldung. Andernfalls erhalten Sie das Ergebnis aus Abbildung 15-5.

Mehr über diese Internetadressen erfahren Sie im Kasten *Joomla! und seine Internet-adressen.*

Joomla! und seine Internetadressen

Immer wenn Sie mit der Maus auf einen Menüpunkt klicken oder eine Aktion anstoßen, ruft Ihr Browser eine ganz bestimmte, eindeutige Internetadresse auf. Über sie erfahren Joomla! und seine Komponenten, welche Aufgabe und Aktionen sie durchzuführen haben.

Um einen Blick hinter die Kulissen und auf diese speziellen Adressen zu werfen, ist etwas Vorarbeit notwendig. In der Standardeinstellung verschleiert Joomla! nämlich alle seine Internetadressen. Um die tatsächlichen zu Gesicht zu bekommen, wechseln Sie zunächst via SITE → KONFIGURATION in die Grundeinstellungen von Joomla!. Schalten Sie hier auf dem Register SITE im Bereich SUCHMASCHINENOPTIMIERUNG (SEO) den Punkt SUCHMASCHINENFREUNDLICHE URL auf NEIN, und SPEICHERN Sie die Änderungen. Damit frisiert Joomla! seine Internetadressen nicht mehr und gibt so einen Einblick in die tatsächlichen Abläufe (mehr zum Umbau der Internetadressen folgt noch in Kapitel 17, *Suchmaschinenoptimierung*).

Wechseln Sie jetzt in die VORSCHAU, und rufen Sie dort nacheinander verschiedene Beiträge auf. Beobachten Sie dabei die Veränderungen in der Adresszeile Ihres Browsers. Dort erscheinen recht kryptische, aber immer verschiedene Adressen, wie beispielsweise:

http://localhost/joomla/index.php?option=com_content&view=article&id=22

Von Interesse ist hier im Moment nur der vordere Teil bis zum ersten Kaufmanns-Und:

http://localhost/joomla/index.php?option=com_content

Er veranlasst Joomla!, die hinter *option=* genannte Komponente zu aktivieren. In diesem Fall ist das die Komponente `com_content`, die dann wiederum einen oder mehrere Beiträge auf den Schirm bringt.

Tipp	Welche Internetadresse ein Menüpunkt aufruft, sehen Sie schnell im Bearbeitungsbildschirm eines Menüpunktes: Wählen Sie im Administrationsbereich beispielsweise MENÜS → MAIN MENU, und klicken Sie einen der bestehenden Einträge in der Liste an. Im Feld LINK steht jetzt die Adresse, die ein Klick auf den zugehörigen Menüpunkt aufrufen würde.

Analog würde die Adresse

http://localhost/joomla/index.php?option=com_hallowelt

die Komponente aus dem Hallo-Welt-Beispiel aktivieren. Ihr Browser ruft dabei zunächst die Seite *http://localhost/joomla/index.php* auf. Dies aktiviert Joomla!, das umgehend die Internetadresse auf etwaige Anhängsel prüft. In diesem Fall findet das Content-Management-System die Zeichenkette *?option=com_hallowelt*.

Tipp	Wenn Sie den Rattenschwanz (hier also *?option=com_hallowelt*) weglassen, würde Joomla! einfach sein Standardprogramm abspulen, das die Startseite Ihres Internetauftritts auf den Bildschirm bringt.

Dies ist das Zeichen, die hinter *option=* angegebene Komponente zu starten. Dazu sucht Joomla! das entsprechende Verzeichnis auf (*components/com_hallowelt*) und startet dort das PHP-Skript, das den Namen der Komponente trägt – und setzt damit den im vorherigen Abschnitt vorgestellten Ablauf aus Abbildung 15-6 in Gang.

Im Beispiel der `com_content`-Komponente trug die Internetadresse noch weitere Anhängsel:

    &view=article&id=22

Nach jedem Kaufmanns-Und steht eine weitere Information, die Joomla! an die Komponente weiterleitet. In diesem Fall teilt das Anhängsel der Komponente `com_content` mit, dass sie einen Artikel (*view=article*) mit der Identifikationsnummer 22 (*id=22*) anzeigen soll. Was die Komponente dann mit diesen Informationen anfängt, bleibt ihr überlassen.

Die Kinoportal-Komponente

Nach dem einführenden Hallo-Welt-Beispiel soll es nun etwas praxisnaher werden. Das Ziel ist die Entwicklung einer Komponente, die Filme und deren Produktionskosten speichert und auf Anfrage auf den Bildschirm bringt. Damit lässt sich zwar kein Blumentopf gewinnen, für die Erklärung der noch ausstehenden Konzepte reicht dieses Projekt aber allemal aus. Die neue Komponente soll den klangvollen Namen *kinoportal* tragen.

Legen Sie als Erstes ein neues Arbeitsverzeichnis an. Dort hinein wandern wie beim Hallo-Welt-Beispiel ein Model, ein Controller und eine View. Bevor es jedoch so weit ist, werfen wir noch einen kurzen Blick auf die Datenbank.

1. Schritt: Vorbereiten der Datenbank

Die neue Komponente in der Datenbank soll die Filme in einer eigenen Tabelle namens – sagen wir – `filme` speichern. Diese ist jedoch noch gar nicht in der Datenbank vorhanden. Man könnte sie nun einfach per Hand anlegen, beispielsweise über die Benutzeroberfläche *phpMyAdmin* in XAMPP (siehe Kapitel 18, *Rund um die Datenbank*). Sofern Sie die Komponente aber später weitergeben möchten, ist dies keine besonders komfortable Lösung. Ideal wäre es, wenn Joomla! die fehlenden Tabellen direkt bei der Installation der Komponente einrichtet und sie auch automatisch bei der Deinstallation wieder entfernt. Diese Aufgaben übernehmen zwei zusätzliche Dateien. Die darin liegenden Befehle leitet Joomla! automatisch an die Datenbank weiter. In XAMPP und auf den meisten angemieteten Webservern kommt MySQL zum Einsatz. Dieses erwartet Befehle in der Sprache SQL.

Tipp   Falls Sie nach passender Literatur zum Thema SQL suchen, sollten Sie unbedingt auf Bücher zu MySQL zurückgreifen. Zwar ist die Syntax von SQL in einem Standard festgelegt, die Datenbankhersteller kochen dennoch gern ihr eigenes Süppchen.

Die erste Datei enthält alle SQL-Anweisungen, um die Datenbanktabelle anzulegen (siehe Beispiel 15-9):

Beispiel 15-9: Die SQL-Befehle zum Anlegen einer Datenbanktabelle (Datei »*admin/sql/install.mysql.utf8.sql*«)

```
DROP TABLE IF EXISTS `#__filme`;

CREATE TABLE `#__filme` (
  `id`    INT(11) NOT NULL AUTO_INCREMENT,
  `name`  VARCHAR(100) NOT NULL,
  `kosten` INT NOT NULL,
  PRIMARY KEY  (`id`)
  ) ENGINE=MyISAM  AUTO_INCREMENT=1 DEFAULT CHARSET=utf8;

INSERT INTO `#__filme` (`name`, `kosten`) VALUES ('Avatar','237'),
('Titanic', '200'),
('Der Herr der Ringe: Die Rückkehr des Königs', '94'),
('Fluch der Karibik 2', '225');
```

Die erste Anweisung löscht eine eventuell vorhandene filme-Tabelle recht rücksichtslos aus der Datenbank. Direkt danach wird eine neue Tabelle erzeugt, in die abschließend noch ein paar Beispieldaten für die gleich anstehenden Tests wandern. Erstellen Sie in Ihrem Arbeitsverzeichnis den neuen Ordner *admin/sql*. Darin speichern Sie die Anweisungen aus Beispiel 15-9 in der Datei *install.mysql.utf8.sql*.

Der Tabellenname #__filme sieht übrigens absichtlich so komisch aus: Bei der Installation von Joomla! konnten Sie den Tabellennamen ein eigenes Präfix spendieren (siehe Kapitel 2, *Installation*, Abschnitt »Schritt 4: Konfiguration der Datenbank« auf Seite 52). Die neue Kinoportal-Komponente weiß jedoch nicht, wie dieses Präfix aussieht. Würde man hier einfach den Tabellennamen jos_filme fest »verdrahten«, würde die Komponente auf einer anderen Joomla!-Installation möglicherweise nicht laufen. Aus diesem Grund bietet Joomla! mit #__ eine Art Platzhalter an, den es später automatisch gegen das Präfix tauscht – aus #__filme wird dann beispielsweise jos_filme.

Beachten Sie weiterhin, dass die Tabellen- und Spaltennamen in Hochkommata (Backticks) eingefasst sind. Das Zeichen finden Sie auf deutschen Tastaturen rechts neben dem ß.

Bei einer Deinstallation der Kinoportal-Komponente würde die filme-Tabelle in der Datenbank zurückbleiben. Eine vorbildliche Komponente räumt jedoch »beim Verlassen der Wohnung« ihren mitgebrachten Datenmüll wieder weg. Dies erledigt ein weiterer Satz SQL-Anweisungen. Im Fall des Kinoportals muss lediglich die Tabelle gelöscht werden:

```
DROP TABLE IF EXISTS #__filme;
```

Speichern Sie diesen einsamen Befehl in der Datei *uninstall.mysql.utf8.sql* im Verzeichnis *admin/sql*.

Wie die Dateinamen schon andeuten, sind diese Dateien für MySQL gedacht. Wenn Ihre Erweiterung weitere Datenbanken unterstützen soll, müssen Sie für jede weitere zwei eigene .sql-Dateien anlegen. Für SQL Server lauten dann die Dateinamen *install.sqlsrv.utf8.sql* und *uninstall.sqlsrv.utf8.sql* und für den Azure-Dienst *install.sqlazure.utf8.sql* und *uninstall.sqlazure.utf8.sql*. Denken Sie auch daran, dass SQL Server seinen eigenen SQL-Dialekt spricht. Im Kinoportal-Beispiel genügt der Einfachheit halber die MySQL-Unterstützung.

Damit besteht die neue Kinoportal-Komponente schon aus zwei Dateien:

Datei	Funktion
admin/sql/install.mysql.utf8.sql	Richtet die Datenbank ein.
admin/sql/uninstall.mysql.utf8.sql	Räumt die Datenbank wieder auf.

Tipp Um die eigenen Dateien vor fremden Blicken zu schützen, sollten Sie auch hier wieder in jedem (Unter-)Verzeichnis eine HTML-Datei mit dem Namen *index.html* und dem Inhalt `<!DOCTYPE html><title></title>` ablegen. Der Übersicht halber werden sie in den vorangegangenen Abschnitten jedoch nicht mit angelegt.

2. Schritt: Das Model und der Zugriff auf die Datenbank

Nach diesen Vorarbeiten geht es jetzt ans Model. Das musste im Hallo-Welt-Beispiel lediglich eine festgelegte Zeichenkette verwalten und diese auf Anfrage herausrücken. Die Informationen über die Filme liegen jedoch diesmal in der Datenbank, aus der das Model sie wiederum herausholen muss.

Dazu benötigt das Model als Erstes Zugriff auf die Datenbank. Da Joomla! dort sowieso alle naselang irgendwelche Daten abruft, existiert bereits eine Datenbankverbindung; man muss sie folglich nicht erst noch umständlich per Hand aufbauen. Stattdessen holt man sich einfach eine Referenz:

```
$datenbank = JFactory::getDBO();
```

JFactory ist eine von Joomla! bereitgestellte (statische) Klasse, die auf Anfrage Referenzen zu vielen nützlichen Systemobjekten herausrückt – in diesem Fall auf die Datenbank.

Tipp getDBO() steht für »get DataBase Object« und liefert eine Referenz auf ein Objekt vom Typ JDatabase. Eine komplette Aufstellung aller weiteren JFactory-Informationen liefert die API-Referenz auf der Joomla!-Homepage (*http://api.joomla.org*).

Über das erhaltene Datenbankobjekt kann man nun auf die Datenbank zugreifen. In diesem Fall sollen Informationen abgefragt werden, wozu vier Einzelschritte notwendig sind:

1. Zunächst stellt man eine passende Anfrage zusammen,

2. die man an die Datenbank sendet und

3. dort »ausführt«.

4. Anschließend nimmt man das von der Datenbank zurückgelieferte Ergebnis in Empfang.

Zunächst muss also eine passende Datenbankabfrage her. Bei ihrer Zusammenstellung hilft ein Objekt vom Typ `JDatabaseQuery`, das man sich in einem ersten Schritt von der Datenbank besorgt:

```
$query = $datenbank->getQuery(true);
```

Mit ein paar Methoden baut man aus dieser leeren Anfrage komfortabel die benötigte zusammen. Im Kinoportal benötigt man aus der Tabelle der Filme:

```
$query->from('#__filme');
```

die Informationen aus allen Spalten:

```
$query->select('*');
```

Abschließend soll die Datenbank alle zurückgelieferten Zeilen nach den Kosten sortieren – das spart später einen Arbeitsschritt:

```
$query->order('kosten');
```

Tipp
Die jetzt in `$query` liegende Datenbankabfrage entspricht der SQL-Abfrage:
```
SELECT * FROM #__filme ORDER BY kosten
```
Unter Joomla! 1.5 hat man diese Abfrage noch direkt in `$query` als Zeichenkette gespeichert. Da Joomla! ab Version 2.5 neben MySQL auch noch andere Datenbanken unterstützt und sich SQL leicht von Datenbank zu Datenbank unterscheidet, ist der Weg über das `JDatabaseQuery`-Objekt jedoch vorzuziehen.

Der Tabellenname `#__filme` ist auch hier wieder ein Platzhalter, den der folgende Befehl automatisch durch den passenden Tabellennamen ersetzt:

```
$datenbank->setQuery((string)$query);
```

Er sendet den zusammengestellten SQL-Befehl gleichzeitig zur Datenbank. Die nun dort befindliche Abfrage führt die Methode

```
$ergebnis = $datenbank->loadResult();
```

aus und liefert das entsprechende Ergebnis zurück, das man am besten in der neuen Variable `$ergebnis` auffängt. `loadResult()` liefert allerdings nur ein einziges Datum, im Beispiel also nur einen einzigen Film. Bekommt man wie im Fall des Kinoportals mehrere Zeilen aus der Tabelle, muss man explizit auf ihre Kollegin `loadObject-List()` ausweichen.

Das war eigentlich schon alles; mehr muss das Model nicht tun. Es genügt daher, alle bisher gezeigten Befehle in eine entsprechende Methode, wie etwa `getFilme()`, zu verfrachten:

Beispiel 15-10: Das Model für das Kinoportal-Beispiel (Datei »site/*models/kinoportal.php*«)

```php
<?php
// Sicherheitsprüfung: Wird die Klasse von Joomla! verwendet?
defined('_JEXEC') or die;

// Importiere JModel-Klasse:
jimport( 'joomla.application.component.model' );

// Die Model-Klasse (von JModel abgeleitet):
class KinoportalModelKinoportal extends JModel
{
    // Gib auf Anfrage den Text aus:
    function getFilme()
    {
        // Zugriff auf die Datenbank holen:
        $datenbank = JFactory::getDBO();

        // Datenbankabfrage zusammenstellen:
        $query = $datenbank->getQuery(true);
        $query->from('#__filme');
        $query->select('*');
        $query->order('kosten');

        // Anfrage ausführen und alle Filme entgegennehmen
        $datenbank->setQuery((string)$query);
        $allefilme = $datenbank->loadObjectList();

        return $allefilme;
    }
}
?>
```

Speichern Sie das Beispiel 15-10 als Datei *kinoportal.php* im Unterverzeichnis *site/ models*. In Ihrem Arbeitsverzeichnis sollten sich damit folgende drei Dateien tummeln:

Datei	Funktion
admin/sql/install.mysql.utf8.sql	Richtet die Datenbank ein.
admin/sql/uninstall.mysql.utf8.sql	Räumt die Datenbank wieder auf.
site/models/kinoportal.php	Enthält eine Klasse, die das Model realisiert.

3. Schritt: View erstellen

Die View bereitet die vom Model ausgelesenen Daten hübsch auf. Sie funktioniert genau so wie ihre Kollegin aus dem Hallo-Welt-Beispiel:

Beispiel 15-11: Die View für das Kinoportal-Beispiel (Datei »*site/views/kinoportal/view.html.php*«)

```php
<?php
defined('_JEXEC') or die;
jimport('joomla.application.component.view');

class KinoportalViewKinoportal extends JView
{
    // Variable zur Speicherung aller Filme:
    protected $allefilme;

    function display($tpl = null)
    {
        // Hole Filme vom Model, und speichere sie in $allefilme:
        $this->allefilme = $this->get('Filme');

        // Auf Fehler prüfen:
        if (count($errors = $this->get('Errors')))
        {
            JError::raiseError(500, implode('<br />', $errors));
            return false;
        }

        // Template aktivieren und alles ausgeben:
        parent::display($tpl);
    }
}
?>
```

Speichern Sie Beispiel 15-11 als Datei *view.html.php* im Verzeichnis *site/views/kinoportal*.

Das zur View gehörende Template ist allerdings etwas aufwendiger. Es muss die Daten im Array allefilme in eine HTML-Tabelle übertragen (siehe Beispiel 15-12):

Beispiel 15-12: Das Template zur Kinoportal-View (Datei »*site/views/kinoportal/tmpl/default.php*«)

```php
<?php defined('_JEXEC') or die; ?>

<h1>Die teuersten Filme aller Zeiten</h1>
<p> Produktionskosten in Millionen Dollar, Quelle:
    <a href="http://de.wikipedia.org/wiki/Liste_der_erfolgreichsten_Filme">Wikipedia</a>
</p>

<table>
    <tr><td>Name</td><td>Kosten</td></tr>

    <?php
    foreach($this->allefilme as $film)
    {
        echo '<tr>';
        echo '<td>' . $film->name . '</td>';
        echo '<td>' . $film->kosten . '</td>';
        echo '</tr>';
    }
```

```
    ?>

</table>
```

Speichern Sie das Template als *default.php* im Verzeichnis *site/views/kinoportal/tmpl*. Für einen Menüpunkt muss noch eine Datei *default.xml* mit der Menütyp-Definition her. Auch sie entspricht ihrem Pendant aus dem Hallo-Welt-Beispiel, lediglich die Beschriftungen müssen ausgetauscht werden:

Beispiel 15-13: Der Menütyp für die Kinoportal-View (Datei »*site/views/kinoportal/tmpl/default.xml*«)

```
<?xml version="1.0" encoding="utf-8"?>
<metadata>
    <layout title="Filmliste">
        <message>Eine Liste mit den teuersten Filmen aller Zeiten.</message>
    </layout>
</metadata>
```

Beispiel 15-13 landet als *default.xml* im Verzeichnis *site/views/kinoportal/tmpl*. Damit lagern jetzt in Ihrem Arbeitsverzeichnis folgende Dateien:

Datei	Funktion
admin/sql/install.mysql.utf8.sql	Richtet die Datenbank ein.
admin/sql/uninstall.mysql.utf8.sql	Räumt die Datenbank wieder auf.
site/models/kinoportal.php	Enthält eine Klasse, die das Model realisiert.
site/views/kinoportal/view.html.php	Enthält eine Klasse, die eine View realisiert.
site/views/kinoportal/tmpl/default.php	Enthält das zur View gehörende Template.
site/views/kinoportal/tmpl/default.xml	Weist Joomla! an, einen Menütyp für die View zu erstellen.

4. Schritt: Controller, Einsprungspunkt und Administrator-Schnittstelle

Den Controller, die Dateien für den Einstieg und die Administrator-Schnittstelle können Sie direkt vom Hallo-Welt-Beispiel übernehmen. Lediglich die Klassen- und Dateinamen müssen angepasst werden. Beginnen Sie zunächst mit dem Controller (siehe Beispiel 15-14):

Beispiel 15-14: Der Controller für das Kinoportal-Beispiel (Datei »*site/controller.php*«)

```
<?php
defined('_JEXEC') or die;
jimport('joomla.application.component.controller');

class KinoportalController extends JController
{
}
?>
```

Er wandert in die Datei *controller.php* im Verzeichnis *site*. Den Entry Point für Joomla! aus Beispiel 15-15 legen Sie im gleichen Verzeichnis als *kinoportal.php* ab.

Beispiel 15-15: Das PHP-Skript mit dem Einsprungspunkt für Joomla! (Datei »*site/kinoportal.php*«)

```php
<?php
defined('_JEXEC') or die;

// Controller einbinden:
jimport('joomla.application.component.controller');

// Controller-Objekt erstellen:
$controller = JController::getInstance('Kinoportal');

// Die gestellte Aufgabe lösen:
$controller->execute('');

// Weiterleiten, sofern der Controller dies verlangt:
$controller->redirect();
?>
```

Die Datei für den Administrationsbereich aus Beispiel 15-16

Beispiel 15-16: Die Seite für den Administrationsbereich (Datei »*admin/kinoportal.php*«)

```php
<?php defined('_JEXEC') or die; ?>
<h1>
    Der Kinoportal-Administrationsbereich
</h1>
```

wandert in die Datei *kinoportal.php* im Verzeichnis *admin*. Sie wird gleich noch gehörig aufgebohrt – schließlich muss man die Filme auch irgendwie bequem eingeben können. Für den Moment reicht aber der einfache Informationstext.

Damit existiert schon der Hauptteil aller benötigten Dateien:

Datei	Funktion
admin/sql/install.mysql.utf8.sql	Richtet die Datenbank ein.
admin/sql/uninstall.mysql.utf8.sql	Räumt die Datenbank wieder auf.
admin/kinoportal.php	Ist die Administrator-Schnittstelle der Komponente.
site/kinoportal.php	Bildet den Einsprungpunkt für Joomla!.
site/controller.php	Enthält eine Klasse, die den Controller realisiert.
site/models/kinoportal.php	Enthält eine Klasse, die das Model realisiert.
site/views/kinoportal/view.html.php	Enthält eine Klasse, die eine View realisiert.
site/views/kinoportal/tmpl/default.php	Enthält das zur View gehörende Template.
site/views/kinoportal/tmpl/default.xml	Weist Joomla! an, einen Menütyp für die View zu erstellen.

5. Schritt: XML-Datei

Die Informationsdatei *kinoportal.xml* kostet wieder ein klein wenig Gehirnschmalz:
Joomla! muss die beiden neuen *.sql*-Dateien während der Installation ausführen.
Dafür sorgen zwei neue Abschnitte:

Beispiel 15-17: Die Informationsdatei »*kinoportal.xml*« für das Kinoportal-Beispiel

```xml
<?xml version="1.0" encoding="utf-8"?>
<extension type="component" version="2.5">
   <name>Kinoportal</name>
   <creationDate>04. August 2011</creationDate>
   <author>Tim Schürmann</author>
   <authorEmail>tischuer@yahoo.de</authorEmail>
   <authorUrl>http://www.tim-schuermann.de</authorUrl>
   <copyright>(C) Tim Schürmann 2011</copyright>
   <license>GNU General Public License</license>
   <version>1.0</version> <!--  Versionsnummer der Komponente -->
   <description>Diese Komponente verwaltet die teuersten Filme aller Zeiten.
               </description>

   <install>
      <sql>
         <file charset="utf8" driver="mysql">sql/install.mysql.utf8.sql</file>
      </sql>
   </install>
   <uninstall>
      <sql>
         <file charset="utf8" driver="mysql">sql/uninstall.mysql.utf8.sql</file>
      </sql>
   </uninstall>

   <files folder="site">
      <filename>kinoportal.php</filename>
      <filename>controller.php</filename>
      <folder>models</folder>
      <folder>views</folder>
   </files>

   <administration>
      <menu>Kinoportal</menu>
      <files folder="admin">
         <filename>kinoportal.php</filename>
         <folder>sql</folder>
      </files>
   </administration>

</extension>
```

Die <install>- und <uninstall>-Abschnitte beschreiben, was Joomla! bei der Installation beziehungsweise Deinstallation tun soll. In diesem Fall müssen SQL-Befehle
abgesetzt werden, die in den entsprechenden Dateien *install.mysql.utf8.sql* und

uninstall.mysql.utf8.sql liegen (beide residieren wiederum im Unterverzeichnis *sql*). Das öffnende <file>-Tag bringt zwei Attribute mit: charset und driver.

charset nennt die zu verwendende Zeichenkodierung. Im Moment existiert hier mit utf8 nur ein möglicher Eintrag. Falls Sie eine Datenbank verwenden, die nicht mit dem UTF-8-Standard umgehen kann (wie beispielsweise ältere Versionen von MySQL), lassen Sie dieses Attribut einfach weg. Weitere Informationen zum Thema Zeichenkodierung liefert beispielsweise die Internetseite *http://www.schoenitzer.de/encoding.html* oder der entsprechende Wikipedia-Beitrag: *http://de.wikipedia.org/wiki/Zeichenkodierung*.

Das driver-Attribut gibt an, für welche Datenbank die SQL-Befehle geschrieben wurden. Im Beispiel ist dies mysql für MySQL. Im Fall von SQL Server verwenden Sie sqlsrv, bei Azure sqlazure.

Abschließend müssen Sie noch sicherstellen, dass *install.mysql.utf8.sql* und *uninstall.mysql.utf8.sql* bei der Installation mitkopiert werden. Da diese beiden Dateien die Komponente konfigurieren, gehören sie in den <administrator>-Abschnitt und landen somit folglich später im Verzeichnis *administrator/components/com_kinoportal*.

Speichern Sie die fertige *Datei kinoportal.xml* direkt in Ihrem Arbeitsverzeichnis für die Kinoportal-Komponente, in dem jetzt folgende Dateien vorhanden sein sollten:

Datei	Funktion
kinoportal.xml	Enthält Informationen für die Installation.
admin/sql/install.mysql.utf8.sql	Richtet die Datenbank ein.
admin/sql/uninstall.mysql.utf8.sql	Räumt die Datenbank wieder auf.
admin/kinoportal.php	Ist die Administrator-Schnittstelle der Komponente.
site/kinoportal.php	Bildet den Einsprungpunkt für Joomla!.
site/controller.php	Enthält eine Klasse, die den Controller realisiert.
site/models/kinoportal.php	Enthält eine Klasse, die das Model realisiert.
site/views/kinoportal/view.html.php	Enthält eine Klasse, die eine View realisiert.
site/views/kinoportal/tmpl/default.php	Enthält das zur View gehörende Template.
site/views/kinoportal/tmpl/default.xml	Weist Joomla! an, einen Menütyp für die View zu erstellen.

6. Schritt: Ein erster Probelauf

Packen Sie jetzt wieder den gesamten Inhalt Ihres Arbeitsverzeichnisses in eine ZIP-Datei, und installieren Sie sie wie gewohnt über den Administrationsbereich (Erweiterungen → Erweiterungen). Sollte etwas mit den SQL-Anweisungen in *install.mysql.utf8.sql* nicht stimmen, bombardiert Joomla! Sie mit einigen Fehlermeldungen. Diese sind recht einfach mithilfe der MySQL-Dokumentation zu beheben.

Tipp	Sofern Sie mit XAMPP arbeiten, können Sie die Ergebnisse schnell über das mitgelieferte phpMyAdmin begutachten: Rufen Sie dazu die Adresse *http://localhost/phpmyadmin* in Ihrem Browser auf, und wählen Sie anschließend in der linken Spalte die Joomla!-Datenbank aus. Wenn Sie der Schnellinstallationsanleitung aus Kapitel 2, *Installation*, gefolgt sind, ist dies `joomla`. In der neuen Liste wählen Sie Datenbanktabelle `filme` und wechseln dann im rechten Bereich auf das Register ANZEIGEN.

Bemängelt Joomla! schon die erste Zeile in der *install.mysql.utf8.sql*-Datei mit dem Fehler

```
#1064 - You have an error in your SQL syntax ...
```

sollten Sie als Erstes prüfen, ob beide *.sql*-Dateien in der richtigen Zeichenkodierung vorliegen. Insbesondere der in Windows mitgelieferte Editor scheint hier gerne Schabernack zu treiben (wählen Sie in ihm probeweise beim Speichern unter CODIERUNG den Punkt ANSI).

Hat alles geklappt, erscheint eine Erfolgsmeldung. Öffnen Sie nun ein zweites Browserfenster, und wechseln Sie zur Internetadresse *http://localhost/joomla/index. php?option=com_kinoportal*. Damit aktivieren Sie manuell die Kinoportal-Komponente (siehe Kasten *Joomla! und seine Internetadressen* auf Seite 712). Alternativ können Sie auch einen neuen Menüpunkt anlegen (beispielsweise via MENÜS → MAIN MENU → NEUER MENÜEINTRAG, dann mit einem Klick auf AUSWÄHLEN; der Menütyp ist die FILMLISTE). Wenn Ihnen dabei hin und wieder »kinoportal« kleingeschrieben begegnet, sehen Sie darüber hinweg. Das wird sich später noch ändern.

Wie befohlen, liefert die neue Kinoportal-Komponente eine Liste mit den Filmen aus der Datenbank (siehe Abbildung 15-7).

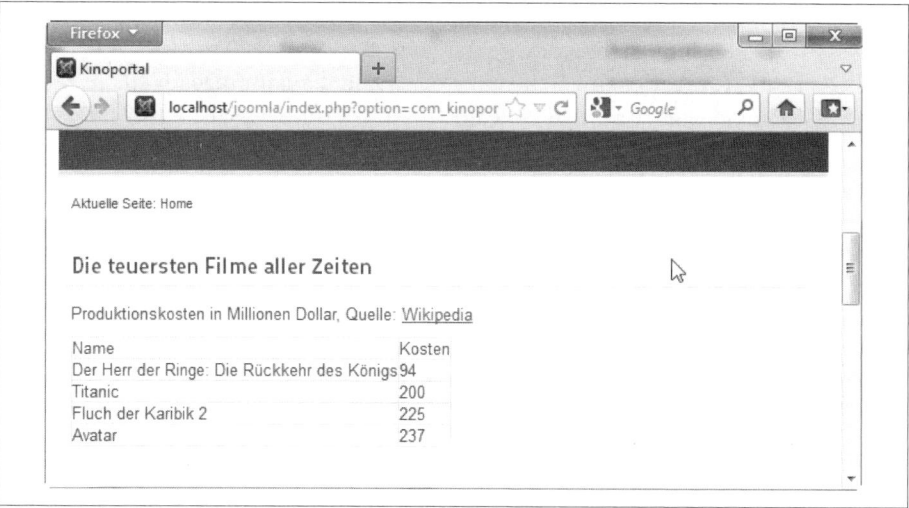

Abbildung 15-7: Die Liste mit den Filmen direkt aus der Datenbank frisch auf die Homepage

Nachdem die Besucherseite der Komponente steht, geht es jetzt bei der Administrator-Schnittstelle weiter. Diese besteht im Moment nur aus einer recht kargen Datei, was sich jedoch umgehend ändern wird.

7. Schritt: Übersichtsliste für die Administrator-Schnittstelle der Komponente

Wer im Administrationsbereich den Menüpunkt KOMPONENTEN → KINOPORTAL aufruft, der soll zunächst in einer Liste mit allen derzeit gespeicherten Filmen landen. Von dort aus kann man dann die vorhandenen Datensätze bearbeiten, löschen oder einen neuen Datensatz anlegen. Diese Vorgehensweise wählen auch die meisten anderen Komponenten.

Um das gesteckte Ziel zu erreichen, gilt es zunächst die Liste mit den Filmen innerhalb des Administrationsbereichs anzuzeigen. Das klingt ziemlich vertraut, schließlich macht die Besucherseite der Komponente derzeit nichts anderes. Da auch auf der Administrator-Seite durchgehend das MVC-Konzept zum Einsatz kommt, läuft nicht nur die Programmierung ähnlich ab, sondern man kann auch einen Großteil des bereits geschriebenen Programmcodes übertragen.

 Tipp Dummerweise kommt man hierbei nicht drum herum, einige der benötigten Dateien genauso wie ihre bereits existierenden Kollegen für die Besucherseite zu nennen. Achten Sie folglich genau darauf, welche Datei Sie gerade in welchem Unterverzeichnis bearbeiten.

Als Erstes muss wieder ein Model her, das die Filme aus der Datenbank holt und auf Nachfrage ausgibt.

 Man könnte jetzt genauso vorgehen wie im Model für die Website, also alle Filme aus der Datenbank holen und dann zurückgeben. Seit Joomla! 1.6 gibt es für Models, die Listen verwalten, eine eigene Klasse JModelList. Man muss lediglich die Methode getListQuery() bereitstellen, die eine Datenbankanfrage (in einem JQuery-Objekt) zusammenstellt und zurückliefert – ganz wie in Beispiel 15-18:

Beispiel 15-18: Das Model für den Administrationsbereich (Datei »*admin/models/filmliste.php*«)

```php
<?php
defined('_JEXEC') or die;
jimport('joomla.application.component.modellist');

class KinoportalModelFilmliste extends JModelList
{
    protected function getListQuery()
    {
        // Erstelle ein neues Query-Objekt:
        $db = JFactory::getDBO();
        $query = $db->getQuery(true);

        // Hole alle Filme:
```

```
    $query->select('*');

    // aus der Tabelle:
    $query->from('#__filme');

    // und liefere sie zurück
    return $query;
  }
}

?>
```

Unter dem Strich spart man sich so nicht nur ein paar Zeilen Programmcode, JMo-delList bietet auch noch eine interessante Zusatzfunktion, die die View gleich noch ausnutzt.

Tipp

Selbstverständlich können Sie JModelList auch im Model für die Website einset-zen. Beachten Sie aber auch die damit gleich notwendigen Änderungen in der View.

Das neue Model erhält noch zur besseren Unterscheidung den Namen Filmliste, womit nach den Konventionen die komplette Klasse KinoportalModelFilmliste heißt (Komponente Kinoportal, es handelt sich um ein Model, dessen Name Film-liste ist).

Legen Sie unter *admin* das neue Verzeichnis *models* an, und speichern Sie dort das Model aus Beispiel 15-18 unter dem Dateinamen *filmliste.php*.

Nachdem das Model steht, kann es eine passende View anzapfen (siehe Beispiel 15-19):

Beispiel 15-19: Die View der Administrator-Schnittstelle (Datei »*admin/views/filmliste/view.html.php*«)

```
<?php
defined('_JEXEC') or die;
jimport('joomla.application.component.view');

class KinoportalViewFilmliste extends JView
{
  // Variablen zur Speicherung der anzuzeigenden Filme und der Seitenzahl:
  protected $filme;
  protected $seitenzahl;

  function display($tpl = null)
  {
    // Hole Daten aus dem Model:
    $this->filme = $this->get('Items');
    $this->seitenzahl = $this->get('Pagination');
```

```
    // Prüfe auf Fehler:
    if (count($errors = $this->get('Errors')))
    {
        JError::raiseError(500, implode('<br />', $errors));
        return false;
    }

    // Template aktivieren und anzeigen:
    parent::display($tpl);
  }
}
?>
```

Zunächst erhält die View-Klasse in Anlehnung an das Model den Namen KinoportalViewFilmliste. Damit ist klar, dass sie sich um die Darstellung einer Filmliste kümmert.

Da das Model jetzt die Klasse JModelList verwendet, muss man eine mitgelieferte Methode nutzen, um an die Daten zu kommen:

```
    $this->filme = $this->get('Items');
```

get('Items'); holt alle Daten aus der Datenbank – in diesem Fall die Filme. Die Methode ruft dazu die von JModelList standardmäßig bereitgestellte Methode getItems() auf, die wiederum mithilfe der vorhin in Beispiel 15-18 definierten getListQuery()-Methode die Anfrage an die Datenbank stellt und ein Array mit allen Datensätzen zurückliefert. In diesem Fall landen die Daten in $filme.

Tipp   Wenn Ihnen get('Items'); merkwürdig vorkommt, schlagen Sie noch einmal die Erklärung dieser Methode in Abschnitt »2. Schritt: Die View« auf Seite 695 nach.

JModelList stellt noch eine weitere Methode bereit: getPagination(). Die View ruft sie via

```
    $this->seitenzahl = $this->get('Pagination');
```

auf und bekommt ein JPagination-Objekt zurück. Dieses hilft gleich dabei, die Seitenzahlen korrekt anzuzeigen. Die anschließende if-Abfrage prüft noch kurz, ob irgendwo ein Fehler aufgetreten ist. Anschließend baut

```
    parent::display($tpl);
```

die Seite mithilfe des Templates zusammen.

Legen Sie im Verzeichnis *admin* das neue Unterverzeichnis *views* an. In ihm erstellen Sie wiederum den Ordner *filmliste*, in dem Sie schließlich die View aus Beispiel 15-19 als *view.html.php* speichern.

Zur View gehört immer auch ein Template, das sich um die Formatierung der Ausgabe kümmert. Damit sich diese geschmeidig in das Aussehen des Administrationsbereichs einfügt, muss man sich an ein paar Konventionen halten. Zu Beginn steht wieder die obligatorische Sicherheitsabfrage:

```
<?php
defined('_JEXEC') or die('Restricted Access');
```

Die Funktion

```
// Tooltip-Verhalten laden:
JHtml::_('behavior.tooltip');
?>
```

sorgt noch für die korrekte Einblendung der Tooltip-Fenster. JHtml::_() selbst ist eine Hilfsfunktion, die verschiedene nützliche HTML-Bausteine ausspuckt. In diesem Fall ist es eine JavaScript-Funktion, die sich um die Anzeige der kleinen Tooltips kümmert.

Die Filme aus der Datenbank sollen allesamt in einer Liste erscheinen – genau so, wie Sie es beispielsweise von den Beiträgen (INHALT → BEITRÄGE) her kennen. Eine solche Liste besteht hinter den Kulissen aus einer Tabelle:

```
<table class="adminlist">
```

Die vordefinierte CSS-Klasse class="adminlist" passt sie an das Aussehen des Administrationsbereichs an. Wie Abbildung 15-8 zeigt, besteht jede Liste aus drei Teilen:

- einer Kopfzeile mit den Spaltenbeschriftungen (FILM, KOSTEN, ID),
- den eigentlichen Zeilen mit den Filmen und
- einer Fußzeile, in der man (unter anderem) zwischen den Seiten blättern kann. 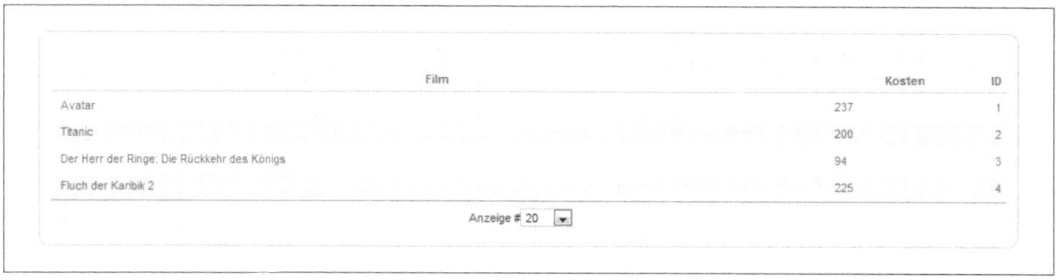

Abbildung 15-8: Eine Liste im Administrationsbereich besteht aus einer Kopfzeile mit den Spaltenbeschriftungen, der eigentlichen Liste und einer Fußzeile.

Zunächst zur Kopfzeile: Für jeden Film speichert die Datenbank eine Identifikationsnummer (ID), den Namen des Films und die Kosten. Für jede dieser Informationen muss eine eigene Spalte mit einer entsprechenden Beschriftung her:

```
<!-- Kopfzeile -->
<thead>
    <tr>
        <th>Film</th>
        <th>Kosten</th>
```

```
        <th width="5">ID</th>
    </tr>
</thead>
```

Als Nächstes kann man einfach in einer Schleife alle Filme ausgeben:

```
<tbody>
    <?php foreach($this->filme as $i => $film): ?>
    <tr class="row<?php echo $i % 2; ?>">
        <td>
            <?php echo $film->name; ?>
        </td>
        <td>
            <?php echo $film->kosten; ?>
        </td>
        <td>
            <?php echo $film->id; ?>
        </td>
    </tr>
    <?php endforeach; ?>
</tbody>
```

foreach() durchläuft zunächst alle Elemente des aus der Datenbank zurückgelieferten Arrays filme. Alle Zeilen bekommen abwechselnd eine spezielle Klasse zugewiesen (class="row<?php echo $i % 2; ?>"). Sie sorgt später dafür, dass die Zeilen zum einen zur Optik des Administrationsbereichs passen und dass zum anderen alle geraden Zeilen leicht dunkel unterlegt werden.

Anschließend packen die echo-Befehle die einzelnen Informationen eines Films in die jeweilige Spalte. Die Variablen, die man hier auslesen kann, tragen automatisch die Namen der Spalten aus der Datenbank. Hierfür hat automatisch das Model (beziehungsweise die intelligente JModelList) gesorgt.

Damit ist die Tabelle schon fast komplett. Es fehlt nur noch am unteren Rand die Möglichkeit, zwischen den Seiten zu blättern:

```
<tfoot>
    <tr>
        <td colspan="3"><?php echo $this->seitenzahl->getListFooter(); ?></td>
    </tr>
</tfoot>
</table>
```

Damit ist das Template komplett. Beispiel 15-20 zeigt es noch einmal in seiner vollen Schönheit.

Beispiel 15-20: Das Basis-Template für den Administrationsbereich (Datei »*admin/views/filmliste/tmpl/default.php*«)

```
<?php
defined('_JEXEC') or die;

// Tooltip-Verhalten laden:
JHtml::_('behavior.tooltip');
```

Beispiel 15-20: Das Basis-Template für den Administrationsbereich (Datei »*admin/views/filmliste/tmpl/default.php*«) *(Forts.)*

```php
?>

<table class="adminlist">
   <!-- Kopfzeile -->
   <thead>
      <tr>
         <th>Film</th>
         <th>Kosten</th>
         <th width="5">ID</th>
      </tr>
   </thead>

   <!-- Hauptbereich mit den eigentlichen Inhalten -->
   <tbody>
      <?php foreach($this->filme as $i => $film): ?>
      <tr class="row<?php echo $i % 2; ?>">
         <td>
            <?php echo $film->name; ?>
         </td>
         <td>
            <?php echo $film->kosten; ?>
         </td>
         <td>
            <?php echo $film->id; ?>
         </td>
      </tr>
      <?php endforeach; ?>
   </tbody>

   <!-- Fußzeile -->
   <tfoot>
      <tr>
         <td colspan="3"><?php echo $this->seitenzahl->getListFooter(); ?></td>
      </tr>
   </tfoot>
</table>
```

Legen Sie unter *admin/views/filmliste* das Verzeichnis *tmpl* an, und speichern Sie darin das Template aus Beispiel 15-20 unter dem Namen *default.php*.

Tipp   In diesem einfachen Beispiel ist das Template noch recht übersichtlich. Bei komplexeren Komponenten können Sie auch einzelne Teile in weitere Dateien auslagern. Eigens zu diesem Zweck bietet Joomla! sogar einen Platzhalter:

```php
<?php echo $this->loadTemplate('nochmehr');?>
```

Diesen Befehl ersetzt das Content-Management-System durch den Inhalt der Datei *default_nochmehr.php*.

Wie das Beispiel zeigt, müssen die zusätzlichen Dateien mit dem Namen des Hauptlayouts, gefolgt von einem Unterstrich, beginnen (*default_*) und die Endung *.php* besitzen.

Als Nächstes braucht es noch einen Controller, der die View aktiviert. Auf den ersten Blick scheint das wieder ganz einfach zu sein:

```php
<?php
defined('_JEXEC') or die;

jimport('joomla.application.component.controller');

// Der Controller für den Administrationsbereich
class KinoportalController extends JController
{
}
?>
```

Der Controller würde dann automatisch eine View mit dem Namen Kinoportal-ViewKinoportal aufrufen. In diesem Fall soll er aber ganz gezielt die View KinoportalViewFilmliste aktivieren. Damit das klappt, muss man seine Methode display() überschreiben:

Beispiel 15-21: Der Controller für den Administrationsbereich (Datei »*admin/controller.php*«)

```php
<?php
defined('_JEXEC') or die;

jimport('joomla.application.component.controller');

// Der Controller für den Administrationsbereich
class KinoportalController extends JController
{
   function display($cachable = false, $urlparams = false)
   {
      // Standard-View setzen:
      JRequest::setVar('view', JRequest::getCmd('view', 'Filmliste'));

      // und View aktivieren:
      parent::display();
   }
}

?>
```

Zunächst teilt JRequest::setVar() dem Controller mit, dass er eine View mit dem Namen Filmliste aufrufen soll (dessen Klassenname folglich KinoportalViewFilmliste lautet). Anschließend sorgt parent::display() dafür, dass genau dies geschieht.

Packen Sie den vollständigen Controller in die Datei *admin/controller.php*.

Abschließend ist noch der Einsprungspunkt *kinoportal.php* im Unterverzeichnis *admin* an der Reihe. Bislang hat er nur eine einfache Meldung ausgegeben. In Zukunft soll er jedoch den Controller aktivieren (siehe Beispiel 15-22):

Beispiel 15-22: Der Einsprungspunkt für den Administrationsbereich (Datei »*admin/kinoportal.php*«)

```php
<?php
defined('_JEXEC') or die;

jimport('joomla.application.component.controller');

// Einsprungspunkt für den Administrationsbereich

// Controller-Objekt erstellen:
$controller = JController::getInstance('Kinoportal');

// Die gestellte Aufgabe lösen:
$controller->execute('');

// Weiterleiten, sofern der Controller dies verlangt:
$controller->redirect();

?>
```

Tatsächlich sieht die Datei genauso aus wie ihre Kollegin aus dem *site*-Verzeichnis. Das wird sich jedoch schon im nächsten Schritt ändern.

Tipp An dieser Stelle noch einmal die Warnung: Passen Sie auf, welche Dateien Sie bearbeiten. Die Dateien im Unterverzeichnis *admin* kümmern sich ausschließlich um den Administrationsbereich und wissen nichts von denen im Unterverzeichnis *site*.

Sobald der Administrator den Menüpunkt KOMPONENTEN → KINOPORTAL aufruft, bemüht Joomla! den obigen Einsprungspunkt aus Beispiel 15-22. Dieser aktiviert wiederum den Controller, der seinerseits die View Filmliste aufruft. Diese holt dann aus dem Model die Liste mit allen Filmen und zeigt sie mithilfe ihres Templates auf dem Bildschirm an.

Damit die neu geschaffenen Dateien bei der Installation der Komponente nicht verloren gehen, müssen Sie jetzt noch die Informationsdatei *kinoportal.xml* wie in Beispiel 15-23 erweitern:

Beispiel 15-23: Die XML-Informationsdatei (»*kinoportal.xml*«) kennt jetzt auch die Dateien der Administrator-Schnittstelle.

```xml
<?xml version="1.0" encoding="utf-8"?>
<extension type="component" version="2.5">
   <name>Kinoportal</name>
   <creationDate>04. August 2011</creationDate>
   <author>Tim Schürmann</author>
   <authorEmail>tischuer@yahoo.de</authorEmail>
   <authorUrl>http://www.tim-schuermann.de</authorUrl>
   <copyright>(C) Tim Schürmann 2011</copyright>
   <license>GNU General Public License</license>
   <version>1.0</version> <!-- Versionsnummer der Komponente -->
```

Beispiel 15-23: Die XML-Informationsdatei (»*kinoportal.xml*«) kennt jetzt auch die Dateien der Administrator-Schnittstelle. *(Fortsetzung)*

```
<description>Diese Komponente verwaltet die teuersten Filme aller Zeiten.</description>

<install>
  <sql>
    <file charset="utf8" driver="mysql">sql/install.mysql.utf8.sql</file>
  </sql>
</install>
<uninstall>
  <sql>
    <file charset="utf8" driver="mysql">sql/uninstall.mysql.utf8.sql</file>
  </sql>
</uninstall>

<files folder="site">
  <filename>kinoportal.php</filename>
  <filename>controller.php</filename>
  <folder>models</folder>
  <folder>views</folder>
</files>

<administration>
  <menu>Kinoportal</menu>
  <files folder="admin">
    <filename>kinoportal.php</filename>
    <filename>controller.php</filename>
    <folder>sql</folder>
    <folder>views</folder>
    <folder>models</folder>
  </files>
</administration>

</extension>
```

Hier wurden lediglich die hinzugekommenen Dateien und Verzeichnisse angemeldet.

Der Inhalt Ihres Arbeitsverzeichnisses sollte jetzt so wie in Abbildung 15-9 aussehen.

Deinstallieren Sie jetzt die Kinoportal-Komponente aus dem vorherigen Schritt (via ERWEITERUNGEN → ERWEITERUNGEN auf dem Register VERWALTEN), verpacken Sie dann den gesamten Inhalt Ihres Arbeitsverzeichnisses in ein ZIP-Archiv, und installieren Sie es unter Joomla!.

 Tipp Sie können sich die Installation sparen, wenn Sie Ihre Komponente wieder in ein Update-Paket verwandeln. Sofern sich seit der letzten Version der Komponente auch die Datenbank geändert hat, müssen Sie allerdings ein entsprechendes Update-Skript erstellen (mehr dazu finden Sie im Kasten *Upgrade-Pakete*). Im Kinoportal ist das nicht notwendig, dort können Sie einfach die zweite Zeile der Datei *kinoportal.xml* in

```
<extension type="component" version="2.5" method="upgrade">
```
ändern.

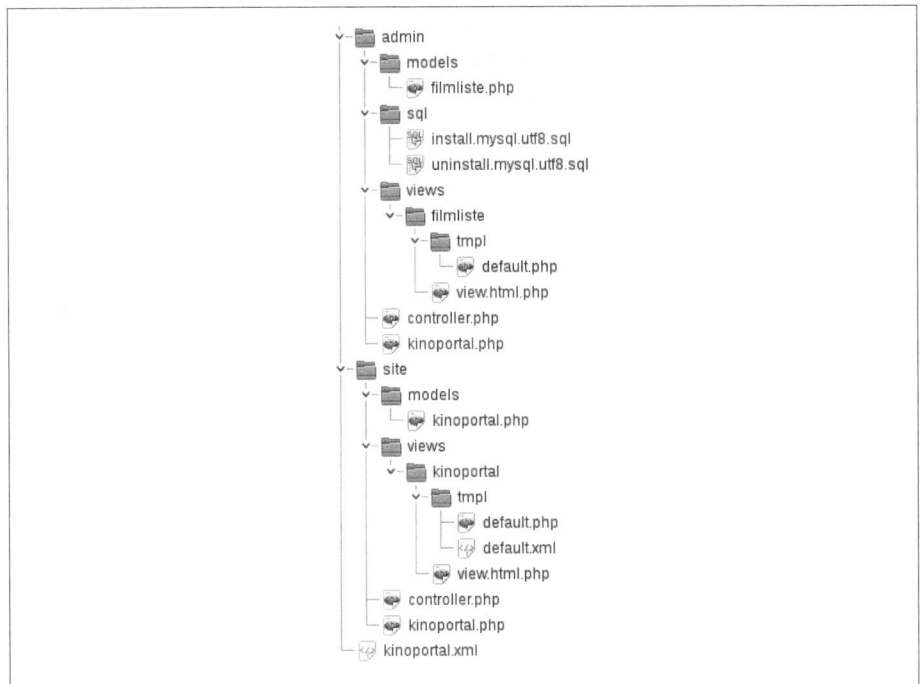

Abbildung 15-9: Der Inhalt Ihres Arbeitsverzeichnisses mit der View für den Administrationsbereich

Wenn Sie jetzt im Administrationsbereich den Punkt KOMPONENTEN → KINOPOR-
TAL aufrufen, erscheint die Liste aus Abbildung 15-8 (siehe Seite 727).

Sofern Sie nur eine leere weiße Seite präsentiert bekommen oder das Menü fehlt,
hat sich irgendwo ein Tippfehler eingeschlichen. Kontrollieren Sie deshalb noch
einmal alle Verzeichnis- und Dateinamen sowie die Inhalte.

8. Schritt: Bearbeitungsbildschirm hinzufügen

Die Tabelle stellt nur die vorhandenen Filme zur Auswahl. Um einen vorhandenen
Film bearbeiten oder einen neuen hinzufügen zu können, benötigt man einen passenden Bearbeitungsbildschirm. Sie ahnen vielleicht schon, was kommt: Auch er
besteht aus einem eigenen Satz aus Model, View und Controller.

Version   Unter Joomla! 1.5 musste man noch den Bearbeitungsbildschirm mühsam selbst   X.X
zusammenstricken. Diese Arbeit sollen ab Version 1.6 ein paar zusätzliche Klassen
erleichtern. Im Gegenzug muss man allerdings noch mehr Dateien jonglieren.
Wenn Sie die schon nicht mehr sehen können, sollten Sie am besten jetzt noch
einmal tief durchatmen.

Upgrade-Pakete

X.X

Ab Joomla! 1.6 können Sie von Ihrer Komponente ein spezielles Upgrade-Paket schnüren. Die späteren Anwender können dann jede neue Version der Komponente einfach wie gewohnt über die alte installieren. Sämtliche bereits mit der Komponente verwalteten Daten bleiben dabei erhalten. Damit das klappt, müssen Sie allerdings etwas Vorarbeit leisten.

Zunächst darf die Versionsnummer Ihrer Komponente keine Großbuchstaben enthalten und muss zudem einem einfachen, einheitlichen Schema folgen (wie etwa 1.0, 1.1, 2.0 und so weiter). Des Weiteren müssen Sie bereits der allerersten ausgelieferten Fassung Ihrer Komponente ein spezielles Update-Skript beilegen.

Dazu erstellen Sie in Ihrem Arbeitsverzeichnis unter *admin/sql* ein neues Unterverzeichnis *updates*. Darin legen Sie wiederum für jede von Joomla! unterstützte Datenbank einen Ordner an. Im Fall von MySQL heißt er *mysql*, für SQL Server heißt er *sqlsrv* und beim Azure-Dienst *sqlazure*. In diesen Ordnern erstellen Sie jeweils eine neue Textdatei mit der Endung *.sql*. Als Dateinamen erhält sie die Versionsnummer, die in der *.xml*-Informationsdatei zwischen `<version>` und `</version>` steht. Wenn die erste Version Ihrer Komponente die Versionsnummer 1.0 trägt, müssen Sie folglich für MySQL die Datei

admin/sql/updates/mysql/1.0.sql

anlegen. In ihr verstauen Sie noch einmal alle SQL-Anweisungen aus der Datei *install.mysql.utf8.sql*; sie sollte folglich die Datenbank einrichten. Für SQL Server und den Azure-Dienst verfahren Sie analog. Das Ergebnis sind dann die folgenden drei Dateien:

- *admin/sql/updates/mysql/1.0.sql*
- *admin/sql/updates/sqlsrv/1.0.sql*
- *admin/sql/updates/sqlazure/1.0.sql*

Als Nächstes müssen Sie Joomla! noch auf diese Dateien hinweisen. Dazu öffnen Sie die *.xml*-Informationsdatei und fügen ihr nach `</uninstall>` den Abschnitt

```
<update>
    <schemas>
    <schemapath type="mysql">sql/updates/mysql</schemapath>
    <schemapath type="sqlsrv">sql/updates/sqlsrv</schemapath>
    <schemapath type="sqlazure">sql/updates/sqlazure</schemapath>
    </schemas>
</update>
```

hinzu.

Abschließend erweitern Sie noch das `<extension ...>`-Tag:

```
<extension type="component" version="2.5" method="upgrade">
```

→

Wenn Sie jetzt eine neue Version Ihrer Komponente anfertigen, geben Sie ihr eine neue Versionsnummer, wie etwa **1.1**. Sofern sich dabei an der Datenbanktabelle etwas geändert hat, erstellen Sie in den drei Verzeichnissen

- *admin/sql/updates/mysql/*
- *admin/sql/updates/sqlsrv/*
- *admin/sql/updates/sqlazure/*

jeweils eine weitere Datei *1.1.sql*. In diesen Dateien legen Sie jetzt alle SQL-Befehle ab, die die Datenbanktabelle auf den aktuellen Stand bringen. Widerstehen Sie hier unbedingt der Versuchung, einfach die Tabelle zu löschen und eine neue anzulegen – schließlich könnte jemand die Komponente schon benutzt und somit in der Tabelle wertvolle Daten gespeichert haben. Denken Sie auch daran, dass jede Datenbank ihren eigenen SQL-Dialekt spricht. In die für MySQL bestimmte Datei *admin/sql/updates/mysql/1.1.sql* gehören somit sehr wahrscheinlich andere Befehle als in die an SQL Server adressierte Datei *admin/sql/updates/sqlsrv/1.1.sql*.

Im nächsten Schritt bringen Sie die Dateien

- *install.mysql.utf8.sql*
- *install.sqlsrv.utf8.sql*
- *install.sqlazure.utf8.sql*

auf den aktuellen Stand. Im Gegensatz zur *1.1.sql* sollten Sie die Datenbanktabelle weiterhin komplett neu anlegen. Abschließend müssen Sie nur noch in der *.xml*-Informationsdatei zwischen `<version>` und `</version>` die neue Versionsnummer **1.1** eintragen.

Wenn jemand später Ihre Komponente installiert, kopiert Joomla! zunächst alle Dateien aus dem ZIP-Archiv über die schon vorhandenen (löscht aber keine nach der Aktualisierung überflüssigen Dateien). Anschließend greift Joomla! automatisch auf das passende SQL-Skript zurück:

- Sofern die Komponente noch nicht installiert ist und im Hintergrund eine MySQL-Datenbank läuft, führt Joomla! das SQL-Skript *install.mysql.utf8.sql* aus.
- Sofern im Hintergrund eine MySQL-Datenbank läuft, die Komponente bereits installiert ist und die Versionsnummer 1.0 trägt, startet hingegen das Skript *1.1.sql* aus dem Unterverzeichnis *admin/sql/updates/mysql/*. Dieses bringt dann wiederum die Datenbank auf den neuesten Stand.

Für jede weitere nachfolgende Version Ihrer Komponente müssen Sie in den Unterverzeichnissen unter *admin/sql/updates/* jeweils eine neue *.sql*-Datei erstellen (vorausgesetzt, es hat sich an der Datenbanktabelle etwas verändert).

Testen Sie unbedingt, ob das Update und die Neuinstallation Ihrer Komponente auch reibungslos funktionieren. Ein kleiner (Tipp-)Fehler in einer der SQL-Dateien kann die komplette Datenbanktabelle unbrauchbar machen – was die späteren Nutzer sicherlich nicht freuen wird.

Bevor es richtig losgeht, erklärt man Joomla! kurz den geplanten Aufbau des Bearbeitungsbildschirms. Das geschieht über ein paar spezielle XML-Befehle, die verdammt stark nach HTML riechen. Mit dem Ergebnis spart man sich später einige Arbeit.

Jeder Bearbeitungsbildschirm besteht aus einem Formular

```
<form>
</form>
```

das wiederum eines oder mehrere Eingabefelder enthält. Im Kinoportal muss man als Erstes den Filmnamen eingeben:

```
<form>
   <field
      name="name"
      type="text"
      label="Filmname:"
      description="Geben Sie hier den vollständigen Filmnamen ein."
      size="100"
      class="inputbox"
      default=""
   />
   ...
```

Das Tag `<field />` erzeugt ein neues Formularelement. Welches genau, bestimmen die vielen Attribute:

`name="name"`
name gibt dem Eingabefeld zunächst einen im ganzen Formular eindeutigen, internen Namen. Sie könnten sich einen Namen überlegen oder aber kurzerhand den Namen der zugehörigen Tabellenspalte verwenden. Dann kann Joomla! sogar später die in das Formular eingetippten Daten automatisch in die Datenbank schieben. Die Filmnamen speichert die Datenbanktabelle in der Spalte name, folglich ist dies auch hier der korrekte name.

`type="text"`
type="text" sagt Joomla!, dass es sich um ein Eingabefeld für einen Text handelt. Welche Typen es sonst noch so gibt, verrät die Joomla!-Dokumentation unter *http://docs.joomla.org/Standard_form_field_types*. Eine Auflistung an dieser Stelle würde den Rahmen des Buches sprengen.

`label="Filmname:"`
Damit der spätere Benutzer des Formulars weiß, was er in das Feld eingeben muss, verpasst label dem Feld eine Beschriftung -- in diesem Fall Filmname:.

`description="Geben Sie hier ..."`
Wenn der Benutzer mit der Maus über die Beschriftung fährt, zeigt Joomla! den Text hinter description an. Dieser Hinweistext sollte folglich eine kurze und knappe Ausfüllhilfe geben.

```
size="100"
```
size legt fest, wie viele Zeichen man später in das Textfeld eingeben kann. Für die meisten Filmnamen sollten 100 Zeichen ausreichen – mehr nimmt die Datenbanktabelle auch gar nicht entgegen (wie ein Blick in die Datei *admin/sql/ install.mysql.utf8.sql* verrät).

```
class="inputbox"
```
class weist dem Feld eine CSS-Klasse zu, die später für ein ansprechendes Aussehen sorgt. Sie sollten hier keine eigenen Namen erfinden, sondern auf die für jeden typ vorgegebenen zurückgreifen. Für diese Typen bringen die meisten fertigen Templates passende CSS-Dateien mit. In diesem Fall handelt es sich um ein einfaches Eingabefeld, eine inputbox. Über die möglichen Werte für class gibt wieder die Joomla!-Dokumentation unter *http://docs.joomla.org/Standard_ form_field_types* Auskunft.

```
default=""
```
Abschließend kann man über default das Eingabefeld noch mit einem Standardtext vorbelegen. Im Kinoportal soll das Feld leer bleiben, folglich wird default nur die leere Zeichenkette übergeben (alternativ könnten Sie das Attribut auch einfach komplett weglassen).

Als Nächstes sind die Produktionskosten an der Reihe, die ein weiteres Eingabefeld verlangen:

```
...
<field
    name="kosten"
    type="text"
    label="Produktionskosten:"
    description="Geben Sie hier die Produktionskosten in Mio. US-Dollar ein."
    size="40"
    class="inputbox validate-numeric"
    default=""
/>
...
```

Die Datenbanktabelle speichert alle Kosten in der Spalte kosten, folglich ist dies hier der passende name für das Eingabefeld. Da Joomla! bislang kein spezielles Eingabefeld für Zahlen anbietet, muss man zwangsweise auf ein normales Textfeld zurückgreifen (type="text"). Alle übrigen Attribute funktionieren wie oben beschrieben.

Wie erwähnt, kann Joomla! später die in das Formular eingetippten Daten automatisch in der Datenbank speichern. Damit das klappt, muss man hier den Eingabefeldern die Namen der Tabellenspalten verpassen. Zusätzlich muss es noch für jede Tabellenspalte genau ein Formularfeld geben. Im Beispiel besitzt die Tabelle noch eine Spalte namens id, die für jeden Film eine eindeutige Identifikationsnummer speichert. Es muss also abschließend noch ein weiteres Eingabefeld her. Die Datenbank wählt die id jedoch automatisch; ein Benutzer des Formulars darf sie folglich nicht selbst vergeben. Also versteckt man das Feld einfach:

```
...
<field
    name="id"
    type="hidden"
/>
...
```

Da das Feld für den Benutzer des Formulars unsichtbar ist, kann man die ganzen anderen Attribute weglassen.

Abschließend sollte man noch die drei Felder zu einer Gruppe zusammenfassen. Dazu umrahmt man sie mit `<fieldset>` und `</fieldset>`. Das fertige Formular sehen Sie in Beispiel 15-24.

Beispiel 15-24: Das fertige Formular zur Eingabe eines Films (Datei »*admin/models/forms/filmbearbeitung.xml*«)

```xml
<?xml version="1.0" encoding="utf-8"?>
<form>
    <fieldset>
        <field
            name="id"
            type="hidden"
        />
        <field
            name="name"
            type="text"
            label="Filmname:"
            description="Geben Sie hier den vollständigen Filmnamen ein."
            size="100"
            class="inputbox"
            default=""
        />
        <field
            name="kosten"
            type="text"
            label="Produktionskosten:"
            description="Geben Sie hier die Produktionskosten in Mio. US-Dollar ein."
            size="40"
            class="inputbox validate-numeric"
            default=""
        />
    </fieldset>
</form>
```

Wechseln Sie in Ihrem Arbeitsverzeichnis in den Ordner *admin/models*, und erstellen Sie dort ein weiteres Verzeichnis namens *forms*. In ihm speichern Sie Beispiel 15-24 unter dem Dateinamen *filmbearbeitung.xml*.

 Tipp Die komplette Definition des Formulars können Sie später mit einem Objekt der Klasse `JForm` einlesen und weiterverarbeiten. Netterweise generiert es auch ein passendes HTML-Formular.

Mit dem Formular im Rücken kann man sich nun an die Erstellung des Models machen. Der Bearbeitungsbildschirm ändert einen Film oder legt einen neuen an. Das zugehörige Model benötigt folglich Methoden, mit denen man einen ganz bestimmten Film aus der Datenbank holt, dort einen neuen ablegt sowie einen vorhandenen modifiziert. Diese Dreierbande könnte man jetzt nach dem gleichen Prinzip wie beim Filmliste-Model anlegen (Datenbank mit JFactory::getDBO(); holen, ein JQuery-Objekt ausfüllen und abschicken – siehe Abschnitt »7. Schritt: Übersichtsliste für die Administrator-Schnittstelle der Komponente«, Beispiel 15-18 auf Seite 724).

Es geht aber auch einfacher: Joomla! liefert ab Version 1.6 die Klasse JModelAdmin aus. Sie enthält bereits diese drei Basismethoden (und ein paar mehr). Um JModel-Admin nutzen zu können, muss man ihr allerdings mitteilen, welche Datenbanktabelle sie manipulieren soll und wie so ein Datensatz genau aussieht. Genau dafür gibt es die JTable-Klasse. Von ihr muss man lediglich eine eigene Klasse ableiten und den Konstruktor leicht modifizieren:

Beispiel 15-25: Ein Datensatz für einen Film, gekapselt von der Klasse KinoportalTableKinoportal (Datei »*admin/tables/kinoportal.php*«)

```php
<?php
defined('_JEXEC') or die;

jimport('joomla.database.table');

class KinoportalTableKinoportal extends JTable
{
   function __construct(&$db)
   {
      parent::__construct('#__filme', 'id', $db);
   }
}
?>
```

Der Konstruktor gibt seinem Kollegen aus der Oberklasse zunächst einen Hinweis auf die Datenbanktabelle (im Beispiel #__filme) und nennt den Primärschlüssel (im Beispiel war das id, wie ein Blick in die Datei admin/sql/install.mysql.utf8.sql verrät). Das Datenbankobjekt wird einfach durchgereicht.

Das war schon alles: Die Klasse KinoportalTableKinoportal repräsentiert damit einen kompletten Film. Legen Sie unterhalb von *admin* ein neues Verzeichnis namens *tables* an, und speichern Sie darin die Klasse aus Beispiel 15-25 in der Datei *kinoportal.php*.

Jetzt kann man endlich das Model erstellen. Im Beispiel soll es den Namen Filmbearbeitung bekommen. Die Klasse heißt somit KinoportalModelFilmbearbeitung:

```php
   <?php
   defined('_JEXEC') or die;
```

```
jimport('joomla.application.component.modeladmin');

class KinoportalModelFilmbearbeitung extends JModelAdmin
{
```

Damit die Klasse funktioniert, muss man sie auf die gerade erstellte JTable-Klasse KinoportalTableKinoportal hinweisen. Dazu überschreibt man die Methode getTable():

```
public function getTable($type = 'Kinoportal', $prefix = 'KinoportalTable',
                $config = array())
{
    return JTable::getInstance($type, $prefix, $config);
}
```

Sie liefert einfach ein KinoportalTableKinoportal-Objekt zurück. Dabei hilft wiederum die statische Methode JTable::getInstance(), der man nur die Bestandteile des Klassennamens übergeben muss.

Damit ist das Model aber noch nicht ganz fertig. Es übernimmt nämlich auch die Verwaltung des Formulars. Die View hat damit einen zentralen Ansprechpartner, den sie sowohl um die Daten als auch um das Formular bitten kann. Damit das klappt, ist eine weitere Methode notwendig, die das Formular zurückliefert:

```
public function getForm($data = array(), $loadData = true)
{
    // Lade das Formular:
    $form = $this->loadForm('com_kinoportal.filmbearbeitung', 'filmbearbeitung',
                array('control' => 'jform', 'load_data' => $loadData));

    // Prüfe, ob es leer ist ...
    if (empty($form))
    {
        return false;
    }

    // ... und liefere es zurück:
    return $form;
}
```

Die Methode loadForm() lädt hier das Formular in der Datei *filmbearbeitung.xml* und verpackt es in ein JForm-Objekt, das die Methode getForm() schließlich zurückliefert.

Damit ist das Model immer noch nicht fertig. Wenn jemand später im Administrationsbereich einen Film bearbeiten möchte, sollte das Formular ihn mit den noch aktuellen Daten des Films begrüßen. Das Model ist so clever, dass es das Formular automatisch korrekt ausfüllt. Welche Daten dabei ins Formular wandern, bestimmt die Methode loadFormData():

```
protected function loadFormData()
{
    return $this->getItem();
}
```

```
    }
```

In dieser einfachen Fassung hier holt sie die Daten des ausgewählten Films aus der Datenbank und gibt sie direkt zurück. Die schon bekannte Methode getItem() liefert ein Array mit den Filmdaten zurück – genau das, was die Klasse JModelAdmin von loadFormData() verlangt.

Damit ist das Model für den Bearbeitungsbildschirm endlich komplett. Alle anderen benötigten Methoden sind in JModelAdmin schon fix und fertig enthalten. Beispiel 15-26 zeigt die Klasse noch einmal als Ganzes.

Beispiel 15-26: Das fertige Model »KinoportalModelFilmbearbeitung« (Datei »*admin/models/filmbearbeitung.php*«)

```php
<?php
defined('_JEXEC') or die;

jimport('joomla.application.component.modeladmin');

class KinoportalModelFilmbearbeitung extends JModelAdmin
{
    public function getTable($type = 'Kinoportal', $prefix = 'KinoportalTable', $config
                             = array())
    {
        return JTable::getInstance($type, $prefix, $config);
    }

    public function getForm($data = array(), $loadData = true)
    {
        // Lade das Formular:
        $form = $this->loadForm('com_kinoportal.filmbearbeitung', 'filmbearbeitung',
                    array('control' => 'jform', 'load_data' => $loadData));

        // Prüfe, ob es leer ist ...
        if (empty($form))
        {
            return false;
        }

        // ... und liefere es zurück:
        return $form;
    }

    protected function loadFormData()
    {
        return $this->getItem();
    }
}

?>
```

Speichern Sie das Model im Unterverzeichnis *admin/models* in der Datei *filmbearbeitung.php*.

Das Model liefert die Daten für den Bearbeitungsbildschirm, und die View kümmert sich um seine Anzeige. Deshalb geht es jetzt mit ihr weiter. Sie soll einen Bearbeitungsbildschirm wie den aus Abbildung 15-10 anzeigen.

Tipp Wenn Sie komplexere Eingabemasken haben, sollten Sie sich diese zuvor auf Papier vorzeichnen.

Abbildung 15-10: So soll später der Bearbeitungsbildschirm für einen Film aussehen.

Die dafür notwendige Klasse ist dank der bis hierhin geleisteten Vorarbeit relativ kurz (siehe Beispiel 15-27):

Beispiel 15-27: Die View für den Bearbeitungsbildschirm (Datei »*admin/views/filmbearbeitung/view.html.php*«)

```php
<?php
defined('_JEXEC') or die;

jimport('joomla.application.component.view');

class KinoportalViewFilmbearbeitung extends JView
{
    // Variablen zur Speicherung des zu bearbeitenden Films und des dafür zuständigen
Formulars:
    protected $film;
    protected $form;

    public function display($tpl = null)
    {
        // Daten holen und merken:
        $this->film = $this->get('Item');
        $this->form = $this->get('Form');

        // Auf Fehler prüfen:
        if (count($errors = $this->get('Errors')))
        {
            JError::raiseError(500, implode('<br />', $errors));
            return false;
        }

        // Werkzeugleiste einrichten:
        JRequest::setVar('hidemainmenu', true);
```

Beispiel 15-27: Die View für den Bearbeitungsbildschirm (Datei »admin/views/filmbearbeitung/view.html.php«) (Fortsetzung)

```
    $isNew = ($this->film->id == 0);
    JToolBarHelper::title($isNew ? 'Neuen Film anlegen' : 'Film bearbeiten');
    JToolBarHelper::save('filmbearbeitung.save');
    JToolBarHelper::cancel('filmbearbeitung.cancel', $isNew ? 'JTOOLBAR_CANCEL'
                      : 'JTOOLBAR_CLOSE');

    // Template aktivieren und anzeigen:
    parent::display($tpl);
  }

}
?>
```

Zunächst holt sie vom Model (KinoportalModelFilmbearbeitung) den zu bearbeitenden Film aus der Datenbank und merkt ihn sich:

```
    $this->film = $this->get('Item');
```

Soll ein neuer Film angelegt werden, ist das zurückgelieferte Array leer und kann mit neuen Daten befüllt werden. Anschließend fordert die View das Formular an:

```
    $this->form = $this->get('Form');
```

Das Formular kommt gleich noch im Template zum Einsatz.

Nach der obligatorischen Fehlerprüfung deaktiviert

```
    JRequest::setVar('hidemainmenu', true);
```

das Hauptmenü am oberen Rand. Damit muss der Benutzer das Formular ordnungsgemäß über eine der beiden Schaltflächen ABBRECHEN oder SPEICHERN beenden, es können also keine gesperrten Filme zurückbleiben.

Als Nächstes prüft

```
    $isNew = ($this->film->id == 0);
```

ob ein neuer Film angelegt werden soll. In diesem Fall war das $film-Array leer, $film->id somit gleich 0. Abhängig vom Ergebnis schmückt

```
    JToolBarHelper::title($isNew ? 'Neuen Film anlegen' : 'Film bearbeiten');
```

die bislang noch recht leere Werkzeugleiste entweder mit dem Schriftzug Neuen Film anlegen oder Film bearbeiten. Die Klasse JToolBarHelper hält noch weitere Methoden bereit, mit denen man die Werkzeugleiste zusammenbauen kann. Das nutzt Beispiel 15-27 auch direkt aus, um sie mit einem SPEICHERN & SCHLIEßEN-Knopf zu versehen:

```
    JtoolBarHelper::save('filmbearbeitung.save');
```

Die Beschriftung des Knopfs vergibt Joomla! automatisch in der passenden Sprache.

Wenn jemand später diesen SPEICHERN & SCHLIEßEN-Knopf anklickt, muss der Film in die Datenbank wandern beziehungsweise dort aktualisiert werden. Die

View übernimmt das nicht selbst, sondern delegiert diese Aufgabe – ganz nach dem MVC-Schema – an einen speziellen Controller. Im Kinoportal soll er Filmbearbeitung heißen (die Klasse heißt also `KinoportalControllerFilmbearbeitung`). Damit dieser Controller weiß, was er machen soll, muss man ihm die gewünschte Aufgabe (englisch *Task*) nennen. Einige Standard-Aufgaben haben in Joomla! feste Namen. In diesem Fall soll der Controller etwas speichern; die zugehörige Aufgabe heißt save.

Der Speichern & Schließen-Knopf muss also den Controller `Filmbearbeitung` mit der Aufgabe save betrauen. Damit er das auch tatsächlich macht, schreibt man die beiden Begriffe klein, tackert sie mit einem Punkt zusammen (`filmbearbeitung.save`) und übergibt das Gebilde der Funktion `JToolBarHelper::save()` (fragen Sie mich jetzt nicht, wer sich diese Notation hat einfallen lassen).

 Tipp Da das Konzept wieder etwas die Hirnwindungen erweicht, noch einmal kurz zusammengefasst:

`save()` erzeugt einen Speichern & Schließen-Knopf in der Werkzeugleiste. Sobald ihn jemand anklickt, weckt der Knopf einen Controller mit dem Namen `Filmbearbeitung` und weist ihn an, die Aufgabe save auszuführen. Der schlaue Controller weiß damit, dass er einen Film in der Datenbank speichern sol,l und veranlasst alles dazu Notwendige.

Sie ahnen es vermutlich schon: Auch der Controller `Filmbearbeitung` muss noch erstellt werden. Wie Sie aber gleich sehen werden, ist das jedoch einfacher, als es zunächst klingt. Doch zuvor noch kurz zum Rest der View aus Beispiel 15-27.

Dort erzeugt abschließend

```
JToolBarHelper::cancel('filmbearbeitung.cancel', $isNew ? 'JTOOLBAR_CANCEL' :
'JTOOLBAR_CLOSE');
```

nach dem gleichen Prinzip eine Abbrechen-Schaltfläche. Wenn man sie anklickt, aktiviert sie ebenfalls den Controller `Filmbearbeitung`, den sie mit der Aufgabe cancel betreut. Der zweite Parameter

```
$isNew ? 'JTOOLBAR_CANCEL' : 'JTOOLBAR_CLOSE'
```

beschriftet den Knopf schließlich noch korrekt: Sofern ein neuer Film angelegt wird, heißt er Abbrechen; wird ein Film bearbeitet, heißt er hingegen Schließen. Die Platzhalter `JTOOLBAR_CANCEL` und `JTOOLBAR_CLOSE` ersetzt Joomla! später automatisch durch die passende Beschriftung in der aktuellen Sprache. Bei einer deutschen Administrationsoberfläche wird aus `JTOOLBAR_CANCEL` die Beschriftung Abbrechen, und `JTOOLBAR_CLOSE` verwandelt sich in Schließen.

Erstellen Sie unter *admin/views* das neue Unterverzeichnis *filmbearbeitung*, und speichern Sie darin das Beispiel 15-27 in der Datei *view.html.php*. Sie ist allerdings erst mit einem Template komplett. Das startet wieder mit dem bekannten Vorspann:

```
<?php
defined('_JEXEC') or die;

JHtml::_('behavior.tooltip');
?>
```

Der Bearbeitungsbildschirm besteht im Kern aus einem (HTML-)Formular:

```
<form
    action="<?php echo JRoute::_('index.php?option=com_kinoportal&layout=edit&id='.
                    (int) $this->film->id); ?>"
    method="post"
    name="adminForm"
    id="kinoportal-form"
>
    ...
```

Dieses öffnende <form>-Tag sieht etwas wüst aus, ist aber notwendig: Das kryptische

```
JRoute::_('index.php?option=com_kinoportal&layout=edit&id='.(int) $this->film->id);
```

klöppelt eine spezielle Internetadresse zusammen, an die der Browser das ausgefüllte Formular zurückschickt. Wenn Sie der Schnellinstallationsanleitung aus Kapitel 2, *Installation*, gefolgt sind, verwandelt Joomla! den obigen JRoute()-Aufruf in diese Adresse:

http://localhost/joomla/index.php?option=com_kinoportal&layout=edit&id=2

In der Adresse codiert ist zum einen die Komponente (com_kinoportal), für die das ausgefüllte Formular bestimmt, ist und zum anderen die Identifikationsnummer des zu ändernden Films ($this->film->id baut diese Information ein; wird ein neuer Film angelegt, ist der Wert automatisch immer 0). Wenn der Browser das ausgefüllte Formular an diese Adresse zurücksendet, kann Joomla! dann automatisch die passende Komponente wecken (das Verfahren wurde bereits im Kasten *Joomla! und seine Internetadressen* auf Seite 712 vorgestellt).

Das Attribut method spezifiziert noch die Übertragungsmethode, während name und id später bei der (automatischen) Weiterverarbeitung benötigt werden.

Als Nächstes muss das Template einfach nur alle Felder aus dem vom Model geholten Formular holen und einbauen:

```
<fieldset class="adminform">
    <legend>Filmdaten</legend>

    <ul class="adminformlist">
        <?php foreach($this->form->getFieldset() as $field): ?>
            <li><?php echo $field->label;echo $field->input;?></li>
        <?php endforeach; ?>
    </ul>
</fieldset>
```

Das `<fieldset class="adminform">` gruppiert alle zum Film gehörenden Felder. Später im Bearbeitungsschirm zieht Joomla! dann automatisch einen Rahmen um die beiden Eingabefelder. `<legend>` verpasst dieser Gruppe noch eine Beschriftung (genau wie in Abbildung 15-10 auf Seite 742). Damit die einzelnen Felder aus dem Formular nicht optisch aneinanderkleben, landen sie schließlich noch einfach in einer `<ul>`-Liste.

Wenn der Browser das Formular zurückschickt, muss abhängig von der angeklickten Schaltfläche ein ganz bestimmter Controller aktiviert werden. Welcher das ist, bestimmt ein spezielles, verstecktes Feld am unteren Ende des Formulars:

```
<input type="hidden" name="task" value="filmbearbeitung.edit" />
```

Dieses Feld wird automatisch von der angeklickten Schaltfläche ausgefüllt und legt den aufzurufenden Controller sowie die von ihm durchzuführende Aufgabe fest. `filmbearbeitung.edit` dient hier nur als eine erste Vorgabe.

Tipp Wenn Sie sich fragen, wie das automatische Ausfüllen funktioniert: Sobald jemand auf eine Schaltfläche klickt, wird im Hintergrund eine JavaScript-Funktion aktiviert, die das Formular um die noch fehlenden Informationen ergänzt und es dann letztendlich auch abschickt. Das ist übrigens auch der Grund, warum alle Schaltflächen stumm bleiben, sobald Sie in Ihrem Browser JavaScript deaktivieren.

Das versteckte Formularfeld wertet Joomla! später alleine aus. Sie müssen es hier einfach nur anbieten (und können es danach vergessen).

Abschließend injiziert noch der Befehl

```
<?php echo JHtml::_('form.token'); ?>
```

ein Sicherheitstoken in das Formular. Es stellt sicher, dass der Benutzer über den Administrationsbereich zum Bearbeitungsbildschirm gekommen ist. Andernfalls könnte ein Angreifer einfach wiederholt das Formular senden und so automatisiert die Datenbank mit eigenem Datenmüll fluten.

Beispiel 15-28 zeigt das damit schon fertige Template. Erstellen Sie unter *admin/views/filmbearbeitung* den Ordner *tmpl*, und verstauen Sie darin das Template in der Datei *edit.php*. Dieser Dateiname ist hier notwendig, damit später die Automatiken der Controller reibungslos funktionieren (diese aktivieren später die View und weisen sie explizit an, das Template mit dem Namen *edit.php* zu verwenden).

Tipp Da das wieder ganz schön kompliziert war, hier noch mal kurz zusammengefasst:
Die View bastelt mit dem Template ein HTML-Formular zusammen und sendet es an den Browser. Sobald jemand in der Werkzeugleiste auf eine der beiden Schaltflächen klickt, hinterlegt die View im unsichtbaren Feld am unteren Rand den zu aktivierenden Controller und die von ihm auszuführende Aufgabe. Anschließend schickt der Browser das Formular an die im öffnenden `<form>`-Tag hinterlegte Internetadresse. Joomla! empfängt die Daten, sieht anhand der Internetadresse,

dass die Kinoportal-Komponente zuständig ist, und leitet das ausgefüllte Formular umgehend an sie weiter.

Beispiel 15-28: Das Template für die Filmbearbeitung-View (Datei »*admin/views/filmbearbeitung/tmpl/edit.php*«)

```php
<?php
defined('_JEXEC') or die;

JHtml::_('behavior.tooltip');
?>

<form action="<?php echo JRoute::_('index.php?option=com_kinoportal&layout=edit&id='.
(int) $this->film->id); ?>" method="post" name="adminForm" id="kinoportal-form">

    <fieldset class="adminform">
        <legend>Filmdaten</legend>
        <ul class="adminformlist">
            <?php foreach($this->form->getFieldset() as $field): ?>
                <li><?php echo $field->label;echo $field->input;?></li>
            <?php endforeach; ?>
        </ul>
    </fieldset>

    <div>
        <input type="hidden" name="task" value="filmbearbeitung.edit" />
        <?php echo JHtml::_('form.token'); ?>
    </div>
</form>
```

Damit fehlt dem Bearbeitungsbildschirm nur noch ein Controller. Wie Beispiel 15-29 zeigt, muss man ihn man lediglich von der Klasse `JControllerForm` ableiten.

Beispiel 15-29: Der Controller »Filmbearbeitung« für den Bearbeitungsbildschirm (Datei »*admin/controllers/filmbearbeitung.php*«)

```php
<?php
defined('_JEXEC') or die;

jimport('joomla.application.component.controllerform');

class KinoportalControllerFilmbearbeitung extends JControllerForm
{
    public function __construct($config = array())
    {
        $this->view_list = 'filmliste';
        parent::__construct($config);
    }
}
?>
```

Im Konstruktor teilt man der neuen Klasse lediglich noch in der Variablen `$this->view_list` mit, welche View sie aufrufen soll, wenn der Bearbeitungsbildschirm wieder geschlossen wird. Im Kinoportal soll dann wieder die Liste mit allen Filmen erscheinen, für die wiederum die View Filmliste verantwortlich ist. Ihr Name wandert daher kleingeschrieben in die Variable $this->view_list.

Tipp Wenn Sie nicht auf diese Weise die View angeben, versucht JControllerForm ihn zu erraten. Dabei nimmt er seinen eigenen Namen (in diesem Beispiel Filmbearbeitung) und bildet dann daraus nach den englischen Grammatikregeln den Plural (was hier zu Filmbearbeitungs führen würde). Um Missverständnissen und einer stundenlangen Fehlersuche vorzubeugen, sollten Sie daher möglichst immer in $this->view_list den Namen der aufzurufenden View explizit ablegen.

Erstellen Sie in Ihrem Arbeitsverzeichnis unter *admin* den Ordner *controllers*, und speichern Sie darin den Code aus Beispiel 15-29 in der Datei *filmbearbeitung.php*. Ihr Arbeitsverzeichnis sollte jetzt wie in Abbildung 15-11 aussehen.

Abbildung 15-11: Der Inhalt Ihres Arbeitsverzeichnisses mit dem Bearbeitungsbildschirm für Filme

Damit gibt es jetzt neben der Liste mit allen Filmen auch einen Bearbeitungsbild-schirm, über den man neue Filme anlegen und vorhandene ändern kann. Es wäre allerdings schön, wenn man ihn auch irgendwie aufrufen könnte. Dazu muss man die View mit der Filmliste noch etwas aufbohren.

9. Schritt: Aktionsmöglichkeiten hinzufügen

Um Filme bearbeiten oder löschen zu können, muss man zunächst den oder die betroffenen Filme in der Liste hinter Komponenten → Kinoportal auswählen. Dies geschieht über ein kleines Kästchen vor jeder Zeile. Anschließend löst ein Klick auf ein passendes Symbol in der Werkzeugleiste die Aktion aus oder öffnet den eben maßgeschneiderten Bearbeitungsbildschirm. Das Ergebnis soll später so aussehen wie in Abbildung 15-12.

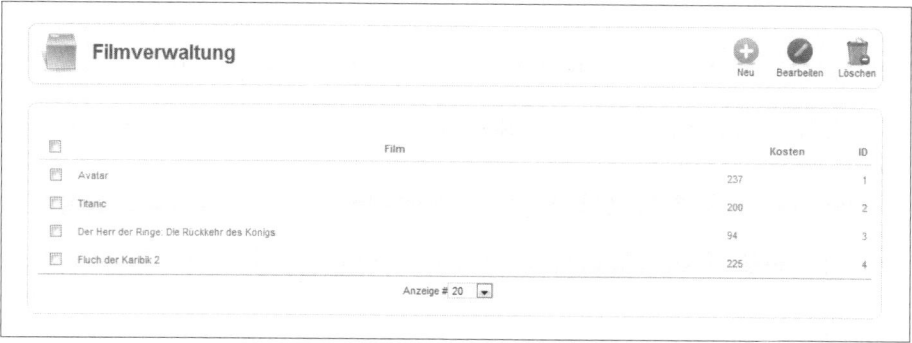

Abbildung 15-12: Die geplante Liste mit den Schaltflächen und den Kästchen zum Ankreuzen

Unter dem Strich gibt es also noch zwei ausstehende Baumaßnahmen:

1. Ausstattung der Werkzeugleiste mit drei Schaltflächen (NEU, BEARBEITEN und LÖSCHEN)
2. Erweiterung der Tabelle um eine Spalte mit Kästchen (englisch Checkbox)

Zunächst zu den Schaltflächen. Diese sollen in der Werkzeugleiste über der Liste mit allen Filmen erscheinen. Diese wiederum bringt die View Filmliste auf den Bildschirm. Öffnen Sie also die Datei *admin/views/filmliste/view.html.php*, und erweitern Sie die dortige display()-Methode zu:

```
function display($tpl = null)
{
    // Hole Daten aus dem Model:
    $this->filme = $this->get('Items');
    $this->seitenzahl = $this->get('Pagination');

    // Prüfe auf Fehler:
    if (count($errors = $this->get('Errors')))
    {
        JError::raiseError(500, implode('<br />', $errors));
```

```
            return false;
        }

        // Werkzeugleiste einrichten:
        JtoolBarHelper::title('Filmverwaltung');
        JToolBarHelper::addNew('filmbearbeitung.add');
        JToolBarHelper::editList('filmbearbeitung.edit');
        JToolBarHelper::deleteList('Sind Sie sicher?', 'filmliste.delete');

        // Template aktivieren und anzeigen:
        parent::display($tpl);
    }
```

Die JToolBarHelper::title()-Anweisung kennen Sie bereits aus dem vorherigen Abschnitt. Hier schmückt sie die (noch) recht leere Werkzeugleiste mit dem Text Filmverwaltung.

Die nächsten drei statischen Methoden erstellen jeweils die entsprechenden Schaltflächen in der Werkzeugleiste: deleteList() sorgt dort für den LÖSCHEN-Knopf. Bevor die markierten Filme endgültig im Nirvana landen, fragt Joomla! noch einmal mit Sind Sie sicher? nach. Anschließend aktiviert der Knopf einen Controller, der wiederum das eigentliche Löschen veranlasst. Sie ahnen es vielleicht schon: Diesen Controller muss man noch erstellen. Im Kinoportal soll er Filmliste heißen (die Klasse heißt also KinoportalControllerFilmliste). Er soll einen Film löschen; die passende Standard-Aufgabe dazu heißt delete. Wie schon im vorherigen Abschnitt tackert man auch hier den kleingeschriebenen Namen des Controllers und die Aufgabe mit einem Punkt zusammen und übergibt das fertige Gebilde filmliste. delete der Methode deleteList() in ihrem zweiten Parameter.

Analog erstellt JToolBarHelper::editList() einen BEARBEITEN-Knopf, während JToolBarHelper::addNew() für die NEU-Schaltfläche sorgt. In beiden Fällen muss der Bearbeitungsbildschirm geöffnet werden, was wiederum der Filmbearbeitung-Controller übernimmt. Er muss noch wissen, ob er einen neuen Film erstellen soll oder ob ein vorhandener Film bearbeitet wird. Im ersten Fall lautet seine Aufgabe edit, im zweiten Fall add. Die Methode editList() bekommt folglich den Parameter filmbearbeitung.edit mit auf den Weg, ihre Kollegin addNew() den Parameter filmbearbeitung.add.

 Tipp   Auch hier noch mal kurz zusammengefasst:

deleteList() erzeugt einen LÖSCHEN-Knopf in der Werkzeugleiste. Sobald ihn jemand anklickt, erscheint die Rückfrage: Sind Sie sicher?. Anschließend weckt der Knopf einen Controller mit dem Namen Filmliste und weist ihn an, die Aufgabe delete auszuführen. Der schlaue Controller weiß damit, dass er einen Film in der Datenbank löschen soll, und veranlasst alles dazu Notwendige.

Analog erstellt addNew() eine NEU-Schaltfläche. Wird sie angeklickt, aktiviert sie den Controller Filmbearbeitung und weist ihn an, die Aufgabe add auszuführen. Der Controller weiß damit, dass er einen neuen Film erstellen muss, wozu er wiederum selbstständig den Bearbeitungsbildschirm öffnet und die benötigten Daten abfragt.

Als Nächstes kommen die Kästchen hinzu, über die man später einen oder mehrere Filme in der Liste auswählen kann. Dazu öffnen Sie das Template in der Datei *default.php* im Unterverzeichnis *admin/views/filmliste/tmpl*.

Die Kästchen und Schaltflächen machen aus der einfachen Tabelle ein HTML-Formular: Der Browser prüft, welches der Kästchen angekreuzt ist, und schickt das Ergebnis zurück an Joomla!. Folglich muss man die komplette Tabelle zunächst in ein solches Formular stecken:

```
...
<form action="<?php echo JRoute::_('index.php?option=com_kinoportal'); ?>"
method="post" name="adminForm" id="adminForm">
    <table class="adminlist">
        ...
```

Wie beim Bearbeitungsbildschirm liefert auch hier JRoute() wieder die Internetadresse, an die der Browser das Formular zurückschicken muss. Hier ist sie etwas einfacher aufgebaut und verlangt nur den Namen der zu aktivierenden Komponente (com_kinoportal). Als Nächstes erhält die Tabelle eine neue erste Spalte:

```
...
<!-- Kopfzeile -->
<thead>
    <tr>
        <th width="20">
            <input type="checkbox" name="toggle" value="" onclick="checkAll(<?php echo
count($this->filme); ?>);" />
        </th>
        <th>Film</th>
        ...
```

Diese Spalte erhält anstelle einer Beschriftung ebenfalls ein Kästchen. Mit ihm kann man später alle Einträge in der Liste auf einmal markieren. Das Kästchen selbst ist eine einfache Checkbox, die ein passendes <input>-Tag erzeugt.

Die JavaScript-Funktion checkAll() stellt Joomla! bereit. Sie sorgt dafür, dass alle übrigen Checkboxen ein Häkchen erhalten. Man muss der Funktion lediglich die Anzahl der Listeneinträge übergeben, was im Beispiel wiederum count($this->filme); übernimmt.

Als Nächstes muss eine Checkbox in jede Zeile. Ein passendes Exemplar gibt netterweise die Methode JHTML::_() aus:

```
...
<!-- Hauptbereich mit den eigentlichen Inhalten -->
<tbody>
    <?php foreach($this->filme as $i => $film): ?>
    <tr class="row<?php echo $i % 2; ?>">
        <td>
            <?php echo JHtml::_('grid.id', $i, $film->id); ?>
        </td>
        <td>
```

```
            <?php echo $film->name; ?>
        </td>
        ...
```

Die Fußleiste mit der Seitennavigation überspannt jetzt 4 Spalten:

```
<!-- Fußzeile -->
<tfoot>
    <tr>
        <td colspan="4"><?php echo $this->seitenzahl->getListFooter(); ?></td>
    </tr>
</tfoot>
```

Ähnlich wie beim Bearbeitungsbildschirm braucht man abschließend noch zwei versteckte Felder:

```
    ...
    </table>
    <div>
        <input type="hidden" name="task" value="" />
        <input type="hidden" name="boxchecked" value="0" />
        <?php echo JHtml::_('form.token'); ?>
    </div>
</form>
```

Beide füllt wieder die angeklickte Schaltfläche aus. Im ersten Feld (name="task") hinterlegt sie den zuständigen Controller und seine auszuführende Aufgabe. Im zweiten Feld landet die Anzahl der markierten Checkboxen. Beide Informationen verarbeiten später die in Joomla! mitgelieferten Klassen automatisch. Sie müssen folglich wieder nur sicherstellen, dass die beiden im Formular vorhanden sind.

Das abschließende JHtml::_('form.token'); injiziert noch ein Sicherheitstoken. Damit ist das Template komplett.

Weiter geht es mit dem Controller für die Filmliste. Ihm kommt die Aufgabe zu, einen oder mehrere Filme zu löschen. Damit er das selbstständig machen kann, braucht er die Hilfe eines Models (erinnern Sie sich an die Zuständigkeiten im MVC-Konzept: Nur das Model besitzt den Zugriff auf die Datenbank). Im Moment stehen das Filmliste- und das Filmbearbeitung-Model zur Verfügung (wie ein Blick in das Verzeichnis *admin/models* verrät). Das Filmliste-Model liefert als abgeleitete Klasse von JModelList nur eine Liste mit allen Filmen zurück und ist somit hier nicht besonders hilfreich. Bleibt noch das Filmbearbeitung-Model, das von JModel-Admin abgeleitet ist. Diese Klasse bietet netterweise von Haus aus eine passende Löschfunktion. Also sollte man die beiden schleunigst miteinander bekannt machen. Das übernimmt ein entsprechender Controller, bei dem man wie in Beispiel 15-30 die Methode getModel() überschreibt.

Beispiel 15-30: Der Controller »Filmliste« (Datei »*admin/controllers/filmliste.php*«)

```
<?php
defined('_JEXEC') or die;
```

Beispiel 15-30: Der Controller »Filmliste« (Datei »*admin/controllers/filmliste.php*«) *(Fortsetzung)*

```
jimport('joomla.application.component.controlleradmin');

class KinoportalControllerFilmliste extends JControllerAdmin
{
    public function getModel($name = 'Filmbearbeitung', $prefix = 'KinoportalModel')
    {
        $model = parent::getModel($name, $prefix, array('ignore_request' => true));
        return $model;
    }
}

?>
```

Hier kommt übrigens die von JController abgeleitete Klasse JControllerAdmin zum Einsatz, die auf den Administrationsbereich spezialisiert ist. Unter anderem kümmert sie sich automatisch um das Löschen eines Datensatzes.

Speichern Sie den Code aus Beispiel 15-30 in der Datei *filmliste.php* im Unterverzeichnis *admin/controllers/filmliste.php*. Man mag es kaum glauben, aber damit haben Sie es fast geschafft. Es stehen nur noch zwei klitzekleine Änderungen an.

Wenn jemand auf eine der Schaltflächen klickt, übergibt der Browser das ausgefüllte Formular an Joomla!. Dieses aktiviert die Komponente com_kinoportal, indem es den Einsprungspunkt in der Datei *admin/kinoportal.php* aktiviert. Damit der Einsprungspunkt die anstehende Aufgabe (Film bearbeiten, löschen etc.) korrekt an die übrigen Bestandteile der Komponente weiterreicht, muss man in ihm noch die Zeile

```
$controller->execute('');
```

gegen

```
$controller->execute(JRequest::getCmd('task'));
```

austauschen. Andernfalls würde er weiterhin versuchen, das Standardprogramm abzuspulen, was wiederum zu einer Fehlermeldung führt.

Abschließend müssen Sie die neu hinzugekommenen Dateien noch in der Informationsdatei *kinoportal.xml* eintragen:

```
…
<administration>
    <menu>Kinoportal</menu>
    <files folder="admin">
        <filename>kinoportal.php</filename>
        <filename>controller.php</filename>
        <folder>sql</folder>
        <folder>views</folder>
        <folder>models</folder>
        <folder>tables</folder>
        <folder>controllers</folder>
```

```
        </files>
    </administration>

  </extension>
```

10. Schritt: Probelauf und Zusammenfassung

Ihr Arbeitsverzeichnis mit der nun endlich fertigen Komponente sollte jetzt so wie in Abbildung 15-13 aussehen.

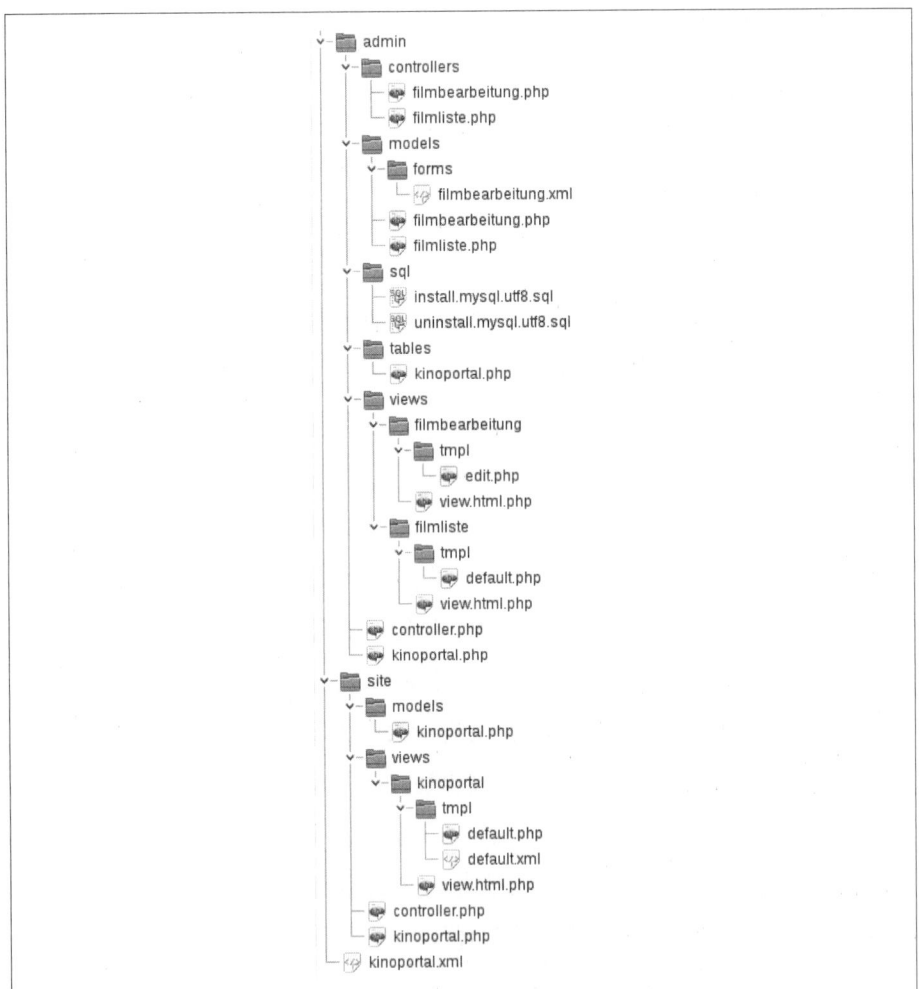

Abbildung 15-13: Alle Dateien und Verzeichnisse der fertigen Kinoportal-Komponente

Packen Sie den Inhalt Ihres Arbeitsverzeichnisses in ein ZIP-Archiv, und spielen Sie es unter Joomla! ein. Wenn Sie KOMPONENTEN → KINOPORTAL aufrufen, landen

Sie in der Liste mit allen Filmen (Abbildung 15-14). Ein Klick auf NEU führt zum Bearbeitungsbildschirm (siehe Abbildung 15-15).

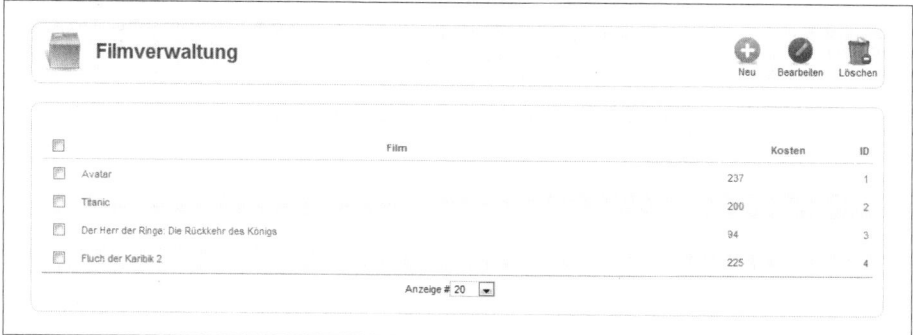

Abbildung 15-14: Die fertige Liste mit den Filmen ...

Abbildung 15-15: ... und der zugehörige Bearbeitungsbildschirm

Vermutlich raucht Ihnen jetzt vor lauter Dateien, Controllern, Models und Views der Kopf. Folgen Sie deshalb zum Abschluss noch einmal kurz den Aktionen eines Super Users.

Tipp Am besten öffnen Sie immer in Ihrem Arbeitsverzeichnis die jeweils genannten Dateien und gehen den Quellcode parallel mit durch.

Sobald der Super User den Menüpunkt KOMPONENTEN → KINOPORTAL anklickt, erscheint die Liste mit allen Filmen. Was dabei im Hintergrund passiert, zeigt Abbildung 15-16.

- Nachdem der Administrator den Menüpunkt KOMPONENTEN → KINOPORTAL angeklickt hat, startet Joomla! das PHP-Skript aus der Datei *admin/kinoportal. php*. Sie bildet somit den Einsprungspunkt (Entry Point) in die Kinoportal-Komponente. ❶

- Das Skript erstellt einen `KinoportalController` (wie er in der Datei *admin/controller.php* definiert ist) und übergibt ihm die Kontrolle, indem es seine Methode `execute()` aufruft. ❷

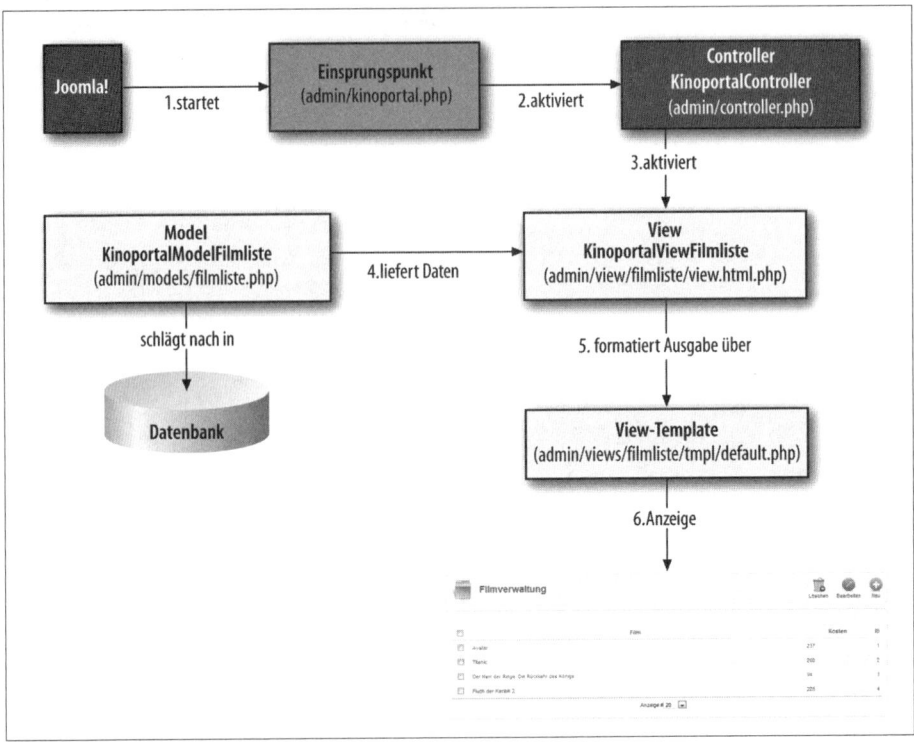

Abbildung 15-16: Diese Schritte laufen ab, sobald der Super User im Backend den Menüpunkt Komponenten → Kinoportal aufruft.

- Da dem Controller keine andere Aufgabe zugewiesen wurde, führt er seine Methode display() aus, die wiederum die View KinoportalViewFilmliste aus dem Unterverzeichnis *admin/views/filmliste* erstellt. ❸

- Diese View wiederum bestückt zunächst die Werkzeugleiste mit drei Symbolen: einem Symbol zum Anlegen, einem zum Bearbeiten und einem zum Löschen von Filmen. Als Nächstes weist sie das passende Model (namens KinoportalModelFilmliste aus der Datei */admin/models/filmliste.php*) an, ihr alle Filme aus der Datenbank zu holen (via $this->get('Items')). ❹

- Das Model gehorcht und liefert eine Liste zurück, deren Inhalte die View in ihr Template (*admin/views/filmliste/tmpl/default.php*) stopft. ❺

- Joomla! integriert das Ergebnis schließlich in den Administrationsbereich und sendet die fertige Seite an den Browser ❻. Der Super User sieht jetzt die Tabelle mit allen vorhandenen Filmen aus Abbildung 15-14.

Entscheidet sich jetzt der Super User dafür, einen neuen Film anzulegen, werden nacheinander alle Filmbearbeitung-Klassen aktiv. Was dabei im Einzelnen passiert, zeigt Abbildung 15-17.

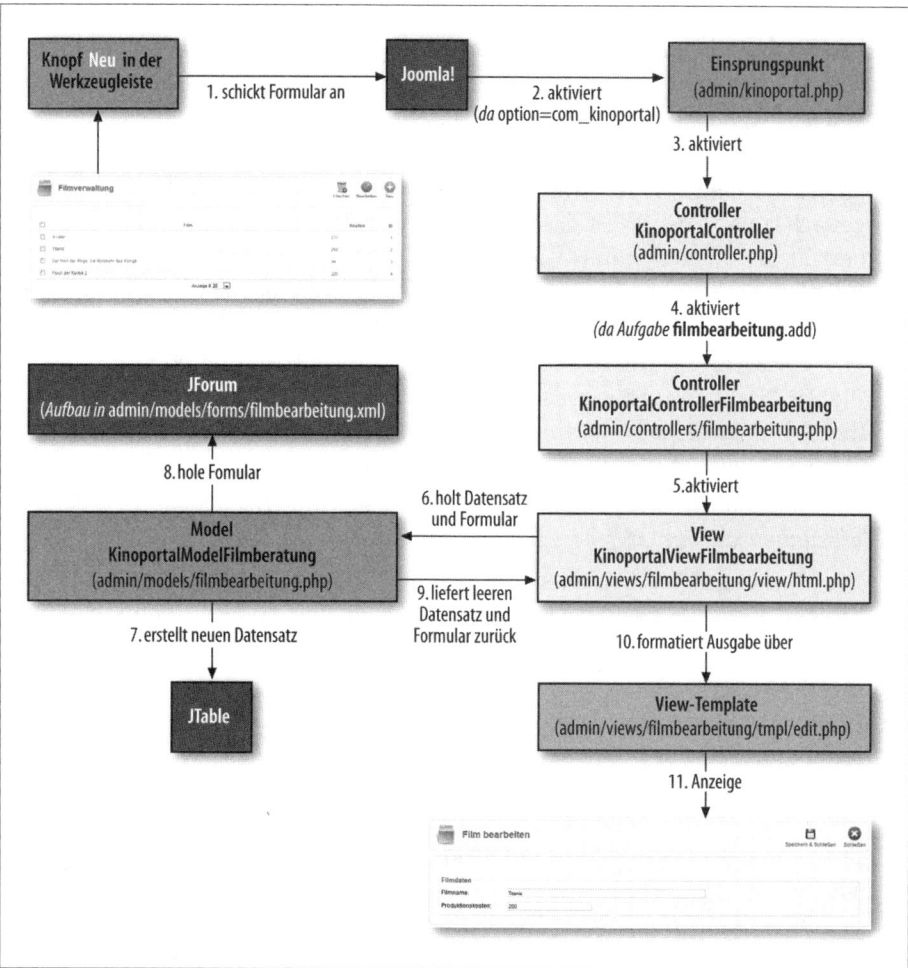

Abbildung 15-17: Diese Schritte laufen ab, sobald der Administrator auf die Schaltfläche Neu klickt.

- Die Liste mit den Filmen ist tatsächlich ein Formular (wie ein Blick in die Template-Datei *admin/views/filmliste/tmpl/default.php* verrät). Mit dem Klick auf Neu wird eine JavaScript-Funktion aktiv, die dieses Formular ausfüllt. Insbesondere bestückt sie das versteckte Feld task mit dem Wert filmbearbeitung. add (dass sie dies machen soll, hat die Methode JToolBarHelper::addNew('filmbearbeitung.add') in der View veranlasst).

- Im Template kodiert war auch eine Rücksendeadresse. Wenn Sie der Schnellinstallationsanleitung aus Kapitel 2, *Installation*, gefolgt sind, lautet sie *http://localhost/joomla/index.php?option=com_kinoportal*. Diese Adresse ruft der Browser jetzt auf und übergibt dabei gleichzeitig das ausgefüllte Formular. ❶

- Jetzt ist wieder Joomla! an der Reihe. Es wertet den Rattenschwanz der aufgerufenen Internetadresse aus. Die dortige Angabe *option=com_kinoportal* veranlasst das Content-Management-System, erneut den Einsprungspunkt *admin/kinoportal.php* aufzurufen. ❷

- Dieser erstellt zunächst wieder einen neuen `KinoportalController` (Datei *admin/controller.php*). Anschließend holt die Methode `JRequest::getCmd('task')` den Wert des Feldes `task` aus dem übermittelten Formular. Er enthält in codierter Form die Aufgabe (Task) für alle nachfolgenden Klassen (nämlich `filmbearbeitung.add`). Diese Aufgabe verfüttert der Einsprungspunkt umgehend an die Methode `execute()` des `KinoportalController`. ❸

- Der `KinoportalController` übernimmt damit gleichzeitig das Kommando. Da die Aufgabe mit `filmbearbeitung` beginnt, aktiviert der `KinoportalController` den `Filmbearbeitung`-Controller (Klasse `KinoportalControllerFilmbearbeitung` aus der Datei *admin/controllers/filmbearbeitung.php*). ❹

- Dieser kramt jetzt die `Filmbearbeitung`-View aus der Datei *admin/views/filmbearbeitung/view.html.php* hervor (Klasse `KinoportalViewFilmbearbeitung`). ❺

- Die View klopft bei dem für sie zuständigen `Filmbearbeitung`-Model an (Klasse `KinoportalModelFilmbearbeitung` in der Datei *admin/models/filmbearbeitung.php*) und bittet um einen (leeren) Datensatz sowie um das anzuzeigende Formular. ❻

- Da die Aufgabe darin bestand, einen neuen Film anzulegen, erstellt das Model mithilfe der Klasse `KinoportalTableKinoportal` (Datei *admin/tables/kinoportal.php*) einen neuen Datensatz ❼. Anschließend schaut es sich noch die Vorgaben in der Datei *admin/models/forms/filmbearbeitung.xml* an und generiert aus ihnen ein passendes Formular ❽. Beide Informationen liefert das Model an die View zurück ❾.

- Die View bestückt die Werkzeugleiste mit einer SPEICHERN & SCHLIEẞEN sowie einer ABBRECHEN-Schaltfläche. Anschließend bastelt sie nach den Vorgaben des vom Model erhaltenen Formulars und ihrem eigenen Template (Datei *admin/views/filmbearbeitung/tmpl/edit.php*) den Bearbeitungsbildschirm zusammen ❿. Da der vom Model zurückgelieferte Datensatz leer war, bleiben auch die Eingabefelder leer – so wie es für einen neuen Film genau richtig ist.

- Das Ergebnis landet schließlich im Browser des Super User.

Sobald der Super User im Formular die Daten für den neuen Film hinterlegt hat und in der Werkzeugleiste auf SPEICHERN & SCHLIEẞEN klickt, werden zunächst wieder die Klassen des Bearbeitungsbildschirms aktiv. Sie schieben den Film in die Datenbank und wechseln anschließend wieder zurück zur Liste mit allen Filmen. Den genauen Ablauf zeigt Abbildung 15-18.

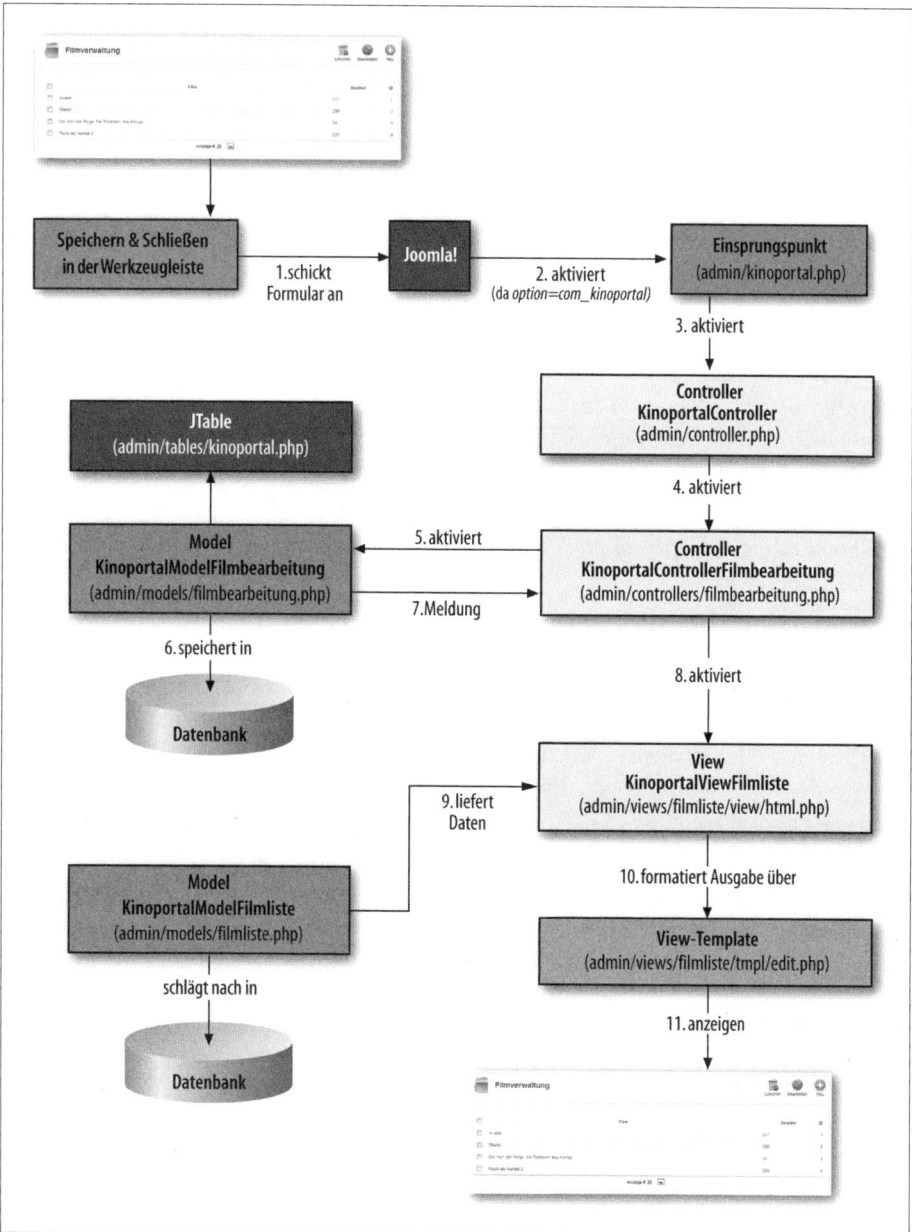

Abbildung 15-18: Diese Schritte laufen ab, sobald der Super User auf die Schaltfläche SPEICHERN & SCHLIEßEN klickt.

- Nachdem der Super User auf SPEICHERN & SCHLIEßEN geklickt hat, wird erneut eine JavaScript-Funktion aktiv, die im Formular das versteckte Feld task mit dem Wert filmbearbeitung.save bestückt (dass sie dies machen soll, hat die Methode JToolBarHelper::save('filmbearbeitung.save') in der View veranlasst). Das jetzt komplette Formular schickt der Browser wieder zurück an Joomla! ❶

- Dort beginnt das bekannte Spielchen von vorn: Das Content-Management-System aktiviert den Einsprungspunkt *kinoportal.php* ❷. Dieser erstellt den `KinoportalController` und übergibt ihm via execute() die im Formular mitgesendete Aufgabe.

- Da die Aufgabe mit `filmbearbeitung` beginnt, aktiviert der `KinoportalController` den Filmbearbeitung-Controller (Klasse `KinoportalControllerFilmbearbeitung` aus der Datei *admin/controllers/filmbearbeitung.php*). ❹

- Dieser erkennt, dass ein neuer Film zu speichern ist (denn die Aufgabe lautete `filmbearbeitung.save`). Also aktiviert er das für ihn zuständige Filmbearbeitung-Model (Klasse `KinoportalModelFilmbearbeitung` aus der Datei *admin/models/filmbearbeitung.php*) und weist es an, den neuen Film in die Datenbank zu schieben. ❺

- Das Model erzeugt mithilfe der Klasse `KinoportalTableKinoportal` (Datei *admin/tables/kinoportal.php*) einen neuen Datensatz und schiebt diesen in die Datenbank. ❻

- Sobald der Filmbearbeitung-Controller (Klasse `KinoportalControllerFilmbearbeitung`) grünes Licht erhält ❼, kann er wieder die Liste mit allen Filmen zurück auf den Bildschirm holen. Dazu muss er nur noch die passende View aktivieren. Welche das ist, wurde ihm in seinem Konstruktor eingeschärft. In diesem Fall aktiviert er die Filmliste-View (Klasse `KinoportalViewFilmliste` aus der Datei *admin/views/filmliste/view.html.php*). ❽

- Den jetzt folgenden Ablauf kennen Sie schon: Die View fragt bei ihrem Model (Klasse `KinoportalModelFilmliste` aus der Datei */admin/models/filmliste.php*) alle Filme ab ❾ und klöppelt dann mit ihrem eigenen Template (Datei *admin/views/filmliste/tmpl/default.php*) die fertige Liste zusammen. ❿

- Das Ergebnis landet schließlich im Browser des Super Users.

11. Schritt: Sprachdateien einbinden

Vermutlich freuen Sie sich jetzt, endlich die fertige Komponente in der Hand zu halten und weitergeben zu können. Leider haben Sie sich zu früh gefreut. Derzeit sind noch sämtliche Texte fest in die Komponente einzementiert. Würden Sie die Sprache über ERWEITERUNGEN → SPRACHEN wechseln, blieben beispielsweise die Spaltenbeschriftungen weiterhin auf Deutsch. Ihre Erweiterung wäre somit nur für deutsche Nutzer interessant. Es gibt aber noch einen kleinen Schönheitsfehler: Löschen Sie einfach mal irgendeinen Film. Joomla! bestätigt diesen Vorgang mit der kryptischen Meldung aus Abbildung 15-19.

Um diese beiden Probleme aus der Welt zu schaffen, muss man der Komponente ein paar eigene Sprachdateien beilegen. Dazu sind wiederum ein paar kleinere Vorbereitungen nötig.

Abbildung 15-19: Nach dem Löschen eines Films erscheint diese »Erfolgsmeldung«.

Als Erstes gilt es alle in der Komponente vorhandenen Bildschirmtexte – wie etwa die Spaltenbeschriftungen – aufzuspüren und durch Platzhalter zu ersetzen. Joomla! tauscht diese dann später automatisch gegen die zur aktuellen Sprache passenden echten Texte aus.

Das Model-View-Controller-Konzept packt alle auf dem Bildschirm erscheinenden Texte in die Views. Sie müssen deshalb nur diese entsprechenden Klassen und ihre Templates an einigen wenigen Stellen verändern (und nicht jede einzelne Datei Ihrer Komponente nach deutschen Texten durchforsten). Wenden Sie sich also wieder Ihrem Arbeitsverzeichnis zu.

Los geht es mit der View für die Website. Öffnen Sie ihr Template *default.php* im Verzeichnis *site/views/kinoportal/tmpl*. Der erste deutsche Text ist die Überschrift:

```php
<?php defined('_JEXEC') or die; ?>
<h1>Die teuersten Filme aller Zeiten</h1>
<p>
    ...
```

Ihn ersetzen Sie jetzt durch einen Platzhaltertext. Dieser muss mit dem Verzeichnisnamen der Komponente beginnen, darf nur aus Großbuchstaben bestehen, muss ohne Leerzeichen auskommen und muss eindeutig sein. Hier bei der Überschrift könnte man beispielsweise COM_KINOPORTAL_TITEL wählen:

```php
<?php defined('_JEXEC') or die; ?>
<h1>COM_KINOPORTAL_TITEL</h1>
<p>
    ...
```

Damit nicht COM_KINOPORTAL_TITEL als Überschrift ausgegeben wird, müssen Sie Joomla! noch anweisen, diesen Platzhalter gegen den richtigen Text auszutauschen. Das übernimmt die Funktion JText::_():

```php
<?php defined('_JEXEC') or die; ?>
<h1><?php echo JText::_('COM_KINOPORTAL_TITEL'); ?></h1>
<p>
    ...
```

Die JText::_()-Methode prüft zunächst, ob der Komponente zur gerade eingestellten Sprache eine Sprachdatei mitgeliefert wurde. Wenn ja, schlägt sie darin die ihr übergebenen Zeichenkette nach und ersetzt diese dann automatisch durch die entsprechende Übersetzung. Doch Vorsicht: Sofern es keine Übersetzung gibt, verwendet die JTEXT::_()-Methode einfach den ihr übergebenen Text.

Nach dem gleichen Prinzip müssen Sie jetzt noch alle anderen Texte im Template austauschen. Beispiel 15-31 zeigt das Ergebnis.

Beispiel 15-31: Das mit Platzhaltern ausgestattete Template (Datei »*site/views/kinoportal/tmpl/default.php*«)

```php
<?php defined('_JEXEC') or die; ?>

<h1><?php echo JText::_('COM_KINOPORTAL_TITEL'); ?></h1>
<p>
    <?php echo JText::_('COM_KINOPORTAL_UNTERTITEL'); ?>
    <a href="http://de.wikipedia.org/wiki/Liste_der_erfolgreichsten_Filme">Wikipedia</a>
</p>

<table>
<tr>
    <td><?php echo JText::_('COM_KINOPORTAL_FILMNAME'); ?></td>
    <td><?php echo JText::_('COM_KINOPORTAL_KOSTEN'); ?></td>
</tr>

<?php
foreach($this->allefilme as $film)
{
    echo '<tr>';
    echo '<td>' . $film->name . '</td>';
    echo '<td>' . $film->kosten . '</td>';
    echo '</tr>';
}
?>

</table>
```

Weiter geht es jetzt mit der Datei *default.xml* im gleichen Verzeichnis. Darin lagern die Bezeichnungen für den Menütyp, die natürlich ebenfalls übersetzt werden müssen. Das mit den Platzhaltern ausgestattete Ergebnis präsentiert Beispiel 15-32.

Beispiel 15-32: Der durch Platzhalter ersetzte Menütyp und seine Beschreibung (Datei »*site/views/kinoportal/tmpl/default.xml*«)

```xml
<?xml version="1.0" encoding="utf-8"?>
<metadata>
    <layout title="COM_KINOPORTAL_MENUE_TITEL">
        <message>COM_KINOPORTAL_MENUE_BESCHR</message>
    </layout>
</metadata>
```

Da es sich hier um eine XML-Datei handelt, die Joomla! selbst noch auswertet und durch die Mangel dreht, braucht man JText::_() hier nicht. Die Namen der Platzhalter wurden wieder irgendwie frei gewählt.

Tipp   Sie sollten die Namen immer möglichst beschreibend wählen, sodass Sie später noch wissen, welcher Platzhalter für welche Beschriftung steht.

Darüber hinaus ist es in der Praxis üblich, die Namen für die Platzhalter in Englisch zu wählen und nicht wie hier in Deutsch. Dabei gilt die Faustregel: Bei einer Beschreibung endet der Platzhalter auf _DESC, bei einer Bezeichnung auf _LABEL. Anstelle von COM_KINOPORTAL_MENUE_BESCHR wäre somit COM_KINOPORTAL_MENU_DESC zu wählen. Damit helfen Sie insbesondere Übersetzern aus anderen Ländern, die Komponente in ihre Muttersprache zu übertragen.

Weiter geht es bei den Views für den Administrationsbereich. Wechseln Sie zunächst zur Filmliste-View ins Verzeichnis *admin/views/filmliste*. Bevor sie ihr Template heranzieht, setzt sie noch einen Titel in die Werkzeugleiste. Um ihn und die Frage beim Löschen auszutauschen, öffnen Sie die Datei *view.html.php*. In ihr ersetzen Sie die Zeilen

```
...
// Werkzeugleiste einrichten:
JToolBarHelper::title('Filmverwaltung');
JToolBarHelper::deleteList('Sind Sie sicher?', 'filmliste.delete');
...
```

durch:

```
...
// Werkzeugleiste einrichten:
JToolBarHelper::title(JText::_('COM_KINOPORTAL_FILMLISTE_TITEL'));
JToolBarHelper::deleteList(JText::_('COM_KINOPORTAL_FILMLISTE_LOESCHEN_FRAGE'),
'filmliste.delete');
...
```

Die Beschriftungen der anderen beiden (Standard-)Schaltflächen setzt Joomla! selbstständig in der richtigen Sprache. Weiter geht es beim Template *admin/views/ filmliste/tmpl/default.php*. Auch in ihm müssen Sie lediglich die drei Zeilen

```
<th>Film</th>
<th>Kosten</th>
<th width="5">ID</th>
```

gegen

```
<th><?php echo JText::_('COM_KINOPORTAL_FILMLISTE_FILM'); ?></th>
<th><?php echo JText::_('COM_KINOPORTAL_FILMLISTE_KOSTEN'); ?></th>
<th width="5"><?php echo JText::_('COM_KINOPORTAL_FILMLISTE_ID'); ?></th>
```

austauschen.

Ab zur nächsten View für den Bearbeitungsbildschirm: Öffnen Sie die Datei *admin/ views/filmbearbeitung/view.html.php*, und ersetzen Sie die Zeile

```
JToolBarHelper::title($isNew ? 'Neuen Film anlegen' : 'Film bearbeiten');
```

durch das jetzt etwas längliche Pendant mit Platzhaltern:

```
JToolBarHelper::title($isNew ? JText::_('COM_KINOPORTAL_FILMBEARBEITUNG_TITEL_NEW')
  : JText::_('COM_KINOPORTAL_FILMBEARBEITUNG_TITEL_EDIT'));
```

Im Template *admin/views/filmbearbeitung/tmpl/edit.php* ist die Legende

```
<legend>Filmdaten</legend>
```

durch einen Platzhalter zu ersetzen:

```
<legend><?php echo JText::_( 'COM_KINOPORTAL_FILMBEARBEITUNG_LEGENDE' ); ?></
legend>
```

Den Rest des Formulars bastelt sich die Komponente aus der Formulardefinition in der Datei *admin/models/forms/filmbearbeitung.xml* zusammen. Wenn Sie in ihr alle Beschriftungen und Hilfetexte ausgetauscht haben, sollte sie so wie in Beispiel 15-33 aussehen.

Beispiel 15-33: Die mit Platzhaltern gespickte Formulardefinition (Datei »*admin/models/forms/filmbearbeitung.xml*«)

```
<?xml version="1.0" encoding="utf-8"?>
<form>
    <fieldset>
        <field
            name="id"
            type="hidden"
        />
        <field
            name="name"
            type="text"
            label="COM_KINOPORTAL_FILMBEARBEITUNG_FILMNAME"
            description="COM_KINOPORTAL_FILMBEARBEITUNG_FILMNAME_BESCHR"
            size="100"
            class="inputbox"
            default=""
        />
        <field
            name="kosten"
            type="text"
            label="COM_KINOPORTAL_FILMBEARBEITUNG_FILMKOSTEN"
            description="COM_KINOPORTAL_FILMBEARBEITUNG_FILMKOSTEN_BESCHR"
            size="40"
            class="inputbox validate-numeric"
            default=""
        />
    </fieldset>
</form>
```

Es gibt noch eine letzte Stelle, in der Joomla! Beschriftungen versteckt – und das ist die Informationsdatei *kinoportal.xml*.

In ihr tauschen Sie zunächst den Namen

```
<name>Kinoportal</name>
```

gegen

```
<name>COM_KINOPORTAL</name>
```

dann die Beschreibung

```
<description>Diese Komponente verwaltet die teuersten Filme aller Zeiten.</
description>
```

gegen

```
<description>COM_KINOPORTAL_BESCHREIBUNG</description>
```

und schließlich noch die Beschriftung des Menüpunktes

```
<menu>Kinoportal</menu>
```

gegen

```
<menu>COM_KINOPORTAL_MENUE</menu>
```

Jetzt sind alle ehemals fest einzementierten Texte durch Platzhalter ersetzt worden. Als Nächstes müssen Sie für jede Sprache, die Sie unterstützen möchten, zwei Sprachdateien anlegen. Dazu erstellen Sie im Verzeichnis *site* den neuen Ordner *language*. In ihm müssen Sie für jede Sprache ein Verzeichnis mit dem Namen seines Language-Tags anlegen. Der Einfachheit halber soll die Kinoportal-Komponente zunächst nur Deutsch sprechen. Das zugehörige Language-Tag lautet somit de-DE (siehe Kapitel 12, *Mehrsprachigkeit*). Erstellen Sie also ein Verzeichnis mit diesem Namen.

Dort legen Sie jetzt eine Textdatei an. Ihr Dateiname beginnt mit dem Language-Tag, dem der (Verzeichnis-)Name der Komponente folgt. Die Endung lautet schließlich *.ini*. Im Beispiel muss somit die Datei *de-DE.com_kinoportal.ini* her.

Warnung Nur wenn Sie sich penibel an diese Namenskonventionen halten, findet Joomla! später die Übersetzungen.

In ihr parken Sie in jeder Zeile einen Platzhalter aus dem Template für die Website. Dem Platzhalter folgt ein Gleichheitszeichen und dann in Anführungszeichen sein deutschsprachiger Ersatztext. Beispiel 15-34 zeigt den kompletten Inhalt für das Kinoportal-Beispiel.

Beispiel 15-34: Die deutschen Übersetzungen für die Website (Datei »*site/language/de-DE/de-DE.com_kinoportal.ini*«)

```
; In diese Sprachdatei gehören die Übersetzungen für
; die Views der Website (also site/views/kinoportal/tmpl/default.php)

COM_KINOPORTAL_TITEL="Die teuersten Filme aller Zeiten"
COM_KINOPORTAL_UNTERTITEL="Produktionskosten in Millionen Dollar, Quelle:"
```

Beispiel 15-34: Die deutschen Übersetzungen für die Website (Datei »*site/language/de-DE/de-DE.com_kinoportal.ini*«)

```
COM_KINOPORTAL_FILMNAME="Name"
COM_KINOPORTAL_KOSTEN="Kosten"
```

Alle Zeilen, die mit einem Semikolon beginnen, ignoriert Joomla!. Sie eignen sich folglich für Kommentare. Der Aufbau dieser Sprachdatei stimmt übrigens exakt mit dem ihrer Kolleginnen aus Kapitel 12, *Mehrsprachigkeit* überein.

 **Version**   Bis einschließlich Joomla! 1.5 leiteten noch Rauten # Kommentare ein, seit Joomla! 1.6 übernehmen Semikola diese Aufgabe.

Warnung   In den Anführungszeichen dürfen keine weiteren Anführungszeichen auftauchen. Die Angabe:

```
COM_KINOPORTAL_UNTERTITEL="Produktionskosten in "Millionen"
Dollar, Quelle:"
```

wertet Joomla! als schweren Fehler, woraufhin es diese und alle nachfolgenden Zeilen in der Sprachdatei ignoriert. Wer dennoch unbedingt in den Texten Anführungszeichen verwenden möchte, der muss sie jeweils durch die kryptische Zeichenfolge "_QQ_" ersetzen:

```
COM_KINOPORTAL_UNTERTITEL="Produktionskosten in "_QQ_
"Millionen"_QQ_" Dollar, Quelle:"
```

Darüber hinaus muss jede Übersetzung in exakt einer Zeile stehen, ein Zeilenumbruch mitten in der Übersetzung wertet Joomla! als Fehler.

Nach dem gleichen Prinzip erhält jetzt auch der Administrationsbereich seine Übersetzungen: Erzeugen Sie das Unterverzeichnis *admin/language/de-DE*, und legen Sie darin die Datei *de-DE.com_kinoportal.ini* ab. Ihren Inhalt zeigt Beispiel 15-35.

Beispiel 15-35: Die deutschen Übersetzungen für den Administrationsbereich (Datei »*admin/language/de-DE/ de-DE.com_kinoportal.ini*«)

```
; In diese Sprachdatei gehören die Übersetzungen für
; alle Views aus dem Administrationsbereich

COM_KINOPORTAL_FILMLISTE_FILM="Film"
COM_KINOPORTAL_FILMLISTE_KOSTEN="Kosten"
COM_KINOPORTAL_FILMLISTE_ID="ID"
COM_KINOPORTAL_FILMLISTE_TITEL="Filmverwaltung"
COM_KINOPORTAL_FILMLISTE_LOESCHEN_FRAGE="Sind Sie sicher?"
COM_KINOPORTAL_N_ITEMS_DELETED="%d Film(e) gelöscht."
COM_KINOPORTAL_FILMBEARBEITUNG_LEGENDE="Filmdaten"
COM_KINOPORTAL_FILMBEARBEITUNG_TITEL_NEW="Neuen Film anlegen"
COM_KINOPORTAL_FILMBEARBEITUNG_TITEL_EDIT="Film bearbeiten"
COM_KINOPORTAL_FILMBEARBEITUNG_FILMNAME="Filmname:"
COM_KINOPORTAL_FILMBEARBEITUNG_FILMNAME_BESCHR="Geben Sie hier den vollständigen
                            Filmnamen ein."
COM_KINOPORTAL_FILMBEARBEITUNG_FILMKOSTEN="Produktionskosten:"
COM_KINOPORTAL_FILMBEARBEITUNG_FILMKOSTEN_BESCHR="Geben Sie hier die Produktionskosten
                            in Mio. US-Dollar ein."
```

Hier finden Sie jetzt auch den Platzhalter `COM_KINOPORTAL_N_ITEMS_DELETED` aus Abbildung 15-19 (siehe Seite 761) wieder. Ihn gibt Joomla! selbst vor. Den Platzhalter `%d` tauscht das Content-Management-System später automatisch gegen die Anzahl der tatsächlich gelöschten Filme aus.

Die Platzhalter aus der Informationsdatei *kinoportal.xml* sowie ihre Kollegen für den Menütyp erwartet Joomla! in einer eigenen Datei. Sie liegt ebenfalls im Unterverzeichnis *admin/language/de-DE* und besitzt die Endung *.sys.ini*. Im Kinoportal heißt sie folglich *de-DE.com_kinoportal.sys.ini*. Ihren Inhalt verrät Beispiel 15-36.

Beispiel 15-36: Die deutschen Übersetzungen für die Systeminformationen der Komponente (Datei »*admin/language/ de-DE/de-DE.com_kinoportal.ini*«).

```
#In diese Sprachdatei gehören die Übersetzungen für:
# - Die Datei kinoportal.xml
# - Die Menüpunkte (aus der Datei site/views/kinoportal/tmpl/default.xml)

COM_KINOPORTAL="Kinoportal"
COM_KINOPORTAL_BESCHREIBUNG="Eine kleine Filmverwaltung"
COM_KINOPORTAL_MENUE="Kinoportal"
COM_KINOPORTAL_MENUE_TITEL="Filmliste"
COM_KINOPORTAL_MENUE_BESCHR="Eine Liste mit den teuersten Filmen aller Zeiten."
```

Abschließend müssen Sie die neuen Sprachdateien noch in der Informationsdatei *kinoportal.xml* anmelden. Dazu ergänzen Sie in ihr zunächst den `<files folder="site">`-Abschnitt um das *language*-Verzeichnis:

```
...
<files folder="site">
    <filename>kinoportal.php</filename>
    <filename>controller.php</filename>
    <folder>views</folder>
    <folder>models</folder>
    <folder>language</folder>
</files>
...
```

Zusätzlich erweitern Sie den `<administration>`-Abschnitt um einen `<languages>`-Bereich:

```
...
<administration>
    ...
    <languages folder="admin">
        <language tag="de-DE">language/de-DE/de-DE.com_kinoportal.ini</language>
        <language tag="de-DE">language/de-DE/de-DE.com_kinoportal.sys.ini</language>
    </languages>
</administration>
...
```

Jede mitgelieferte Sprachdatei, die irgendwas im Administrationsbereich übersetzt, wird hier jeweils zwischen `<language>` und `</language>` eingekesselt. Im Kinoportal existieren nur die beiden deutschen Sprachdateien *de-DE.com_kinoportal.ini* und *language/de-DE/de-DE.com_kinoportal.sys.ini*. Das Attribut `tag="de-DE"` zeigt noch einmal mit dem Language-Tag an, zu welcher Sprache die jeweiligen Dateien gehören.

Alle diese Sprachdateien umrahmen die Tags `<languages>` und `</languages>`. Das Attribut `folder` verrät Joomla!, dass die Dateien im Verzeichnis *admin* liegen.

Das war es endlich. Ihr Arbeitsverzeichnis sollte jetzt wie in Abbildung 15-20 aussehen. Ihre kleine Komponente besteht damit aus insgesamt 24 Dateien und 20 Unterverzeichnissen.

 Tipp   Um die eigenen Dateien vor fremden Blicken zu schützen, sollten Sie auch hier wieder in jedem (Unter-)Verzeichnis eine HTML-Datei mit dem Namen *index.html* und dem Inhalt `<!DOCTYPE html><title></title>` ablegen. Es kommen also noch einmal 20 dieser Dateien hinzu. Der Übersicht halber wurden sie in den vorangegangenen Abschnitten nicht mit angelegt. Vergessen Sie nicht, diese zusätzlichen Dateien in der XML-Datei anzumelden.

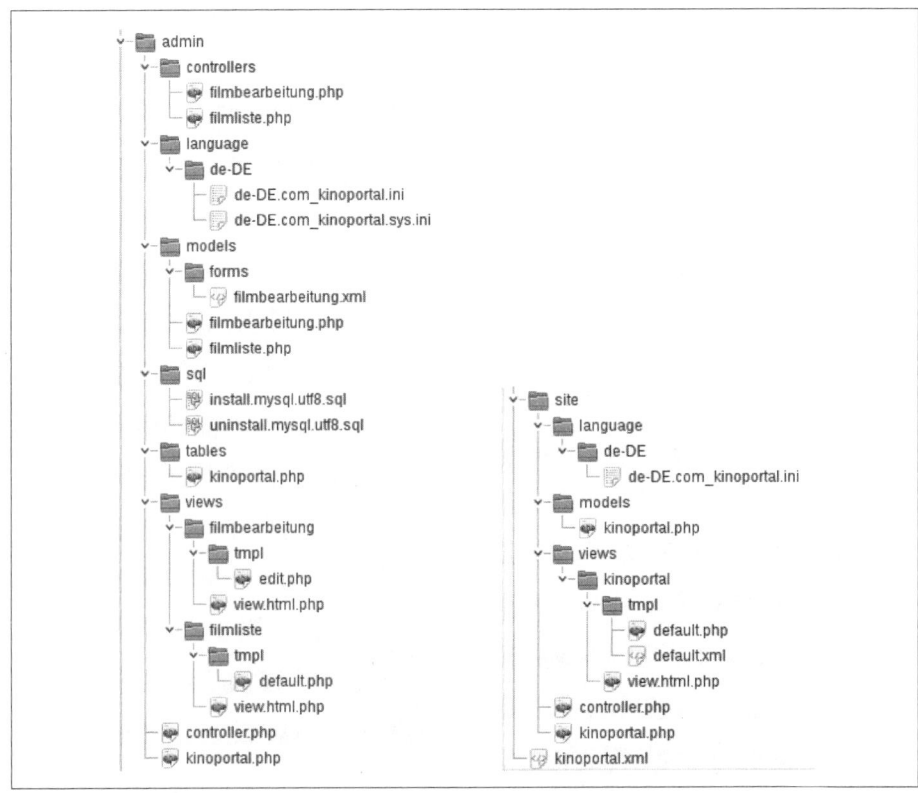

Abbildung 15-20: Alle Dateien und Verzeichnisse der Kinoportal-Komponente mit den Sprachdateien

Packen Sie den Inhalt Ihres Arbeitsverzeichnisses in ein ZIP-Archiv, und spielen Sie es unter Joomla! ein. Auf den ersten Blick scheint sich nichts verändert zu haben. Dass Joomla! tatsächlich auf die Übersetzungen in den Sprachdateien zurückgreift, sehen Sie, wenn Sie wieder einen der Filme löschen. Joomla! überrascht Sie dann mit der Meldung aus Abbildung 15-21.

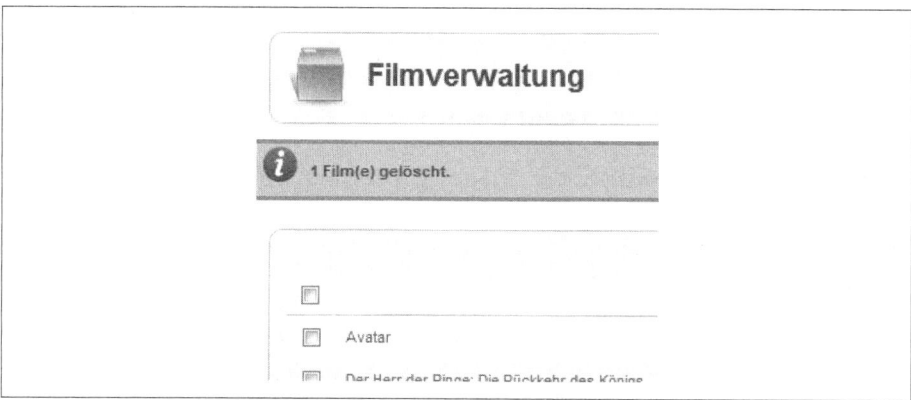

Abbildung 15-21: Die übersetzte Erfolgsmeldung.

Für jede weitere Sprache, die Sie unterstützen möchten, müssen Sie jetzt jeweils nur drei eigene Sprachdateien hinzufügen und nach dem bekannten Muster befüllen.

Tipp   Sie erleichtern sich die Übersetzung, wenn Sie die deutschen Sprachdateien kopieren und in den Duplikaten die Texte austauschen. So müssen Sie nicht immer überlegen, welcher Platzhalter für welchen Text stand.

Denken Sie aber daran, die Sprachdateien in der Informationsdatei (*kinoportal.xml*) anzumelden und sie unter den korrekten Dateinamen in den passenden Verzeichnissen abzulegen.

Module

Den Komponenten assistiert noch eine Riege von kleinen und weniger komplexen Erweiterungen, die sogenannten Module. Ihre Aufgaben bestehen für gewöhnlich darin, einen schnellen Zugriff auf wichtige Funktionen zu gewährleisten oder bedeutsame Daten auf allen Unterseiten der Homepage anzuzeigen. Im Kinoportal könnte ein Modul beispielsweise den Besuchern die Namen aller Filme in einer Liste präsentieren. Ein Klick auf einen Film aktiviert dann die Kinoportal-Komponente, die wiederum alle Einzelheiten anzeigt.

Da Module in der Regel nur eine kleine und stark umrissene Aufgabe lösen, ist auch ihre Programmierung wesentlich unkomplizierter als die Entwicklung einer Komponente. So besteht ein Modul aus mindestens einem PHP-Skript, dessen Ausgaben Joomla! in einen ausgewählten Bereich des Templates und somit auf die Homepage packt. Diese Position lässt sich, wie aus Kapitel 7, *Module – Die kleinen Brüder der Komponenten* bekannt ist, mit den Funktionen hinter ERWEITERUNGEN → MODULE verändern.

Wie einfach ein Modul aufgebaut ist, zeigt zum Einstieg wieder das obligatorische *Hallo Welt*-Beispiel.

Schnellstart: Das Hallo-Welt-Modul

Joomla! sammelt alle installierten Module in seinem Unterverzeichnis *modules*. Genau wie bei den Komponenten erhält dort jedes Modul ein eigenes Verzeichnis. Es trägt den gleichen Namen wie das Modul, dem zusätzlich noch ein *mod_* vorangestellt wurde. Auf diese Weise lässt es sich schnell von einer Komponente unterscheiden. Das neue Modul soll gemäß seiner Aufgabe den Namen *hallowelt* erhalten.

 Version Die Module sehen unter Joomla! 1.5, 1.6, 1.7 und 2.5 identisch aus. Vorhandene Module benötigen folglich keine Anpassungen (es sei denn, es hat sich im Zusammenspiel mit der Komponente etwas verändert).

Als erste Amtshandlung legen Sie auf Ihrer Festplatte wieder ein neues Arbeitsverzeichnis an. Dort hinein packen Sie alle Dateien, die im Folgenden erstellt werden.

Das neue Modul soll nichts weiter unternehmen, als den Text Hallo Welt! ausgeben. In PHP könnte man das so wie in Beispiel 15-37 formulieren:

Beispiel 15-37: Ein Modul, das den Text »Hallo Welt!« ausgibt (Datei »*mod_hallowelt.php*«)

```
<?php
/* Erlaube Zugriff nur von Joomla! aus: */
defined('_JEXEC') or die;
?>

<h1>Hallo Welt!</h1>
```

Der erste Befehl stellt sicher, dass die Datei nur von Joomla! aufgerufen werden kann. Anschließend gibt das Skript einfach besagten Text aus. Auch wenn Sie es nach der Entwicklung der Komponente kaum glauben können: Das ist bereits die eine Hälfte des kompletten Moduls.

Speichern Sie den Programmcode aus Beispiel 15-37 unter dem Dateinamen *mod_hallowelt.php* in Ihrem Arbeitsverzeichnis.

 Tipp Achten Sie auch hier wieder darauf, dass Sie alle Dateien in der UTF-8-Zeichenkodierung speichern.

Es fehlt jetzt lediglich noch eine Informationsdatei, die Joomla! für eine korrekte Integration des Moduls in seine Umgebung benötigt. Im Hallo-Welt-Beispiel sieht sie so aus wie in Beispiel 15-38.

Beispiel 15-38: Die XML-Informationsdatei für das *Hallo-Welt*-Modul (Datei »*mod_hallowelt.xml*«)

```
<?xml version="1.0" encoding="utf-8"?>
<extension type="module" version="2.5" client="site">
   <name>Hallo Welt</name>
   <author>Tim Schürmann</author>
   <version>1.0.1</version>
   <description>Ein einfaches Hallo-Welt!-Modul</description>

   <files>
      <filename module="mod_hallowelt">mod_hallowelt.php</filename>
   </files>
</extension>
```

Der Aufbau stimmt weitestgehend mit der Informationsdatei der Komponenten überein (siehe Abschnitt »8. Schritt: Die XML-Datei« auf Seite 704). Alle diese Angaben wertet Joomla! bei der Installation aus.

Das öffnende `<extension>`-Tag weist zunächst mit seinen Attributen darauf hin, dass es sich um ein Modul (`type="module"`) für Joomla! 2.5 handelt (`version="2.5"`), das auf der Website zum Einsatz kommt (`client="site"`).

Version   Joomla! 1.5 verwendete anstelle des `<extension>`-Tags noch das `<install>`-Tag.   X.X

Anschließend folgen ein paar allgemeine Informationen über das Modul. Die Tags nennen hier den Namen des Moduls, den Autor und die Version. Den Abschluss bildet eine kurze Beschreibung, die Joomla! beispielsweise nach erfolgreicher Installation anzeigt. Sie können hier alle Informations-Tags aus Abschnitt »8. Schritt: Die XML-Datei« auf Seite 704, verwenden, also beispielsweise auch einen Hinweis auf die Lizenz hinzufügen.

Zwischen `<files>` und `</files>` muss man noch alle Dateien auflisten, die zum Modul gehören (ohne diese Informationsdatei). Jede einzelne Datei rahmt man noch einmal zwischen `<filename>` und `</filename>` ein.

Neu gegenüber der Informationsdatei der Komponenten ist das Attribut `module="mod_hallowelt"`. Es ist nur bei der Datei anzugeben, über die Joomla! später das Modul aktivieren soll (in diesem Fall besteht das Modul lediglich aus der Datei *mod_hallowelt.php*, aber in den nächsten Abschnitten kommen noch weitere hinzu). Als Wert erhält das Attribut den Namen der Datei ohne die Endung *.php*.

Speichern Sie jetzt die Informationsdatei aus Beispiel 15-38 unter dem Dateinamen *mod_hallowelt.xml* in Ihrem Arbeitsverzeichnis. Dessen Inhalt verpacken Sie anschließend in ein ZIP-Archiv, das Sie wiederum im Administrationsbereich hinter ERWEITERUNGEN → ERWEITERUNGEN wie jede andere Erweiterung installieren.

Tipp   Falls sich Joomla! dabei über eine fehlende Datei beschwert, sollten Sie zunächst den Inhalt der Konfigurationsdatei *mod_hallowelt.xml* auf Tippfehler untersuchen.

War die Installation erfolgreich, finden Sie das neue Modul in der Liste hinter ERWEITERUNGEN → MODULE. Wie der rote Kreis in der Spalte STATUS verrät, ist das Modul derzeit noch deaktiviert (siehe Abbildung 15-22). Darüber hinaus hat es Joomla! noch keiner POSITION zugeordnet – folglich ist es auf der Website noch gar nicht zu sehen.

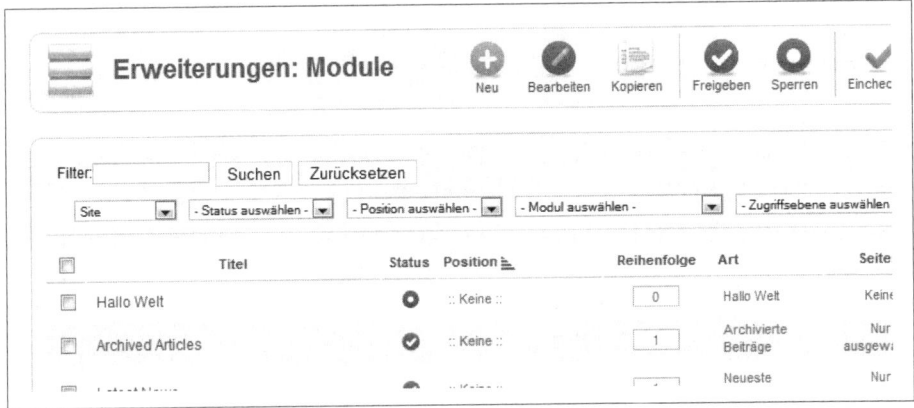

Abbildung 15-22:   Das installierte Hallo-Welt-Modul (in der ersten Tabellenzeile) ist standardmäßig noch deaktiviert.

Um diesen Zustand zu ändern, klicken Sie auf seinen Namen, um an seine Einstellungen zu gelangen. Dort stellen Sie den STATUS auf FREIGEGEBEN, wählen als POSITION die POSITION-7 und setzen unten im Bereich MENÜZUWEISUNG die MODULZUWEISUNG auf den Punkt AUF ALLEN SEITEN. Nach dem SPEICHERN & SCHLIEßEN ist das Hallo-Welt-Modul damit garantiert auf jeder Seite Ihres Internetauftritts zu sehen. Wechseln Sie in die VORSCHAU, und werfen Sie einen Blick an den linken Seitenrand. Wie in Abbildung 15-23 finden Sie dort seinen Gruß.

Da die Ausgabe des Textes recht unnütz ist, sollten Sie das Modul nach dem Testlauf wieder deinstallieren (hinter ERWEITERUNGEN → ERWEITERUNGEN auf dem Register VERWALTEN).

Das Kinoportal-Modul

Das Modul für das Kinoportal soll natürlich nicht nur ein schnödes »Hallo Welt!« präsentieren. Seine Aufgabe besteht vielmehr in der Anzeige einer Liste mit Filmen. Dies ist jedoch nicht wesentlich aufwendiger: Man muss lediglich die Filme aus der

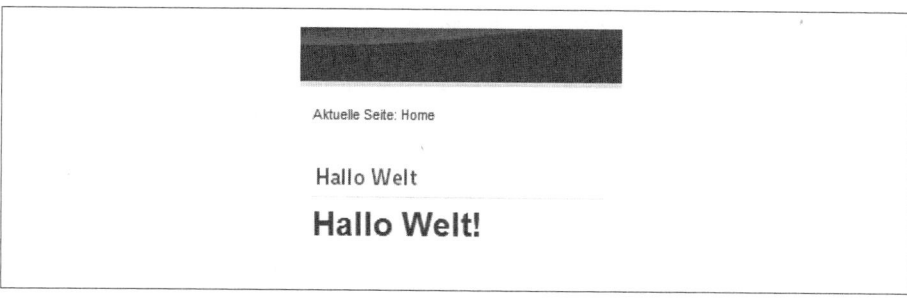

Aktuelle Seite: Home

Hallo Welt

Hallo Welt!

Abbildung 15-23: Das Hallo-Welt-Modul auf der Homepage

Datenbank holen, sie durchlaufen und jeden von ihnen in einer HTML-Liste ausgeben. Genau dies erledigt das PHP-Skript aus Beispiel 15-39.

Beispiel 15-39: Das Kinoportal-Modul (Datei »*mod_kinoportal.php*«)

```php
<?php
defined('_JEXEC') or die;

//Zugriff auf die Datenbank holen:
$datenbank = JFactory::getDBO();

// Anfrage basteln:
$query = $datenbank->getQuery(true);
$query->select('*');
$query->from('#__filme');

// Filme holen:
$datenbank->setQuery($query);
$allefilme = $datenbank->loadObjectList();

// Jeden Film in einer Liste ausgeben:
echo "<ul>";
if ($allefilme)
{
    foreach ($allefilme as $einfilm)
    {
        ?><li><a href="index.php?option=com_kinoportal"><?php
        echo $einfilm->name;
        ?></a></li><?php
    }
}
echo "</ul>";

?>
```

Die Anweisungen kennen Sie bereits aus der Komponente: Zu Beginn holt sich Beispiel 15-39 den Zugriff auf die Datenbank (JFactory::getDBO()), stellt die SQL-Anfrage zusammen, führt diese aus und durchläuft schließlich alle zurückgelieferten Filme, deren Namen wiederum in eine HTML-Liste (`<ul>`) wandern. Um den Namen herum wird noch ein Link auf die Kinoportal-Komponente gelegt.

⦿ Warnung In diesem einfachen Beispiel werden wirklich alle Filme ausgegeben. Schon bei einem etwas größeren Datenbestand führt dies auf der Homepage schnell zu einer recht langen Liste, die zum einen das Layout zerstört und zum anderen die Besucher irritiert. Eine Möglichkeit, die Anzahl einzuschränken, stellt gleich noch der Abschnitt »Das Modul in den Administrationsbereich einbinden« auf Seite 778 vor.

Erstellen Sie ein neues Arbeitsverzeichnis für das Kinoportal-Modul, und speichern Sie darin den Programmcode aus Beispiel 15-39 als *mod_kinoportal.php*. Damit steht gleichzeitig fest, dass das neue Modul den Namen *kinoportal* trägt. Komplett wird es mit der Informationsdatei *mod_kinoportal.xml* aus Beispiel 15-40.

Beispiel 15-40: Die XML-Informationsdatei für das Kinoportal-Modul (Datei »*mod_kinoportal.xml*«)

```
<?xml version="1.0" encoding="utf-8"?>
<extension type="module" version="2.5" client="site">
    <name>Kinoportal</name>
    <author>Tim Schürmann</author>
    <version>1.0</version>
    <description>Das Kinoportal-Modul</description>

    <files>
        <filename module="mod_kinoportal">mod_kinoportal.php</filename>
    </files>
</extension>
```

Speichern Sie Beispiel 15-40 in der Datei *mod_kinoportal.xml*, und packen Sie dann die beiden Dateien in ein ZIP-Archiv, das Sie wie gewohnt unter Joomla! installieren. Nachdem Sie es hinter ERWEITERUNGEN → MODULE aktiviert haben (nach dem gleichen Prinzip wie das *Hallo-Welt*-Modul), erscheint dann auf der Website die gewünschte Ausgabe aus Abbildung 15-24.

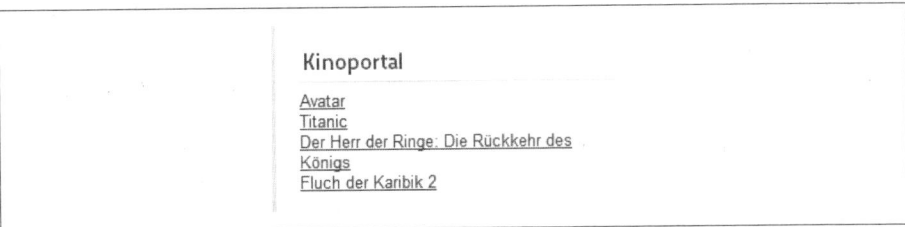

Abbildung 15-24: Die Ausgabe des Kinoportal-Moduls

Wenn der Bildschirm weiß bleibt, enthält die Datei *mod_kinoportal.php* irgendwo einen Fehler. Sobald Joomla! einen solchen bemerkt, zeigt es nur noch eine leere weiße Seite.

Tipp　Ein Klick auf einen der Filme führt hier der Einfachheit halber zur Tabellenübersicht der Komponente. Ihre Besucher würden jedoch in der Praxis erwarten, dass nur die Einzelheiten zu dem gewählten Film erscheinen. In Ihren eigenen Erweiterungen sollten Sie daher der Besucherseite der Komponente noch eine entsprechende Ansicht spendieren. Das funktioniert ganz analog zur Erstellung des Bearbeitungsbildschirms – also über ein weiteres Gespann aus Model-, View- und Controller-Klassen.

Deinstallieren Sie das Modul nach dem erfolgreichen Testlauf, denn es steht noch eine kleine Überarbeitung an.

Trennung von Darstellung und Inhalt

Wie in den vorherigen Abschnitten gezeigt, reicht ein PHP-Skript bereits aus. Die Joomla!-Entwickler empfehlen jedoch, auch bei Modulen die Darstellung vom Inhalt zu trennen. Doch keine Sorge: Das MVC-Konzept taucht hier nicht auf.

Im Moment befindet sich der HTML-Text mitten in der eigentlichen Programmlogik (der foreach-Schleife). Insbesondere bei größeren Modulen ist es wesentlich bequemer, alle Befehle, die sich auf die Anzeige von Daten beziehen, in eine externe Datei auszulagern. Möchte man das Design ändern, muss man somit nur diese dritte Datei, das sogenannte *Template*, bearbeiten oder austauschen. Die Dateien mit der eigentlichen Funktionalität bleiben unangetastet. Zusätzlich vermeidet man so lästige Flüchtigkeitsfehler.

Die Joomla!-Entwickler raten weiter dazu, die Datenbankabfragen in eine Hilfsklasse (*Helper-Class*) auszulagern. Mit dieser Klasse soll es auch sogleich losgehen.

1. Schritt: Die Hilfsklasse

Zunächst lagert man die ganzen Datenbankabfragen in eine eigene Klasse aus. Sie soll im Folgenden den Namen *modKinoportalHelper* erhalten. Das hier verwendete Namensschema aus dem Präfix *mod*, dem Namen des Moduls und dem Anhang *Helper* schlagen die Joomla!-Entwickler vor, Sie können aber selbstverständlich auch ein beliebiges anderes wählen. Die Klasse selbst sehen Sie in Beispiel 15-41.

Beispiel 15-41: Die Helper-Klasse für das Kinoportal-Modul kapselt den Zugriff auf die Datenbank (Datei »*helper.php*«).

```php
<?php
defined('_JEXEC') or die;

class modKinoportalHelper
{
   static function holeAlleFilme()
   {
      //Zugriff auf die Datenbank holen:
```

```php
        $datenbank = JFactory::getDBO();

        // Anfrage basteln:
        $query = $datenbank->getQuery(true);
        $query->select('*');
        $query->from('#__filme');

        // Filme holen:
        $datenbank->setQuery($query);
        $allefilme = $datenbank->loadObjectList();

        return $allefilme;
    }
}
?>
```

Ihre einzige Methode holeAlleFilme() macht nichts anderes, als alle Filme aus der Datenbank zu holen (die Befehle stammen direkt aus der alten *mod_kinoportal. php*). Speichern Sie den Code aus Beispiel 15-41 in der Datei *helper.php* in Ihrem Arbeitsverzeichnis.

2. Schritt: Das Template

Das Template wird gleich im nächsten Schritt direkt mit den Filmen gefüttert, die es dann nur noch hübsch formatieren muss:

Beispiel 15-42: Das Template für das Kinoportal-Modul (Datei »*tmpl/default.php*«)

```php
<?php
defined('_JEXEC') or die;

// Jeden Film in einer Liste ausgeben:
echo "<ul>";
if ($allefilme)
{
    foreach ($allefilme as $einfilm)
    {
        ?><li><a href="index.php?option=com_kinoportal"><?php
        echo $einfilm->name;
        ?></a></li><?php
    }
}
echo "</ul>";
?>
```

Auch dieser Code wurde eins zu eins aus der alten *mod_kinoportal.php* übernommen. Legen Sie in Ihrem Arbeitsverzeichnis das neue Unterverzeichnis *tmpl* an, und speichern Sie darin das Template aus Beispiel 15-42 in der Datei *default.php*.

Tipp	Welche Teile und Funktionen Ihres Moduls Sie in das Template und welche Sie in die Hilfsklasse auslagern, bleibt vollständig Ihnen überlassen. Bei größeren Modulen empfiehlt sich auch eine weitere Aufgabenteilung über weitere Klassen.	

3. Schritt: mod_kinoportal.php anpassen

Das *mod_kinoportal.php*-Skript wird jedoch nicht ganz arbeitslos. Als Bindeglied zwischen den beiden neuen Dateien übernimmt es zwei wichtige Aufgaben: Zunächst muss es die Hilfsklasse aktivieren und mit ihrer Hilfe die Filme aus der Datenbank fischen. Die von dort zurückgelieferten Daten muss es dann anschließend ins Template pressen. Den dazu notwendigen Programmcode zeigt Beispiel 15-43.

Beispiel 15-43: Die von Darstellung und Datenhaltung befreite Datei »*mod_kinoportal.php*«

```php
<?php
defined('_JEXEC') or die;

// Hole Hilfsfunktionen hinzu
require_once( dirname(__FILE__).DS.'helper.php' );

// Hole Filme aus der Datenbank:
$allefilme = modKinoportalHelper::holeAlleFilme();

// Und stecke sie in das Template:
require( JModuleHelper::getLayoutPath('mod_kinoportal') );
?>
```

Die erste Anweisung holt die Helferklasse hinzu. `require_once()` sorgt gleichzeitig dafür, dass die Helper-Klasse nur ein einziges Mal definiert wird. Anschließend holt das Skript über die Methode `holeAlleFilme()` die Daten aus der Datenbank. Die letzte Anweisung im Skript aktiviert schließlich das Template.

4. Schritt: *mod_kinoportal.xml* erweitern

Damit die beiden hinzugekommenen Dateien auch bei der Installation berücksichtigt werden, muss man sie noch in der XML-Datei anmelden, wie Beispiel 15-44 zeigt.

Beispiel 15-44: Die erweiterte Informationsdatei »*mod_kinoportal.xml*«

```xml
<?xml version="1.0" encoding="utf-8"?>
<extension type="module" version="2.5" client="site">
    <name>Kinoportal</name>
    <author>Tim Schürmann</author>
    <version>1.0</version>
    <description>Das Kinoportal-Modul</description>

    <files>
```

Beispiel 15-44: Die erweiterte Informationsdatei »*mod_kinoportal.xml*« *(Fortsetzung)*

```
    <filename module="mod_kinoportal">mod_kinoportal.php</filename>
        <filename>helper.php</filename>
        <folder>tmpl</folder>
    </files>
</extension>
```

[X.X] Mit `<folder>` übernimmt Joomla! auf einen Schlag alle Dateien aus dem angegebenen Verzeichnis. Diese bequeme Notation ist seit Joomla! 1.6 verfügbar.

Damit besteht das Modul jetzt aus folgenden vier Dateien:

Datei	Funktion
mod_kinoportal.php	Einsprungpunkt des Moduls, steuert gleichzeitig den Ablauf.
mod_kinoportal.xml	Informationsdatei für die Integration in Joomla!
helper.php	Hilfsklasse, die mit der Datenbank kommuniziert
tmpl/default.php	Template, das die Ausgabe auf der Homepage erzeugt

Tipp Um die eigenen Dateien vor fremden Blicken zu schützen, sollten Sie auch hier wieder in jedem (Unter-)Verzeichnis eine HTML-Datei mit dem Namen *index.html* und dem Inhalt `<!DOCTYPE html><title></title>` anlegen. Vergessen Sie nicht, diese zusätzlichen Dateien in der XML-Datei anzumelden.

Packen Sie nun wieder den Inhalt Ihres Arbeitsverzeichnisses in eine ZIP-Datei, und installieren Sie sie unter Joomla!. Nach der Aktivierung des Moduls sollten die gleichen Ausgaben erscheinen wie schon im Abschnitt zuvor (siehe Abbildung 15-24 auf Seite 774).

Tipp Auch bei den Modulen können Sie den Update-Mechanismus aus Kasten *Upgrade-Pakete* auf Seite 734 einsetzen.

Das Modul in den Administrationsbereich einbinden

Wenn Sie im Administrationsbereich unter ERWEITERUNGEN → MODULE auf den Modulnamen KINOPORTAL klicken, erscheinen dessen Einstellungen (siehe Abbildung 15-25).

Auf der linken Seite präsentiert Joomla! ein paar grundlegende Einstellungen, die jedes Modul erlaubt. Dazu zählt beispielsweise die POSITION im Template oder die Angabe, ob das Modul aktiviert wurde (die einzelnen Punkte wurden bereits ausführlich in Kapitel 7, *Module – Die kleinen Brüder der Komponenten* vorgestellt).

Zusätzlich zu diesen Standardeinstellungen darf man noch beliebig viele eigene hinzufügen. Im Fall des Kinoportal-Moduls könnte man beispielsweise den Seitenbetreiber entscheiden lassen, wie viele Elemente die Liste auf der Homepage tatsächlich enthalten soll. Derzeit präsentiert das Modul immer restlos alle Filme, die die Datenbank hergibt. Bei vielen Einträgen führt dies zu einer recht langen und somit unübersichtlichen Liste.

Abbildung 15-25: Die Standardeinstellungen des Kinoportal-Moduls

Um das Ziel zu erreichen, muss man noch einmal die Dateien *mod_kinoportal.xml*, *mod_kinoportal.php* und die Helper-Klasse bearbeiten. Deinstallieren Sie aber zuvor das Kinoportal-Modul nach diesem Testlauf wieder.

1. Schritt: mod_kinoportal.xml anpassen

Zunächst zur Informationsdatei: Sie erhält an ihrem Ende einen zusätzlichen `<config>`-Abschnitt. Er enthält wiederum ein Formular, wie es in Abschnitt »8. Schritt: Bearbeitungsbildschirm hinzufügen« ab Seite 733 vorgestellt wurde.

Version Den Abschnitt `<config>` gibt es erst seit Joomla! 1.6, zuvor hieß er noch `<params>` und verlangte für jede Modul-Einstellung ein eigenes Tag `<param>`, das wiederum mit seinen Attributen das Aussehen und die Eigenschaften der Einstellung festgelegt hat. `X.X`

Im Fall des Kinoportal-Beispiels soll man die Anzahl der Filme in einer Ausklappliste auswählen können.

Tipp Sie können selbstverständlich auch ein Eingabefeld nutzen. Die dazu notwendigen Angaben entsprechen denen aus Abschnitt »8. Schritt: Bearbeitungsbildschirm hinzufügen« auf Seite 733. Zur Abwechslung bauen wir also hier mal eine kleine Ausklappliste ein.

Damit sieht der untere Teil der *mod_kinoportal.xml* wie in Beispiel 15-45 aus.

Beispiel 15-45: Das untere Ende der Informationsdatei »*mod_kinoportal.xml*« mit einer neuen Einstellung

```
...
<config>
    <fields name="params">
        <fieldset name="basic">
            <field
                name="anzahl"
                type="integer"
                first="1"
                last="10"
                step="1"
                default="5"
                label="Anzahl Filme:"
                description="Geben Sie hier die Anzahl der gleichzeitig anzuzeigenden
                        Filme ein." />
        </fieldset>
    </fields>
</config>
</extension>
```

Dies führt später zum Ergebnis aus Abbildung 15-26.

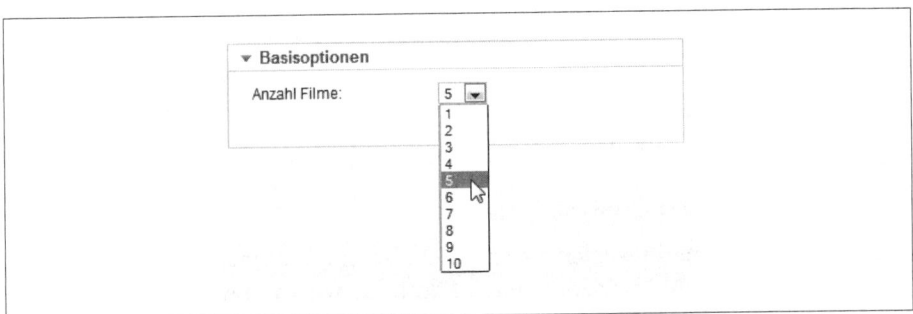

Abbildung 15-26: Die neue Einstellung für das Kinoportal-Modul

Jeder `<field>`-Eintrag entspricht später genau einer Einstellung im Bildschirm des Administrationsbereichs. Die Attribute des Tags legen die Eigenschaften der Einstellung fest. In diesem Fall handelt es sich um eine Ausklappliste (`type="integer"`), die den internen Namen anzahl erhält (`name="anzahl"`). Aus der Liste kann man später eine Zahl von 1 (`first="1"`) bis 10 (`last="10"`) auswählen. Standardmäßig ist dabei die 5 ausgewählt (`default="5"`) – das Modul würde also fünf Filme anzeigen. Das Attribut `step="1"` sorgt dafür, dass die Liste alle Zahlen zwischen 1 und 10 anbietet. Würden Sie hier `step="2"` eintragen, würden in der Liste nur die Zahlen 1, 3, 5, 7, ... zur Auswahl stehen (es würde also immer eine Zahl übersprungen, und zwar bei 1 beginnend).

Abschließend verpasst `label="Anzahl Filme:"` der Einstellung noch eine aussage-kräftige Beschriftung, während `description="..."` den Text für ein kleines Tooltip-Fenster enthält. Es erscheint später, wenn man mit dem Mauszeiger über die Beschriftung der Einstellung fährt.

Die so definierte Ausklappliste steckt in Beispiel 15-45 noch einmal zwischen den Tags `<fieldset name="basic">` und `</fieldset>`. Damit weiß Joomla!, dass es die Ausklappliste später auf dem Register BASISOPTIONEN unterbringen soll (wie in Abbildung 15-26).

`<fields name="params">` zeigt Joomla! schließlich noch an, dass es sich hier um Ein-stellungen (Parameter) für das Modul handelt.

2. Schritt: Erweiterung der mod_kinoportal.php

Damit kann der Seitenbetreiber später die Anzahl der anzuzeigenden Filme im Administrationsbereich beeinflussen. Sämtliche dort eingestellten Werte packt Joomla! in das Objekt `$params` und stellt es anschließend dem Modul zur Verfü-gung. Das Modul muss die darin gespeicherten Informationen nur noch auswerten.

Im Kinoportal-Modul ist dafür die Datei *mod_kinoportal.php* die richtige Anlauf-stelle. Sie muss jedoch nicht besonders viel mit dem Objekt anstellen, da der darin gespeicherte Wert eigentlich nur für die Hilfsklasse von Bedeutung ist (denn sie stellt die eigentliche Datenbankabfrage). Also reicht man das Array wie in Beispiel 15-46 einfach nur an sie weiter.

Beispiel 15-46: Die Datei »*mod_kinoportal.php*« reicht die Parameter einfach an die Hilfsklasse durch.

```php
<?php
defined('_JEXEC') or die;

// Hole Hilfsfunktionen hinzu
require_once( dirname(__FILE__).DS.'helper.php' );

// Hole Filme aus der Datenbank:
$allefilme = modKinoportalHelper::holeAlleFilme($params);

// Und in das Template stecken:
require( JModuleHelper::getLayoutPath('mod_kinoportal') );

?>
```

3. Schritt: Erweiterung der Hilfsklasse

Die für die Datenhaltung zuständige Hilfsklasse muss jetzt aus dem Objekt `$params` die Anzahl der anzuzeigenden Filme herauslösen und dann entsprechend viele Datensätze aus der Datenbank holen.

An die Daten im Objekt `$params` gelangt man recht einfach über seine `get()`-Methode:

```php
$inhaltvonanzahl = $params->get( 'anzahl', 10 );
```

Dieser Befehl liefert den Wert des Parameters namens anzahl. Der zweite Parameter von get() gibt noch für den Fall der Fälle einen Standardwert vor. In der Variablen $inhaltvonanzahl steckt anschließend die Anzahl der anzuzeigenden Filme, die man nur noch als drittes Argument an die getQuery()-Methode übergeben muss. Die Datenbank liefert dann automatisch nur die ersten $inhaltvonanzahl Ergebnisse zurück. Die komplette Hilfsklasse sieht dann wie in Beispiel 15-47 aus.

Beispiel 15-47: Die modifizierte Hilfsklasse aus der Datei »helper.php«

```php
<?php
defined('_JEXEC') or die;

class modKinoportalHelper
{
    static function holeAlleFilme($params)
    {
        //Zugriff auf die Datenbank holen:
        $datenbank = JFactory::getDBO();

        $inhaltvonanzahl = $params->get( 'anzahl', 10 );

        // Anfrage basteln:
        $query = $datenbank->getQuery(true);
        $query->select('*');
        $query->from('#__filme');

        // Filme holen:
        $datenbank->setQuery($query, 0, $inhaltvonanzahl);
        $allefilme = $datenbank->loadObjectList();

        return $allefilme;
    }
}
```

Damit ist das Modul des Kinoportals fertig. Schnüren Sie die Dateien wieder zu einem ZIP-Archiv, und installieren Sie es unter Joomla!. Den neuen Einstellungsbildschirm erreichen Sie wie gehabt über ERWEITERUNGEN → MODULE und einen Klick auf KINOPORTAL. Ab sofort wird die Ausgabe auf der Homepage den dort ausgewählten Werten folgen.

Deinstallieren Sie jetzt das Modul noch einmal, denn es ist noch nicht ganz fertig.

Sprachdateien einbinden

Die Ausklappliste besitzt im Moment noch die fest vorgegebene Beschriftung ANZAHL FILME:. Würden Sie die Sprache über ERWEITERUNGEN → SPRACHEN wechseln, bliebe sie weiterhin auf Deutsch. Ihr Modul wäre somit nur für deutsche Nutzer interessant. Um das zu ändern, muss man dem Modul zwei Sprachdateien beilegen und alle Beschriftungen durch Platzhalter ersetzen. Das funktioniert exakt nach dem gleichen Prinzip wie bei der Komponente.

Hier im Modul sind alle Beschriftungen in der Datei *mod_kinoportal.xml* gesammelt. Tauschen Sie sie dort gegen Platzhalter aus. Diese sind durchgehend großgeschrieben und beginnen hier immer mit einem MOD_, gefolgt vom Namen des Moduls. Den Rest des Bezeichners kann man selbst wählen. Er darf nur keine Leerzeichen enthalten und muss eindeutig sein. Im Kinoportal-Modul könnte man beispielsweise die Platzhalter aus Beispiel 15-48 wählen.

Beispiel 15-48: Die mit Platzhaltern für die Übersetzung bestückte Datei »*mod_kinoportal.xml*«

```xml
<?xml version="1.0" encoding="utf-8"?>
<extension type="module" version="2.5" client="site">
    <name>MOD_KINOPORTAL</name>
    <author>Tim Schürmann</author>
    <version>1.0</version>
    <description>MOD_KINOPORTAL_BESCHREIBUNG</description>

    <files>
        <filename module="mod_kinoportal">mod_kinoportal.php</filename>
        <filename>helper.php</filename>
        <folder>tmpl</folder>
    </files>

    <config>
        <fields name="params">
            <fieldset name="basic">
                <field
                    name="anzahl"
                    type="integer"
                    first="1"
                    last="10"
                    step="1"
                    default="5"
                        label="MOD_KINOPORTAL_ANZAHL_LABEL"
                        description="MOD_KINOPORTAL_ANZAHL_BESCHR" />
            </fieldset>
        </fields>
    </config>
</extension>
```

Damit sind alle festen Texte durch Platzhalter ersetzt. Als Nächstes erstellen Sie in Ihrem Arbeitsverzeichnis den neuen Ordner *language*. In ihm müssen Sie für jede Übersetzung ein Verzeichnis mit dem Namen des zugehörigen Language-Tags anlegen. Das Kinoportal-Modul soll der Einfachheit halber zunächst nur Deutsch sprechen. Das zugehörige Language-Tag lautet de-DE (siehe Kapitel 12, *Mehrsprachigkeit*). Erstellen Sie also ein Verzeichnis mit diesem Namen.

Dort legen Sie jetzt eine Textdatei an. Ihr Dateiname beginnt mit dem Language-Tag, dem ein *.mod_* und der Name des Moduls folgt. Die Endung lautet schließlich *.ini*. Im Beispiel muss somit die Datei *de-DE.mod_kinoportal.ini* her.

In dieser datei parken Sie jetzt alle Übersetzungen, die im Bearbeitungsbildschirm zu finden sind. Im Kinoportal wäre das die Beschriftung der Ausklappliste und ihr Tooltipp (siehe Abbildung 15-26). Der Inhalt der Datei besteht somit aus den einsamen beiden Zeilen:

```
MOD_KINOPORTAL_ANZAHL_LABEL="Anzahl Filme:"
MOD_KINOPORTAL_ANZAHL_BESCHR="Geben Sie hier die Anzahl der gleichzeitig
anzuzeigenden Filme ein."
```

Wie bei den Komponenten steht in jeder Zeile eine Übersetzung. Ganz vorne startet sie mit dem Platzhalter, es folgt ein Gleichheitszeichen und schließlich in Anführungszeichen sein deutschsprachiger Ersatztext.

Alle Texte, die an anderen Stellen im Administrationsbereich auftauchen, kommen in eine separate Sprachdatei. Sie heißt wie ihre Kollegin, endet aber auf *.sys.ini*. Erstellen Sie also für das Kinoportal-Modul im Unterverzeichnis *language/de-DE* eine zweite Textdatei mit dem Namen *de-DE.mod_kinoportal.sys.ini*. In ihr verschwinden die Entsprechungen der übrigen Platzhalter, was im Kinoportal ebenfalls wieder nur zwei Zeilen sind:

```
MOD_KINOPORTAL="Kinoportal"
MOD_KINOPORTAL_BESCHREIBUNG="Das Kinoportal-Modul"
```

Damit besteht das Modul jetzt aus sechs Dateien:

Datei	Funktion
mod_kinoportal.php	Einsprungpunkt des Moduls (steuert den Ablauf)
mod_kinoportal.xml	Informationsdatei für die Integration in Joomla!
helper.php	Hilfsklasse, die mit der Datenbank kommuniziert
tmpl/default.php	Template, das die Ausgabe auf der Homepage erzeugt
language/de-DE/de-DE.mod_kinoportal.ini	Deutsche Übersetzung der Beschriftungen im Bearbeitungsbildschirm
language/de-DE/de-DE.mod_kinoportal.sys.ini	Restliche deutsche Übersetzungen

Für jede weitere Übersetzung erstellen Sie unter *language* ein weiteres Verzeichnis mit dem Namen seines Language-Tags und legen darin nach dem gezeigten Prinzip zwei passende *.ini*-Dateien an.

Abschließend müssen Sie das neue Verzeichnis noch wie folgt in der *mod_kinoportal.xml* anmelden:

```
...
<files>
    <filename module="mod_kinoportal">mod_kinoportal.php</filename>
    <filename>helper.php</filename>
    <folder>tmpl</folder>
    <folder>language</folder>
</files>
...
```

Danach weisen Sie Joomla! mit einer `<language>`-Sektion auf die Übersetzungen hin (ganz wie bei den Komponenten, siehe auch Abschnitt »11. Schritt: Sprachdateien einbinden« auf Seite 760):

```
...
<languages>
    <language tag="de-DE">language/de-DE/de-DE.mod_kinoportal.ini</language>
    <language tag="de-DE">language/de-DE/de-DE.mod_kinoportal.sys.ini</language>
</languages>
</extension>
```

Mehr ist bei den Modulen nicht notwendig. Verpacken Sie den Inhalt Ihres Arbeitsverzeichnisses in ein ZIP-Archiv, und spielen Sie es unter Joomla! ein.

Tipp Wenn Sie einen Begriff im Template *default.php* oder in der Datei »*mod_kinoportal.php*« übersetzen möchten, müssen Sie dort wie bei der Komponente die Funktion `JText::_()` heranziehen, also etwa:

```
JText::_('MOD_KINOPORTAL_EINTEXT);
```

Den Platzhalter `MOD_KINOPORTAL_EINTEXT` übersetzen Sie dann wie gehabt in der *.ini*-Sprachdatei.

Plugins

Die im vorherigen Kapitel entwickelte Komponente fügt Joomla! neue Inhalte in Form von Filmen hinzu. Leider gibt es noch ein kleines Problem: Sucht jemand auf der Homepage über die entsprechende Funktion nach einem Begriff, so bleiben dabei alle Filme in der neuen Tabelle gänzlich unberücksichtigt. Abhilfe schafft hier ein kleiner Suchroboter, ein sogenanntes Plugin.

Die in Joomla! mitgelieferten Plugins wurden bereits in Kapitel 11, *Plugins*, vorgestellt. Technisch betrachtet, sind sie nichts anderes als PHP-Skripte, die in einer ganz bestimmten Situation von Joomla! aufgerufen werden. Aus diesem Grund gibt es verschiedene Typen von Plugins. Derzeit unterscheidet Joomla! folgende Gruppen:

- *authentication*: Diese Plugins kümmern sich um die Benutzeranmeldung.
- *captcha*: Diese Plugins stellen ein sogenanntes Captcha bereit.
- *content*: Diese Plugins manipulieren Inhalte, indem sie beispielsweise bestimmte Textpassagen gegen andere austauschen.
- *editors*: Diese Plugins kümmern sich um die Eingabe von Texten, stellen also mehr oder weniger komfortable Texteditoren bereit.
- *editors-xtd*: Diese Plugins erweitern die Texteditoren um zusätzliche Funktionen.
- *extensions*: Diese Plugins überwachen andere Erweiterungen. In erster Linie sollen sie die Erweiterungen automatisch aktualisieren.
- *quickicon*: Einige der Knöpfe im Kontrollzentrum ändern je nach Situation ihr Aussehen. Beispielsweise weist eines darauf hin, ob Aktualisierungen für Joomla! vorliegen. Bei diesem Optikwechsel helfen die *quickicon*-Plugins.
- *search*: Diese Plugins durchsuchen irgendwelche (Datenbank-)Inhalte.
- *finder*: Diese Plugins indexieren für die intelligente Suchfunktion (Smart Search) irgendwelche (Datenbank-)Inhalte.
- *system*: Diese Plugins stellen spezielle Systemfunktionen bereit.
- *user*: Diese Plugins kümmern sich um die Verwaltung von Benutzern.

Um den Bestand an Filmen zu durchforsten, benötigt man ein Plugin vom Typ *search*.

Search-Plugin für das Kinoportal

Sobald ein Besucher die Suche auf der Homepage anstößt, übernimmt die Komponente *com_search* das Kommando. Sie aktiviert alle Plugins vom Typ *search* und beauftragt sie, nach dem eingetippten Begriff zu fahnden. Als Ergebnis erwartet *com_search* von allen Plugins eine Liste mit den Ergebnissen.

Im Folgenden gilt es also, der Suchkomponente ein weiteres Plugin zur Großfahndung zur Seite zu stellen. Dazu erzeugen Sie zunächst in einem neuen Arbeitsverzeichnis eine Textdatei mit dem Namen *kinoportal.php*, die in den folgenden Abschnitten mit Leben gefüllt wird.

 Tipp   Vergessen Sie auch hier nicht, die Zeichenkodierung auf UTF-8 zu stellen.

Ein Plugin zu erstellen ist erstaunlich einfach: Man muss lediglich eine eigene Klasse von JPlugin ableiten und dann die zum gewählten Plugin-Typ gehörenden Methoden anbieten.

Tipp Joomla! startet die Plugins immer dann, wenn ein ganz bestimmtes Ereignis ein-
tritt. Jedes dieser Ereignisse hat einen eigenen Namen. Stößt beispielsweise
jemand die Suchfunktion an, löst er damit das Ereignis onContentSearch aus. Die
zu implementierenden Methoden tragen genau die Namen dieser Ereignisse.

Für das Such-Plugin im Kinoportal sieht das dann wie in Beispiel 15-49 aus.

Beispiel 15-49: Das Search-Plugin für das Kinoportal (Datei »kinoportal.php«)

```php
<?php
defined('_JEXEC') or die;

jimport('joomla.plugin.plugin');

class plgSearchKinoportal extends JPlugin
{
    function onContentSearch($text, $phrase='', $ordering='', $areas=null)
    {

        // Zum $text passende Filme aus der Datenbank holen:
        $datenbank = JFactory::getDBO();

        $query = $datenbank->getQuery(true);
        $query->select('*');
        $query->from('#__filme');
        $query->where("LOWER(name) LIKE '".$text."'");

        $datenbank->setQuery($query);
        $rows=$datenbank->loadObjectList();

        // Ausgabe vorbereiten
        foreach($rows as $key => $row)
        {
            $rows[$key]->title = $row->name;
            $rows[$key]->href = 'index.php?option=com_kinoportal';
            $rows[$key]->section = '';
            $rows[$key]->browsernav = '';
            $rows[$key]->created = '';
        }
        return $rows;
    }
}
?>
```

Nachdem das Skript festgestellt hat, dass es unter Joomla! läuft, importiert es
zunächst die Klasse JPlugin:

```php
    jimport('joomla.plugin.plugin');
```

Die von ihr abgeleitete Klasse für das Such-Plugin heißt hier plgSearchKinoportal.
Damit folgt es den allgemeinen Konventionen, nach denen ein Klassenname aus der

Bezeichnung plg (für Plugin), der Aufgabe (hier Search) und dem eigentlichen Namen besteht.

Da es sich um ein Such-Plugin handelt, muss man mindestens die Methode onContentSearch() implementieren. Ihr werden später von Joomla! automatisch ein paar Parameter übergeben, darunter ganz zu Beginn in $text der oder die zu suchenden Begriffe (siehe auch den Kasten *Die Parameter der Methode onContentSearch()*):

```
function onContentSearch($text, $phrase='', $ordering='', $areas=null)
{
    ...
}
```

onContentSearch() muss jetzt nur noch den Text in der Datenbank suchen – nach den vorhergehenden Abschnitten ein Kinderspiel. In diesem einfachen Beispiel wird lediglich der Name des Films auf den Suchbegriff hin untersucht. Da der Suchbegriff ausschließlich in Kleinbuchstaben vorliegt (egal, was der Benutzer vorher eingetippt hat), muss man per LOWER auch den Filmnamen aus der Datenbank in Kleinbuchstaben umwandeln:

```
$query->where("LOWER(name) LIKE '".$text."'");
```

Wenn sich ein Besucher bei der Eingabe des Suchbegriffs vertippt hat, würde die Datenbank keine Fundstelle liefern. Deshalb sorgt das LIKE auch noch dafür, dass sie auch ähnlich klingende Filmnamen zurückgibt.

Da Joomla! von einem Such-Plugin einen ganz bestimmten Rückgabewert erwartet, kann man die Ergebnisse der Datenbankabfrage leider nicht einfach unbehandelt aus der Methode werfen. Stattdessen muss man alle Fundstellen in einer Liste mit einem ganz speziellen Aufbau verpacken. Für jeden gefundenen Datensatz existieren darin die folgenden Einträge:

- title: Ein Titel für das Suchergebnis
- created: Gibt an, wann der Datensatz erstellt wurde.
- section: Gibt an, woher der Datensatz stammt.
- href: Ein Link auf die Fundstelle. Über ihn kann der Besucher der Homepage dann direkt zum gesuchten Element oder zur entsprechenden (Unter-)Seite springen.
- browsernav: Gibt an, wo das Suchergebnis geöffnet werden soll. Eine 2 zeigt beispielsweise den unter href eingetragenen Link im aktuellen Fenster.
- text: Ein Text, der die Fundstelle beschreibt (etwa die Einleitung des Artikels)

Im obigen, einfachen Beispiel setzt onContentSearch() in ihrem unteren Teil nur den title auf den Filmnamen und verweist mit href auf die Kinoportal-Komponente.

Speichern Sie das Beispiel 15-49 in der Datei *kinoportal.php*.

Die Parameter der Methode onContentSearch()

Die Parameter, die das Content-Management-System der Methode `onContentSearch()` übergibt, spiegeln genau die Einstellungen wider, die dem Benutzer bei der ausführlichen Suche zur Verfügung stehen. Neben dem Suchtext in `$text` enthält `$phrase` Informationen darüber, wie gesucht werden soll. Enthält `$phrase` den Wert

- `exact`, muss der eingetippte Ausdruck genau so in der Fundstelle vorkommen.
- `all`, müssen alle Suchbegriffe in der Fundstelle auftauchen.
- `any`, braucht hingegen nur einer der eingetippten Suchbegriffe enthalten zu sein.

`$ordering` nennt die Sortierreihenfolge der Ergebnisse. Mögliche Werte sind dabei: alphabetisch aufsteigend (`$ordering=alpha`), nach Kategorie (`category`), die neuesten zuerst (`newest`), die ältesten zuerst (`oldest`) oder die populärsten (`popular`). Der letzte Parameter, `$areas`, legt schließlich noch fest, worin gesucht werden soll (Beiträge, Weblinks, Kontakte usw.).

Aus allen diesen Informationen muss man sich nun eine passende Datenbankabfrage zusammenbasteln, was recht schnell in eine unübersichtliche Befehlsschlacht ausarten kann. Ein gutes Beispiel liefert das Plugin für die Suche in den Kontaktdaten, das Sie in der Datei */plugins/search/contacts/contacts.php* im Joomla!-Verzeichnis finden. Selbstverständlich können Sie die Informationen auch ignorieren – ganz so wie das Kinoportal-Beispiel.

Das Plugin für die Suche nach Filmen ist damit eigentlich schon fertig. Es fehlt nur noch die obligatorische XML-Datei, die Joomla! für eine Installation benötigt. Sie ist in Beispiel 15-50 zu sehen.

Beispiel 15-50: Die Informationsdatei »*kinoportal.xml*« für das Kinoportal-Plugin

```
<?xml version="1.0" encoding="utf-8"?>
<extension type="plugin" version="2.5" group="search">
    <name>Kinoportal</name>
    <author>Tim Schürmann</author>
    <version>1.0</version>
    <description>Das Kinoportal-Plugin</description>

    <files>
        <filename plugin="kinoportal">kinoportal.php</filename>
    </files>
</extension>
```

Sie ist weitestgehend identisch mit der Informationsdatei für Module. Ein kleiner, aber wichtiger Unterschied steckt in der zweiten Zeile:

```
<extension type="plugin" version="2.5" group="search">
```

Sie verrät Joomla!, dass es sich um ein Plugin handelt (`type="plugin"`), das die Version 2.5 oder höher voraussetzt (`version="2.5"`) und der Gruppe der Such-Plugins angehört (`group="search"`).

Da das komplette Plugin nur aus einer Datei besteht, umfasst der `<files>`-Abschnitt nur einen `<filename>`-Eintrag für die `kinoportal.php`. Das Attribut `plugin="kinoportal"` kennzeichnet wieder die Datei, in der die Plugin-Klasse lagert (in diesem Fall also die Datei *kinoportal.php*). Als Wert erhält das Attribut den Namen der Datei ohne die Endung *.php*.

Speichern Sie Beispiel 15-50 als *kinoportal.xml*, und packen Sie diese Datei zusammen mit der *kinoportal.php* in ein ZIP-Archiv. Nach der Installation des Plugins über den Administrationsbereich finden Sie das Kinoportal-Plugin unter ERWEITERUNGEN → PLUGINS wieder. Sobald Sie es hier mit einem Klick auf den kleinen roten Kreis in der Spalte AKTIVIERT einschalten, steht der Suche in den Filmen nichts mehr im Wege (siehe Abbildung 15-27).

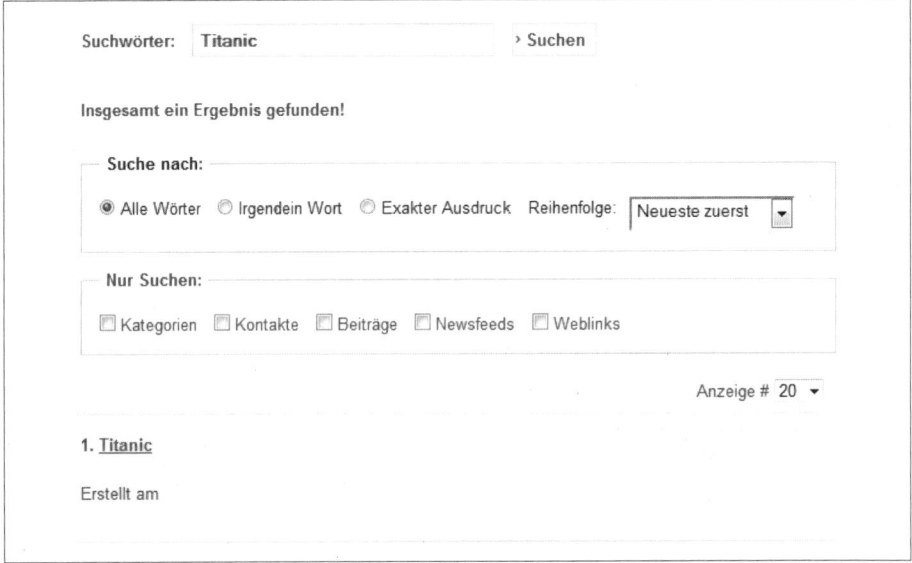

Abbildung 15-27: Dank des neuen Plugins wurde das Wort »Titanic« in den Filmdaten aufgestöbert.

 Tipp   Auch bei den Plugins können Sie den Update-Mechanismus aus Kasten *Upgrade-Pakete* auf Seite 734 einsetzen.

Das Plugin in den Administrationsbereich einbinden

Genau wie ein Modul besitzt auch jedes Plugin einen eigenen Konfigurationsbildschirm im Administrationsbereich. Sie erreichen ihn, indem Sie einfach auf den Namen des Plugins in der Liste hinter ERWEITERUNGEN → PLUGINS klicken (siehe auch Kapitel 11, *Plugins*). Die dort auf der rechten Seite präsentierten Einstellungen darf man als Plugin-Entwickler selbst bestimmen.

Im Fall des Kinoportal-Plugins sollte man hier vielleicht vorgeben können, wie viele Fundstellen maximal zurückgeliefert werden dürfen – schließlich soll der Besucher nicht mit Tausenden von Ergebnissen erschlagen und überfordert werden. Eine neue Einstellung fügt man genau wie bei den Modulen hinzu.

Zunächst spendiert man der Informationsdatei *kinoportal.xml* vor dem schließenden `</extension>`-Tag einen passenden `<config>`-Abschnitt:

```
...
<config>
    <fields name="params">
        <fieldset name="basic">
            <field
                name="suchlimit"
                type="text"
                default="5"
                size="5"
                label="Suchlimit:"
                description="Anzahl der Sucheinträge, die zurückgeliefert werden"
            />
        </fieldset>
    </fields>
</config>
</extension>
```

Damit entsteht später im Administrationsbereich ein Eingabefeld (`type="text"`) mit dem internen Namen suchlimit auf dem Register BASISOPTIONEN (`<fieldset name="basic">`), das standardmäßig mit dem Wert 5 belegt ist (`default="5"`), fünf Zeichen breit (`size="5"`) und mit dem Text Suchlimit beschriftet ist (Abbildung 15-28). Fährt man mit dem Mauszeiger über diese Beschriftung, erscheint ein Tooltip mit dem Text Anzahl der Sucheinträge, die zurückgeliefert werden.

Abbildung 15-28: Dem Plugin wurde eine neue Einstellung spendiert.

An den dort eingetragenen Wert gelangt man dann im Plugin über `$params` (ganz genauso wie bei den Modulen in Abschnitt »Das Modul in den Administrationsbereich einbinden« auf Seite 778):

```
$suchlimit = $this->$params->get('suchlimit', 5);
```

Den Wert in $suchlimit muss man dann nur noch an setQuery() übergeben. Die
Methode onContentSearch() sieht dann wie folgt aus:

```
function onContentSearch($text, $phrase='', $ordering='', $areas=null)
{
    // Suchlimit holen:
    $suchlimit = $this->params->get('suchlimit', '5');

    // Zum $text passende Filme aus der Datenbank holen:
    $datenbank = JFactory::getDBO();
    $query = $datenbank->getQuery(true);
    $query->select('*');
    $query->from('#__filme');
    $query->where("LOWER(name) LIKE '".$text."'");

    $datenbank->setQuery($query, 0, $suchlimit);
    $rows=$datenbank->loadObjectList();

    // Ausgabe vorbereiten
    foreach($rows as $key => $row)
    {
        $rows[$key]->title = $row->name;
        $rows[$key]->href = 'index.php?option=com_kinoportal';
    }
    return $rows;
}
```

Sprachdateien einbinden

Auch bei den Plugins sollte man die Beschriftungen im Administrationsbereich wieder in entsprechende Sprachdateien auslagern. Das funktioniert ähnlich wie bei den
Modulen.

Zunächst ersetzt man alle noch festen deutschen Texte durch Platzhalter. Hier beim
Plugin liegen diese netterweise alle in der Informationsdatei:

```
<?xml version="1.0" encoding="utf-8"?>
<extension version="2.5" type="plugin" group="search">
    <name>PLG_SEARCH_KINOPORTAL</name>
    <author>Tim Schürmann</author>
    <version>1.0</version>
    <description>PLG_SEARCH_KINOPORTAL_BESCHREIBUNG</description>

    <files><filename plugin="kinoportal">kinoportal.php</filename></files>

    <config>
        <fields name="params">
            <fieldset name="basic">
                <field
                    name="search_limit"
```

```
            type="text"
            default="5"
            size="5"
                label="PLG_SEARCH_KINOPORTAL_ANZAHL_LABEL"
                description="PLG_SEARCH_KINOPORTAL_ANZAHL_BESCHR"
        />

        </fieldset>
    </fields>
  </config>
</extension>
```

Nachdem Sie die Datei *kinoportal.xml* entsprechend abgeändert haben, erstellen Sie jetzt in Ihrem Arbeitsverzeichnis den neuen Ordner *language* und in ihm wiederum für jede Übersetzung ein Verzeichnis mit dem Namen des zugehörigen Language-Tags. Das Kinoportal-Modul soll der Einfachheit halber zunächst nur Deutsch sprechen. Das zugehörige Language-Tag lautet de-DE (siehe Kapitel 12, *Mehrsprachigkeit*). Erstellen Sie also ein Verzeichnis mit diesem Namen.

Dort legen Sie jetzt zwei Textdateien an. Der Dateiname der ersten beginnt mit dem Language-Tag, dem ein *.plg_*, dann der Typ des Plugins und schließlich der Name des Plugins folgt. Die Endung lautet *.ini*. Im Beispiel muss somit die Datei *de-DE. plg_search_kinoportal.ini* her. Sie enthält nur die Beschriftungen für den Bearbeitungsbildschirm und somit die beiden Zeilen:

```
PLG_SEARCH_KINOPORTAL_ANZAHL_LABEL="Suchlimit:"
PLG_SEARCH_KINOPORTAL_ANZAHL_BESCHR="Anzahl der Sucheinträge, die zurückgeliefert
werden"
```

Tipp   Joomla! bringt in seinen Ordnern *language* und *administrator/language* bereits zahlreiche eigene Sprachdateien mit. Alle darin befindlichen Texte dürfen Sie hemmungslos in Ihren eigenen Erweiterungen recyceln. Dazu genügt es schon, einfach den entsprechenden Platzhalter zu verwenden. Im Kinoportal-Modul könnten Sie beispielsweise in der Informationsdatei die beiden Zeilen

```
        label="PLG_SEARCH_KINOPORTAL_ANZAHL_LABEL"

        description="PLG_SEARCH_KINOPORTAL_ANZAHL_BESCHR"
```

gegen

```
        label="JFIELD_PLG_SEARCH_SEARCHLIMIT_LABEL"

        description="JFIELD_PLG_SEARCH_SEARCHLIMIT_DESC"
```

austauschen. Die Ausklappliste trägt damit automatisch die Beschriftung SUCHLIMIT, und der Tooltipp erhält den Text ANZAHL DER SUCHBEITRÄGE DIE ZURÜCKGEGEBEN WERDEN (siehe Datei *administrator/language/de-DE/de-DE.ini*).

Dieses Text-Recycling hat gleich mehrere Vorteile: Die Begriffe sind innerhalb von Joomla! einheitlich, man spart sich die Übersetzung, und in diesem Beispiel wird netterweise auch gleich noch die erste eigene Sprachdatei *de-DE.plg_search_kinoportal.ini* überflüssig.

Die beiden Übersetzungen für den Plugin-Namen (Platzhalter `PLG_SEARCH_KINOPOR-TAL`) und seine Beschreibung (Platzhalter `PLG_SEARCH_KINOPORTAL_BESCHREIBUNG`) verschwinden in einer zweiten Sprachdatei. Sie trägt den gleichen Namen wie ihre andere Kollegin, besitzt aber die Endung *.sys.ini*. Erzeugen Sie also im Unterverzeichnis *language/de-DE* die Textdatei *de-DE.plg_search_kinoportal.ini*, und speichern Sie in ihr die folgenden Zeilen ab:

```
PLG_SEARCH_KINOPORTAL="Kinoportal"
PLG_SEARCH_KINOPORTAL_BESCHREIBUNG="Das Kinoportal-Plugin"
```

Jetzt müssen Sie noch die Sprachdateien in der Informationsdatei *kinoportal.xml* anmelden. Dazu fügen Sie vor dem schließenden `</extension>`-Tag noch folgenden Abschnitt hinzu:

```
…
<languages>
    <language tag="de-DE">language/de-DE/de-DE.plg_search_kinoportal.ini
                    </language>
    <language tag="de-DE">language/de-DE/de-DE.plg_search_kinoportal.sys.ini
                    </language>
</languages>
</extension>
```

Dieser Abschnitt entspricht seinem Kollegen aus den Modulen: Zwischen `<language>` und `</language>` ist jeweils eine Sprachdatei angegeben. Für welche Sprache sie Übersetzungen enthält, verrät das Attribut `tag`.

Jetzt können Sie wieder den Inhalt Ihres Arbeitsverzeichnisses in ein ZIP-Archiv verpacken und unter Joomla! einspielen.

 Tipp   Zum Schutz vor neugierigen Blicken sollten Sie auch hier wieder in Ihrem Arbeitsverzeichnis eine HTML-Datei mit dem Namen *index.html* und dem Inhalt `<!DOC-TYPE html><title></title>` anlegen (und in der Datei *kinoportal.xml* anmelden).

Verbesserungspotenzial und Sicherheitshinweise

Die in diesem Kapitel entwickelten Erweiterungen sind reine Lehrbeispiele. So verwundert es nicht, dass es gleich massenhaft Ansatzpunkte für Verbesserungen gibt. Allen voran ist hier die recht magere Präsentation zu nennen, die Sie vorzugsweise über Stylesheets aufhübschen sollten (weitere Informationen zu diesem Thema liefern die Kapitel 13, *Templates* und Kapitel 16, *Barrierefreiheit*).

Wenn Sie Ihre Komponente weitergeben möchten, sollten Sie die Klassennamen und Kommentare in englischer Sprache verfassen. Die Klasse `KinoportalViewFilmliste` könnte dann etwa `CinemaportalViewFilmlist` heißen. Auf diese Weise können interessierte Programmierer aus anderen Ländern Ihren Programmcode nachvollziehen und so Fehler aufspüren beziehungsweise bei der Verbesserung mithelfen. Aus dem gleichen Grund sollten Sie auch die Platzhalter in den Sprachdateien

(Endung *.ini*) in englischer Sprache halten. Damit erleichtern Sie einem Übersetzer die Arbeit: Auch wenn er kein Deutsch spricht, kann er die Bedeutung eines Menüpunktes aus dem Platzhalter ableiten.

Auch vielen Sicherheitsproblemen gehen die hier vorgestellten Beispiele konsequent aus dem Weg. So überprüft kein einziges der Skripten, ob die hereinkommenden Daten überhaupt gültig sind. Ein Angreifer kann somit durch eine gezielt gefälschte Dateneingabe in den Ablauf des Skripts eingreifen. Ein berühmtes Beispiel für diese Vorgehensweise ist die sogenannte *SQL-Injection*. Betrachten Sie dazu folgendes Beispiel aus dem Plugin:

```
$query = $datenbank->getQuery(true);
$query->select('*');
$query->from('#__filme');
$query->where("LOWER(name) LIKE '".$text."'");
```

Joomla! bastelt daraus die Anfrage:

```
SELECT * FROM #__filme WHERE LOWER(name) LIKE '$text'
```

Wenn jetzt jemand den Text

```
'0; DROP TABLE #__filme;'
```

sucht, würde das selbst geschriebene PHP-Skript zwar zunächst eine Abfrage durchführen, anschließend aber gleich auch noch die Tabelle in der Datenbank löschen.

Warnung   Als Grundregel gilt hier: Seien Sie allen Variablen und Objekten gegenüber misstrauisch, deren Inhalte nicht von Ihnen selbst stammen, und unterziehen Sie fremde Daten immer einer ausführlichen Prüfung, bevor Sie sie in irgendeiner Weise weiterverarbeiten.

Wenn Sie tiefer in die Joomla!-Programmierung eintauchen möchten, finden Sie auf der Seite *http://docs.joomla.org* im Bereich QUICK LINKS FOR DEVELOPERS viele Dokumente rund um die Entwicklung. Ebenfalls hilfreich ist die Programmierreferenz unter *http://api.joomla.org*. Dort finden Sie alle von Joomla! angebotenen PHP-Klassen und ihre Bedeutung.

Tipp   Eine ergiebige Quelle ist auch der Joomla!-Quellcode selbst. Wenn Sie beispielsweise ein eigenes Such-Plugin entwickeln, liefern die anderen Such-Plugins wertvolle Anregungen. Auch wenn es etwas zeitaufwendig ist, hilft es, die Ordner des Joomla!-Verzeichnisses zu durchstöbern.

Tipps und Tricks

KAPITEL 16

Barrierefreiheit

Eine Internetseite sollte so gestaltet sein, dass jeder Mensch sie betrachten und benutzen kann. Dieser Satz klingt zunächst einmal ziemlich trivial. In der Praxis stolpert man jedoch sehr oft über Seiten, die diesem Kriterium alles andere als genügen. Insbesondere Personen mit einer Behinderung werden immer wieder unnötig Steine in den Weg gelegt.

Beispielsweise verwenden blinde Menschen gern sogenannte Screen-Reader. Diese Programmgattung zeigt den Inhalt einer Homepage nicht an, sondern liest sie dem Benutzer vor. Viele Internetseiten sind jedoch so auf die Optik fixiert, dass sie sogar strukturelle Elemente für die Seitengestaltung missbrauchen. Beispielsweise werden Überschriften zur Formatierung von Fließtext herangezogen, oder die eigentlich nicht zu diesem Zweck geschaffenen Tabellen bilden die Grundlage für ein ganzes Seitenlayout. Der Screen-Reader kann hierdurch nicht mehr zwischen Inhalt und Layout unterscheiden, gerät vollständig aus dem Tritt und liest schließlich vollkommen unsinnige Texte vor.

Aber auch schon einfachste Browserfunktionen können eine Seite vollkommen entstellen. Es genügt bereits, dass der Designer seine Homepage auf eine ganz bestimmte Bildschirmauflösung optimiert hat. Nutzt man als fortschrittsliebender Anwender das gesamte Leistungsspektrum seines neuen Flachbildschirms, verkümmern Schriften schon einmal zu kleinen Krümeln. Ruft man nun die im Browser eingebaute Vergrößerungsfunktion zu Hilfe, platzt das gesamte Layout aus seinen Nähten. Vor ähnlichen Problemen stehen tagtäglich Menschen mit eingeschränkter Sehleistung – denken Sie hier nicht nur an erblindete Personen, sondern insbesondere auch an die stetig wachsende ältere Bevölkerung. Ältere Menschen verwenden häufig die vom Betriebssystem oder Browser bereitgestellte Lupenfunktion oder weisen ihren Browser an, Schriften vergrößert darzustellen. Einigen von ihnen hilft auch eine andere Farbgebung, um dank höherer Kontraste Unterschiede besser zu erkennen. Stellen Sie sich beispielsweise einen farbenblinden Menschen vor, der auf eine Seite voller Rottöne trifft. Für diese Zwecke erlauben alle modernen Browser die Definition von eigenen Farbpaletten. Eine gut gestaltete Internetseite sollte daher selbst mit einer Falschfarbendarstellung noch eine gute Figur machen.

Doch auch technische Geräte können einen Webseitengestalter ganz schön ins Schwitzen bringen. Die Rede ist hier insbesondere von Handys, Smartphones, Netbooks und Tablet-PCs. Ihre Bildschirme haben eine beschränkte Auflösung, die Seiten auf Postkartengröße zusammenschrumpfen lässt. Zudem zwingt die geringe Leistungsfähigkeit zum Einsatz von Browsern, die nicht alle Funktionen ihrer Desktop-Kollegen mitbringen. Wer mit ihnen im Internet surft, der trifft nicht selten auf unlesbare Seiten oder nicht mehr erkennbare Bilder. Unter Umständen schalten diese Besucher sogar Bild- und Multimedia-Inhalte komplett ab. Das gilt erst recht für Surfer, die mit schlechten oder teuren Verbindungen auskommen müssen, wie beispielsweise Reisende. Diese haben in Flugzeug oder Bahn zusätzlich noch mit schlechten Lichtverhältnissen zu kämpfen.

Was ist Barrierefreiheit?

Einen Internetauftritt bezeichnet man dann als barrierefrei, wenn jeder Besucher das gesamte Angebot ohne Abstriche nutzen kann – ungeachtet des Programms, mit dem er die Seiten abruft, und ungeachtet einer möglicherweise vorliegenden Behinderung.

 **Warnung**   Wie die Beispiele aus dem vorigen Abschnitt zeigen, umfasst der Begriff Barrierefreiheit nicht nur Menschen mit einer körperlichen Behinderung, sondern z.B. auch ältere Menschen mit eingeschränkter Sehfähigkeit.

Jeder Benutzer des Internets ist mit großer Sicherheit schon einmal über schlampig programmierte Seiten oder spezielle Browser-Optimierungen gestolpert. Eine Seite, die auf den Internet Explorer zugeschnitten wurde, kann unter Firefox oder Opera vollkommen anders aussehen. Aus diesem Grund sollte man bei der Erstellung eines Internetauftritts immer darauf achten, dass jeder Besucher problemlos Zugriff auf alle Bereiche der Seite erhält (die sogenannte *Accessibility*) und dass man niemandem bei einem Besuch unnötige Steine in den Weg legt. Wer für deutsche Behörden eine Seite erstellt oder entsprechende Dienste anbietet, ist sogar verpflichtet, für einen barrierefreien Auftritt zu sorgen. Festgelegt ist dies in der sogenannten *Barrierefreien Informationstechnik-Verordnung* (BITV).

Neben der Accessibility geistert noch der Begriff der *Usability* durch die Literatur. Er meint nichts anderes als eine gute, leichte und schnelle Bedienbarkeit der Seite. Beispielsweise trägt eine Vielzahl aufpoppender Fenster sicherlich nicht zu einer hohen Usability bei.

Feinde der Barrierefreiheit sind in der Regel die folgenden Fehler:

- Missbrauch technischer Standards: Beispielsweise hat ein Autor Überschriften verwendet, um Texte mit extra kleinem oder großem Schriftgrad zu erzeugen.

- Exzessiver Einsatz von (unbeschrifteten) Bildern oder Multimedia-Inhalten (Flash), die Blinde mit Screen-Reader oder Braillezeile ausschließen
- Farben wurden unüberlegt gewählt oder bieten zu wenig Kontrast.
- Zu kleine Schriftgrößen
- Das Layout wurde auf eine ganz bestimmte, feste Bildschirmauflösung zugeschnitten.

Für wen reißt man Barrieren ein?

Die Zielgruppe für die Bemühungen um Barrierefreiheit ist groß! Denken Sie allein an die stetig wachsende Gruppe älterer Menschen, die das Internet wie selbstverständlich nutzen, die aber bereits das eine oder andere Zipperlein plagt. Ein weiteres Beispiel: Die Zahl der Erblindeten in Deutschland wird mit circa 200.000 Betroffenen angegeben, hinzu kommen noch einmal unzählige Personen, deren Sehkraft (stark) eingeschränkt ist. Statistisch gesehen nutzen Sehbehinderte das Internet sogar besonders intensiv. In Deutschland nutzen 4 von 5 Menschen mit Behinderungen das Web. Gerade ein kommerziell ausgerichteter Internetauftritt kann beziehungsweise darf diese Gruppen nicht ignorieren.

Tipp   Auch das Kinoportal ist für viele behinderte Menschen interessant: Neben Filmen mit Untertiteln oder Audiodeskription (was wie ein Hörbuch funktioniert) bieten viele deutsche Kinos spezielle Sitzplätze für Personen mit einer körperlichen Behinderung an. Alle diese Personenkreise wollen sich selbstverständlich über die neuesten Veröffentlichungen informieren und mitdiskutieren.

Über (einfach) zugängliche Seiten freuen sich zudem auch Nutzer von Mobiltelefonen, Smartphones, Tablet-PCs oder ähnlichen Kleincomputern mit Mini-Browsern.

Von Barrierefreiheit profitiert aber auch ein ganz besonderer Internet-Teilnehmer: die Suchmaschine. Nur wenn sie mühelos an die Inhalte einer Seite gelangt, kann sie diese auch später in ihren Suchergebnissen berücksichtigen. Als recht dummes Computerprogramm orientiert sie sich ausschließlich an den gefundenen Texten – und bewegt sich damit im Internet ähnlich wie blinde Surfer mit einem Screen-Reader. Mit barrierefreien Seiten können die Internet-Suchmaschinen folglich besser und effektiver umgehen, sodass man im Idealfall noch schneller gefunden wird.

Barrierefreiheit in Joomla!

Die von Joomla! produzierten Seiten waren vor der Version 1.5 alles andere als barrierefrei. Diese Tatsache war auch den Entwicklern ein Dorn im Auge, und sie gelobten für die kommenden Versionen Besserung.

In Joomla! 1.5 gab es deshalb das extra auf Barrierefreiheit getrimmte Template *Beez*, und in Joomla! 1.6 ist der Nachfolger *Beez2* (alias *beez_20*) barrierefrei ausgelegt.

Tipp   Sie können *beez_20* auch als Ausgangspunkt für Ihr eigenes barrierefreies Template nutzen. Beez wurde extra so konzipiert, dass es sich sehr leicht ändern und anpassen lässt.

Warnung   Wenn Sie aus dem Internet fertige Templates herunterladen, sollten Sie darauf achten, dass diese barrierefrei entworfen wurden. Im Zweifelsfall bringt eine kurze Nachfrage beim Ersteller Klarheit.

Ein gutes Anzeichen für ein barrierefreies Template sind Links oder Schaltflächen, über die Besucher die Schriftgröße erhöhen oder verringern können (wie bei *beez_20* rechts oben am Seitenrand).

Die Aktivierung eines barrierefreien Templates ist aber nur der erste Schritt: Barrierefreiheit muss auch bei der täglichen Arbeit mit Joomla! und insbesondere bei der Erstellung von Beiträgen beachtet werden. Auf was es dabei genau ankommt, verraten die nun folgenden Abschnitte.

Die Aufgabe der Redakteure: Barrierefreie Inhalte

Ein Text sollte möglichst gut lesbar und leicht verständlich sein. Dazu gehört nicht nur, dass man Fachbegriffe erläutert, sondern auch, dass man eine einfache und klare Sprache wählt. Ein »fleucht, mir dünkt es« wirkt eher abschreckend. Den gleichen Effekt hat der AküFi, der allseits bekannte Abkürzfimmel.

Wenn die Autoren den TinyMCE-Editor verwenden dürfen, sollten sie die Formatierungsmöglichkeiten nur behutsam einsetzen. Beispielsweise sind Überschriften wirklich nur für Überschriften gedacht.

Längere Artikel am Bildschirm zu lesen ermüdet das menschliche Auge recht schnell. Aus diesem Grund sollte man Textwüsten immer auf mehrere kleine Seiten umbrechen. Damit der Leser dabei nicht den Überblick verliert, ist unbedingt die Einbettung eines kleinen Kapitelmenüs angebracht. Zusätzlich helfen aussagekräftige Kapitelüberschriften bei der Gliederung.

HTML-Befehle vermeiden

Beim Verfassen von Artikeln oder anderen Beiträgen erlaubt Joomla! die Eingabe von HTML-Befehlen (beim TinyMCE-Editor etwa über das HTML-Symbol, beim einfachen Texteditor darf man sie direkt eintippen). Versuchen Sie jedoch, möglichst wenige von ihnen zu verwenden: Zum einen greifen Sie damit direkt in die Formatierung ein (etwas, das eigentlich zu Joomla!s Aufgaben zählt), zum anderen laufen Sie immer Gefahr, durch unachtsam gewählte oder falsch gesetzte Befehle die mühsam vom Content-Management-System aufgebaute Barrierefreiheit wieder zu zerstören.

Korrekte Sprache verwenden

Achten Sie darauf, dass bei jedem Beitrag die richtige Inhaltssprache gewählt wurde. Fehlt die korrekte Zuordnung, könnten insbesondere Screen-Reader darüber stolpern und Worten eine andere Bedeutung verpassen. Beispielsweise könnten sie das deutsche »Boot« als »Buut« aussprechen und so aus einem schwimmenden Kahn einen englischen Stiefel machen.

Sprachwechsel in einem Text sollten Sie zudem (ausnahmsweise direkt) im HTML-Code speziell markieren. Hierzu wurde extra das lang-Attribut eingeführt:

```
Im Deutschen hat Tobias einen Ball <span lang="en">
and in English he has got a ball.</span>.
```

Tipp Was für jeden Beitrag gilt, trifft natürlich auch auf die gesamte Website zu: Achten Sie darauf, dass unter ERWEITERUNGEN → SPRACHEN das korrekte Sprachpaket aktiviert wurde. Ansonsten kann es Ihnen passieren, dass Joomla! zwar Ihre deutschen Texte anzeigt, alle Links und Schaltflächen aber in Englisch erscheinen.

Aussagekräftige Beschriftungen verwenden

Achten Sie bei Menüpunkten, Überschriften oder ähnlichen Beschriftungen auf eine kurze, klare und prägnante Bezeichnung. Anstelle eines *Hier geht's weiter* wäre ein *Hier geht es zu den Filmkritiken* wesentlich aussagekräftiger – insbesondere auch, weil einige Screen-Reader auf Wunsch auch nur alle Links einer Seite vorlesen.

Tipp Es gilt die Faustregel: Jede Beschriftung (egal ob bei einem Link, einer Überschrift oder einem anderen Element) darf auf einer Seite nur genau ein einziges Mal auftauchen.

Auf den Übersichtsseiten zeigt Joomla! nur den Einleitungstext der Beiträge an. Ein Link WEITERLESEN führt dann zum kompletten Text (wie in Abbildung 16-1). Ab Version 1.5 setzt Joomla! die Beschriftung dieses Links aus dem bekannten Wort WEITERLESEN: und dem Beitragstitel zusammen.

Das Wort WEITERLESEN dürfen Sie in den Eigenschaften eines jeden Beitrags auf dem Register BEITRAGSOPTIONEN im Feld ANDERER »WEITERLESEN« TEXT gegen eine eigene Variante austauschen.

Zusätzlich können Sie verhindern, dass Joomla! den Beitragstitel an dieses Wort antackert. Dazu rufen Sie im Administrationsbereich INHALT → BEITRÄGE auf, betreten die OPTIONEN und schalten auf dem Register BEITRÄGE den Punkt »WEITERLESEN-TITEL« auf VERBERGEN.

Abbildung 16-1: Der »Weiterlesen«-Link ab Joomla! 1.5

 Tipp Sie können also jedem Beitrag einen ganz persönlichen WEITERLESEN...-Link verpassen, indem Sie zunächst in den OPTIONEN den Punkt »WEITERLESEN-TITEL« abschalten und dann in den Einstellungen eines jeden Beitrags unter ANDERER »WEITERLESEN« TEXT die komplette Beschriftung des WEITERLESEN-Links eintippen.

Zusätzliche Beschreibungen anbieten

Bieten Sie, wann immer möglich, zusätzliche Beschreibungstexte an. Dies gilt insbesondere für Bilder und andere multimediale Inhalte. Joomla! sieht hierzu in der Mini-Variante der Medienverwaltung die Eingabefelder BILDBESCHREIBUNG und BILDTITEL vor (siehe Abbildung 16-2).

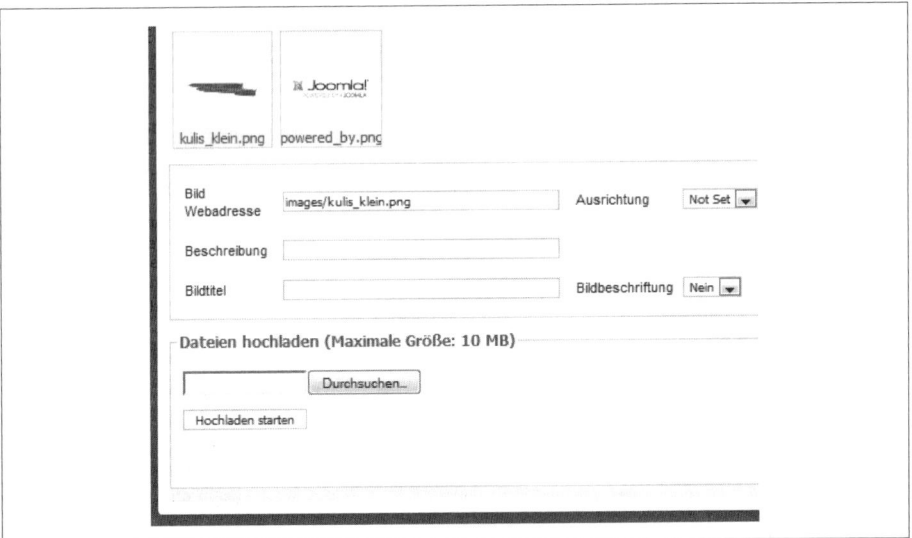

Abbildung 16-2: Fügt man über die entsprechende Schaltfläche ein neues Bild in einen Beitrag ein, verlangt Joomla! nach einer Bildbeschreibung und einem Bildtitel.

Dank der angehefteten textuellen Beschreibung wissen sowohl erblindete Menschen als auch Nutzer von Smartphones, worum es in der Darstellung geht.

Nutzen Sie die beiden Eingabefelder jedoch mit Bedacht: Ein Screen-Reader liest sowohl den Titel als auch die Beschreibung vor. Je nachdem, welche Texte Sie dort eintragen und wie viele Bilder sich in Ihrem Beitrag befinden, kann dies für den Screen-Reader-Benutzer sogar lästig werden.

Falls Sie selbst den zugehörigen HTML-Befehl eingeben können oder möchten, steht Ihnen das alt-Attribut zur Verfügung:

```
<img src="stirblangsam.
png" alt="In dieser Szene aus dem Film Stirb Langsam springt der Held von einem
Hochhaus." />
```

Es enthält einen kurzen alternativen Text, der das Bild beschreibt. Er erscheint auch in normalen Browsern, sobald die Grafik aus irgendeinem Grund nicht angezeigt werden kann. Auch hier gilt wieder: Fassen Sie sich so kurz und so präzise wie möglich.

Tipp Haben Sie es gemerkt? Auch wenn hier das Bild nicht abgedruckt wurde, wissen Sie dennoch, was auf ihm zu sehen ist.

Farben mit Bedacht wählen

Farbenblinde Menschen und Besucher mit einer Rotgrünschwäche erleben Fotos oder Illustrationen unter Umständen als grauen Matsch. Prüfen Sie daher mit einem Bildbearbeitungsprogramm, ob eingebundene Bilder in Falschfarben- und Schwarz-Weiß-Darstellung weiterhin erkennbar bleiben. Windows bietet beispielsweise einen Modus, der alle Farben auf dem Bildschirm invertiert (aus Weiß wird Schwarz usw.). Sind alle Ihre Grafiken in diesem Modus noch erkennbar?

Tipp Insbesondere Fotos mit einem hohen Rotanteil mutieren als Graustufenbild oft zu einem schwarzen Pixelbrei. Wer schon einmal ein Foto auf einem Schwarz-Weiß-Kopierer vervielfältigen musste, kennt die dabei auftretenden Probleme.

Die grafischen Elemente in Illustrationen sollten möglichst kontrastreiche Farben aufweisen. Auch hier hilft der Trick mit der Umwandlung in eine Schwarz-Weiß-Grafik: Selbst in diesem Zustand sollten die Teile der Illustration weiterhin erkennbar bleiben.

Sollte das Foto oder die Darstellung bei diesem Test durchfallen, verzichten Sie besser darauf oder wählen eine Alternative.

Tipp Bei Illustrationen ist es auch sinnvoll, mit Schraffuren zu arbeiten. Allerdings sollte man es dabei nicht übertreiben: Bei zu unruhigen Mustern kann schnell ein Flimmern vor den Augen entstehen. Das trifft insbesondere Personengruppen, die mit einer Bildschirmlupe arbeiten.

Multimedia-Elemente vermeiden

Besucher Ihrer Seite sollten bewegte, scrollende oder blinkende Elemente zumindest abschalten können. Da dies bei Joomla! von vielen Faktoren abhängt, wie beispielsweise vom verwendeten Modul, sollte man auf entsprechende Elemente lieber gänzlich verzichten. Im Falle von Werbebannern sollten Sie mit den Auftraggebern in Kontakt treten und um Abhilfe bitten oder das Banner nach einer kurzen Zeit gegen ein statisches austauschen.

Vermeiden Sie vor allen Dingen Adobe Flash. Mit diesen Multimedia-Schnipseln können weder Screen-Reader noch Apples weitverbreitete iOS-Geräte (iPhone, iPad etc.) etwas anfangen. Zudem benötigt man einen in den Browser integrierten Flash-Player, den nicht jeder installiert hat.

Bedienung über die Tastatur ermöglichen

Beim Einsatz von Zusatzfunktionen durch Module sollte man auch insbesondere auf deren Bedienbarkeit achten. Beispielsweise ist es vorteilhaft, wenn man bei einer Umfrage seine Stimme ausschließlich per Tastatur abgeben kann.

 Tipp   Springen Sie mit der Tabulator-Taste durch die Elemente Ihrer Seite. Erreichen Sie dabei alle Eingabefelder und Schaltflächen? Können Sie diese mit einer anderen Taste aktivieren?

Dies kommt insbesondere den Menschen entgegen, die aufgrund einer körperlichen Behinderung keine Maus bedienen können.

Inhalte und Navigation strukturieren

Alle Elemente sollten so auf der Homepage angeordnet sein, dass eine schnelle und einfache Orientierung auf der Seite möglich ist. Wenn Sie Ihr eigenes Template erstellen, sollten die derzeit aktiven Seitenelemente zudem über entsprechende CSS-Eigenschaften hervorgehoben werden (siehe auch Kapitel 13, *Templates*). Beispielsweise könnte man einem angeklickten Menüpunkt eine andere Farbe geben. Auf diese Weise sieht der Besucher schneller, welche Funktion zuletzt aufgerufen wurde, beziehungsweise im Falle des Menüs, auf welcher Unterseite er sich gerade befindet.

Darüber hinaus sollte die Bedienung konsistent bleiben. Joomla! gewährt dies (fast) automatisch dadurch, dass ein Modul immer nur an einer Position stehen darf.

Des Weiteren muss der Besucher immer wissen, wo er sich gerade befindet. Sorgen Sie daher für einen möglichst klaren Aufbau. Unter Joomla! bedeutet das insbesondere, die Bereiche und Kategorien passend einzurichten und Menüpunkte nicht wahllos in tiefe Bereiche der Seite verweisen zu lassen. Irritieren Sie die Besucher nicht mit unpassenden Elementen. Beispielsweise sollte eine Umfrage zum Thema »Wie gut war der letzte Stirb-Langsam-Film?« nicht ausschließlich im Artikel zur Komödie »Ein Fisch namens Wanda« auftauchen.

Als Gedächtnisstütze stellt Joomla! noch eine kleine Leiste bereit, die in den Beispielseiten direkt unter dem oberen Menü liegt (die sogenannten Breadcrumbs, mehr dazu finden Sie in Kapitel 3, *Erste Schritte*). Auf ihr zeigt Joomla! immer an, wo sich der Benutzer innerhalb der Gliederung gerade befindet. Das ist zwar hilfreich, allerdings sollte man sich beim Entwurf der Seitenstrukturen nicht zu sehr darauf verlassen. Breadcrumbs dienen lediglich als Zusatzangebot. Gleiches gilt für eine Sitemap, die Sie insbesondere bei umfangreichen Internetauftritten anbieten sollten (wie in Kapitel 14, *Funktionsumfang erweitern*, vorgestellt wird).

Auf Sonderzeichen als grafische Elemente verzichten

Bei einigen Modulen darf man auch sogenannte Spacer oder Texttrennzeichen setzen. Sie trennen beispielsweise zwei Menüpunkte voneinander (mehr dazu finden Sie in Kapitel 8, *Menüs*, Abschnitt »Trennzeichen« auf Seite 380). Oft wird dabei ein Strich (»|«) verwendet. Versuchen Sie, hiervon Abstand zu nehmen oder zumindest ein allgemeineres Symbol wie ein Komma einzusetzen. Insbesondere in einem Screen-Reader werden die Zeichen immer wieder einzeln vorgelesen. Formatieren Sie das Menü stattdessen lieber mit einem passenden Stylesheet.

Barrierefreie Templates und Module erstellen

Das vorgefertigte Beez2-Template kommt wahrscheinlich in der Praxis nur selten zum Einsatz. Für gewöhnlich möchte man sein eigenes Logo, seine eigenen Farben und seinen eigenen Seitenaufbau verwenden – kurzum, ein eigenes Template muss her. Auch für dessen Erstellung existieren wichtige Regeln, um zu einem barrierefreien Ergebnis zu gelangen.

Tipp   Verwenden Sie das Beez2-Template als Ausgangspunkt und Informationsquelle. Denken Sie aber daran, dass Beez2 unter der GPL-Lizenz steht und somit darauf aufbauende Werke ebenfalls wieder unter deren Bedingungen frei erhältlich sein müssen.

Grundregeln

Die meisten der heute gültigen Internet-Standards wurden vom World Wide Web Consortium, kurz W3C, ins Leben gerufen (siehe *http://www.w3c.org*). Dort richtete man zum Thema Barrierefreiheit sogar eine eigene Arbeitsgruppe ein, die *Web Accessibility Initiative*, kurz WAI. Diese arbeitete gleich mehrere Richtlinien aus, die bei der Gestaltung barrierefreier Seiten helfen sollen. Die erste Fassung dieser Regeln erschien übrigens schon im Jahr 1999!

Die wichtigsten zwei Faustregeln lauten:

- Halten Sie sich an Standards.
- Trennen Sie Darstellung und Inhalt.

Auf was man dabei konkret achten sollte, zeigen die folgenden Abschnitte.

Klarer und strukturierter Seitenaufbau

Schon bei der Planung eines neuen Templates gilt es, an die späteren Besucher zu denken. Im Laufe der Zeit haben sich in den Köpfen der Internetnutzer bestimmte Erwartungshaltungen gebildet. So steht für gewöhnlich das Logo immer links oben auf der Seite, am linken Rand thront ein Menü, und der eigentliche Inhalt befindet sich in der Mitte. Alle von diesen (stillschweigenden) Standards abweichenden Anordnungen verursachen bei den Besuchern zunächst Verwirrung und folglich auch eine Orientierungslosigkeit. Diese verstärkt sich, je mehr Elemente Sie auf Ihrer Seite präsentieren. Sorgen Sie daher für ein möglichst klares und aufgeräumtes Layout. Dann dürfen Sie auch (vorsichtig) mit ungewöhnlichen oder ungewohnten Designs experimentieren.

Ein weiteres Augenmerk gilt dem Aufbau und der Strukturierung der Unterseiten. Diese muss der Logik der Besucher folgen – und keiner anderen. Einige Tipps hierzu wurden bereits in Kapitel 4, *Inhalte verwalten*, genannt.

An Standards halten

Die Ausgabe sollte in möglichst reinem HTML 4 oder dem neuen HTML5 erfolgen. Auch wenn es verführerisch ist, sollten Sie Tabellen nur für das benutzen, wofür sie ursprünglich einmal geschaffen wurden – nämlich für tabellarische Inhalte. Ähnliches gilt für die Überschriften. Missbrauchen Sie die Befehle nicht, um verschiedene Schriftgrößen zu simulieren.

 Tipp   Spielen Sie einmal selbst Screen-Reader, indem Sie sich den Quelltext einer Joomla!-Seite anzeigen lassen. Die modernen Browser bieten hierfür einen entsprechenden Menüpunkt an (zum Beispiel SEITENQUELLTEXT ANZEIGEN in Firefox). Lesen Sie nun die Befehle laut vor. Wenn Sie also auf `<table>` treffen, lesen Sie »Beginn einer Tabelle«, bei einem `<tr>` lesen Sie »neue Tabellenzeile«, oder bei einem `<h1>` lesen Sie »Überschrift der Ordnung 1«. Sie werden verblüfft sein, welche teils abenteuerliche Bedeutung die einzelnen Elemente plötzlich erhalten.

Folgen Sie somit der zweiten Faustregel von oben, und benutzen Sie die HTML-Tags nur für die Kennzeichnung der Inhalte. Verlagern Sie alle Formatierungen in ein Stylesheet (wie das funktioniert, zeigte bereits Kapitel 13, *Templates*, Abschnitt »Template-Entwicklung mit XHTML und CSS« auf Seite 572).

Warnung Die Inhalte einer Seite müssen nacheinander ausgegeben werden können. Man spricht in einem solchen Fall auch von einer linearisierten Ausgabe. Erst dann können Screen-Reader alle Inhalte von oben nach unten, also nacheinander, vorlesen. Bei der Verwendung von Tabellen ist dies nicht der Fall: Dort stehen einige Seitenelemente nebeneinander.

Die Linearisierung bietet noch einen weiteren Vorteil: So aufgebaute Seiten lassen sich wesentlich besser in ein hochkant stehendes DIN-A4-Format bringen und somit wesentlich lesbarer ausdrucken. Seiten, die auf Tabellen basieren, tendieren hingegen mehr dazu, in die Breite zu wachsen, was später auf dem Papier zu unschönen und verwirrenden Seitenumbrüchen führt.

Last but not least können die Besucher auf linearisierte Seiten einfacher ihre eigenen Stylesheets anwenden und den Inhalt Ihrer Seite für ihre Zwecke verständlich aufbereiten.

Benutzen Sie die <h1>-Tags also nur zur Kennzeichnung von Überschriften, und anstelle der Tabellen

```
<table>
      <tr><td>Logo</td></tr>
      <tr><td>Hauptbereich</td></tr>
</table>
```

verwenden Sie besser das <div>-Tag, das für eine derartige (unsichtbare) Gliederung geschaffen wurde:

```
<div id="meinetabelle">
      <div id="logo">
      </div>
      <div id="hauptbereich">
      </div>
</div>
```

Stellen Sie zudem die Platzhalter, wie beispielsweise

```
<jdoc:include type="modules" name="left" />
```

im Template so ein, dass auch die Anordnung der Module nicht in kleinen Tabellen, sondern über <div>-Elemente erfolgt (auch hierzu lieferte bereits Kapitel 13, *Templates* ausführliche Informationen).

Sprungmarken verwenden

Bieten Sie am Anfang einer jeden Seite sogenannte Sprungmarken an. Diese bilden noch einmal ein kleines Inhaltsverzeichnis, das Links zu allen wichtigen Teilen oder Überschriften der Seite enthält. Dieses Mini-Inhaltsverzeichnis soll insbesondere behinderten Menschen helfen. Sie surfen in der Regel mit speziellen Browsern, die nur den nackten Text einer Seite (vergrößert) anzeigen oder ihn gar vorlesen. Dank der Links müssen sich die Benutzer dieser Browser nicht erst durch das Menü quälen, sondern können direkt zum Inhalt der Seite springen. Diesen Service werden

sicherlich auch viele Handy- beziehungsweise Smartphone-Besitzer zu schätzen wissen. Für alle übrigen Besucher können Sie die Sprungmarken über die entsprechenden CSS-Befehle ausblenden.

 **Tipp**   Überlegen Sie sich bereits beim Design des Templates, wie und in welcher Reihenfolge Sie die Inhalte anordnen wollen (das sogenannte Content Design). Versetzen Sie sich dabei wieder in die Lage eines Screen-Readers, und lesen Sie den Quellcode vom Anfang bis zum Ende laut vor.

An spezielle Browser und Geräte denken

Achten Sie darauf, dass die Seiten auch von Browsern gelesen werden können, die bestimmte Technologien nicht unterstützen. Als Beispiel seien die (Text-)Browser auf Netbooks, Smartphones und Tablet-PCs genannt.

 **Tipp**   Wenn Sie kein passendes Gerät für einen Test zur Hand haben, können Sie zum Textbrowser Lynx greifen (*http://lynx.isc.org* und *http://de.wikipedia.org/wiki/Lynx_%28Browser%29*). Er stellt ausschließlich den reinen Text einer Seite ohne grafische Dekorationen dar. In ihm kann man somit sehr gut erkennen, wie die nackte Homepage wirkt – und wie sie später auf einer von Blinden genutzten Braillezeile erscheint.

Eine weitere Hürde stellen JavaScript und die vollständige Konzentration auf eine Bedienung per Maus dar. Denken Sie hier auch an Menschen, die eine Maus nicht bedienen können und vollständig auf die Tastatur oder Joysticks angewiesen sind. Klopfen Sie Ihre Seite auch daraufhin ab, ob sie vollständig mit der Tastatur zu bedienen ist.

Keine festen Auflösungen und Schriftgrößen verwenden

Ein weiteres Problem sind fixe Auflösungen. In HTML und auch in den Stylesheets lassen sich vielen Elementen, wie Kästen oder Tabellenspalten, feste Größen zuweisen. Hiervon sollten Sie jedoch so oft wie möglich Abstand nehmen und stattdessen nur relative Maße verwenden. Damit passt sich die Seite automatisch unterschiedlichen Bildschirmauflösungen an, ohne dass das Layout gleich zerpflückt erscheint.

Setzen Sie darüber hinaus ausschließlich relative Schriftgrößen ein. Die Besucher können sie dann in ihren Browsern nach eigenen Bedürfnissen variieren. Wie bereits im einleitenden Abschnitt erwähnt wurde, kommt dies auch normal sehenden Menschen zugute, die einfach nur mit einer höheren beziehungsweise sehr kleinen Monitorauflösung arbeiten.

Bei ausgefallenen Schriftarten kann man als Designer nicht darauf vertrauen, dass sie auf den Computern der Besucher installiert sind. Aus diesem Grund wird der

Schriftzug häufig als Grafik gespeichert. Gerade bei Logos ist dieses Verfahren äußerst beliebt. Leider lassen sich solche Grafiken weder vergrößern noch verkleinern. Sie vereinen folglich die Nachteile eines fixen Layouts mit festen Schriftgrößen. Vermeiden Sie daher derartigen Grafiktext.

Tipp Wenn es gar nicht anders geht, erzeugen Sie das Bild zunächst größer, als es eigentlich notwendig wäre. Auf der Seite skalieren Sie die Grafik dann mit den entsprechenden (CSS-)Befehlen herunter. Wie bei jedem Bild vergeben Sie dann abschließend noch einen sinnvollen alternativen Text (siehe vorherigen Abschnitt).

Vorsicht bei der Farbwahl

Verzichten Sie bei Farben auf knallige Modetrends, und sorgen Sie für genügend Kontrast. Vermeiden Sie Rot-Grün-Kombinationen. Nicht nur, dass Texte in diesen Farben generell schwer zu lesen sind – für farbenblinde Menschen verschwimmen sie schnell zu einem unlesbaren Block.

Tipp Erstellen Sie von Ihrer Seite einen Screenshot (unter Windows beispielsweise per [Druck]-Taste), und wandeln Sie diesen in einem Bildbearbeitungsprogramm in ein Graustufen- oder Schwarz-Weiß-Bild um. Auch in dieser farbarmen Fassung sollte der Inhalt immer noch gut lesbar sein. Zudem erhalten Sie einen ungefähren Eindruck davon, wie farbenblinde Menschen Ihre Seite sehen.

Andere Besucher benötigen wiederum hohe Farbkontraste. Selbst normalsichtige Menschen haben Probleme, eine weiße Schrift auf einem hellgelben Untergrund zu entziffern (was im Internet übrigens immer noch recht häufig vorkommt). Besonders gut lesbar sind Texte, die sich deutlich vom Hintergrund abheben, wie das berühmte Schwarz auf Weiß.

Warnung Aber auch hier müssen Sie vorsichtig sein: Je nach Farbkombination können bestimmte Elemente zu grell erscheinen und damit den Text wieder unlesbar machen. Im Fall des Textes könnte man den strahlend weißen Hintergrund in ein leichtes, helles Grau tunken – was aber wiederum für einige Besucher mit Sehschwäche schon wieder zu wenig Kontrast aufweisen könnte. Ein Patentrezept für eine perfekte Farbwahl gibt es leider nicht. Einige Webseiten helfen jedoch mit nützlichen Werkzeugen, die richtige Mischung zu finden, wie beispielsweise *http://www.vischeck.com*, *http://colorlab.wickline.org*, *http://colorfilter.wickline.org* oder *http://juicystudio.com/services/colourcontrast.php*.

Generell sollten Sie Farben behutsam und wohlüberlegt einsetzen. Hierbei helfen mittlerweile sogar verschiedene Grafikprogramme. Beispielsweise erstellt die Farbhilfe aus Adobe Illustrator auf Basis der Harmonieregeln mehrere Paletten mit passenden komplementären oder kontrastreichen Farben.

Formularelemente beschriften

Gerade Module lauern mit Formularen auf Benutzereingaben. Die hierzu verwendeten Felder sollte man aussagekräftig beschriften. Blinde haben ansonsten keine Möglichkeit, um festzustellen, was in welches Feld hineingehört. Eine passende Beschriftung sieht in HTML beispielsweise so aus:

```
Nachname: <input type="text" name="nachname" />
```

Beachten Sie, dass die Beschriftung vor dem Feld steht. Noch besser ist der Einsatz des extra für solche Zwecke geschaffenen `<label>`-Tags:

```
<label for="nachname" title="Nachname">Nachname:</label>
<input id="nachname" type="text" name="nachname" />
```

`<label>` erschafft hier eine Beschriftung für (`for=...`), das Element mit der `id` nachname. Sofern Sie viele Eingabefelder vorliegen haben, empfiehlt sich zusätzlich eine Gruppierung per `<fieldset>`:

```
<fieldset>
<legend>Erste Gruppe</legend>
     <label for="nachname" title="Nachname">Nachname:</label>
     <input id="nachname" type="text" name="nachname" />
     ...
</fieldset>
```

Den Text zwischen `legend` werten die verschiedenen Browser unterschiedlich aus, und die meisten Screen-Reader lesen ihn vor.

Literatur zum Thema

Neben den Seiten des W3C unter *http://w3c.org* gibt es glücklicherweise ein langsam wachsendes Angebot an Publikationen, die sich mit der Barrierefreiheit auseinandersetzen. Einer der Pioniere auf diesem Gebiet war Jan Eric Hellbusch mit seinem Buch *Barrierefreies Webdesign* aus dem dpunkt-Verlag. Mittlerweile gibt es vom gleichen Autor *Barrierefreiheit verstehen und umsetzen: Webstandards für ein zugängliches und nutzbares Internet*, das ebenfalls im dpunkt-Verlag erschienen ist (ISBN 978-3898645201).

Im Internet finden Sie verschiedene Angebote, die eine Webseite auf Barrierefreiheit prüfen. Leider sind diese teilweise gebührenpflichtig. Zu den wenigen kostenlosen Diensten gehört beispielsweise das *Web Accessibility Evaluation Tool*, das Sie unter *http://wave.webaim.org* finden. Ebenfalls in diese Richtung geht das Angebot des BIK-Projekts unter *http://www.bik-online.info*. Eine Aufstellung mit verschiedenen Werkzeugen, einschließlich Links zu Hardware, liefert die Seite *http://www.barrierekompass.de/tools/*.

Abschließend sollen die Seiten des BIENE-Projekts Erwähnung finden. In seinem Rahmen prämiert die *Aktion Mensch* alljährlich vorbildlich gestaltete barrierefreie Internetseiten: *http://www.biene-award.de*

Weiterführende, kostenlose Informationen im Internet finden Sie unter anderem auch auf folgenden Seiten:

- *http://de.wikipedia.org/wiki/Barrierefreies_Internet* – Wikipedia-Seite zum Thema »barrierefreies Internet«

- *http://www.einfach-fuer-alle.de/* – Ein Portal zum Thema »Barrierefreies Internet« der Aktion Mensch

- *http://www.access-for-all.ch/* – Seite der *Schweizerischen Stiftung zur behindertengerechten Technologienutzung*

- *http://whdb.com/2008/100-killer-web-accessibility-resources-blogs-forums-and-tutorials/* – Sammlung mit weiteren Internetseiten zum Thema

KAPITEL 17

Suchmaschinen-optimierung

Die Kritiken sind geschrieben, die Werbebanner gebucht und die Foren eingerichtet. Alles ist für den großen Ansturm vorbereitet – einzig die Besucher müssen noch den Weg auf die neuen Seiten finden. Im Internet helfen ihnen dabei die Suchmaschinen. Sie dienen vielen Internetbenutzern als erste Anlaufstelle und bilden somit gleichzeitig einen Wegweiser zum neu geschaffenen Angebot.

Eine Anmeldung bei Google und Co ist schnell über die jeweiligen Formulare erledigt. Beim Marktführer versteckt sich das Anmeldeformular beispielsweise hinter dem Punkt ÜBER GOOGLE (am unteren Seitenrand auf *http://www.google.de*).

Warnung   Einige Internetseiten bieten an, Ihre Homepage automatisiert bei sehr vielen Suchmaschinen und Verzeichnisdiensten gleichzeitig anzumelden. Das ist zwar eine verlockende Arbeitserleichterung, mitunter wird dies jedoch als »Suchmaschinen-Spamming« aufgefasst. Als Folge verhängen die Suchmaschinen und Verzeichnisdienste entsprechende Sanktionen, was bis zur Verbannung Ihres Auftritts aus den jeweiligen Angeboten reichen kann.

Leider existieren zum Kinoportal recht viele Konkurrenzseiten, die mit großer Wahrscheinlichkeit ebenfalls in den Suchergebnissen auftauchen. Suchmaschinen ordnen ihre Ergebnisse immer nach Relevanz, also nach der Bedeutung der aufgespürten Seiten für den Suchbegriff. Je höher eine Seite in der Trefferliste klettert, desto wahrscheinlicher handelt es sich um die gesuchte Seite. Um also der Konkurrenz ein Schnippchen zu schlagen, müsste man irgendwie die eigene Seite in die oberen Ränge der Suchergebnisse katapultieren. Alle genau hierauf zielenden Maßnahmen bezeichnet man als *Suchmaschinenoptimierung* oder auf Englisch als *Search Engine Optimisation*, kurz SEO.

Dieses Vorhaben umzusetzen ist jedoch alles andere als einfach: Wie die einzelnen Suchmaschinen die Reihenfolge ihrer Suchergebnisse genau bestimmen, hüten ihre Hersteller dummerweise wie Coca Cola das Rezept seiner prickelnden Brause. Alle Maßnahmen, die ein Homepage-Betreiber ergreifen kann, basieren daher auf recht kargen Empfehlungen der Suchmaschinenhersteller sowie auf Erfahrungen, Hören-sagen, Vermutungen und der Konsultation eines Hellsehers.

Aus diesem Grund sollte man allen Tippsammlungen und angeblich garantiert funktionierenden Anleitungen immer etwas skeptisch gegenüberstehen. Deren Qualität schwankt nicht nur stark, einige von ihnen laufen sogar ins Leere oder ver-wenden unfaire Mittel. Hierzu zählen beispielsweise die sogenannten Linkfarmen, bei denen sich ein paar Seiten einfach nur gegenseitig verlinken. Damit erwecken sie gegenüber der Suchmaschine den Eindruck, sie seien alle extrem beliebt. Auf diesen Trick haben die Suchmaschinenbetreiber jedoch reagiert und passende Gegenmaß-nahmen eingeleitet. Das kann sogar bis zum kompletten Rauswurf des Internetauf-tritts aus den Suchergebnissen gehen – wie in der Vergangenheit sogar ein paar größere und durchaus seriöse Unternehmen erfahren durften. Man sollte folglich immer genau überlegen, welche Maßnahmen man ergreift. Auch im Joomla!-Forum (*http://forum.joomla.org*) finden Sie hierzu immer wieder zahlreiche Diskussionen.

Bei größeren und insbesondere kommerziell ausgerichteten Internetseiten empfiehlt sich die Konsultation einer entsprechenden Marketing-Firma. Unter dem Schlag-wort *Internet-Marketing* (auch *Online-* oder *E-Marketing* genannt) haben sich einige von ihnen auf die Suchmaschinenoptimierung spezialisiert. Da sich unter diesen Unternehmen jedoch einige schwarze Schafe tummeln, die mit windigen und zwei-felhaften Methoden arbeiten, heißt es auch hier, seinen Partner mit wachsamen Augen auszuwählen.

Für alle, die nicht gleich tief ins eigene Portemonnaie greifen möchten, halten die folgenden Abschnitte ein paar grundlegende Maßnahmen bereit. Um deren Wir-kungsweise zu verstehen, ist zunächst ein kurzer Exkurs über die Arbeitsweise einer Suchmaschine notwendig.

Funktionsweise einer Suchmaschine

Jede Suchmaschine besteht aus mehreren Komponenten, die sich gegenseitig zuar-beiten. Neben der eigentlichen Suchfunktion arbeitet im Hintergrund ein soge-nannter *Webcrawler* (auch *Robot* oder *Spider* genannt). Dies ist ein kleines Programm, das sich durch das Internet wühlt und einfach allen Links folgt, die ihm über den Weg laufen. Immer wenn es eine neue oder geänderte Seite gefunden hat, legt es die von der eigentlichen Suchfunktion benötigten Informationen in einer rie-sigen Datenbank ab.

Sobald nun eine Anfrage von einem Benutzer eingeht, kramt die Suchmaschine alle passenden Einträge aus der Datenbank und präsentiert sie in einer langen Liste auf dem Bildschirm. Die Reihenfolge der Suchergebnisse bestimmen die Suchmaschi-nen anhand einer Mischung aus verschiedenen Kriterien. Von einigen Vertretern (wie beispielsweise Google) ist bekannt, dass sie jeder gefundenen Seite einen

Punktwert zuordnen, den sogenannten *Score*, *Rank* oder *PageRank*. Er berechnet sich aus mehreren Faktoren, wie beispielsweise:

- der Anzahl anderer Seiten, die auf die Seite verweisen
- der Häufigkeit, mit der der Suchbegriff in einer Seite auftritt
- welche anderen Texte den Suchbegriff auf der Seite umgeben

Je höher der Punktwert einer Seite ist, desto weiter oben steht sie in der Liste mit den Suchergebnissen.

Für die eigene Homepage bedeutet dies:

1. Man muss der Suchmaschine (beziehungsweise dem Webcrawler) das Sammeln von Daten erleichtern. Nur was die Suchmaschine kennt, kann sie später auch in ihren Ergebnissen berücksichtigen.
2. Die einzelnen Seiten müssen so gestaltet beziehungsweise aufgebaut sein, dass sie für bestimmte Suchbegriffe den oben genannten Kriterien entgegenkommen.

Die folgenden Abschnitte verraten Ihnen, mit welchen konkreten Maßnahmen Sie diese beiden Punkte sicherstellen – und wie Joomla! Sie dabei unterstützt.

Tipp	Da es einen Konkurrenzkampf um die besten Plätze gibt, ist es unwahrscheinlich, für jeden nur erdenklichen Suchbegriff immer an erster Stelle zu landen. Wenn Sie mit Ihrer Seite Geld verdienen wollen, sollten Sie unbedingt weitere Werbemaßnahmen durchführen und beispielsweise Banner auf passenden anderen Seiten schalten.
Tipp	Im Internet gibt es eine Reihe kostenloser Dienste, die Ihre Homepage auf Suchmaschinenfreundlichkeit hin abklopfen, wie zum Beispiel *http://www.seitwert.de*.

Seiteninhalte

Der entscheidende Weg zu einer guten Suchmaschinenpositionierung führt über die Inhalte der Seiten. Folglich gilt es, bereits beim Erstellen des Auftritts und bei der Eingabe der Beiträge einige Punkte zu beachten. Sofern auf Ihrer Website mehrere Autoren arbeiten, sollten Sie diese dazu anhalten, die folgenden Kriterien zu beachten, beziehungsweise regelmäßig selbst ihre Beiträge daraufhin begutachten und gegebenenfalls korrigieren.

Überschriften: Was draufsteht, muss auch drin sein

Die Überschriften sollten Sie immer mit Bedacht und zum Thema passend wählen, da ihnen von den Suchmaschinen eine besondere Bedeutung zugesprochen wird. Wenn Sie auf der Homepage großspurig Filmkritiken ankündigen, dann sollten auf der Seite folglich auch Filmkritiken vorhanden sein. Hinter der Kritik zum Film *Stirb Langsam* darf beispielsweise keine Werbung für ein Hautpflegemittel folgen.

Abbildung 17-1:   Verwenden Sie auch den Alias(-Titel).

Bei den Beiträgen dürfen Sie neben einem Titel auch noch einen sogenannten ALIAS vergeben (siehe Abbildung 17-1). In den vorherigen Kapiteln wurde der Einfachheit halber dazu geraten, dort schlichtweg den Titel zu wiederholen. Im Hinblick auf eine Suchmaschinenoptimierung sollten Sie hier jedoch Ihre Chance nutzen und einen abweichenden, aber dennoch passenden Untertitel vergeben. Im Fall der Filmkritik lautet der Titel beispielsweise *Stirb Langsam*, ein passender Untertitel dazu wäre vielleicht »Bruce Willis schießend im Hochhaus«. Diesen Alias nutzt Joomla! derzeit in Links, die auf diesen Beitrag verweisen, sowie in den suchmaschinenfreundlichen Adressen, die gleich noch besprochen werden. Eine Suchmaschine schnappt somit für die Filmkritik gleich vier wichtige Suchbegriffe auf: *Stirb Langsam*, *Bruce Willis*, *schießen* und *Hochhaus*.

Das richtige Menü

Zu den Beiträgen führen Menüpunkte. Auch von ihrer Beschriftung nehmen die Suchmaschinen Notiz. Folglich sollten Sie sie weise und inhaltlich richtig wählen. Ungeschickt wäre etwa ein Menüpunkt FILMKRITIKEN, der direkt zur Vorstellung eines neuen Parfüms führt.

Ein Menüpunkt besteht allerdings nicht nur aus seiner Beschriftung. Wie bei den Beiträgen dürfen Sie auch ihm einen ALIAS vergeben (rufen Sie einfach mal MENÜS → MAIN MENU und dort einen beliebigen Menüpunkt auf). Für diesen Alias gilt das im vorherigen Abschnitt Gesagte.

Darüber hinaus sollten Sie daran denken, dass Sie in den Einstellungen eines Menüpunktes unter EINSTELLUNGEN DER SEITENANZEIGE über das Eingabefeld SEITENÜBERSCHRIFT noch die Überschrift der Zielseite austauschen können.

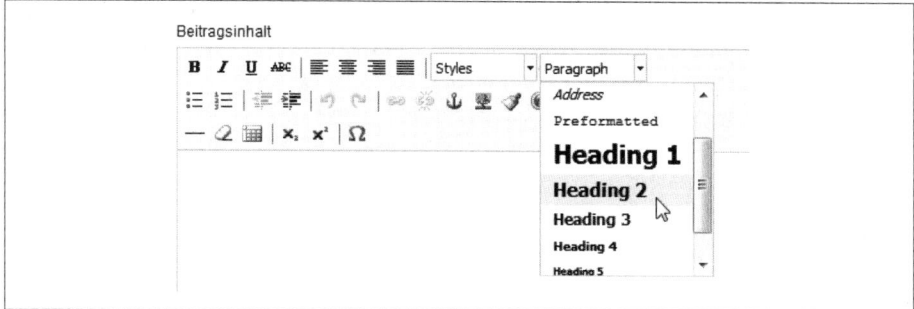

Abbildung 17-2: In den Einstellungen eines Menüs versteckt sich hinter den EINSTELLUNGEN DER SEITENANZEIGE noch ein zusätzlicher Seitentitel.

Darüber hinaus erlaubt Joomla! hier, den SEITENTITEL IM BROWSER, also den Text der Browser-Registerlasche, auszutauschen (siehe Abbildung 17-2). Auch auf diesen Text achten Suchmaschinen (siehe auch Kapitel 8, *Menüs*, Abschnitt »Schritt 7: Seitentitel verändern« auf Seite 372). Stellen Sie deshalb sicher, dass er zum Seiteninhalt passt.

Richtiges Reden ist Gold

Befinden sich zu wenige Inhalte auf der Seite, halten manche Suchmaschinen sie für eher unwichtig. Ihre Kritik zu *Stirb Langsam* sollte also nicht nur einfach pauschal »Der Film war gut.« lauten. Eine etwas ausführlichere Begründung kommt nicht nur den menschlichen Lesern zugute, sondern auch den Suchmaschinen, die so mit vielen weiteren potenziellen Suchwörtern gefüttert werden.

Warnung Das ist jedoch kein Aufruf, Texte mit hohlen Phrasen beliebig in die Länge zu ziehen: Zum einen würde das wieder Besucher abschrecken, die sich jetzt durch nichtssagende Textwüsten kämpfen müssen, zum anderen erkennen Suchmaschinen unnütze Füllwörter und strafen diese ähnlich wie Linklisten ab. Auf die gleiche Weise ahnden Suchmaschinen versteckte Schlüsselwörter, die als weißer Text auf weißem Grund ans Ende eines Beitrags geschmuggelt wurden.

Abbildung 17-3: Gliedern Sie längere Artikel mit Überschriften. Das kommt nicht nur der Lesbarkeit zugute; Suchmaschinen messen Überschriften auch eine erhöhte Bedeutung bei.

Gliedern Sie längere Texte mit aussagekräftigen Zwischenüberschriften. Verwenden Sie dazu im TinyMCE-Editor die HEADING 1- bis HEADING 6-Vorgaben aus der Format-Ausklappliste (in der obersten Symbolleiste ist das die erste Liste von rechts, siehe Abbildung 17-3) oder alternativ direkt die entsprechenden HTML-Befehle <h1> bis <h6>.

Bilder beschriften

Vergeben Sie für jedes Bild einen Bildtitel und eine Bildbeschreibung (siehe Abbildung 17-4). Suchmaschinen werten auch diese Texte aus – denken Sie beispielsweise nur an die Bildersuche von Google.

Abbildung 17-4: Beschriften Sie Ihre Bilder.

Links korrekt beschriften

Alle Links sollten passend beschriftet sein – am besten mit einem potenziellen Suchwort. Anstelle eines nichtssagenden »Hier geht es weiter« wählt man besser »Hier geht es zur Kritik zum Film ›Stirb Langsam‹«. Das gilt erst recht für Links, die von fremden Seiten auf Ihre verweisen – nur lassen sich diese dummerweise nur selten beeinflussen. Sofern Sie den Betreiber der fremden Homepage nicht kennen, hilft vielleicht eine freundliche Anfrage.

 Warnung   Meiden Sie unbedingt Linklisten – wie eingangs erwähnt, sind Suchmaschinen auf diese Form der Optimierung nicht gut zu sprechen und würden Ihre Seite folglich gnadenlos abstrafen.

Achten Sie darauf, dass keine Links und Menüpunkte ins Leere führen. Sowohl Menschen als auch Suchmaschinen bleiben in diesen Sackgassen hängen. Auch umgekehrt gilt: Eine Seite, zu der kein Link beziehungsweise Menüpunkt führt, kann weder durch normale Benutzer noch durch Suchmaschinen gefunden werden. Stellen Sie daher sicher, dass jedes Element irgendwie in Ihre Homepage eingebunden ist.

Tipp Falls Ihr Webhoster es Ihnen erlaubt, sollten Sie eine eigene Fehlerseite vorgeben, die einen Link auf die Startseite enthält.

Auf Multimedia-Inhalte verzichten

Webcrawler geben sich gegenüber der Seite als herkömmliche Browser aus. Da jedoch kein realer Benutzer diesen Suchroboter bedient, kann der Crawler nichts mit Flash-Grafiken oder JavaScript anfangen. Ebenfalls tabu sind Cookies und der Einsatz von Frames. Daher ist es extrem wichtig, die Seite barrierefrei zu gestalten. Wie dies geht, zeigte bereits das vorhergehende Kapitel 16, *Barrierefreiheit*.

Sie lebt

Achten Sie unbedingt auf die Aktualität Ihrer Seite: Anstelle einmal im Monat mehrere Kritiken online zu stellen, sollten Sie besser jeden Tag eine veröffentlichen. Die Suchmaschine schließt daraus nicht nur auf eine rege Aktivität, sondern auch auf eine hohe Aktualität der Seite – folglich muss sie entsprechend beliebt und wichtig sein.

Tipp Man sollte jedoch nicht der Versuchung erliegen, die Seite künstlich am Leben zu erhalten. Dies könnte zu den gleichen negativen Auswirkungen wie beim Einsatz von Füllwörtern führen.

Neben der im vorherigen Abschnitt genannten Eigeninitiative unterstützt auch Joomla! selbst die Suchmaschinenoptimierung.

Metadaten: Fluch und Segen

Jede Internetseite darf versteckte Zusatzinformationen enthalten, die sogenannten Metadaten. Sie umfassen beispielsweise den Namen des Autors oder das Erstellungsdatum der Seite (siehe Abbildung 17-5). Die Webcrawler der Suchmaschinen können diese Daten auswerten und für ihre Zwecke nutzen.

Tipp Die Browser verstecken diese Informationen standardmäßig. Um zu sehen, welche Metadaten sich in der ausgelieferten Seite verbergen, müssen Sie deshalb mit der sogenannten Quelltextansicht einen Blick hinter die Kulissen werfen.

Unter Firefox versteckt sie sich beispielsweise hinter dem Menüpunkt SEITENQUELL-TEXT ANZEIGEN (als Unterpunkt von WEB-ENTWICKLER beziehungsweise EXTRAS → WEB-ENTWICKLER). Das nun erscheinende Fenster präsentiert Ihnen die Seite so, wie Joomla! sie ausliefert und wie auch die Suchmaschinen sie sehen. Ganz zu Beginn finden Sie Zeilen, die mit einem `<meta...` anfangen. Hinter ihnen stehen die Zusatzinformationen.

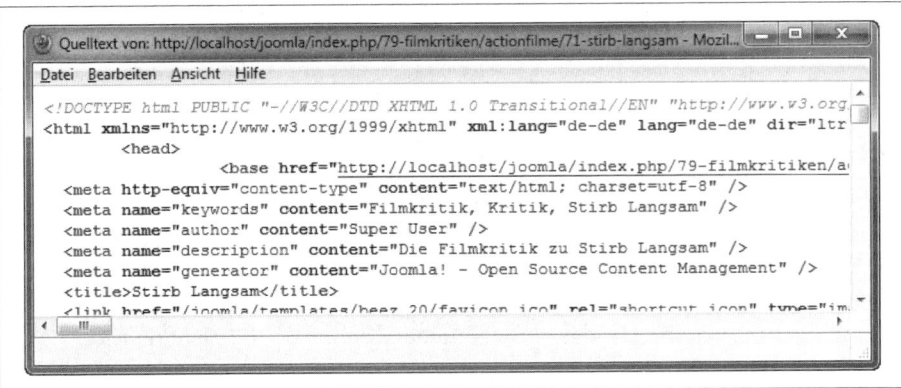

Abbildung 17-5: Die (versteckten) Metadaten in einer von Joomla! ausgelieferten Seite

Unter den Metadaten finden Sie auch eine Liste mit Schlüsselwörtern (in Abbildung 17-5 in der Zeile, die mit `<meta name="keywords"...` beginnt). Sie sollten ursprünglich einmal beschreiben, worum es auf der Seite geht. Im Fall einer Filmkritik könnten die Schlüsselwörter zum Beispiel *Kino*, *Filmkritik*, *Film*, *Kritik* lauten. Damit weiß die Suchmaschine, dass sie bei einer Suche nach dem Wort *Kino* auch diese Seite berücksichtigen muss. In der Vergangenheit haben leider viele Webseitenbetreiber hier bewusst falsche Angaben eingesetzt, um die Suchmaschinen in die Irre und somit auf die eigene Seite zu lotsen. Aus diesem Grund behandeln die meisten Suchmaschinen die hier eingetippten Informationen nur noch als Daten zweiter Klasse.

Nichtsdestotrotz sollten Sie Metadaten angeben. Joomla! erlaubt dies auf zwei Arten. Zum einen finden Sie bei vielen Elementen und Modulen die Möglichkeit, Metadaten einzutippen. Im Bildschirm zur Eingabe eines neuen Beitrags klappen Sie beispielsweise auf der rechten Seite das Register METADATENOPTIONEN auf (siehe Abbildung 17-6).

Dort können Sie nun eine Beschreibung der Seite eintragen sowie entsprechende Suchwörter vergeben (wie das funktioniert und in welches Feld welche Informationen gehören, hat bereits Kapitel 4, *Inhalte verwalten*, gezeigt).

 Tipp   Immer wenn sich ein Bearbeitungsbildschirm öffnet, sollten Sie am rechten Rand auf einen Reiter METADATEN oder METADATENOPTIONEN achten. Sofern er existiert, füllen Sie ihn aus.

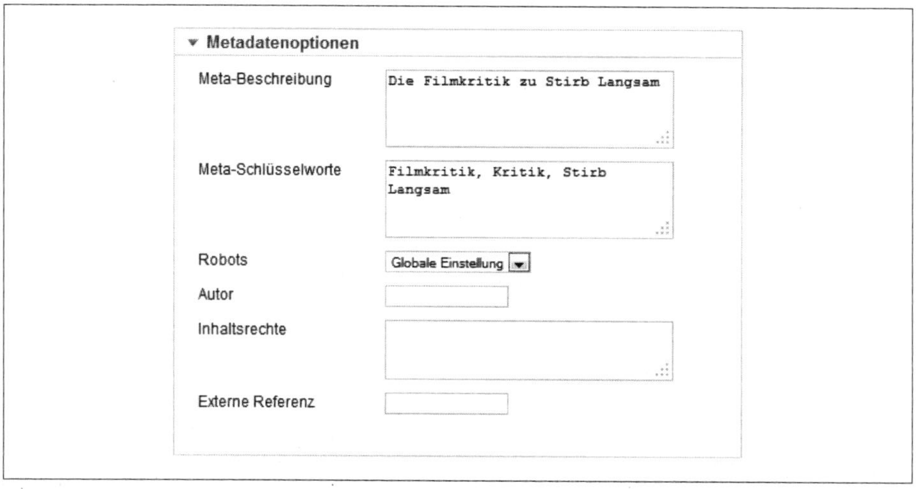

Abbildung 17-6: Die Metadaten eines Beitrags

Die hier eingetragenen Metadaten liefert Joomla! immer nur mit dem jeweiligen Beitrag beziehungsweise auf der jeweiligen Seite aus. Für alle Seiten gültige Metadaten geben Sie in den globalen Einstellungen hinter SITE → KONFIGURATION vor. Dort finden Sie auf dem Reiter SITE links unten den Bereich GLOBALE METADATEN. In seinen Eingabefeldern dürfen Sie wieder eine Beschreibung des Internetauftritts (META-BESCHREIBUNG) und passende Schlüsselwörter (META-SCHLÜSSELWÖRTER) vergeben (siehe Abbildung 17-7).

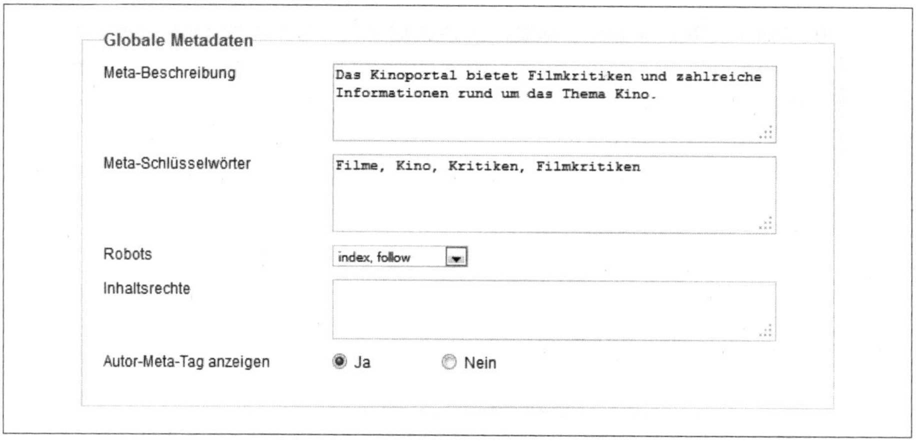

Abbildung 17-7: Die hier eingetragenen Metadaten liefert Joomla! mit jeder Seite aus.

Da die hier eingetippten Begriffe in jeder Seite auftauchen, sollten sie sich auch immer auf den gesamten Internetauftritt beziehen.

20 Suchwörter genügen dabei vollauf, und mehr als 150 sollten es auf keinen Fall werden. Ansonsten verlängern Sie damit zum einen nur die Antwortzeiten – schließlich werden diese Daten in jeder ausgelieferten Seite mit übertragen –, und zum anderen könnten die Suchmaschinen vermuten, dass hier ein Spam-Versuch vorliegt. Zu viele Begriffe oder eine zu lange Beschreibung wirken sich folglich sogar negativ aus.

Der Seitenname

Unter SITE → KONFIGURATION finden Sie auf dem Register SITE im Bereich WEBSITE den NAME DER WEBSITE, den Sie bereits bei der Installation von Joomla! vergeben haben. Ihm messen Suchmaschinen eine besonders hohe Bedeutung bei. Überlegen Sie daher noch einmal, ob er kurz und knackig das Thema der Webseite umreißt. Fragen Sie sich dazu, welche Informationen Ihre Seite enthält und was sie darstellen soll. Bleiben Sie jedoch möglichst unter 80 Zeichen.

Der Name eines Beitrags taucht auch immer in der Titelleiste des Browsers beziehungsweise im geöffneten Register auf (siehe Abbildung 17-8).

Abbildung 17-8:   Standardmäßig erscheint als Seitentitel immer nur der Titel des Beitrags.

Dieser Beschriftung können Sie noch den Seitennamen voranstellen (siehe Abbildung 17-9).

Dazu legen Sie unter SITE → KONFIGURATION auf dem Register SITE im Bereich SUCH-MASCHINENOPTIMIERUNG (SEO) den Schalter SEITENNAME AUCH IM TITEL um. Sie haben dabei die Wahl, ob der Seitenname wie in Abbildung 17-9 vor dem Beitragstitel (Einstellung DAVOR) oder hinter ihm stehen soll (DANACH). In jedem Fall ist dann für die Suchmaschine immer eindeutig, dass diese Seite (noch) zum Kinoportal gehört.

Adressänderungen (Search Engine Friendly Links)

Die Webcrawler der Suchmaschinen sind nicht ganz dumm. Würden sie einfach allen Links folgen, könnte man sie durch zwei aufeinanderzeigende Links in einer Schleife gefangen halten. Aus diesem Grund hat man ihnen etwas Intelligenz eingepflanzt, dank derer sie beispielsweise Linkfarmen erkennen und umgehen.

Dies hat leider auch Auswirkungen auf Joomla!. Content-Management-Systeme generieren eine Seite erst dann, wenn ein Besucher sie anfordert. Diese Seite besitzt zudem eine ziemlich kryptische Internetadresse. Webcrawler können dann nicht mehr abschätzen, ob dies jetzt eine Seite ist, die man sich besser merken sollte.

Dazu ein kleines Beispiel: Schalten Sie zunächst hinter SITE → KONFIGURATION auf dem Register SITE im Bereich SUCHMASCHINENOPTIMIERUNG (SEO) den Punkt SUCHMASCHINENFREUNDLICHE URL auf NEIN (gleich erfahren Sie mehr dazu, was diese Einstellung macht), und SPEICHERN Sie Ihre Änderungen. Wenn Sie jetzt Ihre mit Joomla! erstellte Homepage in der VORSCHAU aufrufen und Sie die Angaben in der Adressleiste Ihres Browsers betrachten, taucht dort so etwas auf wie:

```
http://localhost/joomla/index.php?option=com_content&view=article&Itemid=435
```

In dieser Adresse ist die von Joomla! zu aktivierende Komponente sowie deren Aufgabe kodiert (wenn Sie Kapitel 15, *Eigene Erweiterungen erstellen*, gefolgt sind: Es handelt sich hier um die Komponente com_content, die die View featured aktiviert, die wiederum alle Hauptbeiträge anzeigt).

Der Webcrawler der Suchmaschine stellt sich nun die Frage, was er sich davon merken soll. Schlimmer noch: Es können mehrere Adressen zur gleichen Seite führen. So wartet beispielsweise hinter

```
http://localhost/joomla/index.php?option=com_content&view=featured&Itemid=435
```

und

```
http://localhost/joomla/index.php?option=com_content&Itemid=435&view=featured
```

und

```
http://localhost/joomla/index.php?option=com_content&view=featured
```

die Aufstellung der Hauptbeiträge. Die Suchmaschine kann das jedoch nicht unterscheiden und vermutet hinter jeder Adresse eine eigene Seite. Hierdurch wird ihr wiederum eine riesige Homepage vorgegaukelt. Aus diesem Grund fassen Suchmaschinen dynamische Seiten nur mit Samthandschuhen an.

Kryptische Adressen umschreiben (URL Rewrite)

Glücklicherweise gibt es in Joomla! eine Funktion, die den Webcrawlern eine etwas magenschonendere und für jeden Beitrag eindeutige Adresse vorsetzt. Das ist genau die Funktion, die Sie weiter oben abgeschaltet hatten.

Sie aktivieren sie in der globalen Konfiguration hinter SITE → KONFIGURATION auf dem Register SITE im Bereich SUCHMASCHINENOPTIMIERUNG (SEO) (siehe Abbildung 17-10).

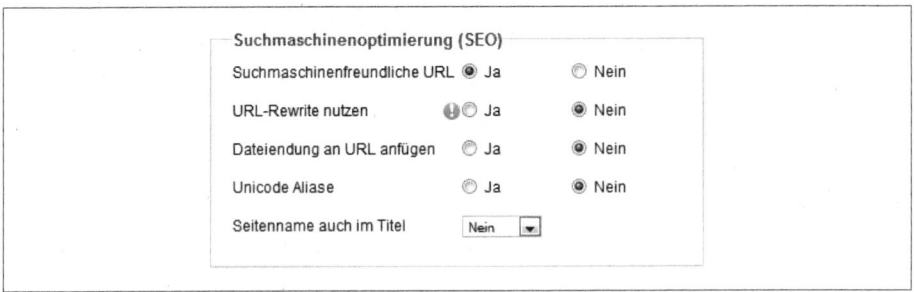

Abbildung 17-10: Hier aktivieren Sie die suchmaschinenfreundlichen Adressen.

Sobald Sie hier den Schalter SUCHMASCHINENFREUNDLICHE URL auf JA umlegen, liefert das Content-Management-System anstelle von

```
http://localhost/joomla/index.php?option=com_
content&view=article&id=68&catid=78&Itemid=480
```

die für Suchmaschinen besser verdauliche Adresse:

```
http://localhost/joomla/index.php/zu-den-filmkritiken/actionfilme/68-stirb-langsam
```

 Tipp   Wenn die neuen Adressen nicht sofort zu sehen sind, rufen Sie einmal erneut die VORSCHAU auf. Hilft das auch nicht, starten Sie Ihren Browser einmal neu.

Etwas störend wirkt hier noch das *index.php* in der Mitte, das noch Rückschlüsse auf eine dynamisch generierte Seite zulässt. Wenn Sie den Apache Webserver einsetzen, lässt sich aber auch dieser Hinweis beseitigen.

Ab Joomla! 1.6 funktioniert dieses Verfahren auch mit dem IIS von Microsoft.

Das URL-Rewrite-Modul des Webservers nutzen

Für den Apache Webserver gibt es eine Erweiterung mit dem Namen *mod_rewrite*, die eine ähnliche Umsetzung der Internetadressen durchführt. In XAMPP ist sie bereits standardmäßig enthalten und aktiviert. Falls Sie sich an die Schnellinstallationsanleitung aus Kapitel 2, *Installation*, gehalten haben, sind die Eingriffe aus dem jetzt direkt folgenden Abschnitt somit nicht mehr notwendig.

Apache vorbereiten

Ob die nötigen Voraussetzungen auch bei Ihnen erfüllt sind, zeigt Joomla! im Administrationsbereich unter SITE → SYSTEMINFORMATIONEN. Auf dem ersten Register, SYSTEMINFORMATIONEN, muss APACHE als Webserver auftauchen, und auf dem Register PHP-INFORMATIONEN muss in der Zeile LOADED MODULES die Erweiterung MOD_REWRITE erscheinen (siehe Abbildung 17-11).

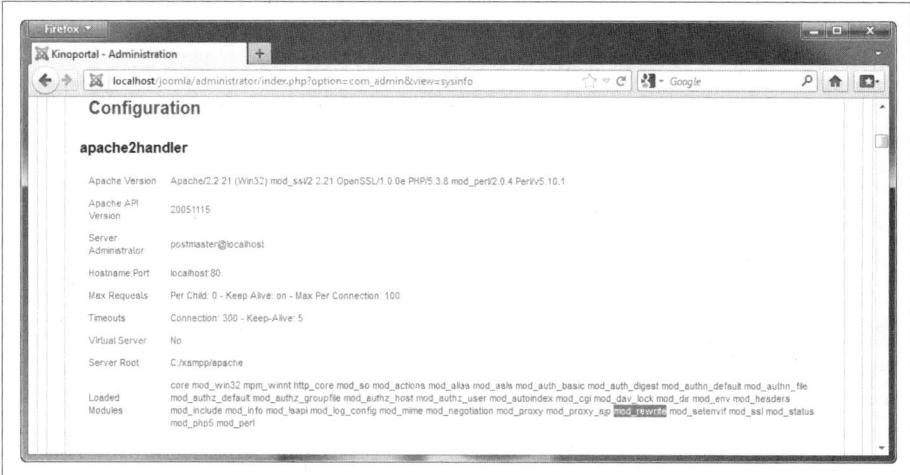

Abbildung 17-11: Taucht hier MOD_REWRITE auf (in der Abbildung markiert), kann Apache mit den neuen Adressen umgehen.

Falls sie nicht aktiviert ist, müssen Sie das Modul entweder über die Konfigurationsoberfläche Ihres Webhosters aktivieren oder in der Apache-Konfigurationsdatei *httpd.conf* in der Zeile

```
#LoadModule rewrite_module modules/mod_rewrite.so
```

das erste Zeichen (#) entfernen. Bei XAMPP für Linux und Mac OS X finden Sie die genannte Konfigurationsdatei im Unterverzeichnis *etc*, unter XAMPP für Windows liegt sie hingegen im Verzeichnis *apache\conf*. Nachdem Sie die Änderungen vorgenommen haben, müssen Sie Apache einmal neu starten. Bitte beachten Sie, dass nicht alle Webhoster derartige Modifikationen gestatten.

Des Weiteren muss es Ihnen erlaubt sein, die *.htaccess*-Datei zu ersetzen beziehungsweise eigene *.htaccess*-Dateien zu erzeugen. Die genannte Datei gehört zum Apache Webserver und regelt die Zugriffsrechte auf ein Verzeichnis. Sofern Apache diese Dateien ignoriert, schalten Sie die zugehörige Funktion über Ihre Konfigurationsoberfläche scharf oder suchen in der Apache-Konfigurationsdatei *httpd.conf* den Abschnitt für Ihre Internetseite und ersetzen dort die Zeile

```
AllowOverride None
```

durch:

```
AllowOverride All
```

IIS vorbereiten

Wenn Sie mit dem IIS von Microsoft arbeiten, installieren Sie zunächst das URL-Rewrite-Modul (bei Drucklegung dieses Buches war es unter *http://www.iis.net* im DOWNLOAD-Bereich erhältlich).

Unterstützung unter Joomla! aktivieren

Sind alle Voraussetzungen erfüllt, müssen Sie noch eine Datei im Joomla!-Verzeichnis umbenennen.

Sofern Sie Apache einsetzen, taufen Sie die Datei *htaccess.txt* in *.htaccess* um. Da Letztere mit einem Punkt beginnt, ist sie unter Unix-Betriebssystemen (wie zum Beispiel Linux oder Mac OS X) standardmäßig unsichtbar. Sollte sich Windows weigern, die Umbenennung durchzuführen, können Sie die Datei in einem Texteditor öffnen und dann einfach als *.htaccess* abspeichern.

Sofern Sie den IIS einsetzen, benennen Sie noch die Datei *web.config.txt* im Joomla!-Verzeichnis in *web.config* um. Sollte sich Windows weigern, die Umbenennung durchzuführen, können Sie die Datei in einem Texteditor öffnen und dann einfach als *web.config* abspeichern.

Damit ist die URL-Rewrite-Funktion im Webserver freigeschaltet. Aktivieren Sie jetzt in den Grundeinstellungen von Joomla! hinter SITE → KONFIGURATION auf dem Register SITE im Bereich SUCHMASCHINENOPTIMIERUNG (SEO) die Funktion URL-REWRITE NUTZEN. Damit wird aus der bisherigen Adresse

```
http://localhost/joomla/index.php/zu-den-filmkritiken/actionfilme/68-stirb-langsam
```

das schlanke und suchmaschinenfreundliche

```
http://localhost/joomla/zu-den-filmkritiken/actionfilme/68-stirb-langsam
```

Wenn Sie nur eine Fehlermeldung erhalten, kontrollieren Sie noch einmal, ob die Datei *htaccess.txt* beziehungsweise *web.config.txt* wirklich den richtigen Namen trägt. Insbesondere Windows-Nutzer müssen darauf achten, dass die Endung *.txt* nicht mehr vorhanden ist – häufig blendet Windows sie einfach nur aus.

Feintuning mit Suffixen

Über den nächsten Punkt im Bereich SUCHMASCHINENOPTIMIERUNG (SEO) namens DATEIENDUNG AN URL ANFÜGEN perfektionieren Sie die Illusion einer herkömmlichen statischen Seite. Sobald Sie die Funktion aktivieren, hängt Joomla! an die Adresse eine zum jeweiligen Inhalt passende Dateiendung an. Aus

```
http://localhost/joomla/zu-den-filmkritiken/actionfilme/68-stirb-langsam
```

wird dann:

```
http://localhost/joomla/zu-den-filmkritiken/actionfilme/68-stirb-langsam.html
```

Diese Endung hilft wiederum den Webcrawlern der Suchmaschinen, indem sie schon vor dem Einlesen der Seite wissen, welche Daten auf sie zukommen (in diesem Fall eine herkömmliche Internetseite).

Zusammenfassung

Zusammengefasst wandeln die SEO-Funktionen von Joomla! die Internetadressen wie folgt um:

1. Ausgangsadresse:
   http://localhost/joomla/index.php?option=com_content&view=article&id=68: stirb-langsam&catid=78&Itemid=480
2. Mit aktivierten suchmaschinenfreundlichen URLs:
   http://localhost/joomla/index.php/zu-den-filmkritiken/actionfilme/68-stirb-langsam
3. Mit Dateiendung:
   http://localhost/joomla/index.php/zu-den-filmkritiken/actionfilme/68-stirb-langsam.html
4. Mit URL-Rewrite-Unterstützung des Webservers:
   http://localhost/joomla/zu-den-filmkritiken/actionfilme/68-stirb-langsam.html

Das Ergebnis ist – zumindest bei einem Blick auf die Adresse – nicht mehr von einer statischen Seite zu unterscheiden.

Unicode-Zeichen berücksichtigen

Ab Version 1.6 nutzt Joomla! durchgehend den sogenannten Unicode-Standard. Auf diese Weise können Sie in Ihren Beiträgen, Titeln und Links sämtliche Schriftzeichen der Welt verwenden. Einer Filmkritik auf Chinesisch steht damit nichts mehr im Wege. Allerdings gibt es dabei ein kleines Problem. Sehen Sie sich noch einmal die Internetadresse des Stirb-Langsam-Artikels an:

```
http://localhost/joomla/zu-den-filmkritiken/actionfilme/68-stirb-langsam.html
```

Diese enthält den Titel des Beitrags und die Titel der Kategorien. Wenn Sie einen chinesischen Titel vergeben, würde Joomla! die Schriftzeichen folglich auch in der Adresse verwenden. Adressen dürfen laut Standard aber nur die üblichen lateinischen Buchstaben von A bis Z enthalten. Abhilfe schafft das sogenannte Transliterationsverfahren. Dabei verwandelt der Browser jedes nicht erlaubte Schriftzeichen in eine ganz bestimmte Folge aus lateinischen Zeichen (wie dieses Verfahren genau funktioniert, erklärt sehr gut die Wikipedia-Seite *http://de.wikipedia.org/wiki/Punycode*). Einige ältere Browser können mit diesem Verfahren allerdings noch nichts anfangen. Aus diesem Grund ersetzt bereits Joomla! automatisch nicht erlaubte Schriftzeichen durch entsprechende Platzhalter. Dadurch wird die Internetadresse zwar kryptisch, es gibt aber keine Probleme mehr mit veralteten Browsern, Screen-Readern und vor allen Dingen mit Suchmaschinen.

Wenn Sie ausschließlich aktuelle Browser bedienen wollen, können Sie diese automatische Ersetzung auch abschalten. Dazu setzen Sie UNICODE ALIASSE auf JA.

Umleitungen

Wenn ein Beitrag veraltet ist, genügt ein gezielter Mausklick hinter INHALT → BEITRÄGE, um ihn zu sperren und somit umgehend von der Website zu nehmen. Dummerweise bekommt Google davon erst bei seinem nächsten Besuch etwas mit. Und auch andere Websites könnten noch auf den jetzt plötzlich nicht mehr vorhandenen Beitrag verweisen.

Ab Version 1.6 können Sie deshalb in Joomla! für jede nicht mehr vorhandene Seite eine Umleitung einrichten. Ruft dann ein Besucher den alten, nicht mehr vorhandenen Beitrag auf, wechselt Joomla! automatisch auf eine andere (Nachfolge-)Seite.

 Im Kinoportal könnte beispielsweise die Filmkritik zu *Stirb Langsam* veralten sein. Bislang war sie unter der Internetadresse

```
http://localhost/joomla/zu-den-filmkritiken/actionfilme/68-stirb-langsam.html
```

erreichbar. Diese alte Kritik wurde jedoch durch eine viel ausführlichere ersetzt. Die Neufassung ist jedoch ab sofort unter der Internetadresse

```
http://localhost/joomla/zu-den-filmkritiken/actionfilme/123-stirb-noch-langsamer.
html
```

erreichbar. Wenn ein Besucher die alte Internetadresse aufruft, soll er automatisch bei dieser Neufassung landen.

Damit das alles reibungslos klappt, müssen allerdings zwei Voraussetzungen erfüllt sein:

- Das Plugin SYSTEM – UMLEITUNG muss aktiviert sein.
- In den Grundeinstellungen hinter SITE → KONFIGURATION muss zumindest der Punkt SUCHMASCHINENFREUNDLICHE URL aktiviert sein (siehe Abschnitt »Kryptische Adressen umschreiben (URL Rewrite)« auf Seite 826).

Wenn beides zutrifft, wechseln Sie im Administrationsbereich zum Menüpunkt KOMPONENTEN → UMLEITUNGEN. Hier können Sie jetzt eine neue Umleitung via NEU in der Werkzeugleiste anlegen. Sie landen damit in dem kleinen Formular aus Abbildung 17-12.

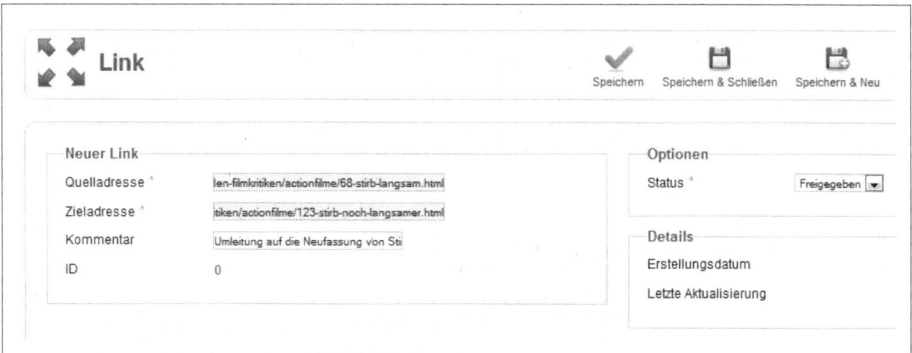

Abbildung 17-12: In diesem Formular richten Sie eine Umleitung ein.

Unter QUELLADRESSE geben Sie zunächst die Internetadresse ein, unter der die alte, jetzt abgeschaltete Webseite zu erreichen war. Im Beispiel des Kinoportals war dies:

```
http://localhost/joomla/zu-den-filmkritiken/actionfilme/68-stirb-langsam.html
```

Tipp Sie sparen sich etwas Arbeit, wenn Sie den alten Beitrag noch nicht sperren oder löschen, sondern die VORSCHAU öffnen, darin die entsprechende Seite ansteuern und schließlich die Adresse aus der Adressleiste des Browsers in das Eingabefeld QUELLADRESSE kopieren. Erst wenn die Umleitung steht, sperren oder löschen Sie den alten Beitrag. Damit ist gleichzeitig sichergestellt, dass ein Besucher nicht (kurzzeitig) eine Fehlermeldung sieht.

In das Feld ZIELADRESSE gehört schließlich die Adresse, auf die Joomla! den Browser des Besuchers umleiten soll. Im Beispiel ist die neue Filmkritik unter

```
http://localhost/joomla/zu-den-filmkritiken/actionfilme/123-stirb-noch-langsamer.
html
```

zu erreichen. Falls gewünscht, können Sie noch einen KOMMENTAR hinterlassen, der Sie beispielsweise daran erinnert, warum Sie diese Internetadresse umgeleitet haben.

Stellen Sie abschließend noch sicher, dass der STATUS auf FREIGEGEBEN steht und somit die neue Umleitung gleich funktioniert. Nach dem SPEICHERN & SCHLIEßEN erreichen Sie unter der bisherigen Internetadresse *http://localhost/joomla/zu-den-filmkritiken/actionfilme/68-stirb-langsam.html* die neue Filmkritik (die natürlich auch weiterhin über ihre eigene Internetadresse *http://localhost/joomla/zu-den-filmkritiken/actionfilme/123-stirb-noch-langsamer.html* erreichbar ist).

 **Tipp** Mit dieser Umleitung können Sie auch jedem Beitrag eine eigene, kürzere Internetadresse spendieren. Im Kinoportal ist beispielsweise die Internetadresse zur Filmkritik immer noch ziemlich lang:

```
http://localhost/joomla/zu-den-filmkritiken/actionfilme/68-
stirb-langsam.html
```

Da die Kritik äußerst beliebt ist, wäre doch

```
http://localhost/joomla/kritiken/stirblangsam
```

wesentlich eingängiger. Dazu müssen Sie lediglich eine Umleitung von der Seite *http://localhost/joomla/kritiken/stirblangsam* auf die Seite *http://localhost/joomla/ zu-den-filmkritiken/actionfilme/68-stirb-langsam.html* einrichten.

Wenn Sie sehr viele Seiten auf genau eine andere umbiegen müssen, beispielsweise weil Sie eine ganze Kategorie entfernt haben, können Sie auch hinter KOMPONENTEN → UMLEITUNGEN die Eingabefelder am unteren Rand heranziehen. Markieren Sie zunächst in der Tabelle darüber alle Internetadressen, die Sie auf eine gemeinsame neue Seite umleiten wollen. Anschließend tragen Sie am unteren Rand die ZIELADRESSE ein (also die Internetadresse der neuen Seite) und klicken dann auf LINKS AKTUALISIEREN.

Noch mehr Funktionen mit Erweiterungen

Wenn Sie noch weiterreichende Einflussmöglichkeiten benötigen, müssen Sie zu einer Erweiterung greifen. Im Joomla!-Verzeichnis unter *http://extensions.joomla. org* buhlen unter SITE MANAGEMENT in den Untergruppen SEO & METADATA sowie SEF eine ganze Reihe passender Erweiterungen um ihren Einsatz.

 Tipp Auch diese Erweiterungen können keine Wunder vollbringen. Die beste Suchmaschinenoptimierung besteht in einer lebendigen und mit qualitativen Inhalten gefüllten Seite.

Weitere Informationen und einen guten Einstiegspunkt in die Suchmaschinenoptimierung bietet der Wikipedia-Eintrag *http://de.wikipedia.org/wiki/Suchmaschinenoptimierung*.

In diesem Kapitel:

- Vergessene (Super-User-)Passwörter wiederherstellen
- Gelöschten Super User zurückholen
- Datenbankfehlermeldungen
- Daten sichern: Backups
- Sicherung wieder zurückspielen
- Joomla! verpflanzen

KAPITEL 18

Rund um die Datenbank

Das Rückgrat von Joomla! ist die im Hintergrund arbeitende Datenbank. Fällt sie aus, ist der gesamte Internetauftritt nicht mehr erreichbar. Aus diesem Grund sollte man sie nicht nur pflegen, sondern auch wissen, was in Krisensituationen zu unternehmen ist. Dieses Kapitel hilft Ihnen mit den folgenden Abschnitten, die größten Klippen zu umschiffen.

Vergessene (Super-User-)Passwörter wiederherstellen

Hat ein Benutzer sein Passwort vergessen und kann sich somit nicht mehr am System anmelden, gibt ein Super User mit entsprechenden Rechten ihm einfach in der Benutzerverwaltung hinter BENUTZER → BENUTZER ein neues Passwort. In der dortigen Liste klickt der Super User auf den Namen des Gedächtnislosen und tippt in die Felder PASSWORT und PASSWORT WIEDERHOLEN das geänderte Geheimwort.

Tipp   Ein Super User kann auch einem seiner Kollegen ein neues Passwort geben (siehe Kapitel 9, *Benutzerverwaltung und -kommunikation*).

Gibt es nur einen Super User und ist dieser auch noch der Betroffene, so gibt es für ihn nur noch zwei recht steinige Wege, um wieder Zutritt zum Administrationsbereich zu erlangen: Entweder muss er das Passwort direkt in der Datenbank austauschen, oder aber er nutzt ein mit Joomla! 1.6 eingeführtes Hintertürchen über die Datei *configuration.php*.

Warnung   Beide Methoden kann selbstverständlich auch ein Angreifer ausnutzen – er muss sich nur einen Zugang zur Datenbank beziehungsweise Zugriff auf die *configuration.php* verschaffen. Aus diesem Grund sollten Sie die Datenbank und diese Datei ganz besonders schützen und insbesondere auch darauf achten, dass keine fremden Personen Zugriff auf die Konfigurationsoberfläche, wie zum Beispiel in Form von phpMyAdmin, bekommen.

 Bis einschließlich Joomla! 1.5 konnte der Super User auch noch wie alle anderen Benutzer auf der Website im LOGIN FORM den Punkt PASSWORT VERGESSEN? bemühen. Ab Joomla! 1.6 ist dies nicht mehr möglich.

Benutzer zum Super User erheben

Öffnen Sie die Datei *configuration.php* im Joomla!-Verzeichnis und fügen Sie vor der schließenden Klammer } am Ende der Datei diese neue Zeile ein:

```
public $root_user='einname';
```

Dabei ersetzen Sie *einname* gegen den Benutzernamen eines x-beliebigen anderen Benutzers, dessen Passwort sie kennen. Dieser darf allerdings *nicht* der Benutzergruppe *Registered* angehören.

 Tipp Sie können schnell einen neuen Benutzer anlegen, indem Sie kurzerhand das Anmeldeformular (LOGIN FORM) auf Ihrer Homepage nutzen – vorausgesetzt, die auf diesem Weg angelegten Benutzer landen nicht automatisch in der Benutzergruppe Registered.

Nachdem Sie Ihre Änderungen gespeichert haben, macht Joomla! diesen Benutzer zu einem Super User. Mit ihm können Sie alle notwendigen Korrekturen durchführen. Wenn Sie nach der Anmeldung nur eine einsame Warnmeldung sehen und sich nur noch Abmelden können, gehört der Benutzer zur Benutzergruppe *Registered*. In diesem Fall müssen Sie in der *configuration.php* wohl oder übel einen anderen Benutzer eintragen.

 Warnung Löschen Sie nach der Arbeit die Zeile wieder aus der *configuration.php* – sicher ist sicher.

Passwort direkt in der Datenbank ändern

Wenn nur ein Super User existiert, es sonst nur noch Benutzerkonten in der Benutzergruppe *Registered* gibt und man sich zudem auch nicht über das Anmeldeformular registrieren kann, hilft nur noch ein Austausch des Passworts direkt in der Datenbank. Das ist allerdings nicht ganz so einfach, da Joomla! das Passwort dort nicht im Klartext, sondern in einer verschlüsselten Form ablegt (für Experten: Es verwendet das MD5-Verfahren mit zusätzlichem Salt). Diese Maßnahme ist aus Sicherheitsgründen notwendig: Sollte ein Angreifer die Kommunikation zwischen Joomla! und der Datenbank abhören, findet er nur das verschlüsselte Passwort vor. Mit diesem Zeichensalat kann er sich aber weder bei Joomla! anmelden noch bekommt er mit seiner Hilfe das ursprüngliche Passwort heraus. Des Weiteren bleibt das Passwort vor neugierigen Augen verdeckt, die lesenden Zugang zur Datenbank erhalten. Dies betrifft nicht nur Hacker, sondern auch den Systemadministrator der Datenbank – der nicht notwendigerweise mit dem Betreiber der Homepage übereinstimmen muss.

Allgemeines Vorgehen

Um das Passwort des Super Users zu ändern, müssen Sie sich zunächst an seinen Benutzernamen erinnern. Mit dem im Hinterkopf suchen Sie in der Joomla!-Datenbank zunächst eine Tabelle, die auf users endet. In ihr spüren Sie den Eintrag für seinen Benutzernamen auf (Sie finden ihn in der Spalte name) und ersetzen den Inhalt seines Feldes password durch folgende Zeichenkette:

```
d2064d358136996bd22421584a7cb33e:trd7TvKHx6dMeoMmBVxYmgOvuXEA4199
```

Beachten Sie dabei unbedingt die Groß- und Kleinschreibung, und vermeiden Sie Tippfehler. Damit lautet das Passwort des Super Users ab sofort SECRET (in Kleinschreibung). Melden Sie sich mit diesem neuen Passwort an, und tauschen Sie es in der Benutzerverwaltung von Joomla! sofort gegen ein besseres aus.

Das genaue Vorgehen unterscheidet sich je nach der verwendeten Datenbank und den zur Verfügung stehenden Konfigurationswerkzeugen. Da eine Beschreibung für jede Datenbank den Rahmen dieses Buches sprengen würde, werden im Folgenden die notwendigen Schritte nur kurz am Beispiel von MySQL vorgestellt. Diese Datenbank liegt nicht nur XAMPP bei, sondern kommt auch auf angemieteten Servern am häufigsten zum Einsatz.

Mit MySQL und phpMyAdmin

Zur komfortablen Verwaltung von MySQL wurden in der Vergangenheit verschiedene grafische Oberflächen entwickelt. Zu den beliebtesten zählt die Software phpMyAdmin (*http://www.phpmyadmin.net*), die auch XAMPP standardmäßig beiliegt. Zwei gute Gründe also, an ihr exemplarisch den Austausch des Passwortes zu demonstrieren.

Tipp   Die folgenden Schritte sollten auch auf andere Konfigurationsoberflächen übertragbar sein. Alternativ werfen Sie einen Blick in den nachfolgenden Abschnitt »Mit den Bordmitteln von MySQL« auf Seite 837.

Sofern Sie der Schnellinstallationsanleitung aus Kapitel 2, *Installation*, gefolgt sind, wechseln Sie in Ihrem Internetbrowser einfach zur Adresse *http://localhost/phpmyadmin*. Am linken Rand finden Sie nun eine Liste mit mehreren Datenbanken (direkt unterhalb der Symbole). Klicken Sie diejenige an, die Joomla! verwendet – normalerweise JOOMLA.

Auf der rechten Seite erscheint nun eine Liste mit allen Datenbanktabellen. Suchen Sie die Tabelle heraus, die auf users endet. Sofern Sie bei der Installation als Präfix jos_ angegeben haben, lautet der komplette Name jos_users (siehe Abbildung 18-1).

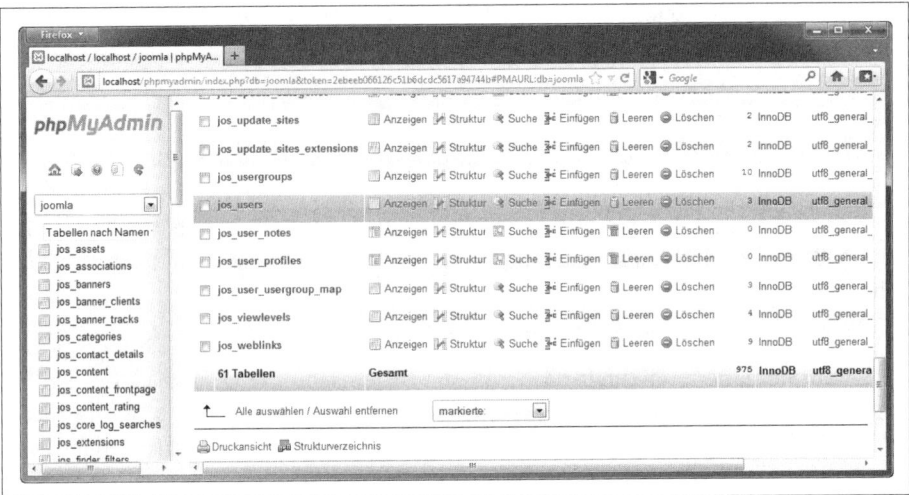

Abbildung 18-1: Die Tabelle jos_users verwaltet alle Benutzer.

Klicken Sie in der zugehörigen Zeile auf ANZEIGEN. Sie gelangen zu einer weiteren, etwas unübersichtlichen Liste, in der Sie in der Spalte NAME den Benutzernamen des Super Users aufspüren. Sofern Sie ihn nach der Installation von Joomla! nicht geändert haben, heißt er SUPER USER (siehe Abbildung 18-2). In seiner Zeile klicken Sie auf BEARBEITEN (das Symbol mit dem Stift in der zweiten Spalte).

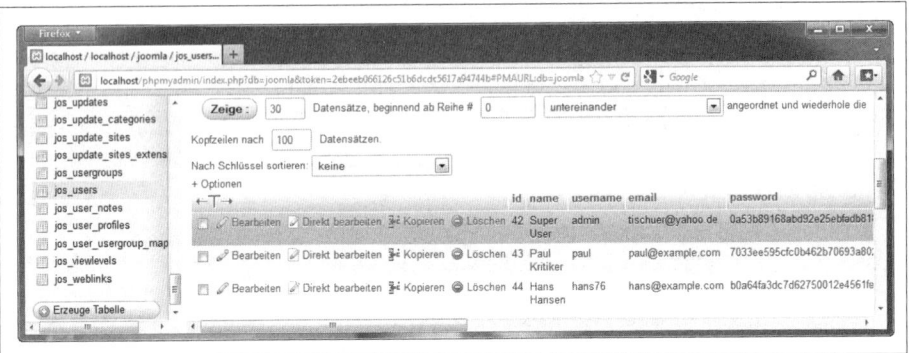

Abbildung 18-2: In den Datensätzen der Tabelle jos_users ist auch der Super User zu finden.

Es öffnet sich ein neues Formular, in dem Sie sämtliche Daten des Benutzers bearbeiten können (siehe Abbildung 18-3). Wichtig für das Passwort ist die gleichnamige Zeile PASSWORD.

Ersetzen Sie den langen kryptischen Text im Eingabefeld der Spalte WERT rechts daneben durch folgende Zeichenkette:

```
d2064d358136996bd22421584a7cb33e:trd7TvKHx6dMeoMmBVxYmgOvuXEA4199
```

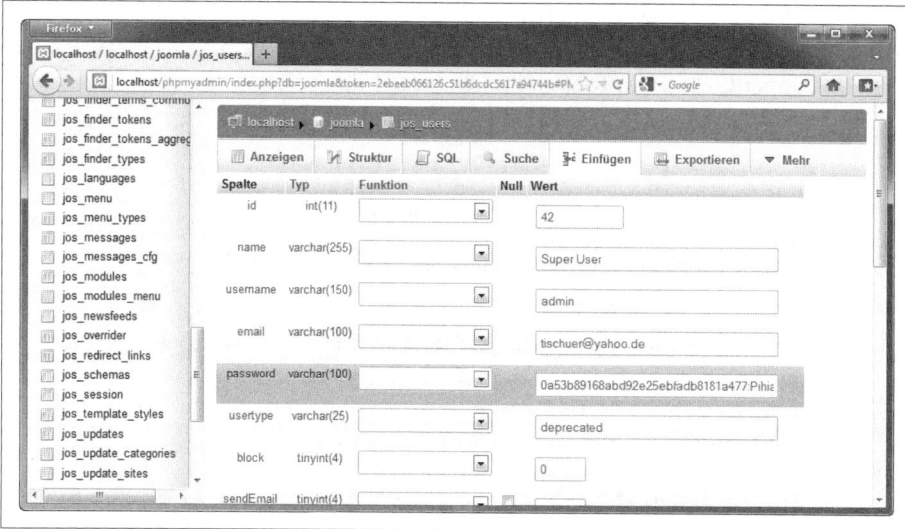

Abbildung 18-3:   Die Daten des Super Users

Vermeiden Sie dabei unbedingt Tippfehler, und berücksichtigen Sie die Groß- und Kleinschreibung. Damit lautet das neue Passwort des Super Users secret. Klicken Sie am unteren Ende des Formulars auf OK. Melden Sie sich jetzt am Administrationsbereich mit dem Benutzernamen des Super Users (normalerweise **admin**) und dem Passwort **secret** an, wechseln Sie zum Menüpunkt BENUTZER → BENUTZER, klicken Sie den Super User an, und geben Sie ihm hier endlich ein neues Passwort.

Mit den Bordmitteln von MySQL

Wer kein phpMyAdmin verwendet, muss die Zeichenkette

```
d2064d358136996bd22421584a7cb33e:trd7TvKHx6dMeoMmBVxYmgOvuXEA4199
```

mit einem entsprechenden Konfigurationswerkzeug in die Datenbank eintragen. Dazu suchen Sie als Erstes in der von Ihrem Webhoster bereitgestellten Konfigurationsoberfläche eine Stelle oder Seite, auf der Sie sogenannte SQL-Befehle absetzen können. Stellen Sie dabei sicher, dass die folgenden Kommandos der Joomla!-Datenbank gelten. Tippen Sie dann in das Eingabefeld folgenden SQL-Befehl ein (in einer Zeile):

```
UPDATE jos_users SET password='d2064d358136996bd22421584a7cb33e:
trd7TvKHx6dMeoMmBVxYmgOvuXEA4199' WHERE username='admin';
```

Ersetzen Sie dabei *jos_* durch das bei der Installation von Joomla! eingestellte Tabellenpräfix. Der Benutzername des Super Users lautet hier wie üblich admin. Wenn Sie ihm bei der Installation einen anderen Benutzernamen gegeben haben, tauschen Sie ihn im obigen Befehl aus.

Nachdem Sie den Befehl ausgeführt haben, können Sie sich am Administrationsbereich als Super User mit dem Passwort secret anmelden. Klappt dies nicht, haben

Sie bei der Eingabe des SQL-Befehls irgendwo einen Tippfehler gemacht. Wieder im Administrationsbereich, rufen Sie den Menüpunkt BENUTZER → BENUTZER auf, klicken den Super User an und geben ihm ein neues Passwort.

Als Alternative zu einem grafischen Konfigurationswerkzeug bringt MySQL das Programm mysql mit. Bei einer XAMPP-Installation liegt es im Unterverzeichnis *bin* des XAMPP-Verzeichnisses (unter Windows finden Sie es unter *mysql/bin*). Sofern Sie wider Erwarten keine grafische Konfigurationsoberfläche von Ihrem Webhoster gestellt bekommen, bietet diese Anwendung eine kleine Notlösung – vorausgesetzt, Ihr Anbieter gestattet Ihnen die Ausführung.

Für mysql benötigen Sie Zugang zur Kommandozeile, wie zum Beispiel über eine Anmeldung per SSH-Programm. Die Befehle lauten dann im Einzelnen (und sind jeweils mit der Eingabetaste zu bestätigen):

```
mysql -u benutzername -p
```

Hierbei steht **benutzername** für Ihren MySQL-Benutzernamen. Im Falle von XAMPP lautet der Befehl:

```
mysql -u root -p
```

Geben Sie nun Ihr MySQL-Passwort ein. Bei einer XAMPP-Installation drücken Sie nur die Eingabetaste. Es erscheint die Kommandoeingabezeile von mysql. Tippen Sie nun:

```
USE joomla;
```

Damit wechseln Sie in die Joomla!-Datenbank mit dem Namen joomla. Jetzt ersetzen Sie das Super-User-Passwort durch folgenden Befehl (tippen Sie alles in einer Zeile hintereinanderweg):

```
UPDATE jos_users SET password='d2064d358136996bd22421584a7cb33e:
trd7TvKHx6dMeoMmBVxYmgOvuXEA4199' WHERE username='admin';
```

Auch hier ist admin wieder der Benutzername des Super Users, **jos_** ersetzen Sie durch das bei Ihnen gültige Tabellenpräfix. Anschließend können Sie sich wieder am Administrationsbereich anmelden. Dazu verwenden Sie den Benutzernamen des Super Users (standardmäßig admin) und das Passwort secret. Schlägt der Versuch fehl, haben Sie in einen der Befehle einen Tippfehler eingeschmuggelt. Klappt die Anmeldung, wechseln Sie zum Menüpunkt BENUTZER → BENUTZER, klicken den Super User an und verpassen ihm ein neues Passwort.

Gelöschten Super User zurückholen

Sollten Sie oder eine Komponente aus Versehen oder Heimtücke den Super User als Benutzer komplett gelöscht haben, so lässt er sich auf ähnlichem Weg wie das verlegte Passwort zurückholen:

Fügen Sie der Datei *configuration.php* im Joomla!-Verzeichnis vor der schließenden Klammer } diese neue Zeile hinzu:

```
public $root_user='einname';
```

Ersetzen Sie dabei *einname* gegen den Benutzernamen eines x-beliebigen anderen Benutzers, dessen Passwort sie kennen und der nicht der Benutzergruppe *Registered* angehört. Mit seinen Daten melden Sie sich jetzt bei Joomla! an und erstellen einen neuen Super User.

Dieser Weg über die *configuration.php* funktioniert allerdings nicht, wenn man alle Benutzer gelöscht hat beziehungsweise wenn nur noch Benutzer in der Gruppe *Registered* existieren und man sich zudem auch nicht über das Anmeldeformular (neu) registrieren kann. In dem Fall hilft nur noch ein tieferer Eingriff in die Datenbank.

Allgemeines Vorgehen

Jedes Benutzerkonto besitzt in genau zwei Tabellen einen eigenen Eintrag. Fehlt nur einer dieser Einträge, bleibt der entsprechende Benutzer ausgesperrt. Sie müssen also die beiden Tabellen aufsuchen und gegebenenfalls die fehlenden Einträge anlegen.

Konkret erstellen Sie in der Tabelle, die auf users endet, einen neuen Datensatz (beziehungsweise eine neue Zeile). Dabei füllen Sie die Felder NAME, USERNAME und PASSWORD mit den folgenden Werten:

Zeile	Einzutragender Wert
name	Der Name des neuen Super Users, wie zum Beispiel **Administrator2**
username	Der Benutzername des neuen Super Users, wie zum Beispiel **admin2**
password	d2064d358136996bd22421584a7cb33e:trd7TvKHx6dMeoMmBVxYmgOvuXEA4199

Alle übrigen Felder können leer bleiben. Finden Sie anschließend die ID dieses Datensatzes heraus (Spalte ID), und erstellen Sie dann in der Datenbanktabelle, die auf user_usergroup_map endet, einen neuen Datensatz mit den folgenden Werten:

Zeile	Einzutragender Wert
user_id	Die vorhin ermittelte id des Benutzers
group_id	Immer die Zahl 8

Das genaue Vorgehen hängt von der verwendeten Datenbank ab. Als Beispiel sollen im Folgenden die notwendigen Schritte anhand von MySQL gezeigt werden. Diese Datenbank kommt nicht nur in XAMPP, sondern auch auf den meisten angemieteten Webservern zum Einsatz.

Mit MySQL und phpMyAdmin

Sofern Sie der Schnellinstallationsanleitung aus Kapitel 2, *Installation*, gefolgt sind, betreten Sie phpMyAdmin, indem Sie die Adresse *http://localhost/myphpadmin* in Ihrem Browser aufrufen. Am linken Rand finden Sie eine Liste mit den vorhandenen Datenbanken (direkt unterhalb der Symbole). Klicken Sie dort auf die von Joomla! verwendete Datenbank. Normalerweise trägt sie den Namen JOOMLA. Auf der linken Seite erscheint jetzt eine lange Liste mit allen Tabellen, die sich in dieser Datenbank befinden.

1. Schritt: Tabelle users

Klicken Sie in der Liste auf der linken Seite die Tabelle an, deren Name auf USERS endet. Haben Sie bei der Installation das Tabellenpräfix jos_ gewählt, wäre somit die Tabelle jos_users die richtige. Wechseln Sie nun auf der rechten Seite auf das Register EINFÜGEN, und füllen Sie dann die Felder in der Spalte WERT folgendermaßen aus:

Zeile	Einzutragender Wert
name	Der Name des neuen Super Users, wie zum Beispiel **Administrator2**
username	Der Benutzername des neuen Super Users, wie zum Beispiel admin2
password	d2064d358136996bd22421584a7cb33e:trd7TvKHx6dMeoMmBVxYmgOvuXEA4199

Alle anderen Felder bleiben frei. Klicken Sie nun am unteren Ende des Formulars auf OK, um die Änderungen abzuspeichern.

Wechseln Sie jetzt auf das Register ANZEIGEN. In der Tabelle sollte jetzt der neue Benutzer auftauchen. Merken Sie sich dort seine Zahl in der Spalte ID.

2. Schritt: Tabelle user_usergroup_map

Die nächste zu untersuchende Tabelle endet auf user_usergroup_map. Sofern das Tabellenpräfix jos_ lautet, heißt die fragliche Tabelle folglich jos_user_usergroup_map. Klicken Sie wieder auf ihren Namen in der Liste am linken Browserrand, und wählen Sie anschließend auf der rechten Seite das Register EINFÜGEN. Hier tippen Sie unter USER_ID den vorhin gemerkten Wert ein. Die GROUP_ID lautet 8. Damit erheben Sie den neuen Benutzer gleichzeitig zum Super User. Nach einem Klick auf OK (direkt unterhalb des Feldes GROUP_ID) kann sich der neue Super User mit dem Benutzernamen admin2 und dem Passwort secret am Administrationsbereich anmelden. Genau dieses Passwort sowie alle weiteren Daten sollte er dann schnellstmöglich hinter BENUTZER → BENUTZER ändern beziehungsweise vervollständigen.

 Version   In Joomla! 1.5 waren die drei Tabellen jos_users, jos_core_acl_aro und jos_core_acl_groups_aro_map betroffen. SQL-Befehle, die dort einen Super-Administrator wiederherstellen, verrät der nächste Abschnitt.

Mit den Bordmitteln von MySQL

Sofern Ihnen eine Konfigurationsoberfläche zur Verfügung steht, müssen Sie die Tabellen aufspüren, deren Namen auf users und user_usergroup_map enden. Wenn Sie bei der Installation von Joomla! das Tabellenpräfix jos_ eingestellt haben, wären das somit die Tabellen jos_users und jos_user_usergroup_map. Erstellen Sie in ihnen die im vorherigen Abschnitt »Allgemeines Vorgehen« auf Seite 839 aufgeführten Datensätze.

Alternativ erlauben einige Konfigurationsoberflächen das Absetzen von SQL-Befehlen. Im entsprechenden Eingabefeld können Sie die folgenden Befehle eintippen und dann über die zugehörige Schaltfläche abschicken. Die gleichen SQL-Befehle verwenden Sie auch, wenn Sie lieber mit dem Kommandozeilenprogramm mysql arbeiten (siehe den vorherigen Abschnitt »Mit MySQL und phpMyAdmin« auf Seite 840):

```
INSERT INTO `jos_
users` (`id`,`name`, `username`, `password`, `params`) VALUES (LAST_INSERT_
ID(),'Administrator2', 'admin2', 'd2064d358136996bd22421584a7cb33e:
trd7TvKHx6dMeoMmBVxYmgOvuXEA4199', '');
INSERT INTO `jos_user_usergroup_map` (`user_id`,`group_id`) VALUES (LAST_INSERT_
ID(),'8');
```

Ersetzen Sie dabei *jos_* durch das bei Ihnen geltende Tabellenpräfix, **Administrator2** durch den Namen des neuen Super Users und **admin2** durch seinen Benutzernamen. Achten Sie zudem auf die korrekte Schreibweise. Nachdem Sie die SQL-Befehle abgeschickt haben, können Sie sich mit eben jenem Benutzernamen und dem Passwort secret wieder am Administrationsbereich anmelden. Dort sollten Sie dann umgehend hinter BENUTZER → BENUTZER ein anderes, weniger einfach zu erratendes Passwort vergeben und die noch fehlenden Benutzerdaten nachtragen.

Version Unter Joomla! 1.5 verwenden Sie die folgenden SQL-Befehle: X.X

```
INSERT INTO `jos_users` (`id`, `name`, `username`,
`password`, `usertype`, `gid`, `params`)
VALUES (LAST_INSERT_ID(), 'Administrator2', 'admin2',
'd2064d358136996bd22421584a7cb33e:trd7TvKHx6dMeoMmBVxYmgOvuXEA4199',
'Super Administrator', 25, '');
INSERT INTO `jos_core_acl_aro` VALUES (NULL, 'users',
LAST_INSERT_ID(), 0, 'Administrator2', 0);
INSERT INTO `jos_core_acl_groups_aro_map` VALUES (25, '',
LAST_INSERT_ID());
```

Datenbankfehlermeldungen

Sollte Joomla! einmal nicht auf die Datenbank zugreifen können, erzeugt es eine mehr oder weniger aussagekräftige Fehlermeldung.

In solch einem Fall sollten Sie als Erstes prüfen, ob die Datenbank überhaupt läuft. Wenn Sie selbst für die Wartung zuständig sind, starten Sie die Datenbank probeweise neu. Bei der XAMPP-Installation klappt dies unter Linux mit einem `lampp restart` und unter Windows mithilfe der grafischen Oberfläche (siehe auch Kapitel 2, *Installation*).

Sollte die Verbindung immer noch fehlschlagen, öffnen Sie die Datei *configuration.php* im Joomla!-Verzeichnis, und prüfen Sie in ihr die folgenden Einträge:

- Hinter `public $dbtype =` steht das Kürzel für die verwendete Datenbank, also bei einer MySQL-Datenbank `'mysqli'`, im Fall des SQL Servers der Text `'sqlsrv'` und beim Azure-Dienst `'sqlazure'`.

- Hinter `public $db =` steht in einfachen Anführungszeichen der Name der von Joomla! genutzten Datenbank. Wenn Sie der Schnellinstallationsanleitung aus Kapitel 2, *Installation* gefolgt sind, ist dies `'joomla'`.

- Das hinter `public $dbprefix =` eingetragene Präfix stellt Joomla! jeder Datenbanktabelle voran. Steht hier ein `'jos_'`, beginnen alle Tabellennamen mit `jos_`. Dieser Eintrag sollte sich seit der Installation nicht verändert haben (siehe auch Kapitel 2, *Installation*). Prüfen Sie gegebenenfalls über die Konfigurationsoberfläche Ihres Webhosters, welches Präfix die Joomla!-Tabellen nutzen, und tragen Sie es hier ein.

- Hinter `public $host =` steht in einfachen Anführungszeichen der Name des Computers, auf dem die Datenbank läuft. Bei einer lokalen XAMPP-Installation wäre dies `'localhost'`. Bei einer gemieteten Datenbank kann es auch ein anderer Server sein, dessen Adresse Sie vom Provider bekommen. Diesen Wert müssen Sie insbesondere dann anpassen, wenn Ihr Webhoster die Datenbank (aus der Sicht von Joomla!) auf einen anderen Server verschoben hat.

- Hinter `public $user =` steht in einfachen Anführungszeichen der Name des Datenbank-Benutzers. Bei einer XAMPP-Installation ist das `'root'`.

- Die einfachen Anführungszeichen hinter `public $password =` enthalten das Passwort, das zur Anmeldung an der Datenbank notwendig ist. Im Fall einer XAMPP-Installation ist kein Passwort gesetzt, folglich müsste hier nur ein `''` stehen.

Stimmen alle diese Angaben, fehlen Joomla! beziehungsweise dem hinter `public $user =` genannten Benutzer möglicherweise die Zugriffsrechte auf die Datenbank. Hier hilft nur ein Blick in die Konfigurationsoberfläche Ihres Webhosters.

Daten sichern: Backups

Leider bietet Joomla! von Haus aus keine Möglichkeit, den aktuellen Datenbestand zu sichern. Sie müssen sich daher selbst um regelmäßige Backups kümmern.

Bei Joomla! selbst geht das ganz schnell: Sichern Sie einfach sein komplettes Verzeichnis mit Haut und Haaren. Sie müssen lediglich darauf achten, dass die Dateizugriffsrechte erhalten bleiben. Einige FTP-Programme helfen hierbei.

Etwas komplizierter wird es bei den Inhalten der Datenbank. Wie Sie diese im Einzelnen sichern, hängt von der verwendeten Datenbank ab. Entsprechende Anleitungen würden allerdings den Rahmen dieses Buches sprengen. Im Folgenden werden die notwendigen Schritte deshalb nur am Beispiel von MySQL gezeigt. Diese Datenbank liegt nicht nur der XAMPP-Installation bei, sondern kommt auch auf den meisten angemieteten Webservern zum Einsatz.

Um die MySQL-Datenbank mit den Joomla!-Inhalten zu sichern, gibt es zwei Wege. Zum einen können Sie einfach das gesamte Datenbankverzeichnis kopieren. In der lokalen XAMPP-Installation funktioniert das ohne Weiteres, auf einem angemieteten Internetserver hat man solche Zugriffsmöglichkeiten jedoch nur in seltenen Fällen – insbesondere weil Sie hierzu MySQL für die Dauer des Kopiervorgangs anhalten beziehungsweise stoppen müssen.

Der empfohlene Weg führt daher über den Export des Datenbestandes in eine einzelne Datei, den sogenannten Dump. Dieses lässt sich entweder bequem über eine grafische Konfigurationsoberfläche, wie beispielsweise phpMyAdmin, oder auf der Kommandozeile bewerkstelligen.

<table>
<tr><td>Tipp</td><td>Viele Webhoster bieten über ihre eigenen Konfigurationsoberflächen auch ein automatisches Backup an. Meist landen dabei die Daten im Rechenzentrum des Webhosters. Wenn Ihnen diese komfortable Möglichkeit zur Verfügung steht, sollten Sie sie unbedingt zusätzlich nutzen.</td><td></td></tr>
<tr><td>Warnung</td><td>Im Extensions Directory unter http://extensions.joomla.org finden Sie zahlreiche Erweiterungen, die ebenfalls ein komfortables Backup versprechen. Diese Erweiterungen arbeiten jedoch nicht immer zuverlässig und sichern meist nur die Joomla!-eigenen Tabellen. Die Daten anderer Erweiterungen werden folglich ignoriert. Ein MySQL-Dump sichert hingegen immer die komplette Datenbank. Wenn Sie dennoch eine der Erweiterungen einsetzen möchten, sollten Sie diese zunächst immer erst in einer Testinstallation auf ihre einwandfreie Funktionsweise prüfen. Für Einsteiger wäre eine gute Wahl Akeeba Backup: https://www.akeeba-backup.com/products/46-software/854-akeeba-backup.html.</td><td>
</td></tr>
</table>

Mit MySQL und phpMyAdmin

Sofern Sie zur Konfiguration von MySQL die Software phpMyAdmin verwenden, klicken Sie zunächst auf der linken Seite die zu sichernde Datenbank an (für gewöhnlich JOOMLA) und wechseln dann im rechten Bereich auf das Register EXPORTIEREN (siehe Abbildung 18-4). Unter XAMPP erreichen Sie die phpMyAdmin-Oberfläche über die Internetadresse http://localhost/phpmyadmin; andere Konfigurationsoberflächen bieten einen ähnlichen Punkt.

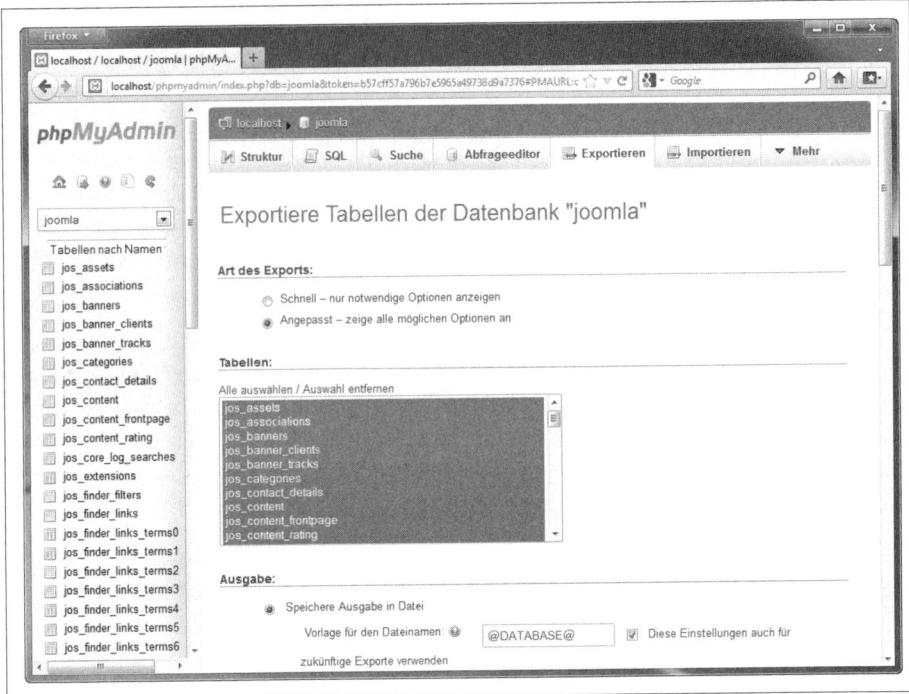

Abbildung 18-4: Mit diesen Einstellungen erstellt man eine Komplettsicherung der Daten.

In einer aktuellen phpMyAdmin-Version, wie sie auch XAMPP beiliegt, markieren Sie jetzt ANGEPASST – ZEIGE ALLE MÖGLICHEN OPTIONEN AN.

Zu sichern sind nun alle Tabellen – mit Haut und Haaren. Markieren Sie dazu alle Einträge unter TABELLEN, oder klicken Sie kurzerhand auf die Schaltfläche ALLE AUSWÄHLEN. Stellen Sie dann sicher, dass unter FORMAT der Punkt SQL eingestellt ist. Im Bereich OBJEKTERSTELLUNGSOPTIONEN (in älteren phpMyAdmin-Versionen unter STRUKTUR) müssen zudem die Punkte

- DROP TABLE / VIEW / PROCEDURE / FUNCTION / EVENT-BEFEHL HIN-ZUFÜGEN,
- CREATE PROCEDURE / FUNCTION / EVENT-BEFEHL HINZUFÜGEN,
- CREATE TABLE OPTIONEN,
- IF NOT EXISTS UND,
- AUTO_INCREMENT sowie
- TABELLEN- UND FELDNAMEN IN BACKTICKS EINSCHLIEßEN

ausgewählt sein. Alle weiteren Einstellungen belassen Sie auf ihren Ursprungswerten.

phpMyAdmin bietet im Bereich AUSGABE (in älteren Versionen erscheint er am unteren Rand unter SENDEN) noch die Möglichkeit, eine KOMPRIMIERUNG einzuschalten. Sofern Ihr Provider dies gestattet, wird die entstehende Datei mit dem Backup erheblich kleiner. Ansonsten benötigt die Sicherung noch einmal ungefähr den von der Datenbank beanspruchten Plattenplatz. Als Kompressionsverfahren sollten Sie sich für ZIP-KOMPRIMIERT entscheiden, da das dabei erzeugte ZIP-Archiv von fast allen Betriebssystemen gelesen und geöffnet werden kann.

Stoßen Sie nun den Export über die Schaltfläche OK (am unteren Seitenrand) an. phpMyAdmin bietet das Resultat anschließend zum Download an.

Tipp Die exportierte Datei enthält SQL-Befehle, mit denen die Datenbank wieder rekon-
struiert werden kann. Da diese Befehle im Klartext lesbar sind, kann man auch
noch per Hand Veränderungen an den Daten oder den SQL-Befehlen einpflegen.
Allerdings sollten Sie sich dabei bewusst sein, welch heißes Eisen Sie hier anfassen:
Schon ein einziger falscher SQL-Befehl oder ein Tippfehler kann die gesamte
Sicherung ruinieren.

Mit den Bordmitteln von MySQL

Falls Sie eine andere Konfigurationsoberfläche verwenden, wählen Sie auch dort den entsprechenden Punkt für den Export beziehungsweise das Backup. Achten Sie darauf, dass wirklich alle Tabellen der Joomla!-Datenbank (in der Regel trägt sie den Namen joomla) in der Sicherung landen.

Wer Zugriff auf die Kommandozeile und die MySQL beiliegenden Programme hat, darf auch gern die Anwendung *mysqldump* zur Sicherung der Datenbank verwenden. Unter XAMPP liegt sie wieder im Unterverzeichnis *bin* (in der Windows-Version *mysql/bin*) des XAMPP-Verzeichnisses.

Der vollständige Befehl für ein Backup lautet:

```
mysqldump -u benutzername --password=passwort --opt datenbankname > backup.sql
```

Hierbei stehen **benutzername** und **passwort** für Ihre jeweiligen MySQL-Anmeldedaten. Im Fall von XAMPP lautet der Benutzer root, das Passwort entfällt hingegen. **datenbankname** ersetzen Sie durch den Namen der zu sichernden Datenbank (wie zum Beispiel joomla) und **backup.sql** schließlich durch den Namen der Datei, die sämtliche zu sichernden Daten aufnimmt. Unter XAMPP sieht der Befehl dann wie folgt aus:

```
mysqldump -u root --password= --opt joomla > backup.sql
```

Den obigen Befehl kann man bei einigen Providern auch aus einem PHP-Skript heraus aufrufen. Das ist dann nützlich, wenn Sie keinen Zugriff auf die Kommandozeile zur Verfügung haben. In diesem Fall packen Sie den Code

```
<?php
system("/usr/bin/mysqldump -u Benutzername -p Passwort -h Server Datenbank | gzip >
".dirname(__FILE__)."/backup.gz", $fp);
if($fp==0) echo "Daten exportiert"; else echo "Es ist ein Fehler aufgetreten";
?>
```

in eine PHP-Datei, laden diese auf Ihren Server und rufen sie dann in Ihrem Browser auf. Das Backup wird dann im GZ-Format komprimiert im Verzeichnis der PHP-Datei als *backup.gz* abgelegt. Ohne Komprimierung sieht das Skript wie folgt aus:

```php
<?php
system("/usr/bin/mysqldump -u Benutzername -p Passwort -h Server Datenbank > "
.dirname(__FILE__)."/backup.sql", $fp);
if($fp==0) echo "Daten exportiert"; else echo "Es ist ein Fehler aufgetreten";
?>
```

Den **Benutzername**, das **Passwort**, den Namen des **Server**s (bei der XAMPP-Installation localhost) und den Namen der **Datenbank** müssen Sie wie oben durch ihre entsprechenden Werte ersetzen. Unter Umständen müssen Sie zusätzlich noch den Pfad zum Programm *mysqldump* anpassen.

 **Warnung** Dieses Skript ist zwar bequem, Sie sollten es aber nicht offen auf dem Server liegen lassen. Wenn ein Angreifer dies spitzbekommt, kann er durch wiederholte Aufrufe des Skripts den Server mit ständigen Backups beschäftigen und so lahmlegen.

Sicherung wieder zurückspielen

Als Erstes schreiben Sie das gesicherte Joomla!-Verzeichnis wieder zurück. Melden Sie sich aber noch nicht am System an! Zuvor muss erst noch die Datenbank wiederhergestellt werden.

Wie das funktioniert, hängt natürlich von der verwendeten Datenbank ab. Exemplarisch soll im Folgenden wieder das Vorgehen bei einer MySQL-Datenbank vorgestellt werden. Dies ist noch einfacher als eine Sicherung – vorausgesetzt, Sie haben sich penibel an die Schritte aus dem vorhergehenden Abschnitt gehalten.

Mit einer grafischen Konfigurationsoberfläche

Falls nötig, müssen Sie zunächst eine neue Datenbank anlegen. phpMyAdmin bietet diese Option beispielsweise auf dem Register DATENBANKEN an (frühere Versionen von phpMyAdmin ermöglichten dies sogar direkt im Eingangsbildschirm). Die Ausklappliste rechts neben dem entsprechenden Eingabefeld lassen Sie auf KOLLATION stehen, der korrekte Zeichensatz ist UTF8_GENERAL_CI.

Warnung Der Name der Datenbank muss mit dem von Joomla! genutzten Namen übereinstimmen. Falls Sie ihn vergessen haben sollten, öffnen Sie die Datei *configuration.php* im Joomla!-Verzeichnis mit einem Texteditor. Dort finden Sie den Datenbanknamen in Hochkommata in der Zeile, die mit `public $db =` beginnt. Wenn Sie der Schnellinstallationsanleitung aus Kapitel 2, *Installation*, gefolgt sind, heißt die Datenbank `joomla`.

Tipp Alternativ können Sie auch einfach Joomla! erneut installieren und dem Content-Management-System die ganze Arbeit überlassen (siehe dazu auch Kapitel 2,

Installation). Mit den nachfolgenden Schritten stellen Sie dann anschließend den alten Zustand wieder her. Wenn Sie diesen Weg gehen, achten Sie aber darauf, dass Sie bei der neuen Installation das Datenbank-Präfix der alten verwenden.

Betreten Sie jetzt die Datenbank, bei phpMyAdmin beispielsweise mit einem Klick auf ihren Namen in der linken Leiste. Nun haben Sie in der Regel zwei Möglichkeiten:

- Sie rufen das Eingabefeld für die SQL-Befehle auf (unter phpMyAdmin beispielsweise auf dem Register SQL) und kopieren den Inhalt des vorliegenden Dumps (also der Datei mit der Endung *.sql*) über die Zwischenablage dort hinein. Wenn der Dump bei der Sicherung komprimiert wurde, müssen Sie das Archiv erst noch auf der Festplatte entpacken.

- Alternativ verwenden Sie die Funktion für den Import. Unter phpMyAdmin wechseln Sie dazu auf das Register IMPORTIEREN, wählen per DURCHSUCHEN... die Datei mit dem Backup und stoßen schließlich die Rücksicherung mit einem Klick auf OK an.

Mit einem Kommandozeilenprogramm

Möchten Sie die Datenbank mit den Kommandozeilenwerkzeugen von MySQL zurückholen, so ist hierfür wieder das Programm *mysql* zuständig. Der benötigte Befehl lautet:

```
mysql -u benutzer -p datenbankname < backup.sql
```

Dabei müssen Sie **benutzer** durch den Benutzernamen für die Anmeldung an MySQL und **datenbankname** durch den Namen der Datenbank ersetzen. *backup.sql* enthält den Dump mit der Sicherung. Im Fall von XAMPP lautet der vollständige Befehl:

```
mysql -u root -p joomla < backup.sql
```

Wenn der Dumb aus einem komprimierten Archiv besteht, müssen Sie dieses erst noch entpacken (dabei fällt die benötigte *.sql*-Datei heraus). Nach dem Abschicken des mysql-Befehls müssen Sie noch das zum Benutzer gehörende MySQL-Passwort eintippen. Da unter XAMPP kein Passwort vergeben ist, drücken Sie hier einfach die Eingabetaste.

Joomla! verpflanzen

Die Anbieter von Internetservern liefern sich einen heißen Preiskrieg. Da kommt schnell der Wunsch auf, die Internetpräsenz auf die Festplatten eines günstigeren Konkurrenten zu verlagern. Aber auch bei einem wachsenden Kinoportal könnte es unter Umständen notwendig werden, das Installationsverzeichnis auf einen größeren Server zu verlagern, zu wechseln oder gar umzubenennen.

Das Verschieben einer kompletten Joomla!-Installation auf einen neuen Server oder in ein anderes Verzeichnis ist zwar in wenigen Schritten erledigt, kann aber auch ebenso schnell schiefgehen.

Warnung　　Das Verschieben auf einen anderen Server funktioniert nur, wenn dort die gleiche Datenbank wie auf dem alten Server werkelt. Ein Umstieg von beispielsweise MySQL auf den SQL Server ist nicht einfach möglich und erfordert gute Kenntnisse beider Datenbanken.

Als erste vorbereitende Maßnahme sollten Sie immer die gesamte Datenbank sichern (siehe Abschnitt »Daten sichern: Backups« auf Seite 842). Für den Fall, dass bei der Übertragung etwas nicht klappt, haben Sie dann immer noch ein Backup zur Hand.

Erst im nächsten Schritt kopieren Sie das gesamte Joomla!-Verzeichnis auf den neuen Server oder in das unberührte Verzeichnis. Dies kann je nach Zugangsmöglichkeiten zum Beispiel per FTP- oder SSH-Programm geschehen. Denken Sie auch daran, die Schreibrechte für die Verzeichnisse in der neuen Umgebung zu kontrollieren und gegebenenfalls anzupassen.

Sofern Sie auch die Datenbank von Joomla! auf einen anderen Server verschieben wollen, erstellen Sie von ihr ein Backup und spielen es auf dem neuen Server einfach wieder ein. Verfahren Sie dazu nach den Schritten, die im vorherigen Abschnitt »Sicherung wieder zurückspielen« auf Seite 846 genannten sind.

Abschließend müssen Sie noch die Konfigurationsdatei *configuration.php* mit einem Texteditor öffnen und an folgenden Stellen manipulieren:

- `public $user = '...';`
  Zwischen die Hochkommata gehört der Benutzername, mit dem Sie sich bei der Datenbank anmelden.

- `public $password = '...';`
  Zwischen die Hochkommata gehört das Passwort, mit dem Sie sich bei der Datenbank anmelden.

- `public $db = '...';`
  Zwischen die Hochkommata gehört der Name der Datenbank, zum Beispiel joomla.

- `public $dbprefix = '...';`
  Zwischen die Hochkommata gehört das Präfix, das Joomla! jeder Datenbanktabelle voranstellt (siehe auch Kapitel 2, *Installation*). Normalerweise müssen Sie es nicht anpassen.

- `public $host = 'localhost';`
  Zwischen die Hochkommata gehört die Internetadresse des Servers, auf dem die Datenbank läuft. Sofern sie auf dem gleichen Server wie Joomla! läuft, ist dies localhost.

- `public $log_path = '/opt/lampp/htdocs/joomla/logs';`

  Zwischen die Hochkommata gehört das Verzeichnis, in dem Joomla! seine Log-Dateien ablegt (für gewöhnlich ist es das Unterverzeichnis *logs* im Joomla!-Ordner).

- `public $tmp_path = '/opt/lampp/htdocs/joomla/tmp';`

  Zwischen die Hochkommata gehört das Verzeichnis, in dem Joomla! seine temporären Dateien speichern darf (für gewöhnlich ist es das Unterverzeichnis *tmp* im Joomla!-Ordner).

Alle betroffenen Zeilen verteilen sich leider quer über die Datei *configuration.php*. Die Werte in den Anführungszeichen hängen natürlich von Ihrer Joomla!-Installation ab.

Nachdem Sie die Konfigurationsdatei entsprechend geändert haben, können Sie sich bei der neuen Joomla!-Installation anmelden. Anschließend sollten Sie die Grundeinstellungen hinter SITE → KONFIGURATION überprüfen. Das gilt insbesondere für die FTP-Einstellungen und den E-Mail-Server auf dem Register SERVER.

Tipp Bei einem solchen Umzug hilft ebenfalls die Erweiterung Akeeba Backup: *https:// www.akeebabackup.com/products/46-software/854-akeeba-backup.html.*

In diesem Kapitel:
- Sicherheitsaktualisierungen
- Migration vorbereiten
- Aktualisierung von Joomla! 1.6 oder 1.7 auf Version 2.5
- Migration von Joomla! 1.5 auf 2.5
- Migration von Joomla! 1.0.x
- Templates aktualisieren

KAPITEL 19

Migration und Aktualisierung

Der Umstieg von einer älteren Joomla!-Installation auf eine neuere erfordert je nach Version mehr oder weniger große Maßnahmen. Erhöht sich nur die dritte und letzte Stelle der Versionsnummer (beispielsweise von 2.5.0 auf 2.5.1), wurden nur kleine Fehler ausgebügelt. In diesem Fall ist die Aktualisierung ein Kinderspiel.

Sicherheitsaktualisierungen

Ab und an veröffentlichen die Joomla!-Entwickler für die aktuelle Version kleine Sicherheitsaktualisierungen. Diese installieren Sie seit Joomla! 1.6 bequem über den Administrationsbereich hinter ERWEITERUNGEN → ERWEITERUNGEN auf dem Register AKTUALISIEREN. Hier klicken Sie AKTUALISIERUNGEN SUCHEN an und warten dann einen Moment. Sofern eine Sicherheitsaktualisierung vorliegt, erscheint ein entsprechender Eintrag in der Tabelle darunter. Haken Sie dann sein Kästchen ab, und klicken Sie auf AKTUALISIEREN. Joomla! bringt sich jetzt selbstständig auf den neuesten Stand.

Ob eine neue Version vorliegt, zeigt auch das entsprechende Symbol im Kontrollzentrum (SITE → KONTROLLZENTRUM). Ein Klick darauf führt dann direkt zum angesprochenen Register AKTUALISIEREN

Einige Erweiterungen benutzen den gleichen Mechanismus. Sie aktualisieren sie dann genauso wie Joomla! hinter ERWEITERUNGEN → ERWEITERUNGEN auf dem Register AKTUALISIEREN. Ob und wenn ja für wie viele Erweiterungen eine Aktualisierung bereitsteht, verrät im Kontrollzentrum die entsprechende Schaltfläche (in Abbildung 19-1 ist es die rechte der beiden).

Tipp   Zu den Erweiterungen zählt Joomla! auch die Sprachpakete.

Abbildung 19-1: Das linke Symbol weist auf eine vorhandene Sicherheitsaktualisierung hin. Hier möchte es Joomla! 2.5.0 auf die Version 2.5.1 aktualisieren. Das rechte Symbol signalisiert, dass es für eine Erweiterung eine Aktualisierung gibt.

Allerdings gibt es immer noch viele Erweiterungen, die diesen Dienst nicht verwenden. Sie müssen dann wohl oder übel ständig selbst prüfen, ob es eine Aktualisierung gibt, und diese dann per Hand einspielen.

Die Installation von Sicherheitsaktualisierungen ist somit kinderleicht und schnell erledigt. Etwas anders sieht die Lage aus, wenn die Entwickler neue Funktionen einführen und dabei die zweite Stelle der Versionsnummer erhöhen. Normalerweise können Sie immer nur auf die jeweils nächsthöhere Version umsteigen, also beispielsweise von Joomla! 1.7 auf 2.5. Da es sich bei Joomla! 1.5 und 2.5 um Versionen mit Langzeitunterstützung handelt, dürfen Sie ausnahmsweise auch von Version 1.5 zu 2.5 wechseln.

 Tipp   Der umgekehrte Weg ist übrigens nicht möglich, Sie können also beispielsweise nicht von Joomla! 2.5 zu seiner Vorversion 1.7 zurückwechseln. Überlegen Sie sich also gut, ob Sie auf die aktuelle Version umsteigen möchten.

Migration vorbereiten

Bevor Sie mit der eigentlichen Aktualisierung beginnen, sollten Sie sich zunächst einen Überblick über Ihre derzeitige Joomla!-Installation verschaffen.

Dazu notieren Sie (am besten auf einem Blatt Papier) die Namen aller nachträglich installierten Erweiterungen. Dabei helfen Blicke in die Menüs KOMPONENTEN und ERWEITERUNGEN. Prüfen Sie anschließend für jede notierte Erweiterung, ob es sie auch in einer Fassung für die aktuelle Joomla!-Version gibt. Die Projekt-Homepage der jeweiligen Erweiterung sollte hierüber Auskunft geben.

 Tipp   Direkt nach dem Erscheinen einer neuen Joomla!-Version sind jedoch viele beliebte Erweiterungen (noch) nicht an die neue Version angepasst. In solch einem Fall sollten Sie mit der Aktualisierung Ihrer Joomla!-Installation noch etwas warten.

Ab und an wird die Entwicklung einer Erweiterung komplett eingestellt. Dann können Sie entweder versuchen, die alte Erweiterung von Hand in das neue Joomla! zu zwingen (was jedoch oftmals schiefgeht), oder aber nach einem anderen, modernen Ersatz suchen. In letztem Fall können Sie zwar den alten Datenbestand nicht mitnehmen, dafür ist diese Methode jedoch eine Investition in die Zukunft und dank entsprechender Updates auch sicherer – bei einer veralteten Komponente stopft schließlich niemand mehr entdeckte Sicherheitslöcher. Selbst geschriebene Erweiterungen sollten Sie sichern und vor der erneuten Installation mithilfe des Kapitels Kapitel 15, *Eigene Erweiterungen erstellen*, an die aktuelle Joomla!-Version anpassen.

Was für die Erweiterungen gilt, trifft auch auf die Templates zu. Notieren Sie sich folglich die Namen der derzeit von Ihnen genutzten Templates, und prüfen Sie auf der Homepage der Designer, ob es angepasste Fassungen für die aktuelle Joomla!-Version gibt. Von selbst erstellten Templates fertigen Sie eine Sicherheitskopie an.

Tipp   Wenn Sie von Joomla! 1.5 auf 2.5 umsteigen, können Sie das genutzte Template unter Umständen auch selbst per Hand anpassen. Die dazu notwendigen Schritte verrät später noch Abschnitt »Templates aktualisieren«.

Die Inventur endet bei den Sprachpaketen. Merken Sie sich, welche Sie installiert haben, und kontrollieren Sie auf den Seiten der Übersetzer-Teams, ob diese für die aktuelle Joomla!-Version passende Pakete anbieten. Von eigenen Übersetzungen erstellen Sie wieder eine Sicherheitskopie.

Schalten Sie jetzt die komplette Seite für die Dauer der Aktualisierung in den Wartungsmodus. Der entsprechende Schalter verbirgt sich in den Grundeinstellungen unter

- Joomla! 1.7 hinter SITE → KONFIGURATION auf dem Register SITE (Punkt WEB-SITE OFFLINE).
- Joomla! 1.6 hinter SITE → KONFIGURATION auf dem Register SITE (Punkt WEB-SITE OFFLINE).
- Joomla! 1.5 hinter SITE → KONFIGURATION auf dem Register SITE (Punkt SITE OFFLINE).
- Joomla! 1.0 hinter SITE → GLOBAL CONFIGURATION auf dem Register SITE.

Und wo Sie gerade schon einmal hier sind, schreiben Sie sich auch gleich noch den Datenbanknamen und das Tabellenpräfix auf. Unter Joomla! 1.6 und 1.7 finden Sie die beiden Informationen auf dem Register SERVER im Bereich DATENBANK.

Erstellen Sie abschließend ein Backup sowohl des gesamten Joomla!-Verzeichnisses als auch der Datenbank. Wie das im Einzelnen funktioniert, zeigte bereits Kapitel 18, *Rund um die Datenbank*, Abschnitt »Daten sichern: Backups«.

Tipp   Wenn Sie mit einer XAMPP-Installation arbeiten, können Sie einfach das gesamte XAMPP-Verzeichnis sichern. Stoppen Sie jedoch vorher unbedingt alle noch laufenden Komponenten, und beenden Sie unter Windows das XAMPP Control Panel.

Sollte später einmal etwas schiefgehen, ist das Backup Ihr Sicherheitsnetz. So gewappnet geht es nun an den eigentlichen Umzug.

Warnung Sofern sich Ihre Joomla!-Installation im produktiven Einsatz befindet, gelten besondere Vorsichtsmaßnahmen. In diesem Fall probieren Sie am besten die Migration zunächst auf einem Testrechner aus. Dazu kopieren Sie die gesamte Joomla!-Installation samt Datenbank vom Server auf Ihren eigenen Computer und führen dort die Schritte aus den nachfolgenden Abschnitten aus (siehe hierzu auch Kapitel 18, *Rund um die Datenbank*, Abschnitt »Joomla! verpflanzen«). Erst wenn in der Testumgebung alles funktioniert hat und keine Probleme im Betrieb auftauchen, sollten Sie sich an die Umstellung der produktiven Joomla!-Installation auf dem Webserver wagen. Für den eigentlichen Migrationsvorgang wählen Sie dann einen Zeitpunkt, zu dem das System möglichst wenig genutzt wird. Darüber hinaus ist es ratsam, die in einem Katastrophenfall betroffenen Personen vorab über die Umstellung zu informieren. Hierzu zählen im Kinoportal beispielsweise die Autoren, Moderatoren und Super User.

Aktualisierung von Joomla! 1.6 oder 1.7 auf Version 2.5

Mit Joomla! 1.6 haben die Entwickler einen neuen, halb automatischen Update-Mechanismus eingeführt, der eine Aktualisierung extrem erleichtert. Wechseln Sie dazu zum Menüpunkt Erweiterungen → Erweiterungen, dort weiter zum Register Aktualisieren, und klicken Sie nun auf Aktualisierungen suchen. Sofern noch Sicherheitsaktualisierungen ausstehen, spielen Sie diese zunächst ein (siehe auch Abschnitt »Sicherheitsaktualisierungen« auf Seite 851).

Wenn Joomla! sich selbst auf die Version 2.5 aktualisieren kann, erscheint wie in Abbildung 19-2 ein entsprechender Eintrag.

Abbildung 19-2: Der Bildschirm für die automatischen Aktualisierungen bringt auch Joomla! selbst auf den aktuellen Stand.

Haken Sie seine Zeile ab, und klicken Sie dann auf Aktualisieren. Joomla! lädt jetzt die neue Version herunter und spielt sie automatisch ein, was wiederum ein paar Minuten dauern kann.

Wenn Sie die Meldung WARNING: UPDATE NOT COMPLETE! erhalten, klicken Sie auf AKTUALISIERUNGEN SUCHEN, haken erneut das Joomla!-Paket in der Liste ab und lassen das System noch einmal AKTUALISIEREN.

Nach erfolgreicher Aktualisierung melden Sie sich ab, laden die Seite in Ihrem Browser einmal neu und melden sich wieder an. Dann sollte das Kontrollzentrum von Joomla! 2.5 Sie begrüßen. Sehr wahrscheinlich finden Sie hier merkwürdig beschriftete Menüpunkte vor, wie etwa JGLOBAL_VIEW_SITE. Der Grund dafür sind die jetzt veralteten (deutschen) Sprachpakete, die Sie folglich als Nächstes noch aktualisieren müssen. Das funktioniert wieder hinter ERWEITERUNGEN → ERWEITERUNGEN auf dem Register AKTUALISIEREN. Sollten die Sprachpakete in der Liste gar nicht auftauchen oder sollte Joomla! sich weigern, diese zu aktualisieren, müssen Sie erst die alten Sprachpakete komplett deinstallieren und dann die aktuellen neu installieren. Dazu wechseln Sie zum Menüpunkt ERWEITERUNGEN → SPRACHEN, dann auf das Register INSTALLIERT – SITE (beziehungsweise COM_LANGUAGES_SUBMENU_INSTALLED_SITE), küren dort ENGLISH zum STANDARD, gehen weiter zum Register INSTALLIERT – ADMINISTRATOR (alias COM_LANGUAGES_SUBMENU_INSTALLED_ADMINISTRATOR), wo Sie wieder ENGLISH auf den STANDARD setzen. Dann rufen Sie EXTENSIONS → EXTENSION MANAGER auf, aktivieren das Register MANAGE, stellen in der Ausklappliste – SELECT TYPE – den Punkt LANGUAGE ein, haken in der Liste darunter die nachträglich installierten Sprachpakete ab (also beispielsweise die beiden mit GERMAN beginnenden Zeilen) und klicken auf UNINSTALL. Laden Sie sich jetzt die Sprachpakete für die aktuelle Joomla!-Version herunter, und installieren Sie diese dann so, wie in Kapitel 2, *Installation*, Abschnitt »Man spricht Deutsch« respektive Kapitel 12, *Mehrsprachigkeit*, beschrieben.

Sofern die Aktualisierungsprozedur fehlschlägt, beispielsweise weil Ihr Webhoster das dicke Aktualisierungspaket abweist, können Sie sich alternativ auch auf der Joomla!-Homepage im DOWNLOAD-Bereich das *Upgrade Package* herunterladen. Es verwandelt ein Joomla! 1.6 oder 1.7 in die aktuelle Version 2.5. Dazu müssen Sie das Paket (Dateiname *Joomla_2.5.x-Stable-Update_Package.zip*) lediglich wie eine normale Erweiterung hinter ERWEITERUNGEN → ERWEITERUNGEN auf dem Register INSTALLIEREN einspielen. Joomla! aktualisiert sich dann automatisch selbst. Wenn Sie unter Joomla! 1.6 eine Fehlermeldung erhalten, kehren Sie zum INSTALLIEREN-Register zurück und spielen das Update-Paket einfach noch einmal ein.

Tipp Denken Sie daran, dass Sie auf dem Register INSTALLIEREN drei Möglichkeiten haben, das Paket einzuspielen. Wenn der Weg über Durchsuchen... und Hochladen & Installieren nicht funktionieren will, probieren Sie auch einen der anderen beiden aus. Mehr zu den Installationsmethoden finden Sie in Kapitel 14, *Funktionsumfang erweitern*, Abschnitt »Erweiterungen installieren«.

Wenn alle Stricke reißen, können Sie die Aktualisierung noch per Hand vornehmen. Dieser Weg ist allerdings recht steinig: Sofern es noch nicht geschehen ist, laden Sie sich von der Joomla!-Homepage das *Upgrade Package* herunter und entpacken es auf Ihrer Festplatte. Laden Sie dann den aus dem Package herausgepurzelten Inhalt in das Joomla!-Verzeichnis auf Ihrem Webserver. Sie überschreiben damit die Dateien der alten Joomla!-Installation mit ihren aktualisierten Pendants. Melden Sie sich dann im Administrationsbereich an. Es erscheint jetzt das aktuelle Joomla! 2.5, in dem Sie allerdings noch ein paar Dinge gerade rücken müssen. Dazu wechseln Sie zunächst zum Menüpunkt ERWEITERUNGEN → ERWEITERUNGEN und dort zum Register COM_INSTALLER_SUBMENU_DATABASE (in der englischen Fassung DATABASE). In der Werkzeugleiste klicken Sie auf COM_INSTALLER_ TOOLBAR_DATABASE_FIX (besser bekannt als , in der englischen Sprachfassung FIX). Damit bringt Joomla! seine Datenbank auf den aktuellen Stand. Weiter geht es auf dem Register ÜBERPRÜFEN (im Englischen DISCOVER). Klicken Sie hier in der Werkzeugleiste auf ÜBERPRÜFEN (DISCOVER). Markieren Sie jetzt alle Erweiterungen in der Liste darunter, und lassen Sie diese dann INSTALLIEREN (INSTALL).

 **Tipp**
Damit ist die eigentliche Arbeit erledigt. Es kann jedoch vorkommen, dass Joomla! noch immer glaubt, es sei die ältere Version. Das erkennen Sie daran, dass sich Joomla! weiterhin selbst aktualisieren möchte. In solch einem Fall müssen Sie in der Datenbank die Tabelle ausfindig machen, deren Name auf _EXTENSIONS endet, in ihr die Zeile mit der ID 700 suchen und dann im Feld MANIFEST_CACHE innerhalb des Textes die alte Versionsnummer hinter "VERSION": gegen die aktuelle, wie etwa 2.5.0 austauschen. Am bequemsten geht das mit einer grafischen Benutzeroberfläche, wie etwa phpMyAdmin (siehe auch Kapitel 18, *Rund um die Datenbank*).

Nachdem Joomla! und seine Sprachpakete auf dem neuesten Stand sind, müssen Sie noch alle nachträglich installierten Erweiterungen aktualisieren. Wie das funktioniert, hängt von der jeweiligen Erweiterung ab. Die Projekt-Homepage sollte hierzu die passenden Informationen liefern.

 **Warnung**
Sie sollten die Erweiterungen nicht einfach deinstallieren und ihre neuen Versionen installieren, weil dabei meistens auch alle mühsam eingepflegten Inhalte in der Datenbank flöten gehen.

Die Templates müssen Sie glücklicherweise in der Regel nicht anpassen; sie funktionieren auch weiterhin.

Migration von Joomla! 1.5 auf 2.5

Beim Versionssprung von Joomla! 1.5 auf Joomla! 1.6 hat sich einiges unter der Haube geändert, was wiederum eine direkte Aktualisierung auf Joomla! 2.5 unmöglich macht. Glücklicherweise können Sie dennoch die in Joomla! 1.5 eingepflegten

Inhalte und Benutzerkonten auf Joomla! 2.5 übertragen (migrieren). Dabei hilft Ihnen eine spezielle Migrationskomponente, die Joomla! 1.5 halb automatisch auf eine neuere Joomla!-Version hievt.

Warnung	Dabei gibt es allerdings mehrere Probleme: Zum Zeitpunkt der Drucklegung dieses Buches kannte die Migrationskomponente nur Joomla! selbst sowie einige große, bekannte Erweiterungen, wie etwa das Kunena-Forum, JEvents oder den Community Builder. Andere nachträglich installierte Erweiterungen ignorierte sie. Bei einem Umzug auf Joomla! 2.5 verlieren Sie somit zwangsweise alle über solche Erweiterungen verwalteten Daten. Um das zu verhindern, müssen Sie für jede im vorherigen Abschnitt »Migration vorbereiten« notierte Erweiterung die Homepage des Entwicklers ansteuern und dort nach einer Upgrademöglichkeit suchen.
	Darüber hinaus benötigen Sie eine Erweiterung, für die Sie sich wiederum bei *http://redcomponent.com* registrieren müssen (dazu gleich mehr).

cURL aktivieren

Die Migrationskomponente funktioniert nur, wenn auf dem Webserver die cURL-Erweiterung installiert und aktiviert ist. Unter XAMPP für Linux und Mac OS X ist dies standardmäßig der Fall. Bei XAMPP für Windows müssen Sie die Datei *php.ini* mit einem Texteditor öffnen, in der Zeile

```
;extension=php_curl.dll
```

das vorangestellte Semikolon entfernen und nach dem Speichern dieser Änderung Apache über das XAMPP Control Panel einmal beenden und wieder neu starten.

Tipp	Wenn Ihr Webhoster cURL weder anbietet noch aktivieren will, können Sie den Umweg über eine lokale XAMPP-Installation gehen. Dazu erstellen Sie zunächst von Ihrer alten Joomla! 1.5-Installation eine Sicherungskopie, spielen diese in einer XAMPP-Installation auf Ihrem eigenen Computer ein, nehmen dort dann die Aktualisierung vor, erstellen von dem Ergebnis wieder eine Sicherheitskopie und spielen diese schließlich auf den echten Webserver zurück (weitere Informationen zum Sichern und Zurückschreiben liefert Kapitel 18, *Rund um die Datenbank*, Abschnitt »Joomla! verpflanzen«).

Weitere Informationen zur *php.ini* finden Sie in Kapitel 2, Abschnitt »PHP-Konfiguration anpassen« auf Seite 71. Über cURL informieren die Seiten *http://www.php. net/manual/de/book.curl.php* und *http://de.wikipedia.org/wiki/CURL*.

Joomla! 1.5 auf den aktuellen Stand bringen

Als Nächstes müssen Sie sicherstellen, dass Sie die aktuelle Version von Joomla! 1.5 einsetzen. Zu dem Zeitpunkt, als dieses Kapitel geschrieben wurde, war dies die Version 1.5.25. Wenn am unteren Rand Ihres Administrationsbereichs eine niedrigere Zahl steht, rufen Sie die Internetseite *http://joomlacode.org/gf/project/joomla/frs/* auf.

Warnung   Die Entwickler wollen Joomla! 1.5 nur noch bis zum April 2012 unterstützen. Es ist vollkommen offen, was dann mit den hier bereitgestellten Update-Paketen passiert. Die gleich vorgestellte Migrationskomponente verlangt mindestens Joomla! 1.5.20. Sollten Sie eine niedrigere Joomla!-Version betreiben und die Update-Pakete nicht mehr vorhanden sein, müssen Sie im Internet nach inoffiziellen Quellen und Migrationsmöglichkeiten suchen.

Auf der erscheinenden Download-Seite suchen Sie in der ersten Spalte den Eintrag JOOMLA! 1.5.25. Rechts davon finden Sie einen Bereich JOOMLA1.5.25UPDATES. Wenn Sie eine Joomla!-Version vor 1.5.24 nutzen, laden Sie mit einem Klick das Paket *Joomla_1.5.0_to_1.5.25-Stable-Patch_Package.zip* herunter. Andernfalls schnappen Sie sich *Joomla_1.5.24_to_1.5.25-Stable-Patch_Package.zip*. Linux- und Mac-OS-X-Nutzer können auch die *.tar.gz*-Archive wählen. Die Versionsnummern sind hier beispielhaft: Es gibt immer ein Paket, mit dem Sie die letzte Joomla!-Version aktualisieren (hier *Joomla_1.5.24_to_1.5.25-Stable-Patch_Package.zip*), und eines, das alle früheren Versionen berücksichtigt (hier *Joomla_1.5.0_to_1.5.25-Stable-Patch_Package.zip*).

Das heruntergeladene Archiv müssen Sie lediglich entpacken und dann den herausgepurzelten Inhalt in das Joomla!-Verzeichnis auf Ihrem Webserver kopieren. Vorhandene Dateien lassen Sie dabei einfach überschreiben. Nach einem kurzen Ab- und Anmelden vom Administrationsbereich sollte sich Joomla! am unteren Seitenrand mit einer aktuelleren Versionsnummer melden.

Migrationskomponente aktivieren (jUpgrade)

Bei der Umstellung auf die Version 2.5 hilft eine kleine, aber äußerst mächtige Erweiterung namens jUpgrade. Sie finden sie unter *http://extensions.joomla.org* hinter MIGRATION & CONVERSION im Bereich JOOMLA! MIGRATION.

▶▶ **Tipp**   Hier gibt es noch andere Erweiterungen, die Joomla! 1.5 auf die Version 2.5 aktualisieren. Zum Zeitpunkt der Drucklegung war jedoch jUpgrade die einzige kostenlose Erweiterung, die die Joomla!-Entwickler zudem offiziell empfehlen.

Klicken Sie in der Liste den Eintrag JUPGRADE an, und entscheiden Sie sich auf der neuen Seite für den DOWNLOAD.

Zum Zeitpunkt der Drucklegung dieses Buches landeten Sie damit auf den Seiten von redCOMPONENT. Dort müssen Sie sich ganz links unten auf der Seite via CREATE AN ACCOUNT registrieren. Sie erhalten dann eine Aktivierungs-E-Mail, in der Sie den Link anklicken. Anschließend melden Sie sich mit Ihren Daten links unten im Bereich REDACCOUNT auf der Seite an. Wählen Sie aus dem Bereich REDCOMPONENTS den Punkt JUPGRADE, und folgen Sie DOWNLOAD JUPGRADE und JUPGRADE, wo Sie sich schließlich die Komponente via DOWNLOAD herunterladen.

Die auf Ihrer Festplatte gelandete Datei installieren Sie jetzt wie jede andere Erweiterung unter Joomla! 1.5 (via ERWEITERUNGEN → INSTALLIEREN/DEINSTALLIEREN).

Als Nächstes wechseln Sie zum Menüpunkt ERWEITERUNGEN → PLUGINS, wo Sie das Plugin SYSTEM - MOOTOOLS UPGRADE aktivieren (beispielsweise mit einem Klick auf das rote Kreuz in seiner Zeile).

Einstellungen prüfen

Nachdem das geschehen ist, rufen Sie den Menüpunkt KOMPONENTEN → JUPGRADE auf und betreten die EINSTELLUNGEN in der Werkzeugleiste. Es erscheint jetzt das Formular aus Abbildung 19-3.

Tipp Wenn Sie die folgenden Einstellungen verwirrend finden, stellen Sie einfach sicher, dass unter PREFIX FOR OLD DATABASE das Datenbankpräfix steht, das Sie sich vorhin in Abschnitt »Migration vorbereiten« gemerkt haben – in der Regel ist dies jos_. Alle anderen Einstellungen belassen Sie auf ihren Vorgaben. Bei auftretenden Problemen kann ein Wissen um die Einstellungen jedoch äußerst hilfreich sein.

Abbildung 19-3: Die Einstellungen der Migrationskomponente

Unter DISTRIBUTION stellen Sie die Joomla!-Version ein, auf die Sie aktualisieren möchten. Behalten Sie hier möglichst die bereits vorgegebene, höchste Nummer bei. Nur für sie liefern die Joomla!-Entwickler noch Sicherheitsaktualisierungen, alle älteren Versionen werden nicht mehr unterstützt.

Jetzt wird es etwas kompliziert: Die Migrationskomponente aktualisiert nicht etwa das alte Joomla! 1.5, sondern installiert die unter DISTRIBUTION gewählte Version parallel zur alten. Sie haben folglich anschließend zwei Joomla!-Installationen auf Ihrem Webserver liegen (einmal die alte und einmal die neue). Als dieses Kapitel geschrieben wurde, war es (noch) nicht möglich, die neue Joomla!-Version über die alte zu installieren. Probieren Sie das auch gar nicht erst aus: Das Ergebnis wäre ein großer, gemischter Datensalat.

Doch es kommt noch dicker: Die Migrationskomponente installiert die neue Joomla!-Version in einen Unterordner des aktuellen Joomla! 1.5-Verzeichnisses. Den Namen dieses Unterordners bestimmt das Eingabefeld TARGET DIRECTORY. Residiert beispielsweise Ihre alte Joomla!-Installation im Unterverzeichnis *joomla*, würde Joomla! 2.5 mit den Einstellungen aus Abbildung 19-3 im Unterverzeichnis *joomla/jupgrade* installiert – und wäre somit unter der Internetadresse *http://www.meinserver.de/joomla/jupgrade* erreichbar. Fehlende Zugriffsrechte verhindern jedoch in der Regel die Installation in einem anderen Verzeichnis. Daher müssen Sie hier Joomla! 2.5 gleich aus seinem Unterverzeichnis von Hand an seinen eigentlichen Bestimmungsort verfrachten (darum kümmert sich gleich noch ein eigener Abschnitt).

Tipp   Sie können also erst einmal das hier vorgeschlagene *jupgrade*-Verzeichnis übernehmen.

Nachdem die Migrationskomponente die neue Joomla!-Version installiert hat, überträgt sie die Datenbankinhalte aus der alten in die neue Version. Damit das reibungslos klappt, braucht sie die zwei nun folgenden Informationen.

Im Feld PREFIX FOR OLD DATABASE tragen Sie zunächst das Datenbankpräfix ein, das Sie sich in Abschnitt »Migration vorbereiten« notiert haben. Normalerweise lautet es wie vorgegeben jos_.

Die Migrationskomponente behält die alten Datenbanktabellen als Sicherheitskopie bei. Sie müssen daher den Tabellen der neuen Joomla!-Version ein anderes Präfix verpassen. Genau dieses tragen Sie in das Feld PREFIX FOR NEW DATABASE ein. Sofern nichts dagegenspricht, können Sie die Vorgabe einfach übernehmen.

Warnung   Wenn Sie stattdessen hier ebenfalls jos_ eintragen, verlieren Sie alle Beiträge, Kontakte und übrigen Inhalte. Die beiden Präfixe müssen sich unbedingt voneinander unterscheiden!

Bevor die Migrationskomponente mit der Arbeit beginnt, führt sie noch ein paar Tests durch und stoppt bei einem erkannten Problem. Wenn Sie einen triftigen Grund haben – und wirklich nur dann –, können Sie diese Prüfung abschalten, indem Sie SKIP CHECKS auf JA setzen.

Die neue Joomla!-Version lädt die Migrationskomponente selbstständig von der Joomla!-Homepage herunter. Sollte das nicht funktionieren, beispielsweise weil das Update-Archiv zu groß ist, müssen Sie das Paket der unter DISTRIBUTION eingestellten Joomla!-Version selbst herunterladen, in das *temp*-Verzeichnis der bestehenden Joomla! 1.5-Installation kopieren und ihr Paket dort umbenennen. jUprage 2.5.0 verlangte Joomla! 2.5 in einer Datei namens *Joomla25.zip* (beachten Sie die Groß- und Kleinschreibung). Anschließend legen Sie dann noch hier im Formular den Schalter DOWNLOAD ÜBERSPRINGEN auf JA um.

Sobald die Migrationskomponente das Archiv in die Finger bekommen hat, entpackt sie es im *temp*-Verzeichnis. Sollten diesem Vorhaben fehlende Schreibrechte oder andere Probleme in die Quere kommen, müssen Sie das Archiv dort selbst entpacken und dann hier AUSPACKEN ÜBERSPRINGEN auf JA setzen.

Steht SKIP TEMPLATES COPY auf JA, übernimmt die Migrationskomponente keines der vorhandenen Templates in die neue Joomla!-Version. Wenn Sie SKIP 3RD PARTY EXTENSIONS auf JA setzen, lässt sie auch alle ihr bekannten Erweiterungen zurück (ein eventuell vorhandenes Kunena-Forum würde also beispielsweise nicht mit umziehen).

Steht KEEP ORIGINAL POSITIONS auf Ja, bleiben alle Module an ihren derzeitigen Positionen. Das ist wichtig, wenn Sie Ihr altes Template weiternutzen möchten. Bevorzugen Sie hingegen ein nigelnagelneues, sollten Sie hier NEIN wählen.

Läuft gleich während der Aktualisierung etwas schief, setzen Sie hier ENABLE MIGRATION DEBUG auf JA und wiederholen die ganze Prozedur noch einmal. Die Migrationskomponente liefert dann zusätzliche Informationen, die bei der Fehlersuche helfen können.

Migration durchführen

SPEICHERN Sie jetzt alle Einstellungen, und lassen Sie dann mit einem Klick auf die überdimensionale Schaltfläche das UPGRADE STARTEN (siehe Abbildung 19-4).

Die Migrationskomponente prüft jetzt, ob sie überhaupt eine Aktualisierung durchführen kann. Wenn nicht, erhalten Sie eine entsprechende Fehlermeldung. Andernfalls erscheinen nacheinander mehrere Fortschrittsbalken auf dem Bildschirm (siehe Abbildung 19-5).

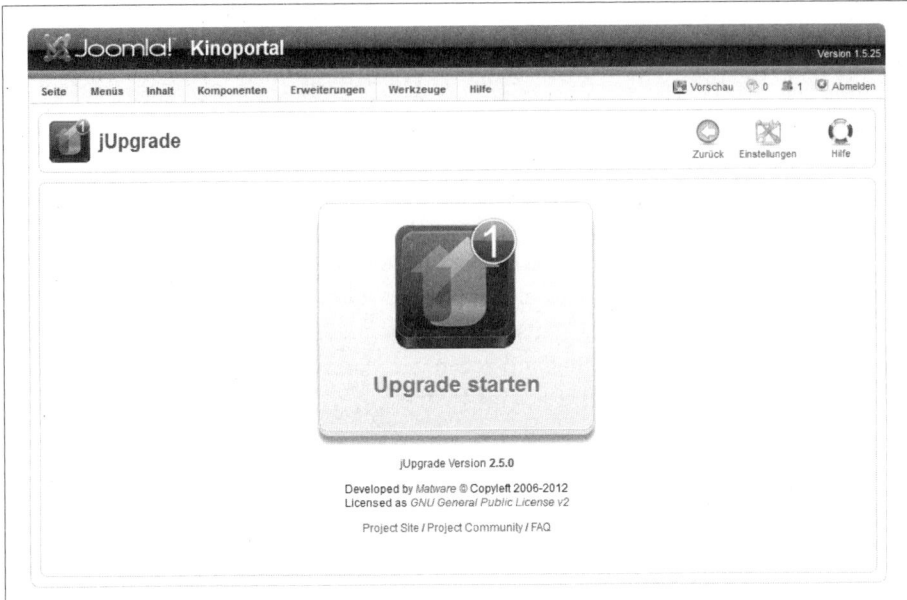

Abbildung 19-4: Die Aktualisierung stoßen Sie über diese überdimensionale Schaltfläche an.

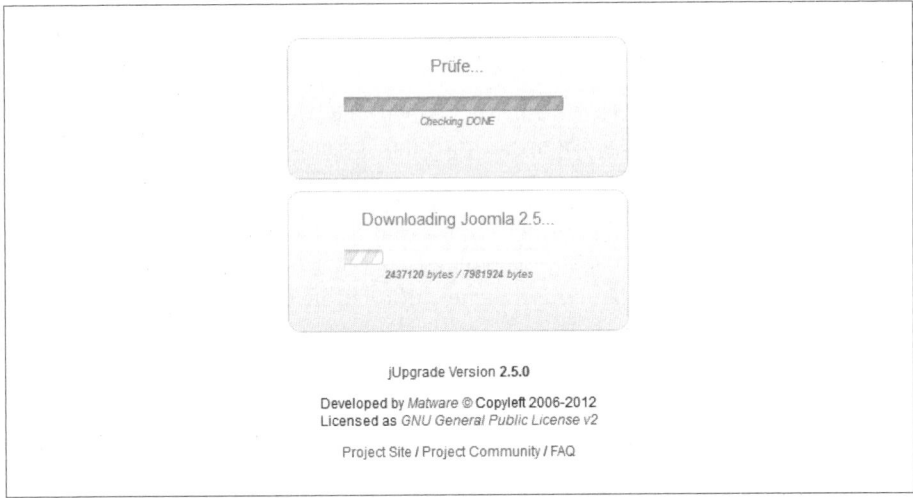

Abbildung 19-5: Die Migration läuft.

Lassen Sie die Komponente jetzt in Ruhe vor sich hin werkeln. Der ganze Umzug kann je nach Umfang der alten Installation mehrere Minuten dauern.

 Tipp   Sofern jUpgrade das Archiv herunterlädt, dann aber nichts mehr passiert, klicken Sie auf ZURÜCK, laden die aktuelle Joomla!-Version von ihrer Homepage herunter, kopieren sie in das Unterverzeichnis *tmp* Ihrer Joomla! 1.5-Installation und benennen das Paket dort in *Joomla25.zip* um (beachten Sie die Groß- und Kleinschreibung). Öffnen Sie jetzt die EINSTELLUNGEN, und stellen Sie darin DOWNLOAD ÜBERSPRINGEN auf JA. SPEICHERN Sie die Änderungen, und lassen Sie noch einmal das UPGRADE STARTEN.

Sollte das immer noch nicht helfen, erstellen Sie zusätzlich von Hand im Joomla!-Verzeichnis den Unterordner *jupgrade* und geben Joomla! auf diesen passende Schreibrechte. Stoßen Sie anschließend in jUpgrade den ganzen Migrationsvorgang noch einmal an.

Die Migration ist beendet, wenn eine Meldung ähnlich der aus Abbildung 19-6 erscheint.

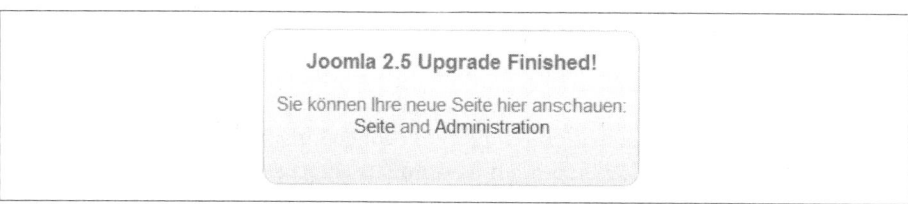

Abbildung 19-6:   Die Migration wurde erfolgreich beendet.

Über die Links können Sie direkt zur Website (SEITE) beziehungsweise dem Administrationsbereich (ADMINISTRATION) der neuen Joomla!-Version springen. Prüfen Sie dort, ob die Aktualisierung fehlerfrei über die Bühne gegangen ist. Bis auf die Erweiterungen und die Sprachpakete sollten sämtliche Inhalte der alten Version übernommen worden sein. Das alte Template müssen Sie gegebenenfalls noch aktivieren. Melden Sie sich jetzt unter Joomla! 1.5 ab.

Tipp Bei Problemen können Sie sich an das (englischsprachige) Forum der Migrationskomponente unter *http://redcomponent.com/forum/92-jupgrade* wenden. Häufig gestellte Fragen und auftauchende Probleme sammelt die Seite unter *http://red-component.com/forum/92-jupgrade/102880-jupgrade-faq*.

Nacharbeiten

Hat alles geklappt, befinden sich jetzt zwei Joomla!-Installationen auf dem Webserver: einmal die alte Version 1.5 und in einem ihrer Unterverzeichnisse auch noch ihre Nachfolgerin. Für den Praxisbetrieb ist dies natürlich noch unbrauchbar – Ihre Besucher müssten die neue Version explizit über eine lange Adresse wie *http://www.meinserver.de/joomla/jupgrade* aufrufen. In einem letzten Schritt müssen Sie daher noch die alte Joomla!-Version entsorgen und die neue an den Platz der alten verschieben.

Das ist einfacher, als es klingt:

- Löschen Sie in Ihrem Joomla!-Verzeichnis alle Unterordner, bis auf den mit der neuen Version. Wenn Joomla! 1.5 bei Ihnen bislang auf dem Server im Unterverzeichnis *joomla* schlummerte und Sie die Vorgaben im vorherigen Abschnitt »Einstellungen prüfen« übernommen haben, löschen Sie also alle Unterverzeichnisse von *joomla*, bis auf das Verzeichnis mit dem Namen *jupgrade*.

- Dessen Inhalte verschieben Sie noch eine Ebene höher in das ziemlich leere Joomla!-Verzeichnis. Im Beispiel wandern also die Inhalte aus dem Verzeichnis *jupgrade* in den Ordner *joomla*.

- Entfernen Sie den jetzt leeren Unterordner, in dem die Migrationskomponente die neue Joomla!-Version installiert hat. Im Beispiel würde also das Unterverzeichnis *jupgrade* gelöscht.

Damit ist die neue Version jetzt unter der bekannten Adresse zu erreichen. Weitere Anpassungen sind nicht notwendig.

Abschließend können Sie die neue Joomla!-Version nach Belieben einrichten. Um sich die Arbeit zu erleichtern, sollten Sie zuerst die passenden Sprachpakete installieren und danach die noch fehlenden Erweiterungen einspielen. Bei der Anpassung eines alten Templates hilft gleich noch Abschnitt »Templates aktualisieren«.

Migration von Joomla! 1.0.x

Um es direkt vorwegzunehmen: Alle mit 1.0 beginnenden Versionen lassen sich nicht mehr mit vernünftigem Aufwand aktualisieren.

Unter der Haube unterscheidet sich Joomla! 1.0 extrem von seinen Nachfolgern. Aus diesem Grund können Sie für Joomla! 1.0 gestrickte Erweiterungen und Templates nicht mitnehmen. Joomla! 1.5 kannte noch einen sogenannten Kompatibilitätsmodus, der alte Erweiterungen ausführte. Das funktionierte jedoch mehr schlecht als recht, weshalb der Modus mit Joomla! 1.6 gestrichen wurde.

Bleiben noch die in Joomla! 1.0 eingepflegten Beiträge (alias Artikel). Diese zu retten ist äußerst aufwendig: Zunächst müssen Sie sie mit einer speziellen Migrationskomponente exportieren. Die dabei entstehende Datei kann allerdings nur Joomla! 1.5 bei seiner Installation korrekt einlesen und verarbeiten. Sie müssen also folglich als Nächstes Joomla! 1.5 installieren, dabei die aus Joomla! 1.0 exportierten Daten einspielen und schließlich das komplette Ergebnis noch einmal auf Joomla! 2.5 migrieren.

Wenn Sie das durchführen möchten oder müssen, gehen Sie wie folgt vor:

1. Wechseln Sie auf der Seite *http://extensions.joomla.org* in den Bereich MIGRATION & CONVERSION und dann weiter zur Untergruppe JOOMLA! MIGRATION. Dort laden Sie sich die die aktuelle Version der Komponente MIGRATOR FROM 1.0 TO 1.5 herunter und installieren den kleinen Helfer in der bestehenden Joomla! 1.0-Installation (über INSTALLERS → COMPONENTS).

2. Rufen Sie im Hauptmenü den Punkt COMPONENTS → MIGRATOR auf. Klicken Sie auf CREATE MIGRATION SQL FILE, und exportieren Sie dann alle Daten per START MIGRATION am unteren Bildrand.

3. Die Komponente bereitet jetzt die Datenbank für Joomla! 1.5 auf und schreibt das Ergebnis anschließend in eine Datei. Diese laden Sie via DOWNLOAD und dann noch einmal DOWNLOAD auf den eigenen Computer herunter. Diese sogenannte Migrationsskript-Datei enthält ein Backup der Datenbank.

4. Löschen Sie die komplette Joomla! 1.0-Version, und installieren Sie den Nachfolger Joomla! 1.5. Das funktioniert ganz ähnlich wie in Kapitel 2, *Installation*, beschrieben. Bei der Einrichtung der Datenbank (in Schritt 4) tragen Sie bei den GRUNDEINSTELLUNGEN die gewohnten Werte ein. Klicken Sie anschließend auf ERWEITERTE EINSTELLUNGEN, und stellen Sie auf dem so ausgeklappten Register sicher, dass beim Tabellenpräfix jos_ steht – Letzteres verlangt die Migrationskomponente.

5. Führen Sie nun die Installation fort, und zwar bis zum Schritt 6 (Konfiguration). Dort aktivieren Sie im unteren Bereich den Punkt LADE MIGRATIONS-SKRIPT und werfen einen Blick auf den Hinweis neben MAXIMALE UPLOADGRÖẞE. Ist Ihr Migrationsskript größer als der hier angegebene Wert, müssen Sie die Datei manuell auf Ihren Server hieven. Dort speichern Sie sie unter dem Namen *migrate.sql* im Ordner *installation/sql/migration* des Joomla! 1.5-Verzeichnisses. Abschließend setzen Sie noch im Formular ein Kreuzchen vor ICH HABE DEN MIGRATIONSSKRIPT BEREITS HOCHGELADEN (Z.B. VIA FTP/ SCP).

   Bleibt der Umfang des Migrationsskripts unterhalb der maximalen Uploadgröße, klicken Sie auf DURCHSUCHEN... und wählen die vorhin von der Migrationskomponente produzierte, auf *.sql* endende Datei aus.

6. In jedem Fall setzen Sie noch ein Häkchen bei DIESER SKRIPT IST EIN JOOMLA! 1. 0 MIGRATIONSSKRIPT und tragen unter TABELLENPRÄFIX DER ALTEN WEBSEITE das Präfix ein, das Sie sich im Abschnitt »Migration vorbereiten« notiert hatten (in der Regel jos_).

7. Klicken Sie nun auf HOCHLADEN UND AUSFÜHREN. Jetzt heißt es »alles oder nichts«: Joomla! 1.5 übernimmt die alten Daten mithilfe des Migrationsskripts. Sobald eine Erfolgsmeldung erscheint, dürfen Sie aufatmen, andernfalls wird ein Griff zum Backup notwendig.

8. Hat alles geklappt, aktualisieren Sie Joomla! 1.5 so, wie im vorherigen Abschnitt »Aktualisierung von Joomla! 1.6 oder 1.7 auf Version 2.5« beschrieben.

Tipp   Joomla! 1.0 ist längst veraltet und wird von den Entwicklern nicht mehr unterstützt. Wenn Sie also noch irgendwo auf dieses Urgestein treffen, deinstallieren Sie
es, und spielen Sie dann Joomla! 1.7 neu auf. Damit verlieren Sie zwar ältere Daten,
sparen sich aber auch viel Ärger. Um Erweiterungen und Templates für Joomla! 1.0
machen Sie am besten einen großen Bogen.

Templates aktualisieren

Bei den Templates gab es beim Sprung von Joomla! 1.5 auf die Version 1.6 viele kleinere Änderungen, die bereits ausführlich in Kapitel 13, *Templates* vorgestellt wurden. Daher werden sie hier nur noch einmal kurz und knapp zusammengefasst.

Allgemeine Änderungen

Die Datei *params.ini* wird nicht mehr gebraucht. Darüber hinaus müssen alle Dateien die UTF-8-Zeichenkodierung nutzen. Zum alten Vorschaubild *template_thumbnail.png* gesellt sich nun ein weiteres mit einer höheren Auflösung in der Datei *template_preview.png*. Alle mitgelieferten Module geben zudem standardmäßig keine Tabellen mehr aus, sind also prinzipiell barrierefrei.

Änderungen in der index.php

Das alte

```
$mainframe->getCfg('sitename');
```

ersetzt jetzt:

```
$app->getCfg('sitename');
```

Die Bezeichnungen in den Hochkommata sind geblieben (siehe Kapitel 13, *Templates*, Abschnitt »Spezialbefehle und die Integration in Joomla!« auf Seite 561).

Änderungen in der templateDetails.xml

Aus der alten Dokumentypdeklaration

```
<?xml version="1.0" encoding="iso-8859-1"?>
<!DOCTYPE install PUBLIC "-//Joomla! 1.5//DTD template 1.0//EN" "http://dev.joomla.org/xml/1.5/template-install.dtd">
```

wird die neue:

```
<?xml version="1.0" encoding="utf-8"?>
<!DOCTYPE install PUBLIC "-//Joomla! 1.6//DTD template 1.0//EN" "http://www.joomla.org/xml/dtd/1.6/template-install.dtd">
```

Des Weiteren wird das Tag

```
<install version="1.5" …
```

durch das allgemeinere

```
<extension version="2.5" ...
```

ersetzt. Analog verwandelt sich das zugehörige schließende Tag </install> in </extension>.

Im <files>-Abschnitt darf man jetzt auch einfach komplette Unterverzeichnisse angeben:

```
<files>
    <folder>images</folder>
    <filename>index.php</filename>
    <filename>templateDetails.xml</filename>
</files>
```

Weitere Informationen finden Sie in Kapitel 13, *Templates*, Abschnitt »Die Datei templateDetails.xml« auf Seite 565.

Die Parameter des Templates steckten früher zwischen <param> und </param>:

```
<params>
    <param name="farbauswahl" type="list" default="blau" label="Farbauswahl"
description="Wählen Sie die Farbe des Templates">
        <option value="blau">Blau</option>
        <option value="rot">Rot</option>
    </param>
</params>
```

Daraus wird jetzt:

```
<config>
    <fields name="params">
        <fieldset name="basic">
            <field name="farbauswahl" type="list" default="blau" label="Farbauswahl"
description="Wählen Sie die Farbe des Templates">
                <option value="blau">Blau</option>
                <option value="rot">Rot</option>
            </field>
        </fieldset>
    </fields>
</config>
```

Weitere Informationen hierzu finden Sie in Kapitel 13, *Templates*, Abschnitt »Eigene Templates mit Parametern steuern« auf Seite 595.

Änderungen in der Datei error.php

Die Fehlernummer liefert anstelle von

```
$this->error->code;
```

jetzt:

```
$this->error->getCode();
```

Analog erhält man die Fehlerbeschreibung statt mit

```
$this->error->message;
```

jetzt mit:

```
$this->error->getMessage();
```

Weitere Informationen hierzu liefert in Kapitel 13, *Templates* der Abschnitt »Eigene Fehlerseite« auf Seite 593.

Anhänge

Wichtige Symbole und ihre Bedeutung

Wichtige kleine Symbole

Die folgenden Symbole aus Tabelle A-1 liefern Warnhinweise oder aktivieren eine bestimmte Funktion.

Tabelle A-1: Wichtige kleine Symbole im Überblick

Symbol	Bedeutung
	Dieses Element ist freigegeben beziehungsweise aktiv.
	Dieses Element ist gesperrt beziehungsweise deaktiviert.
	Joomla! sortiert die Einträge in der Liste alphabetisch aufsteigend nach den Informationen in dieser Spalte.
	Öffnet einen kleinen Kalender als Eingabehilfe.
	Diese Einstellung oder das Textfeld sind mit Vorsicht zu behandeln. Fährt man mit der Maus über das Symbol, erscheint ein entsprechender Warnhinweis.
	Mit einem Klick auf dieses Symbol meldet man den nebenstehenden Benutzer ab.
	In vielen Listen darf man die Reihenfolge der einzelnen Zeilen über kleine Eingabefelder ändern. Mit einem Klick auf dieses Symbol wendet Joomla! die neue Reihenfolge an.
	Erstellt für diesen Benutzer einen neuen Hinweis.
	Zeigt die Hinweise des Benutzers in einem neuen Fenster an.
	Führt zur Liste mit allen Hinweisen für diesen Benutzer.
	Öffnet eine Vorschau des entsprechenden Stils und zeigt gleichzeitig die verfügbaren Bereiche und ihre Namen an.
	Für diesen Stil ist derzeit keine Vorschau verfügbar.

Tabelle A-1: Wichtige kleine Symbole im Überblick (Fortsetzung)

Symbol	Bedeutung
★	Dieses Element ist standardmäßig aktiv.
✪	Der so gekennzeichnete Beitrag ist ein Haupteintrag.
▦	Zeigt das Start- und Enddatum an, wenn der Mauszeiger auf dem Symbol ruht.

Symbole in der Werkzeugleiste

Tabelle A-2 verschafft Ihnen einen kleinen Überblick über die in der Werkzeugleiste angebotenen Aktionen. Die Symbole haben dabei immer die gleiche Bedeutung, egal in welcher Ecke von Joomla! Sie sich befinden. Eine Ausnahme von dieser Regel bilden nur nachträglich installierte Erweiterungen von Drittherstellern.

Tabelle A-2: Wichtige Symbole der Werkzeugleiste und ihre Bedeutung (in alphabetischer Reihenfolge)

Symbol	Bedeutung
⊗ Abbrechen	Bricht den Vorgang ab.
🗑 Abgelaufenen Cache leeren	Löscht den Cache (Zwischenspeicher).
✔ Aktivieren	Aktiviert ein Benutzerkonto.
⬆ Aktualisieren	Aktualisiert die in der Liste selektierten Elemente.
↻ Aktualisierungen suchen	Prüft, ob für Joomla! oder eine Erweiterung neue Aktualisierungen vorliegen.
✔ Als „gelesen" markieren	Markiert eine E-Mail als gelesen.
💾 Als Kopie speichern	Speichert alle Änderungen und erstellt anschließend ein neues Element mit den exakt gleichen Einstellungen.
◯ Als „ungelesen" markieren	Markiert eine E-Mail als ungelesen.
🗄 Archivieren	Verschiebt das markierte Element in das Archiv.

Tabelle A-2: Wichtige Symbole der Werkzeugleiste und ihre Bedeutung (in alphabetischer Reihenfolge) (Fortsetzung)

Symbol	Bedeutung
Bearbeiten	Bearbeitet das in der Tabelle markierte Element.
Cache erneuern	Baut die Inhalte des Caches (Zwischenspeichers) neu auf.
Cache leeren	Löscht den Cache (Zwischenspeicher). Welchen genau, hängt von der jeweiligen Situation ab.
Deinstallieren	Deinstalliert die selektierten Erweiterungen.
Einchecken	Zur Bearbeitung geöffnete, dann aber vergessene Elemente werden wieder freigegeben.
Entfernen	Macht aus einem Hauptbeitrag wieder einen normalen.
Export	Exportiert die Nutzungsstatistik der Werbebanner.
Freigeben	Macht das markierte Element für Besucher sichtbar.
Haupteintrag	Erhebt den Beitrag zu einem Hauptbeitrag.
Hilfe	Ruft ein Fenster mit der Online-Hilfe auf.
Index	Generiert einen neuen Suchindex.
Index leeren	Löscht den kompletten Suchindex.
Installieren	Installiert das selektierte Element.
Kopieren	Kopiert das selektierte Element.
Löschen	Löscht die selektierten Elemente ohne jegliche Rückfrage (im Gegensatz zum Papierkorb).
Meine Einstellungen	Führt zu persönlichen Einstellungen.

Tabelle A-2: Wichtige Symbole der Werkzeugleiste und ihre Bedeutung (in alphabetischer Reihenfolge) (Fortsetzung)

Symbol	Bedeutung
Neu	Erstellt ein neues Element.
Optionen	Ruft ein Fenster mit Grundeinstellungen auf.
Papierkorb	Das markierte Element wandert in den Mülleimer.
Papierkorb leeren	Löscht das markierte Element endgültig.
Reparieren	Versucht die Datenbank zu reparieren.
Schließen	Bricht den Vorgang ab und kehrt zur vorherigen Seite zurück.
Speichern	Speichert alle Änderungen, lässt das Formular aber noch geöffnet.
Speichern & Neu	Speichert alle Änderungen und erzeugt umgehend ein neues Element.
Speichern & Schließen	Speichert alle Änderungen und kehrt zur Listendarstellung zurück.
Senden	Verschickt eine E-Mail beziehungsweise eine Massenmail.
Sperren	Macht das markierte Element für Besucher unsichtbar.
Startseite	Hinter dem markierten Menüpunkt wartet die Startseite des Internetauftritts.
Statistiken	Zeigt eine (Such-)Statistik an.
Statistiken löschen	Löscht die Nutzungsstatistik der Werbebanner.
Überprüfen	Sieht nach, ob es fehlerhaft installierte Erweiterungen gibt.
Wiederherstellen	Versucht, bei einem Defekt die Menü- oder Kategorienstruktur wiederherzustellen.
Zurücksetzen	Setzt alle Werte wieder zurück auf den Anfang (in der Regel alle Zähler wieder auf 0).

Symbole des Kontrollzentrums

Nachdem man sich am Administrationsbereich angemeldet hat, präsentiert Joomla! eine Startseite mit mehreren dicken Schaltflächen. Was sie auslösen beziehungsweise wohin sie führen, verrät Tabelle A-3.

Tabelle A-3: Schaltflächen des Kontrollzentrums

Symbol	Bedeutung	Entspricht Menüpunkt
Neuer Beitrag	Erstellt einen neuen Beitrag.	INHALT → BEITRÄGE → NEUER BEITRAG
Beiträge	Führt zur Beitragsverwaltung.	INHALT → BEITRÄGE
Kategorien	Führt zu den Beitragskategorien.	INHALT → KATEGORIEN
Medien	Ruft die Medienverwaltung auf.	INHALT → MEDIEN
Menüs	Wechselt in die Menüverwaltung.	MENÜS → MENÜS
Benutzer	Führt zur Benutzerverwaltung.	BENUTZER → BENUTZER
Module	Ruft die Modulverwaltung auf.	ERWEITERUNGEN → MODULE

Tabelle A-3: Schaltflächen des Kontrollzentrums (Fortsetzung)

Symbol	Bedeutung	Entspricht Menüpunkt
Erweiterungen	Führt zur Verwaltung der Erweiterungen.	Erweiterungen → Erweiterungen
Sprachen	Wechselt zur Verwaltung der Sprachpakete.	Erweiterungen → Sprachen
Konfiguration	Öffnet die Grundeinstellungen.	Site → Konfiguration
Templates	Führt zur Template-Verwaltung.	Erweiterungen → Templates
Profil bearbeiten	Öffnet die Einstellungen des eigenen Benutzerprofils.	Site → Mein Profil
Joomla! auf 2.5.1 aktualisieren!	Zeigt an, ob es eine neue Joomla!-Version gibt. Klickt man den Knopf an, öffnet er das entsprechende Register Aktualisieren.	Erweiterungen → Erweiterungen, dann ein Wechsel auf das Register Aktualisieren
Updates verfügbar!	Zeigt an, ob es neue Versionen für die installierten Erweiterungen und Sprachpakete gibt. Klickt man den Knopf an, öffnet er das entsprechende Register Aktualisieren.	Erweiterungen → Erweiterungen, dann ein Wechsel auf das Register Aktualisieren

TinyMCE-Editor

Der TinyMCE-Editor kommt in Joomla! immer dann zum Einsatz, wenn längere Texte eingegeben werden müssen – wie zum Beispiel bei der Erzeugung eines neuen Beitrags (siehe Kapitel 4, *Inhalte verwalten*).

Mit den Elementen aus der Symbolleiste erlaubt der TinyMCE Editor das komfortable Formatieren der Texte. Die folgenden Listen geben Ihnen einen ersten Überblick darüber, welche Funktion sich hinter welchem Symbol verbirgt. Im Wesentlichen entsprechen sie Funktionen einer handelsüblichen Textverarbeitung.

Sie können den TinyMCE-Editor auch noch in einen sogenannten kompletten Modus versetzen, in dem er weitere Funktionen anbietet. Dazu rufen Sie ERWEITERUNGEN → PLUGINS auf, klicken EDITOR – TINYMCE an, setzen in den BASISOPTIONEN die FUNKTIONALITÄT auf KOMPLETT und SPEICHERN & SCHLIESSEN die Änderungen. Die folgenden Listen präsentieren sowohl die normale als auch die komplette Funktionspalette.

Der standardmäßig verwendete Modus

Tabelle B-1: Die Symbole in der obersten Reihe, von links nach rechts

Symbol	Bedeutung
B	Formatiert den Text fett
I	Formatiert den Text kursiv (Schrägschrift)
U	Unterstreicht den Text
ABC	Streicht den Text durch
≡	Richtet den Text linksbündig aus
≡	Richtet den Text zentriert aus
≡	Richtet den Text rechtsbündig aus

Tabelle B-1: Die Symbole in der obersten Reihe, von links nach rechts (Fortsetzung)

Symbol	Bedeutung
≣	Blocksatz
Styles ▾	Aktiviert eine Stilvorlage
Paragraph ▾	Wählt ein vordefiniertes Format, wie zum Beispiel eine (Zwischen-)Überschrift.
	Dahinter stecken die entsprechenden HTML-Befehle: Der PARAGRAPH fasst beispielsweise den Text in <p>-Tags ein, das HEADING 2 entspricht einer <h2>-Überschrift. Weitere Informationen hierzu finden Sie in Kapitel 13, *Templates* und unter *http://de.selfhtml.org*.

Tabelle B-2: Die Symbole in der mittleren Reihe, von links nach rechts

Symbol	Bedeutung
☷	Erstellt eine (nicht nummerierte) Aufzählung
☷	Erstellt eine nummerierte Aufzählung
⇥	Nimmt eine Einrückung zurück (Ausrückung)
⇥	Rückt den Text um einen Schritt nach rechts ein
↺	Nimmt die letzte Aktion zurück
↻	Wiederherstellen; führt die zuletzt zurückgenommene Aktion wieder aus
⌘	Verwandelt den gerade markierten Text in einen Link
⌘	Wandelt einen Link wieder in normalen Text um
⚓	Fügt einen Ankerpunkt ein (weitere Informationen zum Konzept der Ankerpunkte finden Sie beispielsweise unter *http://de.selfhtml.org/html/verweise/projektintern.htm#anker*)
🖼	Fügt ein Bild ein
🖌	Sucht im HTML-Code nach Fehlern
⑦	Öffnet ein kleines Hilfe-Fenster
HTML	Zeigt den Text als HTML-Quellcode an (also so, wie er in der Datenbank landet). Im dazu neu geöffneten Fenster darf man selbst in diesen Code eingreifen und so beispielsweise HTML-Befehle einfügen, die der TinyMCE Editor nicht kennt.

Tabelle B-3: Die Symbole in der unteren Reihe, von links nach rechts

Symbol	Bedeutung
—	Fügt eine waagerechte Linie ein
✐	Befreit den markierten Text von sämtlichen Formatierungen

Tabelle B-3: Die Symbole in der unteren Reihe, von links nach rechts (Fortsetzung)

Symbol	Bedeutung
⊞	Zeigt alle unsichtbaren Elemente an beziehungsweise versteckt sie wieder
x_2	Hochgestellte Zeichen
x^2	Tiefergestellte Zeichen
Ω	Fügt ein benutzerdefiniertes Zeichen ein. Ein Beispiel sind die griechischen Buchstaben oder das Copyright-Zeichen.

Der komplette Funktionsumfang

Tabelle B-4: Die Symbole in der obersten Reihe, von links nach rechts

Symbol	Bedeutung
B	Formatiert den Text fett
I	Formatiert den Text kursiv (Schrägschrift)
U	Unterstreicht den Text
ABC	Streicht den Text durch
≣	Richtet den Text linksbündig aus
≣	Richtet den Text zentriert aus
≣	Richtet den Text rechtsbündig aus
≣	Blocksatz
Styles ▾	Aktiviert eine Stilvorlage
Paragraph ▾	Wählt ein vordefiniertes Format, wie zum Beispiel eine (Zwischen-)Überschrift.
	Dahinter stecken die entsprechenden HTML-Befehle: Der PARAGRAPH fasst beispielsweise den Text in <p>-Tags ein, das HEADING 2 entspricht einer <h2>-Überschrift. Weitere Informationen hierzu finden Sie in Kapitel 13, *Templates* und unter *http://de.selfhtml.org*.
Font Family ▾	Schriftart
Font Size ▾	Schriftgröße

Tabelle B-5: Die Symbole in der zweiten Reihe, von links nach rechts

Symbol	Bedeutung
🔍	Sucht nach einem Begriff
A↔B	Suchen und Ersetzen (Ersetzt im Text ein Wort durch ein anderes)

Tabelle B-5: Die Symbole in der zweiten Reihe, von links nach rechts (Fortsetzung)

Symbol	Bedeutung
	Erstellt eine (nicht nummerierte) Aufzählung
	Erstellt eine nummerierte Aufzählung
	Nimmt eine Einrückung zurück (Ausrückung)
	Rückt den Text um einen Schritt nach rechts ein
	Nimmt die letzte Aktion zurück
	Wiederherstellen; führt die zuletzt zurückgenommene Aktion wieder aus
	Verwandelt den gerade markierten Text in einen Link
	Wandelt einen Link wieder in normalen Text um
	Fügt einen Ankerpunkt ein (weitere Informationen zum Konzept der Ankerpunkte finden Sie beispielsweise unter *http://de.selfhtml.org/html/verweise/projektintern.htm#anker*)
	Fügt ein Bild ein
	Sucht im HTML-Code nach Fehlern
	Öffnet ein kleines Hilfe-Fenster
HTML	Zeigt den Text als HTML-Quellcode an (also so, wie er in der Datenbank landet). Im dazu neu geöffneten Fenster darf man selbst in diesen Code eingreifen und so beispielsweise HTML-Befehle einfügen, die der TinyMCE Editor nicht kennt.
	Fügt das aktuelle Datum ein
	Fügt die aktuelle Uhrzeit ein
A ▾	Ändert die Textfarbe
abc ▾	Ändert die Hintergrundfarbe des Textes (auf diese Weise kann man beispielsweise einen Text gelb hinterlegen und ihn so wie mit einem Textmarker hervorheben)
	Schaltet in einen Vollbildmodus

Tabelle B-6: Die Symbole in der dritten Reihe, von links nach rechts

Symbol	Bedeutung
	Fügt eine Tabelle ein
	Ändert die Eigenschaften einer Tabellenzeile
	Ändert die Eigenschaften einer Tabellenzelle

Tabelle B-6: Die Symbole in der dritten Reihe, von links nach rechts (Fortsetzung)

Symbol	Bedeutung
	Fügt eine Tabellenzeile vor der aktuellen ein
	Fügt eine Tabellenzeile nach der aktuellen ein
	Löscht die aktuelle Tabellenzeile
	Spaltet eine verschmolzene Tabellenzelle wieder auf
	Verschmilzt zwei Tabellenzellen zu einer einzigen
	Fügt eine waagerechte Linie ein
	Befreit den markierten Text von sämtlichen Formatierungen
	Zeigt alle unsichtbaren Elemente an beziehungsweise versteckt sie wieder
	Hochgestellte Zeichen
	Tiefergestellte Zeichen
	Fügt ein benutzerdefiniertes Zeichen ein. Ein Beispiel sind die griechischen Buchstaben oder das Copyright-Zeichen.
	Fügt einen Smiley beziehungsweise ein sogenanntes Emoticon ein
	Bettet Mediendaten in den Text ein
	Fügt eine dicke horizontale Linie ein
	Die Schreibrichtung verläuft von links nach rechts
	Die Schreibrichtung verläuft von rechts nach links

Tabelle B-7: Die Symbole in der untersten Reihe, von links nach rechts

Symbol	Bedeutung
	Schneidet den gerade markierten Text aus
	Kopiert den gerade markierten Text in die Zwischenablage
	Fügt den Text aus der Zwischenablage ein
	Fügt den Text aus der Zwischenablage ohne dessen Formatierungen ein
	Fügt Text aus Microsoft Word ein
	Markiert den gesamten Text
	Fügt einen neuen Layer ein (einen frei platzierbaren Textkasten)

Tabelle B-7: Die Symbole in der untersten Reihe, von links nach rechts (Fortsetzung)

Symbol	Bedeutung
	Setzt den gerade aktivierten Layer vor einen anderen
	Setzt den gerade aktivierten Layer hinter einen anderen
	Legt fest, ob der Layer frei platziert werden darf oder ob er sich in den Text integriert (er verhält sich dann ähnlich wie ein normales Zeichen)
	Erlaubt es, das Aussehen des Textes über CSS-Eigenschaften zu verändern
	Kennzeichnet den gerade markierten Text als Quelle oder Autor eines Zitats (es kommt das HTML-Element `cite` zum Einsatz)
ABBR	Kennzeichnet den gerade markierten Text als Abkürzung
A.B.C.	Kennzeichnet den gerade markierten Text als Akronym
A	Kennzeichnet nachträgliche Textänderungen
A	Kennzeichnet den gerade markierten Text als gelöscht. Browser stellen diesen Text in der Regel durchgestrichen dar.
	Hierüber können Sie die HTML-Attribute des gerade markierten Textes anpassen.
¶	Blendet unsichtbare Zeichen (wie Zeilenumbrüche) ein und aus
	Fügt ein Leerzeichen ein, an dem kein Zeilenumbruch stattfinden wird.
"	Macht aus dem gerade markierten Text ein Zitat, das eingerückt erscheint (es kommt das HTML-Element `blockquote` zum Einsatz)
	Fügt eine fertige (Text-)Vorlage ein

Index

Über den Autor

Tim Schürmann ist selbständiger Diplom-Informatiker und derzeit hauptsächlich als freier Autor unterwegs. Seine zahlreichen Artikel erscheinen in führenden Zeitschriften und wurden in mehrere Sprachen übersetzt. Er hat bereits einige erfolgreiche Bücher geschrieben, darunter die 1. Auflage von *Praxiswissen Joomla!* oder *Joomla!-Websites erweitern und optimieren* (O'Reilly Verlag). Die Entwicklung von Joomla! verfolgt er nicht nur seit dessen Anfängen, er folterte das Content-Management-System selbstverständlich auch schon in der Praxis mit schwer verdaulichen Inhalten. Seine Steckenpferde sind die Programmierung, Algorithmen, freie Software, Computergeschichte, Schokoladeneis und der ganz alltägliche Wahnsinn.

Kolophon

Auf dem Cover von *Praxiswissen Joomla! 2.5* ist ein Roter Vari (*Varecia ruber*) zu sehen. Der Rote Vari lebt wie alle Lemuren endemisch auf der Insel Madagaskar. Auf der Halbinsel Masoala im gleichnamigen Nationalpark konnten die letzten Familiengruppen dieser Feuchtnasenaffen vor der Ausrottung bewahrt werden. In den Bäumen des tropischen Regenwalds suchen die dämmerungsaktiven Tiere nach Früchten, Blättern und Nektar und kommen vormittags zum Sonnenbaden auf den Boden. Dabei strecken sie alle vier Gliedmaßen von sich, sodass es aussieht, als würden die Tiere die Sonne anbeten.

Mit ihren 50 bis 55 Zentimetern Rumpflänge und dem 60 bis 65 Zentimeter langen Schwanz gehören sie zu den größten Lemurenarten Madagaskars. Auffällig ist die rote bis rotbraune Färbung ihres weichen, langhaarigen Fells, das auch vor den starken Regengüssen der Regenzeit schützt. Das Gesicht, die Füße und der Schwanz sind schwarz. Hinten am Nacken ist ein großer weißer Fleck, und auch an den Füßen, am Schwanz und am Kopf können helle Haare vorkommen. Die gelben Augen mit schwarzer Iris geben dem Gesicht mit der schmalen, hundeähnlichen Schnauze einen markanten Ausdruck.

Der Rote Vari lebt in Gruppen von 2 bis 16 Tieren. Untereinander zeigen sie ihre Zugehörigkeit durch gegenseitige Fellpflege. Mit lauten Rufen, die durch einen Kehlsack verstärkt werden, markieren sie ihr Revier und warnen vor Feinden. Ein trächtiges Weibchen baut aus Blättern und eigenen Haaren ein Nest, wo die zwei bis drei völlig hilflosen Jungtiere zur Welt kommen. Dort bleiben sie auch in den ersten Wochen und werden von der Mutter, aber auch von anderen Gruppenangehörigen versorgt.

Die Zerstörung des Regenwalds und die Jagd nach Fleisch und Fell der Tiere haben die Population zusammenschrumpfen lassen. Der Rote Vari wird trotz aufwändiger Schutzmaßnahmen auf der Roten Liste des IUCN als »stark gefährdete« Art geführt.

Das Design der Reihe *O'Reillys Basics* wurde von Michael Oreal entworfen, der auch das Coverlayout dieses Buchs gestaltet hat. Als Textschrift verwenden wir die Linotype Birka, die Überschriftenschrift ist die Adobe Myriad Condensed, und die Nichtproportionalschrift für Codes ist LucasFont's TheSansMono Condensed. Das Kolophon hat Geesche Kieckbusch geschrieben.